해커스
토익 RC

실전 **1000** 제 **2**
READING

해설집

해커스 어학연구소

최신 토익 경향을 완벽하게 반영한

해커스 토익 실전 1000제 2 READING 해설집을 내면서

해커스 토익이 항상 독보적인 베스트셀러의 자리를 지킬 수 있는 것은 늘 처음과 같은 마음으로 더 좋은 책을 만들기 위해 고민하고, 최신 경향을 반영하기 위해 끊임없이 노력하기 때문입니다.

그리고 이러한 노력 끝에 최신 토익 경향을 반영한 《해커스 토익 실전 1000제 2 Reading 해설집》(최신개정판)을 출간하게 되었습니다.

최신 출제 경향의 문제 이해로 실전 완벽 대비!

최신 토익 출제 경향이 완벽 반영된 《해커스 토익 실전 1000제 2 Reading 문제집》의 모든 문제 유형을 세분화하고, 각 유형에 따른 명쾌한 해설로 문제를 제대로 이해하고 풀 수 있도록 하였습니다. 이러한 문제 이해를 바탕으로 실전에 보다 철저하게 대비할 수 있으며, 나아가 토익 리딩 실력 또한 향상시킬 수 있도록 하였습니다.

상세한 해설과 문제 풀이 전략 적용을 통한 고득점 달성!

모든 문제에 대한 해석과 정답에 대한 해설은 기본이고, 오답까지 상세하게 분석한 해설과 중요 어휘를 수록하여 문제를 확실하게 이해하고 학습할 수 있습니다. 또한, 모든 문제에 난이도를 표시하여 자신의 실력과 학습 목표에 따라 학습할 수 있을 뿐만 아니라, 지문에서 정답의 단서가 되는 부분이 질문이나 정답 보기에서 어떻게 바뀌어 표현되었는지를 한눈에 확인할 수 있는 '바꾸어 표현하기' 등 문제 풀이에 실질적으로 도움이 되는 구성도 함께 수록하여 실전 고득점 달성이 가능합니다.

《해커스 토익 실전 1000제 2 Reading 해설집》이 여러분의 토익 목표 점수 달성에 확실한 해결책이 되고 영어 실력 향상, 나아가 여러분의 꿈을 향한 길에 믿음직한 동반자가 되기를 소망합니다.

해커스 어학연구소

CONTENTS

TEST 01

PART 5 해석·해설
PART 6 해석·해설
PART 7 해석·해설

TEST 02

PART 5 해석·해설
PART 6 해석·해설
PART 7 해석·해설

TEST 03

PART 5 해석·해설
PART 6 해석·해설
PART 7 해석·해설

상세한 해설집으로 토익 점수

확실하게 잡는다!

PART 5 해설 미리보기

1. 문제, 해석

2. 난이도

3. 문제 유형

4. 해설

5. 어휘

PART 5

101 Mr. Oakley decided to reserve a table for two at the newly ------ Italian restaurant.

(A) opened
(B) opener
(C) openly
(D) opens

Mr. Oakley는 새로 문을 연 이탈리아 레스토랑에 두 사람을 위한 자리를 예약하기로 결정했다.

■ 형용사 자리
정답 (A)

빈칸 뒤의 명사(Italian restaurant)를 꾸밀 수 있으면서 빈칸 앞의 부사(newly)의 꾸밈을 받을 수 있는 것은 형용사이므로 형용사 역할을 하는 과거분사 (A) opened가 정답이다. 명사 (B), 부사 (C), 동사 (D)는 명사를 꾸밀 수 없다.

어휘 reserve v. 예약하다 newly adv. 새로, 최근에 opener n. 여는[따는] 도구, 따개 openly adv. 터놓고, 솔직하게

PART 6 해설 미리보기

1. 문제, 해석

5. 어휘

3. 문제 유형

2. 난이도

PART 6

Questions 131-134 refer to the following notice.

NOTE: All Eddington's Membership Cardholders

------ . We will be adjusting the frequency with which point
  131
accumulation statements are sent to our members. From
January 1, statements will be mailed every six months
instead of quarterly. ------ this change, members may
              132
continue to log in at www.eddingtons.com/members to find
current details. You can ------ your accumulated points and
                    133
see what rewards are available in exchange for them
through your online account. Or you can call us during
business hours at 555-4955, and we will let you know how
many you have. ------ , you can drop by a service counter at
              134
any Eddington's Department Store, and one of our staff will
inform you of your current total.

131-134는 다음 공고에 관한 문제입니다.

알림: 모든 Eddington's 멤버십 회원들

131 Eddington's는 멤버십 프로그램에 변화를 도입할 예정입니다. 저희는 포인트 적립 내역서가 회원들에게 발송되는 빈도를 조정할 것입니다. 1월 1일부터, 내역서는 연 4회가 아니라 6개월마다 우편으로 보내질 것입니다. 132 이 변경 사항과 관계없이, 회원들은 계속해서 www.eddingtons.com/members에 로그인해서 최신 정보를 알아보실 수 있습니다. 133 여러분의 온라인 계정을 통해 누적된 포인트를 확인하고 포인트를 교환하여 어떤 보상을 받을 수 있는지 알아보실 수 있습니다. 또는 영업시간 동안 555-4955로 전화하시면, 저희가 여러분이 얼마를 보유하고 있으신지 알려드리겠습니다. 134 또한, 여러분은 Eddington's 백화점의 서비스 카운터에 들르실 수 있고, 저희 직원 중 한 명이 현재의 총점을 알려드릴 것입니다.

131 (A) We no longer accept membership applications.
(B) Eddington's is set to introduce a change to its membership program.
(C) We apologize for the recent difficulties with our card payment system.
(D) Eddington's Department Store has a special promotion for cardholders.

132 (A) Apart from
(B) In exchange for
(C) Regardless of
(D) On behalf of

133 (A) submit
(B) monitor
(C) mediate
(D) convey

134 (A) Consequently
(B) Nevertheless
(C) Moreover
(D) Occasionally

어 cardholder n. 회원 adjust v. 조정하다, 조절하다 frequency n. 빈도, 빈번 accumulation n. 적립, 누적
statement n. 내역서, 성명서 instead of phr. ~하지 않고, ~의 대신에 current adj. 최신의, 현재의 통용되는 reward n. 보상, 보답

131 ■ 알맞은 문장 고르기
정답 (B)

빈칸에 들어갈 알맞은 문장을 고르는 문제이므로 주변 문맥 또는 전체 문맥을 파악한다. 뒤 문장 'We will be adjusting the frequency with which point accumulation statements are sent to our members.'에서 포인트 적립 내역서가 멤버십 회원들에게 발송되는 빈도를 조정할 것이라고 한 후 뒷부분에서 빈도 조정에 관한 세부 사항을 설명하고 있으므로 빈칸에는 포인트 적립 내역서의 변경과 관련된 내용이 들어가

4. 해설

ART 5 & 6

문제, 해석

최신 출제 경향과 난이도가 반영된 문제를 해설집에도 그대로 수록하였습니다. 해설을 보기 전에, 문제를 다시 한 번 풀어보며 자신이 어떤 과정으로 정답을 선택했는지 되짚어보고, 함께 수록된 정확한 해석을 보며 문제를 확실히 이해하고 문장 구조를 꼼꼼하게 파악합니다.

난이도

사전 테스트를 거쳐 검증된 문제별 난이도를 '하, 중, 상, 최상'의 4단계로 나누어 각 문제 번호 아래에 표시하였습니다. 각 문제별 난이도를 참고하여 자신의 실력과 학습 목표에 따라 학습할 수 있습니다.

문제 유형

자주 틀리는 문제 유형을 쉽게 파악할 수 있도록 모든 문제마다 문제 유형을 제시하였습니다. 문제 유형은 모두 《해커스 토익 Reading》의 목차 목록과 동일하여, 특정 유형에 대해 보완 학습이 필요할 경우 쉽게 참고할 수 있도록 하였습니다.

해설

문제 유형별로 가장 효과적인 해결 방법을 제시하였을 뿐만 아니라, 오답 보기가 오답이 되는 이유까지도 상세하게 설명하였습니다. 이와 함께, 중요 문법·어휘를 함께 학습할 수 있도록 문법·어휘 포인트 설명을 추가로 제공하였습니다.

어휘

문제 풀이 시 사전을 찾는 불편을 덜 수 있도록 지문 및 문제에서 사용된 단어나 어구의 뜻을 품사 표시와 함께 수록하였습니다.

PART 7 해설 미리보기

1. 지문, 문제, 해석

3. 정답의 단서

6. 어휘

2. 난이도

4. 문제 유형

7. 바꾸어 표현하기

5. 해설

■ PART 7

Questions 147-148 refer to the following advertisement.　147-148은 다음 광고에 관한 문제입니다.

EVERIDGE CERTIFIED ACCOUNTANTS
Suite 19-A, 825 Burrard, Vancouver BC, V0P-F1K

Having trouble with your tax forms? Are the finances of your small business more than you can handle? Let ECA, one of the fastest-growing accounting firms in Canada, take care of all your accounting worries!

We offer:
▷ 147-APersonal income tax returns
▷ 147-DSetup and maintenance of bookkeeping systems
▷ Preparation of financial statements
▷ 147-BContract drafting assistance

148For a full list of our services, fees, and accountants, visit www.everidgeacc.co.ca. If you would like to meet with one of our accountants in person, make an appointment by calling us at (604) 555-8872 or by sending an e-mail to everidgeacc@coolmail.com.

EVERIDGE 공인 회계사
Suite 19-A, 825번지 Burrard, 밴쿠버 브리티시 콜롬비아주, V0P-F1K

납세 신고 양식 때문에 어려움을 겪고 계십니까? 여러분의 소기업체 재무가 감당할 수 있는 그 이상입니까? 캐나다에서 가장 빠르게 성장하고 있는 회계법인 중 하나인 ECA에 여러분의 모든 회계 걱정을 맡겨주십시오!

저희는 제공합니다:
▷ 147-A개인 소득세 신고
▷ 147-D부기 시스템 설치 및 관리
▷ 재무제표 준비
▷ 147-B계약서 초안 작성 관련 도움

148저희의 서비스, 요금, 그리고 회계사에 대한 전체 목록을 원하시면 www.everidgeacc.co.ca를 방문하십시오. 저희 회계사 중 한 명과 직접 만나고 싶으시다면, (604) 555-8872로 저희에게 전화 주시거나, everidgeacc@coolmail.com으로 이메일을 보내셔서 약속을 잡으십시오.

어휘
□ **certified** adj. 공인된, 보증된
□ **accounting** n. 회계
□ **bookkeeping** n. 부기
□ **accountant** n. 회계사
□ **return** n. 신고(서), 귀환, 반환
□ **financial statement** phr. 재무제표
□ **growing** adj. 성장하는, 증대하는
□ **maintenance** n. 관리, 유지
□ **in person** phr. 직접

---

147 What is NOT mentioned as a service offered by ECA?

(A) Assistance with income tax
(B) Help with creating a contract
(C) Investment consultation
(D) Handling accounting systems

ECA에 의해 제공되는 서비스로 언급되지 않은 것은?

(A) 소득세에 대한 도움
(B) 계약서 작성에 대한 도움
(C) 투자 상담
(D) 회계 시스템 처리

■ Not/True Not 문제　정답 (C)

질문의 핵심 어구인 a service offered by ECA와 관련된 내용을 지문에서 찾아 각 보기와 대조하는 Not/True 문제이다. (A)는 'Personal income tax returns'에서 개인 소득세 신고 관련 서비스를 제공한다고 했으므로 지문의 내용과 일치한다. (B)는 'Contract drafting assistance'에서 계약서 초안 작성 관련 도움을 제공한다고 했으므로 지문의 내용과 일치한다. (C)는 지문에 언급되지 않은 내용이다. 따라서 (C)가 정답이다. (D)는 'Setup and maintenance of bookkeeping systems'에서 부기 시스템 설치 및 관리 서비스를 제공한다고 했으므로 지문의 내용과 일치한다.

바꾸어 표현하기
Contract drafting assistance 계약서 초안 작성 관련 도움 → Help with creating a contract 계약서 작성에 대한 도움

---

148 Why would a customer visit the ECA Web site?

(A) To arrange a personal tax consultation
(B) To read feedback from other clients
(C) To view online samples of business contracts
(D) To get information about ECA employees

고객은 왜 ECA 웹사이트를 방문하겠는가?

(A) 개인세 상담을 예약하기 위해
(B) 다른 고객들의 의견을 읽기 위해
(C) 사업 계약서의 온라인 견본을 보기 위해
(D) ECA 직원에 대한 정보를 얻기 위해

■ 육하원칙 Why　정답 (D)

고객이 왜(Why) ECA 웹사이트를 방문할 것 같은지를 묻는 육하원칙 문제이다. 질문의 핵심 어구인 visit the ECA Web site와 관련하여, 'For a full list of our ~ accountants, visit www.everidgeacc.co.ca.'에서 저희의 회계사, 즉 ECA 직원에 대한 전체 목록을 원하면 www.everidgeacc.co.ca를 방문하라고 했으므로 (D)가 정답이다.

ART 7

지문, 문제, 해석
최신 출제 경향과 난이도가 반영된 지문 및 문제를 해설집에도 그대로 수록하였습니다. 해설을 보기 전에 문제를 다시 한번 풀어보며 자신이 어떤 과정으로 정답을 선택했는지 되짚어보고, 함께 수록된 정확한 해석을 보며 문제를 확실히 이해하고 문장 구조를 꼼꼼하게 파악합니다.

난이도
사전 테스트를 거쳐 검증된 문제별 난이도를 '하, 중, 상, 최상'의 4단계로 나누어 각 문제 번호 아래에 표시하였습니다. 각 문제별 난이도를 참고하여 자신의 실력과 학습 목표에 따라 학습할 수 있습니다.

정답의 단서
지문에서 정답을 선택하는 데 결정적인 단서가 되는 부분을 파란색으로 표시하였습니다. 해설을 읽기 전에 먼저 지문에서 파란색으로 표시된 단서를 찾고, 정답을 선택하는 연습을 합니다.

문제 유형
모든 문제에 세분화된 유형을 표시하여 해설에서 출제 유형에 따른 문제 풀이 방법을 익힐 수 있도록 하였습니다. 문제 유형은 모두 《해커스 토익 Reading》의 목차 목록과 동일하여, 특정 유형에 대해 보완 학습이 필요할 경우 쉽게 참고할 수 있도록 하였습니다.

해설
질문 유형별로 가장 효율적인 해결 방법이 적용된 문제 풀이 방법을 제시하였습니다. 질문의 핵심 어구를 파악하고, 이를 지문에서 찾아 보기와 연결하고 정답을 선택하는 문제 풀이 과정을 읽는 것만으로도 자연스럽게 Part 7의 유형별 문제 풀이 전략을 익힐 수 있습니다.

어휘
문제 풀이 시 사전을 찾는 불편을 덜 수 있도록 지문 및 문제에서 사용된 단어나 어구의 뜻을 품사 표시와 함께 수록하였습니다.

바꾸어 표현하기
지문의 내용이 질문이나 보기에서 바꾸어 표현된 경우, [지문의 표현 → 보기의 표현] 혹은 [질문의 표현 → 지문의 표현]으로 정리하여 한눈에 확인할 수 있도록 하였습니다. 이를 통해 Part 7 풀이 전략을 익히고 나아가 고득점 달성이 가능하도록 하였습니다.

토익 소개 및 시험장 Tips

토익이란 무엇인가?

TOEIC은 **Test Of English for International Communication**의 약자로 영어가 모국어가 아닌 사람들을 대상
언어 본래의 기능인 '커뮤니케이션' 능력에 중점을 두고 일상생활 또는 국제 업무 등에 필요한 실용영어 능력을 평가하
험입니다. 토익은 일상생활 및 비즈니스 현장에서 필요로 하는 내용을 평가하기 위해 개발되었고 다음과 같은 실용적
제들을 주로 다룹니다.

▌ 협력 개발: 연구, 제품 개발
▌ 재무 회계: 대출, 투자, 세금, 회계, 은행 업무
▌ 일반 업무: 계약, 협상, 마케팅, 판매
▌ 기술 영역: 전기, 공업 기술, 컴퓨터, 실험실
▌ 사무 영역: 회의, 서류 업무
▌ 물품 구입: 쇼핑, 물건 주문, 대금 지불

▌ 식사: 레스토랑, 회식, 만찬
▌ 문화: 극장, 스포츠, 피크닉
▌ 건강: 의료 보험, 병원 진료, 치과
▌ 제조: 생산 조립 라인, 공장 경영
▌ 직원: 채용, 은퇴, 급여, 진급, 고용 기회
▌ 주택: 부동산, 이사, 기업 부지

토익의 파트별 구성

구성		내용	문항 수	시간	
Listening Test	Part 1	사진 묘사	6문항 (1번~6번)	45분	49
	Part 2	질의 응답	25문항 (7번~31번)		
	Part 3	짧은 대화	39문항, 13지문 (32번~70번)		
	Part 4	짧은 담화	30문항, 10지문 (71번~100번)		
Reading Test	Part 5	단문 빈칸 채우기 (문법/어휘)	30문항 (101번~130번)	75분	4
	Part 6	장문 빈칸 채우기 (문법/어휘/문장 고르기)	16문항, 4지문 (131번~146번)		
	Part 7	지문 읽고 문제 풀기(독해) - 단일 지문(Single Passage) - 이중 지문(Double Passages) - 삼중 지문(Triple Passages)	54문항, 15지문 (147번~200번) - 29문항, 10지문 (147번~175번) - 10문항, 2지문 (176번~185번) - 15문항, 3지문 (186번~200번)		
Total		7 Parts	200문항	120분	9

접수 방법 및 성적 확인

접수 방법

접수 기간을 TOEIC위원회 인터넷 사이트(www.toeic.co.kr) 혹은 공식 애플리케이션에서 확인하고 접수합니다.
접수 시 jpg형식의 사진 파일이 필요하므로 미리 준비합니다.

성적 확인

시험일로부터 약 10일 이후 TOEIC위원회 인터넷 사이트(www.toeic.co.kr) 혹은 공식 애플리케이션에서 확인합니다. (성적 발표 기간은 회차마다 상이함)
시험 접수 시, 우편 수령과 온라인 출력 중 성적 수령 방법을 선택할 수 있습니다.
*온라인 출력은 성적 발표 즉시 발급 가능하나, 우편 수령은 약 7일가량의 발송 기간이 소요될 수 있습니다.

당일 준비물

| 신분증 | 연필&지우개 | 시계 | 수험번호를 적어둔 메모 | 오답노트&단어암기장 |

당일 신분증이 없으면 시험에 응시할 수 없으므로, 반드시 ETS에서 요구하는 신분증(주민등록증, 운전면허증, 공무원증 등)을 지참해야 합니다.
에서 인정하는 신분증 종류는 TOEIC위원회 인터넷 사이트(www.toeic.co.kr)에서 확인 가능합니다.

진행 순서

시험/추가시험(오전)	추가시험(오후)	진행내용	유의사항
AM 9:30 - 9:45	PM 2:30 - 2:45	답안지 작성 오리엔테이션	10분 전에 고사장에 도착하여, 이름과 수험번호로 고사실을 확인합니다.
AM 9:45 - 9:50	PM 2:45 - 2:50	쉬는 시간	준비해간 오답노트나 단어암기장으로 최종 정리를 합니다. 시험 중간에는 쉬는 시간이 없으므로 화장실에 꼭 다녀오도록 합니다.
AM 9:50 - 10:10	PM 2:50 - 3:10		신분 확인 및 문제지 배부
AM 10:10 - 10:55	PM 3:10 - 3:55	Listening Test	Part 1과 Part 2는 문제를 풀면서 정답을 바로 답안지에 마킹합니다. Part 3와 Part 4는 문제의 정답 보기 옆에 살짝 표시해두고, Listening Test가 끝난 후 한꺼번에 마킹합니다.
AM 10:55 - 12:10	PM 3:55 - 5:10	Reading Test	각 문제를 풀 때 바로 정답을 마킹합니다.

시험은 토요일 오전 또는 오후에 시행되므로 이 사항도 꼼꼼히 확인합니다.
진행 순서에 대한 더 자세한 내용은 해커스토익(Hackers.co.kr) 사이트에서 확인할 수 있습니다.

파트별 형태 및 전략

Part 5 단문 빈칸 채우기 (30문제)

· 한 문장의 빈칸에 알맞은 문법 사항이나 어휘를 4개의 보기 중에서 고르는 유형
· 권장 소요 시간: 11분 (문제당 풀이 시간: 20초~22초)

문제 형태

1 문법

> **101.** Mr. Monroe announced his ------- to retire from the firm at a meeting last week.
>
> (A) decides
> (B) decisively
> (C) decision
> (D) decisive

해설 101. 빈칸 앞에 형용사 역할을 하는 소유격 인칭대명사(his)가 왔으므로 형용사의 꾸밈을 받을 수 있는 명사 (C)가 정답이다.

2 어휘

> **102.** Effective on Monday, employees must start ------- a new procedure for ordering office supplies.
>
> (A) causing
> (B) following
> (C) excluding
> (D) informing

해설 102. '직원들은 새로운 절차를 ____하기 시작해야 한다'라는 문맥에 가장 잘 어울리는 단어는 동사 follow의 동명사 (B)이다.

문제 풀이 전략

1. 보기를 보고 문법 문제인지, 어휘 문제인지 유형을 파악합니다.

네 개의 보기를 보고 문법 사항을 묻는 문제인지, 어휘의 의미를 묻는 문제인지를 파악합니다. 보기가 첫 번째 예제의 decides, decisively, decision, decisive처럼 품사가 다른 단어들로 구성되어 있으면 문법 문제이고, 두 번째 예제의 causing, following, excluding, informing처럼 품사는 같지만 의미가 다른 단어들로 구성되어 있으면 어휘 문제입니다.

2. 문제 유형에 따라 빈칸 주변이나 문장 구조 또는 문맥을 통해 정답을 선택합니다.

문법 문제는 빈칸 주변이나 문장 구조를 통해 빈칸에 적합한 문법적 요소를 정답으로 선택합니다. 어휘 문제의 경우 문맥을 확인하여 문맥에 가장 적합한 단어를 정답으로 선택합니다.

* 실제 시험을 볼 때, Part 1과 Part 2의 디렉션이 나오는 동안 Part 5 문제를 최대한 많이 풀면 전체 시험 시간 조절에 도움이 됩니다.

Part 6 장문 빈칸 채우기 (16문제)

지문 내의 4개의 빈칸에 알맞은 문법 사항이나 어휘, 문장을 고르는 유형. 총 4개의 지문 출제.

장 소요 시간: 8분 (문제당 풀이 시간: 25초~30초)

형태

Questions 131-134 refer to the following e-mail.

Dear Ms. Swerter,

It was a treat to see your group ------- its music at the community event in Morristown. Do you think you
131.
could do the same for us at a private gathering next month? My company ------- a welcoming
132.
celebration for some clients. -------. We are planning a special dinner and are hoping your group can
133.
provide the accompanying entertainment. We'd also like to book the dancers who were with you at the
concert. Their performance was quite ------- to watch. Our guests would surely enjoy seeing both acts
134.
together. Please let me know.

Shannon Lemmick

131. (A) act (B) explain (C) perform (D) observe	문장 고르기 **133.**	(A) I'd like to buy tickets for the afternoon show. (B) You may request their services for an additional charge. (C) It will be their first time meeting with my company's staff. (D) We approve of the schedule you have proposed.
132. (A) will be hosting (B) hosted (C) hosts (D) to host	어휘 **134.**	(A) tough (B) thrilling (C) content (D) punctual

131. '당신의 그룹이 지역 사회 행사에서 곡을 연주하는 것을 보게 되어 좋았다'라는 문맥이므로 동사 (C)가 정답이다.

132. 앞 문장에서 다음 달에 같은 공연을 해줄 수 있는지 물었으므로 행사가 미래에 열린다는 것을 알 수 있다. 따라서 미래 시제 (A)가 정답이다.

133. 앞 문장에서 '회사는 몇몇 고객들을 위한 환영 행사를 개최할 것이다'라고 했으므로 빈칸에는 고객들과의 만남에 대한 추가적인 내용이
   들어가야 함을 알 수 있다. 따라서 (C)가 정답이다.

134. '그들의 공연은 관람하기에 꽤 황홀했다'라는 문맥이므로 형용사 (B)가 정답이다.

문제 풀이 전략

보기를 보고 문제 유형을 파악합니다.
보기를 먼저 보고 문법 문제, 어휘 문제, 문장 고르기 문제 가운데 어떤 유형의 문제인지를 파악합니다.

문제 유형에 따라 빈칸이 포함된 문장이나, 앞뒤 문장, 또는 전체 지문의 문맥을 통해 정답을 선택합니다.
Part 6에서는 빈칸이 포함된 문장뿐만 아니라 앞뒤 문장, 전체 지문의 문맥을 통해 정답을 파악해야 하는 문제도 출제됩니다. 그러므로 빈칸이 포함된 문장의 구조 및 문맥만으로 정답 선택이 어려울 경우 앞뒤 문맥이나 전체 문맥을 통해 정답을 선택합니다.

Part 7 지문 읽고 문제 풀기 (54문제)

· 지문을 읽고 지문과 관련된 질문들에 대해 가장 적절한 보기를 정답으로 고르는 유형
· 구성: Single Passage에서 29문제, Double Passages에서 10문제, Triple Passages에서 15문제 출제
· 권장 소요 시간: 54분 (문제당 풀이 시간: 1분)

문제 형태

1 단일 지문 (Single Passage)

Questions 164-167 refer to the following advertisement.

AVALON WINDOWS
The window professionals

For over 30 years, homeowners have trusted Avalon Windows for expert window installation and repair. We offer quick and efficient service no matter what the job is. — [1] —. We ensure total customer satisfaction for a reasonable price. — [2] —. We provide accurate measurements, a complete project estimate with no hidden fees, and a 10-year warranty on all installations. We also offer a selection of window styles and sizes for you to choose from. — [3] —. Simply call us at 555-2092 to receive a free catalog in the mail or to schedule a consultation. Mention this advertisement when you call and receive 15 percent off your next window installation. — [4] —.

164. For whom is the advertisement intended?

(A) Real estate consultants
(B) Proprietors of residences
(C) Construction contractors
(D) Building supply retailers

165. What is true about Avalon Windows?

(A) It offers guarantees on installations.
(B) It also offers construction services.
(C) It plans to expand style selections.
(D) It charges a small fee for job estimates.

166. How can customers obtain discounts on a service?

(A) By ordering a specific number of windows
(B) By signing up on a Web site
(C) By mailing in a special coupon
(D) By mentioning an advertisement

167. In which of the positions marked [1], [2], [3] and [4] does the following sentence best belong?

"In fact, if you aren't pleased with our work you'll get your money back."

(A) [1]
(B) [2]
(C) [3]
(D) [4]

해설 164. 주택 소유자들이 Avalon Windows사에 전문적인 창문 설치와 수리를 믿고 맡겨왔다고 했으므로 (B)가 정답이다.

165. Avalon Windows사가 모든 설치에 대해 10년의 보증을 제공한다고 했으므로 (A)가 정답이다.

166. 전화해서 이 광고를 언급하면 다음 창문 설치 시 15퍼센트 할인을 받는다고 했으므로 (D)가 정답이다.

167. 제시된 문장이 실제로 작업에 만족하지 않을 시에는 돈을 돌려받을 것이라고 했으므로, [2]에 제시된 문장이 들어가면 Avalon Wind 전면적인 고객 만족을 보장하므로 실제로 작업에 만족하지 않을 시에는 돈을 돌려받을 것이라는 자연스러운 문맥이 된다는 것을 알 따라서 (B)가 정답이다.

중 지문 (Double Passages)

Questions 176-180 refer to the following e-mails.

To: Natalie Mercer <n.mercer@silverfield.com>
From: Robert Altieri <r.altieri@silverfield.com>
Subject: Digital Creators Conference (DCC)
Date: October 9
Attachment: DCC passes

Natalie,

I have attached four passes for you and your team to the upcoming DCC in San Francisco and would now like to go ahead and book your accommodations there. I know you stayed at the Gordon Suites and the Grand Burgess Hotel in previous years, but I think I have found some better options. Please indicate which of the following hotels you wish to stay at in response to this e-mail.

The Bismarck Hotel is close to the convention center but unfortunately does not offer access to Wi-Fi. Those who need to work from the hotel may thus be interested in the Newburg Plaza, which provides free Internet use. However, staying at this location would require the reservation of a car service, as it is a 20-minute drive from the conference venue.

Let me know which one you prefer when you have a moment. Also, please note that the passes I have attached allow entry to the event halls on all four days. Meals are not included, but there are places to purchase food at nearby restaurants. Thank you.

Robert

To: Robert Altieri <r.altieri@silverfield.com>
From: Natalie Mercer <n.mercer@silverfield.com>
Subject: Re: Digital Creators Conference (DCC)
Date: October 9

Robert,

I think it's best for us to have access to the Internet at the hotel. Some of my team members will be convening on evenings following the conference events and may want to reference information online. As for the car service, I believe we can have expenses reimbursed for that. Everyone agrees that a 20-minute ride doesn't sound like a major inconvenience.

But before you make the reservation, could you check what the rates are for parking at the hotel? Francine will be taking her own vehicle to San Francisco and will need to leave it in a lot for the duration of the conference. Thanks in advance.

Natalie

176. Why did Mr. Altieri write the e-mail?

(A) To invite a guest to speak at a conference
(B) To ask about a preference for a trip
(C) To explain a travel expense policy
(D) To ask for airline recommendations

177. What is NOT mentioned about the Digital Creators Conference?

(A) It lasts for four days.
(B) It is a short drive from the airport.
(C) It is close to dining establishments.
(D) It is being held in San Francisco.

178. In the second e-mail, the word "reference" in paragraph 1, line 2, is closest in meaning to

(A) mention
(B) supply
(C) search
(D) adapt

179. Which hotel will Mr. Altieri most likely book?

(A) The Gordon Suites
(B) The Grand Burgess Hotel
(C) The Bismarck Hotel
(D) The Newburg Plaza

180. What is indicated about Ms. Mercer?

(A) She has a team member who will bring her own car.
(B) She might change her mind about attending the DCC.
(C) She has an issue with Mr. Altieri's proposals.
(D) She is busy preparing for a series of presentations.

해설　176. 선택할 수 있는 2가지 숙박 시설 중 어느 것을 더 선호하는지 알려달라고 했으므로 (B)가 정답이다.

177. 공항에서 차로 가까운 거리에 있다는 내용은 지문에 언급되지 않았으므로 (B)가 정답이다.

178. reference를 포함하고 있는 구절 'will be convening ~ and may want to reference information online'에서 refer는 '찾아보다, 참고하다'라는 뜻으로 사용되었다. 따라서 '찾다'라는 의미의 (C)가 정답이다.

179. 두 번째 이메일에서 호텔에 인터넷 이용이 가능한 것이 좋을 것 같다고 했고, 첫 번째 이메일에서 Newburg Plaza가 무료 인터넷 제공한다고 했으므로 (D)가 정답이다.

180. 같이 회의에 가는 Francine이 자신의 차량을 샌프란시스코에 가져올 것이라고 했으므로 (A)가 정답이다.

삼중 지문 (Triple Passages)

Questions 186-190 refer to the following e-mail, schedule, and article.

TO: Ben Finch <ben.finch@mymail.com>
FROM: Taylor Gray <t.gray@streetmag.com>
SUBJECT: Welcome to *Street Magazine*
DATE: June 12

Hi Ben,

Congratulations on being selected as an intern for *Street Magazine*. For 25 years, the citizens of Seattle have looked to us weekly for the latest fashion, art, and music news.

Your internship will be from July 1 to December 31. You will report to me five days a week from 9:00 A.M. to 6:00 P.M. As an intern, you will not be a salaried employee, but we will provide an allowance for some expenses. If you do well, there may be a place for you here after your internship ends.

Please note that although you will have to do office work for various departments as the need arises, your responsibilities will be to research, take notes, and fact check content for me.

Taylor Gray

Personal Work Schedule: Taylor Gray
Thursday, August 7

Time	Activities	To do
09:30	Discuss budget with Mr. Robinson	
11:30	Leave for lunch appointment with photographer Stacy Larson	
3:00	Review photo submissions for "People" section	
4:30	Proofread articles for print version of lifestyle section	Send final list to Ms. McKee
6:00	Cover photo shoot at West Town Music Club	Assign to Ryan Oakley
6:30	Fact check music section for Web site	
7:30	Pick up laundry at Van's Cleaners	
8:00	Interview owner of Contempo Art Space	

Street Magazine

"Fusion In Fusion"
Opening Reception, Contempo Art Space
Thursday, August 7, 6:00 P.M. – 8:00 P.M.

This exhibit of artwork expresses an appreciation for all creative art forms, such as visual art, music, dance, film, and more. Works are representational or abstract, in 2D or 3D. All pieces exhibited in the main gallery will be for sale. This exhibit will be on display until November 6. For details, please contact gallery owner Mischa Michaels at 555-3941.

○

186. What is NOT true about the internship position at *Street Magazine*?

(A) It does not pay a regular salary.
(B) It involves working with different departments.
(C) It can lead to offers of a permanent job.
(D) It is available only during the summer.

187. What is suggested about *Street Magazine* in the e-mail?

(A) It is planning to relocate its office.
(B) It is published on a weekly basis.
(C) It is mainly devoted to fashion news.
(D) It has subscribers in many cities.

188. What task will Mr. Finch most likely be assigned on August 7?

(A) Proofreading lifestyle section material
(B) Collecting items from a laundry facility
(C) Reviewing photographic submissions
(D) Fact checking music section content

189. What can be inferred about Ms. Gray?

(A) She will be interviewing Ms. Michaels.
(B) She is unable to make her lunch appointment.
(C) She will be supervising a photo shoot.
(D) She is responsible for approving a budget.

190. What is mentioned about the exhibit at Contempo Art Space?

(A) It is a collection of past works by a group.
(B) Some of the artworks may be purchased on-site.
(C) It will run in conjunction with another event.
(D) Most of the participants are known artists.

해설 186. 이메일에서 *Street*지에서의 인턴직이 7월 1일부터 12월 31일까지라고 했으므로 (D)가 정답이다.

187. 지역 독자들이 *Street*지가 주간 단위로 최신 사건들을 알려줄 것이라고 기대해왔다고 했으므로 (B)가 정답이다.

188. 이메일에서 Ms. Finch가 맡을 일 중 Ms. Gray를 위해 온라인 기사의 사실 확인을 하는 것이 있다고 했고, 일정표에서 Ms. Gray의 8 일정에 웹사이트의 음악 부문에 대한 사실 확인이 포함되어 있으므로 (D)가 정답이다.

189. 일정표에서 Ms. Gray의 일정에 Contempo Art Space의 소유주와의 인터뷰가 있고, 기사에서 Contempo Art Space의 소유주가 N Michaels라고 했으므로 (A)가 정답이다.

190. 기사에서 Contempo Art Space의 주요 갤러리에 전시된 모든 작품들은 판매될 것이라고 했으므로 (B)가 정답이다.

문제 풀이 전략

아래 전략 선택 TIP을 참고하여 <문제 먼저 읽고 지문 읽기> 또는 <지문 먼저 읽고 문제 읽기> 중 자신에게 맞는 전략을 택하여 빠르고 정확하게 문제를 풀 수 있도록 합니다.

전략 선택 TIP

1) 다음 주어진 글의 내용을 이해하며 읽는 데 몇 초가 걸리는지 기록해 둡니다.

Come join the annual office party on Friday, December 20th! Be sure to stop by Mr. Maschino's desk to inform him of your participation as well as the attendance of any accompanying family members. We hope to see you all there!

2) 아래 문제를 풀어봅니다.

What should employees tell Mr. Maschino about?
(A) Bringing family members to a party
(B) Planning for a celebration
(C) Catering for company events
(D) Giving cash to a charity

정답: (A)

글을 읽는 데 10초 이상이 걸렸거나 문제를 풀면서 다시 글의 내용을 확인했다면 → **전략1**

글을 읽는 데 10초 미만이 걸렸고, 문제를 한번에 풀었다면 → **전략2**

전략1 문제 먼저 읽고 지문 읽기

1. 질문들을 빠르게 읽고 지문에서 확인할 내용을 파악합니다.
지문을 읽기 전 먼저 질문들을 빠르게 읽어서, 어떤 내용을 지문에서 중점적으로 읽어야 하는지 확인합니다.

2. 지문을 읽으며, 미리 읽어 두었던 질문과 관련된 내용이 언급된 부분에서 정답의 단서를 확인합니다.
미리 읽어 두었던 질문의 핵심 어구와 관련된 내용이 언급된 부분을 지문에서 찾아 정답의 단서를 확인합니다.

3. 정답의 단서를 그대로 언급했거나, 다른 말로 바꾸어 표현한 보기를 정답으로 선택합니다.

전략2 지문 먼저 읽고 문제 읽기

1. 지문의 종류나 글의 제목을 확인하여 지문의 전반적인 내용을 추측합니다.

2. 지문을 읽으며 문제로 나올 것 같은 부분을 특히 꼼꼼히 확인합니다.
중심 내용, 특정 인물 및 사건, 예외 및 변동 등의 사항은 문제로 나올 가능성이 크므로 이러한 부분들을 집중적으로 확인하며 지문을 읽습니다.

3. 정답의 단서를 그대로 언급했거나, 다른 말로 바꾸어 표현한 보기를 정답으로 선택합니다.

수준별 맞춤 학습 플랜

TEST 01을 마친 후 자신의 환산 점수에 맞는 학습 플랜을 선택하고 매일매일 박스에 체크하며 공부합니다. 각 TE
마친 후, 다양한 자료를 활용하여 각 테스트를 꼼꼼하게 리뷰합니다.

* 각 테스트를 마친 후, 해당 테스트의 점수를 문제집 앞쪽에 있는 [토익 Reading 목표 달성기]에 기록하여 자신의 점수 변화를 확인할 수 있

400점 이상
2주 완성 학습 플랜
· 2주 동안 매일 테스트 1회분을 문제집 뒤의 Answer Sheet(p.411)를 활용하여 실전처럼 풀어본 후 꼼꼼하게 리뷰합니[
· 틀린 문제와 난이도 최상 문제를 다시 한번 풀어보며 완벽하게 이해합니다.
· 틀린 문제는 정답 및 오답 해설을 보며 오답이 왜 오답인지 그 이유까지 확실하게 파악합니다.

	Day 1	Day 2	Day 3	Day 4	Day 5
Week 1	□ Test 01 풀기 및 리뷰	□ Test 02 풀기 및 리뷰	□ Test 03 풀기 및 리뷰	□ Test 04 풀기 및 리뷰	□ Test 05 풀기 및 리
Week 2	□ Test 06 풀기 및 리뷰	□ Test 07 풀기 및 리뷰	□ Test 08 풀기 및 리뷰	□ Test 09 풀기 및 리뷰	□ Test 10 풀기 및 리

300~395점
3주 완성 학습 플랜
· 3주 동안 첫째 날, 둘째 날에 테스트 1회분씩을 풀어본 후 꼼꼼하게 리뷰하고, 셋째 날에는 2회분에 대한 심화 학습을 합
· 틀린 문제와 난이도 상 이상의 문제를 다시 한번 풀어보며 완벽하게 이해합니다.
· 틀린 문제는 정답 및 오답 해설을 보며 오답이 왜 오답인지 그 이유까지 확실하게 파악합니다.
· 모든 문제마다 표시된 문제 유형을 보며 자신이 자주 틀리는 문제 유형이 무엇인지 파악하고 보완합니다.
· 지문에 파란색으로 표시된 정답의 단서를 보고 정답을 선택해보며 문제 풀이 노하우를 파악합니다.

	Day 1	Day 2	Day 3	Day 4	Day 5
Week 1	□ Test 01 풀기 및 리뷰	□ Test 02 풀기 및 리뷰	□ Test 01&02 심화 학습	□ Test 03 풀기 및 리뷰	□ Test 04 풀기 및 리
Week 2	□ Test 03&04 심화 학습	□ Test 05 풀기 및 리뷰	□ Test 06 풀기 및 리뷰	□ Test 05&06 심화 학습	□ Test 07 풀기 및 리
Week 3	□ Test 08 풀기 및 리뷰	□ Test 07&08 심화 학습	□ Test 09 풀기 및 리뷰	□ Test 10 풀기 및 리뷰	□ Test 09& 심화 학습

점 이하

완성 학습 플랜

동안 이틀에 걸쳐 테스트 1회분을 풀고 꼼꼼하게 리뷰합니다.
문제와 난이도 중 이상의 문제를 다시 한번 풀어보며 완벽하게 이해합니다.
문제는 정답 및 오답 해설을 보며 오답이 왜 오답인지 그 이유까지 확실하게 파악합니다.
문제마다 표시된 문제 유형을 보며 자신이 자주 틀리는 문제 유형이 무엇인지 파악하고 보완합니다.
에 파란색으로 표시된 정답의 단서를 보고 정답을 선택해보며 문제 풀이 노하우를 파악합니다.
7의 중요한 바꾸어 표현하기를 정리하고 암기합니다.

	Day 1	Day 2	Day 3	Day 4	Day 5
Week 1	☐ Test 01 풀기	☐ Test 01 리뷰	☐ Test 02 풀기	☐ Test 02 리뷰	☐ Test 03 풀기
Week 2	☐ Test 03 리뷰	☐ Test 04 풀기	☐ Test 04 리뷰	☐ Test 05 풀기	☐ Test 05 리뷰
Week 3	☐ Test 06 풀기	☐ Test 06 리뷰	☐ Test 07 풀기	☐ Test 07 리뷰	☐ Test 08 풀기
Week 4	☐ Test 08 리뷰	☐ Test 09 풀기	☐ Test 09 리뷰	☐ Test 10 풀기	☐ Test 10 리뷰

스와 함께라면 여러분의 목표를 더 빠르게 달성할 수 있습니다!

점수에 맞춰 아래 해커스 교재로 함께 학습하시면 더욱 빠르게 여러분이 목표한 바를 달성할 수 있습니다.

400점 이상	300~395점	295점 이하
≪해커스 토익 Reading≫	≪해커스 토익 750+ RC≫	≪해커스 토익 스타트 Reading≫

TEST 01

PART 5

101

Winfield Ltd. will not accept a merger deal unless ------- terms are proposed by Evertech Industries.

(A) more favorable   (B) most favorable
(C) favorably   (D) favor

Winfield사는 Evertech사에서 더 유리한 조건을 제시하지 않는 한 합병 거래를 받아들이지 않을 것이다.

■ [형용사 자리] 비교급

빈칸 뒤의 명사(terms)를 꾸밀 수 있는 것은 형용사이므로 형용사 (A)와 (B)가 정답의 후보이다. '더 유리한 조건을 제시하지 않는 한 합병 거래를 받아들이지 않을 것이다'라는 의미가 되어야 하므로 형용사 favorable(유리한)의 비교급 (A) more favorable이 정답이다. 최상급 (B)는 정관사(the)와 함께 쓰여야 한다. 부사 (C)와 명사 또는 동사 (D)는 형용사 자리에 올 수 없다.

어휘 merger n. 합병 terms n. 조건 favorably adv. 호의적으로 favor n. 호의, 친절; v. 호의를 보이다, 찬성하다

102

The road in front of the store is on the parade route, ------- employees must park behind the building today.

(A) yet   (B) for
(C) so   (D) while

매장 앞 도로가 행진 경로에 있어서, 직원들은 오늘 건물 뒤에 주차해야 한다.

■ 등위접속사

절(The road ~ route)과 절(employees ~ today)을 연결할 수 있는 등위접속사 (A), (B), (C)와 부사절 접속사 (D)가 모두 정답의 후보이다. '도로가 행진 경로에 있어서 직원들은 건물 뒤에 주차해야 한다'라는 의미가 되어야 하므로 등위접속사 (C) so(그래서)가 정답이다. 등위접속사 (A) yet(그러나)은 '도로가 행진 경로에 있지만 직원들은 건물 뒤에 주차해야 한다'라는 어색한 문맥을 만든다. 등위접속사 (B) for(왜냐하면), 부사절 접속사 (D) while(~하는 동안)은 각각 '직원들이 건물 뒤에 주차해야 하기 때문에/주차해야 하는 동안 도로가 행진 경로에 있다'라는 어색한 문맥을 만든다.

어휘 parade n. 행진, 퍼레이드 route n. 경로, 노선

103

On Sunday, aerospace manufacturing firm Sowadee unveiled a number of midsize business jets that ------- aims to release next year.

(A) it   (B) theirs
(C) their   (D) its

일요일에, 항공우주 제조업체인 Sowadee사는 그 다음 년에 출시하려고 목표하는 다수의 중형 상용 제트기를 공개했다.

■ [주어 자리] 인칭대명사의 격

that절(that _____ ~ year) 내에 주어가 없으므로 주어 자리에 올 수 있는 주격 인칭대명사 (A)와 소유대명사 (B)가 정답의 후보이다. 'Sowadee사는 그것이 내년에 출시하려고 목표하는 제트기들을 공개했다'라는 의미가 되어야 하므로, Sowadee사를 가리키는 주격 인칭대명사 (A) it이 정답이다. 소유대명사 (B)를 쓰면 '그것들(제트기들)의 것이 내년에 출시하려고 목표한다'라는 어색한 문맥이 된다. 소유격 인칭대명사 (C)와 (D)는 주어 자리에 올 수 없다.

어휘 aerospace n. 항공우주 unveil v. 공개하다 midsize adj. 중형의

104

The Morrison Community Association has begun ------- discussions among residents and real estate developer Norwell Co. about constructing new condominiums.

(A) facilitate   (B) facilitates
(C) facilitators   (D) to facilitate

Morrison 지역 자치회는 새로운 아파트를 건설하는 것에 관해 주민들과 부동산 개발업체 Norwell사 간의 논의를 진행하기 시작했다.

■ to 부정사를 취하는 동사

빈칸 앞의 동사 begin(~을 시작하다)은 동명사와 to 부정사를 모두 목적어로 갖는 동사이므로 to 부정사 (D) to facilitate가 정답이다. 동사 (A)와 (B)는 동사의 목적어 자리에 올 수 없다. 명사 (C)를 빈칸 뒤의 discussions와 함께 써서 동사의 목적어 자리에 온 복합 명사로 보면 '지역 자치회는 주민들과 부동산 개발업체 간의 조력자들 논의를 시작했다'라는 어색한 문맥이 된다.

어휘 community association phr. 지역 자치회 real estate phr. 부동산 condominium n. 아파트, 콘도 facilitator n. 조력자, 협력자

Governor Ruth Collins ------- at the Osborne Academy Gala on November 13.

(A) to honor
(B) will honor
(C) will be honored
(D) has honored

Ruth Collins 주지사는 11월 13일 Osborne 아카데미 경축행사에서 상을 받게 될 것이다.

[동사 자리] 능동태와 수동태의 구별　　　　　　　　　　정답 (C)

빈칸에 동사가 없으므로 동사 (B), (C), (D)가 정답의 후보이다. 빈칸 뒤에 타동사 honor(상을 주다, 수여하다)의 목적어가 없고, '상을 받게 될 것이다'라는 수동의 의미가 되어야 하므로 수동태 (C) will be honored가 정답이다. (B)와 (D)는 능동태이므로 답이 될 수 없다. to 부정사 (A)는 동사 자리에 올 수 없다.

　governor n. 주지사　gala n. 경축행사

Mr. Tritton was left on his own to get ------- with the electronic filing system he would be using.

(A) notable
(B) familiar
(C) responsive
(D) dependable

Mr. Tritton은 그가 사용하게 될 전자 문서 관리 시스템에 익숙해지도록 혼자 남겨졌다.

형용사 어휘　　　　　　　　　　정답 (B)

'시스템에 익숙해지도록 혼자 남겨졌다'라는 문맥이므로 형용사 (B) familiar(익숙한)가 정답이다. (A) notable은 '주목할 만한', (C) responsive는 '즉각 반응하는', (D) dependable은 '믿을 수 있는'이라는 의미이다.

　on one's own phr. 혼자, 단독으로　filing n. 문서 관리, 서류 정리

The island has become an ------- fashionable tourist destination in recent years thanks to improvements in the service industry.

(A) increasing
(B) increased
(C) increase
(D) increasingly

그 섬은 서비스 산업에서의 발전 덕분에 최근 몇 년간 점점 더 유행하는 관광지가 되었다.

부사 자리　　　　　　　　　　정답 (D)

뒤의 형용사(fashionable)를 꾸밀 수 있는 것은 부사이므로 부사 (D) increasingly(점점 더)가 정답이다. 동명사 또는 현재분사 (A), 동사 또는 과거분사 (B), 동사 또는 명사 (C)는 형용사를 꾸밀 수 없다.

　fashionable adj. 유행하는

------- the rain, the Amberdale End-of-Summer Festival attracted more participants than ever this year.

(A) Despite
(B) Between
(C) Although
(D) Because

비에도 불구하고, Amberdale 늦여름 축제는 올해 그 어느 때보다 많은 참가자들을 유치했다.

전치사 선택 양보　　　　　　　　　　정답 (A)

뒤에 명사구(the rain)가 왔으므로, 명사구를 이끌 수 있는 전치사 (A)와 (B)가 정답의 후보이다. '비에도 불구하고 축제는 그 어느 때보다 많은 참가자들을 유치했다'라는 의미가 되어야 하므로 (A) Despite(~에도 불구하고)가 정답이다. (B) Between은 '~ 사이에'라는 의미이다. 부접속사 (C) Although(비록 ~이지만)와 (D) Because(~이기 때문에)는 뒤에 절을 이끈다.

　participant n. 참가자

109
○○○●
상

Ahead of the launch of its new flu medication, Barlow Pharmaceuticals carried out ------- research to test the drug's safety and effectiveness.

(A) thorough (B) presumable
(C) ritual (D) relative

새 독감약 출시에 앞서, Barlow 제약 회사는 그 약의 성과 효과를 시험하기 위해 철저한 연구를 진행했다.

■ 짝을 이루는 표현

'약의 안전성과 효과를 시험하기 위해 철저한 연구를 진행했다'라는 문맥이므로 빈칸 뒤의 명사 research(연구)와 함께 '철저한 연구'라는 의 어구인 thorough research를 만드는 형용사 (A) thorough(철저한)가 정답이다. (B) presumable은 '가정할 수 있는', (C) ritual은 '의식 상의, 의례적인', (D) relative는 '상대적인, 비교상의'라는 의미이다.

어휘 launch n. 출시 pharmaceuticals n. 제약 회사

110
○○○●
상

The director of the study abroad program much prefers hiring coordinators ------- in multiple languages.

(A) competence (B) competently
(C) competency (D) competent

그 유학 과정의 책임자는 여러 언어에 능숙한 담당자를 채용하는 것을 훨씬 선호한다.

■ 형용사 자리

이 문장은 주어(The director ~ program), 동사(prefers), 목적어(hiring coordinators)를 갖춘 완전한 절이므로, ___ ~ languages는 수 식어 거품으로 보아야 한다. '여러 언어에 능숙한 담당자들'이라는 문맥이므로, coordinators를 수식하는 '주격 관계대명사 + be동사'가 생략된 관계절(coordinators who are ~)의 보어 자리에 올 수 있는 형용사 (D) competent(능숙한)가 정답이다. 명사 (A)와 (C)는 각각 '여러 ~ 능숙함/역량인 담당자들'이라는 어색한 문맥을 만들고, 부사 (B)는 관계절의 보어 자리에 올 수 없다.

어휘 coordinator n. 담당자, 조정자 competence n. 능숙함, 능숙도 competency n. 역량, 자질

111
○○○●
상

Ms. Belano promised that her company's IT service would be available ------- Wilson Corp. needed assistance with its computer network.

(A) what (B) whomever
(C) which (D) whenever

Ms. Belano는 Wilson사가 컴퓨터 네트워크에 대한 이 필요할 때마다 그녀의 회사의 IT 서비스가 이용 것이라고 약속했다.

■ [수식어 거품을 이끄는 것] 부사절 접속사 복합관계부사 whenever

이 문장은 주어(Ms. Belano), 동사(promised), 목적어(that ~ available)를 갖춘 완전한 절이므로, ___ Wilson Corp. ~ network는 어 거품으로 보아야 한다. 이 수식어 거품은 동사(needed)가 있는 거품절이므로, 거품절을 이끌 수 있는 복합관계대명사 (B), 관계대 복합관계부사 (D)가 정답의 후보이다. 빈칸 뒤에 주어(Wilson Corp.), 동사(needed), 목적어(assistance)를 갖춘 완전한 절 'Wilson사가 지원이 필요할 때마다 IT 서비스가 이용 가능할 것이다'라는 의미가 되어야 하므로 복합관계부사 (D) whenever(~할 때마 ~하더라도)가 정답이다. 복합관계대명사 (B) whomever(누가/누구를 ~하더라도)와 관계대명사 (C) which는 뒤에 주어나 목적어가 빠 전한 절이 와야 한다. 명사절 접속사 (A) what은 거품절이 아닌 문장 내에서 주어나 목적어로 쓰이는 절을 이끈다.

어휘 assistance n. 지원, 도움

Mr. Brodeur contacted the photographer to ask for ------- to use a specific image in his book.

(A) impact
(B) satisfaction
(C) consent
(D) exception

Mr. Brodeur는 그의 책에 특정한 이미지를 사용하는 것에 대한 동의를 요청하기 위해 그 사진작가에게 연락했다.

명사 어휘

정답 (C)

이미지를 사용하는 것에 대한 동의를 요청하기 위해 사진작가에게 연락했다'라는 문맥이므로 명사 (C) consent(동의, 합의)가 정답이다. (A) impact는 '영향, 충격', (B) satisfaction은 '만족감, 충족'이라는 의미이다. (D) exception(예외)도 해석상 그럴듯해 보이지만, 가산 명사이므로 관사와 함께 쓰이거나 복수형으로 쓰여야 한다.

어 specific adj. 특정한, 구체적인

To ensure that all of its ingredients are 100 percent organic, the restaurant has had to be very ------- about the suppliers it works with.

(A) perceptible
(B) substantial
(C) selective
(D) constructive

그곳의 모든 재료가 100퍼센트 유기농임을 확실히 하기 위해, 그 식당은 함께 일하는 공급업체에 관해 매우 선별적이어야만 했다.

형용사 어휘

정답 (C)

든 재료가 유기농임을 확실히 하기 위해 공급업체에 관해 선별적이어야만 했다'라는 문맥이므로 형용사 (C) selective(선별적인, 까다로운)가 답이다. (A) perceptible은 '감지할 수 있는', (B) substantial은 '상당한', (D) constructive는 '건설적인'이라는 의미이다.

어 ensure v. 확실히 하다, 보장하다 organic adj. 유기농의 supplier n. 공급업체, 공급자

The softball tournament last weekend was called off ------- the terrible rainstorms in the area.

(A) owing to
(B) instead of
(C) according to
(D) besides

지난 주말 소프트볼 대회는 그 지역의 극심한 폭풍우 때문에 취소되었다.

전치사 선택 이유

정답 (A)

프트볼 대회는 폭풍우 때문에 취소되었다'라는 의미가 되어야 하므로 전치사 (A) owing to(~ 때문에)가 정답이다. (B) instead of는 '~ 대신', (C) according to는 '~에 따르면', (D) besides는 '~에 더해서'라는 의미이다.

tournament n. 대회 call off phr. 취소하다 rainstorm n. 폭풍우

California law ------- the use, sale, and production of hazardous building materials in the interest of public safety.

(A) imposes
(B) finances
(C) forbids
(D) condones

캘리포니아 법은 공중 안전을 위해 위험한 건축 자재의 사용, 판매, 그리고 생산을 금지한다.

동사 어휘

정답 (C)

중 안전을 위해 위험한 건축 자재의 사용을 금지한다'라는 문맥이므로 동사 forbid(금지하다)의 3인칭 단수형 (C) forbids가 정답이다. (A)의 pose는 '(법률·세금 등을) 도입하다, 부과하다, (의견을) 강요하다', (B)의 finance는 '자금을 대다', (D)의 condone은 '용서하다, 용납하다' 는 의미이다.

hazardous adj. 위험한 in the interest of phr. ~을 위해

116

Quav Cola's monthly profits have nearly doubled ------- the release of its strawberry-flavored soft drink last year.

(A) along
(B) since
(C) about
(D) provided

Quav Cola사의 월 수익은 지난해 딸기 맛 청량음료
시 이래로 두 배 가까이 늘었다.

■ [수식어 거품을 이끄는 것] 전치사 선택 시점

이 문장은 주어(Quav Cola's monthly profits)와 동사(have ~ doubled)를 갖춘 완전한 절이므로, ___ ~ last year는 수식어 거품
야 한다. 이 수식어 거품은 동사가 없는 거품구이므로, 거품구를 이끌 수 있는 전치사 (A), (B), (C)가 정답의 후보이다. '월 수익은 지난
맛 청량음료의 출시 이래로 두 배 가까이 늘었다'라는 의미가 되어야 하므로 시점을 나타내는 전치사 (B) since(~ 이래로)가 정답
(A) along은 '~을 따라서'라는 의미로 방향을 나타낸다. (C) about은 '~에 관하여'라는 의미이다. 부사절 접속사 (D) provided(오직 ~
우에만)는 거품구가 아닌 거품절을 이끈다.

어휘 double v. 두 배로 늘다 release n. 출시, 발표 flavored adj. 맛이 나는 soft drink phr. 청량음료

117

The owners put up a sign indicating that the café's restrooms are for paying customers -------.

(A) apart
(B) outdoors
(C) only
(D) already

주인들은 카페의 화장실이 오직 돈을 지불하는 손님들
위한 것이라고 명시하는 팻말을 세웠다.

■ 부사 어휘

'카페의 화장실은 오직 돈을 지불하는 손님들만을 위한 것'이라는 문맥이므로 부사 (C) only(오직 ~만)가 정답이다. (A) apart는 '따로,
각', (B) outdoors는 '야외에서', (D) already는 '이미'라는 의미이다.

어휘 indicate v. 명시하다, 나타내다 restroom n. 화장실

118

Mr. Zalewski has decided to stay with the company for another six months ------- retire in August as planned.

(A) rather than
(B) around
(C) as long as
(D) throughout

Mr. Zalewski는 계획대로 8월에 은퇴하기보다는 6개
회사에 머물기로 결정했다.

■ 기타 비교급 표현

'8월에 은퇴하기보다는 6개월 더 회사에 머물기로 결정했다'라는 의미가 되어야 하므로 비교급 표현 (A) rather than(~보다는)이 정답
고로, 이 문장은 rather than이 등위접속사처럼 같은 품사나 구조를 연결하는 A rather than B(B보다는 A)의 형태로 쓰여, 빈칸 두
stay와 병치 구문을 만드는 동사원형 retire가 온 형태임을 알아둔다. 전치사 (B) around(~ 주위에)와 (D) throughout(~ 동안, ~ 내내)
명사가 와야 한다. 부사절 접속사 (C) as long as(오직 ~하는 경우에만)는 뒤에 절을 이끈다.

어휘 retire v. 은퇴하다

119

Jabadi Motors announced that it would recall more than 4,000 vehicles due to a ------- airbag defect.

(A) suspicion
(B) suspecting
(C) suspected
(D) suspiciously

Jabadi Motors사는 의심되는 에어백 결함으로
4,000대 이상의 차량을 회수할 것이라고 발표했다.

■ [형용사 자리] 현재분사 vs. 과거분사

빈칸 뒤의 명사(airbag defect)를 꾸며줄 수 있는 것은 형용사이므로 형용사 역할을 하는 현재분사 (B)와 과거분사 (C)가 정답의 후보
사의 꾸밈을 받는 명사(airbag defect)와 분사가 '의심되는 에어백 결함'이라는 수동의 의미이므로 과거분사 (C) suspected(의심되는
이다. 현재분사 (B) suspecting(의심하는)을 쓰면 '의심하는 에어백 결함'이라는 어색한 문맥이 된다. 명사 (A)와 부사 (D)는 명사를 꾸
다.

어휘 recall v. 회수하다, 상기시키다 defect n. 결함

Like a lot of other obsolete devices, rotary dial telephones have been sought after by -------.

(A) collections (B) collectibles
(C) collective (D) collectors

다른 많은 구식 기기들처럼, 회전식 다이얼 전화기는 수집가들로부터 인기가 높아졌다.

[명사 자리] 사람명사 vs. 사물명사 정답 (D)

치사(by) 뒤에 올 수 있는 것은 명사이므로 명사 (A), (B), (D)가 정답의 후보이다. '수집가들로부터 인기가 높아졌다'라는 의미가 되어야 하므
사람명사 (D) collectors(수집가)가 정답이다. 사물명사 (A) collections(수집품)와 (B) collectibles(수집할 가치가 있는 것)를 쓸 경우 각각
집품들/수집할 가치가 있는 것들로부터 인기가 높아졌다'라는 어색한 문맥이 된다. 형용사 (C)는 명사 자리에 올 수 없으며, '협동 조합, 공동
체'라는 의미의 명사로 본다 해도 가산 명사이므로 관사와 함께 쓰이거나 복수형으로 쓰여야 한다.

obsolete adj. 구식의, 쓸모가 없는 rotary adj. 회전식의 dial n. 다이얼, 눈금판 sought after phr. 인기가 높은, 수요가 많은

------- renovated, the old Thompson Hills Movie Theater will become a fine art gallery for local painters.

(A) Once (B) Even though
(C) Until (D) In case

일단 개조되면, 오래된 Thompson Hills 영화관은 지역 화가들을 위한 미술관이 될 것이다.

부사절 접속사 조건 정답 (A)

단 개조되면 영화관은 미술관이 될 것이다'라는 의미가 되어야 하므로 부사절 접속사 (A) Once(일단 ~하면)가 정답이다. 부사절 접속사 (B)
en though(비록 ~이지만), (C) Until(~할 때까지), (D) In case(~에 대비하여)를 쓸 경우 각각 '비록 개조되었지만/개조될 때까지/개조되는
대비하여 영화관은 미술관이 될 것이다'라는 어색한 문맥이 된다. 참고로, ___ renovated는 주어와 be동사(it is)가 생략된 부사절임을
둔다.

renovate v. 개조하다

Hawkins Telecom will replace its monthly paper billing statement with a digital ------- effective January 1.

A) compilation (B) context
C) addition (D) version

Hawkins Telecom사는 1월 1일부로 월간 종이 청구서를 디지털 버전으로 대체할 것이다.

명사 어휘 정답 (D)

종이 청구서를 디지털 버전으로 대체할 것이다'라는 문맥이므로 명사 (D) version(버전, 판)이 정답이다. (A) compilation은 '모음집, 편
', (B) context는 '맥락', (C) addition은 '부가물, 추가'라는 의미이다.

billing statement phr. 청구서

------ 20 people in the creative department, just four came to e weekend development workshop.

A) Out of (B) Over
C) Including (D) Across

창작 부서의 20명 중에서, 단지 4명만이 주말 개발 워크숍에 왔다.

치사 선택 기타 정답 (A)

중에서 단지 4명만이 워크숍에 왔다'라는 의미가 되어야 하므로 전치사 (A) Out of(~ 중에서)가 정답이다. (B) Over는 숫자 앞에서 '~ 이
의미한다. (C) Including은 '~을 포함하여', (D) Across는 '~을 가로질러, ~의 전역에 걸쳐'라는 의미이다.

124

Andrew's coach reminded him to get eight hours of sleep the night before his race to be ------- rested.

(A) formatively
(B) distinctively
(C) sufficiently
(D) inherently

Andrew의 코치는 그에게 충분히 쉬기 위해 경주 전날 8시간의 수면을 취하라고 상기시켰다.

■ 부사 어휘

'충분히 쉬기 위해 8시간의 수면을 취하다'라는 문맥이므로 부사 (C) sufficiently(충분히)가 정답이다. (A) formatively는 '형태를 이루어 distinctively는 '뚜렷하게, 독특하게', (D) inherently는 '선천적으로, 내재적으로'라는 의미이다.

125

All applicants for the position will need a letter of ------- from a previous employer.

(A) refers
(B) references
(C) referring
(D) reference

그 직책의 모든 지원자들은 이전 고용주로부터의 추천 필요할 것이다.

■ 명사 자리

빈칸 앞 전치사(of)의 목적어 자리에 올 수 있는 것은 명사이므로 명사 (B)와 (D), 명사 역할을 하는 동명사 (C)가 정답의 후보이다. '모든 들은 추천서가 필요할 것이다'라는 의미가 되어야 하므로 빈칸 앞의 letter of와 함께 쓰여 '추천서'라는 의미의 letter of reference를 만 수 명사 (D) reference(추천, 참조)가 정답이다. 복수 명사 (B)는 그 자체로 '추천서, 증빙 서류'라는 의미이므로 All applicants ~ wi references와 같이 단독으로 쓰여야 하고, letter of와 함께 쓰이면 '추천서의 편지'라는 어색한 문맥을 만든다. 동명사 (C)는 '추천하는 지가 필요할 것이다'라는 어색한 문맥을 만든다. 동사 (A)는 명사 자리에 올 수 없다.

어휘 applicant n. 지원자

126

Officials have committed themselves to ------- 1,500 apartment units in the next five years to resolve the city's housing issues.

(A) be building
(B) built
(C) have built
(D) building

관계자들은 도시의 주택 문제를 해결하기 위해 향후 내에 1,500가구의 아파트를 짓기로 약속했다.

■ 동명사 관련 표현

빈칸 앞의 commit oneself to는 동명사와 결합하여 '~하기로 약속하다, ~에 전념하다'라는 의미를 나타내므로 동명사 (D) building 다. 진행형 'be + -ing'인 (A), 동사 또는 과거분사 (B), 동사 (C)는 동명사 자리에 올 수 없다.

어휘 unit n. 가구, 호 resolve v. 해결하다, 다짐하다

127

The lunch menus for regional school students were ------- changed because of pressure from parents.

(A) radical
(B) radicalness
(C) radically
(D) radicals

학부모들의 압력으로 인해 지역 학교 학생들을 위 메뉴가 급진적으로 바뀌었다.

■ 부사 자리

동사(were changed)를 꾸밀 수 있는 것은 부사이므로 부사 (C) radically(급진적으로)가 정답이다. 형용사 또는 명사 (A), 명사 (B) 동사를 꾸밀 수 없다. 참고로, 명사 (A), (B), (D)를 be동사(were)의 보어로 보고 changed는 명사를 뒤에서 수식해주는 과거분사로 각각 '점심 메뉴가 바뀐 급진주의자/급진성/급진주의자들이었다'라는 어색한 문맥이 된다.

어휘 pressure n. 압력, 압박 radical adj. 급진적인; n. 급진주의자 radicalness n. 급진성

The star basketball player wants the stadium host to introduce ------- last in order to get a bigger cheer from the team's fans.

(A) her
(B) herself
(C) hers
(D) she

그 스타 농구 선수는 팀의 팬들로부터 더 큰 환호를 받기 위해 경기장 진행자가 그녀를 마지막으로 소개하기를 원한다.

[목적어 자리] 인칭대명사의 격　　　　　　　정답 (A)

동사(introduce)의 목적어 자리에 올 수 있는 목적격 인칭대명사 (A), 재귀대명사 (B), 소유대명사 (C)가 정답의 후보이다. 앞에 언급된 명사(the star basketball player)를 대신하고 '경기장 진행자가 그 스타 농구 선수를 마지막으로 소개하다'라는 의미가 되어야 하므로 목적격 인칭대명사 (A) her가 정답이다. 재귀대명사 (B)와 소유대명사 (C)를 쓰면 '그 스타 농구 선수는 경기장 진행자가 스스로(진행자 자신)를/그녀의 것을 마지막으로 소개하기를 원한다'라는 어색한 문맥이 된다. 주격 인칭대명사 (D)는 동사의 목적어 자리에 올 수 없다.

stadium n. 경기장　cheer n. 환호, 함성

The jewelry and antiques will be put on display ------- they are sold at auction to let potential buyers view them first.

(A) now that
(B) except
(C) before
(D) upon

보석과 골동품들은 잠재적 구매자들이 그것들을 먼저 볼 수 있도록 하기 위해 경매에서 판매되기 전에 전시될 것이다.

[수식어 거품을 이끄는 것] 부사절 접속사 시간　　　정답 (C)

이 문장은 주어(The jewelry and antiques)와 동사(will be put on display)를 갖춘 완전한 절이므로, ___ ~ first는 수식어 거품으로 보아야 한다. 이 수식어 거품은 동사(are sold)가 있는 거품절이므로, 거품절을 이끌 수 있는 부사절 접속사 (A)와 (C)가 정답의 후보이다. '잠재적 구매자들이 그것들을 먼저 볼 수 있도록 하기 위해 판매되기 전에 전시될 것이다'라는 의미가 되어야 하므로 부사절 접속사 (C) before(~ 전에)가 정답이다. (A) now that(~이니까)을 쓸 경우 '잠재적 구매자들이 그것들을 먼저 볼 수 있도록 하기 위해 판매되니까 전시될 것이다'라는 어색한 문맥이 된다. 전치사 (B) except(~ 외에는)와 (D) upon(~ 위에, ~ 후에)은 거품절이 아닌 거품구를 이끈다.

antique n. 골동품; adj. 골동품인　auction n. 경매

Heavy traffic delays are expected beginning next week due to some ------- scheduled to occur in the area.

(A) constructs
(B) construction
(C) constructed
(D) constructing

그 지역에 발생하도록 예정되어 있는 일부 공사로 인해 다음 주부터 극심한 교통 체증이 예상된다.

명사 자리　　　　　　　　　　　　　　정답 (B)

빈칸 앞의 수량 형용사(some)의 꾸밈을 받을 수 있는 것은 명사이므로 명사 (B) construction(공사)이 정답이다. 동사 (A)와 동사 또는 과거분사 (C)는 명사 자리에 올 수 없다. (D)는 동명사일 경우 수량 형용사(some)와 함께 쓰일 수 없고, 현재분사일 경우 명사 자리에 올 수 없다.

traffic delay phr. 교통 체증

PART 6

Questions 131-134 refer to the following review.

131-134는 다음 후기에 관한 문제입니다.

A Night to Remember
___5___ out of 5 Stars

Last night, Antonio Bennett's new play *Horatio's Blues* debuted at the Imperium Theater. Considering Bennett's ------- work, which includes *The Strand* and *From Here to*
            131
Oblivion, my expectations were high. -------, I was pleasantly
                                         132
surprised by the quality of the performance. It was one of the best things I've ever seen in a theater, with excellent work in every aspect of the production. -------. In particular, Lucy
                                              133
Cartwright's heartbreaking performance as Beatrice was brilliant. At the end of the night, ------- of the audience rose
                                               134
and gave the play a standing ovation to salute a moving experience. Don't miss it!

어젯밤, Antonio Bennett의 새 연극 *Horatio's Bl* Imperium 극장에서 첫 선을 보였습니다. **131** *The S* 와 *From Here to Oblivion*을 포함하는 Bennett의 작업을 고려하여, 제 기대는 높았습니다. **132** 그럼에도 하고, 저는 공연의 수준에 기분 좋게 놀랐습니다. 그것 가 지금까지 극장에서 본 최고의 작품 중 하나였으며 의 모든 측면에서 훌륭한 작업이 이루어졌습니다. **13** 나, 연기가 그 무엇보다 돋보였습니다. 특히, Cartwright의 Beatrice로서의 가슴 아픈 연기가 탁 니다. **134** 그 밤이 끝날 무렵, 대부분의 관객이 감동 험에 경의를 표하기 위해 일어나서 연극에 기립 박ㅅ 냈습니다. 놓치지 마세요!

131 (A) prior
     (B) lengthy
     (C) advanced
     (D) collaborative

132 (A) Conversely
     (B) Nonetheless
     (C) For example
     (D) Otherwise

133 (A) It would benefit from more professional lighting
         sound.
     (B) In fact, I wouldn't be surprised if she becomes a
         major star.
     (C) The play features some incredibly vivid set desi
     (D) However, the acting stood out more than anythi
         else.

134 (A) everybody
     (B) most
     (C) anyone
     (D) both

어휘 expectation n. 기대, 예상 pleasantly adv. 기분 좋게, 즐겁게 aspect n. 측면, 면모 heartbreaking adj. 가슴 아픈, 애달픈
     standing ovation phr. 기립 박수 salute v. 경의를 표하다, 경례하다 moving adj. 감동적인

형용사 어휘

정답 (A)

'he Strand와 From Here to Oblivion을 포함하는 Bennett의 ___ 작업을 고려하여 기대가 높았다'라는 문맥이므로 형용사 (A) prior(이전의)가 정답이다. (B) lengthy는 '긴, 장황한', (C) advanced는 '고급의, 선진의', (D) collaborative는 '공동의'라는 의미이다.

접속부사 주변 문맥 파악

정답 (B)

칸이 콤마와 함께 문장의 맨 앞에 온 접속부사 자리이므로, 앞 문장과 빈칸이 있는 문장의 의미 관계를 파악하여 정답을 선택한다. 앞 문장에서 ennett의 이전 작업을 고려하여 기대가 높았다고 했고, 빈칸이 있는 문장에서는 공연의 수준에 기분 좋게 놀랐다고 했으므로, 앞서 언급된 높 기대에도 불구하고 공연의 수준에 놀랐다는 맥락을 매끄럽게 연결할 수 있는 접속부사 (B) Nonetheless(그럼에도 불구하고)가 정답이다.) Conversely는 '정반대로, 역으로', (C) For example은 '예를 들어', (D) Otherwise는 '그렇지 않으면'이라는 의미로 빈칸에 쓸 경우 어 한 문맥이 된다.

알맞은 문장 고르기

정답 (D)

칸에 들어갈 알맞은 문장을 고르는 문제이므로 주변 문맥 또는 전체 문맥을 파악한다. 뒤 문장 'In particular, Lucy Cartwright's artbreaking performance as Beatrice was brilliant.'에서 특히 Lucy Cartwright의 Beatrice로서의 가슴 아픈 연기가 탁월했다고 했 로 빈칸에는 연기의 수준과 관련된 내용이 들어가야 함을 알 수 있다. 따라서 (D) However, the acting stood out more than thing else가 정답이다.

해석
그것은 더 전문적인 조명과 음향으로부터 도움을 받을 것입니다.
사실, 저는 그녀가 주요한 스타가 되어도 놀라지 않을 것입니다.
그 연극은 믿을 수 없을 정도로 생생한 무대 디자인을 특징으로 합니다.
그러나, 연기가 그 무엇보다 돋보였습니다.

incredibly adv. 믿을 수 없을 정도로   vivid adj. 생생한   stand out phr. 돋보이다, 두드러지다

수량 표현

정답 (B)

뒤의 단수 가산 명사(audience)와 함께 쓰일 수 있는 수량 표현 (B) most(대부분)가 정답이다. 대명사 (A) everybody(모든 사람)와 부정 사 (C) anyone(누구든)은 'of the + 명사' 앞에 쓰일 수 없다. 수량 표현 (D) both(둘 다의)는 어색한 문맥을 만든다.

Grace Nichols
408 Glen Creek St.
New Bern, NC 28560

Dear Ms. Nichols,

I am writing with regard to your application for a -------.
                        135
Based on the information you included on our online form,
you could be eligible to borrow up to $20,000 for your
business, to be paid back over five years at a 7 percent
interest rate.

-------. We will confirm the figures ------- above after we have
 136   137
verified that your information is accurate. We ------- a
                        138
background check in order to do so. If you need to make any
changes to your application, contact me at 555-3312 as
soon as possible.

Sincerely,

Theo Babbit
Beasley Financial

Grace Nichols
Glen Creek가 408번지
New Bern, NC 28560

Ms. Nichols께,

135 귀하의 대출 신청과 관련하여 편지를 씁니다. 귀ㅎ
저희 온라인 양식에 포함하신 정보에 따르면, 귀하의
을 위해 2만 달러까지 대출받으실 자격이 있을 것이ㄷ
센트의 금리로 5년에 걸쳐 상환하실 수 있습니다.

136 다만, 아직 승인이 확정된 것은 아니라는 점을
주시기 바랍니다. 137 저희는 귀하의 정보가 정확한フ
한 후 위에 언급된 수치들을 확정할 것입니다. 138
하기 위해 신원 조사를 실시할 것입니다. 만약 귀하의
에 변경이 필요하시다면, 가능한 한 빨리 555-331
게 연락 주십시오.

Theo Babbit 드림
Beasley 금융사

135 (A) job
    (B) loan
    (C) visa
    (D) refund

136 (A) Unfortunately, a missed payment will impact your
        credit score.
    (B) We are interested in knowing the purpose of your
        request.
    (C) Please note, however, that approval has not yet
        been finalized.
    (D) Your assent is needed before we respond to the
        client.

137 (A) mentioning
    (B) mentioned
    (C) have mentioned
    (D) will mention

138 (A) conducted
    (B) were conducting
    (C) had been conducting
    (D) will be conducting

어휘 **application** n. 신청 **be eligible to** phr. ~할 자격이 있다 **interest rate** phr. 금리, 이율 **verify** v. 확인하다
background check phr. 신원 조사

명사 어휘 주변 문맥 파악

정답 (B)

'__ 신청과 관련하여 편지를 쓰다'라는 문맥이므로 모든 보기가 정답의 후보이다. 빈칸이 있는 문장만으로는 정답을 고를 수 없으므로 주변 문맥이나 전체 문맥을 파악한다. 뒤 문장에서 2만 달러까지 대출받을 자격이 있을 것이라고 했으므로 대출에 대해 이야기하고 있음을 알 수 있다. 따라서 명사 (B) loan(대출)이 정답이다. (A) job은 '일자리', (C) visa는 '비자', (D) refund는 '환불'이라는 의미이다.

알맞은 문장 고르기

정답 (C)

빈칸에 들어갈 알맞은 문장을 고르는 문제이므로 주변 문맥 또는 전체 문맥을 파악한다. 앞 문장에서 온라인 양식에 포함한 정보에 따르면 2만 달러까지 대출받을 자격이 있을 것이며 7퍼센트의 금리로 5년에 걸쳐 상환할 수 있다고 한 후, 뒤 문장에서 정보가 정확한지 확인한 후 수치들을 확정할 것이라고 했으므로 빈칸에는 대출 승인과 관련된 내용이 들어가야 함을 알 수 있다. 따라서 (C) Please note, however, that approval has not yet been finalized가 정답이다.

■ 해석
안타깝게도, 누락된 지급은 귀하의 신용 점수에 영향을 미칠 것입니다.
저희는 귀하의 요청의 목적을 알고 싶습니다.
다만, 아직 승인이 확정된 것은 아니라는 점을 유념해 주시기 바랍니다.
저희가 고객에게 응답하기 전에 귀하의 동의가 필요합니다.

missed adj. 누락된, 놓친 impact v. 영향을 미치다 approval n. 승인 finalize v. 확정하다, 마무리 짓다 assent n. 동의, 찬성

[수식어 거품을 이끄는 것] 현재분사 vs. 과거분사

정답 (B)

이 문장은 주어(We), 동사(will confirm), 목적어(the figures)를 모두 갖춘 완전한 절이므로, ___ above는 수식어 거품으로 보아야 한다. 이 수식어 거품은 앞의 명사(figures)를 꾸미고 있으므로 명사를 뒤에서 꾸밀 수 있는 현재분사 (A)와 과거분사 (B)가 정답의 후보이다. 빈칸 뒤에 목적어가 없고, 분사의 꾸밈을 받는 명사(figures)와 분사가 '언급된 수치들'이라는 의미의 수동 관계이므로 동사 mention(언급하다)의 과거분사 (B) mentioned가 정답이다. 현재분사 (A)는 빈칸 뒤에 타동사(mention)의 목적어가 없으므로 답이 될 수 없다. 동사 (C)와 (D)는 수식어 거품을 이끌 수 없다.

미래 시제 주변 문맥 파악

정답 (D)

'~하게 하기 위해 신원 조사를 실시하다'라는 문맥인데, 이 경우 빈칸이 있는 문장만으로는 올바른 시제의 동사를 고를 수 없으므로 주변 문맥이나 전체 문맥을 파악한다. 앞 문장에서 귀하, 즉 Ms. Nichols의 정보가 정확한지 확인한 후 위에 언급된 수치들을 확정할 것이라고 했으므로 신원 조사가 아직 실시되지 않았음을 알 수 있다. 따라서 미래 시제 (D) will be conducting이 정답이다. 과거 시제 (A), 과거진행 시제 (B), 과거진행 시제 (C)는 아직 일어나지 않은 미래의 일을 나타낼 수 없다.

139-142는 다음 회람에 관한 문제입니다.

To: All faculty and staff
From: Evelyn Perry, Vice President of Operations
Subject: Parking
Date: September 1

Over the summer, Kiefer University implemented changes to strengthen campus -------. Our main goal has been to make the university's parking lots safer for students and staff.
139

-------. We achieved this by setting up bright lights in all on-campus parking lots. We also focused on ------- some of the dense shrubbery around parking lot borders. Additionally, we installed emergency phones in key locations.
140   **141**

------- these changes come at a considerable cost, we have no choice but to raise the price of monthly parking passes to $60. They are available to purchase at that price starting today.
142

Thank you for understanding.

수신: 전 교수진 및 교직원
발신: Evelyn Perry 운영 부사장
제목: 주차
날짜: 9월 1일

139 여름 동안, Kiefer 대학교는 캠퍼스 보안을 강화하해 변화를 시행했습니다. 저희의 주요 목표는 대학교장을 학생과 교직원들에게 더 안전하게 만드는 것이다.

140 저희가 가장 먼저 한 일은 가시성을 높이는 것이다. 저희는 캠퍼스 내 모든 주차장에 밝은 조명을 설로써 이것을 완수했습니다. 141 저희는 또한 주차장 변의 빽빽한 관목을 일부 제거하는 데 주력했습니다적으로, 주요 장소에 비상 전화기를 설치했습니다.

142 이런 변화들은 상당한 비용이 들기 때문에, 저주차권 가격을 60달러로 올릴 수밖에 없습니다. 주오늘부터 이 가격으로 구매 가능합니다.

이해해 주셔서 감사합니다.

---

139 (A) solidarity
(B) communication
(C) security
(D) productivity

140 (A) You may not leave your car here overnight.
(B) This dark intersection was the site of a serious accident.
(C) Students have complained about the lack of parking.
(D) The first thing we did was increase visibility.

141 (A) clearly
(B) clearing
(C) cleared
(D) clear

142 (A) Although
(B) If
(C) As
(D) Unless

어휘 **implement** v. 시행하다, 실시하다 **dense** adj. 빽빽한, 밀집한 **shrubbery** n. 관목 **border** n. 경계

명사 어휘 주변 문맥 파악   정답 (C)

☒efer 대학교는 캠퍼스 ____을 강화하기 위해 변화를 시행했다'라는 문맥이므로 모든 보기가 정답의 후보이다. 빈칸이 있는 문장만으로는 정
☒을 고를 수 없으므로 주변 문맥이나 전체 문맥을 파악한다. 뒤 문장에서 주요 목표는 대학교 주차장을 학생과 교직원들에게 더 안전하게 만드
☒ 것이었다고 했으므로 보안에 대해 이야기하고 있음을 알 수 있다. 따라서 명사 (C) security(보안)가 정답이다. (A) solidarity는 '연대, 결속',
☒ communication은 '소통', (D) productivity는 '생산성'이라는 의미이다.

알맞은 문장 고르기   정답 (D)

☒에 들어갈 알맞은 문장을 고르는 문제이므로 빈칸의 주변 문맥 또는 전체 문맥을 파악한다. 뒤 문장 'We achieved this by setting up
☒ght lights in all on-campus parking lots.'에서 캠퍼스 내 모든 주차장에 밝은 조명을 설치함으로써 이것을 완수했다고 했으므로, 빈칸에
☒ 주차장에 조명을 설치하여 완수한 것에 대한 내용이 들어가야 함을 알 수 있다. 따라서 (D) The first thing we did was increase
☒ibility가 정답이다.

☒ 해석
여러분은 하룻밤 동안 차를 여기에 두고 가시면 안 됩니다.
이 어두운 교차로는 심각한 사고가 발생한 장소였습니다.
학생들은 주차 공간 부족에 대해 불평해 왔습니다.
저희가 가장 먼저 한 일은 가시성을 높이는 것이었습니다.

overnight adv. 하룻밤 동안, 밤사이에   **intersection** n. 교차로   **site** n. 장소, 부지   **lack** n. 부족, 결핍   **visibility** n. 가시성

[목적어 자리] 동명사의 역할, 형태, 의미상 주어   정답 (B)

☒ 뒤의 명사구(some of the dense shrubbery)를 목적어로 취하면서 전치사(on)의 목적어 자리에 올 수 있는 동명사 (B) clearing이 정
☒다. 부사 (A), 동사 또는 과거분사 (C), 동사 (D)는 전치사의 목적어 자리에 올 수 없다. (D)를 '분명한, 확실한'이라는 의미의 형용사로 본다
☒, 특별한 연결어 없이 수량 형용사 some 앞에 올 수 없으므로 답이 될 수 없다.

☒사절 접속사 주변 문맥 파악   정답 (C)

☒ 변화들은 상당한 비용이 들기 때문에 월 주차권 가격을 60달러로 올릴 수밖에 없다'라는 의미가 되어야 하므로 이유를 나타내는 부사절 접
☒ (C) As(~이기 때문에)가 정답이다. (B) If(만약 ~이라면)도 해석상 그럴듯해 보이지만, 뒤 문장에서 주차권은 오늘부터 이 가격, 즉 오른 가
☒로 구매 가능하다고 했으므로 '만약 이런 변화들이 상당한 비용이 든다면'이라는 미래의 조건을 나타내는 내용은 적절하지 않다. (A)
☒ough(비록 ~이지만)와 (D) Unless(만약 ~이 아니라면)를 쓰면 각각 '비록 이런 변화들은 상당한 비용이 들지만/만약 이런 변화들이 상당한
☒이 들지 않는다면 월 주차권 가격을 올릴 수밖에 없다'라는 어색한 문맥이 된다.

Questions 143-146 refer to the following notice. 143-146은 다음 공고에 관한 문제입니다.

Notice to Port Buena Restaurant Operators

All restaurants in Port Buena ------- by law to provide their
143
staff with the skills needed to handle food hygienically. This
is due to Regulation 563C, which went into effect last
summer. As it is now ------- to obtain certification to handle
144
food in a local restaurant, the city has developed an online
instructional program.

The course is free and covers the basics of food safety, with
the goal of reducing the potential for contamination. -------.
145
Please note that participants will be tested on what they
have learned once they are done. ------- who fail may retake
146
the course at a later date.

Port Buena 레스토랑 운영자들에게 공고

143 Port Buena의 모든 레스토랑들은 직원들에게 ◦
위생적으로 다루는 데 필요한 기술을 제공하도록 법○
요구됩니다. 이것은 지난여름부터 시행된 563C 규◦
인한 것입니다. 144 이제 지역 레스토랑에서 식품을 ◦
기 위해 인증을 획득하는 것이 의무적임에 따라, 시◦
온라인 교육 프로그램을 개발했습니다.

이 수업은 무료이고, 오염 가능성을 줄이기 위한 목◦
식품 안전의 기본 사항을 다룹니다. 145 그것은 이해◦
고 한 시간 이내에 완료할 수 있습니다. 참가자들은 ◦
학습한 내용에 대해 테스트를 받게 되는 점 참고 바◦
146 불합격자들은 나중에 재수강할 수 있습니다.

143 (A) are required
(B) has been required
(C) will be required
(D) had been required

144 (A) straightforward
(B) unhygienic
(C) insufficient
(D) obligatory

145 (A) Customer service in the restaurant industry is in
decline.
(B) Health inspections are carried out on a fairly reg
basis.
(C) It is easy to follow and can be completed in und
an hour.
(D) Such employment opportunities are becoming n

146 (A) Them
(B) Those
(C) Each
(D) Others

어휘   handle v. 다루다, 취급하다 hygienically adv. 위생적으로 go into effect phr. 시행되다, 발효되다 obtain v. 획득하다, 얻다
certification n. 인증, 자격 contamination n. 오염

동사는 수, 태, 시제가 맞아야 한다. 주변 문맥 파악   정답 (A)

장에 복수 주어(All restaurants in Port Buena)만 있고 동사가 없으므로, 복수 주어와 함께 쓰일 수 있는 동사 (A), (C), (D)가 정답의 후보
다. 'Port Buena의 모든 레스토랑들은 직원들에게 기술을 제공하도록 법에 의해 요구되다'라는 문맥인데, 이 경우 빈칸이 있는 문장만으로는
바른 시제의 동사를 고를 수 없으므로 주변 문맥이나 전체 문맥을 파악한다. 뒤 문장에서 이것은 지난여름부터 시행된 규정으로 인한 것이라고
으므로, 법에 의해 요구되는 것이 지난여름에 시작되어 현재에도 계속되는 일임을 알 수 있다. 따라서 현재 시제 (A) are required가 정답이
. 미래 시제 (C)와 과거완료 시제 (D)는 현재의 일을 나타낼 수 없다. 단수 동사 (B)는 복수 주어와 함께 쓰일 수 없다.

형용사 어휘 전체 문맥 파악   정답 (D)

제 지역 레스토랑에서 식품을 취급하기 위해 인증을 획득하는 것이 ___ 하다'라는 문맥이므로 모든 보기가 정답의 후보이다. 빈칸이 있는 문
만으로는 정답을 고를 수 없으므로 주변 문맥이나 전체 문맥을 파악한다. 앞부분에서 Port Buena의 모든 레스토랑들은 직원들에게 식품을
생적으로 다루는 데 필요한 기술을 제공하도록 법에 의해 요구되며, 이것은 지난여름부터 시행된 규정으로 인한 것이라고 했으므로 식품을 취
하기 위해 인증을 획득하는 것이 의무적임을 알 수 있다. 따라서 형용사 (D) obligatory(의무적인)가 정답이다. (A) straightforward는 '간단
, 솔직한', (B) unhygienic은 '비위생적인', (C) insufficient는 '불충분한, 미흡한'이라는 의미이다.

알맞은 문장 고르기   정답 (C)

칸에 들어갈 알맞은 문장을 고르는 문제이므로 주변 문맥 또는 전체 문맥을 파악한다. 앞 문장 'The course is free and covers the
sics of food safety, with the goal of reducing the potential for contamination.'에서 이 수업은 무료이고 오염 가능성을 줄이기 위
목적으로 식품 안전의 기본 사항을 다룬다고 했으므로, 빈칸에는 수업에 대한 세부 내용이 들어가야 함을 알 수 있다. 따라서 (C) It is easy
follow and can be completed in under an hour가 정답이다.

해석
레스토랑 산업의 고객 서비스가 쇠퇴하고 있습니다.
건강검진은 상당히 정기적으로 실시됩니다.
그것은 이해하기 쉽고 한 시간 이내에 완료할 수 있습니다.
이러한 고용 기회들은 드물어지고 있습니다.

in decline phr. 쇠퇴하고 있는, 기우는 on a regular basis phr. 정기적으로 fairly adv. 상당히, 꽤 rare adj. 드문, 희귀한

[주어 자리] 지시대명사   정답 (B)

장에 동사(may retake)만 있고 주어가 없으므로 주어 역할을 할 수 있는 지시대명사 (B), 부정대명사 (C)와 (D)가 정답의 후보이다. 빈칸 뒤
관계절(who fail)의 동사(fail)가 복수형이고 '불합격자들'이라는 의미가 되어야 하므로, 복수를 나타내는 지시대명사 (B) Those(~하는 사람
가 정답이다. 부정대명사 (C) Each는 '각각'이라는 의미로 단수 취급되므로 단수 동사와 쓰여야 한다. 부정대명사 (D) Others는 이미 언급
것(participants) 이외의 것들 중 몇몇을 가리키므로, '불합격하는 다른 참가자들(테스트를 받게 되는 참가자들 이외의 참가자들)'이라는 어
문맥을 만든다. 목적격 인칭대명사 (A) Them은 주어 자리에 올 수 없다.

PART 7

Questions 147-148 refer to the following memo.

147-148은 다음 회람에 관한 문제입니다.

TO: All employees
FROM: Jim O'Connell, CEO
DATE: May 15
SUBJECT: F.Y.I.

Dear staff,

Your personal fulfillment here at O'Connell Database Software is as important to us as our bottom line. We want to ensure that you're motivated and that you feel like you're making a difference. That's why, in the next few days, [147]we'll be sending out an online employee satisfaction survey to each of you. So, [148]be sure to check your e-mail frequently. When taking the survey, you will be asked to rate various aspects of your experience and provide any suggestions you might have. Your responses will be totally anonymous.

수신: 전 직원
발신: Jim O'Connell 최고 경영자
날짜: 5월 15일
제목: 참고

직원 여러분께,

여기 O'Connell 데이터베이스 소프트웨어사에서 여러 개인적인 만족은 저희에게 수익만큼이나 중요합니다. 는 여러분이 의욕 있으며 변화를 창출하고 있다고 느끼 보장하고 싶습니다. 그렇기 때문에, 앞으로 며칠 [147]저희는 여러분 각자에게 온라인 직원 만족도 설문 발송할 예정입니다. 따라서, [148]이메일을 꼭 자주 확인 기 바랍니다. 설문조사에 응할 때, 여러분은 경험의 측면을 평가하고 가지고 있을 수 있는 어떤 건의 사항 제시하도록 요청될 것입니다. 여러분의 답변은 완전 일 것입니다.

어휘
☐ **F.Y.I.** phr. 참고, 정보
☐ **ensure** v. 보장하다
☐ **aspect** n. 측면

☐ **fulfillment** n. 만족, 성취감
☐ **motivated** adj. 의욕 있는, 동기 부여된
☐ **totally** adv. 완전히

☐ **bottom line** phr. 수익, 순익
☐ **rate** v. 평가하다
☐ **anonymous** adj. 익명의

147
○○○●
하

Why was the memo written?

(A) To summarize some achievements
(B) To express appreciation for employees
(C) To notify employees about a questionnaire
(D) To announce a change in corporate benefits

회람은 왜 쓰였는가?

(A) 일부 성과를 요약하기 위해
(B) 직원들에게 감사를 표하기 위해
(C) 직원들에게 설문조사에 관해 공지하기 위해
(D) 회사 복지에 관한 변경을 발표하기 위해

■ **주제/목적 찾기** 글을 쓴 이유

회람이 쓰인 이유를 묻는 목적 찾기 문제이다. 특별히 이 문제는 지문의 중반에 지문의 목적과 관련된 내용이 언급되었음에 유의한다. 'we sending out an online employee satisfaction survey to each of you'에서 여러분, 즉 전 직원 각자에게 온라인 직원 만족도 설문 발송할 예정이라고 했으므로 (C)가 정답이다.

바꾸어 표현하기
survey 설문조사 → questionnaire 설문조사

어휘 **summarize** v. 요약하다 **achievement** n. 성과, 성취 **notify** v. 공지하다 **corporate** adj. 회사의, 기업의

148
○○○●
중

What does the memo instruct people to do?

(A) Attend a meeting later today
(B) Leave suggestions at the HR office
(C) Finish an assignment by a given time
(D) Check their inboxes

회람은 사람들에게 무엇을 하라고 지시하는가?

(A) 오늘 늦게 회의에 참석한다
(B) 인사팀에 건의 사항을 남긴다
(C) 주어진 시간까지 업무를 완료한다
(D) 수신함을 확인한다

■ **육하원칙** What

회람이 사람들에게 무엇(What)을 하라고 지시하는지를 묻는 육하원칙 문제이다. 'be sure to check your e-mail frequently'에서 꼭 자주 확인하기 바란다고 했으므로 (D)가 정답이다.

바꾸어 표현하기
e-mail 이메일 → inboxes 수신함

어휘 **attend** v. 참석하다 **given** adj. 주어진, 특정한 **inbox** n. (이메일) 수신함, 받은 편지함

Questions 149-150 refer to the following advertisement.

149-150은 다음 광고에 관한 문제입니다.

Let Handyman Connections Do the Work for You!

[149]Find the perfect business to take care of your home-repair needs at handymanconnections.com!

- Browse through thousands of plumbers, carpenters, electricians, and other home-repair experts
- Search for experts in your area
- [150-B]Read through reviews written by local clients, or post a review yourself of a home-repair or maintenance service
- Receive repair and maintenance discounts

Visit our Web site or download our mobile application for further details. Contact our business manager to inquire about opportunities to advertise on our site.

Handyman Connections사가 당신을 위해 일하게 하세요!

[149]handymanconnections.com에서 당신의 집 수리 필요 사항을 해결할 완벽한 업체를 찾으십시오!

- 수천 명의 배관공, 목수, 전기 기술자, 그리고 기타 집 수리 전문가들을 훑어보세요
- 당신의 지역에 있는 전문가들을 찾으세요
- [150-B]지역 고객들이 작성한 후기를 읽거나, 집 수리 또는 유지보수 서비스에 대한 후기를 직접 게시하세요
- 수리 및 유지보수 할인을 받으세요

더 자세한 내용을 위해서는 저희 웹사이트를 방문하거나 모바일 애플리케이션을 다운로드하십시오. 저희 사이트에서 광고할 수 있는 기회에 대해 문의하려면 사업 관리자에게 연락하십시오.

어휘 □ browse through phr. ~을 훑어보다   □ plumber n. 배관공   □ carpenter n. 목수
      □ electrician n. 전기 기술자   □ inquire v. 문의하다

What is being advertised?

(A) A hardware store
(B) An Internet service provider
(C) A home maintenance site
(D) A job posting service

광고되고 있는 것은 무엇인가?

(A) 철물점
(B) 인터넷 서비스 공급업체
(C) 집 유지보수 사이트
(D) 채용 공고 서비스

주제/목적 찾기 글의 주제   정답 (C)

광고되고 있는 것을 묻는 주제 찾기 문제이므로 지문의 앞부분을 주의 깊게 확인한다. 'Find the perfect business to take care of your home-repair needs at ~!'에서 웹사이트에서 집 수리 필요 사항을 해결할 완벽한 업체를 찾으라고 했으므로 (C)가 정답이다.

  hardware store phr. 철물점

What is indicated about the business?

(A) It charges low membership fees.
(B) It allows customers to post comments.
(C) It offers free advertising to local businesses.
(D) It receives applications through e-mail.

업체에 대해 언급된 것은?

(A) 소정의 회비를 청구한다.
(B) 고객들이 의견을 게시하도록 허용한다.
(C) 지역 업체들에게 무료 광고를 제공한다.
(D) 이메일로 신청받는다.

Not/True True 문제   정답 (B)

업체의 핵심 어구인 business와 관련된 내용을 지문에서 찾아 각 보기와 대조하는 Not/True 문제이다. (A), (C), (D)는 지문에 언급되지 않은 내용이다. (B)는 'Read through reviews written by local clients, or post a review yourself of a home-repair or maintenance service'에서 지역 고객들이 작성한 후기를 읽거나 집 수리 또는 유지보수 서비스에 대한 후기를 직접 게시하라고 했으므로 지문의 내용과 일치한다. 따라서 (B)가 정답이다.

  charge v. 청구하다

To: QuickShip Customer Service <support@quickship.com>
From: Peter Howard <peterhoward@yourmail.com>
Date: March 30
Subject: Missing package

To Whom It May Concern,

I recently arranged to have a package delivered by QuickShip Logistics. ^{151-B/D}My package, which was given the tracking number 6519, was due to arrive on March 29 by 5 P.M.

At 4:47 P.M., ^{151-A}I received an e-mail alert that the package had been delivered and left by my front door. But when I arrived home less than an hour later, I couldn't find it on my porch or nearby. ¹⁵²Nor did I see it by my mailbox.

I asked my next-door neighbors if they had received my package by mistake, but they hadn't seen it. I think my package may have been delivered to the wrong address, or perhaps it was stolen from my porch.

Can you please confirm that my package was delivered to 431 Willard Avenue? I would appreciate a quick response. Please call or text me at 555-9192.

Thanks,
Peter Howard

수신: QuickShip 고객 서비스
　　<support@quickship.com>
발신: Peter Howard <peterhoward@yourmail.c
날짜: 3월 30일
제목: 소포 분실

담당자분께,

저는 최근에 QuickShip 물류회사로부터 소포를 배∎
로 했습니다. ^{151-B/D}추적 번호 6519를 받은 제 소포∎
29일 오후 5시까지 도착할 예정이었습니다.

오후 4시 47분에, ^{151-A}저는 소포가 배송되어 현관∎
놓였다는 이메일 알림을 받았습니다. 하지만 한 시∎
지 않아 집에 도착했을 때, 현관이나 근처에서 그것∎
수 없었습니다. ¹⁵²제 우편함 옆에서도 보지 못했습니∎

옆집 이웃들에게 실수로 제 소포를 받았는지 물어보∎
그들은 그것을 보지 못했습니다. 제 소포가 잘못된 ∎
배송되었거나, 현관에서 도난당한 것 같습니다.

제 소포가 Willard로 431번지로 배송되었는지 확인∎
수 있나요? 빠른 답변을 주시면 감사하겠습니다. ∎
9192로 전화나 메시지 주세요.

감사합니다,
Peter Howard 드림

어휘　□ logistics n. 물류회사　　　　　□ alert n. 알림, 경보　　　　　□ porch n. 현관, 베란다

151

Which information did Mr. Howard NOT receive?

(A) A delivery confirmation
(B) An arrival date
(C) A contact number
(D) A tracking code

Mr. Howard가 받은 정보가 아닌 것은?

(A) 배송 확인
(B) 도착일자
(C) 연락처
(D) 추적 번호

■ Not/True Not 문제

질문의 핵심 어구인 information ~ Mr. Howard ~ receive와 관련된 내용을 지문에서 찾아 각 보기와 대조하는 Not/True 문제이다∎
received an e-mail alert that the package had been delivered'에서 소포가 배송되었다는 이메일 알림을 받았다고 했으므로 ∎
용과 일치한다. (B)와 (D)는 'My package, which was given the tracking number 6519, was due to arrive on March ∎
P.M.'에서 추적 번호 6519를 받은 자신의 소포가 3월 29일 오후 5시까지 도착할 예정이었다고 했으므로 지문의 내용과 일치한다. (C)∎
언급되지 않은 내용이다. 따라서 (C)가 정답이다.

What has Mr. Howard already done?

(A) Ordered a new item
(B) Processed a refund
(C) Visited a post office
(D) Checked by a mailbox

Mr. Howard는 이미 무엇을 했는가?	

(A) 새로운 물품을 주문했다
(B) 환불을 처리했다
(C) 우체국을 방문했다
(D) 우편함 옆을 확인했다

육하원칙 What

정답 (D)

. Howard가 이미 무엇(What)을 했는지를 묻는 육하원칙 문제이다. 질문의 핵심 어구인 Mr. Howard already done과 관련하여, 'Nor
I see it[package] by my mailbox.'에서 자신의 우편함 옆에서도 소포를 보지 못했다고 했으므로 (D)가 정답이다.

process v. 처리하다, 가공하다

153-154는 다음 메시지 대화문에 관한 문제입니다.

Nelson Kemper [11:23 A.M.]
Joselyn, [153]I just heard that Ms. Lee is unable to come to the meeting, so I suggested a conference call. We will now talk to her tomorrow.

Joselyn Basset [11:25 A.M.]
Actually, that works out nicely. [153]It gives me more time to prepare.

Nelson Kemper [11:26 A.M.]
Right. Could you do some more research regarding her current energy investments?

Joselyn Basset [11:28 A.M.]
Sure. Also, [154]should we review Ms. Lee's contract again?

Nelson Kemper [11:31 A.M.]
Good thinking. [154]Let's take another look at it. Whenever you have time this afternoon, could you stop by my office?

Joselyn Basset [11:35 A.M.]
[154]I will come over at 3 P.M. after my other meeting.

Nelson Kemper [오전 11시 2]
Joselyn, [153]방금 Ms. Lee가 회의에 올 수 없다고 들 제가 전화 회담을 제안했어요. 이제 우리는 그녀와 내 화할 거예요.

Joselyn Basset [오전 11시 2]
사실, 그거 잘됐네요. [153]준비할 시간이 더 많아졌어요.

Nelson Kemper [오전 11시 :
맞아요. 그녀의 현재 에너지 투자에 대해서 더 조사하 수 있나요?

Joselyn Basset [오전 11시 :
물론이죠. 또, [154]Ms. Lee의 계약서를 재검토해야 할까

Nelson Kemper [오전 11시
좋은 생각이에요. [154]한 번 더 봅시다. 오늘 오후에 시 때 언제든, 제 사무실에 들러 주실 수 있나요?

Joselyn Basset [오전 11시
[154]다른 회의 후 오후 3시에 방문할게요.

어휘 □ investment n. 투자   □ contract n. 계약서, 계약

153

At 11:25 A.M., what does Ms. Basset most likely mean when she writes, "Actually, that works out nicely"?

(A) She is content with a delay.
(B) She prefers to meet in person.
(C) She will change a proposal.
(D) She approves of an investment.

오전 11시 25분에, Ms. Basset이 "Actually, that w out nicely"라고 썼을 때 그녀가 의도한 것 같은 것은

(A) 지연에 대해 만족한다.
(B) 직접 만나는 것을 선호한다.
(C) 제안을 변경할 것이다.
(D) 투자에 대해 찬성한다.

■ 의도 파악

Ms. Basset이 의도한 것을 묻는 문제이므로, 질문의 인용어구(Actually, that works out nicely)가 언급된 주변 문맥을 확인한디 heard that Ms. Lee is unable to come to the meeting ~. We will now talk to her tomorrow.'에서 Nelson Kemper가 병 Lee가 회의에 올 수 없다고 들었고, 이제 그녀와 내일 대화할 것이라고 하자, Ms. Basset이 'Actually, that works out nicely.'(사실 됐네요)라고 한 후, 'It gives me more time to prepare.'에서 준비할 시간이 더 많아졌다고 한 것을 통해, Ms. Basset은 회의가 내일 된 것에 대해 만족한다는 것을 알 수 있다. 따라서 (A)가 정답이다.

어휘 content adj. 만족하는 delay n. 지연, 지체 in person phr. 직접, 대면으로 approve of phr. ~에 대해 찬성하다, 승인하다

What will Ms. Basset do at 3 P.M.?

(A) Conduct some research
(B) Set up a conference call
(C) Go over a document
(D) Meet with some clients

Ms. Basset은 오후 3시에 무엇을 할 것인가?

(A) 조사를 실시한다
(B) 전화 회담을 준비한다
(C) 문서를 점검한다
(D) 고객들과 만난다

육하원칙 What   정답 (C)

s. Basset이 오후 3시에 무엇(What)을 할 것인지를 묻는 육하원칙 문제이다. 질문의 핵심 어구인 Ms. Basset do at 3 P.M.과 관련하여,
ould we review Ms. Lee's contract again?'에서 Ms. Basset이 Ms. Lee의 계약서를 재검토해야 할지 묻자, 'Let's take another
k at it. Whenever you have time this afternoon, could you stop by my office?'에서 Nelson Kemper가 한 번 더 보자고 하면서
 오후에 시간 날 때 언제든 자신의 사무실에 들러 줄 수 있냐고 한 후, 'I will come over at 3 P.M. after my other meeting.'에서 Ms.
sset이 다른 회의 후 오후 3시에 방문하겠다고 했으므로 (C)가 정답이다.

1어 표현하기

iew ~ contract 계약서를 검토하다 → Go over a document 문서를 점검하다

   set up phr. 준비하다, 설정하다   go over phr. 점검하다, 검토하다

Questions 155-157 refer to the following review.

155-157은 다음 후기에 관한 문제입니다.

Reviewer: Elizabeth J. Hunter
Product: TrueSure MT-1 Washer-Dryer
Rating: ★★★★☆

A few months ago, I purchased a TrueSure MT-1 washer-dryer at an appliance chain. Overall, the product has been quite satisfactory. It washes and dries clothes effectively without making much noise. The MT-1 is also very compact, and I found it easy to install under a kitchen counter. But [156]the best thing is how little power it uses to get the job done. Over time, I think this will save a great deal of money.

Of course, you would get faster drying performance with a dedicated dryer. With the MT-1, drying clothes completely often takes a couple of hours. [157]If you have more room in your house, I wouldn't recommend an all-in-one product like this. Yet, for many city residents, this is a decent option.

후기 작성자: Elizabeth J. Hunter
제품: TrueSure MT-1 세탁건조기
평점: ★★★★☆

몇 달 전, 저는 가전제품 체인점에서 TrueSure MT-1 건조기를 구입했습니다. 전반적으로, 이 제품은 꽤 만족스럽습니다. 그것은 많은 소음을 내지 않으면서 효과적으로 옷을 세탁하고 건조합니다. MT-1은 또한 매우 작고, 조리대 아래에 설치하기 쉬웠습니다. 하지만 [156]가장 좋은 것은 그것이 작업을 하기 위해 얼마나 적은 전력을 사용하는지입니다. 시간이 지남에 따라, 이것이 많은 돈을 절약할 것이라고 생각합니다.

물론, 전용 건조기가 있으면 더 빠른 건조 성능을 얻을 수 있습니다. MT-1을 사용하면, 옷을 완전히 건조하는 데 종종 몇 시간이 걸립니다. [157]만약 당신의 집에 공간이 더 많다면 저는 이런 일체형 제품을 추천하지 않을 것입니다. 하지만 많은 도시 주민들에게는 이것이 괜찮은 선택입니다.

어휘 ☐ **appliance** n. 가전제품 ☐ **overall** adv. 전반적으로 ☐ **compact** adj. 작은, 소형의
☐ **install** v. 설치하다 ☐ **dedicated** adj. 전용의, 헌신하는 ☐ **all-in-one** adj. 일체형의
☐ **decent** adj. 괜찮은, 적절한

155

The word "chain" in paragraph 1, line 2, is closest in meaning to

(A) string
(B) bond
(C) series
(D) group

1문단 두 번째 줄의 단어 "chain"은 의미상 –와 가장 가깝다.

(A) 줄
(B) 연결
(C) 시리즈
(D) 그룹

■ **동의어**

chain을 포함하는 구절 'I purchased a TrueSure MT-1 washer-dryer at an appliance chain'에서 chain이 '체인점'이라는 뜻으로 사용되었다. 따라서 '(기업의) 그룹'이라는 뜻을 가진 (D)가 정답이다.

156

Which feature of the washer-dryer was Ms. Hunter most satisfied with?

(A) Its washing capacity
(B) Its low noise level
(C) Its energy efficiency
(D) Its drying speed

Ms. Hunter는 세탁건조기의 어떤 특징에 가장 만족했는가?

(A) 세탁 용량
(B) 낮은 소음 수준
(C) 에너지 효율
(D) 건조 속도

■ **육하원칙** Which

Ms. Hunter가 세탁건조기의 어떤(Which) 특징에 가장 만족했는지를 묻는 육하원칙 문제이다. 질문의 핵심 어구인 feature of the washer-dryer ~ Ms. Hunter most satisfied with와 관련하여, 'the best thing is how little power it uses to get the job done'에서 가장 좋은 것은 그것, 즉 세탁건조기가 작업을 하기 위해 얼마나 적은 전력을 사용하는지라고 했으므로 (C)가 정답이다.

어휘 **capacity** n. 용량, 수용력

Whom would Ms. Hunter discourage from buying the MT-1?

(A) People with larger homes
(B) Residents of city centers
(C) Owners of laundry shops
(D) Customers with tight budgets

Ms. Hunter는 누구에게 MT-1을 사는 것을 권유하지 않겠는가?	

(A) 보다 넓은 집에 사는 사람들
(B) 도심 거주자들
(C) 세탁소 주인들
(D) 예산이 빠듯한 고객들

육하원칙 Whom

정답 (A)

. Hunter가 누구에게(Whom) MT-1을 사는 것을 권유하지 않겠는지를 묻는 육하원칙 문제이다. 질문의 핵심 어구인 Ms. Hunter
courage from buying the MT-1과 관련하여, 'If you have more room in your house, I wouldn't recommend an all-in-one
duct like this.'에서 만약 집에 공간이 더 많다면 이런 일체형 제품을 추천하지 않을 것이라고 했으므로 (A)가 정답이다.

어 표현하기

e more room in ~ house 집에 공간이 더 많다 → larger homes 보다 넓은 집

tight adj. 빠듯한, 꽉 끼는   budget n. 예산

158-160은 다음 편지에 관한 문제입니다.

August 16

Mr. Michael Honnold
227 Miramar Boulevard
White Plains, New York

Dear Mr. Honnold,

Thank you for coming in to interview here at Goodman & Frazier. — [1] —. [159]The other partners and I were excited to meet with you given your legal experience and the letter of recommendation that you provided. — [2] —. And indeed, we were impressed once we met you. [158]We are therefore offering you the position of senior associate attorney.

If you're interested, [159]you will join our banking law division, helping to provide counsel to some of the most powerful companies in the financial sector. — [3] —. [160]You will find details about the start date and the compensation package enclosed in this letter. — [4] —. Congratulations, and I hope to hear from you soon.

Sincerely,
Nancy Frazier
Managing Partner, Goodman & Frazier

8월 16일

Mr. Michael Honnold
Miramar로 227번지
White Plains, New York

Mr. Honnold께,

여기 Goodman & Frazier사에 면접을 보러 와주셔서 감사합니다. — [1] —. [159]귀하의 법률적 경험과 제공하신 추천서로 인해 다른 파트너들과 저는 귀하를 만나 뵙기를 기대했습니다. — [2] —. 그리고 실제로, 저희는 귀하를 만났을 때 깊은 인상을 받았습니다. [158]따라서 저희는 귀하에게 선임 변호사 직책을 제안합니다.

관심 있으시다면, [159]귀하는 저희 은행법 부서에 합류하셔서, 금융계에서 가장 영향력 있는 회사들 몇몇에 상담을 제공하는 것을 도우실 것입니다. — [3] —. [160]이 편지에 입사일과 보수에 대한 세부 사항이 동봉되어 있는 것을 발견하실 수 있습니다. — [4] —. 축하드리고, 곧 귀하로부터 소식을 받기를 바랍니다.

Nancy Frazier 드림
Goodman & Frazier사 대표변호사

어휘 □ division n. 부서   □ counsel n. 상담, 조언   □ sector n. 업계, 부문
□ compensation package phr. 보수   □ enclose v. 동봉하다

158
○○○●
하

Why did Ms. Frazier write the letter?

(A) To arrange an interview
(B) To describe a requirement
(C) To extend a job offer
(D) To request a recommendation

Ms. Frazier는 왜 편지를 썼는가?

(A) 면접을 마련하기 위해
(B) 요구사항을 설명하기 위해
(C) 일자리를 제안하기 위해
(D) 추천서를 요청하기 위해

■ 주제/목적 찾기 글을 쓴 이유

Ms. Frazier가 편지를 쓴 이유를 묻는 목적 찾기 문제이다. 특별히 이 문제는 지문의 중반에 목적 관련 내용이 언급되었음에 주의한다. '~ offering you the position of senior associate attorney.'에서 귀하, 즉 Mr. Honnold에게 선임 변호사 직책을 제안한다고 했으므로 (C)가 정답이다.

어휘 describe v. 설명하다, 묘사하다

At what type of business does Ms. Frazier work?

(A) A law office
(B) An accounting agency
(C) A bank
(D) A power company

Ms. Frazier는 어떤 업종에서 일하는가?

(A) 법률사무소
(B) 회계기관
(C) 은행
(D) 전력 회사

육하원칙 What

정답 (A)

Ms. Frazier가 어떤(what) 업종에서 일하는지를 묻는 육하원칙 문제이다. 질문의 핵심 어구인 type of business ~ Ms. Frazier work와 관련하여, 'The other partners and I were excited to meet with you given your legal experience ~.'에서 귀하, 즉 Mr. Honnold의 법적 경험으로 인해 다른 파트너들과 자신은 Mr. Honnold를 만나 보기를 고대했다고 했으며, 'you will join our banking law division'에서 Mr. Honnold가 자신들의 은행법 부서에 합류할 것이라고 했으므로 (A)가 정답이다.

accounting n. 회계 power n. 전력, 전기

In which of the positions marked [1], [2], [3], and [4] does the following sentence best belong?

"Please let me know if these terms are acceptable at your earliest convenience."

(A) [1]
(B) [2]
(C) [3]
(D) [4]

[1], [2], [3], [4]로 표시된 위치 중, 다음 문장이 들어갈 곳으로 가장 적절한 것은?

"이 조건들이 만족스러우신지 가능한 한 빨리 알려주십시오."

(A) [1]
(B) [2]
(C) [3]
(D) [4]

문장 위치 찾기

정답 (D)

글의 흐름상 주어진 문장이 들어가기에 가장 적절한 곳을 고르는 문제이다. 주어진 문장에서 이 조건들이 만족스러운지 가능한 한 빨리 알려달라고 했으므로, 이 문장이 입사 조건과 관련된 내용이 나오는 부분에 들어가야 함을 알 수 있다. [4]의 앞 문장인 'You will find details about the start date and the compensation package enclosed in this letter.'에서 이 편지에 입사일과 보수에 대한 세부 사항이 동봉되어 있음을 확인할 수 있다고 했으므로, [4]에 제시된 문장이 들어가면 입사일과 보수에 대한 세부 사항이 편지에 동봉되어 있으며 이 조건들이 만족스러운지 가능한 한 빨리 알려달라고 요청하는 자연스러운 문맥이 된다는 것을 알 수 있다. 따라서 (D)가 정답이다.

terms n. 조건 acceptable adj. 만족스러운, 받아들일 수 있는

Caring for Your Randolph Farms Cheese Product

Because our farmhouse cheese is handmade and not processed with preservatives, [161-A]its qualities may vary depending on the day of production and the time it has had to mature. Therefore, we recommend taking the following actions so that you consume it at its best.

First, read the storage instructions on the package. Not all of our products need to be refrigerated, and the cold, dry conditions of the fridge can cause them to quickly harden. If you do need to store a cheese this way, [162]always allow it to come up to room temperature before serving. When eaten immediately, it will have a relatively bland flavor.

[163]Once a piece of cheese has been cut, wipe the outer edge of the remaining cheese with a small amount of white vinegar and then rewrap it. This will limit mold growth greatly, regardless of storage location. [163]When wrapping the cheese, only use fresh waxed paper. Wrapping it in plastic film or tin foil causes the cheese to sweat, negatively affecting its texture and appearance.

Randolph 농장 치즈 제품 관리

저희 농가 치즈는 수제이고 방부제로 가공되지 않았기에, [161-A]제조일과 숙성 시간에 따라 품질이 달라질 수 있습니다. 따라서, 제품을 최상의 상태로 섭취하시도록 다음 조치를 취하실 것을 권장합니다.

먼저, 포장지의 보관 지침을 읽으십시오. 저희의 모든 제품이 냉장 보관되어야 하는 것은 아니며, 냉장고의 차갑고 건조한 환경은 제품들이 빠르게 굳도록 할 수 있습니다. 치즈를 이런 식으로 보관하셔야 한다면, [162]내가기 전에 항상 상온까지 올라오도록 두십시오. 바로 먹으면, 비교적 밋밋한 맛이 날 것입니다.

[163]일단 치즈 한 조각을 자른 후에는, 남은 치즈의 바깥쪽 가장자리를 소량의 백식초로 닦은 후 재포장하십시오. 이는 보관 위치와 관계없이 곰팡이의 성장을 크게 제한할 것입니다. [163]치즈를 포장할 때는, 새 납지만을 사용하십시오. 플라스틱 필름이나 은박지로 포장하는 것은 치즈에서 물기가 스며 나오도록 하여, 식감과 외관에 부정적인 영향을 줍니다.

어휘	□ **farmhouse** n. 농가	□ **process** v. 가공하다, 처리하다	□ **preservative** n. 방부제
	□ **mature** v. 숙성되다, 성숙해지다	□ **storage** n. 보관, 저장	□ **refrigerate** v. 냉장 보관하다
	□ **harden** v. 굳다, 딱딱해지다	□ **room temperature** phr. 상온	□ **serve** v. (음식을) 내가다, 제공하다
	□ **bland** adj. 밋밋한, 단조로운	□ **flavor** n. 맛, 풍미	□ **wipe** v. 닦다
	□ **edge** n. 가장자리, 모서리	□ **vinegar** n. 식초	□ **limit** v. 제한하다
	□ **mold** n. 곰팡이	□ **waxed paper** phr. 납지, 왁스를 입힌 종이	□ **tin foil** phr. 은박지
	□ **sweat** v. 물기가 스며 나오다, 땀을 흘리다	□ **texture** n. 식감, 질감	

161
○●●● 중

What is stated about Randolph Farms cheese?

(A) It may be slightly inconsistent.
(B) It needs to be processed quickly.
(C) It was made with local ingredients.
(D) It tastes better after it has matured.

Randolph 농장 치즈에 대해 언급된 것은?

(A) 살짝 일관되지 않을 수 있다.
(B) 빨리 가공되어야 한다.
(C) 현지 재료로 만들어졌다.
(D) 숙성된 후에 더 맛있다.

■ **Not/True** True 문제

질문의 핵심 어구인 Randolph Farms cheese와 관련된 내용을 지문에서 찾아 각 보기와 대조하는 Not/True 문제이다. '(farmhouse cheese] qualities may vary depending on the day of production and the time it has had to mature'에서 제조일과 숙성 시간에 따라 농가 치즈의 품질이 달라질 수 있다고 했으므로 지문의 내용과 일치한다. 따라서 (A)가 정답이다. (B), (C), (D)는 지문에서 언급되지 않은 내용이다.

바꾸어 표현하기
qualities may vary 품질이 달라질 수 있다 → may be slightly inconsistent 살짝 일관되지 않을 수 있다

어휘 inconsistent adj. 일관되지 않은, 모순되는

Why does Randolph Farms encourage customers to serve cheese at room temperature?

(A) To better preserve its texture
(B) To make it easier to cut
(C) To keep it from rapidly drying out
(D) To experience its full flavor

Randolph 농장은 왜 고객들에게 치즈를 상온으로 내가도록 권장하는가?

(A) 식감을 더 잘 보존하기 위해
(B) 더 쉽게 잘리도록 하기 위해
(C) 빠르게 마르는 것을 방지하기 위해
(D) 온전한 맛을 경험하기 위해

육하원칙 Why ⸻ 정답 (D)

Randolph 농장이 왜(Why) 고객들에게 치즈를 상온으로 내가도록 권장하는지를 묻는 육하원칙 문제이다. 질문의 핵심 어구인 encourage ~ serve cheese at room temperature와 관련하여, 'always allow it[cheese] to come up to room temperature before serving. When eaten immediately, it will have a relatively bland flavor.'에서 치즈를 내가기 전에 항상 상온까지 올라오도록 두라고 하며, 바로 먹으면 비교적 밋밋한 맛이 날 것이라고 했으므로 (D)가 정답이다.

preserve v. 보존하다 rapidly adv. 빠르게

According to the manual, what should customers do with cheese after cutting it?

(A) Store it in the refrigerator
(B) Wrap it in plastic foil
(C) Soak it in vinegar
(D) Keep it in waxed paper

안내서에 따르면, 고객들은 치즈를 자른 후에 무엇을 해야 하는가?

(A) 냉장고에 보관한다
(B) 플라스틱 포일에 싼다
(C) 식초에 담근다
(D) 납지에 보관한다

육하원칙 What ⸻ 정답 (D)

안내서에 따르면 고객들이 치즈를 자른 후에 무엇(what)을 해야 하는지를 묻는 육하원칙 문제이다. 질문의 핵심 어구인 do with cheese after cutting it과 관련하여, 'Once a piece of cheese has been cut, wipe the outer edge ~ with a small amount of white vinegar and then rewrap it.'에서 일단 치즈 한 조각을 자른 후에는 바깥 가장자리를 소량의 백식초로 닦은 후 재포장하라고 했고, 'When wrapping the cheese, only use fresh waxed paper.'에서 치즈를 포장할 때는 새 납지만을 사용하라고 했으므로 (D)가 정답이다.

soak v. 담그다, 푹 적시다

www.eeab.com
Eastern European Association of Builders
164-A19th Conference and Trade Show • August 21 to 25
• Warsaw, Poland

HOME | COMMITTEES | PROGRAMS | SPONSORS | CONTACT US

Trade Exhibit

164-BThe trade show will be held in Building B of the Vilmos Exhibition Hall, featuring a floor plan that ensures maximum exposure to attendees. — [1] —.

164-DBooth spaces will be allocated on a first-come, first-served basis. 164-D/165Submit a completed booking form to reserve your desired location. 165In your application, clearly indicate three alternative choices in case your first one is unavailable. — [2] —. Upon receipt of your application, a space will be reserved and an invoice sent. Full payment is required within three business days of receiving the invoice or the space will be forfeited.

167All exhibitors must be registered and will receive badges displaying their company's name. A standard booth comes with two free badges, a deluxe with four, and a premium with six. If your company is a sponsor, you will be entitled to up to 12 exhibitor badges. — [3] —. 167For security reasons, badges must be worn by registered participants at all times.

Lastly, be reminded that all activities must be confined to the area of your exhibition booth. — [4] —. Management reserves the right to ask exhibitors to discontinue any activities it deems inappropriate.

166Further details will be included in a brochure to be posted online three months before the conference starts.

www.eeab.com
동유럽 건설업 협회
164-A제19회 컨퍼런스 및 무역 박람회 · 8월 21일~2
· 폴란드 바르샤바

홈 | 위원회 | 프로그램 | 후원자 | 연락

무역 박람회

164-B무역 박람회는 Vilmos 전시관의 B동에서 개최될
이며, 참가자들에게 최대의 노출을 보장하는 평면도를
으로 할 것입니다. — [1] —.

164-D부스 공간은 선착순 기준으로 배정될 것입
164-D/165원하는 위치를 예약하기 위해서는 작성된 예
을 제출하십시오. 165신청서에는, 첫 번째 선택지가
할 경우에 대비해서 세 가지 대안 선택지를 명확히
십시오. — [2] —. 신청서가 접수되면, 공간이 예약되
구서가 발송될 것입니다. 청구서를 받은 후 3영업일
전액 지불이 요구되며 그렇지 않으면 공간이 박탈됩니

167모든 참가자들은 등록되어 있어야 하며 회사명이
배지를 받게 됩니다. 일반 부스에는 2개의 무료 배지
럭스 부스에는 4개가, 그리고 프리미엄 부스에는 6기
공됩니다. 귀사가 후원자인 경우, 최대 12개의 참가
를 받을 수 있습니다. — [3] —. 167보안상의 이유로,
참가자들은 항시 배지를 착용해야 합니다.

마지막으로, 모든 활동은 전시 부스 구역에만 국한
한다는 것을 명심하십시오. — [4] —. 관리진은 부적
고 판단되는 모든 활동을 중지하도록 참가자들에게
권리를 보유합니다.

166자세한 내용은 컨퍼런스 시작 3개월 전 온라인에
브로슈어에 포함될 것입니다.

어휘　□ **trade show** phr. 무역 박람회
　　　□ **floor plan** phr. 평면도, 도면
　　　□ **exposure** n. 노출
　　　□ **basis** n. 기준, 근거
　　　□ **invoice** n. 청구서
　　　□ **standard** adj. 일반의
　　　□ **deem** v. 판단하다, 여기다

□ **committee** n. 위원회
□ **ensure** v. 보장하다
□ **allocate** v. 배정하다, 할당하다
□ **reserve** v. 예약하다, 보유하다
□ **forfeit** v. 박탈하다, 몰수하다
□ **confine** v. 국한하다, 제한하다
□ **inappropriate** adj. 부적절한

□ **sponsor** n. 후원자
□ **maximum** adj. 최대의
□ **first-come, first-served** phr. 선초
□ **alternative** adj. 대안의; n. 대안
□ **register** v. 등록하다
□ **discontinue** v. 중지하다

What is stated about the trade show?

(A) The event will happen over a span of four days.
(B) It will take up the entire Vilmos Exhibition Hall.
(C) It will be the first one to be held in Warsaw.
(D) The booths will be assigned in order of application.

무역 박람회에 대해 언급된 것은?

(A) 행사는 4일의 기간 동안 진행될 것이다.
(B) Vilmos 전시관 전체를 차지할 것이다.
(C) 바르샤바에서 열리는 첫 번째 박람회일 것이다.
(D) 부스는 신청 순서대로 배정될 것이다.

Not/True True 문제   정답 (D)

문의 핵심 어구인 trade show와 관련된 내용을 지문에서 찾아 각 보기와 대조하는 Not/True 문제이다. (A)는 '19th Conference and
de Show · August 21 to 25'에서 제19회 컨퍼런스 및 무역 박람회가 8월 21일부터 25일까지라고 했으므로 지문의 내용과 일치하지 않
다. (B)는 'The trade show will be held in Building B of the Vilmos Exhibition Hall'에서 무역 박람회가 Vilmos 전시관의 B동에서
될 예정이라고 했으므로 지문의 내용과 일치하지 않는다. (C)는 지문에 언급되지 않은 내용이다. (D)는 'Booth spaces will be allocated
 a first-come, first-served basis. Submit a completed booking form to reserve your desired location.'에서 부스 공간이 선착
기준으로 배정될 것이며 원하는 위치를 예약하기 위해서는 작성된 예약 양식을 제출하라고 했으므로 지문의 내용과 일치한다. 따라서 (D)가
이다.

span n. 기간 take up phr. 차지하다 in order of phr. ~의 순서대로

What are applicants asked to do?

A) Submit payment with their applications
B) Limit the number of representatives to two
C) Make several selections for a booth space
D) Purchase meal vouchers for their staff

신청자들은 무엇을 하도록 요청되는가?

(A) 신청서와 함께 비용을 지불한다
(B) 대표자 수를 두 명으로 제한한다
(C) 부스 공간을 위해 몇 가지 선택을 한다
(D) 직원들을 위해 식권을 구매한다

육하원칙 What   정답 (C)

자들이 무엇(What)을 하도록 요청되는지를 묻는 육하원칙 문제이다. 질문의 핵심 어구인 applicants asked to do와 관련하여, 'Submit
ompleted booking form to reserve your desired location. In your application, clearly indicate three alternative choices in
e your first one is unavailable.'에서 원하는 위치를 예약하기 위해서는 작성된 예약 양식을 제출하라고 하며, 신청서에는 첫 번째 선택
불가능할 경우를 대비해서 세 가지 대안 선택지를 명확히 명시하라고 했으므로 (C)가 정답이다.

representative n. 대표자 meal voucher phr. 식권

ccording to the information, what will be available on a
eb site?

) A pamphlet
) A floor plan
) A schedule
) A receipt

안내문에 따르면, 무엇이 웹사이트에서 이용 가능할 것인
가?

(A) 책자
(B) 평면도
(C) 일정표
(D) 영수증

하원칙 What   정답 (A)

군에 따르면 무엇(what)이 웹사이트에서 이용 가능할 것인지를 묻는 육하원칙 문제이다. 질문의 핵심 어구인 available on a Web site와
하여, 'Further details will be included in a brochure to be posted online'에서 자세한 내용은 온라인에 게시될 브로슈어에 포함될
라고 했으므로 (A)가 정답이다.

표현하기
hure 브로슈어 → pamphlet 책자

167

In which of the positions marked [1], [2], [3], and [4] does the following sentence best belong?

"Any additional exhibitors will be charged a fee."

(A) [1]
(B) [2]
(C) [3]
(D) [4]

[1], [2], [3], [4]로 표시된 위치 중, 다음 문장이 들어가기에 가장 적절한 것은?

"모든 추가 참가자들에게는 수수료가 부과됩니다."

(A) [1]
(B) [2]
(C) [3]
(D) [4]

■ 문장 위치 찾기

지문의 흐름상 주어진 문장이 들어가기에 가장 적절한 곳을 고르는 문제이다. 주어진 문장에서 모든 추가 참가자들에게는 수수료가 부과된다고 했으므로, 이 문장이 참가자들과 관련된 내용이 나오는 부분에 들어가야 함을 알 수 있다. [3]의 앞부분인 'All exhibitors must be reg____ and will receive badges displaying their company's name. A standard booth comes with two free badges, a delu__ four, and a premium with six. If your company is a sponsor, you will be entitled to up to 12 exhibitor badges.'에서 도____ 자들은 등록되어 있어야 하며 회사명이 표시된 배지를 받게 될 것이고, 일반 부스에는 2개의 무료 배지가, 디럭스 부스에는 4개가, 그리고 ___ 엄 부스에는 6개가 제공되는데, 회사가 후원자인 경우 최대 12개의 참가자 배지를 받을 수 있다고 했고, 뒤 문장인 '~ badges must b__ by registered participants at all times.'에서 등록된 참가자들은 항시 배지를 착용해야 한다고 했으므로, [3]에 제시된 문장이 들어가____ 참가자들은 등록되어 있어야 하며 부스 종류별로 다른 개수의 배지를 받을 것인데, 제공된 배지의 개수를 초과하는 모든 추가 참가자들에___ 수료가 부과되며, 등록된 참가자들은 항시 배지를 착용해야 한다는 자연스러운 문맥이 된다는 것을 알 수 있다. 따라서 (C)가 정답이다.

TC Cyber Services

TC Cyber provides expert IT support for individuals and small businesses. As you probably know, we're famous for our repair services: drop off your computer with us and we'll get it up and running like new again in no time—guaranteed. However, [168]now that TC Cyber is a part of the multinational A to Z Corporation, we have the capability to do much more. These days, [169-A/D]we can dispatch teams to set up and optimize your new computer or server system at your home or office, and—if needed—make emergency repairs 24 hours a day. [169-B]We also offer virtual appointments to help you optimize your machine or learn how to use software.

All of these services are included in a monthly TC Cyber Membership. [170]Customers who purchase computers from A to Z Electronics are eligible for six months of TC Cyber support at no charge. We also offer competitive one-time rates. [171]To become a member, visit our Web site or one of our Knoxville-area locations.

If you want to rest assured that your computer is always at its best, get TC Cyber on your side.

TC Cyber사 서비스

TC Cyber사는 개인과 중소기업을 위한 전문 IT 지원을 제공합니다. 아마 아시겠지만, 저희는 수리 서비스로 유명합니다. 저희에게 컴퓨터를 맡기시면 순식간에 다시 새것처럼 제대로 작동하게 만들 것임을 보장합니다. 그런데, [168]이제 TC Cyber사가 다국적 기업인 A to Z사의 일부이기 때문에, 저희는 훨씬 더 많은 것을 할 수 있는 능력이 있습니다. 현재, [169-A/D]저희는 새 컴퓨터나 서버 시스템을 집이나 사무실에 설치 및 최적화하도록 팀을 파견할 수 있으며, 필요한 경우 24시간 응급 수리를 실시할 수 있습니다. [169-B]또한 기기를 최적화하거나 소프트웨어를 사용하는 방법을 배우시는 데 도움이 되기 위한 가상 예약을 제공합니다.

이 모든 서비스는 월간 TC Cyber사 회원권에 포함되어 있습니다. [170]A to Z 전자회사로부터 컴퓨터를 구매하는 고객들은 6개월 동안 TC Cyber사 지원을 무료로 받으실 수 있습니다. 저희는 또한 경쟁력 있는 일회성 요금도 제공합니다. [171]회원이 되려면, 저희 웹사이트 또는 녹스빌 지역 지점 중 한 군데를 방문하십시오.

당신의 컴퓨터가 항상 최상의 상태임을 확신하고 싶다면, TC Cyber사를 당신 편으로 만드십시오.

어휘 □ **drop off** phr. 맡기다, 놓고 가다 □ **up and running** phr. 제대로 작동되는 □ **in no time** phr. 순식간에, 즉시
□ **capability** n. 능력 □ **dispatch** v. 파견하다 □ **optimize** v. 최적화하다
□ **emergency** adj. 응급의; n. 응급상황 □ **virtual** adj. 가상의 □ **competitive** adj. 경쟁력 있는
□ **one-time** adj. 일회성의, 한 번만의 □ **rest assured** phr. ~임을 확신하다

What is suggested about TC Cyber?

(A) It opened up a new branch in Knoxville.
(B) It sells discounted electronic devices.
(C) It mainly works with small business clients.
(D) It was acquired by another company.

TC Cyber사에 대해 암시되는 것은?

(A) 녹스빌에 새로운 지점을 개업했다.
(B) 할인된 전자기기를 판매한다.
(C) 주로 중소기업 고객들과 거래한다.
(D) 다른 회사에 의해 인수되었다.

추론 세부 정보 정답 (D)

의 핵심 어구인 TC Cyber에 대해 추론하는 문제이다. 'now that TC Cyber is a part of the multinational A to Z Corporation, we e the capability to do much more'에서 이제 TC Cyber사가 다국적 기업인 A to Z사의 일부이기 때문에 훨씬 더 많은 것을 할 수 있는 이 있다고 했으므로, TC Cyber사가 A to Z사에 의해 인수되었다는 사실을 추론할 수 있다. 따라서 (D)가 정답이다.

discounted adj. 할인된 acquire v. 인수하다, 획득하다

169

169

Which is NOT offered by TC Cyber?

(A) 24-hour service
(B) Online consultations
(C) Data protection
(D) Computer installation

TC Cyber사에 의해 제공되지 않는 것은?

(A) 24시간 서비스
(B) 온라인 상담
(C) 데이터 보호
(D) 컴퓨터 설치

■ **Not/True** Not 문제

질문의 핵심 어구인 offered by TC Cyber와 관련된 내용을 지문에서 찾아 각 보기와 대조하는 Not/True 문제이다. (A)와 (D)는 'Cyber] can dispatch teams to set up and optimize your new computer ~ at your home or office, and ~ make emer repairs 24 hours a day'에서 TC Cyber사가 새 컴퓨터를 집이나 사무실에 설치 및 최적화하도록 팀을 파견할 수 있으며 24시간 응급 실시할 수 있다고 했으므로 지문의 내용과 일치한다. (B)는 'We ~ offer virtual appointments to help you optimize your mach learn how to use software.'에서 기기를 최적화하거나 소프트웨어를 사용하는 방법을 배우는 데 도움이 되기 위한 가상 예약을 제공 했으므로 지문의 내용과 일치한다. (C)는 지문에 언급되지 않은 내용이다. 따라서 (C)가 정답이다.

170

Who is eligible for free service?

(A) Purchasers of a special warranty
(B) Buyers of A to Z Electronics computers
(C) Customers whose repairs were deferred
(D) First-time clients of TC Cyber

무료 서비스를 받을 수 있는 사람은 누구인가?

(A) 특별 보증 구매자
(B) A to Z 전자회사 컴퓨터 구매자
(C) 수리가 미루어진 고객
(D) TC Cyber사를 처음 이용하는 고객

■ **육하원칙** Who

무료 서비스를 받을 수 있는 사람이 누구(Who)인지를 묻는 육하원칙 문제이다. 질문의 핵심 어구인 eligible for free service와 관 'Customers who purchase computers from A to Z Electronics are eligible for six months of TC Cyber suppor charge.'에서 A to Z 전자회사로부터 컴퓨터를 구매하는 고객들은 6개월 동안 TC Cyber사 지원을 무료로 받을 수 있다고 했으므로 답이다.

바꾸어 표현하기
Customers who purchase computers from A to Z Electronics A to Z 전자회사로부터 컴퓨터를 구매하는 고객들
→ Buyers of A to Z Electronics computers A to Z 전자회사 컴퓨터 구매자

어휘 warranty n. 보증, 보증서 defer v. 미루다, 연기하다 first-time adj. 처음으로 ~하는, 최초의

171

What does the advertisement indicate about memberships?

(A) They have increased in price.
(B) They can be purchased in person.
(C) They last for one year at minimum.
(D) They include new server systems.

광고가 회원권에 대해 암시하는 것은?

(A) 가격이 올랐다.
(B) 대면으로 구매할 수 있다.
(C) 최소 1년 동안 지속된다.
(D) 새 서버 시스템을 포함한다.

■ **추론** 세부 정보

질문의 핵심 어구인 memberships에 대해 추론하는 문제이나. 'To become a member, visit ~ one of our Knoxville-area loc 에서 회원이 되려면 녹스빌 지역 지점 중 한 군데를 방문하라고 했으므로 대면으로 회원권을 구매할 수 있다는 사실을 추론할 수 있다 (B)가 정답이다.

172-175는 다음 온라인 채팅 대화문에 관한 문제입니다.

Henry Benson	(9:42)

172Alex Nigh is interested in signing a supply contract, but 172/173/174he wants to know if we can have everything ready by May 1. That's when he opens for business.

Jerry Trainor	(9:44)

172We have enough tablecloths in stock, but we will need to get more cloth napkins from our supplier. And some kitchen towels too.

Wendy Hadley	(9:45)

That might be tough. 173I'm not sure our uniform manufacturer will be able to fulfill his order by that time. Give me a few minutes to call them and find out.

Jerry Trainor	(9:45)

And the client is requesting washing services too, correct?

Henry Benson	(9:47)

That's right.

Wendy Hadley	(9:54)

I just got off the phone with the uniform supplier. They have the chef and kitchen staff uniforms in stock. But 174the client has custom requests for waiter uniforms, so they won't be ready until the end of May.

Henry Benson	(10:00)

I see. That could be a problem.

Jerry Trainor	(10:01)

Wendy, don't we have a supply of waiter uniforms that are plain black? We could offer those to the client until the customized ones arrive.

Wendy Hadley	(10:03)

We do, actually. Lots of different sizes too.

Henry Benson	(10:04)

Okay, 175I'll call him right now and offer him usage of the black uniforms for free until the others arrive from the supplier. I'll let you know the outcome shortly.

Henry Benson	(9시 42분)

172Alex Nigh가 공급 계약을 체결하는 데 관심이 있지만, 172/173/174우리가 5월 1일까지 모든 것을 준비할 수 있는지 알고 싶어 합니다. 그는 그때 영업을 시작하거든요.

Jerry Trainor	(9시 44분)

172식탁보 재고는 충분하지만, 천 냅킨은 우리의 공급업체로부터 더 받아야 할 거예요. 그리고 키친타월도요.

Wendy Hadley	(9시 45분)

그건 빠듯할 수도 있겠는데요. 173우리의 유니폼 제조업체가 그때까지 그의 주문을 이행할 수 있을지 모르겠어요. 그들에게 전화해서 알아볼 수 있도록 몇 분만 주세요.

Jerry Trainor	(9시 45분)

그리고 고객은 세탁 서비스도 요청하는 거 맞죠?

Henry Benson	(9시 47분)

맞아요.

Wendy Hadley	(9시 54분)

방금 유니폼 공급업체와 통화했어요. 주방장과 주방 직원 유니폼은 재고가 있대요. 하지만 174고객은 웨이터 유니폼에 대한 주문 제작 요청이 있어서, 그것들은 5월 말이나 돼야 준비될 거예요.

Henry Benson	(10시)

그렇군요. 문제가 될 수도 있겠어요.

Jerry Trainor	(10시 1분)

Wendy, 우리 무늬 없는 검정색 웨이터 유니폼 재고는 있지 않나요? 맞춤 유니폼이 도착할 때까지 고객에게 그것들을 제공할 수 있어요.

Wendy Hadley	(10시 3분)

네, 있어요. 다양한 치수도 많아요.

Henry Benson	(10시 4분)

좋아요, 175제가 지금 바로 그에게 전화해서 다른 것들이 공급업체로부터 도착할 때까지 무료로 검정색 유니폼 사용을 제안하겠습니다. 곧 결과를 알려드릴게요.

어휘 □ **open for business** phr. 영업을 시작하다, 개업하다
□ **fulfill** v. 이행하다, 수행하다 □ **custom** adj. 주문 제작의, 맞춤의
□ **usage** n. 사용 □ **outcome** n. 결과
□ **tablecloth** n. 식탁보
□ **plain** adj. 무늬 없는, 밋밋한

172

What type of business does Mr. Nigh most likely own?

(A) A clothing manufacturing firm
(B) A dining establishment
(C) A uniform cleaning company
(D) A delivery service

Mr. Nigh는 어떤 종류의 사업체를 소유하는 것 같은?

(A) 의류 제조업체
(B) 외식업체
(C) 유니폼 세탁 회사
(D) 배달 서비스

■ 추론 세부 정보

질문의 핵심 어구인 type of business ~ Mr. Nigh ~ own에 대해 추론하는 문제이다. 'Alex Nigh is interested in signing a contract, but he wants to know if we can have everything ready by May 1.'에서 Mr. Benson이 Alex Nigh가 공급 계약을 는 데 관심이 있지만 자신들이 5월 1일까지 모든 것을 준비할 수 있는지 알고 싶어 한다고 했고, 'We have enough tablecloths in but we will need to get more cloth napkins'에서 Jerry Trainor가 식탁보 재고는 충분하지만 천 냅킨은 더 받아야 할 것이라고 했 Mr. Nigh는 식탁보와 천 냅킨 공급이 필요한 외식업체를 소유한다는 사실을 추론할 수 있다. 따라서 (B)가 정답이다.

173

At 9:45, what does Ms. Hadley mean when she writes, "That might be tough"?

(A) A deadline is tight.
(B) Supply is running out.
(C) Space is limited.
(D) A rule is too strict.

9시 45분에, Ms. Hadley가 "That might be tou 고 썼을 때 그녀가 의도한 것은?

(A) 기한이 촉박하다.
(B) 물자가 떨어지고 있다.
(C) 공간이 한정되어 있다.
(D) 규칙이 지나치게 엄격하다.

■ 의도 파악

Ms. Hadley가 의도한 것을 묻는 문제이므로, 질문의 인용어구(That might be tough)가 언급된 주변 문맥을 확인한다. 'he wants to if we can have everything ready by May 1'에서 Mr. Benson이 그, 즉 Mr. Nigh가 자신들이 5월 1일까지 모든 것을 준비할 수 있 고 싶어 한다고 하자, Ms. Hadley가 'That might be tough.'(그건 빠듯할 수도 있겠는데요)라고 한 후, 'I'm not sure our u manufacturer will be able to fulfill his order by that time.'에서 유니폼 제조업체가 그때까지 그의 주문을 이행할 수 있을지 모 한 것을 통해, 5월 1일까지의 기한이 주문을 이행하기에 촉박하다는 것을 알 수 있다. 따라서 (A)가 정답이다.

어휘 run out phr. 떨어지다, 바닥나다 strict adj. 엄격한

174

What is the problem with the uniforms?

(A) The supplier no longer produces some items.
(B) Some materials are too expensive to buy.
(C) A major client wants a refund for an order.
(D) Personalized items take longer to manufacture.

유니폼에 관한 문제는 무엇인가?

(A) 공급업체가 몇몇 물품들을 더 이상 생산하지 않는
(B) 일부 자재가 사기에 너무 비싸다.
(C) 주요 고객이 주문에 대한 환불을 원한다.
(D) 개인 맞춤 물품들은 제조하는 데 더 오래 걸린다

■ 육하원칙 What

유니폼에 관한 문제가 무엇(What)인지를 묻는 육하원칙 문제이다. 질문의 핵심 어구인 problem with ~ uniforms와 관련하여, 'he w know if we can have everything ready by May 1'에서 Mr. Benson이 그, 즉 Mr. Nigh가 자신들이 5월 1일까지 모든 것을 준비 는지 알고 싶어 한다고 했고, 'the client has custom requests for waiter uniforms, so they won't be ready until the end of 서 Ms. Hadley가 고객은 웨이터 유니폼에 대한 주문 제작 요청이 있어서 그것들은 5월 말이나 돼야 준비될 것이라고 했으므로 (D)가 정

어휘 personalize v. 개인에 맞추다

What will Mr. Benson do next?	Mr. Benson은 다음에 무엇을 할 것인가?
(A) Provide a sample	(A) 견본을 제공한다
(B) Ask for a custom item	(B) 주문 제작 물품을 요청한다
(C) Place an order	(C) 주문을 한다
(D) Contact a client	(D) 고객에게 연락한다

육하원칙 What　　　　　　　　　　　　　　　　　　　　　　　　　　　　　　정답 (D)

．Benson이 다음에 무엇(What)을 할 것인지를 묻는 육하원칙 문제이다. 질문의 핵심 어구인 **Mr. Benson do next**와 관련하여, 'I'll call m[client] right now and offer him usage of the black uniforms'에서 Mr. Benson이 지금 바로 고객에게 전화해서 검정색 유니폼 사 을 제안하겠다고 했으므로 (D)가 정답이다.

Questions 176-180 refer to the following e-mail and review.

176-180은 다음 이메일과 후기에 관한 문제입니다.

지문 1

To: Alita Dominguez <a.dominguez@lwmail.com>
From: Frederico Matterazzi <frederico@allegratravel.com>
Subject: Re: Visiting Naples
Date: June 3

Hi Alita,

Thank you for your interest in Allegra Travel. [176]In regard to your inquiry, I'm sorry to say that we no longer have any spaces available on the Napoli Voyager Tour. However, our company does have a few other options you might enjoy.

The first is the two-day Napoli Express Tour. On the first day, [177-B/D]you'll explore the Naples city center on foot and then take a trip to the National Portrait Gallery. On day two, [177-A]we'll take you by bus to Pompeii, where you'll see the well-preserved remains of a 2,000-year-old Roman town.

[178]The three-day Napoli Essentials Tour follows the same itinerary but on the final day it adds a scenic boat tour of the bay of Naples. Or, if you'd like something more ambitious, we offer the four-day Napoli Extended Tour. This covers everything in the Express Tour but adds two days in the countryside, with a stop in Sorrento and a hike up Mount Vesuvius.

Let me know if you're interested soon, as demand is high.

Regards,
Frederico Matterazzi

지문 2

A Perfect Way to Visit Naples: Allegra Travel

[179]My husband and I recently had a chance to visit Naples. We'd never been to Italy before, so we decided to book with a tour company that employs only local residents. [178]They took us on a boat trip to some beautiful islands that most tourists miss.

[179]Vincenzo Mastroianni, who was our main guide, was witty and insightful, and that made the city and its architecture come alive. He took us to eat at a wonderful pizza restaurant, where he seemed to know all of the staff. We even got to see how the meal was made.

[180]But the highlight of the trip was the ancient city of Pompeii. The site was awe-inspiring, and Vincenzo gave us plenty of time to wander around with our free audio guides. Highly recommended!

10 / 10
Reviewer: Alita Dominguez

수신: Alita Dominguez
　　　<a.dominguez@lwmail.com>
발신: Frederico Matterazzi
　　　<frederico@allegratravel.com>
제목: 회신: 나폴리 방문
날짜: 6월 3일

안녕하세요 Alita,

Allegra 여행사에 관심을 가져주셔서 감사합니다. 17
의 문의와 관련하여, 유감스럽게도 Napoli Voyager
에는 더 이상 자리가 없습니다. 그러나, 저희 회사에는
가 즐기실 만한 몇 가지 다른 선택지가 있습니다.

첫 번째는 이틀간의 Napoli Express 투어입니다. 첫
는, 177-B/D도보로 나폴리 도심부를 답사하고 나서 국립
화 미술관에 갈 것입니다. 둘째 날에는, 177-A귀하를 ㅂ
폼페이에 모시고 가서, 2천 년 된 로마 마을의 잘 보존
적을 볼 것입니다.

1783일간의 Napoli Essentials 투어는 같은 일정을 ㄷ
만 마지막 날에 나폴리만의 경치 좋은 보트 투어를 ㅊ
니다. 또는, 더 야심 찬 것을 원하신다면, 4일간의 N
Extended 투어도 제공합니다. 이것은 Express 투어
든 것을 포함하지만, 소렌토에 들르고 베수비어스산을
하는 전원에서의 이틀을 추가합니다.

수요가 높으니, 관심 있으시다면 바로 알려주십시오.

Frederico Matterazzi 드림

나폴리를 방문하는 완벽한 방법: Allegra 여행시

179제 남편과 저는 최근 나폴리를 방문할 기회가 있
다. 저희는 전에 이탈리아에 가본 적이 없어서, 현지
만을 고용하는 여행사를 통해 예약하기로 했습니다.
은 저희를 대부분의 관광객들이 놓치는 몇몇 아름다
로의 보트 여행에 데려가 주었습니다.

179저희의 주요 가이드였던 Vincenzo Mastroianni
치 있고 통찰력 있었으며, 그것은 도시와 건축물에
불어넣었습니다. 그는 저희를 멋진 피자 레스토랑에
러 데려갔는데, 그곳에서 그는 모든 직원들을 알고 있
같았습니다. 저희는 심지어 식사가 어떻게 준비되었
볼 수 있었습니다.

180그러나 여행의 백미는 고대 도시 폼페이였습니다
소는 경외심을 불러일으켰으며, Vincenzo는 저희에
료 오디오 가이드를 가지고 돌아다닐 수 있는 충분
을 주었습니다. 강력히 추천합니다!

10 / 10
후기 작성자: Alita Dominguez

지문 1　□ **inquiry**　n. 문의, 질문　　　　□ **explore**　v. 답사하다, 탐사하다　　　□ **portrait**　n. 초상화

　　　　□ **preserve**　v. 보존하다　　　　　□ **remains**　n. 유적　　　　　　　　□ **itinerary**　n. (여행) 일정, 일정표

　　　　□ **scenic**　adj. 경치 좋은　　　　　□ **bay**　n. 만　　　　　　　　　　　□ **ambitious**　adj. 야심 찬, 야망 있는

　　　　□ **countryside**　n. 전원, 시골

지문 2　□ **witty**　adj. 재치 있는, 재미있는　　　□ **insightful**　adj. 통찰력 있는　　　　□ **highlight**　n. 백미, 가장 좋은 부분

　　　　□ **ancient**　adj. 고대의　　　　　　□ **awe-inspiring**　adj. 경외심을 불러일으키는　□ **wander around**　phr. 돌아다니다

What is one purpose of the e-mail?	이메일의 한 가지 목적은 무엇인가?
(A) To provide instructions	(A) 지침을 제공하기 위해
(B) To change a timetable	(B) 시간표를 변경하기 위해
(C) To suggest alternatives	(C) 대안을 제시하기 위해
(D) To offer a discount	(D) 할인을 제공하기 위해

주제/목적 찾기 글의 목적　　　　　　　　　　　　　　　　　　　　　　　　　　　　　　정답 (C)

메일의 목적을 묻는 목적 찾기 문제이므로 첫 번째 지문인 이메일을 확인한다. 이메일의 'In regard to your inquiry, I'm sorry to say that no longer have any spaces available on the Napoli Voyager Tour. However, our company does have a few other ions you might enjoy.'에서 귀하, 즉 Ms. Dominguez의 문의와 관련하여, 유감스럽게도 Napoli Voyager 투어에는 더 이상 자리가 없 자신들의 회사에는 Ms. Dominguez가 즐길 만한 몇 가지 다른 선택지가 있다고 했으므로 (C)가 정답이다.

　timetable　n. 시간표

What does Allegra Travel NOT provide?	Allegra 여행사가 제공하지 않는 것은?
A) Transportation to Pompeii	(A) 폼페이로 가는 교통수단
B) An urban walking tour	(B) 도시 도보 관광
C) Complimentary meals	(C) 무료 식사
D) A visit to a museum	(D) 박물관 방문

Not/True Not 문제　　　　　　　　　　　　　　　　　　　　　　　　　　　　　　　정답 (C)

의 핵심 어구인 Allegra Travel ~ provide와 관련된 내용을 지문에서 찾아 각 보기와 대조하는 Not/True 문제이므로, Allegra 여행사 직 Mr. Matterazzi가 작성한 첫 번째 지문인 이메일에서 관련 내용을 확인한다. (A)는 'we'll take you by bus to Pompeii'에서 귀하, 즉 Dominguez를 버스로 폼페이에 데리고 갈 것이라고 했으므로 지문의 내용과 일치한다. (B)와 (D)는 'you'll explore the Naples city ter on foot and then take a trip to the National Portrait Gallery'에서 도보로 나폴리 도심부를 답사하고 나서 국립 초상화 미술관에 라이라고 했으므로 지문의 내용과 일치한다. (C)는 지문에 언급되지 않은 내용이다. 따라서 (C)가 정답이다.

어 표현하기

lore ~ city center on foot 도보로 도심부를 답사하다 → urban walking tour 도시 도보 관광

　urban　adj. 도시의　**complimentary**　adj. 무료의

178

○○○●●⊗

Which tour did Ms. Dominguez most likely take?

(A) The Napoli Voyager Tour
(B) The Napoli Express Tour
(C) The Napoli Essentials Tour
(D) The Napoli Extended Tour

Ms. Dominguez는 어떤 투어를 간 것 같은가?

(A) Napoli Voyager 투어
(B) Napoli Express 투어
(C) Napoli Essentials 투어
(D) Napoli Extended 투어

■ 추론 연계 문제

정

두 지문의 내용을 종합적으로 확인한 후 추론해서 풀어야 하는 연계 문제이다. 질문의 핵심 어구인 tour ~ Ms. Dominguez ~ take와
내용이 언급된 후기를 먼저 확인한다.

[단서 1] 두 번째 지문(후기)의 'They took us on a boat trip to some beautiful islands that most tourists miss.'에서 그들, 즉 A
여행사가 자신들을 대부분의 관광객들이 놓치는 몇몇 아름다운 섬으로의 보트 여행에 데려가 주었다고 했다. 그런데 보트 여행을 포함하
가 어떤 투어인지 제시되지 않았으므로 이메일에서 관련 내용을 확인한다.

[단서 2] 첫 번째 지문(이메일)의 'The ~ Napoli Essentials Tour ~ adds a scenic boat tour of the bay of Naples.'에서 ㅑ
Essentials 투어가 나폴리만의 경치 좋은 보트 투어를 추가한다는 것을 확인할 수 있다.

두 단서를 종합할 때, Ms. Dominguez는 나폴리만의 보트 투어를 포함하는 Napoli Essentials 투어를 갔다는 사실을 추론할 수 있다.
(C)가 정답이다.

179

○○○●●⊗

What does the review suggest about Mr. Mastroianni?

(A) He is an expert on art.
(B) He replaced Mr. Matterazzi.
(C) He is an accomplished chef.
(D) He lives in Naples.

후기가 Mr. Mastroianni에 대해 암시하는 것은?

(A) 미술 전문가이다.
(B) Mr. Matterazzi를 대신했다.
(C) 뛰어난 요리사이다.
(D) 나폴리에 거주한다.

■ 추론 세부 정보

질문의 핵심 어구인 Mr. Mastroianni에 대해 추론하는 문제이므로 두 번째 지문인 후기에서 관련 내용을 확인한다. 후기의 'My husba
I recently had a chance to visit Naples. ~ we decided to book with a tour company that employs only local resider
Ms. Dominguez의 남편과 그녀는 최근 나폴리를 방문할 기회가 있었으며 현지 주민들만을 고용하는 여행사를 통해 예약하기로 했다
'Vincenzo Mastroianni, who was our main guide'에서 Vincenzo Mastroianni가 자신들의 주요 가이드였다고 ㅎ
Mr. Mastroianni는 나폴리 현지 주민이라는 사실을 추론할 수 있다. 따라서 (D)가 정답이다.

어휘 replace v. 대신하다, 대체하다 accomplished adj. 뛰어난, 재주가 많은

180

○○○●●⊗

What did Ms. Dominguez like the most on the tour?

(A) Exploring a historical site
(B) Dining at a pizza restaurant
(C) Admiring modern architecture
(D) Shopping in Sorrento

Ms. Dominguez는 투어에서 무엇을 가장 좋아했는

(A) 역사적 장소를 탐사하는 것
(B) 피자 레스토랑에서 식사하는 것
(C) 현대 건축물을 감상하는 것
(D) 소렌토에서 쇼핑하는 것

■ 육하원칙 What

Ms. Dominguez가 투어에서 무엇(What)을 가장 좋아했는지를 묻는 육하원칙 문제이므로 질문의 핵심 어구인 Ms. Dominguez
most on the tour와 관련된 내용이 언급된 두 번째 지문인 후기를 확인한다. 후기의 '~ the highlight of the trip was the ancier
Pompeii. The site was awe-inspiring, and Vincenzo gave us plenty of time to wander around with our free audio gu
서 여행의 백미는 고대 도시 폼페이였는데, 그 장소는 경외심을 불러일으켰으며 Vincenzo는 자신들에게 무료 오디오 가이드를 가지고
수 있는 충분한 시간을 주었다고 했으므로 (A)가 정답이다.

바꾸어 표현하기
ancient city 고대 도시 → historical site 역사적 장소

어휘 admire v. (예술 작품을) 감상하다, 감탄하다

Clear Brook Estates – Apartments for Rent

Located in the east side of McIntyre City, Clear Brook Estates is only moments away from restaurants and shops, Castillo Subway Station, and a public library. Furthermore, the building's many amenities, such as underground parking, an on-site laundry, and a fitness facility, are included in the cost of rent.

Prices vary according to unit size and are as follows:
Studio: $1,500 per month
One bedroom: $1,700 per month
Two bedrooms: $2,100 per month
Three bedrooms: $2,500 per month

All units are freshly painted and feature ceramic tiles and new carpets, a stainless-steel refrigerator and gas range, as well as a heating and cooling system. Basement storage is available for an additional fee of $120 per month. To book a viewing of Clear Brook Estates, call 555-6721 or e-mail June Hoffman in the management office at info@clearbrookestates.com.

To: June Hoffman <info@clearbrookestates.com>
From: Max Grimes <mgrimes@invimail.com>
Subject: Apartment
Date: June 20

Dear Ms. Hoffman,

Thank you for answering the questions I had during my viewing of Clear Brook Estates. After some thought, I can say with confidence that I am interested in renting the unit you recommended to me.

As I mentioned when we spoke, I am relocating from a house in the suburbs. I've done my best to downsize as much as possible, but I am unable to part with some of my sports equipment and would therefore like to request some additional storage space. Let me know if it's OK to just include the $120 charge with the $2,100 I'll be paying in rent each month.

I look forward to hearing back from you.

Max Grimes

Clear Brook 단지 – 임대 아파트

McIntyre시의 동쪽에 위치한 Clear Brook 단지는 레스토랑과 상점, Castillo 지하철역, 그리고 공공 도서관과 매우 가깝습니다. 또한, 지하 주차장, 구내 세탁실, 그리고 피트니스 시설과 같은 건물의 많은 편의 시설들이 임대료에 포함됩니다.

가격은 다음과 같이 호실 크기에 따라 다릅니다:
원룸: 월 1,500달러
침실 1개: 월 1,700달러
침실 2개: 월 2,100달러
침실 3개: 월 2,500달러

모든 호실은 새롭게 페인트칠 되었으며 도자기 타일과 새 카펫, 스테인리스강 냉장고와 가스레인지, 그리고 냉난방 시스템을 갖추고 있습니다. 지하실 창고는 월 120달러의 추가 요금으로 이용 가능합니다. Clear Brook 단지를 둘러보도록 예약하려면, 555-6721로 전화하거나 info@clearbrookestates.com으로 관리사무소의 June Hoffman에게 이메일을 보내십시오.

수신: June Hoffman <info@clearbrookestates.com>
발신: Max Grimes <mgrimes@invimail.com>
제목: 아파트
날짜: 6월 20일

Ms. Hoffman께,

제가 Clear Brook 단지를 둘러보는 동안 가졌던 질문들에 답변해 주셔서 감사합니다. 고민 끝에, 당신이 제게 추천하신 호실을 임대하는 데 관심이 있다고 확신을 가지고 말씀드릴 수 있습니다.

저희가 대화했을 때 언급했듯이, 저는 교외의 주택으로부터 이사하는 것입니다. 가능한 한 짐을 줄이려고 최선을 다했지만, 일부 스포츠 용품과는 떨어질 수 없어서 추가 보관 공간을 요청하고 싶습니다. 120달러 요금을 제가 매달 임대료로 지불할 2,100달러에 그냥 포함해도 괜찮을지 알려주세요.

답장 기다리겠습니다.

Max Grimes 드림

---

181 □ estate n. 단지, 지구   □ amenity n. 편의 시설   □ on-site adj. 구내의, 현장의
□ unit n. 호실, 단위   □ studio n. 원룸 (아파트)   □ ceramic adj. 도자기의
□ basement n. 지하실

182 □ confidence n. 확신, 자신감   □ relocate v. 이사하다, 이주하다   □ suburb n. 교외
□ downsize v. (짐을) 줄이다, 규모를 축소하다

181

For whom is the advertisement most likely intended?

(A) Property developers
(B) Clear Brook tenants
(C) Maintenance personnel
(D) Prospective renters

광고는 누구를 대상으로 하는 것 같은가?

(A) 부동산 개발업자
(B) Clear Brook 세입자
(C) 유지보수 직원
(D) 예비 임대인

■ **추론** 전체 정보

지문 곳곳에 퍼져 있는 여러 단서를 종합하여 광고의 대상을 추론하는 문제이므로 첫 번째 지문인 광고에서 관련 내용을 확인한다. 'Clear Brook Estates — Apartments for Rent'에서 Clear Brook 단지의 임대 아파트라고 했고, 'To book a viewing of Clear Estates, call 555-6721'에서 Clear Brook 단지를 둘러보도록 예약하려면 555-6721로 전화하라고 했으므로 광고가 Clear Brook 예비 임대인들을 대상으로 한다는 사실을 추론할 수 있다. 따라서 (D)가 정답이다.

어휘 **property** n. 부동산, 사유재산 **tenant** n. 세입자 **personnel** n. 직원, 인원 **prospective** adj. 예비의, 장래의

182

What does each unit in Clear Brook Estates include?

(A) New wallpaper
(B) Kitchen equipment
(C) A washing machine
(D) A storage area

Clear Brook 단지의 각 호실은 무엇을 포함하는가?

(A) 새 벽지
(B) 부엌 장비
(C) 세탁기
(D) 창고

■ **육하원칙** What

Clear Brook 단지의 각 호실이 무엇(What)을 포함하는지를 묻는 육하원칙 문제이므로 질문의 핵심 어구인 each unit in Clear Estates include와 관련된 내용이 언급된 첫 번째 지문인 광고를 확인한다. 광고의 'All units ~ feature ~ a stainless-steel refri and gas range'에서 모든 호실이 스테인리스강 냉장고와 가스레인지를 갖추고 있다고 했으므로 (B)가 정답이다.

바꾸어 표현하기
refrigerator and gas range 냉장고와 가스레인지 → Kitchen equipment 부엌 장비

183

In the e-mail, the word "part" in paragraph 2, line 2, is closest in meaning to

(A) scrap
(B) divide
(C) separate
(D) exit

이메일에서, 2문단 두 번째 줄의 단어 "part"는 의미 가장 가깝다.

(A) 폐기하다
(B) 나누다
(C) 분리하다
(D) 나가다

■ **동의어**

두 번째 지문인 이메일의 part를 포함하는 구절 'I am unable to part with some of my sports equipment'에서 part가 '떨어지다 다'라는 뜻으로 사용되었다. 따라서 '분리하다'라는 뜻을 가진 (C)가 정답이다.

Which type of unit did Ms. Hoffman recommend to Mr. Grimes?

(A) A studio apartment
(B) A one-bedroom apartment
(C) A two-bedroom apartment
(D) A three-bedroom apartment

Ms. Hoffman은 Mr. Grimes에게 어떤 종류의 호실을 추천했는가?

(A) 원룸 아파트
(B) 침실 1개짜리 아파트
(C) 침실 2개짜리 아파트
(D) 침실 3개짜리 아파트

육하원칙 연계 문제　　　　　　　　　　　　　　　　　　　　　정답 (C)

지문의 내용을 종합해서 풀어야 하는 연계 문제이다. 질문의 핵심 어구인 unit ~ Ms. Hoffman recommend to Mr. Grimes에서 Ms. Hoffman이 Mr. Grimes에게 어떤(Which) 종류의 호실을 추천했는지를 묻고 있으므로 Mr. Grimes가 Ms. Hoffman에게 보낸 이메일을 먼저 확인한다.

[단서 1] 두 번째 지문(이메일)의 'I am interested in renting the unit you recommended to me'에서 Mr. Grimes가 당신, 즉 Ms. Hoffman이 자신에게 추천한 호실을 임대하는 데 관심이 있다고 했으며, 'Let me know if it's OK to just include the $120 charge with $2,100 I'll be paying in rent each month.'에서 120달러 요금을 자신이 매달 임대료로 지불할 2,100달러에 그냥 포함해도 괜찮을지 알려달라고 했다. 그런데 월 임대료가 2,100달러인 호실이 어떤 호실인지 제시되지 않았으므로 광고에서 관련 내용을 확인한다.

[단서 2] 첫 번째 지문(광고)의 'Two bedrooms: $2,100 per month'에서 침실이 2개인 호실의 임대료가 월 2,100달러임을 확인할 수 있다.

두 단서를 종합할 때, Ms. Hoffman이 Mr. Grimes에게 월 임대료가 2,100달러인 침실 2개짜리 아파트 호실을 추천했음을 알 수 있다. 따라서 (C)가 정답이다.

What is indicated about Mr. Grimes?

(A) He is on a professional sports team.
(B) He has gotten rid of some belongings.
(C) He is relocating to be closer to his job.
(D) He prefers to live near a subway station.

Mr. Grimes에 대해 암시되는 것은?

(A) 전문 스포츠 팀에 소속되어 있다.
(B) 일부 소유물을 처분했다.
(C) 직장과 더 가까워지기 위해 이사할 것이다.
(D) 지하철역 근처에 사는 것을 선호한다.

추론 세부 정보　　　　　　　　　　　　　　　　　　　　　정답 (B)

질문의 핵심 어구인 Mr. Grimes에 대해 추론하는 문제이므로 Mr. Grimes가 작성한 두 번째 지문인 이메일에서 관련 내용을 확인한다. 이메일의 'I've done my best to downsize as much as possible'에서 가능한 한 짐을 줄이려고 최선을 다했다고 했으므로 Mr. Grimes가 일부 소유물을 처분했다는 사실을 추론할 수 있다. 따라서 (B)가 정답이다.

바꾸어 표현하기

downsize 짐을 줄이다 → gotten rid of some belongings 일부 소유물을 처분했다

get rid of　phr. ~을 처분하다, 버리다　belongings　n. 소유물, 재산

Questions 186-190 refer to the following Web page, e-mail, and memo. 186-190은 다음 웹페이지, 이메일, 회람에 관한 문제입니다.

www.sagetax.au/corevalues

Core Values

At Sage Tax, we are devoted to providing outstanding tax preparation solutions. [186]Our ultimate goal is to earn each client's trust so that they return year after year. This is embodied by our core values:

- Core Value 1: Look into every way of getting the biggest possible refund; even if a client is unaware of a tax deduction, he or she may qualify for it.
- [188]Core Value 2: Provide speedy replies to customer inquiries to show that we are working hard for them.
- Core Value 3: Explain what documents are needed in each step to make tax preparation as smooth as possible.
- Core Value 4: Above all, strive to double- and triple-check every line of each return.

To: Rachel Lim <ra_Lim@sagetax.au>
From: Jedda Purcell <Jedda91@coventrysystems.au>
Subject: Return Issue
Date: 15 October
Attachment: Updated Figures

Hi Rachel,

I'm writing again to inquire about the status of my tax return. In your last e-mail, you mentioned that you had all of my documents and would be filing my taxes soon. [187]However, I now realise that I gave you the wrong figures for my most recent retirement contribution. I'm quite concerned that it is too late to fix this error and that the discrepancy will result in trouble with the tax office.

So, please let me know about the status of my return. [190]As this is the third message I'm sending since hearing from you last, I'd appreciate a prompt response. A call or text message to the number I left previously would be welcome.

[190]If I do not hear from you soon, I will have no choice but to contact Sage management.

Sincerely,
Jedda Purcell

MEMO

Date: 23 October
To: Sage Tax Client Services Team
[190]From: Klaus Booker, Client Services Head Manager
Subject: Client Follow-Ups

---

www.sagetax.au/corevalues

핵심 가치

Sage Tax사에서, 우리는 뛰어난 세금 준비 해결책을 하는 데 헌신합니다. [186]우리의 궁극적인 목표는 그들 년 돌아오도록 각 고객의 신뢰를 얻는 것입니다. 이는 의 핵심 가치들에 의해 구현됩니다.

- 핵심 가치 1: 가능한 한 많은 환급을 받을 수 있는 방법을 살펴봅니다. 고객이 세금 공제에 대해 알지 더라도, 공제받을 자격이 있을 수도 있습니다.
- [188]핵심 가치 2: 우리가 그들을 위해 열심히 노력하 다는 것을 보여주기 위해 고객 문의에 빠른 답변을 합니다.
- 핵심 가치 3: 세금 준비를 최대한 원활하게 하기 우 단계에서 어떤 서류가 필요한지 설명합니다.
- 핵심 가치 4: 무엇보다도, 각 환급의 모든 부분을 세 번 점검하도록 노력합니다.

수신: Rachel Lim <ra_Lim@sagetax.au>
발신: Jedda Purcell
       <Jedda91@coventrysystems.au>
제목: 환급 문제
날짜: 10월 15일
첨부 파일: 수치 업데이트

안녕하세요 Rachel,

제 세금 환급 현황에 대해 문의하려고 다시 연락드 지난번 당신의 이메일에서, 당신이 제 모든 서류를 있으며 곧 제 세금을 신고할 것이라고 말씀하셨 [187]하지만, 제가 가장 최근의 퇴직연금에 대해 당신 못된 수치를 드렸다는 것을 지금 깨달았습니다. 이 고치기에 너무 늦었고 이 불일치가 세무서에서 문제 킬까 봐 상당히 우려됩니다.

그러니, 제 환급 현황에 대해 알려주십시오. [190]이것 으로부터 마지막으로 연락받은 후 제가 보내는 세 시지인 만큼, 빠른 답변을 주시면 감사하겠습니다. 겨 드린 번호로 전화나 문자 메시지를 주시면 됩니다

[190]곧 당신으로부터 연락받지 못하면, Sage사의 경 게 연락할 수밖에 없을 것입니다.

Jedda Purcell 드림

회람

날짜: 10월 23일
수신: Sage Tax사 고객 서비스 팀
[190]발신: Klaus Booker 고객 서비스 관리자
제목: 고객 후속 조치

Hi everyone,

Overall, I am pleased with everyone's efforts this tax season. [189]We have attracted a record number of clients while maintaining high levels of accuracy with our tax filings. [188]However, I believe we have room for improvement in one area: managing expectations.

[188/190]This morning, I spoke with an unhappy customer. She was not sure of how long the process would take, and this feeling was only made worse by her communication with our tax agent, throughout which [188/190]she received no reply to three separate messages. As a result, she felt confusion over how best to schedule meetings with her lawyer and accountant about her tax burden.

Therefore, when writing to clients, please let them know exactly when you intend to file, and then make sure to send a follow-up once you have done so.

[190]As is stated in our employee handbook, those who receive complaints from customers will undergo extra training.

Best regards,
Klaus Booker

모두들 안녕하세요,

전반적으로, 저는 이번 세금 신고 기간 모두의 노력에 만족합니다. [189]우리는 세금 신고에 있어 높은 수준의 정확성을 유지하면서 기록적인 수의 고객들을 유치했습니다. [188]그러나, 기대치 관리라는 한 가지 영역에서는 개선의 여지가 있다고 생각합니다.

[188/190]오늘 아침, 저는 불만족스러워하는 고객과 대화했습니다. 그녀는 절차가 얼마나 걸릴지 확신하지 못했고, 이 감정은 우리 세무사와의 소통으로 인해 더욱 악화되었을 뿐인데, 이 과정에서 [188/190]그녀는 세 건의 별개 메시지에 대해 답을 받지 못했습니다. 결과적으로, 그녀는 변호사 및 회계사와 세금 부담에 대한 회의를 어떻게 잡는 것이 가장 좋을지 혼란을 느꼈습니다.

따라서, 고객들에게 연락할 때는, 정확히 언제 신고할 것인지 알려주시고, 신고한 후에는 반드시 후속 조치를 발송하시기 바랍니다.

[190]직원 안내서에 명시된 대로, 고객으로부터 불만이 제기된 사람들은 추가 교육을 받을 것입니다.

Klaus Booker 드림

문 1 □ devoted to phr. ~에 헌신하는 □ outstanding adj. 뛰어난, 훌륭한 □ ultimate adj. 궁극적인, 최종적인
□ embody v. 구현하다, 상징하다 □ deduction n. 공제 □ smooth adj. 원활한, 매끄러운
□ strive v. 노력하다

문 2 □ status n. 현황, 상태 □ retirement contribution phr. 퇴직연금 □ discrepancy n. 불일치
□ prompt adj. 빠른, 즉각적인

문 3 □ follow-up n. 후속 조치; adj. 후속의 □ tax season phr. 세금 신고 기간 □ maintain v. 유지하다
□ room n. 여지, 공간 □ expectation n. 기대치 □ confusion n. 혼란
□ accountant n. 회계사 □ burden n. 부담, 짐 □ undergo v. (안 좋은 일을) 받다, 겪다

According to the Web page, what is Sage Tax's main priority?

(A) Winning repeat customers
(B) Increasing the size of returns
(C) Attracting the most clients
(D) Eliminating unnecessary processes

웹페이지에 따르면, 무엇이 Sage Tax사의 최우선순위인가?

(A) 재방문 고객들을 얻는 것
(B) 환급의 규모를 증가시키는 것
(C) 가장 많은 고객들을 유치하는 것
(D) 불필요한 절차를 없애는 것

육하원칙 What   정답 (A)

웹페이지에 따르면 무엇(what)이 Sage Tax사의 최우선순위인지를 묻는 육하원칙 문제이므로 첫 번째 지문인 웹페이지에서 관련 내용을 확인한다. 웹페이지의 'Our ultimate goal is to earn each client's trust so that they return year after year.'에서 자신들, 즉 Sage Tax사의 궁극적인 목표는 그들이 매년 돌아오도록 각 고객의 신뢰를 얻는 것이라고 했으므로 (A)가 정답이다.

win v. 얻다, 승리하다 eliminate v. 없애다, 제거하다

187

○○○●○ 하

What does Ms. Purcell say about her taxes?

(A) She provided incorrect information about them.
(B) She sent them to Ms. Lim the day before.
(C) She received a smaller return than expected.
(D) She was contacted about them by the tax office.

Ms. Purcell은 그녀의 세금에 대해 무엇이라고 말하는

(A) 세금에 대해 부정확한 정보를 제공했다.
(B) 세금을 전날 Ms. Lim에게 보냈다.
(C) 예상한 것보다 더 적은 환급을 받았다.
(D) 세무서로부터 세금에 대해 연락 받았다.

정

■ 육하원칙 What

Ms. Purcell이 그녀의 세금에 대해 무엇(What)이라고 말하는지를 묻는 육하원칙 문제이므로 Ms. Purcell이 작성한 두 번째 지문인 이
서 관련 내용을 확인한다. 이메일의 '~ I now realise that I gave you the wrong figures for my most recent retire
contribution.'에서 자신이 가장 최근의 퇴직연금에 대해 당신, 즉 Ms. Lim에게 잘못된 수치를 줬다는 것을 지금 깨달았다고 했으므로 (A
답이다.

바꾸어 표현하기
gave ~ wrong figures 잘못된 수치를 줬다 → provided incorrect information 부정확한 정보를 제공했다

188

○○○●○ 하

Which core value did Sage Tax fail to honor?

(A) Core Value 1
(B) Core Value 2
(C) Core Value 3
(D) Core Value 4

Sage Tax사는 어떤 핵심 가치를 지키지 못했는가?

(A) 핵심 가치 1
(B) 핵심 가치 2
(C) 핵심 가치 3
(D) 핵심 가치 4

■ 육하원칙 연계 문제

세 지문 중 두 지문의 내용을 종합해서 풀어야 하는 연계 문제이다. 질문의 핵심 어구인 core value ~ Sage Tax fail to honor에서 Sa
사가 어떤(Which) 핵심 가치를 지키지 못했는지를 묻고 있으므로 Sage Tax사의 직원인 Mr. Booker가 작성한 회람을 먼저 확인한다.
단서 1 세 번째 지문(회람)의 '~ I believe we have room for improvement in one area: managing expectations.'에서 Mr.
가 기대치 관리라는 한 가지 영역에서는 개선의 여지가 있다고 생각한다고 한 후, 'This morning, I spoke with an unhappy cust
'she received no reply to three separate messages'에서 오늘 아침 자신은 불만족스러워하는 고객과 대화했으며 그녀는 세 건
메시지에 대해 답을 받지 못했다고 했다. 그런데 이것이 어떤 핵심 가치와 관련되어 있는지 제시되지 않았으므로 웹페이지에서 관련 내용
한다.
단서 2 첫 번째 지문(웹페이지)의 'Core Value 2: Provide speedy replies to customer inquiries to show that we are workin
for them.'에서 핵심 가치 2로 자신들, 즉 Sage Tax사가 그들을 위해 열심히 노력하고 있다는 것을 보여주기 위해 고객 문의에 빠른 답
공하라고 했다.
두 단서를 종합할 때, 한 고객이 세 건의 메시지에 대해 답을 받지 못했으므로 Sage Tax사는 고객 문의에 대한 빠른 답변이라는 핵심 2
지키지 못했음을 알 수 있다. 따라서 (B)가 정답이다.

어휘 honor v. 지키다, 이행하다; n. 영광

189

○○○●○ 하

What does Mr. Booker mention about this year's tax season?

(A) It has been the company's most successful so far.
(B) It has generated a record number of complaints.
(C) It has required a bigger staff than in the past.
(D) It was extended by a few additional days.

Mr. Booker는 올해 세금 신고 기간에 대해 무엇을
는가?

(A) 지금까지 회사의 가장 성공적인 기간이었다.
(B) 기록적인 수의 불만을 야기했다.
(C) 과거보다 더 많은 직원을 필요로 했다.
(D) 며칠 더 연장되었다.

■ 육하원칙 What

Mr. Booker가 올해 세금 신고 기간에 대해 무엇(What)을 언급하는지를 묻는 육하원칙 문제이므로 Mr. Booker가 작성한 세 번째 지
에서 관련 내용을 확인한다. 회람의 'We have attracted a record number of clients while maintaining high levels of accura
our tax filings.'에서 자신들, 즉 Sage Tax사는 세금 신고에 있어 높은 수준의 정확성을 유지하면서 기록적인 수의 고객들을 유치했
므로 (A)가 정답이다.

어휘 generate v. 야기하다, 발생시키다 extend v. 연장하다

What is suggested about Ms. Lim?

(A) She will receive additional training.
(B) She had difficulty with a schedule.
(C) She will instruct others on follow-up calls.
(D) She did not secure further discounts.

Ms. Lim에 대해 암시되는 것은?

(A) 추가적인 교육을 받을 것이다.
(B) 일정에 대해 어려움을 겪었다.
(C) 다른 사람들에게 후속 전화에 대해 지시할 것이다.
(D) 추가 할인을 확보하지 않았다.

추론 연계 문제   정답 (A)

지문 중 두 지문의 내용을 종합적으로 확인한 후 추론해서 풀어야 하는 연계 문제이다. 질문의 핵심 어구인 Ms. Lim에게 보내진 이메일을 먼저
확인한다.

단서1 두 번째 지문(이메일)의 'As this is the third message I'm sending since hearing from you last, I'd appreciate a prompt
response.'에서 이것이 당신, 즉 Ms. Lim으로부터 마지막으로 연락받은 후 자신, 즉 Ms. Purcell이 보내는 세 번째 메시지인 만큼 빠른 답변을
주면 감사하겠다고 한 후, 'If I do not hear from you soon, I will have no choice but to contact Sage management.'에서 곧 Ms.
Lim으로부터 연락받지 못하면 Sage사의 관리진에게 연락할 수밖에 없을 것이라고 했다. 그런데 Ms. Lim이 Ms. Purcell에게 답변했는지 제시
되지 않았으므로 회람에서 관련 내용을 확인한다.

단서2 세 번째 지문(회람)의 'From: Klaus Booker, Client Services Head Manager'에서 회람이 Klaus Booker 고객 서비스 관리자에
의해 작성된 것을 알 수 있고, 'This morning, I spoke with an unhappy customer.', 'she received no reply to three separate
messages'에서 오늘 아침 자신은 불만족스러워하는 고객과 대화했는데 그녀는 세 건의 별개 메시지에 대해 답을 받지 못했다고 했으며,
'those who receive complaints from customers will undergo extra training.'에서 고객으로부터 불만이 제기된 사람들은 추가 교육을
받을 것이라고 했다.

두 단서를 종합할 때, 고객인 Ms. Purcell이 세 번째 메시지에도 Ms. Lim으로부터 답변을 받지 못해서 Sage사의 관리진인 Mr. Booker에게
불만을 제기하였으므로, Ms. Lim은 추가적인 교육을 받을 것이라는 사실을 추론할 수 있다. 따라서 (A)가 정답이다.

instruct v. 지시하다, 설명하다   **secure** v. 확보하다, 보장하다

Questions 191-195 refer to the following notice, form, and draft of a speech.   191-195는 다음 공고, 양식, 연설 초안에 관한 문제입니

지문 1

[191]14th Annual East Springs Chamber of Commerce Small Business of the Year Award
Call for Nominations

[191]The Chamber of Commerce encourages you to nominate a small business owner whose contributions greatly improved the economic and social well-being of the community. **The deadline for nominations is September 15. Please note that former winners are not eligible for the award, but that past candidates may be renominated. Self-nomination is encouraged.**

[194]All nominated businesses:
- Must be a member of East Springs Chamber of Commerce
- Must have fewer than 50 employees
- [194]Must have opened a minimum of two years before nomination

[193]The award will be presented following a celebratory luncheon, to which the owners of all nominated businesses will be invited. **For questions, contact Conrad Burroughs at cburroughs@eastspringscoc.com.**

[191]제14회 연간 East Springs 상공회의소 올해의 중소기업상
후보 지명 공모

[191]상공회의소는 여러분에게 지역사회의 경제적 및 ㅅ 안녕을 크게 향상시킨 기여를 한 영세 사업주를 지명하 권장합니다. 후보 지명 마감일은 9월 15일입니다. 이 상자들은 수상 자격이 없지만, 과거 후보자들은 재ㅈ 수 있는 점 참고 바랍니다. 자신을 지명하는 것도 권장 다.

[194]모든 지명된 기업들은
- East Springs 상공회의소 회원이어야 합니다
- 직원이 50명 미만이어야 합니다
- [194]지명되기 최소 2년 전에 개업했어야 합니다

[193]상은 지명된 모든 사업주들이 초청될 축하 오찬 후 여될 것입니다. 문의를 하려면, cburroug eastspringscoc.com으로 Conrad Burroughs에 락하시기 바랍니다.

지문 2

[193]Small Business of the Year Award Nomination Form

Name of Business: Dunston Hair Academy
[193]**Business Owner:** Katrina Dunston
Address: 1246 Fort Street, East Springs
Phone Number: 555-6621

Reason for Nomination: The idea of having a student stylist cut and color my hair worried me at first. [192]However, at Dunston Hair Academy, it's clear that the training is excellent. I've been here many times and have always been satisfied. Besides, you really cannot beat the price.

In addition to being a great place to go for a haircut or to be trained, the school gives back to the community. The students also frequently donate their time and talent to help out at charity events, like the East Springs Fashion Show. For these reasons, I think Dunston Hair Academy should win the award.

Nominated by: Jessica Frappier

[193]올해의 중소기업상 후보 지명 양식

기업명: Dunston 미용학원
[193]사업주: Katrina Dunston
주소: Fort로 1246번지, East Springs
전화번호: 555-6621

후보 지명 이유: 학생 미용사가 제 머리를 자르고 염 는 생각은 처음에는 저를 걱정스럽게 했습니다. [192] Dunston 미용학원에서는, 교육 수준이 훌륭하다ㅣ 명백합니다. 저는 이곳을 여러 번 방문했으며 항상 습니다. 게다가, 가격은 정말 이길 수가 없습니다.

머리를 자르기 위해서나 교육받기 위해 갈 좋은 장ㅅ 만 아니라, 이 학원은 사회에 환원합니다. 학생들 또ㅎ Springs 패션쇼와 같은 자선 행사에서 봉사하기 위ㅎ 그들의 시간과 재능을 기부합니다. 이러한 이유ㄹ Dunston 미용학원이 수상해야 한다고 생각합니다.

지명자: Jessica Frappier

지문 3

October 1
Jorge Ortega
Acceptance Speech: First Draft

[194]On behalf of everyone who works with me at Go Entertainment Co., I graciously accept this award. **It is a great privilege to be recognized by the Chamber of Commerce for our contributions to this town that we all love.** ○

10월 1일
Jorge Ortega
수상 소감: 초안

[194]저와 함께 Go Entertainment사에서 일하시는 들을 대표하여, 이 상을 감사히 받겠습니다. 우리 모 랑하는 이 도시에 대한 공로를 상공회의소로부터 ㅇ 되어 큰 영광입니다.

When I founded Go Entertainment Co., I dreamed of operating a welcoming place where people could hear great bands play. Being a small business means more than just becoming a profitable enterprise. That's why [195]we organized a concert for the East Springs community and invited groups from the area to play last year. Thank you all so much for this award.

저는 Go Entertainment사를 설립했을 때, 사람들이 멋진 밴드의 연주를 들을 수 있는 따뜻한 장소를 운영하는 것을 꿈꿨습니다. 소기업이라는 것은 단순히 수익성 있는 사업체가 되는 것 이상을 의미합니다. 그것이 [195]저희가 작년에 East Springs 지역사회를 위해 콘서트를 준비하고 지역 그룹들이 연주하도록 초대한 이유입니다. 이 상에 대해 모든 분들께 정말 감사드립니다.

지문 1	□ chamber of commerce phr. 상공회의소	□ nomination n. 후보 지명, 추천	□ well-being n. 안녕
	□ candidate n. 후보자	□ luncheon n. 오찬	
지문 2	□ stylist n. 미용사	□ color v. 염색하다; n. 색	□ beat v. 이기다
	□ donate v. 기부하다	□ charity n. 자선, 자선단체	
지문 3	□ on behalf of phr. ~를 대표하여, ~ 대신에	□ graciously adv. 감사히, 정중하게	□ privilege n. 영광, 특혜
	□ welcoming adj. 따뜻한, 환대하는	□ profitable adj. 수익성 있는	□ enterprise n. 사업체, 기업

Why was the notice written?

A) To explain the criteria for a grant
B) To request suggestions for eligible candidates
C) To announce the results of a recent competition
D) To thank business owners for their community involvement

공고는 왜 작성되었는가?

(A) 보조금에 대한 기준을 설명하기 위해
(B) 적합한 후보자에 대한 제안을 요청하기 위해
(C) 최근 대회의 결과를 발표하기 위해
(D) 지역사회 참여에 대해 사업주들에게 감사를 표하기 위해

주제/목적 찾기 글을 쓴 이유   정답 (B)

고가 작성된 이유를 묻는 목적 찾기 문제이므로 첫 번째 지문인 공고의 내용을 확인한다. 공고의 '14th Annual East Springs Chamber of Commerce Small Business of the Year Award, Call for Nominations'에서 제14회 연간 East Springs 상공회의소 올해의 중소기업 후보 지명 공모라고 했고, 'The Chamber of Commerce encourages you to nominate a small business owner whose contributions greatly improved the economic and social well-being of the community.'에서 상공회의소가 지역사회의 경제적 및 사회 안녕을 크게 향상시킨 기여를 한 영세 사업주를 지명하도록 권장한다고 했으므로 (B)가 정답이다.

어 표현하기
for Nominations 후보 지명 공모 → request suggestions for eligible candidates 적합한 후보자에 대한 제안을 요청하다

criteria n. 기준 grant n. 보조금; v. 승인하다 involvement n. 참여

192 ○○●○
상

Why does Ms. Frappier recommend Dunston Hair Academy?

(A) Its students hold community events.
(B) Its partnerships benefit other businesses.
(C) It serves senior citizens at a discount.
(D) It offers quality service for a low cost.

Ms. Frappier는 왜 Dunston 미용학원을 추천하는가?

(A) 학생들이 지역사회 행사를 개최한다.
(B) 협력사업이 다른 기업들에 이익이 된다.
(C) 고령자들에게 할인을 제공한다.
(D) 낮은 비용으로 고품질의 서비스를 제공한다.

■ 육하원칙 Why

Ms. Frappier가 왜(Why) Dunston 미용학원을 추천하는지를 묻는 육하원칙 문제이므로 Ms. Frappier가 작성한 두 번째 지문인 양~
관련 내용을 확인한다. 양식의 '~ at Dunston Hair Academy, ~ the training is excellent. I've been here many times and~
always been satisfied. Besides, you really cannot beat the price.'에서 Dunston 미용학원에서는 교육 수준이 훌륭하고, 자신~
을 여러 번 방문했는데 항상 만족했으며 가격은 정말 이길 수가 없다고 했으므로 (D)가 정답이다.

어휘 partnership n. 협력사업, 동업 quality adj. 고품질의; n. 품질

193 ○○●○
상

What can be inferred about Ms. Dunston?

(A) She donates a portion of her proceeds to charity.
(B) She will receive funds from the Chamber of Commerce.
(C) She has won a local business award before.
(D) She will receive an invitation to a luncheon.

Ms. Dunston에 대해 추론될 수 있는 것은?

(A) 수익의 일부를 자선단체에 기부한다.
(B) 상공회의소로부터 자금을 받을 것이다.
(C) 전에 지역 사업상을 수상한 적이 있다.
(D) 오찬에 초대를 받을 것이다.

■ 추론 연계 문제

세 지문 중 두 지문의 내용을 종합적으로 확인한 후 추론해서 풀어야 하는 연계 문제이다. 질문의 핵심 어구인 Ms. Dunston이 언급된 양~
저 확인한다.

단서 1 두 번째 지문(양식)의 'Small Business of the Year Award Nomination Form', 'Business Owner: Katrina Dunston~
업주가 Katrina Dunston인 기업이 올해의 중소기업상 후보로 지명되었음을 알 수 있다. 그런데 중소기업상 후보로 지명된 기업들에 다~
정보가 제시되지 않았으므로 공고에서 관련 내용을 확인한다.

단서 2 첫 번째 지문(공고)의 'The award will be presented following a celebratory luncheon, to which the owners~
nominated businesses will be invited.'에서 상은 지명된 모든 사업주들이 초청될 축하 오찬 후에 수여될 것이라고 했다.

두 단서를 종합할 때, 사업주가 Ms. Dunston인 기업이 수상 후보로 지명되었으므로 Ms. Dunston이 축하 오찬에 초대를 받을 것이라~
을 추론할 수 있다. 따라서 (D)가 정답이다.

어휘 portion n. 일부, 몫 proceeds n. 수익

What is indicated about Go Entertainment Co.?

(A) It has been in business for at least two years.
(B) It was nominated by Mr. Ortega.
(C) It will soon employ more than 50 workers.
(D) It sponsors bands from East Springs.

Go Entertainment사에 대해 암시되는 것은?

(A) 영업한 지 적어도 2년이 되었다.
(B) Mr. Ortega에 의해 지명되었다.
(C) 곧 50명 이상의 직원들을 고용할 것이다.
(D) East Springs 출신 밴드들을 후원한다.

추론 연계 문제　　　　　　　　　　　　　　　　　　　　　　　　정답 (A)

지문 중 두 지문의 내용을 종합적으로 확인한 후 추론해서 풀어야 하는 연계 문제이다. 질문의 핵심 어구인 Go Entertainment Co.가 언급
연설 초안을 먼저 확인한다.

서 1 세 번째 지문(연설 초안)의 'On behalf of everyone who works with me at Go Entertainment Co., I graciously accept this
ward.'에서 Mr. Ortega가 자신과 함께 Go Entertainment사에서 일하는 모든 사람들을 대표하여 이 상을 감사히 받겠다고 했다. 그런데 수
기업에 관한 세부 정보가 제시되지 않았으므로 공고에서 관련 내용을 확인한다.
서 2 첫 번째 지문(공고)의 'All nominated businesses:', 'Must have opened a minimum of two years before nomination'에서
든 지명된 기업들은 지명되기 최소 2년 전에 개업했어야 한다는 것을 확인할 수 있다.
단서를 종합할 때, Go Entertainment사는 올해의 중소기업상 후보로 지명되어 수상하게 되었으므로 최소 2년 전에 개업했어야 한다는 지명
건을 충족할 것이라는 사실을 추론할 수 있다. 따라서 (A)가 정답이다.

어 표현하기
ened a minimum of two years before nomination 지명되기 최소 2년 전에 개업했다
has been in business for at least two years 영업한 지 적어도 2년이 되었다

sponsor v. 후원하다

What did Mr. Ortega do last year?

A) Founded a company
B) Planned a local event
C) Won an award
D) Performed on stage

Mr. Ortega는 작년에 무엇을 했는가?

(A) 회사를 설립했다
(B) 지역 행사를 기획했다
(C) 상을 받았다
(D) 무대에서 공연했다

육하원칙 What　　　　　　　　　　　　　　　　　　　　　　　정답 (B)

Ortega가 작년에 무엇(What)을 했는지를 묻는 육하원칙 문제이므로 Mr. Ortega가 작성한 세 번째 지문인 연설 초안에서 관련 내용을 확
다. 연설 초안의 'we organized a concert for the East Springs community and invited groups from the area to play last
r'에서 자신들, 즉 Mr. Ortega의 회사가 작년에 East Springs 지역사회를 위해 콘서트를 준비하고 지역 그룹들이 연주하도록 초대했다고
므로 (B)가 정답이다.

Questions 196-200 refer to the following advertisement, memo, and notice. 196-200은 다음 광고, 회람, 공고에 관한 문제입니다.

[지문 1]

[196-C]Swifty has arrived in Toronto! Effective today, the city becomes Swifty's first market outside of the United States. As people do in many other cities, Toronto residents face a growing traffic congestion problem. To address this, Swifty offers hassle-free solutions for moving groups of people, whether for a regular commute to work, a trip to the game with a group of friends, or a shuttle to and from a concert or other event. We offer four main transportation services.

Service	Who It's For	Vehicle Type	Billing Style
Point-to-Point	Single trips for small groups	Minivan (up to 7 passengers)	One-time payment, based on distance
Event	Groups in need of a temporary shuttle to and from an event venue throughout the day	Van or minibus (up to 15 passengers)	Daily
Excursion	Groups traveling long-distance to a single destination	Minibus or full-sized bus (15-40 passengers)	Hourly
[198]Enterprise	Companies wishing to provide a daily transport option for employees	Full-sized bus (up to 40 passengers)	Monthly

[197]As part of Swifty's Green Guarantee, all of our full-sized buses are fully electric. Service arrangements can be made with the Swifty app, but we do require up to a month of lead time for any Event or Enterprise bookings.

[196-C]Swifty사가 토론토에 찾아왔습니다! 오늘부터, 이 는 미국 밖에서 Swifty사의 첫 번째 시장이 됩니다. 다 은 도시들의 사람들이 그렇듯이, 토론토 주민들은 커 교통 혼잡 문제에 직면해 있습니다. 이를 해결하기 Swifty사는 정기적인 통근이든, 친구들 모임과 경기를 가는 여행이든, 아니면 콘서트나 다른 행사로 오고 가 틀이든 간에, 단체로 이동하는 사람들을 위해 편리한 책을 제공합니다. 저희는 네 가지 주요 교통 서비스를 합니다.

서비스	대상	차량 종류	청구 방
Point-to-Point	소규모 단체를 위한 단일 이동	미니밴 (최대 7인승)	거리에 따 일회성 지
Event	하루 종일 행 사장을 오가는 임시 셔틀이 필요한 단체	밴 또는 미니 버스 (최대 15인승)	일일
Excursion	단일 목적지까 지 장거리 여행을 하는 단체	미니버스 또는 일반 버스 (15-40인승)	시간당
[198]Enterprise	직원들에게 매 일 운송 수단 을 제공하고자 하는 기업들	일반 버스 (최대 40인승)	월간

[197]Swifty사 친환경 보증의 일환으로, 저희의 모든 일 스는 전기차입니다. 서비스 준비는 Swifty 앱으로 할 지만, Event 또는 Enterprise 예약을 위해서는 최대 의 소요 시간이 필요합니다.

[지문 2]

MEMO
BOLTON MANUFACTURING

To: Jade Robinson, Human Resources Director
From: Simon Dodd, Vice President of Human Resources
Subject: Shuttle Service
Date: April 30

[198]I checked into Swifty, and it does appear to be a workable commuting solution. The monthly rates seem quite reasonable, and a large number of the workers I surveyed expressed interest. In fact, I think we would need to arrange for a second shuttle to meet all the demand. [199]There are a few employees opposed to the plan. They feel that the pick-up location is a bit out of the way. Let's monitor this

회람
Bolton 제조사

수신: Jade Robinson 인사팀장
발신: Simon Dodd 인사부팀장
제목: 셔틀 서비스
날짜: 4월 30일

[198]제가 Swifty사를 확인해 보았는데, 실행 가능한 결책인 것 같아요. 월 비용도 꽤 합리적인 것 같고, 사한 많은 직원들이 관심을 보였습니다. 사실, 제 상 모든 수요를 충족하기 위해 두 번째 셔틀을 준비해야 같아요. [199]계획에 반대하는 직원들이 몇 명 있긴 해 은 픽업 장소가 약간 멀다고 생각합니다. 앞으로 이

situation going forward, but for now I think we can go ahead and start using Swifty. If we make plans soon, we can start the service in June.

관찰해 보되, 지금으로서는 Swifty사를 사용하기 시작해도 괜찮을 것 같아요. 곧 계획을 세우면, 6월부터 서비스를 시작할 수 있습니다.

Bolton Manufacturing
Notice to Employees

Beginning in June, we will be offering a free shuttle service for all workers at our Toronto plant. [199]It will depart from a stop at the Sheppard Station, take you straight to the factory for your shift and drop you off at the station in time to catch a train home. [200-C]Trips will occur Monday through Friday at the times indicated on this notice. [200-A]All shuttles will come equipped with free Wi-Fi. [200-D]Parking spaces at Sheppard Station arc available for a daily fee.

TO THE FACTORY	[200-B]TO SHEPPARD STATION
6:10 A.M.	3:20 P.M.
6:30 A.M.	3:40 P.M.
2:10 P.M.	11:20 P.M.
2:30 P.M.	[200-B]12:10 A.M.

Bolton 제조사
직원들에게 공고

6월부터, 우리는 토론토 공장의 모든 직원들을 위해 무료 셔틀 서비스를 제공할 것입니다. [199]이것은 Sheppard역에 있는 정류장에서 출발하여, 근무를 위해 여러분을 공장으로 바로 데려다 주고 집으로 가는 기차 시간에 맞춰 역에 내려 줄 것입니다. [200-C]이동은 월요일부터 금요일까지 본 공고에 명시된 시각에 진행됩니다. [200-A]모든 셔틀에는 무료 와이파이가 제공될 것입니다. [200-D]Sheppard역의 주차 공간은 일일 요금으로 이용할 수 있습니다.

공장행	[200-B]Sheppard역행
오전 6시 10분	오후 3시 20분
오전 6시 30분	오후 3시 40분
오후 2시 10분	오후 11시 20분
오후 2시 30분	[200-B]오전 12시 10분

문1 □ traffic congestion phr. 교통 혼잡
□ temporary adj. 임시의
□ lead time phr. (상품 완성까지) 소요 시간

□ hassle-free adj. 편리한, 간단한
□ transport n. 운송, 운반

□ commute n. 통근; v. 통근하다
□ guarantee n. 보증

문2 □ workable adj. 실행 가능한
□ out of the way phr. 먼, 외딴

□ reasonable adj. 합리적인
□ monitor v. 관찰하다, 감시하다

□ oppose v. 반대하다, 대항하다

문3 □ plant n. 공장
□ shift n. 근무, 교대

□ depart v. 출발하다
□ drop off phr. 내려주다, 들르다

□ straight adv. 바로, 곧장

What is stated about Swifty?

A) It mainly caters to corporate clients.
B) It will be partly funded by the city government.
C) It offers its service in multiple countries.
D) It will launch a new mobile application.

Swifty사에 대해 언급된 것은?

(A) 주로 기업 고객들을 위한 것이다.
(B) 시 정부에 의해 부분적으로 자금을 지원받을 것이다.
(C) 복수의 국가들에서 서비스를 제공한다.
(D) 새로운 모바일 애플리케이션을 출시할 것이다.

Not/True True 문제
정답 (C)

의 핵심 어구인 Swifty와 관련된 내용을 지문에서 찾아 각 보기와 대조하는 Not/True 문제이므로 Swifty사가 언급된 첫 번째 지문인 광고에서 관련 내용을 확인한다. (A), (B), (D)는 지문에 언급되지 않은 내용이다. (C)는 'Swifty has arrived in Toronto! Effective today, the becomes Swifty's first market outside of the United States.'에서 Swifty사가 토론토에 찾아왔다고 하며, 오늘부터 이 도시는 미국에서 Swifty사의 첫 번째 시장이 된다고 했으므로 지문의 내용과 일치한다. 따라서 (C)가 정답이다.

cater to phr. ~을 위하다, ~에 맞추다 corporate adj. 기업의, 회사의 partly adv. 부분적으로 launch v. 출시하다, 시작하다

What does Swifty say about its vehicles in the advertisement?

(A) They are available 24 hours a day.
(B) They are used by professional sports teams.
(C) Some of them do not require gasoline.
(D) Most of them are intended for long distances.

Swifty사는 광고에서 그것의 차량에 대해 무엇이라고 하는가?

(A) 하루 24시간 내내 이용 가능하다.
(B) 전문 스포츠 팀에 의해 사용된다.
(C) 일부는 휘발유를 요하지 않는다.
(D) 대부분 장거리를 위해 의도되었다.

■ 육하원칙 What

Swifty사가 광고에서 차량에 대해 무엇(What)이라고 말하는지를 묻는 육하원칙 문제이므로 첫 번째 지문인 광고에서 관련 내용을 확인한다. 광고의 'As part of Swifty's Green Guarantee, all of our full-sized buses are fully electric.'에서 Swifty사 친환경 보증의 일환으로 자신들의 모든 일반 버스는 전기차라고 했으므로 (C)가 정답이다.

바꾸어 표현하기
full-sized buses are fully electric 일반 버스는 전기차이다 → Some ~ do not require gasoline 일부는 휘발유를 요하지 않는다

어휘 gasoline n. 휘발유

Which vehicle will Bolton Manufacturing most likely use?

(A) A minivan
(B) A van
(C) A minibus
(D) A full-sized bus

Bolton 제조사는 어떤 차량을 이용할 것 같은가?

(A) 미니밴
(B) 밴
(C) 미니버스
(D) 일반 버스

■ 추론 연계 문제

세 지문 중 두 지문의 내용을 종합적으로 확인한 후 추론해서 풀어야 하는 연계 문제이다. 질문의 핵심 어구인 vehicle ~ Manufacturing ~ use와 관련된 내용이 언급된 회람을 먼저 확인한다.
단서 1 두 번째 지문(회람)의 'I checked into Swifty, and it does appear to be a workable commuting solution. The r rates seem quite reasonable, and a large number of the workers ~ expressed interest.'에서 Bolton 제조사의 직원인 Dodd가 Swifty사를 확인해 보았는데 실행 가능한 통근 해결책인 것 같다고 하며, 월 비용도 꽤 합리적인 것 같고 많은 직원들이 관심을 보였다고 했다. 그런데 Swifty사에서 통근 목적으로 월 비용에 제공하는 차량의 종류가 제시되지 않았으므로 광고에서 관련 내용을 확인한다.
단서 2 첫 번째 지문(광고)의 'Enterprise', 'Companies wishing to provide a daily transport option for employees', 'Fu bus', 'Monthly'에서 Enterprise 서비스가 직원들에게 매일 운송 수단을 제공하고자 하는 기업들 대상이며 일반 버스를 제공하고 월간 청구함을 확인할 수 있다.
두 단서를 종합할 때, Bolton 제조사는 직원들을 위해 월 비용을 청구하는 통근 해결책을 제공하고자 하므로 Enterprise 서비스를 통해 버스를 이용할 것이라는 사실을 추론할 수 있다. 따라서 (D)가 정답이다.

What can be inferred about Sheppard Station?

(A) It is connected to Bolton's Toronto factory.
(B) Its facilities were recently expanded.
(C) Its trains are often late.
(D) It is in a remote location.

Sheppard역에 대해 추론될 수 있는 것은?

(A) Bolton사의 토론토 공장과 연결되어 있다.
(B) 시설이 최근 확장되었다.
(C) 기차가 종종 늦는다.
(D) 외진 곳에 위치해 있다.

추론 연계 문제   정답 (D)

지문 중 두 지문의 내용을 종합적으로 확인한 후 추론해서 풀어야 하는 연계 문제이다. 질문의 핵심 어구인 Sheppard Station이 언급된 공
를 먼저 확인한다.

단서1 세 번째 지문(공고)의 'It[shuttle] will depart from a stop at the Sheppard Station'에서 셔틀이 Sheppard역에 있는 정류장에서
할 것이라고 했다. 그런데 Sheppard역에 대한 세부 정보가 제시되지 않았으므로 회람에서 관련 내용을 확인한다.

단서2 두 번째 지문(회람)의 'There are a few employees opposed to the plan. They feel that the pick-up location is a bit out of
way'에서 계획에 반대하는 직원들이 몇 명 있긴 한데 그들은 픽업 장소가 약간 멀다고 생각한다는 것을 확인할 수 있다.

단서를 종합할 때, 셔틀 픽업 장소인 Sheppard역이 외진 곳에 위치해 있다는 사실을 추론할 수 있다. 따라서 (D)가 정답이다.

어 표현하기

of the way 먼 → remote 외진

remote adj. 외진, 외딴

Which will NOT be available according to the notice?

A) An Internet connection
B) Transportation after midnight
C) A weekend shuttle service
D) Places to park a car

공고에 따르면 이용 가능하지 않을 것은?

(A) 인터넷 연결
(B) 자정 이후 차편
(C) 주말 셔틀 서비스
(D) 주차 공간

Not/True Not 문제   정답 (C)

의 핵심 어구인 be available과 관련된 내용을 공고에서 찾아 각 보기와 대조하는 Not/True 문제이므로 세 번째 지문인 공고에서 관련 내
확인한다. (A)는 'All shuttles will come equipped with free Wi-Fi.'에서 모든 셔틀에는 무료 와이파이가 제공될 것이라고 했으므로
의 내용과 일치한다. (B)는 'TO SHEPPARD STATION', '12:10 A.M.'에서 Sheppard역행 셔틀이 오전 12시 10분에 있음을 알 수 있
로 지문의 내용과 일치한다. (C)는 'Trips will occur Monday through Friday'에서 이동은 월요일부터 금요일까지 진행된다고 했으므로
의 내용과 일치하지 않는다. 따라서 (C)가 정답이다. (D)는 'Parking spaces at Sheppard Station are available for a daily fee.'에
heppard역의 주차 공간은 일일 요금으로 이용할 수 있다고 했으므로 지문의 내용과 일치한다.

어 표현하기

Fi 와이파이 → Internet connection 인터넷 연결
king spaces 주차 공간 → Places to park a car 주차 공간

▌TEST 02

PART 5

101
○○○○
●●
중

Concordia Bank may fill the vice-president's position with an executive ------- works for one of its competitors.

(A) whose (B) whoever
(C) whom (D) who

Concordia 은행은 부사장의 자리를 경쟁사들 중 한서 근무하는 임원으로 채울 수도 있다.

■ [수식어 거품을 이끄는 것] 관계대명사의 선택과 격

이 문장은 주어(Concordia Bank), 동사(may fill), 목적어(the vice-president's position)를 모두 갖춘 완전한 절이므로 ____ ~ comp는 수식어 거품으로 보아야 한다. 이 수식어 거품은 동사(works)를 갖추었으나 주어가 없는 불완전한 절이고, executive를 선행사로 갖절이므로 관계절을 이끄는 관계대명사 (A), (C), (D)가 정답의 후보이다. 빈칸에 들어갈 관계대명사가 절 내에서 주어 역할을 하므로 주대명사 (D) who가 정답이다. 소유격 관계대명사 (A) whose는 관계절 내에서 '~의'를 의미하며 명사를 꾸며주는 소유격 역할을 한다. 관계대명사 (C) whom은 관계절 내에서 목적어 역할을 한다. 복합관계대명사 (B) whoever는 명사절이나 부사절을 이끈다.

어휘 fill v. (어떤 일자리에 사람을) 채우다, 가득 차다 vice-president n. 부사장 executive n. 임원, 간부

102
○○○○
●●
중

In an effort to attract more customers, Hanford Jewelers now offers ------- cleaning services for silver items at its five branches.

(A) persuaded (B) compensated
(C) unbound (D) complimentary

더 많은 고객들을 유치하려는 노력으로, Hanford Jew사는 현재 5개의 지점에서 은 제품의 무료 세척 서비스공한다.

■ 형용사 어휘

'더 많은 고객들을 유치하려는 노력으로 무료 세척 서비스를 제공하다'라는 문맥이므로 형용사 (D) complimentary(무료의)가 정답이persuaded는 '설득된', (B) compensated는 '보상된', (C) unbound는 '풀린, 석방된'이라는 의미이다.

어휘 in an effort to phr. ~하려는 노력으로 attract v. 유치하다, 유인하다 customer n. 고객 branch n. 지점, 지부

103
○○○○
●
하

------- the passengers of the overbooked flight to San Diego, only four said they would be willing to travel at a later time.

(A) Among (B) Into
(C) Between (D) Throughout

예약을 한도 이상으로 받은 샌디에이고행 항공편의 승에, 오직 네 명만이 흔쾌히 나중에 이동하겠다고 말했

■ 전치사 선택 기타

'승객 중에 오직 네 명만이'라는 의미가 되어야 하므로 전치사 (A) Among(~ 중에)이 정답이다. (B) Into는 '~ 안으로'라는 의미로 방향낸다. (C) Between은 '~ 사이에'라는 의미로 보통 between A and B(A와 B 사이에) 형태로 두 사람이나 사물 사이의 관계를 나타내에 쓰인다. (D) Throughout은 '~ 전역에, 도처에'라는 의미로 위치를 나타낸다.

어휘 overbook v. 예약을 한도 이상으로 받다 be willing to phr. 흔쾌히 ~하다, 기꺼이 ~하다 at a later time phr. 나중에

104
○○○○
●
하

Only 25 percent of all ------- voters participated in the last election, making it one of the lowest turnouts on record.

(A) registers (B) registered
(C) registry (D) register

등록된 모든 유권자 중 오직 25퍼센트만이 지난 선여하면서, 이를 기록상 최저의 투표율 중 하나로 만들

■ 형용사 자리

빈칸 뒤의 명사(voters)를 꾸밀 수 있는 것은 형용사이므로 형용사 역할을 하는 과거분사 (B) registered(등록된)가 정답이다. 동사 (명사 (C)는 명사를 꾸밀 수 없다.

어휘 voter n. 유권자 election n. 선거 turnout n. 투표율 register v. 등록하다 registry n. 등기(소)

Multiple studies have shown that even ------- exercise can lead to marked improvements in physical health.

(A) moderate   (B) patient
(C) influential   (D) movable

다수의 연구는 적당한 운동조차도 신체 건강의 뚜렷한 개선으로 이어질 수 있음을 증명해왔다.

형용사 어휘   정답 (A)

당한 운동조차도 신체 건강의 뚜렷한 개선으로 이어질 수 있다'라는 문맥이므로 형용사 (A) moderate(적당한)가 정답이다. (B) patient는 을성 있는', (C) influential은 '영향력 있는', (D) movable은 '이동하는'라는 의미이다.

multiple adj. 다수의, 다양한   lead to phr. ~로 이어지다   marked adj. 뚜렷한, 현저한   improvement n. 개선, 향상

Though the two CEOs have attended the same events, they have not yet been ------- introduced to each other.

(A) formal   (B) formality
(C) formally   (D) formalize

비록 그 두 최고 경영자는 같은 행사들에 참석했지만, 그들은 아직 공식적으로 서로를 소개받지는 못했다.

부사 자리   정답 (C)

(have not been introduced)를 꾸밀 수 있는 것은 부사이므로 부사 (C) formally(공식적으로)가 정답이다. 형용사 (A), 명사 (B), 동사는 동사를 꾸밀 수 없다. 명사 (B)를 be동사(have not been)의 보어로 보고 과거분사 introduced를 명사를 수식하는 것으로 본다 해도, 들은 서로를 소개받은 격식이다'라는 어색한 문맥이 된다.

introduce v. 소개하다   formal adj. 공식적인   formality n. 격식, 형식상의 절차   formalize v. 공식화하다

Ms. Stein decided to rent the apartment on Albright Avenue s it was the least ------- of all the ones she had seen.

(A) expend   (B) expenses
(C) expensively   (D) expensive

그녀가 본 모든 아파트들 중에서 그것이 가장 덜 비쌌기 때문에 Ms. Stein은 Albright가의 아파트에 세 들기로 결정했다.

보어 자리] 명사 보어 vs. 형용사 보어   정답 (D)

은 be동사(was)의 보어 자리이므로 보어가 될 수 있는 명사 (B)와 형용사 (D)가 정답의 후보이다. '그녀가 본 모든 아파트들 중에서 가장 비싼 것이었다'라는 의미로, 보어가 주어(it)의 상태를 설명하고 있으므로 형용사 (D) expensive(비싼)가 정답이다. 복수 가산 명사 (B)를 쓰 어와 동격이 되어 '그녀가 본 모든 아파트들 중에서 그것이 가장 적은 지출금이었다'라는 어색한 문맥이 되며, 빈칸 앞의 단수 동사(is)와 함 일 수 없다. 동사 (A)와 부사 (C)는 보어 자리에 올 수 없다.

rent v. 세 들다, 빌리다; n. 집세   expend v. 소비하다   expense n. 지출금, 비용   expensively adv. 비싸게

---

took the work crew one week to repair the fence running long the ------- of Mr. Haskell's property.

(A) angle   (B) dimension
(C) border   (D) expression

작업팀이 Mr. Haskell의 소유지의 경계를 따라 이어지는 울타리를 수리하는 데 일주일이 걸렸다.

명사 어휘   정답 (C)

지의 경계를 따라 이어지는 울타리를 수리하다'라는 문맥이므로 명사 (C) border(경계)가 정답이다. (A) angle은 '각도', (B) dimension 기, 범위', (D) expression은 '표현'이라는 의미이다.

crew n. 팀, 승무원   fence n. 울타리, 담   run v. 이어지다, 뻗다

○○○○
●
중

The vast majority of citizens approved of the city's urban development plan, and ------- complaints were submitted to City Hall.

(A) a lot of　　　　　　　(B) any
(C) many　　　　　　　　(D) few

대부분의 시민들은 시의 도시 개발 계획을 찬성했고, ──에 불만이 거의 접수되지 않았다.

■ 수량 표현

빈칸 뒤의 복수 가산 명사(complaints)를 꾸밀 수 있는 모든 보기가 정답의 후보이다. '대부분의 시민들이 찬성했고 불만이 거의 접수○○았다'라는 의미가 되어야 하므로 수량 표현 (D) few(거의 없는)가 정답이다. (A) a lot of(많은), (B) any(어떤 ~이라도), (C) many(많은)색한 문맥을 만든다. 참고로, a lot of와 any는 가산 명사와 불가산 명사 모두의 앞에 올 수 있고, many와 few는 가산 명사 앞에 온다○알아둔다. 추가로, few(거의 없는)와 a few(약간의)도 구별하여 알아둔다.

어휘　approve v. 찬성하다, 승인하다　urban adj. 도시의　complaint n. 불만, 항의, 불평

○○○○
●
중

Many submissions for the essay contest were ------- well-written, considering most of the participants are students.

(A) remarkably　　　　　(B) remarking
(C) remarked　　　　　　(D) remarkable

수필 대회의 많은 제출작들은 대부분의 참가자들이 ○라는 것을 고려했을 때 매우 잘 쓰여졌다.

■ 부사 자리

빈칸 뒤의 형용사(well-written)를 꾸밀 수 있는 것은 부사이므로 부사 (A) remarkably(매우)가 정답이다. 동명사 또는 현재분사 (B), ○는 과거분사 (C), 형용사 (D)는 형용사를 꾸밀 수 없다. 참고로, 접속사 또는 전치사인 considering(~을 고려하면)이 이 문장에서 접속사○음을 알아둔다.

○○○○
●
상

------- repeated reminders about economical energy consumption, more households are buying energy-efficient appliances.

(A) In response to　　　　(B) Apart from
(C) In spite of　　　　　　(D) Except for

경제적인 에너지 소비에 대한 반복되는 주의에 응하○많은 가정에서 에너지 효율적인 가전제품들을 구입○다.

■ 전치사 선택 기타

'경제적인 에너지 소비에 대한 반복되는 주의에 응하여 에너지 효율적인 가전제품들을 구입하고 있다'라는 의미가 되어야 하므로response to(~에 응하여, ~에 따라)가 정답이다. (B) Apart from은 '~을 제외하고, ~은 별도로 하고', (C) In spite of는 '~에도 불구하Except for는 '~을 제외하고'라는 의미이다.

어휘　reminder n. (상기시키는) 주의, 조언　consumption n. 소비, 소모　household n. 가정, 가구, 세대　appliance n. 가전제품, 기기

○○○○
●
하

Before entering the construction site, all personnel must wear appropriate ------- gear to provide them with full protection.

(A) safely　　　　　　　(B) safety
(C) safest　　　　　　　(D) safe

공사 현장에 들어가기 전에, 모든 직원들은 완벽한○제공해줄 적절한 안전 장비를 착용해야 한다.

■ 복합 명사

빈칸이 명사(gear) 앞에 있으므로 복합 명사(명사 + 명사)를 만드는 명사 (B) 또는 명사를 꾸밀 수 있는 형용사 (C)와 (D)가 정답의'모든 직원들은 완벽한 보호를 제공해줄 적절한 안전 장비를 착용해야 한다'라는 의미이므로 빈칸 뒤의 gear(장비)와 함께 쓰여 '안전의미의 복합명사를 만드는 명사 (B) safety가 정답이다. 형용사 (C)나 (D)를 쓸 경우에는 장비 자체가 안전하다는 의미가 되므로 답이다. 부사 (A)는 명사를 꾸밀 수 없다.

Invited guests were informed that the banquet for the sales department would start ------- at 7 P.M. at the Ogilvy Hotel.

(A) frequently　　　　(B) promptly
(C) lately　　　　　　(D) mostly

초대된 손님들은 영업부서를 위한 연회가 Ogilvy 호텔에서 정확히 오후 7시에 시작할 것이라고 통지받았다.

부사 어휘　　　　　　　　　　　　　　　　　　　정답 (B)

연회가 정확히 오후 7시에 시작할 것이다'라는 문맥이므로 부사 (B) promptly(정확히, 제시간에)가 정답이다. (A) frequently는 '자주', (D) mostly는 '대부분'이라는 의미인데, 문장에서 언급하고 있는 연회는 반복적으로 열리거나 여러 번 열리는 것이 아니므로 답이 될 수 없다. (C) lately(최근에)를 쓸 경우 '초대된 손님들은 연회가 (과거의) 최근 오후 7시에 시작할 것이라고 통지받았다'라는 어색한 문맥을 만든다.

Ray's Automotive Center provides window coating for vehicles to keep glass clear when ------- to heavy rains or snow.

(A) exposed　　　　　(B) revealed
(C) intended　　　　 (D) deprived

Ray's 자동차 센터는 심한 비나 눈에 노출될 때 유리를 깨끗하게 유지시켜주는 차량 창문 코팅을 제공한다.

동사 어휘　　　　　　　　　　　　　　　　　　　정답 (A)

'심한 비나 눈에 노출될 때 유리를 깨끗하게 유지시켜주는 차량 창문 코팅'이라는 문맥이므로 동사 expose(노출시키다)의 p.p.형 (A) exposed가 정답이다. (B)의 reveal은 '폭로하다', (C)의 intend는 '의도하다', (D)의 deprive는 '빼앗다'라는 의미이다.

　　automotive adj. 자동차의　**vehicle** n. 차량, 탈것

The manager of the restaurant is considering hiring two more waiters to address complaints from diners ------- slow service.

(A) unlike　　　　　　(B) regarding
(C) within　　　　　　(D) because

식당 지배인은 느린 서비스에 대한 손님들의 불평을 처리하기 위해 웨이터를 두 명 더 고용하는 것을 고려하고 있다.

전치사 선택 ~에 관하여　　　　　　　　　　　　　정답 (B)

빈칸 뒤에 명사구(slow service)가 왔으므로 명사를 목적어로 취하는 전치사 (A), (B), (C)가 정답의 후보이다. '느린 서비스에 대한 손님들의 불평'이라는 의미가 되어야 하므로 (B) regarding(~에 대한)이 정답이다. (A) unlike는 '~와 달리'라는 의미로 반대되는 상황을 나타내고, (C) within은 '~ 이내에'라는 의미로 기간이나 범위를 나타낸다. (D) because는 '~이기 때문에'라는 의미의 부사절 접속사로 절을 이끈다. 참고로, 구를 이끄는 전치사 because of(~ 때문에)를 because와 구별하여 알아둔다.

Sales clerks are trained ------- customers with all product inquiries and can conduct demonstrations of store devices.

(A) aid　　　　　　　(B) to aid
(C) aiding　　　　　 (D) aided

판매 직원들은 모든 상품에 대한 질문을 가진 고객들을 돕도록 교육받고 상점의 기기에 대해 시연을 할 수 있다.

[수식어 거품을 이끄는 것] to 부정사의 역할　　　　정답 (B)

이 문장은 주어(Sales clerks)와 동사(are trained)를 갖춘 완전한 절이므로 ＿＿ customers ~ inquiries는 수식어 거품으로 보아야 한다. 수식어 거품은 동사가 없는 거품구이므로 거품구를 이끌 수 있는 to 부정사 (B), 현재분사 (C), 과거분사 (D)가 정답의 후보이다. 빈칸 뒤의 명사(customers)가 목적어 역할을 하면서 '고객을 돕도록 교육받는다'라는 목적의 의미를 전달하고 있으므로 목적을 나타내는 to 부정사 (B) to aid가 정답이다. 현재분사 (C)를 써서 접속사가 생략된 분사구문으로 보기 위해서는 빈칸 앞과 inquiries 뒤에 각각 콤마가 와야 하고, 보통 분사구문은 접속사를 생략하더라도 의미가 분명한 경우에만 사용되는데, 이 경우에서는 부사절 접속사가 없으면 분사가 시간, 이유, 조건, 연속 동작 중 어느 것을 나타내는지 의미가 불분명해 생략할 수 없다. 과거분사 (D)는 뒤에 목적어(customers)가 있으므로 답이 될 수 없다. 동사 (A)는 수식어 거품을 이끌 수 없다.

　　clerk n. 점원, 직원　**train** v. 교육하다, 훈련시키다　**inquiry** n. 질문, 문의　**demonstration** n. 시연, 증명

○○●●
상

Vail Enterprises' stock price is ------- 16 percent compared to the start of the year, mostly because of an increase in its overseas revenues.

(A) behind   (B) toward
(C) up   (D) around

Vail사의 주가는 연초에 비해 16퍼센트 상승했는데, 다 해외 수익의 증가 때문이다.

■ 부사 선택

'Vail사의 주가는 연초에 비해 16퍼센트 상승했는데 대부분 해외 수익의 증가 때문이다'라는 의미가 되어야 하므로 be동사(is) 다음 보어 와서 양이 증가함을 나타낼 때 사용하는 부사 (C) up(오름세로)이 정답이다. (A) behind는 '~의 뒤에; 뒤에'라는 의미의 전치사 또는 부 (B) toward는 '~ 쪽으로'라는 의미의 전치사이다. 부사 (D) around(약, ~쯤)도 숫자와 함께 사용될 수 있으나, 'Vail사의 주가는 연초에 16퍼센트인데 대부분 해외 수익의 증가 때문이다'라는 어색한 문맥을 만들기 때문에 답이 될 수 없다.

어휘   stock price phr. 주가   overseas adj. 해외의; adv. 해외로   revenue n. 수익, 이익

○○●●
중

Ms. Parson received outstanding performance evaluations ------- she was employed at Keystone Developments.

(A) than   (B) where
(C) unless   (D) while

Ms. Parson이 Keystone Developments사에서 : 었던 동안 그녀는 뛰어난 성과 평가를 받았다.

■ [수식어 거품을 이끄는 것] 부사절 접속사 시간

이 문장은 주어(Ms. Parson), 동사(received), 목적어(outstanding performance evaluations)를 갖춘 완전한 절이므로, Developments는 수식어 거품으로 보아야 한다. 이 수식어 거품은 동사(was employed)가 있는 거품절이므로, 거품절을 이끌 수 있는 접속사 (A), (C), (D)와 관계부사 (B)가 정답의 후보이다. '고용되었던 동안 뛰어난 성과 평가를 받았다'라는 의미가 되어야 하므로 시간 내는 부사절 접속사 (D) while(~하는 동안)이 정답이다. (A) than(~보다)은 비교의 대상이 되는 절을 이끌 때 사용되는데, 이 문장에서 : 주절과 비교되는 대상이 아니므로 답이 될 수 없다. 관계부사 (B) where(~한 곳에서)는 장소를 나타내는 선행사와 함께 쓰여야 하는데, 에 추상 명사(performance evaluations)가 왔으므로 답이 될 수 없다. (C) unless(~이 아니라면)를 쓸 경우 '만약 Ms. Parson이 Ke Developments사에서 고용되었던 것이 아니라면 그녀는 뛰어난 성과 평가를 받았다'라는 어색한 문맥이 된다.

어휘   outstanding adj. 뛰어난   performance n. 성과   evaluation n. 평가

○○●●
중

A new brochure from Towler Prudential provides additional information on ------- insurance coverage plans.

(A) liable   (B) various
(C) earnest   (D) cautious

Towler Prudential사의 새로운 브로슈어는 다양 보장 제도에 대한 추가 정보를 제공한다.

■ 형용사 어휘

'새로운 브로슈어는 다양한 보험 보장 제도에 대한 추가 정보를 제공한다'라는 문맥이므로 형용사 (B) various(다양한)가 정답이다. (A (법적 책임이 있는)도 해석상 그럴듯해 보이지만, 주로 전치사 to나 for와 함께 'be liable to/for'의 형태로 쓰이며 명사 앞에서 명사를 : 사용되지 않으므로 답이 될 수 없다. (C) earnest는 '성실한'이라는 의미이다. (D) cautious(주의 깊은, 신중한)도 해석상 그럴듯해 보이 람의 행동이나 특성이 주의 깊거나 신중한 것을 의미하므로 답이 될 수 없다.

어휘   insurance n. 보험, 보험료   coverage n. (보험 등의) 보장, 보상   plan n. (보험, 연금 등의) 제도, 계획

A large crowd is expected to attend the grand opening of the Broad Street Mall as the event ------- with a national holiday.

(A) escorts
(B) coincides
(C) corresponds
(D) substitutes

행사가 국경일과 동시에 일어나므로 많은 사람들이 Broad Street 쇼핑몰 개업식에 참석할 것으로 예상된다.

동사 어휘　　　　　　　　　　　　　　　　　　　　　정답 (B)

'행사가 국경일과 동시에 일어나므로 많은 사람들이 개업식에 참석할 것으로 예상된다'라는 문맥이므로 coincide(동시에 일어나다, 일치하다)의 3인칭 단수형 (B) coincides가 정답이다. (A)의 escort는 '호위하다', (D)의 substitute는 '대신하다'라는 의미이다. (C)의 correspond도 '일치하다'라는 의미로 해석상 그럴듯해 보이지만, 비교되는 대상이 서로 완전히 똑같음을 나타내어 행사가 국경일과 완전히 서로 동일한 것임을 의미하므로 답이 될 수 없다. 참고로, coincide with(~와 동시에 일어나다, ~와 일치하다)를 관용구로 알아둔다.

grand opening phr. 개업식　national holiday phr. 국경일

The Hammersmith Business Association will subsidize a new ------- of lectures to promote entrepreneurship.

(A) series
(B) trade
(C) content
(D) advance

Hammersmith 기업 연합은 기업가 정신을 장려하기 위해 새로운 일련의 강의들에 보조금을 지급할 것이다.

명사 관련 어구　　　　　　　　　　　　　　　　　　정답 (A)

'기업가 정신을 장려하기 위해 일련의 강의들에 보조금을 지급한다'라는 문맥이므로 빈칸 앞의 부정관사(a)와 빈칸 뒤의 전치사(of)와 함께 '일련의, 연속의'라는 의미의 어구인 a series of를 만드는 명사 (A) series(일련, 연속)가 정답이다. (B) trade는 '무역', (C) content는 '내용', (D) advance는 '진보'라는 의미이다. (C) content(내용)도 해석상 그럴듯해 보이지만, subsidize(보조금을 지급하다)는 '정부나 다른 기관이 ~의 비용을 지불하다'라는 의미로 강의 내용에 대한 비용을 지불한다는 어색한 문맥이 된다.

subsidize v. 보조금을 지급하다　entrepreneurship n. 기업가 정신

Volunteers providing assistance during the Main Street Parade ------- by the bright green shirts they are wearing.

(A) distinguish
(B) distinguished
(C) are distinguished
(D) are distinguishing

Main가 퍼레이드 동안 도움을 제공하는 자원봉사자들은 그들이 입고 있는 밝은 초록색 셔츠로 구별된다.

능동태와 수동태의 구별　　　　　　　　　　　　　　정답 (C)

뒤에 수동태와 함께 쓰이는 by가 있고 '자원봉사자들은 그들이 입고 있는 초록색 셔츠로 구별된다'라는 수동의 의미이므로 수동태 (C) are distinguished가 정답이다. 능동태 (A), (B), (D)는 수동태에서의 행동의 주체를 나타내는 by와 함께 쓰일 수 없다.

volunteer n. 자원봉사자; v. 봉사하다　bright adj. 밝은, 선명한　distinguish v. 구별하다, 분류하다

Shopping at a farmers' market is a good way to find the ------- seasonal produce.

(A) fresher
(B) freshest
(C) freshly
(D) most freshly

농산물 직판장에서 물건을 사는 것은 구할 수 있는 가장 신선한 제철 농작물을 찾는 좋은 방법이다.

[형용사 자리] 최상급　　　　　　　　　　　　　　　정답 (B)

뒤의 명사(seasonal produce)를 꾸밀 수 있는 것은 형용사이므로 형용사 (A)와 (B)가 정답의 후보이다. '가장 신선한 제철 농산물을 찾는 방법'이라는 의미가 되어야 하고 빈칸 앞에 정관사(the)가 있으므로 형용사 fresh(신선한)의 최상급 (B) freshest가 정답이다. 비교급 (A) fresher는 than과 함께 쓰여 두 대상 중 한쪽이 우월함을 나타낸다. 부사의 원급 (C)와 최상급 (D)는 명사를 꾸밀 수 없고, 명사 앞의 형용사(seasonal)를 꾸미는 것으로 본다 해도 '신선하게/가장 신선하게 제철인 농산물'이라는 의미가 되어 농산물이 신선하다는 것이 아니라 제철이 신선하다는 어색한 문맥이 된다.

farmer's market phr. 농산물 직판장　seasonal adj. 제철의　produce n. 농작물; v. 생산하다　freshly adv. 신선하게

124

Guests will be entitled to discounted tours and unlimited use of the resort's pool facilities ------- October 1.

(A) as of
(B) such as
(C) now that
(D) along with

투숙객들은 10월 1일부로 할인된 투어와 리조트 수영〔시〕설의 무제한 사용에 대한 자격이 생길 것이다.

■ 전치사 선택 기타

빈칸 다음에 명사구(October 1)가 왔으므로, 명사구를 이끌 수 있는 전치사 (A), (B), (D)가 정답의 후보이다. '10월 1일부로 수영장 사용에 대한 자격이 생길 것이다'라는 의미가 되어야 하므로 (A) as of(~부로)가 정답이다. (B) such as(~와 같은)나 (D) along with(~〔과〕)를 쓸 경우 각각 '10월 1일과 같은/10월 1일과 함께 자격이 생길 것이다'라는 어색한 문맥을 만든다. 부사절 접속사 (C) now that(~이〔니까〕) 뒤에 절이 와야 한다.

어휘 entitle v. 자격을 주다, 제목을 붙이다 unlimited adj. 무제한의, 무조건의

125

Although the board has given its final ------- to the firm, neither party will sign the contract until a price is agreed upon.

(A) achievement
(B) contemplation
(C) approval
(D) supervision

위원회가 그 회사에 최종 승인을 했음에도 불구하고 〔어느〕의 어떤 당사자들도 가격이 합의될 때까지 계약을 맺〔지 않〕을 것이다.

■ 명사 어휘

'위원회가 지역 회사에 최종 승인을 했다'라는 문맥이므로 명사 (C) approval(승인)이 정답이다. 참고로, give approval to(~을 승인하〔다〕)〔로 관〕용구로 알아둔다. (A) achievement는 '달성', (B) contemplation은 '사색, 명상', (D) supervision은 '관리, 감독'이라〔는 뜻〕이다.

어휘 board n. 위원회 party n. 당사자, 상대방 agree upon phr. ~에 대해 합의하다

126

A brief ------- from the newly released novel by Nigel Murphy was featured in the daily newspaper along with a glowing book review.

(A) extract
(B) extractor
(C) extractive
(D) extracting

새롭게 발간된 Nigel Murphy 소설의 간략한 인용〔구를〕 찬하는 서평과 함께 일간지에 특집으로 실렸다.

■ [명사 자리] 사람명사 vs. 추상명사

부정관사(A)와 함께 쓰이고 형용사(brief)의 꾸밈을 받을 수 있는 것은 명사이므로 명사 (A)와 (B)가 정답의 후보이다. '새롭게 발간된 소〔설의 간〕략한 인용구'라는 의미가 되어야 하므로 추상명사 (A) extract(인용구, 발췌)가 정답이다. 사람명사 (B) extractor(발췌자, 추출자)를 쓸 〔경우 소〕설의 간략한 발췌자'라는 어색한 문맥이 된다. 형용사 (C)는 명사 자리에 올 수 없다. (D)는 동명사일 경우 부정관사(A) 다음에 올 수 없〔고, 현재〕분사일 경우 명사 자리에 올 수 없다.

어휘 brief adj. 간략한, 간결한 feature v. 특집으로 싣다; n. 특징 glowing adj. 극찬하는, 열렬한 book review phr. 서평

------- being able to accommodate more participants, the new event venue is more conveniently accessible from the city center.

더 많은 참석자들을 수용할 수 있을 뿐만 아니라, 새로운 행사 장소는 도시 중심으로부터 더 편리하게 접근할 수 있다.

(A) In accordance with　　　(B) On account of
(C) As well as　　　　　　　(D) With respect to

전치사 선택　　　　　　　　　　　　　　　　　　　　　　　　　　　　　　　정답 (C)

'많은 참석자들을 수용할 수 있을 뿐만 아니라 더 편리하게 접근할 수 있다'라는 문맥이므로 전치사 (C) As well as(~뿐만 아니라)가 정답이다. (A) In accordance with는 '~에 따라', (B) On account of는 '~ 때문에', (D) With respect to '~에 대하여'라는 의미의 전치사이다. 참고로, As well as는 전치사뿐만 아니라 상관접속사로서 As well as A, B(A뿐만 아니라 B도)의 형태로 쓰일 수 있으며, 비슷한 의미의 상관접속사로는 both A and B(A와 B 모두), not only A but (also) B(A뿐만 아니라 B도)가 있음을 알아둔다.

accommodate v. 수용하다, 숙박시키다　venue n. 장소　conveniently adv. 편리하게, 알맞게　accessible adj. 접근할 수 있는

Customers eager to purchase the upcoming video game by Sparks Entertainment are ------- to order it in advance.

Sparks Entertainment사에서 곧 나올 비디오 게임을 구매하기를 간절히 바라는 고객들은 미리 주문하도록 강력히 권고된다.

(A) urged　　　　　　　　　(B) proposed
(C) planned　　　　　　　　(D) intended

동사 어휘　　　　　　　　　　　　　　　　　　　　　　　　　　　　　　　　정답 (A)

'비디오 게임을 구매하기를 간절히 바라는 고객들은 미리 주문하도록 강력히 권고된다'라는 문맥이므로 동사 urge(강력히 권고하다)의 p.p형 (A) urged가 정답이다. (B)의 propose(제의하다)도 해석상 그럴듯해 보이지만, 계획이나 생각 등을 제의하는 것을 나타내므로 '~이 제의되다'라는 의미의 수동태로 쓰였을 때 주어 자리에는 사람이 아닌 계획이나 생각 등을 나타내는 주어가 와야 한다. (C)의 plan은 '계획하다', (D)의 intend는 '의도하다'라는 의미이다. 참고로, 이 문장은 주어(Customers)와 주어를 수식하는 관계절(eager ~ Entertainment) 앞에 '주격 관계대명사 + be동사'(who are)가 생략된 형태임을 알아둔다.

eager adj. 간절히 바라는　in advance phr. 미리, 사전에

Visitors are not permitted to stay overnight with patients unless arrangements have been made ------- with the hospital administration.

병원 관리진과 미리 합의가 이루어지지 않은 이상 방문객들은 환자와 밤새 함께 있는 것이 허락되지 않는다.

(A) beforehand　　　　　　 (B) thereby
(C) enough　　　　　　　　 (D) however

부사 선택　시간 부사　　　　　　　　　　　　　　　　　　　　　　　　　　　정답 (A)

'병원 관리진과 미리 합의가 이루어지지 않은 이상 환자와 밤새 함께 있는 것이 허락되지 않는다'라는 의미가 되어야 하므로 시간을 나타내는 부사 (A) beforehand(미리, 사전에)가 정답이다. (B) thereby는 '그렇게 함으로써', (D) however는 '그러나, 아무리 ~해도'라는 의미로 빈칸에 들어갈 경우 모두 어색한 문맥이 된다. (C) enough(충분히)도 해석상 그럴듯해 보이지만 형용사나 부사 뒤에서 쓰인다.

permit v. 허락하다, 허용하다　overnight adv. 밤새　patient n. 환자; adj. 인내심 있는　arrangement n. 합의, 준비　administration n. 관리진

The plant's safety officers conduct inspections ------- throughout the year with no warning, so staff must always be prepared for such an event.

공장의 안전 관리자들은 경고 없이 일 년 내내 간헐적으로 점검을 실시하기 때문에, 직원들은 항상 그러한 일에 대해 준비되어 있어야 한다.

(A) alternatively　　　　　　(B) approximately
(C) correctly　　　　　　　　(D) intermittently

부사 어휘　　　　　　　　　　　　　　　　　　　　　　　　　　　　　　　　정답 (D)

'안전 관리자들은 경고 없이 일 년 내내 간헐적으로 점검을 실시한다'라는 문맥이므로 부사 (D) intermittently(간헐적으로)가 정답이다. (A) alternatively는 '양자택일로, 그 대신에', (B) approximately는 '대략', (C) correctly는 '바르게, 정확하게'라는 의미이다.

safety officer phr. 안전 관리자　inspection n. 점검, 검사　throughout the year phr. 일 년 내내　warning n. 경고, 주의

PART 6

Questions 131-134 refer to the following article.

131-134는 다음 기사에 관한 문제입니다.

Scott Harper has been ------- to lead Canada's national
sailing team in the upcoming Cannon Regatta. Team
spokesperson Jeremy Dawes made the announcement at a
press conference earlier today. -------.
131
132

Harper, a 39-year old New Brunswick native, is a lifelong
boating enthusiast who has competed in several
international events. He has won two Yachtmaster trophies
for solo sailing and will compete in a third later next month,
------- time with a crew of six.
133

Speaking on behalf of his team in his new capacity,
Mr. Harper appeared confident about Team Canada's
chances. "Most of us have worked together on previous
occasions. -------, I've been in races with at least four of the
134
other members," he said.

131 Scott Harper가 다가오는 Cannon 보트 경주에
나다의 국가 대표 보트 팀을 이끌도록 선출되었다. 팀
인 Jeremy Dawes가 오늘 일찍 기자 회견에서 발표
132 그는 또한 그 행사에서 기자들의 질문에도 답변했다

39살의 뉴브런즈윅 출신인 Harper는 여러 국제 행사
가한 일평생의 보트광이다. 133 그는 혼자 보트를 타는
로 Yachtmaster 상을 두 번 받았고 다음 달 말에 세
로 경기에 참가할 것인데, 이번에는 여섯 명의 팀원들
께이다.

그의 새로운 지위에서 팀을 대표하여 말하는 Mr. Ha
는 캐나다 팀의 가능성에 대해 자신감이 있는 것 같아
다. "저희 중 대부분은 이전의 경기들에서 함께 해보았
다. 134 사실, 저는 다른 선수들 중 적어도 네 명과 함
주에 나간 적이 있습니다."라고 그가 말했다.

---

131 (A) selected
(B) educated
(C) refused
(D) reserved

132 (A) No one expected the Canadian team to lose at the
Regatta.
(B) He also answered questions from journalists at the
event.
(C) This year's contest has been the toughest in years.
(D) The media conference is scheduled for this coming
weekend.

133 (A) their
(B) which
(C) this
(D) while

134 (A) Instead
(B) In fact
(C) Despite
(D) On the other hand

어휘   sailing n. 보트 타기   upcoming adj. 다가오는, 곧 있을   regatta n. 보트 경주   spokesperson n. 대변인
press conference phr. 기자 회견   lifelong adj. 일평생의   enthusiast n. ~광, 열성적인 사람   compete v. (경기에) 참가하다, 경쟁하다
crew n. 팀원, 팀, 승무원   on behalf of phr. ~을 대표하여   capacity n. 지위, 능력   appear v. ~인 것 같아 보이다, 나타나다
confident adj. 자신감이 있는, 확신하는   chance n. 가능성, 승산   occasion n. 경우, 때, 행사

동사 어휘 전체 문맥 파악　　　　　　　　　　　　　　　　　　　　정답 (A)

Scott Harper가 캐나다의 국가 대표 보트 팀을 이끌도록 ___되었다'라는 문맥이므로 (A), (B), (D)가 정답의 후보이다. 빈칸이 있는 문장만으로 정답을 고를 수 없으므로 주변 문맥이나 전체 문맥을 파악한다. 뒷부분에서 Mr. Harper가 그의 새로운 지위에서 팀을 대표하여 말했다고 했으므로 그가 팀의 리더로 선출되었음을 알 수 있다. 따라서 동사 select(선출하다)의 p.p.형 (A) selected가 정답이다. (B)의 educate는 '교육하다', (C)의 refuse는 '거부하다', (D)의 reserve는 '보류하다, 예약하다'라는 의미이다.

알맞은 문장 고르기　　　　　　　　　　　　　　　　　　　　　　정답 (B)

빈칸에 들어갈 알맞은 문장을 고르는 문제이므로 주변 문맥 또는 전체 문맥을 파악한다. 앞 문장 'Team spokesperson Jeremy Dawes made the announcement at a press conference earlier today.'에서 팀 대변인 Jeremy Dawes가 오늘 일찍 기자 회견에서 발표했다고 했으므로 빈칸에는 기자 회견과 관련된 구체적인 내용이 들어가야 함을 알 수 있다. 따라서 (B) He also answered questions from journalists at the event가 정답이다.

보기 해석
(A) 아무도 캐나다 팀이 보트 경주에서 질 것이라고 예상하지 않았다.
(B) 그는 또한 그 행사에서 기자들의 질문에도 답변했다.
(C) 올해의 대회는 몇 년 동안에 가장 힘든 것이었다.
(D) 기자 회견은 이번 주말로 일정이 잡혀있다.

지시형용사　　　　　　　　　　　　　　　　　　　　　　　　　정답 (C)

빈칸 뒤에 명사(time)가 왔으므로 명사를 수식할 수 있는 소유격 인칭대명사 (A), 의문형용사 (B), 지시대명사 (C)가 정답의 후보이다. '이번에는 여섯 명의 팀원들과 함께이다'라는 의미가 되어야 하므로, 이전과 비교하여 이번 경우를 나타낼 수 있는 지시형용사 (C) this가 정답이다. 소유격 인칭대명사 (A) their는 복수형이므로 3인칭 단수인 Scott Harper를 가리킬 수 없고, 의문형용사 (B) which는 '어떤 시간에 여섯 명의 팀원들과 함께이다'라는 어색한 문맥을 만든다. (D) while은 '~하는 동안'이라는 의미의 부사절 접속사로, 주어와 동사가 있는 절을 이끈다.

접속부사 주변 문맥 파악　　　　　　　　　　　　　　　　　　　정답 (B)

빈칸이 콤마와 함께 문장의 맨 앞에 온 접속부사 자리이므로, 앞 문장과 빈칸이 있는 문장의 의미 관계를 파악하여 정답을 선택한다. 앞 문장에서 팀원 중 대부분이 이전의 경기들에서 함께 해보았다고 했고, 빈칸이 있는 문장에서는 Mr. Harper가 다른 선수들 중 적어도 네 명과 함께 경주에 나간 적이 있다고 했으므로 앞 문장에 대해 부가적인 설명을 덧붙일 때 사용되는 (B) In fact(사실)가 정답이다. (A) Instead는 '대신에', (D) On the other hand는 '반면에'라는 의미로 빈칸에 쓸 경우 어색한 문맥이 된다. (C) Despite는 '~에도 불구하고'라는 의미의 전치사로, 콤마가 아닌 명사 앞에 와야 한다.

Questions 135-138 refer to the following e-mail.

135-138은 다음 이메일에 관한 문제입니다.

TO: Randy Huffington <r.huffington@megadelta.com>
FROM: Olivia Cottrell <o_cottrell@edicare.com>
SUBJECT: Machine issues
DATE: June 20

This is my second correspondence regarding the factory equipment that ------- at our Denver plant recently. As I
             135
stated in my first e-mail, a factory worker said a machine was making a lot of noise and shaking -------. Because there
                                                           136
was a risk of danger, we shut the machine down to prevent it from causing serious injury to any of our workers.

The machine was delivered to our plant by your company just one week ago. -------. Could you please send an
                                                    137
engineer to our plant to examine the equipment? Hopefully, your technician will be able to determine why the machine
failed soon after its -------.
                   138

We will wait for your response and anticipate that it will be speedy.

Sincerely,

Olivia Cottrell
Senior administrator
Edicare Industrials

수신: Randy Huffington
        <r.huffington@megadelta.com>
발신: Olivia Cottrell <o_cottrell@edicare.com>
제목: 기계 문제
날짜: 6월 20일

135 이것은 최근에 저희 덴버 공장에서 제대로 작동하
았던 공장 장비와 관련하여 보내는 두 번째 서신입
136 제가 첫 번째 이메일에서 언급하였듯이, 한 공장 직
기계가 많은 소음을 발생시키고 있으며 거칠게 흔들리
다고 말했습니다. 위험할 수도 있었기 때문에, 그것이
직원들 중 누구에게라도 심각한 부상을 초래하는 것을
하기 위해 기계를 껐습니다.

그 기계는 불과 일주일 전에 귀사로부터 저희 공장에
되었습니다. 137 그러므로, 저희가 구입한 장비는 아직
기간 중입니다. 장비를 검사하기 위해서 저희 공장에
자를 보내주실 수 있습니까? 138 바라건대, 귀사의 기
가 어째서 설치 후 얼마 지나지 않아 기계가 고장 났는
알아낼 수 있었으면 합니다.

귀사의 답변을 기다릴 것이며 그것이 신속하기를 기다
다.

Olivia Cottrell 드림
상급 관리자
Edicare 산업

---

135 (A) malfunctioning
    (B) to malfunction
    (C) malfunctions
    (D) malfunctioned

136 (A) boldly
    (B) violently
    (C) effortlessly
    (D) instantly

137 (A) We have decided to return the machine at your expense.
    (B) However, fixing the machine may require more time.
    (C) Therefore, the equipment we purchased is still under warranty.
    (D) It was already repaired at least once in the past year.

138 (A) modification
    (B) installation
    (C) appreciation
    (D) restoration

어휘 **correspondence** n. 서신, 일치 **plant** n. 공장; v. 심다 **cause** v. 초래하다; n. 원인, 이유 **injury** n. 부상, 상처
examine v. 검사하다, 조사하다 **determine** v. 알아내다, 결정하다 **fail** v. 고장 나다, 실패하다 **anticipate** v. 기대하다, 예상하다
speedy adj. 신속한, 지체 없는

[동사 자리] 과거 시제 정답 (D)

that절(that ~ recently)에 동사가 없으므로 동사 (C), (D)가 정답의 후보이다. that절 안에 현재완료 시제나 과거형과 자주 쓰이는 표현 recently(최근에)가 있고, '최근에 제대로 작동하지 않았던 공장 장비와 관련하여 보내다'라는 의미가 되어야 하므로 과거 시제 (D) malfunctioned가 정답이다. 현재 시제 (C)는 recently와 함께 쓰일 수 없고, 동명사 또는 현재분사 (A)와 to 부정사 (B)는 동사 자리에 올 수 없다.

어휘 malfunction v. (장비·기계 등이) 제대로 작동하지 않다

부사 어휘 정답 (B)

'기계가 많은 소음을 발생시키고 있으며 거칠게 흔들린다'라는 문맥이므로 부사 (B) violently(거칠게)가 정답이다. (A) boldly는 '대담하게', (C) effortlessly는 '쉽게, 노력하지 않고', (D) instantly는 '즉시'라는 의미이다.

알맞은 문장 고르기 정답 (C)

빈칸에 들어갈 알맞은 문장을 고르는 문제이므로 주변 문맥 또는 전체 문맥을 파악한다. 앞 문장 'The machine was delivered to our plant by your company just one week ago.'에서 기계는 불과 일주일 전에 공장에 배달되었다고 했고, 뒤 문장 'Could you please send an engineer to our plant to examine the equipment?'에서 장비를 검사하기 위해 공장에 기술자를 보내줄 수 있는지 물었으므로 빈칸에는 구입한 지 얼마 되지 않은 기계가 고장이 났기 때문에 아직 검사와 수리가 가능한 보증 기간임을 명시하는 내용이 들어가야 함을 알 수 있다. 따라서 (C) Therefore, the equipment we purchased is still under warranty가 정답이다.

보기 해석

(A) 저희는 귀사의 비용으로 기계를 반환하기로 결정했습니다.
(B) 그러나, 기계를 고치는 데 더 많은 시간이 필요할 수도 있습니다.
(C) 그러므로, 저희가 구입한 장비는 아직 보증 기간 중입니다.
(D) 이것은 작년에 적어도 한 번 이미 수리되었습니다.

어휘 expense n. 비용, 경비 under warranty phr. (상품이) 보증 기간 중인

명사 어휘 주변 문맥 파악 정답 (B)

'기술자가 어째서 ___ 후 얼마 지나지 않아 기계가 고장 났는지를 알아낼 수 있었으면 한다'라는 문맥이므로 모든 보기가 정답의 후보이다. 빈칸이 있는 문장만으로 정답을 고를 수 없으므로 주변 문맥이나 전체 문맥을 파악한다. 빈칸 앞부분에서 기계가 불과 일주일 전에 공장에 배달되었다고 했으므로 명사 (B) installation(설치)이 정답이다. (A) modification은 '수정', (C) appreciation은 '평가, 감상', (D) restoration은 '복원'이라는 의미이다.

139-142는 다음 설명서에 관한 문제입니다.

DiMaggiano's Frozen Pizzas
Cooking Instructions

Remove the pizza from the packaging, but do not defrost it. If it has thawed, reduce the cooking time ------- approximately three minutes.
                                        139

Preheat your oven to 230 degrees Celsius. For a softer crust, put the pizza on the middle oven rack and bake it for 10 to 12 minutes. -------. For a crispier crust, bake the pizza
                          140
on the top rack at a higher temperature. That is, set the dial to 280 degrees for a much ------- crust!
                          141

Remove the pizza from your oven carefully so as not to burn your fingers. Allow it ------- for three to four minutes before
                          142
eating. Then simply slice the pizza and enjoy a delicious DiMaggiano's meal with your favorite beverage.

DiMaggiano's 냉동 피자
조리 설명서

피자를 포장에서 꺼내되, 해동하지 마십시오. **139** 피자가 녹았다면, 조리 시간을 약 3분만큼 줄이십시오.

오븐을 섭씨 230도로 예열하십시오. 더 부드러운 빵 껍질을 위해서는, 피자를 오븐의 중간 선반에 놓고 10분에서 12분 동안 구우십시오. **140** 빵 껍질이 금색이고 치즈가 녹았을 때 피자를 꺼내십시오. 더 바삭바삭한 빵 껍질을 위해서는 피자를 오븐의 위쪽 선반에서 더 뜨거운 온도로 구우십시오. **141** 즉, 훨씬 더 단단한 빵 껍질을 위해서는 다이얼을 280도로 맞추십시오!

손가락을 데지 않도록 피자를 오븐에서 조심스럽게 꺼내십시오. **142** 먹기 전에 3분에서 4분 정도 식히십시오. 그러고 나면 피자를 잘라 맛있는 DiMaggiano's의 음식을 당신이 가장 좋아하는 음료와 함께 즐기기만 하면 됩니다.

---

139 (A) from
  (B) for
  (C) by
  (D) until

140 (A) Store uncooked pizzas in your refrigerator's freezer compartment.
  (B) Order our pizzas online or buy them at any supermarket.
  (C) Do not cook it if the pizza is still frozen.
  (D) Take it out when the crust is golden and the cheese has melted.

141 (A) softer
  (B) healthier
  (C) heavier
  (D) firmer

142 (A) cool
  (B) cools
  (C) to cool
  (D) cooling

어휘 **frozen** adj. 냉동한, 언 **defrost** v. 해동하다, 성에를 제거하다 **thaw** v. 녹다, 날씨가 풀리다 **approximately** adv. 약, 거의
preheat v. 예열하다 **Celsius** adj. 섭씨의 **crispy** adj. 바삭바삭한, 부스러지기 쉬운 **crust** n. 빵 껍질, 딱딱한 층 **rack** n. 선반, 받침대
burn v. 데다, 태우다 **slice** v. (얇게) 자르다 **beverage** n. 음료

전치사 선택 기타 　　　　　　　　　　　　　　　　　　　　　　　　　　정답 (C)

조리 시간을 약 3분만큼 줄이다'라는 의미가 되어야 하므로 양이나 정도를 나타내는 전치사 (C) by(~ 만큼)가 정답이다. (A) from은 '~부터'라는 의미로 시점을, (B) for는 '~ 동안'이라는 의미로 기간을, (D) until은 '~까지'라는 의미로 시점을 나타낸다. 참고로, (A) from과 (D) until은 특정 시점을 나타내는 명사와 함께 쓰여야 함을 알아둔다.

알맞은 문장 고르기 　　　　　　　　　　　　　　　　　　　　　　　　정답 (D)

빈칸에 들어갈 알맞은 문장을 고르는 문제이므로 주변 문맥 또는 전체 문맥을 파악한다. 앞 문장 'For a softer crust, put the pizza on the middle oven rack and bake it for 10 to 12 minutes.'에서 더 부드러운 빵 껍질을 위해서는 피자를 10분에서 12분 동안 구우라고 했으므로, 빈칸에는 이렇게 구운 피자를 어떻게 해야 하는지에 대한 추가 설명이 들어가야 함을 알 수 있다. 따라서 (D) Take it out when the crust is golden and the cheese has melted가 정답이다.

보기 해석
(A) 조리되지 않은 피자들을 당신의 냉장고의 냉동실에 보관하십시오.
(B) 저희 피자를 온라인으로 주문하시거나 어느 슈퍼마켓에서나 구입하십시오.
(C) 만약 피자가 아직 얼어 있다면 조리하지 마십시오.
(D) 빵 껍질이 금색이고 치즈가 녹았을 때 피자를 꺼내십시오.

어휘 store　v. 보관하다; n. 상점　freezer compartment　phr. 냉동실

형용사 어휘 주변 문맥 파악 　　　　　　　　　　　　　　　　　　　　정답 (D)

'훨씬 _____한 빵 껍질을 위해서는 다이얼을 280도로 맞춰라'라는 문맥이므로 모든 보기가 정답의 후보이다. 빈칸이 있는 문장만으로는 정답을 고를 수 없으므로 주변 문맥이나 전체 문맥을 파악한다. 앞 문장에서 더 바삭바삭한 빵 껍질을 위해서는 피자를 더 뜨거운 온도로 구우라고 했으므로, 훨씬 더 단단한 빵 껍질을 만들기 위해서 다이얼을 280도로 맞추라는 것임을 알 수 있다. 따라서 형용사 firm(단단한, 딱딱한)의 비교급 (D) firmer가 정답이다. (A)의 soft는 '부드러운', (B)의 healthy는 '건강한', (C)의 heavy는 '무거운'이라는 의미이다.

to 부정사를 취하는 동사 　　　　　　　　　　　　　　　　　　　　　정답 (C)

빈칸 앞에 to 부정사를 목적격 보어로 취하는 동사(Allow)가 있으므로 to 부정사 (C) to cool이 정답이다. 동사원형 (A), 3인칭 단수 동사 (B), 동명사 또는 현재분사 (D)는 to 부정사를 보어로 취하는 동사의 보어 자리에 올 수 없다. 참고로, 이 문장은 'allow + 목적어(it) + 목적격 보어(to cool)' 형태이며, allow(허락하다)와 같이 to 부정사를 목적격 보어로 갖는 동사에는 expect(기대하다, 예상하다), ask(부탁하다), remind(생각나게 하다) 등이 있음을 알아둔다. 추가로, 사역동사 make/let/have, 준 사역동사 help, 지각동사 hear/see/watch/notice는 목적격 보어로 원형 부정사를 갖는다는 것을 알아둔다.

어휘 cool　v. 식히다; adj. 시원한

Questions 143-146 refer to the following memo.

143-146은 다음 회람에 관한 문제입니다.

Griffin University
MEMO

To: All faculty
From: Dale Henriksen
Subject: Journals
Date: August 24

Last year, Griffin University took steps to ------- spending on
                                              143
library journals. Years of inflation without equivalent budget
increases made it difficult to pay for many journals. Thus, it
became necessary to cancel some -------. This year, the
                                 144
Library Committee has chosen an additional 50 journals that
will be cut from the library's collection. However, we ------- to
                                                        145
bring some of these titles back after the budget situation
improves. -------. A complete list of retained titles has been
          146
posted on the library Web site.

Griffin 대학교
회람

수신: 모든 교수진
발신: Dale Henriksen
제목: 학술지
날짜: 8월 24일

143 작년에, Griffin 대학교는 도서관 학술지에 대한 지
줄이기 위한 조치를 취했습니다. 몇 년간의 물가 인상
응하는 예산 증가가 없었던 것은 많은 학술지에 대한
을 지불하는 것을 어렵게 만들었습니다. 144 따라서,
구독을 취소해야 했습니다. 올해, 도서관 위원회는 5
의 소장 목록에서 삭제될 추가적인 50개의 학술지를
했습니다. 145 하지만, 저희는 예산 상황이 개선되고
이 출판물들을 다시 되찾으려 노력할 것입니다. 146 그
여러분의 인내심과 이해를 부탁드립니다. 보유하고 있
판물의 전체 목록은 도서관 웹사이트에 게시되어 있습

143 (A) start
(B) report
(C) reduce
(D) forbid

144 (A) policies
(B) promotions
(C) benefits
(D) subscriptions

145 (A) have been tried
(B) are tried
(C) trying
(D) will try

146 (A) In the meantime, we ask for your patience and
understanding.
(B) Seating will be limited, so interested participants
advised to call ahead.
(C) In any event, some textbooks may be purchased
off-campus bookstores.
(D) The university budget must be approved by the
state government.

어휘 **faculty** n. 교수진 **journal** n. 학술지, 잡지 **take steps** phr. 조치를 취하다 **inflation** n. 물가 인상 **equivalent** adj. 상응하는 **budget**
title n. 출판물, 서적 **retain** v. 보유하다

동사 어휘 전체 문맥 파악

정답 (C)

'서관 학술지에 대한 지출을 ___ 하기 위한 조치를 취했다'라는 문맥이므로 모든 보기가 정답의 후보이다. 빈칸이 있는 문장만으로는 정답을 를 수 없으므로 주변 문맥이나 전체 문맥을 파악한다. 뒤 문장에서 예산 증가가 없었던 것이 많은 학술지에 대한 비용을 지불하는 것을 어렵게 들었다고 했고, 뒷부분에서 일부 구독을 취소해야 했다며 소장 목록에서 삭제될 추가적인 50개의 학술지를 선정했다고 했으므로 도서관 학술 에 대한 지출을 줄이기 위한 조치를 취했다는 것을 알 수 있다. 따라서 동사 (C) reduce(줄이다)가 정답이다. (A) start는 '시작하다', (B) port는 '알리다'라는 의미이다. (D) forbid(금지하다)도 해석상 그럴듯해 보이지만, 학술지에 대한 모든 지출을 금지하는 것은 아니므로 답이 수 없다.

명사 어휘 주변 문맥 파악

정답 (D)

라서 일부 ___을 취소해야 했다'라는 문맥이므로 (B), (C), (D)가 정답의 후보이다. 빈칸이 있는 문장만으로는 정답을 고를 수 없으므로 주변 맥이나 전체 문맥을 파악한다. 앞 문장에서 예산 증가가 없었던 것이 많은 학술지에 대한 비용을 지불하는 것을 어렵게 만들었다고 했고, 뒤 문 에서 도서관의 소장 목록에서 삭제될 추가적인 50개의 학술지를 선정했다고 했으므로 일부 구독을 취소해야 했다는 것을 알 수 있다. 따라서 사 (D) subscriptions(구독)가 정답이다. (A)의 policy는 '정책', (B)의 promotion은 '승진', (C)의 benefit은 '혜택'이라는 의미이다.

[동사 자리] 능동태와 수동태의 구별

정답 (D)

장에 주어(we)만 있고 동사가 없으므로 동사 (A), (B), (D)가 정답의 후보이다. '우리는 예산 상황이 개선되고 나면 이 출판물들을 다시 되찾 력 노력할 것이다'라는 능동의 의미가 되어야 하므로 능동태 (D) will try가 정답이다. 수동태 (A)와 (B)를 쓸 경우 '이 출판물들을 되찾기 위해 리가 노력되어 왔다/노력된다'라는 어색한 문맥을 만든다. 동명사 또는 현재분사 (C)는 동사 자리에 올 수 없다.

알맞은 문장 고르기

정답 (A)

간에 들어갈 알맞은 문장을 고르는 문제이므로 주변 문맥 또는 전체 문맥을 파악한다. 앞 문장 'we (will try) to bring some of these titles ck after the budget situation improves'에서 저희, 즉 Griffin 대학교는 이 출판물들, 즉 소장 목록에서 삭제될 학술지들을 다시 찾으려 노력할 것이라고 했으므로, 빈칸에는 소장 목록에서 삭제될 학술지들을 다시 되찾으려 노력하는 동안의 일과 관련된 내용이 들어가야 를 알 수 있다. 따라서 (A) In the meantime, we ask for your patience and understanding이 정답이다.

해석
그동안, 여러분의 인내심과 이해를 부탁드립니다.
자리가 제한적일 것이므로, 관심이 있는 참가자들은 미리 전화하도록 권고됩니다.
아무튼, 몇몇 교재들은 캠퍼스 밖의 서점에서 구매될 수 있습니다.
대학교 예산은 반드시 주 정부에 의해 승인되어야 합니다.

patience n. 인내심 ahead adv. 미리, 앞으로 in any event phr. 아무튼

PART 7

Questions 147-148 refer to the following advertisement.

147-148은 다음 광고에 관한 문제입니다.

EVERIDGE CERTIFIED ACCOUNTANTS
Suite 19-A, 825 Burrard, Vancouver BC, V0P-F1K

Having trouble with your tax forms? Are the finances of your small business more than you can handle? Let ECA, one of the fastest-growing accounting firms in Canada, take care of all your accounting worries!

We offer:
▷ ¹⁴⁷⁻ᴬPersonal income tax returns
▷ ¹⁴⁷⁻ᴰSetup and maintenance of bookkeeping systems
▷ Preparation of financial statements
▷ ¹⁴⁷⁻ᴮContract drafting assistance

¹⁴⁸For a full list of our services, fees, and accountants, visit www.everidgeacc.co.ca. If you would like to meet with one of our accountants in person, make an appointment by calling us at (604) 555-8872 or by sending an e-mail to everidgeacc@coolmail.com.

EVERIDGE 공인 회계사
Suite 19-A, 825번지 Burrard, 밴쿠버 브리티시 콜 아주, V0P-F1K

납세 신고 양식 때문에 어려움을 겪고 계십니까? 여러 소기업체 재무가 감당할 수 있는 그 이상입니까? 캐나 서 가장 빠르게 성장하고 있는 회계법인 중 하나인 E 여러분의 모든 회계 걱정을 맡겨주십시오!

저희는 제공합니다:
▷ ¹⁴⁷⁻ᴬ개인 소득세 신고
▷ ¹⁴⁷⁻ᴰ부기 시스템 설치 및 관리
▷ 재무제표 준비
▷ ¹⁴⁷⁻ᴮ계약서 초안 작성 관련 도움

¹⁴⁸저희의 서비스, 요금, 그리고 회계사에 대한 전체 ½ 원하시면 www.everidgeacc.co.ca를 방문하십시5 희 회계사 중 한 명과 직접 만나고 싶으시다면, 555-8872로 저희에게 전화 주시거나, everidgea coolmail.com으로 이메일을 보내셔서 약속을 잡으 오.

어휘	□ certified adj. 공인된, 보증된	□ accountant n. 회계사	□ growing adj. 성장하는, 증대하는
	□ accounting n. 회계	□ return n. 신고(서), 귀환, 반환	□ maintenance n. 관리, 유지
	□ bookkeeping n. 부기	□ financial statement phr. 재무제표	□ in person phr. 직접

147

What is NOT mentioned as a service offered by ECA?

(A) Assistance with income tax
(B) Help with creating a contract
(C) Investment consultation
(D) Handling accounting systems

ECA에 의해 제공되는 서비스로 언급되지 않은 것은?

(A) 소득세에 대한 도움
(B) 계약서 작성에 대한 도움
(C) 투자 상담
(D) 회계 시스템 처리

■ Not/True Not 문제

질문의 핵심 어구인 a service offered by ECA와 관련된 내용을 지문에서 찾아 각 보기와 대조하는 Not/True 문제이다. (A)는 'P income tax returns'에서 개인 소득세 신고 관련 서비스를 제공한다고 했으므로 지문의 내용과 일치한다. (B)는 'Contract c assistance'에서 계약서 초안 작성 관련 도움을 제공한다고 했으므로 지문의 내용과 일치한다. (C)는 지문에 언급되지 않은 내용이다 (C)가 정답이다. (D)는 'Setup and maintenance of bookkeeping systems'에서 부기 시스템 설치 및 관리 서비스를 제공한다고 : 지문의 내용과 일치한다.

바꾸어 표현하기
Contract drafting assistance 계약서 초안 작성 관련 도움 → Help with creating a contract 계약서 작성에 대한 도움

148

Why would a customer visit the ECA Web site?

(A) To arrange a personal tax consultation
(B) To read feedback from other clients
(C) To view online samples of business contracts
(D) To get information about ECA employees

고객은 왜 ECA 웹사이트를 방문하겠는가?

(A) 개인세 상담을 예약하기 위해
(B) 다른 고객들의 의견을 읽기 위해
(C) 사업 계약서의 온라인 견본을 보기 위해
(D) ECA 직원에 대한 정보를 얻기 위해

■ 육하원칙 Why

고객이 왜(Why) ECA 웹사이트를 방문할 것 같은지를 묻는 육하원칙 문제이다. 질문의 핵심 어구인 visit the ECA Web site와 : 'For a full list of our ~ accountants, visit www.everidgeacc.co.ca.'에서 저희의 회계사, 즉 ECA 직원에 대한 전체 목록을 www.everidgeacc.co.ca를 방문하라고 했으므로 (D)가 정답이다.

바꾸어 표현하기
a full list of ~ accountants 회계사에 대한 전체 목록 → information about ~ employees 직원에 대한 정보

Questions 149-150 refer to the following invitation.　　　　149-150은 다음 초대장에 관한 문제입니다.

149-AThe New Hampton Professionals Society
would like to invite you to the

Twelfth Annual Melody for Charity Night

149-Con Saturday, July 24, at 6 P.M.
at the Greenfield Theater

150Six classical compositions by world-renowned composers
and graduates of the Salzburg Conservatory of Music,
Johannes Linden and Vladimir Tepanor, will be performed
by the Smithson Philharmonic Orchestra.

149-BFormal clothing for the event is required. Cash donations
will be accepted during the evening, with proceeds going to
the Rainbow House at New Hampton General Hospital.
Rainbow House is a special facility dedicated to the medical
care of young patients. To confirm your attendance, or for
more information, visit www.newhamptonhospital.com and
www.rainbowhouse.com.

149-ANew Hampton 전문가 협회가
당신을 초대합니다

제12회 연례 자선의 밤을 위한 멜로디

7월 24일 149-C토요일 오후 6시
Greenfield 극장

150세계적으로 유명한 작곡가이자 잘츠부르크 음악 학교 졸
업생들인, Johannes Linden과 Vladimir Tepanor가
작곡한 클래식 악곡 6곡이 Smithson 교향악단
오케스트라에 의해 연주될 것입니다.

149-B행사를 위한 격식 있는 복장이 요구됩니다. 현금 기부
가 저녁 시간 동안 받아질 것이며, 수익금은 New
Hampton 종합 병원의 Rainbow House로 전달될 것입
니다. Rainbow House는 젊은 환자들의 의료에 헌신하는
특별 시설입니다. 참석을 확정하거나 더 많은 정보를 원하
시면, www.newhamptonhospital.com과
www.rainbowhouse.com을 방문하십시오.

어휘 □ charity n. 자선, 자선 단체　□ composition n. 악곡, 작곡　□ world-renowned adj. 세계적으로 유명한
□ composer n. 작곡가, 작가　□ conservatory n. 음악 학교　□ philharmonic adj. 교향악단의; n. 교향악단
□ donation n. 기부, 기부금　□ proceeds n. 수익금　□ dedicate v. 헌신하다, 전념하다

What is NOT indicated about the event?

(A) It is organized by a group of professionals.
(B) Attendees are required to dress formally.
(C) It will be held on a weekend.
(D) Refreshments will be served to all guests.

행사에 대해 언급되지 않은 것은?

(A) 전문가 단체에 의해 개최된다.
(B) 참석자들은 격식을 갖춰 옷을 입도록 요구된다.
(C) 주말에 열릴 것이다.
(D) 모든 손님들에게 다과가 제공될 것이다.

Not/True Not 문제　　　　　　　　　　　　　　　　　　정답 (D)

의 핵심 어구인 the event와 관련된 내용을 지문에서 찾아 각 보기와 대조하는 Not/True 문제이다. (A)는 'The New Hampton
Professionals Society would like to invite you to the Twelfth Annual Melody for Charity Night'에서 New Hampton 전문가 협회가
제12회 연례 자선의 밤을 위한 멜로디에 초대한다고 했으므로 지문의 내용과 일치한다. (B)는 'Formal clothing for the event is
required.'에서 행사를 위한 격식 있는 복장이 요구된다고 했으므로 지문의 내용과 일치한다. (C)는 'on Saturday'에서 토요일에 행사가 열린
다고 했으므로 지문의 내용과 일치한다. (D)는 지문에 언급되지 않은 내용이다. 따라서 (D)가 정답이다.

Who are Johannes Linden and Vladimir Tepanor?

(A) Prominent conductors of an orchestra
(B) Representatives of a charitable organization
(C) Famous classical music composers
(D) Administrators at New Hampton General Hospital

Johannes Linden과 Vladimir Tepanor는 누구인가?

(A) 오케스트라의 유명한 지휘자
(B) 자선 기관의 대표자
(C) 유명한 클래식 음악 작곡가
(D) New Hampton 종합 병원의 관리자

육하원칙 Who　　　　　　　　　　　　　　　　　　　정답 (C)

Johannes Linden과 Vladimir Tepanor가 누구인지(Who)를 묻는 육하원칙 문제이다. 질문의 핵심 어구인 Johannes Linden and
Vladimir Tepanor와 관련하여, 'Six classical compositions by world-renowned composers ~ Johannes Linden and Vladimir
Tepanor, will be performed'에서 세계적으로 유명한 작곡가인 Johannes Linden과 Vladimir Tepanor가 작곡한 클래식 악곡 6곡이 연
주될 것이라고 했으므로 (C)가 정답이다.

prominent adj. 유명한, 현저한　conductor n. 지휘자, 안내원　representative n. 대표자, 대리인　administrator n. 관리자, 행정인

Questions 151-152 refer to the following text-message chain.

151~152는 다음 메시지 대화문에 관한 문제입니다.

Gary Perkins	[1:25 P.M.]

Allie, when is your vacation to Cancun? Will you still be out of town on the 18th?

Allie Chen	[1:27 P.M.]

Yes, I'll be gone for four days from the 16th to the 19th. Is something the matter?

Gary Perkins	[1:28 P.M.]

152We have a speaker coming to give a lecture here on the 18th, and I'm checking to see who can help out given that it's a Sunday.

Gary Perkins	[1:29 P.M.]

So far, I've already recruited enough volunteers to handle the banquet and the decorations. I'll be picking up the speaker myself, so we just need people to help set up the stage.

Allie Chen	[1:29 P.M.]

I see. 151I'm sorry I can't lend a hand.

Gary Perkins	[1:31 P.M.]

No worries. 151There are still plenty of people I can ask. Someone's bound to be free.

Allie Chen	[1:34 P.M.]

152If I remember correctly, Ms. Farley should be back from her vacation on the 13th.

Gary Perkins	[1:35 P.M.]

152Is that so? I'll message her later. Thanks, Allie.

Gary Perkins [오후 1시 2
Allie, 당신의 Cancun으로의 휴가가 언제죠? 18일어
시를 떠나 계신가요?

Allie Chen [오후 1시 2
네, 16일부터 19일까지 4일 동안 가 있을 거예요. 무
있나요?

Gary Perkins [오후 1시 2
15218일에 연설자가 여기로 강연을 하러 오는데, 그날
요일이라는 점을 감안했을 때 누가 도와줄 수 있는ㅈ
하고 있어요.

Gary Perkins [오후 1시
지금까지, 연회와 장식을 맡을 지원자들은 이미 충분
집해 놓았어요. 제가 직접 연설자를 태워올 것이니, 두
치를 도울 사람만 필요해요.

Allie Chen [오후 1시
그렇군요. 151도움을 주지 못해 미안해요.

Gary Perkins [오후 1시
걱정하지 마세요. 151아직 부탁할 수 있는 사람들이 많
어요. 분명 누군가는 시간이 있을 거예요.

Allie Chen [오후 1시
152만약 제가 제대로 기억한다면, Ms. Farley가 13일
가에서 돌아올 거예요.

Gary Perkins [오후 1시
152그래요? 나중에 그녀에게 메시지를 보낼게요. 고ㄷ
Allie.

어휘 □ **given that** phr. 감안하면, 고려하면   □ **recruit** v. 모집하다, 뽑다   □ **banquet** n. 연회, 축하연
    □ **decoration** n. 장식, 양식   □ **lend a hand** phr. 도움을 주다   □ **plenty of** phr. 많은, 충분한
    □ **be bound to** phr. 틀림없이 ~할 것이다   □ **correctly** adv. 제대로, 정확하게

At 1:31 P.M., what does Mr. Perkins mean when he writes, "No worries"?

(A) He is content with his plans for a holiday.
(B) He expects to hear back about an event soon.
(C) He is not stressed out about his workload.
(D) He believes he will be able to find other helpers.

오후 1시 31분에, Mr. Perkins가 "No worries"라고 썼을 때 그가 의도한 것은?

(A) 그의 휴일 계획에 만족한다.
(B) 행사에 대해 곧 회답을 받기를 기대한다.
(C) 그의 업무량에 대해 스트레스를 받지 않는다.
(D) 도와줄 다른 사람들을 찾을 수 있을 것이라 믿는다.

■ 의도 파악   정답 (D)

Mr. Perkins가 의도한 것을 묻는 문제이므로, 질문의 인용어구(No worries)가 언급된 주변 문맥을 확인한다. 'I'm sorry I can't lend a hand.'에서 Allie Chen이 도움을 주지 못해 미안하다고 하자 Mr. Perkins가 'No worries.'(걱정하지 마세요)라고 한 후, 'There are still plenty of people I can ask. Someone's bound to be free.'에서 아직 부탁할 수 있는 사람들이 많이 있으며 분명 누군가는 시간이 있을 것이라고 했으므로 Mr. Perkins가 도와줄 다른 사람들을 찾을 수 있을 것이라 믿는다는 것을 알 수 있다. 따라서 (D)가 정답이다.

어휘   content   adj. 만족하는; n. 내용   workload   n. 업무량, 작업량

What is suggested about Ms. Farley?

(A) She volunteered to decorate a banquet hall.
(B) She will be asked to work on the 18th.
(C) She will go to the airport on Sunday.
(D) She usually comes in to work on the weekend.

Ms. Farley에 대해 암시되는 것은?

(A) 연회장을 장식하는 일에 자원했다.
(B) 18일에 일하도록 요청받을 것이다.
(C) 일요일에 공항에 갈 것이다.
(D) 보통 주말에 일하러 온다.

■ 추론 세부 정보   정답 (B)

질문의 핵심 어구인 Ms. Farley에 대해 추론하는 문제이다. 'We have a speaker coming to give a lecture here on the 18th, and I'm checking to see who can help out given that it's a Sunday.'에서 Mr. Perkins가 18일에 연설자가 강연을 하러 오는데 그날이 일요일 이라는 점을 감안했을 때 누가 도와줄 수 있는지 확인하고 있다고 하자, 'If I remember correctly, Ms. Farley should be back from her vacation on the 13th.'에서 Allie Chen이 만약 자신이 제대로 기억한다면 Ms. Farley가 13일에 휴가에서 돌아올 것이라고 했고, 'Is that so? I'll message her later.'에서 Mr. Perkins가 그렇다면 나중에 그녀에게 메시지를 보내겠다고 했으므로 Ms. Farley가 18일에 일하도록 요청받을 것이라는 사실을 추론할 수 있다. 따라서 (B)가 정답이다.

TORONTO FISH MARKET
112 Center Plaza

153-AVenture out to the city center waterfront on Saturdays and Sundays to sample the best in Toronto's seafood. Merchants from all across the city have stalls set up at our warehouse, where they're selling everything from fish to sushi to lobster and even exotic cuisine like squid. 153-CNot only is the food the freshest and most savory in town, it is also sold at the most affordable prices. You can get a cut of salmon or halibut for less than $25 per pound. 155Be sure to check our Web site, www.torontofishmarket.ca, for updates on special sales that we hold throughout the year. We also have a live camera feed of the market on our Web site, so you can see how busy it is at any given time.

토론토 어시장
중앙 광장 112번지

153-A토요일과 일요일에 토론토 최고의 해산물을 맛보기 위해 도심 부둣가로 모험을 떠나보세요. 도시 전역에서 온 인들이 저희 창고에 가판대를 설치해 놓았고, 그곳에서 선부터 초밥과 바닷가재 그리고 심지어 오징어와 같은 이적인 요리까지 모든 것을 판매합니다. 153-C음식은 시내이 가장 신선하고 맛있을 뿐만 아니라, 가장 저렴한 가격에 리고 있습니다. 파운드당 25달러 미만으로 연어나 넙치 조각을 구할 수 있습니다. 155저희 웹사이트인 ww torontofishmarket.ca에서 저희가 연중 개최하는 특 할인에 관한 최신 정보를 꼭 확인하십시오. 저희 웹사C 에는 시장의 생중계 영상도 있어서, 그곳이 어느 특정 시 에 얼마나 붐비는지 보실 수 있습니다.

어휘　□ plaza n. 광장, 쇼핑센터　　□ venture v. 모험을 떠나다　　□ waterfront n. (도시의) 부둣가, 물가
　　　□ sample v. 맛보다; n. 샘플　　□ merchant n. 상인　　　　□ stall n. 가판대, 좌판
　　　□ warehouse n. 창고　　　　□ exotic adj. 이국적인, 외국의　　□ cuisine n. 요리, 조리법
　　　□ squid n. 오징어　　　　　□ savory adj. 맛있는, 고소한　　□ halibut n. 넙치

153

What is stated about the Toronto Fish Market?

(A) It is only open three days a week.
(B) It is located outdoors during the summer.
(C) It is less expensive than other venues.
(D) It is frequented by tourists.

토론토 어시장에 대해 언급된 것은?

(A) 일주일에 3일만 연다.
(B) 여름에는 야외에 위치해 있다.
(C) 다른 장소들보다 덜 비싸다.
(D) 관광객들이 자주 드나든다.

■ Not/True True 문제　　　　　　　　　　　　　　　　　　　　　　　　　　　　정

질문의 핵심 어구인 Toronto Fish Market과 관련된 내용을 지문에서 찾아 각 보기와 대조하는 Not/True 문제이다. (A)는 'Venture c the city center waterfront on Saturdays and Sundays to sample the best in Toronto's seafood.'에서 토요일과 일요일에 최고의 해산물을 맛보기 위해 도심 부둣가로 모험을 떠나보라고 했으므로 지문의 내용과 일치하지 않는다. (B)와 (D)는 지문에 언급되지 용이다. (C)는 'Not only is the food the freshest ~ in town, it is also sold at the most affordable prices.'에서 음식이 시내에서 신선할 뿐만 아니라 가장 저렴한 가격에 팔리고 있다고 했으므로 지문의 내용과 일치한다. 따라서 (C)가 정답이다.

어휘　outdoors adv. 야외에　venue n. 장소, 행사장　frequent v. 자주 드나들다; adj. 잦은

154

The word "cut" in paragraph 1, line 6, is closest in meaning to

(A) scratch
(B) reduction
(C) portion
(D) dividend

1문단 여섯 번째 줄의 단어 "cut"은 의미상 ~와 가장 다.

(A) 상처
(B) 축소
(C) 부분
(D) 배당금

■ 동의어　　　　　　　　　　　　　　　　　　　　　　　　　　　　　　　　　　정

cut을 포함하는 구절 'You can get a cut of salmon or halibut for less than $25 per pound.'에서 cut이 '조각'이라는 뜻으로 시 다. 따라서 '부분'이라는 뜻을 가진 (C)가 정답이다.

According to the brochure, what can people do on the Toronto Fish Market Web site?

(A) Examine a menu of fresh fish
(B) Compare the prices of various merchants
(C) Watch a video introducing the market
(D) Browse some upcoming deals

브로슈어에 따르면, 사람들은 토론토 어시장 웹사이트에서 무엇을 할 수 있는가?

(A) 신선한 생선 메뉴를 검토한다
(B) 여러 상인들의 가격을 비교한다
(C) 시장을 소개하는 영상을 시청한다
(D) 다가오는 거래를 둘러본다

■ 육하원칙 What   정답 (D)

사람들이 토론토 어시장 웹사이트에서 무엇(what)을 할 수 있는지를 묻는 육하원칙 문제이다. 질문의 핵심 어구인 do on the Toronto Fish Market Web site와 관련하여, 'Be sure to check our Web site ~ for updates on special sales that we hold throughout the year.'에서 웹사이트에서 자신들이 연중 개최하는 특별 할인에 관한 최신 정보를 꼭 확인하라고 했으므로 (D)가 정답이다.

바꾸어 표현하기
check ~ for updates on special sales ~ throughout the year 연중 특별 할인에 관한 최신 정보를 확인하다
→ Browse ~ upcoming deals 다가오는 거래를 둘러보다

어휘 browse v. 둘러보다, 검색하다

Come to the Portland Holiday Gift Fair!

[156]The City of Portland and the Willamette Convention Center are pleased to announce the opening of [156/157-D]the Holiday Gift Fair, which will run for two weeks, from December 1 to December 14. Open daily from 10 A.M. to 9 P.M. at the Willamette Convention Center on Naito Parkway, [158-D]the fair will feature products from more than 600 vendors. [158-B]The event will be held in the center's largest exhibit area, Riverside Hall.

[157-C]Entrance to the fair is $5 for adults and $3 for children under 12 or senior citizens. There is no admission charge for children under five years of age. [157-A]Attendees can also take part in hourly draws with more than $18,000 of merchandise to be given away! [157-B]Booths include holiday gifts, decorations, cards, toys, food, and so much more! [156]Get all your holiday supplies ahead of time by dropping by this amazing event.

For a list of vendors, please visit www.willamettecon.com/events. Tickets for the fair can be purchased on the Web site beginning November 20 or at the door to Riverside Hall.

포틀랜드 연휴 선물 박람회로 오십시오!

[156]포틀랜드시와 Willamette 컨벤션 센터는 [156/157-D]12월 1일부터 12월 14일까지, 2주 동안 진행될 연휴 선물 박회의 개막을 알리게 되어 기쁩니다. Naito Parkway에는 Willamette 컨벤션 센터에서 매일 오전 10시부터 오 9시까지 열리는 [158-D]박람회는 600개가 넘는 업체의 제품을 포함할 것입니다. [158-B]행사는 센터의 가장 큰 전시 공인 Riverside 홀에서 열릴 것입니다.

[157-C]박람회 입장권은 성인이 5달러, 12세 이하의 어린이고령자는 3달러입니다. 5세 이하의 어린이들은 입장료 받지 않습니다. [157-A]또한 참석자들은 18,000달러 이상 달하는 상품들이 나누어지는 1시간마다의 추첨에 참여하 수 있습니다! [157-B]부스에는 연휴 선물, 장식물, 카드, 장 감, 음식, 그리고 더 많은 것들이 있습니다! [156]이 놀라운 사에 들러서 모든 연휴 선물들을 미리 구입하세요.

업체 목록을 보시려면, www.willamettecon.co events를 방문하십시오. 박람회 티켓은 11월 20일부터 사이트에서 혹은 Riverside 홀의 입구에서 구매될 수 9 니다.

어휘　□ fair n. 박람회, 전시회　□ announce v. 알리다, 발표하다　□ opening n. 개막, 개시
　　　□ exhibit n. 전시, 진열　□ entrance n. 입장권, 입구　□ admission n. 입장, 입장료
　　　□ attendee n. 참석자, 참가자　□ take part in phr. ~에 참여하다, 협력하다　□ hourly adj. 1시간마다의, 시간당
　　　□ draw n. 추첨, 제비뽑기　□ merchandise n. 상품, 제품　□ give away phr. 나누어주다, 건네다
　　　□ decorations n. 장식물　□ ahead of time phr. 미리, 시간 전에　□ drop by phr. 들르다
　　　□ amazing adj. 놀라운, 굉장한

156

For whom is the notice most likely intended?

(A) City officials
(B) Convention center employees
(C) Holiday shoppers
(D) Exhibition organizers

공고는 누구를 대상으로 하는 것 같은가?

(A) 시 공무원
(B) 컨벤션 센터 직원
(C) 연휴 쇼핑객
(D) 전시회 주최자

■ 추론 전체 정보

지문 곳곳에 퍼져 있는 여러 단서를 종합하여 공고의 대상을 추론하는 문제이다. 'The City of Portland and the Willamette Conve Center are pleased to announce the opening of the Holiday Gift Fair ~.'에서 포틀랜드시와 Willamette 컨벤션 센터가 연휴 람회의 개막을 알리게 되어 기쁘다고 한 후, 박람회 시간, 입장권 가격 및 구매 방법 등을 포함한 박람회 세부 내용을 설명하고 있고, 'G your holiday supplies ~ by dropping by this amazing event.'에서 이 놀라운 행사에 들러서 연휴 선물들을 구입하라고 했으므 선물을 구입할 쇼핑객들을 대상으로 하는 공고임을 추론할 수 있다. 따라서 (C)가 정답이다.

어휘　official n. 공무원; adj. 공적인, 공식적인

What is NOT indicated about the fair?	박람회에 대해 언급되지 않은 것은?
(A) It will include free prizes.	(A) 사은품을 포함할 것이다.
(B) It will exhibit a variety of products.	(B) 다양한 상품들을 전시할 것이다.
(C) It is free for 10-year-old children.	(C) 10살 어린이에게 무료이다.
(D) It is scheduled to last for two weeks.	(D) 2주간 지속되도록 예정되어 있다.

Not/True Not 문제   정답 (C)

문의 핵심 어구인 the fair와 관련된 내용을 지문에서 찾아 각 보기와 대조하는 Not/True 문제이다. (A)는 'Attendees can also take part hourly draws with more than $18,000 of merchandise to be given away!'에서 참석자들은 18,000달러 이상에 달하는 상품들이 누어지는 1시간마다의 추첨에 참여할 수 있다고 했으므로 지문의 내용과 일치한다. (B)는 'Booths include holiday gifts, decorations, rds, toys, food, and so much more!'에서 부스에는 연휴 선물, 장식물, 카드, 장난감, 음식과 더 많은 것들이 있다고 했으므로 지문의 내용 일치한다. (C)는 'Entrance to the fair is ~ $3 for children under 12'에서 12세 이하의 어린이는 박람회 입장권이 3달러라고 했으므로 문의 내용과 일치하지 않는다. 따라서 (C)가 정답이다. (D)는 'the Holiday Gift Fair ~ will run for two weeks, from December 1 to cember 14'에서 박람회가 12월 1일부터 12월 14일까지 2주 동안 진행될 것이라고 했으므로 지문의 내용과 일치한다.

꾸어 표현하기

erchandise to be given away 나누어지는 상품들 → free prizes 사은품

liday gifts, decorations, cards, toys, food, and so much more 연휴 선물, 장식물, 카드, 장난감, 음식과 더 많은 것들

a variety of products 다양한 상품들

a variety of phr. 다양한   last v. 지속되다, 계속하다; adj. 최후의

What is suggested about the Convention Center?	컨벤션 센터에 대해 암시되는 것은?
A) It was recently constructed.	(A) 최근에 건설되었다.
B) It has several exhibit halls.	(B) 몇 개의 전시관들이 있다.
C) It does not sell tickets for events.	(C) 행사 표를 팔지 않는다.
D) It has a seating capacity of 600.	(D) 좌석 수가 600개이다.

추론 세부 정보   정답 (B)

의 핵심 어구인 the Convention Center에 대해 추론하는 문제이다. 'The event will be held in the center's largest exhibit area, erside Hall.'에서 행사가 센터의 가장 큰 전시 공간인 Riverside 홀에서 열릴 것이라고 했으므로 센터 내에 전시 공간이 몇 개가 있다는 사 를 추론할 수 있다. 따라서 (B)가 정답이다. (D)는 'the fair will feature products from more than 600 vendors'에서 박람회가 600개가 는 업체의 제품을 포함할 것이라고 했지만, 컨벤션 센터 내의 좌석이 600개인지는 알 수 없으므로 답이 될 수 없다.

어 표현하기

ibit area 전시 공간 → exhibit halls 전시관들

construct v. 건설하다, 구성하다   seating capacity phr. 좌석 수, 수용력

To: Jude Feldstein <jfeldstein@lbm.com>
From: Janina Winslow <customerservice@mycel.com>
Date: December 20
Subject: Re: Poor reception

Dear Mr. Feldstein,

[159]Thank you for informing us about the intermittent reception that you have been experiencing with our wireless phone service for the past few days. You wanted us to explain what the problem was and also asked for a discount on your service fee for this month.

First, we believe that this problem is due to the ongoing repair work on our cell phone towers in the Mountainview area, which were severely damaged during the recent snowstorm. Our maintenance crew is still working to fix the problem.

In regard to your second inquiry, I would first like to apologize for the inconvenience. Because you are a valued customer, [160]we are deducting $40 from your next billing statement. We hope that this addresses any trouble you may have experienced.

Janina Winslow
MyCel Customer Service

수신: Jude Feldstein <jfeldstein@lbm.com>
발신: Janina Winslow
       <customerservice@mycel.com>
날짜: 12월 20일
제목: 회신: 수신 장애

Mr. Feldstein께,

[159]귀하께서 지난 며칠 동안 저희의 무선 전화 서비스〔를 이〕용하시면서 겪은 일시적으로 멈추는 수신 상태에 대해〔 알려〕주셔서 감사합니다. 귀하께서는 문제가 무엇이었는지〔우리〕가 설명해드리길 원하셨고, 이번 달 서비스 요금 할인〔을 요〕청하셨습니다.

우선, 저희는 이 문제가 Mountainview 지역의 휴대〔폰〕 송신탑에서 진행 중인 수리 작업 때문이라고 생각하〔는데,〕 이 송신탑은 최근 폭설 중에 심하게 손상되었습니다.〔저희의〕 보수 작업 팀원이 아직 이 문제를 고치기 위해 작업 중〔입니〕다.

귀하의 두 번째 문의 사항에 대해, 우선 불편을 끼쳐〔드린〕점에 대해 사과드리고 싶습니다. 귀하께서는 소중한 고〔객이〕시므로, [160]귀하의 다음 달 대금 청구서에서 40달러를〔공제〕하겠습니다. 이것으로 귀하께서 겪으셨을 모든 문제들〔이 처〕리되기를 바랍니다.

Janina Winslow 드림
MyCel 고객 서비스

어휘   □ **reception** n. 수신, 수신 상태   □ **intermittent** adj. 일시적으로 멈추는   □ **wireless** adj. 무선의

159
○○○○
하

What is the purpose of the e-mail?

(A) To inform a customer of a work date
(B) To report an Internet connection problem
(C) To respond to a customer's inquiry
(D) To persuade a client to renew a subscription

이메일의 목적은 무엇인가?

(A) 고객에게 작업 날짜를 알리기 위해
(B) 인터넷 연결 문제를 보고하기 위해
(C) 고객의 문의에 응답하기 위해
(D) 고객이 서비스 사용을 연장하도록 설득하기 위해

■ **주제/목적 찾기** 글의 목적

이메일의 목적을 묻는 목적 찾기 문제이므로 지문의 앞부분을 주의 깊게 확인한다. 'Thank you for informing us about ~. You wa〔nted〕 to explain ~ and also asked for a discount for this month.'에서 고객에게 서비스를 사용하며 겪은 문제에 대해 알려주어 감사하〔다고 한〕 후, 고객이 발생한 문제에 대한 설명과 요금 할인을 요청했다며 이 요청에 대해 응답하고 있으므로 (C)가 정답이다.

160
○○○●
하

What does Ms. Winslow offer to provide Mr. Feldstein?

(A) An extended service contract
(B) A day's worth of free phone calls
(C) A new mobile device
(D) A reduction on a monthly charge

Ms. Winslow는 Mr. Feldstein에게 무엇을 제공하〔려고〕 안하는가?

(A) 서비스 계약 연장
(B) 하루 치의 무료 통화
(C) 새로운 휴대 기기
(D) 월별 청구에서의 할인

■ **육하원칙** What

Ms. Winslow가 Mr. Feldstein에게 무엇(What)을 제공하기로 제안하는지를 묻는 육하원칙 문제이다. 질문의 핵심 어구인 Ms. W〔inslow〕 offer to provide Mr. Feldstein과 관련하여, 'we are deducting $40 from your next billing statement'에서 편지〔를 쓴〕 Ms. Winslow가 귀하, 즉 Mr. Feldstein에게 다음 달 대금 청구서에서 40달러를 공제하겠다고 했으므로 (D)가 정답이다.

161-164는 다음 안내문에 관한 문제입니다.

The City of Burbank provides a number of additional services for the benefit of its residents. These are not part of the standard municipal services provided by most city governments and are made available to residents free of charge. Below is just a sample of some of these services, but [161]you can find out about other offerings by visiting www.burbank.ca.gov.

[162-A]Energy Assessment: Residents may consult an energy advisor for some general recommendations on how to improve home energy use. [162-A]It is necessary to make an appointment for this service during our regular business hours of 8:30 A.M. to 4:30 P.M., Monday through Friday. — [1] —. This service is subject to the availability of our staff.

[162-B]Tree Removal: The city's Department of Environmental Management offers complimentary tree pruning and removal services for homeowners. [162-B]Simply call 555-4091, extension #808, to schedule an appointment. The service is available all year round. — [2] —.

[162-C]Water Analysis: [162-C/164]Homeowners concerned about the safety of their drinking water may drop off water samples at the Department of Water for examination. — [3] —. Any water source found to be contaminated will be treated promptly.

[162-D]Shuttle: [162-D/163]The city provides complimentary shuttle services between residential and commercial areas [163]to senior citizens who are 65 years of age or older and to those with mobility problems. — [4] —. [162-D]To schedule a pickup, call the Department of Senior Welfare at 555-4091, extension #204.

Burbank시는 주민들의 이익을 위해 많은 추가 서비스를 제공합니다. 이것들은 대부분의 시 정부에 의해 제공되는 일반적인 지방 자치 서비스의 일부가 아니며 주민들에게 무료로 이용 가능하게 만들어졌습니다. 아래는 단지 이러한 몇몇 서비스들의 예시이지만, [161]www.burbank.ca.gov를 방문하시면 다른 서비스들에 대해서도 알아보실 수 있습니다.

[162-A]에너지 평가: 주민들은 가정 에너지 사용을 향상시키는 방안에 대한 몇몇 전반적인 권고를 위해 에너지 조언가와 상담할 수 있습니다. 월요일에서 금요일, 오전 8시 30분에서 오후 4시 30분까지의 정규 운영 시간 동안에 [162-A]이 서비스를 예약하는 것이 필수입니다. — [1] —. 이 서비스는 저희 직원들의 가능 여부에 영향을 받습니다.

[162-B]나무 제거: 시의 환경관리부는 주택 소유자들에게 무료 나무 가지치기와 제거 서비스를 제공합니다. [162-B]예약 일정을 잡기 위해서는 간단히 555-4091, 내선 번호 808로 전화하시면 됩니다. 이 서비스는 일 년 내내 이용 가능합니다. — [2] —.

[162-C]수질 분석: [162-C/164]식수의 안전에 대해 걱정하는 주택 소유자들은 검사를 위해 수도부에 물 견본을 맡길 수 있습니다. — [3] —. 오염된 것으로 판명된 모든 수원은 즉시 처리될 것입니다.

[162-D]셔틀: [162-D/163]시에서는 65세 이상의 고령 주민 혹은 이동에 문제가 있는 주민들에게는 주거 지역과 상업 지역을 오가는 무료 셔틀 서비스를 제공합니다. — [4] —. [162-D]픽업 예약을 하시려면, 555-4091, 내선 번호 204번으로 노인 복지부에 전화하십시오.

어휘
□ **resident** n. 주민, 거주자
□ **free of charge** phr. 무료로
□ **recommendation** n. 권고, 추천
□ **subject** adj. ~의 영향을 받는; n. 주제, 과목
□ **prune** v. 가지를 치다
□ **contaminate** v. 오염시키다, 악영향을 주다
□ **commercial** adj. 상업의, 영리적인

□ **standard** adj. 일반적인, 보통의
□ **assessment** n. 평가, 사정
□ **improve** v. 향상시키다, 개선하다
□ **removal** n. 제거, 철폐
□ **all year round** phr. 일 년 내내
□ **treat** v. 처리하다, 다루다
□ **mobility** n. 이동, 기동성

□ **municipal** adj. 지방 자치의, 시의
□ **consult** v. 상담하다, 참고하다
□ **appointment** n. 예약, 일정
□ **complimentary** adj. 무료의, 칭찬하는
□ **drop off** phr. 맡기다, 도중에 내려놓다
□ **promptly** adv. 즉시, 시간을 엄수하여

What can be found on the city's Web site?

A) A schedule of temporary power outages
B) A directory of government employees
C) Directions to City Hall
D) Information about additional services

시의 웹사이트에서 무엇을 볼 수 있는가?

(A) 일시적 전전 일정
(B) 공무원들에 대한 안내 책자
(C) 시청으로 가는 길
(D) 추가 서비스에 관한 정보

육하원칙 What

정답 (D)

시 웹사이트에서 무엇(What)을 볼 수 있는지를 묻는 육하원칙 문제이다. 질문의 핵심 어구인 found on the city's Web site와 관련하여, 'you can find out about other offerings by visiting www.burbank.ca.gov'에서 웹사이트를 방문하면 다른 서비스들에 대해서도 알아볼 수 있다고 했으므로 (D)가 정답이다.

temporary adj. 일시적인, 임시의 power outage phr. 정전 directory n. (이름, 주소 등이 나열된) 안내 책자, 주소 성명록

162

For which service is an appointment NOT required?

(A) Energy use consultations
(B) Tree removal from property
(C) Drinking water safety testing
(D) Transport to the commercial district

어떤 서비스에 예약이 필요하지 않은가?

(A) 에너지 사용 상담
(B) 소유지에서의 나무 제거
(C) 식수 안전 검사
(D) 상업 지구로의 이동

■ **Not/True** Not 문제

질문의 핵심 어구인 an appointment ~ required와 관련된 내용을 지문에서 찾아 각 보기와 대조하는 Not/True 문제이다. (A)는 'E Assessment: Residents may consult an energy advisor'와 'It is necessary to make an appointment for this service'에 지 평가 서비스와 관련하여 에너지 조언가와 상담하기 위해서는 예약하는 것이 필수라고 했으므로 지문의 내용과 일치한다. (B)는 Removal'과 'Simply call ~ to schedule an appointment.'에서 나무 제거는 전화해서 예약 일정을 잡으면 된다고 했으므로 지문의 일치한다. (C)는 'Water Analysis: ~ safety of ~ drinking water ~.'에서 식수 안전과 관련한 수질 검사에 관해 설명하지만 이 검사 위해 예약이 필요하다고는 언급되지 않았으므로 지문의 내용과 일치하지 않는다. 따라서 (C)가 정답이다. (D)는 'Shuttle: ~ bei residential and commercial areas'와 'To schedule a pickup, call the Department of Senior Welfare'에서 주거 지역과 상 을 오가는 셔틀의 경우 픽업 예약을 하려면 노인 복지부에 전화하라고 했으므로 지문의 내용과 일치한다.

어휘 property n. 소유지, 부동산 transport n. 이동, 수송

163

Who will most likely take a shuttle?

(A) Staff working at City Hall
(B) Youth without driver's licenses
(C) Citizens living outside of Burbank
(D) Elderly people needing to visit some stores

누가 셔틀을 탈 것 같은가?

(A) 시청에서 일하는 직원들
(B) 운전면허가 없는 청년들
(C) Burbank시 외곽에 사는 시민들
(D) 상점을 방문해야 하는 노인들

■ **추론** 세부 정보

질문의 핵심 어구인 take a shuttle에 대해 추론하는 문제이다. 'The city provides complimentary shuttle services be residential and commercial areas to senior citizens who are 65 years of age or older'에서 65세 이상의 고령 주민들을 위 지역과 상업 지역을 오가는 무료 셔틀 서비스를 제공한다고 했으므로 (D)가 정답이다.

바꾸어 표현하기
senior citizens 고령 주민 → Elderly people 노인

164

In which of the positions marked [1], [2], [3], and [4] does the following sentence best belong?

"It takes up to 10 business days for our laboratory technicians to obtain the test results."

(A) [1]
(B) [2]
(C) [3]
(D) [4]

[1], [2], [3], [4]로 표시된 위치 중, 다음 문장이 들어으로 가장 적절한 것은?

"저희 실험실 기사들이 실험 결과를 얻는 데 최대 1 영업일이 걸립니다."

(A) [1]
(B) [2]
(C) [3]
(D) [4]

■ **문장 위치 찾기**

지문의 흐름상 주어진 문장이 들어가기에 가장 적절한 곳을 고르는 문제이다. 주어진 문장에서 저희 실험실 기사들이 실험 결과를 얻는 10일의 영업일이 걸린다고 했으므로, 이 문장이 실험실에서의 검사와 관련된 부분에 들어가야 함을 알 수 있다. [3]의 앞 문장인 'Homee ~ may drop off water samples at the Department of Water for examination.'에서 주택 소유자들은 검사를 위해 수도부에 돌 맡길 수 있다고 했으므로, [3]에 제시된 문장이 들어가면 수도부에 맡긴 물 견본의 실험 결과를 얻는 데 최대 10일의 영업일이 걸린다는 J 운 문맥이 된다는 것을 알 수 있다. 따라서 (C)가 정답이다.

ulianna Lopez	**10:22 A.M.**

o, it's confirmed. [168]We're presenting a marketing proposal AEK on July 18 at their headquarters.

ohn Brenner	**10:24 A.M.**

heard! How exciting. [166]I went through the company profile the brochure you gave us. **They could be our biggest ient to date.**

ulianna Lopez	**10:25 A.M.**

es. They have 6,000 employees and manufacturing plants Thailand, Turkey, and Mexico. [165-C]They also have uppliers in China, Germany, and Korea and generated over 2 billion in sales last year.

vonne Bailey	**10:25 A.M.**

[6]I can get to work on the marketing analysis for the esentation. I'd like to use the statistics in the brochure we ere given. Do you think they're reliable?

ulianna Lopez	**10:26 A.M.**

at would be fine, Yvonne. I think the figures are accurate. [7]John and Eric, I'd like you to prepare the slideshow and andouts. Start immediately if you can.

ohn Brenner	**10:27 A.M.**

ot it. It shouldn't take more than two days to finish.

ric Zalewski	**10:32 A.M.**

onsider it done, Julianna. Are we going to run through the esentation before the appointment?

ulianna Lopez	**10:34 A.M.**

et's do a practice session on July 15. [168]During the esentation, I'll give the main talk, and then you three can plain your roles briefly. After that, [168]all four of us can nswer any technical or financial questions they might have. es that sound reasonable?

vonne Bailey	**10:34 A.M.**

hink that works for all of us.

Julianna Lopez	오전 10시 22분

자, 확정되었어요. [168]우리는 7월 18일에 AEK사의 본사에서 그들에게 마케팅 제안서를 발표할 겁니다.

John Brenner	오전 10시 24분

들었어요! 정말 신나네요. [166]당신이 우리에게 준 소책자 안의 회사 소개서를 살펴봤어요. 그들은 지금까지 중 우리의 가장 큰 고객이 될 수도 있어요.

Julianna Lopez	오전 10시 25분

맞아요. 그들은 6,000명의 직원이 있고 태국, 터키와 멕시코에 제조 공장들을 가지고 있어요. [165-C]그들은 또한 중국, 독일과 한국에 공급업체들이 있고 작년에 20억이 넘는 매출을 냈어요.

Yvonne Bailey	오전 10시 25분

[166]제가 발표를 위한 마케팅 분석 작업을 시작할 수 있어요. 우리가 받았던 소책자에 있는 통계 자료들을 이용하려고 해요. 그것들이 믿을 만하다고 생각하시나요?

Julianna Lopez	오전 10시 26분

괜찮을 겁니다, Yvonne. 그 수치들은 정확한 것 같아요. [167]John과 Eric, 여러분은 슬라이드쇼와 유인물들을 준비해 줬으면 해요. 가능하다면 바로 시작해주세요.

John Brenner	오전 10시 27분

알겠습니다. 끝내는 데 이틀 이상 걸리진 않을 겁니다.

Eric Zalewski	오전 10시 32분

맡겨만 주세요, Julianna. 그 약속 전에 발표를 연습해 볼 건가요?

Julianna Lopez	오전 10시 34분

7월 15일에 연습 시간을 가집시다. [168]발표 동안에, 제가 주요 발언을 하고, 그리고 나서 여러분 세 명이 여러분이 담당한 것들을 짧게 설명할 수 있어요. 그 후에는, [168]우리 넷 모두가 그들이 가질 수 있는 기술적이거나 재정적인 질문에 답할 수 있습니다. 합당한 것 같나요?

Yvonne Bailey	오전 10시 34분

우리 모두 괜찮을 것 같아요.

□ **go through** phr. ~을 살펴보다	□ **to date** phr. 지금까지	□ **manufacturing plant** phr. 제조 공장
□ **generate** v. 만들어내다, 발생시키다	□ **analysis** n. 분석, 분석 연구	□ **statistic** n. 통계 자료, 통계학
□ **figure** n. 수치, 숫자, 인물	□ **accurate** adj. 정확한, 올바른	□ **run through** phr. ~을 연습하다

---

hat is true about AEK?

) It had a record year of profitability.
) It is interested in taking over another business.
) It is supplied by firms in at least three countries.
) Its customers are mostly based in Thailand.

AEK사에 대해 사실인 것은?

(A) 수익성에 있어서 최고 기록의 해를 맞았다.
(B) 다른 사업체를 인수하는 데에 관심이 있다.
(C) 적어도 세 개 국가의 회사들에 의해 공급을 받는다.
(D) 고객들이 대부분 태국에 있다.

---

ot/True True 문제

정답 (C)

| 핵심 어구인 **AEK**와 관련된 내용을 지문에서 찾아 각 보기와 대조하는 Not/True 문제이다. (A), (B), (D)는 지문에 언급되지 않은 내용 (C)는 'They also have suppliers in China, Germany, and Korea'에서 그들, 즉 AEK사가 중국, 독일과 한국에 공급업체들이 있다 므로 지문의 내용과 일치한다. 따라서 (C)가 정답이다.

○○○●
8

What will Ms. Bailey use for her analysis?

(A) A company booklet
(B) A presentation handout
(C) A business magazine
(D) An advertising analysis

Ms. Bailey는 분석 작업을 위해 무엇을 이용할 것인기

(A) 회사 소책자
(B) 발표 유인물
(C) 경제 잡지
(D) 광고 분석

■ **육하원칙** What

Ms. Bailey가 분석 작업을 위해 무엇(What)을 이용할 것인지를 묻는 육하원칙 문제이다. 질문의 핵심 어구인 Ms. Bailey use
analysis와 관련하여, 'I went through the company profile in the brochure you gave us.'에서 Mr. Brenner가 당신, 즉 J
Lopez가 준 소책자 안의 회사 소개서를 살펴봤다고 했고, 'I can get to work on the marketing analysis for the presentation
to use the statistics in the brochure we were given.'에서 Ms. Bailey가 발표를 위한 마케팅 분석 작업을 하는 데에 자신도 받기
자에 있는 통계 자료들을 이용하려고 한다고 했으므로 (A)가 정답이다.

○○○●
8

At 10:27 A.M., what does Mr. Brenner mean when he writes, "Got it"?

(A) He will begin doing some analyses.
(B) He will work on a presentation right away.
(C) He will confirm figures for a report.
(D) He will write staff role descriptions.

오전 10시 27분에, Mr. Brenner가 "Got it"이라
때 그가 의도한 것은?

(A) 몇몇 분석 작업을 시작할 것이다.
(B) 바로 발표를 위한 작업을 할 것이다.
(C) 보고서를 위해 수치들을 확인할 것이다.
(D) 직원 역할에 대한 설명서를 작성할 것이다.

■ **의도 파악**

Mr. Brenner가 의도한 것을 묻는 문제이므로, 질문의 인용어구(Got it)가 언급된 주변 문맥을 확인한다. 'John and Eric, I'd like
prepare the slideshow and handouts. Start immediately if you can.'에서 Julianna Lopez가 John과 Eric에게 슬라이드
물들을 준비해 줬으면 하고 가능하다면 바로 시작해달라고 하자, Mr. Brenner가 'Got it.'(알겠습니다)이라고 한 것을 통해, 그가 바로
한 작업을 할 것임을 알 수 있다. 따라서 (B)가 정답이다.

바꾸어 표현하기
prepare the slideshow and handouts 슬라이드쇼와 유인물들을 준비하다 → work on a presentation 발표를 위한 작업을 하다
immediately 바로 → right away 바로

○○○●
8

What will Mr. Zalewski probably do on July 18?

(A) Give the majority of the main talk
(B) Provide responses to financial inquiries
(C) Distribute copies of a company profile
(D) Conduct a session for practice

Mr. Zalewski는 7월 18일에 무엇을 할 것 같은기

(A) 주요 발언의 대부분을 한다
(B) 재정 관련 문의들에 답을 제공한다
(C) 회사 소개서 사본들을 배부한다
(D) 연습 시간을 진행한다

■ **추론** 세부 정보

질문의 핵심 어구인 Mr. Zalewski ~ do on July 18에 대해 추론하는 문제이다. 'We're presenting a marketing proposal to
July 18 at their headquarters.'에서 Julianna Lopez와 동료들이 7월 18일에 AEK사의 본사에서 마케팅 제안서를 발표할 것이
'During the presentation'과 'all four of us can answer any technical or financial questions they might have'에서 발
그들 넷 모두가 고객들이 가질 수 있는 기술적이거나 재정적인 질문에 답할 수 있을 것이라고 했으므로, Mr. Zalewski 역시 마케팅 제
표하는 7월 18일에 고객들의 재정 관련 문의들에 답을 제공할 것이라는 사실을 추론할 수 있다. 따라서 (B)가 정답이다.

바꾸어 표현하기
answer ~ financial questions 재정적인 질문에 답하다 → Provide responses to financial inquiries 재정 관련 문의들에 답을 제공하다

May 25

Barbara Koteva, Director of Public Relations
Ademus Petroleum, 4493 24th Avenue, New York, NY 11100

Dear Ms. Koteva,

[170]Thank you on behalf of our organization for the support you and your company have shown to the Society for the Preservation of Earth's Environment (SPEE). As part of our standard commitment to our valuable sponsors, [169-C/170]we have enclosed our annual report covering new developments, ongoing activities, and budget allocations for the past fiscal year. We hope that after reading our report, you will continue supporting our efforts.

In summary, let me begin by stating that the past year has been our most productive since the SPEE was established 10 years ago, but a number of challenges remain. The following are just a few of the highlights you will find inside our report.

We saw record collections in private donations, public organization support, and financial commitments from the business sector. This was aided in part by [171-A]the launch of our multilingual Web site and the publicity we received from a documentary film shown during the previous year's Earth Awareness celebrations.

[169-A]Joining our board of directors were two well-respected individuals from the nonprofit sector: Mr. Jonah Gelding and Ms. Heather Leach. [171-B]Their combined experience working in South Asia and Eastern Europe has helped to increase membership in those regions.

Lastly, [171-C]we saw the implementation of some new policies governing project administration. As you will soon find out, this has helped us to streamline our actions and produce greater efficiency in spending.

Should you have any questions or comments regarding this report, please contact me at h.grundy@spee.org.

Sincerely,

Hazel Grundy
Corporate Communications Director
Society for the Preservation of Earth's Environment

5월 25일

Barbara Koteva, 홍보 이사
Ademus Petroleum사, 4493번지 24번가, 뉴욕, 뉴욕주 11100

Ms. Koteva께,

[170]귀하와 귀사가 지구 환경 보호 협회(SPEE)에 보여주셨던 지지에 저희 단체를 대표하여 감사드립니다. 저희의 소중한 후원자들에게 관례적인 약속의 일환으로, [169-C/170]새로운 개발, 진행 중인 활동, 지난 회계 연도의 예산 배정을 다루고 있는 저희의 연례 보고서를 동봉하였습니다. 보고서를 읽으신 후에, 저희의 노력을 계속해서 지지해 주시길 바랍니다.

요약하자면, 지난해는 10년 전 SPEE가 설립된 이래로 가장 생산적인 해였지만, 많은 문제점들이 남아있다는 것을 말씀드리며 시작하겠습니다. 다음은 귀하께서 보고서에서 발견하실 몇 가지 가장 중요한 부분들입니다.

저희는 개인 기부, 공공 단체 지원, 그리고 기업 분야의 재정 기부에서 기록적인 기부금이 있었음을 확인하였습니다. [171-A]다중 언어 웹사이트의 출시와 지난해 지구에 대한 의식 고취 행사 동안 상영된 다큐멘터리 영화에서 받은 언론의 관심이 여기에 일정 부분 도움이 됐습니다.

[169-A]비영리 부문에서 존경받는 Mr. Jonah Gelding과 Ms. Heather Leach 두 분께서 저희 이사회의 일원이 되셨습니다. [171-B]남아시아와 동유럽에서 일했던 그들의 결합된 경험이 해당 지역들의 회원을 증가시키는 데 도움이 되었습니다.

끝으로, [171-C]저희는 프로젝트 운영을 관리하는 몇 가지 새로운 정책이 실행된 것을 확인하였습니다. 귀하께서 곧 알게 되시겠지만, 이것은 저희의 운용을 간소화하고 지출의 효율성을 확대하는 데 기여했습니다.

이 보고서에 관한 질문이나 의견이 있으시다면, h.grundy @spee.org로 저에게 연락해 주십시오.

Hazel Grundy 드림
기업 커뮤니케이션 이사
지구 환경 보호 협회

□ **public relations** phr. 홍보, 홍보부
□ **preservation** n. 보호, 보존
□ **enclose** v. 동봉하다, 둘러싸다
□ **allocation** n. 배정, 할당
□ **challenge** n. 문제, 도전
□ **collection** n. 기부금, 수집
□ **multilingual** adj. 다중 언어의
□ **nonprofit** adj. 비영리의
□ **govern** v. 관리하다, 다스리다

□ **on behalf of** phr. ~을 대표하여, ~을 대신해서
□ **standard** adj. 관례적인, 표준의
□ **cover** v. 다루다, 포함하다
□ **fiscal year** phr. 회계 연도
□ **highlight** n. 가장 중요한 부분
□ **donation** n. 기부, 기부금
□ **publicity** n. 언론의 관심, 홍보
□ **region** n. 지역, 지방
□ **streamline** v. 간소화하다, 합리화하다

□ **commitment** n. 약속, 의무, (돈의) 투입
□ **budget** n. 예산, 예산안
□ **in summary** phr. 요약하자면, 요컨대
□ **record** adj. 기록적인; n. 기록
□ **sector** n. 분야, 부문
□ **board of directors** phr. 이사회
□ **implementation** n. 실행, 성취
□ **spending** n. 지출, 소비

What is the main purpose of the letter?

(A) To introduce recently hired executives
(B) To report on the results of a survey
(C) To provide an account of an organization
(D) To project revenues for the upcoming year

편지의 주 목적은 무엇인가?

(A) 최근에 고용된 임원들을 소개하기 위해
(B) 설문 조사의 결과에 대해 보고하기 위해
(C) 단체에 관한 설명을 제공하기 위해
(D) 내년 수익을 예상하기 위해

■ 주제/목적 찾기 글의 목적

편지의 목적을 묻는 목적 찾기 문제이므로 지문의 앞부분을 주의 깊게 확인한다. 'we have enclosed our annual report coveri
developments, ongoing activities, and budget allocations for the past fiscal year'에서 새로운 개발, 진행 중인 활동, 지난 호
의 예산 배정을 다루고 있는 연례 보고서를 동봉했다고 한 후, 협회의 활동 및 새로운 소식에 대해 알려주고 있으므로 (C)가 정답이다
'Joining our board of directors were ~ Mr. Jonah Gelding and Ms. Heather Leach.'에서 새롭게 이사회에 합류한 Mr
Gelding와 Ms. Heather Leach에 대해 소개하고 있지만, 편지 전체에 해당하는 목적은 아니므로 답이 될 수 없다.

어휘 executive n. 임원; adj. 경영의, 행정의 account n. 설명, 보고 project v. 예상하다, 계획하다 revenue n. 수익, 수입

Who most likely is Ms. Koteva?

(A) A representative of a corporate donor
(B) An employee of a nonprofit group
(C) An event organizer for Earth Awareness
(D) A founder of a charitable foundation

Ms. Koteva는 누구일 것 같은가?

(A) 기업 기부자의 대표
(B) 비영리 단체의 직원
(C) 지구에 대한 의식 고취 행사 주최자
(D) 자선 재단의 설립자

■ 추론 세부 정보

질문의 핵심 어구인 Ms. Koteva에 대해 추론하는 문제이다. 'Thank you on behalf of our organization for the support you a
company have shown to the Society for the Preservation of Earth's Environment (SPEE).'에서 귀하, 즉 편지
Ms. Koteva와 그녀의 회사가 지구 환경 보호 협회(SPEE)에 보여준 지지에 단체를 대표하여 감사드린다고 했고, 'As part of our s
commitment to our valuable sponsors, we have enclosed our annual report ~'에서 소중한 후원자들에게 관례적인 약속의
연례 보고서를 동봉했다고 했으므로 Ms. Koteva는 지구 환경 보호 협회를 후원하는 기업의 대표라는 사실을 추론할 수 있다. 따라서
답이다.

어휘 donor n. 기부자, 기증자 founder n. 설립자 charitable adj. 자선의, 자비로운

What is NOT mentioned as a recent change at the SPEE?

(A) It added a multilingual function to its Web site.
(B) Its membership increased in Eastern Europe.
(C) It implemented a policy that will reduce spending.
(D) Its board approved two upcoming projects in Asia.

SPEE의 최근 변화로 언급되지 않은 것은?

(A) 웹사이트에 다중 언어 기능을 추가했다.
(B) 동유럽에서 회원이 증가했다.
(C) 지출을 줄일 정책을 실행했다.
(D) 이사회가 아시아에서 곧 있을 두 프로젝트를 승인

■ Not/True Not 문제

질문의 핵심 어구인 a recent change at the SPEE와 관련된 내용을 지문에서 찾아 각 보기와 대조하는 Not/True 문제이다. (
launch of our multilingual Web site'에서 다중 언어 웹사이트가 출시되었다고 했으므로 지문의 내용과 일치한다. (B)는 'Their c
experience working in South Asia and Eastern Europe has helped to increase membership in those regions.'에서
와 동유럽에서 일했던 그들, 즉 SPEE 이사회의 새로운 일원들로 인해 해당 지역들의 회원이 증가되었다고 했으므로 지문의 내용과
(C)는 'we saw the implementation of some new policies ~ this has helped us to ~ produce greater efficiency in spe
서 몇 가지 새로운 정책을 실행했고 이것이 지출의 효율성을 확대하는 데 기여했다고 했으므로 지문의 내용과 일치한다. (D)는 지문에
않은 내용이다. 따라서 (D)가 정답이다.

바꾸어 표현하기
produce greater efficiency in spending 지출의 효율성을 확대하다 → reduce spending 지출을 줄이다

어휘 approve v. 승인하다, 찬성하다

27 September

Evelyn Gray
Priory Street
Coventry CV1 5FB

Dear Ms. Gray,

I'm an English literature professor and I'm reaching out on behalf of the New Writers Project here at Coventry University. [173-A/D]Your recent best-selling novel, *Midnight Magic*, has captivated the students and staff here on campus. [173-B]The book is already assigned reading in a few courses, including my first-year writing class, and has become a part of our program's official recommended reading list.

[172]Next year, the New Writers Project at our university will host its spring seminar and we'd like to invite you to be a guest speaker. — [1] —.

Each guest speaker is expected to deliver two 40-minute lectures during the seminar. — [2] —. Lectures can be on any topic related to writing or publishing. Each lecture will be followed by a 30-minute Q&A session. [175]You may also receive requests to perform some additional tasks if your schedule permits. — [3] —.

As a guest speaker, you'll receive a voucher for three nights at a local hotel. We'll also cover all travel expenses, including flights and rental cars. — [4] —.

Please let me know if you'd be willing to join us for next year's seminar. We'd be honoured to have you share your expertise with our students.

Sincerely,
Vera Young
Associate Professor, New Writers Project
Coventry University

9월 27일

Evelyn Gray
Priory가
코번트리 CV1 5FB

Ms. Gray께,

저는 영문학 교수이며 여기 코번트리 대학교의 New Writers 프로젝트를 대표하여 연락드립니다. [173-A/D]귀하의 최근 베스트셀러 소설 *Midnight Magic*이 이곳 캠퍼스의 학생들과 교직원들의 마음을 사로잡았습니다. [173-B]그 책은 이미 제 1학년 글짓기 수업을 포함한 몇몇 과목에서 지정 도서이고, 저희 프로그램의 공식 권장 도서 목록의 일부가 되었습니다.

[172]내년에, 저희 대학의 New Writers 프로젝트가 봄 세미나를 개최할 예정인데 귀하를 초청 연사로 초대하고자 합니다. — [1] —.

각 초청 연사는 세미나 동안 두 번의 40분짜리 강의를 할 것으로 예상됩니다. — [2] —. 강의는 글짓기나 출판과 관련된 어떤 주제도 가능합니다. 각 강의 후에는 30분간의 질의응답 시간이 이어질 것입니다. [175]또한 귀하의 시간이 허용할 경우 몇 가지 추가 작업을 수행하도록 요청받으실 수 있습니다. — [3] —.

초청 연사로서, 귀하는 지역 호텔에서의 3박 상품권을 받으실 것입니다. 항공편과 렌터카를 포함한 모든 여행 경비도 저희가 부담하겠습니다. — [4] —.

내년 세미나에 저희와 함께하실 의향이 있는지 알려 주십시오. 귀하의 전문성을 저희 학생들과 공유해 주신다면 영광일 것입니다.

Vera Young 드림
New Writers 프로젝트 부교수
코번트리 대학교

휘 ☐ **literature** n. 문학

☐ **captivate** v. 마음을 사로잡다, 매혹하다

☐ **voucher** n. 상품권

☐ **reach out** phr. 연락하다

☐ **session** n. (특정한 활동을 위한) 시간, 기간

☐ **expense** n. 경비, 비용

☐ **on behalf of** phr. ~을 대표하여, ~을 대신하여

☐ **permit** v. 허용하다

☐ **expertise** n. 전문성, 전문 지식

172

Why did Ms. Young write the letter?

(A) To praise a best-selling novel
(B) To ask for opinions on a reading list
(C) To make inquiries on behalf of local students
(D) To request participation in a workshop

Ms. Young은 왜 편지를 썼는가?

(A) 베스트셀러 소설을 칭찬하기 위해
(B) 도서 목록에 관한 의견을 요청하기 위해
(C) 지역 학생들을 대표해서 문의하기 위해
(D) 워크숍 참여를 요청하기 위해

■ **주제/목적 찾기** 글을 쓴 이유   정

편지를 쓴 이유를 묻는 목적 찾기 문제이다. 특별히 이 문제는 지문의 중반에 지문의 목적과 관련된 내용이 언급되었음에 유의한다. 'Next
the New Writers Project ~ will host its spring seminar and we'd like to invite you to be a guest speaker.'에서 내년어
Writers 프로젝트가 봄 세미나를 개최할 예정인데 귀하, 즉 Ms. Gray를 초청 연사로 초대하고자 한다고 했으므로 (D)가 정답이다.

바꾸어 표현하기
seminar 세미나 → workshop 워크숍

어휘   inquiry n. 문의, 질문

173

What is NOT mentioned about *Midnight Magic*?

(A) It was written by Ms. Gray.
(B) It has been assigned in Ms. Young's class.
(C) It was published last year.
(D) It has sold a large number of copies.

*Midnight Magic*에 대해 언급되지 않은 것은?

(A) Ms. Gray에 의해 집필되었다.
(B) Ms. Young의 수업에서 지정되었다.
(C) 지난해에 출판되었다.
(D) 대량으로 판매되었다.

■ **Not/True** Not 문제

질문의 핵심 어구인 *Midnight Magic*과 관련된 내용을 지문에서 찾아 각 보기와 대조하는 Not/True 문제이다. (A)와 (D)는 'Your
best-selling novel, *Midnight Magic*'에서 *Midnight Magic*이 귀하, 즉 Ms. Gray의 최근 베스트셀러 소설이라고 했으므로 지문의
일치한다. (B)는 'The book is ~ assigned reading in a few courses, including my first-year writing class'에서 그 책, 즉 *M*.
*Magic*은 Ms. Young의 1학년 글짓기 수업을 포함한 몇몇 과목에서 지정 도서라고 했으므로 지문의 내용과 일치한다. (C)는 지문에 언
않은 내용이다. 따라서 (C)가 정답이다.

바꾸어 표현하기
best-selling novel 베스트셀러 소설 → sold a large number of copies 대량으로 판매되다

174

**The word "cover" in paragraph 4, line 2, is closest in
meaning to**

(A) treat
(B) contain
(C) surround
(D) fund

4문단 두 번째 줄의 단어 "cover"는 의미상 ~와 가장
다.

(A) 취급하다
(B) 포함하다
(C) 둘러싸다
(D) 자금을 대다

■ **동의어**

cover를 포함하는 구절 'We'll also cover all travel expenses, including flights and rental cars.'에서 cover가 '(경비를) 부담
는 뜻으로 사용되었다. 따라서 '자금을 대다'라는 뜻을 가진 (D)가 정답이다.

In which of the positions marked [1], [2], [3], and [4] does the following sentence best belong?	[1], [2], [3], [4]로 표시된 위치 중, 다음 문장이 들어갈 곳으로 가장 적절한 것은?
"These may include reviewing student manuscripts or providing one-on-one consultations."	"여기에는 학생 원고를 검토하거나 일대일 상담을 제공하는 것이 포함될 수 있습니다."
(A) [1] (B) [2] (C) [3] (D) [4]	(A) [1] (B) [2] (C) [3] (D) [4]

문장 위치 찾기

정답 (C)

문의 흐름상 주어진 문장이 들어가기에 가장 적절한 곳을 고르는 문제이다. 주어진 문장에서 여기에는 학생 원고를 검토하거나 일대일 상담을 공하는 것이 포함될 수 있다고 했으므로, 이 문장이 초청 연사가 할 일에 대한 내용이 나오는 부분에 들어가야 함을 알 수 있다. [3]의 앞 문장인 'ou may also receive requests to perform some additional tasks if your schedule permits.'에서 또한 귀하, 즉 Ms. Gray의 시간 허용할 경우 몇 가지 추가 작업을 수행하도록 요청받을 수 있다고 했으므로, [3]에 제시된 문장이 들어가면 초청 연사가 몇 가지 추가 작업을 행하도록 요청받을 수 있는데, 이 추가 작업에는 학생 원고를 검토하거나 일대일 상담을 제공하는 것이 포함될 수 있다는 자연스러운 문맥이 된 - 것을 알 수 있다. 따라서 (C)가 정답이다.

manuscript n. 원고   one-on-one adj. 일대일의

지문 1

Stop and Sew
For all your dressmaking and tailoring needs

| Home | About Us | Locations | **Customer Feedback** |

Dear Stop and Sew,

Congratulations on opening the store at your new location! I have always been a fan of Stop and Sew, and I wouldn't have succeeded as a local fashion designer over the past decade if it weren't for the unique products available at your establishment. I've appreciated that you sell a variety of different cloth materials to suit every taste, as it has assisted me in creating imaginative and interesting designs.

As always, your new store is very well organized with fabrics arranged by purpose and material. On top of that, [176]your knowledgeable salespeople are helpful and provide exceptional service. [179]They made some fine recommendations recently when I was selecting textiles for my swimwear collection and provided me with a brochure on the basic materials you offer.

I do have a suggestion, however, regarding the wedding dress fabrics. The clients I have for wedding gowns tend to want more unique materials. [178]Trends are changing, and customers want detailed designs rather than the simple ones you offer. I currently have all wedding dress fabrics shipped through out-of-town suppliers. You may wish to take this into consideration when ordering new stock, as it would help a lot of local dressmakers and designers.

Thank you, and I wish you continued success!

Regards,
Jenna Palmer

Stop and Sew사
여러분의 모든 여성복과 남성복 제작 요구를 위해

| 홈 | 회사 소개 | 지점 | 고객 의 |

Stop and Sew사께,

새로운 위치에 상점 개업을 축하드립니다! 저는 늘 and Sew사의 팬이었고, 귀사의 상점에서 구매 가능 별한 제품들이 없었다면 저는 지난 10년간 지역 패션 이너로서 성공하지 못했을 것입니다. 모든 기호를 만족 는 다양한 종류의 의류 소재들을 판매해주셔서 감사드 것은, 그것이 제가 창의적이고 흥미로운 디자인을 창조 데 도움을 주었기 때문입니다.

항상 그렇듯, 귀사의 새로운 상점은 목적과 재료에 따 류된 원단들로 매우 잘 정리되어 있습니다. 무엇보 [176]귀사의 박식한 판매원들은 도움이 되며 뛰어난 서비 제공합니다. [179]그들은 최근 제가 수영복 컬렉션을 위 물을 고를 때 좋은 추천을 해주었고, 제게 귀사가 제공 기본적인 재료에 관한 책자를 주었습니다.

그러나, 저는 웨딩드레스 원단에 관해 제안 사항이 있 다. 웨딩드레스를 요청하는 제 고객은 조금 더 특별한 를 원하는 경향이 있습니다. [178]트렌드가 바뀌고 있고 들은 귀사가 제공하는 단순한 디자인보다는 세밀한 디 을 원합니다. 저는 현재 시외에 있는 공급업체를 통해 웨딩드레스 원단들을 배송시키고 있습니다. 많은 지역 사와 디자이너들을 도울 것이기 때문에, 새 재고를 주 때 이것을 고려해보시는 게 좋으실 것입니다.

감사드리며 귀사가 계속해서 성공하길 바랍니다!

Jenna Palmer 드림

지문 2

Stop and Sew – Basic Fabric

Cotton
- 100 percent natural
- Breathable and comfortable to wear
- Machine washable
- Recommended for making shirts

[180-A]Merino Wool
- Made of the finest and softest wool from Merino sheep
- [180-B]Breathable and insulating, Merino wool keeps wearers warm in the winter and cool in the summer
- [180-A]Machine washable
- Recommended for making infant garments, high fashion clothing, and outdoor apparel
- [180-D]Available in different colors

Stop and Sew사 – 기본 소재

면
· 100퍼센트 천연
· 통기성이 있고 입기 편안함
· 세탁기로 세탁 가능
· 셔츠를 만드는 데 추천

[180-A]메리노 양모
· 메리노 양의 최고급의 가장 부드러운 양모로 만듦
· [180-B]통기성과 보온성이 있어, 메리노 양모는 착용하는 사 람들을 겨울에는 따뜻하고 여름에는 시원하게 해줌
· [180-A]세탁기로 세탁 가능
· 유아 의류, 최신 유행 의류, 야외용 의류를 만드는
· [180-D]다양한 색상 구입 가능

Silk
- 100 percent natural
- Lustrous, easy-to-dye fabric with exceptional flow
- Recommended for making evening gowns and wedding gowns

[179]**Polyester**
- Lightweight and highly stretchable
- Resistant to flexing, heat, sunlight, detergent, and perspiration
- [179]Recommended for making sportswear, such as swimsuits, ski suits, dance apparel, and skating costumes

실크
· 100퍼센트 천연
· 광택이 나고, 특별히 잘 처지며 염색하기 쉬운 직물
· 예복과 웨딩드레스를 만드는 데 추천

[179]**폴리에스터**
· 가볍고 매우 신축성 있음
· 수축, 열, 햇빛, 세제, 땀에 잘 견딤
· [179]수영복, 스키복, 무용복, 스케이트 의상과 같은 스포츠 의류를 만드는 데 추천

지문 1
- □ **dressmaking** n. 여성복 제작, 양재
- □ **material** n. 소재, 재료
- □ **fabric** n. 원단, 소재, 직물
- □ **fine** adj. 좋은, 고급의
- □ **wedding gown** phr. 웨딩드레스

- □ **tailor** v. 남성복(양복)을 제작하다, 재단하다
- □ **suit** v. 만족시키다, ~에 맞다
- □ **knowledgeable** adj. 박식한, 많이 아는
- □ **textile** n. 직물, 섬유
- □ **stock** n. 재고, 재고품

- □ **need** n. 요구, 필요
- □ **imaginative** adj. 창의적인, 상상의
- □ **exceptional** adj. 뛰어난, 예외적인
- □ **swimwear** n. 수영복
- □ **dressmaker** n. 양재사

지문 2
- □ **cotton** n. 면
- □ **comfortable** adj. 편안한
- □ **insulate** v. 보온하다, 단열하다
- □ **apparel** n. 의류, 의복
- □ **lightweight** adj. 가벼운, 경량의
- □ **detergent** n. 세제

- □ **natural** adj. 천연의, 자연의
- □ **washable** adj. 세탁할 수 있는
- □ **infant** n. 유아; adj. 초기의
- □ **lustrous** adj. 광택이 나는, 윤기가 흐르는
- □ **stretchable** adj. 신축성이 있는
- □ **perspiration** n. 땀, 노력

- □ **breathable** adj. 통기성이 있는
- □ **wool** n. 양모
- □ **garment** n. 의류, 옷
- □ **dye** v. 염색하다; n. 염료
- □ **resistant** adj. 잘 견디는, ~에 강한
- □ **costume** n. 의상, 의복

According to the Web page, what does Ms. Palmer like about Stop and Sew?

(A) It arranges textiles by color.
(B) It has exceptional customer service.
(C) It has a wide selection of sewing machines.
(D) It offers helpful dressmaking tutorials.

웹페이지에 따르면, Ms. Palmer가 Stop and Sew사에 대해 좋아하는 것은 무엇인가?

(A) 색깔별로 직물을 정리한다.
(B) 뛰어난 고객 서비스를 보유하고 있다.
(C) 다양한 종류의 재봉틀을 가지고 있다.
(D) 유용한 여성복 제작 개인 지도를 제공한다.

육하원칙 What   정답 (B)

웹페이지에 따르면 Ms. Palmer가 Stop and Sew사에 대해 좋아하는 것이 무엇인지(what)를 묻는 육하원칙 문제이므로 첫 번째 지문인 웹페이지에서 관련 내용을 확인한다. 웹페이지의 'your knowledgeable salespeople are helpful and provide exceptional service'에서 Stop and Sew사의 박식한 판매원들은 도움이 되며 뛰어난 서비스를 제공한다고 했으므로 (B)가 정답이다.

바꾸어 표현하기
salespeople are helpful and provide exceptional service 판매원들은 도움이 되며 뛰어난 서비스를 제공한다
→ has exceptional customer service 뛰어난 고객 서비스를 보유하고 있다

어휘 **sewing machine** phr. 재봉틀 **tutorial** n. 개인 지도(시간), 사용 지침서

On the Web page, the word "taste" in paragraph 1, line 4, is closest in meaning to

(A) preference
(B) flavor
(C) decision
(D) feeling

웹페이지에서 1문단 네 번째 줄의 단어 "taste"는 의미상 ~와 가장 가깝다.

(A) 선호
(B) 풍미
(C) 결정
(D) 느낌

동의어   정답 (A)

첫 번째 지문인 웹페이지의 taste를 포함하는 구절 'you sell a variety of different cloth materials to suit every taste'에서 taste가 '기호' 즉 '선호'라는 뜻으로 사용되었다. 따라서 '선호'라는 뜻을 가진 (A)가 정답이다.

What is indicated about Ms. Palmer?

(A) She needs samples of fabrics.
(B) She has recommended the store to her associates.
(C) She is eligible for a bulk order rate.
(D) She wants to stay current with the latest fashions.

Ms. Palmer에 대해 암시되는 것은?

(A) 원단 샘플이 필요하다.
(B) 동료에게 상점을 추천했다.
(C) 대량 주문 요금을 적용받을 자격이 있다.
(D) 최신 패션 경향에 맞추기를 원한다.

■ **추론** 세부 정보

질문의 핵심 어구인 Ms. Palmer에 대해 추론하는 문제이므로 Ms. Palmer가 자신의 의견을 작성한 첫 번째 지문인 웹페이지에서 관련
확인한다. 웹페이지의 'Trends are changing, and customers want detailed designs rather than the simple ones you
I currently have all wedding dress fabrics shipped through out-of-town suppliers.'에서 트렌드가 바뀌고 고객들이 세밀한 디
원함에 따라 Ms. Palmer가 시외에 있는 공급업체를 통해 웨딩드레스 원단들을 배송시키고 있다고 했으므로, 그녀가 바뀌고 있는 트렌드
기 위해 노력하고 있다는 사실을 추론할 수 있다. 따라서 (D)가 정답이다.

어휘 associate n. 동료; v. 연관 짓다, 어울리다 bulk adj. 대량의; n. 대부분, 크기 latest adj. 최신의, 최근의

Which fabric did Ms. Palmer most likely buy at Stop and Sew before?

(A) Cotton
(B) Merino wool
(C) Silk
(D) Polyester

Ms. Palmer는 이전에 Stop and Sew사에서 어떤 직
샀을 것 같은가?

(A) 면
(B) 메리노 양모
(C) 실크
(D) 폴리에스터

■ **추론** 연계 문제

두 지문의 내용을 종합적으로 확인한 후 추론해서 풀어야 하는 연계 문제이다. 질문의 핵심 어구인 Ms. Palmer ~ buy at Stop an
before와 관련된 내용이 언급된 웹페이지를 먼저 확인한다.
단서 1 첫 번째 지문(웹페이지)의 'They made some fine recommendations recently when I was selecting textiles
swimwear collection'에서 그들, 즉 판매원들이 최근 수영복 컬렉션을 위한 직물을 고를 때 좋은 추천을 해주었다고 했다. 그런데 수영
떤 직물이 사용되는지 제시되지 않았으므로 브로슈어에서 관련 내용을 확인한다.
단서 2 두 번째 지문(브로슈어)의 'Polyester'와 'Recommended for making sportswear, such as swimsuits'에서 폴리에스터
복과 같은 스포츠 의류를 만드는 데 추천된다는 사실을 확인할 수 있다.
두 단서를 종합할 때, Ms. Palmer가 최근 Stop and Sew사에서 폴리에스터를 샀을 것이라는 사실을 추론할 수 있다. 따라서 (D)
이다.

What is NOT mentioned about Merino wool?

(A) It can be cleaned in a washing machine.
(B) It can be worn in different seasons.
(C) It is more expensive than other fabrics.
(D) It can be purchased in a range of colors.

메리노 양모에 대해 언급되지 않은 것은?

(A) 세탁기로 세탁될 수 있다.
(B) 여러 계절에 입을 수 있다.
(C) 다른 원단들보다 더 비싸다.
(D) 다양한 색상으로 구매될 수 있다.

■ **Not/True** Not 문제

질문의 핵심 어구인 Merino wool과 관련된 내용을 지문에서 찾아 각 보기와 대조하는 Not/True 문제이므로, 메리노 양모가 언급된 두
문인 브로슈어에서 관련 내용을 확인한다. (A)는 'Merino Wool'과 'Machine washable'에서 메리노 양모가 세탁기로 세탁 가능하다
므로 지문의 내용과 일치한다. (B)는 'Breathable and insulating, Merino wool keeps wearers warm in the winter and coo
summer'에서 통기성과 보온성이 있어 메리노 양모는 착용하는 사람들을 겨울에는 따뜻하고 여름에는 시원하게 해준다고 했으므로 지
용과 일치한다. (C)는 지문에 언급되지 않은 내용이다. 따라서 (C)가 정답이다. (D)는 'Available in different colors'에서 다양한 색상
매 가능하다고 했으므로 지문의 내용과 일치한다.

[181]Date: August 12

Baja Travel, 4258 Myrtle Avenue, San Diego, California, 92105

Trip Invoice for Ostergard Tech, 6520 Beadnell Way, San Diego, California, 92117

Contact person/Position	Edith Albright/Human Resources Coordinator
General itinerary	5-Day Classic Mexico Tour
Number of travelers	10
Travel dates	September 19-23
[181]Deposit amount/Date paid	$2,500/August 10
Remaining balance	$5,090
[184]Due date for remaining balance	September 1

Please note that your deposit and balance include flights, ous tours and transportation fees, four nights at the Mayan nn, museum and attraction entrance fees, five breakfasts, and five lunches. [182]Dinners, souvenirs, and tour guide tips are not included in this price. All travelers must submit their passport numbers to Baja Travel at least one week before heir departure date. Also, your remaining balance must be paid by the deadline above. Otherwise, your reservation cannot be guaranteed. We accept credit and debit cards or bank transfers.

To: Samuel Hill <shill@bajatravel.com>
From: Edith Albright <edith.albright@ostergardtech.com>
Subject: Itinerary
Date: August 15

Dear Mr. Hill,

received the invoice for my company's upcoming employee etaway. Everything looks great, but [183]there are a few questions I forgot to ask when we spoke a few weeks ago.

First of all, can I pay the remaining balance in two installments? Ideally, [184]I'd like to pay half today, and half on the day before the due date. [185]Also, are there vegetarian options at the restaurants where we will be having our ncluded meals? Several of my colleagues would like to now soon in case they need to make other arrangements. astly, does your agency offer travel insurance? I think it ight be good to have.

hank you for all of your help. I'll send you our passport umbers sometime this week.

incerely,
dith Albright

[181]날짜: 8월 12일

Baja 여행사, Myrtle로 4258번지, 샌디에이고, 캘리포니아, 92105

Ostergard 기술회사 여행 송장, Beadnell가 6520번지, 샌디에이고, 캘리포니아, 92117

담당자/직책	Edith Albright/인사팀 조정관
여행 일정 전반	5일 클래식 멕시코 투어
여행자 인원	10
여행 날짜	9월 19-23일
[181]보증금 금액/지급일	2,500달러/8월 10일
남은 잔액	5,090달러
[184]잔액 지급 기한일	9월 1일

보증금과 잔액에는 항공편, 버스 투어 및 교통비, Mayan 호텔에서 4박, 박물관 및 관광지 입장료, 아침 식사 5회, 그리고 점심 식사 5회가 포함되어 있는 점 참고 바랍니다. [182]저녁 식사, 기념품, 그리고 투어 가이드 팁은 이 금액에 포함되어 있지 않습니다. 모든 여행자들은 적어도 출발일 일주일 전까지 Baja 여행사에 여권 번호를 제출해야 합니다. 또한, 남은 잔액은 위의 기한일까지 지불되어야 합니다. 그렇지 않으면, 예약이 보장될 수 없습니다. 저희는 신용카드와 직불카드 또는 은행 송금을 받습니다.

수신: Samuel Hill <shill@bajatravel.com>
발신: Edith Albright
　　　<edith.albright@ostergardtech.com>
제목: 여행 일정
날짜: 8월 15일

Mr. Hill께,

저희 회사의 곧 있을 직원 휴가에 대한 송장을 받았습니다. 모든 것이 좋아 보이지만, [183]몇 주 전 저희가 대화했을 때 깜빡 잊고 하지 못한 몇 가지 질문이 있습니다.

우선, 남은 잔액을 두 번에 분할해서 지불해도 될까요? 이상적으로는, [184]오늘 반액을 지불하고, 기한일 전날에 반액을 지불하고 싶습니다. [185]또, 저희가 포함된 식사를 하게 될 식당들에 채식 선택지가 있나요? 제 동료들 중 몇 명은 다른 준비를 해야 할 경우에 대비해서 빠른 시일 내에 알고 싶어 합니다. 마지막으로, 귀사는 여행 보험을 제공하시나요? 있으면 좋을 것 같습니다.

귀하의 모든 도움에 감사드립니다. 이번 주 중에 저희의 여권 번호를 보내 드리겠습니다.

Edith Albright 드림

지문 1	□ itinerary n. 여행 일정, 일정	□ deposit n. 보증금	□ balance n. 잔액
	□ guarantee v. 보장하다, 보증하다		
지문 2	□ upcoming adj. 곧 있을, 다가오는	□ getaway n. 휴가, 일탈	□ installment n. 분할 불입
	□ colleague n. 동료	□ in case phr. ~하는 경우에 대비해서	□ insurance n. 보험

181

What is indicated about Ostergard Tech in the invoice?

(A) It has already submitted a deposit.
(B) It has hired a travel agency in a different state.
(C) It will pay by company credit card.
(D) It will receive a group discount.

송장에서 Ostergard 기술회사에 대해 암시되는 것은?

(A) 이미 보증금을 지불했다.
(B) 다른 주에 있는 여행사를 고용했다.
(C) 회사 신용카드로 결제할 것이다.
(D) 단체 할인을 받을 것이다.

■ **추론** 세부 정보

질문의 핵심 어구인 Ostergard Tech에 대해 추론하는 문제이므로 첫 번째 지문인 송장에서 관련 내용을 확인한다. 송장의 'Date: Aug○○'에서 송장이 작성된 날짜가 8월 12일인 것을 확인할 수 있고, 'Deposit amount/Date paid', '$2,500/August 10'에서 보증금 금액인 ○달러가 8월 10일에 지급되었다고 했으므로 Ostergard 기술회사가 이미 보증금 2,500달러를 지불했다는 사실을 추론할 수 있다. 따라서 ○가 정답이다.

182

What will travelers have to pay for during the trip?

(A) Air transportation
(B) Some admission fees
(C) Some meals
(D) Accommodations

여행자들은 여행 도중 무엇을 위해 돈을 지불해야 할가?

(A) 항공편
(B) 일부 입장료
(C) 일부 식사
(D) 숙박 시설

■ **육하원칙** What

여행자들이 여행 도중 무엇(What)을 위해 돈을 지불해야 할 것인지를 묻는 육하원칙 문제이므로 질문의 핵심 어구인 travelers ~ during the trip과 관련된 내용이 언급된 첫 번째 지문인 송장을 확인한다. 송장의 'Dinners, souvenirs, and tour guide tips ∶ included in this price[deposit and balance].'에서 저녁 식사, 기념품, 그리고 투어 가이드 팁은 보증금과 잔액에 포함되어 있지 않으므로 (C)가 정답이다.

어휘 admission n. 입장, 인정 accommodation n. 숙박 시설

183

Why was the e-mail written?

(A) To dispute a charge on an invoice
(B) To ask about a deadline extension
(C) To ask for an updated itinerary
(D) To request some further details

이메일은 왜 쓰였는가?

(A) 송장에 있는 요금에 이의를 제기하기 위해
(B) 기한 연장에 대해 문의하기 위해
(C) 업데이트된 여행 일정을 요청하기 위해
(D) 추가 세부 정보를 요청하기 위해

■ **주제/목적 찾기** 글을 쓴 이유

이메일이 쓰인 이유를 묻는 목적 찾기 문제이므로 두 번째 지문인 이메일의 내용을 확인한다. 이메일의 'there are a few questions to ask when we spoke a few weeks ago'에서 몇 주 전 대화했을 때 깜빡 잊고 하지 못한 몇 가지 질문이 있다고 했으므로 (D)가 ○

어휘 dispute v. 이의를 제기하다, 반박하다 extension n. 연장

When does Ms. Albright want to make a final payment?

(A) On August 15
(B) On August 31
(C) On September 1
(D) On September 19

Ms. Albright는 언제 최종 지불을 하고 싶어 하는가?	

(A) 8월 15일에
(B) 8월 31일에
(C) 9월 1일에
(D) 9월 19일에

육하원칙 연계 문제　　　　　　　　　　　　　　　　　　　　　　　　　　정답 (B)

지문의 내용을 종합해서 풀어야 하는 연계 문제이다. 질문의 핵심 어구인 Ms. Albright want to make a final payment에서 Ms. Albright 언제(When) 최종 지불을 하고 싶어 하는지를 묻고 있으므로 Ms. Albright가 작성한 이메일을 먼저 확인한다.

서1 두 번째 지문(이메일)의 'I'd like to pay half today, and half on the day before the due date'에서 오늘 반액을 지불하고 기한일 날에 반액을 지불하고 싶다고 했다. 그런데 기한일이 언제인지 제시되지 않았으므로 송장에서 관련 내용을 확인한다.

서2 첫 번째 지문(송장)의 'Due date for remaining balance', 'September 1'에서 잔액 지급 기한일이 9월 1일이라고 했다.

단서를 종합할 때, Ms. Albright는 잔액 지급 기한일인 9월 1일의 전날인 8월 31일에 최종 지불을 하고 싶어 한다는 것을 알 수 있다. 따라서)가 정답이다.

What can be inferred from the e-mail?

(A) Some of the tour participants are vegetarians.
(B) Some employees have already provided passports.
(C) Ostergard Tech requires insurance for all trips.
(D) Travel costs were higher than Ms. Albright anticipated.

이메일에서 추론될 수 있는 것은?	

(A) 투어 참가자들 중 일부는 채식주의자이다.
(B) 일부 직원들은 이미 여권을 제공했다.
(C) Ostergard 기술회사는 모든 여행에 있어 보험을 요한다.
(D) 여행 경비는 Ms. Albright가 예상했던 것보다 비쌌다.

추론 세부 정보　　　　　　　　　　　　　　　　　　　　　　　　　　　정답 (A)

메일에서 추론될 수 있는 것을 묻는 추론 문제이다. 이 문제는 질문에 핵심 어구가 없으므로 각 보기의 핵심 어구와 관련된 내용을 두 번째 지문 이메일에서 확인한다. 이메일의 '~ are there vegetarian options at the restaurants where we will be having our included als? Several of my colleagues would like to know soon in case they need to make other arrangements.'에서 포함된 식사 하게 될 식당들에 채식 선택지가 있는지 물으며, 동료들 중 몇 명은 다른 준비를 해야 할 경우에 대비해서 빠른 시일 내에 알고 싶어 한다고 했 으로 투어 참가자들 중 일부는 채식주의자라는 사실을 추론할 수 있다. 따라서 (A)가 정답이다.

anticipate　v. 예상하다

지문 1

Barksdale Summer Craft Market

The Barksdale Community Organization is pleased to announce that it will be holding its annual outdoor craft market next month. [187/190]The event will be held on July 7, 14, 21, and 28 at Oakville Park, on Emerson Street. This year, [187]local restaurant owners will be setting up food booths and serving a variety of tasty treats for visitors. These will all be located in the area immediately to the left of the main gate as you enter the park. In addition, [190]several bands have agreed to perform on the last day of the market. [186]Visit www.bdalecommunity.com for a list of the musical acts and the times they will play. We hope to see you next month!

Barksdale 여름 공예 시장

Barksdale 지역사회 단체가 다음 달에 연례 야외 공○장을 개최할 것임을 알리게 되어 기쁩니다. [187/190]이 행사는 Emerson가의 Oakville 공원에서 7월 7일, 14일, 2〔 그리고 28일에 개최될 것입니다. 올해는, [187]지역 식당 주들이 음식 부스를 설치하여 다양한 맛있는 요리들을 객들에게 제공할 것입니다. 공원에 입장하면 이것들은 정문의 바로 왼쪽에 위치해 있을 것입니다. 덧붙여, [190 밴드들이 시장의 마지막 날에 공연하기로 하였습니 [186]www.bdalecommunity.com에 방문하셔서 음○ 연자들의 목록과 그들이 공연할 시간을 확인하십시오. 달에 뵙기를 바랍니다!

지문 2

To: Brenda Pearson <b.pearson@bdalecommunity.com>
From: Greg Dawson <g.dawson@dg.com>
[188-B]Date: June 11
Subject: Craft market

Dear Ms. Pearson,

Two weeks ago, [187]I submitted a registration form through your Web site to set up a food booth at the Barksdale Summer Craft Market. [188-B]My restaurant, The Dawson Grill, has only been in operation since this February, and I feel that participating in this event would be an excellent opportunity to attract new customers. Please confirm that my registration form was received and let me know when it will be processed.

[189]I also would like to find out how large the booths are, as I couldn't find anything about this on your Web site. Obviously, this will determine the type of equipment I would be able to use and, by extension, the dishes I'd serve. Thank you.

Sincerely,
Greg Dawson

수신: Brenda Pearson
　　　<b.pearson@bdalecommunity.com>
발신: Greg Dawson <g.dawson@dg.com>
[188-B]날짜: 6월 11일
제목: 공예 시장

Ms. Pearson께,

2주 전에, [187]저는 Barksdale 여름 공예 시장에서 음〔 스를 설치하기 위해 귀하의 웹사이트를 통해 신청서를 했습니다. [188-B]제 식당인 The Dawson Grill은 겨우 2월부터 운영되어 왔어서, 저는 이 행사에 참여하는 새로운 손님들을 끌어들이는 데 아주 좋은 기회가 되리 생각합니다. 제 신청서를 받으셨는지 확인해주시고 그 언제 처리가 될 것인지 알려주시기 바랍니다.

[189]저는 또한 부스가 얼마나 큰지 알고 싶은데, 귀하으 이트에서 이에 관해 아무것도 찾을 수 없었기 때문읻 분명히, 이는 제가 사용할 수 있는 장비의 종류를 결정 이고, 더 나아가, 제가 제공할 요리를 결정할 것입니디 합니다.

Greg Dawson 드림

지문 3

Crafts in the Summer
By Janet Gleason

The Barksdale Summer Craft Market is a community event that is always popular with city residents, and [190]this year's was the best ever. The first thing I noticed when I visited Oakville Park was that there was delicious food being sold at a number of booths. The attendees seemed quite happy with this arrangement. Several told me that they appreciated not having to leave the premises for lunch or dinner. [190]I was also impressed that live music had been arranged. It gave the market a festival-like atmosphere. So, if you missed the market this year, be sure to attend next year. You definitely won't regret it!

여름의 공예
Janet Gleason 작성

Barksdale 여름 공예 시장은 주민들에게 항상 인기 지역사회 행사이고, [190]올해의 행사는 지금까지 중에 었다. Oakville 공원을 방문했을 때 가장 먼저 발견호 맛있는 음식들이 많은 부스에서 판매되고 있었다는 다. 참가자들은 이러한 준비에 대해 굉장히 만족해 ㅎ 보였다. 몇 사람들은 점심이나 저녁을 위해 그 부지를 지 않아도 되었던 점을 높이 평가했다고 말했다. [190 이브 음악이 준비되어 있었던 점이 감명 깊었다. 그7 장에 축제 같은 분위기를 가져다주었다. 그러니, 만의 시장을 놓쳤다면, 내년엔 반드시 참석하라. 분명 후 않을 것이다!

지문 1
- □ **craft** n. 공예
- □ **serve** v. (음식을) 제공하다
- □ **perform** v. 공연하다
- □ **annual** adj. 연례의, 연간의
- □ **treat** n. (훌륭한) 요리, 대접
- □ **act** n. 공연자, 행동
- □ **outdoor** adj. 야외의
- □ **locate** v. 위치하다

지문 2
- □ **submit** v. 제출하다
- □ **obviously** adv. 분명히
- □ **in operation** phr. 운영 중인
- □ **equipment** n. 장비
- □ **attract** v. 끌어들이다, 유치하다
- □ **by extension** phr. 더 나아가

지문 3
- □ **popular** adj. 인기 있는
- □ **premises** n. 부지, 구내, 구역
- □ **regret** v. 후회하다
- □ **arrangement** n. 준비, (처리) 방식
- □ **atmosphere** n. 분위기, 공기
- □ **appreciate** v. 높이 평가하다
- □ **miss** v. 놓치다

According to the announcement, what can be found on the Barksdale Community Organization's Web site?

(A) The name of an organizer
(B) A list of vendors
(C) A schedule of performances
(D) A map of a venue

공고에 따르면, Barksdale 지역사회 단체의 웹사이트에서 무엇을 찾을 수 있는가?

(A) 주최자의 이름
(B) 판매업자들의 목록
(C) 공연 시간표
(D) 장소의 지도

육하원칙 What   정답 (C)

고에 따르면 Barksdale 지역 단체의 웹사이트에서 무엇을(What) 찾을 수 있는지를 묻는 육하원칙 문제이므로 첫 번째 지문인 공고에서 관련
용을 확인한다. 공고의 'Visit www.bdalecommunity.com for a list of the musical acts and the times they will play.'에서 웹사이
에 방문해 음악 공연자들의 목록과 그들이 공연할 시간을 확인하라고 했으므로 (C)가 정답이다.

어 **vendor** n. 판매업자 **venue** n. 장소

What can be inferred about Mr. Dawson?

(A) He provided complimentary food to musicians.
(B) His registration form was not filled out correctly.
(C) He was required to meet with other restaurant owners.
(D) His booth was located near the park's entrance.

Mr. Dawson에 대해 추론될 수 있는 것은?

(A) 음악가들에게 무료 음식을 제공했다.
(B) 그의 신청서가 올바르게 작성되지 않았다.
(C) 다른 식당 소유주들을 만나도록 요구받았다.
(D) 그의 부스는 공원 입구 근처에 위치해 있었다.

추론 연계 문제   정답 (D)

지문 중 두 지문의 내용을 종합적으로 확인한 후 추론해서 풀어야 하는 연계 문제이다. 질문의 핵심 어구인 Mr. Dawson이 작성한 이메일을
더 확인한다.

[1] 두 번째 지문(이메일)의 'I submitted a registration form ~ to set up a food booth at the Barksdale Summer Craft Market'
서 저, 즉 Mr. Dawson은 Barksdale 여름 공예 시장에서 음식 부스를 설치하기 위해 신청서를 제출했다고 했다. 그런데 Barksdale 여름 공
시장에서의 음식 부스에 대한 세부 사항이 제시되지 않았으므로 공고에서 관련 내용을 확인한다.

[2] 첫 번째 지문(공고)의 'The event will be held ~ at Oakville Park'에서 이 행사, 즉 Barksdale 여름 공예 시장이 Oakville 공원에
개최될 것이라는 것을 확인할 수 있고, 'local restaurant owners will be setting up food booths ~. These will all be located in
e area immediately to the left of the main gate as you enter the park.'에서 지역 식당 소유주들이 음식 부스를 설치할 것이며 공원
입장하면 이것들, 즉 음식 부스들이 모두 정문의 바로 왼쪽에 위치할 것이라는 사실을 확인할 수 있다.

단서를 종합할 때, 여름 공예 시장에서 Mr. Dawson의 음식 부스는 공원 입구 근처에 위치했을 것임을 추론할 수 있다. 따라서 (D)가 정답
다.

188

What is mentioned about the The Dawson Grill?

(A) It participated in the market previously.
(B) It opened less than a year ago.
(C) It has many regular customers.
(D) It is owned by two people.

The Dawson Grill에 대해 언급된 것은?

(A) 이전에 시장에 참가했다.
(B) 개업한 지 1년이 되지 않았다.
(C) 많은 단골손님이 있다.
(D) 두 사람이 소유하고 있다.

■ **Not/True** True 문제   정

질문의 핵심 어구인 The Dawson Grill과 관련된 내용을 지문에서 찾아 각 보기와 대조하는 Not/True 문제이므로 The Dawson Gri
급된 두 번째 지문인 이메일에서 관련 내용을 확인한다. (A), (C), (D)는 지문에 언급되지 않은 내용이다. (B)는 'Date: June 11'고
restaurant, The Dawson Grill, has only been in operation since this February'에서 이메일을 작성한 날짜는 6월 11일이며
Dawson Grill은 이번 2월부터 운영되어 왔다고 했으므로 지문의 내용과 일치한다. 따라서 (B)가 정답이다.

189

What does Mr. Dawson inquire about?

(A) The cost of a booth
(B) The availability of equipment
(C) The number of attendees
(D) The size of a space

Mr. Dawson은 무엇에 대해 문의하는가?

(A) 부스의 비용
(B) 장비의 이용 가능성
(C) 참석자의 수
(D) 공간의 크기

■ **육하원칙** What   정

Mr. Dawson이 무엇(What)에 대해 문의하는지를 묻는 육하원칙 문제이므로 질문의 핵심 어구인 Mr. Dawson inquire about과 관련
이 언급된 두 번째 지문인 이메일을 확인한다. 이메일의 'I ~ would like to find out how large the booths are'에서 저, 즉 Mr. Daw
부스가 얼마나 큰지 알고 싶다고 했으므로 (D)가 정답이다.

어휘   availability n. 이용 가능성   attendee n. 참석자

190

On which day did Ms. Gleason visit the market?

(A) July 7
(B) July 14
(C) July 21
(D) July 28

Ms. Gleason은 어느 날에 시장을 방문했는가?

(A) 7월 7일
(B) 7월 14일
(C) 7월 21일
(D) 7월 28일

■ **육하원칙** 연계 문제   정

세 지문 중 두 지문의 내용을 종합해서 풀어야 하는 연계 문제이다. 질문의 핵심 어구인 Ms. Gleason visit the market에서 Ms. Glea
어느(which) 날에 시장을 방문했는지를 묻고 있으므로 Ms. Gleason이 작성한 기사를 먼저 확인한다.
[단서 1] 세 번째 지문(기사)의 'this year's was the best ever'에서 올해의 행사, 즉 올해 Barksdale 여름 공예 시장이 지금까지 중 최
고 한 후, 'I was also impressed that live music had been arranged.'에서 라이브 음악이 준비되어 있었던 점이 감명 깊었다고 ᄒ
런데 올해 Barksdale 여름 공예 시장에서 라이브 음악이 준비되었던 날이 어느 날인지 제시되지 않았으므로 공고에서 관련 내용을 확인ᄒ
[단서 2] 첫 번째 지문(공고)의 'The event will be held every on July 7, 14, 21, and 28 at Oakville Park'에서 이 행사, 즉 Bar
여름 공예 시장이 Oakville 공원에서 7월 7일, 14일, 21일, 28일에 개최될 것이라고 했고, 'several bands have agreed to perfo
the last day of the market'에서 여러 밴드들이 시장의 마지막 날에 공연하기로 했다는 사실을 확인할 수 있다.
두 단서를 종합할 때, Ms. Gleason이 밴드들이 공연한 시장의 마지막 날인 7월 28일에 시장을 방문했음을 알 수 있다. 따라서 (D)가 정

191-BYour Favorite Business Periodical, *Big Success Magazine*, Presents its
7th Annual Conference for Entrepreneurs

- 192Everything You Need to Know to Market Your Products Online -

You'll learn how to boost your Internet sales while managing your own online store.

191-CApril 5 from 10 A.M. to 5 P.M. at Traylor Hall

191-DFeaturing keynote speaker and winner of *Big Success Magazine*'s Entrepreneur of the Year Award:
Kyle Rogan, owner of Ottawa Intra Cycles

191-ATo register for this can't-miss event,
you must first complete *Big Success Magazine*'s six-week online training course.

To sign up for the course, visit www.bigsuccessmag.ca/toolsforsuccess
OR
If you have already completed the course and wish to attend the conference,
please call (519)-575-8634.

191-B여러분이 좋아해 주시는 비즈니스 정기간행물인
*Big Success*지가
제7회 연례 기업인 총회를 개최합니다

– 192여러분의 제품들을 온라인에서 판매하기 위해 알아야 할 모든 것 –

여러분은 자신의 온라인 상점을 운영하면서 인터넷 매출을 올리는 방법을 배우게 되실 것입니다.

191-C4월 5일 오전 10시에서 오후 5시, Traylor홀

191-D기조 연설자이자 *Big Success*지의 올해의 기업인 상 수상자:
Ottawa Intra Cycles사의 소유주 Kyle Rogan 참석

191-A놓칠 수 없는 이 행사에 등록하시려면,
*Big Success*지의 6주간의 온라인 교육 강좌를 먼저 이수해야 합니다.

강좌에 등록하시려면, www.bigsuccessmag.ca/toolsforsuccess를 방문하세요
혹은
이미 그 강좌를 이수하여 총회에 참석하기 원하실 경우,
(519)-575-8634로 전화 주시기 바랍니다.

To: Harrison Marcoux <hmarcoux@skateheaven.ca>
From: Lilianne Maille <lilymaille@lmcosmetics.ca>
Subject: Entrepreneur conference
Date: February 12

Dear Mr. Marcoux,

193We met at a networking event for new entrepreneurs in Toronto last month. 192You were telling me about the custom-made skateboard business you started last year. 193It hasn't been that long since I started my own line of cosmetics, so I could relate to some of the challenges you faced. Anyway, I remember that you said you were struggling a bit, so I'm writing to tell you about a conference that's coming up. I think 192/195it would be perfect for you because not only is it going to be held in your city, 192but it also focuses on exactly what you said you were having a hard time with. A friend of mine went to it last year when it took place in Kitchener, and she said it helped her a lot. I just registered for it. If you're interested in going, too, you can find details about it here: www.bigsuccessmag.ca.

Maybe I'll see you there.

Lilianne Maille

수신: Harrison Marcoux
　　　<hmarcoux@skateheaven.ca>
발신: Lilianne Maille <lilymaille@lmcosmetics.ca>
제목: 기업인 총회
날짜: 2월 12일

Mr. Marcoux께,

193우리는 지난달 토론토에서 신흥 기업인들을 위한 교류 행사에서 만났었습니다. 192당신은 지난해에 당신이 시작한 맞춤식 스케이트보드 사업에 대해 제게 이야기했었습니다. 193제 화장품 사업을 시작한 지 얼마 되지 않았기에 저는 당신이 직면한 몇몇 어려움들에 공감할 수 있었습니다. 어쨌든, 저는 당신이 다소 어려움을 겪고 있다고 말했던 것을 기억하며, 그래서 곧 있을 총회에 대해 알려드리고자 이메일을 씁니다. 192/195그 총회는 당신이 있는 도시에서 열릴 뿐만 아니라, 192당신이 어려움을 겪고 있다고 얘기한 바로 그것에 초점을 맞추고 있어서 당신에게 더할 나위 없이 좋을 것이라고 생각합니다. 제 친구 한 명도 그 총회가 작년에 키치너에서 열렸을 때 참석했었는데, 그것이 그녀에게 많이 도움이 되었다고 했습니다. 저는 그 총회에 방금 등록했습니다. 만약 당신도 가는 것에 관심이 있으시다면 www.bigsuccessmag.ca에서 총회에 대한 자세한 내용을 찾아보실 수 있습니다.

아마 그곳에서 당신을 만날지도 모르겠습니다.

Lilianne Maille 드림

Big Success Magazine Leadership Course Registration Form

By registering for this invaluable course, you will receive six weeks of online training starting immediately and a DVD package in the mail. Upon completion, you will be entitled to attend *Big Success Magazine* events.

Contact Information		Address	
[195]Name	Harrison Marcoux	Street	51 Fairwater Lane
E-mail	hmarcoux@skateheaven.ca	[195]City/Province	Waterloo, Ontario
Phone	555-9368	Postal Code	N2J 1A3
Credit Card Information			
Card Type		Wixcard	
Card Number		0645-****-****-****	
[194-B]Payment Plan			
1 payment of $786.00 billed now			
[194-B]3 payments of $262.00 billed now and over the next two months		✓	

[194-D]This program has a 30-day, 100% satisfaction guarantee or your money back.

---

*Big Success*지 리더십 강좌 등록 양식

매우 유용한 이 강좌에 등록함으로써, 당신은 곧바로 시ㅡ될 6주간의 온라인 교육과 DVD 패키지를 우편으로 받ㅡ것입니다. 수료와 동시에, 당신에게는 *Big Success*지 ㅡ들에 참석할 자격이 주어질 것입니다.

연락 정보		주소	
[195]이름	Harrison Marcoux	도로	51번지 Fairwater.
이메일	hmarcoux@skateheaven.ca	[195]도시/주	워털루, 온타리오ㅡ
전화	555-9368	우편번호	N2J 1A3
신용카드 정보			
카드 종류		Wixcard	
카드 번호		0645-****-****-***	
[194-B]결제 방식			
786달러를 일시불로 지불			
[194-B]이번과 다음 2개월에 걸쳐 262달러씩 3번 지불		✓	

[194-D]이 프로그램은 100퍼센트 만족을 보장하며 그렇ㅈㅡ을 경우 30일 이내에 환불해드립니다.

지문 1
- periodical n. 정기간행물; adj. 정기간행의, 주기적인
- entrepreneur n. 기업가, 사업가
- sale n. 매출, 판매, 영업
- market v. 판매하다, (상품을) 내놓다
- manage v. 운영하다, 관리하다
- conference n. 총회, 회의, 협의회
- boost v. 올리다, 늘리다
- winner n. 수상자, 우승자

지문 2
- custom-made adj. 맞춤의, 주문하여 만든
- challenge n. 난제, 도전; v. 도전하다
- come up phr. (어떤 행사나 때가) 다가오다
- line n. 사업, 계통
- struggle v. 어려움을 겪다, 애쓰다, 투쟁하다; n. 노력, 투쟁
- have a hard time with phr. ~에 어려움을 겪다, 쩔쩔매다
- relate to phr. ~에 공감하다, 이해하다

지문 3
- invaluable adj. 매우 유용한, 귀중한
- guarantee n. 보장, 담보; v. 보장하다
- completion n. 수료, 완성
- payment plan phr. 결제 방식

What is NOT true about the conference?

(A) Only those who take an online course can attend it.
(B) It is affiliated with a business-oriented publication.
(C) It will take place over a five-day period in April.
(D) The recipient of an award will be presenting at it.

총회에 대해 사실이 아닌 것은?

(A) 온라인 강좌를 수강한 사람만 참석할 수 있다.
(B) 비즈니스 관련 출판물과 연관되어 있다.
(C) 4월에 5일의 기간 동안 개최될 것이다.
(D) 수상자가 참석할 것이다.

Not/True Not 문제 　　　　　　　　　　　　　　　　　　　　　　　　　정답 (C)

문의 핵심 어구인 the conference와 관련된 내용을 지문에서 찾아 각 보기와 대조하는 Not/True 문제이므로 총회를 홍보하는 첫 번째 지문 광고지에서 관련 내용을 확인한다. (A)는 'To register for this can't-miss event, you must first complete *Big Success Magazine*'s six-week online training course.'에서 행사에 등록하려면 *Big Success지*의 6주간의 온라인 교육 강좌를 먼저 이수해야 한 고 했으므로 지문의 내용과 일치한다. (B)는 'Your Favorite Business Periodical, *Big Success Magazine*, Presents its 7th nnual Conference for Entrepreneurs'에서 비즈니스 정기간행물인 *Big Success지*가 제7회 연례 기업인 총회를 개최한다고 했으므로 문의 내용과 일치한다. (C)는 'April 5 from 10 A.M. to 5 P.M.'에서 총회가 4월 5일 오전 10시에서 오후 5시에 진행된다고 했으므로 지문의 용과 일치하지 않는다. 따라서 (C)가 정답이다. (D)는 'Featuring keynote speaker and winner of *Big Success Magazine*'s ntrepreneur of the Year Award: Kyle Rogan'에서 기조 연설자이자 *Big Success지*의 올해의 기업인 상 수상자인 Kyle Rogan이 참 한다고 했으므로 지문의 내용과 일치한다.

무어 표현하기

mplete ~ course 강좌를 이수하다 → take ~ course 강좌를 수강하다
siness Periodical 비즈니스 정기간행물 → business-oriented publication 비즈니스 관련 출판물
nner 수상자 → recipient of an award 수상자

| affiliate v. 연계하다, 제휴하다

What most likely is Mr. Marcoux having difficulty doing?

(A) Winning over its strongest competitor
(B) Completing *Big Success Magazine*'s course
(C) Selling his skateboards over the Internet
(D) Registering for the entrepreneur conference

Mr. Marcoux는 무엇을 하는 데에 어려움을 겪고 있는 것 같은가?

(A) 가장 강력한 경쟁사를 이기는 것
(B) *Big Success지*의 강좌를 이수하는 것
(C) 스케이트보드를 인터넷상에서 판매하는 것
(D) 기업인 총회에 등록하는 것

추론 연계 문제 　　　　　　　　　　　　　　　　　　　　　　　　　정답 (C)

지문 중 두 지문의 내용을 종합적으로 확인한 후 추론해서 풀어야 하는 연계 문제이다. 질문의 핵심 어구인 Mr. Marcoux having difficulty ing과 관련된 내용이 언급된 이메일을 먼저 확인한다.

서1 두 번째 지문(이메일)의 'You were telling me about the custom-made skateboard business you started last year.'와 'it uld be perfect for you because ~ it also focuses on exactly what you said you were having a hard time with'에서 당신, 즉 Marcoux가 지난해에 맞춤식 스케이트보드 사업을 시작했고 총회는 Mr. Marcoux가 어려움을 겪고 있는 바로 그것에 초점을 맞추고 있어 합할 나위 없이 좋을 것이라고 했다. 그런데 총회가 무엇에 관한 것인지 제시되지 않았으므로 광고지에서 관련 내용을 확인한다.

서2 첫 번째 지문(광고지)의 'Everything You Need to Know to Market Your Products Online'에서 총회의 주제가 제품들을 온라인 서 판매하기 위해 알아야 할 모든 것이라는 사실을 확인할 수 있다.

단서를 종합할 때, Mr. Marcoux가 맞춤식 스케이트보드를 온라인에서 판매하는 데에 어려움을 겪고 있다는 사실을 추론할 수 있다. 따라서 가 정답이다.

어 표현하기

rket ~ Online 온라인에서 판매하다 → Selling ~ over the Internet 인터넷상에서 판매하는 것

　competitor n. 경쟁 상대, 참가자

193

○○●●● 상

What is suggested about Ms. Maille?

(A) She has recently gone into business for herself.
(B) She was not entirely satisfied with an online course.
(C) She is in the same line of business as Mr. Marcoux.
(D) She is planning to open an office in Kitchener.

Ms. Maille에 대해 암시되는 것은?

(A) 최근에 스스로 사업을 시작했다.
(B) 온라인 강좌에 완전히 만족하지는 않았다.
(C) Mr. Marcoux와 같은 계통의 사업에 종사한다.
(D) 키치너에 사무실을 열 계획이다.

■ **추론** 세부 정보   정

질문의 핵심 어구인 Ms. Maille에 대해 추론하는 문제이므로 Ms. Maille가 작성한 두 번째 지문인 이메일에서 관련 내용을 확인한다. 두
지문인 이메일의 'We met at a networking event for new entrepreneurs'에서 Ms. Maille가 이메일 수신자인 Mr. Marcoux와 신
업인들을 위한 교류 행사에서 만났었다고 했고, 'It hasn't been that long since I started my own line of cosmetics, so I could
to some of the challenges you faced.'에서 Ms. Maille가 자신의 화장품 사업을 시작한 지 얼마 되지 않아 당신, 즉 Mr. Marcoux가
한 몇몇 어려움들에 공감할 수 있다고 했으므로 Ms. Maille 역시 최근에 스스로 사업을 시작한 신흥 기업인이라는 사실을 추론할 수 있다
서 (A)가 정답이다.

194

○○○●● 중

What is mentioned about the course?

(A) It is for invited participants only.
(B) It can be paid for in installments.
(C) It is offered at a discount to subscribers.
(D) Its fees can be refunded six weeks before a start date.

강좌에 대해 언급된 것은?

(A) 초대된 참석자들만 수강할 수 있다.
(B) 할부로 지불될 수 있다.
(C) 구독자들에게는 할인되어 제공된다.
(D) 시작일 6주 전에 요금이 환불될 수 있다.

■ **Not/True** True 문제   정

질문의 핵심 어구인 the course와 관련된 내용을 지문에서 찾아 각 보기와 대조하는 Not/True 문제이므로 강좌에 대해 언급한 첫 번째
세 번째 지문에서 관련 내용을 확인한다. (A)는 지문에 언급되지 않은 내용이다. (B)는 세 번째 지문인 등록 양식의 'Payment
'3 payments of $262.00 billed now and over the next two months'에서 결제 방식에 이번과 다음 2개월에 걸쳐 262달러씩 3번
는 방식이 있다고 했으므로 지문의 내용과 일치한다. 따라서 (B)가 정답이다. (C)는 지문에 언급되지 않은 내용이다. (D)는 'This progra
a 30-day ~ guarantee or your money back.'에서 30일 이내에 환불해줄 수 있다고 했지만 강좌 시작일 6주 전에 요금이 환불될 수
의미는 아니므로 지문의 내용과 일치하지 않는다.

바꾸어 표현하기
3 payments ~ now and over the next two months 이번과 다음 2개월에 걸쳐 3번 지불 → in installments 할부로

어휘 installment n. 할부, 할부금 subscriber n. 구독자, 사용자

Where will the conference take place?	총회는 어디에서 열릴 것인가?
(A) Toronto	(A) 토론토
(B) Waterloo	(B) 워털루
(C) Kitchener	(C) 키치너
(D) Ottawa	(D) 오타와

육하원칙 연계 문제   정답 (B)

지문 중 두 지문의 내용을 종합해서 풀어야 하는 연계 문제이다. 질문의 핵심 어구인 the conference take place에서 총회가 어디(Where)
서 열릴 것인지를 묻고 있으므로 총회가 열리는 장소와 관련된 내용이 언급된 이메일을 먼저 확인한다.

단서1 두 번째 지문(이메일)의 'it would be perfect for you because not only is it going to be held in your city'에서 총회가 당신, 즉
. Marcoux가 있는 도시에서 열릴 것이라고 했다. 그런데 Mr. Marcoux가 있는 도시가 어디인지 제시되지 않았으므로 등록 양식에서 관련
용을 확인한다.

단서2 세 번째 지문(등록 양식)의 'Name, Harrison Marcoux', 'City/Province, Waterloo'에서 Mr. Marcoux가 사는 도시가 워털루라는
실을 확인할 수 있다.

단서를 종합할 때, 총회는 Mr. Marcoux가 있는 도시인 워털루에서 열릴 것임을 알 수 있다. 따라서 (B)가 정답이다.

어 표현하기
ke place 열리다 → be held 열리다

Questions 196-200 refer to the following article, memo, and e-mail.　　196-200은 다음 기사, 회람, 이메일에 관한 문제입니다

VOLO Magazine
Travel Industry News

Lessons from the AITIC
by Kate Horvath

August 20—At the recently concluded 48th Annual International Travel Industry Conference (AITIC) in Rome, delegates discussed some of the challenges that travel agencies are facing. For instance, [196-B]many airlines, burdened with high fuel costs and operating losses, are reducing the commissions they pay to agencies. In addition, [196-D]Web sites that allow travelers to arrange their own transportation and accommodations now account for around 60 percent of all travel bookings. Finally, [196-A]the worldwide recession has caused many people to postpone or cancel planned trips.

"These developments make it necessary for agencies to promote travel products with high commission percentages," said AITIC president, Daniel Perotti. "For example, [197]the commission fees for some products exceed 10 percent. By focusing on these, sufficient revenue can be generated even if the total sales volume declines."

VOL
여행 산업

AITIC으로부터의 교훈
Kate Horvath 작성

8월 20일—최근 로마에서 끝난 제48회 연례 국제 여행 업 회의(AITIC)에서, 대표자들은 여행사들이 직면하고 는 난제들 중 몇 가지를 논의했다. 예를 들어, [196-B]높은 비와 영업 손실의 부담을 지고 있는 많은 항공사들이, 이 여행사에 지불하는 수수료를 삭감하고 있다. 게다 [196-D]여행객들이 그들 자신의 교통수단과 숙박 시설을 하게 해주는 웹사이트는 이제 전체 여행 예약의 약 60 트를 차지한다. 마지막으로, [196-A]전 세계적인 불경기는 사람들이 계획된 여행을 연기하거나 취소하게 했다.

"이러한 국면은 여행사들이 높은 수수료율을 지닌 여 품을 판촉하는 것이 필수적이도록 만듭니다,"라고 AIT 회장, Daniel Perotti는 말했다. "예를 들어, [197]몇몇 상 수수료 요금은 10퍼센트를 넘습니다. 이런 것들에 집중 로써, 총판매량은 줄어들더라도 충분한 수익이 발생할 있습니다."

[197/199]Stafford Travel
MEMO

To: All sales staff
From: John Harriman
Subject: Commissions
[198]Date: September 15

[198]Below is an updated summary of the sales commission amounts that I negotiated for our company yesterday. Your share of any commissions earned will be deposited into your bank account with your monthly salary.

- Airline tickets　　　1 to 2 percent
- Car rentals　　　　　3 to 5 percent
- [199]Hotel rooms　　　5 to 10 percent
- [197]Cruises　　　　　15 to 20 percent
- Travel insurance　　　2 to 5 percent

[197/199]Stafford 여행사
회람

수신: 모든 영업 사원
발신: John Harriman
제목: 수수료
[198]날짜: 9월 15일

[198]아래는 제가 어제 우리 회사를 위해 협상한 판매 금액에 관한 업데이트된 개요입니다. 여러분이 얻은 수수료에 대한 지분은 여러분의 은행 계좌에 월급과 예금될 것입니다.

- 항공권　　　　　　1-2퍼센트
- 차량 대여　　　　　3-5퍼센트
- [199]호텔 객실　　　5-10퍼센트
- [197]유람선 여행　　15-20퍼센트
- 여행 보험　　　　　2-5퍼센트

To: Serena Parker <s.parker@stafford.com>
From: John Harriman <j.harriman@stafford.com>
Date: October 17
Subject: Query

Ms. Parker,

[200]I read through the report you submitted last week, and I agree with both of your recommendations. [199]Developing travel packages for large groups does seem promising,

수신: Serena Parker <s.parker@stafford.com>
발신: John Harriman <j.harriman@stafford.co
날짜: 10월 17일
제목: 문의

Ms. Parker께,

[200]저는 지난주에 당신이 제출한 보고서를 다 읽었으 신의 두 가지 제안 모두에 동의합니다. [199]특히 주요 인들이 25명 이상의 단체에 대해 최대 수수료율을 높

especially since the major hotel chains have expressed a willingness to increase their maximum commission rates for groups of 25 or more. I also found your point about focusing on the Asian market to be very interesting. [200]As you mentioned, there are a large number of international travelers from China, Japan, and South Korea, and it is important that we develop a better understanding of these consumers' needs.

I would like you to prepare a presentation based on your report for our senior managers. I'll provide you with more detailed instructions later this week. Thanks.

John Harriman

는 의사를 표현했으므로, 큰 단체를 위한 여행 상품을 개발하는 것은 전망이 좋아 보입니다. 저는 또한 아시아 시장에 집중하는 것에 대한 당신의 주장이 매우 흥미롭다고 생각했습니다. [200]언급하셨다시피, 중국, 일본, 그리고 한국으로부터의 많은 국제 여행객이 있고, 우리가 이러한 고객들의 요구에 대해 더 나은 이해를 발전시키는 것은 중요합니다.

고위 관리자들을 위해 당신의 보고서에 기반하여 발표를 준비해주시길 바랍니다. 이번 주 후반에 더 자세한 설명을 제공해 드리도록 하겠습니다. 감사합니다.

John Harriman 드림

TEST | 01 | 02 | 03 | 04 | 05 | 06 | 07 | 08 | 09 | 10

해커스 토익 실전 1000제 2 Reading

지문 1	□ conference n. 회의, 회담	□ delegate n. 대표(자)	□ burden v. 부담을 지우다
	□ operating loss phr. 영업 손실	□ reduce v. 삭감하다, 줄이다	□ commission n. 수수료
	□ recession n. 불경기	□ development n. 국면, 전개	□ exceed v. 넘다
	□ sufficient adj. 충분한	□ revenue n. 수익	
지문 2	□ negotiate v. 협상하다	□ share n. 지분, 몫	□ deposit v. 예금하다, 예치하다
지문 3	□ query n. 문의	□ promising adj. 전망이 좋은, 유망한	□ willingness n. 의사, 의지
	□ need n. 요구, 수요		

According to the article, what is NOT a challenge travel agencies are facing?

(A) Worsening economic conditions
(B) Smaller payments from airlines
(C) A greater demand for low-cost products
(D) The popularity of online services

기사에 따르면, 여행 대리점들이 직면하고 있는 문제가 아닌 것은?

(A) 악화되는 경제 상황
(B) 항공사로부터의 줄어든 지불금
(C) 저비용 상품에 대한 더 커진 수요
(D) 온라인 서비스의 인기

Not/True Not 문제   정답 (C)

문의 핵심 어구인 a challenge travel agencies are facing과 관련된 내용을 기사에서 찾아 각 보기와 대조하는 Not/True 문제이므로 첫 번째 지문인 기사에서 관련 내용을 확인한다. (A)는 'the worldwide recession has caused many people to postpone or cancel planned trips'에서 전 세계적인 불경기가 많은 사람들이 계획된 여행을 연기하거나 취소하게 만들었다고 했으므로 지문의 내용과 일치한다. (B)는 'many airlines ~ are reducing the commissions they pay to agencies'에서 많은 항공사들이 그들이 여행사에 지불하는 수수료를 줄이고 있다고 했으므로 지문의 내용과 일치한다. (C)는 지문에 언급되지 않은 내용이다. 따라서 (C)가 정답이다. (D)는 'Web sites that allow travelers to arrange their own transportation and accommodations now account for around 60 percent of all travel bookings'에서 여행객들이 자신의 교통수단과 숙박 시설을 예약하게 해주는 웹사이트가 현재 전체 여행 예약의 약 60퍼센트를 차지한다고 했으므로 지문의 내용과 일치한다.

바꾸어 표현하기
recession 불경기 → Worsening economic conditions 악화되는 경제 상황

197

Which product might Stafford Travel have to focus on promoting?

(A) Car rentals
(B) Hotel rooms
(C) Cruises
(D) Travel insurance

Stafford 여행사는 어느 상품을 판촉하는 데 집중해이 것 같은가?

(A) 차량 대여
(B) 호텔 객실
(C) 유람선 여행
(D) 여행 보험

■ 추론 연계 문제   정

세 지문 중 두 지문의 내용을 종합적으로 확인한 후 추론해서 풀어야 하는 연계 문제이다. 질문의 핵심 어구인 product ~ Stafford 1 have to focus on promoting과 관련된 내용이 언급된 기사를 먼저 확인한다.

[단서 1] 첫 번째 지문(기사)의 'the commission fees for some products exceed 10 percent. By focusing on these, suff revenue can be generated'에서 몇몇 상품의 수수료 요금은 10퍼센트를 넘으며 이런 것들, 즉 수수료율이 10퍼센트가 넘는 상품들에 으로써 충분한 수익이 발생할 수 있다고 했다. 그런데 Stafford 여행사에서 수수료율이 10퍼센트가 넘는 상품이 무엇인지 제시되지 않았 회람에서 관련 내용을 확인한다.

[단서 2] 두 번째 지문(회람)의 'Stafford Travel'과 'Cruises, 15 to 20 percent'에서 Stafford 여행사의 유람선 여행의 수수료가 15퍼 서 20퍼센트라는 사실을 확인할 수 있다.

두 단서를 종합할 때, Stafford 여행사가 수수료율이 10퍼센트가 넘는 유람선 여행 상품을 판촉하는 데 집중해야 할 것이라는 사실을 추 있다. 따라서 (C)가 정답이다.

198

According to the memo, what did Mr. Harriman do on September 14?

(A) Reached an agreement on rates
(B) Completed salary negotiations
(C) Received a large commission
(D) Evaluated members of a team

회람에 따르면, Mr. Harriman은 9월 14일에 무엇을 가?

(A) 요금에 대한 합의에 도달했다
(B) 급여 협상을 완료했다
(C) 많은 수수료를 받았다
(D) 팀 구성원들을 평가했다

■ 육하원칙 What

회람에 따르면 Mr. Harriman이 9월 14일에 무엇(What)을 했는지를 묻는 육하원칙 문제이므로 두 번째 지문인 회람에서 관련 내용을 다. 회람의 'Date: September 15'에서 회람의 작성 날짜가 9월 15일임을 알 수 있고, 'Below is an updated summary of the commission amounts that I negotiated for our company yesterday.'에서 아래는 저, 즉 Mr. Harriman이 어제 회사를 위해 협 매 수수료 금액에 관한 업데이트된 개요라고 했으므로 (A)가 정답이다.

What is indicated about Stafford Travel?

(A) It has opened branch offices in several countries.

(B) It sent delegates to attend a trade conference in Rome.

(C) It may receive more than 10 percent for hotel commissions.

(D) It will probably hire additional staff for its sales department.

Stafford 여행사에 대해 암시되는 것은?

(A) 몇몇 국가에 지점들을 열었다.
(B) 로마의 무역 회의에 참석할 대표를 보냈다.
(C) 호텔 수수료로 10퍼센트 넘게 받을 수도 있을 것이다.
(D) 아마도 영업 부서에 추가 직원을 고용할 것이다.

추론 연계 문제   정답 (C)

지문 중 두 지문의 내용을 종합적으로 확인한 후 추론해서 풀어야 하는 연계 문제이다. 질문의 핵심 어구인 Stafford Travel과 관련된 내용이 급된 이메일을 먼저 확인한다.

단서1 세 번째 지문(이메일)의 'Developing travel packages for large groups does seem promising, especially since the major tel chains have expressed a willingness to increase their maximum commission rates for groups of 25 or more.'에서 특히 요 호텔 체인들이 25명 이상의 단체에 대해 최대 수수료율을 높이겠다는 의사를 표현했으므로 큰 단체를 위한 여행 상품의 개발은 전망이 좋아 닌다고 했다. 그런데 호텔의 최대 수수료율이 얼마인지 제시되지 않았으므로 회람에서 관련 내용을 확인한다.

단서2 두 번째 지문(회람)의 'Stafford Travel'과 'Hotel rooms, 5 to 10 percent'에서 Stafford 여행사의 호텔 객실의 수수료가 5-10퍼센 는 것을 확인할 수 있다.

단서를 종합할 때, 호텔 체인들이 큰 단체에 대한 최대 수수료율을 높인다면 Stafford 여행사가 현재 호텔의 최대 수수료율인 10퍼센트 이상 받게 될 수도 있다는 사실을 추론할 수 있다. 따라서 (C)가 정답이다.

According to the e-mail, what did Ms. Parker recommend hat Stafford Travel do?

A) Offer discount travel packages for groups

B) Form partnerships with companies in Asia

C) Avoid working with large hotel chains

D) Learn about potential clients from a specific region

이메일에 따르면, Ms. Parker는 Stafford 여행사에 무엇을 하라고 조언했는가?

(A) 그룹을 위한 할인된 여행 상품을 제공하는 것
(B) 아시아에 있는 회사들과 제휴를 맺는 것
(C) 큰 호텔 체인들과의 협업을 피하는 것
(D) 특정한 지역의 잠재적인 고객에 대해 배우는 것

육하원칙 What   정답 (D)

일에 따르면 Ms. Parker가 Stafford 여행사에 무엇(What)을 하라고 조언했는지를 묻는 육하원칙 문제이므로 세 번째 지문인 이메일에서 내용을 확인한다. 이메일의 'I read through the report you submitted ~, and I agree with ~ your recommendations.', 'As you ntioned, there are a large number of international travelers from China, Japan, and South Korea, and it is important that develop a better understanding of these consumers' needs.'에서 당신, 즉 Ms. Parker가 제출한 보고서를 읽었고 그녀의 제안에 한다고 했으며 그녀가 언급했다시피 중국, 일본, 그리고 한국으로부터의 많은 국제 여행객이 있고 우리, 즉 Stafford 여행사가 이러한 고객들 구에 대해 더 나은 이해를 발전시키는 것이 중요하다고 했으므로 (D)가 정답이다.

potential adj. 잠재적인

▍TEST 03

PART 5

101
○○○○
●
중

The food industry is governed by many regulations, which
------- at Benagra Foods keep track of carefully.

(A) we   (B) us
(C) ours   (D) ourselves

식품 산업은 많은 규정들에 의해 관리되는데, 이것
Benagra 식품 회사의 우리가 주의 깊게 파악하고 있는
들입니다.

■ [주어 자리] 인칭대명사의 격

which가 이끄는 관계절(which ~ carefully) 내에 주어가 없으므로 주어 역할을 할 수 있는 주격 인칭대명사 (A)와 소유대명사 (C)가
후보이다. '우리가 주의 깊게 파악하고 있다'라는 의미가 되어야 하므로 주격 인칭대명사 (A) we가 정답이다. 소유대명사 (C)를 쓰면 '
것들이 주의 깊게 파악하고 있다'라는 어색한 문맥이 된다. 목적격 인칭대명사 (B)와 재귀대명사 (D)는 주어 역할을 할 수 없다. 참고로
대명사는 목적어가 주어와 같은 사람이나 사물을 지칭할 때나, 주어나 목적어를 강조할 때 쓰인다.

어휘   govern v. 관리하다, 통치하다   regulation n. 규정, 규제   keep track of phr. ~을 파악하다, 기록하다   carefully adv. 주의 깊게, 신중하게

102
○○○○
●
상

Museum management reminds all visitors not to leave their
children ------- inside the building.

(A) unfamiliar   (B) invisible
(C) unattended   (D) inattentive

박물관 관리진은 모든 방문객들에게 그들의 자녀들을
내에 방치하지 말 것을 상기시킨다.

■ 형용사 어휘

'자녀들을 건물 내에 방치하지 않다'라는 문맥이므로 형용사 (C) unattended(방치된)가 정답이다. (A) unfamiliar는 '생소한, 익숙지 않
invisible은 '눈에 보이지 않는', (D) inattentive는 '부주의한, 태만한'이라는 의미이다. 참고로, leave A unattended(A를 방치해두다
두다)를 관용구로 외워둔다.

어휘   management n. 관리진, 관리   remind v. 상기시키다, 생각나게 하다

103
○○○○
●
하

The inner loading dock was occupied by another vehicle, so
the truck driver had to park ------- the building.

(A) through   (B) outside
(C) into   (D) about

내부의 짐 싣는 곳이 다른 차량에 의해 사용 중이었으
트럭 운전사는 건물 밖에 주차해야 했다.

■ 전치사 선택 위치

'트럭 운전사는 건물 밖에 주차해야 했다'라는 의미가 되어야 하므로 위치를 나타내는 전치사 (B) outside(~ 밖에)가 정답이다. 전
through(~을 통과하여)와 (C) into(~안으로)는 방향을 나타낸다. (D) about(주위에, 근처에)도 해석상 그럴듯해 보이지만, 어떤 것의 주
러싼 범위 전체를 나타내므로 답이 될 수 없다.

어휘   loading dock phr. 짐 싣는 곳   occupied adj. 사용 중인   vehicle n. 차량

104
○○○○
●
하

The train departing from Vancouver to Calgary ------- a full
day, so many travelers prefer going by plane.

(A) take   (B) takes
(C) has taken   (D) to take

밴쿠버에서 캘거리로 떠나는 열차는 꼬박 하루가 걸
많은 여행자들은 비행기로 가는 것을 선호한다.

■ [동사 자리] 현재 시제

so 앞의 절(The train ~ a full day)에 3인칭 단수 주어(The train)만 있고 동사가 없으므로 3인칭 단수 주어와 쓰일 수 있는 동사 (B)
정답의 후보이다. so 다음 절(many travelers ~ by plane)의 동사(prefer)가 현재 시제이고, '열차는 꼬박 하루가 걸리므로 여행자들
기를 선호한다'라는 일반적인 사실을 나타내므로 현재 시제 (B) takes(걸리다, 필요로 하다)가 정답이다. 현재완료 시제 (C)는 과거에 시
이 현재까지 계속되거나 방금 완료된 경우, 과거의 경험을 나타내는 경우, 과거에 발생한 일이 현재까지 영향을 미치는 경우에 사용된다
형 (A)는 조동사 다음에 오거나 복수 주어와 사용되고, to 부정사 (D)는 동사 자리에 올 수 없다.

어휘   depart v. 떠나다, 출발하다   a full day phr. 꼬박 하루   prefer v. 선호하다, 오히려 ~을 좋아하다

The memorial statue in the town square was kept ------- until its unveiling during a special ceremony on May 3.

(A) detailed
(B) imaginable
(C) covered
(D) creative

도심 광장에 있는 기념 동상은 5월 3일 특별 행사 중의 제막식까지 가려져 있었다.

■ 형용사 어휘   정답 (C)

'특별 행사 중의 제막식 전까지 가려져 있었다'라는 문맥이므로 형용사 (C) covered(가려진)가 정답이다. (A) detailed는 '상세한', (B) imaginable은 '상상할 수 있는', (D) creative는 '창의적인'이라는 의미이다.

휘 statue n. 동상 unveiling n. 제막식

Mr. Wilkins would like some ------- setting up the audio-visual equipment in the conference room before the seminar on Thursday.

(A) assisted
(B) assistance
(C) assistant
(D) assisting

Mr. Wilkins는 목요일의 세미나 전에 회의실에 시청각 장비를 설치하는 데 약간의 도움을 원한다.

■ [명사 자리] 한정사와 명사   정답 (B)

빈칸 앞 한정사(some)의 꾸밈을 받는 것은 명사이므로 명사 (B)와 (C)가 정답의 후보이다. '시청각 장비를 설치하는 데 약간의 도움을 원한다'는 의미가 되어야 하므로 (B) assistance(도움, 지원)가 정답이다. some이 단수 가산 명사 앞에서도 쓰일 수 있지만 그 경우 '어떤, 무슨'이라는 의미이므로 (C) assistant(조수)는 '시청각 장비를 설치하는 데 어떤 조수를 원한다'라는 어색한 문맥을 만든다. 동사 또는 과거분사 (A)와 동사 또는 현재분사 (D)는 한정사의 꾸밈을 받을 수 없다. 참고로, 이 문장에서 setting up을 동사 would like의 목적어인 동명사로 볼 경우, 동사는 형용사가 아닌 부사의 꾸밈을 받는다는 것을 알아둔다.

휘 set up phr. 설치하다 audio-visual adj. 시청각의

For every $200 purchase of Billow Swimwear, shoppers will receive ------- a towel or a pair of slippers.

(A) also
(B) either
(C) until
(D) neither

Billow Swimwear사에서 200달러어치를 구매할 때마다, 쇼핑객들은 수건 한 장 또는 실내화 한 켤레 중 하나를 받을 것이다.

■ 상관접속사   정답 (B)

빈칸 뒤의 or(또는)와 함께 상관접속사 either A or B(A 또는 B 중 하나)를 만드는 (B) either(둘 중 하나의)가 정답이다. 참고로, 이 문장에서 either가 명사(a towel)와 명사(a pair of slippers)를 연결하고 있음을 알아둔다. (A) also는 '또한'이라는 의미의 부사이며, not only A but also B(A뿐만 아니라 B도)의 상관접속사 형태로 쓰이기도 한다. (C) until은 '~까지'라는 의미의 전치사나 부사절 접속사로 쓰인다. (D) either는 nor와 함께 상관접속사 neither A nor B(A도 B도 아닌)의 형태로 자주 쓰인다.

휘 a pair of phr. 한 켤레의 slipper n. 실내화

Mark Hempel offered his full ------- on a project that is developing a new TV show about international cultures.

(A) cooperates
(B) cooperative
(C) cooperation
(D) cooperatively

Mark Hempel은 국제 문화에 대한 새로운 TV쇼를 제작하는 프로젝트에 최대한의 협력을 제공했다.

■ 명사 자리   정답 (C)

형용사(full)의 꾸밈을 받을 수 있는 것은 명사이므로 명사 (C) cooperation(협력)이 정답이다. 동사 (A), 형용사 (B), 부사 (D)는 형용사의 꾸밈을 받을 수 없다.

휘 full adj. 최대한의, 완전한, 가득 찬 international adj. 국제의, 국제적인 culture n. 문화

109

The restaurant ------- the right to refuse service to customers who are not dressed appropriately.

(A) reserves
(B) relates
(C) collects
(D) allows

그 식당은 옷을 적절하게 갖춰 입지 않은 손님들에게 서
스를 거부할 권리를 보유한다.

■ 동사 어휘

정

'그 식당은 서비스를 거부할 권리를 보유한다'라는 문맥이므로 reserve(보유하다, 따로 두다)의 3인칭 단수형 (A) reserves가 정답이다.
relate는 '관련시키다, 연관되다', (C)의 collect는 '모으다', (D)의 allow는 '허용하다, 허락하다'라는 의미이다. 참고로 'reserve the rig
+ 동사원형(~할 권리를 보유하다)'을 관용구로 외워둔다.

어휘 dress v. 옷차림을 하다, 옷을 입다 appropriately adv. 적절하게, 적합하게

110

The Bolden School now offers courses for those ------- in learning a variety of pottery production methods.

(A) interesting
(B) interest
(C) interested
(D) interestingly

Bolden 학교는 현재 다양한 도자기 생산 방식을 배우는
에 관심이 있는 사람들을 위한 강의를 제공한다.

■ [형용사 자리] 현재분사 vs. 과거분사

정

빈칸 앞의 지시대명사(those)를 꾸미기 위해서는 형용사나 형용사 역할을 하는 분사가 와야 하므로 현재분사 (A)와 과거분사 (C)가 정딭
보이다. 수식을 받는 명사(those)와 분사가 '관심이 있는 사람'이라는 의미의 수동 관계이므로 동사 interest(~의 관심을 끌다)의 과거분
interested가 정답이다. 현재분사 (A)는 빈칸 뒤에 타동사(interest)의 목적어가 없으므로 답이 될 수 없다. 동사 또는 명사 (B)와 부사 (D
사를 꾸밀 수 없다. 참고로, interest와 같이 감정을 나타내는 동사의 경우, 분사의 수식을 받는 명사가 감정의 원인이면 현재분사를, 명사기
을 느끼면 과거분사를 쓴다.

어휘 course n. 강의, 수업 pottery n. 도자기 method n. 방식, 방법

111

For train passengers with excess luggage, FineTrak Railways will impose a fee of $13 for every ------- bag.

(A) promising
(B) connected
(C) additional
(D) damaged

초과 수하물이 있는 기차 승객들에게 FineTrak 철도는
든 추가 가방마다 13달러의 요금을 부과할 것입니다.

■ 형용사 어휘

정

'추가 가방마다 13달러의 요금을 부과할 것이다'라는 문맥이므로 형용사 (C) additional(추가의)이 정답이다. (A) promising은 '장래성
(B) connected는 '연속된, 관련 있는', (D) damaged는 '손상된'이라는 의미이다.

어휘 excess adj. 초과한, 여분의; n. 초과 luggage n. 수하물 impose v. 부과하다, 강요하다

112

The charity does not accept food donations that have ------- expired because such items could be hazardous to recipients.

(A) already
(B) never
(C) more
(D) occasionally

수령인들에게 위험할 수 있기 때문에 자선 단체는 이
한이 지난 식품 기부를 받지 않는다.

■ 부사 선택 시간 부사

'수령인들에게 위험할 수 있기 때문에 이미 기한이 지난 식품 기부를 받지 않는다'라는 문맥이므로 부사 (A) already(이미)가 정답이
never은 '결코 ~ 않는', (C) more은 '더', (D) occasionally는 '때때로'라는 의미이다.

어휘 charity n. 자선 단체, 자비 donation n. 기부, 기증품 hazardous adj. 위험할 수 있는 recipient n. 수령인, 수납자

Those joining the hike this weekend are advised to park ------- since there is limited space in front of the visitor's center.

(A) considered
(B) considering
(C) consideration
(D) considerately

부사 자리 정답 (D)

앞의 동사(park)를 꾸밀 수 있는 것은 부사이므로 부사 (D) considerately(신중하게)가 정답이다. 과거형 동사 또는 과거분사 (A), 동명사 또는 현재분사 (B), 명사 (C)는 동사를 꾸밀 수 없다. 참고로, considering은 '~을 고려하면'이라는 의미의 전치사로도 쓰일 수 있음을 알아 둔다.

visitor's center phr. 방문객 안내소 consider v. 사려하다, 숙고하다 considered adj. 깊이 생각한 consideration n. 사려, 숙고

The report ------- mentioned an upcoming merger between a textile company in Peru and a fashion corporation in France.

(A) intensely
(B) briefly
(C) structurally
(D) anymore

부사 어휘 정답 (B)

'보도는 곧 있을 합병을 간단히 언급했다'라는 문맥이므로 부사 (B) briefly(간단히)가 정답이다. (A) intensely는 '격렬하게', (C) structurally는 '구조적으로', (D) anymore는 '더 이상'이라는 의미이다.

merger n. 합병 textile adj. 직물의, 방직의; n. 직물

------- at least five participants sign up for the seminar, it will carry on as planned next weekend.

(A) Unless
(B) Rather than
(C) Instead
(D) As long as

[수식어 거품을 이끄는 것] 부사절 접속사 조건 정답 (D)

이 문장은 주어(it)와 동사(will carry on)를 갖춘 완전한 절이므로, ___ ~ seminar는 수식어 거품으로 보아야 한다. 이 수식어 거품은 동사(sign up for)가 있는 거품절이므로, 거품절을 이끌 수 있는 부사절 접속사 (A)와 (D)가 정답의 후보이다. '적어도 5명의 참가자들이 등록하는 한 세미나는 다음 주말에 진행할 것이다'라는 의미가 되어야 하므로 조건을 나타내는 (D) As long as(~하는 한)가 정답이다. (A) Unless는 '~하지 않는다면'이라는 의미로, '적어도 5명의 참가자들이 등록하지 않는다면 세미나는 다음 주말에 진행할 것이다'라는 어색한 문맥을 만든다. (B) Rather than은 '~보다는'이라는 의미로 절이 아닌 구 앞에 오고, (C) Instead는 '~ 대신에'라는 의미의 부사로 절을 이끌 수 없다.

participant n. 참가자, 참석자 sign up for phr. ~에 등록하다 carry on phr. 진행하다, 계속하다

Withdrawals from Barstow Bank's automated teller machines will now be ------- to $2,500 a day per customer.

(A) assigned
(B) adhered
(C) limited
(D) enclosed

동사 어휘 정답 (C)

'출금이 고객당 하루 2,500달러로 제한될 것이다'라는 문맥이므로 동사 limit(제한하다)의 p.p.형 (C) limited가 정답이다. (A)의 assign은 '배정하다', (B)의 adhere은 '부착하다', (D)의 enclose는 '둘러싸다'라는 의미이다.

withdrawal n. 인출, 출금 automated teller machine phr. 현금 인출기(ATM)

The financial consultant ------- Ms. Broderick to downsize the staff at the Denver branch to lower operational expenses.

(A) suggested
(B) advised
(C) commented
(D) argued

재무 컨설턴트는 Ms. Broderick에게 운영비를 줄이(
덴버 지점의 인력을 줄여야 한다고 충고했다.

■ 유사의미 동사

주어(The financial consultant)가 목적어(Ms. Broderick)와 목적격 보어(to downsize the staff)를 취하고 있고, '운영비를 줄이려(
을 줄여야 한다고 충고했다'라는 문맥이므로, to 부정사를 목적격 보어로 취하는 5형식 동사 advise(충고하다, 조언하다)의 과거형 (B) ac
가 정답이다. 참고로, 동사 advise는 advise A to B(A에게 B할 것을 충고하다)의 형태로 자주 쓰임을 알아둔다. (A)의 suggest는 '제안
(C)의 comment는 '논평하다', (D)의 argue는 '논쟁하다'라는 의미이며, 모두 타동사일 때 목적격 보어를 취하지 않는 3형식 동사이다.

어휘   consultant n. 컨설턴트, 고문 downsize v. (규모를) 줄이다 operational adj. 운영의, 경영상의 expense n. 비용, 지출

The forecast ------- the next 10 days indicates that going on a beach vacation would not be a good idea.

(A) from
(B) as
(C) for
(D) once

다음 10일 동안의 예보는 바다로 휴가를 가는 것이 좋(
각이 아니라는 것을 시사한다.

■ [수식어 거품을 이끄는 것] 전치사 선택 기간

이 문장은 주어(The forecast)와 동사(indicates)를 갖춘 완전한 절이므로, ____ the next 10 days는 수식어 거품으로 보아야 한다. (
어 거품은 동사가 없는 거품구이므로, 거품구를 이끌 수 있는 전치사 (A), (B), (C)가 정답의 후보이다. '다음 10일 동안의 예보'라는 의미(
야 하므로 전치사 (C) for(~ 동안)가 정답이다. (A) from은 '~부터'라는 의미로 시점이나 방향을 나타낸다. (B) as는 '~로서'라는 의미(
사절 접속사 (D) once(일단 ~하면)는 거품구가 아닌 거품절을 이끈다.

어휘   forecast n. 예보; v. 예보하다 indicate v. 시사하다, 나타내다

Being new at the job, Mr. Emmanuel struggled to keep ------- with the other assembly line workers.

(A) attention
(B) pace
(C) progress
(D) guidance

그 일이 처음이어서, Mr. Emmanuel은 다른 조립 라(
원들과 보조를 맞추려고 애썼다.

■ 짝을 이루는 표현

'다른 조립 라인 직원들과 보조를 맞추려고 애썼다'라는 문맥이므로 빈칸 앞의 동사 keep(유지하다), 뒤의 전치사 with와 함께 '보조를 맞(
는 의미의 어구인 keep pace with를 만드는 명사 (B) pace(보조)가 정답이다. (A) attention은 '주의', (C) progress는 '진(
guidance는 '안내'라는 의미이다.

어휘   struggle v. 애쓰다 assembly n. 조립

Grandilla cosmetics are available ------- Harmony products are sold, including Bennington Department Stores.

(A) anytime
(B) sometime
(C) everywhere
(D) someplace

Grandilla 화장품은 Bennington 백화점을 포함
Harmony사의 제품이 팔리는 모든 곳에서 구매가 :
다.

■ [수식어 거품을 이끄는 것] 부사 선택

이 문장은 주어(Grandilla cosmetics), 동사(are), 보어(available)를 모두 갖춘 완전한 절이므로 ____ ~ Department Stores는 수(
품으로 보아야 한다. 이 수식어 거품은 동사(are sold)가 있는 거품절이므로, 거품절을 이끌 수 있고 접속사적으로 쓰일 수 있는 부(
everywhere(모든 곳에서)가 정답이다. 부사 (A) anytime(언제라도), 부사 또는 형용사 (B) sometime(언젠가; 이전의), 부사 또는 대(
someplace(어딘가에; 어떤 곳)는 거품절을 이끌 수 없다.

어휘   cosmetics n. 화장품 department store phr. 백화점

New assignments will be handed out after the team members ------- working on the current project.

(A) finish
(B) to finish
(C) finished
(D) will finish

팀 구성원들이 현재의 프로젝트 작업을 완료한 후에 새로운 업무들이 주어질 것이다.

■ [동사 자리] 현재 시제 　　　　　　　　　　　　　　　　　　　　　　정답 (A)

[종]속절(after ~ project)에 동사가 없으므로 동사 (A), (C), (D)가 정답의 후보이다. 주절(New assignments ~ handed out)의 동사(will be [h]anded out)가 미래 시제이므로 after로 시작되는 종속절(after ~ project)도 미래를 나타내야 하는데, 시간이나 조건의 부사절에서는 미래를 [나]타내기 위해 미래 시제 대신 현재 시제를 사용해야 하므로 현재 시제 (A) finish(완료하다, 끝내다)가 정답이다. 과거 시제 (C)와 미래 시제 (D) [는] 시간을 나타내는 종속절에서 사용될 수 없다. to 부정사 (B)는 동사 자리에 올 수 없다.

[어]휘　assignment n. 업무, 할당　hand out phr. 주다, 분배하다

The singer Arthur Fischman ------- his recital with a short Japanese piece that was unusual for the end of a concert.

(A) is concluding
(B) was concluded
(C) to conclude
(D) concluded

가수 Arthur Fischman은 연주회의 마지막에서 듣기 드문 짧은 일본 곡으로 그의 독주회를 마무리 지었다.

■ [동사 자리] 동사는 수, 태, 시제가 맞아야 한다. 　　　　　　　　　정답 (D)

[문]장에 동사가 없으므로 동사 (A), (B), (D)가 정답의 후보이다. 빈칸 뒤에 목적어(his recital)가 있고, that절(that ~ a concert)에서 과거 시[제] (was)를 사용했으므로 연주회가 과거에 진행된 일임을 알 수 있다. 따라서 능동태 과거 시제 (D) concluded가 정답이다. 현재진행 시제 (A) [는] 연주회가 현재 진행 중인 상황 또는 미래에 그럴 것이라는 의미를 나타내므로 문맥에 맞지 않고, 수동태 (B)는 목적어를 가질 수 없다. to 부정[사] (C)는 동사 자리에 올 수 없다.

[어]휘　recital n. 독주회, 발표회　piece n. (짧은) 곡, 작품, 조각　unusual adj. (듣거나 보기) 드문, 특이한　conclude v. 마무리 짓다, 결론 내다

Wondering why the coupon had been rejected, Chester turned it over to check the ------- date.

(A) expiratory
(B) expire
(C) expired
(D) expiration

쿠폰이 왜 받아들여지지 않았는지 궁금해하며, Chester는 만료일을 확인하기 위해 그것을 뒤집었다.

■ 복합 명사 　　　　　　　　　　　　　　　　　　　　　　　　　　　정답 (D)

[빈]칸이 정관사(the) 다음에 오면서 명사(date) 앞에 있으므로 명사를 꾸밀 수 있는 형용사 (A), 형용사 역할을 하는 과거분사 (C), 복합 명사(명[사] + 명사)를 만드는 명사 (D)가 정답의 후보이다. '만료일을 확인하기 위해 쿠폰을 뒤집었다'라는 문맥이므로 빈칸 뒤의 명사 date(일, 날짜)와 [함]께 쓰여 '만료일'이라는 의미의 복합 명사 expiration date를 만드는 명사 (D) expiration(만료)이 정답이다. 형용사 (A)를 쓸 경우 '숨을 내[쉬]는 날짜를 확인하기 위해 쿠폰을 뒤집었다'라는 어색한 문맥이 된다. (C)의 경우, 동사 expire가 '만료되다'라는 의미일 때 자동사이므로 수동[을] 나타내는 수동형 과거분사로 쓸 수 없고, 형용사로 쓰임이 굳어진 완료형 과거분사 expired(기한이 만료된)의 경우에도 기한이 완료된 대상만 [꾸미]기 때문에 기한 자체를 뜻하는 date 앞에는 쓸 수 없다. 동사 (B)는 명사를 꾸밀 수 없다. 참고로, expiration date와 같은 의미를 갖는 [ex]piry date도 함께 알아둔다.

[어]휘　wonder v. 궁금해하다　reject v. 받아들이지 않다, 거부하다　turn over phr. ~을 뒤집다　expiratory adj. 숨을 내쉬는

124

Mr. Aronov discovered that his hard drive was full ------- he attempted to download the file.

(A) upon
(B) when
(C) until
(D) amid

Mr. Aronov는 파일을 다운로드 하려고 시도했을 때 ~ 하드 드라이브가 가득 찼다는 것을 알게 되었다.

■ [수식어 거품을 이끄는 것] 부사절 접속사 시간

이 문장은 주어(Mr. Aronov), 동사(discovered), 목적어(that his hard drive was full)를 갖춘 완전한 절이므로, ___ ~ file은 수식어 으로 보아야 한다. 이 수식어 거품은 동사(attempted)가 있는 거품절이므로, 거품절을 이끌 수 있는 부사절 접속사 (B)와 (C)가 정답의 다. '파일을 다운로드 하려고 시도했을 때 하드 드라이브가 가득 찼다는 것을 알게 되었다'라는 의미가 되어야 하므로 시간을 나타내는 부사 속사 (B) when(~할 때)이 정답이다. (C) until(~할 때까지)를 쓸 경우 '파일을 다운로드 하려고 시도했을 때까지 하드 드라이브가 가득 것을 알게 되었다'라는 어색한 문맥이 된다. 전치사 (A) upon(~ 위에, ~ 후에)과 (D) amid(~한가운데)는 거품절이 아닌 거품구를 이끈다.

어휘 attempt to phr. ~하려고 시도하다

125

The interior decorator recommended a new line of furniture in order to make the room look more -------.

(A) modernity
(B) modernly
(C) modern
(D) modernize

실내 장식가는 그 방이 더 현대적으로 보이게 하기 위해 로운 종류의 가구를 추천했다.

■ [보어 자리] 명사 보어 vs. 형용사 보어

2형식 동사 look은 주격 보어를 가지는 동사이고, 빈칸이 동사(look) 뒤에 왔으므로 보어 자리에 올 수 있는 명사 (A)와 형용사 (C)가 정답 보인다. '방이 더 현대적으로 보이게 하다'라는 의미가 되어야 하고 동사 look은 감각동사로서 주어의 상태를 설명하므로 형용사 (C) m (현대적인)이 정답이다. 명사 (A) modernity(현대성)를 쓸 경우 '방을 더 현대성으로 보이게 하다'라는 어색한 문맥이 된다. 부사 (B)와 동 는 보어 자리에 올 수 없다.

어휘 furniture n. 가구 modernity n. 현대성, 현대적임 modernly adv. 현대에 modernize v. 현대화하다

126

Managers formerly ------- the software engineering groups for the development project will now be in charge of much larger teams.

(A) supervise
(B) supervised
(C) supervising
(D) supervisor

이전에 개발 프로젝트를 위해 소프트웨어 공학 팀을 감 던 담당자들은 이제 훨씬 더 큰 팀들을 담당할 것이다.

■ [수식어 거품을 이끄는 것] 현재분사 vs. 과거분사

이 문장은 주어(Managers)와 동사(will be)를 모두 갖춘 완전한 절이므로, formerly ___ ~ project는 수식어 거품으로 보아야 한다. 어 거품은 명사(Managers)를 꾸미고 있으므로 명사를 뒤에서 수식할 수 있는 과거분사 (B)와 현재분사 (C)가 정답의 후보이다. 분사의 받는 명사(Managers)와 분사가 '이전에 팀을 감독했던 담당자들'이라는 의미의 능동 관계이므로 동사 supervise(감독하다, 관리하다)의 분사 (C) supervising이 정답이다. 과거분사 (B) supervised(감독받는)를 쓰면 수동의 의미가 되어 '이전에 팀을 감독받았던 담당자들' 어색한 문맥을 만든다. 동사 (A)와 명사 (D)는 수식어 거품을 이끌 수 없다.

어휘 formerly adv. 이전에, 예전에 in charge of phr. 담당하는, 책임이 있는

Because the cost of the ------- in the factory equipment was higher than the owner had expected, he only purchased one new machine.

(A) cover
(B) blame
(C) depth
(D) investment

공장 설비의 투자 비용이 소유주가 예상했던 것보다 높아서, 그는 새로운 기계 하나만 구매했다.

■ 명사 어휘 　　　　　　　　　　　　　　　　　　　　정답 (D)

공장 설비의 투자 비용이 높아서 기계 하나만 구매했다'라는 문맥이므로 명사 (D) investment(투자)가 정답이다. (A) cover는 '덮개, 표지', (B) blame은 '비난, 책임', (C) depth는 '깊이'라는 의미이다.

■ factory n. 공장 equipment n. 설비, 장비 expect v. 예상하다, 기대하다 purchase v. 구매하다; n. 구매, 매입

All personnel at the factory, ------- those under contract with an outside firm, get paid time off on national holidays.

(A) excludes
(B) exclusive
(C) excluding
(D) exclusively

외부 기업과의 계약하에 있는 사람들을 제외한 공장의 모든 직원들은 국가 공휴일에 유급 휴가를 받는다.

■ 수식어 거품 　　　　　　　　　　　　　　　　　　　정답 (C)

문장은 주어(All personnel), 동사(get), 목적어(paid time off)를 갖춘 완전한 절이고, 빈칸이 있는 구가 콤마와 콤마 사이에 있으므로, ～ firm은 수식어 거품으로 보아야 한다. 이 수식어 거품은 동사가 없는 거품구이므로 거품구를 이끌 수 있는 분사 (C) excluding이 정답이다. 참고로, excluding은 동사 exclude(제외하다)의 현재분사일 뿐만 아니라 '～을 제외하고'라는 의미의 전치사이기도 함을 알아둔다. 동사 (A), 부사 (D)는 거품구를 이끌 수 없고, 형용사 (B)는 exclusive of(～을 제외하고)의 형태일 때 거품구를 이끌 수 있다. (D) exclusively (오로지)가 거품구 전체를 꾸미는 것으로 보더라도, '오로지 외부 기업과의 계약하에 있는 사람들만 공장의 모든 직원들이 유급 휴가를 받는다'라는 어색한 문맥을 만들기 때문에 답이 될 수 없다.

■ personnel n. 직원, 사원 contract n. 계약 outside adj. 외부의, 밖의 paid time off phr. 유급 휴가 exclude v. 제외하다, 차단하다

Staff attending the picnic can bring ------- food they would like to share with the group apart from burgers, which will be provided.

(A) whenever
(B) whomever
(C) whatever
(D) wherever

야유회에 참여하는 직원들은 제공될 햄버거 외에 사람들과 나누고 싶은 음식은 무엇이든 가져올 수 있다.

■ 명사절 접속사 복합관계대명사 whatever 　　　　　　정답 (C)

동사(can bring)의 목적어 역할과 빈칸 뒤의 명사(food)를 꾸며주는 형용사 역할을 모두 할 수 있는 복합관계대명사 (C) whatever(무엇이든)가 정답이다. 복합관계부사 (A) whenever(언제 ～하든)와 (D) wherever(어디에 ～하든)는 부사절을 이끌고, 복합관계대명사 (B) whomever (누구를 ～하더라도)는 그 자체가 명사로 쓰이거나 부사절을 이끈다.

■ share v. 나누다, 공유하다; n. 몫 apart from prep. ～ 외에, ～은 제외하고

In ------- with the health department's stipulations, restaurant owners must conduct food safety sessions with kitchen staff.

(A) participating
(B) pursuing
(C) concurring
(D) keeping

보건부의 조항에 따라, 식당 소유주들은 주방 직원들을 대상으로 식품 안전 과정을 수행해야 한다.

■ 명사와 함께 쓰인 전치사 표현 　　　　　　　　　　정답 (D)

'보건부의 조항에 따라'라는 의미가 되어야 하므로 빈칸 앞의 In과 빈칸 뒤의 with와 함께 '～에 따라, ～와 일치하여'라는 의미의 어구 in keeping with를 만드는 동사 keep(따르다, 지키다)의 동명사 (D) keeping이 정답이다. (A)의 participate는 '참여하다', (B)의 pursue는 '추구하다', (C)의 concur는 '동의하다'라는 의미이다.

■ stipulation n. 조항, 약정 conduct v. 수행하다, 실시하다 safety n. 안전

PART 6

Questions 131-134 refer to the following letter.

131-134는 다음 편지에 관한 문제입니다.

September 18

Dear Ms. Murillo,

Thank you for inquiring about our services for obtaining ------- .
    131

Based on the information in your letter, your daughter may have acquired citizenship by being the child of a U.S. citizen. This will need to be ------- through documentation, which was
                               132
not included with your letter. Your child's record of birth abroad is considered proof if it was registered with a U.S. consulate or embassy. -------, the parent with citizenship
                               133
must have been living in the United States for at least five years before your child's birth.

For more information, feel free to visit us. Our Web site provides the address of the local office in your area. Simply click on the state or country you presently live in. ------- .
                                                    134
Please bring all related documents when you visit.

Sincerely,
Sonia Esteban

9월 18일

Ms. Murillo께,

131 저희의 국적 획득 서비스에 대해 문의해주셔서 감사드립니다.

귀하의 편지에 있는 정보에 근거하면, 귀하의 따님은 시민의 자녀가 됨으로써 시민권을 획득했을 수도 있습니다. **132** 이는 서류를 통해서 확인되어야 할 텐데, 그 서류는 귀하의 편지에 포함되어있지 않았습니다. 귀하의 자녀의 출생 기록은 그것이 미국 영사관이나 대사관에 등록되었을 경우 증거로 간주됩니다. **133** 추가로, 시민권을 가진 부모는 귀하의 자녀의 출생 이전에 미국에서 적어도 5년은 살았어야 합니다.

더 자세한 정보를 원하시면, 언제든지 방문해 주십시오. 저희 웹사이트는 귀하의 지역에 있는 지방 사무소의 주소를 제공합니다. 귀하가 현재 살고 있는 주 또는 국가를 클릭하기만 하세요. **134** 그러면 귀하와 가장 가까운 관공서를 고를 수 있습니다. 방문하실 때에는 모든 관련된 서류들을 가져와 주십시오.

Sonia Esteban 드림

131 (A) healthcare
(B) transportation
(C) nationality
(D) education

132 (A) decorated
(B) verified
(C) corrected
(D) postponed

133 (A) Afterward
(B) For example
(C) Additionally
(D) Henceforth

134 (A) We are sorry to hear that your documents are los
(B) There is no record of your child's birth in that country.
(C) You can then select the government office neares you.
(D) The office in your area was closed only last year.

어휘 inquire v. 문의하다, 알아보다 acquire v. 획득하다, 얻다 citizenship n. 시민권 documentation n. 서류, 문서화 proof n. 증거, 증거물 consulate n. 영사관 embassy n. 대사관 local office phr. 지방 사무소 presently adv. 현재, 곧 assistance n. 도움, 원조

▌명사 어휘 전체 문맥 파악

__ 획득 서비스에 대해 문의해주어 감사하다'라는 문맥이므로 모든 보기가 정답의 후보이다. 빈칸이 있는 문장만으로는 정답을 고를 수 없으로 주변 문맥이나 전체 문맥을 파악한다. 지문 앞부분에서 시민권 획득 여부와 자녀의 출생 기록, 시민권을 가진 부모가 갖춰야 할 조건에 대해 명하고 있으므로 Ms. Murillo가 국적 획득 서비스에 대해 문의했음을 알 수 있다. 따라서 명사 (C) nationality(국적)가 정답이다. (A) ealthcare는 '건강 관리', (B) transportation은 '수송, 운송', (D) education은 '교육, 교양'이라는 의미이다.

▌동사 어휘

의 시민권 획득 여부는 서류를 통해서 확인되어야 한다'라는 문맥이므로 동사 verify(확인하다)의 p.p.형 (B) verified가 정답이다.)의 decorate는 '장식하다', (C)의 correct는 '수정하다, 고치다', (D)의 postpone은 '연기하다, 미루다'라는 의미이다.

▌접속부사 주변 문맥 파악

칸이 콤마와 함께 문장 맨 앞에 온 접속부사 자리이므로, 앞 문장과 빈칸이 있는 문장의 의미 관계를 파악하여 정답을 선택한다. 앞 문장에서 녀의 해외 출생 기록은 그것이 미국 영사관이나 대사관에 등록되었을 경우 증거로 간주된다고 했고, 빈칸이 있는 문장에서는 시민권을 가진 부 는 자녀의 출생 이전에 미국에서 적어도 5년은 살았어야 한다고 했으므로 앞 문장에 언급된 내용에 추가적인 내용을 더할 때 사용되는 (C) dditionally(추가로)가 정답이다. (A) Afterward는 '그 후에', (B) For example은 '예를 들어', (D) Henceforth는 '이후로'라는 의미로 빈칸 쓸 경우 어색한 문맥이 된다.

▌알맞은 문장 고르기

칸에 들어갈 알맞은 문장을 고르는 문제이므로 주변 문맥 또는 전체 문맥을 파악한다. 빈칸 앞부분에서 웹사이트는 이용자의 지역에 있는 지방 무소의 주소를 제공한다고 했고, 앞 문장 'Simply click on the state or country you presently live in.'에서 현재 살고 있는 주 또는 국 를 클릭하기만 하라고 했으므로 빈칸에는 클릭한 지역에 맞추어 가장 가까운 지방 사무소를 찾아준다는 내용이 들어가야 함을 알 수 있다. 따 서 (C) You can then select the government office nearest you가 정답이다.

◾️ 해석
귀하의 서류가 분실됐다는 것을 듣게 되어 유감입니다.
그 나라에는 귀하의 자녀의 출생 기록이 없습니다.
그러면 귀하와 가장 가까운 관공서를 고를 수 있습니다.
귀하의 지역의 사무소는 불과 작년에 닫았습니다.

◾️ **government office** phr. 관공서

135-138은 다음 편지에 관한 문제입니다.

May 30

Cayman Interior Decorating
23 Arbor Drive
Cleveland, Ohio, 39005

Dear Mr. Maximus,

I am writing to ------- you and your crew for redecorating the
135
interior of our lobby. The results are even better than we had
initially expected. -------. Overall, our guests appreciate the
136
new look, and they love the authentic 1920s ------- and the
137
comfortable furniture.

We thought we'd mention that the hotel intends to renovate
the guest rooms. If things go according to plan, we expect to
begin renovating next month. In addition, we -------
138
expanding the business center on the second floor. More
space will be allocated to permit the installation of new
facilities.

I would like to contact you again once our plans become
more definite. We hope that your calendar will permit you to
work for us when we are ready.

I look forward to hearing from you soon.

Sincerely,
Devon Green
Manager, Nuance Hotel

5월 30일

Cayman 실내 장식업
23번지 Arbor로
클리블랜드, 오하이오주, 39005

Mr. Maximus께,

135 우리 로비의 실내 장식을 새로 한 것에 대해 당신의 팀에게 격찬의 말씀을 드리고자 편지를 씁니다. 그 결과는 우리가 처음에 예상했었던 것보다 훨씬 더 좋습니다. 136 우리는 마찬가지로 작업이 얼마나 빨리 수행되었는지에 대해 깊은 인상을 받았습니다. 137 전반적으로, 우리 손님들은 이 새로운 외관을 환영하고, 진짜 1920년대 같은 분위기와 편안한 가구들을 대단히 좋아합니다.

우리가 호텔이 손님방들을 보수하려고 한다고 언급한 것으로 압니다. 만약 일들이 계획에 따라 진행된다면, 우리는 다음 달에 보수를 시작하기를 바랍니다. 138 추가로, 우리는 2층에 비즈니스 센터를 확장할 것입니다. 더 많은 공간이 할당되어 새로운 시설들의 설치를 허용할 것입니다.

우리의 계획들이 더 확실해지면 당신과 다시 연락하고 싶습니다. 우리가 준비되었을 때 당신의 일정이 여유가 되어 당신이 우리를 위해 일할 수 있기를 바랍니다.

당신으로부터 곧 답신이 오기를 기대합니다.

Devon Green 드림
지배인, Nuance 호텔

135 (A) commend
(B) persuade
(C) invoice
(D) encourage

136 (A) We would have preferred it if you had followed our
original plan.
(B) They contacted us to let us know what they thought
about our work.
(C) We are equally impressed by how quickly the job
was done.
(D) They should have informed us right away about
these changes.

137 (A) explanation
(B) atmosphere
(C) combination
(D) condition

138 (A) were
(B) will be
(C) are being
(D) have been

어휘   crew n. 팀, 조 redecorate v. 실내 장식을 새로 하다, 개장하다 initially adv. 처음에 authentic adj. 진짜 같은, 진정한
renovate v. 보수하다, 혁신하다 guest room phr. 손님방 expand v. 확장하다, 확대하다 allocate v. 할당하다, 배분하다
permit v. 가능하게 하다, 허락하다 installation n. 설치, 설비 facility n. 시설, 기능, 재능 definite adj. 확실한, 분명한

동사 어휘 주변 문맥 파악
정답 (A)

로비의 실내 장식을 새로 한 것에 대해 당신과 당신의 팀에게 ___하고자 편지를 쓴다'라는 문맥이므로 (A), (C), (D)가 정답의 후보이다. 빈칸이 있는 문장만으로는 정답을 고를 수 없으므로 주변 문맥이나 전체 문맥을 파악한다. 뒤 문장에서 결과가 처음에 예상했던 것보다 훨씬 더 좋다고 했으므로 동사 (A) commend(격찬하다)가 정답이다. (B) persuade는 '설득하다', (C) invoice는 '청구서를 보내다', (D) encourage는 격려하다, 장려하다'라는 의미이다.

알맞은 문장 고르기
정답 (C)

칸에 들어갈 알맞은 문장을 고르는 문제이므로 주변 문맥 또는 전체 문맥을 파악한다. 앞 문장 'The results are even better than we had itially expected.'에서 결과는 처음에 예상했던 것보다 훨씬 더 좋다고 했으므로 빈칸에는 만족스럽게 수행된 작업에 대해서 칭찬하는 내용이 들어가야 함을 알 수 있다. 따라서 (C) We are equally impressed by how quickly the job was done이 정답이다.

기 해석
) 우리는 당신이 우리의 원래 계획을 따르는 것을 선호했었을 것입니다.
) 그들은 우리의 작업에 대해 어떤 생각을 했는지 알려주기 위해 연락했습니다.
) 우리는 마찬가지로 작업이 얼마나 빨리 수행되었는지에 대해 깊은 인상을 받았습니다.
) 그들은 이러한 변화들에 대해서 우리에게 즉시 알렸어야 했습니다.

휘   original adj. 원래의, 독창적인 inform v. 알리다, 통지하다

명사 어휘
정답 (B)

째 1920년대 같은 분위기와 편안한 가구들을 대단히 좋아한다'라는 문맥이므로 명사 (B) atmosphere(분위기)가 정답이다.) explanation은 '설명, 이유', (C) combination은 '결합, 조합', (D) condition은 '조건, 상태'라는 의미이다.

미래 시제 주변 문맥 파악
정답 (B)

층에 비즈니스 센터를 확장하다'라는 문맥인데, 이 경우 빈칸이 있는 문장만으로는 올바른 시제의 동사를 고를 수 없으므로 주변 문맥이나 전체 맥을 파악하여 정답을 고른다. 앞 문장에서 다음 달에 보수를 시작하기를 바란다고 했고, 뒤 문장에서 새로운 시설들의 설치를 허용할 것이라 했으므로 비즈니스 센터 확장이 미래에 일어나는 일임을 알 수 있다. 따라서 미래 시제 (B) will be가 정답이다. (C)는 'be + being + p.p.' 형태로 현재진행 시제로 쓰여 미래를 나타낼 수 있지만, 빈칸 뒤에 p.p.가 아닌 -ing(expanding)가 있으므로 답이 될 수 없다. 과거 시제 (A) 현재완료 시제 (D)는 미래의 일을 나타낼 수 없다.

Discover Great Deals at Dan's Hardware Store!

Dan's Hardware Store invites you to stop by for our yearly ------- sale. From September 1 to 15, all of our excess
　　139
inventory will be marked down to make room for new product lines. Take advantage of reduced prices of up to 80 percent off on everything from gardening supplies to outdoor equipment. -------.
　　　　　　　　140

In addition, customers who buy $500 or more worth of merchandise will ------- to receive a $50 coupon, redeemable
　　　　　　　　　　141
until December 31. A limit of one coupon ------- transaction
　　　　　　　　　　　　　　142
applies.

For further information on the sale and directions to the store nearest you, visit our Web site at www.danshardware.com.

Dan's 철물점에서 엄청난 거래 조건들을 찾아보세요!

139 Dan's 철물점이 연례 재고 정리 할인에 들르시도록 러분을 초대합니다. 9월 1일부터 15일까지, 저희의 모
과 재고가 새로운 제품군을 위한 공간을 마련하도록 할 것입니다. 원예용품부터 야외 장비에 이르는 모든 것
최대 80퍼센트까지의 할인된 가격을 이용하십시오. 1
든 코너에 여러분을 위한 신나는 할인들이 있습니다.

141 게다가, 500달러 이상 상당의 제품을 구매하시는
들께는 12월 31일까지 사용할 수 있는 50달러짜리 쿠
받을 자격이 주어질 것입니다. 142 거래당 쿠폰 1개라
한이 적용됩니다.

할인이나 가장 가까운 매장 위치에 관한 추가적인 정
원하시면, 저희 웹사이트 www.danshardware.co
방문해 주세요.

139　(A) holiday
　　　(B) loyalty
　　　(C) clearance
　　　(D) flash

140　(A) We have exciting offers for you in every department.
　　　(B) The sale is for one day only, so hurry before it ends.
　　　(C) This product is sold in various sizes to suit your needs.
　　　(D) Make sure to go online and send in your product orders.

141　(A) be entitled
　　　(B) be entitling
　　　(C) entitle
　　　(D) have entitled

142　(A) away
　　　(B) among
　　　(C) per
　　　(D) next

어휘　discover v. 찾다, 발견하다　hardware n. 철물, 장비　excess adj. 초과의, 과잉의　inventory n. 재고, 재고 목록　mark down phr. 할인
make room for phr. ~을 위한 공간을 마련하다　take advantage of phr. ~을 이용하다　gardening n. 원예, 정원 가꾸기
merchandise n. 제품, 상품　redeemable adj. (쿠폰을) 사용할 수 있는, 상환할 수 있는　limit n. 제한, 한계　transaction n. 거래, 업무
apply v. 적용되다, 신청하다　direction n. 위치, 방향

■ 명사 어휘 주변 문맥 파악 　　　　　　　　　　　　　　　　　　　　　　　　　　　　　정답 (C)

연례 ____ 할인에 들르도록 여러분을 초대하다'라는 문맥이므로 모든 보기가 정답의 후보이다. 빈칸이 있는 문장만으로는 정답을 고를 수 없으므로 주변 문맥이나 전체 문맥을 파악한다. 뒤 문장에서 모든 초과 재고가 새로운 제품군을 위한 공간을 마련하도록 할인될 것이라고 했으므로 재고 정리 할인임을 알 수 있다. 따라서 명사 (C) clearance(재고 정리)가 정답이다. (A) holiday는 '휴일, 명절', (B) loyalty는 '(고객의) 충성', (D) flash는 '반짝 (세일), 빛'이라는 의미이다.

■ 알맞은 문장 고르기 　　　　　　　　　　　　　　　　　　　　　　　　　　　　　　　정답 (A)

빈칸에 들어갈 알맞은 문장을 고르는 문제이므로 주변 문맥 또는 전체 문맥을 파악한다. 앞 문장 'Take advantage of reduced prices of up to 80 percent off on everything from gardening supplies to outdoor equipment.'에서 원예용품부터 야외 장비에 이르는 모든 것에 대해 최대 80퍼센트까지의 할인된 가격을 이용하라고 했으므로 빈칸에는 모든 코너에서 할인을 제공하고 있다는 내용이 들어가야 함을 알 수 있다. 따라서 (A) We have exciting offers for you in every department가 정답이다.

보기 해석

(A) 모든 코너에 여러분을 위한 신나는 할인들이 있습니다.

(B) 할인은 오직 하루 동안이니, 끝나기 전에 서두르세요.

(C) 이 제품은 여러분의 필요를 만족시키기 위해 다양한 크기로 판매됩니다.

(D) 반드시 온라인에 접속하여 여러분의 제품 주문서를 보내주세요.

어휘 **offer** n. (보통 짧은 기간의) 할인, 제공; v. 제공하다　**department** n. 코너, 매장　**suit** v. 만족시키다, 마음에 들다; n. 정장

■ 수동태 동사 숙어 　　　　　　　　　　　　　　　　　　　　　　　　　　　　　　　　정답 (A)

100달러 이상 상당의 제품을 구매하는 고객들에게는 쿠폰을 받을 자격이 주어진다'라는 의미가 되어야 하므로 수동태 동사 숙어 be entitled (~할 자격이 주어지다) 구문을 만드는 (A) be entitled가 정답이다. 능동태 (B), (C), (D)를 쓰면 '고객이 (다른 누군가에게) 쿠폰을 받을 자격을 준다'라는 어색한 문맥이 된다.

■ 전치사 선택 기타 　　　　　　　　　　　　　　　　　　　　　　　　　　　　　　　　정답 (C)

래당 쿠폰 1개'라는 의미가 되어야 하므로 '~당'이라는 의미의 전치사 (C) per가 정답이다. (A) away는 '떨어져'라는 의미의 부사이고, (B) among은 '~에 둘러싸여, ~ 중에'라는 의미의 전치사이다. (D) next는 전치사로 쓰일 경우 '~ 옆에'라는 의미를, 형용사 또는 부사로 쓰일 경우 각 '다음의, 다음에'라는 의미를 나타낸다.

해커스 토익 실전 1000제 2 Reading

Questions 143-146 refer to the following article.

143-146은 다음 기사에 관한 문제입니다.

Grimsby's *Feed* Satisfies Viewers

In the three-part miniseries *Feed*, filmmaker David Grimsby ------- explores the modern food industry. The series takes
   143
viewers behind the scenes at farms and factories to reveal shocking details about the things we eat and how they are produced.

While there are numerous other documentaries on this ------- , a combination of smart narration, intriguing interviews,
  144
and animated graphics makes *Feed* stand out. ------- . It
          145
presents both the benefits and drawbacks of modern food production without endorsing any one point of view. Richly informative and visually interesting, the series is -------
             146
captivating that many people will want to see it twice. The first episode of *Feed* will air this month on the Modern Film Channel.

Grimsby의 *Feed*가 시청자들을 만족시키다

143 3부작 미니시리즈 *Feed*에서, 영화 제작자 Da Grimsby는 현대 음식 산업을 열정적으로 탐구한다. 그 리즈는 우리가 먹는 음식들과 그것들이 어떻게 생산되 에 대한 충격적인 사항들을 보여주기 위해 시청자들을 과 공장 현장의 이면으로 이끈다.

144 이러한 주제의 수많은 다른 다큐멘터리들이 있지만 끔한 내레이션, 아주 흥미로운 인터뷰, 그리고 애니메 그래픽의 조합은 *Feed*를 눈에 띄게 한다. **145** 아마도 (화의 가장 독특한 점은 편견이 없다는 점일 것이다. 이 는 어느 한 관점을 지지하는 것 없이 현대 음식 생산의 운 점과 문제점을 둘 다 보여준다. **146** 풍부한 정보를 시각적으로 흥미로운 이 시리즈는 너무 매혹적이어서 사람들이 그것을 두 번 보기를 원할 것이다. *Feed*의 7 째 에피소드는 Modern Film 채널에서 이번 달에 방 것이다.

143 (A) enthusiasm
    (B) enthusiastic
    (C) enthusiastically
    (D) enthused

144 (A) trend
    (B) level
    (C) schedule
    (D) topic

145 (A) The show attracted millions of viewers when it wa televised last year.
    (B) What is perhaps most distinctive about the film is lack of bias.
    (C) Mr. Grimsby plans to begin filming the document next month.
    (D) Ratings for the network jumped when the final episode was aired.

146 (A) so
    (B) even
    (C) such
    (D) right

어휘　**satisfy** v. 만족시키다, 충족시키다　**three-part** adj. 3부작의　**filmmaker** n. 영화 제작자　**explore** v. 탐구하다, 분석하다
scene n. 현장, 장면　**combination** n. 조합, 결합　**smart** adj. 깔끔한, 영리한　**intriguing** adj. 아주 흥미로운, 음모를 꾸미는
stand out phr. 눈에 띄다, 두드러지다　**present** v. 보여주다, 제시하다　**drawback** n. 문제점, 결점　**endorse** v. 지지하다, 보증하다
richly adv. 풍부하게, 매우　**informative** adj. 정보를 주는, 유익한　**visually** adv. 시각적으로, 겉보기로는
captivating adj. 매혹적인, 마음을 사로잡는　**air** v. 방송되다, 방송하다

■ 부사 자리

정답 (C)

빈칸 뒤의 동사(explores)를 꾸밀 수 있는 것은 부사이므로 부사 (C) enthusiastically(열정적으로)가 정답이다. 명사 (A), 형용사 (B), 동사 또는 분사 (D)는 동사를 꾸밀 수 없다.

어휘 enthuse v. 열광하다, 열광시키다

■ 명사 어휘 전체 문맥 파악

정답 (D)

'이러한 ____의 수많은 다른 다큐멘터리들이 있다'라는 문맥이므로 모든 보기가 정답의 후보이다. 빈칸이 있는 문장만으로 정답을 고를 수 없으므로 주변 문맥이나 전체 문맥을 파악한다. 앞부분에서 Feed가 현대 음식 산업을 열정적으로 탐구하며 우리가 먹는 음식들과 그것들이 어떻게 생산되는지에 대한 충격적인 사항들을 보여준다고 했으므로, Feed가 다루고 있는 주제에 대해 설명하고 있으며 이러한 주제를 다룬 수많은 다른 다큐멘터리들이 있다는 것을 알 수 있다. 따라서 명사 (D) topic(주제)이 정답이다. (A) trend는 '경향', (B) level은 '수준, 정도', (C) schedule은 '일정'이라는 의미이다.

■ 알맞은 문장 고르기

정답 (B)

빈칸에 들어갈 알맞은 문장을 고르는 문제이므로 주변 문맥 또는 전체 문맥을 파악한다. 뒤 문장 'It presents both the benefits and drawbacks of modern food production without endorsing any one point of view.'에서 이 영화는 어느 한 관점을 지지하는 것 없이 현대 음식 생산의 이로운 점과 문제점을 둘 다 보여준다고 했으므로 빈칸에는 이 영화의 독특한 점은 한쪽에 치우치지 않은 관점을 보여주어 편견이 없다는 것과 관련된 내용이 들어가야 함을 알 수 있다. 따라서 (B) What is perhaps most distinctive about the film is its lack of bias가 정답이다.

보기 해석
(A) 이 프로는 작년에 텔레비전으로 방송되었을 때 수백만 명의 시청자들을 끌어모았다.
(B) 아마도 이 영화의 가장 독특한 점은 편견이 없다는 점일 것이다.
(C) Mr. Grimsby는 다음 달에 다큐멘터리 촬영을 시작할 계획이다.
(D) 마지막 에피소드가 방영되었을 때 시청률이 급증했다.

어휘 televise v. 텔레비전으로 방송하다 distinctive adj. 독특한, 특유의 lack of phr. ~이 없는 bias n. 편견, 편향
      rating n. (텔레비전의) 시청률, 평가

■ 부사 선택 so

정답 (A)

빈칸 뒤쪽에 that절(that ~ twice)이 있고, '너무 매혹적이어서 두 번 보기를 원할 것이다'라는 의미가 되어야 하므로 that과 함께 'so ~ that … 너무 ~해서 …하다' 구문을 만드는 부사 (A) so가 정답이다. (C) such도 '너무 ~해서 …하다'라는 의미를 만들 수 있지만, 'such + a/an + 형용사 + 명사'의 형태로 쓰이므로 답이 될 수 없다. (B) even은 '심지어', (D) right는 '바로'라는 의미로 강조를 나타낸다.

PART 7

Questions 147-148 refer to the following memo.

147-148은 다음 회람에 관한 문제입니다.

To: All staff
From: Donald Manzo
Subject: Welcome reception
Date: August 5

[147]We are holding a reception to welcome our new regional vice president, Gertrude Crowley. [148-A]Ms. Crowley previously worked as store manager of Knightland Electronics' affiliate in Charleston. After five years there, [148-B/C]she led our office in Atlanta for two years and then transferred to New Orleans, where she has been working since as their district manager. [148-D]She will now head the southeast district from our regional office here in Nashville.

The reception will be held at the Bluegrass Hotel on Friday, August 9, at 7:30 P.M. If you plan on coming, please notify my secretary at extension number 44.

Thank you.

수신: 모든 직원
발신: Donald Manzo
제목: 환영회
날짜: 8월 5일

새로운 지역 부사장이신 Gertrude Crowley를 맞이 위해 [147]환영회를 열고자 합니다. [148-A]Ms. Crowley는 에 찰스턴에 있는 Knightland Electronics사의 계열 서 지점장으로 근무하셨습니다. 그곳에서 5년 근무한 [148-B/C]그녀는 우리의 애틀랜타 지점을 2년 동안 이끌 서 뉴올리언스로 전임하였는데, 그때부터 거기서 그녀 역 책임자로 근무해 왔습니다. [148-D]그녀는 이제 이곳 빌에 있는 우리 지사에서 남동 구역을 총괄할 것입니다

이 환영회는 8월 9일 금요일 저녁 7시 30분에 Blueg 호텔에서 열릴 것입니다. 환영회에 오실 예정이라면, 44번으로 제 비서에게 알려 주십시오.

감사합니다.

어휘
- □ **welcome** n. 환영; v. 환영하다, 맞이하다
- □ **previously** adv. 이전에
- □ **district** n. 지역, 구역
- □ **notify** v. 알리다, 통지하다
- □ **reception** n. 환영회, 리셉션
- □ **affiliate** n. 계열사, 지부
- □ **head** v. 총괄하다, 이끌다, 향하다
- □ **secretary** n. 비서, 장관
- □ **vice president** phr. 부사장, 부통령
- □ **transfer** v. 전임하다, 옮기다
- □ **plan on** phr. ~할 예정이다
- □ **extension** n. 내선, 구내전화

---

147 What is the purpose of the memo?

(A) To convince staff to volunteer for an activity
(B) To appeal for help with setting up a reception
(C) To inform employees about a coming event
(D) To notify staff about a visiting client

회람의 목적은 무엇인가?

(A) 직원들이 활동에 자원하도록 설득하기 위해
(B) 환영회를 준비하는 것에 도움을 간청하기 위해
(C) 직원들에게 곧 있을 행사에 대해 알리기 위해
(D) 직원들에게 방문 고객에 대해 알리기 위해

■ **주제/목적 찾기** 글의 목적

회람의 목적을 묻는 목적 찾기 문제이므로 지문의 앞부분을 주의 깊게 확인한다. 'We are holding a reception'에서 환영회를 열 것이 후, 환영회의 일시와 장소 등 행사에 대한 세부 사항을 알려주고 있으므로 (C)가 정답이다. (A)와 (B)는 지문에서 행사의 세부 사항에 대 할 뿐, 특별히 도움을 요청하는 것은 아니므로 답이 될 수 없다.

바꾸어 표현하기
reception 환영회 → event 행사

---

148 Where has Ms. Crowley NOT previously worked?

(A) Charleston
(B) Atlanta
(C) New Orleans
(D) Nashville

Ms. Crowley가 이전에 근무하지 않았던 곳은 어디인

(A) 찰스턴
(B) 애틀랜타
(C) 뉴올리언스
(D) 내슈빌

■ **Not/True** Not 문제

질문의 핵심 어구인 Ms. Crowley ~ previously worked와 관련된 내용을 지문에서 찾아 각 보기와 대조하는 Not/True 문제이 'Ms. Crowley previously worked ~ in Charleston.'에서 Ms. Crowley가 이전에 찰스턴에서 근무했다고 했으므로 지문의 내용과 다. (B)와 (C)는 'she led our office in Atlanta ~ and then transferred to New Orleans'에서 Ms. Crowley가 애틀랜타 지점을 뉴올리언스로 전임했다고 했으므로 지문의 내용과 일치한다. (D)는 'She will now head ~ our regional office here in Nashvi Ms. Crowley가 이제 내슈빌에 있는 지사에서 남동 구역을 총괄할 것이라고 했으므로 지문의 내용과 일치하지 않는다. 따라서 (D)가 정

Questions 149-150 refer to the following text-message chain.

149-150은 다음 메시지 대화문에 관한 문제입니다.

Fiona White   5:07 P.M.

Do you have any plans for tomorrow night? [149]I received a couple of tickets to a charity concert at Hyde Stadium from my manager. The headliner is Charles Mercer, and I know you enjoyed his last album. Would you like to join me?

Carl Owens   5:10 P.M.

Tomorrow night? [150]I would love to go, but I don't think I can make it. I have a meeting with the head of my company's legal department. [150]It probably won't finish until a little after 8.

Fiona White   5:12 P.M.

It starts at 9 P.M. [150]The venue is downtown, so it won't take you long to get there.

Carl Owens   5:14 P.M.

That's great. Then, why don't we meet at Hyde Subway Station right before the show?

Fiona White   5:15 P.M.

Actually, I'm planning on driving. Look for me at the main ticket counter at around 9.

Carl Owens   5:17 P.M.

OK. See you then.

Fiona White   오후 5시 7분

내일 밤에 어떤 계획이라도 있으세요? [149]제 관리자로부터 Hyde 경기장에서 열리는 자선 콘서트 티켓 두 장을 받았어요. 주요 출연자는 Charles Mercer인데, 당신이 그의 지난번 앨범을 좋아했던 것으로 알고 있어요. 저와 함께 가실래요?

Carl Owens   오후 5시 10분

내일 밤이요? [150]정말 가고 싶지만, 갈 수 없을 것 같아요. 저희 회사의 법무부서 부장님과 회의가 있어요. [150]아마도 8시가 조금 지나서야 끝날 거예요.

Fiona White   오후 5시 12분

그것은 오후 9시에 시작해요. [150]장소가 중심가이기 때문에, 그곳까지 가는 데 오래 걸리지 않을 거예요.

Carl Owens   오후 5시 14분

잘됐네요. 그러면, 공연 바로 전에 Hyde 지하철역에서 만나지 않을래요?

Fiona White   오후 5시 15분

사실, 저는 운전해서 갈 예정이에요. 9시쯤에 중앙 매표소에서 저를 찾아봐 주세요.

Carl Owens   오후 5시 17분

알겠어요. 그때 봐요.

어휘 ☐ charity n. 자선 (단체)   ☐ legal adj. 법률의   ☐ venue n. 장소
☐ downtown n. 중심가, 상업 지구

Who is Mr. Mercer?

(A) A concert organizer
(B) A professional musician
(C) A stadium manager
(D) A corporate lawyer

Mr. Mercer는 누구인가?

(A) 콘서트 주최자
(B) 전문 음악가
(C) 경기장 관리자
(D) 회사 변호사

육하원칙 Who   정답 (B)

Mr. Mercer가 누구(Who)인지를 묻는 육하원칙 문제이다. 질문의 핵심어구인 Mr. Mercer와 관련하여 'I received a couple of tickets to [a] charity concert ~. The headliner is Charles Mercer, and I know you enjoyed his last album.'에서 Fiona White가 자선 콘서트 [티]켓 두 장을 받았다며 주요 출연자는 Charles Mercer인데 당신, 즉 Mr. Owens가 그의 지난번 앨범을 좋아했던 것으로 알고 있다고 했으므[로] (B)가 정답이다.

At 5:12 P.M., what does Ms. White mean when she writes, "It starts at 9 P.M."?

(A) Mr. Owens should drive to a venue.
(B) Mr. Owens will have to end a meeting early.
(C) Mr. Owens will be able to attend an event.
(D) Mr. Owens should pick up a ticket at 8 P.M.

오후 5시 12분에, Ms. White가 "It starts at 9 P.M."고 썼을 때 그녀가 의도한 것은?

(A) Mr. Owens는 장소까지 운전을 해야 한다.
(B) Mr. Owens는 회의를 일찍 끝내야 할 것이다.
(C) Mr. Owens는 행사에 참석할 수 있을 것이다.
(D) Mr. Owens는 오후 8시에 표를 찾아야 한다.

■ 의도 파악

정

Ms. White가 의도한 것을 묻는 문제이므로, 질문의 인용어구(It starts at 9 P.M.)가 언급된 주변 문맥을 확인한다. 'I would love to go don't think I can make it.', 'It probably won't finish until a little after 8.'에서 Carl Owens가 정말 가고 싶지만 갈 수 없을 것 회의가 아마도 8시가 조금 지나서야 끝날 거라고 하자, Ms. White가 'It starts at 9 P.M.'(그것은 오후 9시에 시작해요)이라고 한 후, venue is downtown, so it won't take you long to get there.'에서 장소가 중심가이기 때문에 그곳, 즉 콘서트 장소까지 가는 데 오지 않을 거라고 한 것을 통해, Ms. White는 Mr. Owens가 콘서트에 참석할 수 있을 것이라고 생각한다는 것을 알 수 있다. 따라서 (C)가이다.

To: Adam Webster <awebster@connex.com>
From: Caroline McElroy <services@seafront.com>
Date: April 17
Subject: Deposit

Dear Mr. Webster,

151Your deposit check has been cashed, and we are pleased to confirm that you can move in to your new office at Spiral Towers on the first day of next month. As a reminder, 152-Athe deposit will be kept by Seafront Realty until you choose to move out, at which time an inspection of the property will take place. The office space must be returned to the same condition it was in when your lease began. 152-DIf there is any excess damage, the related costs will be taken from the deposit before it is returned to you. Note also that 152-Byour deposit is being held in a bank account, and any interest earned as a result will be returned when you leave.

Please e-mail me with any further questions. Thank you.

Yours truly,
Caroline McElroy
Seafront Realty Miami

수신: Adam Webster <awebster@connex.com>
발신: Caroline McElroy <services@seafront.com>
날짜: 4월 17일
제목: 보증금

Mr. Webster께,

151귀하의 보증금 수표가 현금화되었고, 우리는 귀하께서 다음 달 첫날에 Spiral 타워에 있는 새로운 사무실로 이사 올 수 있다는 것을 확정하게 되어 기쁩니다. 상기시켜드리자면, 152-A보증금은 귀하께서 이사를 나가기로 결정하기 전까지 Seafront Realty사가 보관하게 될 것이고, 나가기로 결정했을 때 건물에 대한 점검이 있을 것입니다. 그 사무실 공간은 귀하의 임차가 시작되었을 때와 같은 상태로 되돌려져야 합니다. 152-D만일 어떤 초과적인 손상이 있었을 시에는, 보증금이 귀하께 돌려지기 전에 관련된 금액이 제해질 것입니다. 또한 152-B귀하의 보증금은 은행 계좌에 예치될 것이며 그 결과로 얻게 되는 모든 이자는 귀하께서 떠나실 때 지급된다는 것을 알아 두십시오.

추가적인 질문에 대해서는 제게 이메일을 보내주십시오. 감사합니다.

Caroline McElroy 드림
Seafront Realty사 마이애미 지점

어휘 □ deposit n. 보증금, 예금   □ property n. 건물, 부동산, 자산   □ lease n. 임차; v. 임차하다

Who most likely is Mr. Webster?

(A) A future occupant
(B) A real estate investor
(C) A repair person
(D) A security guard

Mr. Webster는 누구인 것 같은가?

(A) 장래의 입주자
(B) 부동산 투자자
(C) 수리공
(D) 안전요원

추론 세부 정보   정답 (A)

문의 핵심 어구인 Mr. Webster에 대해 추론하는 문제이다. 'Your deposit check has been cashed, and we are pleased to confirm that you can move in to your new office ~ next month.'에서 귀하, 즉 Mr. Webster의 보증금 수표가 현금화되었고, Mr. Webster가 다음 달에 새로운 사무실로 이사 올 수 있다는 것을 확정하게 되어 기쁘다고 했으므로 Mr. Webster가 새로 들어올 입주자임을 추론할 수 있다. 따라서 (A)가 정답이다.

What is NOT stated about the deposit?

(A) It is returned when the lease ends.
(B) It is kept in a bank account.
(C) It is equivalent to one month's rent.
(D) It is used to pay for damage to the property.

보증금에 대해 언급되지 않은 것은?

(A) 임대 계약이 끝날 때 반환된다.
(B) 은행 계좌에 보관된다.
(C) 한 달 치 임대료와 동일하다.
(D) 건물에 대해 손상된 비용을 치르는 데 사용된다.

Not/True Not 문제   정답 (C)

문의 핵심 어구인 the deposit과 관련된 내용을 지문에서 찾아 각 보기와 대조하는 Not/True 문제이다. (A)는 'the deposit will be kept Seafront Realty until you choose to move out'에서 보증금은 이사를 나가기로 결정하기 전까지 Seafront Realty사가 보관하게 될 것이라고 했으므로 지문의 내용과 일치한다. (B)는 'your deposit is being held in a bank account'에서 보증금이 은행 계좌에 예치될 것이라고 했으므로 지문의 내용과 일치한다. (C)는 지문에 언급되지 않은 내용이다. 따라서 (C)가 정답이다. (D)는 'If there is any excess damage, the related costs will be taken from the deposit before it is returned to you.'에서 만일 어떤 초과적인 손상이 있었을 시에는 보증금이 돌려지기 전에 관련된 금액이 제해질 것이라고 했으므로 지문의 내용과 일치한다.

153-155는 다음 기사에 관한 문제입니다.

Nairobi International Marathon Draws Attention

July 28—Runners participating in this year's Nairobi International Marathon had better start getting ready for some competition. Organizers announced yesterday at a press conference that [153]12,000 athletes have already signed up for the race, an increase of nearly 30 percent compared to last year. Chair of the organization board, Paul Oduya, says they are expecting even more registrations. "Since the race last year, we have been working very hard to promote the marathon on social media. This allowed us to reach out more to international athletes." Oduya also said that [154]the race's growing popularity has helped give a boost to local tourism and believes that this year's event will continue that trend.

New routes were also announced during the press conference. The full and half marathons will begin along the western edge of the National Park, while the shorter races will start on Outer Ring Road. [155]All races will end at City Stadium. Officials have released details online at www.nairobirace.org.ke, including closures and detours for motorists along Langata, Mombasa, and other major roads. For those interested in joining, registration will remain open until the end of August. Visit www.nairobimarathon.org to learn more about entry fees and other requirements.

나이로비 국제 마라톤이 관심을 끌다

7월 28일―이번 해 나이로비 국제 마라톤에 참여하는 [들]은 경쟁을 위한 준비를 시작하는 것이 좋을 것이다. [자]들은 어제 기자회견에서 [153]지난해에 비해 거의 30퍼센트[가] 증가한 1만 2천 명의 선수들이 이미 마라톤에 등록[했]고 발표했다. 조직위원장 Paul Oduya는 주최자들이 [더] 더 많은 등록을 예상하고 있다고 말했다. "지난해의 [경]이후로, 우리는 소셜미디어에서 마라톤을 홍보하기 위[해] 우 열심히 노력해 왔습니다. 이것은 우리가 더 많은 국[제 선]수들에게 다가갈 수 있도록 해줄 것입니다." Oduya[는 또] 한 [154]마라톤의 높아져 가는 인기가 지역 관광업에 활[력을] 불어넣는 것을 도왔고 이번 해의 행사가 그 경향을 지[속시] 킬 것이라고 믿는다고 말했다.

기자회견에서 새로운 경로 또한 발표되었다. 풀 마라[톤과] 하프 마라톤이 국립 공원의 서쪽 가장자리를 따라서 시[작할] 것인 반면, 더 짧은 마라톤은 외곽 순환 도로에서 시작[할 것] 이다. [155]모든 마라톤은 시립 경기장에서 끝날 것이다. [관리] [자]들은 www.nairobirace.org.ke에 온라인[으로 폐] Langata로, Mombasa로, 그리고 다른 주요 도로들[의 폐] 쇄와 자동차 운전자들을 위한 우회로를 포함한 세부 정[보를] 공개했다. 참가에 관심이 있는 사람들을 위해, 8월 말[까지] 등록이 계속해서 가능할 것이다. 참가비와 다른 요구[사항] 들에 대해 더 알기 위해서는 www.nairobimarathon[.org] 를 방문하면 된다.

어휘 □ **international** adj. 국제의, 국제간의
□ **had better** phr. ~하는 것이 좋다
□ **press conference** phr. 기자회견
□ **chair** n. 위원장, 의장, 의장석
□ **popularity** n. 인기, 평판
□ **trend** n. 경향, 추세
□ **outer ring road** phr. 외곽 순환 도로
□ **remain** v. 계속해서 ~하다, ~채로 남아 있다

□ **draw** v. 끌다, 그리다
□ **competition** n. 경쟁, 경기
□ **athlete** n. (운동) 선수, 경기자
□ **reach out** phr. ~에 다가가다, 접촉하려고 하다
□ **give a boost to** phr. ~에 활력을 불어넣다, 후원하다
□ **route** n. 경로, 길
□ **release** v. 공개하다, 출시하다, 석방하다
□ **entry** n. 참가, 등록, 입장

□ **attention** n. 관심, 주의
□ **organizer** n. 주최자, 조직자
□ **compared to** phr. ~와 비교해서

□ **edge** n. 가장자리, 끝
□ **motorist** n. 자동차 운전자

153

How will this year's marathon be different from the last one?

(A) It is taking place at a different time of year.
(B) It is being held in a new city.
(C) It will have a larger number of participants.
(D) It will be broadcast on local television.

이번 해의 마라톤은 지난해와 어떻게 다를 것인가?

(A) 한 해의 다른 때에 개최될 것이다.
(B) 새로운 도시에서 열릴 것이다.
(C) 더 많은 수의 참가자들이 있을 것이다.
(D) 지역 TV에서 방송될 것이다.

■ **육하원칙** How

이번 해의 마라톤이 지난해와 어떻게(How) 다를 것인지를 묻는 육하원칙 문제이다. 질문의 핵심 어구인 this year's marathon be dif[ferent] from the last one과 관련하여, '12,000 athletes have already signed up for the race, an increase of nearly 30 p[ercent] compared to last year'에서 지난해에 비해 거의 30퍼센트가 증가한 1만 2천 명의 선수들이 이미 마라톤에 등록했다고 했으므로 (C)[가 정답] 이다.

바꾸어 표현하기

an increase of nearly 30 percent 거의 30퍼센트 증가 → a larger number of 더 많은 수의

어휘 **broadcast** v. 방송하다, 방영하다

What does the article suggest about Nairobi?	기사가 나이로비에 대해 암시하는 것은?
(A) Its sports programs have received more funding in recent years. (B) Its athletes have gained increased international exposure. (C) It has experienced an increase in tourism. (D) Its geography is particularly well-suited to long-distance races.	(A) 스포츠 프로그램이 최근 몇 년간 더 많은 재정 지원을 받았다. (B) 선수들이 국제적으로 더 많이 알려졌다. (C) 관광업의 성장을 경험했다. (D) 지형이 장거리 경기에 특별히 적합하다.

■ **추론** 세부 정보   정답 (C)

문의 핵심 어구인 Nairobi에 대해 추론하는 문제이다. 'the race's growing popularity has helped give a boost to local tourism and
elieves that this year's event will continue that trend'에서 마라톤의 높아져 가는 인기가 지역, 즉 나이로비의 관광업에 활력을 불어넣
· 것을 도왔고 이번 해의 행사가 그 경향을 지속시킬 것이라고 했으므로 마라톤으로 인해 나이로비의 관광업이 성장하게 되었음을 추론할 수 있
·. 따라서 (C)가 정답이다.

꾸어 표현하기

ve a boost to ~ tourism 관광업에 활력을 불어넣다 → an increase in tourism 관광업의 성장

취   funding n. 재정 지원, 융자   exposure n. 알려짐, 노출, 폭로   geography n. 지형, 지리학

Where will the full marathon end?	풀 마라톤은 어디서 끝날 것인가?
(A) At National Park (B) At Outer Ring Road (C) At Mombasa Road (D) At City Stadium	(A) 국립 공원에서 (B) 외곽 순환 도로에서 (C) Mombasa로에서 (D) 시립 경기장에서

육하원칙 Where   정답 (D)

마라톤이 어디서(Where) 끝날 것인지를 묻는 육하원칙 문제이다. 질문의 핵심 어구인 the full marathon end와 관련하여, 'All races will
·d at City Stadium.'에서 모든 경기는 시립 경기장에서 끝날 것이라고 했으므로 (D)가 정답이다.

156-157은 다음 웹페이지에 관한 문제입니다.

Ace Venture Systems

Home	**Products**	News	Contact Us

Accounting Software Version 1

[156]Ace Venture Systems brings you new business accounting software for small and medium enterprises. Accounting Software Version 1 is a FREE software package that includes standard accounting functions essential to small business operations. Like other customized software, it has features that allow users to manage inventories and keep records of purchase orders and sales data. It can also be used to organize financial reports and various account information. Discover what Accounting Software Version 1 can do for your business by clicking the button below:

> [157-D]Download
> Accounting Software Version 1

[157-A]Ace Venture Systems is a promoter of open-source software. It offers reliable business applications for more than 200 thousand users free of charge. [157-B]For comments and suggestions on Accounting Software Version 1, please complete our user feedback questionnaire by clicking here.

Ace Venture Systems사

홈	제품소개	소식	연락처

회계 소프트웨어 버전 1

[156]Ace Venture Systems사는 여러분들께 새로운 중업용 기업 회계 소프트웨어를 제공합니다. 회계 소프트버전 1은 소규모 사업 운영에 필수적인 표준 회계 기포함한 무료 소프트웨어 패키지입니다. 다른 맞춤형 소웨어처럼, 이 소프트웨어는 사용자들이 재고품을 관리ㄷ구입 주문서와 매출 자료를 기록할 수 있도록 하는 특가지고 있습니다. 이것은 재무 보고서와 다양한 계좌를 정리하는 데에도 사용될 수 있습니다. 아래의 버튼르셔서 회계 소프트웨어 버전 1이 귀사를 위해 무엇을릴 수 있는지 찾아보십시오:

> [157-D]다운로드 하기
> 회계 소프트웨어 버전 1

[157-A]Ace Venture Systems사는 개방형 소스 소프트를 장려하는 기업입니다. 당사는 20만 명 이상의 사용을 위해 신뢰할 만한 기업용 애플리케이션을 무료로 제니다. [157-B]회계 소프트웨어 버전 1에 대한 의견이나 여기를 클릭하셔서 저희의 사용자 의견 설문지에 작성십시오.

어휘
- □ **accounting** n. 회계
- □ **function** n. 기능; v. 기능하다
- □ **feature** n. 특징, 특색
- □ **financial** adj. 재무의, 재정의
- □ **complete** v. 작성하다, 완료하다; adj. 완벽한, 완료된
- □ **enterprise** n. 기업, 회사
- □ **essential** adj. 필수적인, 없어서는 안 될
- □ **inventory** n. 재고품, 재고 조사
- □ **promoter** n. 장려자, 후원자
- □ **package** n. 패키지, 꾸러미
- □ **customized** adj. 맞춤형의
- □ **order** n. 주문서, 주문
- □ **reliable** adj. 신뢰할 만한
- □ **questionnaire** n. 설문지

156
○○○○
하

What is the purpose of the Web page?

(A) To introduce accounting methods
(B) To promote a computer program
(C) To instruct users on setting up a network
(D) To gather suggestions for a new project

웹페이지의 목적은 무엇인가?

(A) 회계 방식을 소개하기 위해
(B) 컴퓨터 프로그램을 홍보하기 위해
(C) 사용자에게 통신망을 설정하는 것을 알려주기 위해
(D) 새로운 프로젝트를 위한 제안을 얻기 위해

■ **주제/목적 찾기** 글의 목적

웹페이지의 목적을 묻는 목적 찾기 문제이므로 지문의 앞부분을 주의 깊게 확인한다. 'Ace Venture Systems brings you new bus accounting software for small and medium enterprises.'에서 새로운 중소기업용 기업 회계 소프트웨어를 제공한다고 한 후, 해트웨어의 기능을 소개 및 홍보하고 있으므로 (B)가 정답이다.

바꾸어 표현하기
business accounting software 기업 회계 소프트웨어 → a computer program 컴퓨터 프로그램

어휘 method n. 방식, 방법 instruct v. 알려주다, 가르치다 gather v. 얻다, 모으다

What is NOT mentioned about Ace Venture Systems?	Ace Venture Systems사에 대해 언급되지 않은 것은?
(A) It supports the use of open-source computer programs.	(A) 개방형 소스 컴퓨터 프로그램의 사용을 지지한다.
(B) It asks for clients to give them feedback.	(B) 고객들에게 의견을 줄 것을 요청한다.
(C) It sells software on a yearly subscription basis.	(C) 소프트웨어를 연 단위 가입제로 판매한다.
(D) It provides direct downloads on its Web site.	(D) 웹사이트에서 직접 다운로드할 수 있도록 한다.

Not/True Not 문제

정답 (C)

문의 핵심 어구인 Ace Venture Systems과 관련된 내용을 지문에서 찾아 각 보기와 대조하는 Not/True 문제이다. (A)는 'Ace Venture Systems is a promoter of open-source software.'에서 Ace Venture Systems사가 개방형 소스 소프트웨어를 장려하는 기업이라고 했으므로 지문의 내용과 일치한다. (B)는 'For comments and suggestions on Accounting Software Version 1, please complete our user feedback questionnaire'에서 사용자 의견 설문지에 회계 소프트웨어 버전 1에 대한 의견이나 제안을 작성해 달라고 했으므로 지문의 내용과 일치한다. (C)는 지문에 언급되지 않은 내용이다. 따라서 (C)가 정답이다. (D)는 'Download Accounting Software Version 1'에서 직접 소프트웨어를 다운로드하도록 하고 있으므로 지문의 내용과 일치한다.

바꾸어 표현하기

promoter 장려자 → supports 지지하다

complete ~ user feedback questionnaire 사용자 의견 설문지를 작성하다 → give ~ feedback 의견을 주다

어휘 ask for phr. 요청하다 yearly adj. 연 단위의, 해마다 있는 subscription n. 가입, 구독

Questions 158-160 refer to the following article.

158-160은 다음 기사에 관한 문제입니다.

April 11—At a press conference yesterday, Jane Gomez, a representative of the city's public works department, unveiled plans for the installation of bicycle lanes on all major thoroughfares in the downtown core to improve safety for cyclists. Although Mayor Stevens was not in attendance, this project is important to him as [158]it was one of his campaign promises during the election last month.

According to Ms. Gomez, the bike lanes will cost the city just $1.2 million. This is significantly less than originally estimated. However, [159]some residents are unhappy with the project. They worry that the number of lanes available for motor vehicles will be reduced, leading to worsening traffic conditions. Ms. Gomez said that [160]the city is making a plan to address this issue and will provide additional details in May.

4월 11일—어제 기자회견에서, 시 공공사업부의 대표 Jane Gomez는 자전거 이용자의 안전을 향상하기 위해 시내 중심부의 모든 주요 도로에 대한 자전거 도로 설치 계획을 밝혔다. 비록 Stevens 시장은 참석하지 않았지만, 이 사업은 [158]지난달 선거 동안 그의 선거 공약들 중 하나였기 때문에 그에게 중요하다. Ms. Gomez에 따르면, 자전거 도로는 시에 단지 120만 달러의 비용을 요할 것이다. 이는 처음에 추정되었던 것보다 훨씬 적다. 하지만, [159]일부 주민들은 이 사업에 불만족스러워한다. 그들은 자동차가 이용 가능한 도로의 수가 줄어들 것이고, 이는 더 악화되는 교통 상황으로 이어질 것이라고 우려한다. Ms. Gomez는 [160]시에서 이 문제를 해결하기 위해 계획을 세우고 있으며 5월에 추가적인 세부 사항을 제공할 것이라고 말했다.

어휘 □ **representative** n. 대표자, 대리인   □ **public works department** phr. 공공사업부
□ **installation** n. 설치   □ **lane** n. 도로   □ **thoroughfare** n. 주요 도로
□ **in attendance** phr. 참석한   □ **campaign promise** phr. 선거 공약   □ **resident** n. 주민
□ **motor vehicle** phr. 자동차   □ **address** v. 해결하다

158

What is suggested about Mayor Stevens?

(A) He appointed a new public works manager.
(B) He attended a media event yesterday.
(C) He was recently elected.
(D) He has proposed several construction projects.

Stevens 시장에 대해 암시되는 것은?

(A) 새로운 공공사업 관리자를 임명했다.
(B) 어제 대중 매체 행사에 참석했다.
(C) 최근에 당선되었다.
(D) 몇 가지 건설 사업을 제안했다.

■ **추론** 세부 정보

질문의 핵심 어구인 Mayor Stevens에 대해 추론하는 문제이다. 'it was one of his campaign promises during the election ~ month'에서 이 사업은 지난달 선거 동안 그, 즉 Stevens 시장의 선거 공약들 중 하나였다고 했으므로, Stevens 시장이 지난달에 있었 ~ 에서 당선되었다는 사실을 추론할 수 있다. 따라서 (C)가 정답이다.

어휘 **appoint** v. 임명하다   **media** n. 대중 매체

159

What are some residents concerned about?

(A) Installation costs
(B) Public safety
(C) Property taxes
(D) Traffic congestion

일부 주민들은 무엇에 대해 우려하는가?

(A) 설치 비용
(B) 공공 안전
(C) 재산세
(D) 교통 혼잡

■ **육하원칙** What

일부 주민들이 무엇(What)에 대해 우려하는지를 묻는 육하원칙 문제이다. 질문의 핵심 어구인 some residents concerned about과 ~ 여, 'some residents are unhappy with the project. They worry that the number of lanes available for motor vehicles ~ reduced, leading to worsening traffic conditions.'에서 일부 주민들은 이 사업에 불만족스러워하며 그들은 자동차가 이용 가능한 ~ 수가 줄어들 것이고 이는 더 악화되는 교통 상황으로 이어질 것이라고 우려한다고 했으므로 (D)가 정답이다.

According to the article, what will happen in May?

(A) More information about a project will be given.
(B) Reporters will receive the results of a traffic study.
(C) A budget estimate will be revised.
(D) A mayor will hold a press conference.

기사에 따르면, 5월에 무슨 일이 일어날 것인가?

(A) 사업에 대한 더 많은 정보가 주어질 것이다.
(B) 기자들이 교통 연구의 결과를 받을 것이다.
(C) 예산 추정안이 수정될 것이다.
(D) 시장이 기자회견을 열 것이다.

육하원칙 What 　　　　　　　　　　　　　　　　　　　　　　　　　　　　　　정답 (A)

기사에 따르면 5월에 무슨(What) 일이 일어날 것인지를 묻는 육하원칙 문제이다. 질문의 핵심 어구인 happen in May와 관련하여, 'the city is making a plan to address this issue and will provide additional details in May'에서 시에서 이 문제, 즉 자전거 도로 설치 사업으로 인해 교통 상황이 악화될 수 있는 문제를 해결하기 위해 계획을 세우고 있으며 5월에 추가적인 세부 사항을 제공할 것이라고 했으므로 (A)가 정답이다.

Janice Hong　　　　　　　　　　10:03 A.M.
We've run into a complication with the sales presentation we're supposed to give this afternoon to the representatives from Alliance Plastics. I was just notified that [161]the air conditioner in the main conference room isn't working.

Devon Harris　　　　　　　　　　10:06 A.M.
What about moving the presentation to the meeting room on the second floor, then?

Grace Rhodes　　　　　　　　　　10:09 A.M.
[162-B]Alliance Plastics is sending 11 members of its management team. The room on that floor can only seat eight people comfortably. Janice, is there any possibility of getting the air conditioner running before the meeting?

Janice Hong　　　　　　　　　　10:12 A.M.
I'm afraid not. I called several repair shops, and the earliest a technician can come to our office is tomorrow at 1:00 P.M. [163]We may have to consider postponing the presentation.

Devon Harris　　　　　　　　　　10:15 A.M.
This is an important client. [163]There must be something else we can do.

Grace Rhodes　　　　　　　　　　10:16 A.M.
[164]Why don't I contact some of the city's hotels? I'm sure that at least one of them has a suitable meeting space that we could book on short notice.

Janice Hong　　　　　　　　　　10:18 A.M.
That's a great idea. Once you make a reservation, I'll call Alliance Plastics to inform them about the venue change.

Janice Hong　　　　　　　　　오전 10시
우리가 오늘 오후에 Alliance Plastics사의 대표들에게
기로 한 영업 발표와 관련해 문제에 부딪혔어요. [161]주
실에 있는 에어컨이 작동하지 않는다고 방금 통지받았어

Devon Harris　　　　　　　　　오전 10시
그러면, 2층에 있는 회의실로 발표를 옮기는 것은 어때

Grace Rhodes　　　　　　　　　오전 10시
[162-B]Alliance Plastics사는 그곳 경영팀 중 11명을 보내
예요. 그 층의 방은 8명만이 편안하게 앉을 수 있어
Janice, 회의 전에 에어컨을 작동시킬 수 있는 가능성이
올까요?

Janice Hong　　　　　　　　　오전 10시
안 될 것 같아요. 제가 몇몇 수리점에 전화했는데, 기술
우리 사무실로 올 수 있는 가장 빠른 시간은 내일 오후
예요. [163]발표를 미루는 것을 고려해야 할지도 모르겠어

Devon Harris　　　　　　　　　오전 10시
중요한 고객인걸요. [163]뭔가 우리가 할 수 있는 다른 것이
을 거예요.

Grace Rhodes　　　　　　　　　오전 10시
[164]제가 도시의 몇몇 호텔들에 연락해볼까요? 적어도
중 한 곳은 우리가 예고 없이 예약할 수 있는 적당한
공간을 분명히 가지고 있을 거예요.

Janice Hong　　　　　　　　　오전 10시
좋은 생각이에요. 당신이 예약을 하면, 제가 Allia
Plastics사에 전화해서 장소 변경에 대해 알릴게요.

어휘　□ **run into** phr. 부딪히다, 충돌하다　　□ **complication** n. 문제　　　　□ **notify** v. 통지하다
　　　□ **management** n. 경영　　　　　　　□ **comfortably** adv. 편안하게　　□ **possibility** n. 가능성
　　　□ **technician** n. 기술자　　　　　　　□ **postpone** v. 미루다　　　　　□ **suitable** adj. 적당한, 적합한
　　　□ **on short notice** phr. (충분한) 예고 없이, 갑자기

161
○○●○
∞

What problem does Ms. Hong mention?

(A) An appliance was installed incorrectly.
(B) A presentation needs to be shortened.
(C) A piece of equipment has stopped functioning.
(D) A representative arrived earlier than expected.

Ms. Hong은 어떤 문제를 언급하는가?

(A) 기기가 잘못 설치되었다.
(B) 발표가 단축되어야 한다.
(C) 장비가 작동을 멈췄다.
(D) 대표가 예상했던 것보다 일찍 도착했다.

■ **육하원칙** What

Ms. Hong이 어떤(What) 문제를 언급하는지를 묻는 육하원칙 문제이다. 질문의 핵심 어구인 problem ~ Ms. Hong mention과 관
'the air conditioner in the main conference room isn't working'에서 주 회의실에 있는 에어컨이 작동하지 않는다고 했으므로 (
답이다.

어휘　appliance n. 기기, 가전제품　function v. 작동하다

What is mentioned about the second-floor meeting room?

(A) It has been reserved by another team.
(B) Its capacity is insufficient for the group.
(C) It has been inspected by a technician recently.
(D) Its location is inconvenient for an event.

2층 회의실에 대해 무엇이 언급되었는가?

(A) 다른 팀에 의해 예약되었다.
(B) 그 단체를 위해서는 수용력이 불충분하다.
(C) 최근에 기술자에 의해 점검되었다.
(D) 행사를 위해서는 위치가 불편하다.

Not/True True 문제   정답 (B)

문의 핵심 어구인 the second-floor meeting room과 관련된 내용을 지문에서 찾아 각 보기와 대조하는 Not/True 문제이다. (A), (C),
)는 지문에 언급되지 않은 내용이다. (B)는 'Alliance Plastics is sending 11 members ~. The room on that floor can only seat
ght people comfortably.'에서 Alliance Plastics사가 11명을 보낼 것인데 그 층의 방, 즉 2층의 회의실은 8명만이 편안하게 앉을 수 있다
했으므로 지문의 내용과 일치한다. 따라서 (B)가 정답이다.

  insufficient adj. 불충분한 inspect v. 점검하다 inconvenient adj. 불편한

At 10:15 A.M., what does Mr. Harris mean when he writes,
'This is an important client'?

(A) He hopes to make a good first impression.
(B) He does not agree with a suggestion.
(C) He wants to reschedule an event.
(D) He needs to make additional preparations.

오전 10시 15분에, Mr. Harris가 "This is an important
client"라고 썼을 때 그가 의도한 것은?

(A) 좋은 첫인상을 주길 바란다.
(B) 제안에 동의하지 않는다.
(C) 행사의 일정을 변경하고 싶어 한다.
(D) 추가적인 준비를 해야 한다.

의도 파악   정답 (B)

. Harris가 의도한 것을 묻는 문제이므로, 질문의 인용어구(This is an important client)가 언급된 주변 문맥을 확인한다. 'We may have
consider postponing the presentation.'에서 Janice Hong이 발표를 미루는 것을 고려해야 할지도 모르겠다고 하자, Mr. Harris가
is an important client.'(중요한 고객인걸요)라고 한 후, 'There must be something else we can do.'에서 뭔가 할 수 있는 다른 것
있을 거라고 한 것을 통해, Mr. Harris는 발표를 미루자는 제안에 동의하지 않는다는 것을 알 수 있다. 따라서 (B)가 정답이다.

What does Ms. Rhodes offer to do?

(A) Contact some businesses in the area
(B) Notify a customer of a situation
(C) Confirm a previously made booking
(D) Visit alternative meeting venues

Ms. Rhodes는 무엇을 할 것을 제안하는가?

(A) 지역의 몇몇 사업체에 연락한다
(B) 고객에게 상황에 대해 공지한다
(C) 이전에 한 예약을 확인한다
(D) 대체 가능한 회의 장소를 방문한다

육하원칙 What   정답 (A)

. Rhodes가 무엇(What)을 할 것을 제안하는지를 묻는 육하원칙 문제이다. 질문의 핵심 어구인 Ms. Rhodes offer to do와 관련하여,
hy don't I contact some of the city's hotels?'에서 Ms. Rhodes가 도시의 몇몇 호텔들에 연락해볼 것을 제안했으므로 (A)가 정답이

A Night of Song
A concert

On December 5, French singers Pierre Chrétien and Celine Laurier will be at the Maroon Theater for [166-A]their second concert in Los Angeles, California. The event, which will begin at 7:30 P.M., will also feature French pianist Amanda Depuis as well as American soul singers Andy Red and Cindy Dawson, who will accompany Mr. Chrétien and Ms. Laurier during their performance. — [1] —. [166-C]During the concert, Ms. Laurier will be introducing her inspirational album, *Crossroads*, which was released in Paris last week. — [2] —.

Witness an extraordinary fusion of French and American artists. — [3] —. Until November 20, [165/167]those purchasing three or more early-bird tickets will receive complimentary backstage passes! — [4] —. Tickets are available at any Gatewing Ticketing outlet nationwide. They may also be purchased online at www.gatewing.com. [166-B]Recordings from both Mr. Chrétien and Ms. Laurier will be available for purchase at the venue. Call Gatewing at 1-800-555-2541 for details.

A Night of Song
콘서트

12월 5일, 프랑스 가수 Pierre Chrétien과 Ce Laurier가 [166-A]캘리포니아주 로스앤젤레스에서의 두 콘서트를 위해 Maroon 극장에 올 것입니다. 오후 7시 분에 시작할 이 행사에는 미국 소울 가수 Andy R Cindy Dawson뿐만 아니라 프랑스 피아니스트 Ama Depuis도 특별 출연할 것인데, Amanda Depuis는 중에 Mr. Chrétien과 Ms. Laurier의 반주를 할 것입 — [1] —. [166-C]콘서트 동안, Ms. Laurier는 영감을 주 녀의 앨범 *Crossroads*를 소개할 예정인데, 이 앨범은 주 파리에서 발매되었습니다. — [2] —.

프랑스와 미국인 예술가들의 색다른 융합을 확인해 보 오. — [3] —. 11월 20일까지, [165/167]세 장 이상의 사 매 티켓을 구매하신 분들은 무료 무대 뒤 출입증을 받 입니다! — [4] —. 티켓은 전국의 모든 Gatewing 티 매처에서 구매 가능합니다. 또한 www.gatewing.co 서 온라인으로 구매될 수 있습니다. [166-B]Mr. Chréti Ms. Laurier 둘 다의 앨범이 현장에서 구매 가능할 것 다. 자세한 사항은 1-800-555-2541로 Gatewing 화 주세요.

어휘　□ performance n. 공연, 연주　　　□ inspirational adj. 영감을 주는　　　□ release v. (앨범 등을) 발매하다, 발표하다
　　　□ witness v. 확인해 보다, 목격하다　　□ extraordinary adj. 색다른, 특이한　　□ fusion n. 융합, 융화
　　　□ early-bird ticket phr. 사전 구매 티켓　□ complimentary adj. 무료의, 칭찬하는　□ backstage n. 무대 뒤; adv. 무대 뒤에서
　　　□ pass n. 출입증, 통과; v. 통과하다, 지나가다　□ nationwide adj. 전국의, 전국적인　　□ recording n. 앨범, 녹음

165
○○○●
중

What is indicated about backstage passes?

(A) They must be purchased more than a month prior to the concert.
(B) They are free for those who fulfill a certain purchasing condition.
(C) They are exclusively available to concert venue employees.
(D) They will be sold at reduced prices for all of November.

무대 뒤 출입증에 대해 암시되는 것은?

(A) 콘서트 한 달보다 더 이전에 구매되어야 한다.
(B) 특정한 구매 조건을 만족시키는 사람들에게 무료
(C) 콘서트 현장 직원들만 이용 가능하다.
(D) 11월 내내 할인된 가격에 팔릴 것이다.

■ 추론 세부 정보

질문의 핵심 어구인 backstage passes에 대해 추론하는 문제이다. 'those purchasing three or more early-bird tickets will complimentary backstage passes!'에서 세 장 이상의 사전 구매 티켓을 구매한 사람들은 무료 무대 뒤 출입증을 받을 것이라고 했 무대 뒤 출입증은 특정한 구매 조건을 만족시키는 사람들에게 무료라는 사실을 추론할 수 있다. 따라서 (B)가 정답이다.

어휘　prior to phr. 전에, ~에 앞서　fulfill v. 만족시키다, 수행하다　exclusively adv. 독점적으로, 배타적으로

<table>
<tr>
<td>

What is NOT mentioned about the concert?

(A) It will take place in Los Angeles.
(B) It will have items available for sale.
(C) It will promote a new recording.
(D) It will include an autograph signing session.

</td>
<td>

콘서트에 대해 언급되지 않은 것은?

(A) 로스앤젤레스에서 열릴 것이다.
(B) 판매될 수 있는 상품들이 있을 것이다.
(C) 새 앨범을 홍보할 것이다.
(D) 사인회를 포함할 것이다.

</td>
</tr>
</table>

■ Not/True Not 문제   정답 (D)

문의 핵심 어구인 the concert와 관련된 내용을 지문에서 찾아 각 보기와 대조하는 Not/True 문제이다. (A)는 'their second concert in
Los Angeles, California'에서 캘리포니아주 로스앤젤레스에서의 두 번째 콘서트라고 했으므로 지문의 내용과 일치한다. (B)는 'Recordings
from both Mr. Chrétien and Ms. Laurier will be available for purchase at the venue.'에서 Mr. Chrétien과
Ms. Laurier의 앨범이 현장에서 구매 가능할 것이라고 했으므로 지문의 내용과 일치한다. (C)는 'During the concert, Ms. Laurier will be
introducing her inspirational album, Crossroads, which was released in Paris last week'에서 콘서트 동안
Ms. Laurier가 지난주에 발매된 자신의 앨범을 소개할 것이라고 했으므로 지문의 내용과 일치한다. (D)는 지문에 언급되지 않은 내용이다. 따라
서 (D)가 정답이다.

바꾸어 표현하기

Recordings ~ will be available for purchase 앨범들이 구매 가능할 것이다
will have items available for sale 판매될 수 있는 상품들이 있을 것이다

will be introducing ~ album ~ which was released ~ last week 지난주에 발매된 앨범을 소개할 것이다
will promote a new recording 새 앨범을 홍보할 것이다

어휘 autograph n. 사인, 서명

<table>
<tr>
<td>

In which of the positions marked [1], [2], [3], and [4] does the
following sentence best belong?

"This does not apply to regular tickets."

(A) [1]
(B) [2]
(C) [3]
(D) [4]

</td>
<td>

[1], [2], [3], [4]로 표시된 위치 중, 다음 문장이 들어갈 곳
으로 가장 적절한 것은?

"이는 일반 티켓에는 적용되지 않습니다."

(A) [1]
(B) [2]
(C) [3]
(D) [4]

</td>
</tr>
</table>

문장 위치 찾기   정답 (D)

문의 흐름상 주어진 문장이 들어가기에 가장 적절한 곳을 고르는 문제이다. 주어진 문장에서 이는 일반 티켓에는 적용되지 않는다고 했으므로,
주어진 문장이 일반 티켓에는 적용되지 않는 특별한 혜택과 관련된 내용이 나오는 부분에 들어가야 함을 알 수 있다. [4]의 앞 문장인 'those
purchasing three or more early-bird tickets will receive complimentary backstage passes!'에서 세 장 이상의 사전 구매 티켓을 구
매한 사람들은 무료 무대 뒤 출입증을 받을 것이라고 했으므로, [4]에 제시된 문장이 들어가면 사전 구매 티켓과 달리 일반 티켓을 구매한 사람들
은 무대 뒤 출입증을 무료로 받는 것이 적용되지 않는다는 자연스러운 문맥이 된다는 것을 알 수 있다. 따라서 (D)가 정답이다.

어휘 apply v. 적용되다, 해당되다, 지원하다

To: Stephen Haggerty <s.haggerty@mailbag.com>
From: Customer service <cust_serv@giftlane.com>
Subject: Your order
Date: December 8

Dear Mr. Haggerty,

We received the order you placed on our online store, some details of which are below. Unfortunately, [168]we cannot send all of the items as requested. Due to an unusually high volume of orders this holiday season, some popular items are currently unavailable for delivery before Christmas Day. We apologize for this inconvenience.

ORDER DETAILS

Quantity	Description	Status	Expected Delivery
1	Personalized bottle of rosé wine	Ready to ship	December 21
3	Chocolate gift box (assorted)	Ready to ship	December 18
1	Leather-bound journal and pen	Ready to ship	December 22
2	Decorative plant pot	Pending	December 27

To ensure at least a partial delivery of your order, [169]we can ship the first three items to the recipients at the different addresses you provided by the dates indicated above. However, in regard to the last item on the list, the earliest that the recipient can receive it would be December 27. If this is acceptable for you, then [170]you do not need to respond to this message, and we will proceed with the delivery to that address once we have the product in stock.

However, if it is important that all your gifts be delivered before December 25, then we recommend that you replace the pending item with another product from our store. [171]Click here to modify your order now. For additional information, reply to this message or call us at 555-3403.

Thank you.

Sincerely,
Margaret Hill
Customer service representative
Gift Lane

수신: Stephen Haggerty
　　<s.haggerty@mailbag.com>
발신: 고객 서비스 <cust_serv@giftlane.com>
제목: 귀하의 주문
날짜: 12월 8일

Mr. Haggerty께,

저희는 온라인 상점에서 해주신 귀하의 주문을 받았고 세부 사항이 아래에 있습니다. 안타깝게도, [168]저희는 요청 받은 대로 모든 상품들을 보낼 수가 없습니다. 이번 연휴 기간의 유별나게 많은 주문량으로 인해, 현재 몇몇 인기 상품들이 크리스마스 이전에 배송될 수 없습니다. 저희는 이 불편에 대해 사과드립니다.

주문 세부 사항

수량	설명	상태	예상 배송
1	개별 맞춤 로제 와인 한 병	발송 준비됨	12월 21
3	초콜릿 선물 상자 (여러 종류)	발송 준비됨	12월 18
1	가죽 제본 일기장과 펜	발송 준비됨	12월 22
2	장식 식물 화분	보류됨	12월 27

적어도 주문의 일부가 반드시 발송되도록 하기 위해, 저희는 첫 세 개의 물품들을 위에서 명시된 일자까지 귀하가 제공한 각기 다른 주소로 수취인들에게 배송할 수 있습니다. 그러나, 목록에 있는 마지막 물품과 관련해, 수취인이 그것을 받을 수 있는 가장 빠른 일자는 12월 27일입니다. 만일 귀하가 이것을 받아들인다면, [170]이 메시지에 답신하지 않으셔도 되며, 물품 재고가 생기면 그 주소로 배송을 할 것입니다.

그러나, 만일 12월 25일 이전에 귀하의 모든 선물들이 배송되는 것이 중요하다면, 보류된 상품을 저희 상점의 다른 상품으로 변경하기를 권해 드립니다. [171]지금 주문을 변경하려면 여기를 클릭하십시오. 추가적인 정보를 위해서는, 이 메시지에 답신하거나 555-3403으로 전화해 주십시오.

감사합니다.

Margaret Hill 드림
고객 서비스 직원
Gift Lane사

어휘　□ **unfortunately** adv. 안타깝게도, 불행히도　　□ **volume** n. 양, 부피　　□ **quantity** n. 수량, 양
　　　□ **status** n. 상태, 지위　　□ **rosé wine** phr. 로제 와인　　□ **assorted** adj. 여러 종류의, 다채로운
　　　□ **leather-bound** adj. 가죽 제본의　　□ **pending** adj. 보류된, 미결정의　　□ **acceptable** adj. 받아들일 수 있는
　　　□ **stock** n. 재고, 주식　　□ **replace** v. 변경하다, 대체하다　　□ **modify** v. 변경하다, 수정하다

What is the problem with Mr. Haggerty's order?	Mr. Haggerty의 주문의 문제는 무엇인가?
(A) A technical error occurred on a Web site.	(A) 웹사이트에서 기술적 오류가 발생했다.
(B) It contained the wrong products.	(B) 잘못된 물품을 포함했다.
(C) A requested item is not readily available.	(C) 요청받은 물품을 쉽게 구할 수 없다.
(D) It is missing important delivery details.	(D) 중요한 배송 세부 사항이 누락되었다.

육하원칙 What · 정답 (C)

Mr. Haggerty의 주문의 문제가 무엇인지(What)를 묻는 육하원칙 문제이다. 질문의 핵심 어구인 the problem with Mr. Haggerty's order와 관련하여, 'we cannot send all of the items as requested. Due to an unusually high volume of orders ~ some popular items are currently unavailable for delivery'에서 요청받은 대로 모든 상품들을 보낼 수 없고 주문량이 많아 몇몇 인기 상품들이 배송될 수 없다고 했으므로 (C)가 정답이다.

What is indicated about Mr. Haggerty?	Mr. Haggerty에 대해 암시되는 것은?
(A) He ordered one of every item.	(A) 모든 물품을 하나씩 주문했다.
(B) He purchased a bottle of wine for himself.	(B) 자신을 위해 와인 한 병을 구매했다.
(C) He is sending items to different recipients.	(C) 여러 수취인들에게 물품을 보내고 있다.
(D) He has shopped with Gift Lane in the past.	(D) 과거에 Gift Lane사에서 구매한 적이 있다.

추론 세부 정보 · 정답 (C)

질문의 핵심 어구인 Mr. Haggerty에 대해 추론하는 문제이다. 'we can ship the first three items to the recipients at the different addresses you provided'에서 Gift Lane사는 귀하, 즉 Mr. Haggerty가 제공한 각기 다른 주소들로 세 가지 물품을 배송할 수 있다고 했으므로 Mr. Haggerty가 각 물품을 여러 사람들에게 보내고 있음을 추론할 수 있다. 따라서 (C)가 정답이다.

What will happen if Mr. Haggerty does not answer the e-mail?	Mr. Haggerty가 이메일에 답변하지 않는다면 어떤 일이 일어날 것인가?
(A) An order will be canceled.	(A) 주문이 취소될 것이다.
(B) A delivery will proceed.	(B) 배송이 진행될 것이다.
(C) An extra charge will be incurred.	(C) 추가 비용이 발생할 것이다.
(D) A special offer will be voided.	(D) 특별 할인이 무효화될 것이다.

육하원칙 What · 정답 (B)

Mr. Haggerty가 이메일에 답변하지 않는다면 어떤(What) 일이 일어날 것인지를 묻는 육하원칙 문제이다. 질문의 핵심 어구인 happen if Mr. Haggerty does not answer the e-mail과 관련하여 'you do not need to respond to this message, and we will proceed with the delivery'에서 이 메시지에 답신하지 않아도 배송을 진행할 것이라고 했으므로 (B)가 정답이다.

incur v. 발생하다, 초래하다   void v. 무효화하다; adj. 무효의, 텅 빈

What should Mr. Haggerty do if he wishes to replace an item?	만일 Mr. Haggerty가 물품을 바꾸기 원한다면 무엇을 해야 하는가?
(A) Wait for further instructions	(A) 추가 설명을 기다린다
(B) Call the company hotline	(B) 회사 상담 전화에 연락한다
(C) Follow a link to a Web site	(C) 웹사이트의 링크를 따라간다
(D) Send a message to customer service	(D) 고객 서비스에 메시지를 보낸다

육하원칙 What · 정답 (C)

Mr. Haggerty가 물품을 바꾸기 원한다면 무엇(What)을 해야 하는지를 묻는 육하원칙 문제이다. 질문의 핵심 어구인 Mr. Haggerty do ~ to replace an item과 관련하여, 'Click here to modify your order now.'에서 주문을 변경하기 위해 링크를 클릭하라고 했으므로 (C)가 정답이다.

Lester Beebe Hits Stage in South Bend
By Adam Brown

172/173-CA musical version of Michelle Gable's novel *The Triumph of Lester Beebe* is set to premiere next month on May 22. — [1] —. 173-DSet in South Bend, the show is the story of a teenage boy who is the son of an automobile factory worker in the 1960s. 173-B/175The book became a favorite of young adult readers when it was first printed in 1968. — [2] —.

Producers Todd Carlisle and Emma Wright were not even born when the book was first released but say they identified with Lester Beebe's adolescent struggles when they first read the story. "Lester Beebe isn't just a teenager from South Bend," says Carlisle, "he could be a young person from anywhere." In addition to being the show's producers, Carlisle and Wright manage the Eden Playhouse in South Bend. — [3] —. According to Wright, the area is not well-known for musical productions, but she hopes *The Triumph of Lester Beebe* will change that. "Todd and I are also counting on local interest to help in building an audience for the show," she said.

Playing the role of Beebe is actor Henry Thomas. Veteran performer Neil Chandler plays his father, while the roles of Beebe's sisters, Mandy and Corinne, will be realized by Stephanie O'Connor and Audrey Blanco. 173-AFollowing the run in South Bend, Carlisle and Wright will take the show to New York in August for its Broadway debut. — [4] —. Tickets for the South Bend show are on sale now through the Eden Playhouse at 555-0493.

Lester Beebe가 사우스벤드에서 무대에 오르다
Adam Brown 작성

172/173-CMichelle Gable의 소설 *Triumph of Les Beebe*의 뮤지컬 버전이 다음 달 5월 22일에 초연을 할 정이다. — [1] —. 173-D사우스벤드를 배경으로 한 그 공은 1960년대 자동차 공장 노동자의 아들인 10대 소년의 야기이다. 173-B/175그 책은 1968년에 처음 출판되었을 때 은 성인 독자들 사이에서 인기를 얻게 되었다. — [2] —.

제작자인 Todd Carlisle과 Emma Wright는 책이 처출판되었을 때 심지어 태어나지도 않았었지만, 그들은 이야기를 읽었을 때 Lester Beebe의 청소년기의 분동질감을 갖게 되었다고 말한다. "Lester Beebe는 단사우스벤드의 10대 소년이 아닙니다," Carlisle이 말"그는 모든 곳의 젊은이들이 될 수 있습니다." CarliseWright는 공연의 제작자일 뿐만 아니라 사우스벤Eden 극장을 운영한다. — [3] —. Wright에 따르면지역은 뮤지컬 작품으로 잘 알려져 있지 않지만, 그 *Triumph of Lester Beebe*가 그것을 변화시키길 희다. "Todd와 저는 또한 그 공연에 관객을 끌어모으는도울 지역의 관심을 기대하고 있습니다."라고 그녀가다.

Beebe 역할을 연기하는 배우는 Henry Thomas이다테랑 연기자인 Neil Chandler가 그의 아버지 역할인 Beebe의 여자 형제들인 Mandy와 CorinnStephanie O'Connor와 Audrey Blanco에 의해 묘것이다. 173-A사우스벤드에서의 공연 후에, CarlisWright는 8월에 뉴욕에서 브로드웨이 데뷔를 위해 그을 할 것이다. — [4] —. 사우스벤드 공연을 위한 타555-0493에서 Eden 극장을 통해 지금 판매되고 있다

어휘 □ be set to phr. ~할 예정이다
□ identify with phr. ~에 동질감을 갖다
□ playhouse n. 극장
□ role n. 역할, 배역

□ premiere v. 초연하다; n. 초연
□ adolescent adj. 청소년기의; n. 청소년
□ count on phr. ~에 기대하다, 의지하다
□ run n. (연극·영화 등의) 공연, 흥행

□ release v. 출판하다, 발매하다, 공개하다
□ struggle n. 분투, 싸움
□ play v. 연기하다, 연주하다, 게임하다

172
○○○●
하

What is the article mainly about?

(A) A musical performer's return to the stage
(B) An upcoming theatrical production
(C) A grand opening for a play venue
(D) An adaptation of an author's biography

기사는 주로 무엇에 관한 것인가?

(A) 뮤지컬 배우의 무대 복귀
(B) 곧 있을 공연 작품
(C) 공연 장소의 대 개장
(D) 한 작가의 자서전 각색

■ 주제/목적 찾기 글의 주제

기사가 주로 무엇에 대한 것인지를 묻는 주제 찾기 문제이므로 지문의 앞부분을 주의 깊게 확인한다. 'A musical version of M Gable's novel *The Triumph of Lester Beebe* is set to premiere next month on May 22.'에서 소설을 바탕으로 한 뮤지컬이 5월 22일이라고 한 후, 뮤지컬의 세부 사항에 관해 이야기하고 있으므로 (B)가 정답이다.

바꾸어 표현하기
musical version of ~ novel 소설의 뮤지컬 버전 → theatrical production 공연 작품

어휘 return n. 복귀, 돌아옴; v. 돌아오다 venue n. 장소, 현장 adaptation n. 각색, 적응 biography n. 자서전

What is NOT indicated about *The Triumph of Lester Beebe*?

(A) It had a successful run in New York.
(B) It was popular with some youth in the 1960s.
(C) It has been modified into a musical show.
(D) It is based in South Bend.

*Triumph of Lester Beebe*에 대해 언급되지 않은 것은?

(A) 뉴욕에서 성공적인 공연을 했다.
(B) 1960년대의 몇몇 젊은이들 사이에서 인기가 있었다.
(C) 뮤지컬 공연으로 각색되었다.
(D) 사우스벤드를 기반으로 한다.

Not/True Not 문제
정답 (A)

문의 핵심 어구인 *The Triumph of Lester Beebe*와 관련된 내용을 지문에서 찾아 각 보기와 대조하는 Not/True 문제이다. (A)는 'following the run in South Bend ~ will take the show to New York in August'에서 사우스벤드에서의 공연 후 8월에 뉴욕에서 공연을 할 것이라고 했으므로 지문의 내용과 일치하지 않는다. 따라서 (A)가 정답이다. (B)는 'The book became a favorite of young adult readers when it was first printed in 1968.'에서 책이 1968년에 처음 출판되었을 때 젊은 성인 독자들 사이에서 인기를 얻게 되었다고 했으므로 지문의 내용과 일치한다. (C)는 'A musical version of Michelle Gable's novel ~.'에서 Michelle Gable의 소설의 뮤지컬 버전이라고 했으므로 지문의 내용과 일치한다. (D)는 'Set in South Bend'에서 사우스벤드를 배경으로 한다고 했으므로 지문의 내용과 일치한다.

꾸어 표현하기
ecame a favorite of young adult readers 젊은 성인 독자들 사이에서 인기를 얻었다
was popular with some youth 젊은이들 사이에서 인기가 있었다
et in south Bend 사우스벤드를 배경으로 하다 → is based in South Bend 사우스벤드를 기반으로 하다

The word "realized" in paragraph 3, line 2, is closest in meaning to

(A) caused
(B) depicted
(C) clarified
(D) discovered

3문단 두 번째 줄의 단어 "realized"는 의미상 ~와 가장 가깝다.

(A) 초래되다
(B) 묘사되다
(C) 분명해지다
(D) 발견되다

동의어
정답 (B)

alized를 포함하는 구절 'the roles of Beebe's sisters ~ will be realized by Stephanie O'Connor and Audrey Blanco'에서 alized가 '묘사되다'라는 뜻으로 사용되었는데, 이는 곧 인물이 연기자에 의해 실현된다는 의미이므로, '묘사되다'라는 뜻을 가진 (B)가 정답다.

In which of the positions marked [1], [2], [3], and [4] does the following sentence best belong?

"Its popularity earned it widespread acclaim and, ultimately, translation into 32 languages."

(A) [1]
(B) [2]
(C) [3]
(D) [4]

[1], [2], [3], [4]로 표시된 위치 중, 다음 문장이 들어갈 곳으로 가장 적절한 것은?

"그 인기는 그것이 대폭적인 찬사를 받아 결국 32개 언어로 번역되게 했다."

(A) [1]
(B) [2]
(C) [3]
(D) [4]

문장 위치 찾기
정답 (B)

문의 흐름상 주어진 문장이 들어가기에 가장 적절한 곳을 고르는 문제이다. 주어진 문장에서 그, 즉 책의 인기는 그것이 대폭적인 찬사를 받아 국 32개 언어로 번역되게 했다고 했으므로, 이 문장이 작품이 인기를 얻는 내용이 나오는 부분에 들어가야 함을 알 수 있다. [2]의 앞 문장인 e book became a favorite of young adult readers when it was first printed in 1968.'에서 그 책이 젊은 성인 독자들 사이에서 인 를 얻게 되었다고 했으므로, [2]에 제시된 문장이 들어가면 젊은 성인 독자들 사이에서의 인기로 인해 책이 찬사를 받아 결국 32개 언어로 번역 었다는 자연스러운 문맥이 된다는 것을 알 수 있다. 따라서 (B)가 정답이다.

popularity n. 인기, 대중성, 유행   acclaim n. 찬사, 칭찬   ultimately adj. 결국, 궁극적으로

지문 1

Group Fitness Keeps Santiago Moving
By Raymond Wong
February 16

As the long winter grinds on, it is easy to forget about your New Year's resolution. But according to local gym owners, more people than ever are sticking to their fitness goals this year. The secret? Santiago residents are enrolling in group fitness classes in record numbers, and working out together is keeping them motivated.

Traditionally, the main drawback to group fitness has been its relatively high price. But [176/177]this past winter, several affordable fitness centers, including Exercise Nation, greatly expanded their selection of group classes. [177]They now offer everything from kickboxing to yoga, with varying options for people of every fitness level.

[178]"I actually upgraded my membership so that I could go to as many classes as I wanted," said Millie Rhys, a university student and Exercise Nation gym member for the past two years. "I used to just come here to lift a few weights and ride the stationary bike, but the classes have made going to the gym exciting."

지문 2

DON'T WAIT TO GET FIT!

Exercise Nation offers a wide range of group classes. All members are entitled to one free class per week. Gold and Gold-plus members get two and three free classes each week, respectively. [178]Diamond members receive unlimited class passes and access to our advanced HIIT program. Visit us at www.exercisenation.com/classes to see which ones fit into your schedule.

Not yet a member? No problem! [180-B]Join now for a low price starting at $20 a month.* Get access to our trainers, nutritionists, top-quality equipment, and more!

[179]Sign up in March and receive a free gym bag and water bottle.
We're open 7 days a week from 5 A.M. until 10 P.M.

*A one-time $15 registration fee is applied to the first payment. [180-A]Members are required to sign a 12-month contract that renews automatically.

그룹 피트니스 산티아고를 움직이게 하다
Raymond Wong 기자
2월 16일

긴 겨울이 이어지면서, 새해 다짐에 대해 잊기 쉽다. 그 지역 체육관 주인들에 따르면, 올해 그 어느 때보다 더 사람들이 그들의 건강 목표를 고수하고 있다. 그 비결은 티아고 주민들은 기록적인 숫자로 그룹 피트니스 수업○ 록하고 있으며, 함께 운동하는 것이 그들에게 동기를 하고 있다.

통상적으로, 그룹 피트니스의 주요 단점은 상대적으로 가격이었다. 그러나 [176/177]지난겨울, Exercise Nation 함한 몇몇 저렴한 피트니스 센터들이 그룹 수업의 종 크게 확대했다. [177]그들은 이제 킥복싱에서부터 요가에 기까지 모든 것을 제공하며, 모든 피트니스 수준의 사 을 위한 다양한 선택권이 있다.

[178]"저는 사실 제가 원하는 만큼 많은 수업에 갈 수 있 제 회원권을 업그레이드했어요."라고 대학생이자 지난 동안 Exercise Nation 체육관 회원인 Millie Rhys가 다. "저는 단지 역기를 몇 개 들고 실내 자전거를 타기 여기에 오곤 했지만, 수업들은 체육관에 가는 것을 신 해주었습니다."

건강해지는 것을 미루지 마세요!

Exercise Nation은 다양한 종류의 그룹 수업을 제공 다. 모든 회원은 일주일에 한 번 무료 수업의 자격이 있 다. 골드 회원과 골드 플러스 회원들은 매주, 각각 2호 회의 무료 수업을 받습니다. [178]다이아몬드 회원들은 두 수업 이용권을 받고 저희의 고급 HIIT 프로그램을 수 있습니다. www.exercisenation.com/classes를 하여 어떤 수업이 일정에 맞는지 확인해 보세요.

아직 회원이 아니신가요? 문제없어요! [180-B]한 달에 2 부터 시작하는 저렴한 가격으로 지금 가입하세요.* 저 트레이너들, 영양사들, 최고 품질의 장비, 그리고 더 많 을 이용하세요!

[179]3월에 가입하고 무료 운동용 가방과 물통을 받으세 저희는 오전 5시부터 오후 10시까지 주 7일 영업합니

*첫 결제에는 15달러의 등록비가 1회 적용됩니다. [1 원들은 자동으로 갱신되는 12개월 계약에 서명해야 힙

지문 1
- □ grind on phr. (불쾌한 일이 오래) 이어지다
- □ enroll v. 등록하다
- □ drawback n. 단점
- □ weight n. 역기, 무게

- □ resolution n. 다짐, 결심
- □ record adj. 기록적인
- □ selection n. 종류, 선택
- □ stationary bike phr. 실내 자전거

- □ stick to phr. ~을 고수하다
- □ motivate v. 동기를 부여하다
- □ varying adj. 다양한

지문 2
- □ fit adj. 건강한
- □ renew v. 갱신되다, 갱신하다

- □ respectively adv. 각각

- □ nutritionist n. 영양사

According to the article, what happened last winter?

(A) A product price was lowered.
(B) A workout facility was expanded.
(C) Some new offerings became available.
(D) Some gym equipment was delivered.

기사에 따르면, 지난겨울에 무슨 일이 있었는가?

(A) 제품의 가격이 인하되었다.
(B) 운동 시설이 확장되었다.
(C) 몇몇 새로운 상품이 이용 가능해졌다.
(D) 몇몇 체육관 장비가 배달되었다.

■ 육하원칙 What　　　　　　　　　　　　　　　　　　정답 (C)

기사에 따르면 지난겨울에 무슨(what) 일이 있었는지를 묻는 육하원칙 문제이므로 첫 번째 지문인 기사에서 관련 내용을 확인한다. 기사의 'this last winter, several affordable fitness centers ~ greatly expanded their selection of group classes'에서 지난겨울 몇몇 저렴한 피트니스 센터들이 그룹 수업의 종류를 크게 확대했다고 했으므로 (C)가 정답이다.

어휘 facility n. 시설 offering n. 상품, 제공된 것

What does the article suggest about Exercise Nation?

(A) It provides student discounts.
(B) It has received positive online reviews.
(C) It accommodates members of varying capabilities.
(D) It has been in operation for two years.

기사는 Exercise Nation에 대해 무엇을 암시하는가?

(A) 학생 할인을 제공한다.
(B) 긍정적인 온라인 후기를 받았다.
(C) 다양한 역량의 회원들을 수용한다.
(D) 2년 동안 영업해 왔다.

■ 추론 세부 정보　　　　　　　　　　　　　　　　　　정답 (C)

질문의 핵심 어구인 Exercise Nation에 대해 추론하는 문제이므로 첫 번째 지문인 기사에서 관련 내용을 확인한다. 기사의 '~, several affordable fitness centers, including Exercise Nation, greatly expanded their selection of group classes. They now offer everything from kickboxing to yoga, with varying options for people of every fitness level.'에서 Exercise Nation을 포함한 몇몇 저렴한 피트니스 센터들이 그룹 수업의 종류를 크게 확대했는데, 그들은 이제 킥복싱에서부터 요가에 이르기까지 모든 것을 제공하며 모든 피트니스 수준의 사람들을 위한 다양한 선택권이 있다고 했으므로 Exercise Nation이 다양한 역량의 회원들을 수용한다는 사실을 추론할 수 있다. 따라서 (C)가 정답이다.

바꾸어 표현하기

varying options for people of every fitness level 모든 피트니스 수준의 사람들을 위한 다양한 선택권
→ accommodates members of varying capabilities 다양한 역량의 회원들을 수용하다

어휘 accommodate v. 수용하다, 충족하다 capability n. 역량, 능력 operation n. 영업

What can be inferred about Ms. Rhys?

(A) She has a Diamond membership.
(B) She was not charged a sign-up fee.
(C) She wants to take HIIT classes.
(D) She prefers working out alone.

Ms. Rhys에 대해 추론될 수 있는 것은?

(A) 다이아몬드 회원권이 있다.
(B) 가입비를 청구받지 않았다.
(C) HIIT 수업을 듣고 싶어 한다.
(D) 혼자 운동하는 것을 선호한다.

■ 추론 연계 문제　　　　　　　　　　　　　　　　　　정답 (A)

두 지문의 내용을 종합적으로 확인한 후 추론해서 풀어야 하는 연계 문제이다. 질문의 핵심 어구인 Ms. Rhys가 언급된 기사를 먼저 확인한다.

단서 1 첫 번째 지문(기사)의 '"I actually upgraded my membership so that I could go to as many classes as I wanted," said Millie Rhys, ~ Exercise Nation gym member ~.'에서 Exercise Nation 체육관 회원인 Millie Rhys가 "저는 사실 제가 원하는 만큼 많은 수업에 갈 수 있도록 제 회원권을 업그레이드했어요."라고 말했다고 했다. 그런데 원하는 만큼 많은 수업에 갈 수 있는 회원권이 어떤 회원권인지 제시되지 않았으므로 광고에서 관련 내용을 확인한다.

단서 2 두 번째 지문(광고)의 'Diamond members receive unlimited class passes ~.'에서 다이아몬드 회원들은 무제한 수업 이용권을 받는다는 사실을 확인할 수 있다.

두 단서를 종합할 때, Ms. Rhys는 원하는 만큼 많은 수업에 갈 수 있도록 무제한 수업 이용권을 받는 다이아몬드 회원권으로 업그레이드했다는 사실을 추론할 수 있다. 따라서 (A)가 정답이다.

어휘 charge v. 청구하다 sign-up n. 가입, 등록

○○○●
중

What will take place in March?

(A) A seasonal sale
(B) A registration promotion
(C) A sporting event
(D) A gym opening

3월에 무엇이 있을 것인가?

(A) 시즌 세일
(B) 등록 판촉행사
(C) 스포츠 경기
(D) 체육관 개관

■ **육하원칙** What 정탑

3월에 무엇(What)이 있을 것인지를 묻는 육하원칙 문제이므로 질문의 핵심 어구인 take place in March와 관련된 내용이 언급된 두 번째 지문인 광고에서 관련 내용을 확인한다. 광고의 'Sign up in March and receive a free gym bag and water bottle.'에서 3월에 가입하면 무료 운동용 가방과 물통을 받으라고 했으므로 (B)가 정답이다.

어휘 promotion n. 판촉행사, 홍보

○○○○●
하

What is true about a gym membership?

(A) It lasts for one year.
(B) It can be upgraded for $20.
(C) It includes private training sessions.
(D) It can be renewed on a Web site.

체육관 회원권에 대해 사실인 것은?

(A) 1년 동안 지속된다.
(B) 20달러로 업그레이드할 수 있다.
(C) 개인 트레이닝 시간을 포함한다.
(D) 웹사이트에서 갱신할 수 있다.

■ **Not/True** True 문제 정탑

질문의 핵심 어구인 gym membership과 관련된 내용을 지문에서 찾아 각 보기와 대조하는 Not/True 문제이므로 체육관 회원권과 관련된 내용이 언급된 두 번째 지문인 광고를 확인한다. (A)는 'Members are required to sign a 12-month contract that renews automatically.'에서 회원들은 자동으로 갱신되는 12개월 계약에 서명해야 한다고 했으므로 지문의 내용과 일치한다. 따라서 (A)가 정답이다. (B)는 'Join now for a low price starting at $20 a month.'에서 한 달에 20달러부터 시작하는 저렴한 가격으로 지금 가입하라고는 했지만 20달러로 회원권을 업그레이드할 수 있는지는 언급되지 않았으므로 지문의 내용과 일치하지 않는다. (C)와 (D)는 지문에 언급되지 않은 내용이다.

See Bristol with City Ago!

If you're visiting Bristol, City Ago has all your transportation and logistical needs covered. Whether you are a solo traveller returning to your favourite spots or a first-time visitor arriving with a big group, we have all the vehicles and the knowledge you need.

Available types of transportation:

- [183]Bicycle: 1 passenger each, £3 per hour(3-hour minimum)*
- Motorized scooter: up to 2 passengers each, £10 per hour(4-hour minimum)*
- Car: up to 5 passengers each, £100 per day(minimum), driver must be at least 25 years old
- Minibus: up to 15 passengers each, £550 per day (minimum), driver must be over 25 years old and have a valid commercial driver's licence

*helmet required

Each transportation option can be arranged with or without a guided tour. If you need some more help getting started, our services also include custom trip itineraries, dining and accommodation bookings, and more. To make a reservation, visit www.cityago.com/reservations and submit a request form. [182]Please also read our terms and conditions at www. cityago.com/t&c along with information regarding accident and damage liability before completing a reservation.

To: Reservations <reservations@cityago.com>
From: Craig Black <cblack@duncanarchitects.com>
Subject: Request Update
Date: 20 June

[184-C/D]Thank you again for confirming my reservation for Sunday, 29 June. However, [183]I'd like to make a change to my original request. We'd actually prefer motorized scooters. We'll still be renting the vehicles for four hours. We will now require two scooters.

Also, [184-D/185]I was wondering if you knew of a shortcut from the old quarter to the Bristol Museum of History. [185]We're looking for a more direct route and one which won't take us onto major roads.

Regards,
Craig Black

City Ago사와 함께 브리스틀을 구경하세요!

브리스틀을 방문하신다면, City Ago사가 당신의 교통 및 수송 수요를 모두 충족시켜 드립니다. 당신이 좋아하는 장소로 돌아오는 단독 여행자이든 대규모 일행과 함께 도착하는 첫 방문객이든, 저희는 당신이 필요로 하는 모든 차량과 지식을 가지고 있습니다.

사용 가능한 교통수단 종류:

- [183]자전거: 각 1인승, 시간당 3파운드(최소 3시간)*
- 전동 스쿠터: 각 최대 2인승, 시간당 10파운드(최소 4시간)*
- 승용차: 각 최대 5인승, 1일(최소) 100파운드, 운전자는 적어도 25세여야 함
- 미니버스: 각 최대 15인승, 1일(최소) 550파운드, 운전자는 25세 이상이어야 하며 유효한 상용 운전 면허증을 소지해야 함

*헬멧 필수

각 교통수단 옵션은 안내 관광과 함께 또는 없이 준비될 수 있습니다. 시작하는 데 도움이 더 필요하시면, 저희 서비스는 또한 맞춤 여행 일정, 식사 및 숙박 예약, 그리고 더 많은 것을 포함합니다. 예약을 하려면, www.cityago.com/reservations를 방문하여 신청 양식을 제출하십시오. [182]또한 예약을 완료하기 전에 www.cityago.com/t&c에서 사고 및 손해 배상 책임에 대한 정보와 함께 저희 약관을 읽어보시길 바랍니다.

수신: 예약 <reservations@cityago.com>
발신: Craig Black <cblack@duncanarchitects.com>
제목: 신청 업데이트
날짜: 6월 20일

[184-C/D]6월 29일 일요일을 위한 제 예약을 확정해 주셔서 다시 한번 감사드립니다. 하지만, [183]저는 제 기존 신청을 변경하고 싶습니다. 사실 전동 스쿠터가 더 낫겠어요. 차량은 여전히 4시간 동안 대여하겠습니다. 저희는 이제 스쿠터 두 대가 필요할 것입니다.

또한, [184-D/185]구시가지로부터 브리스틀 역사박물관으로 가는 지름길을 아시는지 궁금합니다. [185]저희는 더 직행이고 주요 도로로 가지 않을 경로를 찾고 있습니다.

Craig Black 드림

□ **logistical** adj. 수송의, 물류의 □ **cover** v. 충족하다, 덮다 □ **motorized** adj. 전동의

□ **valid** adj. 유효한, 타당한 □ **commercial** adj. 상용의, 상업의 □ **custom** adj. 맞춤의

□ **itinerary** n. 일정, 일정표 □ **terms and conditions** phr. 약관, 조건 □ **liability** n. (법적) 책임

지문 2 □ **shortcut** n. 지름길 □ **old quarter** phr. 구시가지

181

In the brochure, the word "spots" in paragraph 1, line 2, is closest in meaning to

(A) locations
(B) flaws
(C) patches
(D) views

브로슈어에서, 1문단 두 번째 줄의 단어 "spots"는 의 -와 가장 가깝다.

(A) 위치
(B) 결함
(C) 얼룩
(D) 관점

■ **동의어**

첫 번째 지문인 브로슈어의 spots를 포함하는 구절 'you are a solo traveller returning to your favourite spots'에서 spots가 '장소 뜻으로 사용되었다. 따라서 '위치'라는 뜻을 가진 (A)가 정답이다.

182

What does City Ago recommend that customers do?

(A) Hire transportation from an airport
(B) Check a Web site for discount deals
(C) Pack protective equipment
(D) Go over an accountability policy

City Ago사는 고객들에게 무엇을 하도록 권장하는가?

(A) 공항에서 교통수단을 빌린다
(B) 할인 거래를 위해 웹사이트를 확인한다
(C) 보호용 장비를 챙긴다
(D) 책임 정책을 검토한다

■ **육하원칙** What

City Ago사가 고객들에게 무엇(What)을 하도록 권장하는지를 묻는 육하원칙 문제이므로 City Ago사가 언급된 첫 번째 지문인 브로슈 관련 내용을 확인한다. 브로슈어의 'Please ~ read ~ information regarding accident and damage liability before comple reservation.'에서 예약을 완료하기 전에 사고 및 손해 배상 책임에 대한 정보를 읽어보길 바란다고 했으므로 (D)가 정답이다.

바꾸어 표현하기

read ~ information regarding accident and damage liability 사고 및 손해 배상 책임에 대한 정보를 읽어보다
→ Go over an accountability policy 책임 정책을 검토하다

어휘 **hire** v. 빌리다, 고용하다 **pack** v. (짐을) 챙기다, 싸다 **protective** adj. 보호용의 **go over** phr. 검토하다 **accountability** n. 책임

What most likely did Mr. Black originally book?

(A) Bicycle
(B) Motorized scooter
(C) Car
(D) Minibus

Mr. Black은 원래 무엇을 예약한 것 같은가?	
(A) 자전거	
(B) 전동 스쿠터	
(C) 승용차	
(D) 미니버스	

추론 연계 문제 　　　　　　　　　　　　　　　　　　　　　　　　　　　　　　　정답 (A)

지문의 내용을 종합적으로 확인한 후 추론해서 풀어야 하는 연계 문제이다. 질문의 핵심 어구인 Mr. Black이 작성한 이메일을 먼저 확인한다.
서1 두 번째 지문(이메일)의 'I'd like to make a change to my original request. We'd actually prefer motorized scooters. We'll
l be renting the vehicles for four hours.'에서 Mr. Black이 기존 신청을 변경하고 싶은데 사실 전동 스쿠터가 더 낫겠다고 하며, 차량은
전히 4시간 동안 대여하겠다고 했다. 그런데 어떤 차량이 4시간 동안 대여 가능한지 제시되지 않았으므로 브로슈어에서 관련 내용을 확인한다.
서2 첫 번째 지문(브로슈어)의 'Bicycle: ~ £3 per hour(3-hour minimum)'에서 자전거가 시간당 3파운드이며 최소 3시간인 것을 확인할
있다.
단서를 종합할 때, Mr. Black은 전동 스쿠터로 변경하기 전에도 차량을 4시간 동안 대여하려고 했으므로, 전동 스쿠터 외에 최소 시간 요건이
간 이하인 유일한 차량인 자전거를 원래 예약했다는 사실을 추론할 수 있다. 따라서 (A)가 정답이다.

What is true about Mr. Black?

(A) He changed the date of a booking.
(B) He made a reservation a week ago.
(C) He is waiting for a confirmation message.
(D) He will be visiting Bristol on a Sunday.

Mr. Black에 대해 사실인 것은?	
(A) 예약 날짜를 변경했다.	
(B) 일주일 전에 예약했다.	
(C) 확정 메시지를 기다리고 있다.	
(D) 브리스틀을 일요일에 방문할 것이다.	

Not/True True 문제 　　　　　　　　　　　　　　　　　　　　　　　　　　　　　정답 (D)

문의 핵심 어구인 Mr. Black과 관련된 내용을 지문에서 찾아 각 보기와 대조하는 Not/True 문제이므로 Mr. Black이 작성한 두 번째 지문인
메일에서 관련 내용을 확인한다. (A)와 (B)는 지문에 언급되지 않은 내용이다. (C)는 'Thank you again for confirming my reservation
에서 자신의 예약을 확정해 주어서 다시 한번 감사하다고 했으므로 지문의 내용과 일치하지 않는다. (D)는 '~ my reservation for Sunday,
June.'에서 6월 29일 일요일을 위한 예약이라고 했고, 'I was wondering if you knew of a shortcut ~ to the Bristol Museum of
story'에서 브리스틀 역사박물관으로 가는 지름길을 아는지 궁금하다고 했으므로 지문의 내용과 일치한다. 따라서 (D)가 정답이다.

What does Mr. Black ask City Ago to do?

(A) Give directions to a building
(B) Repair a damaged scooter
(C) Extend the length of a rental
(D) Supply a guided tour

Mr. Black은 City Ago사에 무엇을 해달라고 요청하는가?	
(A) 건물로 가는 길을 안내한다	
(B) 망가진 스쿠터를 수리한다	
(C) 대여 기간을 연장한다	
(D) 안내 관광을 제공한다	

육하원칙 What 　　　　　　　　　　　　　　　　　　　　　　　　　　　　　　　정답 (A)

Black이 City Ago사에 무엇(What)을 해달라고 요청하는지를 묻는 육하원칙 문제이므로 질문의 핵심 어구인 Mr. Black ask City Ago
do와 관련된 내용이 언급된 두 번째 지문인 이메일에서 관련 내용을 확인한다. 이메일의 'I was wondering if you knew of a shortcut
m the old quarter to the Bristol Museum of History. We're looking for a more direct route and one which won't take us
o major roads.'에서 구시가지로부터 브리스틀 역사박물관으로 가는 지름길을 아는지 궁금하다고 하며, 자신들은 더 직행이고 주요 도로로
 않을 경로를 찾고 있다고 했으므로 (A)가 정답이다.

어 표현하기
ortcut ~ to the ~ Museum of History 역사박물관으로 가는 지름길 → directions to a building 건물로 가는 길 안내

directions n. 길 안내

지문 1

http://www.stclaireeditewrite.com/about

Ruben St. Claire: Freelance Writer/Editor

About   Contact   186-BPortfolio/Writing Samples

Services

186-AI write, edit, proofread, and research materials on a wide variety of topics. If your association, business, or institution requires help creating or perfecting magazine articles, blog posts, newsletters, or press releases, do not hesitate to contact me.

186-D/188**Major Clients**

186-DBorton University Alumni Association, *North East Gardener's Journal*, Urban Planning Association of Georgeville, 188Sportsworld Outfitters, Society for the Decorative Arts

186-C**Awards**

National Association of Businesses Communications Award, 186-CGRB Prize for Editorial Excellence, Georgia P. Smythe Freelance Writers' Award

Education

Western Pointhead University, BA, Double Major in English Literature and Journalism

http://www.stclaireeditewrite.com/about

Ruben St. Claire: 프리랜서 작가/편집자

소개   연락   186-B포트폴리오/집필 샘플

서비스

186-A저는 다양한 주제들에 대해 글을 쓰고, 편집하고, 하며, 자료들을 조사합니다. 만약 당신의 협회, 기업, 기관에서 잡지 기사, 블로그 게시글, 회보, 보도자료를 하거나 완벽하게 하는 데에 도움이 필요할 경우, 주저 고 제게 연락 주십시오.

186-D/188주요 고객

186-DBorton 대학교 동문회, *North East Gardener* 조지빌 도시 계획 협회, 188Sportsworld 운동용품, 장 술 협회

186-C수상

전국 비즈니스 커뮤니케이션 협회 상, 186-CGRB 편집 상, Georgia P. Smythe 프리랜서 작가상

교육

Western Pointhead 대학교, 문학 학사 학위, 영둔 언론학 복수 전공

지문 2

To: Ruben St. Claire <rstclaire@stclaireeditwrite.com>
From: Christa Gables <chgab@FineThreads.com>
Date: February 28
Subject: Inquiry

Dear Mr. St. Claire,

I am the proprietor of an online retail business, and I recently came across your Web site. 187I am interested in possibly hiring you to work on a series of short blog posts for my online clothing store, FineThreads.com. I went through your portfolio and noticed that 188you have done quite a lot of work for an athletic wear company that I know rather well. I believe you may fulfill my requirements as I retail similar types of products. Initially, I would need you to write three pages of copy to post on my Web site. If I am satisfied with your work, 190I will have three hours of research and about six hours of proofreading assignments for you to do as well. 189Please send me a list of your fees and an estimate for the total cost. Hopefully, we can get started as soon as possible.

Sincerely,

Christa Gables

수신: Ruben St. Claire
        <rstclaire@stclaireeditwrite.com>
발신: Christa Gables <chgab@FineThreads.co
날짜: 2월 28일
제목: 문의

Mr. St. Claire께,

저는 온라인 소매업체의 사업주로, 최근에 우연히 ㄷ 웹사이트를 발견했습니다. 187저는 제 온라인 의류성 FineThreads.com을 위해 짧은 블로그 게시글들을 하는 데에 가능하면 당신을 고용하는 것에 관심이 ㅇ 다. 저는 당신의 포트폴리오를 살펴보고 188제가 어느 잘 알고 있는 운동복 회사를 위해 당신이 꽤 많은 작업 왔음을 알게 되었습니다. 제가 비슷한 종류의 제품들 매하므로 당신이 제 요구 조건들을 충족시킬 수 있다 각합니다. 우선, 당신이 제 웹사이트에 게시할 3페이 량의 원고를 작성해주셨으면 합니다. 만약 제가 당신 업에 만족한다면, 190당신이 할 3시간의 조사 업무와 ㅇ 간의 교정 업무도 있을 것입니다. 189금액 목록과 총액 을 보내주십시오. 우리가 가능한 한 빨리 일을 시작할 기를 바랍니다.

Christa Gables 드림

St. Claire Editing and Writing Services
(805)555-3988/ rstclaire@stclaireeditwrite.com

Invoice: 001   March 6
Christa Gables, FineThreads.com
14 Lewis Crescent
West Center, OH 49242

Type of work	Quantity/Time	Price
Writing	3 pages	$225
Proofreading	6 hours	$120
[190]Research	5 hours	$100
Subtotal		$445
Tax		$44.50
Total Amount Due		$489.50

The total amount is due no later than five business days from the invoice date, and online payments and bank transfers are accepted. If you are sending a check, make it payable to: Ruben St. Claire.
Thank you very much for your business!

St. Claire 편집 및 집필 서비스
(805)555-3988/ rstclaire@stclaireeditwrite.com

송장: 001   3월 6일
Christa Gables, FineThreads.com
14번지 Lewis Crescent가
West Center, 오하이오주 49242

업무 종류	양/시간	비용
집필	3페이지	225달러
교정	6시간	120달러
[190]조사	5시간	100달러
소계		445달러
세금		44.50달러
총 지불액		489.50달러

총액은 송장 날짜로부터 늦어도 영업일로 5일까지는 지불되어야 하고, 온라인 지불과 은행 이체로 받습니다. 수표를 보내시려면, Ruben St. Claire를 수취인으로 해 주십시오.
거래해 주셔서 대단히 감사합니다!

지문 1
□ **proofread** v. 교정하다, ~의 교정쇄를 읽다
□ **press release** phr. 보도자료
□ **outfitter** n. 운동용품점, 여행용품점
□ **association** n. 협회, 제휴
□ **alumni association** phr. 동문회
□ **society** n. 협회, 단체, 사회
□ **business** n. 기업, 사업, 업무
□ **urban** adj. 도시의
□ **decorative arts** phr. 장식 예술

지문 2
□ **proprietor** n. 사업주, 소유주
□ **athletic** adj. 운동의, 체육의
□ **come across** phr. ~을 우연히 발견하다
□ **fee** n. 금액, 요금
□ **go through** phr. ~을 살펴보다
□ **estimate** n. 견적; v. 평가하다, 추정하다

지문 3
□ **due** adj. (돈을) 지불해야 하는, ~할 예정인
□ **payable** adj. (수표 등이) ~을 수취인으로 하는, 지불해야 하는
□ **no later than** phr. 늦어도 ~까지

What is NOT indicated about Mr. St. Claire?

(A) He can do research on a variety of different subjects.
(B) He has posted selections of his work online.
(C) He has been recognized for both editorial and writing work.
(D) He is currently employed at an educational institution.

Mr. St. Claire에 대해 언급되지 않은 것은?

(A) 여러 가지의 다양한 주제들에 대해 조사할 수 있다.
(B) 선정된 작업물들을 온라인에 게시했다.
(C) 편집과 집필 작업 모두에서 인정받았다.
(D) 현재 교육 기관에 고용되어 있다.

Not/True Not 문제   정답 (D)

문의 핵심 어구인 Mr. St. Claire와 관련된 내용을 지문에서 찾아 각 보기와 대조하는 Not/True 문제이므로 Mr. St. Claire를 소개하는 첫 째 지문인 웹페이지를 확인한다. (A)는 'I ~ research materials on a wide variety of topics.'에서 Mr. St. Claire가 다양한 주제들에 대 자료들을 조사한다고 했으므로 지문의 내용과 일치한다. (B)는 'Portfolio/Writing Samples'에서 웹페이지에 포트폴리오와 집필 샘플들을 려놓은 것을 알 수 있으므로 지문의 내용과 일치한다. (C)는 'Awards', 'GRB Prize for Editorial Excellence, Georgia P. Smythe eelance Writers' Award'에서 수상 내역에 GRB 편집 우수상과 Georgia P. Smythe 프리랜서 작가상을 받았다고 한 것으로 보아, 편집 집필 작업 모두에서 인정받았음을 알 수 있으므로 지문의 내용과 일치한다. (D)는 'Major Clients', 'Borton University Alumni ssociation'에서 주요 고객이 Borton 대학교 동문회라고 했지만 이것이 교육 기관에 고용되어 있다는 의미는 아니므로 지문의 내용과 일치하 않는다. 따라서 (D)가 정답이다.

어 표현하기
search materials on a wide variety of topics 다양한 주제들에 대해 자료들을 조사하다
do research on a variety of different subjects 여러 가지의 다양한 주제에 대해 조사하다
ortfolio/Writing Samples 포트폴리오/집필 샘플 → selections of ~ work 선정된 작업물들

recognize v. 인정하다, 알아보다   employ v. 고용하다, 쓰다

187

What is the main purpose of the e-mail?

(A) To thank a writer for previous blog posts
(B) To make a business proposition
(C) To follow up on an editing request
(D) To inquire about preferred methods of payment

이메일의 주 목적은 무엇인가?

(A) 작가에게 이전 블로그 게시글에 대해 감사를 전하기 위
(B) 업무 제의를 하기 위해
(C) 편집 요청에 대한 후속 조치를 하기 위해
(D) 선호되는 지불 방법에 대해 문의하기 위해

■ **주제/목적 찾기** 글의 목적 　　　　　　　　　　　　　　　　　　　　　　　　정

이메일의 목적을 묻는 목적 찾기 문제이므로 두 번째 지문인 이메일의 내용을 확인한다. 이메일의 'I am interested in possibly hiring y
work on a series of short blog posts for my online clothing store'에서 Ms. Gables가 자신의 온라인 의류상점을 위해 짧은 블로
시글들을 작업하는 데에 상대방을 고용하는 것에 관심이 있다고 한 후, 구체적인 업무 내용에 대해 설명하고 있으므로 (B)가 정답이다.

어휘 previous adj. 이전의, 앞선　proposition n. 제의, 조건 제시

188

With which of Mr. St. Claire's clients is Ms. Gables most likely familiar?

(A) Borton University Alumni Association
(B) *North East Gardener's Journal*
(C) Sportsworld Outfitters
(D) Society for the Decorative Arts

Ms. Gables는 Mr. St. Claire의 어떤 고객을 잘 아는 것
은가?

(A) Borton 대학교 동문회
(B) *North East Gardener's지*
(C) Sportsworld 운동용품
(D) 장식 예술 협회

■ **추론** 연계 문제 　　　　　　　　　　　　　　　　　　　　　　　　　　　　정

세 지문 중 두 지문의 내용을 종합적으로 확인한 후 추론해서 풀어야 하는 연계 문제이다. 질문의 핵심 어구인 Mr. St. Claire's clie
Ms. Gables ~ familiar와 관련된 내용이 언급된 이메일을 먼저 확인한다.

단서 1 두 번째 지문(이메일)의 'you have done quite a lot of work for an athletic wear company that I know rather well'에서
즉 Ms. Gables가 어느 정도 잘 알고 있는 운동복 회사를 위해 당신, 즉 Mr. St. Claire가 꽤 많은 작업을 해왔다고 했다. 그런데 M
Claire의 고객들 중 누가 운동복 회사인지 제시되지 않았으므로 웹페이지에서 관련 내용을 확인한다.

단서 2 첫 번째 지문(웹페이지)의 'Major Clients', 'Sportsworld Outfitters'에서 Mr. St. Claire의 주요 고객들 중에 Sportsworld 운
품이 있다는 사실을 확인할 수 있다.

두 단서를 종합할 때, Ms. Gables는 Sportsworld 운동용품을 잘 알고 있다는 사실을 추론할 수 있다. 따라서 (C)가 정답이다.

바꾸어 표현하기
familiar 잘 아는 → know rather well 어느 정도 잘 알다

189

What does Ms. Gables ask Mr. St. Claire to do?

(A) Send her a check in the mail
(B) Provide a price quotation
(C) Create links to some blog posts
(D) E-mail her some writing samples

Ms. Gables는 Mr. St. Claire에게 무엇을 해달라고
하는가?

(A) 그녀에게 우편으로 수표를 보낸다
(B) 비용 견적을 제공한다
(C) 몇몇 블로그 게시글로 가는 링크들을 만든다
(D) 그녀에게 몇몇 집필 샘플들을 이메일로 보낸다

■ **육하원칙** What 　　　　　　　　　　　　　　　　　　　　　　　　　　　　정

Ms. Gables가 Mr. St. Claire에게 무엇(What)을 해달라고 요청하는지를 묻는 육하원칙 문제이므로 질문의 핵심 어구인 Ms. Gable
Mr. St. Claire to do와 관련된 내용이 언급된 두 번째 지문인 이메일을 확인한다. 이메일의 'Please send me ~ an estimate for th
cost.'에서 Ms. Gables가 이메일 수신자인 Mr. St. Claire에게 총액 견적을 보내 달라고 했으므로 (B)가 정답이다.

바꾸어 표현하기
send ~ an estimate for the total cost 총액 견적을 보내다 → Provide a price quotation 비용 견적을 제공하다

어휘 quotation n. 견적, 인용

What can be inferred about Ms. Gables?	Ms. Gables에 대해 추론될 수 있는 것은?
(A) She was late sending payment for some proofreading services.	(A) 일부 교정 서비스의 대금을 늦게 보냈다.
(B) She underestimated the amount of time needed to do some research.	(B) 몇몇 조사를 하는 데 필요한 시간을 너무 적게 잡았다.
(C) She had to pay more for copywriting than she expected.	(C) 예상했던 것보다 광고 문구 작성에 더 많이 지불해야 했다.
(D) She may recommend Mr. St. Claire to one of her associates.	(D) 그녀의 동료 중 한 명에게 Mr. St. Claire를 추천할 것이다.

■ 추론 연계 문제   정답 (B)

지문 중 두 지문의 내용을 종합적으로 확인한 후 추론해서 풀어야 하는 연계 문제이다. 질문의 핵심 어구인 Ms. Gables가 작성한 이메일을 먼저 확인한다.

단서 1 두 번째 지문(이메일)의 'I will have three hours of research ~ assignments for you to do as well'에서 Ms. Gables가 당신, 즉 Mr. St. Clare가 할 3시간의 조사 업무가 있다고 했다. 그런데 실제로 조사 업무에 얼마나 걸렸는지 제시되지 않았으므로 송장에서 관련 내용을 확인한다.

단서 2 세 번째 지문(송장)의 'Research, 5 hours'에서 실제로 조사에 5시간이 걸렸다는 사실을 확인할 수 있다.

두 단서를 종합할 때, Ms. Gables가 실제보다 조사 업무에 필요한 시간을 너무 적게 잡았다는 사실을 추론할 수 있다. 따라서 (B)가 정답이다.

어휘 underestimate v. 너무 적게 잡다, 과소평가하다 copywriting n. 광고 문구 작성 associate n. 동료; v. 연관 짓다, 어울리다

지문 1

NOTICE

Please be informed that [191-B]subway maintenance work will commence at Ratner, Sofner, and Hambrick stations on Monday, August 15. [193]Repairs are expected to continue for two weeks until August 28. [191-C]The crews' working hours are between 7 A.M. and 6 P.M. There will be some noise in the vicinity, but workers will attempt to keep disturbances to a minimum. During this period, service at these stations will be suspended to facilitate the work. For the convenience of commuters who use these stops, the Wymore Public Transportation Office will be providing alternative transport. For more information, please visit its Web site at www.wymorepublictransport.com/announcements. We apologize for any inconvenience but are sure the renovations to the aging stations' facilities will be appreciated once complete.

공고

[191-B]지하철 보수 관리 작업이 8월 15일 월요일에 Ratr Sofner, Hambrick역에서 시작될 것임을 알아두시기 니다. [193]보수는 8월 28일까지 2주 동안 계속될 것으로 상입니다. [191-C]인부들의 작업 시간은 오전 7시부터 오 시까지입니다. 인근에 소음이 조금 있을 것이지만, 작 들은 방해를 최소한으로 줄이기 위해 노력할 것입니다 기간 동안, 이 역들에서의 운행은 작업을 용이하게 하 해 중단될 것입니다. 이 역들을 이용하는 통근자들의 를 위해, Wymore 대중교통국은 대체 교통수단을 제 것입니다. 더 많은 정보를 원하시면, 웹사이트 w wymorepublictransport.com/announcements를 문해 주시기 바랍니다. 불편에 대해 사과드리지만 완료 을 때 노후화되어 가는 역 시설을 수리한 것에 대한 진 인정받을 것이라고 확신합니다.

지문 2

Wymore Public Transportation Office

Home | About us | Online services | **Announcements** | Contact

Announcement:

Date of Issue: August 5

ALTERNATIVE TRANSPORTATION SERVICE

As announced earlier this week, repairs will be conducted at the Ratner, Sofner, and Hambrick subway stations beginning on August 15. For your convenience, [192-A]buses will be serving the following routes from 5:30 A.M. to midnight:

• Ratner to and from Sofner: Bus 23
• Ratner to and from Hambrick: Bus 24
• Sofner to and from Hambrick: Bus 25
• [194]Ratner to and from Grand Central: Bus 26

[193]These bus routes are temporary and will be available only until the day after the maintenance work is completed. [192-B]Click on "buses" above in the drop-down menu under "Online Services" to find maps that show the exact locations of bus stops at all the affected stations. For more information, call 555-1001 during office hours.

Wymore 대중교통국

홈 | 소개 | 온라인 서비스 | **공지** | 연락치

공고:

발표일: 8월 5일

대체 교통수단 운행

이번 주에 미리 공지된 바와 같이, 8월 15일부터 Ra Sofner, Hambrick 지하철역에서 보수가 시행될 것 다. 여러분의 편의를 위해, [192-A]버스들은 오전 5시 30 터 자정까지 다음 경로를 운행할 것입니다:

· Ratner와 Sofner를 오가는: 23번 버스
· Ratner와 Hambrick를 오가는: 24번 버스
· Sofner와 Hambrick를 오가는: 25번 버스
· [194]Ratner와 Grand Central을 오가는: 26번 버스

[193]이 버스 경로들은 임시적인 것이며 보수 관리 작업 료되는 다음 날까지만 이용 가능할 것입니다. [192-B]"온 서비스" 아래에 있는 위쪽 드롭다운 메뉴에서 "버스" 릭해서 영향을 받는 모든 역에 위치한 버스 정류장의 한 위치를 보여주는 지도를 확인하십시오. 더 많은 정 원하시면, 근무 시간 동안 555-1001로 전화해 주시 랍니다.

지문 3

From: Jill Addis (555-2737)
To: Nick Lieb (555-0320)

Received: August 16, 3:35 P.M.

[195]Mr. Lieb, I've made lunch reservations at Di Paolo's Italian restaurant for 1:00 P.M. When you meet me, we can go over the Cross Media contract together. [194]I sent you the restaurant's address earlier. It's right across the street from Grand Central station, so I suggest using public

발신: Jill Addis (555-2737)
수신: Nick Lieb (555-0320)

수신됨: 8월 16일, 오후 3시

[195]Mr. Lieb, 저는 오후 1시에 Di Paolo's 이탈리안 서의 점심 식사를 예약했어요. 당신이 저를 만나면, Media사 계약서를 함께 검토할 수 있어요. [194]제가 당신에게 식당 주소를 보내드렸어요. 식당은 G Central역의 길 바로 맞은편에 있으므로, 저는 그곳이 위해 대중교통을 이용하는 것을 추천드려요. [194]으

transportation to get there. [194]You'll have to take one of the temporary buses as Ratner is the station closest to you, though. You can visit the transportation office's Web site to find out which bus to take. Anyway, see you on Thursday!

Ratner역이 당신에게 가장 가까운 역이므로 임시 버스 중 하나를 타셔야 할 거예요. 당신은 대중교통국 웹사이트를 방문해서 어느 버스를 타야 할지 알아보실 수 있어요. 어쨌든, 목요일에 뵈어요!

지문 1
- □ **maintenance** n. 보수 관리, 유지
- □ **disturbance** n. 방해, 소란
- □ **commuter** n. 통근자; adj. 통근(자)의
- □ **renovation** n. 수리, 수선
- □ **appreciate** v. ~의 진가를(좋은 점을) 인정하다, 감상하다

- □ **commence** v. 시작되다
- □ **suspend** v. 중단하다, 미루다, 매달다
- □ **alternative** adj. 대체의, 양자택일의
- □ **aging** adj. 노후화된, 늙어 가는

- □ **vicinity** n. 인근, 근처
- □ **facilitate** v. 용이하게 하다
- □ **transport** n. 교통수단, 수송, 운송

지문 2
- □ **issue** n. 발표, 발행
- □ **drop-down** n. 드롭다운, 하단으로 메뉴가 출력되는 방법

- □ **conduct** v. 시행하다, 진행하다

- □ **temporary** adj. 임시의

지문 3
- □ **go over** phr. 검토하다

According to the notice, what is true about the maintenance on the subway stations?

(A) It is being carried out due to residents' complaints.
(B) It is not expected to begin until August 28.
(C) It will result in noise during working hours.
(D) It will be suspended for a period of two weeks.

공고에 따르면, 지하철역의 보수 관리에 대해 사실인 것은?

(A) 거주자들의 불평 때문에 실행되고 있다.
(B) 8월 28일이 되어서야 시작될 것으로 예상된다.
(C) 작업 시간 동안 소음을 발생시킬 것이다.
(D) 2주간 중단될 것이다.

Not/True True 문제
정답 (C)

문의 핵심 어구인 the maintenance on the subway stations와 관련된 내용을 공고에서 찾아 각 보기와 대조하는 Not/True 문제이므로 번째 지문인 공고에서 지하철역 보수 관리와 관련된 내용을 확인한다. (A)는 지문에 언급되지 않은 내용이다. (B)는 'subway maintenance ork will commence ~ on Monday, August 15'에서 지하철 보수 관리 작업이 8월 15일 월요일에 시작될 것이라고 했으므로 지문의 내용 일치하지 않는다. (C)는 'The crews' working hours are between 7 A.M. and 6 P.M. There will be some noise in the vicinity'에 인부들의 작업 시간은 오전 7시부터 오후 6시까지이고 인근에 소음이 조금 있을 것이라고 했으므로 지문의 내용과 일치한다. 따라서 (C)가 정 이다. (D)는 지문에 언급되지 않은 내용이다.

무어 표현하기
mmence 시작되다 → begin 시작되다

휘 **carry out** phr. 실행하다, 수행하다 **complaint** n. 불평, 불만 **result in** phr. ~을 야기하다, 낳다 **suspend** v. 중단하다, 유예하다

What is indicated on the Web page?

(A) Late evening bus service is usually not available.
(B) Locations of temporary bus stops are accessible online.
(C) The concluding date of the maintenance work is undecided.
(D) Passengers can use their subway passes on the bus.

웹페이지에서 언급된 것은?

(A) 늦은 저녁 버스 운행은 대개 이용이 불가능하다.
(B) 임시 버스 정류장의 위치는 온라인에서 찾을 수 있[
(C) 보수 관리 작업의 완료일은 결정되지 않았다.
(D) 승객들은 버스에서 지하철 탑승권을 사용할 수 있[

■ Not/True True 문제

웹페이지에서 언급된 내용을 지문에서 찾아 각 보기와 내소하는 Not/True 문제이므로 두 번째 지문인 웹페이지를 확인한다. 이 문제는
핵심 어구가 없으므로 각 보기의 핵심 어구와 관련된 내용을 지문에서 찾아 대조한다. (A)는 'buses will be serving the ~ routes from
A.M. to midnight'에서 버스들은 오전 5시 30분부터 자정까지 경로를 운행할 것이라고 했으므로 지문의 내용과 일치하지 않는다. (B)는
on "buses" ~ to find maps that show the exact locations of bus stops at all the affected stations.'에서 "버스"를 클릭해서
받는 모든 역에 위치한 버스 정류장의 정확한 위치를 보여주는 지도를 확인하라고 했으므로 지문의 내용과 일치한다. 따라서 (B)가 정답
(C)와 (D)는 지문에 언급되지 않은 내용이다.

어휘 concluding adj. 완료의, 종결의 undecided adj. 결정되지 않은 pass n. 탑승권, 출입증; v. 통과하다

When will the temporary bus service end?

(A) On August 15
(B) On August 16
(C) On August 28
(D) On August 29

임시 버스 운행은 언제 끝날 것인가?

(A) 8월 15일에
(B) 8월 16일에
(C) 8월 28일에
(D) 8월 29일에

■ 육하원칙 연계 문제

세 지문 중 두 지문의 내용을 종합해서 풀어야 하는 연계 문제이다. 질문의 핵심 어구인 the temporary bus service end에서 임시 버
이 언제(When) 끝날 것인지를 묻고 있으므로 임시 버스 운행과 관련된 내용이 언급된 웹페이지를 먼저 확인한다.

단서 1 두 번째 지문(웹페이지)의 'These bus routes are temporary and will be available only until the day afte
maintenance work is completed.'에서 버스 경로들은 임시적인 것이며 보수 관리 작업이 완료되는 다음 날까지만 이용 가능하다고 힛
런데 보수 관리 작업이 완료되는 날이 언제인지 제시되지 않았으므로 공고에서 관련 내용을 확인한다.

단서 2 첫 번째 지문(공고)의 'Repairs are expected to continue ~ until August 28.'에서 보수는 8월 28일까지 계속될 것으로 예
는 것을 확인할 수 있다.

두 단서를 종합할 때, 임시 버스 운행이 보수 관리 작업이 완료되는 다음 날인 8월 29일에 끝날 것임을 알 수 있다. 따라서 (D)가 정답이다.

Which bus will Mr. Lieb most likely take?

(A) Bus 23
(B) Bus 24
(C) Bus 25
(D) Bus 26

Mr. Lieb은 어느 버스를 탈 것 같은가?

(A) 23번 버스
(B) 24번 버스
(C) 25번 버스
(D) 26번 버스

■ 추론 연계 문제

세 지문 중 두 지문의 내용을 종합적으로 확인한 후 추론해서 풀어야 하는 연계 문제이다. 질문의 핵심 어구 bus ~ Mr. Lieb ~ take와
내용이 언급된 문자 메시지를 먼저 확인한다.

단서 1 세 번째 지문(문자 메시지)의 'I sent you the restaurant's address earlier. It's right across the street from Grand C
station'과 'You'll have to take one of the temporary buses as Ratner is the station closest to you, though.'에서 식당 주
냈는데 식당은 Grand Central역의 길 바로 맞은편에 있고 Ratner역이 당신, 즉 Mr. Lieb에게 가장 가까운 역이므로 임시 버스 중 하나
할 것이라고 했다. 그런데 어느 버스가 Ratner역과 Grand Central역을 운행하는지 제시되지 않았으므로 웹페이지에서 관련 내용을 확

단서 2 두 번째 지문(웹페이지)의 'Ratner to and from Grand Central: Bus 26'에서 26번 버스가 Ratner와 Grand Central 구간
한다는 것을 확인할 수 있다.

두 단서를 종합할 때, Mr. Lieb이 식당에 가기 위해 26번 버스를 탈 것임을 알 수 있다. 따라서 (D)가 정답이다.

What is suggested about Mr. Lieb?

(A) He is applying for a job with Cross Media.
(B) He will meet with Ms. Addis over lunch.
(C) He notified Ms. Addis about a service interruption.
(D) He made changes to an earlier appointment.

Mr. Lieb에 대해 암시되는 것은?

(A) Cross Media사의 일자리에 지원하고 있다.
(B) Ms. Addis를 점심 식사 동안 만날 것이다.
(C) Ms. Addis에게 서비스 중단에 대해 알렸다.
(D) 이전의 약속을 변경했다.

추론 세부 정보

정답 (B)

지문의 핵심 어구인 Mr. Lieb에 대해 추론하는 문제이므로 Mr. Lieb에게 보내진 세 번째 지문인 문자 메시지에서 관련 내용을 확인한다. 문자 메시지의 'Mr. Lieb, I've made lunch reservations ~. When you meet me, we can go over the ~ contract together.'에서 문자 메시지의 발신자인 Ms. Addis가 Mr. Lieb에게 점심 식사를 예약했다고 했고, Mr. Lieb이 자신을 만나면 계약서를 함께 검토할 수 있다고 했으므로 Mr. Lieb이 점심 식사 동안 Ms. Addis를 만날 것이라는 사실을 추론할 수 있다. 따라서 (B)가 정답이다.

어휘 interruption n. 중단, 방해

Questions 196-200 refer to the following information, e-mail, and letter. 196-200은 다음 안내문, 이메일, 편지에 관한 문제입니다

MOONGLOW HEALTH FOODS — TOURS AVAILABLE

On May 1, Moonglow Health Foods will open their gardens, kitchens, and packaging facilities for regular tours. Come see how your favorite foods are harvested, prepared, and packaged for sale in local grocery stores!

Tours take place each week from 10 A.M. to 12 P.M. on Mondays, Thursdays, and Fridays. [196-C]Regular weekly tours are available for groups of 5 to 20 people. Call 555-4293 to make a reservation!

Larger groups can also be accommodated by special appointment. Local educators interested in school field trips are encouraged to contact us to arrange appointments. All inquiries about special appointments should be directed by e-mail to Maria Anderson at mariaanderson@moonglowhealth.com.

[196-D]Special gifts and educational materials are available for students who take a Moonglow Health Foods tour! [197]Note that students will be required to have a parent or guardian sign a facility permission slip before participating.

To: Julie Armstrong <jarmstrong@washingtonschool.edu>
From: Maria Anderson <mariaanderson@moonglowhealth.com>
[198]Date: April 2
[197]Subject: RE: 6th Grade Field Trip

Hi, Ms. Armstrong! Thank you for your interest in Moonglow Health Foods.

[197/198]We'd love to have your 6th grade class join us for a special tour the week of May 1. We can certainly manage a group of 27 students.
[199]Available timeslots for a student tour include:
  Tuesday, May 2, at 10 A.M.
  [199]Wednesday, May 3, at 11:30 A.M.
  Friday, May 6, at 9 A.M.
  Friday, May 6, at 1 P.M.
Let me know which time would work best for your group. Please don't hesitate to reach out with any other questions!

Warm regards,
Maria Anderson
Marketing & Outreach Director, Moonglow Health Foods

MOONGLOW 건강식품사 - 투어 가능

5월 1일에, Moonglow 건강식품사는 정규 투어를 위ㅎ 원, 주방, 그리고 포장 시설을 개방할 것입니다. 여러분이 장 좋아하는 음식이 어떻게 수확되고, 준비되고, 지역 ⬩ 품점에서 판매될 수 있게 포장되는지 보러 오세요!

투어는 매주 월요일, 목요일, 그리고 금요일에 오전 10ᐧ 터 오후 12시까지 진행됩니다. [196-C]정규 주간 투어는 5ᐧ 터 20명의 단체에 이용 가능합니다. 555-4293으로 ⬩ 를 걸어 예약하세요!

더 큰 단체도 특별 예약으로 수용 가능합니다. 학교 현 습에 관심 있으신 지역 교육자들은 약속을 잡기 위해 ♢ 에게 연락하시도록 권장됩니다. 특별 예약에 대한 모든 의는 mariaanderson@moonglowhealth.com으 Maria Anderson에게 이메일로 보내야 합니다.

[196-D]Moonglow 건강식품사 투어를 하는 학생들을 ◌ 특별한 선물과 교육 자료가 있습니다! [197]학생들은 참ㅇ 전에 부모나 보호자가 시설 허가서에 서명하도록 요청 인 점을 참고하시기 바랍니다.

수신: Julie Armstrong
          <jarmstrong@washingtonschool.edu>
발신: Maria Anderson
          <mariaanderson@moonglowhealth.com
[198]날짜: 4월 2일
[197]제목: 회신: 6학년 현장학습

안녕하세요, Ms. Armstrong! Moonglow 건강식ㅍ 관심을 가져 주셔서 감사합니다.
[197/198]5월 1일 주에 귀하의 6학년 학급이 저희와 특별 를 함께한다면 정말 좋겠습니다. 저희는 틀림없이 ◌ 학생 단체를 관리할 수 있습니다.
[199]학생 투어를 위해 가능한 시간대는 다음과 같습니다
  5월 2일 화요일 오전 10시
  [199]5월 3일 수요일 오전 11시 30분
  5월 6일 금요일 오전 9시
  5월 6일 금요일 오후 1시
귀하의 단체에 가장 적합한 시간을 알려주세요. 다른 질문이라도 있으시면 주저하지 말고 연락 주세요!

Maria Anderson 드림
Moonglow 건강식품사 마케팅 및 지원 이사

[199]**Washington Middle School**
41750 East Avenue
Toledo, Ohio 43460

Dear Ms. Anderson,

[199]I'm writing to let you know how much my students enjoyed their tour on May 3.

The students had so much fun visiting the fields and seeing how local crops are cultivated and harvested. It was also very informative for them to see how the crops are turned into jams, sauces, and other products inside your facility's kitchens.

[200]We were amazed by the number of products offered. I had no idea that Moonglow Health Foods had such a wide range of options.

I would also like to thank you for the souvenirs. The posters will look great in our classroom, and we'll use the seed packets to start a community garden at school.

Thanks again for your generous support!

Sincerely,
Julie Armstrong

[199]Washington 중학교
41750 East로
톨레도, 오하이오 43460

Ms. Anderson께,

[199]제 학생들이 5월 3일 투어를 얼마나 즐겼는지 알려드리기 위해 편지를 씁니다.

학생들은 밭을 방문해서 지역 농작물이 어떻게 경작되고 수확되는지 보는 것을 매우 즐거워했습니다. 또한 농작물이 어떻게 귀사 시설의 주방에서 잼, 소스, 그리고 다른 제품들로 바뀌는지 보는 것은 그들에게 매우 유익했습니다.

[200]저희는 판매되는 제품의 수에 정말 놀랐습니다. 저는 Moonglow 건강식품사에 이렇게 폭넓은 범위의 선택지가 있는지 전혀 몰랐습니다.

또한 기념품에 대해 감사드리고 싶습니다. 포스터는 저희 교실에 아주 잘 어울릴 것이고, 씨앗 꾸러미는 학교에서 공동 정원을 시작하기 위해 사용할 것입니다.

아낌없는 지원에 다시 한번 감사드립니다!

Julie Armstrong 드림

지문 1	□ packaging n. 포장, 포장재	□ harvest v. 수확하다	□ grocery n. 식료품
	□ field trip phr. 현장학습	□ guardian n. 보호자	□ permission slip phr. 허가서
지문 2	□ timeslot n. 시간대	□ hesitate v. 주저하다, 머뭇거리다	□ outreach n. 지원, 원조
지문 3	□ crop n. 농작물	□ cultivate v. 경작하다, 가꾸다	□ informative adj. 유익한
	□ packet n. 꾸러미, 소포	□ generous adj. 아낌없는, 관대한	

What is mentioned about the tours at Moonglow Health Foods?

(A) Private tours for individuals are available on request.
(B) The schedule changes during the holiday season.
(C) The size of weekly tour groups is restricted.
(D) Special gifts can be acquired at the souvenir shop.

Moonglow 건강식품사의 투어에 대해 언급된 것은?

(A) 요청 시 개인을 위한 비공개 투어가 이용 가능하다.
(B) 휴일 기간에는 일정이 변경된다.
(C) 주간 투어 단체의 규모는 한정되어 있다.
(D) 기념품 가게에서 특별한 선물을 살 수 있다.

Not/True True 문제   정답 (C)

문의 핵심 어구인 tours at Moonglow Health Foods와 관련된 내용을 지문에서 찾아 각 보기와 대조하는 Not/True 문제이므로
oonglow 건강식품사 투어가 언급된 첫 번째 지문인 안내문을 확인한다. (A)와 (B)는 지문에 언급되지 않은 내용이다. (C)는 'Regular
eekly tours are available for groups of 5 to 20 people.'에서 정규 주간 투어는 5명부터 20명의 단체에 이용 가능하다고 했으므로 지문
내용과 일치한다. 따라서 (C)가 정답이다. (D)는 'Special gifts ~ are available for students who take a Moonglow Health Foods
ur!'에서 Moonglow 건강식품사 투어를 하는 학생들을 위해 특별한 선물이 있다고는 했지만, 기념품 가게에서 살 수 있는지는 언급되지 않았
므로 지문의 내용과 일치하지 않는다.

휘 restrict v. 한정하다, 제한하다 acquire v. 사다, 얻다

197

What most likely will Ms. Armstrong's group need in order to take a tour?

(A) Documents granting permission
(B) A special deposit for large groups
(C) A reservation made by phone
(D) Educational materials concerning farming

Ms. Armstrong의 단체는 투어를 하기 위해 무엇이 필요할 것 같은가?

(A) 허가를 부여하는 문서
(B) 대규모 단체를 위한 특별 보증금
(C) 전화 예약
(D) 농업에 관한 교육 자료

■ **추론** 연계 문제   정답

세 지문 중 두 지문의 내용을 종합적으로 확인한 후 추론해서 풀어야 하는 연계 문제이다. 질문의 핵심 어구인 Ms. Armstrong's group ~ to take a tour와 관련된 내용이 언급된 이메일을 먼저 확인한다.

단서 1 두 번째 지문(이메일)의 'Subject: ~ 6th Grade Field Trip'에서 6학년 현장학습에 관한 이메일인 것을 확인할 수 있고, 'We'd to have your 6th grade class join us for a special tour ~.'에서 귀하, 즉 Ms. Armstrong의 6학년 학급이 자신들, 즉 Moonglow 식품사와 특별 투어를 함께한다면 정말 좋겠다고 했다. 그런데 학교 현장학습으로 Moonglow 건강식품사에서 투어를 하려면 무엇이 필요 제시되지 않았으므로 안내문에서 관련 내용을 확인한다.

단서 2 첫 번째 지문(안내문)의 'Note that students will be required to have a parent or guardian sign a facility permission before participating.'에서 학생들은 참여하기 전에 부모나 보호자가 시설 허가서에 서명하도록 요청될 것인 점을 참고하기 바란다고 했다. 두 단서를 종합할 때, Ms. Armstrong의 단체는 6학년 학생들이므로 Moonglow 건강식품사 투어를 하기 위해 부모나 보호자가 서명한 허가서가 필요할 것이라는 사실을 추론할 수 있다. 따라서 (A)가 정답이다.

바꾸어 표현하기
permission slip 허가서 → Documents granting permission 허가를 부여하는 문서

어휘   grant v. 부여하다, 승인하다

198

What is indicated about the field trip?

(A) It was arranged by the head of manufacturing.
(B) It coincided with a regular weekly tour.
(C) It was scheduled a month in advance.
(D) It took longer than originally planned.

현장학습에 대해 암시되는 것은?

(A) 생산 책임자에 의해 준비되었다.
(B) 정규 주간 투어와 동시에 진행되었다.
(C) 한 달 전에 일정이 잡혔다.
(D) 기존에 계획된 것보다 더 오래 걸렸다.

■ **추론** 세부 정보   정

질문의 핵심 어구인 field trip에 대해 추론하는 문제이므로 현장학습이 언급된 두 번째 지문인 이메일에서 관련 내용을 확인한다. 이 'Date: April 2'에서 이메일이 4월 2일에 보내진 것을 확인할 수 있고, 'We'd love to have your 6th grade class join us for a s tour the week of May 1.'에서 5월 1일 주에 귀하, 즉 Ms. Armstrong의 6학년 학급이 자신들과 특별 투어를 함께한다면 정말 좋겠다 므로 현장학습을 위해 한 달 전에 일정을 잡았다는 사실을 추론할 수 있다. 따라서 (C)가 정답이다.

어휘   manufacturing n. 생산, 제조   coincide v. 동시에 진행되다, 일치하다

At what time did the Washington Middle School students take a tour?

(A) 9 A.M.
(B) 10 A.M.
(C) 11:30 A.M.
(D) 1 P.M.

Washington 중학교 학생들은 몇 시에 투어를 했는가?

(A) 오전 9시
(B) 오전 10시
(C) 오전 11시 30분
(D) 오후 1시

육하원칙 연계 문제   정답 (C)

지문 중 두 지문의 내용을 종합해서 풀어야 하는 연계 문제이다. 질문의 핵심 어구인 Washington Middle School students take a tour에서 Washington 중학교 학생들이 몇(what) 시에 투어를 했는지를 묻고 있으므로 Washington 중학교가 언급된 편지를 먼저 확인한다.

단서 1 세 번째 지문(편지)의 'Washington Middle School', 'I'm writing to let you know how much my students enjoyed their tour May 3.'에서 Washington 중학교 학생들이 5월 3일 투어를 얼마나 즐겼는지 알려주기 위해 편지를 쓴다고 했다. 그런데 5월 3일 몇 시에 투어를 했는지 제시되지 않았으므로 이메일에서 관련 내용을 확인한다.

단서 2 두 번째 지문(이메일)의 'Available timeslots for a student tour include:', 'Wednesday, May 3, at 11:30 A.M.'에서 학생 투어를 위해 가능한 다음의 시간대 중 5월 3일 수요일 오전 11시 30분이 포함되어 있음을 확인할 수 있다.

단서를 종합할 때, Washington 중학교 학생들은 5월 3일 오전 11시 30분에 투어를 했음을 알 수 있다. 따라서 (C)가 정답이다.

According to Ms. Armstrong, what was especially impressive about Moonglow Health Foods?

(A) The variety of items on sale
(B) The cost of souvenirs at the facility
(C) The quality of posters on display
(D) The number of seed packets offered

Ms. Armstrong에 따르면, Moonglow 건강식품사에 대해 무엇이 특히 인상적이었는가?

(A) 판매되는 품목의 다양성
(B) 시설 기념품의 가격
(C) 전시된 포스터의 품질
(D) 제공된 씨앗 꾸러미의 수

육하원칙 What   정답 (A)

Ms. Armstrong에 따르면 Moonglow 건강식품사에 대해 무엇(what)이 특히 인상적이었는지를 묻는 육하원칙 문제이므로 Ms. Armstrong이 작성한 세 번째 지문인 편지를 확인한다. 편지의 'We were amazed by the number of products offered. I had no idea that Moonglow Health Foods had such a wide range of options.'에서 판매되는 제품의 수에 정말 놀랐으며 Moonglow 건강식품사에 이렇게 폭넓은 범위의 선택지가 있는지 전혀 몰랐다고 했으므로 (A)가 정답이다.

어 표현하기
the number of products offered 판매되는 제품의 수 → variety of items on sale 판매되는 품목의 다양성

impressive adj. 인상적인   variety n. 다양성, 종류

▌TEST 04

PART 5

101

Pending further notice, only members will be allowed to ------- the equipment in the fitness center.

(A) lend
(B) perform
(C) utilize
(D) assess

추가 공지가 있을 때까지, 회원들만 피트니스 센터의 ㅈ 이용하도록 허용될 것이다.

■ **동사 어휘**

'회원들만 피트니스 센터의 장비를 이용하도록 허용될 것이다'라는 문맥이므로 동사 (C) utilize(이용하다, 활용하다)가 정답이다. (B) p((수행하다, 실행하다)도 해석상 그럴듯해 보이지만 임무나 일 등을 수행하는 것을 의미한다. (A) lend는 '빌려주다, 대출하다', (D) asses 가하다'라는 의미이다.

어휘 pending prep. (어떤 일이) 있을 때까지 further adj. 추가의

102

The monthly report helps analysts to stay up to date with ------- conditions in financial markets.

(A) shift
(B) shifts
(C) shifting
(D) to shift

월간 보고서는 분석가들이 금융 시장의 변화하는 상황 해 최신 정보를 바로 얻을 수 있도록 도와준다.

■ **형용사 자리**

빈칸 뒤의 명사(conditions)를 꾸밀 수 있는 것은 형용사이므로 형용사 역할을 하는 현재분사 (C) shifting(변화하는)이 정답이다. 동사 사 (A)와 (B)는 명사를 꾸밀 수 없다. to 부정사 (D)는 명사를 앞이 아닌 뒤에서 꾸민다.

어휘 analyst n. 분석가 stay up to date with phr. ~의 최신 정보를 바로 얻다 condition n. 상황, 조건 shift v. 변화하다, 이동하다; n. 변화

103

The character John Greaves in the film *Silent Target* was ------- portrayed by the actor Arnold Langella.

(A) memorial
(B) memorable
(C) memorably
(D) memorizing

영화 *Silent Target*의 등장인물인 John Greaves는 배우 Arnold Langella에 의해 인상적으로 묘사되었다

■ **부사 자리**

동사(was portrayed)를 꾸밀 수 있는 것은 부사이므로 부사 (C) memorably(인상적으로, 기억할 만하게)가 정답이다. 명사 (A), 형용사 명사 또는 현재분사 (D)는 동사를 꾸밀 수 없다. 참고로, 명사 (A)를 be동사(was)의 보어로 보고, portrayed를 명사를 뒤에서 수식해주 분사로 본다 해도 '등장인물인 John Greaves는 묘사된 기념비였다'라는 어색한 문맥이 된다.

어휘 character n. 등장인물 portray v. 묘사하다 memorial n. 기념비 memorable adj. 인상적인, 기억할 만한

104

Each of the co-owners has a different opinion on ------- the company should be run.

(A) who
(B) how
(C) what
(D) which

각각의 공동소유자들은 회사가 어떻게 운영되어야 하 에 대해 다른 의견을 가지고 있다.

■ **명사절 접속사** 의문사 how

빈칸이 포함된 절(___ ~ run)이 전치사(on)의 목적어 역할을 하고 있으므로 문장 내에서 목적어로 쓰일 수 있는 명사절을 이끄는 명사절 사인 모든 보기가 정답의 후보이다. 빈칸이 포함된 절이 주어(the company)와 동사(should be run)를 갖춘 완전한 절이며, '각각의 공 자들은 회사가 어떻게 운영되어야 하는지에 대해 다른 의견을 가지고 있다'라는 의미가 되어야 하므로 의문부사 (B) how(어떻게 ~하는지 답이다. 의문대명사 (A) who(누구), (C) what(무엇), (D) which(어떤 것는 뒤에 불완전한 절이 와야 한다. (C) what과 (D) which를 뒤 온 명사(the company)를 꾸미면서 명사절을 이끄는 의문형용사로 본다 해도, 의문형용사 뒤에는 관사 없이 명사가 바로 나와야 하는데 company 앞에 정관사(the)가 있으므로 답이 될 수 없다.

어휘 co-owner n. 공동소유자 opinion n. 의견 run v. 운영하다

Tybolt Tech uses recycled material for its -------, which consists mainly of boxes.

(A) subscription
(B) variable
(C) handout
(D) packaging

Tybolt Tech사는 재활용된 재료를 그것의 포장재에 사용하는데, 이것은 주로 상자로 구성된다.

■ 명사 어휘
정답 (D)

'Tybolt Tech사는 재활용된 재료를 그것의 포장재에 사용하는데 이것은 주로 상자로 구성된다'라는 문맥이므로 명사 (D) packaging(포장재, 포장)이 정답이다. (C) handout은 '인쇄물, 유인물'이라는 의미로 빈칸에 쓸 경우 'Tybolt Tech사는 재활용된 재료를 그것의 인쇄물에 사용한다'가 되어 해석상 그럴듯해 보이지만, 'which consists ~ of boxes'에서 이것, 즉 인쇄물이 상자로 이루어져 있다고 했으므로 어색한 문맥이 된다. (A) subscription은 '구독', (B) variable은 '변수, 변하는 것'이라는 의미이다. 참고로, 관계절(which ~ boxes)이 선행사(packaging)를 꾸미고 있음을 알아둔다.

어휘 consist of phr. ~으로 구성되다, 이루어져 있다   mainly adv. 주로

Professor Keating will ------- select four students to take part in a demonstration at the front of the class.

(A) namely
(B) concisely
(C) randomly
(D) narrowly

Keating 교수는 교실 앞에서 시연에 참여할 네 명의 학생을 무작위로 선발할 것이다.

■ 부사 어휘
정답 (C)

'시연에 참여할 네 명의 학생을 무작위로 선발할 것이다'라는 문맥이므로 부사 (C) randomly(무작위로)가 정답이다. (B) concisely(간소하게, 간결하게)도 해석상 그럴듯해 보이지만 어떤 일이나 차림이 간결하고 소박하다는 의미를 나타내므로 답이 될 수 없다. (A) namely는 '즉, 다시 말해', (D) narrowly는 '가까스로, 아슬아슬하게'라는 의미이다.

The Web site's advanced tracking function offers advertisers a ------- way to reach target audiences than the previous version did.

(A) dependable
(B) more dependable
(C) dependably
(D) most dependable

웹사이트의 향상된 추적 기능은 이전 버전이 그랬던 것보다 광고 타깃에게 다가가기 위한 더 믿을 수 있는 방법을 광고주들에게 제공한다.

■ [형용사 자리] 비교급
정답 (B)

빈칸 뒤의 명사(way)를 꾸밀 수 있는 것은 형용사이므로 형용사 (A), (B), (D)가 정답의 후보이다. 비교급과 함께 쓰이는 표현 than(~보다)이 사용되었고, '향상된 추적 기능은 이전 버전이 그랬던 것보다 더 믿을 수 있는 방법을 제공한다'라는 의미가 되어야 하므로 형용사 dependable(믿을 수 있는)의 비교급 (B) more dependable이 정답이다. 원급 (A)와 최상급 (D)는 비교급 표현과 함께 쓰일 수 없다. 부사 (C)는 형용사 자리에 올 수 없다.

어휘 track v. 추적하다   advertiser n. 광고주   target audience phr. 광고 타깃   previous adj. 이전의   dependably adv. 믿음직하게

Vidiful Games has released several video games that are ------- teenage girls rather than their male counterparts.

(A) aimed at
(B) divided into
(C) abided by
(D) tracked down

Vidiful Games사는 10대 남자 쪽보다 10대 소녀들에 겨냥된 여러 비디오 게임을 출시했다.

■ 동사 관련 어구
정답 (A)

'10대 소녀들에 겨냥된 비디오 게임을 출시했다'라는 문맥이므로 동사 어구 aim at(~을 겨냥하다)의 p.p.형 (A) aimed at이 정답이다. (B)의 divide into는 '~으로 나누다', (C)의 abide by는 '(법률·합의 등을) 따르다, 준수하다', (D)의 track down은 '~을 찾아내다, 추적하다'라는 의미이다.

어휘 release v. 출시하다   male adj. 남자의   counterpart n. (한 쌍의) 한쪽

Because Ms. Taylor ------- a remarkable ability to argue complex issues in court, she was appointed a senior partner of the law firm.

(A) shown
(B) has to show
(C) showing
(D) had shown

Ms. Taylor가 법정에서 복잡한 문제를 논할 수 있는 뛰어[난] 능력을 보여줬었기 때문에, 그녀는 법무법인의 대표 사원[으]로 임명되었다.

■ [동사 자리] 과거완료 시제 　　　　　　　　　　　　정[답]

Because로 시작하는 종속절(Because ~ court)에 주어(Ms. Taylor)만 있고 동사가 없으므로 동사 (B)와 (D)가 정답의 후보[이다.] Because가 이끄는 절(Because ~ court)에서 나타내는 사건, 즉 Ms. Taylor가 법정에서 복잡한 문제를 논할 수 있는 뛰어난 능력을 보[여준] 것은 주절(she ~ firm)에서 나타내는 사건, 즉 Ms. Taylor가 법무법인의 대표 사원으로 임명된 시점보다 먼저 일어난 일이다. 주절에 과거[시제] (was appointed)가 쓰였으므로 과거의 특정 시점 이전에 발생한 일을 표현할 수 있는 과거완료 시제 (D) had shown이 정답이다. 현재[시제] (B)는 과거의 특정 시점 이전에 발생한 일을 나타낼 수 없고, 'Ms. Taylor가 법정에서 복잡한 문제를 논할 수 있는 뛰어난 능력을 보여줘야[하기] 때문에 법무법인의 대표 사원으로 임명되었다'라는 어색한 문맥을 만든다. 과거분사 (A)와 동명사 또는 현재분사 (C)는 동사 자리에 올 수 [없다.]

어휘　remarkable adj. 뛰어난, 놀라운　appoint v. 임명하다　senior partner phr. 대표 사원

Research indicates that carrying out ------- tasks on a regular basis during middle age leads to improved cognitive function.

(A) challenge
(B) challenges
(C) challenging
(D) challengingly

연구는 중년기에 정기적으로 도전적인 업무를 수행하는 [것]이 향상된 인지 기능으로 이어진다는 것을 보여준다.

■ 형용사 자리 　　　　　　　　　　　　정[답]

빈칸 뒤의 명사(tasks)를 꾸밀 수 있는 것은 형용사이므로 형용사 (C) challenging(도전적인)이 정답이다. 동사 또는 명사 (A)와 (B), 부[사] 는 명사를 꾸밀 수 없다. 부사 (D)가 빈칸 앞의 동사(carry out)를 수식하는 구조로 본다 해도, 부사는 '동사 + 목적어'의 앞이나 뒤에 와[야 하므] 로 답이 될 수 없다.

어휘　carry out phr. ~을 수행하다　on a regular basis phr. 정기적으로　cognitive adj. 인지의　challenge v. 도전하다; n. 도전
　　　challengingly adv. 도발적으로, 매력적으로

------- having received complaints about its lack of digital resources, Turnerfield Public Library has been criticized for failing to offer a community education program.

(A) Besides
(B) Except for
(C) In addition
(D) Throughout

Turnerfield 공공도서관은 그것의 디지털 자원 부족[에 대] 한 불만을 받아온 것에 더해서, 지역사회 교육 프로그[램을] 제공하지 못했다는 비판도 받아 왔다.

■ [수식어 거품을 이끄는 것] 전치사 선택 부가 　　　　　　　정[답]

이 문장은 주어(Turnerfield Public Library)와 동사(has been criticized)를 갖춘 완전한 절이므로, ＿＿ ~ resources는 수식어 거[품으로] 보아야 한다. 이 수식어 거품은 동사가 없는 거품구이므로, 거품구를 이끌 수 있는 전치사 (A), (B), (D)가 정답의 후보이다. '디지털 자원 [부족에] 대한 불만을 받아온 것에 더해서 지역사회 교육 프로그램을 제공하지 못했다는 비판도 받아 왔다'라는 의미가 되어야 하므로 부가를 나타[내는 전] 치사 (A) Besides(~에 더해서, ~뿐만 아니라)가 정답이다. (B) Except for는 '~를 제외하고'라는 의미로 제외를 나타내며, 빈칸에 쓸 경우['디지] 털 자원 부족에 대한 불만을 받아온 것을 제외하고, 지역사회 교육 프로그램을 제공하지 못했다는 비판을 받아 왔다'라는 어색한 문맥[을 만든다.] (D) Throughout은 '~ 동안, ~ 전역에'라는 의미로 기간이나 위치를 나타낸다. 접속부사 (C) In addition(게다가)은 거품구를 이끌 수 [없으] 고로, 접속부사 In addition(게다가)과 전치사 In addition to(~에 더하여, ~뿐만 아니라)를 구분하여 알아둔다.

어휘　resource n. 자원, 자산　criticize v. 비판하다　fail v. ~하지 못하다, 실패하다

Owing to the two phones' common design characteristics, customers have trouble distinguishing one ------- the other.

(A) to
(B) from
(C) along
(D) between

두 전화기의 공통적인 디자인 특징들 때문에, 소비자들은 한쪽 전화기와 다른 쪽 전화기를 구별하는 데 어려움을 겪는다.

■ 동사와 함께 쓰인 전치사 표현
정답 (B)

'한쪽 전화기와 다른 쪽 전화기를 구별하는 데 어려움을 겪는다'라는 의미가 되어야 하므로 빈칸 앞의 동사 distinguish와 함께 'A와 B를 구별하다'라는 의미의 어구인 distinguish A from B를 만드는 전치사 (B) from이 정답이다. (A) to는 '~로, ~ 쪽으로', (C) along은 '~을 따라서'라는 의미로 방향을 나타낸다. (D) between은 '~ 사이에'라는 의미로 두 개의 대상 사이의 관계나 위치, 또는 시간을 나타내며 보통 between A and B(A와 B 사이에)의 형태로 쓰인다.

The fashion label is developing a new marketing ------- in line with its recent focus on online sales.

(A) disclosure
(B) installation
(C) strategy
(D) guidance

그 패션 상표는 최근 온라인 판매에 집중함에 따라 새로운 마케팅 전략을 개발하고 있다.

■ 명사 어휘
정답 (C)

'최근 온라인 판매에 집중함에 따라 새로운 마케팅 전략을 개발하고 있다'라는 문맥이므로 명사 (C) strategy(전략)가 정답이다. (A) disclosure는 '폭로', (B) installation은 '설치'라는 의미이다. (D) guidance(안내, 지침)도 해석상 그럴듯해 보이지만, 불가산 명사이므로 부정관사(a)와 함께 쓰일 수 없다.

어휘 label n. 상표 develop v. 개발하다 in line with phr. ~에 따라

Individuals applying for the sales position must be ------- in their capacity to quickly acquire technical expertise.

(A) attentive
(B) familiar
(C) generic
(D) confident

영업직에 지원하는 사람들은 기술 전문지식을 빨리 습득하는 능력에 대해 자신이 있어야 한다.

■ 형용사 관련 어구
정답 (D)

'기술 전문지식을 빨리 습득하는 능력에 대해 자신이 있어야 한다'라는 문맥이므로 빈칸 앞의 be동사(be)와 뒤의 전치사(in)와 함께 쓰여 '~에 대해 자신이 있다'라는 의미의 be confident in을 만드는 형용사 (D) confident(자신 있는)가 정답이다. (A) attentive는 '주의를 기울이는'이라는 의미로 주로 attentive to의 형태로 자주 쓰인다. (B) familiar는 '익숙한'이라는 의미로 주로 familiar with의 형태로 자주 쓰인다. (C) generic은 '포괄적인'이라는 의미이다.

어휘 apply v. 지원하다 sales position phr. 영업직 capacity n. 능력 expertise n. 전문지식

Staff members ------- monthly paycheck issued today contains an error should seek assistance from Mr. Costa.

(A) those
(B) whose
(C) who
(D) whom

오늘 지급된 월급에 오류가 있는 직원들은 Mr. Costa에게 도움을 요청해야 한다.

[수식어 거품을 이끄는 것] 관계대명사의 선택과 격
정답 (B)

문장은 주어(Staff members), 동사(should seek), 목적어(assistance)를 갖춘 완전한 절이므로, ___ ~ error는 수식어 거품으로 보아야 한다. 이 수식어 거품은 빈칸 앞의 명사(Staff members)를 선행사로 갖는 관계절이므로 관계절을 이끄는 관계대명사인 (B), (C), (D)가 정답의 후보이다. 이때 관계절(___ ~ error) 내에 주어(monthly paycheck)가 있으므로, 빈칸 뒤의 명사(monthly paycheck)를 꾸며서 함께 관계절 내의 주어가 될 수 있는 소유격 관계대명사 (B) whose(~의)가 정답이다. 주격 관계대명사 (C) who와 목적격 관계대명사 (D) whom은 관계절 내에서 주어나 목적어 역할을 하기 때문에 다음에 주어나 목적어가 없는 불완전한 절이 와야 한다. 지시대명사 (A) those는 관계절을 이끌 수 없다.

어휘 monthly paycheck phr. 월급 issue v. 지급하다, 발행하다

○○●●
상

Only by ------- to customer expectations can companies remain competitive in today's business climate.

(A) overseeing (B) adopting
(C) attributing (D) responding

기업들은 고객의 기대에 부응해야만 오늘날의 사업 환경에서 경쟁력을 유지할 수 있다.

■ 동사 관련 어구

정답

'기업들은 고객의 기대에 부응해야만 경쟁력을 유지할 수 있다'라는 문맥이므로 빈칸 뒤의 전치사(to)와 함께 '~에 부응하다'라는 의미의 respond to를 만드는 동사 respond(부응하다)의 명사 (D) responding이 정답이다. (A)의 oversee(감독하다)와 (B)의 adopt(채택하다)는 해석상 그럴듯해 보이지만, 타동사이므로 전치사 to와 함께 쓰일 수 없다. (C)의 attribute는 '~의 결과로 보다'라는 의미로 전치사 to와 함께 쓰일 때에는 attribute A to B의 형태로 쓰인다. 참고로, 이 문장은 'Only + 부사구'(Only ~ expectations)가 문장 맨 앞으로 와서, 주어(companies)와 조동사(can)가 도치된 구조임을 알아둔다.

○●●●
상

For ------- reasons that were not fully explained, the institute canceled all upcoming seminars.

(A) customary (B) assorted
(C) studious (D) utter

충분히 설명되지 않은 여러 가지 이유로, 그 기관은 다가오는 모든 세미나를 취소했다.

■ 형용사 어휘

정답

'충분히 설명되지 않은 여러 가지 이유로, 그 기관은 다가오는 모든 세미나를 취소했다'라는 문맥이므로 형용사 (B) assorted(여러 가지의)가 정답이다. (A) customary는 '관례적인, 습관적인', (C) studious는 '열심인, 학구적인', (D) utter는 '완전한'이라는 의미이다.

○○○●
중

The city plans to replace all of its diesel buses ------- severe accumulations of airborne pollutants in the greater metropolitan area.

(A) according to (B) seeing that
(C) far from (D) due to

그 도시는 대도시권 내에 공기로 운반되는 오염 물질의 심각한 축적으로 인해 모든 디젤 버스를 교체할 계획이다.

■ [수식어 거품을 이끄는 것] 전치사 선택 이유

정답

이 문장은 주어(The city), 동사(plans), 목적어(to replace all of its diesel buses)를 갖춘 완전한 절이므로, ___ ~ area는 수식어 거품으로 보아야 한다. 이 수식어 거품은 동사가 없는 거품구이므로, 거품구를 이끌 수 있는 전치사 (A), (C), (D)가 정답의 후보이다. '오염 물질의 ~으로 인해 모든 디젤 버스를 교체할 계획이다'라는 의미가 되어야 하므로 이유를 나타내는 전치사 (D) due to(~으로 인해, ~ 때문에)가 정답이다. (A) according to는 '~에 따라, ~에 따르면'이라는 의미로 해석상 그럴듯해 보이지만, 정보의 출처 또는 준수해야 하는 규칙을 나타내므로 답이 될 수 없다. 전치사 (C) far from은 '결코 ~이 아닌'이라는 의미이다. 부사절 접속사 (B) seeing that(~인 것으로 보아)은 거품구가 아닌 거품절을 이끈다.

어휘 replace v. 교체하다, 대체하다 airborne adj. 공기로 운반되는 pollutant n. 오염 물질 metropolitan adj. 대도시의

●●●●
최상

The funds raised through Help Hearts Foundation's annual charity event ------- the Vigneux-Dade Children's Hospital.

(A) benefiting (B) to benefit
(C) benefits (D) benefit

Help Hearts 재단의 연례 자선 행사를 통해 모금된 기금은 Vigneux-Dade 어린이 병원에 도움이 된다.

■ [동사 자리] 단수 주어 뒤에는 단수 동사, 복수 주어 뒤에는 복수 동사를 쓴다.

정답

문장에 주어(The funds)만 있고 동사가 없으므로 동사 (C)와 (D)가 정답의 후보이다. 주어(The funds)가 복수 명사이므로 복수 동사 benefit이 정답이다. 단수 동사 (C)는 복수 주어와 쓰일 수 없다. 동명사 또는 현재분사 (A)와 to 부정사 (B)는 동사 자리에 올 수 없다. 현재분사 (A)가 빈칸 앞의 명사(event)를 꾸미는 것으로 보거나 to 부정사 (B)가 목적을 나타내는 역할로 쓰였다고 본다 해도, raise가 '모금하다, 조달하다'라는 의미로 쓰인 경우 타동사이므로 뒤에 목적어가 와야 한다.

어휘 raise v. 모금하다, 조달하다 charity n. 자선 benefit v. ~에게 도움이 되다, 유익하다

Some employees were transferred to nearby branches when the Clairview location closed down, but ------- were hired by a competitor.

(A) all
(B) ones
(C) others
(D) another

Clairview 지점이 문을 닫았을 때 일부 직원들은 인근 지점들로 이동되었지만, 다른 직원들은 경쟁사에 의해 고용되었다.

부정대명사 others   정답 (C)

칸 뒤의 동사(were)가 복수 동사이고 '일부 직원들은 인근 지점들로 이동되었지만 다른 직원들은 경쟁사에 의해 고용되었다'라는 의미가 되어야 하므로, 이미 언급된 것(employees)과 같은 종류의 다른/추가적인 것들을 가리키는 부정대명사 (C) others(다른 사람들/것들)가 정답이다. 명사 (A) all(모두, 전체)을 쓸 경우, '일부 직원들은 인근 지점으로 이동되었지만 모든 직원들은 경쟁사에 의해 고용되었다'라는 어색한 문맥이다. 부정대명사 (B) ones는 정해지지 않은 복수 가산 명사를 대신할 때 쓰인다. 부정대명사 (D) another(또 다른 하나)는 이미 언급된 것 이외의 또 다른 하나를 의미하며 단수로 취급되므로 단수 동사와 함께 쓰인다.

어휘 transfer v. 이동하다, 옮기다 competitor n. 경쟁사, 경쟁자

Ms. Franklin reminded the board of its ------- to protect shareholder interests.

(A) responders
(B) responsible
(C) responsive
(D) responsibility

Ms. Franklin은 이사회에 주주 이익을 보호해야 할 책임을 상기시켰다.

[명사 자리] 사람명사 vs. 추상명사   정답 (D)

소유격(its) 뒤에 올 수 있는 것은 명사이므로 명사 (A)와 (D)가 정답의 후보이다. '이사회에 주주 이익을 보호해야 할 책임을 상기시켰다'라는 의미가 되어야 하므로 추상명사 (D) responsibility(책임)가 정답이다. 사람명사 (A) responders(응답하는 사람들)를 쓸 경우 '이사회에 주주 이익을 보호할 응답하는 사람들을 상기시켰다'라는 어색한 문맥이 된다. 형용사 (B)와 (C)는 명사 자리에 올 수 없다. 참고로, 동사 remind는 remind A of B(A에게 B를 상기시키다)의 형태로 자주 쓰임을 알아둔다.

어휘 remind v. 상기시키다 board n. 이사회 shareholder n. 주주 responsible adj. 책임이 있는 responsive adj. 즉각 반응하는

The research team undertook ------- preparations for its three-month expedition in Antarctica.

(A) elaboration
(B) elaborated
(C) elaborately
(D) elaborate

연구팀은 3개월 간의 남극 대륙 탐험을 위해 정교한 준비를 시작했다.

형용사 자리   정답 (D)

칸 뒤의 명사(preparations)를 꾸밀 수 있는 것은 형용사이므로 형용사 역할을 하는 과거분사 (B)와 형용사 (D)가 정답의 후보이다. '탐험을 위해 정교한 준비를 시작했다'라는 의미가 되어야 하므로 형용사 (D) elaborate(정교한, 공들인)가 정답이다. 동사 elaborate(정교하게 만들어 내다)의 과거분사 (B)는 '탐험을 위해 정교하게 만들어진 준비를 시작했다'라는 어색한 문맥을 만든다. 명사 (A)와 부사 (C)는 형용사 자리에 올 수 없다.

어휘 undertake v. 시작하다, 착수하다 expedition n. 탐험 Antarctica n. 남극 대륙 elaboration n. 정교, 공들임 elaborately adv. 정교하게, 공들여

------- all the stores in the mall open at 10 A.M., but Tinsel Boutiques is an exception.

(A) Highly
(B) Solely
(C) Closely
(D) Nearly

쇼핑몰에 있는 거의 모든 상점들은 오전 10시에 문을 열지만, Tinsel 부티크는 예외이다.

부사 어휘   정답 (D)

'거의 모든 상점들은 오전 10시에 문을 연다'라는 문맥이므로 부사 (D) Nearly(거의)가 정답이다. (A) Highly는 '대단히, 높이', (B) Solely는 '오로지, 단독으로', (C) Closely는 '긴밀하게, 밀접하게'라는 의미이다.

어휘 exception n. 예외

상

To prevent infection, it is necessary that medical ------- be sterilized before being used.

(A) prescriptions   (B) instruments
(C) procedures   (D) treatments

감염을 막기 위해, 의료 기구들은 사용되기 전에 소독될 것이 필수적이다.

■ 명사 어휘   정

'의료 기구들은 소독되는 것이 필수적이다'라는 문맥이므로 명사 (B) instruments(기구)가 정답이다. (A)의 prescription은 '처방', procedure는 '절차', (D)의 treatment는 '치료'라는 의미이다.

어휘   prevent v. 막다, 방지하다   infection n. 감염   sterilize v. 소독하다, 살균하다

상

------- so few people have signed up for the course on European literature, the school may decide to withdraw it from the curriculum.

(A) For   (B) Although
(C) Since   (D) While

유럽 문학 강좌에 등록한 사람이 거의 없었기 때문에, 는 그것을 교육 과정에서 빼기로 결정할지도 모른다.

■ [수식어 거품을 이끄는 것] 부사절 접속사   이유   정

이 문장은 주어(the school), 동사(may decide), 목적어(to withdraw it)를 갖춘 완전한 절이므로, ___ ~ literature는 수식어 거품으 야 한다. 이 수식어 거품은 동사(have signed up)가 있는 거품절이므로 거품절을 이끌 수 있는 부사절 접속사 (B), (C), (D)가 정답의 다. '유럽 문학 강좌에 등록한 사람이 거의 없었기 때문에, 학교는 그것을 교육 과정에서 빼기로 결정할지도 모른다'라는 의미가 되어야 하 유를 나타내는 부사절 접속사 (C) Since(~ 때문에)가 정답이다. (B) Although(비록 ~이지만)와 (D) While(~하는 동안)을 쓸 경우 '유럽 강좌에 등록한 사람이 거의 없었지만/없었던 동안, 학교는 그것을 교육 과정에서 빼기로 결정할지도 모른다'라는 어색한 문맥이 된다. (A) For(~을 위해서)는 거품절이 아닌 거품구를 이끈다. For를 '왜냐하면'이라는 의미의 등위접속사로 본다 해도, 등위접속사는 문장 맨 역 수 없다.

어휘   withdraw v. 빼다, 취소하다   curriculum n. 교육 과정

상

In terms of fuel efficiency, the Kanon X9 is ------- Hugel Auto's most environmentally friendly vehicle to date.

(A) definitely   (B) definite
(C) define   (D) defining

연료 효율성 측면에서, 현재까지 Kanon X9은 틀림 Hugel 자동차사의 가장 환경친화적인 차량이다.

■ 부사 자리   정

'현재까지 Kanon X9은 틀림없이 Hugel 자동차사의 가장 환경친화적인 차량이다'라는 의미가 되어야 하고, 문장 전체를 꾸밀 수 있는 : 사이므로 부사 (A) definitely(틀림없이)가 정답이다. 형용사 (B), 동사 (C), 명동사 또는 현재분사 (D)는 문장 전체를 꾸밀 수 없다. 형용 definite(확실한)를 be동사(is)의 보어로 볼 경우 주어(the Kanon X9), 동사(is), 보어(definite)를 모두 갖춘 완전한 문장이 되므로 전 접속사와 같은 연결어 없이 뒤에 오는 명사(vehicle)와 함께 쓸 수 없고, 보어 자리에 온 명사(vehicle)를 수식하는 형용사로 본다 해도 수식하기 위해서는 '소유격 + 형용사 + 명사' 형태가 되어야 하므로 소유격(Hugel Auto's) 앞이 아닌 뒤에 와야 한다. 현재분사 (D)를 ॥ 의 be동사(is)와 함께 현재진행형을 만드는 것으로 볼 경우 '현재까지 Kanon X9은 Hugel 자동차사의 가장 환경친화적인 차량을 규정(다'라는 어색한 문맥이 된다.

어휘   fuel efficiency phr. 연료 효율성   environmentally friendly adj. 환경친화적인   to date phr. 현재까지, 지금까지   define v. 규정하다

------- economic growth during a recession, central banks sometimes lower interest rates as this encourages spending.

(A) To stimulate
(B) Stimulate
(C) Stimulation
(D) Stimulated

> 경기 침체기에 경제 성장을 자극하기 위해, 중앙은행은 가끔 금리를 낮추는데 이것이 소비를 촉진시키기 때문이다.

■ [수식어 거품을 이끄는 것] to 부정사의 역할   정답 (A)

이 문장은 주어(central banks), 동사(lower), 목적어(interest rates)를 갖춘 완전한 절이므로, ____ ~ recession은 수식어 거품으로 보아야 한다. 이 수식어 거품은 동사가 없는 거품구이므로, 거품구를 이끌 수 있는 to 부정사 (A)와 과거분사를 포함하는 (D)가 정답의 후보이다. '경기 침체기에 경제 성장을 자극하기 위해 가끔 금리를 낮추는데 이것이 소비를 촉진시키기 때문이다'라는 목적의 의미를 전달하고 있으므로 목적을 나타내는 to 부정사 (A) To stimulate가 정답이다. 과거분사 (D)를 쓸 경우 주절의 주어와 수동 관계인 분사구문을 만들기 때문에 뒤에 목적어(economic growth)가 바로 올 수 없다. 동사 (B)와 명사 (C)는 수식어 거품을 이끌 수 없다.

어휘   recession n. 경기 침체기   lower v. 낮추다   spending n. 소비   stimulate v. 자극하다

It seems that the vast majority of employees are ------- with the salaries they receive.

(A) relaxed
(B) enthusiastic
(C) contented
(D) satisfactory

> 대다수의 직원들은 그들이 받는 급여에 만족하고 있는 것으로 보인다.

■ 유사의미 형용사   정답 (C)

'직원들은 급여에 만족하고 있는 것으로 보인다'라는 문맥이므로 형용사 (C) contented(만족하는)가 정답이다. (D) satisfactory(만족스러운)도 해석상 그럴듯해 보이지만, 만족감의 주체가 사람이 아니라 어떤 방법, 행동, 사물 등이 사람에게 만족감을 주는 것을 의미하므로 답이 될 수 없다. (A) relaxed는 '느긋한', (B) enthusiastic은 '열정적인'이라는 의미로 주로 전치사 about과 함께 relaxed about(~에 대해 느긋한, 관대한)과 enthusiastic about(~에 대해 열정적인)의 형태로 쓰임을 알아둔다.

The students in the math class discussed some problems ------- found difficult.

(A) theirs
(B) themselves
(C) them
(D) they

> 수학 수업의 학생들은 그들이 어렵다고 느낀 몇몇 문제들에 대해 의논했다.

■ [주어 자리] 인칭대명사의 격   정답 (D)

이 문장은 주어(The students), 동사(discussed), 목적어(some problems)를 갖춘 완전한 절이므로, ____ ~ difficult는 수식어 거품으로 보아야 한다. 이 수식어 거품은 동사(found)만 있고 주어가 없는 거품절이므로, 주어 역할을 할 수 있는 소유대명사 (A)와 주격 인칭대명사 (D)가 정답의 후보이다. '학생들은 그들이 어렵다고 느낀 몇몇 문제들에 대해 의논했다'라는 의미가 되어야 하므로 주격 인칭대명사 (D) they가 정답이다. 소유대명사 (A)를 쓸 경우, '학생들은 그들의 것이 어렵다고 느낀 몇몇 문제들에 대해 의논했다'라는 어색한 문맥을 만든다. 재귀대명사 (B)와 목적격 인칭대명사 (C)는 주어 자리에 올 수 없다. 참고로, (they) found difficult는 앞에 목적격 관계대명사 which 또는 that이 생략된 관계절로, 선행사(some problems)를 수식해주고 있음을 알아둔다.

The presentation schedule is ------- as most of the invited speakers have not committed to attending the conference yet.

(A) impulsive
(B) undecided
(C) diverse
(D) imperative

> 대부분의 초청 연사들이 학회에 참석하는 것에 대해 아직 의사를 밝히지 않았기 때문에 발표 일정이 결정되지 않았다.

■ 형용사 어휘   정답 (B)

'대부분의 초청 연사들이 학회에 참석하는 것에 대해 아직 의사를 밝히지 않았기 때문에 발표 일정이 결정되지 않았다'라는 문맥이므로 형용사 (B) undecided(결정되지 않은)가 정답이다. (A) impulsive는 '충동적인', (C) diverse는 '다양한', (D) imperative는 '필수적인, 긴요한'이라는 의미이다.

어휘   commit v. 의사를 밝히다   attend v. 참석하다   conference n. 학회

Questions 131-134 refer to the following announcement.   131-134는 다음 공고에 관한 문제입니다.

Starfire Stadium: Important Announcement

We have recently learned that several shows on The Ebbing Tide's world tour have been -------. Unfortunately, the concert scheduled to take place at Starfire Stadium on the evening of June 6 was one of those that were called off.
<u>131</u>

Starfire Stadium would like to apologize to ticket holders for any ------- this causes them. We attempted to move the
<u>132</u>
show to a date that suited the band's schedule. -------, the circumstances were beyond our control.
<u>133</u>

If you purchased tickets directly from Starfire Stadium, you will be eligible for a full refund at our box office starting tomorrow. Please bring your ticket with you. -------.
<u>134</u>

Starfire 경기장: 중요 공지

131 저희는 최근에 The Ebbing Tide의 전 세계 투어 몇몇 공연이 취소되었다는 것을 알게 되었습니다. 안타깝게 도, 6월 6일 저녁에 Starfire 경기장에서 열릴 예정이던 콘서트가 취소된 그 공연들 중 하나였습니다.

132 Starfire 경기장은 이로 인한 티켓 구매자분들의 실망 에 대해 사과드리고 싶습니다. 저희는 밴드의 일정에 맞는 날짜로 공연을 옮기려고 했습니다. 133 하지만, 상황은 저희 가 통제할 수가 없었습니다.

만약 입장권을 Starfire 경기장에서 직접 구입하셨다면, 내일부터 저희 매표소에서 전액 환불을 받으실 수 있습니다. 여러분의 티켓을 가져와 주십시오. 134 환불받기 위해서는 그것을 제시하셔야 할 것입니다.

131	(A) relocated	133	(A) However
	(B) postponed		(B) Consequently
	(C) combined		(C) Furthermore
	(D) dropped		(D) Specifically
132	(A) disappointing	134	(A) They may change the date to later this month.
	(B) disappoints		(B) You will need to present it to be reimbursed.
	(C) disappointment		(C) We anticipate that the show will sell out quickly.
	(D) disappointed		(D) It cannot be exchanged at this point.

어휘   learn v. (~을) 알게 되다, 들어서 알다 schedule v. 예정하다 call off phr. ~을 취소하다 suit v. ~에 맞다, 맞추다 circumstance n. 상황

■ **동사 어휘** 주변 문맥 파악   정답 (D)

'몇몇 공연이 ____되었다'라는 문맥이므로 (A), (B), (D)가 정답의 후보이다. 빈칸이 있는 문장만으로는 정답을 고를 수 없으므로 주변 문맥이나 전체 문맥을 파악한다. 뒤 문장에서 Starfire 경기장에서 열릴 예정이었던 콘서트가 취소된 그 공연들 중 하나였다고 했으므로, 몇몇 공연이 중단되었음을 알 수 있다. 따라서 동사 drop(중단하다)의 p.p.형 (D) dropped가 정답이다. (A)의 relocate는 '이전하다, 이동하다', (B)의 postpone은 '연기하다, 미루다', (C)의 combine은 '결합하다'라는 의미이다.

■ **명사 자리**   정답 (C)

전치사(for)의 목적어 역할을 하면서 부정형용사(any) 다음에 올 수 있는 것은 명사이므로 명사 (C) disappointment(실망)가 정답이다. (A)는 현재분사일 경우 명사 자리에 올 수 없고, 동명사일 경우 부정형용사(any)와 함께 쓰일 수 없다. 동사 (B), 동사 또는 과거분사 (D)는 명사 자리에 올 수 없다.

■ **접속부사** 주변 문맥 파악   정답 (A)

빈칸이 콤마와 함께 문장의 맨 앞에 온 접속부사 자리이므로, 앞 문장과 빈칸이 있는 문장의 의미 관계를 파악하여 정답을 선택한다. 앞 문장에서 밴드의 일정에 맞는 날짜로 공연을 옮기려고 했다고 했고, 빈칸이 있는 문장에서는 상황은 통제할 수가 없었다고 했으므로, 앞의 내용에 덧붙여 다소 상반되는 새로운 내용을 언급할 때 사용되는 (A) However(하지만)가 정답이다. (B) Consequently는 '결과적으로', (C) Furthermore 는 '게다가', (D) Specifically는 '특별히, 명확하게'라는 의미로 빈칸에 쓸 경우 어색한 문맥이 된다.

■ **알맞은 문장 고르기**   정답 (B)

빈칸에 들어갈 알맞은 문장을 고르는 문제이므로 주변 문맥 또는 전체 문맥을 파악한다. 앞 문장 'Please bring your ticket with you.'에서 티켓을 가져와 달라고 했으므로 빈칸에는 티켓을 가져와야 하는 이유와 관련된 내용이 들어가야 함을 알 수 있다. 따라서 (B) You will need to present it to be reimbursed가 정답이다.

보기 해석
(A) 그들은 이달 말로 날짜를 변경할 수도 있습니다.
(B) 환불받기 위해서는 그것을 제시하셔야 할 것입니다.
(C) 저희는 공연이 빨리 매진될 것으로 예상합니다.
(D) 현시점에서는 그것이 교환될 수 없습니다.

어휘 reimburse v. 환불하다, 배상하다 anticipate v. 예상하다 sell out phr. 매진되다, 다 팔리다 exchange v. 교환하다, 바꾸다

July 28

Ruth Quinn
237 Spring Drive
North Augusta, SC 29841

Dear Ms. Quinn,

This letter concerns your interest in ------- Laundale Business
Academy's Supervisory Management class. Without a
doubt, this is one of our most ------- courses. We receive a
large number of requests every semester from students
hoping to enroll. We are pleased to say that you are one of
the students who gained admission.

You will receive the weekly schedule and course syllabus in
the coming weeks. Also, please note that some of the
course materials will only be available through Laundale
Business Academy's Web site. A username and password
will be sent to you by e-mail in early August. -------.

I extend my congratulations and best wishes ------- Laundale
Business Academy.

Sincerely,

Shaun Conway
Admissions Director
Laundale Business Academy

7월 28일

Ruth Quinn
237번지 Spring로
노스 오거스타, 사우스캐롤라이나주 29841

Ms. Quinn께,

135 이 편지는 Laundale 비즈니스 아카데미의 감독 ㅁ
수업을 수강하는 것에 대한 귀하의 관심에 관한 것입니
136 의심할 여지 없이, 이것은 저희의 가장 인기 있는 ㅅ
들 중 하나입니다. 저희는 매 학기 등록하기를 희망하는
생들로부터 수많은 신청서를 받습니다. 귀하께서 참가ㅇ
된 학생들 중 한 명이라고 전하게 되어 기쁩니다.

귀하께서는 주간 시간표와 강의 개요를 돌아오는 주에 ㅂ
될 것입니다. 또한, 수업 자료 중 일부는 Laundale 비ㅈ
스 아카데미의 웹사이트에서만 구할 수 있다는 점을 유ㅇ
주십시오. 8월 초에 사용자명과 비밀번호가 귀하께 이ㅁ
로 보내질 것입니다. 137 그것들은 저희 시스템에 처음 ㄹ
인한 뒤 변경될 수 있습니다.

138 Laundale 비즈니스 아카데미를 대표하여 축하 인ㅅ
드리며 행운을 빕니다.

Shaun Conway 드림
입학부장
Laundale 비즈니스 아카데미

---

135 (A) teaching
(B) taking
(C) conducting
(D) arranging

136 (A) envious
(B) probable
(C) separate
(D) popular

137 (A) Make sure that you submit them prior to the
deadline.
(B) We plan to remove all of the online content at tha
time.
(C) You always have the option of switching majors
later.
(D) They can be changed after logging into our syste
for the first time.

138 (A) in honor of
(B) on behalf of
(C) by courtesy of
(D) for the sake of

어휘 **supervisory** adj. 감독의 **doubt** n. 의심 **enroll** v. 등록하다 **admission** n. 참가, 입장 **syllabus** n. 개요, 요목 **material** n. 자료
extend one's congratulations phr. 축하 인사를 하다

■ 동사 어휘 전체 문맥 파악 정답 (B)

Laundale 비즈니스 아카데미의 감독 관리 수업을 ____하는 것에 대한 귀하의 관심'이라는 문맥이므로 모든 보기가 정답의 후보이다. 빈칸이 있는 문장만으로는 정답을 고를 수 없으므로 주변 문맥이나 전체 문맥을 파악한다. 뒷부분에서 Laundale 비즈니스 아카데미는 매 학기 등록하기를 희망하는 학생들로부터 수많은 신청서를 받으며 귀하가 참가하게 된 학생들 중 한 명이라고 전하게 되어 기쁘다고 했으므로, Ms. Quinn이 Laundale 비즈니스 아카데미의 감독 관리 수업을 수강하는 것에 관심이 있었음을 알 수 있다. 따라서 동사 take(수강하다, 듣다)의 동명사 (B) taking이 정답이다. (A)의 teach는 '가르치다', (C)의 conduct는 '(수업 등을) 지도하다, 맡다', (D)의 arrange는 '마련하다, 준비하다'라는 의미이다.

■ 형용사 어휘 주변 문맥 파악 정답 (D)

이것은 Laundale 비즈니스 아카데미의 가장 ____한 수업들 중 하나이다'라는 문맥이므로 모든 보기가 정답의 후보이다. 빈칸이 있는 문장만으로는 정답을 고를 수 없으므로 주변 문맥이나 전체 문맥을 파악한다. 뒤 문장에서 매 학기 등록하기를 희망하는 학생들로부터 수많은 신청서를 받는다고 했으므로 이것이 Laundale 비즈니스 아카데미의 가장 인기 있는 수업들 중 하나임을 알 수 있다. 따라서 형용사 (D) popular(인기 있는)가 정답이다. (A) envious는 '부러워하는', (B) probable은 '있을 것 같은, 개연성 있는', (C) separate는 '분리된'이라는 의미이다.

■ 알맞은 문장 고르기 정답 (D)

빈칸에 들어갈 알맞은 문장을 고르는 문제이므로 주변 문맥 또는 전체 문맥을 파악한다. 앞 문장 'A username and password will be sent to you by e-mail'에서 사용자명과 비밀번호가 귀하에게 이메일로 보내질 것이라고 했으므로 빈칸에는 사용자명 및 비밀번호와 관련된 내용이 들어가야 함을 알 수 있다. 따라서 (D) They can be changed after logging into our system for the first time이 정답이다.

보기 해석

(A) 마감기한 전에 반드시 그것들을 제출하십시오.
(B) 저희는 그때 모든 온라인 콘텐츠를 삭제할 계획입니다.
(C) 귀하는 추후 전공을 바꿀 선택권이 항상 있습니다.
(D) 그것들은 저희 시스템에 처음 로그인한 뒤 변경될 수 있습니다

어휘 submit v. 제출하다 remove v. 삭제하다, 없애다 switch v. 바꾸다

■ 전치사 선택 기타 정답 (B)

Laundale 비즈니스 아카데미를 대표하여 축하 인사를 하다'라는 의미가 되어야 하므로 전치사 (B) on behalf of(~을 대표하여, 대신하여)가 정답이다. (A) in honor of는 '~에게 경의를 표하며', (C) by courtesy of는 '~의 덕분에, ~의 도움으로', (D) for the sake of는 '~을 위해서, ~ 때문에'라는 의미이다.

139-142는 다음 기사에 관한 문제입니다.

(20 July)— Thanks-A-Latte is celebrating yet another year of success. Twenty-six years ago, local resident Michael Troslin opened the first Thanks-A-Latte coffee shop right here in Augusta, Maine. -------. "When I first started this
139
business, I just wanted ------- great-tasting coffee in a
140
comfortable environment," said Mr. Troslin. To this day, he has stayed true to his word. Each of his stores -------
141
pleasant surroundings and high-quality coffee, something the diligent owner takes great care to ensure. Mr. Troslin plans to further grow the franchise over the next few years. -------, he hopes to expand internationally.
142

(7월 20일)— Thanks-A-Latte가 또 한 번의 성공적인 □를 기념하고 있다. 26년 전, 지역 주민 Michael Troslin□ 바로 여기 메인주 오거스타에 첫 번째 Thanks-A-Latte 커피숍을 열었다. **139** 이제, Thanks-A-Latte는 5개 주□ 걸친 17개의 매장으로 확장되었다. **140** "제가 이 사업을 □음 시작했을 때, 저는 그저 편안한 환경에서 맛있는 커□□ 제공하고 싶었습니다."라고 Mr. Troslin은 말했다. 오늘□ 까지도, 그는 그 약속을 지켰다. **141** 그의 각 매장은 쾌적□ 환경과 고품질의 커피를 특징으로 하며, 이 부지런한 주□주는 그것을 보장하기 위해 매우 신경 쓴다. Mr. Troslin□ 향후 몇 년 동안 프랜차이즈를 더욱 성장시킬 계획이다. 그 후에, 그는 국제적으로 확장하기를 희망한다.

---

139 (A) The honey cream latte is the best-selling item in his store.
(B) He fell in love with brewing coffee while traveling overseas.
(C) That's because his shop makes the best coffee in town.
(D) Now, Thanks-A-Latte has expanded to 17 stores across five states.

140 (A) to provide
(B) provides
(C) providing
(D) have provided

141 (A) compares
(B) features
(C) craves
(D) follows

142 (A) Therefore
(B) Before then
(C) Afterwards
(D) As a result

어휘   **celebrate** v. 기념하다, 축하하다   **stay true to one's word** phr. 약속을 지키다, 약속한 대로 하다   **pleasant** adj. 쾌적한, 기분 좋은   **surroundings** n. 환경   **diligent** adj. 부지런한, 성실한   **take care to** phr. 신경 쓰다, 주의하다   **ensure** v. 보장하다, 확실히 하다

■ 알맞은 문장 고르기
정답 (D)

빈칸에 들어갈 알맞은 문장을 고르는 문제이므로 주변 문맥 또는 전체 문맥을 파악한다. 앞 문장 'Twenty-six years ago, local resident Michael Troslin opened the first Thanks-A-Latte coffee shop right here in Augusta, Maine.'에서 26년 전 지역 주민 Michael Troslin이 바로 여기 메인주 오거스타에 첫 번째 Thanks-A-Latte 커피숍을 열었다고 했으므로 26년이 지난 현재 Thanks-A-Latte가 어떻게 변화했는지와 관련된 내용이 들어가야 함을 알 수 있다. 따라서 (D) Now, Thanks-A-Latte has expanded to 17 stores across five states가 정답이다.

보기 해석
(A) 꿀 크림 라테가 그의 가게에서 가장 잘 팔리는 품목이다.
(B) 그는 해외에서 여행하는 동안 커피를 끓이는 것과 사랑에 빠졌다.
(C) 그것은 그의 가게가 시내에서 최고의 커피를 만들기 때문이다.
(D) 이제, Thanks-A-Latte는 5개 주에 걸친 17개의 매장으로 확장되었다.

어휘   brew v. (커피·차를) 끓이다, 만들다   expand v. 확장되다, 확장하다

■ to 부정사를 취하는 동사
정답 (A)

빈칸 앞의 동사 wanted(원하다)는 to 부정사를 목적어로 취하는 동사이므로 to 부정사 (A) to provide가 정답이다. 동사 (B)와 (D), 동명사 또는 현재분사 (C)는 동사 want의 목적어 자리, 즉 to 부정사 자리에 올 수 없다.

■ 동사 어휘
정답 (B)

'그의 각 매장은 쾌적한 환경과 고품질의 커피를 특징으로 한다'라는 문맥이므로 동사 feature(특징으로 하다)의 3인칭 단수형 (B) features가 정답이다. (A)의 compare는 '비교하다', (C)의 crave는 '갈망하다', (D)의 follow는 '따라가다, 뒤이어 하다'라는 의미이다.

■ 접속부사 주변 문맥 파악
정답 (C)

빈칸이 콤마와 함께 문장 맨 앞에 온 접속부사 자리이므로, 앞 문장과 빈칸이 있는 문장의 의미 관계를 파악하여 정답을 선택한다. 앞 문장에서 Mr. Troslin은 향후 몇 년 동안 프랜차이즈를 더욱 성장시킬 계획이라고 했고, 빈칸이 있는 문장에서는 그, 즉 Mr. Troslin이 국제적으로 확장하기를 희망한다고 했으므로 앞 문장에 언급된 내용 이후에 발생할 미래의 일을 나타낼 때 사용되는 (C) Afterwards(그 후에)가 정답이다. (A) Therefore는 '그러므로', (B) Before then은 '그 전에', (D) As a result는 '결과적으로'라는 의미로 빈칸에 쓸 경우 어색한 문맥이 된다.

Employee Vacation Policy

- Gemstone Multimedia grants all staff 15 paid vacation days per year. ------- adequate notice is given, these can
143
be used at any point during the 12-month contract period. Barring an urgent situation, one week's notice is required to take a day off and two weeks' notice is needed to take two or more days off in a row.

- Supervisors will do their best to accommodate employees' vacation requests. However, they are entitled to act upon their -------. In other words, during especially busy
144
periods or when urgent situations arise, they will determine whether the needs of our business should take priority.

- With each subsequent year of work, an employee will receive one additional day off. -------.
145

- Vacation days -------. This means that employees who
146
fail to use their days within a year will lose them without being compensated.

직원 휴가 규정

- Gemstone Multimedia사는 전 직원에게 1년에 1.의 유급 휴가를 부여합니다. **143** 적절한 통지가 주어다면, 이것들은 12개월의 계약 기간 중 어느 시점에서사용될 수 있습니다. 긴급한 상황을 제외하고, 하루 휴를 내기 위해서는 1주일 전의 통지가 요구되며 이틀상 연이어 휴가를 내기 위해서는 2주 전의 통지가 등합니다.

- 관리자들은 직원들의 휴가 요청을 수용하기 위해 최선다할 것입니다. **144** 하지만, 그들은 그들의 재량에 따행동할 자격이 있습니다. 다시 말해서, 특히 바쁜 시기나 긴급한 상황이 발생할 때는, 그들이 회사의 요구가선 사항이 되어야 할지를 결정할 것입니다.

- 각각의 다음 근무 연도에, 직원들은 하루의 추가 휴받을 것입니다. **145** 이는 직원이 연 30일의 휴가를 ½할 때까지 적용됩니다.

- **146** 휴가 일수는 만료됩니다. 이것은 1년 내에 휴사용하지 못한 직원들은 보상을 받지 못한 채 그것을잃게 된다는 것을 의미합니다.

143 (A) Because
(B) Provided
(C) Unless
(D) Before

144 (A) authorization
(B) delegation
(C) discretion
(D) advice

145 (A) This applies until the employee has accrued 30 days off per year.
(B) As a result, one vacation day will have to be deducted.
(C) In such cases, the employee will need to present doctor's note.
(D) Unfortunately, we believe that productivity will beg to suffer.

146 (A) remain
(B) prevail
(C) accumulate
(D) expire

어휘　grant v. 부여하다　paid vacation phr. 유급 휴가　adequate adj. 적절한　barring prep. ~을 제외하고　urgent adj. 긴급한, 재촉하는
in a row phr. 연이어, 잇달아　supervisor n. 관리자　do one's best phr. 최선을 다하다　accommodate v. 수용하다
entitled to phr. ~할 자격이 있는　act upon phr. ~에 따라 행동하다　arise v. 발생하다　priority n. 우선 사항　subsequent adj. 다음의
additional adj. 추가의　compensate v. 보상하다

■ **[수식어 거품을 이끄는 것] 부사절 접속사** 조건   정답 (B)

이 문장은 주어(these), 동사(can be used)를 갖춘 완전한 절이므로, ___ ~ given은 수식어 거품으로 보아야 한다. 이 수식어 거품은 동사 'is given)'이 있는 거품절이므로, 거품절을 이끌 수 있는 부사절 접속사인 모든 보기가 정답의 후보이다. '적절한 통지가 주어진다면 유급 휴가는 2개월의 계약 기간 중 이느 시점에서든 사용될 수 있다'라는 의미가 되어야 하므로 조건을 나타내는 부사절 접속사 (B) Provided(~이라면)가 정답이다. (A) Because는 '~ 때문에'라는 의미로 이유를, (C) Unless는 '만약 ~이 아니라면'이라는 의미로 조건을, (D) Before는 '~하기 전에'라는 의미로 시간을 나타낸다.

■ **명사 어휘** 주변 문맥 파악   정답 (C)

그들은 그들의 ___에 따라 행동할 자격이 있다'라는 문맥이므로 (A), (C), (D)가 정답의 후보이다. 빈칸이 있는 문장만으로는 정답을 고를 수 없으므로 주변 문맥이나 전체 문맥을 파악한다. 앞 문장에서 관리자들은 직원들의 휴가 요청을 수용하기 위해 최선을 다할 것이라고 했고, 뒤 문장에서 특히 바쁜 시기에나 긴급한 상황이 발생할 때는 그들이 회사의 요구가 우선 사항이 되어야 할지를 결정할 것이라고 했으므로, 관리자들이 그들의 재량에 따라 행동할 자격이 있음을 알 수 있다. 따라서 명사 (C) discretion(재량)이 정답이다. 참고로, at/upon one's discretion(재량에 따라)을 관용구로 외워둔다. (A) authorization은 '허가', (B) delegation은 '위임, 대표 파견', (D) advice는 '조언, 충고'라는 의미이다.

■ **알맞은 문장 고르기**   정답 (A)

빈칸에 들어갈 알맞은 문장을 고르는 문제이므로 주변 문맥 또는 전체 문맥을 파악한다. 앞 문장 'With each subsequent year of work, an employee will receive one additional day off.'에서 각각의 다음 근무 연도에 직원들이 하루의 추가 휴가를 받을 것이라고 했으므로 빈칸에는 추가 휴가 규정과 관련된 내용이 들어가야 함을 알 수 있다. 따라서 (A) This applies until the employee has accrued 30 days off per year가 정답이다.

보기 해석
(A) 이는 직원이 연 30일의 휴가를 누적할 때까지 적용됩니다.
(B) 그 결과, 하루의 휴가가 감해질 것입니다.
(C) 이러한 경우, 직원은 진단서를 제출해야 할 것입니다.
(D) 안타깝게도, 저희는 생산성이 타격을 받기 시작할 것이라고 생각합니다.

어휘   **accrue** v. 누적하다, 축적하다   **deduct** v. 감하다, 제하다   **doctor's note** phr. 진단서   **productivity** n. 생산성   **suffer** v. 타격을 받다

■ **동사 어휘** 주변 문맥 파악   정답 (D)

휴가 일수는 ___한다'라는 문맥이므로 (A), (C), (D)가 정답의 후보이다. 빈칸이 있는 문장만으로는 정답을 고를 수 없으므로 주변 문맥이나 전체 문맥을 파악한다. 뒤 문장에서 이것은 1년 내에 휴가를 사용하지 못한 직원들은 보상을 받지 못한 채 그것들을 잃게 된다는 것을 의미한다고 했으므로, 휴가 일수가 만료됨을 알 수 있다. 따라서 동사 (D) expire(만료되다, 끝나다)가 정답이다. (A) remain은 '남아 있다', (B) prevail은 '팽배하다, 승리하다', (C) accumulate는 '축적하다, 누적하다'라는 의미이다.

PART 7

Questions 147-148 refer to the following advertisement.

147-148은 다음 광고에 관한 문제입니다.

Laura's Designs
448 Government Street, Victoria

End-of-Summer Discount

¹⁴⁷Drop by Laura's Designs and browse through ¹⁴⁷/¹⁴⁸⁻ᶜour diverse selection of bedding, towels, and curtains, all made of the finest linen!

¹⁴⁸⁻ᴮPrint out this advertisement and show it to a salesperson to get 25 percent off **on any bathroom product in our store.** ¹⁴⁸⁻ᴰIf you're not satisfied with a purchase, you may exchange it within seven days.

*¹⁴⁸⁻ᴬ*This offer is valid until September 1. It cannot be used with any other promotional offer.*

Laura's Designs
448번지 Government가, 빅토리아주

늦여름 할인

¹⁴⁷Laura's Designs에 들러서 ¹⁴⁷/¹⁴⁸⁻ᶜ모두 최고급 리넨로 만들어진, 저희의 다양한 침구, 수건, 그리고 커튼들을 러보세요!

저희 가게의 모든 욕실용품에 대해 ¹⁴⁸⁻ᴮ25퍼센트 할인받기 위해 이 광고를 인쇄해서 판매원에게 보여주세 ¹⁴⁸⁻ᴰ구매한 제품에 만족하지 않으면, 7일 이내에 교환할 있습니다.

*¹⁴⁸⁻ᴬ이 할인은 9월 1일까지 유효합니다. 이것은 어떤 판촉 할인과도 함께 사용될 수 없습니다.

어휘 □ browse v. 둘러보다   □ bedding n. 침구   □ salesperson n. 판매원

□ offer n. 할인; v. 제공하다   □ promotional adj. 판촉의

147
○○●● 中

What is being advertised?

(A) A clothing store
(B) A housewares retailer
(C) A fabric supplier
(D) A craft workshop

무엇이 광고되고 있는가?

(A) 옷 가게
(B) 가정용품 소매업체
(C) 직물 공급업체
(D) 수공예 워크숍

■ 주제/목적 찾기 글의 주제

광고되고 있는 것이 무엇인지를 묻는 주제 찾기 문제이므로 지문의 앞부분을 주의 깊게 확인한다. 'Drop by Laura's Designs and br through our diverse selection of bedding, towels, and curtains, all made of the finest linen!'에서 Laura's Designs에 들러 두 최고급 리넨으로 만들어진 다양한 침구, 수건, 그리고 커튼들을 둘러보라고 했으므로 (B)가 정답이다.

어휘 housewares n. 가정용품 supplier n. 공급업체, 공급 회사

148
○○●● 中

What is NOT indicated about Laura's Designs?

(A) It is offering a discount for a limited time.
(B) It is encouraging customers to bring in some promotional material.
(C) It sells products made from a variety of materials.
(D) It allows exchanges to be made within a week.

Laura's Designs에 대해 언급되지 않은 것은?

(A) 한정된 기간 동안 할인을 제공하고 있다.
(B) 고객들에게 판촉물을 가져올 것을 권장하고 있다.
(C) 각종 직물로 만들어진 제품들을 판매한다.
(D) 일주일 이내에 교환이 이루어지는 것을 허용한다.

■ Not/True Not 문제

질문의 핵심 어구인 Laura's Designs와 관련된 내용을 지문에서 찾아 각 보기와 대조하는 Not/True 문제이다. (A)는 'This offer is until September 1.'에서 할인이 9월 1일까지 유효하다고 했으므로 지문의 내용과 일치한다. (B)는 'Print out this advertisemer show it to a salesperson to get 25 percent off'에서 25퍼센트 할인을 받기 위해 이 광고를 인쇄해서 판매원에게 보여주라고 했으므 문의 내용과 일치한다. (C)는 'our diverse selection of bedding, towels, and curtains, all made of the finest linen'에서 다양한 수건, 그리고 커튼들이 모두 최고급 리넨으로 만들어졌다고 했으므로 지문의 내용과 일치하지 않는다. 따라서 (C)가 정답이다. (D)는 'If y not satisfied with a purchase, you may exchange it within seven days.'에서 구매한 제품에 만족하지 않으면, 7일 이내에 교 있다고 했으므로 지문의 내용과 일치한다.

바꾸어 표현하기
valid until September 1 9월 1일까지 유효한 → for a limited time 한정된 기간 동안
advertisement 광고 → promotional material 판촉물
within seven days 7일 이내에 → within a week 일주일 이내에

어휘 limited adj. 한정된, 제한된 bring in phr. 가져오다

難易度 (난이도) 하 중 상 최상

Questions 149-150 refer to the following memo.

149-150은 다음 회람에 관한 문제입니다.

MEMO

To: All office staff
From: Margery Haines, HR department head
Date: October 12
Subject: Office improvements

In recent months, there have been complaints about our office's electrical system being faulty. [149]The company has decided to address the situation by having a crew of technicians rewire our office this week. Please note that on October 13 and 14, the electricity for all of our floors will be shut off at around 6 P.M. This should not affect your work schedules as most of you finish at 5 P.M. We will also be without power while the electrical system is being tested at 11 A.M. on the first day of the work. It should be restored within 10 minutes, though. [150]Just make sure to save any files you are working on at around 10:50 A.M. and then turn off your computer.

회람

수신: 사무실 전 직원
발신: Margery Haines, 인사부장
날짜: 10월 12일
제목: 사무실 개선사항

최근 몇 달 동안, 우리 사무실의 전기 시스템에 결함이 있다는 항의가 있었습니다. [149]회사는 이번 주에 일단의 기술자들이 사무실의 배선을 바꾸도록 함으로써 이 사태에 대처하기로 결정했습니다. 10월 13일과 14일, 오후 6시경에 모든 층의 전기가 차단될 것이라는 점을 유의해주십시오. 여러분 대부분이 오후 5시에 일을 마무리하기 때문에 이것이 여러분의 업무 일정에 영향을 미치지는 않을 것입니다. 또한 작업 첫날 오전 11시에 전기 시스템이 테스트되는 동안에도 전원이 공급되지 않을 것입니다. 하지만, 이는 10분 이내로 복구될 것입니다. [150]그저 오전 10시 50분쯤에 반드시 작업 중인 모든 파일을 저장하고 나서 컴퓨터를 종료하도록 하십시오.

어휘 □ **electrical** adj. 전기의 □ **faulty** adj. 결함이 있는 □ **address** v. ~에 대처하다, ~을 다루다
□ **technician** n. 기술자 □ **rewire** v. 배선을 바꾸다, 전선을 갈다 □ **shut off** phr. 차단하다
□ **affect** v. ~에 영향을 미치다 □ **restore** v. 복구하다 □ **turn off** phr. 종료하다, 끄다

What is the notice mainly about?

(A) The installation of a new security system
(B) The possible causes of a malfunction
(C) Changes to normal hours of operation
(D) Some planned maintenance work

회람은 주로 무엇에 대한 것인가?

(A) 새 보안 시스템의 설치
(B) 오작동에 대한 가능한 원인
(C) 정상 운영 시간의 변경
(D) 계획된 몇몇 보수 작업

주제/목적 찾기 글의 주제 정답 (D)

회람이 주로 무엇에 대한 것인지를 묻는 주제 찾기 문제이므로 지문의 앞부분을 주의 깊게 확인한다. 'The company has decided to address the situation by having a crew of technicians rewire our office this week.'에서 회사는 이번 주에 일단의 기술자들이 사무실의 배선을 바꾸도록 함으로써 이 사태, 즉 전기 시스템 결함에 대처하기로 결정했다고 한 후, 배선 작업에 대한 세부 계획을 설명하고 있으므로 (D)가 정답이다.

어휘 **installation** n. 설치 **cause** n. 원인, 이유 **malfunction** n. 오작동 **operation** n. 운영, 작동 **maintenance** n. 보수, 정비

What are employees asked to do?

(A) Take necessary files home
(B) Clean up their desks at the end of the workday
(C) Prevent work from being lost
(D) Install a file on their computer

직원들은 무엇을 해달라고 요청받는가?

(A) 중요한 파일을 집으로 가져간다
(B) 근무가 끝날 때 책상을 정리한다
(C) 작업물이 손실되는 것을 방지한다
(D) 컴퓨터에 파일을 설치한다

육하원칙 What 정답 (C)

직원들이 무엇(What)을 해달라고 요청받는지를 묻는 육하원칙 문제이다. 질문의 핵심 어구인 employees asked to do와 관련하여, 'Just make sure to save any files you are working on ~ and then turn off your computer.'에서 그저 반드시 작업 중인 모든 파일을 저장하고 나서 컴퓨터를 종료하라고 했으므로 (C)가 정답이다.

어휘 **necessary** adj. 중요한 **prevent** v. 방지하다, 예방하다

TEST 04 · PART 7 **205**

Andrew Clayton [9:02 A.M.] Hi. I'm a painter with Walker Home. ¹⁵¹I'm scheduled to do some painting at your apartment at 10 A.M. Will you be around?	Andrew Clayton [오전 9시 2분] 안녕하세요. 저는 Walker Home의 페인트공입니다. ¹⁵¹저가 오전 10시에 귀하의 아파트에서 페인트 작업을 좀 하기로 예정되어 있습니다. 그때 근처에 계실 건가요?
Erica Mendes [9:04 A.M.] ¹⁵¹My landlord told me you'd be coming. I'm actually out of town. I won't get home until this evening, but I've left a key at the reception desk.	Erica Mendes [오전 9시 4분] ¹⁵¹집주인이 제게 당신이 올 거라고 말해주었어요. 사실 저가 도시 밖에 있어요. 오늘 저녁이 되어서야 집에 갈 것이지만, 프런트에 열쇠를 맡겨두었어요.
Andrew Clayton [9:07 A.M.] Alright. Should I bring the key back there when I'm done?	Andrew Clayton [오전 9시 7분] 알겠습니다. 제가 일을 마치면 다시 그곳에 열쇠를 돌려야 하나요?
Erica Mendes [9:07 A.M.] Yes, please. ¹⁵²Could you lock the door before you leave?	Erica Mendes [오전 9시 7분] 네, 부탁드려요. ¹⁵²가시기 전에 문을 잠가주시겠어요?
Andrew Clayton [9:08 A.M.] Certainly. So, just to confirm, I'll be painting your kitchen, bathroom, and hallway. Correct?	Andrew Clayton [오전 9시 8분] 그럼요. 그러면, 확인을 좀 하려고 하는데, 제가 귀하의 주방, 욕실, 그리고 현관을 칠하는 거죠. 맞나요?
Erica Mendes [9:09 A.M.] I was told my balcony would be painted too.	Erica Mendes [오전 9시 9분] 저는 발코니도 칠해질 거라고 들었어요.
Andrew Clayton [9:09 A.M.] I don't have that on my work assignment, but I'll check with your landlord. If there are any issues, I'll let you know.	Andrew Clayton [오전 9시 9분] 제 업무 배정에 그건 없는데, 귀하의 집주인과 확인해보겠습니다. 문제가 있으면, 알려드리겠습니다.
Erica Mendes [9:10 A.M.] Thanks so much!	Erica Mendes [오전 9시 10분] 정말 감사해요!

어휘　□ **scheduled** adj. 예정된　　□ **around** adv. 근처에, 주위에　　□ **landlord** n. 집주인
　　　□ **reception desk** phr. 프런트, 접수처　　□ **mat** n. 깔개, 매트　　□ **hallway** n. 현관, 복도
　　　□ **assignment** n. 배정, 임무

151

Who most likely is Ms. Mendes?

(A) A worker with a paint company
(B) A client of a real estate agency
(C) A tenant of an apartment building
(D) A security guard stationed at a housing complex

Ms. Mendes는 누구인 것 같은가?

(A) 페인트 회사의 직원
(B) 부동산 중개소의 고객
(C) 아파트 건물의 세입자
(D) 주택 단지에 배치된 경비원

■ **추론** 세부 정보　　　　　　　　　　　　　　　　　　　　　　　　　　　　　　　　　　　　　중

질문의 핵심 어구인 Ms. Mendes에 대해 추론하는 문제이다. 'I'm scheduled to do some painting at your apartment at 10 A.M.'에서 Andrew Clayton이 오전 10시에 귀하, 즉 Ms. Mendes의 아파트에서 페인트 작업을 좀 하기로 되어 있다고 하자, Ms. Mendes가 'My landlord told me you'd be coming.'에서 집주인이 당신 즉, Andrew Clayton이 올 거라고 말해주었다고 했으므로, Ms. Mendes가 페인트 작업이 진행될 아파트의 세입자라는 사실을 추론할 수 있다. 따라서 (C)가 정답이다.

어휘　**real estate agency** phr. 부동산 중개소　**tenant** n. 세입자　**station** v. 배치하다, 두다　**housing complex** phr. 주택 단지

At 9:08 A.M., what does Mr. Clayton mean when he writes, "Certainly"?

오전 9시 8분에, Mr. Clayton이 "Certainly"라고 썼을 때 그가 의도한 것은?

(A) He will make some improvements to a balcony.
(B) He will repair some damage to a doorframe.
(C) He will paint an additional area of an apartment.
(D) He will secure an entrance.

(A) 발코니에 개량 공사를 할 것이다.
(B) 문틀의 손상된 부분을 수리할 것이다.
(C) 아파트의 추가적인 부분을 칠할 것이다.
(D) 문을 잠글 것이다.

의도 파악

정답 (D)

Mr. Clayton이 의도한 것을 묻는 문제이므로 질문의 인용어구(Certainly)가 언급된 주변 문맥을 확인한다. 'Could you lock the door before you leave?'에서 Erica Mendes가 Mr. Clayton에게 가기 전에 문을 잠가줄 수 있냐고 묻자, Mr. Clayton이 'Certainly.'(그럼요)라고 한 것을 통해 Mr. Clayton이 문을 잠그고 갈 것임을 알 수 있다. 따라서 (D)가 정답이다.

바꾸어 표현하기

lock the door 문을 잠그다 → secure an entrance 문을 잠그다

어휘   doorframe n. 문틀   secure v. (단단히) 잠그다, 안전하게 지키다   entrance n. 문, 입구

Questions 153-154 refer to the following letter.

153-154는 다음 편지에 관한 문제입니다.

June 6

Ava Foster
Café Falu
2650 Nelmis Street
Alexandria, VA 22301

Dear Ms. Foster,

[153]I am a reporter with the *Alexandria Record*, which recently started profiling local business owners. I think readers would be interested to learn about how you purchased Café Falu and turned it into a success, especially because the previous owner claims he was barely turning a profit. [153]If possible, I would like to meet with you to hear your story.

[153]Could I pay a visit to the café to speak with you sometime next week? [154]I am available on weekday afternoons after 2:00 P.M., but I am willing to adjust my schedule if that does not work for you. Please call me at 555-4466 to let me know if you are interested.

Sincerely,

Justin Lachapelle

6월 6일

Ava Foster
Falu 카페
2650번지 Nelmis가
알렉산드리아, 버지니아주 22301

Ms. Foster께,

[153]저는 최근에 지역 사업주들을 소개하는 것을 시작한 *Alexandria Record*지의 기자입니다. 저는 귀하가 어떻게 Falu 카페를 매입하여 그것을 성공적으로 바꾸어 놓았는지에 대해 알게 되는 데에 독자들이 관심을 가질 것이라고 생각하는데, 특히 이전 주인이 자신은 거의 이익을 내지 못했다고 주장하기 때문입니다. [153]가능하다면, 저는 귀하의 이야기를 듣기 위해 귀하를 만나고 싶습니다.

[153]다음 주 중 언젠가에 귀하와 이야기를 나누기 위해 카페를 방문해도 될까요? [154]저는 평일 오후 2시 이후에 시간이 나지만, 만약 귀하께서 그 시간이 가능하지 않다면 기꺼이 제 일정을 조정하겠습니다. 555-4466으로 전화 주셔서 관심이 있으신지 알려주십시오.

Justin Lachapelle 드림

어휘 □ **profile** v. (인물을) 소개하다, 프로필을 알려 주다 □ **local** adj. 지역의 □ **previous** adj. 이전의
□ **barely** adv. 거의 ~아니게 □ **turn a profit** phr. 이익을 내다 □ **pay a visit** phr. 방문하다
□ **available** adj. 시간이 나는, 만날 수 있는 □ **adjust** v. 조정하다

153
○○●○
80

Why was the letter written?

(A) To make a reservation
(B) To discuss a business proposal
(C) To request an interview
(D) To introduce a newspaper feature

편지는 왜 쓰였는가?

(A) 예약을 하기 위해
(B) 사업 제안을 논의하기 위해
(C) 인터뷰를 요청하기 위해
(D) 신문 특집을 소개하기 위해

■ **주제/목적 찾기** 글을 쓴 이유

정[

편지가 쓰인 이유를 묻는 목적 찾기 문제이다. 특별히 이 문제는 전체 지문을 요약하여 목적을 찾아야 한다. 'I am a reporter wit *Alexandria Record*, which ~ started profiling local business owners.'에서 저, 즉 편지의 작성자인 Justin Lachapelle이 지역 ㅅ들을 소개하는 것을 시작한 *Alexandria Record*지의 기자라고 한 뒤, 'If possible, I would like to meet with you to hear your s 'Could I pay a visit to the café to speak with you sometime next week?'에서 귀하, 즉 Ms. Foster의 이야기를 듣기 위해 만ㄴ다고 하며 다음 주 중 언젠가에 이야기를 나누기 위해 카페를 방문해도 될지 묻고 있으므로, (C)가 정답이다.

어휘 reservation n. 예약 proposal n. 제안 request v. 요청하다 feature n. 특집, 특징

What does Mr. Lachapelle offer to do?

(A) Pass along a previously published article
(B) Visit a dining establishment
(C) Come up with measures for attracting customers
(D) Make special arrangements for Ms. Foster

Mr. Lachapelle은 무엇을 하겠다고 제안하는가?

(A) 이전에 출판된 기사를 전달한다
(B) 음식점에 방문한다
(C) 고객을 끌어들이기 위한 방안을 제시한다
(D) Ms. Foster를 위해 특별 조정을 한다

■ 육하원칙 What   정답 (D)

Mr. Lachapelle이 무엇(What)을 하겠다고 제안하는지를 묻는 육하원칙 문제이다. 'I am available on weekday afternoons after 2:00
p.m., but I am willing to adjust my schedule if that does not work for you.'에서 저, 즉 Mr. Lachapelle은 평일 오후 2시 이후에 시간
이 나지만 만약 귀하, 즉 Ms. Foster가 그 시간이 가능하지 않다면 기꺼이 자신의 일정을 조정하겠다고 했으므로, Mr. Lachapelle이
Ms. Foster를 위해 특별 조정을 하겠다고 제안하고 있음을 알 수 있다. 따라서 (D)가 정답이다.

■ 바꾸어 표현하기

adjust ~ schedule 일정을 조정하다 → Make ~ arrangements 조정을 하다

휘 pass along phr. 전달하다 publish v. 출판하다 come up with phr. ~을 제시하다, 제안하다 measures n. 방안, 수단
   arrangement n. 조정, 협의

Questions 155-157 refer to the following brochure.

155-157은 다음 브로슈어에 관한 문제입니다.

Ideal Office Space for Lease

If you're searching for an office space downtown, you're in luck. An entire floor is now available in Trident Tower. 155-BLocated across the street from Bedford Subway Station, 155-Cthis 38-story building has a rooftop garden and an underground parking facility equipped with charging stations for electric vehicles. 155-AAs for the lobby, it contains a café, convenience store, and courier service outlet.

The available space, the 31st floor, includes:
- 25 offices of varying sizes
- Two meeting rooms
- A kitchen area and adjoining break room
- A tastefully designed bathroom

This office space is currently being offered for a five-year lease. 156To set up a viewing, call Claire Woolf of Pearl Real Estate at 555-4456.

임차 가능한 이상적인 사무실 공간

만약 시내에서 사무실 공간을 찾고 계신다면, 여러분은 이 좋으신 겁니다. Trident Tower의 한 층 전체가 현재 용 가능합니다. 155-BBedford 지하철역의 길 건너에 위 한, 155-C이 38층 건물에는 옥상 정원과 전기 자동차를 위 충전소가 설치된 지하 주차 시설이 있습니다. 155-A로비 는, 카페, 편의점, 그리고 택배 회사 대리점이 있습니다.

이용 가능한 공간인, 31층은 다음을 포함합니다:
· 다양한 크기의 25개의 사무실
· 두 개의 회의실
· 주방 공간 및 인접해 있는 휴게실
· 멋지게 디자인된 화장실

이 사무실 공간은 현재 5년 임대차 계약으로 내놓아져 있 니다. 156둘러볼 기회를 마련하기 위해서는, 555-4456으 Pearl 부동산의 Claire Woolf에게 전화하세요.

어휘 □ **lease** n. 임차, 임대, 임대차 (계약)
□ **rooftop** n. 옥상
□ **electric** adj. 전기의
□ **varying** adj. 다양한, 가지각색의

□ **downtown** adv. 시내에서
□ **facility** n. 시설
□ **courier service** phr. 택배 회사
□ **adjoining** adj. 인접한, 옆의

□ **locate** v. 위치하게 하다
□ **charging station** phr. 충전소
□ **outlet** n. 대리점
□ **tastefully** adv. 멋있게, 고상하게

155

○ ○ ● ○ 중

What is NOT true about Trident Tower?

(A) It contains a delivery business.
(B) It is close to a public transportation facility.
(C) It includes a place for tenants to park.
(D) It has some residential units.

Trident Tower에 대해 사실이 아닌 것은?

(A) 배송 업체가 들어가 있다.
(B) 대중교통 시설과 가깝다.
(C) 세입자들이 주차할 수 있는 공간을 포함한다.
(D) 몇몇 주거용 방이 있다.

■ **Not/True** Not 문제   정

질문의 핵심 어구인 Trident Tower와 관련된 내용을 지문에서 찾아 각 보기와 대조하는 Not/True 문제이다. (A)는 'As for the lob contains ~ courier service outlet.'에서 로비에는 택배 회사 대리점이 있다고 했으므로 지문의 내용과 일치한다. (B)는 'Located a the street from ~ Subway Station'에서 지하철역의 길 건너에 위치하고 있다고 했으므로 지문의 내용과 일치한다. (C)는 'this ~ bu has ~ an underground parking facility'에서 이 건물, 즉 Trident Tower에는 지하 주차 시설이 있다고 했으므로 지문의 내용과 일치 (D)는 지문에 언급되지 않은 내용이다. 따라서 (D)가 정답이다.

바꾸어 표현하기
courier service outlet 택배 회사 대리점 → delivery business 배송 업체
Subway Station 지하철역 → a public transportation facility 대중교통 시설
parking facility 주차 시설 → a place ~ to park 주차할 수 있는 공간

어휘 **delivery** n. 배송, 배달 **public transportation** phr. 대중교통, 공공 교통수단 **residential** adj. 주거의 **unit** n. 방

According to the brochure, why should some people consult with a realtor?

(A) To inquire about an annual fee
(B) To get a chance to see a building interior
(C) To receive details about leasing options
(D) To learn about sales commissions

브로슈어에 따르면, 몇몇 사람들은 왜 부동산 중개인과 의논해야 하는가?

(A) 연간 비용에 대해 문의하기 위해서
(B) 건물 내부를 볼 기회를 얻기 위해
(C) 임차 옵션에 대한 세부정보를 받기 위해
(D) 매매 수수료에 대해 알기 위해

■ 육하원칙 Why　　　　　　　　　　　　　　　　　　　정답 (B)

몇몇 사람들이 왜(why) 부동산 중개인과 의논해야 하는지를 묻는 육하원칙 문제이다. 'To set up a viewing, call ~ Pearl Real Estate ~.'에서 둘러볼 기회, 즉 임차 가능한 사무실 공간을 들러볼 기회를 마련하기 위해서는 Pearl 부동산에 전화하라고 했으므로, (B)가 정답이다.

어휘 realtor n. 부동산 중개인　inquire v. 문의하다　commission n. 수수료

The phrase "set up" in paragraph 3, line 2, is closest in meaning to

(A) practice
(B) develop
(C) schedule
(D) admit

3문단의 두 번째 줄의 표현 "set up"은 의미상 ~와 가장 가깝다.

(A) 실행하다
(B) 발달하다
(C) 일정을 잡다
(D) 인정하다

■ 동의어　　　　　　　　　　　　　　　　　　　　정답 (C)

set up을 포함하는 구절 'To set up a viewing, call Claire Woolf of Pearl Real Estate'에서 set up이 '마련하다'라는 뜻으로 사용되었다. 따라서 '일정을 잡다'라는 뜻을 가진 (C)가 정답이다. (A) practice도 '실행하다'라는 의미로 해석상 그럴듯해 보이지만, 어떠한 행동을 습관으로 하거나 반복하여 하는 것을 나타낸다.

Questions 158-160 refer to the following review.

158-160은 다음 후기에 관한 문제입니다.

Hotel: Park Square Lodge
Reviewer: Lana Marcela
Date: August 25

[160-A]On August 10, I arrived in Dallas to direct a three-day training session at my company's newest regional office. [158/160-D]I chose Park Square Lodge [158]for its proximity to the office. Also, [160-D]I planned to visit several tourist attractions in the downtown area and wanted to be located right next to them. Therefore, [160-A]I headed to Park Square Lodge shortly after I arrived in Dallas, but unfortunately, I was very disappointed with my accommodations. First, the room I was assigned was much smaller than advertised. [160-A]Right after, I asked to be moved to a larger room at my own expense but was told that the hotel was full. This was not a great start to my stay. Second, [160-B]the room service was disappointing. After checking in, late in the evening, [159/160-B]I called the front desk to have a sandwich brought to my suite. After an hour, it still hadn't arrived, and I went down to the lobby for an explanation. [159]Apparently, the hotel restaurant never even received my order. At this point, [160-C]I decided to buy a snack from a convenience store down the street. I would not recommend staying at this hotel.

Rating: 1.5/5

호텔: Park Square Lodge
후기 작성자: Lana Marcela
날짜: 8월 25일

[160-A]8월 10일에, 저는 제 회사의 신규 지사에서 열린 3일의 연수 과정을 총괄하기 위해 댈러스에 도착했습니다. [158]저는 사무실과의 근접성 때문에 [158/160-D]Park Square Lodge를 선택했습니다. 또한, [160-D]저는 시내 구역에 있는 몇몇 관광 명소들을 방문할 계획이었고 제가 그곳들 옆에 위치해 있기를 원했습니다. 따라서, [160-A]댈러스에 도착한 직후 저는 Park Square Lodge로 향했지만, 유감스럽게도 저는 제 숙소에 대해 매우 실망했습니다. 먼저, 배정된 방은 광고된 것보다 훨씬 작았습니다. [160-A]곧바로 저는 제 돈으로 더 큰 방으로 옮겨줄 것을 요청했으나 호텔이 꽉 찼다는 말을 들었습니다. 제 숙박의 좋지 않은 시작이었습니다. 두 번째로, [160-B]룸서비스가 실망스러웠습니다. 체크인한 후, 늦은 저녁에, [159/160-B]저는 샌드위치를 제 스위트룸에 가져오도록 하기 위해 프런트에 전화했습니다. 한 시간 후, 그것은 여전히 도착하지 않았고, 저는 이유를 묻기 위해 로비에 내려갔습니다. [159]듣자 하니, 호텔 식당은 심지어 제 주문을 접수한 적조차 없었습니다. 그 시점에서, [160-C]저는 길 아래편에 있는 편의점에서 군것질거리를 사기로 했습니다. 저는 이 호텔에서 머무르는 것을 추천하지 않을 것입니다.

평점: 1.5/5

어휘 □ **direct** v. 총괄하다 □ **regional office** phr. 지사 □ **proximity** n. 근접성
□ **tourist attraction** phr. 관광 명소 □ **disappoint** v. 실망시키다 □ **accommodation** n. 숙소, 숙박 시설
□ **assign** v. 배정하다 □ **advertise** v. 광고하다 □ **at one's expense** phr. ~의 돈으로
□ **explanation** n. 이유, 해명 □ **apparently** adv. 듣자 하니, 보아하니

158
○○●○
하

What advantage of staying at Park Square Lodge is mentioned by Ms. Marcela?

(A) It is affiliated with her company.
(B) It is within walking distance of an airport.
(C) It is recommended for tourists.
(D) It is close to her workplace.

Park Square Lodge에 머무는 것의 어떤 장점이 Marcela에 의해 언급되었는가?

(A) 그녀의 회사와 제휴가 되어 있다.
(B) 공항에서 도보 거리 내에 있다.
(C) 관광객들에게 추천할 만하다.
(D) 그녀의 직장에서 가깝다.

■ **육하원칙** What

Park Square Lodge에 머무는 것의 어떤(What) 장점이 Ms. Marcela에 의해 언급되었는지를 묻는 육하원칙 문제이다. 'I chose ~ Square Lodge for its proximity to the office.'에서 저, 즉 Ms. Marcela는 사무실과의 근접성 때문에 Park Square Lodge를 선택했다고 했으므로 (D)가 정답이다.

바꾸어 표현하기
proximity to the office 사무실과의 근접성 → close to ~ workplace 직장에서 가까운

어휘 **affiliate** v. 제휴하다 **walking distance** phr. 도보 거리 **workplace** n. 직장, 일터

212 본 교재 인강·무료 온라인 실전모의고사 HackersIngang.com

Why was the restaurant unable to meet Ms. Marcela's request?	식당은 왜 Ms. Marcela의 요청을 충족시킬 수 없었는가?
(A) A request had not been conveyed. (B) An ingredient had run out. (C) A large number of guests had to be served. (D) A phone line was busy.	(A) 요청이 전달되지 않았다. (B) 재료가 다 떨어졌다. (C) 많은 손님들에게 음식이 제공되어야 했다. (D) 전화가 통화 중이었다.

■ 육하원칙 Why 정답 (A)

식당이 왜(Why) Ms. Marcela의 요청을 충족시킬 수 없었는지를 묻는 육하원칙 문제이다. 'I called the front desk to have a sandwich brought to my suite. After an hour, it still hadn't arrived'에서 저, 즉 Ms. Marcela는 샌드위치를 자신의 스위트룸에 가져오도록 하기 위해 프런트에 전화했으나 한 시간 후에도 샌드위치가 도착하지 않았다고 한 후, 'Apparently, the hotel restaurant never even received my order.'에서 듣자 하니 호텔 식당은 심지어 자신, 즉 Ms. Marcela의 주문을 접수한 적조차도 없었다고 했으므로, Ms. Marcela가 프런트를 통해 한 주문이 식당에 제대로 전달되지 않았음을 알 수 있다. 따라서 (A)가 정답이다.

어휘 convey v. 전달하다 ingredient n. 재료 run out phr. 다 떨어지다 busy adj. 통화 중인, 바쁜

What is NOT mentioned about the hotel?	호텔에 대해 언급되지 않은 것은?
(A) It was fully booked on August 10. (B) It delivers food directly to guests' rooms. (C) It contains a convenience store. (D) It is situated in downtown Dallas.	(A) 8월 10일에 모든 방이 예약되어 있었다. (B) 투숙객의 방으로 음식을 직접 배달해준다. (C) 편의점이 있다. (D) 댈러스 시내에 위치해 있다.

■ Not/True Not 문제 정답 (C)

질문의 핵심 어구인 the hotel과 관련된 내용을 지문에서 찾아 각 보기와 대조하는 Not/True 문제이다. (A)는 'On August 10, I arrived in Dallas', 'I headed to Park Square Lodge shortly after I arrived in Dallas'에서 8월 10일에 댈러스에 도착한 직후 Park Square Lodge로 향했다고 했고, 'Right after, I ~ was told that the hotel was full.'에서 곧바로, 즉 방을 배정받고 나서 곧바로 호텔이 꽉 찼다는 것을 들었다고 했으므로 지문의 내용과 일치한다. (B)는 'the room service was disappointing'에서 룸서비스가 실망스러웠다고 한 뒤, 'I called the front desk to have a sandwich brought to my suite. After an hour, it still hadn't arrived'에서 샌드위치를 자신의 스위트룸에 가져오도록 하기 위해 프런트에 전화했으나 한 시간 후에도 샌드위치가 도착하지 않았다고 했으므로 지문의 내용과 일치한다. (C)는 'decided to buy a snack from a convenience store down the street'에서 길 아래편에 있는 편의점에서 군것질거리를 사기로 했다고 했으나, 호텔 내에 편의점이 있는지는 알 수 없으므로 지문의 내용과 일치하지 않는다. 따라서 (C)가 정답이다. (D)는 'I chose Park Square Lodge'에서 Park Square Lodge를 선택했다고 한 후, 'I planned to visit several tourist attractions in the downtown area and wanted to be located right next to them'에서 저, 즉 Ms. Marcela는 시내 구역, 즉 댈러스 시내에 있는 몇몇 관광 명소들을 방문할 계획이었으며 자신이 그곳들 바로 옆에 위치해 있기를 원했다고 한 것을 통해 Ms. Marcela가 선택한 호텔이 댈러스 시내에 위치해 있음을 알 수 있으므로 지문의 내용과 일치한다.

바꾸어 표현하기
꽉 찬 → fully booked 모든 방이 예약된

Questions 161-164 refer to the following online chat discussion.

161-164는 다음 온라인 채팅 대화문에 관한 문제입니다

Gina Mansfield   2:49 P.M.

Hey, I've got 10 minutes before I have to leave. Could I get a few quick updates from everyone? Sorry, but [164]I'm in a rush.

Sally Fadden   2:50 P.M.

Yup. [161]I scheduled photoshoots for next week with *Klein's, Fashion Review*, and *Younger*. The other magazines I called haven't responded yet.

Gina Mansfield   2:51 P.M.

OK, please send the dates to my assistant, Amelia. [161]Does Ms. Lawson need to be at any of the shoots?

Sally Fadden   2:52 P.M.

[161]Only *Klein's* needs her to be there. For the other two, we'll just have models wearing her clothes.

Gina Mansfield   2:53 P.M.

OK. Anyone else? [162]Have all the buyers confirmed attendance for the fashion show?

Desmond Huang   2:54 P.M.

Not all, no. [162]But we have a good number and all the major stores are represented. There's a lot of excitement. [162]Everyone's eager to see the new collection.

Gina Mansfield   2:55 P.M.

Great. Let's make sure the VIPs and celebrity guests get good seats. [163]Where's Troy? I haven't heard from sales.

Troy Nazmi   2:57 P.M.

Sorry, Gina. [163]I'm here. We're still waiting on a few prices from marketing but have settled on giving a 10 percent discount to wholesalers and 5 percent to smaller retailers.

Gina Mansfield   2:58 P.M.

All right. Well, I've got to run. [164]I'm meeting our stage designer at the Parker Center. If anyone has anything urgent, call me on my cell phone. Otherwise, leave a message with Amelia or e-mail me.

Gina Mansfield   오후 2시 4

안녕하세요, 제가 가야 하기 전까지 10분이 있어요. 모두 게서 몇 가지 빠른 업데이트를 받을 수 있을까요? 미안ㅎ 만, [164]제가 급해서요.

Sally Fadden   오후 2시 5

네. [161]저는 다음 주에 *Klein's*지, *Fashion Review*지 리고 *Younger*지와 사진 촬영을 잡았어요. 제가 전화ㅎ 른 잡지사들은 아직 응답이 없어요.

Gina Mansfield   오후 2시 5

알았어요, 제 비서인 Amelia에게 날짜를 보내주세 [161]Ms. Lawson이 어느 촬영장에든 있어야 하나요?

Sally Fadden   오후 2시 5

[161]*Klein's*지에서만 그녀를 필요로 해요. 다른 두 잡지 는, 모델들에게 그녀의 옷을 입도록 하기만 할 거예요.

Gina Mansfield   오후 2시 5

좋아요. 다른 분은요? [162]모든 바이어들이 패션쇼 참석 정했나요?

Desmond Huang   오후 2시 5

아뇨, 전부는 아니에요. [162]하지만 괜찮은 인원이 있고 주요 상점들이 대변되었어요. 기대감이 상당해요. [162]모 새 컬렉션을 보고 싶어 해요.

Gina Mansfield   오후 2시 5

잘됐네요. VIP들과 유명 인사 손님들이 좋은 자리를 수 있도록 합시다. [163]Troy는 어디 있죠? 영업팀 소식; 들었어요.

Troy Nazmi   오후 2시

죄송해요, Gina. [163]저 여기 있어요. 저희는 아직 마케 으로부터 몇 가지 가격에 관해 대기하고 있지만 도매업 는 10퍼센트 그리고 더 소규모의 소매업체에는 5퍼센 인을 제공하기로 결정했어요.

Gina Mansfield   오후 2시

알겠어요. 자, 저는 가봐야겠네요. [164]Parker 센터에서 무대 디자이너를 만날 거예요. 급한 일이 있으시면, 제 폰으로 전화 주세요. 그렇지 않으면, Amelia에게 메시 남기거나 저에게 이메일을 보내세요.

어휘   □ in a rush phr. 급한, 서두르는   □ photoshoot n. 사진 촬영   □ attendance n. 참석
       □ represent v. 대변하다, 대표하다   □ excitement n. 기대감, 흥분   □ eager adj. ~을 하고 싶어 하는, 갈망하는
       □ settle on phr. ~을 결정하다   □ wholesaler n. 도매업체   □ retailer n. 소매업체
       □ urgent adj. 급한

Who most likely is Ms. Lawson?

(A) A fashion photographer
(B) An executive assistant
(C) A clothing designer
(D) A magazine editor

Ms. Lawson은 누구인 것 같은가?

(A) 패션 사진작가
(B) 임원 비서
(C) 의류 디자이너
(D) 잡지 편집장

■ 추론 세부 정보   정답 (C)

질문의 핵심 어구인 Ms. Lawson에 대해 추론하는 문제이다. 'I scheduled photoshoots for next week with *Klein's*, *Fashion Review*, and *Younger*.'에서 Sally Fadden이 다음 주에 *Klein's*지, *Fashion Review*지, 그리고 *Younger*지와 사진 촬영을 잡았다고 한 후, 'Does Ms. Lawson need to be at any of the shoots?'에서 Ms. Mansfield가 Ms. Lawson이 어느 촬영장에든 있어야 하는지 묻자, 'Only *Klein's* needs her to be there. For the other two, we'll just have models wearing her clothes.'에서 Sally Fadden이 *Klein's*지에서만 그녀, 즉 Ms. Lawson을 필요로 하며 다른 두 잡지에서는 모델들에게 Ms. Lawson의 옷을 입도록 하기만 할 것이라고 했으므로 Ms. Lawson이 의류 디자이너임을 추론할 수 있다. 따라서 (C)가 정답이다.

어휘 executive n. 임원; adj. 경영의

At 2:54 P.M., what does Mr. Huang most likely mean when he writes, "There's a lot of excitement"?

(A) Shoppers are eager for a store to open.
(B) Interest in a fashion event is strong.
(C) A recent show generated good publicity.
(D) Some celebrities are attracting a lot of attention.

오후 2시 54분에, Mr. Huang이 "There's a lot of excitement"라고 썼을 때 그가 의도한 것 같은 것은?

(A) 쇼핑객들은 상점이 열기를 갈망하고 있다.
(B) 패션 행사에 대한 관심이 높다.
(C) 최근 쇼가 긍정적인 관심을 불러일으켰다.
(D) 몇몇 유명 인사들이 많은 주의를 끌고 있다.

■ 의도 파악   정답 (B)

Mr. Huang이 의도한 것을 묻는 문제이므로 질문의 인용어구(There's a lot of excitement)가 언급된 주변 문맥을 확인한다. 'Have all the buyers confirmed attendance for the fashion show?'에서 Ms. Mansfield가 모든 바이어들이 패션쇼 참석을 확정했는지 묻자, '~ we have a good number and all the major stores are represented.'에서 Mr. Huang이 괜찮은 인원이 있고 모든 주요 상점들이 대변되었다며, 'There's a lot of excitement.'(기대감이 상당해요)라고 한 후 'Everyone's eager to see the new collection.'에서 모두들 새 컬렉션을 보고 싶어 한다고 한 것을 통해, Mr. Huang은 패션 행사에 대한 관심이 높다고 생각한다는 것을 알 수 있다. 따라서 (B)가 정답이다.

어휘 generate v. 불러일으키다, 발생시키다 publicity n. (언론의) 관심, 주목 attract v. 끌다

What is Mr. Nazmi responsible for?

(A) Marketing
(B) Sales
(C) Purchasing
(D) Events

Mr. Nazmi는 무엇을 담당하는가?

(A) 마케팅
(B) 영업
(C) 구매
(D) 행사

■ 육하원칙 What   정답 (B)

Mr. Nazmi가 무엇(What)을 담당하는지를 묻는 육하원칙 문제이다. 질문의 핵심 어구인 Mr. Nazmi responsible for와 관련하여, 'Where's Troy? I haven't heard from sales.'에서 Ms. Mansfield가 Troy는 어디 있는지 물으며 영업팀 소식은 못 들었다고 하자, 'I'm here.'에서 Mr. Nazmi가 여기 있다고 했으므로 (B)가 정답이다.

164

Why is Ms. Mansfield in a hurry?

(A) She has an appointment to meet.
(B) She is trying to catch a flight.
(C) She got an urgent call from a client.
(D) She is needed at an event.

Ms. Mansfield는 왜 서두르는가?

(A) 지킬 약속이 있다.
(B) 비행기를 타려고 하고 있다.
(C) 고객으로부터 급한 전화를 받았다.
(D) 행사에 필요하다.

■ **육하원칙** Why

정답

Ms. Mansfield가 왜(Why) 서두르는지를 묻는 육하원칙 문제이다. 질문의 핵심 어구인 Ms. Mansfield in a hurry와 관련하여, 'I'm rush'에서 Ms. Mansfield가 급하다고 한 후, 'I'm meeting our stage designer at the Parker Center.'에서 Parker 센터에서 무대 이너를 만날 것이라고 했으므로 (A)가 정답이다.

¹⁶⁵Good News for Northpoint Mall

¹⁶⁵/¹⁶⁶⁻ᴰNorthpoint Mall has announced that two new shops will be moving into the space formerly occupied by Jadean's Hardware next month. ¹⁶⁶⁻ᴮAthletic equipment retailer Haskins Sports will move into the lower level of what used to be Jadean's Hardware. Meanwhile, Knockout, a seller of contemporary apparel, accessories, and footwear, will take over the upper level.

The opening of a Haskins Sports and a Knockout outlet is expected to provide a much-needed boost to Northpoint Mall, which suffered a substantial loss when Jadean's Hardware closed in July. ¹⁶⁶⁻ᴬThe athletics retailer has opened astounding 200 new locations in the last five years, while the clothing store's earnings reportedly increased by $1.5 billion in the same period.

As well as creating jobs and improving the local economy, the new stores could bring Northpoint Mall's total daily visitors to well over 5,000. With the number of mall-goers declining at a rapid rate, many shopping centers throughout the region have had no choice but to close down. However, the new additions will undoubtedly keep Northpoint Mall in business for the foreseeable future.

¹⁶⁵Northpoint 쇼핑몰의 좋은 소식

¹⁶⁵/¹⁶⁶⁻ᴰNorthpoint 쇼핑몰은 이전에 Jadean's Hardware에 의해 사용되었던 자리에 새로운 두 개의 상점이 다음 달에 들어설 것이라고 발표했다. ¹⁶⁶⁻ᴮ운동 기구 소매업체인 Haskins Sports는 Jadean's Hardware였던 곳의 아래 층에 들어설 것이다. 한편, 컨템퍼러리 의류, 액세서리, 그리고 신발 판매업체인 Knockout은 그 위층을 차지할 것이다.

Haskins Sports와 Knockout 매장의 개점은 Jadean's Hardware가 7월에 문을 닫았을 때 상당한 손실을 겪었던 Northpoint 쇼핑몰이 매우 필요로 했던 부양책을 제공할 것으로 예상된다. ¹⁶⁶⁻ᴬ스포츠 소매업체는 지난 5년 동안 200개라는 놀라운 수의 새로운 지점을 열었고, 한편 의류 상점의 수익은 전하는 바에 따르면 같은 기간에 15억이 증가했다.

일자리를 창출하고 지역 경제를 향상시키는 것뿐만 아니라, 이 새로운 상점들은 Northpoint 쇼핑몰의 일일 총 방문객을 5000명이 상당히 넘도록 이끌 수 있다. 쇼핑몰에 가는 사람들의 수가 빠른 속도로 감소함에 따라, 이 지역 곳곳의 많은 쇼핑센터들은 문을 닫을 수밖에 없었다. 그러나, 새롭게 추가된 것들은 확실히 Northpoint 쇼핑몰이 당분간 장사를 계속할 수 있게 해줄 것이다.

어휘 □ **announce** v. 발표하다, 알리다 □ **formerly** adv. 이전에, 예전에 □ **retailer** n. 소매업체, 소매업자
□ **footwear** n. 신발 □ **suffer** v. 겪다 □ **substantial** adj. 상당한
□ **astounding** adj. 놀라운 □ **earning** n. 수익, 소득 □ **reportedly** adv. 전하는 바에 따르면
□ **have no choice but to** phr. ~할 수밖에 없다 □ **in business** phr. 장사를 하는, 사업을 하는 □ **addition** n. 추가된 것, 부가물
□ **undoubtedly** adv. 확실히, 의심할 여지 없이
□ **for the foreseeable future** phr. 당분간, 가까운 장래에

What is the topic of the article?

(A) The demolition of a shopping mall
(B) The welcoming of new retail establishments
(C) The construction of a new space
(D) The results of an economic analysis

기사의 주제는 무엇인가?

(A) 쇼핑몰의 철거
(B) 새로운 소매업체에 대한 환영
(C) 새로운 장소의 공사
(D) 경제 분석의 결과

▌ 주제/목적 찾기 글의 주제 정답 (B)

기사의 주제를 묻는 주제 찾기 문제이므로 지문의 앞부분을 주의 깊게 확인한다. 'Good News for Northpoint Mall'에서 Northpoint 쇼핑몰에 좋은 소식이 있다고 한 뒤, 'Northpoint Mall has announced that two new shops will be moving into the space formerly occupied by Jadean's Hardware next month.'에서 Northpoint 쇼핑몰이 이전에 Jadean's Hardware에 의해 사용되었던 자리에 새로운 두 개의 상점이 다음 달에 들어설 것이라고 발표했다고 했으므로 (B)가 정답이다.

어휘 **demolition** n. 철거, 파괴 **construction** n. 공사 **analysis** n. 분석

What is mentioned about the new stores opening in Northpoint Mall?

(A) They have more than 200 branches each.
(B) They will together occupy two floors of a shopping center.
(C) They were both established five years ago.
(D) They will open in Northpoint Mall in July.

Northpoint 쇼핑몰에 개점하는 새로운 상점들에 대해 급된 것은?

(A) 200개가 넘는 지점을 각각 가지고 있다.
(B) 함께 쇼핑센터의 2개의 층을 차지할 것이다.
(C) 둘 다 5년 전에 설립되었다.
(D) 7월에 Northpoint 쇼핑몰에 개점할 것이다.

■ Not/True True 문제   정답

질문의 핵심 어구인 the new stores opening in Northpoint Mall과 관련된 내용을 지문에서 찾아 각 보기와 대조하는 Not/True 문제.
(A)는 'The athletics retailer has opened ~ 200 new locations'에서 스포츠 소매업체, 즉 Haskins Sports가 200개의 새로운 지점.
었다고 했으나 Northpoint 쇼핑몰에 개점할 또 다른 업체인 Knockout의 매장 수는 언급되지 않았으므로 지문의 내용과 일치하지 않는.
는 'Athletic equipment retailer ~ will move into the lower level of what used to be Jadean's Hardware. Meanw.
Knockout ~ will take over the upper level.'에서 운동 기구 소매업체가 Jadean's Hardware였던 곳의 아래층에 들어설 것.
Knockout이 그 위층을 차지할 것이라고 했으므로, 지문의 내용과 일치한다. 따라서 (B)가 정답이다. (C)는 지문에 언급되지 않은 내용이다.
는 'Northpoint Mall has announced that two new shops will be moving ~ next month.'에서 Northpoint 쇼핑몰에 새로운 두
상점들이 다음 달에 들어설 것이라고는 했으나 다음 달이 7월인지는 알 수 없으므로 지문의 내용과 일치하지 않는다.

어휘 branch n. 지점 occupy v. 차지하다

The word "well" in paragraph 3, line 2, is closest in meaning to

(A) significantly
(B) thoroughly
(C) properly
(D) generally

3문단의 두 번째 줄의 단어 "well"은 의미상 ~와 가장 ㅈ 다.

(A) 상당히
(B) 철저히
(C) 제대로
(D) 일반적으로

■ 동의어   정

well을 포함하는 구절 'the new stores could bring Northpoint Mall's total daily visitors to well over 5,000'에서 well이 '상당ㅎ 씬'이라는 뜻으로 사용되었다. 따라서 '상당히'라는 뜻을 가진 (A)가 정답이다.

168-171은 다음 편지에 관한 문제입니다.

Tim Blake
987 West Village Lane
Southampton
SO14
UK

Dear Mr. Blake,

My name is Anne Harding, and I'm an arts teacher at Hampton Secondary School. [171]I've long been an admirer of your sculptures, particularly the statue of the sea captain in the plaza at the city centre, and the statues of soldiers you built for the war memorial. — [1] —. [168]I'm writing to you to ask a favour: I'd like to have a local artist come in and give a talk to my class to show students there are opportunities outside of maths and science. I want students to learn how one earns a living in today's arts environment. It would be great to hear how you got your start and how you secure your commissions. — [2] —. [170]Many students in my class are seriously contemplating studying the arts when they go to college next year, and having someone give career guidance would be ideal. [169]The class meets at 2:30 P.M. on Tuesdays and Thursdays. — [3] —. Are you available during any of those timeslots in the next several weeks? Yesterday I showed students the photographs which you exhibited last year, and they loved your use of colour throughout the pieces. They're excited to hear from an artist whom the critics regard so highly. — [4] —. Please let me know if you can come and give a talk.

Anne Harding
Teacher, Hampton Secondary School

Tim Blake
West Village로 987번지
사우샘프턴
SO14
영국

Mr. Blake께,

제 이름은 Anne Harding이고, Hampton 중고등학교의 미술 교사입니다. [171]저는 오랫동안 당신의 조각품들, 특히 도심 광장에 있는 해군 대령의 동상과 전쟁 기념관을 위해 만드신 군인 동상들의 팬이었습니다. — [1] —. [168]저는 부탁을 드리기 위해 편지를 씁니다. 학생들에게 수학과 과학 외에도 기회가 있다는 것을 보여주기 위해 지역 예술가가 오셔서 제 수업에 강연해 주시면 좋겠습니다. 저는 학생들이 오늘날 예술계에서 어떻게 생계를 꾸리는지 배웠으면 합니다. 당신이 어떻게 시작하게 되었는지 그리고 작업 의뢰를 어떻게 확보하시는지 들을 수 있다면 좋을 것입니다. — [2] —. [170]제 수업의 많은 학생들은 내년 대학에 가면 미술을 전공하는 것을 진지하게 고민하고 있는데, 진로 지도를 제공하는 사람이 있다면 이상적일 것입니다. [169]수업은 화요일과 목요일 오후 2시 30분에 있습니다. — [3] —. 다음 몇 주 동안 그 시간대에 가능하신 때가 있으신가요? 어제 학생들에게 당신이 작년에 전시하신 사진들을 보여주었는데, 그들은 그 작품들을 통틀어 당신의 색 활용을 매우 좋아했습니다. 그들은 평론가들이 매우 높이 평가하는 예술가로부터 강연을 듣는 것에 대해 들떠 있습니다. — [4] —. 오셔서 강연해 주실 수 있는지 알려주세요.

Anne Harding
Hampton 중고등학교 교사

어휘 □ admirer n. 팬, 추종자
□ war memorial phr. 전쟁 기념관(비)
□ commission n. 작업 의뢰, 주문
□ timeslot n. 시간대

□ sculpture n. 조각품
□ earn a living phr. 생계를 꾸리다
□ contemplate v. 고민하다, 숙고하다
□ critic n. 평론가, 비평가

□ sea captain phr. 해군 대령, 선장
□ secure v. 확보하다
□ ideal adj. 이상적인
□ regard v. 평가하다, 여기다

What is the main purpose of the letter?

(A) To ask for instruction on teaching art students
(B) To offer Mr. Blake a teaching position
(C) To request that a class visit an artist's studio
(D) To invite Mr. Blake to give a speech

편지의 주 목적은 무엇인가?

(A) 미술 학생들을 가르치는 것에 대한 지도를 요청하기 위해
(B) Mr. Blake에게 교직을 제안하기 위해
(C) 학급이 예술가의 작업실을 방문하게 해달라고 요청하기 위해
(D) Mr. Blake에게 연설하도록 초청하기 위해

■ 주제/목적 찾기 글의 목적   정답 (D)

편지의 목적을 묻는 목적 찾기 문제이므로 지문의 앞부분을 주의 깊게 확인한다. 'I'm writing to you to ask a favour: I'd like to have a local artist come in and give a talk to my class to show students there are opportunities outside of maths and science.'에서 부탁을 하기 위해 편지를 쓴다고 하며 학생들에게 수학과 과학 외에도 기회가 있다는 것을 보여주기 위해 지역 예술가가 와서 자신의 수업에 강연해 주면 좋겠다고 했으므로 (D)가 정답이다.

휘 instruction n. 지도, 지침 teaching position phr. 교직 studio n. 작업실

169

What does Ms. Harding say about her class?

(A) It only admits a small group of students.
(B) It meets twice during the week.
(C) It is focused mainly on sculpture.
(D) It will end within the next month.

Ms. Harding은 그녀의 수업에 대해 무엇이라고 말하는가

(A) 소수의 학생들만 받는다.
(B) 주 2회 진행된다.
(C) 주로 조각에 초점을 맞추고 있다.
(D) 다음 달 안에 끝날 것이다.

■ **육하원칙** What

정답

Ms. Harding이 그녀의 수업에 대해 무엇(What)이라고 말하는지를 묻는 육하원칙 문제이다. 질문의 핵심 어구인 Ms. Harding say a
her class와 관련하여, 'The class meets at 2:30 P.M. on Tuesdays and Thursdays.'에서 수업은 화요일과 목요일 오후 2시 30분
다고 했으므로 (B)가 정답이다.

어휘 admit v. 받다, 들어가게 하다

170

What will Mr. Blake most likely do with Ms. Harding's class?

(A) Conduct a photography workshop
(B) Explain the history of modern art
(C) Discuss career options for artists
(D) Demonstrate sculpture techniques

Mr. Blake는 Ms. Harding의 수업에서 무엇을 할 것 같
가?

(A) 사진 워크숍을 진행한다
(B) 현대미술의 역사를 설명한다
(C) 예술가들의 진로 선택안을 논의한다
(D) 조각 기술을 보여준다

■ **추론** 세부 정보

정답

질문의 핵심 어구인 Mr. Blake ~ do with Ms. Harding's class에 대해 추론하는 문제이다. 'Many students in my class are serio
contemplating studying the arts when they go to college next year, and having someone give career guidance woul
ideal.'에서 Ms. Harding의 수업의 많은 학생들은 내년 대학에 가면 미술을 전공하는 것을 진지하게 고민하고 있는데 진로 지도를 제공하
람이 있다면 이상적일 것이라고 했으므로, Mr. Blake가 Ms. Harding의 수업에서 예술가들의 진로 선택안을 논의할 것이라는 사실을 추론
있다. 따라서 (C)가 정답이다.

바꾸어 표현하기
give career guidance 진로 지도를 제공하다 → Discuss career options 진로 선택안을 논의하다

어휘 conduct v. 진행하다, 실시하다 option n. 선택안 demonstrate v. 보여주다, 알려주다

171

In which of the positions marked [1], [2], [3], and [4] does the following sentence best belong?

"Their intricate stonework always fills me with wonder."

(A) [1]
(B) [2]
(C) [3]
(D) [4]

[1], [2], [3], [4]로 표시된 위치 중, 다음 문장이 들어길
으로 가장 적절한 것은?

"그것들의 정교한 석조 세공은 항상 저를 경탄하게 ㅎ
다."

(A) [1]
(B) [2]
(C) [3]
(D) [4]

■ **문장 위치 찾기**

정

지문의 흐름상 주어진 문장이 들어가기에 가장 적절한 곳을 고르는 문제이다. 주어진 문장에서 그것들의 정교한 석조 세공이 항상 자신을 ㄹ
게 한다고 했으므로, 이 문장이 정교한 석조 세공을 가질 만한 것에 대한 내용이 나오는 부분에 들어가야 함을 알 수 있다. [1]의 앞 문장인
long been an admirer of your sculptures, particularly the statue of the sea captain ~, and the statues of soldiers ~.'에서
Harding이 오랫동안 당신, 즉 Mr. Blake의 조각품들, 특히 해군 대령의 동상과 군인 동상들의 팬이었다고 했으므로, [1]에 제시된 문장인
가면 Ms. Harding은 오랫동안 Mr. Blake의 조각품들의 팬이었는데, 그 조각품들의 정교한 석조 세공은 항상 Ms. Harding을 경탄하게
는 자연스러운 문맥이 된다는 것을 알 수 있다. 따라서 (A)가 정답이다.

어휘 intricate adj. 정교한, 복잡한 stonework n. 석조 세공, 석조물 wonder n. 경탄, 경이

Docu-Drama Broadcasting
7348 Granville Street
Vancouver, BC V5K 1P3

July 19

Juan Sanchez
4332 Rancho Street
Oakland, CA 94577

Dear Mr. Sanchez,

We are so pleased that [172]you accepted our offer and will be working with us on our new production this coming fall. As you were previously informed, [172]your first day of work in Vancouver will be September 1, and your contract will end on December 15. — [1] —. In order to enter the country, you will have to prove that you are covered by travel insurance during the full term of your stay. You can buy this from Voyage Protector, at www.voyage-protector.com, or a provider of your choosing. — [2] —.

Visa processing will take about a week, so [173]you'll have to submit your application at the Canadian embassy in person by August 15. [174]Once you've obtained the visa, let me know so I can arrange a temporary apartment. — [3] —.

[175]Enclosed you'll find two copies of your contract, which I've signed. You should sign one of them and give it to me upon arriving in Vancouver. — [4] —. Let me know your transportation details and I'll have someone meet you at the airport.

Feel free to contact me should you have any questions.

Wilma Headley
Casting director
Docu-Drama Broadcasting

Enclosure

Docu-Drama 방송사
7348번지 Granville가
밴쿠버, 브리티시컬럼비아주 V5K 1P3

7월 19일

Juan Sanchez
4332번지 Rancho가
오클랜드, 캘리포니아주 94577

Mr. Sanchez께,

[172]귀하께서 저희의 제의를 받아들여 다가오는 가을에 저희와 함께 새로운 작품을 작업하게 되어 매우 기쁩니다. 전에 통지받으신 대로, [172]귀하의 밴쿠버에서의 첫 출근일은 9월 1일이며, 귀하의 계약은 12월 15일에 종료될 것입니다. — [1] —. 입국하시려면, 귀하께서 체류하는 총 기간 동안 여행 보험에 의해 보장된다는 것을 증명해야 할 것입니다. 이것은 Voyage Protector사로부터 www. voyage-protector.com에서 가입하거나, 귀하께서 선택한 서비스 업체로부터 가입할 수 있습니다. — [2] —.

비자 심사가 일주일 정도 소요될 것이므로, [173]신청서를 8월 15일까지 캐나다 대사관에 직접 제출해야 할 것입니다. [174]비자를 얻게 되면, 제가 귀하의 임시 아파트를 마련할 수 있도록 제게 알려주십시오. — [3] —.

[175]동봉된 것에서 제가 서명한 귀하의 계약서 사본 두 장을 보실 것입니다. 그중 하나에 서명하시고 밴쿠버에 도착하자마자 그것을 제게 주십시오. — [4] —. 귀하의 이동 수단 세부사항을 제게 알려주시면 공항에 마중을 나갈 사람을 보내겠습니다.

문의 사항이 있으시면 언제든지 저에게 연락해 주십시오.

Wilma Headley 드림
캐스팅 담당자
Docu-Drama 방송사

동봉물

어휘		
□ **accept** v. 받아들이다, 수용하다	□ **production** n. 작품	□ **cover** v. 보장하다, 포함하다
□ **provider** n. 서비스 업체, 제공업체	□ **processing** n. 심사, 처리	□ **application** n. 신청서
□ **embassy** n. 대사관	□ **in person** phr. 직접	□ **obtain** v. 얻다, 취득하다
□ **temporary** adj. 임시의	□ **enclosed** adj. 동봉된	□ **contract** n. 계약서

What is the main purpose of the letter?

(A) To provide instructions to a new employee
(B) To respond to an inquiry about an application
(C) To make an official offer of employment
(D) To provide an overview of a benefits package

편지의 주 목적은 무엇인가?

(A) 새 직원에게 지침을 제공하기 위해
(B) 지원서에 대한 문의 사항에 답변하기 위해
(C) 정식 채용 제의를 하기 위해
(D) 복리 후생 제도의 개요를 설명하기 위해

■ **주제/목적 찾기** 글의 목적 ·· 정답

편지의 목적을 묻는 목적 찾기 문제이므로 지문의 앞부분을 주의 깊게 확인한다. 'you accepted our offer and will be working with u
our new production', 'your first day of work in Vancouver will be September 1, and your contract will end on December
에서 귀하, 즉 Mr. Sanchez가 제의를 받아들여 함께 새로운 작품을 작업하게 되었다며 밴쿠버에서의 첫 출근일은 9월 1일이며 계약은
15일에 종료될 것이라고 한 후, Mr. Sanchez에게 고용과 관련한 세부 사항을 설명하고 있으므로 (A)가 정답이다.

여휘 inquiry n. 문의 사항 employment n. 채용, 고용 overview n. 개요, 개괄 benefits package phr. 복리 후생 제도

What must Mr. Sanchez do by August 15?

(A) Bring documents to an office
(B) Have a passport submitted
(C) Return a signed agreement
(D) File for a visa extension

Mr. Sanchez는 8월 15일까지 무엇을 해야 하는가?

(A) 서류를 사무실에 가져간다
(B) 여권이 제출되도록 한다
(C) 서명된 계약서를 돌려준다
(D) 비자 연장을 신청한다

■ **육하원칙** What ·· 정답

Mr. Sanchez가 8월 15일까지 무엇(What)을 해야 하는지를 묻는 육하원칙 문제이다. 질문의 핵심 어구인 Mr. Sanchez do by Augus
과 관련하여, 'you'll have to submit your application at the Canadian embassy in person by August 15'에서 신청서를 8월 1:
지 캐나다 대사관에 직접 제출해야 할 것이라고 했으므로 (A)가 정답이다.

바꾸어 표현하기
submit ~ application ~ in person 신청서를 직접 제출하다 → bring documents 서류를 가져가다

여휘 passport n. 여권 file for phr. ~을 신청하다 extension n. 연장

What is implied about Docu-Drama Broadcasting?

(A) It uses the services of a recruitment firm.
(B) It offers cast members contract renewals every three months.
(C) It plans to arrange housing for an employee.
(D) It reimburses the cost of travel to and from Vancouver.

Docu-Drama 방송사에 대해 암시되는 것은?

(A) 채용 회사의 서비스를 이용한다.
(B) 3개월마다 배역들에게 계약 갱신을 제안한다.
(C) 직원에게 숙소를 마련해줄 계획이다.
(D) 밴쿠버로 오고 가는 이동 경비를 상환해준다.

■ **추론** 세부 정보 ·· 정답

질문의 핵심 어구인 Docu-Drama Broadcasting에 대해 추론하는 문제이다. 'Once you've obtained the visa, let me know so
arrange a temporary apartment.'에서 귀하, 즉 Docu-Drama 방송사와 계약하게 된 Mr. Sanchez가 비자를 얻게 되면 이
Docu-Drama 방송사의 캐스팅 담당인 Wilma Headley가 임시 아파트를 마련해줄 수 있도록 알려 달라고 했으므로, 직원에게 숙소를
해줄 계획이라는 사실을 추론할 수 있다. 따라서 (C)가 정답이다.

바꾸어 표현하기
arrange a ~ apartment 아파트를 마련해주다 → arrange housing 숙소를 마련해주다

여휘 recruitment n. 채용 cast member phr. 배역 renewal n. 갱신, 연장 housing n. 숙소, 주거 reimburse v. 상환하다, 변제하다

In which of the positions marked [1], [2], [3], and [4] does the following sentence best belong?	[1], [2], [3], [4]로 표시된 위치 중, 다음 문장이 들어갈 곳으로 가장 적절한 것은?
"The other one is for your personal records."	"다른 하나는 귀하의 개인 기록을 위한 것입니다."
(A) [1]	(A) [1]
(B) [2]	(B) [2]
(C) [3]	(C) [3]
(D) [4]	(D) [4]

■ 문장 위치 찾기

정답 (D)

지문의 흐름상 주어진 문장이 들어가기에 가장 적절한 곳을 고르는 문제이다. 주어진 문장에서 다른 하나는 귀하의 개인 기록을 위한 것이라고 했으므로, 이 문장이 개인 기록을 위한 목적으로 사용되는 것 외의 또 다른 하나와 관련된 내용이 나오는 부분에 들어가야 함을 알 수 있다. [4]의 앞 부분인 'Enclosed, you'll find two copies of your contract, which I've signed.'에서 동봉된 것에서 자신, 즉 Wilma Headley가 서명한 계약서 사본 두 장을 볼 것이라고 했고, 앞 문장인 'You should sign one of them and give it to me upon arriving in Vancouver.'에서 그중 하나에 서명하고 밴쿠버에 도착하자마자 그것을 자신에게 달라고 했으므로, [4]에 제시된 문장이 들어가면 서명한 계약서의 사본 두 본을 보게 될 것이고 그중 하나에는 서명을 하여 밴쿠버에 도착하자마자 전달하고, 다른 하나는 개인 기록을 위해 가지고 있으라고 하는 자연스러운 문맥이 된다는 것을 알 수 있다. 따라서 (D)가 정답이다.

어휘 personal adj. 개인의 record n. 기록

지문 1

Jump Fund

Support pioneering projects

Support a Project　|　Start a Project　|　FAQ　|　Sign In

STOPLITE

An Andy Newberg Invention

Stoplite is a high-tech bike light that lets people behind you know when you are slowing down, minimizing the risk of accidental collisions. It is battery-operated and attaches to a bicycle magnetically. It turns on when it senses movement and shuts off on its own when your bicycle is fully stopped.

Tough and compact, [176-B]it operates in rainy or snowy conditions and is easy to remove and store in your pocket or bag. The Stoplite works for 20 hours on a single, one-hour charge.

- **$18,080** pledged of $100,000 goal

- **166** people support this project

- Today: **March 10**
([177-D] **180** days left to complete funding)

DONATE $ _____

Donate any amount without receiving a reward, or choose a reward option below.

☐ $90 [177-C]**Early Single***	☐ $110 [177-C]**Standard Single**	☐ [180]$180 [177-C/180]**Early Double***	☐ [180]$220 [177-C/180]**Standard Double**	☐ $1,000 [178]**Stoplite Hero**
[177-C]Receive a Stoplite kit and a T-shirt, cost of shipping included.	[177-C]Receive a Stoplite kit, cost of shipping not included.	[177-C/180]Receive two Stoplite kits and a T-shirt, cost of shipping included.	[177-C/180]Receive two Stoplite kits, cost of shipping not included.	[178]Receive 10 Stoplite kits with spare cases and magnets, cost of shipping not included.

[177-C/180]*Must donate by May 5 to be eligible for Early Single or Early Double

지문 2

To: Greg Farber <g.farber@mymail.com>
From: Michelle Lee <miclee@stoplite.com>
Subject: Thank you for your support
[180]Date: September 20

Dear Mr. Farber,

Thank you for supporting our project on Jump Fund. As you may already know, the project has been fully funded, and [180]you can expect to receive your shipment of two Stoplite

---

Jump 기금

선구적인 프로젝트들을 후원하세요

프로젝트 후원 | 프로젝트 시작 | 자주 묻는 질문 | 로그

STOPLITE
Andy Newberg의 발명품

Stoplite는 당신이 속도를 낮출 때 당신의 뒤에 있는 사람들에게 이를 알려주어, 우발적인 충돌의 위험을 최소화하는 첨단 기술 자전거 조명입니다. 이것은 배터리로 작동되며 자전거에 자석으로 부착됩니다. 이것은 움직임을 감지하면 켜지고 자전거가 완전히 정지하면 저절로 꺼집니다.

튼튼하면서 소형인 [176-B]이것은 비가 오거나 눈이 오는 환경에서도 작동하며, 떼어내서 주머니나 가방에 보관하기 쉽습니다. Stoplite는 단 한 번, 1시간의 충전으로 20시간 동안 작동합니다.

- 100,000달러 목표 중 18,080달러가 부족속됨

- 166명의 사람들이 이 프로젝트를 후원함

- 오늘: 3월 10일
([177-D]기금 지원 완까지 180 일 남았

_____달러 기부

보상을 받지 않고 떤 금액이든 기부시거나, 아래에서 상 옵션을 선택하시오.

☐ 90달러 [177-C]빠른 싱글* [177-C]Stoplite 키트 1개와 티셔츠 1장을 받으며, 배송비가 포함되어 있습니다.	☐ 110 달러 [177-C]일반 싱글 [177-C]Stoplite 키트 1개를 받으며, 배송비가 포함되어 있지 않습니다.	☐ [180]180 달러 [177-C/180]빠른 더블* [177-C/180]Stoplite 키트 2개와 티셔츠 1장을 받으며, 배송비가 포함되어 있지 않습니다.	☐ [180]220 달러 [177-C/180]일반 더블 [177-C/180]Stoplite 키트 2개를 받으며, 배송비가 포함되어 있지 않습니다.	☐ 1,00 달러 [178]Stop 영웅 [178]여분이스와 가석과 함Stoplite 트 10개받으며, 송비가 함되어 지 않습다.

[177-C/180]*빠른 싱글과 빠른 더블의 자격이 되려면 5월까지 기부해야 함

수신: Greg Farber <g.farber@mymail.com>
발신: Michelle Lee <miclee@stoplite.com>
제목: 귀하의 후원에 감사드립니다
[180]날짜: 9월 20일

Mr. Farber께,

Jump 기금에서 저희 프로젝트를 후원해주셔서 감사니다. 이미 알고 계실지도 모르겠지만, 프로젝트는 기전액 지원되었으며, [180]귀하께서 곧 Stoplite 키트 2개송을 받게 될 것이라고 예상하시면 됩니다. [180]귀하께서

kits very soon. [179]We'd like to make sure that we still have the correct delivery address on file since [180]you pledged your support a month ago. [179]Please confirm your address by logging on to our Web site and clicking on "Update Address" or "Confirm Address." After this, you will receive an e-mail containing delivery details, including shipping costs.

Sincerely,
Michelle Lee, funding coordinator
Stoplite Innovation

달 전에 후원을 약속해주셨기 때문에 [179]저희에게 여전히 정확한 배송 주소가 기록되어 있는지 확인하고자 합니다. 저희 웹사이트에 로그인하신 뒤 "주소 업데이트" 혹은 "주소 확정"을 눌러서 [179]귀하의 주소를 확정해주시기 바랍니다. 그 후에, 배송비를 포함하여, 배송 세부 사항이 포함된 이메일을 받게 되실 것입니다.

기금 관리자 Michelle Lee 드림
Stoplite Innovation사

지문 1 □ support v. 후원하다, 지원하다 □ high-tech adj. 첨단 기술의, 최첨단의 □ minimize v. 최소화하다
□ collision n. 충돌 □ attach v. 부착되다, 붙이다 □ magnetically adv. 자석으로, 자력으로
□ sense v. 감지하다 □ operate v. 작동하다 □ condition n. 환경, 상황
□ store v. 보관하다 □ charge n. 충전; v. 충전하다 □ pledge v. (기부) 약속하다
□ donate v. 기부하다 □ be eligible for phr. 자격이 있다, ~에 해당되다

지문 2 □ correct adj. 정확한, 옳은 □ on file phr. 기록되어 □ confirm v. 확정하다, 확인하다
□ log on phr. 로그인하다 □ contain v. 포함하다

What is true about the Stoplite?

(A) Its release date has been delayed.
(B) It is able to withstand inclement weather.
(C) It converts movement into energy.
(D) It can be used only with certain bicycle models.

Stoplite에 대해 사실인 것은?

(A) 출시일이 연기되었다.
(B) 궂은 날씨를 견뎌낼 수 있다.
(C) 움직임을 에너지로 전환시킨다.
(D) 특정 자전거 모델과만 함께 사용될 수 있다.

Not/True True 문제   정답 (B)

문의 핵심 어구인 the Stoplite와 관련된 내용을 지문에서 찾아 각 보기와 대조하는 Not/True 문제이므로 Stoplite가 언급된 첫 번째 지문인 페이지에서 관련 내용을 확인한다. (A), (C), (D)는 지문에 언급되지 않은 내용이다. (B)는 'it operates in rainy or snowy conditions'에 이것, 즉 Stoplite가 비가 오거나 눈이 오는 환경에서도 작동한다고 했으므로 지문의 내용과 일치한다. 따라서 (B)가 정답이다.

꾸어 표현하기
rainy or snowy conditions 비가 오거나 눈이 오는 환경 → inclement weather 궂은 날씨

휘 release n. 출시; v. 출시하다 delay v. 연기하다, 미루다 withstand v. 견뎌내다, 이겨내다 inclement adj. (날씨가) 궂은, 험한 convert v. 전환시키다

What is mentioned about the funding campaign?

(A) It was designed by the inventor of a product.
(B) It can be participated in on an anonymous basis.
(C) It includes incentives for people who donate by a certain date.
(D) It will continue for as long as it takes to reach a targeted amount.

기금 캠페인에 대해 언급된 것은?

(A) 제품의 발명자에 의해 계획되었다.
(B) 익명으로 참여할 수 있다.
(C) 특정 날짜까지 기부하는 사람들을 위한 우대책을 포함한다.
(D) 목표된 금액을 달성할 때까지 지속될 것이다.

Not/True True 문제   정답 (C)

문의 핵심 어구인 the funding campaign과 관련된 내용을 지문에서 찾아 각 보기와 대조하는 Not/True 문제이므로 기금 캠페인이 언급된 번째 지문인 웹페이지에서 관련 내용을 확인한다. (A)와 (B)는 지문에 언급되지 않은 내용이다. (C)는 'Early Single*', 'Receive a oplite kit and a T-shirt, cost of shipping included.', 'Standard Single', 'Receive a Stoplite kit, cost of shipping not cluded.'와 'Early Double*', 'Receive two Stoplite kits and a T-shirt, cost of shipping included.', 'Standard Double', eceive two Stoplite kits, cost of shipping not included.'에서 빠른 싱글 또는 빠른 더블의 보상 항목은 일반 싱글 또는 일반 더블의 보상 항목에서 티셔츠 1장이 추가적으로 제공되며 배송비가 포함되어 있다는 것을 알 수 있고, '*Must donate by May 5 to be eligible for arly Single or Early Double'에서 빠른 싱글과 빠른 더블의 자격이 되려면 5월 5일까지 기부해야 한다고 한 사실을 통해 5월 5일까지 기부 사람들에게 티셔츠 1장과 배송비 포함의 우대책이 포함되어 있다는 것을 알 수 있으므로 지문의 내용과 일치한다. 따라서 (C)가 정답이다.)는 '180 days left to complete funding'에서 기금 지원 완료까지 180일이 남아 있다고 한 것을 통해, 목표된 금액과 상관없이 특정 날짜 기금 캠페인이 종료된다는 것을 알 수 있으므로 지문의 내용과 일치하지 않는다.

휘 participate v. 참여하다, 참가하다 anonymous adj. 익명의 incentive n. 우대책, 혜택 target v. 목표하다

178

Who will receive extra containers for their Stoplite?

(A) Early Single donors
(B) Early Double donors
(C) Standard Double donors
(D) Stoplite Hero donors

누가 Stoplite를 위한 여분의 보관함을 받을 것인가?

(A) 빠른 싱글 기부자
(B) 빠른 더블 기부자
(C) 일반 더블 기부자
(D) Stoplite 영웅 기부자

■ **육하원칙** Who 정┊

누가(Who) Stoplite를 위한 여분의 보관함을 받을 것인지를 묻는 육하원칙 문제이므로 질문의 핵심 어구인 receive extra containe┊ their Stoplite와 관련된 내용이 언급된 첫 번째 지문인 웹페이지에서 관련 내용을 확인한다. 웹페이지의 'Stoplite Hero', 'Receive ~ s┊ cases'에서 Stoplite 영웅 기부자 항목을 선택하면 여분 케이스를 받는다고 했으므로 (D)가 정답이다.

바꾸어 표현하기
extra containers 여분의 보관함 → spare cases 여분 케이스

179

Why did Stoplite Innovation write to Mr. Farber?

(A) To announce the launch of a product
(B) To report a shipment delay
(C) To ask that some personal details be verified
(D) To request his support for a future project

Stoplite Innovation사는 왜 Mr. Farber에게 편┊ 썼는가?

(A) 제품 출시를 알리기 위해
(B) 배송 지연을 알리기 위해
(C) 개인 정보가 정확한지 확인해달라고 요청하기 위해
(D) 추후 프로젝트에 대한 지원을 요청하기 위해

■ **주제/목적 찾기** 글을 쓴 이유 정┊

Stoplite Innovation사가 Mr. Farber에게 편지를 쓴 이유를 묻는 목적 찾기 문제이므로 Stoplite Innovation사가 작성한 두 번째 지┊ 메일을 확인한다. 이메일의 'We'd like to make sure that we still have the correct delivery address on file'에서 저희, 즉 St┊ Innovation사에게 여전히 정확한 배송 주소가 기록되어 있는지 확인하고자 한다고 했고, 'Please confirm your address'에서 귀하, ┊ Farber의 주소를 확정해달라고 했으므로 (C)가 정답이다.

바꾸어 표현하기
delivery address 배송 주소 → personal details 개인 정보

어휘 launch n. 출시; v. 출시하다 delay n. 지연 verify v. ~이 정확한지 확인하다

180

How much did Mr. Farber most likely donate?

(A) $90
(B) $110
(C) $180
(D) $220

Mr. Farber는 얼마를 기부한 것 같은가?
(A) 90달러
(B) 110달러
(C) 180달러
(D) 220달러

■ **추론** 연계 문제 정┊

두 지문의 내용을 종합적으로 확인한 후 추론해서 풀어야 하는 연계 문제이다. 질문의 핵심 어구인 Mr. Farber ~ donate와 관련된 내용C┊ 된 이메일을 먼저 확인한다.

단서 1 두 번째 지문(이메일)의 'Date: September 20'에서 이메일이 9월 20일에 작성되었음을 알 수 있으며, 'you can expect to re┊ your shipment of two Stoplite kits very soon.'에서 귀하, 즉 Mr. Farber가 곧 Stoplite 키트 2개의 배송을 받게 될 것이라고 예상C┊ 다고 한 뒤, 'you pledged your support a month ago.'에서 귀하, 즉 Mr. Farber가 한 달 전, 즉 9월 20일로부터 한 달 전에 후원을 ┊ 다고 했다. 그런데 Mr. Farber가 한 달 전에 얼마를 후원하고 Stoplite 키트 2개의 배송을 받게 되었는지 제시되지 않았으므로 웹페이지┊ 련 내용을 확인한다.

단서 2 첫 번째 지문(웹페이지)의 '$180', 'Early Double*', 'Receive two Stoplite kits ~.'와 '$220', 'Standard Double', 'Re┊ two Stoplite kits ~.'에서 빠른 더블과 일반 더블 모두 Stoplite 키트 2개를 받는다고 했고, 'Must donate by May 5 to be eligi┊ ~ Early Double'에서 빠른 더블에 해당되기 위해서는 5월 5일까지 기부해야 함을 확인할 수 있다.

두 단서를 종합할 때, Mr. Farber는 Stoplite 키트 2개를 받는 보상 항목을 신청했으며 5월 5일 이후에 기부했으므로 일반 더블 보상 항┊ 당하는 220달러를 기부했을 것이라는 사실을 추론할 수 있다. 따라서 (D)가 정답이다.

Wavelet Luxury Liners upgrades its lighting

LONDON ([185-C]December 31)—Europe's leading passenger ship operator, [181]Wavelet Luxury Liners, will soon begin installing new lighting in its vessels. This is thanks to a deal it recently signed with [181/182-A]Serreta Lighting, a Portuguese maker of glass lights that have modern designs.

The exclusivity of Serreta Lighting's products is the main reason Wavelet Luxury Liners decided to partner with them. [182-D]Products are made by a small team of craftspeople who use traditional techniques, and [182-C]each one is signed by the particular worker who made it.

Wavelet Luxury Liners' newest ship *Shooting Star*, which is currently under construction, will be the first of the company's vessels to be completely equipped with Serreta Lighting products. Particularly noteworthy will be [183]the chandelier that will be installed in the 14th-floor dining room.

"[185-A]We'll be using Serreta Lighting's creations not only in our new ship but also in several of our older ships when we renovate them next year," said [185-C]Wavelet Luxury Liners CEO, Zackary Jones. "We believe that these lighting elements will help differentiate us from our competitors."

Wavelet Luxury Liners
Company Memo

To: All executive staff
From: Gillian Sutcliffe, head architect
Subject: Update on construction
[185-C]Date: February 29

The construction of *Shooting Star* has reached its final stages, with the exterior complete and the interior work in progress. Some good news is that the installation of carpeting in the hallways and rooms wrapped up on February 27. [183]As for the lighting, it has been ordered and will be installed as follows:

Levels 1-4	By March 5
Levels 5-8	By March 10
Levels 9-12	By March 14
[183]Levels 13-15	By March 20

According to the original plan, [184]the furniture was supposed to be delivered and arranged inside the passenger ship at the same time as the lighting. Unfortunately, though, the factory has not been able to meet our request as promptly as we expected them to. [184]I'm afraid that we may need to push back the grand unveiling of the ship from May 1 to May 15. [185-C]The chief executive officer of our company,

---

Wavelet Luxury Liners사가 조명을 업그레이드하다

런던 ([185-C]12월 31일)—유럽의 선도적인 여객선 회사인, [181]Wavelet Luxury Liners사는 곧 그것의 선박들 내부에 새 조명을 설치하기 시작할 것이다. 이는 최근에 [181/182-A]현대적인 디자인을 지닌 유리 조명을 만드는 포르투갈 회사, Serreta Lighting사와 체결한 계약 덕분이다.

Serreta Lighting사 제품들의 고급스러움은 Wavelet Luxury Liners사가 그들과 파트너 관계를 맺기로 결정한 주요한 이유이다. [182-D]제품들은 전통 기술을 사용하는 장인들로 이뤄진 소규모 팀에 의해 만들어지며, [182-C]각각의 제품은 그것을 완성한 각 작업자에 의해 서명된다.

현재 공사 중인 Wavelet Luxury Liners사의 최신형 선박, *Shooting Star*는 완전히 Serreta Lighting사의 제품들로만 갖춰질 그 회사의 첫 번째 선박이 된다. 특히 주목할 만한 것은 [183]14층 식당에 설치될 상들리에일 것이다.

"[185-A]저희는 새 선박의 내부뿐만 아니라 내년에 몇몇 낡은 선박들을 개조할 때 그것들의 내부에도 Serreta Lighting사의 창작물을 사용할 것입니다."라고 [185-C]Wavelet Luxury Liners사의 최고 경영자인 Zackary Jones는 말했다. "저희는 이러한 조명 요소들이 저희를 경쟁사들과 차별화하는 데 도움이 될 것이라고 생각합니다."

Wavelet Luxury Liners사
회사 회람

수신: 전 임원진
발신: Gillian Sutcliffe, 수석 건축가
제목: 공사에 관한 최신 정보
[185-C]날짜: 2월 29일

*Shooting Star*의 공사는 외부가 완성되고 내부 작업이 진행 중인 상태로, 마지막 단계에 이르렀습니다. 좋은 소식은 복도와 객실의 카펫 설치가 2월 27일에 마무리되었다는 것입니다. [183]조명에 대해 말하자면, 그것은 주문되었으며 다음과 같이 설치될 것입니다:

1-4층	3월 5일까지
5-8층	3월 10일까지
9-12층	3월 14일까지
[183]13-15층	3월 20일까지

원래 계획에 따르면, [184]가구들이 배송되어 조명과 동시에 여객선 내부에 설치되었어야 했습니다. 하지만, 유감스럽게도, 공장은 저희가 그들에게 기대했던 만큼 신속히 저희의 요구에 부응하지 못했습니다. [184]저는 저희가 선박의 공개일을 5월 1일에서 5월 15일로 미뤄야 할지도 몰라서 걱정입니다. [185-C]우리 회사의 최고 경영자인 Eliza Jones는 그녀

Eliza Jones, has cleared her schedule on both days to ensure that she is available to host the event.

가 행사를 주최할 수 있도록 이틀 모두 일정을 비워두었습니다.

지문 1	□ lighting n. 조명	□ passenger ship phr. 여객선	□ operator n. 회사
	□ vessel n. 선박	□ maker n. ~을 만드는 회사, 제조사	□ exclusivity n. 고급스러움
	□ craftsperson n. 장인	□ noteworthy adj. 주목할 만한	□ renovate v. 개조하다
	□ differentiate v. 차별화하다		

지문 2	□ architect n. 건축가	□ exterior n. 외부; adj. 외부의	□ interior adj. 내부의; n. 내부
	□ in progress phr. 진행 중인	□ wrap up phr. 마무리하다	□ furniture n. 가구
	□ arrange v. 설치하다	□ promptly adv. 신속히, 지체없이	□ push back phr. 미루다
	□ unveiling n. 공개	□ host v. 주최하다	

181

What is the main topic of the article?

(A) A lighting company's business partners
(B) A strategy to conserve energy
(C) A new transportation route
(D) A company's contract with a new supplier

기사의 주요 주제는 무엇인가?

(A) 조명 회사의 사업 파트너들
(B) 에너지를 절약할 방안
(C) 새로운 교통 경로
(D) 회사의 새로운 공급업체와의 계약

■ 주제/목적 찾기 글의 주제

정답

기사의 주제를 묻는 주제 찾기 문제이므로 첫 번째 지문인 기사의 내용을 확인한다. 기사의 'Wavelet Luxury Liners, will soon b installing new lighting in its vessels. This is thanks to a deal it recently signed with Serreta Lighting ~.'에서 Wavelet Lu Liners사가 곧 그것의 선박들 내부에 새 조명을 설치하기 시작할 것이라며 이는 Serreta Lighting사와 체결한 계약 덕분이라고 한 후, 이과 관련된 세부 내용을 설명하고 있으므로 (D)가 정답이다.

어휘   conserve v. 절약하다, 아끼다   route n. 경로

182

What is NOT mentioned about Serreta Lighting's products?

(A) They are contemporary in style.
(B) They are made exclusively for ships.
(C) They are marked with a signature.
(D) They are created by hand using old methods.

Serreta Lighting사의 제품에 관해 언급되지 않은 것은

(A) 스타일이 현대적이다.
(B) 오직 선박을 위해서 만들어진다.
(C) 서명이 표시되어 있다.
(D) 오래된 방법을 사용하여 사람 손으로 만들어진다.

■ Not/True Not 문제

정

질문의 핵심 어구인 Serreta Lighting's products와 관련된 내용을 지문에서 찾아 각 보기와 대조하는 Not/True 문제이므로 Se Lighting사의 제품이 언급된 첫 번째 지문인 기사에서 관련 내용을 확인한다. (A)는 'Serreta Lighting, a Portuguese maker of g lights that have modern designs'에서 Serreta Lighting사는 현대적인 디자인을 지닌 유리 조명을 만드는 포르투갈 회사라고 했으므문의 내용과 일치한다. (B)는 지문에 언급되지 않은 내용이다. 따라서 (B)가 정답이다. (C)는 'each one is signed by the parti worker who made it.'에서 각각의 제품은 그것을 완성한 각 작업자에 의해 서명된다고 했으므로 지문의 내용과 일치한다. (D)는 'Proare made by ~ craftspeople who use traditional techniques'에서 제품들은 전통 기술을 사용하는 장인들에 의해 만들어진다고 한로 지문의 내용과 일치한다.

바꾸어 표현하기
have modern designs 현대적인 디자인을 지닌 → contemporary in style 스타일이 현대적인
is signed 서명된다 → are marked with a signature 서명이 표시된다
traditional techniques 전통적인 기술 → old methods 오래된 방법

어휘   contemporary adj. 현대적인   exclusively adv. 오직, 오로지   mark v. 표시하다   by hand phr. 사람 손으로   method n. 방법

By which date will the chandelier be installed?	샹들리에는 어느 날짜까지 설치될 것인가?
(A) March 5	(A) 3월 5일
(B) March 10	(B) 3월 10일
(C) March 14	(C) 3월 14일
(D) March 20	(D) 3월 20일

■ **육하원칙** 연계 문제   정답 (D)

두 지문의 내용을 종합해서 풀어야 하는 연계 문제이다. 질문의 핵심 어구인 date ~ the chandelier be installed에서 샹들리에가 어느(which) 날짜까지 설치될 것인지를 묻고 있으므로 샹들리에가 언급된 기사를 먼저 확인한다.

단서 1 첫 번째 지문(기사)의 'the chandelier ~ will be installed in the 14th-floor dining room'에서 샹들리에가 14층 식당에 설치될 것이라고 했다. 그런데 14층 식당에 조명이 언제 설치되는지 제시되지 않았으므로 회람에서 관련 내용을 확인한다.

단서 2 두 번째 지문(회람)의 'As for the lighting, it ~ will be installed as follows', 'Levels 13-15, By March 20'에서 13-15층에는 조명이 3월 20일까지 설치될 것이라고 했음을 확인할 수 있다.

두 단서를 종합할 때, 샹들리에는 14층에 있는 식당에 설치될 것이므로 3월 20일까지 설치될 것임을 알 수 있다. 따라서 (D)가 정답이다.

What is Ms. Sutcliffe concerned about?	Ms. Sutcliffe는 무엇에 대해 걱정하는가?
(A) A manufacturing defect	(A) 제조 결함
(B) An unrealistic schedule	(B) 비현실적인 일정
(C) A delayed order	(C) 지연된 주문
(D) A low productivity rate	(D) 낮은 생산성

■ **육하원칙** What   정답 (C)

Ms. Sutcliffe가 무엇(What)을 걱정하는지를 묻는 육하원칙 문제이므로 Ms. Sutcliffe가 작성한 두 번째 지문인 회람에서 관련 내용을 확인한다. 회람의 'the furniture was supposed to be delivered and arranged inside the passenger ship at the same time as the lighting. Unfortunately, though, the factory has not been able to meet our request'에서 가구들이 배송되어 조명과 동시에 여객선 내부에 설치되었어야 했지만 유감스럽게도 공장이 저희, 즉 Wavelet Luxury Liner사의 요구에 부응하지 못했다고 한 뒤, 'I'm afraid that we may need to push back the grand unveiling of the ship'에서 저, 즉 Ms. Sutcliffe는 선박의 공개일을 미뤄야 할지도 몰라서 걱정이라고 했으므로 (C)가 정답이다.

바꾸어 표현하기
concerned 걱정하는 → afraid 걱정인

어휘 defect n. 결함 productivity n. 생산성

What can be inferred about Wavelet Luxury Liners?

(A) All of its vessels will be equipped with Serreta Lighting products.
(B) Its new ship will be shown to the public before the interior is completed.
(C) It underwent a change in leadership.
(D) It will receive financial compensation from a contractor.

Wavelet Luxury Liners사에 관해 추론될 수 있는 것은

(A) 모든 선박들이 Serreta Lighting사 제품들로 갖춰
    것이다.
(B) 새 선박은 그것의 내부가 완성되기 전에 대중에게 공
    될 것이다.
(C) 대표직의 변화를 겪었다.
(D) 계약자로부터 재정적인 보상을 받을 것이다.

■ 추론 연계 분석   정딥

두 지문의 내용을 종합적으로 확인한 후 추론해서 풀어야 하는 연계 문제이다. 질문의 핵심 어구인 Wavelet Luxury Liners와 관련된 내
언급된 회람을 먼저 확인한다.

단서 1 두 번째 지문(회람)의 'Date: February 29', 'The chief executive officer of our company, Eliza Jones'에서 2월 29일에
회사, 즉 Wavelet Luxury Liners사의 최고 경영자가 Eliza Jones임을 확인할 수 있다. 그런데 Eliza Jones가 언제 대표가 되었는지 저
지 않았으므로 기사에서 관련 내용을 확인한다.

단서 2 첫 번째 지문(기사)의 'December 31', 'Wavelet Luxury Liners CEO, Zackary Jones'에서 12월 31일에는 Wavelet Lu
Liners사의 최고 경영자가 Zackary Jones였음을 알 수 있다.

두 단서를 종합할 때, Wavelet Luxury Liners사의 최고 경영자가 12월 31일까지는 Jackary Jones였으나 2월 29일에는 Eliza Jones
고 경영자가 되었으므로 대표직의 변화를 겪었다는 사실을 추론할 수 있다. 따라서 (C)가 정답이다. 참고로, (A)는 'We'll be using Se
Lighting's creations not only in our new ship but also in several of our older ships'에서 몇몇 낡은 선박들의 내부에도 Se
Lighting사의 창작물을 사용할 것이라고는 했으나 모든 선박들에 Serreta Lighting사의 제품을 사용할지는 알 수 없다.

어휘   leadership n. 대표직, 지도부   compensation n. 보상   contractor n. 계약자

Now's the Time to Improve Your Spanish

With our continued expansion into the Latin American market, an increasing number of Glidefield Telecom workers are interacting with Spanish-speaking clients on a daily basis. Employees are also going on business trips to the region more frequently. For these reasons, [186]Glidefield Telecom's executive team has decided to offer a free Spanish class in the evenings. This will be taught by a visiting instructor. At least one session will take place per week, from 7 to 9 P.M., and the class will last for 15 weeks. [187]If 20 or more people want to join, though, the group will be divided according to ability, and two separate classes will be set up.

[187]If interested, send an e-mail to Chuck Findley at findley@ glidefield.ca.

지금이 당신의 스페인어를 향상시킬 때입니다

우리의 지속적인 라틴 아메리카 시장으로의 확장에 따라, 점점 더 많은 Glidefield 통신사 직원들이 스페인어를 사용하는 고객들과 매일 소통하고 있습니다. 직원들은 또한 더 자주 그 지역으로 출장을 가고 있습니다. 이러한 이유로, [186]Glidefield 통신사의 경영진은 저녁에 무료 스페인어 강의를 제공하기로 결정했습니다. 이것은 방문 강사에 의해 가르쳐질 것입니다. 오후 7시부터 9시까지, 매주 최소 하나의 수업이 열릴 것이며, 수업은 15주 동안 계속될 것입니다. [187]그렇지만 만약 20명 이상의 사람들이 참여하길 원하는 경우, 능력에 따라 그룹이 나눠질 것이고, 두 개의 개별적인 수업이 개설될 것입니다.

[187]관심이 있으시다면, Chuck Findley에게 findley@ glidefield.ca로 이메일을 보내 주십시오.

Survey on Spanish instruction for Glidefield Telecom staff

Thank you for your interest in studying Spanish at our office. [187]All the staff members who committed to joining will attend the same class, which will begin in the first week of July. [188]Several details remain to be decided, though. So that we can best meet the needs of the group, please complete this survey and return it to HR officer Chuck Findley by June 16.

1. [188]On which day of the week would you like the class to be held?

☐Monday　☑Tuesday　☐Wednesday　☐Thursday　☐Friday

2. The instructor has offered a choice of textbooks. Which one would you prefer?

	Title	[190]Focus
☐	[190]Speaking Spanish Effortlessly	[190]Daily life
☐	Flawless Professional Spanish	Office situations
☐	Letters and E-Mails in Spanish	Business correspondence
☑	Impressing a Latin American Audience	Speeches and presentations

Glidefield 통신사 직원들을 위한 스페인어 교육에 대한 설문 조사

우리 사무실에서 스페인어를 공부하는 것에 관심을 가져주셔서 감사합니다. [187]참여하겠다고 의사를 밝힌 모든 직원들은 같은 수업에 참석하게 될 것이며, 이것은 7월 첫째 주에 시작될 것입니다. 하지만, [188]몇 가지 세부 사항들은 아직 정해져야 합니다. 단체의 요구를 가장 잘 충족시킬 수 있도록, 이 설문 조사를 완료하여 6월 16일까지 인사부 직원 Chuck Findley에게 반납해주시길 바랍니다.

1. [188]주중 어느 요일에 수업이 열리길 원하십니까?

☐월요일　☑화요일　☐수요일　☐목요일　☐금요일

2. 강사가 교재 선택권을 제시하였습니다. 어느 것을 선호하십니까?

	제목	[190]중심내용
☐	[190]스페인어 어려움 없이 말하기	[190]일상생활
☐	완벽한 전문 스페인어	회사 상황
☐	스페인어 편지와 이메일	업무상의 서신
☑	라틴 아메리카 청중에게 깊은 인상 주기	연설과 발표

[189-A]Spanish Class Evaluation Form

Name: James Kitson
Position at Glidefield Telecom: Sales manager
Spanish ability level at start: Beginner
Spanish ability level at end: Intermediate

[189-A]스페인어 수업 평가 양식

이름: James Kitson
Glidefield 통신사에서의 직책: 판매부장
시작 시 스페인어 능력 수준: 초보자
종료 시 스페인어 능력 수준: 중급자

▶ [189-C]**Please rate the following aspects:**

Instructor	Unsatisfactory ← ①②③**④**⑤ → Excellent
Teaching materials	Unsatisfactory ← ①②**③**④⑤ → Excellent
[189-C]Group activities	Unsatisfactory ← ①②③④**⑤** → Excellent
Assignments	Unsatisfactory ← ①②③**④**⑤ → Excellent
Classroom	Unsatisfactory ← ①②③④**⑤** → Excellent

▶ **Comments:**

[189-B]All in all, I found this class to be beneficial. However, a few points could be improved. First, [190]the textbook was limited in scope. It only taught us how to talk about our favorite movies, our hobbies, and other such topics. What I need to learn for my job, though, is how to communicate professionally in writing.

Also, the teacher needed to establish some rules regarding lateness. I arrived early every time, but [189-A]others disrupted the lessons by entering after they'd begun.

▶ [189-C]다음 측면들을 평가해주십시오:

강사	불만족스러운 ← ①②③**④**⑤ → 훌륭한
교육 자료	불만족스러운 ← ①②**③**④⑤ → 훌륭한
[189-C]그룹 활동	불만족스러운 ← ①②③④**⑤** → 훌륭한
과제	불만족스러운 ← ①②③**④**⑤ → 훌륭한
교실	불만족스러운 ← ①②③④**⑤** → 훌륭한

▶ 의견:

[189-B]전반적으로, 저는 이 수업이 유익하다고 생각했습니다. 하지만, 몇몇 사항들은 개선될 수 있습니다. 먼저 [190]교재의 범위가 제한적이었습니다. 그것은 저희에게 아하는 영화, 취미, 그리고 이런 다른 주제들에 대해 이기하는 방법만을 가르쳐주었습니다. 하지만, 제가 제 일위해 배워야 하는 것은 서면으로 전문적으로 소통하는 법입니다.

또한, 선생님은 지각에 관한 규칙들을 세울 필요가 있었니다. 저는 매번 일찍 도착했지만, [189-A]다른 사람들은 수이 시작된 후에 들어와 수업에 지장을 주었습니다.

지문 1
- □ continued adj. 지속적인
- □ on a daily basis phr. 매일
- □ ability n. 능력

- □ expansion n. 확장
- □ business trip phr. 출장
- □ separate adj. 개별적인, 별개의

- □ interact v. 소통하다, 교류하다
- □ frequently adv. 자주

지문 2
- □ instruction n. 교육
- □ remain v. 아직 ~해야 하다, 남아있다
- □ focus n. 중심내용, 주안점
- □ correspondence n. 서신, 편지

- □ commit v. 의사를 밝히다
- □ need n. 요구
- □ effortlessly adv. 어려움 없이, 쉽게
- □ impress v. 깊은 인상을 주다, 감명을 주다

- □ attend v. 참석하다
- □ prefer v. 선호하다
- □ flawless adj. 완벽한, 결점 없는

지문 3
- □ evaluation n. 평가
- □ material n. 자료
- □ establish v. 세우다

- □ position n. 직책
- □ assignment n. 과제
- □ lateness n. 지각

- □ aspect n. 측면
- □ scope n. 범위
- □ disrupt v. 지장을 주다, 방해하다

186

○
○
●
○

₈₆

What is the purpose of the announcement?

(A) To introduce an educational opportunity
(B) To request feedback on a language academy
(C) To explain the needs of a new client
(D) To announce a planned business expansion

공고의 목적은 무엇인가?

(A) 교육 기회를 소개하기 위해
(B) 어학원에 대한 의견을 요청하기 위해
(C) 새로운 고객의 요구를 설명하기 위해
(D) 계획된 사업 확장을 알리기 위해

■ **주제/목적 찾기** 글의 목적   정

공고의 목적을 묻는 목적 찾기 문제이므로 첫 번째 지문인 공고의 내용을 확인한다. 공고의 'Glidefield Telecom's executive tean decided to offer a free Spanish class'에서 Glidefield 통신사의 경영진이 무료 스페인어 강의를 제공하기로 결정했다고 한 후, 수'및 수업 진행 방식 등을 소개하고 있으므로 (A)가 정답이다.

어휘 introduce v. 소개하다 language academy phr. 어학원

What can be inferred about Mr. Findley?

(A) He is in charge of training all recently hired staff to learn Spanish.
(B) He sent a message to all the staff members of an office on June 16.
(C) He is currently working for Glidefield Telecom as a personnel director.
(D) He received requests from fewer than 20 people to take a class.

Mr. Findley에 대해 추론될 수 있는 것은?

(A) 그는 최근에 고용된 모든 직원들이 스페인어를 배우도록 교육시키는 것을 담당한다.
(B) 그는 6월 16일에 사무실의 모든 직원에게 메시지를 보냈다.
(C) 그는 현재 Glidefield 통신사에서 인사부장으로 일하고 있다.
(D) 그는 20명 미만의 사람들로부터 수업 수강 요청을 받았다.

■ 추론 연계 문제   정답 (D)

세 지문 중 두 지문의 내용을 종합적으로 확인한 후 추론해서 풀어야 하는 연계 문제이다. 질문의 핵심 어구인 Mr. Findley가 언급된 공고를 먼저 확인한다.
단서 1 첫 번째 지문(공고)의 'If 20 or more people want to join, ~ the group will be divided according to ability, and two separate classes will be set up.'에서 만약 20명 이상의 사람들이 참여하길 원하는 경우 능력에 따라 그룹이 나눠질 것이며 두 개의 개별적인 수업이 개설될 것이라고 했고, 'If interested, send an e-mail to Chuck Findley'에서 관심이 있다면 Chuck Findley에게 이메일을 보내 달라고 했다. 그런데 몇 명이 수업에 참여하길 원했는지 제시되지 않았으므로 설문 조사에서 관련 내용을 확인한다.
단서 2 두 번째 지문(설문 조사)의 'All the staff members who committed to joining will attend the same class'에서 참여하겠다고 의사를 밝힌 모든 직원들은 같은 수업에 참석하게 될 것이라고 했음을 확인할 수 있다.
두 단서를 종합할 때, 모든 직원들이 하나의 같은 수업을 듣게 되었으므로 20명 미만의 사람들이 Mr. Findley에게 수업을 수강하겠다고 요청했다는 사실을 추론할 수 있다. 따라서 (D)가 정답이다.

어휘 in charge of phr. ~을 담당하는, 관리하는 personnel director phr. 인사부장

According to the survey, what needed to be decided?

(A) The instructor of a course
(B) The day of a session
(C) The length of a class
(D) The capacity of a space

설문 조사에 따르면, 무엇이 결정되어야 했는가?

(A) 수업 강사
(B) 수업 요일
(C) 수업 시간
(D) 공간 수용력

■ 육하원칙 What   정답 (B)

설문 조사에 따르면 무엇(what)이 결정되어야 했는지를 묻는 육하원칙 문제이므로 두 번째 지문인 설문 조사에서 관련 내용을 확인한다. 설문 조사의 'Several details remain to be decided'에서 몇 가지 세부 사항이 아직 정해져야 한다고 한 후, 'On which day of the week would you like the class to be held?'에서 주중 어느 요일에 수업이 열리길 원하는지 물었으므로 (B)가 정답이다.

어휘 capacity n. 수용력

189

According to the form, what is NOT indicated about the Spanish class?

(A) It was not always attended punctually.
(B) It was evaluated by a participant.
(C) It was taught with the help of group exercises.
(D) It was only composed of beginner-level students.

양식에 따르면, 스페인어 수업에 관해 언급되지 않은 것은

(A) 항상 정각에 출석 되지는 않았다.
(B) 참가자에 의해 평가되었다.
(C) 그룹 활동에 도움을 받아 가르쳐졌다.
(D) 초보자 수준의 학생들로만 구성되었다.

■ **Not/True** Not 문제

정답

질문의 핵심 어구인 the Spanish class와 관련된 내용을 양식에서 찾아 각 보기와 대조하는 Not/True 문제이므로 세 번째 지문인 양식의 관련 내용을 확인한다. (A)는 'Spanish Class Evaluation Form', 'others disrupted the lessons by entering after they'd begu에서 다른 사람들이 수업이 시작된 후에 들어와 수업에 지장을 주었다고 스페인어 수업 평가 양식에 의견을 남겼다는 것을 알 수 있으므로 지문의 내용과 일치한다. (B)는 'All in all, I found this class to be beneficial. However, a few points could be improved.'에서 이 수업스페인어 수업이 유익했다고 생각하지만 몇몇 사항들은 개선될 수 있다며 수강한 수업에 대해 평가했으므로 지문의 내용과 일치한다. (C'Please rate the following aspects', 'Group activities'에서 수업의 그룹 활동 측면이 평가되었으므로 지문의 내용과 일치한다. (D)문에 언급되지 않은 내용이다. 따라서 (D)가 정답이다.

어휘 attend v. 출석하다, 참석하다 punctually adv. 정각에 composed of phr. ~으로 구성된

190

Which textbook was most likely used?

(A) *Speaking Spanish Effortlessly*
(B) *Flawless Professional Spanish*
(C) *Letters and E-Mails in Spanish*
(D) *Impressing a Latin American Audience*

어떤 교재가 사용된 것 같은가?

(A) 스페인어 어려움 없이 말하기
(B) 완벽한 전문 스페인어
(C) 스페인어 편지와 이메일
(D) 라틴 아메리카 청중에게 깊은 인상 주기

■ **추론** 연계 문제

정답

세 지문 중 두 지문의 내용을 종합적으로 확인한 후 추론해서 풀어야 하는 연계 문제이다. 질문의 핵심 어구인 textbook was ~ used와 관내용이 언급된 양식을 먼저 확인한다.

단서 1 세 번째 지문(양식)의 'the textbook was limited in scope. It only taught us how to talk about our favorite movies, hobbies, and other such topics'에서 교재의 범위가 제한적이었으며 그것은 좋아하는 영화, 취미, 그리고 이런 다른 주제들에 대해 이야는 방법만을 가르쳐주었다고 했다. 그런데 이러한 주제들에 대해 이야기하는 방법을 가르쳐주는 교재가 무엇인지 제시되지 않았으므로 설문에서 관련 내용을 확인한다.

단서 2 두 번째 지문(설문 조사)의 '*Speaking Spanish Effortlessly*', 'Focus', 'Daily life'에서 스페인어 어려움 없이 말하기 교재의 중용이 일상생활과 관련된 것임을 알 수 있다.

두 단서를 종합할 때, 교재가 좋아하는 영화, 취미와 같이 일상생활에 대해 이야기하는 방법을 가르쳐주었으므로 스페인어 어려움 없이 말하재가 사용되었다는 사실을 추론할 수 있다. 따라서 (A)가 정답이다.

http://organicfoodfair.com/transport

HOME I PROGRAM I EXHIBITOR INFO I **TRANSPORT**

191-B/C/DThe Organic Food Fair, which is held once every two years, will take place from August 16 to 18 at the Landsel Expo Center in downtown Phoenix, which is a 15-minute walk from over a dozen hotels. Most visitors and exhibitors will arrive at Phoenix Grand Airport. Upon arrival, there are several ways to reach the city center.

- Railway – This is the fastest method of reaching our venue. The 30-minute trip costs just $17. Seats are not assigned. To view a timetable of departures from the airport, visit www.phoenixrail.com.

- 192Shuttle Bus – A seat on an Arrow bus costs $15 one-way. Buses depart every half hour from 6 A.M. to 11 P.M. 192Be sure to select a seat in advance at www.arrowpho.com. In addition, Davenport Hotel runs a free shuttle bus for those with room reservations.

- Car Rental – Several agencies operate near the arrivals terminal. These include Wildcat Car Rental, Burnett Rent-A-Car, and Quincy. To ensure availability, be sure to make your booking at least 24 hours in advance.

- Taxi – The ride should cost about $40.

---

http://organicfoodfair.com/transport

홈 | 프로그램 | 출품자 정보 | **이동 수단**

191-B/C/D2년에 한 번씩 개최되는 유기농 식품 박람회는 8월 16일부터 18일까지 Phoenix 시내에 있는 Landsel 박람회장에서 열릴 예정이며, 이곳은 12개 이상의 호텔들로부터 도보 15분 거리 내에 있습니다. 대부분의 방문객과 출품자들은 Phoenix Grand 공항에 도착할 것입니다. 도착 후, 도심에 닿을 수 있는 몇 가지 방법이 있습니다.

- 기차 – 이는 저희 장소에 도달하는 가장 빠른 방법입니다. 이 30분의 이동에는 단 17달러가 듭니다. 좌석은 지정되지 않습니다. 공항에서 출발하는 열차의 시간표를 보시려면, www.phoenixrail.com을 방문하십시오.

- 192셔틀 버스 – Arrow 버스의 좌석은 편도 15달러입니다. 버스는 오전 6시부터 오후 11시까지 30분마다 출발합니다. 192반드시 www.arrowpho.com에서 좌석을 미리 선택하십시오. 덧붙여, Davenport 호텔은 방을 예약한 손님들을 위해 무료 셔틀버스를 운영합니다.

- 자동차 대여 – 여러 회사가 도착 터미널 주변에서 영업을 합니다. 이것에는 Wildcat Car Rental사, Burnett Rent-A-Car사, 그리고 Quincy사가 포함됩니다. 이용 가능성을 보장받기 위해, 최소 24시간 전에 사전에 예약을 하십시오.

- 택시 – 이 차량을 타고 가는 것은 40달러 정도가 들 것입니다.

192/194**Booking Confirmation for Suelin Yang**

Confirmation Number	27348479	194Departure Date	August 17
Date Booked	August 3	194Departure Time	11:30 A.M.
Payment Method	Credit card	192Seat Number	17D
194Destination	Urbano Hotel	Pieces of Luggage	2

Your Special Requests

"As I'm participating in the Organic Food Fair, I'll be bringing two large bags of product samples with me. They'll be heavy, and I'll need help loading them into the cargo compartment."

*193If your flight arrives late, proceed to our service desk in Phoenix Grand Airport's arrivals area, between exits C and D. We will ensure that you reach your destination as soon as possible.

192/194Suelin Yang의 예약 확인서

확인 번호	27348479	194출발 날짜	8월 17일
예약 날짜	8월 3일	194출발 시간	오전 11시 30분
결제 수단	신용카드	192좌석 번호	17D
194목적지	Urbano 호텔	수하물 개수	2

귀하의 특별 요청사항

"저는 유기농 식품 박람회에 참석할 것이기 때문에, 제품 샘플이 든 큰 가방 2개를 가지고 갈 것입니다. 그것들은 무거울 것이고, 저는 그것들을 화물칸에 싣는 데 도움이 필요할 것입니다."

*193비행기가 연착될 경우, Phoenix Grand 공항의 도착 구역의, 출구 C와 D 사이에 있는 저희 서비스 데스크로 가십시오. 저희가 귀하께서 목적지에 가능한 한 빨리 도달하실 수 있도록 보장하겠습니다.

[194]Organic Food Fair – Speeches for August 17

[194]Time	Title	[194]Speaker	Location
10:00 A.M.	[195-A]New Organic Agricultural Practices in Europe	Madeline Dekker	Auditorium 2
11:15 A.M.	Why Organic Food Standards Should Be Stricter	Barry Revere	Auditorium 1
1:45 P.M.	Ways to Make Organic Food More Affordable	Heidi Schuster	Auditorium 2
3:00 P.M.	[195-D]Nutritional Benefits of Organically Grown Food	Lucas Dunn	Auditorium 3
[194]4:30 P.M.	[195-C]How Organic Farming Relates to Climate Change	[194]Suelin Yang	Auditorium 3

[194]유기농 식품 박람회 – 8월 17일 연설

[194]시간	제목	[194]연설가	장소
오전 10시	[195-A]유럽의 새로운 유기농 농경 관행	Madeline Dekker	2강당
오전 11시 15분	유기농 식품의 기준이 더 엄격해져야 하는 이유	Barry Revere	1강당
오후 1시 45분	유기농 식품을 더 저렴하게 만드는 방법	Heidi Schuster	2강당
오후 3시	[195-D]유기농 식품의 영양적 이점	Lucas Dunn	3강당
[194]오후 4시 30분	[195-C]유기 농업이 어떻게 기후 변화와 연관되는가	[194]Suelin Yang	3강당

지문 1
- □ exhibitor n. 출품자
- □ fair n. 박람회
- □ venue n. 장소
- □ departure n. 출발하는 열차, 출발
- □ ride n. (차량·자전거 등을) 타고 가기
- □ transport n. 이동 수단
- □ dozen n. 12개
- □ assign v. 지정하다
- □ in advance phr. 사전에, 미리
- □ organic adj. 유기농의
- □ railway n. 기차
- □ timetable n. 시간표
- □ availability n. 이용 가능성

지문 2
- □ destination n. 목적지, 도착지
- □ compartment n. 칸
- □ load v. 싣다
- □ proceed to phr. ~로 가다
- □ cargo n. 화물

지문 3
- □ agricultural adj. 농경의
- □ nutritional adj. 영양의
- □ strict adj. 엄격한, 엄한
- □ benefit n. 이점
- □ affordable adj. 저렴한
- □ climate change phr. 기후 변화

191
○
●
●
●
상

What is mentioned about the Landsel Expo Center?

(A) It operates a desk at an airport arrivals area.
(B) It hosts a food fair on a regular basis.
(C) It directly adjoins a place of accommodation.
(D) It is located in a downtown area.

Landsel 박람회장에 대해 언급된 것은?

(A) 공항 도착 구역에서 데스크를 운영한다.
(B) 정기적으로 식품 박람회를 주최한다.
(C) 숙박 장소와 바로 붙어 있다.
(D) 시내에 위치한다.

■ Not/True True 문제

정답

질문의 핵심 어구인 the Landsel Expo Center와 관련된 내용을 지문에서 찾아 각 보기와 대조하는 Not/True 문제이므로 Landsel 박람회장이 언급된 첫 번째 지문인 웹페이지에서 관련 내용을 확인한다. (A)는 지문에 언급되지 않은 내용이다. (B)는 'The Organic Food which is held once every two years ~.'에서 유기농 식품 박람회가 2년에 한 번 개최된다고는 했지만, 정기적으로 Lansel 박람회장에서 주최되는지는 알 수 없으므로 지문의 내용과 일치하지 않는다. (C)는 'The Organic Food Fair ~ will take place ~ at the Landsel Center ~, which is a 15-minute walk from ~ hotels.'에서 유기농 식품 박람회가 호텔로부터 도보 15분 거리 내에 있는 Landsel 박람회장에서 열린다고 했으므로 지문의 내용과 일치하지 않는다. (D)는 'The Organic Food Fair ~ will take place ~ at the Landsel Center in downtown Phoenix ~.'에서 유기농 식품 박람회가 Phoenix 시내에 있는 Landsel 박람회장에서 열릴 예정이라고 했으므로 의 내용과 일치한다. 따라서 (D)가 정답이다.

어휘 operate v. 운영하다 on a regular basis phr. 정기적으로 directly adv. 바로, 곧장 adjoin v. 붙어 있다, 인접하다

How will Ms. Yang most likely reach her destination?	Ms. Yang은 어떻게 목적지에 갈 것 같은가?
(A) By railway	(A) 기차로
(B) By shuttle bus	(B) 셔틀버스로
(C) By rental car	(C) 대여한 자동차로
(D) By taxi	(D) 택시로

■ **추론** 연계 문제 정답 (B)

세 지문 중 두 지문의 내용을 종합적으로 확인한 후 추론해서 풀어야 하는 연계 문제이다. 질문의 핵심 어구인 Ms. Yang ~ reach her destination과 관련된 내용이 언급된 예약 확인서를 먼저 확인한다.

단서 1 두 번째 지문(예약 확인서)의 'Booking Confirmation for Suelin Yang'에서 예약 확인서가 Ms. Yang의 예약 확인서임을 알 수 있고, 'Seat Number, 17D'에서 Ms. Yang의 좌석 번호가 17D라고 했다. 그런데 예약을 통해 좌석 번호가 정해지는 교통수단이 무엇인지 제시되지 않았으므로 웹페이지에서 관련 내용을 확인한다.

단서 2 첫 번째 지문(웹페이지)의 'Shuttle Bus', 'Be sure to select a seat in advance'에서 셔틀버스를 타는 경우 반드시 좌석을 미리 선택하라고 했음을 확인할 수 있다.

두 단서를 종합할 때, Ms. Yang은 17D 좌석을 미리 선택했으므로 셔틀버스를 탈 것이라는 사실을 추론할 수 있다. 따라서 (B)가 정답이다.

According to the booking confirmation, what should customers do if their flight is delayed?	예약 확인서에 따르면, 비행기가 연착될 경우 고객은 무엇을 해야 하는가?
(A) Send a notification	(A) 통지를 보낸다
(B) Call a service center	(B) 서비스 센터에 전화한다
(C) Head to a counter	(C) 카운터로 향한다
(D) Cancel reservations	(D) 예약을 취소한다

■ **육하원칙** What 정답 (C)

예약 확인서에 따르면 비행기가 연착될 경우 고객이 무엇(what)을 해야 하는지를 묻는 육하원칙 문제이므로 두 번째 지문인 예약 확인서를 확인한다. 예약 확인서의 'If your flight arrives late, proceed to our service desk'에서 비행기가 연착될 경우, 서비스 데스크로 가라고 했으므로 (C)가 정답이다.

바꾸어 표현하기
proceed to ~ service desk 서비스 데스크로 가다 → Head to a counter 카운터로 향하다

What is suggested about Ms. Yang?	Ms. Yang에 대해 암시되는 것은?
(A) She has not yet rented out a conference booth.	(A) 아직 회의 부스를 빌리지 않았다.
(B) She will be the final speaker of the fair.	(B) 박람회의 마지막 연설자일 것이다.
(C) She will give a talk after stopping by a hotel.	(C) 호텔에 들른 뒤에 연설할 것이다.
(D) She was asked to lead a question and answer session.	(D) 질의응답 시간을 이끌어달라는 요청을 받았다.

■ **추론** 연계 문제 정답 (C)

세 지문 중 두 지문의 내용을 종합적으로 확인한 후 추론해서 풀어야 하는 연계 문제이다. 질문의 핵심 어구인 Ms. Yang이 언급된 일정표를 먼저 확인한다.

단서 1 세 번째 지문(일정표)의 'Organic Food Fair – Speeches for August 17', 'Time', '4:30 P.M.', 'Speaker', 'Suelin Yang'에서 8월 17일 유기농 식품 박람회에서 Suelin Yang이 오후 4시 30분에 연설할 것임을 확인할 수 있다. 그런데 연설을 하기 전에 Ms. Yang이 무엇을 할지 제시되지 않았으므로 예약 확인서에서 관련 내용을 확인한다.

단서 2 두 번째 지문(예약 확인서)의 'Booking Confirmation for Suelin Yang', 'Departure Date, August 17', 'Departure Time, 11:30 A.M.', 'Destination, Urbano Hotel'에서 Ms. Yang이 8월 17일 오전 11시 30분에 목적지인 Urbano 호텔로 출발할 것이라는 사실을 확인할 수 있다.

두 단서를 종합할 때, Ms. Yang은 8월 17일에 Urabano 호텔에 먼저 도착한 뒤 유기농 식품 박람회에 참석하여 연설할 것이라는 사실을 추론할 수 있다. 따라서 (C)가 정답이다. 참고로, (B)도 8월 17일 유기농 식품 박람회의 마지막 연설을 Suelin Yang이 진행하므로 답이 될 것 같지만, 유기농 식품 박람회가 8월 16일부터 18일까지 진행되므로 17일 연설의 마지막 연설자라고 해서 박람회 전체의 마지막 연설자인지는 알 수 없다.

어휘 rent out phr. ~을 빌리다 stop by phr. ~에 (잠시) 들르다 question and answer phr. 질의응답

○○○●중

What will NOT be discussed at the Organic Food Fair on August 17?

(A) Farming methods
(B) Promotional campaigns
(C) Environmental changes
(D) Health advantages

8월 17일의 유기농 식품 박람회에서 논의되지 않을 것은 무엇인가?

(A) 농경 방식
(B) 홍보 캠페인
(C) 환경 변화
(D) 건강상의 이점

■ Not/True Not 문제   정답

질문의 핵심 어구인 discussed at the Organic Food Fair on August 17과 관련된 내용을 지문에서 찾아 각 보기와 대조하는 Not/
문제이므로 8월 17일의 유기농 식품 박람회가 언급된 세 번째 지문인 일정표에서 관련 내용을 확인한다. (A)는 'New Organic Agricul
Practices in Europe'에서 유럽의 새로운 유기농 농경법에 대한 연설이 있다고 했으므로 지문의 내용과 일치한다. (B)는 지문에 언급되지
내용이다. 따라서 (B)가 정답이다. (C)는 'How Organic Farming Relates to Climate Change'에서 유기 농업이 어떻게 기후 변화와
되는지에 대한 연설이 있다고 했으므로 지문의 내용과 일치한다. (D)는 'Nutritional Benefits of Organically Grown Food'에서 유기
품의 영양적 이점에 대한 연설이 있다고 했으므로 지문의 내용과 일치한다.

바꾸어 표현하기
Agricultural Practices 농경 관행 → Farming methods 농경 방식
Climate Change 기후 변화 → Environmental changes 환경 변화
Nutritional Benefits 영양적 이점 → Health advantages 건강상의 이점

어휘 promotional adj. 홍보의

To: Evan Langston <e.langston@cornertechsolutions.com>
From: Cindy Shelley <c.shelley@cornertechsolutions.com>
Subject: Visit
Date: July 14

Evan,

[196]I am writing to update you on the proposed itinerary for the client visit in two weeks. [199]I have booked accommodations for them at the Washington Grand Hotel from August 1 to 4. We are scheduled to meet with the clients on August 3, but the specific times are still being decided.

That said, [198]it looks like they'll have some free time on the 3rd after our meeting, so [196/198]it might be wise to hire a tour guide to show them around. Their hotel is located in the Loop, so there should be plenty of good options. Can you contact a tour group and arrange something? I've heard excellent things about LuxChi.

Let me know what you think.

Best,
Cindy

---

[198]LuxChi

August 4 Tour Schedule for Corner Tech Solutions

8:45 A.M.	Hotel pickup
9:00 A.M.	Breakfast reception on the Coerver Building rooftop
10:30 A.M.	Architecture walking tour of the Loop
12:00 P.M.	Charter boat & lunch buffet on the Chicago River
[197-B]2:00 P.M.	Fendo Chocolates factory visit

The schedule is subject to change in case of bad weather. Furthermore, [197-A]our professional tour guides are free to make spontaneous adjustments if the need arises, or if something better accommodates the clients. If your group has a special request, please mention it to your guide.

---

[199]**Dear Washington Grand Guests**

Please be notified that we will be undergoing a system relaunch. This will require our computer servers to be shut down for most of the day. As a result, [199]we won't be able to perform regular checkouts on August 4. For guests leaving on that day, please visit the front desk on August 3. We will be finalizing all transactions then. All on-site amenities, such as our sauna and workout facilities, will remain open. [200]We would like to offer any guests scheduled to check out on

---

수신: Evan Langston
      <e.langston@cornertechsolutions.com>
발신: Cindy Shelley
      <c.shelley@cornertechsolutions.com>
제목: 방문
날짜: 7월 14일

Evan,

[196]2주 후 있을 고객 방문을 위해 제안된 일정에 대한 업데이트를 제공하기 위해 이메일을 보냅니다. [199]저는 8월 1일부터 4일까지 Washington Grand 호텔에 그들을 위한 숙소를 예약했습니다. 우리는 8월 3일에 고객들과 만날 예정이지만, 구체적인 시간은 아직 결정 중입니다.

그렇긴 하지만, [198]그들이 3일에 우리 회의 후에는 여유 시간이 있을 것으로 보이니, [196/198]그들을 구경시켜 줄 수 있도록 관광 가이드를 고용하는 것이 좋을 것 같습니다. 그들의 호텔은 루프에 위치해 있어서, 좋은 선택지가 충분할 것입니다. 관광 대행사에 연락해서 무언가를 준비해 주실 수 있나요? 저는 LuxChi사에 대해 훌륭한 이야기를 들었습니다.

어떻게 생각하는지 알려주세요.

Cindy 드림

---

[198]LuxChi사

Corner Tech Solutions사 8월 4일 관광 일정

오전 8시 45분	호텔 픽업
오전 9시	Coerver 건물 옥상에서 조찬 연회
오전 10시 30분	루프의 건축물 도보 관광
오후 12시	시카고강에서 전세 보트 및 점심 뷔페
[197-B]오후 2시	Fendo 초콜릿 공장 방문

악천후의 경우 일정이 변경될 수 있습니다. 또한, [197-A]저희의 전문 관광 가이드들은 필요할 경우, 또는 고객을 수용할 더 나은 것이 있다면 즉흥적인 조정을 실시할 수 있습니다. 일행에 특수 요청이 있다면, 가이드에게 말씀해 주세요.

---

[199]Washington Grand 손님 여러분께

저희가 시스템 재개시 작업을 진행할 것임을 알려드립니다. 이것은 하루 중 대부분의 시간 동안 저희의 컴퓨터 서버가 차단되도록 요구할 것입니다. 따라서, [199]저희는 8월 4일에 일반 체크아웃을 실행할 수 없을 것입니다. 그날 떠나시는 손님들은 8월 3일에 프런트를 방문해 주세요. 저희는 그때 모든 거래를 마무리할 것입니다. 저희 사우나와 운동 시설 등 모든 구내 편의시설은 개방된 상태로 유지될 것입니다. [200]저희는 8월 4일에 체크아웃하기로 예정되어 있는 모든

August 4 a $50 credit on items from the mini-bar or our in-house restaurant. We sincerely apologize and hope that this will make up for any inconvenience. Thank you for your understanding and patronage.

손님들께 미니바의 물품 또는 호텔 내의 식당에서 50달러 할인을 제공하고자 합니다. 진심으로 사과드리며 이것이 편을 만회하기를 바랍니다. 여러분의 이해와 애용에 감사드립니다.

지문 1	□ **itinerary** n. (여행) 일정, 일정표	□ **accommodation** n. 숙소	□ **specific** adj. 구체적인, 특정한
지문 2	□ **reception** n. (환영) 연회	□ **architecture** n. 건축물, 건축	□ **charter** n. 전세; v. 전세 내다
	□ **subject to** phr. ~할 수 있는	□ **spontaneous** adj. 즉흥적인	□ **accommodate** v. 수용하다
지문 3	□ **undergo** v. ~을 진행하다, 겪다	□ **relaunch** n. 재개시	□ **transaction** n. 거래
	□ **on-site** adj. 구내의	□ **amenity** n. 편의시설	□ **in-house** adj. (건물 등) 내의
	□ **make up for** phr. ~을 만회하다	□ **patronage** n. (고객의) 애용, 후원	

196

According to the e-mail, what does Ms. Shelley suggest for the client visit?

(A) Arranging some entertainment
(B) Presenting contract propositions
(C) Organizing daily transportation
(D) Coordinating client meetings

이메일에 따르면, Ms. Shelley는 고객 방문을 위해 무엇을 제안하는가?

(A) 손님대접을 준비하는 것
(B) 계약 제안을 제시하는 것
(C) 일일 교통편을 준비하는 것
(D) 고객 회의를 조정하는 것

■ **육하원칙** What   정답

이메일에 따르면 Ms. Shelley가 고객 방문을 위해 무엇(what)을 제안하는지를 묻는 육하원칙 문제이므로 첫 번째 지문인 이메일을 확인한다. 이메일의 'I am writing to update you on ~ the client visit ~.'에서 고객 방문에 대한 업데이트를 제공하기 위해 이메일을 보낸다고 'it might be wise to hire a tour guide to show them around'에서 그들, 즉 고객들을 구경시켜 줄 수 있도록 관광 가이드를 고용하는 좋을 것 같다고 했으므로 (A)가 정답이다.

어휘 entertainment n. 손님대접, 오락 contract n. 계약, 계약서 proposition n. 제안, 제의 coordinate v. 조정하다

197

What is indicated about LuxChi?

(A) It always follows the same itinerary for every group.
(B) It will take visitors to a manufacturing facility.
(C) It requires a day's notice for special requests.
(D) It has more favorable reviews than its competitors.

LuxChi사에 대해 언급된 것은?

(A) 모든 일행을 위해 항상 같은 일정을 따른다.
(B) 방문객들을 제조 시설로 데려갈 것이다.
(C) 특수 요청을 위해서는 하루의 예고를 요한다.
(D) 경쟁사들보다 더 호의적인 후기를 가지고 있다.

■ **Not/True** True 문제   정답

질문의 핵심 어구인 LuxChi와 관련된 내용을 지문에서 찾아 각 보기와 대조하는 Not/True 문제이므로 LuxChi사가 작성한 두 번째 지문 정표에서 관련 내용을 확인한다. (A)는 'our professional tour guides are free to make spontaneous adjustments ~ if some better accommodates the clients'에서 자신들의 전문 관광 가이드들은 고객을 수용할 더 나은 것이 있다면 즉흥적인 조정을 실시할 수 고 했으므로 지문의 내용과 일치하지 않는다. (B)는 '2:00 P.M.', 'Fendo Chocolates factory visit'에서 오후 2시에 Fendo 초콜릿 방문할 것이라고 했으므로 지문의 내용과 일치한다. 따라서 (B)가 정답이다. (C)와 (D)는 지문에 언급되지 않은 내용이다.

어휘 notice n. 예고, 통보 favorable adj. 호의적인

What can be inferred about the tour?

(A) It will provide food on a charter bus.
(B) It has an arrangement with the Washington Grand.
(C) It will begin right after a meeting ends.
(D) It was moved to a different day.

관광에 대해 추론될 수 있는 것은?

(A) 전세 버스에서 음식을 제공할 것이다.
(B) Washington Grand와 협의가 되었다.
(C) 회의가 끝난 직후에 시작할 것이다.
(D) 다른 날로 옮겨졌다.

■ 추론 연계 문제   정답 (D)

세 지문 중 두 지문의 내용을 종합적으로 확인한 후 추론해서 풀어야 하는 연계 문제이다. 질문의 핵심 어구인 tour가 언급된 일정표를 먼저 확인한다.

단서 1 두 번째 지문(일정표)의 'LuxChi, August 4 Tour Schedule for Corner Tech Solutions'에서 LuxChi사가 Corner Tech Solutions사를 위해 준비한 8월 4일 관광 일정임을 확인할 수 있다. 그런데 관광 일정에 대한 세부 정보가 제시되지 않았으므로 이메일에서 관련 내용을 확인한다.

단서 2 첫 번째 지문(이메일)의 'it looks like they'll have some free time on the 3rd after our meeting, so it might be wise to hire a tour guide to show them around'에서 Corner Tech Solutions사의 Ms. Shelley가 그들, 즉 고객들이 3일에 회의 후에는 여유 시간이 있을 것으로 보이니 그들을 구경시켜 줄 수 있도록 관광 가이드를 고용하는 것이 좋을 것 같다고 했다.

두 단서를 종합할 때, Corner Tech Solutions사가 기존에는 8월 3일에 관광을 준비하려고 했으나 관광 일정이 8월 4일로 옮겨졌다는 사실을 추론할 수 있다. 따라서 (D)가 정답이다.

What most likely will Ms. Shelley's clients do on August 3?

(A) Explore Chicago architecture
(B) Customize a private tour
(C) Finalize hotel transactions
(D) Sign some contracts

Ms. Shelley의 고객들은 8월 3일에 무엇을 할 것 같은가?

(A) 시카고의 건축물을 둘러본다
(B) 개인 관광을 맞춤화한다
(C) 호텔 거래를 마무리한다
(D) 일부 계약서에 서명한다

■ 추론 연계 문제   정답 (C)

세 지문 중 두 지문의 내용을 종합적으로 확인한 후 추론해서 풀어야 하는 연계 문제이다. 질문의 핵심 어구인 Ms. Shelley's clients do on August 3와 관련된 내용이 언급된 이메일을 먼저 확인한다.

단서 1 첫 번째 지문(이메일)의 'I have booked accommodations for them at the Washington Grand Hotel from August 1 to 4.'에서 Ms. Shelley가 8월 1일부터 4일까지 Washington Grand 호텔에 그들, 즉 고객들을 위한 숙소를 예약했다고 했다. 그런데 8월 1일부터 4일까지 Washington Grand 호텔에 투숙하는 것에 대한 세부 정보가 제시되지 않았으므로 공고에서 관련 내용을 확인한다.

단서 2 세 번째 지문(공고)의 'Dear Washington Grand Guests'에서 Washington Grand 손님들을 대상으로 하는 공고임을 확인할 수 있고, 'we won't be able to perform regular checkouts on August 4. For guests leaving on that day, please visit the front desk on August 3. We will be finalizing all transactions then.'에서 8월 4일에 일반 체크아웃을 실행할 수 없을 것이므로 그날 떠나는 손님들은 8월 3일에 프런트를 방문해 달라고 하며, 그때 모든 거래를 마무리할 것이라고 했다.

두 단서를 종합할 때, Ms. Shelley의 고객들은 8월 4일에 Washington Grand 호텔을 떠날 것이므로 8월 3일에 프런트를 방문하여 호텔 거래를 마무리할 것이라는 사실을 추론할 수 있다. 따라서 (C)가 정답이다.

어휘 customize v. 맞춤화하다

What will the Washington Grand offer to some customers?

(A) Discounts on food services
(B) Access to workout facilities
(C) Free meals at a local restaurant
(D) Entry into an in-house sauna

Washington Grand는 일부 고객들에게 무엇을 제공할 것인가?

(A) 음식 서비스 할인
(B) 운동 시설 이용
(C) 지역 식당에서 무료 식사
(D) 호텔 내 사우나 입장

■ 육하원칙 What   정답 (A)

Washington Grand가 일부 고객들에게 무엇(What)을 제공할 것인지를 묻는 육하원칙 문제이므로 질문의 핵심 어구인 Washington Grand offer to some customers와 관련된 내용이 언급된 세 번째 지문인 공고를 확인한다. 공고의 'We would like to offer any guests scheduled to check out on August 4 a $50 credit on items from the mini-bar or our in-house restaurant.'에서 8월 4일에 체크아웃하기로 예정되어 있는 모든 손님들에게 미니바의 물품 또는 호텔 내의 식당에서 50달러의 할인을 제공하고자 한다고 했으므로 (A)가 정답이다.

▮TEST 05

PART 5

101

Mr. Oakley decided to reserve a table for two at the newly ------- Italian restaurant.

(A) opened   (B) opener
(C) openly   (D) opens

Mr. Oakley는 새로 문을 연 이탈리아 레스토랑에 두 사[...]
을 위한 자리를 예약하기로 결정했다.

■ 형용사 자리   정[...]

빈칸 뒤의 명사(Italian restaurant)를 꾸밀 수 있으면서 빈칸 앞의 부사(newly)의 꾸밈을 받을 수 있는 것은 형용사이므로 형용사 역할을[...]
과거분사 (A) opened가 정답이다. 명사 (B), 부사 (C), 동사 (D)는 명사를 꾸밀 수 없다.

어휘 reserve v. 예약하다 newly adv. 새로, 최근에 opener n. 여는[따는] 도구, 따개 openly adv. 터놓고, 솔직하게

102

Invitees are asked to confirm their attendance at the banquet ------- the catering company can prepare enough food.

(A) already   (B) prior to
(C) so that   (D) in case of

초대된 사람들은 음식 공급 업체가 충분한 음식을 준비[...]
수 있도록 그들의 연회 참석 여부를 확정하도록 요청받[...]
다.

■ [수식어 거품을 이끄는 것] 부사절 접속사 목적   정[...]

이 문장은 주어(Invitees), 동사(are asked), 목적어(to confirm ~ the banquet)를 갖춘 완전한 절이므로, ___ ~ food는 수식어 거품[...]
보아야 한다. 이 수식어 거품은 동사(can prepare)가 있는 거품절이므로, 거품절을 이끌 수 있는 부사절 접속사 (C) so that(~할 수 있도[...]
정답이다. 부사 (A) already(벌써, 이미)는 수식어 거품을 이끌 수 없다. 전치사 (B) prior to(~ 전에, ~에 앞서)와 (D) in case of(~의 경우[...]
거품절이 아닌 거품구를 이끈다.

어휘 invitee n. 초대된 사람 confirm v. 확정하다, 확인하다 attendance n. 참석, 출석 banquet n. 연회, 만찬 catering n. 음식 공급

103

Residents are opposed to the plan to build a highway, saying its proximity will ------- affect the quality of their lives.

(A) deliberately   (B) adversely
(C) urgently   (D) persuasively

주민들은 고속도로의 가까움이 그들의 삶의 질에 악영향[...]
미칠 것이라고 말하면서, 그것을 건설하려는 계획에 반대[...]
다.

■ 부사 어휘   정[...]

'삶의 질에 악영향을 미칠 것이라고 말하면서 고속도로를 건설하려는 계획에 반대한다'라는 문맥이므로 부사 (B) adversely(불리하게, 반대[...]
정답이다. (A) deliberately는 '고의로, 의도적으로', (C) urgently는 '급히', (D) persuasively는 '설득력 있게'라는 의미이다. 참[...]
adversely affect(악영향을 주다)를 관용구로 알아둔다.

어휘 resident n. 주민 be opposed to phr. ~에 반대하다 highway n. 고속도로 proximity n. 가까움, 근접

104

Company supervisors are seeking a ------- to the lack of communication between departments.

(A) motivation   (B) permission
(C) commission   (D) resolution

회사의 관리자들은 부서 간의 소통 부족에 대한 해결[...]
찾고 있다.

■ 명사 어휘   정

'소통 부족에 대한 해결책을 찾고 있다'라는 문맥이므로 명사 (D) resolution(해결책)이 정답이다. (A) motivation은 '동기 부여[...]
permission은 '허가', (C) commission은 '수수료'라는 의미이다.

어휘 supervisor n. 관리자 lack n. 부족

To avoid disputes, community concerns ------ by Everide Construction during the planning phase of projects.

(A) reviews

(B) has reviewed

(C) are reviewed

(D) reviewing

분쟁을 피하기 위해, 주민 우려 사항은 프로젝트 계획 단계 동안 Everide 건설사에 의해 검토된다.

■ [동사 자리] 능동태와 수동태의 구별

정답 (C)

문장에 주어(community concerns)만 있고 동사가 없으므로 동사 (A), (B), (C)가 정답의 후보이다. 동사 review가 '검토하다, 자세히 살피다'라는 의미의 타동사인데, 빈칸 뒤에 목적어가 없고 '주민 우려 사항이 검토되다'라는 수동의 의미이므로 수동태 (C) are reviewed가 정답이다. (A)와 (B)는 능동태이므로 답이 될 수 없다. 빈칸 앞의 community를 주어, concerns를 동사로 보고 (A)를 '검토, 후기'라는 의미의 명사로본다 해도, community가 '주민, 공동체'라는 의미로 쓰일 경우 가산 명사이므로 관사와 함께 쓰이거나 복수형으로 쓰여야 하며 '공동체가 Everide 건설사에 의한 검토를 우려하게 만들다'라는 어색한 문맥을 만든다. 동명사 또는 현재분사 (D)는 동사 자리에 올 수 없다.

어휘 avoid v. 피하다, 방지하다 dispute n. 분쟁, 논쟁 community n. 주민, 지역사회 concern n. 우려; v. 우려하게 만들다 phase n. 단계, 시기

Mr. Harvel was told to go ------ to have a picnic since the garden was private property.

(A) leisurely

(B) simply

(C) elsewhere

(D) around

Mr. Harvel은 그 정원이 개인 소유지이므로 소풍을 즐기기 위해서는 다른 곳으로 가라는 말을 들었다.

■ 부사 어휘

정답 (C)

'그 정원이 개인 소유지이므로 소풍을 즐기기 위해서는 다른 곳으로 가라는 말을 들었다'라는 문맥이므로 부사 (C) elsewhere(다른 곳으로, 다른 곳에서)가 정답이다. (D) around(주위에, 곳곳에)도 해석상 그럴듯해 보이지만, 동사 go와 함께 go around로 쓰일 경우 '돌다, 이리저리 돌아다니다'라는 의미를 나타낸다. (A) leisurely는 '한가하게, 느긋하게', (B) simply는 '간단히'라는 의미이다.

어휘 private adj. 개인의, 사유의 property n. 소유지

Please go to the circulation desk if you intend ------ a book that is currently checked out.

(A) reserved

(B) reserve

(C) to reserve

(D) reservation

현재 대출된 상태인 서적을 예약하려고 한다면 대출 데스크로 가세요.

■ to 부정사를 취하는 동사

정답 (C)

빈칸 앞의 동사 intend(~하려고 생각하다)는 to 부정사를 목적어로 취하는 동사이므로 to 부정사 (C) to reserve가 정답이다. 과거형 동사 또는 과거분사 (A)와 동사원형 (B)는 intend의 목적어 자리, 즉 to 부정사 자리에 올 수 없다. (B)를 '비축 물자'라는 의미의 명사로 볼 경우, 명사 (B)와 (D)는 동사 intend의 목적어 자리에 올 수는 있지만, 이 경우 명사(reserve, reservation)와 부정관사와 함께 쓰인 명사(a book)가 특별한 연결어 없이 나란히 오게 되므로 답이 될 수 없다.

어휘 circulation n. 대출, 순환 check out phr. (책을) 대출하다 reserve v. 예약하다; n. 비축 물자 reservation n. 예약

Purchasers of flawed products made by Hulse Inc. can receive ------ as long as they have proof of purchase.

(A) solicitation

(B) recognition

(C) advancement

(D) reimbursement

Hulse사에 의해 제조된 결함 있는 제품을 구입한 사람들은 구입 증명서가 있는 한 환불을 받을 수 있다.

■ 명사 어휘

정답 (D)

'결함 있는 제품을 구입한 사람들은 구입 증명서가 있는 한 환불을 받을 수 있다'라는 문맥이므로 명사 (D) reimbursement(환불)가 정답이다. (A) solicitation은 '간청', (B) recognition은 '인정, 승인', (C) advancement는 '발전, 진보'라는 의미이다.

어휘 purchaser n. 구입한 사람 flawed adj. 결함 있는

○○○○
하

The new model of the AutoBlade is programmed to ------- cut various shapes out of plastic.

(A) precise
(B) preciseness
(C) precision
(D) precisely

AutoBlade사의 새로운 모델은 플라스틱을 다양한 모으로 정밀하게 자르도록 설정되어 있다.

■ 부사 자리
정답

빈칸 뒤의 동사(cut)를 꾸밀 수 있는 것은 부사이므로 부사 (D) precisely(정밀하게)가 정답이다. 형용사 (A), 명사 (B)와 (C)는 동사를 꾸 없다.

어휘 program v. 설정하다, 계획하다 various adj. 다양한 precise adj. 정확한, 정밀한 preciseness n. 명확함, 정확성 precision n. 정확성, 정밀

○○○●
중

Ms. Elwood ------- for the position in Hong Kong because no other employee possessed fluency in Cantonese.

(A) considers
(B) has considered
(C) is considering
(D) was considered

다른 그 어떤 직원도 광둥어에 유창성을 갖추고 있지 ᄋ 기 때문에 Ms. Elwood가 홍콩에 있는 직책에 고려되었

■ 능동태와 수동태의 구별
정답

동사 consider가 '고려하다'라는 의미의 타동사인데 빈칸 뒤에 목적어가 없고, 'Ms. Elwood가 홍콩에 있는 직책에 고려되었다'라는 수동 미이므로 수동태 (D) was considered가 정답이다. 능동태 (A), (B), (C)는 답이 될 수 없다.

어휘 possess v. 갖추고 있다, 소유하다 fluency n. 유창성 Cantonese n. 광둥어

○○○●
상

Sometimes criticized for a lack of ambition, many young adults today tend to value work-life balance ------- career progression.

(A) upon
(B) above
(C) except
(D) toward

때때로 야망이 부족한 것으로 비판받는 오늘날의 많은 ㅈ 이들은 일과 삶의 균형을 직장에서의 승진보다 중요하ᄀ 기는 경향이 있다.

■ 전치사 선택 기타
정

'야망이 부족한 것으로 비판받는 오늘날의 젊은이들은 일과 삶의 균형을 직장에서의 승진보다 중요하게 여기는 경향이 있다'라는 의미가 ᄃ 하므로 전치사 (B) above(~보다 위에, 우위인)가 정답이다. (A) upon(~ 위에)도 해석상 그럴듯해 보이지만, 중요도의 우위를 나타낼 수 ᄋ 치상 위에 있는 것을 나타낸다. (C) except는 '~을 제외하고'라는 의미로 제외를, (D) toward는 '~을 향해서'라는 의미로 방향을 나타ᄂ 고로, 이 문장에서 Sometimes ~ ambition은 주어와 be동사(they are)가 생략된 분사구문임을 알아둔다.

어휘 criticize v. 비판하다 ambition n. 야망 tend to phr. ~하는 경향이 있다 value v. 중요하게 여기다; n. 가치 progression n. 승진, 발전

○○○●
중

The Neufield History Museum's recently unveiled exhibit is full of ------- artifacts dating back to prehistoric times.

(A) authentic
(B) candid
(C) resolute
(D) widespread

Neufield 역사박물관의 최근에 공개된 전시회는 선사 까지 역사가 거슬러 올라가는 진짜 유물들로 가득 차 있

■ 형용사 어휘
정

'전시회는 선사시대까지 역사가 거슬러 올라가는 진짜 유물들로 가득 차 있다'라는 문맥이므로 형용사 (A) authentic(진짜의, 진품인)이 다. (B) candid는 '솔직한', (C) resolute은 '단호한, 확고한', (D) widespread는 '광범위한, 널리 퍼진'이라는 의미이다.

어휘 unveil v. 공개하다, 발표하다 artifact n. 유물, 공예품 date back to phr. 역사가 ~까지 거슬러 올라가다 prehistoric adj. 선사 시대의

Credit card payments are due on the first day of each month, ------- outlined in the terms and conditions.

(A) or
(B) as
(C) even
(D) so

약관에 약술된 것처럼, 신용카드 대금은 매월 첫째 날에 지급되어야 한다.

■ 부사절 접속사 　　　　　　　　　　　　　　　　정답 (B)

절(Credit card payments ~ month)과 절(outlined ~ conditions)을 연결할 수 있는 등위접속사 (A), (D)와 부사절 접속사 (B)가 정답의 후보이다. '약관에 약술된 것처럼 매월 첫째 날에 대금이 지급되어야 한다'라는 의미가 되어야 하므로 부사절 접속사 (B) as(~처럼)가 정답이다. 참고로, 빈칸 뒤의 절(outlined ~ conditions)은 주어와 be동사(it is)가 생략된 분사구문임을 알아둔다. 등위접속사 (A) or(또는)를 쓸 경우 '대금은 매월 첫째 날에 지급되어야 하거나 약관에 약술된다'라는 어색한 문맥을 만든다. 등위접속사 (D) so는 뒤에 주어와 동사를 갖춘 완전한 절이 와야 한다. 부사 (C) even(심지어)은 절과 절을 연결할 수 없다.

어휘　outline v. 약술하다　terms and conditions phr. 약관

By ------- handing out coupons, the café owner was able to develop a loyal customer base.

(A) statistically
(B) steadily
(C) implicitly
(D) nearly

쿠폰을 꾸준히 나누어 줌으로써, 카페 주인은 단골 고객층을 키울 수 있었다.

■ 부사 어휘 　　　　　　　　　　　　　　　　　정답 (B)

'쿠폰을 꾸준히 나누어 주다'라는 문맥이므로 부사 (B) steadily(꾸준히, 착실히)가 정답이다. (A) statistically는 '통계상으로', (C) implicitly는 '은연중에, 절대적으로', (D) nearly는 '거의'라는 의미이다.

어휘　hand out phr. 나누어 주다　develop v. 키우다, 개발하다　loyal customer phr. 단골 고객

The building manager has announced new ------- on where visitors are allowed to park.

(A) receptions
(B) methods
(C) restrictions
(D) characteristics

건물 관리인은 방문객들이 주차하도록 허용되는 장소에 대한 새로운 규제를 고지했다.

■ 명사 어휘 　　　　　　　　　　　　　　　　　정답 (C)

'방문객들이 주차하도록 허용되는 장소에 대한 규제를 고지했다'라는 문맥이므로 명사 (C) restrictions(규제, 제한)가 정답이다. (A)의 reception은 '접수처, 수령', (B)의 method는 '방법', (D)의 characteristic은 '특징, 특성'이라는 의미이다.

어휘　announce v. 고지하다, 발표하다　allow v. 허용하다, 허락하다

Mr. Venter has requested a report ------- of quarterly sales figures from each of JBD's global subsidiaries.

(A) consistently
(B) consisted
(C) consisting
(D) consistent

Mr. Venter는 JBD사의 세계 자회사들 각각에게 분기별 매출액으로 이루어져 있는 보고서를 요청했다.

■ [수식어 거품을 이끄는 것] 현재분사 vs. 과거분사 　　　정답 (C)

이 문장은 주어(Mr. Venter), 동사(has requested), 목적어(a report)를 갖춘 완전한 절이므로, ___ ~ subsidiaries는 수식어 거품으로 보아야 한다. 이 수식어 거품은 빈칸 앞의 명사(a report)를 꾸미고 있으므로 수식어 거품을 이끌면서 명사를 뒤에서 수식할 수 있는 과거분사 (B)와 현재분사 (C)가 정답의 후보이다. 꾸밈을 받는 명사(a report)와 분사가 '분기별 매출액으로 이루어져 있는 보고서'라는 의미의 능동 관계이므로 동사 consist(이루어지다, 구성되다)의 현재분사 (C) consisting이 정답이다. 과거분사 (B)를 쓸 경우 해석상 그럴듯해 보이지만, 동사 consist는 자동사이므로 수동형인 과거분사로 쓸 수 없다. 부사 (A)와 형용사 (D)는 수식어 거품을 이끌 수 없다. 참고로, consist of(~으로 이루어지다, 구성되다)를 관용구로 알아둔다.

어휘　quarterly adj. 분기별의　sales figures phr. 매출액　subsidiary n. 자회사; adj. 자회사의　consistently adv. 끊임없이
　　　consistent adj. 한결같은, 변함없는

117
○○○○○
상

Mr. Janick ------- the auditorium if he had known that the band was going to perform an encore.

(A) is not leaving
(B) did not leave
(C) could not leave
(D) would not have left

만약 그 밴드가 앙코르 공연을 할 것이었음을 알았다[면] Mr. Janick은 객석을 떠나지 않았을 것이다.

■ 가정법 과거완료

정답

If절(if ~ encore)의 동사가 과거완료 시제(had known)이고 '만약 그 밴드가 앙코르 공연을 할 것이었음을 알았다면'이라는 의미로 과거의 반대를 가정하고 있으므로 가정법 과거완료 문장임을 알 수 있다. 따라서 가정법 과거완료의 주절의 동사 자리에 올 수 있는 'would/co might/should have p.p.'인 (D) would not have left가 정답이다. 현재진행 시제 (A), 과거 시제 (B)와 (C)는 가정법 과거완료의 주절[의 동]사 자리에 올 수 없다.

어휘 auditorium n. 객석, 강당 perform v. 공연하다 encore n. 앙코르

118
○○○○○
상

Axial Inc. has terminated its business agreement with Covane ------- the recent economic upturn.

(A) given that
(B) in lieu of
(C) in spite of
(D) as if

Axial사는 최근 경기 상승에도 불구하고 Covane사와 사업 계약을 종료했다.

■ [수식어 거품을 이끄는 것] 전치사 선택 양보

정답

이 문장은 주어(Axial Inc.)와 동사(has terminated)를 갖춘 완전한 절이므로, ___ ~ upturn은 수식어 거품으로 보아야 한다. 이 수식어[거품]은 동사가 없는 거품구이므로, 거품구를 이끌 수 있는 전치사 (B)와 (C)가 정답의 후보이다. '최근 경기 상승에도 불구하고 사업 계약을 종[료했]다'라는 의미가 되어야 하므로 전치사 (C) in spite of(~에도 불구하고)가 정답이다. (B) in lieu of는 '~ 대신에'라는 의미이다. 부사절 접[속사]
(A) given that(~을 고려하면)과 (D) as if(마치 ~처럼)는 거품구가 아닌 거품절을 이끈다.

어휘 terminate v. 종료하다, 종결하다 business agreement phr. 업무 협약 upturn n. 상승, 호전

119
○○○○○
중

Randall University is still in the process of ------- a computer engineering program.

(A) establishes
(B) established
(C) establishment
(D) establishing

Randall 대학교는 아직 컴퓨터 공학 과정을 설립하는 [중]이다.

■ [목적어 자리] 동명사 vs. 명사

정[답]

전치사(of)의 목적어 자리에 올 수 있는 것은 명사이므로 명사 (C)와 명사 역할을 할 수 있는 동명사 (D)가 정답의 후보이다. 빈칸 뒤의 [명사구]
computer engineering program)를 목적어로 취할 수 있는 것은 동명사이므로 동사 establish(설립하다)의 동명사 (D) establishing[이 정]답이다. 명사 (C)를 쓸 경우 명사(establishment)와 부정관사와 함께 쓰인 명사(a computer engineering program)가 특별한 연결어[없이]
나란히 오게 되므로 답이 될 수 없다. 동사 (A)와 과거형 동사 또는 과거분사 (B)는 전치사의 목적어 자리에 올 수 없다.

어휘 be in the process of phr. ~하는 중이다

120
○○○○○
중

Companies that ------- screen job applicants have a higher rate of employee retention.

(A) cares
(B) careful
(C) carefully
(D) caring

취업 지원자들을 신중히 심사하는 회사들은 더 높은 [고용]
유지 비율을 지닌다.

■ 부사 자리

정[답]

동사(screen)를 꾸밀 수 있는 것은 부사이므로 부사 (C) carefully(신중히)가 정답이다. 동사 (A), 형용사 (B), 동명사 또는 현재분사 (D[)는 동]
사를 꾸밀 수 없다. 참고로, that (carefully) ~ applicants는 선행사(Companies)를 꾸미는 관계절임을 알아둔다.

어휘 screen v. (지원자 등을) 심사하다, 거르다 retention n. 유지, 보유 careful adj. 조심하는

A substantial section of the boarding area at Tulsa Airport is off-limits until next August due to ------- renovations.

(A) expired
(B) mutual
(C) permanent
(D) ongoing

Tulsa 공항의 탑승 구역 중 상당 부분은 계속 진행 중인 보수 공사로 인해 내년 8월까지 출입이 금지되어 있다.

■ 형용사 어휘

정답 (D)

'탑승 구역 중 상당 부분이 계속 진행 중인 보수 공사로 인해 출입이 금지되어 있다'라는 문맥이므로 형용사 (D) ongoing(계속 진행 중인)이 정답이다. (C) permanent(영구적인)도 해석상 그럴듯해 보이지만, 내년 8월까지만 출입이 금지된다고 했으므로 답이 될 수 없다. (A) expired는 '만료된, 기한이 지난', (B) mutual은 '상호 간의, 서로의'라는 의미이다.

어휘 substantial adj. 상당한   off-limits adj. 출입 금지의   renovation n. 보수 공사, 수리

Numerous ------- had to be made to the article before it was fit to appear in the newspaper.

(A) correctors
(B) corrections
(C) corrects
(D) corrected

기사가 신문에 나오기 적합해지기까지 그것에는 많은 수정이 이루어져야만 했다.

■ [명사 자리] 사람명사 vs. 추상명사

정답 (B)

형용사(Numerous)의 꾸밈을 받을 수 있는 것은 명사이므로 명사 (A)와 (B)가 정답의 후보이다. '기사에는 많은 수정이 이루어져야만 했다'라는 의미가 되어야 하므로 추상명사 (B) corrections(수정)가 정답이다. 참고로, corrections ~ be made는 관용구 make a correction(수정하다)이 수동태로 사용된 것임을 알아둔다. 사람명사 (A) correctors(첨삭진, 교정자)를 쓸 경우 '기사에는 많은 첨삭진들이 만들어져야만 했다'라는 어색한 문맥이 된다. 동사 (C)와 동사 또는 과거분사 (D)는 명사 자리에 올 수 없다.

어휘 numerous adj. 많은   fit adj. 적합한, 맞는

Despite launching a popular new sitcom, The Fun Network was unable to ------- its position as the most-watched channel on television.

(A) shift
(B) conserve
(C) persist
(D) retain

인기 있는 새 시트콤을 시작했음에도 불구하고, The Fun Network사는 텔레비전에서 가장 많이 시청되는 채널로서의 그것의 지위를 유지할 수 없었다.

■ 유사의미 동사

정답 (D)

'인기 있는 새 시트콤을 시작했음에도 불구하고 The Fun Network사는 가장 많이 시청되는 채널로서의 그것의 지위를 유지할 수 없었다'라는 문맥이므로 (D) retain(유지하다)이 정답이다. (B) conserve(유지하다, 보존하다)도 해석상 그럴듯해 보이지만, 한정된 자원 등을 절약하여 유지 및 보존하거나 물리적으로 원래의 상태를 유지하도록 보존하는 것을 의미하므로 답이 될 수 없다. (C) persist(끈질기게 계속하다, 지속하다)도 해석상 그럴듯해 보이지만, 자동사이므로 뒤에 목적어(its position)가 올 수 없다. (A) shift는 '옮기다, 이동하다'라는 의미이다.

어휘 launch v. 시작하다, 내놓다

Twilight Cinema does not have reserved seating, and therefore you should arrive early if you want to sit in ------- row you want.

(A) whether
(B) wherever
(C) whichever
(D) whose

Twilight 영화관은 예약석이 없으며, 따라서 당신이 원하는 어느 줄이든 앉고 싶다면 일찍 도착해야 한다.

■ 명사절 접속사 복합관계형용사 whichever

정답 (C)

전치사(in)의 목적어 역할을 하는 명사절(___ ~ want)을 이끌면서, 빈칸 뒤의 명사(row)를 꾸며주는 형용사 역할을 할 수 있는 복합관계형용사 (C) whichever(어느 ~이든)가 정답이다. 명사절 접속사 (A)는 뒤에 완전한 절이 와야 한다. 복합관계부사 (B)는 명사절을 이끌 수 없다. (D)를 관계대명사로 볼 경우 명사절을 이끌 수 없고, 빈칸 뒤의 명사(row)를 꾸미는 의문형용사로 본다 해도 '당신이 원하는 누구의 줄에 앉고 싶은 건'이라는 어색한 문맥이 된다.

어휘 reserved adj. 예약된   row n. 줄, 열

125

최상

According to the environmental standards, home appliances fall ------- one of seven groups, depending on their level of energy efficiency.

(A) on
(B) into
(C) over
(D) among

환경 기준에 따르면, 가정용 전기제품들은 그것들의 에너 효율 수준에 따라 일곱 개의 그룹 중 하나로 분류된다.

■ 동사와 함께 쓰인 전치사 표현 　　　　　　　　　　　　　　　　　　　　정답

'가정용 전기제품들은 그것들의 에너지 효율 수준에 따라 일곱 개의 그룹 중 하나로 분류된다'라는 문맥이므로 빈칸 앞의 동사 fall과 함께 '~ 분류되다'라는 의미의 어구인 fall into를 만드는 전치사 (B) into가 정답이다. (A) on을 쓰면 '~ 위에 쓰러지다'라는 의미의 fall on이 되고, over를 쓰면 '갑자기 중단되다, ~에 걸려 넘어지다'라는 의미의 fall over가 되며, (D) among을 쓰면 '우연히 ~ 속에 끼다'라는 의미 among이 되어 어색한 문맥을 만든다.

어휘　home appliance phr. 가정용 전기제품　efficiency n. 효율

126

중

Having worked closely with Ms. Fielding during her internship, Mr. Rawlings was happy to ------- her as the company's new engineer.

(A) respond
(B) diagnose
(C) name
(D) renew

Ms. Fielding의 인턴십 동안 그녀와 함께 밀접하게 일 보았으므로, Mr. Rawlings는 기꺼이 그녀를 회사의 신 엔지니어로 임명했다.

■ 동사 어휘 　　　　　　　　　　　　　　　　　　　　　　　　　　　　　정답

'기꺼이 그녀를 신입 엔지니어로 임명했다'라는 문맥이므로 (C) name(임명하다)이 정답이다. (A) respond는 '대답하다, 응답하다'의 의미 로 전치사 to와 함께 respond to(~에 대응하다)의 형태로 쓰인다. (B) diagnose는 '진단하다', (D) renew는 '갱신하다'라는 의미이다.

어휘　closely adv. 밀접하게, 친밀하게

127

상

The decision to expand the Lauderdale branch was made in ------- with the regional and district managers.

(A) relation
(B) exchange
(C) operation
(D) consultation

Lauderdale 지사를 확장하기로 한 결정은 지역 및 구 관리자들과 협의하여 내려졌다.

■ 명사 관련 어구 　　　　　　　　　　　　　　　　　　　　　　　　　　정답

'결정은 관리자들과 협의하여 내려졌다'라는 문맥이므로 빈칸 앞의 전치사(in)와 뒤의 전치사(with)와 함께 '~와 협의하여'라는 의미의 어 in consultation with를 만드는 명사 (D) consultation(협의, 상담)이 정답이다. (A) relation은 '관계, 관련'이라는 의미로 주로 전치사 to 께 in relation to(~에 관하여)의 형태로 쓰인다. (B) exchange는 '교환'이라는 의미로 주로 전치사 for와 함께 in exchange for(~ 대신 환으로)의 형태로 쓰인다. (C) operation은 '운용, 활동'이라는 의미이다.

어휘　regional adj. 지역의　district n. 구역

As its competitors have begun focusing more on customer service, some industry experts feel that Prolina should do -------.

(A) also   (B) moreover
(C) somehow   (D) likewise

Prolina사의 경쟁사들이 고객 서비스에 더 집중하기 시작했기 때문에, 일부 업계 전문가들은 Prolina사도 똑같이 해야 한다고 생각한다.

■ 부사 선택   정답 (D)

'경쟁사들이 고객 서비스에 더 집중하기 시작했기 때문에, 일부 업계 전문가들은 Prolina사도 똑같이 해야 한다고 생각한다'라는 의미가 되어야 하므로 부사 (D) likewise(똑같이, 비슷하게)가 정답이다. (A) also(또한)와 (C) somehow(어떻게 해서든지)를 쓸 경우 각각 '경쟁사들이 고객 서비스에 더 집중하기 시작했기 때문에 일부 업계 전문가들은 Prolina사가 또한/어떻게 해서든지 해야 한다고 생각한다'라는 의미가 되어 Prolina사가 무엇을 해야 한다는 것인지를 나타내지 않는 어색한 문맥이 된다. (B) moreover(또한, 게다가)는 접속부사로 앞뒤 절의 의미를 연결해주는 역할을 하므로 문장 맨 뒤에 올 수 없다.

어휘 expert n. 전문가

The guidebook lists 25 European cities that are worth visiting ------- typical destinations like Paris, London, and Rome.

(A) other than   (B) on account of
(C) regardless of   (D) whether

그 여행안내서는 파리, 런던, 그리고 로마와 같은 전형적인 목적지들 이외에 방문할 가치가 있는 25개의 유럽 도시들을 열거한다.

■ [수식어 거품을 이끄는 것] 전치사 선택 제외   정답 (A)

이 문장은 주어(The guidebook), 동사(lists), 목적어(25 European cities)를 갖춘 완전한 절이므로, ___ ~ Rome은 수식어 거품으로 보아야 한다. 이 수식어 거품은 동사가 없는 거품구이므로, 거품구를 이끌 수 있는 전치사 (A), (B), (C)가 정답의 후보이다. '전형적인 목적지들 이외에 방문할 가치가 있는 도시들'이라는 의미가 되어야 하므로 제외를 나타내는 전치사 (A) other than(~ 이외에)이 정답이다. (B) on account of는 '~ 때문에', (C) regardless of는 '~에 상관없이'라는 의미이다. (D) whether는 '~이든 -이든, ~인지 아닌지'라는 의미의 접속사로 거품구가 아닌 거품절을 이끈다.

어휘 list v. 열거하다, 목록을 작성하다   destination n. (여행의) 목적지, 행선지

A number of tenants ------- their apartments, and the landlord has posted an advertisement for new prospective renters.

(A) estimated   (B) vacated
(C) certified   (D) obtained

많은 세입자들이 그들의 아파트를 비웠고, 집주인은 새로운 예비 임차인들을 구하는 광고를 게시했다.

■ 동사 어휘   정답 (B)

'많은 세입자들이 그들의 아파트를 비웠고 집주인은 새로운 예비 임차인들을 구하는 광고를 게시했다'라는 문맥이므로 동사 vacate(비우다)의 과거형 (B) vacated가 정답이다. (A)의 estimate는 '추정하다, 판단하다', (C)의 certify는 '증명하다', (D)의 obtain은 '얻다, 구하다'라는 의미이다.

어휘 tenant n. 세입자   landlord n. 집주인   post v. 게시하다   prospective adj. 예비의, 장래의

PART 6

Questions 131-134 refer to the following advertisement.

131-134는 다음 광고에 관한 문제입니다.

Throwing a Party?

------- Woldasso Party Solutions to take the stress out of
131
planning your event. Our venue, a glamorous ballroom
located at 118 Croyden Boulevard, is perfect for wedding
receptions, reunions, and other events. Large groups are
welcome since we recently increased our venue's capacity.
-------.
132

Our coordinators can help you plan every ------- of your
133
event. From furniture and decorations, to entertainment and
catering, we'll handle all the details. We also offer packages
that can be ------- for you. If you just tell us what you've got
134
in mind, we'll set up the room to meet your specifications.
For reservations, call 555-9971.

파티를 여시나요?

131 Woldasso Party Solutions가 행사를 계획하는 것에 대한 스트레스를 없앨 수 있도록 하세요. 118번지 Croyden 대로에 위치한 화려한 연회장인 저희 장소는 결혼 피로연, 동창회, 그리고 그 밖의 다른 행사들에 적합합니다. 저희가 최근에 장소의 수용력을 늘렸기 때문에 규모가 큰 모임도 환영입니다. 132 그것은 이제 최대 350명의 사람들을 수용할 수 있습니다.

133 저희 코디네이터들은 당신의 행사의 모든 측면을 계획하는 것을 도와드릴 수 있습니다. 가구와 장식부터, 오락과 음식 공급까지, 저희가 모든 세부 사항을 처리할 것입니다. 134 저희는 또한 당신에게 알맞게 주문 제작될 수 있는 패키지를 제공합니다. 당신이 생각하고 있는 것을 저희에게 알려주기만 하면, 당신의 기준을 만족시킬 방을 준비해 놓을 것입니다. 예약을 위해서는, 555-9971로 전화 주세요.

131 (A) Allow
(B) Allowing
(C) To allow
(D) Allows

133 (A) form
(B) critique
(C) aspect
(D) direction

132 (A) The venue you choose will depend on the size of
your group.
(B) The guest list has not yet been confirmed.
(C) The decision to expand our business was based on
market research.
(D) It can now accommodate up to 350 people.

134 (A) labeled
(B) identified
(C) engaged
(D) customized

어휘 venue n. 장소 glamorous adj. 화려한 ballroom n. 연회장 wedding reception phr. 결혼 피로연 reunion n. 동창회
capacity n. 수용력, 용량 catering n. 음식 공급 handle v. 처리하다, 다루다 specification n. 기준

■ 명령문은 주어 없이 동사원형으로 시작된다. 정답 (A)

문장이 주어 없이 시작되는 명령문이므로, 명령문의 동사로 사용되는 동사원형 (A) Allow(~할 수 있도록 하다)가 정답이다. 동명사 또는 현재분사 (B), to 부정사 (C), 3인칭 단수형 동사 (D)는 명령문의 동사로 사용될 수 없다. 참고로, 동사 allow는 to 부정사를 목적격 보어로 취하기 때문에 이 문장에서 목적어(Woldasso Party Solutions) 다음에 to 부정사 to take가 왔음을 알아둔다.

■ 알맞은 문장 고르기 정답 (D)

빈칸에 들어갈 알맞은 문장을 고르는 문제이므로 주변 문맥 또는 전체 문맥을 파악한다. 앞 문장 'Large groups are welcome since we recently increased our venue's capacity.'에서 최근에 장소의 수용력을 늘렸기 때문에 규모가 큰 모임도 환영이라고 했으므로 빈칸에는 최근에 늘어난 장소의 수용력과 관련된 내용이 들어가야 함을 알 수 있다. 따라서 (D) It can now accommodate up to 350 people이 정답이다. (A)도 장소와 관련된 내용이지만, 선택할 수 있을 만큼 여러 개의 장소가 있는지는 언급되지 않았으므로 답이 될 수 없다.

보기 해석
(A) 당신이 선택하는 장소는 단체의 크기에 따라 결정될 것입니다.
(B) 손님 명단은 아직 확정되지 않았습니다.
(C) 사업을 확장하기로 한 결정은 시장 조사에 기반한 것이었습니다.
(D) 그것은 이제 최대 350명의 사람들을 수용할 수 있습니다.

어휘 confirm v. 확정하다, 확인하다 accommodate v. 수용하다

■ 명사 어휘 주변 문맥 파악 정답 (C)

'행사의 모든 ___을 계획하는 것을 도와줄 수 있다'라는 문맥이므로 모든 보기가 정답의 후보이다. 빈칸이 있는 문장만으로는 정답을 고를 수 없으므로 주변 문맥이나 전체 문맥을 파악한다. 뒤 문장에서 가구와 장식부터 오락과 음식 공급까지 Woldasso Party Solutions가 모든 세부 사항을 처리할 것이라고 했으므로 행사의 모든 측면을 계획하는 일을 도와주겠다는 것임을 알 수 있다. 따라서 명사 (C) aspect(측면)가 정답이다. (A) form(형태)과 (D) direction(방향)도 해석상 그럴듯해 보이지만, 행사의 여러 형태나 방향을 제시하는 것이 아니라 한 가지 행사의 세부적인 측면들을 제시하고 있으므로 답이 될 수 없다. (B) critique은 '평론'이라는 의미이다.

■ 동사 어휘 주변 문맥 파악 정답 (D)

'당신에게 알맞게 ___될 수 있는 패키지를 제공한다'라는 문맥이므로 모든 보기가 정답의 후보이다. 빈칸이 있는 문장만으로는 정답을 고를 수 없으므로 주변 문맥이나 전체 문맥을 파악한다. 뒤 문장에서 당신이 생각하고 있는 것을 알려주기만 하면 당신의 기준을 만족시킬 방을 준비해 주겠다고 했으므로 고객이 원하는 대로 주문 제작될 수 있는 패키지를 제공한다는 것을 알 수 있다. 따라서 동사 customize(주문 제작하다, 원하는 대로 만들다)의 p.p.형 (D) customized가 정답이다. (A)의 label은 '분류하다, 꼬리표를 붙이다', (B)의 identify는 '확인하다, 알아보다', (C)의 engage는 '관여하다'라는 의미이다.

135-138은 다음 편지에 관한 문제입니다.

September 17

Martin Muller
Crestfield Lumber Co.
546 Thatcher Street
Algonquin, IL 60102

Dear Mr. Muller,

We ------- over your quotation for the supply and delivery of
135
lumber to QTE Construction Group. Unfortunately, we have
concluded that we will not be able to accept your proposal at
this time due to budget considerations. -------.
136

However, we wonder if you would be willing to consider
-------. Should you lower your rate by just 10 percent, QTE
137
Construction Group would agree to purchase lumber at that
price on a quarterly basis. Please let me know if this
arrangement is possible. A ------- response would be much
138
appreciated, since we need all the materials for a major
construction project by the end of this month.

Sincerely,

Gina Santos
QTE Construction Group

9월 17일

Martin Muller
Crestfield 목재사
Thatcher가 546번지
알곤킨, 일리노이주 60102

Mr. Muller께,

135 저희는 QTE 건설사로의 목재 공급 및 인도에 대한 귀사의 견적서를 검토해 보았습니다. 유감스럽게도, 저희는 고려해야 할 예산 문제로 인해 현재는 귀사의 제안을 받아들일 수 없을 것이라는 결론을 내렸습니다. 136 귀사의 가격은 저희가 예상했던 것보다 다소 더 높습니다.

137 하지만, 저희는 귀사가 타협하는 것을 고려해 볼 의향이 있는지 궁금합니다. 귀사가 가격을 단 10퍼센트만 낮춘다면, QTE 건설사는 분기별로 그 가격에 목재를 구입하는 것에 동의할 것입니다. 이 조정이 가능한지 제게 알려주시오. 138 저희는 이달 말까지 주요 건설 프로젝트를 위해 모든 자재가 필요하므로, 신속한 답변을 주시면 매우 감사하겠습니다.

Gina Santos 드림
QTE 건설사

135 (A) will go
(B) are going
(C) have gone
(D) would have gone

136 (A) Our warehouse does not have enough space for
such a large amount.
(B) You do not produce the materials we are currently
seeking.
(C) The quality of your wood was found to be below our
standards.
(D) Your prices are somewhat higher than we
anticipated.

137 (A) compromising
(B) rescheduling
(C) investing
(D) demonstrating

138 (A) subtle
(B) valid
(C) swift
(D) standing

어휘 lumber n. 목재 quotation n. 견적서, 견적 supply n. 공급 budget n. 예산 consideration n. 고려해야 할 문제
on a quarterly basis phr. 분기별로 arrangement n. 조정, 합의, 계약

■ **현재완료 시제** 주변 문맥 파악   정답 (C)

'QTE 건설사로의 목재 공급 및 인도에 대한 견적서를 검토하다'라는 문맥인데, 이 경우 빈칸이 있는 문장만으로는 올바른 시제의 동사를 고를
수 없으므로 주변 문맥이나 전체 문맥을 파악한다. 뒤 문장에서 저희, 즉 QTE 건설사가 고려해야 할 예산 문제로 인해 현재는 귀사의 제안을 받아
들일 수 없을 것이라는 결론을 내렸다고 했으므로, QTE 건설사로의 목재 공급 및 인도에 대한 견적서를 검토한 것이 과거에 시작되어 방금 완
료된 일이라는 것을 알 수 있다. 따라서 과거에 발생한 일이 현재까지 영향을 미치거나 방금 완료된 것을 표현할 때 사용되는 현재완료 시제 (C)
have gone이 정답이다. 미래 시제 (A)와 현재진행 시제 (B)는 과거에 발생하여 현재까지 영향을 미치거나 방금 완료된 일을 나타낼 수 없다.
(D) would have gone은 가정법 과거완료의 주절의 동사 자리에서 과거 사실의 반대를 가정할 때 쓰인다.

■ **알맞은 문장 고르기**   정답 (D)

빈칸에 들어갈 알맞은 문장을 고르는 문제이므로 주변 문맥 또는 전체 문맥을 파악한다. 앞 문장 'Unfortunately, we have concluded that
we will not be able to accept your proposal at this time due to budget considerations.'에서 유감스럽게도 고려해야 할 예산 문제
로 인해 현재는 제안을 받아들일 수 없을 것이라는 결론을 내렸다고 했으므로 예산 문제와 관련하여 제안을 받아들일 수 없는 이유와 관련된 내
용이 들어가야 함을 알 수 있다. 따라서 (D) Your prices are somewhat higher than we anticipated가 정답이다.

보기 해석
(A) 저희 창고에는 그렇게 많은 양을 위한 충분한 공간이 없습니다.
(B) 귀사는 현재 저희가 구하고 있는 자재를 생산하지 않습니다.
(C) 귀사의 목재 품질이 저희 기준에 미치지 못하는 것으로 판명되었습니다.
(D) 귀사의 가격은 저희가 예상했던 것보다 다소 더 높습니다.

어휘   warehouse n. 창고   seek v. 구하다, 찾다   standard n. 기준   anticipate v. 예상하다

■ **동사 어휘** 주변 문맥 파악   정답 (A)

'____하는 것을 고려해 볼 의향이 있는지 궁금하다'라는 문맥이므로 모든 보기가 정답의 후보이다. 빈칸이 있는 문장만으로는 정답을 고를 수 없
으므로 주변 문맥이나 전체 문맥을 파악한다. 뒤 문장에서 가격을 단 10퍼센트만 낮춰준다면 목재를 구입하는 것에 동의할 것이라고 했으므로
견적에 대해 타협하는 것을 제안하는 것임을 알 수 있다. 따라서 동사 compromise(타협하다)의 동명사 (A) compromising이 정답이다. (B)
의 reschedule은 '일정을 변경하다', (C)의 invest는 '투자하다', (D)의 demonstrate는 '보여주다, 입증하다'라는 의미이다.

■ **형용사 어휘**   정답 (C)

'이달 말까지 주요 건설 프로젝트를 위한 모든 자재가 필요하므로 신속한 답변을 주면 매우 감사하겠다'라는 문맥이므로 형용사 (C) swift(신속
한, 빠른)가 정답이다. (A) subtle은 '미묘한', (B) valid는 '타당한, 유효한', (D) standing은 '고정적인, 지속적인'이라는 의미이다.

Questions 139-142 refer to the following notice.

139-142는 다음 공고에 관한 문제입니다.

Notice to Motorists

The upgrading of Wallace Road will start on April 8. The project, ------- will be carried out by Davis & Sons, has
              139
been deemed urgent by the city's Public Works Department because seasonal temperature changes have severely damaged the road surface. Until the leveling and paving work is completed, the road will be -------. Accordingly,
                                                          140
barriers will be put up and detour signs will be placed on Fletcher Avenue to direct motorists to a side road. -------.
                                                                                        141
Please note that you may encounter delays while taking the alternative route. Therefore, try to ------- extra travel time into
                                                              142
your schedule, particularly during rush hour. It is recommended that you leave for your destination at least 30 minutes in advance. We apologize for any inconvenience this may cause and thank you for your understanding.

Wallace로의 개선이 4월 8일에 시작될 것입니[다]. **139** Davis & Sons사에 의해 수행될 이 프로젝트는, 계[절]의 온도 변화가 도로 표면을 심하게 손상시켰기 때문에 [시]의 공공 사업부에 의해 긴급하다고 여겨졌습니다. **140** 표[면]을 평평하게 하고 도로를 포장하는 작업이 완료될 때까[지] 그 도로는 접근할 수 없을 것입니다. 이에 따라, 장벽이 [세]워질 것이고 운전자들을 옆길로 안내하기 위해 Fletcher[에] 우회 표지판이 설치될 것입니다. **141** 직원들도 차량 흐[름] 조정을 돕기 위해 현장에 있을 것입니다. 이 대체 도로를 [이]용하는 동안 지연을 겪을 수도 있다는 점을 유의해 주십[시]오. **142** 따라서, 특히 출퇴근 혼잡 시간대에는 일정에 추[가]적인 이동 시간을 배분하도록 해 주십시오. 적어도 30분[에]서 목적지로 출발하는 것이 권장됩니다. 이것이 초래할 [수] 있는 불편에 대해 사과드리며 이해해 주셔서 감사합니다.

---

139 (A) that
(B) it
(C) some
(D) which

140 (A) monitored
(B) congested
(C) inaccessible
(D) available

141 (A) This will be attended by members of the city council.
(B) Personnel will also be on site to help coordinate traffic flow.
(C) The new road will make it easier to reach the suburbs.
(D) Work may be postponed due to this unexpected occurrence.

142 (A) budget
(B) speculate
(C) take
(D) keep

어휘 **motorist** n. 운전자 **carry out** phr. 수행하다, 이행하다 **deem** v. (~으로) 여기다 **urgent** adj. 긴급한 **level** v. (표면 등을) 평평하게 하다
pave v. (도로를) 포장하다 **accordingly** adv. 이에 따라, 그런 이유로 **detour** n. 우회; v. 우회하다 **direct** v. 안내하다 **side road** phr. 옆길,
encounter v. 접하다, 직면하다 **alternative** adj. 대체의 **rush hour** phr. (출퇴근) 혼잡 시간대

■ [수식어 거품을 이끄는 것] 관계대명사의 선택과 격
정답 (D)

이 문장은 주어(The project), 동사(has been deemed), 보어(urgent)를 갖춘 완전한 절이므로, ____ ~ Davis & Sons는 수식어 거품으로 보아야 한다. 이 수식어 거품은 동사(will be carried out)가 있는 거품절이므로, 거품절을 이끌 수 있는 관계대명사 (A)와 (D)가 정답의 후보이다. 빈칸에 들어갈 관계대명사가 거품절 내에서 주어 역할을 하며 콤마 바로 뒤에 와야 하므로 주격 관계대명사 (D) which가 정답이다. 관계대명사 (A) that은 거품절 내에서 주어 역할을 할 수 있지만 콤마 바로 뒤에 올 수 없으므로 답이 될 수 없다. 주격 또는 목적격 인칭대명사 (B) it과 수량 표현 (C) some은 수식어 거품을 이끌 수 없다.

■ 형용사 어휘 주변 문맥 파악
정답 (C)

작업이 완료될 때까지 그 도로는 ____할 것이다'라는 문맥이므로 모든 보기가 정답의 후보이다. 빈칸이 있는 문장만으로는 정답을 고를 수 없으므로 주변 문맥이나 전체 문맥을 파악한다. 뒤 문장에서 이에 따라 장벽이 세워질 것이고 운전자들을 옆길로 안내하기 위해 우회 표지판이 설치될 것이라고 했으므로, 작업이 완료될 때까지 그 도로, 즉 Wallace로는 접근할 수 없을 것임을 알 수 있다. 따라서 형용사 (C) inaccessible(접근할 수 없는)이 정답이다. (A) monitored는 '감시된', (B) congested는 '붐비는, 혼잡한', (D) available은 '이용 가능한'이라는 의미이다.

■ 알맞은 문장 고르기
정답 (B)

빈칸에 들어갈 알맞은 문장을 고르는 문제이므로 주변 문맥 또는 전체 문맥을 파악한다. 앞 문장 'Accordingly, detour signs will be placed on Fletcher Avenue to direct motorists to a side road.'에서 이에 따라, 즉 도로에 접근할 수 없음에 따라 운전자들을 옆길로 안내하기 위해 우회 표지판이 설치될 것이라고 했으므로, 빈칸에는 운전자들을 옆길로 안내하는 조치와 관련된 내용이 들어가야 함을 알 수 있다. 따라서 (B) Personnel will also be on site to help coordinate traffic flow가 정답이다.

보기 해석

(A) 시의회 의원들이 이것에 참석할 것입니다.
(B) 직원들도 차량 흐름 조정을 돕기 위해 현장에 있을 것입니다.
(C) 새 도로는 교외에 도달하는 것을 더 쉽게 만들어 줄 것입니다.
(D) 이 예기치 못한 사건으로 인해 작업이 연기될 수 있습니다.

어휘 city council phr. 시의회 site n. 현장, 장소 coordinate v. 조정하다 traffic flow phr. 차량 흐름 suburb n. 교외 postpone v. 연기하다 occurrence n. 사건, 발생

■ 동사 어휘 주변 문맥 파악
정답 (A)

특히 출퇴근 혼잡 시간대에는 일정에 추가적인 이동 시간을 ____하도록 하라'라는 문맥이므로 모든 보기가 정답의 후보이다. 빈칸이 있는 문장만으로는 정답을 고를 수 없으므로 주변 문맥이나 전체 문맥을 파악한다. 앞 문장에서 대체 도로를 이용하는 동안 지연을 겪을 수도 있다는 점을 유의해 달라고 했고, 뒤 문장에서 적어도 30분 앞서 목적지로 출발하는 것이 권장된다고 했으므로 일정에 추가적인 이동 시간을 배분하라는 것임을 알 수 있다. 따라서 동사 (A) budget(배분하다)이 정답이다. (B) speculate는 '추측하다, 짐작하다'라는 의미로 해석상 그럴듯해 보이지만, ~에 대해 추측하다, 짐작하다'라는 의미를 가지기 위해서는 전치사 about, on 등과 함께 쓰여야 한다. (C) take는 '(시간이) 걸리다', (D) keep은 '유지하다'라는 의미이다.

To: Blanche Patrick <b.patrick@nextnet.com>
From: David Torres <d.torres@nextnet.com>
Subject: Our start-up
Date: September 28

Dear Ms. Patrick,

I just finished reading the report written up by our business consultant on where to ------- our start-up, Nextnet.
                                                              143
According to her, although London seems best at first glance, there are other cities worth considering. -------, both
                                                                                                          144
Edinburgh and Cambridge offer some advantages. Aside from being more affordable than the capital in terms of property values, both are offering tax incentives for technology ventures. -------. She also mentioned Brighton
                                                   145
and Birmingham as possible options. ------- those two cities,
                                        146
Brighton seems like the better option because of its dynamic start-up culture, but it has some shortcomings. Anyway, we can discuss this in depth when we meet tomorrow.

Best,
David Torres

수신: Blanche Patrick <b.patrick@nextnet.com>
발신: David Torres <d.torres@nextnet.com>
제목: 우리의 신생 기업
날짜: 9월 28일

Ms. Patrick께,

143 저는 방금 우리의 사업 컨설턴트가 상세히 작성한 ⸤ 신생 기업, Nextnet사의 본사를 둘 장소에 대한 보고⸥ 읽는 것을 끝마쳤습니다. 그녀에 따르면, 비록 런던이 ⸤ 보기에는 최적인 것처럼 보이지만, 고려해 볼 가치가 ⸥ 다른 도시들이 있습니다. 144 예를 들어, 에든버러와 케⸥ 리지 둘 다 몇 가지 이점을 제공합니다. 부동산 가격 면⸤ 수도보다 더 저렴하다는 것 이외에도, 둘 다 기술 벤처 ⸥ 에 세금 감면을 제공하고 있습니다. 145 그들은 멘토링 ⸤ 그램을 통해 무료 사업 지원도 제공합니다. 그녀는 또한 ⸤ 라이튼과 버밍엄을 가능한 선택으로 언급했습니다. 14⸤ 두 도시 사이에서는, 역동적인 신생 기업 문화 때문에 ⸥ 이튼이 더 나은 선택으로 보이지만, 그것은 몇 가지 단⸤ 있습니다. 어쨌든, 내일 우리가 만날 때 이것에 대해 상⸥ 논의할 수 있습니다.

David Torres 드림

143 (A) announce
    (B) base
    (C) release
    (D) commemorate

144 (A) Similarly
    (B) Additionally
    (C) For instance
    (D) In the meantime

145 (A) One of them might be a good acquisition for Nextnet.
    (B) The tax reduction policy may eventually be implemented.
    (C) Of course, London would be far more advantageous in this respect.
    (D) They offer free business assistance through ment[ ] programs as well.

146 (A) For
    (B) With
    (C) Between
    (D) Within

어휘   start-up n. 신생 기업, 신규 업체   write up phr. 상세히 작성하다   consultant n. 컨설턴트, 상담가   at first glance phr. 언뜻 보기에는, 처음어 ⸥
    advantage n. 이점, 장점   aside from prep. ~ 이외에도, ~을 제외하고   affordable adj. (가격이) 저렴한, 알맞은   capital n. 수도
    value n. 가격, 가치   tax incentive phr. 세금 감면, 세금 혜택   dynamic adj. 역동적인, 활동적인   shortcoming n. 단점
    in depth phr. 상세히, 심도 있게

■ **동사 어휘** 전체 문맥 파악   정답 (B)

'사업 컨설턴트가 상세히 작성한 우리 신생 기업을 ＿＿할 장소에 대한 보고서'라는 문맥이므로 모든 보기가 정답의 후보이다. 빈칸이 있는 문장만으로는 정답을 고를 수 없으므로 주변 문맥이나 전체 문맥을 파악한다. 뒷부분에서 에든버러와 케임브리지 둘 다 기술 벤처 사업에 세금 감면을 제공한다는 이점이 있다고 했고, 역동적인 신생 기업 문화 때문에 브라이턴도 가능한 선택이라고 했으므로, 사업 컨설턴트가 신생 기업의 본사를 둘 장소에 대한 보고서를 작성했다는 것을 알 수 있다. 따라서 동사 (B) base(~의 본사를 두다)가 정답이다. (A) announce는 '발표하다, 알리다', (C) release는 '공개하다, 공표하다', (D) commemorate는 '기념하다'라는 의미이다.

■ **접속부사** 주변 문맥 파악   정답 (C)

빈칸이 콤마와 함께 문장의 맨 앞에 온 접속부사 자리이므로, 앞 문장과 빈칸이 있는 문장의 의미 관계를 파악하여 정답을 선택한다. 앞 문장에서 언뜻 보기에는 런던이 최적인 것처럼 보이지만 고려해 볼 가치가 있는 다른 도시들이 있다고 했고, 빈칸이 있는 문장에서는 에든버러와 케임브리지 둘 다 몇 가지 이점을 제공한다고 했으므로 앞서 언급된 내용의 예시를 나타낼 때 사용되는 접속부사 (C) For instance(예를 들어)가 정답이다. (A) Similarly는 '비슷하게', (B) Additionally는 '추가로, 게다가', (D) In the meantime은 '그동안에'라는 의미로 빈칸에 쓸 경우 어색한 문맥이 된다.

■ **알맞은 문장 고르기**   정답 (D)

빈칸에 들어갈 알맞은 문장을 고르는 문제이므로 주변 문맥 또는 전체 문맥을 파악한다. 앞부분에서 에든버러와 케임브리지 둘 다 몇 가지 이점을 제공한다고 했고, 앞 문장 'both are offering tax incentives for technology ventures'에서 에든버러와 케임브리지 둘 다 기술 벤처 사업에 세금 감면을 제공한다고 했으므로 빈칸에는 에든버러와 케임브리지의 이점과 관련된 추가적인 내용이 들어가야 함을 알 수 있다. 따라서 (D) They offer free business assistance through mentor programs as well이 정답이다.

보기 해석
(A) 그중 하나가 Nextnet에게 괜찮은 매입일 수 있습니다.
(B) 세금 감면 정책이 결국 시행될 수도 있습니다.
(C) 물론, 이 점에서는 런던이 훨씬 더 유리할 것입니다.
(D) 그들은 멘토링 프로그램을 통해 무료 사업 지원도 제공합니다.

어휘   acquisition n. 매입, 취득   implement v. 시행하다   advantageous adj. 유리한   assistance n. 지원, 도움

■ **전치사 선택**   정답 (C)

'이 두 도시 사이에서는 브라이턴이 더 나은 선택으로 보인다'라는 의미가 되어야 하므로 두 개의 대상 사이를 비교하면서 between A and B(A와 B 사이에)의 형태로 자주 쓰이는 전치사 (C) Between(~ 사이에)이 정답이다. (A) For는 '~을 위해서', (B) With는 '~과 함께', (D) Within은 '~ 내에'라는 의미이다.

PART 7

Questions 147-148 refer to the following text message.

147-148은 다음 문자 메시지에 관한 문제입니다.

Delete	Sender: Robin Anderson Today 4:18 P.M.	**Reply**

[147]Ms. Townsend just called. [147/148]She needs to delay her family's trip to Thailand. [147]She is aware of the charge for changing her booking. The new departure date must be February 2, and the return flight needs to arrive on February 12. [148]Also, she wants to know if it would be possible to change hotels. She currently has two rooms reserved at Alcove Siam, near the Amphawa Floating Market, but she'd prefer to stay closer to the Grand Palace. [147/148]Please take care of Ms. Townsend's requests immediately.

삭제	발신자: Robin Anderson 오늘 오후 4시 18분	답장

[147]Ms. Townsend가 방금 전화했어요. [147/148]그녀는 태[국]으로 가는 가족여행을 연기해야 해요. [147]그녀는 예약 변[경] 요금에 대해서 알고 있어요. 새 출발 날짜는 2월 2일이어[야] 하고, 돌아오는 비행기는 2월 12일에 도착해야 해요. [148][또]한, 그녀는 호텔을 바꾸는 것이 가능할지 알고 싶어 해요. 그[녀]는 현재 Amphawa 수상 시장 근처에 있는 Alcov[e] Siam에 두 개의 방을 예약해 두었지만, 타이왕궁에 더 가[까]이 숙박하기를 원해요. [147/148]Ms. Townsend의 요청 사[항]을 즉시 처리해주세요.

어휘 ☐ be aware of phr. ~을 알다   ☐ charge n. 요금   ☐ booking n. 예약
☐ departure n. 출발   ☐ arrive v. 도착하다   ☐ take care of phr. ~을 처리하다
☐ immediately adv. 즉시

---

147 Who most likely is Ms. Townsend?

(A) A hotel manager
(B) A travel agency client
(C) A trade specialist
(D) A tour group member

상

Ms. Townsend는 누구일 것 같은가?

(A) 호텔 지배인
(B) 여행사 고객
(C) 무역 전문가
(D) 관광 단체 일원

■ 추론 세부 정보   정답

질문의 핵심 어구인 Ms. Townsend에 대해 추론하는 문제이다. 'Ms. Townsend just called. She needs to delay her family's tri[p to] Thailand. She is aware of the charge for changing her booking.'에서 Ms. Townsend가 방금 전화해서 태국으로 가는 가족 여[행을] 연기해야 한다고 했으며 그녀가 예약 변경 요금에 대해서 알고 있다고 했고, 'Please take care of Ms. Townsend's requ[est] immediately.'에서 Ms. Townsend의 요청 사항을 즉시 처리해달라고 했으므로, Ms. Townsend가 여행사를 통해 여행을 예약한 고객[이라]는 사실을 추론할 수 있다. 따라서 (B)가 정답이다.

어휘 travel agency phr. 여행사   specialist n. 전문가

---

148 What is the recipient being asked to do?

(A) Call Ms. Anderson as soon as possible
(B) Confirm an itinerary
(C) Check the distance between two attractions
(D) Adjust some travel arrangements

상

수신자는 무엇을 해달라고 요청받고 있는가?

(A) 가능한 한 빨리 Ms. Anderson에게 전화한다
(B) 여행 일정표를 확인해 준다
(C) 두 명소 간의 거리를 확인한다
(D) 일부 여행 계획을 조정한다

■ 육하원칙 What   정답

수신자가 무엇(What)을 해달라고 요청받고 있는지를 묻는 육하원칙 문제이다. 질문의 핵심 어구인 the recipient ~ asked to do와 관련[하여,] 'She needs to delay her family's trip to Thailand.', 'Also, she wants to know if it would be possible to change hotels.'에[서 그]녀, 즉 Ms. Townsend가 태국으로 가는 가족 여행을 연기해야 한다고 했으며 또한 그녀는 호텔을 바꾸는 것이 가능할지 알고 싶어 한다[고 한] 뒤, 'Please take care of Ms. Townsend's requests immediately.'에서 Ms. Townsend의 요청 사항을 즉시 처리해달라고 했으[므로] (D)가 정답이다.

어휘 confirm v. 확인해 주다   itinerary n. 여행 일정표   distance n. 거리   attraction n. 명소   adjust v. 조정하다

Questions 149-150 refer to the following e-mail.

149-150은 다음 이메일에 관한 문제입니다.

TO	Ben Rudy <benr@everypost.com>
FROM	Security team <security@topnotchshop.com>
SUBJECT	Your request
DATE	January 18

Dear customer,

149You recently notified us that you forgot your password for our Web site. To create a new password, simply click here.

150You will be asked to answer some security questions. When prompted, you will need to provide a new password. It must be at least eight characters long and include an uppercase letter, lowercase letter, number, and symbol.

Should you have any questions about the security of your online shopping account, send us an e-mail by clicking on "reply."

Regards,

TopNotchShop Security Team

수신 Ben Rudy <benr@everypost.com>
발신 보안팀 <security@topnotchshop.com>
제목 귀하의 요청
날짜 1월 18일

고객님께,

149귀하께서는 최근 저희에게 저희 웹사이트의 비밀번호를 잊어버렸다고 알려주셨습니다. 새로운 비밀번호를 만드시려면, 여기를 클릭하시기만 하면 됩니다.

150귀하께서는 몇 가지 보안 질문에 답변해달라는 요청을 받으실 것입니다. 그렇게 되면, 새로운 비밀번호를 제공해주셔야 할 것입니다. 그것은 최소 8자 길이여야 하며 대문자, 소문자, 숫자, 그리고 기호를 포함해야 합니다.

귀하의 온라인 쇼핑 계정의 보안과 관련하여 무엇이든 질문이 있으시면, "답신"을 클릭하여 저희에게 이메일을 보내 주십시오.

TopNotchShop 보안팀 드림

어휘 □ **notify** v. 알리다, 공지하다 □ **password** n. 비밀번호 □ **security** n. 보안
□ **prompt** v. (어떻게 하도록·되도록) 하다, 촉발하다 □ **character** n. 글자
□ **uppercase letter** phr. 대문자 □ **lowercase letter** phr. 소문자

Why was the e-mail written?

(A) To announce an update to account security settings
(B) To provide information about an online purchase
(C) To inform a client about a policy change
(D) To help resolve an issue involving access

이메일은 왜 쓰였는가?

(A) 계정 보안 설정에 대한 최신 정보를 알리기 위해
(B) 온라인 구매에 대한 정보를 제공하기 위해
(C) 고객에게 정책 변경에 대해 알리기 위해
(D) 접속과 관련된 문제를 해결하는 것을 돕기 위해

■ 주제/목적 찾기 글을 쓴 이유 정답 (D)

이메일이 쓰인 이유를 묻는 목적 찾기 문제이므로 지문의 앞부분을 주의 깊게 확인한다. 'You recently notified us that you forgot your password for our Web site. To create a new password, simply click here.'에서 귀하, 즉 Mr. Rudy가 최근 웹사이트의 비밀번호를 잊어버렸다고 알려주었으며, 새로운 비밀번호를 만들기 위해서는 여기를 클릭하기만 하면 된다고 했으므로, 웹사이트의 비밀번호를 잊어버린 고객에게 새로운 비밀번호를 만들도록 하여 웹사이트에 접속할 수 있도록 돕고 있음을 알 수 있다. 따라서 (D)가 정답이다.

어휘 account n. 계정, 계좌 inform v. 알리다, 통보하다 policy n. 정책 access n. 접속, 접근

What will Mr. Rudy have to do?

(A) Input a temporary password
(B) Reinstall some security software
(C) Provide some question responses
(D) Consult with a financial advisor

Mr. Rudy는 무엇을 해야 할 것인가?

(A) 임시 비밀번호를 입력한다
(B) 일부 보안 소프트웨어를 재설치한다
(C) 몇몇 질문에 답변을 제공한다
(D) 재정 자문 위원과 상담한다

■ 육하원칙 What 정답 (C)

Mr. Rudy가 무엇(What)을 해야 할 것인지를 묻는 육하원칙 문제이다. 'You will be asked to answer some security questions.'에서 귀하, 즉 Mr. Rudy는 몇 가지 보안 질문에 답변해달라는 요청을 받을 것이라고 했으므로 (C)가 정답이다.

바꾸어 표현하기
answer ~ questions 질문에 답변하다 → Provide ~ question responses 질문에 대답을 제공하다

어휘 input v. 입력하다 temporary adj. 임시의 reinstall v. 재설치하다 consult v. 상담하다 financial adj. 재정의, 금융의

Dave Weber [9:23 A.M.]

I'm sorry to bother you while you're on leave, Tanya, but [151]I have a problem. Steve and Emily both called in sick. So, we are very short-staffed at the clothing shop today. **Would you mind coming in to work?**

Tanya Parker [9:27 A.M.]

Sure. I'm always up for extra shifts. What time should I arrive at the store?

Dave Weber [9:28 A.M.]

Could you be here by 11:30 A.M.? I can handle things on my own until then.

Tanya Parker [9:30 A.M.]

I have a dentist appointment at 10:30 A.M. If I cancel it, I might have to wait a few weeks until they're able to fit me in. [152]Could I come in at noon instead?

Dave Weber [9:32 A.M.]

I don't see why not. [152]Thanks for agreeing to do this. I really appreciate it.

Dave Weber [오전 9시 23분]

Tanya, 휴가 중에 귀찮게 해서 미안하지만, [151]문제가 생겼어요. Steve와 Emily 둘 다 아파서 결근한다고 전화로 알렸어요. 그래서, 오늘 옷가게에 직원이 아주 부족해요. 당신이 나와서 일해줄 수 있을까요?

Tanya Parker [오전 9시 27분]

물론이죠. 전 언제나 추가 교대 근무를 할 준비가 되어 있어요. 제가 몇 시에 가게에 도착해야 하나요?

Dave Weber [오전 9시 28분]

오전 11시 30분까지 여기로 올 수 있나요? 그때까지는 제가 혼자서 일을 처리할 수 있어요.

Tanya Parker [오전 9시 30분]

오전 10시 30분에 치과 예약이 있어요. 만약에 그걸 취소하면, 그들이 시간을 내어 저를 만나줄 수 있을 때까지 몇 주 기다려야 할지도 몰라요. [152]대신 정오에 도착해도 될까요?

Dave Weber [오전 9시 32분]

되고말고요. [152]이렇게 하는 데 동의해줘서 고마워요. 정말 고마워요.

어휘 □ **bother** v. 귀찮게 하다 □ **call in sick** phr. 아파서 결근한다고 전화로 알리다
□ **short-staffed** adj. 직원이 부족한 □ **shift** n. 교대 근무 □ **handle** v. 처리하다
□ **on one's own** phr. 혼자서 □ **fit in** phr. 시간을 내어 ~를 만나다 □ **come in** phr. 도착하다, 들어오다

151

What problem does Mr. Weber mention?

(A) Some staff members turned down an extra shift.
(B) Some employees took a day off on short notice.
(C) A job offer was declined by a candidate.
(D) A customer was unhappy with a clothing item.

Mr. Weber는 어떤 문제를 언급하는가?

(A) 일부 직원들이 추가 교대 근무를 거절했다.
(B) 일부 직원들이 갑자기 하루를 쉬었다.
(C) 지원자가 일자리 제의를 거절하였다.
(D) 고객이 의류 제품에 대해 불만족스러워했다.

■ **육하원칙** What　　　　　　　　　　　　　　　　　　　　　　　　　정답

Mr. Weber가 어떤(What) 문제를 언급하는지를 묻는 육하원칙 문제이다. 'I have a problem. Steve and Emily both called in sick. we are very short-staffed at the clothing shop today.'에서 Mr. Weber가 문제가 생겼다고 하며, Steve와 Emily 둘 다 아파서 결근한다고 전화로 알려서 오늘 옷가게에 직원이 부족하다고 했으므로 (B)가 정답이다.

어휘 **turn down** phr. 거절하다　**on short notice** phr. 갑자기, 충분한 예고 없이　**decline** v. 거절하다　**candidate** n. 지원자, 후보

At 9:32 A.M., what does Mr. Weber mean when he writes, "I don't see why not"?

(A) He is willing to run a store independently today.
(B) He does not understand why there will be a delay.
(C) He thinks an alternative arrival time is suitable.
(D) He is prepared to fill out a permission form.

오전 9시 32분에, Mr. Weber가 "I don't see why not" 이라고 썼을 때 그가 의도한 것은?

(A) 오늘 단독으로 가게를 운영할 의향이 있다.
(B) 왜 지연이 생길 것인지 이해할 수 없다.
(C) 대체 도착 시각이 적당하다고 생각한다.
(D) 그는 허가서를 작성할 준비가 되었다.

■ 의도 파악   정답 (C)

Mr. Weber가 의도한 것을 묻는 문제이므로, 질문의 인용어구(I don't see why not)가 언급된 주변 문맥을 확인한다. 'Could I come in at noon instead?'에서 Tanya Parker가 대신, 즉 Mr. Weber가 요청했던 오전 11시 30분 대신 정오에 도착해도 되겠냐고 묻자, Mr. Weber 가 'I don't see why not.'(되고말고요)이라고 한 후, 'Thanks for agreeing to do this.'에서 이렇게 하는 것, 즉 오늘 나와서 일하는 데 동의 해줘서 고맙다고 한 것을 통해, Mr. Weber는 Tanya Parker가 제시한 대체 도착 시각인 정오가 적당하다고 생각한다는 것을 알 수 있다. 따라 서 (C)가 정답이다.

어휘 independently adv. 단독으로 alternative adj. 대체의, 대안의 suitable adj. 적당한, 알맞은 fill out phr. ~을 작성하다 permission n. 허가

Questions 153-154 refer to the following advertisement.

153-154는 다음 광고에 관한 문제입니다.

Plains Auto Is Always There for You!

If you're planning a trip, consider Plains Auto for all your car rental needs. We offer a wide variety of vehicles to choose from at reasonable prices. And thanks to [153]our acquisition of Chase Car Rentals in February, we now have branches at all international airports in the country. To celebrate our expansion, [154]we will be providing a 20 percent discount on rentals of two days or longer. This offer ends on June 30, so don't miss out! Visit www.plainsauto.com to learn more details and to reserve a vehicle.

Plains Auto사는 항상 당신 곁에 있습니다!

여행을 계획하고 있다면, 당신의 자동차 대여에 필요한 든 것을 위해 Plains Auto사를 고려해보세요. 저희는 선 할 수 있는 매우 다양한 차량을 합리적인 가격으로 제공 니다. 그리고 [153]저희가 2월에 Chase Car Rentals사를 수한 덕분에, 저희는 현재 전국의 모든 국제공항에 지점 가지고 있습니다. 저희의 확장을 기념하기 위해, [154]이 상의 대여에 대해 20퍼센트 할인을 제공할 것입니다. 이 인은 6월 30일에 끝나므로, 기회를 놓치지 마세요! 더 많 세부 사항을 얻고 차량을 예약하기 위해서는 www.pla auto.com을 방문하세요.

어휘 □ rental adj. 대여의; n. 대여   □ reasonable adj. 합리적인   □ acquisition n. 인수
□ expansion n. 확장   □ miss out phr. 기회를 놓치다

153
○○○●
중

What did Plains Auto do in February?

(A) Expanded some office spaces
(B) Launched foreign branches
(C) Purchased another company
(D) Hired additional employees

Plains Auto사는 2월에 무엇을 했는가?

(A) 일부 사무실 공간을 확장했다
(B) 해외 지점을 개시했다
(C) 다른 회사를 매입했다
(D) 추가 직원을 고용했다

■ 육하원칙 What   정답

Plains Auto사가 2월에 무엇(What)을 했는지를 묻는 육하원칙 문제이다. 'our acquisition of Chase Car Rentals in February'에 희, 즉 Plains Auto사가 2월에 Chase Car Rentals사를 인수했다고 했으므로, (C)가 정답이다.

바꾸어 표현하기
acquisition 인수 → Purchased another company 다른 회사를 매입했다

어휘 expand n. 확장하다 additional adj. 추가의

154
○○○○●
하

How can customers receive a discount?

(A) By making a reservation at an airport
(B) By posting feedback on a Web site
(C) By upgrading to a larger vehicle
(D) By renting a car for multiple days

고객들은 어떻게 할인을 받을 수 있는가?

(A) 공항에서 예약함으로써
(B) 웹사이트에 의견을 게시함으로써
(C) 더 큰 차량으로 업그레이드함으로써
(D) 며칠 동안 차를 대여함으로써

■ 육하원칙 How   정

고객들이 어떻게(How) 할인을 받을 수 있는지를 묻는 육하원칙 문제이다. 'we will be providing a 20 percent discount on renta two days or longer'에서 이틀 이상의 대여에 대해 20퍼센트 할인을 제공할 것이라고 했으므로, (D)가 정답이다.

바꾸어 표현하기
two days or longer 이틀 이상 → multiple days 며칠

어휘 post v. 게시하다 feedback n. 의견, 피드백

www.businesslink.net/real-estate-advice

Homes in Gated Communities

155Selling homes in gated communities can generate lucrative commissions and significantly raise your status in the industry. However, finding buyers for such homes can be challenging these days due to their above-average prices. — [1] —. To improve your chances of success, keep the following tips in mind:

1. Stress Safety

Let prospective buyers know that 156-Cgated communities have state-of-the-art protection. Also, 156-Aall entrances into the community are guarded by security officers, who deter burglars and salespeople and make sure that only homeowners' vehicles proceed past the gate. — [2] —.

2. Emphasize a Sense of Belonging

Remind buyers that because the number of homes in each community is limited, 157residents tend to become well acquainted with their neighbors. For this reason, 156-D/157neighborhood get-togethers and multifamily yard sales are common. — [3] —.

3. Mention High Property Values

Tell buyers that units in these communities are wise acquisitions because of their desirable locations, high-quality construction, and limited availability. — [4] —. That is, 156-Bthey are almost certain to steadily increase in value over the long term.

www.businesslink.net/real-estate-advice

외부인 출입 통제 단지에 있는 집들

155외부인 출입 통제 단지에 있는 집들을 매각하는 것은 수익성이 높은 수수료를 발생시키며 업계에서 당신의 입지를 상당히 높여줄 수 있습니다. 하지만, 그것들의 평균보다 높은 가격 때문에 요즘 그러한 집의 구매자들을 찾는 것은 어려울 수 있습니다. — [1] —. 당신의 성공 확률을 향상시키기 위해서는, 다음 조언들을 유념하십시오:

1. 안전을 강조하세요
예상 구매자들에게 156-C외부인 출입 통제 단지들은 최신 기술의 보호 기능을 가지고 있다는 것을 알리십시오. 또한, 156-A이 단지로 들어가는 모든 입구는 강도나 상인들을 저지하고 반드시 집주인들의 차량만 출입구를 지나가도록 하는 경비원들의 보호를 받습니다. — [2] —.

2. 소속감을 강조하세요
각 단지 내에 있는 주택의 수가 제한되어 있기 때문에, 157주민들은 이웃을 잘 알게 되는 경향이 있다는 것을 구매자들에게 상기시키십시오. 이러한 이유로, 156-D/157이웃 모임 및 여러 가족이 함께하는 야드 세일이 흔히 있습니다. — [3] —.

3. 높은 부동산 가치에 대해 언급하세요
바람직한 위치, 고품질의 건축, 그리고 한정된 입수 가능성 때문에 이러한 단지에 있는 가구들은 현명한 매입이라고 구매자들에게 말씀하십시오. — [4] —. 즉, 156-B그것들은 거의 확실히 장기적으로 가치가 꾸준히 상승할 것입니다.

어휘 □ **gated community** phr. 외부인 출입 통제 단지
□ **lucrative** adj. 수익성이 높은, 수익이 있는
□ **prospective** adj. 예상된, 장래의
□ **burglar** n. 강도
□ **acquainted** adj. 아는, 안면이 있는
□ **acquisition** n. 매입(한 물건)

□ **commission** n. 수수료
□ **state-of-the-art** adj. 최신 기술의
□ **proceed** v. (향하여) 가다
□ **yard sale** phr. 야드 세일(개인 주택의 마당에서 사용하던 물건을 파는 것)
□ **availability** n. 입수 가능성

□ **sell** v. 매각하다, 판매하다
□ **keep ~ in mind** phr. ~을 유념하다
□ **deter** v. 저지하다, 막다
□ **sense of belonging** phr. 소속감

For whom is the online information most likely intended?

(A) New homeowners
(B) Real estate agents
(C) Security personnel
(D) Community developers

온라인 안내문은 누구를 대상으로 하는 것 같은가?

(A) 새로운 주택 소유주
(B) 부동산 중개업자
(C) 보안 요원
(D) 지역사회 개발자

■■ 추론 전체 정보   정답 (B)

지문 곳곳에 퍼져 있는 여러 단서를 종합하여 온라인 안내문의 대상을 추론하는 문제이다. 'Selling homes in gated communities can generate lucrative commissions and significantly raise your status in the industry.'에서 외부인 출입 통제 단지에 있는 집들을 매각하는 것은 수익성이 높은 수수료를 발생시키며 업계에서 입지를 상당히 높여줄 수 있다고 한 후, 이를 성공시키기 위한 조언을 나열하고 있으므로 부동산 중개업자들을 대상으로 하는 온라인 안내문임을 추론할 수 있다. 따라서 (B)가 정답이다.

What is NOT stated about gated communities?

(A) Strangers are prevented from entering them.
(B) They often turn out to be lucrative investments.
(C) They are secured through cutting-edge means.
(D) Their residents organize events for new neighbors.

외부인 출입 통제 단지에 대해 언급되지 않은 것은?

(A) 낯선 사람들은 들어가지 못한다.
(B) 보통 수익성이 있는 투자가 된다.
(C) 최첨단 수단을 통해 안전하게 보호된다.
(D) 주민들은 새 이웃을 위한 행사를 준비한다.

■ **Not/True** Not 문제

정답

질문의 핵심 어구인 gated communities와 관련된 내용을 지문에서 찾아 각 보기와 대조하는 Not/True 문제이다. (A)는 'all entran
into the community are guarded by security officers, who deter burglars and salespeople and make sure that o
homeowners' vehicles proceed past the gate'에서 이 단지, 즉 외부인 출입 통제 단지로 들어가는 모든 입구는 강도나 상인들을 저지ㅎ
반드시 집주인들의 차량만 출입구를 지나가도록 하는 경비원들의 보호를 받는다고 했으므로 지문의 내용과 일치한다. (B)는 'they are alm
certain to steadily increase in value over the long term'에서 그것들, 즉 외부인 출입 통제 단지들은 거의 확실히 장기적으로 가치フ
준히 상승할 것이라고 했으므로 지문의 내용과 일치한다. (C)는 'gated communities have state-of-the-art protection'에서 외부인 ≥
통제 단지들은 최신 기술의 보호 기능을 가지고 있다고 했으므로 지문의 내용과 일치한다. (D)는 'neighborhood get-togethers a
multifamily yard sales are common'에서 이웃 모임 및 여러 가족이 함께하는 야드 세일이 흔히 있다고는 했으나 이것이 새 이웃을 위힌
사인지는 알 수 없으므로 지문의 내용과 일치하지 않는다. 따라서 (D)가 정답이다.

바꾸어 표현하기

state-of-the-art protection 최신 기술의 보호 기능 → secured through cutting-edge means 최첨단 수단을 통해 안전하게 보호된

어휘   prevent v. ~하지 못하게 하다, 막다   cutting-edge adj. 최첨단의   means n. 수단   organize v. 준비하다, 조직하다

In which of the positions marked [1], [2], [3], and [4] does the following sentence best belong?

"This sort of familiarity can be highly appealing to some buyers, especially those with children."

(A) [1]
(B) [2]
(C) [3]
(D) [4]

[1], [2], [3], [4]로 표시된 위치 중, 다음 문장이 들어길
으로 가장 적절한 것은?

"이러한 친밀감은 일부 구매자들, 특히 아이들이 있는 구
자들에게 매우 매력적일 수 있습니다."

(A) [1]
(B) [2]
(C) [3]
(D) [4]

■ **문장 위치 찾기**

정답

지문의 흐름상 주어진 문장이 들어가기에 가장 적절한 곳을 고르는 문제이다. 주어진 문장에서 이러한 친밀감은 일부 구매자들, 특히 아이들٥
는 구매자들에게 매우 매력적일 수 있다고 했으므로, 이 문장이 친밀감과 관련된 내용이 나오는 부분에 들어가야 함을 알 수 있다. [3]의 앞부
'residents tend to become well acquainted with their neighbors. For this reason, neighborhood get-togethers ₠
multifamily yard sales are common.'에서 주민들은 이웃을 잘 알게 되는 경향이 있고, 이러한 이유로 이웃 모임 및 여러 가족이 함께하≒
드 세일이 흔히 있다고 했으므로, [3]에 제시된 문장이 들어가면 주민들은 이웃을 잘 알게 되는 경향이 있고, 이러한 이유로 이웃 모임 등이
있으며 이러한 친밀감은 일부 구매자들, 특히 아이들이 있는 구매자들에게 매우 매력적일 수 있다는 자연스러운 문맥이 된다는 것을 알 수 ㅇ
따라서 (C)가 정답이다.

어휘   familiarity n. 친밀감   appealing adj. 매력적인, 흥미로운

Squiggle > Customer Reviews

Name: Dennis Haines
Rating: ★★★★☆

I'm a graphic designer, so I'm routinely asked to produce visuals that use a combination of elements. I used to rely on a program called Finish, but now I almost exclusively use Squiggle. It's not cheap, and you will have to own a professional-grade system to take full advantage of its features, but Squiggle represents the industry standard at the moment. [158]The great virtue of this software is that it has such a large range of capabilities. You can create complex drawings, add any number of effects to photographs, and cut out various elements . . . the list goes on. [159]I suppose the one problem with Squiggle is that many of its tools are hard to find on the dashboard. I think the programmers should create a toolbox that is easier to navigate. [160-B]If I were a beginner, I would start with the Squiggle Essentials Edition. It provides a decent approximation of the full version and includes a tutorial to help you get started.

Squiggle > 고객 후기

이름: Dennis Haines
평점: ★★★★☆

저는 그래픽 디자이너이기 때문에, 일상적으로 여러 요소를 조합한 시각 자료를 제작해 달라는 요청을 받습니다. 예전에는 Finish라는 프로그램에 의존했지만, 지금은 거의 오로지 Squiggle만을 사용합니다. 저렴하지는 않고, 기능을 최대한 활용하려면 전문가급 시스템을 보유해야 할 것이지만, Squiggle은 현재 업계 표준을 대표합니다. [158]이 소프트웨어의 큰 장점은 매우 다양한 종류의 기능을 가지고 있다는 것입니다. 복잡한 그림을 만들고, 사진에 많은 효과를 추가하고, 다양한 요소를 잘라낼 수 있는 등 . . . 이 목록은 계속 이어집니다. [159]Squiggle의 한 가지 문제는 많은 도구들이 계기판에서 찾기 어렵다는 점일 것입니다. 프로그래머들이 탐색하기 더 쉬운 도구판을 만들어야 한다고 생각합니다. [160-B]만약 제가 초보자라면, 저는 Squiggle Essentials 판으로 시작할 것입니다. 이것은 전체 버전과 적당히 비슷한 것이며 시작하는 데 돕기 위한 사용 지침서를 포함합니다.

어휘
□ **routinely** adv. 일상적으로
□ **rely on** phr. ~에 의존하다
□ **standard** n. 표준; adj. 표준적인
□ **any number of** phr. 많은, 얼마든지
□ **navigate** v. 탐색하다, 길을 찾다
□ **decent** adj. 적당한, 괜찮은
□ **visual** n. 시각 자료
□ **exclusively** adv. 오로지, 오직
□ **virtue** n. 장점, 미덕
□ **dashboard** n. 계기판, 대시보드
□ **beginner** n. 초보자
□ **approximation** n. 비슷한 것, 근사치
□ **element** n. 요소, 성분
□ **take advantage of** phr. ~을 활용하다
□ **capability** n. 기능, 능력
□ **toolbox** n. 도구판, 공구함
□ **edition** n. 판, 호
□ **tutorial** n. 사용 지침서, 길잡이

What aspect of Squiggle does Mr. Haines praise?

(A) The variety of features
(B) The inexpensive price
(C) The low system requirements
(D) The compatibility with other programs

Mr. Haines는 Squiggle의 어떤 점을 칭찬하는가?

(A) 다양한 기능
(B) 저렴한 가격
(C) 적은 시스템 요구사항
(D) 다른 프로그램과의 호환성

■ 육하원칙 What   정답 (A)

Mr. Haines가 Squiggle의 어떤(What) 점을 칭찬하는지를 묻는 육하원칙 문제이다. 질문의 핵심 어구인 aspect of Squiggle ~ Mr. Haines praise와 관련하여, 'The great virtue of this software is that it has such a large range of capabilities.'에서 이 소프트웨어, 즉 Squiggle의 큰 장점은 매우 다양한 종류의 기능을 가지고 있다는 것이라고 했으므로 (A)가 정답이다.

■ 바꾸어 표현하기
a large range of capabilities 다양한 종류의 기능 → variety of features 다양한 기능

■ 어휘 praise v. 칭찬하다 requirement n. 요구사항 compatibility n. 호환성

159

○●●●
상

What does Mr. Haines think could be improved about Squiggle?

(A) Its video-editing toolkit
(B) Its guide to using various effects
(C) Its on-screen appearance
(D) Its number of available fonts

Mr. Haines는 Squiggle에 관해 무엇이 개선될 수 있다고 생각하는가?

(A) 영상 편집 도구세트
(B) 다양한 효과 활용에 대한 안내
(C) 화면상의 모습
(D) 사용 가능한 폰트의 수

■ 육하원칙 What   정답

Mr. Haines가 Squiggle에 관해 무엇(What)이 개선될 수 있다고 생각하는지를 묻는 육하원칙 문제이다. 질문의 핵심 어구인 Mr. Ha think could be improved about Squiggle과 관련하여, 'I suppose the one problem with Squiggle is that many of its tools hard to find on the dashboard. I think the programmers should create a toolbox that is easier to navigate.'에서 Squigg 한 가지 문제는 많은 도구들이 계기판에서 찾기 어렵다는 점이라며, 프로그래머들이 탐색하기 더 쉬운 도구판을 만들어야 한다고 생각 고 했으므로 (C)가 정답이다.

어휘 toolkit n. 도구세트, 툴킷 on-screen adj. 화면상의 appearance n. 모습, 외관

160

○○○●
중

What is mentioned about the Squiggle Essentials Edition?

(A) It will receive an update soon.
(B) It is more accessible for new designers.
(C) It will be available in a free version.
(D) It offers a trial period.

Squiggle Essentials 판에 관해 언급된 것은?

(A) 곧 업데이트를 받을 것이다.
(B) 신규 디자이너들이 더 쉽게 이용 가능하다.
(C) 무료 버전으로 제공될 것이다.
(D) 체험 기간을 제공한다.

■ Not/True True 문제   정답

질문의 핵심 어구인 Squiggle Essentials Edition과 관련된 내용을 지문에서 찾아 각 보기와 대조하는 Not/True 문제이다. (A), (C), 지문에 언급되지 않은 내용이다. (B)는 'If I were a beginner, I would start with the Squiggle Essentials Edition. It ~ includ tutorial to help you get started.'에서 만약 자신이 초보자라면 Squiggle Essentials 판으로 시작할 것이며, 이것은 시작하는 데 돕기 사용 지침서를 포함한다고 했으므로 지문의 내용과 일치한다. 따라서 (B)가 정답이다.

어휘 accessible adj. 이용 가능한 trial period phr. 체험 기간, 시험 사용 기간

161-164는 다음 온라인 채팅 대화문에 관한 문제입니다.

Barry Nolan [4:48 P.M.]

Hi, everyone. [161]Could you give me an update on the Jarvis Center project? We're supposed to start garden landscaping there on Wednesday. Is that going to happen?

Alison Grice [4:49 P.M.]

I don't think it's likely. The plants and bushes we ordered won't arrive from the supplier until Friday afternoon at the very earliest.

Barry Nolan [4:50 P.M.]

That's not good news. Did you notify Ms. Peyton at the Jarvis Center about this?

Edward Winters [4:51 P.M.]

Yes. I handled that this morning. She said there's no rush to get the work done. We can start next week, if necessary.

Alison Grice [4:52 P.M.]

Then [162]I recommend we wait until Monday, after we've got everything we've ordered, to start. There's not much we'll be able to do on Friday morning without the delivery.

Edward Winters [4:54 P.M.]

[162]I'm just worried about the plants. Will they be safe if they're left outside over the weekend?

Alison Grice [4:55 P.M.]

There are security guards there both Saturday and Sunday. Also, I think the plants will be fine sitting in their pots for a couple days.

Barry Nolan [4:57 P.M.]

I agree. [163]Let's wait until Monday. That way we can be certain we'll have the supplies needed for the project. [164]Edward, can you communicate the schedule to Ms. Peyton today?

Edward Winters [4:58 P.M.]

Sure thing. I was planning to call her again to discuss the sprinkler system.

Barry Nolan [오후 4시 48분]

안녕하세요, 여러분. [161]제게 Jarvis 센터 프로젝트에 대한 최신 정보를 제공해주겠어요? 우리가 수요일에 그곳에서 정원 조경 작업을 시작하기로 되어 있는데요. 그게 가능할까요?

Alison Grice [오후 4시 49분]

그럴 것 같지 않아요. 우리가 주문한 초목과 관목은 아무리 일러도 금요일 오후가 되어서야 공급업체로부터 배달될 거예요.

Barry Nolan [오후 4시 50분]

좋지 않은 소식이네요. Jarvis 센터의 Ms. Peyton에게 이것에 대해 통지했나요?

Edward Winters [오후 4시 51분]

네. 제가 오늘 아침에 그것을 처리했어요. 그녀는 작업을 끝내기 위해 서두를 필요가 없다고 말했어요. 필요한 경우, 우리는 다음 주에 시작해도 돼요.

Alison Grice [오후 4시 52분]

그렇다면 [162]저는 우리가 주문한 모든 것을 받은 후인 월요일이 될 때까지 기다려서 시작할 것을 권해요. 배달이 되지 않은 채로 금요일 아침에 우리가 할 수 있는 일은 별로 없어요.

Edward Winters [오후 4시 54분]

[162]저는 단지 그 식물들이 걱정돼요. 주말 동안 밖에 놓여 있어도 안전할까요?

Alison Grice [오후 4시 55분]

토요일과 일요일에 모두 경비원이 거기 있어요. 또한, 식물들이 며칠 동안은 화분 안에 있어도 괜찮을 것 같아요.

Barry Nolan [오후 4시 57분]

동의해요. [163]월요일이 될 때까지 기다립시다. 그렇게 하면 우리는 확실히 프로젝트에 필요한 물품들을 갖고 있을 수 있을 거예요. [164]Edward, 오늘 Ms. Peyton에게 이 일정을 전달해줄 수 있나요?

Edward Winters [오후 4시 58분]

그럼요. 저는 스프링클러 시스템에 대해 논의하려고 그녀에게 다시 전화할 계획이었어요.

여휘 □ update n. 최신 정보 □ landscaping n. 조경 □ bush n. 관목

□ supplier n. 공급업체 □ notify v. 통지하다 □ rush n. 서두름

□ necessary adj. 필요한 □ security guard phr. 경비원 □ pot n. 화분

□ communicate v. 전달하다

TEST | 01 | 02 | 03 | 04 | 05 | 06 | 07 | 08 | 09 | 10 | 해커스 토익 실전 1000제 2 Reading

161

Who most likely is Mr. Nolan?

(A) A member of an outdoor design team
(B) A delivery worker at a plant supplies company
(C) A customer service agent at a landscaping firm
(D) A purchasing officer at a garden center

Mr. Nolan은 누구일 것 같은가?

(A) 야외 장식 팀의 일원
(B) 식물 공급 업체의 배달 직원
(C) 조경 회사의 고객 서비스 직원
(D) 원예용품점의 구매 관리자

■ **추론** 세부 정보　　　　　　　　　　　　　　　　　　　　　　　　　　　　　　　　　　　　정답

질문의 핵심 어구인 Mr. Nolan에 대해 추론하는 문제이다. 'Could you give me an update on the Jarvis Center project? W supposed to start garden landscaping there on Wednesday.'에서 Mr. Nolan이 Jarvis 센터 프로젝트에 대한 최신 정보를 제공 라고 하며, 우리가 수요일에 그곳에서 정원 조경 작업을 시작하기로 되어 있다고 했으므로, Mr. Nolan이 정원 조경 작업 프로젝트를 진행 야외 장식 팀의 일원이라는 사실을 추론할 수 있다. 따라서 (A)가 정답이다.

어휘　outdoor adj. 야외의, 실외의　agent n. 직원, 관리자　garden center phr. 원예용품점

162

What is Mr. Winters concerned about?

(A) Failing to finish a task on time
(B) Having some plants unloaded in the right place
(C) Safeguarding some purchases
(D) Saving money for a client

Mr. Winters는 무엇에 대해 걱정하는가?

(A) 제시간에 작업을 완료하지 못하는 것
(B) 식물들이 정확한 장소에 내려지도록 하는 것
(C) 구매품을 보호하는 것
(D) 고객을 위해 비용 절감하는 것

■ **육하원칙** What　　　　　　　　　　　　　　　　　　　　　　　　　　　　　　　　　　　　정[

Mr. Winters가 무엇(What)에 대해 걱정하는지를 묻는 육하원칙 문제이다. 질문의 핵심어구인 Mr. Winters concerned about과 관련 'I recommend we wait until Monday, after we've got everything we've ordered'에서 Alison Grice가 우리, 즉 조경 작업을 할 들이 주문한 모든 것을 받은 후인 월요일이 될 때까지 기다리는 것을 권한다고 하자, 'I'm just worried about the plants. Will they be if they're left outside over the weekend?'에서 Mr. Winters가 단지 그 식물들, 즉 주문한 초목과 관목이 걱정된다며 식물들이 주말 밖에 놓여 있어도 안전할지 물었으므로, Mr. Winters가 구매한 식물을 보호하는 것에 대해 걱정하고 있다는 것을 알 수 있다. 따라서 (C)가 이다.

바꾸어 표현하기

concerned about ~에 대해 걱정하는 → worried about ~에 대해 걱정하는

어휘　unload v. (짐을) 내리다　safeguard v. 보호하다

163

When will garden landscaping for the Jarvis Center start?

(A) On Friday
(B) On Saturday
(C) On Sunday
(D) On Monday

Jarvis 센터를 위한 정원 조경 작업은 언제 시작될 것인?

(A) 금요일에
(B) 토요일에
(C) 일요일에
(D) 월요일에

■ **육하원칙** When　　　　　　　　　　　　　　　　　　　　　　　　　　　　　　　　　　　　정

Jarvis 센터를 위한 조경이 언제(When) 시작될 것인지를 묻는 육하원칙 문제이다. 질문의 핵심 어구인 garden landscaping for the J Center start와 관련하여, 'Let's wait until Monday. That way we can be certain we'll have the supplies needed fc project.'에서 Barry Nolan이 월요일이 될 때까지 기다리자고 한 후, 그렇게 하면 확실히 프로젝트, 즉 Jarvis 센터 정원 조경 작업 프로즈 필요한 물품들을 갖고 있을 수 있을 것이라고 했으므로 (D)가 정답이다.

At 4:58 P.M., what does Mr. Winters mean when he writes, "Sure thing"?	오후 4시 58분에, Mr. Winters가 "Sure thing"이라고 썼을 때 그가 의도한 것은?
(A) He will place a call to a supplier. (B) He will convey some information. (C) He will check some delivered items. (D) He will speak with a security officer.	(A) 공급 업체에 전화할 것이다. (B) 정보를 전달할 것이다. (C) 배달된 물품을 확인할 것이다. (D) 경비원과 이야기를 나눌 것이다.

■ 의도 파악   정답 (B)

Mr. Winters가 의도한 것을 묻는 문제이므로 질문의 인용어구(Sure thing)가 언급된 주변 문맥을 확인한다. 'Edward, can you communicate the schedule to Ms. Peyton today?'에서 Barry Nolan이 오늘 Ms. Peyton에게 이 일정을 전달해줄 수 있는지 묻자, Mr. Winters가 'Sure thing.'(그럼요)이라고 한 것을 통해, Mr. Winters가 Ms. Peyton에게 일정을 전달할 것임을 알 수 있다. 따라서 (B)가 정답이다.

바꾸어 표현하기

communicate the schedule 일정을 전달하다 → convey ~ information 정보를 전달하다

어휘   convey v. 전달하다   check v. 확인하다, 점검하다

Questions 165-167 refer to the following e-mail.

165-167은 다음 이메일에 관한 문제입니다.

To: Naomi Watson <nwatson@concordebank.com>
From: Ava Bradley <abradley@concordebank.com>
Date: October 28
Subject: Life insurance policy
Attachment: Life Insurance Spreadsheet, Beneficiary
Signature Page

Hi, Naomi.

165I hope you're settling into your new position at Concorde
Bank. — [1] —. 166-AI just received your signed paperwork for
the employer-sponsored health care plan. Your coverage will
begin on November 1. Please don't hesitate to reach out if
you have any questions about your health care policy.

— [2] —. I can also report that 166-Ayou have been
successfully enrolled in the Concorde Bank basic life
insurance plan. As we discussed previously, this is included
with your other benefits, so there will be no deductions from
your salary for this $50,000 policy.

— [3] —. 167However, employees who would like more
comprehensive coverage can upgrade to a $100,000,
$250,000, or $500,000 policy for an additional monthly
premium. — [4] —.

167If you'd like to upgrade your existing policy, please fill out
the attached signature page and designate a beneficiary.

Regards,
Ava Bradley
Director of Human Resources

수신: Naomi Watson
　　　<nwatson@concordebank.com>
발신: Ava Bradley <abradley@concordebank.com
날짜: 10월 28일
제목: 생명보험 정책
첨부파일: 생명보험 스프레드시트, 수익자 서명 페이지

안녕하세요, Naomi.

165Concorde 은행에서의 새 일자리에 적응하고 있길 바
니다. — [1] —. 166-A방금 고용주가 지원하는 의료보험
책을 위한 당신의 서명된 서류를 받았습니다. 당신의 보
보장은 11월 1일부터 시작됩니다. 의료보험 정책에 대해
문이 있으시면 주저하지 말고 연락 주세요.

— [2] —. 또한 166-A당신이 Concorde 은행 기본 생명보
정책에 성공적으로 가입되신 것을 알려드립니다. 이전에
의한 바와 같이, 이것은 당신의 다른 혜택과 함께 포함되
있으므로, 이 5만 달러 보험 정책을 위한 급여 공제액은
을 것입니다.

— [3] —. 167그러나, 더 포괄적인 보장을 원하는 직원은
가 월 보험료를 내고 10만 달러, 25만 달러, 또는 50만
러 정책으로 업그레이드할 수 있습니다. — [4] —.

167기존 정책을 업그레이드하고 싶다면, 첨부된 서명 페이
를 작성하고 수익자를 지정해 주세요.

Ava Bradley 드림
인사부장

어휘
□ **beneficiary** n. 수익자, 수령인
□ **coverage** n. (보험) 보장
□ **deduction** n. 공제액
□ **existing** adj. 기존의
□ **settle into** phr. ~에 적응하다, 자리잡다
□ **reach out** phr. 연락하다
□ **comprehensive** adj. 포괄적인, 종합적인
□ **fill out** phr. ~을 작성하다
□ **sponsor** v. 지원하다, 후원하다
□ **enroll** v. 가입하다, 등록하다
□ **premium** n. 보험료; adj. 고급의
□ **designate** v. 지정하다, 명시하다

272 본 교재 인강·무료 온라인 실전모의고사 HackersIngang.com

What did Ms. Watson do recently?	Ms. Watson은 최근에 무엇을 했는가?
(A) Canceled a policy	(A) 정책을 취소했다
(B) Started a new job	(B) 새로운 일을 시작했다
(C) Opened a new bank account	(C) 새로운 은행 계좌를 개설했다
(D) Collected a paycheck	(D) 급여를 수령했다

■ 육하원칙 What   정답 (B)

Ms. Watson이 최근에 무엇(What)을 했는지를 묻는 육하원칙 문제이다. 질문의 핵심 어구인 Ms. Watson do recently와 관련하여, 'I hope you're settling into your new position at Concorde Bank.'에서 Ava Bradley가 Ms. Watson에게 Concorde 은행에서의 새 일자리에 게 적응하고 있길 바란다고 했으므로 (B)가 정답이다.

어휘 bank account phr. 은행 계좌 collect v. 수령하다, 모으다 paycheck n. 급여

What is mentioned about Concorde Bank?	Concorde 은행에 대해 언급된 것은?
(A) It offers employees at least two types of insurance.	(A) 직원들에게 적어도 두 가지 종류의 보험을 제공한다.
(B) It will send Ms. Watson a monthly bill.	(B) Ms. Watson에게 매달 청구서를 보낼 것이다.
(C) It will provide an improved benefits package.	(C) 개선된 복지 혜택을 제공할 것이다.
(D) It deposits paychecks directly into employees' accounts.	(D) 급여를 직원들의 계좌에 바로 입금한다.

■ Not/True True 문제   정답 (A)

질문의 핵심 어구인 Concorde Bank와 관련된 내용을 지문에서 찾아 각 보기와 대조하는 Not/True 문제이다. (A)는 'I just received your signed paperwork for the employer-sponsored health care plan. Your coverage will begin on November 1.'에서 방금 고용주가 지원하는 의료보험 정책을 위한 Ms. Watson의 서명된 서류를 받았으며 보험 보장은 11월 1일부터 시작된다고 했고, 'you have been successfully enrolled in the Concorde Bank basic life insurance plan'에서 Ms. Watson이 Concorde 은행 기본 생명보험 정책에 성공적으로 가입되었다고 했으므로 지문의 내용과 일치한다. 따라서 (A)가 정답이다. (B), (C), (D)는 지문에 언급되지 않은 내용이다.

어휘 benefits package phr. 복지 혜택 deposit v. 입금하다, 예치하다

In which of the positions marked [1], [2], [3], and [4] does the following sentence best belong?	[1], [2], [3], [4]로 표시된 위치 중, 다음 문장이 들어갈 곳으로 가장 적절한 것은?
"I have attached detailed information about each of these policies to this e-mail."	"이 이메일에 각 정책들에 대한 자세한 정보를 첨부했습니다."
(A) [1]	(A) [1]
(B) [2]	(B) [2]
(C) [3]	(C) [3]
(D) [4]	(D) [4]

■ 문장 위치 찾기   정답 (D)

지문의 흐름상 주어진 문장이 들어가기에 가장 적절한 곳을 고르는 문제이다. 주어진 문장에서 이 이메일에 각 정책들에 대한 자세한 정보를 첨부했다고 했으므로, 이 문장이 여러 보험 정책들과 관련된 내용이 나오는 부분에 들어가야 함을 알 수 있다. [4]의 앞 문장인 '~ employees who would like more comprehensive coverage can upgrade to a $100,000, $250,000, or $500,000 policy for an additional monthly premium.'에서 더 포괄적인 보장을 원하는 직원은 추가 월 보험료를 내고 10만 달러, 25만 달러, 또는 50만 달러 정책으로 업그레이드할 수 있다고 했고, 뒤 문장인 'If you'd like to upgrade your existing policy, please fill out the attached signature page ~.'에서 기존 정책을 업그레이드하고 싶다면 첨부된 서명 페이지를 작성하라고 했으므로, [4]에 제시된 문장이 들어가면 추가 월 보험료를 내고 10만 달러, 25만 달러, 또는 50만 달러 정책으로 업그레이드할 수 있는데, 각 정책들에 대한 자세한 정보는 이메일에 첨부했으니 정보를 읽어본 후 업그레이드하고 싶다면 첨부된 서명 페이지를 작성하라는 자연스러운 문맥이 된다는 것을 알 수 있다. 따라서 (D)가 정답이다.

Attention Book Lovers

If you'd like to make new friends and read more, why not join a book club that meets right here at [171-C]Patty's Pages, Hamptonville's favorite independent bookstore? [168/171-A]We launched four different types of reading clubs this month, so you can choose the one that's right for you. [168/171-B]All of them meet once a week at our second-floor café, are led by Patty's Pages staff members, and can be joined without registering in advance. Details are provided below.

[170-A]**Mystery Book Club**
[170-A]This group meets at 7:00 P.M. every Tuesday to discuss the best recently released detective novels. They'll keep you guessing until the end!

[170-B]**Sci-Fi Book Club**
If you love to escape to imaginary worlds and distant planets, [170-B]join this club, which meets at 8:00 P.M. every Wednesday, to chat about some of the genre's most time-honored classics.

[170-C]**Nonfiction Book Club**
[170-C]Interested in new biographies, memoirs, and literary essays? This group meets at 7:00 P.M. every Thursday.

[170-D]**Children's Book Club**
Open to kids between the ages of 8 and 12, this club meets at 3:00 P.M. every Saturday. Parents are encouraged to sit in on [170-D]discussions about the latest children's books.

[171-D]All book club selections will be discounted by 10 percent at Patty's Pages during the month they are being read and talked about.

책을 좋아하시는 분들은 주목해주십시오

새로운 친구들을 사귀고 책을 더 많이 읽고 싶다면, 바로 기 [171-C]Hamptonville의 인기 있는 자영 서점인 Patty Pages에서 모이는 독서 클럽에 가입하는 것은 어떠신요? [168/171-A]이번 달에 저희가 네 개의 서로 다른 종류의 서 클럽을 시작했으므로, 여러분에게 알맞은 것을 선택하 수 있습니다. [168/171-B]그것들 모두 저희의 2층에 있는 카에서 일주일에 한 번 모이고, Patty's Pages의 직원에 으 인솔되며, 사전 등록 없이 참여할 수 있습니다. 세부 내용 아래에 있습니다.

[170-A]추리 소설 독서 클럽
[170-A]이 모임은 매주 화요일 오후 7시에 만나 최근에 발간 최고의 탐정 소설에 대해 논합니다. 그것들은 마지막까 당신을 추측하게 만들 것입니다!

[170-B]공상 과학 소설 독서 클럽
상상의 세계 및 멀리 떨어져 있는 행성으로 탈출하는 것 좋아한다면, [170-B]매주 수요일 오후 8시에 만나는 이 클럽 가입하여, 이 장르의 가장 오래된 고전들에 대해 이야기 나눠보세요.

[170-C]논픽션 독서 클럽
[170-C]새로 나온 전기, 회고록, 그리고 문학 에세이에 관심 있으신가요? 이 모임은 매주 목요일 오후 7시에 모입니다

[170-D]아동 도서 독서 클럽
8세에서 12세 사이의 아이들이 참여할 수 있는 이 클럽 매주 토요일 오후 3시에 모입니다. 부모들은 [170-D]최신 도서에 대한 토론에 참관하도록 권장됩니다.

[171-D]독서 클럽이 선정한 모든 책들은 그것들이 읽히고 논 되는 달 동안 Patty's Pages에서 10퍼센트 할인될 것입다.

어휘 □ **lover** n. ~을 좋아하는 사람, 애호가
□ **launch** v. 시작하다
□ **detective novel** phr. 탐정 소설
□ **distant** adj. 멀리 있는
□ **biography** n. 전기
□ **selection** n. 선정한 것, 선택물

□ **independent** adj. (체인점이 아닌) 자영의, 독립된
□ **register** v. 등록하다
□ **sci-fi** n. 공상 과학 소설
□ **time-honored** adj. 오래된, 유서 깊은
□ **memoir** n. 회고록

□ **mystery** n. 추리 소설, 미스터리물
□ **escape** v. 탈출하다
□ **classic** n. 고전, 명작
□ **sit in on** phr. ~에 참관하다, 방청하다

What is the topic of the notice?

(A) A list of recommended books
(B) Adjusted hours of operation for a store
(C) Plans for a literacy campaign
(D) A selection of weekly discussion groups

공고의 주제는 무엇인가?

(A) 추천 도서 목록
(B) 조정된 상점 영업시간
(C) 문맹 퇴치 캠페인을 위한 계획
(D) 엄선된 주간 토론 모임

■ 주제/목적 찾기 글의 주제   정답 (D)

공고의 주제를 묻는 주제 찾기 문제이므로 지문의 앞부분을 주의 깊게 확인한다. 'We launched four different types of reading clubs this month', 'All of them meet once a week ~'에서 이번 달에 저희, 즉 Patty's Pages가 네 개의 서로 다른 종류의 독서 클럽을 시작했다고 하며, 그것들 모두 일주일에 한 번 모인다고 했으므로 (D)가 정답이다.

바꾸어 표현하기

reading clubs 독서 클럽 → discussion groups 토론 모임
meet once a week 일주일에 한 번 모이다 → weekly ~ groups 주간 모임

어휘   recommend v. 추천하다   adjusted adj. 조정된   hours of operation phr. 영업시간   literacy campaign phr. 문맹 퇴치 캠페인
      a selection of phr. 엄선된

The word "right" in paragraph 1, line 3, is closest in meaning to

(A) ideal
(B) exact
(C) fair
(D) direct

1문단 세 번째 줄의 단어 "right"는 의미상 -와 가장 가깝다.

(A) 가장 알맞은
(B) 정확한
(C) 공정한
(D) 직접적인

■ 동의어   정답 (A)

right를 포함하는 구절 'We launched four different types of reading clubs this month, so you can choose the one that's right for you.'에서 right가 '알맞은'이라는 뜻으로 사용되었다. 따라서 '가장 알맞은'이라는 뜻을 가진 (A)가 정답이다.

Which club does NOT read new publications?

(A) Mystery Book Club
(B) Sci-Fi Book Club
(C) Nonfiction Book Club
(D) Children's Book Club

신간 도서를 읽는 클럽이 아닌 것은?

(A) 추리 소설 독서 클럽
(B) 공상 과학 소설 독서 클럽
(C) 논픽션 독서 클럽
(D) 아동 도서 독서 클럽

■ Not/True Not 문제   정답 (B)

질문의 핵심 어구인 club ~ read new publications와 관련된 내용을 지문에서 찾아 각 보기와 대조하는 Not/True 문제이다. (A)는 'Mystery Book Club', 'This group meets ~ to discuss the best recently released detective novels.'에서 추리 소설 독서 클럽은 만나서 최근에 발간된 최고의 탐정 소설에 대해 논한다고 했으므로 지문의 내용과 일치한다. (B)는 'Sci-Fi Book Club', 'join this club ~ to chat about some of the genre's most time-honored classics'에서 공상 과학 소설 독서 클럽에 가입하여 이 장르의 가장 오래된 고전들에 대해 이야기를 나눠보라고 했으므로 지문의 내용과 일치하지 않는다. 따라서 (B)가 정답이다. (C)는 'Nonfiction Book Club', 'Interested in new biographies, memoirs, and literary essays?'에서 논픽션 독서 클럽이 새로 나온 전기, 회고록, 그리고 문학 에세이에 대해 이야기한다는 것을 알 수 있으므로 지문의 내용과 일치한다. (D)는 'Children's Book Club', 'discussions about the latest children's books'에서 아동 도서 독서 클럽에 최신 아동 도서에 대한 토론이 있다는 것을 알 수 있으므로 지문의 내용과 일치한다.

어휘   publication n. 도서, 출판물

○ ● ● ● 상

What is NOT mentioned about Patty's Pages?

(A) It started some book clubs this year.
(B) It contains a coffee shop on its premises.
(C) It is the most profitable bookstore in Hamptonville.
(D) It offers reading material for a reduced price.

Patty's Pages에 대해 언급되지 않은 것은?

(A) 올해 몇몇 독서 클럽을 시작했다.
(B) 건물 내에 커피숍을 포함하고 있다.
(C) Hamptonville에서 가장 수익성 있는 서점이다.
(D) 할인된 가격으로 독서 자료를 제공한다.

■ Not/True Not 문제   정답

질문의 핵심 어구인 Patty's Pages와 관련된 내용을 지문에서 찾아 각 보기와 대조하는 Not/True 문제이다. (A)는 'We launc
four ~ reading clubs this month'에서 저희, 즉 Patty's Pages가 이번 달에 네 개의 독서 클럽을 시작했다고 했으므로 지문의 내용과
한다. (B)는 'All of them meet ~ at our second-floor café'에서 그것들, 즉 Patty's Pages의 독서 클럽 모두 저희, 즉 Patty's Page
2층에 있는 카페에서 모인다고 했으므로 지문의 내용과 일치한다. (C)는 'Patty's Pages, Hamptonville's favorite independ
bookstore'에서 Patty's Pages가 Hamptonville의 인기 있는 자영 서점이라고는 했지만 그것이 Hamptonville에서 가장 수익성 있는
인지는 알 수 없으므로 지문의 내용과 일치하지 않는다. 따라서 (C)가 정답이다. (D)는 'All book club selections will be discounted by
percent at Patty's Pages'에서 독서 클럽이 선정한 모든 책들은 Patty's Pages에서 10퍼센트 할인될 것이라고 했으므로 지문의 내용
치한다.

바꾸어 표현하기
launched four ~ reading clubs 네 개의 독서 클럽을 시작했다 → started some book clubs 몇몇 독서 클럽을 시작했다

어휘 premises n. 건물, 구내, 부지

Questions 172-175 refer to the following memo.

172-175는 다음 회람에 관한 문제입니다.

To: All team leaders
From: Brad Jenkins, human resources manager
Subject: Workshops
Date: September 12

Hello, everyone. I'd like to remind you that [172]we are holding a series of workshops to prepare for our entry into the Chinese market. These sessions will help us make the necessary adjustments for dealing with Chinese clients, which is something we have never had to do before. Please note the following information.

[174]Workshop Name	[173-C/D]Schedule
Overview of the Chinese Market	[173-C]September 22, [173-D]2:00 P.M. – 6:00 P.M.
[174]Chinese Business Practices	[174]September 29, [173-D]1:00 P.M. – 5:00 P.M.
International Contract Law	October 6, [173-D]12:00 P.M. – 4:00 P.M.
Understanding Different Cultures	[173-C]October 13, [173-D]3:00 P.M. – 7:00 P.M.

The first two sessions will be relevant specifically to China while the second two will have an international focus. [173-A/174]The workshop on September 29 will be led by Brenda Hong, who will manage our Chinese division. [173-A]The other three will be conducted by a visiting consultant, David Parson. [175]His workshops have been popular among our colleagues, so I am sure you will find them worthwhile. Feel free to contact me if you have any questions.

수신: 팀장 전체
발신: Brad Jenkins, 인사부장
제목: 워크숍
날짜: 9월 12일

안녕하세요, 여러분. [172]우리의 중국 시장 진출을 준비하기 위해 일련의 워크숍을 개최할 것임을 여러분께 상기시켜 드리고 싶습니다. 이 수업들은 우리가 이전에는 전혀 할 필요가 없었던 일인 중국 고객들을 상대하는 데 필요한 조정을 할 수 있도록 도와줄 것입니다. 다음 정보를 유념해 주십시오.

[174]워크숍 명칭	[173-C/D]일정
중국 시장에 대한 개요	[173-C]9월 22일, [173-D]오후 2시 – 오후 6시
[174]중국의 사업 관행	[174]9월 29일, [173-D]오후 1시 – 오후 5시
국제 계약법	10월 6일, [173-D]오후 12시 – 오후 4시
다른 문화의 이해	[173-C]10월 13일, [173-D]오후 3시 – 오후 7시

첫 두 수업은 중국과 구체적으로 연관될 것이지만 다른 두 수업은 국제적인 부분에 초점을 둘 것입니다. [173-A/174]9월 29일에 있는 워크숍은 우리의 중국 부서를 총괄할 Brenda Hong에 의해 진행될 것입니다. [173-A]나머지 세 개는 방문 컨설턴트인 David Parson에 의해 시행될 것입니다. [175]그의 워크숍은 우리 회사의 동료 직원들 사이에서 인기가 있었기 때문에, 저는 여러분이 그것들을 가치 있다고 생각할 것이라고 확신합니다. 무엇이든 질문이 있으시면 주저 말고 언제든 제게 연락해 주십시오.

어휘 □ **remind** v. 상기시키다 □ **entry** n. 진출 □ **necessary** adj. 필요한
□ **adjustment** n. 조정, 적응 □ **overview** n. 개요 □ **contract** n. 계약
□ **specifically** adv. 구체적으로, 명확하게 □ **conduct** v. 시행하다 □ **worthwhile** adj. 가치 있는

Why is the company planning to hold the workshops?

(A) It is expanding into a new market.
(B) It is merging with a foreign firm.
(C) It is moving its headquarters overseas.
(D) It is hiring a number of temporary workers.

회사는 왜 워크숍을 개최하는 것을 계획하고 있는가?

(A) 새로운 시장으로 확장하고 있다.
(B) 외국 회사와 합병하고 있다.
(C) 본사를 해외로 이전하고 있다.
(D) 다수의 임시 직원들을 고용하고 있다.

■ **육하원칙** Why 정답 (A)

회사가 왜(Why) 워크숍을 개최하는 것을 계획하고 있는지를 묻는 육하원칙 문제이다. 질문의 핵심 어구인 the company planning to hold the workshops와 관련하여, 'we are holding a series of workshops to prepare for our entry into the Chinese market'에서 중국 시장 진출을 준비하기 위해 일련의 워크숍을 개최할 것이라고 했으므로 (A)가 정답이다.

바꾸어 표현하기

entry into the Chinese market 중국 시장 진출 → expand into a new market 새로운 시장으로 확장하다

어휘 **expand** v. 확장하다 **merge with** phr. ~와 합병하다 **headquarters** n. 본사

What is true about the workshops?

(A) They will all be conducted by management staff.
(B) They have been offered periodically for company
   employees.
(C) They will last for over a month.
(D) They have been scheduled to take place in the
   afternoon.

워크숍에 대해 사실인 것은?

(A) 모두 경영진에 의해서 시행될 것이다.
(B) 회사 직원들을 위해 정기적으로 제공되어 왔다.
(C) 한 달이 넘도록 지속될 것이다.
(D) 오후에 열리도록 예정되었다.

■ Not/True True 문제   정답

질문의 핵심 어구인 the workshops와 관련된 내용을 지문에서 찾아 각 보기와 대조하는 Not/True 문제이다. (A)는 'The workshop
September 29 will be led by Brenda Hong, who will manage our Chinese division. The other three will be conducted b
visiting consultant, David Parson.'에서 9월 29일에 있는 워크숍은 중국 부서를 총괄할 Brenda Hong에 의해 진행될 것이며, 나머지 /
는 방문 컨설턴트인 David Parson에 의해 시행될 것이라고 했으므로 지문의 내용과 일치하지 않는다. (B)는 지문에 언급되지 않은 내용(
(C)는 'Schedule', 'September 22', 'October 13'에서 일정에 따르면 첫 번째 워크숍이 9월 22일에 열리고 마지막 워크숍이 10월 13
열리므로 지문의 내용과 일치하지 않는다. (D)는 'Schedule', '2:00 P.M. – 6:00 P.M.', '1:00 P.M. – 5:00 P.M.', '12:00 P.M. – 4:00 P
'3:00 P.M. – 7:00 P.M.'에서 워크숍 각각의 일정이 오후 2시부터 6시, 오후 1시부터 5시, 오후 12시부터 4시, 오후 3시부터 7시로 예정되(
으므로 지문의 내용과 일치한다. 따라서 (D)가 정답이다.

어휘   periodically adv. 정기적으로

Which workshop will Ms. Hong lead?

(A) Overview of the Chinese Market
(B) Chinese Business Practices
(C) International Contract Law
(D) Understanding Different Cultures

Ms. Hong은 어느 워크숍을 이끌 것인가?

(A) 중국 시장에 대한 개요
(B) 중국의 사업 관행
(C) 국제 계약법
(D) 다른 문화의 이해

■ 육하원칙 Which   정답

Ms. Hong이 어느(Which) 워크숍을 이끌 것인지를 묻는 육하원칙 문제이다. 질문의 핵심 어구인 workshop ~ Ms. Hong lead와 관련
'Workshop Name', 'Chinese Business Practices', 'September 29'에서 중국의 사업 관행이라는 명칭의 워크숍이 9월 29일로 예
어 있다고 했고, 'The workshop on September 29 will be led by Brenda Hong ~.'에서 9월 29일에 있는 워크숍은 Brenda Hor
의해 진행될 것이라고 했으므로 Ms. Hong이 9월 29일에 중국의 사업 관행이라는 명칭의 워크숍을 이끌 것임을 알 수 있다. 따라서 (B)가
이다.

What is indicated about Mr. Parson?

(A) He has worked in China for several years.
(B) He is an associate of Mr. Jenkins.
(C) He has met some of the company's employees.
(D) He plans to announce the details of a marketing
   campaign.

Mr. Parson에 대해 암시되는 것은?

(A) 중국에서 수년간 일했었다.
(B) Mr. Jenkins의 동료이다.
(C) 회사의 몇몇 직원들을 만났었다.
(D) 마케팅 캠페인의 세부 사항을 발표할 예정이다.

■ 추론 세부 정보   정답

질문의 핵심 어구인 Mr. Parson에 대해 추론하는 문제이다. 'His workshops have been popular among our colleagues'에서 :
Mr. Parson의 워크숍은 회사의 동료 직원들 사이에서 인기가 있었다고 했으므로 Mr. Parson이 이전에 워크숍을 통해 회사의 몇몇 직원
만났을 것이라는 사실을 추론할 수 있다. 따라서 (C)가 정답이다.

어휘   associate n. 동료 announce v. 발표하다, 알리다

www.lycon.com/productlist/vacuumcleaners

Lycon Vacuum Cleaners

[176]*All models come with a multiple-use dust bag.*

Our Full Selection of Models		
Name	[178/179]**Features**	[179]**Price**
[179]Speed XS	• [179]Lightweight design — only 3.5 kilograms • Available in green, black, and gray	[179]$125.00
Power Glide 3E	• Easily adjustable height and 35-inch cord • Ultraquiet motor	$225.00
Dual Clean 350	• Steam clean function for floors • Attachments for upholstery and curtains	$160.00
[178]EZ Flow GD	• [178]Rechargeable battery for cordless use • Touchpad control panel	$140.00

[177-A]*Each Lycon product comes with a one-year parts and service warranty.* [177-B]*Under the terms of the warranty, products must be sent to a Lycon Service Center for repairs.* [177-D]*To qualify for the warranty, customers must fill out and send in the registration form* included with their purchase.

To: Lycon Customer Service
   <customersupport@lycon.com>
From: Amy Reynolds <a.reynolds@pace.com>
Date: April 13
Subject: Order #3453

To Whom It May Concern,

On April 4, I ordered a vacuum cleaner through your company's Web site. [179]Initially, I opted for a lightweight one that would be easy to carry up and down the stairs of my home. However, [178]I later decided that I would prefer a cordless model, so [178/179]I canceled my original order and placed a new one on April 6. [178]The vacuum cleaner was delivered on April 10, and I am quite happy with it.

Unfortunately, [179]I just noticed today that the amount of my first order has not been charged back to my bank account. I would like this to be taken care of immediately. Please send me confirmation via e-mail once this is done. Thank you.

Sincerely,

Amy Reynolds

---

www.lycon.com/productlist/vacuumcleaners

Lycon사 진공청소기

[176]*모든 모델에는 여러 번 사용할 수 있는 먼지 주머니가 딸려 있습니다.*

선택 가능한 모든 모델		
이름	[178/179]특징	[179]가격
[179]Speed XS	• [179]가벼운 디자인 – 단 3.5킬로그램 • 녹색, 검은색, 그리고 회색으로 구매 가능	[179]125달러
Power Glide 3E	• 쉽게 조절할 수 있는 높이와 35인치의 선 • 초 저소음 모터	225달러
Dual Clean 350	• 바닥 스팀 청소 기능 • 덮개 및 커튼을 위한 부가 장치	160달러
[178]EZ Flow GD	• [178]무선 사용을 위한 재충전할 수 있는 배터리 • 터치패드 형태의 조작 패널	140달러

[177-A]*Lycon사의 각 제품에는 1년간의 부품 및 서비스 보증이 딸려 있습니다.* [177-B]보증 조항에 따라, 수리를 위해서는 제품들이 Lycon사 서비스 센터로 보내져야 합니다. [177-D]보증을 받을 자격을 얻으려면, 고객들은 신청서를 작성하여 그들의 구입품과 함께 발송해야 합니다.

수신: Lycon사 고객 서비스
   <customersupport@lycon.com>
발신: Amy Reynolds <a.reynolds@pace.com>
날짜: 4월 13일
제목: 주문번호 3453번

관계자분께,

4월 4일에, 저는 귀사의 웹사이트를 통해 진공청소기를 주문했습니다. [179]처음에, 저는 집의 계단에서 들고 오르내리기 쉬울 가벼운 것을 선택했습니다. 하지만, [178]이후에 저는 무선 모델을 더 선호할 것 같다고 결정해서, [178/179]원래의 주문을 취소하고 4월 6일에 새 주문을 했습니다. [178]그 진공청소기는 4월 10일에 배달되었고, 저는 그것에 매우 만족합니다.

유감스럽게도, [179]오늘 저는 제 첫 주문 금액이 은행 계좌로 환불 처리가 되지 않았다는 것을 알게 되었습니다. 저는 이것이 즉시 처리되길 원합니다. 이것이 완료되면 이메일을 통해 제게 확인서를 보내주십시오. 감사합니다.

Amy Reynolds 드림

지문 1 □ come with phr. ~이 딸려 있다
□ adjustable adj. 조절할 수 있는
□ rechargeable adj. 재충전할 수 있는
□ fill out phr. ~을 작성하다, 채워 넣다
□ purchase n. 구입품, 구입

□ spare adj. 여분의
□ attachment n. 부가 장치, 부품
□ cordless adj. 무선의
□ send in phr. ~을 발송하다

□ lightweight adj. 가벼운, 경량의
□ upholstery n. (소파나 쿠션 등의) 덮개
□ warranty n. 보증(서)
□ registration form phr. 신청서

지문 2 □ initially adv. 처음에

□ opt for phr. ~을 선택하다

□ confirmation n. 확인서

176

What is suggested about Lycon?

(A) It sells appliances that can be controlled with a mobile device.
(B) It replaces defective items as long as a receipt is provided.
(C) Its product lines include equipment for commercial use.
(D) Its vacuum cleaners all contain a reusable part.

Lycon사에 대해 암시되는 것은?

(A) 모바일 기기로 조작할 수 있는 가전제품을 판매한다.
(B) 영수증이 제시되는 한 결함이 있는 제품을 교체해 준다.
(C) 제품 라인은 상업적 용도를 위한 장비를 포함한다.
(D) 진공청소기는 모두 재사용할 수 있는 부분을 포함한다.

■ **추론** 세부 정보   정답

질문의 핵심 어구인 Lycon사에 대해 추론하는 문제이므로 Lycon사와 관련된 내용이 언급된 첫 번째 지문인 웹페이지에서 관련 내용을 확ㄷ다. 웹페이지의 'All models come with a multiple-use dust bag.'에서 모든 모델, 즉 모든 Lycon사의 진공청소기 모델에는 여러 번 사ㅌ수 있는 먼지 주머니가 딸려 있다고 했으므로 Lycon사 진공청소기가 모두 재사용할 수 있는 부분을 포함한다는 사실을 추론할 수 있다. 따ㄹ (D)가 정답이다.

바꾸어 표현하기
multiple-use 여러 번 사용할 수 있는 → reusable 재사용할 수 있는

어휘 appliance n. (가정용) 기기 control v. 조작하다, 조정하다 defective adj. 결함이 있는 commercial adj. 상업적인
reusable adj. 재사용할 수 있는

177

What is NOT mentioned about the warranty?

(A) It is provided with all of Lycon's vacuum cleaners.
(B) It entitles customers to service at a repair center.
(C) It can be renewed one year after the purchase date.
(D) It is available to those who submit a completed form.

보증에 대해 언급되지 않은 것은?

(A) Lycon사의 모든 진공청소기에 제공된다.
(B) 고객에게 수리 센터에서 서비스를 받을 권리를 준다.
(C) 구매일로부터 1년 후에 갱신될 수 있다.
(D) 작성된 양식을 제출하는 사람들이 이용할 수 있다.

■ **Not/True** Not 문제   정답

질문의 핵심 어구인 the warranty와 관련된 내용을 지문에서 찾아 각 보기와 대조하는 Not/True 문제이므로 보증과 관련된 내용이 언급ㄷ 번째 지문인 웹페이지에서 관련 내용을 확인한다. (A)는 'Each Lycon product comes with a one-year parts and service warrant서 Lycon사의 각 제품에는 1년간의 부품 및 서비스 보증이 딸려 있다고 했으므로 지문의 내용과 일치한다. (B)는 'Under the terms oᅟwarranty, products must be sent to a Lycon Service Center for repairs.'에서 보증 조항에 따라 수리를 위해서는 제품들이 Lycᄋ서비스 센터로 보내져야 한다고 했으므로 지문의 내용과 일치한다. (C)는 지문에 언급되지 않은 내용이다. 따라서 (C)가 정답이다. (D)는qualify for the warranty, customers must fill out and send in the registration form'에서 보증을 받을 자격을 얻으려면 고객들이서를 작성하여 발송해야 한다고 했으므로 지문의 내용과 일치한다.

바꾸어 표현하기
fill out and send in the registration form 신청서를 작성하여 발송하다 → submit a completed form 작성된 양식을 제출하다

어휘 entitle v. 권리를 주다 renew v. 갱신하다 submit v. 제출하다

Which product did Ms. Reynolds most likely receive?	Ms. Reynolds는 어느 제품을 받았을 것 같은가?
(A) Speed XS	(A) Speed XS
(B) Power Glide 3E	(B) Power Glide 3E
(C) Dual Clean 350	(C) Dual Clean 350
(D) EZ Flow GD	(D) EZ Flow GD

■ 추론 연계 문제　　　　　　　　　　　　　　　　　　　　　　　　정답 (D)

두 지문의 내용을 종합적으로 확인한 후 추론해서 풀어야 하는 연계 문제이다. 질문의 핵심 어구인 Ms. Reynolds ~ receive와 관련된 내용이 언급된 이메일을 먼저 확인한다.

단서 1 두 번째 지문(이메일)의 'I later decided that I would prefer a cordless model, so I canceled my original order and placed a new one ~. The vacuum cleaner was delivered on April 10'에서 이후에, 즉, 진공청소기를 처음 주문한 이후에 저, 즉 Ms. Reynolds는 무선 모델을 더 선호할 것 같다고 결정해서 원래의 주문을 취소하고 새 주문을 했고, 그 진공청소기가 4월 10일에 배달되었다고 했다. 그런데 그녀가 새로 주문한 무선 모델이 어느 제품인지 제시되지 않았으므로 웹페이지에서 관련 내용을 확인한다.

단서 2 첫 번째 지문(웹페이지)의 'EZ Flow GD', 'Features', 'Rechargeable battery for cordless use'에서 EZ Flow GD의 특징이 무선 사용을 위한 재충전할 수 있는 배터리라는 사실을 확인할 수 있다.

두 단서를 종합할 때, Ms. Reynolds는 무선 사용을 할 수 있는 EZ Flow GD를 새로 주문해 받았다는 사실을 추론할 수 있다. 따라서 (D)가 정답이다.

How much will Ms. Reynolds receive as a refund?	Ms. Reynolds는 얼마를 환불금으로 받을 것인가?
(A) $125	(A) 125달러
(B) $140	(B) 140달러
(C) $160	(C) 160달러
(D) $225	(D) 225달러

■ 육하원칙 연계 문제　　　　　　　　　　　　　　　　　　　　　　정답 (A)

두 지문의 내용을 종합해서 풀어야 하는 연계 문제이다. 질문의 핵심 어구인 Ms. Reynolds receive as a refund에서 Ms. Reynolds가 얼마 (How much)를 환불금으로 받을 것인지를 묻고 있으므로 Ms. Reynolds가 작성한 이메일을 먼저 확인한다.

단서 1 두 번째 지문(이메일)의 'Initially, I opted for a lightweight one'에서 Ms. Reynolds가 처음에 가벼운 것, 즉 가벼운 진공청소기를 선택했다고 한 후, 'I canceled my original order ~.'에서 원래의 주문을 취소했다고 했고, 'I just noticed ~ that the amount of my first order has not been charged back to my bank account. I would like this to be taken care of immediately.'에서 첫 주문 금액이 은행 계좌로 환불 처리가 되지 않았다는 것을 알게 되었으며 이것이 즉시 처리되기를 원한다고 했다. 그런데 처음에 주문했던 가벼운 진공청소기의 금액이 얼마인지 제시되지 않았으므로 웹페이지에서 관련 내용을 확인한다.

단서 2 첫 번째 지문(웹페이지)의 'Speed XS', 'Features', 'Lightweight design', 'Price', '$125.00'에서 Speed XS의 특징이 가벼운 디자인이며 가격은 125달러임을 확인할 수 있다.

두 단서를 종합할 때, Ms. Reynolds는 처음 주문했던 Speed XS의 가격만큼인 125달러를 환불금으로 받을 것임을 알 수 있다. 따라서 (A)가 정답이다.

어휘　refund n. 환불(금)

In the e-mail, the word "via" in paragraph 2, line 3, is closest in meaning to	이메일에서, 2문단 세 번째 줄의 단어 "via"는 의미상 -와 가장 가깝다.
(A) in accordance with	(A) ~에 부합하여
(B) with reference to	(B) ~에 관하여
(C) in terms of	(C) ~ 면에서는
(D) by means of	(D) ~을 이용해서

■ 동의어　　　　　　　　　　　　　　　　　　　　　　　　　　　정답 (D)

두 번째 지문인 이메일의 via를 포함하는 구절 'Please send me confirmation via e-mail once this is done.'에서 via가 '~을 통해, ~을 이용하여'라는 뜻으로 사용되었다. 따라서 '~을 이용해서'라는 뜻을 가진 (D)가 정답이다.

지문 1

Mode Fashion

182-BEnjoy 15 percent off when you sign up for a Mode Fashion Credit Card.*

185The Mode Fashion Credit Card has several exciting and exclusive perks, including:

- A $10 gift card for every $200 you spend
- 181-BInvitations to members-only events
- 181-DChances to preorder new items
- 185A special complimentary item on your birthday
- Free alterations on pant and skirt hems**
- 181-AAn issue of Mode Fashion's monthly magazine

The Mode Fashion Credit Card has no annual fee. As a cardholder, 182-Ayou can authorize additional cards for family members and earn reward points every time they spend. Plus, you can manage your account and pay your bills online through 184card issuer Platinum Bank at www.platinumbank.com.

182-B*Offer valid solely on the first purchase made with your Mode Fashion Credit Card. Offer cannot be applied to earlier purchases or the purchase of gift cards.

**Valid with a full-price purchase using your Mode Fashion Credit Card. 182-COffer not valid for leather or suede products. Tailored items may not be returned or exchanged.

Mode Fashion

182-BMode Fashion 신용카드에 가입할 때 15퍼센트 할인을 누리세요.*

185Mode Fashion 신용카드는 여러 가지의 놀라운 전용 혜택들을 가지고 있으며, 다음을 포함합니다:

- 200달러의 소비마다 10달러 상품권 제공
- 181-B회원 전용 행사 초대
- 181-D신제품 선주문 기회
- 185생일에 제공되는 특별 무료 상품
- 바지와 치마단 무료 수선**
- 181-AMode Fashion의 월간지 한 부

Mode Fashion 신용카드는 연회비가 없습니다. 카드 소지자로서, 182-A당신은 가족 구성원을 위해 추가적인 카드 한 장을 부여하고, 매번 그들이 소비할 때마다 보상 포인트를 얻을 수 있습니다. 또한, www.platinumbank.com에서 184카드 발급사인 Platinum 은행을 통해 온라인으로 당신의 계좌를 관리하고 대금을 지불할 수 있습니다.

182-B*할인은 오로지 Mode Fashion 신용카드로 구매한 첫 구매에만 유효합니다. 할인은 이전 구매나 기프트 카드 구매에는 적용될 수 없습니다.

**Mode Fashion 신용카드를 사용해 전액을 구매하는 경우 유효합니다. 182-C가죽 또는 스웨이드 제품에는 혜택 제공이 유효하지 않습니다. 주문에 따라 맞춰진 제품은 반품되거나 교환될 수 없습니다.

지문 2

Mode Fashion
www.modefashion.com

May 30

Stella Helm
838 Gilbert Road
Palatine, IL 60067

Dear Ms. Helm,

183Thank you for registering for a new Mode Fashion Credit Card, which has been enclosed in this letter. You will be able to take advantage of the exceptional rewards and benefits it offers as soon as it is activated. 183/184Call the card issuer at 555-0235 to do so.

185Please confirm the details of your registration below:

185Name: Stella P. Helm
185Birthday: July 9
Card number: 4320-5387-9534-4106
Telephone: 555-5903
E-mail: s.helm@mellomail.com

For inquiries, call our dedicated customer service line at 555-9669.

Mode Fashion
www.modefashion.com

5월 30일

Stella Helm
838번지 Gilbert가
팰러타인, 일리노이주 60067

Ms. Helm께,

183새로운 Mode Fashion 신용카드를 신청해주셔서 감사드리며, 신용카드는 이 편지에 동봉되어 있습니다. 이것이 활성화되는 대로 카드가 제공하는 특별한 보상과 혜택을 이용하실 수 있을 것입니다. 183/184그렇게 하기 위해서 555-0235로 카드 발급사에 전화하십시오.

185아래에 있는 귀하의 세부 신청 사항을 확인해 주십시오.

185이름: Stella P. Helm
185생일: 7월 9일
카드 번호: 4320-5387-9534-4106
전화번호: 555-5903
이메일: s.helm@mellomail.com

문의 사항이 있으시면, 555-9669로 저희 고객 서비스 전용 번호로 전화해 주십시오.

Sincerely,

Anthony Marcellus
Customer Relations
[185]Mode Fashion Credit Card Division

Anthony Marcellus 드림
고객 관리부
[185]Mode Fashion 신용카드 부서

지문 1	□ exclusive adj. 전용의, 독점의	□ perk n. 특전	□ preorder v. 선주문하다
	□ complimentary adj. 무료의	□ alteration n. 수선, 고침, 변경	□ cardholder n. 카드 소지자
	□ authorize v. 권한을 부여하다, 승인하다	□ earn v. 받다, 얻다	□ pay one's bill phr. 대금을 지불하다
	□ offer n. 할인, 제공	□ valid adj. 유효한	□ solely adv. 오로지, 단지
	□ tailored adj. 주문에 따라 맞춘, 맞춤의		
지문 2	□ enclose v. 동봉하다, 봉해 넣다	□ exceptional adj. 특별한, 매우 뛰어난	□ activate v. 활성화하다, 작동시키다
	□ confirm v. 확인하다	□ dedicated adj. ~ 전용의, 특정한 목적으로 사용되는	

According to the flyer, what is NOT a benefit of owning the Mode Fashion Credit Card?

(A) A copy of a periodical
(B) Invitations to exclusive events
(C) Low annual interest rates
(D) Right to order new products in advance

광고지에 따르면, Mode Fashion 신용카드를 소유하는 것의 혜택이 아닌 것은?

(A) 정기 간행물 한 부
(B) 전용 행사 초대
(C) 낮은 연이율
(D) 신제품을 미리 주문할 권리

Not/True Not 문제 　　　　　　　　　　　　　　　　　　　　　　　　정답 (C)

질문의 핵심 어구인 a benefit of owning the Mode Fashion Credit Card와 관련된 내용을 광고지에서 찾아 각 보기와 대조하는 Not/True 문제이므로 첫 번째 지문인 광고지에서 관련 내용을 확인한다. (A)는 'An issue of Mode Fashion's monthly magazine'에서 Mode Fashion의 월간지 한 부를 제공한다고 했으므로 지문의 내용과 일치한다. (B)는 'Invitations to members-only events'에서 회원 전용 행사에 초대한다고 했으므로 지문의 내용과 일치한다. (C)는 지문에 언급되지 않은 내용이다. 따라서 (C)가 정답이다. (D)는 'Chances to preorder new items'에서 신제품 선주문 기회를 제공한다고 했으므로 지문의 내용과 일치한다.

바꾸어 표현하기
an issue of monthly magazine 월간지 한 부 → a copy of periodical 정기 간행물 한 부
members-only events 회원 전용 행사 → exclusive events 전용 행사
preorder new items 신제품을 선주문하다 → order new products in advance 신제품을 미리 주문하다

어휘 copy n. 부, 사본　interest rate phr. 이율, 금리

What is stated about the special discount for cardholders?

(A) It is contingent upon the authorization of additional cards.
(B) It cannot be taken advantage of repeatedly.
(C) It does not apply to certain types of clothing.
(D) It is only available at a shopping Web site.

카드 소지자를 위한 특별 할인에 대해 언급된 것은?

(A) 추가적인 카드 권한 부여를 조건으로 한다.
(B) 반복적으로 이용될 수 없다.
(C) 특정 종류의 옷에는 적용되지 않는다.
(D) 쇼핑 웹사이트에서만 이용할 수 있다.

Not/True True 문제 　　　　　　　　　　　　　　　　　　　　　　　　정답 (B)

질문의 핵심 어구인 the special discount for cardholders와 관련된 내용을 지문에서 찾아 각 보기와 대조하는 Not/True 문제이므로 카드 소지자를 위한 특별 할인이 언급된 첫 번째 지문인 광고지에서 관련 내용을 확인한다. (A)는 'you can authorize additional cards for family members'에서 가족 구성원을 위해 추가적인 카드 권한을 부여할 수 있다고 했지만, 이것이 할인을 위한 조건은 아니므로 지문과 일치하지 않는다. (B)는 'Enjoy 15 percent off when you sign up for a Mode Fashion Credit Card.*', '*Offer valid solely on the first purchase made with your Mode Fashion Credit Card.'에서 Mode Fashion 신용카드에 가입하면 15퍼센트 할인을 받을 수 있고, 이 할인은 오로지 Mode Fashion 신용카드로 구매한 첫 구매에만 유효하다고 했으므로 지문의 내용과 일치한다. 따라서 (B)가 정답이다. (C)는 'Offer not valid for leather or suede products.'에서 가죽 또는 스웨이드 제품에는 혜택 제공이 유효하지 않다고 했지만, 이는 할인이 아니라 바지와 치마단 무료 수선 혜택에 적용되는 것이므로 지문과 일치하지 않는다. (D)는 지문에 언급되지 않은 내용이다.

어휘 contingent adj. ~을 조건으로 하는, ~의 여부에 달린　authorization n. 권한 부여, 승인　take advantage of phr. ~을 이용하다
repeatedly adv. 반복적으로, 여러 차례

○○○○
하

Why was the letter written?

(A) To emphasize the benefits of a product
(B) To state that a request is being considered
(C) To describe a customer service issue
(D) To provide information regarding a card

편지는 왜 쓰였는가?

(A) 제품의 혜택을 강조하기 위해
(B) 요청이 고려되고 있음을 명시하기 위해
(C) 고객 서비스 문제에 대해 설명하기 위해
(D) 카드 관련 정보를 제공하기 위해

■ **주제/목적 찾기** 글을 쓴 이유   정답

편지가 쓰인 이유를 묻는 목적 찾기 문제이므로 두 번째 지문인 편지의 내용을 확인한다. 특별히 이 문제는 전체 지문을 요약하여 목적을 찾
한다. 'Thank you for registering for a new Mode Fashion Credit Card, which has been enclosed in this letter.'에서 새
Mode Fashion 신용카드를 신청해주어서 감사하며 신용카드는 이 편지에 동봉되어 있다고 했고, 'Call the card issuer at 555-0235 to
so.'에서 그렇게 하기, 즉 카드를 활성화하기 위해서는 555-0235로 카드 발급사에 전화하라고 하며 카드 신청자와 카드 사용에 관련된 정
제공하고 있으므로 (D)가 정답이다.

어휘 emphasize v. 강조하다 issue n. 문제, 사안

○○○○
중

What is Ms. Helm asked to do?

(A) Confirm the details of a transaction
(B) Contact Platinum Bank
(C) Claim an earned reward points
(D) Visit the nearest location of a store

Ms. Helm은 무엇을 해달라고 요청받는가?

(A) 거래의 세부 사항을 확인한다
(B) Platinum 은행에 연락한다
(C) 얻은 보상 포인트를 청구한다
(D) 가장 가까운 위치의 매장을 방문한다

■ **육하원칙** 연계 문제   정답

두 지문의 내용을 종합해서 풀어야 하는 연계 문제이다. 질문의 핵심 어구인 Ms. Helm asked to do에서 Ms. Helm이 무엇(What)을 하
고 요청받는지를 묻고 있으므로 Ms. Helm에게 보내진 편지를 먼저 확인한다.

단서 1 두 번째 지문(편지)의 'Call the card issuer ~ to do so.'에서 그렇게 하기, 즉 카드를 활성화하기 위해서는 카드 발급사에 전화하
했다. 그런데 카드 발급사가 어디인지 제시되지 않았으므로 광고지에서 관련 내용을 확인한다.

단서 2 첫 번째 지문(광고지)의 'card issuer Platinum Bank'에서 카드 발급사가 Platinum 은행임을 확인할 수 있다.

두 단서를 종합할 때, Ms. Helm은 카드를 활성화하기 위해 카드 발급사인 Platinum 은행에 전화할 것을 요청받고 있음을 알 수 있다. 따
(B)가 정답이다.

어휘 transaction n. 거래, 매매 claim v. 청구하다, 요구하다

○○○○
상

What can be inferred about Ms. Helm?

(A) She qualified for an upgrade to a store credit card.
(B) She shopped at Mode Fashion in May.
(C) She will receive a present from Mode Fashion in July.
(D) She will be obligated to pay a monthly credit card fee.

Ms. Helm에 대해 추론될 수 있는 것은?

(A) 상점 신용카드를 업그레이드 받을 자격을 얻었다.
(B) 5월에 Mode Fashion에서 쇼핑을 했다.
(C) 7월에 Mode Fashion으로부터 선물을 받을 것이다
(D) 매월 신용 카드 수수료를 반드시 지불해야 한다.

■ **추론** 연계 문제   정답

두 지문의 내용을 종합적으로 확인한 후 추론해서 풀어야 하는 연계 문제이다. 질문의 핵심 어구인 Ms. Helm에게 보내진 편지를 먼저 확인
단서 1 두 번째 지문(편지)의 'Please confirm the details of your registration below:', 'Name: Stella P. Helm', 'Birthday: Jul
'Mode Fashion Credit Card Division'에서 Mode Fashion 신용카드 부서에서 Ms. Helm에게 세부 신청 사항을 확인해달라고 했으
부 사항에서 그녀의 생일이 7월 9일이라는 것을 알 수 있다. 그런데 Mode Fashion 신용카드에서 Ms. Helm이 생일에 얻을 수 있는 혜택
엇인지 제시되지 않았으므로 광고지에서 관련 내용을 확인한다.

단서 2 첫 번째 지문(광고지)의 'The Mode Fashion Credit Card has several ~ perks, including:', 'A special complimentary
on your birthday'에서 Mode Fashion 신용카드 특전에 생일에 특별 무료 상품을 제공하는 것이 포함된다는 사실을 확인할 수 있다.

두 단서를 종합할 때, Mode Fashion 신용카드를 신청한 Ms. Helm은 자신의 생일이 있는 7월에 Mode Fashion으로부터 선물을 받을
라는 사실을 추론할 수 있다. 따라서 (C)가 정답이다.

바꾸어 표현하기

a special complimentary item 특별 무료 상품 → a present 선물

어휘 qualify for phr. ~의 자격을 얻다 be obligated to phr. 반드시 ~해야 한다 fee n. 수수료

Please join us at the [190]**2nd Clarendon Art Auction**
6:30 P.M., [190]19 March
Lilac Auditorium, [190]Clarendon Art Institute
[188]£115 per person(the same as last year)

[186-A]Due to the success of Clarendon Art Institute's first-ever art auction, which took place last April, the organisers have decided to hold a second one. Once again, artwork will be donated by local artists, and audience members will be able to bid on these pieces. Even if you don't intend to buy anything, you can still show your support simply by attending. [186-D]As before, all proceeds from entrance tickets and art purchases will be used to help art students who are struggling to pay their tuition fees.

[186-C/188/190]Highlights from last year's event:
- [188]A sculpture by Dana Sloan was sold to Paul Dixon.
- [190]A set of three watercolor paintings by Otis Hidalgo was acquired by Dawn Reeves.
- [186-C]A landscape painting by Blaine D'Amico was bought by a Roda Co. representative for the company's collection.

---

9 January

Dana Sloan
710 Southgate Ave.
Crawley, UK RH10 1FP

Dear Ms. Sloan,

Firstly, congratulations on your exhibition in Beijing. I read in the *British Daily News* that the show was very well attended. I expect that you're taking a much-deserved break now that it has concluded.

[187]The reason I'm contacting you is to ask whether you'd like to contribute to the 2nd Clarendon Art Auction. The piece you gave us last year was the only sculpture among the artwork that was auctioned off.

[189-C]It would be great if you could donate one of your representative wooden sculptures.

Best regards,

[189-C]Neil Baker
Coordinator, Clarendon Art Auction

---

[190]제2회 Clarendon 미술품 경매에 참여하세요
[190]3월 19일, 오후 6시 30분
Lilac 강당, [190]Clarendon 미술회관
[188]인당 115파운드(작년과 동일)

[186-A]지난 4월에 열린 Clarendon 미술회관의 첫 번째 미술품 경매의 성공 때문에, 주최자들은 두 번째 경매를 열기로 결정했습니다. 또다시, 미술품은 지역 예술가들에 의해 기증될 것이고, 관람객들은 이 작품들에 입찰할 수 있을 것입니다. 비록 여러분이 아무것도 구매할 생각이 없더라도, 그저 참석하는 것만으로도 여전히 여러분의 지지를 보여줄 수 있습니다. [186-D]이전처럼, 입장권과 미술품 구입으로부터 나오는 모든 수익금은 수업료를 내는 데 어려움을 겪고 있는 미술 전공 학생들을 돕는 데 사용될 것입니다.

[186-C/188/190]작년 행사의 주요 부분:
- [188]Dana Sloan의 조각상이 Paul Dixon에게 판매되었음.
- [190]Otis Hidalgo의 수채화 세 점이 Dawn Reeves에 의해 취득되었음.
- [186-C]Blaine D'Amico의 풍경화 한 점이 Roda사의 대표에 의해 회사의 소장품으로 구입되었음.

1월 9일

Dana Sloan
710번지 Southgate가
크롤리, 영국 RH10 1FP

Ms. Sloan께,

먼저, 베이징에서 열린 귀하의 전시회에 대해 축하드립니다. 저는 *British Daily News*지에서 그 전시회에 아주 많은 사람들이 참석했다는 것을 읽었습니다. 이제 그것이 끝났으니 저는 귀하께서 받으셔야 마땅할 휴식을 취하시고 계시리라고 생각합니다.

[187]제가 귀하께 연락을 드리는 이유는 귀하께서 제2회 Clarendon 미술품 경매에 기증할 의향이 있으신지 여쭤보기 위함입니다. 작년에 귀하께서 저희에게 주신 작품은 경매된 작품들 중 유일한 조각상이었습니다.

[189-C]귀하의 대표적인 목재 조각상들 중 하나를 기증해주실 수 있다면 정말 좋을 것입니다.

[189-C]Neil Baker 드림
책임자, Clarendon 미술품 경매

Certificate of Authenticity

This document guarantees that the accompanying artwork is genuine.

Name of Artist:	Dana Sloan
189-C/190Title of Artwork:	*Spirit of the Grass*
189-CMaterials:	Steel
Size:	30 x 25 x 15 centimetres
Date Created:	10-15 February
190Date Sold:	19 March
190Location of Sale:	Clarendon Art Institute
190Name of Purchaser:	Dawn Reeves

Artist's Signature: *Dana Sloan*

진품 보증서

이 문서는 동봉한 작품이 진품임을 보증합니다.

예술가명:	Dana Sloan
189-C/190예술품명:	*Spirit of the Grass*
189-C재료:	강철
크기:	30 x 25 x 15센티미터
창작일:	2월 10일-15일
190판매일:	3월 19일
190판매처:	Clarendon 미술회관
190구매자명:	Dawn Reeves

예술가 서명: *Dana Sloan*

지문 1
- □ auction n. 경매
- □ bid v. 입찰하다, 값을 부르다
- □ struggle v. 어려움을 겪다, 애쓰다
- □ watercolor n. 수채화
- □ artwork n. 미술품
- □ proceeds n. 수익금
- □ tuition fee phr. 수업료
- □ landscape painting phr. 풍경화
- □ donate v. 기증하다, 기부하다
- □ entrance n. 입장
- □ sculpture n. 조각상
- □ representative n. 대표(자); adj. 대표적인

지문 2
- □ exhibition n. 전시회
- □ conclude v. 끝나다
- □ be auctioned off phr. 경매되다
- □ well attended phr. 많은 사람들이 참석한
- □ contact v. 연락하다
- □ break n. 휴식
- □ contribute v. 기증하다, 기부하다

지문 3
- □ certificate n. 보증서, 증명서, 증서
- □ accompanying adj. 동봉한, 수반하는
- □ authenticity n. 진품임, 확실성
- □ genuine adj. 진품의, 진짜의
- □ guarantee v. 보증하다, 보장하다
- □ material n. 재료

What is NOT mentioned about last year's auction?

(A) It featured creations by community members.
(B) It was preceded by an instructional session.
(C) It included the sale of a painting to a company.
(D) It was held on behalf of a particular group.

작년의 경매에 대해 언급되지 않은 것은?

(A) 지역사회 구성원의 창작물을 포함하였다.
(B) 교육 시간이 선행되었다.
(C) 한 회사에 그림 한 점을 판매한 것을 포함하였다.
(D) 특정 그룹을 위해 개최되었다.

정[

■ Not/True Not 문제

질문의 핵심 어구인 last year's auction과 관련된 내용을 지문에서 찾아 각 보기와 대조하는 Not/True 문제이므로 작년의 경매와 관련[
용이 언급된 첫 번째 지문인 초대장에서 관련 내용을 확인한다. (A)는 'Due to the success of ~ first-ever art auction, which took p[
last April, the organisers have decided to hold a second one. Once again, artwork will be donated by local artists'에서
4월에 열린 첫 번째 미술품 경매의 성공 때문에 주최자들은 두 번째 경매를 열기로 결정했으며, 또다시 미술품이 지역 예술가들에 의해 기증[
이라고 했으므로 지문의 내용과 일치한다. (B)는 지문에 언급되지 않은 내용이다. 따라서 (B)가 정답이다. (C)는 'Highlights from last ye[
event', 'A landscape painting ~ was bought by a Roda Co. representative for the company's collection.'에서 작년 행사의
부분 중 하나는 풍경화 한 점이 Roda사의 대표에 의해 회사의 소장품으로 구입된 것이라고 했으므로 지문의 내용과 일치한다. (D)는
before, all proceeds ~ will be used to help art students who are struggling to pay their tuition fees.'에서 이전처럼, 즉 작년[
매처럼 모든 수익금, 즉 미술품 경매의 수입금은 수업료를 내는 데 어려움을 겪고 있는 미술 전공 학생들을 돕는 데 사용될 것이라고 했으[
문의 내용과 일치한다.

바꾸어 표현하기
local artists 지역 예술가들 → community members 지역 사회 구성원들

어휘 feature v. (특별히) 포함하다 precede v. 선행하다 instructional adj. 교육의 on behalf of phr. ~을 위해서, ~을 대표하여

What is the main purpose of the letter?

(A) To request confirmation of attendance
(B) To ask for a work to be given
(C) To report that an event was a success
(D) To remind a sculptor about an exhibit

편지의 주 목적은 무엇인가?

(A) 참석 확정을 요청하기 위해
(B) 작품을 기부해 달라고 요청하기 위해
(C) 행사가 성공적이었다고 알리기 위해
(D) 조각가에게 전시회에 대해 상기시키기 위해

■ 주제/목적 찾기 글의 목적　　　　　　　　　　　　　　　　　　　　　정답 (B)

편지의 목적을 묻는 목적 찾기 문제이므로 두 번째 지문인 편지의 내용을 확인한다. 편지의 'The reason I'm contacting you is to ask whether you'd like to contribute to the 2nd Clarendon Art Auction.'에서 귀하, 즉 Ms. Sloan에게 연락을 하는 이유는 제2회 Clarendon 미술품 경매에 기증할 의향이 있는지 물어보기 위함이라고 했으므로 (B)가 정답이다.

어휘　confirmation n. 확정　attendance n. 참석, 출석　sculptor n. 조각가　exhibit n. 전시회

What is suggested about Mr. Dixon?

(A) He works as a reporter at the *British Daily News*.
(B) He purchases the art of Dana Sloan regularly.
(C) He paid £115 in order to attend an art auction.
(D) He spent less money than Mr. Hidalgo did.

Mr. Dixon에 대해 암시되는 것은?

(A) *British Daily News*지에 기자로 일한다.
(B) Dana Sloan의 작품을 정기적으로 구입한다.
(C) 예술품 경매에 참여하기 위해 115파운드를 지불했다.
(D) 그는 Mr. Hidalgo보다 더 적은 돈을 지출했다.

■ 추론 세부 정보　　　　　　　　　　　　　　　　　　　　　　　　　정답 (C)

질문의 핵심 어구인 Mr. Dixon에 대해 추론하는 문제이므로 Mr. Dixon이 언급된 첫 번째 지문인 초대장에서 관련 내용을 확인한다. 초대장의 '£115 per person(the same as last year)'에서 미술품 경매의 입장 비용이 작년과 동일하게 인당 115파운드임을 알 수 있고, 'Highlights from last year's event', 'A sculpture ~ was sold to Paul Dixon.'에서 작년 행사의 주요 부분 중 하나가 조각상이 Mr. Dixon에게 판매되었던 것이라고 했으므로, Mr. Dixon이 작년 미술품 경매에 참여하기 위해 115파운드의 입장료를 지불했다는 사실을 추론할 수 있다. 따라서 (C)가 정답이다.

What is indicated about *Spirit of the Grass*?

(A) It was created by an artist who is based in Beijing.
(B) It was signed by Ms. Sloan on February 10 to mark its completion.
(C) It is not the type of sculpture that was requested by Mr. Baker.
(D) It was shown in a documentary about the famous graduates of an academy.

*Spirit of the Grass*에 대해 언급된 것은?

(A) 베이징에 본거지를 둔 한 예술가에 의해 만들어졌다.
(B) 완성을 나타내기 위해 2월 10일에 Ms. Sloan에 의해 서명되었다.
(C) Mr. Baker가 요청했던 종류의 조각상이 아니다.
(D) 예술원의 유명한 졸업생들에 대한 다큐멘터리에서 보였다.

■ Not/True 연계 문제　　　　　　　　　　　　　　　　　　　　　　정답 (C)

세 지문 중 두 지문의 내용을 종합해서 풀어야 하는 연계 문제이다. 질문의 핵심 어구인 *Spirit of the Grass*와 관련된 내용을 지문에서 찾아 각 보기와 대조하는 Not/True 문제이므로, *Spirit of the Grass*와 관련된 내용이 언급된 두 번째 지문인 편지와 세 번째 지문인 보증서를 확인한다. (A), (B), (D)는 지문에 언급되지 않은 내용이다. (C)는 보증서의 'Title of Artwork: *Spirit of the Grass*', 'Materials: Steel'에서 예술품 *Spirit of the Grass*의 재료가 강철이라고 했고, 편지의 'It would be great if you could donate one of your representative wooden sculptures.', 'Neil Baker'에서 Neil Baker가 귀하, 즉 Ms. Sloan에게 그녀의 대표적인 목재 조각상들 중 하나를 기증해줄 수 있다면 정말 좋을 것이라고 한 것을 통해 강철 재료로 만들어진 *Spirit of the Grass*는 Mr. Baker가 요청한 종류인 목재 조각상이 아니라는 것을 알 수 있으므로 지문의 내용과 일치한다. 따라서 (C)가 정답이다.

어휘　base v. 본거지를 두다, 본사를 두다　mark v. 나타내다, 표시하다　completion n. 완성　documentary n. 다큐멘터리, 기록물　graduate n. 졸업생

What is suggested about Ms. Reeves?

(A) She commissioned a work of art during an event.
(B) She collects the sculptures of artist Dana Sloan.
(C) She purchased a painting on behalf of Roda Co.
(D) She attended an art auction two years in a row.

Ms. Reeves에 대해 암시되는 것은?

(A) 행사 동안에 예술 작품을 의뢰했다.
(B) 예술가 Dana Sloan의 조각품들을 수집한다.
(C) Roda사를 대표하여 그림을 구입했다.
(D) 2년 연속으로 미술품 경매에 참가했다.

■ 추론 연계 문제

정답

세 지문 중 두 지문의 내용을 종합적으로 확인한 후 추론해서 풀어야 하는 연계 문제이다. 질문의 핵심 어구인 Ms. Reeves가 언급된 보증
먼저 확인한다.

단서1 세 번째 지문(보증서)의 'Title of Artwork: *Spirit of the Grass*', 'Date Sold: 19 March', 'Location of Sale: Clarendon
Institute', 'Name of Purchaser: Dawn Reeves'에서 Ms. Reeves가 3월 19일에 Clarendon 미술회관에서 예술품 *Spirit of
Grass*를 구매했다는 것을 알 수 있다. 그런데 Ms. Reeves가 어떻게 예술품을 구매하게 되었는지 제시되지 않았으므로 초대장을 확인한다

단서2 첫 번째 지문(초대장)의 '2nd Clarendon Art Auction', '19 March', 'Clarendon Art Institute'에서 제2회 Clarendon 미술품
가 Clarendon 미술회관에서 3월 19일에 열렸음을 알 수 있고, 'Highlights from last year's event', 'A set of three waterc
paintings ~ was acquired by Dawn Reeves.'에서 작년 행사, 즉 지난 4월에 열린 작년 Clarendon 미술품 경매의 주요 부분 중 하나
채화 세 점이 Dawn Reeves에 의해 취득된 것임을 알 수 있다.

두 단서를 종합할 때, Ms. Reeves가 3월 19일에 Clarendon 미술회관에서 열린 제2회 Clarendon 미술품 경매에서 예술품을 구매했으
년 제1회 Clarendon 미술품 경매에서도 구매를 했으므로 2년 연속으로 Clarendon 미술품 경매에 참여했음을 추론할 수 있다. 따라서 (
정답이다.

어휘 commission v. 의뢰하다, 주문하다; n. 수수료 attend v. 참가하다, 참석하다 in a row phr. 연속으로

[191]The Hangout, Silver Lake's long-awaited retail complex, is set to open this week. It arrives just in time for the winter holiday shopping season. [191]Construction had been delayed for two years before the ownership group was able to secure funding from a number of high-profile investors last year, saving the project from bankruptcy.

Alongside a variety of clothing stores, The Hangout will be home to the hip yoga studio Feetup, an Express Cup coffee shop, a Fabriga ice cream parlor, and more. [192-D]The Hangout will most likely profit from several new residential high-rise buildings around the area as well as the newly opened Red Line subway stop one block east.

[194]To commemorate the opening, The Hangout will host a celebration this weekend. This will include a complex-wide sale, with some stores offering prize drawings and promotional giveaways. [194]It will also feature a concert by the legendary Harry Hill Jazz Quartet.

[191]실버레이크의 대망의 쇼핑 복합단지 The Hangout이 이번 주 문을 열 예정이다. 이는 겨울 휴일 쇼핑 시즌에 딱 맞춰 찾아온다. [191]소유 그룹이 작년 여러 유명 투자자들로부터 자금을 확보할 수 있어서 이 프로젝트를 파산으로부터 구제하기 전, 건설이 2년 동안 지연된 바 있다.

다양한 의류 매장들과 함께, The Hangout에는 최신 유행하는 요가 스튜디오 Feetup, Express Cup 커피숍, Fabriga 아이스크림 상점 등이 들어설 것이다. [192-D]The Hangout은 동쪽으로 한 블록 거리에 새로 생긴 Red선 지하철역뿐만 아니라 근방의 몇몇 새로운 주거용 고층 건물 덕분에 이익을 볼 가능성이 높다.

[194]개점을 기념하기 위해, The Hangout은 이번 주말 축하 행사를 개최할 것이다. 이는 경품 추첨과 홍보용 증정품을 제공하는 일부 상점과 더불어, 복합단지 전체 세일을 포함할 것이다. [194]또한 전설적인 Harry Hill 재즈 사중주단의 콘서트를 특징으로 할 것이다.

Celebrate the Opening of Kisak at The Hangout

[192-D]Kisak is opening its first store outside of New York at The Hangout in Silver Lake. Kisak is known for eclectic styles, selling collections from some of the most well-known designers and up-and-coming talent.

The store's first day of business coincides with the grand opening event for The Hangout, which will be celebrated with fun activities throughout the complex. [193-A]Kisak will participate in the action and hold some complimentary styling sessions for anyone interested. None other than celebrity stylist Tamara Kimpton will be present to provide five-minute consultations. [193-D]Furthermore, many items, including our winter coats and accessories, will be discounted. [193-B]And if you show this ad to a Kisak staff member, you will receive a voucher worth up to $10 in store credit.

The Hangout에서 Kisak의 개업을 축하해 주세요

[192-D]Kisak이 실버레이크의 The Hangout에서 뉴욕 바깥의 첫 매장을 열 예정입니다. Kisak은 가장 잘 알려진 디자이너들 중 몇몇과 떠오르는 신인들의 컬렉션을 판매하는 절충적인 스타일로 알려져 있습니다.

매장 첫 영업일은 The Hangout의 개점 행사와 겹치는데, 이는 복합단지 곳곳에서 재미있는 활동으로 기념될 것입니다. [193-A]Kisak도 행사에 참여하여 관심 있는 분들을 위해 무료 스타일링 시간을 가질 것입니다. 다름 아닌 유명 인사 스타일리스트 Tamara Kimpton이 참석해서 5분 상담을 제공할 예정입니다. [193-D]게다가, 저희의 겨울 코트와 액세서리를 포함한 많은 품목들이 할인될 것입니다. [193-B]그리고 이 광고를 Kisak 직원에게 보여주시면, 최대 10달러의 매장 적립금 쿠폰을 받으실 것입니다.

To: Tabatha Branson <t.branson@thehangoutcomplex.com>
From: Yoshi Hondo <yoshi@silverlakeartcollective.com>
Subject: A proposal
Date: October 17

Dear Ms. Branson,

I just wanted to follow up on our recent conversation. First of all, [194]I was really impressed that you managed to book Harry Hill. I've been a fan for years, but that was my first time seeing him perform live.

수신: Tabatha Branson
<t.branson@thehangoutcomplex.com>
발신: Yoshi Hondo
<yoshi@silverlakeartcollective.com>
제목: 제안
날짜: 10월 17일

Ms. Branson께,

최근 저희의 대화를 끝까지 하고 싶어요. 우선, [194]당신이 Harry Hill을 예약하는 데 성공하신 것이 매우 인상 깊었습니다. 저는 수년간 팬이었지만, 그가 라이브로 공연하는 것을 보는 건 처음이었어요.

As I told you in person briefly, I am a partner in the Silver Lake Art Collective. [195]We support local artists and often organize events to promote them. I thought you might be interested in having some of their work put on display around The Hangout. I can show you some paintings and video art pieces that would be a great addition to the complex.

If you're interested, I can put together a proposal with some pieces you might like and stop by your office on Friday.

Sincerely,
Yoshi Hondo

제가 직접 간략히 말씀드린 대로, 저는 실버레이크 예술 동조합의 파트너입니다. [195]저희는 지역 예술가들을 지원하고 종종 그들을 홍보하기 위한 행사를 조직합니다. 당신은 The Hangout 곳곳에 그들의 작품 몇 점을 전시하는 관심 있으실 것 같아서요. 복합단지에 훌륭한 보탬이 될 림들과 비디오 예술 작품들을 몇 점 보여드릴 수 있습니다

관심 있으시다면, 좋아하실 만한 작품 몇 점으로 제안서 준비해서 금요일에 당신 사무실에 들를 수 있습니다.

Yoshi Hondo 드림

지문 1	□ long-awaited adj. 대망의, 오랫동안 기다린	□ complex n. 복합단지, 쇼핑몰	□ set to phr. ~할 예정인, 계획된
	□ arrive v. 찾아오다, 도래하다	□ secure v. 확보하다	□ funding n. 자금
	□ high-profile adj. 유명한, 세간의 이목을 끄는	□ bankruptcy n. 파산	□ parlor n. (특정한 상품·서비스를 제공하는) 싱
	□ profit v. 이익을 보다; n. 이익	□ residential adj. 주거용의, 주거의	□ high-rise adj. 고층의
	□ commemorate v. 기념하다	□ prize n. 경품, 상	□ drawing n. 추첨
	□ promotional adj. 홍보용의, 홍보의	□ giveaway n. 증정품, 경품	□ legendary adj. 전설적인
	□ quartet n. 사중주단, 사중창단		
지문 2	□ eclectic adj. 절충적인, 다방면에 걸친	□ up-and-coming adj. 떠오르는, 전도유망한	□ coincide v. 겹치다, 동시에 발생하다
	□ complimentary adj. 무료의	□ none other than phr. 다름 아닌, 바로 ~인	□ consultation n. 상담
	□ voucher n. 쿠폰, 상품권	□ credit n. 적립금, 신용	
지문 3	□ follow up on phr. ~을 끝까지 하다	□ collective n. 협동조합; adj. 집단적인	
	□ put together phr. (이것저것을 모아) 준비하다, 만들다		

191

Why was the opening of a retail complex delayed?

(A) Some builders went out of business.
(B) It had difficulty raising funds.
(C) It was put off until after a peak season.
(D) Some chain stores left a business partnership.

쇼핑 복합단지의 개점이 왜 지연되었는가?

(A) 일부 건축업자들이 폐업했다.
(B) 자금 조달에 어려움을 겪었다.
(C) 성수기 이후로 연기되었다.
(D) 일부 체인점들이 사업제휴를 해지했다.

■ 육하원칙 Why   정

쇼핑 복합단지의 개점이 왜(Why) 지연되었는지를 묻는 육하원칙 문제이므로 질문의 핵심 어구인 opening of a retail complex dela 관련된 내용이 언급된 첫 번째 지문인 기사를 확인한다. 기사의 'The Hangout, Silver Lake's long-awaited retail complex, is s open ~.'에서 실버레이크의 대망의 쇼핑 복합단지 The Hangout이 문을 열 예정이라고 했고, 'Construction had been delayed fo years before the ownership group was able to secure funding ~, saving the project from bankruptcy.'에서 소유 그룹이 ㅈ 확보할 수 있어서 이 프로젝트를 파산으로부터 구제하기 전 건설이 2년 동안 지연된 바 있다고 했으므로, The Hangout 쇼핑 복합단지기 조달에 어려움을 겪어서 개점이 지연되었다는 사실을 알 수 있다. 따라서 (B)가 정답이다.

어휘 go out of business phr. 폐업하다 raise v. (자금을) 조달하다 put off phr. 연기하다 peak season phr. 성수기 partnership n. 제휴, 협

What is true about the new Kisak location?	새로운 Kisak 지점에 대해 사실인 것은?
(A) It is partly owned by Tamara Kimpton.	(A) 부분적으로 Tamara Kimpton의 소유이다.
(B) It is offering a promotion on menswear.	(B) 남성복에 대한 판촉행사를 진행하고 있다.
(C) It is between a coffee shop and a yoga studio.	(C) 커피숍과 요가 스튜디오 사이에 있다.
(D) It is convenient to public transportation.	(D) 대중교통에 편리하다.

■ Not/True 연계 문제   정답 (D)

세 지문 중 두 지문의 내용을 종합해서 풀어야 하는 연계 문제이다. 질문의 핵심 어구인 new Kisak location과 관련된 내용을 지문에서 찾아 각 보기와 대조하는 Not/True 문제이므로 새로운 Kisak 지점과 관련된 내용이 언급된 두 번째 지문인 광고와 첫 번째 지문인 기사를 확인한다. (A), (B), (C)는 지문에 언급되지 않은 내용이다. (D)는 광고의 'Kisak is opening its first store outside of New York at The Hangout in Silver Lake.'에서 Kisak이 실버레이크의 The Hangout에서 뉴욕 바깥의 첫 매장을 열 예정이라고 했고, 기사의 'The Hangout will most likely profit from ~ the newly opened Red Line subway stop one block east.'에서 The Hangout은 동쪽으로 한 블록 거리에 새로 생긴 Red선 지하철역 덕분에 이익을 볼 가능성이 높다고 한 것을 통해 새로운 Kisak 지점이 위치한 The Hangout은 대중교통에 편리하다는 것을 알 수 있으므로 지문의 내용과 일치한다. 따라서 (D)가 정답이다.

바꾸어 표현하기

subway stop 지하철역 → public transportation 대중교통

어휘 partly adv. 부분적으로 menswear n. 남성복 convenient adj. 편리한

Which of the following is NOT an activity that Kisak is planning?	다음 중 Kisak이 계획하고 있는 활동이 아닌 것은?
(A) Holding fashion consultations	(A) 패션 상담을 진행하는 것
(B) Distributing store coupons	(B) 매장 쿠폰을 나눠주는 것
(C) Launching a celebrity brand	(C) 유명 인사의 브랜드를 출시하는 것
(D) Offering a price reduction	(D) 가격 할인을 제공하는 것

■ Not/True Not 문제   정답 (C)

질문의 핵심 어구인 activity ~ Kisak is planning과 관련된 내용을 지문에서 찾아 각 보기와 대조하는 Not/True 문제이므로 Kisak이 계획하고 있는 활동이 언급된 두 번째 지문인 광고를 확인한다. (A)는 'Kisak will ~ hold some complimentary styling sessions ~. ~ stylist ~ will ~ provide five-minute consultations.'에서 Kisak이 무료 스타일링 시간을 가질 것이며 스타일리스트가 5분 상담을 제공할 예정이라고 했으므로 지문의 내용과 일치한다. (B)는 '~ if you show this ad to a Kisak staff member, you will receive a voucher worth up to $10 in store credit.'에서 이 광고를 Kisak 직원에게 보여주면 최대 10달러의 매장 적립금 쿠폰을 받을 것이라고 했으므로 지문의 내용과 일치한다. (C)는 지문에 언급되지 않은 내용이다. 따라서 (C)가 정답이다. (D)는 '~ many items ~ will be discounted.'에서 많은 품목들이 할인될 것이라고 했으므로 지문의 내용과 일치한다.

바꾸어 표현하기

voucher 쿠폰 → coupons 쿠폰
discounted 할인되다 → price reduction 가격 할인

어휘 distribute v. 나눠주다, 분배하다 launch v. 출시하다

194

What is indicated about Mr. Hondo?

(A) He worked with Ms. Branson previously.
(B) He attended an opening celebration.
(C) He manages The Hangout's art gallery.
(D) He is a renowned visual artist.

Mr. Hondo에 대해 암시된 것은?

(A) 이전에 Ms. Branson과 일했다.
(B) 개점 축하 행사에 참석했다.
(C) The Hangout의 미술관을 관리한다.
(D) 명망 있는 시각 예술가이다.

■ **추론** 연계 문제   정답

세 지문 중 두 지문의 내용을 종합적으로 확인한 후 추론해서 풀어야 하는 연계 문제이다. 질문의 핵심 어구인 Mr. Hondo가 작성한 이메일을
저 확인한다.

단서 1 세 번째 지문(이메일)의 'I was really impressed that you managed to book Harry Hill. I've been a fan for years, but t
was my first time seeing him perform live.'에서 당신, 즉 Ms. Branson이 Harry Hill을 예약하는 데 성공한 것이 매우 인상 깊었다고
며 자신은 수년간 팬이었지만 그가 라이브로 공연하는 것을 보는 것은 처음이었다고 했다. 그런데 Mr. Hondo가 Harry Hill의 공연을 어떻게
것인지 제시되지 않았으므로 기사에서 관련 내용을 확인한다.

단서 2 첫 번째 지문(기사)의 'To commemorate the opening, The Hangout will host a celebration ~.'에서 개점을 기념하기 위
The Hangout이 축하 행사를 개최할 것이라고 했고, 'It will ~ feature a concert by the legendary Harry Hill Jazz Quartet.'에서 여
즉 The Hangout 개점 축하 행사는 전설적인 Harry Hill 재즈 사중주단의 콘서트를 특징으로 할 것이라고 했다.

두 단서를 종합할 때, Mr. Hondo가 The Hangout 개점 축하 행사에 참석하여 Harry Hill 재즈 사중주단의 콘서트를 보았다는 사실을 추
수 있다. 따라서 (B)가 정답이다.

어휘 **attend** v. 참석하다 **renowned** adj. 명망 있는 **visual artist** phr. 시각 예술가

195

What is Mr. Hondo proposing?

(A) Sponsoring a gallery opening
(B) Collaborating on an exhibit
(C) Using a complex for a video shoot
(D) Holding a charity event

Mr. Hondo는 무엇을 제안하는가?

(A) 갤러리 개관을 후원하는 것
(B) 전시에 협력하는 것
(C) 영상 촬영을 위해 복합단지를 사용하는 것
(D) 자선행사를 개최하는 것

■ **육하원칙** What   정답

Mr. Hondo가 무엇(What)을 제안하는지를 묻는 육하원칙 문제이므로 질문의 핵심 어구인 Mr. Hondo proposing과 관련된 내용이 언급
번째 지문인 이메일을 확인한다. 이메일의 'We[Silver Lake Art Collective] support local artists and often organize events
promote them. I thought you might be interested in having some of their work put on display around The Hangout.'에서
버레이크 예술 협동조합은 지역 예술가들을 지원하고 종종 그들을 홍보하기 위한 행사를 조직하는데, 당신, 즉 Ms. Branson이 The Hang
곳곳에 그들의 작품 몇 점을 전시하는 데 관심 있을 것 같다고 했으므로 (B)가 정답이다.

어휘 **sponsor** v. 후원하다; n. 후원자 **collaborate** v. 협력하다 **shoot** n. 촬영; v. 촬영하다 **charity** n. 자선, 자선행사

UNICLOUD IS HIRING A MOBILE APPLICATION DEVELOPER

Posted October 1   Expires December 1

RESPONSIBILITIES:
- [196-A]Plan user interfaces by considering target audiences and customer feedback
- Design the visual style and interface of various applications
- [196-D]Develop prototypes of user interfaces
- [196-C]Deliver updates on the development process at weekly progress meetings

[198]BASIC REQUIREMENTS:
- Five years of experience as a mobile application developer
- Experience creating models of complex mobile applications
- Bachelor's degree in design or computer science
- [198]Willingness to settle in Buenos Aires

PREFERRED QUALIFICATIONS:
- Experience designing mobile applications for cloud-based services
- Fluent English and Spanish

Along with your résumé, please submit a portfolio or samples of work demonstrating relevant experience to recruitment@unicloud.com.

ABOUT UNICLOUD

Established 10 years ago, [197-C]Unicloud is the cloud computing arm of Munich-based e-commerce pioneer Unispan Group. [197-A]It is among the world's top three providers of cloud services and the largest of its kind in Europe. Unicloud provides a comprehensive set of cloud computing services to clients worldwide, including start-ups, corporations, and government organizations.

[200]Unicloud currently has offices in London, New York, and Shanghai. It has over 500 million users. [198/200]It aims to attract 200 million Spanish-language users after establishing its South America office in Buenos Aires, which will open soon.

NOTICE TO UNICLOUD EMPLOYEES

Be reminded that [199]we will be hosting a group of representatives from the electronics maker SatzCorp two weeks from now. They would like to learn about our office environment, organizational structure, and corporate culture. While here, they will be interviewing various employees. Ms. Schrader, from our parent company, will be accompanying the team during its visit. At the start of the day, she will be briefing us on what to expect. [200]The

---

UNICLOUD사에서 모바일 애플리케이션 개발자를 구인합니다

10월 1일 게시   12월 1일 만료

직무:
- [196-A]타깃층과 고객 의견을 고려하여 사용자 인터페이스 구상
- 다양한 애플리케이션의 시각적 스타일과 인터페이스 설계
- [196-D]사용자 인터페이스 견본 개발
- [196-C]주간 진행 상황 회의에서 개발 진행 과정에 대한 최신 정보 전달

[198]기본 요건:
- 모바일 애플리케이션 개발자로서 5년의 경력
- 복잡한 모바일 애플리케이션 모델 제작 경력
- 디자인 또는 컴퓨터 공학 학사 학위
- [198]부에노스아이레스에 정착하려는 의사

선호되는 자질:
- 클라우드 기반의 서비스를 위한 모바일 애플리케이션 설계 경력
- 유창한 영어와 스페인어

당신의 이력서와 함께, 관련 경력을 보여주는 포트폴리오 또는 작업물 샘플을 recruitment@unicloud.com으로 제출해 주십시오.

UNICLOUD사에 대해

10년 전에 설립된 [197-C]Unicloud사는 뮌헨에 본사를 둔 전자 상거래의 선구자 Unispan사의 클라우드 컴퓨팅 지부입니다. [197-A]이것은 세계 3대 클라우드 서비스 공급업체 중 하나이며 유럽에서는 동종 업체 중에서 가장 큰 업체입니다. Unicloud사는 신생 기업, 큰 규모의 회사, 그리고 정부 기관을 포함하여, 전 세계의 고객들에게 일련의 종합적인 클라우드 컴퓨팅 서비스를 제공합니다.

[200]Unicloud사는 현재 런던, 뉴욕, 그리고 상하이에 지사를 두고 있습니다. 그것은 5억 명이 넘는 사용자를 가지고 있습니다. [198/200]그것은 부에노스아이레스에 조만간 문을 열 남미 지사를 세운 후 2억 명의 스페인어 사용자를 끌어들이는 것을 목표로 하고 있습니다.

UNICLOUD 직원들에게 알림

[199]지금으로부터 2주 후에 우리가 전자제품 제조업체인 SatzCorp사의 대표단을 접대할 것임을 기억해 주십시오. 그들은 우리의 사무 환경, 조직 구조, 그리고 기업 문화에 대해 배우고 싶어 합니다. 여기에 있는 동안, 그들은 다양한 직원들을 인터뷰할 것입니다. 우리의 모기업에서 온 Ms. Schrader가 그 팀이 방문하는 동안 동행할 것입니다. 그날 시작할 때, 그녀는 우리에게 무엇을 예상해야 하는지에 대해 간단히 알려줄 것입니다. [200]그 절차는 우리 회사의

process will be repeated at our company's two other locations, in New York and Shanghai, but not at the newly established one. **Before the end of the year, we will send a delegation of our own to SatzCorp's main office. By doing so, we will hopefully learn some good practices regarding client management.**

다른 두 곳, 뉴욕과 상하이에서도 반복될 것이지만, 새로 설립된 곳에서는 그렇지 않을 것입니다. 연말 전에, 우리는 우리 대표단을 SatzCorp사의 본사에 파견할 것입니다. 그렇게 함으로써, 우리가 고객 관리에 관한 몇몇 모범적인 관행을 배울 수 있기를 바랍니다.

지문 1	□ responsibility n. 직무, 책무	□ visual adj. 시각적인	□ prototype n. 견본, 원형
	□ development n. 개발, 발달	□ requirement n. 요건	□ collaborative adj. 협업의, 협력의
	□ bachelor n. 학사	□ willingness n. 의사, 의지	□ qualification n. 자질, 능력
	□ portfolio n. 포트폴리오, 작품집	□ demonstrate v. 보여주다	
지문 2	□ establish v. 설립하다	□ arm n. 지부, 부문	□ e-commerce n. 전자 상거래
	□ pioneer n. 선구자	□ comprehensive adj. 종합적인, 포괄적인	
지문 3	□ host v. 접대하다	□ parent company phr. 모기업	□ accompany v. 동행하다, 동반하다
	□ brief v. 간단히 알려주다	□ delegation n. 대표단	□ practice n. 관행, 관습

196

According to the advertisement, what will successful applicants NOT have to do?

(A) Review customer feedback
(B) Design the look of promotional material
(C) Speak to a group on a regular basis
(D) Create models of user interfaces

광고에 따르면, 합격자들이 해야 하는 것이 아닌 것은?

(A) 고객 의견을 검토한다
(B) 홍보물의 외관을 디자인한다
(C) 정기적으로 모임에 이야기한다
(D) 사용자 인터페이스 견본을 만든다

■ **Not/True** Not 문제

정답

질문의 핵심 어구인 successful applicants ~ have to do와 관련된 내용을 광고에서 찾아 각 보기와 대조하는 Not/True 문제이므로 첫 번째 지문인 광고에서 관련 내용을 확인한다. (A)는 'Plan user interfaces by considering ~ customer feedback'에서 고객 의견을 고려하여 사용자 인터페이스를 구상해야 한다고 했으므로 지문의 내용과 일치한다. (B)는 지문에 언급되지 않은 내용이다. 따라서 (B)가 정답이다. (C)는 'Deliver updates on the development process at weekly progress meetings'에서 주간 진행 상황 회의에서 개발 진행 과정에 한 최신 정보를 전달해야 한다고 했으므로 지문의 내용과 일치한다. (D)는 'Develop prototypes of user interfaces'에서 사용자 인터페이스 견본을 개발해야 한다고 했으므로 지문의 내용과 일치한다.

바꾸어 표현하기
weekly 주간 → on a regular basis 정기적으로
Develop prototypes 견본을 개발하다 → Create models 견본을 만들다

어휘 successful applicant phr. 합격자 promotional adj. 홍보의, 판촉의

197

What is mentioned about Unicloud?

(A) It was the first company of its kind to be established in Europe.
(B) It works in collaboration with international organizations.
(C) It provides a specialized service as part of a larger organization.
(D) It expects to double user numbers following an upcoming expansion.

Unicloud에 대해 언급된 것은?

(A) 동종 업체 중에서 유럽에 설립된 첫 번째 회사였다.
(B) 국제기관들과 협력하여 일한다.
(C) 더 큰 조직의 일부로서 전문화된 서비스를 제공한다.
(D) 다가오는 확장에 이어 사용자 수를 두 배로 늘릴 것으로 기대한다.

■ **Not/True** True 문제

정답

질문의 핵심 어구인 Unicloud와 관련된 내용을 지문에서 찾아 각 보기와 대조하는 Not/True 문제이므로 Unicloud사에 대해 설명하는 인서 관련 내용을 확인한다. (A)는 'It is ~ the largest of its kind in Europe.'에서 이것, 즉 Unicloud사가 유럽에서 동종 업체 중에서 큰 업체라고는 했지만 동종 업체 중 유럽에 설립된 첫 회사인지는 알 수 없으므로 지문의 내용과 일치하지 않는다. (B)와 (D)는 지문에 언급 않은 내용이다. (C)는 'Unicloud is the cloud computing arm of ~ Unispan Group.'에서 Unicloud사가 Unispan사의 클라우드 컴 지부라고 했으므로 지문의 내용과 일치한다. 따라서 (C)가 정답이다.

어휘 in collaboration with phr. ~와 협력하여 specialized adj. 전문화된 upcoming adj. 다가오는

<table>
<tr>
<td>

What can be inferred about the advertised position?

(A) It will require frequent travel.
(B) It comes with an annual bonus.
(C) It will involve working at a new branch.
(D) It must be filled before December.

</td>
<td>

광고된 직책에 대해 추론될 수 있는 것은?

(A) 잦은 출장을 요구할 것이다.
(B) 연례 상여금이 나온다.
(C) 새로운 지사에서 일하는 것을 수반할 것이다.
(D) 12월 전에 자리가 채워져야 한다.

</td>
</tr>
</table>

추론 연계 문제 　　　 정답 (C)

지문 중 두 지문의 내용을 종합적으로 확인한 후 추론해서 풀어야 하는 연계 문제이다. 질문의 핵심 어구인 the advertised position과 관련된 내용이 언급된 광고를 먼저 확인한다.

단서 1 첫 번째 지문(광고)의 'BASIC REQUIREMENTS', 'Willingness to settle in Buenos Aires'에서 직책의 기본 요건에 부에노스아이레스에 정착하려는 의사가 포함되어 있음을 알 수 있다. 그런데 직책의 기본 요건에 부에노스아이레스에서 정착하려는 의사가 왜 포함되어 있는지 제시되지 않았으므로 안내문에서 관련 내용을 확인한다.

단서 2 두 번째 지문(안내문)의 'It aims to attract 200 million Spanish-language users after establishing its South America office in Buenos Aires, which will open soon.'에서 그것, 즉 Unicloud사가 부에노스아이레스에 조만간 문을 열 남미 지사를 세운 후 2억 명의 스페인어 사용자를 끌어들이는 것을 목표로 한다고 했음을 확인할 수 있다.

두 단서를 종합할 때, 광고된 직책은 Unicloud사의 새로운 남미 지사인 부에노스아이레스에서 일하는 것을 수반할 것이라는 사실을 추론할 수 있다. 따라서 (C)가 정답이다.

어휘 frequent adj. 잦은, 빈번한　come with phr. ~이 나오다　annual bonus phr. 연례 상여금　involve v. 수반하다

<table>
<tr>
<td>

What is the purpose of the notice?

(A) To introduce a newly hired executive
(B) To remind employees about a policy
(C) To report on the success of an event
(D) To discuss an information-gathering visit

</td>
<td>

공고의 목적은 무엇인가?

(A) 새롭게 채용된 임원을 소개하기 위해
(B) 규정에 대해 직원들에게 상기시키기 위해
(C) 행사의 성공을 알리기 위해
(D) 정보 수집을 위한 방문에 대해 논의하기 위해

</td>
</tr>
</table>

주제/목적 찾기 글의 목적 　　　 정답 (D)

공고의 목적을 묻는 목적 찾기 문제이므로 세 번째 지문인 공고의 내용을 확인한다. 공고의 'we will be hosting a group of representatives from the electronics maker SatzCorp ~. They would like to learn about our office environment, organizational structure, and corporate culture.'에서 전자제품 제조업체인 SatzCorp사의 대표 단체를 접대할 것이며 그들은 우리의 사무 환경, 조직 구조, 그리고 기업 문화에 대해 배우고 싶어 한다고 했으므로 (D)가 정답이다.

<table>
<tr>
<td>

What is suggested about the recipients of the notice?

(A) They will be assigned to a special project.
(B) They will be asked to participate in a survey by Ms. Schrader.
(C) They work at Unicloud's London office.
(D) They cannot be absent for the next two weeks.

</td>
<td>

공고 수신자들에 대해 암시되는 것은?

(A) 특별 프로젝트에 배정될 것이다.
(B) Ms. Schrader에 의해 설문 조사에 참여하도록 요청받을 것이다.
(C) Unicloud의 런던 사무실에서 근무한다.
(D) 다음 2주 동안 결근할 수 없다.

</td>
</tr>
</table>

추론 연계 문제 　　　 정답 (C)

지문 중 두 지문의 내용을 종합적으로 확인한 후 추론해서 풀어야 하는 연계 문제이다. 질문의 핵심 어구인 공고 수신자들에게 보내진 공고를 먼저 확인한다.

단서 1 세 번째 지문(공고)의 'The process will be repeated at our company's two other locations, in New York and Shanghai, but not at the newly established one.'에서 그 절차, 즉 전자 제품 제조업체인 SatzCorp사의 대표단이 Unicloud사를 방문하는 것이 우리 회사, 즉 Unicloud사의 다른 두 곳, 뉴욕과 상하이에서도 반복될 것이지만 새로 설립된 곳에서는 그렇지 않을 것이라고 했다. 그런데 공고 수신자들이 일하고 있는 지사가 어디인지 제시되지 않았으므로 안내문에서 관련 내용을 확인한다.

단서 2 두 번째 지문(안내문)의 'Unicloud currently has offices in London, New York, and Shanghai.', '~ establishing its South America office in Buenos Aires, which will open soon.'에서 Unicloud사가 현재 런던, 뉴욕, 그리고 상하이에 지사를 두고 있으며 부에노스아이레스에 조만간 문을 열 남미 지사를 세울 것이라고 한 것을 알 수 있다.

두 단서를 종합할 때, 공고 수신자들은 Unicloud사의 뉴욕과 상하이, 그리고 새로 설립된 남미 지사가 아닌 런던 지사에서 근무한다는 사실을 추론할 수 있다. 따라서 (C)가 정답이다.

어휘 recipient n. 수신자, 수취인　assign v. 배정하다, 맡기다　absent adj. 결근한, 불참한

TEST 06

PART 5

101
○○●●
88

The resort manager usually gives first-time visitors a tour of the property to familiarize them with the -------.

(A) surroundings
(B) surrounds
(C) surrounded
(D) surrounding

리조트 관리자는 보통 첫 방문자들이 환경에 익숙해지도록 숙박시설을 구경시켜 준다.

■ [명사 자리] 동명사 vs. 명사   정답

관사(the) 뒤에 올 수 있는 것은 명사이므로 명사 (A)와 명사 역할을 할 수 있는 동명사 (D)가 정답의 후보이다. '환경에 익숙해지도록 숙박시설을 구경시켜 준다'라는 의미가 되어야 하므로 명사 (A) surroundings(환경)가 정답이다. 참고로, '환경'이라는 의미의 명사 surroundings는 항상 복수형으로만 쓴다는 것을 알아둔다. 동명사 (D)는 '둘러싸는 것에 익숙해지도록 숙박시설을 구경시켜 준다'라는 어색한 문맥을 만든다. 참고로, surrounding은 '인근의, 주위의'라는 의미의 형용사로도 쓰일 수 있음을 알아둔다. 동사 (B)와 동사 또는 과거분사 (C)는 명사 자리에 올 수 없다.

어휘 familiarize v. 익숙하게 하다 surround v. 둘러싸다

102
○○●●
88

A former teacher, Ms. Pratt was ------- to run for office in an attempt to improve the quality of public school education.

(A) concerned
(B) connected
(C) inspired
(D) fulfilled

전직 교사였던 Ms. Pratt은 공립학교 교육의 질을 향상하기 위한 시도로 공직에 출마하도록 영감을 받았다.

■ 동사 어휘   정답

'공립학교 교육의 질을 향상하기 위한 시도로 공직에 출마하도록 영감을 받았다'라는 문맥이므로 동사 inspire(영감을 주다)의 p.p.형 inspired가 정답이다. (A)의 concern은 '관련되다', (B)의 connect는 '연결하다, 잇다', (D)의 fulfill은 '실현하다, 성취하다'라는 의미이다. 참고로, be inspired to(~하도록 영감을 받다)를 관용구로 알아둔다.

어휘 run for office phr. 공직에 출마하다 attempt n. 시도 improve v. 향상하다

103
○○●●
88

According to the engineer's ------- of the building damaged in the earthquake, it will need to be torn down.

(A) venture
(B) procedure
(C) assessment
(D) occupation

지진으로 손상된 건물에 관한 기술자의 평가에 따르면, 그것은 철거되어야 할 것이다.

■ 명사 어휘   정답

'손상된 건물에 관한 기술자의 평가에 따르면 그것은 철거되어야 할 것이다'라는 문맥이므로 명사 (C) assessment(평가)가 정답이다. (A) venture는 '모험', (B) procedure는 '절차, 수술', (D) occupation은 '직업'이라는 의미이다.

어휘 tear down phr. 철거하다, 허물다

104
○○●●
88

Ms. Bang excused ------- from the workshop in order to take an important call from a supplier.

(A) her own
(B) she
(C) herself
(D) hers

Ms. Bang은 공급업체로부터 중요한 전화를 받기 위해 워크숍에 불참했다.

■ [목적어 자리] 재귀대명사   정답

동사(excused)의 목적어 자리에 올 수 있는 소유대명사 역할을 하는 (A), 재귀대명사 (C), 소유대명사 (D)가 정답의 후보이다. 'Ms. Bang은 워크숍에 불참했다'라는 의미가 되어야 하므로 동사 excuse와 함께 쓰여 '~에 불참하다, ~을 빠지다'라는 의미의 어구 excuse oneself from을 만드는 재귀대명사 (C) herself가 정답이다. 소유대명사 역할을 하는 (A)와 소유대명사 (D)는 'Ms. Bang이 그녀의 것을 워크숍에 불참시켰다'라는 어색한 문맥을 만든다. 주격 인칭대명사 (B)는 목적어 자리에 올 수 없다.

The chairperson of BTM Enterprise postponed Friday's board meeting, as ------- were expected to be away.

(A) few
(B) each
(C) many
(D) none

많은 사람들이 자리를 비울 것으로 예상되었기 때문에, BTM사의 의장은 금요일 이사 회의를 연기했다.

■ 부정대명사

정답 (C)

종속절(as ____ ~ away)에 주어가 없고, 동사(were)가 복수 동사이므로 주어 자리에 와서 복수 동사와 함께 쓰일 수 있는 부정대명사 (A), (C), (D)가 정답의 후보이다. '많은 사람들이 자리를 비울 것으로 예상되었기 때문에 이사 회의를 연기했다'라는 의미가 되어야 하므로 (C) many(많은 사람들)가 정답이다. (A) few(소수)와 (D) none(아무도)은 각각 '소수가 자리를 비울 것으로/아무도 자리를 비우지 않을 것으로 예상되었기 때문에 이사 회의를 연기했다'라는 어색한 문맥을 만든다. 부정대명사 (B) each(각각)는 단수로 취급되므로 단수 동사와 함께 쓰인다.

어휘 chairperson n. 의장, 회장 postpone v. 연기하다, 미루다 board meeting phr. 이사 회의

Vic's short film was shot so ------- that hardly anyone in the audience realized it was the work of a student.

(A) expertise
(B) expertness
(C) expert
(D) expertly

Vic의 단편 영화는 너무 전문적으로 촬영되어서 관객들 중 거의 아무도 그것이 학생의 작품이라는 것을 알아차리지 못했다.

■ 부사 자리

정답 (D)

빈칸 앞에 있는 동사(was shot)를 꾸밀 수 있는 것은 부사이므로 부사 (D) expertly(전문적으로)가 정답이다. 명사 (A)와 (B), 명사 또는 형용사 (C)는 동사를 꾸밀 수 없다. 참고로, 빈칸 앞의 so가 뒤의 that과 함께 'so ~ that …(너무 ~해서 …하다)' 구문으로 쓰였음을 알아둔다.

어휘 shoot v. 촬영하다 hardly adv. 거의 ~않다 expertise n. 전문 지식 expertness n. 숙달 expert n. 전문가; adj. 전문가의

The new diet facilitates weight loss ------- it is paired with at least one hour of moderate exercise per day.

(A) except for
(B) even though
(C) only if
(D) such as

이 새로운 식단은 오직 적어도 하루에 한 시간의 적당한 운동과 병행된 경우에만 체중 감량을 용이하게 한다.

■ [수식어 거품을 이끄는 것] 부사절 접속사 조건

정답 (C)

이 문장은 주어(The new diet), 동사(facilitates), 목적어(weight loss)를 갖춘 완전한 절이므로, ____ ~ day는 수식어 거품으로 보아야 한다. 이 수식어 거품은 동사(is paired)가 있는 거품절이므로, 거품절을 이끌 수 있는 부사절 접속사 (B)와 (C)가 정답의 후보이다. '식단은 오직 운동과 병행된 경우에만 체중 감량을 용이하게 한다'라는 의미가 되어야 하므로 조건을 나타내는 부사절 접속사 (C) only if(오직 ~하는 경우에만)가 정답이다. (B) even though는 '비록 ~이지만'이라는 의미로 양보를 나타낸다. 전치사 (A) except for(~을 제외하고는)와 (D) such as(~과 같은)는 거품절이 아닌 거품구를 이끈다.

어휘 facilitate v. 용이하게 하다 moderate adj. 적당한

Because lots of online stores offer discounts, it is often ------- to make purchases online than to shop in person.

(A) cheap
(B) cheaply
(C) cheapest
(D) cheaper

많은 온라인 상점들이 할인을 제공하기 때문에, 직접 쇼핑하는 것보다 온라인에서 구매하는 것이 종종 더 저렴하다.

■ [보어 자리] 비교급

정답 (D)

빈칸은 be동사(is)의 보어 자리이므로 보어가 될 수 있는 형용사 (A), (C), (D)가 정답의 후보이다. 비교급과 함께 쓰이는 표현 than(~보다)이 사용되었고, '직접 쇼핑하는 것보다 온라인에서 구매하는 것이 더 저렴하다'라는 의미가 되어야 하므로 형용사 cheap(저렴한)의 비교급 (D) cheaper가 정답이다. 원급 (A)와 최상급 (C)는 비교급 표현과 함께 쓰일 수 없다. 부사 (B)는 보어 자리에 올 수 없다.

109

The insurance investigator determined that both drivers involved in the collision had been ------- at fault.

(A) entirely
(B) busily
(C) roughly
(D) equally

보험 조사원은 충돌에 연루된 두 운전자 모두가 동등하 책임이 있다고 판단했다.

■ 부사 어휘

정답

'두 운전자 모두가 동등하게 책임이 있다'라는 문맥이므로 부사 (D) equally(동등하게, 똑같이)가 정답이다. (A) entirely는 '전체', (B) bus '바쁘게, 분주히', (C) roughly는 '대략, 거의'라는 의미이다.

어휘 insurance n. 보험 investigator n. 조사원 determine v. 판단하다, 결정하다 involved in phr. ~에 연루된, 관련된 collision n. 충돌
at fault phr. 책임이 있는, 잘못한

110

Bolt Systems and Seer Computers announced their merger, but details ------- the agreement were kept confidential.

(A) concerning
(B) toward
(C) above
(D) since

Bolt Systems사와 Seer 컴퓨터사가 합병을 발표했지 합의에 관한 세부 사항은 비밀에 부쳐졌다.

■ 전치사 선택 ~에 관하여

정답

'합의에 관한 세부 사항은 비밀에 부쳐졌다'라는 의미가 되어야 하므로 전치사 (A) concerning(~에 관하여)이 정답이다. (B) toward는 '~ 로'라는 의미로 방향을, (C) above는 '~ 위에'라는 의미로 위치를, (D) since는 '~ 이래로'라는 의미로 시점을 나타낸다.

어휘 merger n. 합병 confidential adj. 비밀의

111

Employee productivity was ------- enhanced after the company replaced all of its outdated office equipment.

(A) noticeably
(B) notice
(C) noticeable
(D) noticed

회사가 오래된 사무 장비를 모두 교체한 후 직원 생산성 눈에 띄게 향상되었다.

■ 부사 자리

정답

동사(was enhanced)를 꾸미기 위해서는 부사가 와야 하므로 부사 (A) noticeably(눈에 띄게, 현저히)가 정답이다. 동사 또는 명사 (B), 형 (C), 동사 또는 과거분사 (D)는 동사를 꾸밀 수 없다. 참고로, 명사 (B)를 be동사(was)의 보어로 보고, enhanced는 명사를 뒤에서 수식해 과거분사로 본다 해도 '직원 생산성은 향상된 공고였다'라는 어색한 문맥이 된다.

어휘 productivity n. 생산성 enhance v. 향상하다 outdated adj. 오래된, 구식의

112

This coupon for free breadsticks can be redeemed at every ------- Colson Pizzeria franchise in the United States.

(A) participated
(B) participation
(C) participating
(D) participate

이 무료 막대 빵 쿠폰은 미국 내 모든 참여하는 Colsc Pizzeria 가맹점에서 사용될 수 있다.

■ [형용사 자리] 현재분사 vs. 과거분사

정답

빈칸 뒤의 명사(Colson Pizzeria franchise)를 꾸며줄 수 있는 것은 형용사이므로 형용사 역할을 하는 과거분사 (A)와 현재분사 (C)가 의 후보이다. 꾸밈을 받는 명사와 분사가 '참여하는 Colson Pizzeria 가맹점'이라는 능동의 의미이므로 현재분사 (C) participating(참여 이 정답이다. 과거분사 (A) participated(참여된)를 쓰면 '참여된 Colson Pizzeria 가맹점'이라는 어색한 문맥이 된다. 명사 (B)와 동사 (명사를 꾸밀 수 없다.

어휘 redeem v. (쿠폰 등을) 사용하다, (상품으로) 교환하다

After completing the internship program, Mr. Louis was prepared to take on ------- responsibilities his new accounting job entailed.

(A) that
(B) however
(C) which
(D) whatever

인턴십 과정을 마친 후, Mr. Louis는 그의 새로운 회계 업무가 수반하는 어떤 책임이든 간에 맡을 준비가 되어 있었다.

■ 명사절 접속사 복합관계형용사 whatever
정답 (D)

동사구 take on(~을 맡다)의 목적어 자리에 온 명사절(____ ~ entailed)을 이끌면서, 빈칸 뒤의 명사(responsibilities)를 꾸며주는 형용사 역할을 할 수 있는 의문형용사 (C)와 복합관계형용사 (D)가 정답의 후보이다. 'Mr. Louis는 업무가 수반하는 어떤 책임이든 간에 맡을 준비가 되어 있었다'라는 의미가 되어야 하므로 복합관계형용사 (D) whatever(어떤 ~이든 간에)가 정답이다. 의문형용사 (C) which(어느 ~)는 'Mr. Louis는 업무가 수반하는 어느 책임을 맡을 준비가 되어 있었다'라는 어색한 문맥을 만든다. 명사절 접속사 (A) that은 명사를 꾸밀 수 없다. 복합관계부사 (B) however(어떻게 ~할지라도, 아무리 ~하더라도)는 명사절을 이끌 수 없다.

어휘 accounting n. 회계 entail v. 수반하다, 함의하다

The factory foreman decided to lease a warehouse ------- having one built because of the urgent need for the space.

(A) as opposed to
(B) in reference to
(C) so long as
(D) as far as

그 공장 감독은 공간에 대한 시급한 필요로 인해 창고를 짓는 것이 아니라 임대하기로 결정했다.

■ [수식어 거품을 이끄는 것] 전치사 선택 기타
정답 (A)

이 문장은 주어(The factory foreman), 동사(decided), 목적어(to lease a warehouse)를 갖춘 완전한 절이므로, ____ having one built은 수식어 거품으로 보아야 한다. 이 수식어 거품은 동사가 없는 거품구이므로, 거품구를 이끌 수 있는 전치사 (A), (B), (D)가 정답의 후보이다. '창고를 짓는 것이 아니라 임대하기로 결정했다'라는 의미가 되어야 하므로 전치사 (A) as opposed to(~이 아니라, ~과는 대조적으로)가 정답이다. (B) in reference to는 '~에 관하여', (D) as far as는 '(거리, 범위, 정도가) ~까지'라는 의미이다. 참고로, as far as는 '~하는 한'이라는 의미의 부사절 접속사로도 쓰임을 알아둔다. 부사절 접속사 (C) so long as(~하는 동안에)는 거품구가 아닌 거품절을 이끈다.

어휘 foreman n. (공장 등의) 감독 lease v. 임대하다 warehouse n. 창고 urgent adj. 시급한, 긴급한

Ms. Jedlicka is this year's ------- of the Peter Vanier Award, which is presented to local entrepreneurs for outstanding community service.

(A) president
(B) descendant
(C) applicant
(D) recipient

Ms. Jedlicka가 올해 Peter Vanier 상의 수상자인데, 이것은 뛰어난 지역사회 봉사활동을 한 지역 기업인들에게 수여된다.

■ 명사 어휘
정답 (D)

'Ms. Jedlicka가 올해 상의 수상자이다'라는 문맥이므로 명사 (D) recipient((상의) 수상자, 수령인)가 정답이다. (A) president는 '회장, 의장', (B) descendant는 '후손', (C) applicant는 '지원자'라는 의미이다.

어휘 present v. 수여하다 entrepreneur n. 기업인, 사업가 outstanding adj. 뛰어난 community n. 지역사회

○○○○
상

Fans are speculating on what the actress will do next ------- the long-running series she starred in has ended.

그녀가 주연을 맡았던 장기 시리즈가 끝났기 때문에 팬들 다음에 그 배우가 무엇을 할지 추측하고 있다.

(A) in case
(B) in order that
(C) for instance
(D) now that

■ **[수식어 거품을 이끄는 것] 부사절 접속사** 이유 　　　　　　　　정답

이 문장은 주어(Fans), 동사(are speculating on), 목적어(what ~ next)를 갖춘 완전한 절이므로, ＿＿ ~ ended는 수식어 거품으로 보한다. 이 수식어 거품은 동사(has ended)가 있는 거품절이므로, 거품절을 이끌 수 있는 부사절 접속사 (A), (B), (D)가 정답의 후보이다. '즈가 끝났기 때문에 다음에 그 배우가 무엇을 할지 추측하고 있다'라는 의미가 되어야 하므로 이유를 나타내는 부사절 접속사 (D) now tha기 때문에, ~이니까)이 정답이다. (A) in case(~한 경우에)와 (B) in order that(~할 수 있도록)을 쓰면 각각 '시리즈가 끝난 경우에/시리즈날 수 있도록 다음에 그 배우가 무엇을 할지 추측하고 있다'라는 어색한 문맥이 된다. 접속부사 (C) for instance(예를 들어)는 거품절을 이없다.

어휘　speculate v. 추측하다, 짐작하다　long-running adj. 장기의　star in phr. ~에 주연을 맡다

○○○○
중

The online metropolitan bus route map suggests it will take ------- 40 minutes to travel from Crawley Station to City Hall.

온라인 광역버스 노선도는 Crawley역에서 시청까지 ○하는 데 거의 40분이 걸릴 것이라고 나타낸다.

(A) nearer
(B) nearby
(C) nearly
(D) neared

■ **[부사 자리] 부사 선택** 　　　　　　　　　　　　　　　　정답

형용사 역할을 하는 수 표현(40)을 꾸밀 수 있는 것은 부사이므로 부사의 비교급 (A)와 부사 (B), (C)가 정답의 후보이다. '이동하는 데 거○분이 걸릴 것이다'라는 의미가 되어야 하므로 부사 (C) nearly(거의)가 정답이다. (A) nearer(더 가까이)와 (B) nearby(인근에, 가까이에)○각 '이동하는 데 더 가까이/인근에 40분이 걸릴 것이다'라는 어색한 문맥을 만든다. 참고로, (A)의 near는 '가까운'이라는 의미의 형용사와가까워지다'라는 의미의 동사로도 쓰이고, (B) nearby는 '인근의'라는 의미의 형용사로도 쓰임을 알아둔다. 동사 또는 과거분사 (D)는 형용꾸밀 수 없다.

어휘　metropolitan bus phr. 광역버스　route n. 노선

○○○○
중

Once prone to wild fluctuations, the value of the nation's currency has ------- thanks to a major change in monetary policy.

한때 극심하게 변동하는 경향이 있었던 그 국가의 화폐치는 통화 정책의 대대적인 변경 덕분에 안정되었다.

(A) elaborated
(B) stabilized
(C) alleviated
(D) clarified

■ **동사 어휘** 　　　　　　　　　　　　　　　　　　　　　정답

'한때 극심하게 변동하는 경향이 있었던 화폐 가치가 정책의 변경 덕분에 안정되었다'라는 문맥이므로 동사 stabilize(안정되다)의 p.p.형stabilized가 정답이다. (A)의 elaborate는 '자세히 설명하다', (C)의 alleviate는 '완화하다, 덜다', (D)의 clarify는 '명확하게 하다, 분명하다'라는 의미이다.

어휘　prone to phr. ~의 경향이 있는　fluctuation n. 변동　currency n. 화폐, 통화　monetary adj. 통화의, 금융의

The owner of the food truck was fined for operating his business ------- a valid permit from the city.

(A) without
(B) throughout
(C) against
(D) past

그 푸드 트럭 주인은 유효한 시 허가증 없이 사업을 운영하여 벌금형을 받았다.

■ 전치사 선택 제외 정답 (A)

'유효한 허가증 없이 사업을 운영하다'라는 의미가 되어야 하므로 제외를 나타내는 전치사 (A) without(~ 없이)이 정답이다. (B) throughout은 '~ 전역에, 도처에', (C) against는 '~에 반대하여', (D) past는 '~을 지나'라는 의미이다.

어휘 fine v. 벌금형을 내리다; n. 벌금 valid adj. 유효한 permit n. 허가증; v. 허락하다

If you'd care ------- us for lunch, my team is eating at a Korean restaurant around the office.

(A) to join
(B) joining
(C) join
(D) will be joining

혹시 저희와 점심을 함께할 의향이 있으시다면, 저희 팀은 사무실 주변에 있는 한식당에서 식사할 거예요.

■ to 부정사를 취하는 동사 정답 (A)

빈칸 앞의 동사 care(의향이 있다)는 to 부정사를 목적어로 취하는 동사이므로 to 부정사 (A) to join이 정답이다. 동명사 또는 현재분사 (B)와 동사 (C), (D)는 care의 목적어 자리, 즉 to 부정사 자리에 올 수 없다. 참고로, care to(~할 의향이 있다, ~하겠다)를 관용구로 알아둔다.

Five hundred acres of ------- state land are within walking distance of the town, making it a favorite destination of outdoor enthusiasts.

(A) reconciled
(B) calculated
(C) deciphered
(D) preserved

500에이커의 보존된 주립 토지가 마을에서 걸어갈 수 있는 거리에 있어서, 그곳은 야외 애호가들에게 가장 인기 있는 목적지가 되었다.

■ 형용사 어휘 정답 (D)

'보존된 주립 토지가 걸어갈 수 있는 거리에 있어서 그곳은 인기 있는 목적지가 되었다'라는 문맥이므로 형용사 (D) preserved(보존된)가 정답이다. (A) reconciled는 '받아들여진, 조화된', (B) calculated는 '계산된', (C) deciphered는 '판독된, 해독된'이라는 의미이다.

어휘 enthusiast n. 애호가

Dr. Burkett's research led to a greater ------- of the human brain and helped to develop advanced surgical techniques.

(A) understands
(B) understanding
(C) understand
(D) understood

Dr. Burkett의 연구는 인간의 뇌에 대한 더 발전된 이해로 이어졌고 진보된 수술 기술을 개발하는 데 도움을 주었다.

■ 명사 자리 정답 (B)

빈칸 앞 형용사의 비교급(greater)의 꾸밈을 받을 수 있는 것은 명사이므로 명사 (B) understanding(이해)이 정답이다. 동사 (A), (C)와 동사 또는 과거분사 (D)는 형용사의 꾸밈을 받을 수 없다.

어휘 advanced adj. 진보된, 고급의 surgical adj. 수술의

123

Even with the recent increase in the country's employment rates, the economy is ------- growing.

(A) rather　　　　　　　(B) barely
(C) much　　　　　　　(D) wholly

최근 국가의 취업률이 증가했음에도 불구하고, 경제는 거의 성장하지 않고 있다.

■ **부사 선택** 빈도 부사　　　　　　　　　　　　　　　　　　　　　　　　정답

'취업률이 증가했음에도 불구하고 경제는 거의 성장하지 않고 있다'라는 의미가 되어야 하므로 빈도 부사 (B) barely(거의 ~않다)가 정답이 (A) rather(꽤, 상당히), (C) much(매우, 정말), (D) wholly(완전히, 전적으로)를 쓰면 각각 '취업률이 증가했음에도 불구하고 경제는 꽤/매우, 전히 성장하고 있다'라는 어색한 문맥이 된다.

어휘　even with phr. ~에도 불구하고

124

To accommodate pedestrians, parking on Fitzgerald Avenue will be ------- during the Hillfalls Music Festival.

(A) prohibit　　　　　　(B) prohibited
(C) prohibition　　　　　(D) prohibiting

보행자들을 수용하기 위해, Fitzgerald가에 주차하는 것은 Hillfalls 음악 축제 동안 금지될 것이다.

■ **[be동사 다음에 올 수 있는 것] 수동형(be + p.p.)**　　　　　　　　　　정답

빈칸이 be동사(be) 다음에 왔으므로 수동태를 만드는 p.p.형 (B), 명사 (C), 진행형을 만드는 -ing형 (D)가 정답의 후보이다. '주차하는 것은 지될 것이다'라는 수동의 의미이고, 빈칸 다음에 타동사 prohibit(금지하다)의 목적어가 없으므로 빈칸 앞의 be동사와 함께 수동태를 만드 p.p.형 (B) prohibited가 정답이다. 명사 (C)는 be동사의 보어로서 주어와 동격 관계가 되어 '주차하는 것은 금지(그 자체)일 것이다'라는 어 한 문맥을 만든다. -ing형 (D)는 미래진행형을 만들어서 '주차하는 것은 금지하고 있는 중일 것이다'라는 어색한 문맥을 만든다. 동사원형 (A be동사 다음에 올 수 없다.

어휘　accommodate v. 수용하다, 공간을 제공하다　pedestrian n. 보행자

125

Approximately 150 jobs were ------- when the Tacchini Textiles production facility closed down.

(A) recruited　　　　　　(B) collected
(C) extended　　　　　　(D) eliminated

Tacchini 섬유회사 생산 공장이 문을 닫았을 때 약 150개의 일자리가 사라졌다.

■ **동사 어휘**　　　　　　　　　　　　　　　　　　　　　　　　　　　　정답

'약 150개의 일자리가 사라졌다'라는 문맥이므로 동사 eliminate(없애다, 제거하다)의 p.p.형 (D) eliminated가 정답이다. (A)의 recruit는 집하다', (B)의 collect는 '모으다, 수집하다', (C)의 extend는 '연장하다, 확대하다'라는 의미이다.

어휘　textile n. 섬유, 직물　close down phr. 문을 닫다, 폐쇄하다

126

------- with the ongoing delay of his shipment, Mr. Caldwell called the seller to cancel his order.

(A) Frustration　　　　　(B) Frustrating
(C) Frustrated　　　　　(D) Frustrates

그의 출고가 계속 지연되는 것에 불만스러워서, M Caldwell은 판매자에게 전화해서 주문을 취소했다.

■ **[수식어 거품을 이끄는 것] 현재분사 vs. 과거분사**　　　　　　　　　정답

이 문장은 주어(Mr. Caldwell), 동사(called), 목적어(the seller)를 갖춘 완전한 절이므로, ___ ~ shipment는 수식어 거품으로 보아야 한 따라서 수식어 거품을 이끌 수 있는 현재분사 (B)와 과거분사 (C)가 정답의 후보이다. 빈칸 다음에 목적어가 없고, 주절의 주어(Mr. Caldw 와 분사구문이 'Mr. Caldwell이 불만스럽다'라는 의미의 수동 관계이므로 동사 frustrate(불만스럽게 만들다)의 과거분사 (C) Frustrated가 답이다. 현재분사 (B) Frustrating은 능동의 의미를 나타내며, 뒤에 목적어 없이 쓰일 수 없으므로 답이 될 수 없다. 참고로, frustrate와 같이 정을 나타내는 동사의 경우 분사의 수식을 받는 명사가 감정의 원인이면 현재분사를, 명사가 감정을 느끼면 과거분사를 쓴다. 명사 (A)와 (D)는 수식어 거품을 이끌 수 없다.

어휘　ongoing adj. 계속되는　delay n. 지연　shipment n. 출고, 선적　cancel v. 취소하다

All 12 episodes of the hit show *Quiet Predator* will air ------- during Channel 8's television marathon event.

(A) impressively
(B) generally
(C) voluntarily
(D) consecutively

히트 쇼 *Quiet Predator*의 12화 모두 8번 채널의 텔레비전 마라톤 행사 동안 연속으로 방송될 것이다.

■ 부사 어휘
정답 (D)

'히트 쇼의 12화 모두 연속으로 방송될 것이다'라는 문맥이므로 부사 (D) consecutively(연속으로)가 정답이다. (A) impressively는 '인상적으로', (B) generally는 '일반적으로', (C) voluntarily는 '자발적으로'라는 의미이다.

어휘 air v. 방송되다, 방송하다

Employees at Ruylain Co. ------- to approach their supervisors with suggestions for improving the workplace.

(A) encourage
(B) are encouraged
(C) will encourage
(D) encouraging

Ruylain사의 직원들은 업무 현장을 개선하기 위한 제안을 가지고 그들의 관리자들에게 다가가도록 권장된다.

■ [동사 자리] 능동태와 수동태의 구별
정답 (B)

문장에 주어(Employees at Ruylain Co.)만 있고 동사가 없으므로 동사 (A), (B), (C)가 정답의 후보이다. 빈칸 뒤에 목적어가 없고, '직원들은 관리자들에게 다가가도록 권장된다'라는 수동의 의미이므로 수동태 (B) are encouraged가 정답이다. 능동태 (A)와 (C)는 목적어와 함께 쓰여야 한다. 동명사 또는 현재분사 (D)는 동사 자리에 올 수 없다.

어휘 approach v. 다가가다 supervisor n. 관리자 workplace n. 업무 현장, 직장

Quality is a top ------- for Karsten Manufacturing, so it takes reports of problems with its products very seriously.

(A) source
(B) direction
(C) priority
(D) reminder

Karsten 제조사에게는 품질이 최우선 사항이기 때문에, 제품의 문제에 대한 보고를 매우 심각하게 받아들인다.

■ 명사 어휘
정답 (C)

'품질이 최우선 사항이기 때문에 제품의 문제에 대한 보고를 심각하게 받아들인다'라는 문맥이므로 명사 (C) priority(우선 사항, 우선)가 정답이다. (A) source는 '출처, 원천', (B) direction은 '방향', (D) reminder는 '상기시키는 것, 독촉장'이라는 의미이다.

어휘 take v. 받아들이다 seriously adv. 심각하게

Researchers did not expect the new medication to cause side effects, as patients in the clinical trial did not experience -------.

(A) other
(B) nothing
(C) it
(D) any

임상 시험의 환자들이 아무것도 경험하지 않았기 때문에, 연구원들은 새로운 약이 부작용을 일으킬 것이라고 예상하지 않았다.

■ 부정대명사 any
정답 (D)

빈칸은 동사(did not experience)의 목적어 자리이고, '환자들이 아무것도 경험하지 않았기 때문에 연구원들은 부작용을 예상하지 않았다'라는 의미가 되어야 하므로 부정대명사 (D) any(아무것도, 조금도)가 정답이다. 부정형용사 (A) other(다른)는 동사의 목적어 자리에 올 수 없다. 부정대명사 (B) nothing(아무것도 ~ 아니다)은 이미 부정의 의미를 나타내므로 부정문에서 쓰일 수 없다. 주격 또는 목적격 인칭대명사 (C) it(그것)은 복수 명사(side effects)를 가리킬 수 없다.

어휘 side effect phr. 부작용 patient n. 환자 clinical trial phr. 임상 시험

PART 6

Questions 131-134 refer to the following notice.

131-134는 다음 공고에 관한 문제입니다.

Susie's Bistro: Important Notice to Guests

-------. Although brief descriptions of all dishes can be found
      131
on our menu, some of the ingredients used to make them
may not be listed. For this reason, we ask that you tell the
server about your food allergies or sensitivities -------
                                                      132
ordering.

By letting us know about your concerns in advance, we can
ensure that your meal is prepared -------. There are plenty of
                                  133
ways to substitute unwanted ingredients with healthy and
delicious alternatives, and we are pleased ------- your
                                          134
requests.

Susie's 식당: 손님들께 중요한 공고

131 저희는 일부 손님들께서 식단 제한이 있으실 수 있는
을 인지하고 있습니다. 저희 메뉴에는 모든 요리에 관한
단한 설명이 있지만, 그것들을 만드는 데 사용되는 일부
료는 나와있지 않을 수 있습니다. 132 이러한 이유로, 저
는 여러분이 주문하기 전에 음식 알레르기나 민감성에 관
서버에게 말씀하실 것을 요청드립니다.

133 여러분의 우려사항에 관해 미리 알려주시면, 저희는
러분의 식사가 안전하게 준비되도록 보장할 수 있습니[
134 원치 않는 재료를 건강하고 맛있는 대안으로 대체할
법은 많고, 저희는 여러분의 요청을 기꺼이 이행하겠습
다.

131 (A) Delivery service is now available from Susie's
        Bistro.
    (B) Please review the following updated guidelines for
        serving customers.
    (C) We recognize that some of our guests may have
        dietary restrictions.
    (D) Supply cost increases have given us no other
        choice but to raise prices.

132 (A) as to
    (B) prior to
    (C) following
    (D) beyond

133 (A) quickly
    (B) easily
    (C) openly
    (D) safely

134 (A) fulfilling
    (B) fulfillment
    (C) to fulfill
    (D) fulfill

어휘 brief adj. 간단한, 짧은 ingredient n. 재료 sensitivity n. 민감성 concern n. 우려사항, 걱정 ensure v. 보장하다, 확실히 하다
      substitute v. 대체하다 alternative n. 대안, 대체품

■ **알맞은 문장 고르기**   정답 (C)

빈칸에 들어갈 알맞은 문장을 고르는 문제이므로 주변 문맥 또는 전체 문맥을 파악한다. 뒷부분에서 메뉴에는 모든 요리에 관한 간단한 설명이 있지만 일부 재료는 나와있지 않을 수 있어서 음식 알레르기나 민감성에 관해 서버에게 말할 것을 요청한다고 했으므로, 빈칸에는 음식 알레르기나 민감성 등 식단 제한이 있는 손님에 대한 내용이 들어가야 함을 알 수 있다. 따라서 (C) We recognize that some of our guests may have dietary restrictions가 정답이다.

보기 해석
(A) 이제 Susie's 식당에서 배달 서비스가 이용 가능합니다.
(B) 고객들에게 서비스를 제공하는 것에 관한 다음의 업데이트된 지침을 검토 바랍니다.
(C) 저희는 일부 손님들께서 식단 제한이 있으실 수 있는 점을 인지하고 있습니다.
(D) 공급원가 인상은 저희가 가격을 올릴 수밖에 없도록 했습니다.

어휘   review v. 검토하다   guideline n. 지침   dietary adj. 식단의, 식이 요법의   restriction n. 제한   supply n. 공급   raise v. 올리다, (가격을) 인상하다

■ **[수식어 거품을 이끄는 것] 전치사 선택** 주변 문맥 파악   정답 (B)

that절(that you ~ ordering)이 주어(you), 동사(tell), 목적어(the server)를 모두 갖춘 완전한 절이므로, ＿＿ ordering은 수식어 거품으로 보아야 한다. 이 수식어 거품은 동사가 없는 거품이므로, 거품구를 이끌 수 있는 전치사인 모든 보기가 정답의 후보이다. 빈칸이 있는 문장만으로는 정답을 고를 수 없으므로 주변 문맥이나 전체 문맥을 파악한다. 뒤 문장에서 우려사항에 관해 미리 알려달라고 했고, 빈칸이 있는 문장에서는 음식 알레르기나 민감성에 관해 서버에게 말할 것을 요청한다고 했으므로 주문하기 전에 미리 우려사항에 관해 말해야 한다는 것을 알 수 있다. 따라서 전치사 (B) prior to(~ 전에)가 정답이다. (A) as to는 '~에 관하여', (C) following은 '~에 이어', (D) beyond는 '~보다 뛰어난, ~ 이상으로'라는 의미이다.

■ **부사 어휘** 주변 문맥 파악   정답 (D)

'여러분의 식사가 ＿＿ 준비되도록 보장할 수 있다'라는 문맥이므로 모든 보기가 정답의 후보이다. 빈칸이 있는 문장만으로는 정답을 고를 수 없으므로 주변 문맥이나 전체 문맥을 파악한다. 앞 문장에서 주문하기 전에 음식 알레르기나 민감성에 관해 서버에게 말할 것을 요청한다고 했으므로 우려사항에 관해 미리 알려주면 식사가 안전하게 준비될 수 있다는 것을 알 수 있다. 따라서 부사 (D) safely(안전하게)가 정답이다. (A) quickly는 '빠르게', (B) easily는 '쉽게', (C) openly는 '공개적으로, 솔직하게'라는 의미이다.

■ **to 부정사를 취하는 형용사**   정답 (C)

빈칸 앞에 to 부정사를 취하는 형용사(pleased)가 왔으므로 to 부정사 (C) to fulfill이 정답이다. 동명사 또는 현재분사 (A), 명사 (B), 동사 (D)는 to 부정사 자리에 올 수 없다. 참고로, pleased처럼 to 부정사를 취하는 형용사에는 able(~할 수 있는), eager(몹시 ~하고 싶은), easy(~하기 쉬운) 등이 있음을 알아둔다.

Questions 135-138 refer to the following article.

135-138은 다음 기사에 관한 문제입니다.

The Future Is Clear for Schmidt Medical

Schmidt Medical has become a leading provider of medical ------- in recent years. The firm's research team has a
135
reputation for working closely with doctors to produce cutting-edge tools that make surgery less risky. But according to industry analysts, its new line of LZR-160 devices is Schmidt's most ------- product yet. The LZR-160
136
shortens the time it takes to perform corrective optical surgery to less than five minutes. -------. The company's
137
stock has already jumped, but it is expected to rise -------
138
higher once LZR-160 units become widely available.

Schmidt Medical사의 밝은 미래

135 Schmidt Medical사는 최근 몇 년간 의료 장비의 ᠁ 두적인 공급자가 되었다. 이 회사의 연구팀은 수술을 덜 ᠁ 험하게 만드는 최첨단 도구를 생산하기 위해 의사들과 긴밀 히 협력하는 것으로 정평이 나 있다. 136 그러나 업계 분᠁ 가들에 따르면, 새로운 LZR-160 기기 라인은 Schmidt᠁ 의 역대 가장 유망한 제품이다. LZR-160은 시력 교정 ᠁ 술을 하는 데 걸리는 시간을 5분 이내로 단축한다. 137 이᠁ 은 Schmidt사의 주주들에게 매우 좋은 소식이다. 138 회᠁ 의 주가는 이미 뛰어올랐지만, LZR-160 기기들이 널리 ᠁ 급되면 훨씬 더 높이 오를 것으로 예상된다.

---

135 (A) diagnosis
(B) treatment
(C) eyewear
(D) equipment

136 (A) promising
(B) promised
(C) promise
(D) promises

137 (A) It has been especially popular among family doctors.
(B) This is great news for Schmidt's shareholders.
(C) These can include blurry vision and headaches.
(D) The unit has many of the features of last year's models.

138 (A) even
(B) right
(C) very
(D) almost

어휘 **reputation** n. 정평, 명성 **cutting-edge** adj. 최첨단의 **risky** adj. 위험한 **corrective** adj. 교정의, 수정의 **optical** adj. 시력의, 광학의
stock n. 주가, 주식

■ **명사 어휘** 주변 문맥 파악 정답 (D)

'최근 몇 년간 의료 ____의 선두적인 공급자가 되었다'라는 문맥이므로 모든 보기가 정답의 후보이다. 빈칸이 있는 문장만으로는 정답을 고를 수 없으므로 주변 문맥이나 전체 문맥을 파악한다. 뒤 문장에서 이 회사의 연구팀은 수술을 덜 위험하게 만드는 최첨단 도구를 생산한다고 했으므로, 회사가 의료 장비의 선두적인 공급자임을 알 수 있다. 따라서 명사 (D) equipment(장비)가 정답이다. (A) diagnosis는 '진단', (B) treatment는 '치료', (C) eyewear는 '안경류'라는 의미이다.

■ **형용사 자리** 정답 (A)

빈칸 뒤의 명사(product)를 꾸밀 수 있는 것은 형용사이므로 형용사 (A)와 형용사 역할을 하는 과거분사 (B)가 정답의 후보이다. '새로운 기기 라인은 역대 가장 유망한 제품이다'라는 의미가 되어야 하므로 형용사 (A) promising(유망한, 촉망되는)이 정답이다. 동사 promise(약속하다)의 과거분사 (B)는 '새로운 기기 라인은 역대 가장 약속된 제품이다'라는 어색한 문맥을 만든다. 동사 또는 명사 (C)와 명사 (D)는 명사를 꾸밀 수 없다. (C)를 써서 promise product를 복합 명사로 본다 해도, '약속 제품'이라는 의미가 되어 문맥상 어울리지 않는다.

■ **알맞은 문장 고르기** 정답 (B)

빈칸에 들어갈 알맞은 문장을 고르는 문제이므로 주변 문맥 또는 전체 문맥을 파악한다. 뒤 문장에서 회사의 주가가 이미 뛰어올랐지만, LZR-160 기기들이 널리 보급되면 훨씬 더 높이 오를 것으로 예상된다고 했으므로 빈칸에는 회사의 주식과 관련된 내용이 들어가야 함을 알 수 있다. 따라서 (B) This is great news for Schmidt's shareholders가 정답이다.

보기 해석
(A) 그것은 특히 주치의들 사이에서 인기 있었다.
(B) 이것은 Schmidt사의 주주들에게 매우 좋은 소식이다.
(C) 이것들은 흐릿한 시야와 두통을 포함할 수 있다.
(D) 그 기기는 작년 모델들의 많은 기능을 가지고 있다.

어휘 family doctor phr. 주치의, 가정의 shareholder n. 주주 blurry adj. 흐릿한, 침침한 vision n. 시야, 시력

■ **부사 선택** 강조 부사 정답 (A)

부사의 비교급(higher) 앞에 와서 '훨씬 더 높이 오를 것'이라는 의미를 만들어야 하므로, 비교급 앞에 쓰여 강조의 뜻을 나타내는 강조 부사 (A) even(훨씬)이 정답이다. (B) right(바로)는 before나 after를 앞에서 강조한다. (C) very(매우)와 (D) almost(거의)는 비교급이 아닌 원급을 강조한다.

Questions 139-142 refer to the following announcement.

139-142는 다음 공고에 관한 문제입니다.

Call for Submissions

Photographers of all skill levels are invited to submit pictures of the downtown Walminster area for a chance to have ------- featured in City Hall's winter calendar of events. The
139
selected photos will help showcase our beautiful city and its residents as they shop, dine, and play.

Participants may submit a maximum of three photos, all of which should be in a digital format. -------, participants must
140
submit a signed copyright agreement. This will grant -------
141
rights to the city. In other words, the city may freely reprint participants' original photos for use in future advertisements and other promotional materials. -------. Visit www.
142
walminster.com/winter_photo_contest for more information.

제출 공모

139 모든 수준의 사진작가들은 시청의 겨울 행사 달력에 실릴 수 있는 기회를 위해 Walminster 지역 시내의 사진을 제출하도록 초청됩니다. 선정된 사진들은 우리의 아름다운 도시와 주민들이 쇼핑하고, 식사하고, 즐기는 것을 소개하도록 도울 것입니다.

참가자들은 최대 3장의 사진을 제출할 수 있으며, 이는 모두 디지털 형식이어야 합니다. **140** 뿐만 아니라, 참가자들은 서명한 저작권 동의서를 제출해야 합니다. **141** 이것은 시에 복제권을 부여할 것입니다. 즉, 시는 향후 광고 및 기타 홍보 자료에 사용하기 위해 참가자들의 원본 사진을 자유롭게 재인쇄할 수 있습니다. **142** 이 경우에도 사진작가는 적절히 저작 표기를 받을 것입니다. 더 많은 정보를 원하시면 www. walminster.com/winter_photo_contest를 방문하세요.

139 (A) that
(B) them
(C) it
(D) our

140 (A) Furthermore
(B) Indeed
(C) Accordingly
(D) Likewise

141 (A) exploration
(B) modification
(C) compensation
(D) reproduction

142 (A) We hoped to draw attention to our upcoming citywide event.
(B) The photographer will still be properly credited in this case.
(C) Please enclose an envelope if you want your photo returned.
(D) Tourism to the area has improved since the contest was held.

어휘 **call for** phr. ~을 위한 공모, 요청 **submission** n. 제출, 제출물 **feature** v. (신문 등에) 싣다, 수록하다 **calendar of events** phr. 행사 달력
showcase v. 소개하다, 전시하다 **format** n. 형식 **copyright** n. 저작권 **grant** v. 부여하다, 승인하다 **original** adj. 원본의, 독창적인
promotional adj. 홍보의

■ [목적어 자리] 인칭대명사의 격

정답 (B)

동사(have)의 목적어 자리에 올 수 있는 지시대명사 (A)와 목적격 인칭대명사 (B), (C)가 정답의 후보이다. 문장 앞부분의 복수 명사(pictures)를 대신해야 하므로 복수 목적격 인칭대명사 (B) them이 정답이다. 단수 지시대명사 (A) that과 단수 목적격 인칭대명사 (C) it은 복수 명사를 대신할 수 없다. 소유격 인칭대명사 (D) our는 목적어 자리에 올 수 없다.

■ 접속부사 주변 문맥 파악

정답 (A)

빈칸이 콤마와 함께 문장의 맨 앞에 온 접속부사 자리이므로, 앞 문장과 빈칸이 있는 문장의 의미 관계를 파악하여 정답을 선택한다. 앞 문장에서 참가자들은 최대 3장의 사진을 제출할 수 있으며 이는 모두 디지털 형식이어야 한다고 했고, 빈칸이 있는 문장에서는 참가자들이 서명한 저작권 동의서를 제출해야 한다고 했으므로 참가자들이 제출해야 하는 것을 추가로 제시하고 있음을 알 수 있다. 따라서 앞 문장에 덧붙이는 내용을 제시할 때 사용되는 접속부사 (A) Furthermore(뿐만 아니라)가 정답이다. (B) Indeed는 '실제로, 정말', (C) Accordingly는 '그러므로', (D) Likewise는 '마찬가지로'라는 의미로 빈칸에 쓸 경우 어색한 문맥이 된다.

■ 명사 어휘 주변 문맥 파악

정답 (D)

'이것은 시에 ＿＿＿ 권리를 부여할 것이다'라는 문맥이므로 모든 보기가 정답의 후보이다. 빈칸이 있는 문장만으로 정답을 고를 수 없으므로 주변 문맥이나 전체 문맥을 파악한다. 뒤 문장에서 시가 향후 광고 및 기타 홍보자료에 사용하기 위해 참가자들의 원본 사진을 자유롭게 재인쇄할 수 있다고 했으므로 시에 복제권을 부여하는 내용임을 알 수 있다. 따라서 명사 (D) reproduction(복제)이 정답이다. (A) exploration은 '탐사, 탐구', (B) modification은 '수정', (C) compensation은 '보상'이라는 의미이다.

■ 알맞은 문장 고르기

정답 (B)

빈칸에 들어갈 알맞은 문장을 고르는 문제이므로 주변 문맥 또는 전체 문맥을 파악한다. 앞부분에서 시에 복제권이 부여되어 향후 광고 및 기타 홍보자료에 사용하기 위해 참가자들의 원본 사진을 자유롭게 재인쇄할 수 있다고 했으므로 빈칸에는 시에서 참가자들의 사진을 재인쇄하여 사용하는 경우와 관련된 내용이 들어가야 함을 알 수 있다. 따라서 (B) The photographer will still be properly credited in this case가 정답이다.

보기 해석
(A) 저희는 다가오는 시 전체의 행사에 관심을 끌기를 희망했습니다.
(B) 이 경우에도 사진작가는 적절히 저작 표기를 받을 것입니다.
(C) 사진을 돌려받고 싶다면 봉투를 동봉하기 바랍니다.
(D) 그 대회가 열린 이후로 지역의 관광업이 발전했습니다.

어휘 upcoming adj. 다가오는 citywide adj. 시 전체의 properly adv. 적절히, 제대로 enclose v. 동봉하다 envelope n. 봉투 tourism n. 관광업

Questions 143-146 refer to the following e-mail.

143-146은 다음 이메일에 관한 문제입니다.

To	Leo_Belmore@bequetteholdings.com
From	Curtis_McGovern@bequetteholdings.com
Subject	Re: A Request
Date	June 2

Good afternoon, Mr. Belmore.

You have been a valuable part of Bequette Holdings for six years now, and I have long admired your dedication. It is for this reason that I will approve your request to be -------.
  143

Your desired branch, our Nevada office, is looking for an experienced quality analyst like you. -------, you will get to
  144
keep your current position after moving. -------. However,
  145
their management team has proposed that you start on July 12. If this is ------- time to prepare, I may be able to push
  146
back your start date. Feel free to contact me if you have questions.

Best of luck,

Curtis McGovern, HR Manager

수신 Leo_Belmore@bequetteholdings.com
발신 Curtis_McGovern@bequetteholdings.com
제목 회신: 요청
날짜 6월 2일

좋은 오후입니다, Mr. Belmore.

당신은 이제 6년 동안 Bequette Holdings사의 귀중한 [일]원이었고, 저는 당신의 헌신에 오랫동안 감탄해 왔습니[다]. 143 이러한 이유로 저는 당신의 전근 요청을 승인하겠습[니]다.

당신이 원하는 지점인 우리의 네바다 지사에서는 당신처[럼] 경험 있는 품질 분석가를 찾고 있습니다. 144 그러므로, [당]신은 옮긴 후에도 현재의 직책을 유지할 수 있을 것입니[다]. 145 당신이 가을에 이전하고 싶다고 하신 것을 알고 있습니[다]. 그러나, 그들의 관리팀은 당신이 7월 12일부터 시작[할] 것을 제안했습니다. 146 만약 준비할 시간이 부족하다면, [제]가 당신의 시작을 미룰 수 있을지도 모릅니다. 질문이 [있]으시면 언제든지 연락 주세요.

행운을 빕니다,

Curtis McGovern 인사부장 드림

---

143 (A) promoted
   (B) awarded
   (C) recognized
   (D) transferred

144 (A) Therefore
   (B) Nevertheless
   (C) Besides
   (D) Though

145 (A) You should prepare an application as soon as possible.
   (B) I hope we can come to a reasonable agreement.
   (C) You may lack the skills needed to do the work.
   (D) I know you said you wish to relocate in the fall.

146 (A) arbitrary
   (B) insufficient
   (C) additional
   (D) unlimited

어휘 **valuable** adj. 귀중한, 가치 있는 **admire** v. 감탄하다, 흠모하다 **dedication** n. 헌신, 전념 **desire** v. 원하다 **branch** n. 지점 **position** n. 직책, 위치 **push back** phr. ~을 미루다

■ 동사 어휘 전체 문맥 파악

정답 (D)

'이러한 이유로 당신의 ____ 요청을 승인하겠다'라는 문맥이므로 모든 보기가 정답의 후보이다. 빈칸이 있는 문장만으로는 정답을 고를 수 없으므로 주변 문맥이나 전체 문맥을 파악한다. 뒷부분에서 당신이 원하는 지점인 네바다 지사에서 당신처럼 경험 있는 품질 분석가를 찾고 있어서 옮긴 후에도 현재의 직책을 유지할 수 있을 것이라고 했으므로 전근 요청을 승인하는 내용임을 알 수 있다. 따라서 동사 transfer(전근시키다)의 p.p.형 (D) transferred가 정답이다. (A)의 promote는 '승진시키다', (B)의 award는 '(상을) 수여하다', (C)의 recognize는 '인정하다, 공인하다'라는 의미이다.

■ 접속부사 주변 문맥 파악

정답 (A)

빈칸이 콤마와 함께 문장의 맨 앞에 온 접속부사 자리이므로, 앞 문장과 빈칸이 있는 문장의 의미 관계를 파악하여 정답을 선택한다. 앞 문장에서 당신이 원하는 지점인 네바다 지사에서 당신처럼 경험 있는 품질 분석가를 찾고 있다고 했고, 빈칸이 있는 문장에서는 당신이 옮긴 후에도 현재의 직책을 유지할 수 있을 것이라고 했으므로 앞 문장과 이어지는 결과 등의 내용을 나타낼 때 사용되는 접속부사 (A) Therefore(그러므로)가 정답이다. (B) Nevertheless는 '그럼에도 불구하고', (C) Besides는 '게다가', (D) Though는 '그렇지만'이라는 의미로 빈칸에 쓸 경우 어색한 문맥이 된다.

■ 알맞은 문장 고르기

정답 (D)

빈칸에 들어갈 알맞은 문장을 고르는 문제이므로 주변 문맥 또는 전체 문맥을 파악한다. 뒤 문장 'However, their management team has proposed that you start on July 12.'에서 그러나 관리팀은 당신, 즉 Mr. Belmore가 7월 12일부터 시작할 것을 제안했다고 했으므로 빈칸에는 Mr. Belmore가 원했던 시작일에 대한 내용이 들어가야 함을 알 수 있다. 따라서 (D) I know you said you wish to relocate in the fall이 정답이다.

보기 해석
(A) 당신은 가능한 한 빨리 신청서를 준비해야 합니다.
(B) 저는 우리가 타당한 합의에 도달할 수 있기를 바랍니다.
(C) 당신은 그 일을 하는 데 필요한 기술이 부족하실 수 있습니다.
(D) 당신이 가을에 이전하고 싶다고 하신 것을 알고 있습니다.

어휘   come to phr. ~에 도달하다   reasonable adj. 타당한, 합리적인   lack v. 부족하다, 없다   relocate v. 이전하다, 이주하다

■ 형용사 어휘

정답 (B)

'만약 준비할 시간이 부족하다면 시작일을 미룰 수 있을지도 모른다'라는 문맥이므로 형용사 (B) insufficient(부족한, 불충분한)가 정답이다. (A) arbitrary는 '임의적인', (C) additional은 '추가적인', (D) unlimited는 '무제한의'라는 의미이다.

PART 7

Questions 147-148 refer to the following announcement.

147-148은 다음 공고에 관한 문제입니다.

MOROCCO RAIL

We wish to thank passengers for their patience during the service interruptions on parts of our rail network earlier this week. [147]Full service has now been restored to all stations. The interruptions were caused by multiple signal failures that posed a public safety hazard. Fortunately, [148]our maintenance crew was shortly able to get the malfunctioning signalling equipment working again. Should similar problems occur in the future, Morocco Rail will endeavour to provide refunds for ticket holders as always.

모로코 철도회사

이번 주 초 저희 철도망 일부분에서 운행이 중단된 동안 승객들의 인내심에 감사를 표하고자 합니다. [147]이제 모든 역에 운행이 완전히 복구되었습니다. 이 중단은 공공 안전 위험을 야기한 다수의 신호 장애로 인해 발생했습니다. 다행히도, [148]저희 정비사들이 오작동하는 신호 장비를 곧 다시 작동시킬 수 있었습니다. 앞으로 유사한 문제가 발생할 경우, 모로코 철도회사는 언제나처럼 티켓 소지자들께 환불을 제공하도록 노력할 것입니다.

어휘 □ **passenger** n. 승객   □ **patience** n. 인내심   □ **interruption** n. 중단, 방해
     □ **restore** v. 복구하다   □ **signal** n. 신호   □ **pose** v. (문제를) 야기하다, 제기하다
     □ **hazard** n. 위험   □ **shortly** adv. 곧, 얼마 안 되어   □ **malfunctioning** adj. 오작동하는

147
○○○○●
하

What is mainly being announced?

(A) A work stoppage
(B) A station closure
(C) A limited-time offer
(D) A resumption of service

주로 공지되고 있는 것은 무엇인가?

(A) 작업 중단
(B) 역사 폐쇄
(C) 기간 한정 상품
(D) 서비스 재개

■ **주제/목적 찾기** 글의 주제   정답

주로 공지되고 있는 것이 무엇인지를 묻는 주제 찾기 문제이므로 지문의 앞부분을 주의 깊게 확인한다. 'Full service has now been restored to all stations.'에서 이제 모든 역에 운행이 완전히 복구되었다고 했으므로 (D)가 정답이다.

바꾸어 표현하기
service has ~ been restored 운행이 복구되었다 → resumption of service 서비스 재개

어휘 **stoppage** n. 중단, 정지 **closure** n. 폐쇄, 종료 **limited-time** adj. 기간 한정의, 한정판의 **resumption** n. 재개

148
○●●●○
상

What did Morocco Rail recently do?

(A) Offered discounted tickets
(B) Extended a train line
(C) Repaired some equipment
(D) Revised emergency plans

모로코 철도회사는 최근에 무엇을 했는가?

(A) 할인 티켓을 제공했다
(B) 기차 선로를 연장했다
(C) 일부 장비를 수리했다
(D) 비상 계획을 수정했다

■ **육하원칙** What   정답

모로코 철도회사가 최근에 무엇(What)을 했는지를 묻는 육하원칙 문제이다. 질문의 핵심 어구인 Morocco Rail recently do와 관련하여, 'our maintenance crew was shortly able to get the malfunctioning signalling equipment working again'에서 자신들, 즉 모로코 철도회사의 정비사들이 오작동하는 신호 장비를 곧 다시 작동시킬 수 있었다고 했으므로 (C)가 정답이다.

바꾸어 표현하기
get ~ malfunctioning ~ equipment working again 오작동하는 장비를 다시 작동시키다 → Repaired ~ equipment 장비를 수리했다

어휘 **extend** v. 연장하다 **train line** phr. 기차 선로 **revise** v. 수정하다 **emergency** n. 비상

Questions 149-150 refer to the following Web page.　　　149–150은 다음 웹페이지에 관한 문제입니다.

WaveTune.com

| HOME | CHART | **MY ACCOUNT** |

¹⁴⁹Welcome, Olga Petrov. You are currently logged in.

¹⁴⁹**MY BILL**
For services provided in the month of: April

Monthly Music Streaming (Individual Plan):	$15.00
¹⁴⁹**High-Fidelity Audio Upgrade:**	$ 4.99
Tax:	$ 1.45
Total Bill Amount:	$21.44
*Payment Due Date:	Friday, May 15

¹⁵⁰⁻ᴮIf you do not pay this month's bill by the indicated payment date, your account will be suspended. ¹⁵⁰⁻ᴬPlease e-mail service@wavetune.com or click <u>here</u> to enter a live chatroom and submit any inquiries you may have to our customer service team.

WaveTune.com

| 홈 | 차트 | 내 계정 |

¹⁴⁹환영합니다, Olga Petrov. 귀하는 현재 로그인되어 있습니다.

¹⁴⁹**내 청구서**
서비스가 제공된 달: 4월

월간 음악 스트리밍 (개인 요금제):	15.00달러
¹⁴⁹고성능 오디오 업그레이드:	4.99달러
세금:	1.45달러
총 청구액:	21.44달러
*납부기한:	5월 15일 금요일

¹⁵⁰⁻ᴮ명시된 납부일까지 이번 달 청구액을 지불하지 않으시면, 귀하의 계정이 정지될 것입니다. ¹⁵⁰⁻ᴬservice@wavetune.com으로 이메일을 보내거나 여기를 클릭하여 실시간 채팅방에 접속하고 가지고 계실 수 있는 문의 사항을 저희 고객 서비스팀에 제출하십시오.

어휘　□ **plan** n. 요금제　　　□ **high-fidelity** adj. 고성능의, 하이파이의　　□ **suspend** v. 정지시키다, 유예하다
　　　□ **live** adj. 실시간의　　　　□ **submit** v. 제출하다

What did Ms. Petrov do in April?

(A) Accessed better audio
(B) Downloaded an album
(C) Opened a family account
(D) Submitted a complaint

Ms. Petrov는 4월에 무엇을 했는가?

(A) 더 나은 오디오를 이용했다
(B) 앨범을 다운로드했다
(C) 가족 계정을 개설했다
(D) 항의를 제출했다

■ 육하원칙 What　　　　정답 (A)
Ms. Petrov가 4월에 무엇을(What)을 했는지를 묻는 육하원칙 문제이다. 질문의 핵심 어구인 Ms. Petrov do in April과 관련하여, 'Welcome, Olga Petrov.', 'MY BILL, For services provided in the month of: April'에서 4월에 Olga Petrov에게 제공된 서비스 청구서인 것을 확인할 수 있고, 'High-Fidelity Audio Upgrade'에서 고성능 오디오 업그레이드에 대한 비용을 청구하고 있으므로 (A)가 정답이다.

어휘　complaint n. 항의, 불평

What is stated about WaveTune.com?

(A) It operates a customer service hotline.
(B) It discontinues service for missed payments.
(C) It charges subscribers' credit cards automatically.
(D) It supplies users with streaming devices.

WaveTune.com에 대해 언급된 것은?

(A) 고객 서비스 직통 전화를 운영한다.
(B) 결제가 누락되면 서비스를 중단한다.
(C) 자동으로 구독자 신용카드에 청구한다.
(D) 사용자들에게 스트리밍 기기를 제공한다.

■ Not/True True 문제　　　　정답 (B)
질문의 핵심 어구인 WaveTune.com과 관련된 내용을 지문에서 찾아 각 보기와 대조하는 Not/True 문제이다. (A)는 'Please ~ enter a live chatroom and submit any inquiries ~ to our customer service team.'에서 실시간 채팅방에 접속하고 문의 사항을 고객 서비스팀에 제출하라고는 했으나 고객 서비스 직통 전화를 운영하는지는 알 수 없으므로 지문의 내용과 일치하지 않는다. (B)는 'If you do not pay this month's bill by the indicated payment date, your account will be suspended.'에서 명시된 납부일까지 이번 달 청구액을 지불하지 않으면 계정이 정지될 것이라고 했으므로 지문의 내용과 일치한다. 따라서 (B)가 정답이다. (C)와 (D)는 지문에 언급되지 않은 내용이다.

어휘　hotline n. 직통 전화　discontinue v. 중단하다　missed adj. 누락된, 놓친　charge v. 청구하다　automatically adv. 자동으로

Questions 151-152 refer to the following advertisement.

151-152는 다음 광고에 관한 문제입니다.

Helping Hands

Preparing to go on a cruise this summer? Give Helping Hands a call. [151]We collect your luggage from your home and deliver it to your cruise ship on the day of departure, so you don't have to worry about carrying heavy items yourself. Simply sign up on our Web site and fill out the form. Your luggage is picked up two to five days before your departure date and securely stored in our facility. On the day of departure, your luggage will be waiting for you in your cabin. What could be more convenient than that? A return service is also available.

Pay just $40 each way for an item weighing 25 kilograms or less, including the cost of insurance. [152]For oversized items, call 555-8080. You may also visit our Web site at www. helpinghands.com to view detailed terms and conditions.

Helping Hands사

올여름에 유람선 여행을 갈 준비를 하고 있으신가요? Helping Hands사에 전화 주세요. [151]저희는 고객님의 집에서 짐을 가져와서 출발 당일 유람선으로 배송해 드리기 때문에, 무거운 물건을 직접 들고 가실 걱정을 하지 않으셔도 됩니다. 그저 저희 웹사이트에서 가입하고 양식만 작성하세요. 고객님의 짐은 출발일 2일에서 5일 전에 수령되어 저희 시설에 안전하게 보관됩니다. 출발 당일, 짐은 고객님의 객실에서 기다리고 있을 것입니다. 이보다 더 편리한 것이 있을까요? 귀가 서비스도 이용 가능합니다.

보험료를 포함하여, 25킬로그램 이하의 물건에 편도 40달러만 지불하세요. [152]특대 물품에 관해서는, 555-8080으로 전화 주세요. 또한 저희 웹사이트 www.helpinghands.com을 방문하여 자세한 이용 약관을 보실 수 있습니다.

어휘 □ cruise n. 유람선 여행 □ store v. 보관하다, 저장하다 □ insurance n. 보험 □ collect v. 가져오다, 수거하다 □ cabin n. (배의) 객실, 오두막 □ oversized adj. 특대의 □ securely adv. 안전하게 □ convenient adj. 편리한 □ terms and conditions phr. 이용 약관

151

○○●○ 중

What is the main benefit of Helping Hands?

(A) It lowers the cost of summer travel.
(B) It helps customers locate lost items.
(C) It reduces travel times to a destination.
(D) It removes a personal inconvenience.

Helping Hands사의 주요 이점은 무엇인가?

(A) 여름 여행의 비용을 낮춘다.
(B) 고객들이 분실된 물품을 찾는 것을 돕는다.
(C) 목적지로의 이동 시간을 줄인다.
(D) 개인적인 불편을 없앤다.

■ 육하원칙 What

정답

Helping Hands사의 주요 이점이 무엇(What)인지를 묻는 육하원칙 문제이다. 질문의 핵심 어구인 main benefit of Helping Hands와 관련하여, 'We collect your luggage ~ and deliver it to your cruise ship ~, so you don't have to worry about carrying heavy items yourself.'에서 자신들은 고객의 짐을 가져와서 유람선으로 배송해 주기 때문에 무거운 물건을 직접 들고 갈 걱정을 하지 않아도 된다고 했으므로 (D)가 정답이다.

어휘 locate v. 찾다, 위치시키다 destination n. 목적지 remove v. 없애다, 제거하다

152

○○○● 하

Why should readers of the advertisement call Helping Hands?

(A) To report problems with a service
(B) To inquire about large items
(C) To apply for a gift with purchase
(D) To obtain an additional discount

광고의 독자들은 왜 Helping Hands사에 전화해야 하는가?

(A) 서비스에 대한 문제를 신고하기 위해
(B) 대형 물품에 대해 문의하기 위해
(C) 구매와 함께 선물을 신청하기 위해
(D) 추가 할인을 얻기 위해

■ 육하원칙 Why

정답

광고의 독자들이 왜(Why) Helping Hands사에 전화해야 하는지를 묻는 육하원칙 문제이다. 질문의 핵심 어구인 readers ~ call Helping Hands와 관련하여, 'For oversized items, call 555-8080.'에서 특대 물품에 관해서는 555-8080으로 전화 달라고 했으므로 (B)가 정답이다.

어휘 apply for phr. ~을 신청하다, ~에 지원하다 obtain v. 얻다, 획득하다

316 본 교재 인강·무료 온라인 실전모의고사 HackersIngang.com

INTEROFFICE MEMO

To: Lauren Maguire, Vice President of Engineering, Voyar USA

[154-B]From: Douglas Lima, Vice President of Operations, Voyar Brazil

Subject: Esther Castro

Date: April 10

As you know, [154-B]Ms. Castro has been working with our team for the past six months and is due to return to the US very soon. — [1] —. Before that happens, [153]I want to express my appreciation for the contributions she has made while here. [154-C/155]Her work as a technical consultant was instrumental in allowing us to complete our factory improvements on time. — [2] —. [154-C/155]Ms. Castro's ideas on how to enhance productivity were incredibly insightful. She approaches every problem with creativity. — [3] —. [154-A/155]It was also very helpful that Ms. Castro learned to speak Portuguese so well because it allowed her to communicate effectively with employees at every level of the organization. — [4] —. [155]I just wanted to be sure that her contributions to our operation here in Brazil were not overlooked. I'd also like to add that [154-D]if the opportunity for a promotion ever arose, I would heartily endorse her.

사내 회람

수신: Lauren Maguire Voyar 미국지사 공학부 부사장
[154-B]발신: Douglas Lima Voyar 브라질지사 운영 부사장
제목: Esther Castro
날짜: 4월 10일

아시다시피, [154-B]Ms. Castro는 지난 6개월 동안 저희 팀과 일해왔고 곧 미국으로 돌아갈 예정입니다. — [1] —. 그 전에, [153]저는 그녀가 여기 있는 동안 기여한 것에 대해 제 감사를 표하고 싶습니다. [154-C/155]기술 자문 위원으로서 그녀의 작업은 저희가 제시간에 공장 개선을 완료할 수 있도록 하는 데 중요했습니다. — [2] —. [154-C/155]생산성을 향상하기 위한 Ms. Castro의 아이디어는 놀라울 만큼 통찰력 있었습니다. 그녀는 모든 문제에 창의적으로 접근합니다. — [3] —. 그녀가 조직 내 모든 직급의 직원들과 효과적으로 소통할 수 있도록 했기 때문에 [154-A/155]Ms. Castro가 포르투갈어를 아주 잘 배운 것도 큰 도움이 되었습니다. — [4] —. [155]저는 단지 여기 브라질에서 저희의 운영에 그녀가 기여한 바가 간과되지 않도록 확실히 하고 싶었습니다. 또한 [154-D]만약 언제든 승진의 기회가 생긴다면, 제가 그녀를 진심으로 추천할 것이라고 덧붙이고 싶습니다.

어휘 □ contribution n. 기여, 공로 □ consultant n. 자문 위원, 상담가 □ instrumental adj. 중요한
□ productivity n. 생산성 □ insightful adj. 통찰력 있는 □ overlook v. 간과하다
□ arise v. 생기다, 발생하다 □ heartily adv. 진심으로, 열심히 □ endorse v. 추천하다, 지지하다

Why did Mr. Lima write the memo?

(A) To commend a staff member
(B) To evaluate a team's contributions
(C) To describe a factory opening
(D) To discuss communication protocols

Mr. Lima는 왜 회람을 작성했는가?

(A) 직원을 칭찬하기 위해
(B) 팀의 공로를 평가하기 위해
(C) 공장 개업에 대해 설명하기 위해
(D) 소통 규약을 논의하기 위해

주제/목적 찾기 글을 쓴 이유   정답 (A)

Mr. Lima가 회람을 작성한 이유를 묻는 목적 찾기 문제이므로 지문의 앞부분을 주의 깊게 확인한다. 'I want to express my appreciation for the contributions she[Ms. Castro] has made'에서 Ms. Castro가 기여한 것에 대해 자신의 감사를 표하고 싶다고 한 후, Ms. Castro의 공로를 열거하며 칭찬하고 있으므로 (A)가 정답이다.

어휘 commend v. 칭찬하다 evaluate v. 평가하다 describe v. 설명하다, 서술하다 protocol n. 규약, 의례

What is NOT true about Ms. Castro?

(A) She speaks a second language.
(B) She currently works in Brazil.
(C) She helped improve a factory's productivity.
(D) She is being considered for a promotion.

Ms. Castro에 대해 사실이 아닌 것은?

(A) 제2외국어를 한다.
(B) 현재 브라질에서 일한다.
(C) 공장의 생산성을 개선하는 것을 도왔다.
(D) 승진 대상으로 고려되고 있다.

■ Not/True Not 문제 　　　　　　　　　　　　　　　　　　　　　　　　　　　　　　　정답

질문의 핵심 어구인 Ms. Castro와 관련된 내용을 지문에서 찾아 각 보기와 대조하는 Not/True 문제이다. (A)는 'It was also very help▮ that Ms. Castro learned to speak Portuguese so well'에서 Ms. Castro가 포르투갈어를 아주 잘 배운 것도 큰 도움이 되었다고 했▮로 지문의 내용과 일치한다. (B)는 'From: Douglas Lima, Vice President of Operations, Voyar Brazil'에서 Douglas Lima가 Vo▮ 브라질지사의 운영 부사장이라고 했고, 'Ms. Castro has been working with our team for the past six months'에서 Ms. Castro가 ▮난 6개월 동안 자신들의 팀과 일해왔다고 했으므로 지문의 내용과 일치한다. (C)는 'Her work ~ was instrumental in allowing us ▮ complete our factory improvements on time. Ms. Castro's ideas on how to enhance productivity were incredibly insight▮에서 그녀의 작업이 제시간에 공장 개선을 완료할 수 있도록 하는 데 중요했으며 생산성을 향상하기 위한 Ms. Castro의 아이디어가 놀라울 만▮큼 통찰력 있었다고 했으므로 지문의 내용과 일치한다. (D)는 'if the opportunity for a promotion ever arose, I would heartily endo▮ her'에서 만약 언제든 승진의 기회가 생긴다면 자신이 그녀를 진심으로 추천할 것이라고는 했으나 Ms. Castro가 현재 승진 대상으로 고려되▮ 있는 것은 아니므로 지문의 내용과 일치하지 않는다. 따라서 (D)가 정답이다.

In which of the positions marked [1], [2], [3], and [4] does the following sentence best belong?

"You are probably aware of these qualities and her value as an employee."

(A) [1]
(B) [2]
(C) [3]
(D) [4]

[1], [2], [3], [4]로 표시된 위치 중, 다음 문장이 들어갈 ▮으로 가장 적절한 것은?

"당신은 아마 이러한 자질과 직원으로서 그녀의 가치에 ▮해 알고 계실 것입니다."

(A) [1]
(B) [2]
(C) [3]
(D) [4]

■ 문장 위치 찾기 　　　　　　　　　　　　　　　　　　　　　　　　　　　　　　　　정답

지문의 흐름상 주어진 문장이 들어가기에 가장 적절한 곳을 고르는 문제이다. 주어진 문장에서 당신, 즉 Lauren Maguire는 아마 이러한 자▮ 직원으로서 그녀, 즉 Ms. Castro의 가치에 관해 알고 있을 것이라고 했으므로, 이 문장이 Ms. Castro의 자질과 가치에 관한 내용이 나오는 ▮분에 들어가야 함을 알 수 있다. [4]의 앞부분인 'Her work as a technical consultant was instrumental in allowing us to comp▮ our factory improvements ~. Ms. Castro's ideas on how to enhance productivity were incredibly insightful.', 'It was a▮ very helpful that Ms. Castro learned to speak Portuguese so well'에서 기술 자문 위원으로서 그녀, 즉 Ms. Castro의 작업은 공장▮ 선을 완료할 수 있도록 하는 데 중요했고 생산성을 향상하기 위한 아이디어는 놀라울 만큼 통찰력 있었으며, 포르투갈어를 아주 잘 배운 것도▮ 도움이 되었다고 했고, 뒤 문장인 'I just wanted to be sure that her contributions to our operation here in Brazil were ▮ overlooked.'에서 자신은 단지 여기 브라질에서의 운영에 그녀가 기여한 바가 간과되지 않도록 확실히 하고 싶었다고 했으므로, [4]에 제▮ 문장이 들어가면 Ms. Castro가 브라질에서 중요한 역할을 했으며 Lauren Maguire는 아마 Ms. Castro의 이러한 자질과 직원으로서의 ▮에 관해 알고 있을 것이지만, Ms. Castro가 기여한 바가 간과되지 않도록 확실히 하고 싶었다는 자연스러운 문맥이 된다는 것을 알 수 있▮라서 (D)가 정답이다.

어휘　aware of phr. ~을 알고 있는　quality n. 자질, 품질

Questions 156-157 refer to the following text-message chain.

156-157은 다음 메시지 대화문에 관한 문제입니다.

Deanna Bach (4:30 P.M.)	**Deanna Bach** (오후 4시 30분)
Hi, I have a dental appointment with Dr. Hassan scheduled for December 10. Unfortunately, [156]my company is sending me on a business trip. Is it okay if I reschedule?	안녕하세요, 저는 12월 10일에 Dr. Hassan과 치과 예약이 있어요. 유감스럽지만, [156]제가 회사에서 출장을 가게 되었습니다. 일정을 변경해도 괜찮을까요?
Kent Conrad (4:34 P.M.)	**Kent Conrad** (오후 4시 34분)
No problem. When will you be back?	문제없습니다. 언제 돌아오시나요?
Deanna Bach (4:35 P.M.)	**Deanna Bach** (오후 4시 35분)
[156]I'll be in Jakarta for a week. [157]Is the following Monday at the same time free?	[156]저는 일주일 동안 자카르타에 있을 거예요. [157]그 다음 주 월요일 같은 시간에 가능한가요?
Kent Conrad (4:36 P.M.)	**Kent Conrad** (오후 4시 36분)
That won't work. [157]I have slots on Tuesday and Wednesday at 10 A.M., though.	그건 안 되겠는데요. [157]하지만 화요일과 수요일 오전 10시에는 시간이 있어요.
Deanna Bach (4:36 P.M.)	**Deanna Bach** (오후 4시 36분)
I'm in meetings all day on Tuesday. Could I book an appointment for that Wednesday?	화요일에는 하루 종일 회의가 있어요. 그 주 수요일에 예약을 잡을 수 있을까요?
Kent Conrad (4:37 P.M.)	**Kent Conrad** (오후 4시 37분)
Absolutely. You are confirmed for December 23 at 10 A.M.	물론이죠. 12월 23일 오전 10시 확인되셨습니다.
Deanna Bach (4:37 P.M.)	**Deanna Bach** (오후 4시 37분)
Thanks so much!	정말 감사합니다!

어휘 ☐ **dental** adj. 치과의　　☐ **reschedule** v. 일정을 변경하다　　☐ **slot** n. (~에 들어가는) 시간, 자리

What is indicated about Ms. Bach?

(A) She is leaving on a business trip to Jakarta.
(B) She needs to see a dentist for an urgent problem.
(C) She wants to reschedule some meetings.
(D) She is running late for an appointment.

Ms. Bach에 대해 암시되는 것은?

(A) 자카르타로 출장을 떠난다.
(B) 긴급한 문제로 치과에 가야 한다.
(C) 일부 회의 일정을 변경하고 싶어 한다.
(D) 약속 시간에 늦고 있다.

■ 추론 세부 정보　　　　　　　　　　　　　　　　　　　　　　　　　　　　　정답 (A)

질문의 핵심 어구인 Ms. Bach에 대해 추론하는 문제이다. 'my company is sending me on a business trip'에서 Ms. Bach가 회사에서 출장을 가게 되었다고 했고, 'I'll be in Jakarta for a week.'에서 일주일 동안 자카르타에 있을 것이라고 했으므로 Ms. Bach가 자카르타로 출장을 떠난다는 사실을 추론할 수 있다. 따라서 (A)가 정답이다.

어휘 **urgent** adj. 긴급한, 시급한　**run late** phr. 늦다, 지각하다

157

At 4:36 P.M., what does Mr. Conrad mean when he writes, "That won't work"?

(A) An office will be closed for a holiday.
(B) A requested time slot is already booked.
(C) A doctor will be gone for one week.
(D) An employee is scheduled to go on leave.

오후 4시 36분에, Mr. Conrad가 "That won't work"이라고 썼을 때 그가 의도한 것은?

(A) 사무실이 휴일로 문을 닫을 것이다.
(B) 요청된 시간대가 이미 예약되어 있다.
(C) 의사가 일주일 동안 자리를 비울 것이다.
(D) 직원이 휴가를 갈 예정이다.

■ 의도 파악   정답

Mr. Conrad가 의도한 것을 묻는 문제이므로, 질문의 인용어구(That won't work)가 언급된 주변 문맥을 확인한다. 'Is the follow Monday at the same time free?'에서 Ms. Bach가 그 다음 주 월요일 같은 시간에 가능한지 묻자 Mr. Conrad가 'That won't work. 건 안 되겠는데요)이라고 한 후, 'I have slots on Tuesday and Wednesday at 10 A.M., though.'에서 하지만 화요일과 수요일 오전 1 에는 시간이 있다고 한 것을 통해 Ms. Bach가 월요일에 요청한 시간대가 이미 예약되어 있다는 것을 알 수 있다. 따라서 (B)가 정답이다.

어휘   time slot phr. 시간대   go on leave phr. 휴가를 가다

Globetrotter News
By Elliot Keller, staff writer, Global Traveler Magazine

In a statement released yesterday, [158]budget airline Columbia-Jet announced plans to launch services in the United States. The Canada-based carrier was established just nine years ago, and it has already proven popular for domestic flights. [158/159-A/B/C]It currently operates flights to 26 destinations across Canada, and will add Seattle, New York City, and Miami starting from January 7. CEO of Columbia-Jet, Serena Hornell, said [159-D]the airline also hopes to have additional routes to Los Angeles and Denver by the end of next year.

Ms. Hornell said that the carrier will be promoting the new destinations by offering a special deal. "For a limited time, we will be offering a two-for-one special. [160]Anyone purchasing a full-price ticket on one of our new routes is eligible to receive a second one for free." Passengers should note that both check-in and carry-on luggage will incur extra charges. Full details about the offer are posted on the airline's Web site, www.columbia-jet.com.

세계여행자 소식
Global Traveler지 전속 기자 Elliot Keller 작성

어제 공개된 성명에서, [158]저가 항공사 Columbia-Jet사가 미국에서 서비스를 개시할 계획을 발표했다. 캐나다에 본사를 둔 이 항공사는 불과 9년 전에 창립되었고, 이미 국내 항공편으로 인기가 있다는 것이 입증되었다. [158/159-A/B/C]그것은 현재 캐나다 전역에서 26군데의 목적지로 항공편을 운항하고 있으며, 1월 7일부터 시애틀, 뉴욕시, 그리고 마이애미를 추가할 것이다. Columbia-Jet사의 최고 경영자 Serena Hornell은 [159-D]항공사가 또한 내년 말까지 로스앤젤레스와 덴버로 가는 추가 노선을 갖기를 희망한다고 말했다.

Ms. Hornell은 항공사가 특별 거래를 제공하여 새로운 목적지들을 홍보할 것이라고 했다. "한정된 기간 동안, 저희는 한 개의 가격으로 두 개를 드리는 특가를 제공할 것입니다. [160]저희의 신규 노선 중 하나에서 정가 항공권을 구매하시는 누구나 무료로 두 번째 항공권을 받으실 자격이 있습니다." 탑승객들은 위탁 및 기내 수하물 모두 추가 요금이 발생할 것임에 유의해야 한다. 할인에 대한 자세한 내용은 항공사 웹사이트 www.columbia-jet.com에 게시되어 있다.

어휘 □ **globetrotter** n. 세계여행자 □ **statement** n. 성명, 발표문 □ **budget** adj. 저가의; n. 예산
□ **carrier** n. 항공사, 수송회사 □ **domestic** adj. 국내의 □ **two-for-one** adj. 한 개의 가격으로 두 개를 주는
□ **full-price** adj. 정가의 □ **eligible to** phr. ~할 자격이 있는 □ **check-in luggage** phr. 위탁 수하물
□ **carry-on luggage** phr. 기내 수하물 □ **incur** v. (비용을) 발생시키다 □ **charge** n. 요금

What is the article mainly about?

(A) The launch of a budget airline
(B) A route expansion for an air carrier
(C) The hiring of a new CEO
(D) An increase in domestic flights

기사는 주로 무엇에 대한 것인가?

(A) 저가 항공사의 창립
(B) 항공사의 노선 확장
(C) 새로운 최고 경영자의 채용
(D) 국내 항공편의 증가

■ **주제/목적 찾기** 글의 주제 　　　　　　　　　　　　　　　　　　　　　　　　　　　　정답 (B)

기사가 주로 무엇에 대한 것인지를 묻는 주제 찾기 문제이므로 지문의 앞부분을 주의 깊게 확인한다. 'budget airline Columbia-Jet announced plans to launch services in the United States'에서 저가 항공사 Columbia-Jet사가 미국에서 서비스를 개시할 계획을 발표했다고 했고, 'It currently operates flights to 26 destinations across Canada, and will add Seattle, New York City, and Miami ~.'에서 그것은 현재 캐나다 전역에서 26군데의 목적지로 항공편을 운항하고 있으며 시애틀, 뉴욕시, 그리고 마이애미를 추가할 것이라고 했으므로 (B)가 정답이다.

어휘 **expansion** n. 확장

159

Which is NOT a destination that will become available on January 7?

(A) Seattle
(B) New York City
(C) Miami
(D) Denver

1월 7일에 이용 가능해질 목적지가 아닌 것은?

(A) 시애틀
(B) 뉴욕시
(C) 마이애미
(D) 덴버

■ **Not/True** Not 문제   정답

질문의 핵심 어구인 destination ~ become available on January 7과 관련된 내용을 지문에서 찾아 각 보기와 대조하는 Not/True 문제다. (A), (B), (C)는 'It[Columbia-Jet] currently operates flights to 26 destinations ~ and will add Seattle, New York City, Miami starting from January 7.'에서 Columbia-Jet사는 현재 26군데의 목적지로 항공편을 운항하고 있으며 1월 7일부터 시애틀, 뉴욕 그리고 마이애미를 추가할 것이라고 했으므로 지문의 내용과 일치한다. (D)는 'the airline ~ hopes to have additional routes t Denver by the end of next year'에서 항공사가 내년 말까지 덴버로 가는 추가 노선을 갖기를 희망한다고 했으므로 지문의 내용과 일치 않는다. 따라서 (D)가 정답이다.

160

How can passengers get a free ticket to a new destination?

(A) By booking a round-trip ticket
(B) By buying a first ticket at regular price
(C) By entering an online raffle
(D) By using a promotional code

탑승객들은 어떻게 새로운 목적지로 가는 무료 항공권을 을 수 있는가?

(A) 왕복 항공권을 예약함으로써
(B) 첫 번째 항공권을 정가에 구매함으로써
(C) 온라인 추첨에 참여함으로써
(D) 쿠폰 번호를 사용함으로써

■ **육하원칙** How   정답

탑승객들이 어떻게(How) 새로운 목적지로 가는 무료 항공권을 받을 수 있는지를 묻는 육하원칙 문제이다. 질문의 핵심 어구인 get a ticket to a new destination과 관련하여, 'Anyone purchasing a full-price ticket on one of our new routes is eligible to rece a second one for free.'에서 신규 노선 중 하나에서 정가 항공권을 구매하는 누구나 무료로 두 번째 항공권을 받을 자격이 있다고 했으 (B)가 정답이다.

바꾸어 표현하기
purchasing a full-price ticket 정가 항공권을 구매하다 → buying a ~ ticket at regular price 항공권을 정가에 구매하다

어휘   round-trip adj. 왕복의   raffle n. 추첨, 복권   promotional code phr. 쿠폰 번호

Questions 161-164 refer to the following memo.

TO   Research and Development Staff
FROM   Brenda Redfield
[162]SUBJECT   Departmental Staffing Updates
DATE   February 26

Good afternoon,

Thank you everyone for your hard work lately. I just wanted to give you all some news regarding upcoming staff appointments.

First, [162]our new director, Kenneth Edwards, will officially take his position on March 1. Mr. Edwards was the head of research at our company's regional branch in San Diego. [162]He will be stepping in for Muriel Bourke, who is retiring at the end of February. He was successful at his previous position and very popular with his staff. So, I'm sure you will all appreciate what he is bringing to our department.

Next, I'm pleased to announce that [163]Helen Ing will be promoted to assistant director of the department. She will be in charge of organizing plans, implementing policies, and scheduling activities for department personnel beginning March 1.

Finally, [164-B/D]we will be welcoming five new full-time staff members to our department on March 15. [164-B/D]Two of them are entry-level researchers and recent graduates. They will participate in orientation sessions at first. [164-C]The rest will be assigned to the P6 project and start coding right away, as each already has significant experience in the field of software development.

Brenda Redfield
Associate Director, Research and Development Department

161-164는 다음 회람에 관한 문제입니다.

수신   연구개발팀 직원들
발신   Brenda Redfield
[162]제목 부서 직원 채용 업데이트
날짜   2월 26일

좋은 오후입니다,

최근 모두의 노고에 감사드립니다. 곧 있을 직원 임명에 관해 모두에게 몇 가지 소식을 전달하려고 합니다.

먼저, [162]우리의 신임 이사인 Kenneth Edwards가 3월 1일에 공식적으로 취임할 예정입니다. Mr. Edwards는 샌디에이고에 있는 우리 회사의 지방 지사에서 연구 책임자였습니다. [162]그는 2월 말에 은퇴할 Muriel Bourke를 대신할 것입니다. 그는 이전 직책에서 성공적이었고 직원들에게 매우 인기 있었습니다. 그래서, 저는 여러분 모두 그가 우리 부서에 기여할 것을 환영하리라고 확신합니다.

다음으로, [163]Helen Ing이 부서 차장으로 승진할 것이라고 발표하게 되어 기쁩니다. [163]그녀는 3월 1일부터 계획 수립, 규정 시행, 그리고 부서 직원들을 위한 활동 일정 수립을 담당할 것입니다.

마지막으로, 3월 15일에 [164-B/D]다섯 명의 신입 정규 직원들을 우리 부서에 맞이할 것입니다. [164-B/D]이들 중 두 명은 초임 연구원이자 최근 졸업생입니다. 그들은 우선 교육 과정에 참여할 것입니다. [164-C]나머지는 각각 이미 소프트웨어 개발 분야에서 상당한 경험이 있는 만큼, P6 프로젝트에 배정되어 바로 코딩을 시작할 것입니다.

Brenda Redfield
연구개발팀 부이사

어휘 □ staffing n. 직원 채용
      □ retire v. 은퇴하다
      □ entry-level adj. 초임의, 입문의
      □ assign v. 배정하다, 맡기다
      □ regional adj. 지방의, 지역의
      □ promote v. 승진시키다
      □ graduate n. 졸업생; v. 졸업하다
      □ significant adj. 상당한
      □ step in phr. ~를 대신하다
      □ in charge of phr. ~을 담당하다, 맡다
      □ orientation n. 교육

161

The word "appointments" in paragraph 1, line 2, is closest in meaning to

(A) job placements
(B) meeting arrangements
(C) promotion nominations
(D) work responsibilities

1문단 두 번째 줄의 단어 "appointments"는 의미상 –외 가장 가깝다.

(A) 직무 배치
(B) 회의 준비
(C) 승진 추천
(D) 업무 책임

■ 동의어 　　　　　　　　　　　　　　　　　　　　　　　　　　　　　　　　　　　　　　정답

appointments를 포함하는 구절 'I just wanted to give you all some news regarding upcoming staff appointments.' appointments가 '임명'이라는 뜻으로 사용되었다. 따라서 '직무 배치'라는 뜻을 가진 (A)가 정답이다.

어휘　placement n. 배치, 편성　arrangement n. 준비　nomination n. 추천, 지명

162

What is suggested about Ms. Bourke?

(A) She is the current department director.
(B) She visited San Diego in February.
(C) She managed a hiring process.
(D) She will be given a raise soon.

Ms. Bourke에 대해 암시되는 것은?

(A) 현재 부서 이사이다.
(B) 2월에 샌디에이고를 방문했다.
(C) 채용 절차를 관리했다.
(D) 곧 임금 인상을 받을 것이다.

■ 추론 세부 정보 　　　　　　　　　　　　　　　　　　　　　　　　　　　　　　　　　정답

질문의 핵심 어구인 Ms. Bourke에 대해 추론하는 문제이다. 'SUBJECT: Departmental Staffing Updates'에서 회람의 제목이 부서 채용 업데이트인 것을 확인할 수 있고, 'our new director, Kenneth Edwards, will officially take his position on March 1'에서 자의 신임 이사인 Kenneth Edwards가 3월 1일에 공식적으로 취임할 예정이라고 했으며, 'He will be stepping in for Muriel Bourke, v is retiring at the end of February.'에서 그가 2월 말에 은퇴할 Muriel Bourke를 대신할 것이라고 했으므로, Mr. Edwards가 취임하 인 현재 Ms. Bourke가 부서 이사라는 사실을 추론할 수 있다. 따라서 (A)가 정답이다.

어휘　process n. 절차, 과정　raise n. (임금) 인상

163

What will Ms. Ing be responsible for?

(A) Training new hires
(B) Arranging work timetables
(C) Organizing research data
(D) Communicating with customers

Ms. Ing은 무엇을 담당할 것인가?

(A) 신입사원을 교육하는 것
(B) 업무 시간표를 수립하는 것
(C) 연구 데이터를 정리하는 것
(D) 고객들과 소통하는 것

■ 육하원칙 What 　　　　　　　　　　　　　　　　　　　　　　　　　　　　　　　　　정답

Ms. Ing이 무엇(What)을 담당할 것인지를 묻는 육하원칙 문제이다. 질문의 핵심 어구인 Ms. Ing ~ responsible for와 관련하여, 'Helen will be promoted to assistant director of the department. She will be in charge of organizing plans, implementing polic and scheduling activities for department personnel ~.'에서 Helen Ing이 부서 차장으로 승진할 것이며, 계획 수립, 규정 시행, 그 부서 직원들을 위한 활동 일정 수립을 담당할 것이라고 했으므로 (B)가 정답이다.

어휘　new hire phr. 신입사원　timetable n. 시간표

What is mentioned about the new full-time employees?

(A) Some earned degrees in product development.
(B) They all have previous experience.
(C) Some will receive work assignments at once.
(D) They will all undergo a training session.

신입 정규 직원들에 대해 언급된 것은?

(A) 일부는 제품 개발 학위를 받았다.
(B) 모두 사전 경력이 있다.
(C) 일부는 즉시 업무 배정을 받을 것이다.
(D) 모두 교육을 받을 것이다.

■ Not/True True 문제   정답 (C)

질문의 핵심 어구인 new full-time employees와 관련된 내용을 지문에서 찾아 각 보기와 대조하는 Not/True 문제이다. (A)는 지문에 언급되지 않은 내용이다. (B)와 (D)는 'we will be welcoming five new full-time staff members to our department'에서 다섯 명의 신입 정규 직원들을 부서에 맞이할 것이라고 했고, 'Two of them are entry-level researchers and recent graduates. They will participate in orientation sessions at first.'에서 이들 중 두 명은 초임 연구원이자 최근 졸업생으로 우선 교육 과정에 참여할 것이라고 했으므로 지문의 내용과 일치하지 않는다. (C)는 'The rest will be assigned to the P6 project and start coding right away'에서 나머지, 즉 다섯 명의 신입 정규 직원들 중 초임 연구원인 두 명을 제외한 나머지는 P6 프로젝트에 배정되어 바로 코딩을 시작할 것이라고 했으므로 지문의 내용과 일치한다. 따라서 (C)가 정답이다.

어휘 earn v. 받다, 얻다 degree n. 학위 at once phr. 즉시, 동시에 undergo v. 받다, 겪다

Owenville High School
Fundraiser Form

[165]Show your school spirit by supporting Owenville High School's varsity sports teams. **You can choose to donate in any amount or purchase clothing featuring our school's logo.** [167]Contributions are used to fund the purchase of uniforms and equipment, hire transportation for away games, and other miscellaneous expenses.

[167]Name: Cassandra Roberts
Date: August 9
E-mail address: c.roberts@texmail.com
Phone: 555-9325

Specify use:
 X General use   ___ [165]Basketball team
___ Track team   ___ Baseball team
___ Swim team   ___ Football team

Make a direct donation:
___ $10   ___ $20   ___ $50   ___ $100   ___ Other: _____

Or buy items of clothing:

	[166-C]Small	Medium	Large	Extra Large	Unit price	Total
T-shirt	1		1		$10	$20
Tank top	1				$15	$15
Long-sleeved shirt			1		$20	$20
Varsity jacket				1	$25	$25
					TOTAL	$80

Forms may be submitted and items retrieved at the school's athletics department office. [166-D]Acceptable forms of payment include cash and check(payable to Owenville High School).

Owenville 고등학교
모금 양식

[165]Owenville 고등학교의 대표 스포츠 팀을 응원함으로써 여러분의 애교심을 보여주세요. 어떤 액수이든 기부하시거나 우리 학교의 로고가 새겨진 옷을 구매하실 수 있습니다. [167]기여금은 유니폼과 장비 구입, 원정 경기용 교통수단 대여, 그리고 그 외 기타 비용의 자금을 대기 위해 사용됩니다.

[167]이름: Cassandra Roberts
날짜: 8월 9일
이메일 주소: c.roberts@texmail.com
전화번호: 555-9325

용도 지정:
 X 일반 사용   ___ [165]농구팀
___ 육상팀   ___ 야구팀
___ 수영팀   ___ 축구팀

직접 기부:
___ 10달러 ___ 20달러 ___ 50달러 ___ 100달러 ___ 기타:

또는 의류 품목 구매:

	[166-C]소형	중형	대형	초대형	단가	총액
티셔츠	1		1		10달러	20달러
민소매 티셔츠	1				15달러	15달러
긴 소매 셔츠			1		20달러	20달러
대표팀 재킷				1	25달러	25달러
					합계	80달러

학교 체육부 사무실에 양식을 제출하고 물품을 회수하실 수 있습니다. [166-D]가능한 지불 방식은 현금과 수표(수취인 Owenville 고등학교)를 포함합니다.

어휘 □ school sprit phr. 애교심, 학교 정신
     □ away game phr. 원정 경기
     □ specify v. 지정하다, 명시하다
     □ sleeve n. 소매
     □ payable to phr. (수표 등이) ~를 수취인으로 하는

     □ varsity n. (대학·고등학교의) 대표팀
     □ miscellaneous adj. 기타의, 다른
     □ track n. 육상, 길
     □ retrieve v. 회수하다

     □ fund v. 자금을 대다
     □ expense n. 비용, 경비
     □ tank top phr. 민소매 티셔츠

What is implied about Owenville High School?

(A) It is building a new sports facility.
(B) It has five varsity sports teams.
(C) It recently won a championship.
(D) It aims to raise a fixed amount.

Owenville 고등학교에 대해 암시되는 것은?

(A) 새로운 스포츠 시설을 짓고 있다.
(B) 다섯 개의 대표 스포츠 팀이 있다.
(C) 최근 선수권 대회에서 우승했다.
(D) 정해진 액수를 모금하는 것을 목표로 한다.

■ **추론** 세부 정보 　　　　　　　　　　　　　　　　　　　　　　　　　　　　　　　　　　정답 (B)

질문의 핵심 어구인 Owenville High School에 대해 추론하는 문제이다. 'Show your school spirit by supporting Owenville High School's varsity sports teams.'에서 Owenville 고등학교의 대표 스포츠 팀을 응원함으로써 애교심을 보여달라고 했고, 'Basketball team, Track team, Baseball team, Swim team, Football team'에서 농구팀, 육상팀, 야구팀, 수영팀, 축구팀 총 다섯 팀을 언급했으므로 Owenville 고등학교에 다섯 개의 대표 스포츠 팀이 있다는 사실을 추론할 수 있다. 따라서 (B)가 정답이다.

어휘　facility n. 시설　championship n. 선수권 대회　aim v. 목표로 하다　fixed adj. 정해진

What is indicated about the clothes on sale?

(A) They can be shipped for a fee.
(B) They feature student-made designs.
(C) They come in multiple sizes.
(D) They can only be paid for in cash.

판매되는 옷에 대해 언급된 것은?

(A) 요금을 지불하면 배송될 수 있다.
(B) 학생들이 만든 디자인을 특징으로 한다.
(C) 다양한 크기로 나온다.
(D) 현금으로만 값을 지불할 수 있다.

■ **Not/True** True 문제 　　　　　　　　　　　　　　　　　　　　　　　　　　　　　　　정답 (C)

질문의 핵심 어구인 clothes on sale과 관련된 내용을 지문에서 찾아 각 보기와 대조하는 Not/True 문제이다. (A)와 (B)는 지문에 언급되지 않은 내용이다. (C)는 'Small', 'Medium', 'Large', 'Extra Large'에서 소형, 중형, 대형, 초대형 크기가 있다고 했으므로 지문의 내용과 일치한다. 따라서 (C)가 정답이다. (D)는 'Acceptable forms of payment include cash and check'에서 가능한 지불 방식은 현금과 수표를 포함한다고 했으므로 지문의 내용과 일치하지 않는다.

어휘　ship v. 배송하다, 수송하다

What will Ms. Roberts' contribution be used for?

(A) Funding charity work
(B) Designing new uniforms
(C) Assisting with scholarships
(D) Paying for team expenses

Ms. Roberts의 기여금은 무엇을 위해 사용될 것인가?

(A) 자선사업에 자금을 대는 것
(B) 새로운 유니폼을 디자인하는 것
(C) 장학금을 지원하는 것
(D) 팀 경비를 지불하는 것

■ **육하원칙** What 　　　　　　　　　　　　　　　　　　　　　　　　　　　　　　　　　　정답 (D)

Ms. Roberts의 기여금이 무엇(What)을 위해 사용될 것인지를 묻는 육하원칙 문제이다. 질문의 핵심 어구인 Ms. Roberts' contribution ~ used for와 관련하여, 'Contributions are used to fund the purchase of uniforms and equipment, hire transportation for away games, and other miscellaneous expenses.'에서 기여금은 유니폼과 장비 구입, 원정 경기용 교통수단 대여, 그리고 그 외 기타 비용의 자금을 대기 위해 사용된다고 했고, 'Name: Cassandra Roberts'에서 Cassandra Roberts의 기여임을 확인할 수 있으므로 (D)가 정답이다.

어휘　charity n. 자선　scholarship n. 장학금

Questions 168-171 refer to the following online chat discussion.

168-171은 다음 온라인 채팅 대화문에 관한 문제입니다.

Platinum Max Investments – Group Chat System

Xavier Hahn	2:43 P.M.

Janelle and Antonio, [168]how are the income reports for the end of the year going?

Janelle Fletcher	2:44 P.M.

Sorry, but they're taking longer than expected.

Antonio Ricci	2:45 P.M.

Yeah, [168]I'm pretty worried we won't be able to meet next Friday's deadline.

Xavier Hahn	2:46 P.M.

[169]Why don't you ask our intern Teresa to help you out, then? She's just typing up some notes from this Tuesday's staff meeting. I'm sure she'll have time to work on the reports.

Antonio Ricci	2:47 P.M.

Oh, perfect! [169]I should've thought of that before, since she regularly accesses the accounting database to send out weekly status updates.

Janelle Fletcher	2:48 P.M.

I'll show her how to enter the formulas we need for the report spreadsheets.

Xavier Hahn	2:49 P.M.

All right. I'm glad we got this worked out. [170/171]I didn't want you two missing next Thursday's year-end party because of the reports. [171]Our team is going to win an award for our work on the financial strategies proposal, and I'd like you both to be there.

Antonio Ricci	2:50 P.M.

I didn't realize that. Very exciting! [171]We'll see you next Thursday at Mandarin Kitchen, then.

Platinum Max 투자사 – 단체 채팅 시스템

Xavier Hahn   오후 2시 43분
Janelle과 Antonio, [168]연말 손익 보고서는 어떻게 진행되고 있나요?

Janelle Fletcher   오후 2시 44분
죄송하지만, 예상보다 오래 걸리고 있어요.

Antonio Ricci   오후 2시 45분
맞아요, [168]저희가 다음 주 금요일 기한을 맞추지 못할까 봐 꽤 걱정스러워요.

Xavier Hahn   오후 2시 46분
[169]그렇다면, 우리 인턴 Teresa에게 도움을 요청하는 건 어때요? 그녀는 이번 주 화요일 직원회의 기록만 작성하고 있어요. 그 보고서를 작업할 시간이 있을 거라고 확신해요.

Antonio Ricci   오후 2시 47분
아, 완벽하네요! [169]그녀는 주간 현황 업데이트를 발송하기 위해 정기적으로 회계 데이터베이스에 접속하는 만큼, 제가 그 방법을 진작에 떠올렸어야 해요.

Janelle Fletcher   오후 2시 48분
제가 그녀에게 보고서 스프레드시트에 우리가 필요한 수식을 입력하는 방법을 알려줄게요.

Xavier Hahn   오후 2시 49분
좋아요. 이 일이 해결되어서 다행이에요. [170/171]보고서 때문에 두 분이 다음 주 목요일 송년회를 놓치는 일은 없었으면 했거든요. [171]우리 팀이 재정 전략 제안서 업무로 상을 받을 예정인데, 두 분 다 거기에 계셨으면 좋겠어요.

Antonio Ricci   오후 2시 50분
그건 몰랐어요. 매우 신나네요! [171]그럼 다음 주 목요일 Mandarin Kitchen에서 뵐게요.

어휘
□ **income report** phr. 손익 보고서
□ **status** n. 현황, 상태
□ **work out** phr. 해결되다
□ **regularly** adv. 정기적으로, 일정하게
□ **enter** v. 입력하다, 등록하다
□ **strategy** n. 전략
□ **access** v. 접속하다, 접근하다
□ **formula** n. 수식, 공식
□ **proposal** n. 제안서, 제안

<table>
<tr><td>

When are the income reports due?

(A) By this Tuesday
(B) By this Wednesday
(C) By next Thursday
(D) By next Friday

</td><td>

손익 보고서는 언제까지 마감되어야 하는가?

(A) 이번 주 화요일까지
(B) 이번 주 수요일까지
(C) 다음 주 목요일까지
(D) 다음 주 금요일까지

</td></tr>
</table>

■ **육하원칙** When   정답 (D)

손익 보고서가 언제(When)까지 마감되어야 하는지를 묻는 육하원칙 문제이다. 질문의 핵심 어구인 income reports due와 관련하여, 'how are the income reports ~ going?'에서 Mr. Hahn이 손익 보고서가 어떻게 진행되고 있는지 묻자, 'I'm pretty worried we won't be able to meet next Friday's deadline'에서 Mr. Ricci가 다음 주 금요일 기한을 맞추지 못할까 봐 꽤 걱정스럽다고 했으므로 (D)가 정답이다.

<table>
<tr><td>

According to Mr. Ricci, why is Teresa suitable for a task?

(A) She recently took a course on accounting reports.
(B) She was trained on spreadsheets.
(C) She has used a computer system on several occasions.
(D) She took notes at the staff meeting.

</td><td>

Mr. Ricci에 따르면, Teresa는 왜 업무에 적합한가?

(A) 최근에 회계 보고서에 관한 강의를 들었다.
(B) 스프레드시트에 관한 교육을 받았다.
(C) 몇 차례 컴퓨터 시스템을 사용해 왔다.
(D) 직원회의에서 기록을 작성했다.

</td></tr>
</table>

■ **육하원칙** Why   정답 (C)

Mr. Ricci에 따르면 Teresa가 왜(why) 업무에 적합한지를 묻는 육하원칙 문제이다. 질문의 핵심 어구인 Teresa suitable for a task와 관련하여, 'Why don't you ask our intern Teresa to help you out ~?'에서 Mr. Hahn이 인턴 Teresa에게 도움을 요청하는 것은 어떤지 묻자, 'I should've thought of that before, since she regularly accesses the accounting database to send out weekly status updates.'에서 Mr. Ricci가 그녀는 주간 현황 업데이트를 발송하기 위해 정기적으로 회계 데이터베이스에 접속하는 만큼 자신이 그 방법을 진작에 떠올렸어야 한다고 했으므로 (C)가 정답이다.

바꾸어 표현하기
regularly accesses the ~ database 정기적으로 데이터베이스에 접속하다
→ used a computer system on several occasions 몇 차례 컴퓨터 시스템을 사용했다

어휘 course n. 강의, 과정

<table>
<tr><td>

At 2:49 P.M., what does Mr. Hahn mean when he writes, "I'm glad we got this worked out"?

(A) Some employees will be able to attend an event.
(B) A technical error has been addressed.
(C) Some strategies have proven to be efficient.
(D) A report was finished earlier than anticipated.

</td><td>

오후 2시 49분에, Mr. Hahn이 "I'm glad we got this worked out"이라고 썼을 때 그가 의도한 것은?

(A) 몇몇 직원들이 행사에 참석할 수 있을 것이다.
(B) 기술적 오류가 해결되었다.
(C) 몇몇 전략이 효율적인 것으로 드러났다.
(D) 보고서가 예상보다 빨리 완성되었다.

</td></tr>
</table>

■ **의도 파악**   정답 (A)

Mr. Hahn이 의도한 것을 묻는 문제이므로, 질문의 인용어구(I'm glad we got this worked out)가 언급된 주변 문맥을 확인한다. Mr. Hahn이 'I'm glad we got this worked out.'(이 일이 해결되어서 다행이에요)이라고 한 후, 'I didn't want you two missing next Thursday's year-end party because of the reports.'에서 보고서 때문에 두 사람이 다음 주 목요일 송년회를 놓치는 일은 없었으면 했다고 했으므로, Mr. Hahn은 두 직원이 다음 주 목요일 송년회 행사에 참석할 수 있게 되어 다행이라고 생각한다는 것을 알 수 있다. 따라서 (A)가 정답이다.

어휘 attend v. 참석하다 technical adj. 기술적인 address v. 해결하다, 다루다 prove v. 드러나다, 입증하다 efficient adj. 효율적인
    anticipate v. 예상하다

○○●○
8

What will be given out at Mandarin Kitchen next week?

(A) A prize for a group
(B) A year-end present
(C) A promotional packet
(D) A company income report

다음 주 Mandarin Kitchen에서 무엇이 주어질 것인가?

(A) 단체를 위한 상
(B) 연말 선물
(C) 홍보 패키지
(D) 회사 손익 보고서

■ **육하원칙** What   정답

다음 주 Mandarin Kitchen에서 무엇(What)이 주어질 것인지를 묻는 육하원칙 문제이다. 질문의 핵심 어구인 given out at Manda
Kitchen next week과 관련하여, 'I didn't want you two missing next Thursday's year-end party ~. Our team is going to win
award for our work on the financial strategies proposal'에서 Mr. Hahn이 두 사람이 다음 주 목요일 송년회를 놓치는 일은 없었으면
고 자신들의 팀이 재정 전략 제안서 업무로 상을 받을 예정이라고 했으며, 'We'll see you next Thursday at Mandarin Kitchen ~.'0
Mr. Ricci가 다음 주 목요일 Mandarin Kitchen에서 보자고 했으므로 다음 주 목요일 송년회가 Mandarin Kitchen에서 열릴 것이며 화지
의 팀에게 상이 주어질 것임을 알 수 있다. 따라서 (A)가 정답이다.

바꾸어 표현하기
team is going to win an award 팀이 상을 받을 예정이다 → A prize for a group 단체를 위한 상

어휘 promotional adj. 홍보의 packet n. 패키지, 소포

172-175는 다음 기사에 관한 문제입니다.

Hilltop to Open Several New Branches

15 November— [173/175]Hilltop is preparing to open seven new bookstores before the end of the year, according to managing director Lillian Jones. — [1] —. The new stores, all located in London, will bring Hilltop's total number of stores in the UK to 30. [173]The latest openings are timed to take advantage of typically high December sales. — [2] —.

The news comes after [172]its Swedish billionaire owner, Nicholas Holmberg, sold Hilltop to investment firm Capitalia for £140 million. Mr. Holmberg bought the company six years ago from Horizon Media for £55 million. — [3] —.

"We run a solid business," says Ms. Jones. "Unlike other retailers, our products consistently sell well. For an investor interested in holding retail assets in the UK, we make an attractive purchase. We're also obviously growing." — [4] —.

[174]According to Ms. Jones, the secret to Hilltop's success is a management style she learned in her former life as an independent bookseller. [174]"I urge our managers to take a "less is more" approach," she said. "Customers want a comfortable atmosphere for browsing books. All we need to do is hire staff who are passionate about books and keep the shelves well stocked."

Hilltop사, 몇몇 새로운 지점 개점 예정

11월 15일—Lillian Jones 전무이사에 따르면, [173/175]Hilltop사는 올해가 끝나기 전에 일곱 군데의 신규 서점을 열 준비를 하고 있다. — [1] —. 모두 런던에 위치한 이 새로운 매장들은 영국 내 Hilltop사의 총 매장 수를 30개로 만들 것이다. [173]최신 개점은 12월의 일반적으로 높은 매출을 활용하도록 시기를 맞추었다. — [2] —.

이 소식은 [172]스웨덴인 억만장자 소유주 Nicholas Holmberg가 Hilltop사를 Capitalia 투자사에 1억 4천만 파운드로 매각한 후 전해졌다. [172]Mr. Holmberg는 6년 전 Horizon Media사로부터 5천 5백만 파운드에 그 회사를 인수했다. — [3] —.

"저희는 탄탄한 사업을 하고 있습니다."라고 Ms. Jones는 말한다. "다른 소매업체와 달리, 저희 제품은 한결같이 잘 팔립니다. 영국에서 소매 자산을 보유하는 데 관심이 있는 투자자에게 있어, 저희는 매력적인 매물입니다. 저희는 또한 명백히 성장하고 있습니다." — [4] —.

[174]Ms. Jones에 따르면, Hilltop사의 성공 비결은 그녀가 이전에 독립 서점상으로서 배운 경영 방식이다. [174]"저는 저희 관리자들이 "적을수록 좋다"는 접근 방식을 취하도록 권고합니다."라고 그녀는 말했다. "고객들은 책을 둘러볼 수 있는 편안한 분위기를 원합니다. 저희가 해야 할 일은 책에 열정적인 직원을 고용하고 책장을 잘 채워 두는 것뿐입니다."

어휘 ☐ time v. 시기를 맞추다 ☐ take advantage of phr. ~을 활용하다 ☐ typically adv. 일반적으로
☐ solid adj. 탄탄한, 견고한 ☐ retailer n. 소매업체 ☐ consistently adv. 한결같이, 지속적으로
☐ asset n. 자산, 재산 ☐ attractive adj. 매력적인 ☐ obviously adv. 명백히, 분명히
☐ urge v. 권고하다, 촉구하다 ☐ passionate adj. 열정적인 ☐ shelf n. 책장, 선반
☐ stock v. (식품·책 등으로) 채우다, 갖추다

What can be inferred about Mr. Holmberg?

(A) He hired Ms. Jones from Horizon Media.
(B) He plans to open additional stores in Sweden.
(C) He borrowed capital to pay for Hilltop's purchase.
(D) He more than doubled his initial investment.

Mr. Holmberg에 대해 추론될 수 있는 것은?

(A) Ms. Jones를 Horizon Media사로부터 고용했다.
(B) 스웨덴에 추가적인 매장을 개점할 계획이다.
(C) Hilltop사 인수 비용을 위해 자금을 대출받았다.
(D) 초기 투자금액을 두 배 이상 늘렸다.

■ 추론 세부 정보

정답 (D)

질문의 핵심 어구인 Mr. Holmberg에 대해 추론하는 문제이다. 'its[Hilltop] Swedish billionaire owner, Nicholas Holmberg, sold Hilltop ~ for £140 million. Mr. Holmberg bought the company six years ago ~ for £55 million.'에서 Hilltop사의 스웨덴인 억만장자 소유주 Nicholas Holmberg가 Hilltop사를 1억 4천만 파운드로 매각했으며, Mr. Holmberg는 6년 전 5천 5백만 파운드에 그 회사를 인수했다고 했으므로, Mr. Holmberg가 Hilltop사에 대한 초기 투자금액 5천 5백만 파운드를 두 배 이상인 1억 4천만 파운드로 늘렸다는 사실을 추론할 수 있다. 따라서 (D)가 정답이다.

어휘 capital n. 자금, 자본 double v. 두 배로 늘리다 initial adj. 초기의, 처음의

○●●●●○
상

Why is Hilltop opening its new stores in December?

(A) It is under pressure from investors.
(B) It aims to conclude a sale in January.
(C) It sells more books at the end of the year.
(D) It was able to meet its annual profitability goals.

Hilltop사는 왜 12월에 새로운 매장을 개점하는가?

(A) 투자자들로부터 압력을 받고 있다.
(B) 1월에 매각을 마무리하려고 목표한다.
(C) 연말에 책을 더 많이 판매한다.
(D) 연간 수익성 목표를 달성할 수 있었다.

■ 육하원칙 Why   정답

Hilltop사가 왜(Why) 12월에 새로운 매장을 개점하는지를 묻는 육하원칙 문제이다. 질문의 핵심 어구인 Hilltop opening its new stores December와 관련하여, 'Hilltop is preparing to open seven new bookstores'에서 Hilltop사가 일곱 군데의 신규 서점을 열 준비를 하 있다고 했고, 'The latest openings are timed to take advantage of typically high December sales.'에서 최신 개점은 12월의 일반 으로 높은 매출을 활용하도록 시기를 맞추었다고 했으므로 (C)가 정답이다.

어휘 under pressure phr. 압력을 받는 conclude v. 마무리하다 annual adj. 연간의, 한 해의 profitability n. 수익성

○●●●●○
상

To what does Ms. Jones credit Hilltop's success?

(A) Rapid expansion
(B) Smart pricing
(C) Frequent discounts
(D) Effective leadership

Ms. Jones는 Hilltop사의 성공이 무엇 덕분이라고 하는 가?

(A) 빠른 확장
(B) 현명한 가격 책정
(C) 잦은 할인
(D) 효과적인 리더십

■ 육하원칙 What   정답

Ms. Jones가 Hilltop사의 성공이 무엇(what) 덕분이라고 하는지를 묻는 육하원칙 문제이다. 질문의 핵심 어구인 Ms. Jones credit Hillto success와 관련하여, 'According to Ms. Jones, the secret to Hilltop's success is a management style'에서 Ms. Jones에 따르 Hilltop사의 성공 비결은 경영 방식이라고 했고, '"I urge our managers to take a "less is more" approach,"'에서 자신, 즉 Ms. Jon 는 관리자들이 "적을수록 좋다"는 접근 방식을 취하도록 권고한다고 했으므로 (D)가 정답이다.

어휘 credit A to B phr. A를 B 덕분이라고 하다 pricing n. 가격 책정 frequent adj. 잦은, 빈번한

○●●●●○
중

In which of the positions marked [1], [2], [3], and [4] does the following sentence best belong?

"This forms part of an aggressive development plan that includes 15 additional stores next year."

(A) [1]
(B) [2]
(C) [3]
(D) [4]

[1], [2], [3], [4]로 표시된 위치 중, 다음 문장이 들어갈 으로 가장 적절한 것은?

"이는 내년에 15군데의 추가적인 매장을 포함하는 적극적 인 성장 계획의 일환이다."

(A) [1]
(B) [2]
(C) [3]
(D) [4]

■ 문장 위치 찾기   정답

지문의 흐름상 주어진 문장이 들어가기에 가장 적절한 곳을 고르는 문제이다. 주어진 문장에서 이는 내년에 15군데의 추가적인 매장을 포함하 적극적인 성장 계획의 일환이라고 했으므로, 이 문장이 새 매장의 개점과 관련된 내용이 나오는 부분에 들어가야 함을 알 수 있다. [1]의 앞 인 'Hilltop is preparing to open seven new bookstores before the end of the year'에서 Hilltop사는 올해가 끝나기 전에 일곱 의 신규 서점을 열 준비를 하고 있다고 했으므로, [1]에 제시된 문장이 들어가면 Hilltop사가 일곱 군데의 신규 서점을 열 준비를 하고 있는데 는 내년에 15군데의 추가적인 매장을 포함하는 적극적인 성장 계획의 일환이라는 자연스러운 문맥이 된다는 것을 알 수 있다. 따라서 (A)가 이다.

어휘 aggressive adj. 적극적인, 공격적인

Questions 176-180 refer to the following memo and work estimate.

176-180은 다음 회람과 작업 견적서에 관한 문제입니다.

To: Tara Quincy
From: Selma Hastings
[176]Subject: Harrisburg Office Renovation Update
Date: January 16

Ms. Quincy,

[176]The renovations to the second floor of our Harrisburg office are on track to begin next month. As discussed in our recent conference call, the architect has confirmed that the redesigned space will meet building code requirements. Also, [177]I think I've found a qualified general contractor to oversee the remodeling. I've asked Bushong Construction's representative to make a detailed work estimate for us. This will be forwarded to your office as soon as I receive it. If everything is in order, we should be able to start soon.

[180]Of particular concern is the glasswork for the meeting rooms, which will be crucial to achieving the modern look that we desire. I do have some out-of-town business coming up, but I've arranged my schedule so [180]I can personally check on the day we finish that part of the project.

Give me a call if you have any questions or concerns.

수신: Tara Quincy
발신: Selma Hastings
[176]제목: 해리스버그 사무실 보수 공사 업데이트
날짜: 1월 16일

Ms. Quincy께,

[176]저희 해리스버그 사무실의 2층 보수 공사가 다음 달에 시작되도록 진행 중입니다. 최근 전화 회담에서 논의한 대로, 건축가는 재설계된 공간이 건축 법규 요구사항을 충족할 것임을 확인했습니다. 또한, [177]리모델링 공사를 감독할 자격을 갖춘 종합 시공사를 찾은 것 같습니다. 저는 Bushong 건설사의 담당자에게 저희를 위해 자세한 작업 견적을 내달라고 요청해 두었습니다. 이것은 제가 받는 대로 당신의 사무실에 전달될 것입니다. 모든 것이 제대로 되어 있다면, 저희는 곧 시작할 수 있을 것입니다.

[180]특히 우려되는 것은 회의실을 위한 유리 세공인데, 이것은 저희가 원하는 현대적 외관을 실현하는 데 결정적일 것입니다. 저는 곧 시외에서 일이 있긴 하지만, [180]프로젝트의 그 부분을 마치는 날 제가 직접 확인할 수 있도록 일정을 조정했습니다.

문의사항이나 우려가 있으시다면 저에게 전화 주세요.

Bushong Construction
Building a Brighter Future

1466 Lincoln Drive
Harrisburg, PA
17111
555-717-6443

****

Remodeling Estimate

Elmore Advertising
21 3rd Avenue, Second Floor
Harrisburg, PA
15044
555-382-0987

Note: [179]The costs listed below reflect both material and labor costs. The final price may vary by up to 10 percent based on market prices for building materials and components.

Work Description	Dates	[179]Labor Cost	[179]Material Cost
[179]Demolition: Removal of kitchen fixtures and office partitions	February 12-13	[179]$6,000	[179]N/A

Bushong 건설사
더 밝은 미래를 짓습니다

Lincoln로 1466번지
해리스버그, 펜실베이니아
17111
555-717-6443

****

리모델링 견적서

Elmore 광고회사
3번가 21번지, 2층
해리스버그, 펜실베이니아
15044
555-382-0987

참고: [179]아래 나열된 비용은 재료비와 인건비를 모두 반영합니다. 최종 비용은 건축 자재 및 부품의 시장 가격에 따라 최대 10퍼센트까지 변동될 수 있습니다.

작업 설명	날짜	[179]인건비	[179]재료비
[179]철거: 주방 붙박이 설비 및 사무실 칸막이 제거	2월 12-13일	[176]6,000 달러	[179]해당 없음

Electrical & Plumbing: Replacing bathroom fixtures, complete rewiring	February 14-21	$30,000	$15,000
[180]Panel Installation: Wood panel and glass pane installation	February 23-March 1	$22,500	$40,000
Décor: Painting, miscellaneous decoration	March 2-3	$2,000	$10,000
Subtotal		$125,500	

전기 및 배관: 욕실 붙박이 설비 교체, 전체 배선	2월 14-21일	30,000 달러	15,000 달러
[180]판 설치: 목재 판 및 창유리 설치	2월 23일- 3월 1일	22,500 달러	40,000 달러
장식: 페인트칠, 기타 장식	3월 2-3일	2,000달러	10,000 달러
	소계	125,500달러	

지문 1 □ on track phr. 진행 중인 □ architect n. 건축가 □ code n. 법규, 규정
　　　　□ qualified adj. 자격을 갖춘 □ contractor n. 시공사, 하청업체 □ oversee v. 감독하다
　　　　□ forward v. 전달하다; adv. 앞으로 □ in order phr. 제대로 된, 알맞은 □ concern n. 우려, 관심
　　　　□ glasswork n. 유리 세공 □ crucial adj. 결정적인, 중대한

지문 2 □ labor cost phr. 인건비 □ vary v. 변동되다, 바뀌다 □ component n. 부품
　　　　□ demolition n. 철거 □ fixture n. 붙박이 설비, 고정물 □ partition n. 칸막이
　　　　□ plumbing n. 배관 □ rewiring n. 배선 □ panel n. (문이나 벽에 붙이는 사각형) 판
　　　　□ glass pane phr. 창유리 □ décor n. 장식

176

Why did Ms. Hastings write the memo?

(A) To summarize conclusions from a meeting
(B) To propose a solution to an issue
(C) To provide details about an undertaking
(D) To discuss the final results of a project

Ms. Hastings는 왜 회람을 작성했는가?

(A) 회의의 결론을 요약하기 위해
(B) 문제에 대한 해결책을 제시하기 위해
(C) 일에 관한 세부 사항을 제공하기 위해
(D) 프로젝트의 최종 결과를 논의하기 위해

■ **주제/목적 찾기** 글을 쓴 이유 정답

Ms. Hastings가 회람을 작성한 이유를 묻는 목적 찾기 문제이므로 첫 번째 지문인 회람의 내용을 확인한다. 회람의 'Subject: Harrisb Office Renovation Update'에서 제목이 해리스버그 사무실 보수 공사 업데이트라고 했고, 'The renovations to the second floor of Harrisburg office are on track to begin next month.'에서 해리스버그 사무실의 2층 보수 공사가 다음 달에 시작되도록 진행 중이라 며 보수 공사 일에 관한 세부 사항을 제공하고 있으므로 (C)가 정답이다.

어휘 summarize v. 요약하다 conclusion n. 결론, 마무리 undertaking n. (중요한) 일, 프로젝트

177

Why does Ms. Hastings need to hire a contractor?

(A) To design a second branch
(B) To learn about building code requirements
(C) To repair damage to an office
(D) To supervise a refurbishment project

Ms. Hastings는 왜 시공사를 고용해야 하는가?

(A) 두 번째 지점을 설계하기 위해
(B) 건축 법규 요구사항을 배우기 위해
(C) 사무실에 대한 손상을 수리하기 위해
(D) 재정비 프로젝트를 감독하기 위해

■ **육하원칙** Why 정답

Ms. Hastings가 왜(Why) 시공사를 고용해야 하는지를 묻는 육하원칙 문제이므로 질문의 핵심 어구인 Ms. Hastings ~ hire a contra 와 관련된 내용이 언급된 첫 번째 지문인 회람을 확인한다. 회람의 'I think I've found a qualified general contractor to oversee remodeling'에서 리모델링 공사를 감독할 자격을 갖춘 종합 시공사를 찾은 것 같다고 했으므로 (D)가 정답이다.

바꾸어 표현하기
oversee ~ remodeling 리모델링 공사를 감독하다 → supervise a refurbishment project 재정비 프로젝트를 감독하다

어휘 supervise v. 감독하다, 지휘하다 refurbishment n. 재정비

In the work estimate, the word "reflect" in paragraph 1, line 1, is closest in meaning to (A) reproduce (B) express (C) deliberate (D) mediate	작업 견적서에서, 1문단 첫 번째 줄의 단어 "reflect"는 의미상 -와 가장 가깝다. (A) 재생산하다 (B) 나타내다 (C) 숙고하다 (D) 중재하다

■ 동의어 　　　정답 (B)

두 번째 지문인 작업 견적서의 reflect를 포함하는 구절 'The costs listed below reflect both material and labor costs.'에서 reflect가 '반영하다'라는 뜻으로 사용되었다. 따라서 '나타내다'라는 뜻을 가진 (B)가 정답이다.

Which phase of the job will probably not cost more than estimated? (A) Demolition (B) Electrical & Plumbing (C) Panel Installation (D) Décor	작업의 어떤 단계가 예상 비용보다 더 많이 들지 않을 것 같은가? (A) 철거 (B) 전기 및 배관 (C) 판 설치 (D) 장식

■ 추론 　세부 정보 　　정답 (A)

질문의 핵심 어구인 phase of the job ~ not cost more than estimated에 대해 추론하는 문제이므로 작업 단계가 언급된 두 번째 지문인 작업 견적서에서 관련 내용을 확인한다. 작업 견적서의 'The costs listed below reflect both material and labor costs. The final price may vary by up to 10 percent based on market prices for building materials and components.'에서 아래 나열된 비용은 재료비와 인건비를 모두 반영하며 최종 비용은 건축 자재 및 부품의 시장 가격에 따라 최대 10퍼센트까지 변동될 수 있다고 했으며, 'Demolition', 'Labor Cost', '$6,000', 'Material Cost', 'N/A'에서 철거 작업의 인건비가 6,000달러이고 재료비는 해당 없다고 했으므로 재료비가 들어가지 않는 철거 단계가 예상 비용보다 더 많이 들지 않을 것이라는 사실을 추론할 수 있다. 따라서 (A)가 정답이다.

어휘 　phase n. 단계

When will Ms. Hastings review some work in person? (A) On February 13 (B) On February 21 (C) On March 1 (D) On March 3	Ms. Hastings는 언제 작업을 직접 점검할 것인가? (A) 2월 13일에 (B) 2월 21일에 (C) 3월 1일에 (D) 3월 3일에

■ 육하원칙 　연계 문제 　　　　　　　　　　　　　　　　　　　　　　　　　　　　　　　　　　　　　　정답 (C)

두 지문의 내용을 종합해서 풀어야 하는 연계 문제이다. 질문의 핵심 어구인 Ms. Hastings review ~ work in person에서 Ms. Hastings가 언제(When) 작업을 직접 점검할 것인지를 묻고 있으므로 Ms. Hastings가 작성한 회람을 먼저 확인한다.

단서 1 　첫 번째 지문(회람)의 'Of particular concern is the glasswork for the meeting rooms'에서 특히 우려되는 것은 회의실을 위한 유리 세공이라고 한 후, 'I can personally check on the day we finish that part of the project'에서 프로젝트의 그 부분을 마치는 날 자신이 직접 확인할 수 있다고 했다. 그런데 유리 세공 작업이 언제 끝날지 제시되지 않았으므로 작업 견적서에서 관련 내용을 확인한다.

단서 2 　두 번째 지문(작업 견적서)의 'Panel Installation: ~ glass pane installation', 'February 23-March 1'에서 2월 23일부터 3월 1일까지 판 설치 작업 중 창유리 설치가 진행될 것이라는 사실을 확인할 수 있다.

두 단서를 종합할 때, Ms. Hastings는 유리 세공 작업이 끝나는 날인 3월 1일에 작업을 직접 점검할 것임을 알 수 있다. 따라서 (C)가 정답이다.

바꾸어 표현하기

review ~ work in person 작업을 직접 점검하다 → personally check 직접 확인하다

지문 1

Sightline Travel   You are signed in as: Jeremy Turner

Home | Flights | Hotels | Cars | **Packages** | Cruises | Activities

Packages > Jamaican Holidays

Search	
Origin: Cardiff, UK	Destination: Jamaica (all locations)
Dates: June 11- June 16	Room Type: Standard Double

Results:

[181]Kings Hotel [182-C]Montego Bay, Jamaica £1,423 per person [181]Beautiful coastal property with over 400 luxury suites, pools and spas, on-site restaurants, and nightly live musical acts	[181]Friendlies Resort [182-C]Montego Bay, Jamaica £1,324 per person [181]Choose from over 600 rooms and studio units with full amenities(some with ocean views), plus access to tours and activities
[181/182-D]Spectrum Hotel and Resort [182-C]Port Antonio, Jamaica £1,298 per person All-inclusive, [181/182-D]family-friendly beach property with over 850 spacious rooms	[181/183]Skywave Resort [182-C]Negril, Jamaica £1,102 per person [181/183]Newly built property with beach access, swimming pool, and on-site restaurant

[182-B]Packages shown include flights, hotel, taxes, and fees. For concerns, contact customer service at 555-0354 or e-mail cs@sightlinetravel.com.

지문 2

www.traveltroves.com/reviews

Agency: Sightline Travel
Rating: 3 stars
Reviewer: Jeremy Turner (Verified Traveller)

I recently took a six-day holiday in Jamaica. [184]I used Sightline Travel, a service which, in my experience, generally provides good value on travel packages—and this trip was no exception. [183]With prices on the rise these days, it's rare to find affordable tour accommodations at a high-end property like this, especially one that was constructed within the last year. Everything was sparkling clean. The group activities were enjoyable but also left ample time to unwind by the pool.

However, [185]this was not a dream holiday in every respect. Our connecting flight was delayed, so we arrived at the Kingston airport late. This meant that by the time we had collected our bags, the group shuttle to our accommodations

---

Sightline 여행사   로그인 정보: Jeremy Turne[r]

홈 | 항공편 | 호텔 | 차량 | 패키지 | 크루즈 | 활동

패키지 > 자메이카 휴가

검색	
출발: Cardiff, 영국	목적지: 자메이카 (전 지역)
날짜: 6월 11일-6월 16일	객실 종류: 일반 더블

결과:

[181]Kings 호텔 [182-C]Montego Bay, 자메이카 인당 1,423파운드 400개 이상의 고급 스위트룸, 수영장 및 스파, 호텔 내 식당, 그리고 야간 라이브 음악 공연이 있는 [181]해안가의 아름다운 건물	[181]Friendlies 리조트 [182-C]Montego Bay, 자메이카 인당 1,324파운드 [181]모든 편의 시설을 갖춘 60[0]개 이상의 객실 및 원룸(일부는 바다 경치를 볼 수 있음) 중에서 선택, 그리고 투어 및 활동 이용 가능
[181/182-D]Spectrum 호텔 및 리조트 [182-C]Port Antonio, 자메이카 인당 1,298파운드 850개 이상의 넓은 객실을 갖추고 여행 통상경비가 전체 포함된, [181/182-D]가족 친화적인 해변 건물	[181/183]Skywave 리조트 [182-C]Negril, 자메이카 인당 1,102파운드 [181/183]해변에 접근성이 좋고, 수영장, 그리고 호텔 내 식당이 있는 신축 건물

[182-B]표시된 패키지에는 항공편, 호텔, 세금, 그리고 수수[료]가 포함됩니다. 우려 사항이 있으시면, 555-0354로 고[객] 서비스에 연락하시거나 cs@sightlinetravel.com으로 [이]메일을 보내십시오.

---

www.traveltroves.com/reviews

대행사: Sightline 여행사
평가: 별 세 개
후기 작성자: Jeremy Turner (검증된 여행자)

저는 최근 자메이카로 6일간 휴가를 다녀왔습니다. [184]제 경험상 일반적으로 여행 패키지 품질이 좋은 서비스 회사 Sightline 여행사를 이용했고, 이번 여행도 예외는 아니었습니다. [183]최근 물가가 상승하여, 이런 고급 건물, 특히 난해 안에 지어진 곳에서 저렴한 관광 숙소를 찾는 것은 [드]문 일입니다. 모든 것이 반짝이도록 깨끗했습니다. 그룹 활동은 즐거우면서도 수영장 근처에서 휴식을 취할 충분한 간 또한 남겨 두었습니다.

그러나, [185]모든 면에서 완벽한 휴가는 아니었습니다. 연[결] 항공편이 지연되어서, 저희는 킹스턴의 공항에 늦게 도착했습니다. 이는 저희가 짐을 챙겼을 때쯤에, 숙소로 가는 단[체] 셔틀이 이미 떠났다는 것을 의미했습니다. [185]제

had already left. This would not have been a big issue, except [185]when I tried to contact Sightline, I could not get in touch with anyone, despite making multiple calls and leaving several text messages. In the end, I had to pay for a taxi out of pocket. It did not ruin our trip, but I expected more from Sightline.

Sightline사에 연락하려고 했을 때, 여러 번 전화하고 몇 개의 문자 메시지를 남겼음에도 불구하고 누구와도 연락이 닿지 않았다는 것을 제외하면, 이것은 큰 문제가 되지 않았을 것입니다. 결국, 저는 사비로 택시를 타야 했습니다. 이것이 저희의 여행을 망치지는 않았지만, 저는 Sightline사로부터 더 많은 것을 기대했습니다.

지문 1 □ coastal adj. 해안가의
□ amenity n. 편의 시설
□ spacious adj. 넓은

□ on-site adj. 건물 내의, 현장의
□ all-inclusive adj. 여행 통상경비를 전체 포함하는

□ studio n. 원룸

지문 2 □ verify v. 검증하다, 확인하다
□ on the rise phr. 상승하여, 올라
□ accommodation n. 숙소, 숙박 시설
□ sparkling adj. 반짝이는
□ respect n. 면, 측면

□ good value phr. 품질이 좋은
□ rare adj. 드문, 희귀한
□ high-end adj. 고급의
□ ample adj. 충분한
□ out of pocket phr. 사비로, 손해를 보고

□ exception n. 예외
□ affordable adj. 저렴한
□ construct v. 짓다, 건설하다
□ unwind v. 휴식을 취하다, 긴장을 풀다
□ ruin v. 망치다

According to the advertisement, what do all of the accommodations have in common?

(A) A seaside location
(B) A swimming pool
(C) Live entertainment
(D) Nearby dining options

광고에 따르면, 모든 숙소의 공통점은 무엇인가?

(A) 해변가의 위치
(B) 수영장
(C) 라이브 공연
(D) 가까운 식사 선택지

■ 육하원칙 What   정답 (A)

광고에 따르면 모든 숙소의 공통점이 무엇(what)인지를 묻는 육하원칙 문제이므로 첫 번째 지문인 광고에서 관련 내용을 확인한다. 광고의 'Kings Hotel', 'Beautiful coastal property'에서 Kings 호텔은 해안가의 아름다운 건물이라고 했고, 'Friendlies Resort', 'Choose from over 600 rooms ~ (some with ocean views)'에서 Friendlies 리조트는 600개 이상의 객실 중에서 선택할 수 있는데 일부는 바다 경치를 볼 수 있다고 했으며, 'Spectrum Hotel and Resort', '~ beach property'에서 Spectrum 호텔 및 리조트는 해변 건물이라고 했고, 'Skywave Resort', '~ property with beach access'에서 Skywave 리조트는 해변에 접근성이 좋은 건물이라고 했으므로 모든 숙소가 해변가에 위치한 것을 알 수 있다. 따라서 (A)가 정답이다.

어휘 seaside adj. 해변가의

What is indicated about the packages?

(A) They require travel in June.
(B) They include air transportation.
(C) They are all in the same city.
(D) They specifically cater to families.

패키지들에 대해 언급된 것은?

(A) 6월에 여행해야 한다.
(B) 비행편을 포함한다.
(C) 모두 같은 도시에 있다.
(D) 특별히 가족을 위한 것이다.

■ Not/True True 문제   정답 (B)

질문의 핵심 어구인 packages와 관련된 내용을 지문에서 찾아 각 보기와 대조하는 Not/True 문제이므로 패키지들이 언급된 첫 번째 지문인 광고에서 관련 내용을 확인한다. (A)는 지문에 언급되지 않은 내용이다. (B)는 'Packages shown include flights'에서 표시된 패키지에는 항공편이 포함된다고 했으므로 지문의 내용과 일치한다. 따라서 (B)가 정답이다. (C)는 'Montego Bay, Jamaica', 'Montego Bay, Jamaica', 'Port Antonio, Jamaica', 'Negril, Jamaica'에서 패키지 중 두 개만 자메이카의 Montego Bay라는 같은 도시에 위치해 있고, 나머지는 Port Antonio와 Negril이라는 다른 도시들에 위치해 있으므로 지문의 내용과 일치하지 않는다. (D)는 'Spectrum Hotel and Resort', 'family-friendly ~ property'에서 Spectrum 호텔 및 리조트가 가족 친화적인 건물이라고는 했지만, 모든 패키지가 특별히 가족을 위한 것인지는 언급되지 않았으므로 지문의 내용과 일치하지 않는다.

바꾸어 표현하기
flights 항공편 → air transportation 비행편

어휘 specifically adv. 특별히 cater to phr. ~를 위하다, ~의 구미에 맞추다

183

Where did Mr. Turner most likely stay during his holiday?

(A) Kings Hotel
(B) Friendlies Resort
(C) Spectrum Hotel and Resort
(D) Skywave Resort

Mr. Turner는 휴가 동안 어디에서 묵은 것 같은가?

(A) Kings 호텔
(B) Friendlies 리조트
(C) Spectrum 호텔 및 리조트
(D) Skywave 리조트

■ 추론 연계 문제　　　　　　　　　　　　　　　　　　　　　　　　　　　　　정답

두 지문의 내용을 종합적으로 확인한 후 추론해서 풀어야 하는 연계 문제이다. 질문의 핵심 어구인 Mr. Turner ~ stay during his holida 관련된 내용이 언급된 후기를 먼저 확인한다.

단서 1 두 번째 지문(후기)의 'With prices on the rise these days, it's rare to find affordable tour accommodations at a high-e property like this, especially one that was constructed within the last year.'에서 최근 물가가 상승하여 이런 고급 건물, 특히 지난 안에 지어진 곳에서 저렴한 관광 숙소를 찾는 것은 드문 일이라고 했다. 그런데 지난해 안에 지어진 고급 숙소가 어디인지 제시되지 않았으 광고에서 관련 내용을 확인한다.

단서 2 첫 번째 지문(광고)의 'Skywave Resort', 'Newly built property'에서 Skywave 리조트가 신축 건물이라는 사실을 확인할 수 있 두 단서를 종합할 때, Mr. Turner는 지난해 안에 지어진 신축 건물인 Skywave 리조트에서 묵었다는 사실을 추론할 수 있다. 따라서 (D)기 답이다.

184

What is suggested about Mr. Turner?

(A) He traveled to Jamaica by himself.
(B) He stayed in a suite for six nights.
(C) He paid the hotel for group activities.
(D) He booked with Sightline Travel previously.

Mr. Turner에 대해 암시된 것은?

(A) 혼자서 자메이카로 여행했다.
(B) 스위트룸에서 6박 묵었다.
(C) 그룹 활동을 위해 호텔에 돈을 지불했다.
(D) 이전에 Sightline 여행사에서 예약했다.

■ 추론 세부 정보　　　　　　　　　　　　　　　　　　　　　　　　　　　　　정답

질문의 핵심 어구인 Mr. Turner에 대해 추론하는 문제이므로 Mr. Turner가 작성한 두 번째 지문인 후기에서 관련 내용을 확인한다. 후기 used Sightline Travel, a service which, in my experience, generally provides good value on travel packages—and this was no exception.'에서 자신의 경험상 일반적으로 여행 패키지 품질이 좋은 서비스 회사인 Sightline 여행사를 이용했고 이번 여행도 예 아니었다고 했으므로 Mr. Turner는 이전에 Sightline 여행사에서 예약했다는 사실을 추론할 수 있다. 따라서 (D)가 정답이다.

185

Why was Mr. Turner dissatisfied with his trip?

(A) His check-in was delayed by an hour.
(B) Customer service was unresponsive.
(C) His luggage was lost by the airline.
(D) Shuttle service was not timely.

Mr. Turner는 왜 그의 여행에 불만족했는가?

(A) 체크인이 한 시간 지연되었다.
(B) 고객 서비스가 응답하지 않았다.
(C) 그의 짐이 항공사에 의해 분실되었다.
(D) 셔틀 서비스가 시간을 지키지 않았다.

■ 육하원칙 Why　　　　　　　　　　　　　　　　　　　　　　　　　　　　　정답

Mr. Turner가 왜(Why) 그의 여행에 불만족했는지를 묻는 육하원칙 문제이므로 질문의 핵심 어구인 Mr. Turner dissatisfied with his tr 관련된 내용이 언급된 두 번째 지문인 후기를 확인한다. 후기의 'this was not a dream holiday in every respect'에서 모든 면에서 완 휴가는 아니었다고 했고, 'when I tried to contact Sightline, I could not get in touch with anyone, despite making multiple c and leaving several text messages'에서 자신이 Sightline사에 연락하려고 했을 때, 여러 번 전화하고 몇 개의 문자 메시지를 남겼음 불구하고 누구와도 연락이 닿지 않았다고 했으므로 (B)가 정답이다.

어휘　unresponsive adj. 응답하지 않는, 묵묵부답인　timely adj. 시간을 지키는, 제때의

Lansdowne Center
Pacific Publishing Conference
Schedule of Speakers – August 2

Speaker	Seminar	Time	Room
Gary West	[189]Changes to Copyright Laws	[186-D]9:00 A.M. – 10:00 A.M.	[189]209
Kara Adams	Self-Publishing Services	[186-D]10:30 A.M. – 11:30 A.M.	105
Chad Lewis	Online Subscription Models	[186-D]1:00 P.M. – 2:00 P.M.	308
Eileen Daniels	[186-C]Foreign Licensing Agreements	[186-D]2:30 P.M. – 3:30 P.M.	109

Space for each seminar is limited, so conference attendees must register in advance. [187]To participate in a seminar, download the registration form <u>here</u> and e-mail the completed document to the conference organizer, Greta Beale, at g.beale@ppc.com.

Lansdowne 센터
Pacific 출판 컨퍼런스
연사 일정 – 8월 2일

연사	세미나	시간	강의실
Gary West	[189]저작권법 개정	[186-D]오전 9시 – 오전 10시	[189]209
Kara Adams	자체 출판 서비스	[186-D]오전 10시 30분 – 오전 11시 30분	105
Chad Lewis	온라인 구독 모델	[186-D]오후 1시 – 오후 2시	308
Eileen Daniels	[186-C]해외 라이선스 계약	[186-D]오후 2시 30분 – 오후 3시 30분	109

각 세미나를 위한 공간이 한정되어 있으므로, 컨퍼런스 참석자들은 사전에 등록해야 합니다. [187]세미나에 참가하려면, 여기에서 등록 양식을 다운로드하고 작성한 문서를 g.beale@ppc.com으로 컨퍼런스 담당자 Greta Beale 에게 이메일로 보내십시오.

To: Owen Williams <o.williams@eastpress.com>
From: Tara Liu <t.liu@eastpress.com>
Date: July 27
Subject: Pacific Publishing Conference

Dear Mr. Williams,

Thank you again for giving me the opportunity to represent our company at the Pacific Publishing Conference. [187]I was able to register for all of the seminars you suggested. I signed up for them on Monday and received confirmation today.

Unfortunately, [188]I have to change my travel itinerary for the conference. Originally, I was supposed to depart from Los Angeles on August 1. However, I now have an appointment in Portland on that day. [188]Since the train from Portland to Seattle has a long stopover in Tacoma, I'd prefer to rent a car and drive to the seminar. Would I be able to get approval for this additional expense?

Sincerely,

Tara Liu

수신: Owen Williams <o.williams@eastpress.com>
발신: Tara Liu <t.liu@eastpress.com>
날짜: 7월 27일
제목: Pacific 출판 컨퍼런스

Mr. Williams께,

Pacific 출판 컨퍼런스에서 우리 회사를 대표할 기회를 주셔서 다시 한번 감사드립니다. [187]제안하신 모든 세미나에 등록할 수 있었어요. 월요일에 신청했고 오늘 확인을 받았습니다.

유감스럽게도, [188]저는 컨퍼런스를 위한 이동 일정을 변경해야 합니다. 원래, 저는 8월 1일에 로스앤젤레스에서 출발하기로 되어 있었습니다. 그러나, 저는 이제 그날 포틀랜드에서 일정이 있습니다. [188]포틀랜드에서 시애틀로 가는 기차는 터코마에서 오랫동안 경유하기 때문에, 차를 빌려서 세미나로 운전해서 가고 싶습니다. 이 추가 비용을 승인받을 수 있을까요?

Tara Liu 드림

To: Greta Beale <g.beale@ppc.com>
From: Lloyd Green <l.green@lansdowne.com>
Date: August 1
Subject: Room Change

Dear Ms. Beale,

I'm contacting you regarding the seminars that you have

수신: Greta Beale <g.beale@ppc.com>
발신: Lloyd Green <l.green@lansdowne.com>
날짜: 8월 1일
제목: 강의실 변경

Ms. Beale께,

내일 예정된 세미나와 관련해서 연락드립니다. 방금 기술자

scheduled for tomorrow. I just spoke with a technician who let me know that there is an electrical problem in the building that will need to be addressed right away. As a consequence of this, [189]the power on the second floor will be shut off for much of the day tomorrow, and sessions that were to take place there will have to be moved. Luckily, Room 309, one floor up, is available during the same time period. It has a capacity of 150 people, so there should be plenty of seating for seminar participants. And, of course, [190]I can instruct my employees to put up signs regarding the change. I apologize for any inconvenience this situation may cause.

Sincerely,
Lloyd Green
Lansdowne Center Building Services

와 대화했는데 건물에 즉시 해결되어야 하는 전기 문제가 있다고 알려주었습니다. 이에 따라, [189]내일 하루 중 상당 간 동안 2층의 전원이 차단될 것이고, 그곳에서 진행될 예정 이었던 세미나는 옮겨져야 합니다. 다행히, 한 층 위의 30 호가 같은 시간대에 이용 가능합니다. 수용 인원이 150명이 므로, 세미나 참가자들을 위한 좌석은 충분할 것입니다. 그 리고 물론, [190]저희 직원들에게 변경과 관련한 표지판을 가 시하도록 지시할 수 있습니다. 이 상황이 야기할 수 있는 불 편에 대해 사과드립니다.

Lloyd Green 드림
Lansdowne 센터 건물 서비스 담당자

지문 1	□ copyright n. 저작권	□ subscription n. 구독	□ register v. 등록하다
지문 2	□ itinerary n. 일정, 일정표	□ depart v. 출발하다, 떠나다	□ stopover n. 경유
지문 3	□ shut off phr. 차단하다	□ capacity n. 수용 인원	□ put up phr. 게시하다

186

What is indicated about the seminars?

(A) They will be held in rooms with the same capacity.
(B) They are led by employees from publishing companies.
(C) They will each discuss an international publishing topic.
(D) They are scheduled to last for the same duration.

세미나에 대해 언급된 것은?

(A) 수용 인원이 같은 강의실에서 열릴 것이다.
(B) 출판사 직원들에 의해 안내된다.
(C) 각각 국제적 출판 주제를 다룰 것이다.
(D) 같은 기간 동안 지속하도록 예정되었다.

■ Not/True True 문제　　　　　　　　　　　　　　　　　정답

질문의 핵심 어구인 seminars와 관련된 내용을 지문에서 찾아 각 보기와 대조하는 Not/True 문제이므로 세미나가 언급된 첫 번째 지문인 표에서 관련 내용을 확인한다. (A)와 (B)는 지문에 언급되지 않은 내용이다. (C)는 'Foreign Licensing Agreements'에서 한 세미나가 라이선스 계약에 관한 것이라고는 했지만 모든 세미나가 국제적 출판 주제를 다루는 것은 아니므로 지문의 내용과 일치하지 않는다. (D)는 '9 A.M. — 10:00 A.M.', '10:30 A.M. — 11:30 A.M.', '1:00 P.M. — 2:00 P.M.', '2:30 P.M. — 3:30 P.M.'에서 모든 세미나가 한 시간 안 지속하도록 예정된 것을 알 수 있으므로 지문의 내용과 일치한다. 따라서 (D)가 정답이다.

어휘　duration n. 기간, 지속

187

What did Ms. Liu most likely do on Monday?

(A) Completed an assignment for Mr. Williams
(B) Updated a travel itinerary
(C) Changed a flight reservation
(D) Submitted a form to Ms. Beale

Ms. Liu는 월요일에 무엇을 한 것 같은가?

(A) Mr. Williams를 위한 업무를 완료했다
(B) 여행 일정표를 업데이트했다
(C) 항공권 예약을 변경했다
(D) Ms. Beale에게 양식을 제출했다

■ 추론 연계 문제　　　　　　　　　　　　　　　　　　　정답

세 지문 중 두 지문의 내용을 종합적으로 확인한 후 추론해서 풀어야 하는 연계 문제이다. 질문의 핵심 어구인 Ms. Liu ~ do on Monday와 련된 내용이 언급된 첫 번째 이메일을 먼저 확인한다.

[단서 1] 두 번째 지문(이메일)의 'I was able to register for all of the seminars ~. I signed up for them on Monday'에서 Ms. Liu가 든 세미나에 등록할 수 있었으며, 월요일에 신청했다고 했다. 그런데 Ms. Liu가 월요일에 세미나를 신청하기 위해 무엇을 했는지 제시되지 으므로 일정표에서 관련 내용을 확인한다.

[단서 2] 첫 번째 지문(일정표)의 'To participate in a seminar, download the registration form ~ and e-mail the comple document to ~ Greta Beale'에서 세미나에 참가하려면 등록 양식을 다운로드하고 작성한 문서를 Greta Beale에게 이메일로 보내 했다.

두 단서를 종합할 때, Ms. Liu는 월요일에 Ms. Beale에게 세미나 등록 양식을 제출했다는 사실을 추론할 수 있다. 따라서 (D)가 정답이다.

Where will the Pacific Publishing Conference be held?	Pacific 출판 컨퍼런스는 어디에서 개최될 것인가?
(A) In Los Angeles	(A) 로스앤젤레스에서
(B) In Portland	(B) 포틀랜드에서
(C) In Seattle	(C) 시애틀에서
(D) In Tacoma	(D) 터코마에서

■ 육하원칙 Where 정답 (C)

Pacific 출판 컨퍼런스가 어디(Where)에서 개최될 것인지를 묻는 육하원칙 문제이므로 질문의 핵심 어구인 Pacific Publishing Conference ~ held와 관련된 내용이 언급된 첫 번째 이메일을 확인한다. 첫 번째 이메일의 'I have to change my travel itinerary for the conference'에서 Ms. Liu가 컨퍼런스를 위한 이동 일정을 변경해야 한다고 했고, 'Since the train from Portland to Seattle has a long stopover in Tacoma, I'd prefer to rent a car and drive to the seminar.'에서 포틀랜드에서 시애틀로 가는 기차는 터코마에서 오랫동안 경유하기 때문에 차를 빌려서 세미나로 운전해서 가고 싶다고 했으므로 컨퍼런스는 Ms. Liu의 목적지인 시애틀에서 개최된다는 것을 알 수 있다. 따라서 (C)가 정답이다.

Which seminar will be moved to a new location?	어떤 세미나가 새로운 장소로 옮겨질 것인가?
(A) Changes to Copyright Laws	(A) 저작권법 개정
(B) Self-Publishing Services	(B) 자체 출판 서비스
(C) Online Subscription Models	(C) 온라인 구독 모델
(D) Foreign Licensing Agreements	(D) 해외 라이선스 계약

■ 육하원칙 연계 문제 정답 (A)

세 지문 중 두 지문의 내용을 종합해서 풀어야 하는 연계 문제이다. 질문의 핵심 어구인 seminar ~ moved to a new location에서 어떤 (Which) 세미나가 새로운 장소로 옮겨질 것인지를 묻고 있으므로 세미나 장소 이동과 관련된 내용이 언급된 두 번째 이메일을 먼저 확인한다.

단서 1 세 번째 지문(이메일)의 'the power on the second floor will be shut off ~, and sessions that were to take place there will have to be moved. Luckily, Room 309, one floor up, is available during the same time period.'에서 2층의 전원이 차단될 것이고 그곳에서 진행될 예정이었던 세미나가 옮겨져야 하는데, 다행히 한 층 위의 309호가 같은 시간대에 이용 가능하다고 했다. 그런데 어떤 세미나가 2층에서 진행될 예정이었는지 제시되지 않았으므로 일정표에서 관련 내용을 확인한다.

단서 2 첫 번째 지문(일정표)의 'Changes to Copyright Laws', '209'에서 저작권법 개정 세미나가 209호 강의실에서 진행될 예정이었음을 알 수 있다.

두 단서를 종합할 때, 2층에서 진행될 예정이었던 저작권법 개정 세미나가 새로운 장소로 옮겨질 것임을 알 수 있다. 따라서 (A)가 정답이다.

What does Mr. Green offer to do?	Mr. Green은 무엇을 해주겠다고 제안하는가?
(A) Refund a room charge	(A) 강의실 요금을 환불한다
(B) Confirm the size of a venue	(B) 행사장의 크기를 확인한다
(C) Hire additional staff for an event	(C) 행사를 위한 추가적인 직원을 고용한다
(D) Arrange for notices to be posted	(D) 공고가 게시되도록 준비한다

■ 육하원칙 What 정답 (D)

Mr. Green이 무엇(What)을 해주겠다고 제안하는지를 묻는 육하원칙 문제이므로 Mr. Green이 작성한 두 번째 이메일을 확인한다. 두 번째 이메일의 'I can instruct my employees to put up signs regarding the change'에서 자신의 직원들에게 변경과 관련한 표지판을 게시하도록 지시할 수 있다고 했으므로 (D)가 정답이다.

바꾸어 표현하기

instruct ~ to put up signs 표지판을 게시하도록 지시하다 → Arrange for notices to be posted 공고가 게시되도록 준비하다

어휘 venue n. 행사장, 장소

지문 1

[191-A]For more than 10 years, Serenity has been the premier beauty salon in the New York area. Our talented stylists and beauticians offer a full range of services and treatments.

We are pleased to announce that [191-B]our relocation to the Plaza Square Building in downtown Manhattan is now complete. The new space is much larger and more luxurious than our previous one. To celebrate the move, [192]we will be offering a 15 percent discount on hair services in July and a 10 percent discount on nail and facial treatments in August.

Contact us at 555-0393 or [191-D]visit our Web site to make a reservation. We hope to see you soon!

[191-A]10년이 넘도록, Serenity는 뉴욕 지역에서 최고의 미용실이었습니다. 저희의 재능 있는 스타일리스트들과 미용사들은 모든 범위의 서비스와 시술을 제공합니다.

저희는 [191-B]맨해튼 시내에 있는 Plaza Square 건물로의 이전이 이제 완료되었음을 알려드리게 되어 기쁩니다. 새로운 공간은 저희의 이전 공간보다 훨씬 더 넓고 고급스럽습니다. 이사를 축하하기 위해, [192]7월에는 헤어 서비스에 15퍼센트 할인을 제공하고 8월에는 네일과 얼굴 시술에 10퍼센트 할인을 제공할 것입니다.

555-0393으로 연락하시거나 [191-D]저희 웹사이트를 방문하여 예약하세요. 곧 뵙길 바랍니다!

지문 2

Serenity
101-1456 8th Street, New York
555-0393
www.serenitysalon.com

[192]**Date:** July 25   **Receipt #:** 0098
Client: Sarah Broughton   **Phone #:** 555-9998

[192]Haircut		$66.00
Nail Art		$45.00
Facial Cream		$40.00
Pedicure		$30.00
	Tax	$18.30
	Total	$199.30

[192]Prices above include all applicable discounts.

Do you have any suggestions on how we can improve? If so, [193]be sure to visit our Web site and submit your feedback. To show our appreciation, we'll give you a free skincare product the next time you visit the salon.

Serenity
8번가 101-1456번지, 뉴욕
555-0393
www.serenitysalon.com

[192]날짜: 7월 25일   영수증 번호: 0098
고객: Sarah Broughton   전화번호: 555-9998

[192]헤어 커트		66.00달러
네일 아트		45.00달러
얼굴 크림		40.00달러
페디큐어		30.00달러
	세금	18.30달러
	총액	199.30달러

[192]위 가격에는 해당되는 모든 할인이 포함됩니다.

저희가 개선할 수 있는 제안사항이 있으신가요? 그렇다면 [193]꼭 저희 웹사이트를 방문하여 의견을 남겨 주세요. 감사의 표시로, 다음에 미용실을 방문하시면 무료 스킨케어 제품을 드립니다.

지문 3

Serenity
Feel beautiful today!

About | Services | Reservations | [193]**Feedback**

[193]Client Name: Sarah Broughton
Date: August 1

Overall, I was happy with my visit to your salon. The new location has a very welcoming atmosphere. The waiting area is beautifully decorated, and I loved the staff's peaceful musical selections. Everyone I interacted with was courteous and professional, especially my hair stylist, Melina. [194]She was easy to talk to and had some great recommendations about short hairstyles. She persuaded me to try one out. It's

Serenity
오늘 아름다운 기분을 느껴보세요!

소개 | 서비스 | 예약 | [193]의견

[193]고객 이름: Sarah Broughton
날짜: 8월 1일

전반적으로, 저는 미용실 방문에 만족했습니다. 새로운 장소는 매우 따뜻한 분위기입니다. 대기실은 아름답게 꾸며져 있고, 직원들의 평온한 음악 선곡이 매우 좋았습니다. 제가 교류했던 모두가 정중하고 전문적이었는데, 특히 제 헤어 스타일리스트였던 Melina가 그랬습니다. [194]그녀는 대화하기 편했고 짧은 헤어 스타일에 대해 좋은 추천을 해주었습니다. 그녀는 저에게 그런 스타일을 시도해 보도록 설득했

quite a different look for me because mine usually goes past my shoulders, but I love it. **However,** [195]I do have one recommendation. Many other salons in the area offer coffee and fresh juice to clients. Given that a salon session can sometimes last for several hours, it would be nice to be provided with refreshments.

니다. 보통 제 머리는 어깨 아래까지 오기 때문에 저에겐 꽤 다른 모습이지만, 아주 맘에 듭니다. 그런데, [195]한 가지 추천이 있습니다. 지역의 많은 다른 미용실은 고객들에게 커피와 신선한 주스를 제공합니다. 미용실 방문은 때때로 몇 시간 동안 지속될 수도 있으니, 다과를 제공받을 수 있다면 좋을 것입니다.

지문 1	□ premier adj. 최고의, 제1의	□ beauty salon phr. 미용실, 미장원	□ talented adj. 재능 있는
	□ beautician n. 미용사	□ range n. 범위	□ treatment n. 시술, 치료
	□ relocation n. 이전, 이주	□ luxurious adj. 고급스러운, 호화로운	□ facial adj. 얼굴의
지문 2	□ applicable adj. 해당되는	□ appreciation n. 감사	
지문 3	□ overall adv. 전반적으로	□ welcoming adj. 따뜻한, 안락한	□ atmosphere n. 분위기
	□ peaceful adj. 평온한, 평화로운	□ interact v. 교류하다, 상호작용하다	□ courteous adj. 정중한, 예의 바른
	□ recommendation n. 추천	□ persuade v. 설득하다	□ look n. 모습, 스타일
	□ refreshment n. 다과, 간식		

What is NOT stated about Serenity Salon?

(A) It was established over a decade ago.
(B) It has moved to a new location.
(C) It plans to open a branch in another city.
(D) It accepts online reservations.

Serenity 미용실에 대해 언급되지 않은 것은?

(A) 10년도 더 전에 개업했다.
(B) 새로운 위치로 이동했다.
(C) 다른 도시에 지점을 열 계획이다.
(D) 온라인 예약을 받는다.

■ Not/True Not 문제   정답 (C)

질문의 핵심 어구인 Serenity Salon과 관련된 내용을 지문에서 찾아 각 보기와 대조하는 Not/True 문제이므로 Serenity 미용실이 언급된 첫 번째 지문인 광고에서 관련 내용을 확인한다. (A)는 'For more than 10 years, Serenity has been the premier beauty salon in the New York area.'에서 10년이 넘도록 Serenity는 뉴욕 지역에서 최고의 미용실이었다고 했으므로 지문의 내용과 일치한다. (B)는 'our relocation to the Plaza Square Building in downtown Manhattan is now complete'에서 맨해튼 시내에 있는 Plaza Square 건물로의 이전이 이제 완료되었다고 했으므로 지문의 내용과 일치한다. (C)는 지문에 언급되지 않은 내용이다. 따라서 (C)가 정답이다. (D)는 'visit our Web site to make a reservation'에서 웹사이트를 방문하여 예약하라고 했으므로 지문의 내용과 일치한다.

바꾸어 표현하기
For more than 10 years 10년이 넘도록 → over a decade ago 10년도 더 전에
relocation 이전 → moved to a new location 새로운 위치로 이동했다

어휘 establish v. 개업하다 decade n. 10년 accept v. 받다, 받아들이다

192

Which price listed on the receipt was discounted?

(A) $66.00
(B) $45.00
(C) $40.00
(D) $30.00

영수증에 기재된 가격 중 어떤 것이 할인되었는가?

(A) 66.00달러
(B) 45.00달러
(C) 40.00달러
(D) 30.00달러

■ **육하원칙** 연계 문제 　　　　　　　　　　　　　　　　　　　　　　　　　　정답

세 지문 중 두 지문의 내용을 종합해서 풀어야 하는 연계 문제이다. 질문의 핵심 어구인 price listed on the receipt ~ discounted에서 영수
에 기재된 가격 중 어떤(Which) 것이 할인되었는지를 묻고 있으므로 할인과 관련된 내용이 언급된 광고를 먼저 확인한다.
[단서 1] 첫 번째 지문(광고)의 'we will be offering a 15 percent discount on hair services in July'에서 7월에는 헤어 서비스에 15퍼
트 할인을 제공할 것이라고 했다. 그런데 영수증에 기재된 헤어 서비스 가격이 얼마인지 제시되지 않았으므로 영수증에서 관련 내용을 확인한
[단서 2] 두 번째 지문(영수증)의 'Date: July 25'에서 7월 25일자 영수증이며, 'Haircut', '$66.00'에서 66.00달러에 헤어 커트 서비스를 받
사실을 확인할 수 있으며, 'Prices above include all applicable discounts.'에서 위 가격에는 해당되는 모든 할인이 포함된다고 했다.
두 단서를 종합할 때, 헤어 서비스에 15퍼센트 할인이 제공되는 7월 자로 발행된 영수증이므로 헤어 커트의 가격인 66.00달러가 할인되었음
알 수 있다. 따라서 (A)가 정답이다.

193

What will Ms. Broughton receive on her next visit to Serenity Salon?

(A) A discounted service
(B) A free treatment
(C) A personalized consultation
(D) A complimentary item

Ms. Broughton은 다음 Serenity 미용실 방문 때 무엇을
받을 것인가?

(A) 서비스 할인
(B) 무료 시술
(C) 개인 맞춤형 상담
(D) 무료 상품

■ **육하원칙** 연계 문제 　　　　　　　　　　　　　　　　　　　　　　　　　　정답

세 지문 중 두 지문의 내용을 종합해서 풀어야 하는 연계 문제이다. 질문의 핵심 어구인 Ms. Broughton receive on her next visit
Serenity Salon에서 Ms. Broughton이 다음 Serenity 미용실 방문 때 무엇(What)을 받을 것인지를 묻고 있으므로 Serenity 미용실에서
행한 영수증을 먼저 확인한다.
[단서 1] 두 번째 지문(영수증)의 'be sure to visit our Web site and submit your feedback. To show our appreciation, we'll g
you a free skincare product the next time you visit the salon.'에서 꼭 웹사이트를 방문하여 의견을 남겨 달라고 하며, 감사의 표시
다음에 미용실을 방문하면 무료 스킨케어 제품을 준다고 했다. 그런데 Ms. Broughton이 의견을 남겼는지 제시되지 않았으므로 웹페이지에
관련 내용을 확인한다.
[단서 2] 세 번째 지문(웹페이지)의 'Feedback', 'Client Name: Sarah Broughton'에서 Sarah Broughton이 웹사이트에 의견을 남겼다
사실을 확인할 수 있다.
두 단서를 종합할 때, Ms. Broughton은 웹사이트에 의견을 남겼으므로 다음 미용실 방문 때 무료 스킨케어 제품을 받을 것임을 알 수 있다.
라서 (D)가 정답이다.

바꾸어 표현하기

free ~ product 무료 제품 → complimentary item 무료 상품

어휘 **personalized** adj. 개인 맞춤형의 **complimentary** adj. 무료의

<table>
<tr>
<td>

What can be inferred from the Web page?

(A) Ms. Broughton requested Melina as her stylist.
(B) Ms. Broughton normally has longer hair.
(C) Serenity Salon provides style tips on its Web site.
(D) Serenity Salon expanded its waiting area.

</td>
<td>

웹페이지에서 추론될 수 있는 것은?

(A) Ms. Broughton은 Melina를 스타일리스트로 요청했다.
(B) Ms. Broughton은 보통 머리가 더 길다.
(C) Serenity 미용실은 웹사이트에서 스타일 팁을 제공한다.
(D) Serenity 미용실은 대기실을 확장했다.

</td>
</tr>
</table>

■ 추론 세부 정보   정답 (B)

웹페이지에서 추론될 수 있는 것을 묻는 추론 문제이다. 이 문제는 질문에 핵심 어구가 없으므로 각 보기의 핵심 어구와 관련된 내용을 세 번째 지문인 웹페이지에서 확인한다. 웹페이지의 'She[Melina] ~ had some great recommendations about short hairstyles. She persuaded me[Sarah Broughton] to try one out. It's quite a different look for me because mine usually goes past my shoulders, but I love it.'에서 Melina가 짧은 헤어 스타일에 대해 좋은 추천을 해주었고 Sarah Broughton에게 그런 스타일을 시도해 보도록 설득했는데, 보통 Sarah Broughton의 머리는 어깨 아래까지 오기 때문에 꽤 다른 모습이지만 아주 맘에 든다고 했으므로 Ms. Broughton은 보통 머리가 더 길다는 사실을 추론할 수 있다. 따라서 (B)가 정답이다.

어휘 normally adv. 보통

<table>
<tr>
<td>

What does Ms. Broughton suggest for Serenity Salon?

(A) Serving beverages to customers
(B) Changing some musical selections
(C) Forming a partnership with another salon
(D) Extending the hours of operation

</td>
<td>

Ms. Broughton은 Serenity 미용실에 무엇을 제안하는가?

(A) 고객들에게 음료를 제공하는 것
(B) 일부 음악 선곡을 변경하는 것
(C) 다른 미용실과 제휴하는 것
(D) 영업 시간을 연장하는 것

</td>
</tr>
</table>

■ 육하원칙 What   정답 (A)

Ms. Broughton이 Serenity 미용실에 무엇(What)을 제안하는지를 묻는 육하원칙 문제이므로 질문의 핵심 어구인 Ms. Broughton suggest for Serenity Salon과 관련된 내용이 언급된 세 번째 지문인 웹페이지를 확인한다. 웹페이지의 'I do have one recommendation. Many other salons in the area offer coffee and fresh juice to clients. ~ it would be nice to be provided with refreshments.'에서 한 가지 추천이 있는데, 지역의 많은 다른 미용실은 고객들에게 커피와 신선한 주스를 제공한다고 하며 다과를 제공 받을 수 있다면 좋을 것이라고 했으므로 (A)가 정답이다.

바꾸어 표현하기
offer coffee and ~ juice to clients 고객들에게 커피와 주스를 제공하다 → Serving beverages to customers 고객들에게 음료를 제공하는 것

어휘 form a partnership phr. 제휴하다 extend v. 연장하다 operation n. 영업

Questions 196-200 refer to the following article, memo, and schedule.

196-200은 다음 기사, 회람, 일정표에 관한 문제입니다.

지문 1

Chicago Weekly Editor Stepping Down

[196]Robert Pearl, editor-in-chief of the influential free newspaper *Chicago Weekly*, announced yesterday that he is retiring effective September 1.

A replacement has not yet been named, though a number of internal candidates are being considered. [198]Sources have confirmed that Mr. Pearl will select one of the paper's section editors as his successor, and he will make his choice by August 15.

[196]Mr. Pearl greatly raised the profile of *Chicago Weekly*, making the once-obscure paper one of the most talked about publications in the city. Throughout his tenure, he had a gift for attracting talented reporters, to whom he gave the freedom to pursue groundbreaking stories. [197-C]In his 8 years as editor-in-chief, the newspaper's circulation grew from 15,000 to 100,000. [197-B]It also won prestigious awards for its coverage of local politics and culture.

*Chicago Weekly*지 편집장 퇴임

[196]영향력 있는 무료 신문 *Chicago Weekly*지의 편집장 Robert Pearl이 9월 1일부로 은퇴할 것이라고 어제 발표했다.

아직 후임자는 지명되지 않았지만, 다수의 내부 후보들이 고려되고 있다. [198]소식통에 따르면 Mr. Pearl은 신문의 섹션 편집자들 중 한 명을 후임으로 선발할 것이며, 8월 15일까지 결정을 내릴 것이라고 한다.

[196]Mr. Pearl은 *Chicago Weekly*지의 인지도를 크게 높여, 한때 잘 알려져 있지 않았던 이 신문을 시에서 가장 널리 회자되는 간행물 중 하나로 만들었다. 재임 기간 내내, 그는 능력 있는 기자들을 유치하는 재능이 있었고, 그들에게 획기적인 소재를 추적하도록 자유를 주었다. [197-C]그가 편집장으로 있었던 8년 동안, 신문의 발행 부수는 1만 5천 부에서 10만 부로 증가했다. [197-B]그것은 또한 지역 정치와 문화에 대한 보도로 권위 있는 상을 수상했다.

지문 2

TO: All staff
FROM: Karen Levinson
SUBJECT: Introduction
[200]DATE: August 14

Dear staff,

[198]I'm honored to announce that Mr. Pearl has selected me to be the new editor-in-chief of *Chicago Weekly*. Starting September 1, I will be assuming all his duties, including planning future issues, assigning stories, meeting with our business team on a regular basis, and holding weekly staff meetings.

Starting now, [199]if you have any suggestions on what direction the publication should take, please e-mail me. I welcome all new ideas. I will also be meeting with the section editors this afternoon to talk about our objectives going forward.

In addition, [200]I will be holding an open lunch each week at a local restaurant. During the first one, I'll be sharing new potential designs for the print edition of the paper. Every employee is invited, so I look forward to seeing you there!

Best,

Karen Levinson

수신: 전 직원
발신: Karen Levinson
제목: 소개
[200]날짜: 8월 14일

직원들께,

[198]Mr. Pearl이 *Chicago Weekly*지의 새 편집장으로 저를 선택했다는 것을 발표하게 되어 영광입니다. 9월 1일부터, 저는 향후 간행물 기획, 기사 배정, 우리 사업팀과의 정기적인 회의, 그리고 주간 직원회의 주관을 포함하여 그의 모든 업무를 맡게 될 것입니다.

지금부터, [199]신문이 어떤 방향으로 나아가야 할지에 대한 제안이 있다면, 제게 이메일을 보내 주십시오. 모든 새로운 아이디어를 환영합니다. 또한 오늘 오후에는 섹션 편집자들과 만나 앞으로 우리의 목표에 대해 이야기할 것입니다.

추가로, [200]저는 매주 근처 식당에서 공개 점심을 진행할 것입니다. 첫 번째 시간에는, 신문의 인쇄판을 위한 새로운 잠재적 디자인을 공유할 것입니다. 모든 직원들이 초대되었으니, 거기서 뵙길 기대하겠습니다!

Karen Levinson 드림

KAREN LEVINSON SCHEDULE: WEEK OF AUGUST 14

Mon, Aug 14	8 A.M.: Meeting with Robert Pearl
	2 P.M.: Meeting with section editors
[200]Tues, Aug 15	9 A.M.: Meeting with business team
	[200]12 P.M.: Open lunch
	2 P.M.: Speech to staff writers
Wed, Aug 16	8 A.M.: Meeting with Robert Pearl
	1 P.M.: Lunch with Ms. Bradford
	3 P.M.: Interview with *Village Post*
Thurs, Aug 17	10 A.M.: Brunch with section editors
	4 P.M.: Brainstorming session for October stories
Fri, Aug 18	11 A.M.: Meeting with board of directors
	12 P.M.: Lunch at Marshall's Diner
	4 P.M.: Weekly staff meeting

KAREN LEVINSON 일정표: 8월 14일 주

8월 14일 월요일	오전 8시: Robert Pearl과 회의
	오후 2시: 섹션 편집자들과 회의
[200]8월 15일 화요일	오전 9시: 사업팀과 회의
	[200]오후 12시: 공개 점심
	오후 2시: 전속 기자들에게 연설
8월 16일 수요일	오전 8시: Robert Pearl과 회의
	오후 1시: Ms. Bradford와 점심
	오후 3시: *Village Post*지와 인터뷰
8월 17일 목요일	오전 10시: 섹션 편집자들과 브런치
	오후 4시: 10월호 기사 브레인스토밍 회의
8월 18일 금요일	오전 11시: 이사회와 회의
	오후 12시: Marshall's 식당에서 점심
	오후 4시: 주간 직원회의

지문 1
- □ **step down** phr. 퇴임하다, 물러나다
- □ **replacement** n. 후임자
- □ **candidate** n. 후보
- □ **profile** n. 인지도, 대중의 관심
- □ **gift** n. 재능, 선물
- □ **circulation** n. 발행 부수, 순환
- □ **influential** adj. 영향력 있는
- □ **name** v. 지명하다, 이름을 대다
- □ **source** n. (뉴스의) 소식통, 정보원
- □ **obscure** adj. 잘 알려져 있지 않은, 무명의
- □ **pursue** v. 추적하다, 추구하다
- □ **prestigious** adj. 권위 있는, 명망 있는
- □ **effective** adj. ~부로, 시행되는
- □ **internal** adj. 내부의
- □ **successor** n. 후임, 계승자
- □ **tenure** n. 재임 기간
- □ **groundbreaking** adj. 획기적인
- □ **coverage** n. 보도, 취재

지문 2
- □ **assume** v. 맡다, 담당하다
- □ **edition** n. 판
- □ **assign** v. 배정하다
- □ **objective** n. 목표

지문 3
- □ **staff writer** phr. 전속 기자, 전속 작가
- □ **board of directors** phr. 이사회

What is the main purpose of the article?

(A) To discuss the career of a resigning supervisor
(B) To critique portions of a publication
(C) To seek new writers for a newspaper
(D) To announce a newly hired editor

기사의 주 목적은 무엇인가?

(A) 사임하는 관리자의 경력을 논하기 위해
(B) 간행물의 일부를 비평하기 위해
(C) 신문을 위한 새로운 기자들을 구하기 위해
(D) 새로 고용된 편집자를 발표하기 위해

■ **주제/목적 찾기** 글의 목적 정답 (A)

기사의 목적을 묻는 목적 찾기 문제이므로 첫 번째 지문인 기사의 내용을 확인한다. 기사의 'Robert Pearl, editor-in-chief of ~ *Chicago Weekly*, announced yesterday that he is retiring effective September 1.'에서 *Chicago Weekly*지의 편집장 Robert Pearl이 9월 1일부로 은퇴할 것이라고 어제 발표했다고 한 후, 'Mr. Pearl greatly raised the profile of *Chicago Weekly* ~. Throughout his tenure, he had a gift for attracting talented reporters, to whom he gave the freedom to pursue groundbreaking stories.'에서 Mr. Pearl이 *Chicago Weekly*지의 인지도를 크게 높였으며 재임 기간 내내 능력 있는 기자들을 유치하는 재능이 있었고 그들에게 획기적인 소재를 추적하도록 자유를 주었다며 사임하는 편집장 Mr. Pearl의 경력을 논하고 있으므로 (A)가 정답이다.

어휘 resign v. 사임하다, 물러나다 **supervisor** n. 관리자, 감독관 **critique** v. 비평하다 **portion** n. 일부, 몫 **seek** v. 구하다, 찾다

197

상

What is stated about *Chicago Weekly*?

(A) It does not have an online platform.
(B) It focuses exclusively on politics.
(C) It has attracted more readers over the years.
(D) It has increased the size of its editorial staff.

*Chicago Weekly*지에 대해 언급된 것은?

(A) 온라인 플랫폼이 없다.
(B) 오로지 정치에만 집중한다.
(C) 수년간 더 많은 독자들을 유치했다.
(D) 편집진의 규모를 늘렸다.

■ Not/True True 문제 · 정답

질문의 핵심 어구인 *Chicago Weekly*와 관련된 내용을 지문에서 찾아 각 보기와 대조하는 Not/True 문제이므로 *Chicago Weekly*지가 언급된 첫 번째 지문인 기사에서 관련 내용을 확인한다. (A)와 (D)는 지문에 언급되지 않은 내용이다. (B)는 'It ~ won prestigious awards for its coverage of local politics and culture.'에서 그것, 즉 *Chicago Weekly*지가 지역 정치와 문화에 대한 보도로 권위 있는 상을 수상했다고 했으므로 지문의 내용과 일치하지 않는다. (C)는 'In his[Mr. Pearl] 8 years as editor-in-chief, the newspaper's circulation grew from 15,000 to 100,000.'에서 Mr. Pearl이 편집장으로 있었던 8년 동안 신문의 발행 부수가 1만 5천 부에서 10만 부로 증가했다고 했으므로 지문의 내용과 일치한다. 따라서 (C)가 정답이다.

바꾸어 표현하기

the newspaper's circulation grew 신문의 발행 부수가 증가했다 → attracted more readers 더 많은 독자들을 유치했다

어휘 exclusively adv. 오로지, 전적으로   editorial adj. 편집의; n. 사설

198

중

What can be inferred about Ms. Levinson?

(A) She was selected after a deadline passed.
(B) She edited a section of *Chicago Weekly*.
(C) She previously worked at other publications.
(D) She won a major journalism award.

Ms. Levinson에 대해 추론될 수 있는 것은?

(A) 기한이 지난 후에 선발되었다.
(B) *Chicago Weekly*지의 한 섹션을 편집했다.
(C) 이전에 다른 간행물에서 일했다.
(D) 주요 언론상을 수상했다.

■ 추론 연계 문제 · 정답

세 지문 중 두 지문의 내용을 종합적으로 확인한 후 추론해서 풀어야 하는 연계 문제이다. 질문의 핵심 어구인 Ms. Levinson이 작성한 회람을 먼저 확인한다.

단서 1 두 번째 지문(회람)의 'I'm honored to announce that Mr. Pearl has selected me to be the new editor-in-chief of *Chicago Weekly*.'에서 Mr. Pearl이 *Chicago Weekly*지의 새 편집장으로 자신, 즉 Ms. Levinson을 선택했다는 것을 발표하게 되어 영광이라고 했다. 그런데 새 편집장 선발에 대한 세부 정보가 제시되지 않았으므로 기사에서 관련 내용을 확인한다.

단서 2 첫 번째 지문(기사)의 'Sources have confirmed that Mr. Pearl will select one of the paper's section editors as successor'에서 소식통에 따르면 Mr. Pearl이 신문의 섹션 편집자들 중 한 명을 후임으로 선발할 것이라는 사실을 확인할 수 있다.

두 단서를 종합할 때, Mr. Pearl의 후임 편집장으로 선발된 Ms. Levinson은 *Chicago Weekly*지의 섹션 편집자로서 그 신문의 한 섹션을 편집했을 것이라는 사실을 추론할 수 있다. 따라서 (B)가 정답이다.

어휘 journalism n. 언론, 저널리즘

199

중

What does Ms. Levinson invite staff members to do?

(A) Leave some anonymous comments
(B) Bid farewell to Mr. Pearl before he leaves
(C) E-mail stories to their section editors
(D) Share ideas about the future of a publication

Ms. Levinson은 직원들에게 무엇을 하도록 권유하는가?

(A) 익명의 댓글을 남긴다
(B) Mr. Pearl이 떠나기 전에 작별을 고한다
(C) 그들의 섹션 편집자에게 이메일로 기사를 보낸다
(D) 간행물의 미래에 대한 아이디어를 공유한다

■ 육하원칙 What · 정답

Ms. Levinson이 직원들에게 무엇(What)을 하도록 권유하는지를 묻는 육하원칙 문제이므로 Ms. Levinson이 작성한 두 번째 지문인 회람에서 관련 내용을 확인한다. 회람의 'if you have any suggestions on what direction the publication should take, please e-mail me'에서 신문이 어떤 방향으로 나아가야 할지에 대한 제안이 있다면 자신에게 이메일을 보내 달라고 했으므로 (D)가 정답이다.

어휘 anonymous adj. 익명의   bid farewell phr. 작별을 고하다

On which day will new designs be disclosed?	새로운 디자인은 무슨 요일에 공개될 것인가?
(A) Monday	(A) 월요일
(B) Tuesday	(B) 화요일
(C) Wednesday	(C) 수요일
(D) Thursday	(D) 목요일

■ **육하원칙** 연계 문제 정답 (B)

세 지문 중 두 지문의 내용을 종합해서 풀어야 하는 연계 문제이다. 질문의 핵심 어구인 new designs ~ disclosed에서 새로운 디자인이 무슨 (which) 요일에 공개될 것인지를 묻고 있으므로 새로운 디자인과 관련된 내용이 언급된 회람을 먼저 확인한다.

단서 1 두 번째 지문(회람)의 'DATE: August 14'에서 회람이 8월 14일에 작성된 것을 확인할 수 있고, 'I will be holding an open lunch each week at a local restaurant. During the first one, I'll be sharing new potential designs for the print edition of the paper.' 에서 Ms. Levinson이 매주 근처 식당에서 공개 점심을 진행할 것인데, 첫 번째 시간에는 신문의 인쇄판을 위한 새로운 잠재적 디자인을 공유할 것이라고 했다. 그런데 첫 번째 공개 점심이 무슨 요일에 진행될 것인지 제시되지 않았으므로 일정표에서 관련 내용을 확인한다.

단서 2 세 번째 지문(일정표)의 'Tues, Aug 15', '12 P.M.: Open lunch'에서 8월 15일 화요일 오후 12시에 공개 점심이 예정된 것을 확인할 수 있다.

두 단서를 종합할 때, 8월 14일 이후 첫 번째 공개 점심이 진행될 8월 15일 화요일에 새로운 디자인이 공개될 것임을 알 수 있다. 따라서 (B)가 정답이다.

바꾸어 표현하기

new designs be disclosed 새로운 디자인이 공개되다 → sharing new ~ designs 새로운 디자인을 공유하다

어휘 disclose v. 공개하다

▌TEST 07

PART 5   해석·해설

101

○○○●○
하

The organizers of the fundraiser ------- a to-do list to hand out to volunteers.

(A) compiling
(B) compiles
(C) to compile
(D) are compiling

모금 행사의 주최자들은 자원봉사자들에게 배부하기 위한 해야 할 일을 적은 목록을 편집하고 있다.

■ [동사 자리] 단수 주어 뒤에는 단수 동사, 복수 주어 뒤에는 복수 동사를 쓴다.　　　　　　　정답

문장에 동사가 없으므로 동사 (B)와 (D)가 정답의 후보이다. 문장의 주어(The organizers)가 복수이므로 동사 compile(편집하다)의 3인
복수형 (D) are compiling이 정답이다. 단수 동사 (B)는 복수 주어와 함께 쓸 수 없다. 동명사 또는 현재분사 (A)와 to 부정사 (C)는 동사
리에 올 수 없다. 참고로, 빈칸 앞의 the fundraiser는 수식어 거품(of the fundraiser)의 일부로, fundraiser만 보고 3인칭 단수형
compiles를 고르지 않도록 주의한다.

어휘　organizer n. 주최자　fundraiser n. 모금 행사, 기금 조달자　to-do list phr. 해야 할 일을 적은 목록　hand out phr. 배부하다, 나누어 주다
　　　volunteer n. 자원봉사자; v. 자원하다　compile v. 편집하다, 엮다

102

○○○○○
하

Mr. Chen was surprised by the promotion because ------- had not imagined that it could happen this year.

(A) his
(B) himself
(C) he
(D) him

Mr. Chen은 올해에 승진이 있을 것이라고 생각하지 않았
기 때문에 승진을 해서 놀랐다.

■ 인칭대명사의 격　　　　　　　정답

because가 이끄는 절(because ___ ~ year) 내에 주어가 없으므로 주어 자리에 올 수 있는 소유대명사 (A)와 주격 인칭대명사 (C)가 정
의 후보이다. '그는 올해에 승진이 있을 것이라고 생각하지 않았다'라는 의미가 되어야 하므로 주격 인칭대명사 (C) he가 정답이다. 소유대
(A)를 쓰면 '그의 것은 생각하지 않았다'라는 어색한 문맥이 된다. 재귀대명사 (B)와 목적격 인칭대명사 (D)는 주어 역할을 할 수 없다. 참고
재귀대명사는 목적어가 주어와 같은 사람이나 사물을 지칭할 때나, 주어나 목적어를 강조할 때 쓰인다.

103

○○○●○
하

Since the report had not yet been -------, Ms. Pantel had time to correct an error she had found.

(A) distributes
(B) distributing
(C) distributed
(D) distribution

보고서가 아직 배부되지 않았기 때문에, Ms. Pantel은 그
녀가 찾은 오류를 수정할 시간이 있었다.

■ [be동사 다음에 올 수 있는 것] 능동태와 수동태의 구별　　　　　　　정답

빈칸이 be동사(been) 다음에 왔으므로 -ing형 (B), p.p.형 (C), 명사 (D)가 정답의 후보이다. '보고서가 아직 배부되지 않았다'라는 수동의
미이고 빈칸 다음에 타동사 distribute(배부하다, 할당하다)의 목적어가 없으므로 빈칸 앞의 be동사와 함께 수동태를 만드는 (C) distributed
정답이다. -ing형 (B)는 자동사로 보아 빈칸 앞의 be동사와 함께 쓰인 현재진행형으로 본다 해도 '보고서가 아직 배부하지 않았다'라는 어색
문맥을 만든다. 명사 (D)는 be동사 다음의 보어 자리에 올 수는 있지만 '보고서는 아직 배부가 아니다'라는 어색한 문맥을 만든다. 3인칭 단수
(A)는 be동사 다음에 올 수 없다.

어휘　correct v. 수정하다, 정정하다　distribution n. 배부, 분배

104

○○○●○
하

Inventory in the supermarket was very low, so it needed to ------- before the busy weekend.

(A) remain
(B) review
(C) restock
(D) record

슈퍼마켓의 재고가 매우 적어서, 바쁜 주말 전에 물건들을
다시 채워 넣어야 했다.

■ 동사 어휘　　　　　　　정답

'슈퍼마켓의 재고가 매우 적어서 물건들을 다시 채워 넣어야 했다'라는 문맥이므로 동사 (C) restock((물건을) 다시 채워 넣다, 보충하다)이 정답
다. (A) remain은 '남다', (B) review는 '검토하다', (D) record는 '기록하다'라는 의미이다.

어휘　inventory n. 재고

The downtown branch of Jim's Burgers has ------- overtaken the chain's other locations in terms of profit.

(A) progressive
(B) progressively
(C) progress
(D) progressed

Jim's Burgers의 시내 지점은 수익 면에서 이 체인의 다른 지점들을 꾸준히 능가해 왔다.

■ 부사 자리 　　　　　　　　　　　　　　　　　　　　　　　　　　　정답 (B)

동사(has overtaken)를 꾸미기 위해서는 부사가 와야 하므로 부사 (B) progressively(꾸준히, 계속해서)가 정답이다. 형용사 (A), 명사 또는 동사 (C), 동사 또는 과거분사 (D)는 동사를 꾸밀 수 없다.

어휘　downtown n. 시내, 도심　branch n. 지점, 지사　overtake v. 능가하다　chain n. (상점·호텔 등의) 체인
　　　progressive adj. 꾸준히 진행되는, 진보적인　progress n. 진전; v. 진전을 보이다

The marketing department has launched a social media campaign in an effort to reach a more ------- audience.

(A) necessary
(B) diverse
(C) deep
(D) comparable

마케팅 부서는 더 다양한 독자층에 영향을 주기 위한 노력으로 소셜 미디어 캠페인을 시작했다.

■ 형용사 어휘 　　　　　　　　　　　　　　　　　　　　　　　　　정답 (B)

'더 다양한 독자층에 영향을 주기 위한 노력'이라는 문맥이므로 형용사 (B) diverse(다양한)가 정답이다. (A) necessary는 '필수적인, 필연적인', (C) deep은 '깊은', (D) comparable은 '비슷한, 비교할만한'이라는 의미이다.

어휘　launch v. 시작하다, 출시하다　in an effort to phr. ~하려는 노력으로　reach v. ~에게 영향(인상)을 주다, 닿다, 이르다　audience n. 독자층, 관객, 청중

Guests enjoyed the resort's new swimming pool ------- its outdoor restaurant.

(A) along
(B) due to
(C) as to
(D) in addition to

투숙객들은 야외 식당뿐만 아니라 리조트의 새로운 수영장을 즐겼다.

■ 전치사 선택 부가 　　　　　　　　　　　　　　　　　　　　　정답 (D)

'야외 식당뿐만 아니라 리조트의 새로운 수영장을 즐기다'라는 의미가 되어야 하므로 부가를 나타내는 전치사 (D) in addition to(~뿐만 아니라, ~에 더하여)가 정답이다. (A) along은 '~을 따라'라는 의미로 방향을 나타내고 (B) due to는 '~ 때문에'라는 의미로 이유를 나타낸다. (C) as to는 '~에 관하여'라는 의미이다.

어휘　swimming pool phr. 수영장　outdoor adj. 야외의

Employee assessments are ------- carried out in November but may be delayed until December.

(A) comparably
(B) inadvertently
(C) usually
(D) slightly

직원 평가는 보통 11월에 실행되지만 12월까지 연기될 수도 있다.

■ 부사 어휘 　　　　　　　　　　　　　　　　　　　　　　　　　정답 (C)

'직원 평가는 보통 11월에 실행되지만 연기될 수도 있다'라는 문맥이므로 부사 (C) usually(보통)가 정답이다. (A) comparably는 '동등하게', (B) inadvertently는 '무심코, 우연히', (D) slightly는 '약간, 약하게'라는 의미이다.

어휘　assessment n. 평가, 사정　carry out phr. 실행하다, 이행하다　delay v. 연기하다, 지연시키다

109

The ------- of the building had to find temporary accommodations during the renovation.

(A) reside
(B) residential
(C) residents
(D) residences

그 건물의 거주자들은 수리 기간 동안 임시 거처를 찾아이만 했다.

■ **[명사 자리] 사람명사 vs. 사물명사** 정답

관사(The)와 전치사(of) 사이에 올 수 있는 것은 명사이므로 명사 (C)와 (D)가 정답의 후보이다. '그 건물의 거주자들은 임시 거처를 찾아이 했다'라는 의미가 되어야 하므로 사람명사 (C) residents(거주자)가 정답이다. 사물명사 (D) residences(거주지)를 쓰면, '그 건물의 거주ㅈ은 임시 거처를 찾아야만 했다'라는 어색한 문맥을 만든다. 동사 (A)와 형용사 (B)는 명사 자리에 올 수 없다. 참고로, residence는 '거주지'ㄹ 의미일 때는 가산 명사이고, '거주'라는 의미일 때는 불가산 명사임을 알아둔다.

어휘 temporary adj. 임시의, 일시적인 accommodation n. 거처, 숙소 reside v. 살다, 거주하다 residential adj. 거주하기 좋은, 주택지의

110

The fitness tracker is as perfectly ------- as the online advertisements say it is.

(A) accuracy
(B) accurately
(C) accurate
(D) accurateness

그 운동용 거리 추적 장치는 온라인 광고가 그렇다고 하는 만큼 더할 나위 없이 정밀하다.

■ **[원급] 형용사 자리** 정답

빈칸 앞뒤에 as가 왔으므로 원급 표현(as + 형용사/부사 + as)을 만드는 부사 (B)와 형용사 (C)가 정답의 후보이다. 빈칸은 부사(perfectly 꾸밈을 받으면서 be동사(is)의 보어 자리이므로 형용사 (C) accurate(정밀한)가 정답이다. 부사 (B)는 보어 자리에 올 수 없다. 명사 (A)와 는 부사의 꾸밈을 받을 수 없고, 'as many/much/few/little 명사 + as'의 형태로 쓰인다. 참고로, as ~ as 사이의 형용사/부사 자리는 ㅇ 의 as를 모두 지운 후 무엇이 들어가야 할 자리인지를 확인한다.

어휘 fitness n. 운동, 건강 tracker n. 이동 경로 추적 장치, 추적자 perfectly adv. 더할 나위 없이, 완전히 accuracy n. 정확, 정확도
accurateness n. 정확함, 틀림없음

111

Once the account has been -------, the user will be asked to re-enter their login name and password.

(A) created
(B) composed
(C) preferred
(D) assembled

일단 계정이 만들어지면, 사용자들은 로그인 이름과 비밀ㅂ 호를 재입력하는 것이 요구될 것이다.

■ **동사 어휘** 정답

'계정이 만들어지면 로그인 이름과 비밀번호를 재입력하는 것이 요구될 것이다'라는 문맥이므로 동사 create(만들다)의 p.p.형 (A) create 정답이다. (B)의 compose는 '구성하다, 쓰다', (C)의 prefer는 '좋아하다', (D)의 assemble은 '조립하다'라는 의미이다.

어휘 account n. 계정, 계좌 enter v. 입력하다, 들어가다 password n. 비밀번호, 암호

112

According to a recently commissioned study, air ------- levels in the city of Burbank are at an all-time high.

(A) polluted
(B) pollution
(C) pollutes
(D) polluting

최근 의뢰된 연구에 따르면, 버뱅크시의 대기 오염 수준: 사상 최고치다.

■ **복합 명사** 정답

air ____ levels는 동사(are)의 주어이면서 전치사구(in the city of Burbank)의 꾸밈을 받는 명사이므로 빈칸 앞의 명사 air(대기)와 뒤ㅇ 사 levels(수준)와 함께 쓰여 '대기 오염 수준'이라는 의미의 복합 명사 air pollution levels를 만드는 (B) pollution(오염)이 정답이다. : (A)와 (C)는 명사 자리에 올 수 없다. 동명사 (D)는 명사 자리에 올 수는 있지만 '버뱅크시의 대기 오염시키기 수준은 사상 최고치다'라는 어 문맥을 만든다. (A)와 (D)를 빈칸 뒤의 명사(levels)를 꾸미는 과거분사와 현재분사라고 본다 해도, 각각 수준 자체가 오염되었거나 오염시ㅋ 는 의미가 되므로 답이 될 수 없다.

어휘 commission v. 의뢰하다; n. 위원회 all-time high phr. 사상 최고치

The trade show convention center was ------- located right next to the subway station, making it easily accessible.

(A) currently
(B) conveniently
(C) knowingly
(D) insufficiently

무역 박람회 컨벤션 센터는 지하철역 바로 옆에 편리하게 위치해 있어서, 쉽게 접근할 수 있게 한다.

■ 부사 어휘   정답 (B)

'컨벤션 센터는 지하철역 바로 옆에 편리하게 위치해 있다'라는 문맥이므로 부사 (B) conveniently(편리하게)가 정답이다. (A) currently는 '현재', (C) knowingly는 '고의로', (D) insufficiently는 '부족하게, 불충분하게'라는 의미이다.

어휘 trade n. 무역, 거래 next to phr. 바로 옆에 accessible adj. 접근하기 쉬운, 가기 쉬운

Ms. Williams gave the graphic design team ------- May 17 to come up with ideas for a new corporate logo.

(A) within
(B) between
(C) since
(D) until

Ms. Williams는 그래픽 디자인 팀에게 새로운 회사 로고에 대한 아이디어를 제안하도록 5월 17일까지 시간을 주었다.

■ 전치사 선택 시점   정답 (D)

'아이디어를 제안하도록 5월 17일까지 시간을 주었다'라는 의미가 되어야 하므로 시점을 나타내는 전치사 (D) until(~까지)이 정답이다. 참고로, give ~ until -(~에게 -까지 시간을 주다)를 관용구로 알아둔다. (A) within(~ 이내에)도 해석상 그럴듯해 보이지만, within 다음에는 특정한 시점이 아닌 특정한 기간을 나타내는 표현이 와야 하므로 답이 될 수 없다. (B) between은 '~ 사이에'라는 의미로 두 개의 대상 사이의 관계나 위치, 또는 시간을 나타낸다. (C) since(~부터)도 해석상 그럴듯해 보이지만, 특정 시점 이후 계속되는 일을 나타내므로 과거형 동사가 아니라 현재완료나 과거완료와 함께 쓰여야 한다.

어휘 give v. (시간·기회·여유 등을) 주다 come up with phr. ~을 제안하다, 내놓다 corporate adj. 회사의

Applicants ------- a form for a new license should make certain that it is completely filled out.

(A) submits
(B) submitted
(C) submit
(D) submitting

새 면허증을 위해 양식을 제출하는 신청자들은 양식이 완전히 작성되었는지 확인해야 한다.

■ [수식어 거품을 이끄는 것] 현재분사 vs. 과거분사   정답 (D)

이 문장은 주어(Applicants), 동사(should make certain), 목적어(that ~ out)를 갖춘 완전한 절이므로, ____ a form for a new license는 수식어 거품으로 보아야 한다. 이 수식어 거품은 명사(Applicants)를 꾸미고 있으므로 명사를 뒤에서 수식할 수 있는 과거분사 (B)와 현재분사 (D)가 정답의 후보이다. 분사의 꾸밈을 받는 주어(Applicants)와 분사가 '새 면허증을 위해 양식을 제출하는 신청자들'이라는 의미의 능동 관계이므로 동사 submit(제출하다)의 현재분사 (D) submitting(제출하는)이 정답이다. 과거분사 (B) submitted(제출되는)를 쓰면 수동의 의미가 되어 '제출되는 신청자들'이라는 어색한 문맥을 만든다. 동사 (A)와 (C)는 수식어 거품을 이끌 수 없다.

어휘 license n. 면허증, 자격증 make certain phr. 확인하다 fill out phr. 작성하다, 기재하다

Storing dangerous chemicals near the main factory floor creates a ------- hazardous situation for the employees who work there.

(A) potent
(B) potential
(C) potentially
(D) potentiality

주요한 작업 현장 근처에 위험한 화학 물질을 보관하는 것은 그곳에서 근무하는 직원들에게 잠재적으로 위험한 상황을 일으킨다.

■ 부사 자리   정답 (C)

빈칸 뒤의 형용사(hazardous)를 꾸밀 수 있는 것은 부사이므로 부사 (C) potentially(잠재적으로)가 정답이다. 형용사 (A), 형용사 또는 명사 (B), 명사 (D)는 형용사를 꾸밀 수 없다.

어휘 store v. 보관하다, 저장하다 chemical n. 화학 물질; adj. 화학의 factory floor phr. (공장의) 작업 현장 hazardous adj. 위험한
potent adj. 강력한, 유력한 potential adj. 잠재적인, 가능성 있는; n. 잠재력, 가능성 potentiality n. 잠재 상태, 잠재력

117

○○○○● 중

Health One Hospice's board of directors hopes to ------- the institution with a partner that shares similar values.

(A) implement
(B) recruit
(C) affiliate
(D) denote

■ 동사 어휘 　　　　　　　　　　　　　　　　　　　　　　　　　　　　　　　　　　　정답

Health One Hospice의 이사회는 그 기관이 비슷한 가치관을 공유하는 협력 단체와 합병하기를 바란다.

'그 기관이 비슷한 가치관을 공유하는 협력 단체와 합병하기를 바란다'라는 문맥이므로 동사 (C) affiliate(합병하다)가 정답이다. implement는 '시행하다', (B) recruit는 '모집하다, 선발하다', (D) denote는 '나타내다, 의미하다'라는 의미이다. 참고로, that ~ values는 행사(a partner)를 꾸미는 관계절임을 알아둔다.

어휘　institution n. 기관, 협회　share v. 공유하다, 공통으로 갖다　value n. 가치관, 가치

118

○○○●● 최상

The casting director was looking for an actor with an ------- tone of voice that can persuade listeners to buy a product.

(A) occasional
(B) inviting
(C) operating
(D) apologetic

■ 형용사 어휘 　　　　　　　　　　　　　　　　　　　　　　　　　　　　　　　　　　정답

캐스팅 감독은 청자들이 제품을 구매하도록 설득할 수 있는 매력적인 목소리 톤을 가진 배우를 찾고 있었다.

'제품을 구매하도록 설득할 수 있는 매력적인 목소리 톤'이라는 문맥이므로 형용사 (B) inviting(매력적인, 솔깃한)이 정답이다. (A) occasio은 '가끔의', (C) operating은 '운영상의', (D) apologetic은 '미안해하는'이라는 의미이다.

어휘　casting n. 캐스팅, 배역 선정　look for phr. 찾다, 기다리다　persuade v. 설득하다, 확인시키다, 납득시키다

119

○○○○● 중

The company issued a statement yesterday evening in ------- to the merger agreement.

(A) relates
(B) related
(C) relate
(D) relation

■ 명사 자리 　　　　　　　　　　　　　　　　　　　　　　　　　　　　　　　　　　　정답

회사는 어제저녁에 합병 합의와 관련하여 성명을 발표했다

전치사(in)의 목적어 자리에 올 수 있는 것은 명사이므로 명사 (D) relation(관련, 관계)이 정답이다. 동사 (A)와 (C), 동사 또는 과거분사 (B명사 자리에 올 수 없다. 참고로, in relation to(~과 관련하여)를 관용구로 외워둔다.

어휘　issue v. 발표하다, 지급하다　statement n. 성명, 성명서　merger n. (조직체·사업체의) 합병　agreement n. 합의, 협정
　　　relate v. 관련시키다, 결부시키다

120

○○○○● 상

A banquet was held to honor five employees, all of ------- have worked at the company for more than 20 years.

(A) them
(B) us
(C) whom
(D) which

■ [수량 표현 + 관계대명사] 관계대명사의 선택과 격 　　　　　　　　　　　　　　　　정답

연회는 다섯 명의 직원들에게 영예를 주기 위해 열렸는데 그들 모두는 회사에서 20년 이상 근무했다.

이 문장은 주어(A banquet)와 동사(was held)를 갖춘 완전한 절이므로, all of ____ ~ years는 수식어 거품으로 보아야 한다. 이 수식어 은 수량 표현(all of)으로 시작하고 있으므로 수식어 거품을 이끌면서 수량 표현 뒤에 오는 관계대명사 (C)와 (D)가 정답의 후보이다. 관계대 의 선행사가 five employees(다섯 명의 직원들)이므로 선행사가 사람일 때 사용되는 관계대명사 (C) whom이 정답이다. 관계대명사 which는 선행사가 사물일 때 사용된다. 목적격 인칭대명사 (A) them과 (B) us는 'A banquet ~ employees, and all of ____ ~ years처 럼 절과 절이 and와 같은 등위접속사로 연결되어 있을 경우에 쓰일 수 있다.

어휘　banquet n. 연회, 만찬　honor v. ~에 영예를 주다; n. 영예

Company policy requires that all staff members be at their desks before 9:30 A.M., ------- unforeseen circumstances.

(A) though
(B) barring
(C) toward
(D) with

회사 규정은 예기치 않은 상황이 없다면 모든 직원들이 오전 9시 30분 전에 그들의 자리에 있을 것을 요구한다.

■ **[수식어 거품을 이끄는 것] 전치사 선택** 제외
정답 (B)

이 문장은 주어(Company policy)와 동사(requires)를 갖춘 완전한 절이므로, ___ unforeseen circumstances는 수식어 거품으로 보아야 한다. 이 수식어 거품은 동사가 없는 거품구이므로, 거품구를 이끌 수 있는 전치사 (B), (C), (D)가 정답의 후보이다. '예기치 않은 상황이 없다면 자리에 있을 것이 요구된다'라는 의미가 되어야 하므로 제외를 나타내는 전치사 (B) barring(~이 없다면, ~을 제외하고)이 정답이다. (C) toward는 '~을 향하여'라는 의미로 방향을 나타내고, (D) with는 '~과 함께'라는 의미로 어색한 문맥을 만든다. 부사절 접속사 (A) though(비록 ~이지만)는 동사가 있는 거품절을 이끈다.

어휘 policy n. 규정, 정책 unforeseen adj. 예기치 않은, 의외의 circumstance n. 상황, 환경

Hotel employees are stationed at the check-in desk ------- you have any questions during your stay.

(A) so far
(B) plus
(C) in case
(D) whereas

귀하께서 머무시는 동안 어떠한 문의라도 있을 경우를 대비하여 호텔 직원들이 체크인 데스크에 배치되어 있습니다.

■ **[수식어 거품을 이끄는 것] 부사절 접속사** 조건
정답 (C)

이 문장은 주어(Hotel employees)와 동사(are stationed)를 갖춘 완전한 절이므로, ___ ~ stay는 수식어 거품으로 보아야 한다. 이 수식어 거품은 동사(have)가 있는 거품절이므로, 거품절을 이끌 수 있는 부사절 접속사 (C)와 (D)가 정답의 후보이다. '어떠한 문의라도 있을 경우를 대비하여 직원들이 배치되어 있다'라는 의미가 되어야 하므로 조건을 나타내는 부사절 접속사 (C) in case(~을 대비하여)가 정답이다. (D) whereas는 '~한 반면에'라는 의미로 양보를 나타낸다. 부사 (A) so far(지금까지)는 거품절을 이끌 수 없다. 부사 (B) plus(더욱이, 게다가)는 접속사처럼 '절 plus 절'의 형태로 쓰일 수 있지만 '직원들이 배치되어 있고 더욱이 여러분들이 어떠한 문의가 있다'라는 어색한 문맥을 만든다.

어휘 station v. 배치하다; n. 정거장 stay n. 머무름, 방문; v. 머무르다

New cycling safety regulations have just been ------- by the Ministry of Transportation.

(A) constructed
(B) incorporated
(C) enacted
(D) measured

새로운 자전거 안전 규정은 교통부에 의해 막 제정되었다.

■ **동사 어휘**
정답 (C)

'자전거 안전 규정이 교통부에 의해 제정되었다'라는 문맥이므로 동사 enact(제정하다)의 p.p.형 (C) enacted가 정답이다. (A)의 construct는 '건설하다', (B)의 incorporate는 '합병하다, 편입하다', (D)의 measure는 '측정하다'라는 의미이다.

어휘 regulation n. 규정, 규제, 통제 ministry of transportation phr. 교통부

Author Sylvia Feldman ------- for a Publishers Guild Award for her best-selling nonfiction novel, *21 Ravens*.

(A) nominates
(B) was nominated
(C) was nominating
(D) has nominated

작가 Sylvia Feldman은 그녀의 베스트셀러 논픽션 소설인 *21 Ravens*로 인해 출판사 협회상 후보로 지명되었다.

■ **능동태와 수동태의 구별**
정답 (B)

nominate(지명하다, 임명하다)가 타동사인데 빈칸 다음에 목적어가 없고, '출판사 협회상 후보로 지명되었다'라는 수동의 의미이므로 수동태 (B) was nominated가 정답이다. (A), (C), (D)는 능동태이므로 답이 될 수 없다.

어휘 guild n. 협회, 조합 best-selling adj. 베스트셀러의, 가장 잘 팔리는

125

The advertisement was ------- than anyone at the firm expected, gathering millions of views within hours of being published online.

(A) popular
(B) more popular
(C) popularly
(D) most popular

그 광고는 회사의 그 누가 예상한 것보다 더 인기 있어서 온라인에 게시된 지 몇 시간 만에 수백만 조회 수를 모았다.

■ [형용사 자리] 비교급　　　　　　　　　　　　　　　　　　　　정답

빈칸 앞에 be동사(was)가 있으므로 be동사의 보어 자리에 올 수 있는 형용사 (A), (B), (D)가 정답의 후보이다. 비교급과 함께 쓰이는 표현 than(~보다)이 사용되었고, '예상한 것보다 더 인기 있다'라는 의미가 되어야 하므로 형용사 popular(인기 있는)의 비교급 (B) more popula 정답이다. 원급 (A)와 최상급 (D)는 비교급 표현과 함께 쓰일 수 없다. 부사 (C)는 be동사의 보어 자리에 올 수 없다.

어휘　gather v. 모으다　view n. 조회 수, 조회, 관점

126

At the end of the fundraiser, Dr. Adams thanked donors for their ------- in supporting local hospitals.

(A) value
(B) generosity
(C) gratitude
(D) comfort

모금 행사의 말미에, Dr. Adams는 기부자들에게 지역 병원 지원에 대한 그들의 관대함에 감사를 표했다.

■ 명사 어휘　　　　　　　　　　　　　　　　　　　　　　　　정답

'지역 병원 지원에 대한 관대함에 감사를 표했다'라는 문맥이므로 명사 (B) generosity(관대함)가 정답이다. (A) value(가치, 가치관)도 해석 그럴듯해 보이지만 경제적인 가치나 값을 의미하고, '가치관'이라는 의미일 때는 가산 명사이므로 복수 소유격 인칭대명사 their 뒤에서 복수형 로 쓰여야 한다. (C) gratitude는 '감사', (D) comfort는 '위로, 편안함'이라는 의미이다.

어휘　fundraiser n. 모금 행사　donor n. 기부자

127

The job comes with several significant ------- including health insurance and three weeks of paid leave.

(A) figures
(B) benefits
(C) profits
(D) values

그 일자리는 건강 보험과 3주의 유급 휴가를 포함하여 여러 가지의 상당한 혜택을 수반한다.

■ 명사 어휘　　　　　　　　　　　　　　　　　　　　　　　　정답

'건강 보험과 유급 휴가를 포함한 혜택'이라는 문맥이므로 명사 (B) benefits(혜택)가 정답이다. (A)의 figure는 '수치', (C)의 profit은 '수 (D)의 value는 '가치'라는 의미이다. 참고로, profit은 어떤 물건을 팔거나 사업의 결과로 벌게 된 돈, 경제적/물질적 수익이나 이윤의 의미로 로 쓰이며 혜택, 이득의 의미로 쓰이기 위해서는 불가산 명사로 쓰여야 함을 알아둔다.

어휘　significant adj. 상당한, 중요한　insurance n. 보험, 보험금　paid leave phr. 유급 휴가

128

------- the deposit for the apartment has been paid, the tenant can move in immediately.

(A) So that
(B) Even though
(C) If
(D) Likewise

아파트의 보증금이 지불되면, 세입자는 즉시 이사 올 수 있다.

■ [수식어 거품을 이끄는 것] 부사절 접속사　조건　　　　　　　　　　정답

이 문장은 주어(the tenant)와 동사(can move)를 갖춘 완전한 절이므로, ___ ~ paid는 수식어 거품으로 보아야 한다. 이 수식어 거품은 (has been paid)가 있는 거품절이므로, 거품절을 이끌 수 있는 부사절 접속사 (A), (B), (C)가 정답의 후보이다. '보증금이 지불되면 즉시 올 수 있다'라는 의미가 되어야 하므로 조건을 나타내는 부사절 접속사 (C) If(~라면)가 정답이다. (A) So that은 '~하기 위해서'라는 의미로 적을 나타내고, (B) Even though는 '~하더라도'라는 의미로 양보를 나타낸다. 부사 (D) Likewise(마찬가지로, 똑같이)는 거품절을 이끌 다.

어휘　deposit n. 보증금, 착수금　tenant n. 세입자; v. 세 들어 살다　move in phr. 이사 오다, 접근하다

------- the terms of his employment contract, Mr. Allen receives 1.5 times his regular pay rate for overtime hours.

(A) In front of
(B) In compliance with
(C) Instead of
(D) Out of respect for

그의 고용 계약 조건에 따라, Mr. Allen은 초과 근무 시간에 대해 정규 임금의 1.5배를 받는다.

■ 전치사 선택 기타　　　　　　　　　　　　　　　　　　　　　　　　　정답 (B)

'고용 계약 조건에 따라 초과 근무 시간에 대해 정규 임금의 1.5배를 받는다'라는 의미가 되어야 하므로 전치사 (B) In compliance with(~에 따라, ~에 응하여)가 정답이다. (A) In front of는 '~ 앞에', (C) Instead of는 '~ 대신에', (D) Out of respect for는 '~에 대한 존경심에서'라는 의미이다.

어휘　term n. 조건, 기간　contract n. 계약(서); v. 수축하다　overtime adj. 초과 근무의

The board of trustees took a ------- to decide who would replace the retiring company president.

(A) vote
(B) summary
(C) program
(D) conference

이사회는 은퇴하는 회사 회장을 누가 대신할 것인지 결정하기 위해 투표를 했다.

■ 짝을 이루는 표현　　　　　　　　　　　　　　　　　　　　　　　　　정답 (A)

'누가 회장을 대신할 것인지 투표를 했다'라는 문맥이므로 빈칸 앞의 동사 take와 함께 '투표를 하다'라는 의미의 어구 take a vote를 만드는 명사 (A) vote(투표, 표결)가 정답이다. (B) summary는 '요약', (C) program은 '계획'이라는 의미이다. (D) conference는 '회의'라는 의미로, '회의를 열었다/참석했다' 등의 문맥이 되려면 hold(열다)나 attend(참석하다)와 같은 동사와 함께 쓰여야 한다.

어휘　board of trustees phr. 이사회　replace v. 대신하다, 교체하다　retire v. 은퇴하다, 퇴직하다

PART 6

Questions 131-134 refer to the following notice.

131~134는 다음 공고에 관한 문제입니다.

NOTE: All Eddington's Membership Cardholders

-------. We will be adjusting the frequency with which point
  131
accumulation statements are sent to our members. From
January 1, statements will be mailed every six months
instead of quarterly. ------- this change, members may
                        132
continue to log in at www.eddingtons.com/members to find
current details. You can ------- your accumulated points and
                           133
see what rewards are available in exchange for them
through your online account. Or you can call us during
business hours at 555-4955, and we will let you know how
many you have. -------, you can drop by a service counter at
               134
any Eddington's Department Store, and one of our staff will
inform you of your current total.

알림: 모든 Eddington's 멤버십 회원들

131 Eddington's의 멤버십 프로그램에 변화를 도입할 여
정입니다. 저희는 포인트 적립 내역서가 회원들께 발송되는
빈도를 조정할 것입니다. 1월 1일부터, 내역서는 연 4회가
아니라 6개월마다 우편으로 보내질 것입니다. 132 이 변경
사항과 관계없이, 회원들은 계속해서 www.eddingtons
com/members에 로그인해서 최신 정보를 알아보실 수
있습니다. 133 여러분의 온라인 계정을 통해 누적된 포인트
를 확인하고 포인트를 교환하여 어떤 보상을 받을 수 있는
지 알아보실 수 있습니다. 또는 영업시간 동안 555-4955
로 전화하시면, 저희가 여러분이 얼마를 보유하고 있으신지
알려드리겠습니다. 134 또한, 여러분은 Eddington's 백화
점의 서비스 카운터에 들르실 수 있고, 저희 직원 중 한 명이
현재의 총점을 알려드릴 것입니다.

131 (A) We no longer accept membership applications.
    (B) Eddington's is set to introduce a change to its
        membership program.
    (C) We apologize for the recent difficulties with our card
        payment system.
    (D) Eddington's Department Store has a special
        promotion for cardholders.

132 (A) Apart from
    (B) In exchange for
    (C) Regardless of
    (D) On behalf of

133 (A) submit
    (B) monitor
    (C) mediate
    (D) convey

134 (A) Consequently
    (B) Nevertheless
    (C) Moreover
    (D) Occasionally

어휘   cardholder n. 회원 adjust v. 조정하다, 조절하다 frequency n. 빈도, 빈번 accumulation n. 적립, 누적
       statement n. 내역서, 성명서 instead of phr. ~하지 않고, ~의 대신에 current adj. 최신의, 현재의, 통용되는 reward n. 보상, 보답
       in exchange for phr. ~을 교환하여, ~ 대신에 account n. 계정, 계좌; v. 설명하다 drop by phr. 잠깐 들르다, 불시에 찾아가다
       inform v. 알리다, 통지하다 total n. 총점, 합계; adj. 총, 전체의

■ 알맞은 문장 고르기

빈칸에 들어갈 알맞은 문장을 고르는 문제이므로 주변 문맥 또는 전체 문맥을 파악한다. 뒤 문장 'We will be adjusting the frequency with which point accumulation statements are sent to our members.'에서 포인트 적립 내역서가 멤버십 회원들에게 발송되는 빈도를 조정할 것이라고 한 후, 뒷부분에서 빈도 조정에 관한 세부 사항을 설명하고 있으므로 빈칸에는 포인트 적립 내역서의 변경과 관련된 내용이 들어가야 함을 알 수 있다. 따라서 (B) Eddington's is set to introduce a change to its membership program이 정답이다.

보기 해석
(A) 저희는 더는 멤버십 신청을 받지 않습니다.
(B) Eddington's는 멤버십 프로그램에 변화를 도입할 예정입니다.
(C) 최근에 카드 지불 시스템에 있었던 장애에 대해 사과드립니다.
(D) Eddington's 백화점은 회원들을 위한 특별 판촉 행사를 합니다.

어휘　accept v. 받다, 수용하다　application n. 신청, 지원　be set to phr. ~할 예정이다　apologize v. 사과하다　payment n. 지불, 지급
　　　promotion n. 판촉 행사, 선전

■ [수식어 거품을 이끄는 것] 전치사 선택　주변 문맥 파악

이 문장은 주어(members)와 동사(may continue)를 모두 갖춘 완전한 절이므로, ＿＿ this change는 수식어 거품으로 보아야 한다. 이 수식어 거품은 동사가 없는 거품구이므로, 거품구를 이끌 수 있는 전치사인 모든 보기가 정답의 후보이다. 빈칸이 있는 문장만으로는 정답을 고를 수 없으므로 주변 문맥이나 전체 문맥을 파악한다. 앞 문장에서 1월 1일부터 내역서가 연 4회가 아니라 6개월마다 우편으로 보내질 것이라고 했고 빈칸이 있는 문장에서는 온라인으로 계속해서 최신 정보를 알아볼 수 있다고 했으므로 내역서 발송 횟수 변경과 관계없이 회원들은 이전처럼 최신 정보를 알아볼 수 있다는 것을 알 수 있다. 따라서 전치사 (C) Regardless of(~에 관계없이)가 정답이다. (A) Apart from은 '~을 제외하고'라는 의미로, 뒤에 그 외의 변경 사항이 없다거나 추가적인 변경 사항이 더 있다는 등 내역서의 변경 사항과 관련된 내용이 오는 것이 자연스럽다. (B) In exchange for는 '~ 대신에, 교환으로', (D) On behalf of는 '~을 대표하여'라는 의미이다.

■ 동사 어휘

'누적된 포인트를 확인하고 포인트를 교환하여 어떤 보상을 받을 수 있는지 알아볼 수 있다'라는 문맥이므로 (B) monitor(확인하다)가 정답이다. (A) submit은 '제출하다', (C) mediate는 '조정하다', (D) convey는 '전달하다'라는 의미이다.

■ 접속부사　전체 문맥 파악

빈칸이 콤마와 함께 문장 맨 앞에 온 접속부사 자리이므로, 앞부분과 빈칸이 있는 문장의 의미 관계를 파악하여 정답을 선택한다. 앞부분에서 회원들은 www.eddingtons.com/members에 로그인을 하거나 전화를 해서 현재의 포인트를 알아볼 수 있다고 했고, 빈칸이 있는 문장에서는 Eddington's 백화점의 서비스 카운터에 들르면 직원 중 한 명이 현재의 총점을 알려줄 것이라고 했으므로 앞부분의 문장과 마찬가지로 현재의 포인트를 알아볼 수 있는 방법을 나열하고 있음을 알 수 있다. 따라서 앞서 언급된 내용에 추가할 때 사용되는 접속부사 (C) Moreover(또한, 게다가)가 정답이다. (A) Consequently는 '그 결과', (B) Nevertheless는 '그럼에도 불구하고', (D) Occasionally는 '가끔'이라는 의미로 빈칸에 쓸 경우 어색한 문맥이 된다.

Luggage Review: Mercury Travel Pro 2 Carry-On Suitcase

The first thing I noticed about this suitcase, apart from its stylish exterior, was its weight. At just 2.9 kilograms, it is remarkably light. -------. Its hard outer shell is tough enough
_____135_____
to withstand anything that a busy modern airport can offer.

------- the suitcase is also quite easy. The handle features a
_____136_____
soft rubber grip that is comfortable to hold, and the bag's two silent wheels roll ------- over hard surfaces.
_____137_____

Another feature I appreciate is the locking mechanism. It has a four-digit combination and is made from strong steel. This ensures that my belongings are ------- when I am traveling.
_____138_____

여행 가방 후기: Mercury Travel Pro 2 휴대용 여행 가방

멋진 외관 이외에, 이 여행 가방에 대해 제가 가장 먼저 주목한 것은 이것의 무게였습니다. 겨우 2.9킬로그램으로, 이것은 놀랍도록 가볍습니다. 135 그런데도 이 여행 가방은 또한 매우 튼튼하기까지 합니다. 가방의 단단한 바깥 면은 붐비는 현대의 공항이 가할 수 있는 그 어떤 것도 견딜 만큼 충분히 튼튼합니다.

136 여행 가방을 이동시키는 것도 상당히 쉽습니다. 137 손잡이는 잡기 편한 부드러운 고무 그립을 특징으로 하며, 가방의 두 개의 조용한 바퀴는 단단한 지면 위를 부드럽게 굴러갑니다.

제가 높이 평가하는 또 다른 기능은 잠금장치입니다. 그것은 네 자릿수 조합으로 이루어져 있으며 튼튼한 강철로 만들어져 있습니다. 138 이것은 제가 여행하고 있을 때 제 소지품이 안전하도록 보장해줍니다.

---

135 (A) The flexible exterior compresses to fit under a seat.
(B) But I usually prefer luggage in a darker color.
(C) Yet the suitcase is also very durable.
(D) I found myself wishing it had more space.

136 (A) Bringing
(B) Moving
(C) Packing
(D) Stowing

137 (A) smooth
(B) smoothes
(C) smoothing
(D) smoothly

138 (A) invisible
(B) safe
(C) prominent
(D) cautious

어휘   luggage n. 여행 가방, 수하물   carry-on adj. 휴대용의   suitcase n. 여행 가방   notice v. 주목하다, 알아차리다   exterior n. 외관
weight n. 무게   remarkably adv. 놀랍도록, 현저하게   tough adj. 튼튼한   withstand v. 견디다, 견뎌내다
feature v. ~을 특징으로 하다; n. 기능, 특징   appreciate v. 높이 평가하다, 인정하다   locking mechanism phr. 잠금장치   digit n. 자릿수, 숫자
combination n. 조합   belongings n. 소지품, 소유물

■ **알맞은 문장 고르기**   정답 (C)

빈칸에 들어갈 알맞은 문장을 고르는 문제이므로 주변 문맥 또는 전체 문맥을 파악한다. 앞 문장 'At just 2.9 kilograms, it is remarkably
light.'에서 겨우 2.9킬로그램으로 이것, 즉 여행 가방이 놀랍도록 가볍다고 했고, 뒤 문장 'Its hard outer shell is tough'에서 가방의 단단한
바깥 면은 튼튼하다고 했으므로, 빈칸에는 가볍지만 튼튼한 여행 가방의 특징과 관련된 내용이 들어가야 함을 알 수 있다. 따라서 (C) Yet the
suitcase is also very durable이 정답이다.

보기 해석
(A) 유연한 외관은 좌석 밑에 맞도록 눌러집니다.
(B) 하지만 저는 보통 더 어두운 색상의 여행 가방을 선호합니다.
(C) 그런데도 이 여행 가방은 또한 매우 튼튼하기까지 합니다.
(D) 저는 이것에 공간이 더 많았으면 좋겠다고 생각했습니다.

어휘 flexible adj. 유연한, 잘 구부러지는 compress v. 눌러지다, 압축되다[하다] fit v. (어느 장소에 들어가기에) 맞다 durable adj. 튼튼한, 내구성이 있는

■ **동사 어휘** 주변 문맥 파악   정답 (B)

'여행 가방을 ____는 것도 상당히 쉽다'라는 문맥이므로 모든 보기가 정답의 후보이다. 빈칸이 있는 문장만으로는 정답을 고를 수 없으므로 주변
문맥이나 전체 문맥을 파악한다. 뒤 문장에서 손잡이는 잡기 편한 부드러운 고무 그립을 특징으로 하며 가방의 두 개의 조용한 바퀴는 단단한 지
면 위를 부드럽게 굴러간다고 했으므로 여행 가방을 이동시키는 것이 쉽다는 것을 알 수 있다. 따라서 동사 move(이동시키다)의 동명사 (B)
Moving이 정답이다. (A)의 Bring은 '가져오다', (C)의 Pack은 '(짐을) 싸다', (D)의 Stow는 '싣다, 가득 채워 넣다'라는 의미이다.

■ **부사 자리**   정답 (D)

빈칸 앞의 동사(roll)를 꾸밀 수 있는 것은 부사이므로 부사 (D) smoothly(부드럽게)가 정답이다. 동사 또는 형용사 (A), 3인칭 단수 동사 (B),
동명사 또는 현재분사 (C)는 동사를 꾸밀 수 없다.

어휘 smooth v. 반듯하게 펴다; adj. 부드러운

■ **형용사 어휘** 전체 문맥 파악   정답 (B)

'여행하고 있을 때 소지품이 ____하도록 보장해준다'라는 문맥이므로 (A), (B), (C)가 정답의 후보이다. 빈칸이 있는 문장만으로는 정답을 고를
수 없으므로 주변 문맥이나 전체 문맥을 파악한다. 앞부분에서 이 가방의 또 다른 기능은 잠금장치라고 했으므로, 이것이 소지품이 안전하도록
보장해준다는 것을 알 수 있다. 따라서 형용사 (B) safe(안전한)가 정답이다. (A) invisible은 '보이지 않는', (C) prominent는 '눈에 잘 띄는',
(D) cautious는 '주의 깊은, 신중한'이라는 의미이다.

City Officials Close to Selecting Developers for Downtown Building

Marinville officials have created a shortlist of developers to renovate the Halpern Building. There are now only three ------- remaining from the initial 25.
    139

As stipulated when the project first started, the firms left in the running must now add more detail to the plans they submitted at the beginning of the year. In their -------
        140
presentations, they should demonstrate that they can meet all of the board's remodeling requirements. -------. "If all goes
        141
well," says Brian Schmidt, director of the Marinville Downtown Authority, "We'll select the most ------- candidate,
        142
draw up an agreement, and get started before the year is out."

시 공무원들이 시내 건물의 개발업체 선정에 거의 다다르다

Marinville시 공무원들은 Halpern 건물을 개조할 개발업체들의 최종 명단을 만들었다. **139** 최초 25개에서 이제는 단 세 회사만이 남았다.

사업이 처음 시작되었을 때 규정된 대로, 경쟁에 남겨진 회사들은 이제 그들이 연초에 제출했던 계획에 더 많은 세부 사항을 추가해야 한다. **140** 곧 있을 발표에서, 그들은 이사회의 모든 리모델링 요구 사항을 만족시킬 수 있다는 것을 보여주어야 한다. **141** 제안서에는 전체 예산도 포함되어야만 한다. **142** "만약 모든 일이 순조롭게 진행된다면," Marinville시 당국의 책임자인 Brian Schmidt가 말하기를, "저희는 가장 인상적인 후보자를 선정하여, 계약서를 작성하고, 연내에 작업을 시작할 것입니다."

---

139 (A) obstacles
    (B) agencies
    (C) locations
    (D) questionnaires

140 (A) preceding
    (B) general
    (C) forthcoming
    (D) incomplete

141 (A) The candidates all came up with compelling final proposals.
    (B) They hoped to develop a construction plan at that time.
    (C) The deadline was extended to allow for additional projects.
    (D) A complete budget must also be included in the proposal.

142 (A) impression
    (B) impressionable
    (C) impressed
    (D) impressive

어휘 **official** n. 공무원, 임원; adj. 공적인, 공무상의　**developer** n. 개발업체, 개발자　**shortlist** n. 최종 명단　**renovate** v. 개조하다, 보수하다
initial adj. 최초의, 초기의　**stipulate** v. 규정하다, 명기하다　**submit** v. 제출하다, 제시하다　**demonstrate** v. 보여주다, 증명하다
requirement n. 요구 사항, 자격 요건　**authority** n. 당국, 권한　**draw up an agreement** phr. 계약서를 작성하다
before the year is out phr. 연내에

■ **명사 어휘** 주변 문맥 파악   정답 (B)

'최초 25개에서 이제는 단 세 ____만이 남았다'라는 문맥이므로 모든 보기가 정답의 후보이다. 빈칸이 있는 문장만으로는 정답을 고를 수 없으므로 주변 문맥이나 전체 문맥을 파악한다. 앞 문장에서 Marinville시 공무원들이 Halpern 건물을 개조할 개발업체들의 최종 명단을 만들었다고 했으므로 고려 중인 개발업체가 최초 25개에서 단 세 회사로 줄었음을 알 수 있다. 따라서 명사 (B) agencies(회사, 대행사)가 정답이다. (A)의 obstacle은 '장애물', (C)의 location은 '장소', (D)의 questionnaire는 '설문지'라는 의미이다.

■ **형용사 어휘**   정답 (C)

'곧 있을 발표에서 요구 사항을 만족시킬 수 있다는 것을 보여주어야 한다'라는 문맥이므로 형용사 (C) forthcoming(곧 있을, 앞으로의)이 정답이다. (A) preceding은 '이전의, 선행하는', (B) general은 '일반적인', (D) incomplete는 '불완전한'이라는 의미이다. 참고로, (A) preceding을 써서 과거를 나타내려면 동사가 should have p.p.의 형태가 되어야 함을 알아둔다.

■ **알맞은 문장 고르기**   정답 (D)

빈칸에 들어갈 알맞은 문장을 고르는 문제이므로 주변 문맥 또는 전체 문맥을 파악한다. 앞부분 'As stipulated when the project first started, the firms left in the running must now add more detail to the plans they submitted at the beginning of the year.'에서 사업이 처음 시작되었을 때 규정된 대로, 경쟁에 남겨진 회사들은 이제 그들이 연초에 제출했던 계획에 더 많은 세부 사항을 추가해야 한다고 했고, 앞 문장에서 남겨진 회사들이 이사회의 요구 사항을 만족시킬 수 있다는 것을 보여주어야 한다고 했으므로 빈칸에는 계획에 추가되어야 할 세부 사항에 대한 내용이 들어가야 함을 알 수 있다. 따라서 (D) A complete budget must also be included in the proposal이 정답이다.

보기 해석
(A) 후보자들은 모두 설득력 있는 최종 제안서를 제시했다.
(B) 그들은 그때 건축 설계도를 제작하기를 희망했다.
(C) 마감일은 추가적인 프로젝트를 고려하여 연장되었다.
(D) 제안서에는 전체 예산도 포함되어야만 한다.

어휘 come up with phr. 제시하다, 떠올리다 compelling adj. 설득력 있는, 강제적인 allow for phr. ~을 고려하다, 감안하다 budget n. 예산, 비용

■ **[형용사 자리] 혼동하기 쉬운 형용사**   정답 (D)

빈칸 뒤의 명사(candidate)를 꾸밀 수 있는 것은 형용사이므로 형용사 (B), (D)와 형용사 역할을 하는 과거분사 (C)가 정답의 후보이다. '가장 인상적인 후보자를 선정하다'라는 의미가 되어야 하므로 형용사 (D) impressive(인상적인)가 정답이다. (B) impressionable(쉽게 외부의 영향을 받는)과 (C) impressed(감명받은)를 쓸 경우 각각 '가장 쉽게 외부의 영향을 받는/(후보자 본인이) 감명받은 후보자를 선정하다'라는 어색한 문맥이 된다. 명사 (A)는 명사를 꾸밀 수 없다.

어휘 impression n. 인상, 감명

To: Anthony Lilly <anthonylilly@hotline.com>
From: Customer Service <cs@comprehensiveautoins.com>
Date: November 14
Subject: Name Change

Our records show that you ------- an automobile policy with
143
us. We pride ourselves on keeping customers up-to-date on
company business, so we are writing to ------- you that we
144
are changing the name of our company from
Comprehensive Auto Insurance to Complete Auto and Life
Insurance.

All of our communications will be labeled with the new name
beginning next month. You'll find our new name on bills,
e-mails, letters, claim forms, and on our Web site. -------.
145

At this time, you may also want to take the opportunity to
renew your life insurance. ------- an appointment, please
146
reply to this e-mail, and you will be contacted by a
representative.

Best Regards,

Customer Service
Comprehensive Auto Insurance

수신: Anthony Lilly <anthonylilly@hotline.com>
발신: 고객 서비스 <cs@comprehensiveautoins.com>
날짜: 11월 14일
제목: 이름 변경

143 저희 기록은 귀하께서 저희의 자동차 보험 증권을 보유
하고 계신다는 것을 보여주고 있습니다. **144** 저희는 고객들
에게 지속적으로 회사 사업에 대한 최신 정보를 알게 한다
는 점을 자랑스럽게 여기고 있으며, 이에 따라 회사 이름을
Comprehensive Auto Insurance사에서 Complete
Auto and Life Insurance사로 변경할 것임을 알려드리
기 위해 이메일을 씁니다.

다음 달부터 저희의 모든 소통 수단에는 새로운 이름으로
라벨이 붙을 것입니다. 귀하께서는 청구서, 이메일, 편지, 신
청 양식, 그리고 웹사이트에서 저희의 새로운 이름을 보시
게 될 것입니다. **145** 저희는 보험 증권 문서에 있는 저희 회
사명도 수정할 것입니다.

이번에, 귀하께서는 생명 보험을 갱신할 기회를 가지기를
원하실 수도 있습니다. **146** 약속을 잡기 위해 이 이메일에
답장을 해주시면, 직원으로부터 연락을 받으실 것입니다.

고객 서비스 드림
Comprehensive Auto Insurance사

143 (A) had held
(B) will hold
(C) hold
(D) were holding

144 (A) invite
(B) extend
(C) offer
(D) inform

145 (A) They have been sent to the name provided on the
form.
(B) We will mail them to your residence on a monthly
basis.
(C) They must be submitted in person to one of our
staff.
(D) We will modify our name on our policy documents
as well.

146 (A) Makes
(B) Making
(C) To make
(D) Having made

어휘 **automobile** n. 자동차 **policy** n. 보험 증권, 보험 증서, 규정 **up-to-date** adj. 최신의, 현대식의 **communication** n. 소통 수단, 의사소통
label v. 라벨을 붙이다, 꼬리표를 붙이다 **claim** n. 신청, 청구 **opportunity** n. 기회 **appointment** n. 약속, 예약
representative n. 직원, 대표

■ **현재 시제** 전체 문맥 파악   정답 (C)

'자동차 보험 증권을 보유하다'라는 문맥인데, 이 경우 빈칸이 있는 문장만으로는 올바른 시제의 동사를 고를 수 없으므로 주변 문맥이나 전체 문맥을 파악한다. 뒤 문장에서 고객들에게 지속적으로 회사 사업에 대한 최신 정보를 알게 한다고 했고, 뒷부분에서 편지의 수신자는 청구서, 이메일, 편지 등에서 새로운 이름을 보게 될 것이라고 했으므로, 현재 자동차 보험 증권을 보유하고 있는 고객에게 회사 이름을 변경할 것임을 전달하고 있음을 알 수 있다. 따라서 현재 시제 (C) hold가 정답이다. 과거완료 시제 (A), 미래 시제 (B), 과거진행 시제 (D)는 현재를 나타낼 수 없다.

■ **동사 어휘**   정답 (D)

'회사 이름을 변경할 것임을 알리기 위해 이메일을 쓴다'라는 문맥이므로 동사 (D) inform(알리다)이 정답이다. (A) invite는 '초대하다', (B) extend는 '확장하다, 연장하다', (C) offer는 '제공하다'라는 의미이다.

■ **알맞은 문장 고르기**   정답 (D)

빈칸에 들어갈 알맞은 문장을 고르는 문제이므로 빈칸의 주변 문맥 또는 전체 문맥을 파악한다. 앞 문장 'You'll find our new name on bills, e-mails, letters, claim forms, and on our Web site.'에서 청구서, 이메일, 편지, 신청 양식, 그리고 웹사이트에서 새로운 이름을 보게 될 것이라고 했으므로 빈칸에는 새로운 이름이 쓰이게 될 소통 수단에 대한 추가적인 내용이 들어가야 함을 알 수 있다. 따라서 (D) We will modify our name on our policy documents as well이 정답이다.

보기 해석
(A) 그것들은 양식에 제공된 이름으로 보내져 왔습니다.
(B) 저희는 매달 귀하의 댁으로 그것들을 우편으로 보낼 것입니다.
(C) 그것들은 저희 직원 중 한 명에게 직접 제출되어야 합니다.
(D) 저희는 보험 증권 문서에 있는 저희 회사명도 수정할 것입니다.

어휘 residence n. 댁, 거주지 in person phr. 직접 modify v. 수정하다, 변경하다

■ **[수식어 거품을 이끄는 것] to 부정사의 역할**   정답 (C)

이 문장은 주어가 없는 명령문(please ~ e-mail)과 완전한 절(you ~ representative)이 and로 연결된 문장이므로, ____ an appointment는 수식어 거품으로 보아야 한다. 이 수식어 거품은 동사가 없는 거품구이므로, 거품구를 이끌 수 있는 분사 (B)와 (D), to 부정사 (C)가 정답의 후보이다. '약속을 잡기 위해 이 이메일에 답장을 해달라'라는 의미가 되어야 하므로 목적을 나타내는 to 부정사 (C) To make가 정답이다. 분사 (B)와 (D)는 분사구문일 때 시간, 이유, 조건, 연속 동작을 나타낸다. 3인칭 동사 (A)는 거품구를 이끌 수 없다.

Questions 147-148 refer to the following advertisement.　　　　147-148은 다음 광고에 관한 문제입니다.

¹⁴⁷**It's time for the annual sale at Shoe Gold!** Buy one pair, get the next pair for 40 PERCENT OFF Buy a third pair for 50 PERCENT OFF Buy a fourth pair for 60 PERCENT OFF ¹⁴⁷We sell the latest designer footwear at discount prices. You won't find a better selection of styles, colors, and sizes for men and women. The sale ends August 14, so shop with us today! Open daily from 10:00 A.M. to 8:00 P.M. ^{148-A}We accept cash, checks, and credit or debit cards. ^{148-B}Open a Shoe Gold credit card account for an extra 10 percent discount. ^{148-D}Shoe Gold Locations: 1223 Riverside Drive　　807 Interstate 12 ^{148-D}Minneapolis,　　　　^{148-D}St. Paul, MN 55401　　　　　　MN 55519	¹⁴⁷Shoe Gold에서 연례 세일을 합니다! 신발 한 켤레를 사고, 다음 켤레는 40퍼센트 할인을 받으세요 세 번째 신발은 50퍼센트 할인을 받아 구매하세요 네 번째 신발은 60퍼센트 할인을 받아 구매하세요 ¹⁴⁷저희는 최신 유명 브랜드 신발을 할인가에 판매합니다. 당신은 남성과 여성을 위한 더 나은 종류의 스타일, 색상, 그리고 사이즈를 찾을 수 없을 것입니다. 세일은 8월 14일에 끝나므로, 오늘 쇼핑을 하러 오십시오! 매일 오전 10시부터 오후 8시까지 엽니다. ^{148-A}현금, 수표, 신용카드나 직불카드를 받습니다. 추가 10퍼센트 할인을 받기 위해 ^{148-B}Shoe Gold 신용카드 계좌를 개설하세요. ^{148-D}Shoe Gold 지점: 1223번지 Riverside로　807번지 12번 주간 고속도로 ^{148-D}미니애폴리스,　　　^{148-D}세인트폴, 미네소타주 55401　　미네소타주 55519

어휘　□ **designer** adj. 유명 브랜드의; n. 디자이너　　□ **accept** v. 받아들이다, 허용하다　　　□ **debit card** phr. 직불카드
　　　□ **account** n. 계좌, 계정, 설명　　　　□ **interstate** n. 주간 고속도로; adj. 각 주간의

147

What is being advertised?　　　　　　　　　　광고되고 있는 것은 무엇인가?

(A) New locations of a store　　　　　　　　　(A) 상점의 새로운 장소
(B) A promotional offer on footwear　　　　　　(B) 신발에 대한 판촉 할인
(C) Extended hours for a business　　　　　　　(C) 가게의 연장된 영업시간
(D) Refunds on canceled products　　　　　　　(D) 취소된 상품에 대한 환불

■ **주제/목적 찾기** 글의 주제　　　　　　　　　　　　　　　　　　　　　　　　　　　　　정답

광고되고 있는 것을 묻는 주제 찾기 문제이므로 지문의 앞부분을 주의 깊게 확인한다. 'It's time for the annual sale at Shoe Gold!'와 'We sell the latest designer footwear at discount prices.'에서 Shoe Gold에서 연례 세일을 하며 최신 유명 브랜드 신발을 할인가에 판매한다고 한 후, 세일에 대한 세부 사항을 설명하고 있으므로 (B)가 정답이다.

바꾸어 표현하기

sale 세일 → promotional offer 판촉 할인

148

What is NOT indicated about Shoe Gold?　　　　Shoe Gold에 대해 언급되지 않은 것은?

(A) It will accept payment by check.　　　　　　(A) 수표로 지불하는 것을 허용할 것이다.
(B) It carries its own brand of credit card.　　　　(B) 자체 브랜드의 신용카드를 가지고 있다.
(C) It will match competitors' prices.　　　　　　(C) 경쟁사의 가격에 맞출 것이다.
(D) It operates stores in two different locations.　　(D) 두 개의 다른 지점에서 상점을 운영한다.

■ **Not/True** Not 문제　　　　　　　　　　　　　　　　　　　　　　　　　　　　　정답

질문의 핵심 어구인 Shoe Gold와 관련된 내용을 지문에서 찾아 각 보기와 대조하는 Not/True 문제이다. (A)는 'We accept ~ checks'에서 수표를 받는다고 했으므로 지문의 내용과 일치한다. (B)는 'Open a Shoe Gold credit card account'에서 Shoe Gold 신용카드 계좌를 개설하라고 했으므로 지문의 내용과 일치한다. (C)는 지문에 언급되지 않은 내용이다. 따라서 (C)가 정답이다. (D)는 'Shoe Gold Locations', 'Minneapolis', 'St. Paul'에서 Shoe Gold 지점이 미니애폴리스와 세인트폴에 있다는 것을 알 수 있으므로 지문의 내용과 일치한다.

어휘　**match** v. 맞추다, 대등하다　**competitor** n. 경쟁사, 경쟁자　**operate** v. 운영하다, 가동하다

Questions 149-150 refer to the following text-message chain.

149-150은 다음 메시지 대화문에 관한 문제입니다.

Alycia Kent [3:13 P.M.]

[149]I was just getting some printer paper from the supply room, and I noticed how orderly everything was. I really appreciate that you volunteered to keep it organized and stocked.

George Blain [3:17 P.M.]

I appreciate that. Yes, the supply room was rather messy and disorganized, but [149]I rearranged everything and made a new system so that we don't run out of office supplies. The only problem is that the room is quite small considering the amount of supplies we have.

Alycia Kent [3:20 P.M.]

Maybe we should use a different room. There's an empty office near the staff lounge. [150]I'll ask if we can store the office supplies in there instead.

George Blain [3:24 P.M.]

That would help. There's no rush, but [150]I'd appreciate you finding out if it's possible.

Alycia Kent [오후 3시 13분]

[149]방금 제가 비품실에서 인쇄용지를 좀 가져오던 중이었는데, 모든 것이 잘 정돈되어 있다는 것을 알아차렸어요. 자원해서 비품실이 정리되고 재고가 채워져 있도록 유지해줘서 정말 고마워요.

George Blain [오후 3시 17분]

감사해요. 네, 비품실이 다소 지저분하고 체계적이지 못했지만, 사무용품이 떨어지지 않도록 [149]제가 모든 것을 재배치하고 새로운 시스템을 만들었어요. 유일한 문제는 저희가 가지고 있는 비품의 수량을 고려했을 때 비품실이 꽤 좁다는 거예요.

Alycia Kent [오후 3시 20분]

아마 다른 방을 사용해야 하겠네요. 직원 휴게실 근처에 비어 있는 사무실이 하나 있어요. [150]거기에 사무용품을 대신 보관해도 될지 제가 물어볼게요.

George Blain [오후 3시 24분]

그건 도움이 되겠네요. 서두를 건 없지만, [150]혹시 그게 가능할지 알아봐 주시면 감사하겠어요.

어휘 □ **supply room** phr. 비품실 □ **orderly** adj. 정돈된, 질서정연한 □ **volunteer** v. 자원하다
□ **messy** adj. 지저분한 □ **disorganized** adj. 체계적이지 못한, 엉망인 □ **rearrange** v. 재배치하다, 재배열하다
□ **run out of** phr. ~이 떨어진 □ **staff lounge** phr. 직원 휴게실

What did Mr. Blain recently do?

(A) Assigned some management duties to an employee
(B) Arranged supplies in a storage area
(C) Wrote a report on a supply system
(D) Organized furniture in the staff lounge

Mr. Blain은 최근에 무엇을 했는가?

(A) 직원에게 몇 가지 관리 업무를 배정했다
(B) 보관 구역에 있는 비품을 정리했다
(C) 재고 시스템에 관한 보고서를 작성했다
(D) 직원 휴게실의 가구를 정리했다

■ **육하원칙** What

정답 (B)

Mr. Blain이 최근에 무엇(What)을 했는지를 묻는 육하원칙 문제이므로 질문의 핵심어구인 Mr. Blain recently do와 관련하여, 'I was just getting some printer paper from the supply room, and I noticed how orderly everything was.'에서 Alycia Kent가 방금 비품실에서 인쇄용지를 가져오던 중이었는데, 모든 것이 잘 정돈되어 있다는 것을 알아차렸다고 하자, Mr. Blain이 'I rearranged everything and made a new system'에서 자신이 모든 것을 재배치하고 새로운 시스템을 만들었다고 했으므로 (B)가 정답이다.

바꾸어 표현하기
supply room 비품실 → storage area 보관 구역

어휘 **assign** v. 배정하다 **management** n. 관리, 경영 **storage** n. 보관

○○○●
하

At 3:24 P.M., what does Mr. Blain suggest when he writes, "That would help"?

(A) Finding a new supplier would decrease expenses.
(B) Limiting office supplies is a helpful suggestion.
(C) Having a larger lounge would be beneficial.
(D) Relocating the supply room is a good solution.

오후 3시 24분에, Mr. Blain이 "That would help"라고 썼을 때 그가 의도한 것은?

(A) 새로운 공급업체를 찾는 것은 비용을 줄여줄 것이다.
(B) 사무용품 수량을 제한하는 것은 도움이 되는 제안이다.
(C) 더 큰 휴게실을 가지는 것은 이로울 것이다.
(D) 비품실을 이전하는 것은 좋은 해결책이다.

■ 의도 파악   정답

Mr. Blain이 의도한 것을 묻는 문제이므로 질문의 인용어구(That would help)가 언급된 주변 문맥을 확인한다. 'I'll ask if we can store office supplies in there instead.'에서 Alycia Kent가 거기, 즉 직원 휴게소 근처에 비어 있는 사무실에 사무용품을 대신 보관해도 될지 물어보겠다고 하자, Mr. Blain이 'That would help.'(그건 도움이 되겠네요)라고 한 후, 'I'd appreciate you finding out if it's possible'에서 다시 그게 가능할지 알아봐 주면 감사하겠다고 한 것을 통해, Mr. Blain은 비어 있는 사무실로 비품실을 이전하는 것이 좋은 해결책이라고 생각한다는 것을 알 수 있다. 따라서 (D)가 정답이다.

어휘   beneficial adj. 이로운   relocate v. 이전하다   solution n. 해결책

Boardwalk Industries Employee Bulletin Board Posting

[151]Wanted: Used car in good condition
Contact: Roy Long, extension #8113
Post Valid: June 1 - 30

I am looking for a used car in good condition for [152-D]my son, who will be going to college in the fall. I would like to buy a four-door vehicle with good gas mileage. [152-B]The brand of the car is not important as long as it is not in need of major repair. [152-C]Minor dents and scratches are fine as I have the ability to fix them. [152-A]I prefer anti-lock brakes and airbags as features for my son's safety. If you have a car that is 4-8 years old and meets the other listed criteria, please call the number above.

Boardwalk Industries사의 직원 게시판 메시지

[151]구합니다: 상태가 좋은 중고차
연락처: Roy Long, 내선 8113번
게시글은 유효합니다: 6월 1일 – 30일

저는 [152-D]가을에 대학교에 가게 될 제 아들을 위해 상태가 좋은 중고차를 찾고 있습니다. 저는 연비가 좋은 문이 4개인 차량을 구매하고 싶습니다. 큰 수리를 필요로 하지 않는 한 [152-B]차량의 브랜드는 중요하지 않습니다. [152-C]별로 심각하지 않은 찌그러진 곳과 긁힌 자국은 제가 수리할 수 있는 능력이 있기 때문에 괜찮습니다. [152-A]제 아들의 안전을 위한 주안점으로 잠금 방지 장치가 된 브레이크와 에어백이 있는 것을 선호합니다. 만약 4년에서 8년 정도가 되고 나열된 다른 기준을 충족하는 차량이 있으시다면, 위의 번호로 전화 주십시오.

어휘 ☐ **bulletin board** phr. 게시판   ☐ **used** adj. 중고의   ☐ **extension** n. 내선, 구내전화, 확대
☐ **valid** adj. 유효한, 정당한   ☐ **gas mileage** phr. 연비   ☐ **as long as** phr. ~하는 한, ~하기만 하면
☐ **in need of** phr. ~을 필요로 하는   ☐ **minor** adj. 별로 심각하지 않은, 가벼운   ☐ **dent** n. 찌그러진 곳; v. 움푹 들어가게 하다
☐ **scratch** n. 긁힌 자국; 긁다   ☐ **fix** v. 수리하다; n. 수리   ☐ **anti-lock** adj. 잠금 방지 장치가 된
☐ **feature** n. 주안점, 특징   ☐ **criteria** n. 기준, 표준

Why was the notice written?

(A) To sell a used vehicle
(B) To advertise repair services
(C) To find a car for sale
(D) To announce rental policies

공고는 왜 쓰였는가?

(A) 중고 차량을 팔기 위해
(B) 수리 서비스를 광고하기 위해
(C) 팔려고 내놓은 차량을 찾기 위해
(D) 임대 규정을 알리기 위해

■ **주제/목적 찾기** 글을 쓴 이유   정답 (C)

공고가 쓰인 이유를 묻는 목적 찾기 문제이므로 지문의 앞부분을 주의 깊게 확인한다. 'Wanted: Used car in good condition'에서 상태가 좋은 중고차를 구한다고 한 후, 구매하려는 차량에 대해 설명하고 있으므로 (C)가 정답이다.

어휘 **for sale** phr. 팔려고 내놓은   **rental** adj. 임대의   **policy** n. 규정, 정책

What is NOT true about Mr. Long?

(A) He is concerned about safety.
(B) He prefers a particular model of car.
(C) He can perform minor fixes.
(D) He has a son who will attend university.

Mr. Long에 대해 사실이 아닌 것은?

(A) 안전에 대해 염려한다.
(B) 특정 모델의 차량을 선호한다.
(C) 가벼운 수리를 할 수 있다.
(D) 대학교에 다닐 아들이 있다.

■ **Not/True** Not 문제   정답 (B)

질문의 핵심 어구인 Mr. Long과 관련된 내용을 지문에서 찾아 각 보기와 대조하는 Not/True 문제이다. (A)는 'I prefer anti-lock brakes and airbags as features for my son's safety.'에서 아들의 안전을 위한 주안점으로 잠금 방지 장치가 된 브레이크와 에어백이 있는 것을 선호한다고 했으므로 지문의 내용과 일치한다. (B)는 'The brand of the car is not important'에서 차량의 브랜드는 중요하지 않다고 했으므로 지문의 내용과 일치하지 않는다. 따라서 (B)가 정답이다. (C)는 'Minor dents and scratches are fine as I have the ability to fix them.'에서 별로 심각하지 않은 찌그러진 곳과 긁힌 자국은 직접 수리할 수 있는 능력이 있기 때문에 괜찮다고 했으므로 지문의 내용과 일치한다. (D)는 'my son, who will be going to college in the fall'에서 가을에 대학교에 가게 될 아들이 있다고 했으므로 지문의 내용과 일치한다.

어휘 **concern** v. 염려하다, 관계가 있다; n. 근심, 관계   **perform** v. 행하다, 실시하다

Questions 153-155 refer to the following article.

153-155는 다음 기사에 관한 문제입니다.

CHANGES AT CCT NEWS

[153]CCT News, the most watched cable news station in the country, has just hired Greg O'Connell to be its new 8 P.M. anchor. Mr. O'Connell is taking over for Pauline Fields, an anchor who retired last month after 20 years on the job.

Mr. O'Connell brings extensive industry experience. He began as a community news writer for the *Cork County Ledger*, and then moved on to editing headline news for five years. Following that, Mr. O'Connell took a job as the assistant news anchor at a local TV station. His broadcasts became increasingly popular, and two years later [155]he was offered a job as the head anchor at WQZ Nightly News. After 10 years on the job, he left WQZ because of the new position at CCT News.

[154]George McDonough, the head of CCT News, says he couldn't be happier with their new anchor. "[154]I first met Greg while working as a producer at WQZ and have been a fan of his ever since," he says. "He is an exemplary newscaster who brings both charisma and a true investigative spirit to the job."

Mr. O'Connell's first night on the air will be May 7. Until then, Richard Marshall will be filling in as the temporary anchor.

CCT NEWS사의 변화

[153]국내에서 가장 많이 보는 케이블 뉴스 방송국인 CCT News사가 막 Greg O'Connell을 새로운 오후 8시 앵커로 고용했다. Mr. O'Connell은 20년간 근무한 후 지난달에 퇴직한 앵커 Pauline Fields를 대신해서 인계받을 것이다.

Mr. O'Connell은 폭넓은 업계 경력을 가지고 있다. 그는 *Cork County Ledger*지의 지역 신문 기자로 시작했고 그러고 나서 5년간 헤드라인 뉴스를 편집하는 것으로 나아갔다. 그 이후에, Mr. O'Connell은 지역 텔레비전 방송국에서 보조 뉴스 앵커로서의 일자리를 구했다. 그의 방송은 점점 더 인기 있어졌고, 2년 후에 [155]그는 WQZ Nightly News의 메인 앵커 자리를 제안받았다. 그는 10년간 근무한 후, CCT News사에서의 새 일자리를 위해 WQZ를 떠났다.

[154]CCT News사의 사장인 George McDonough는 그들의 새로운 앵커로 인해 기쁘지 않을 수가 없다고 말한다. "[154]저는 WQZ사에서 제작자로 일하는 동안 Greg을 처음 만났고 그 이후로 계속 그의 팬이었습니다,"라고 그는 말한다. "그는 일에 있어서 카리스마와 부정을 철저히 파헤치는 참된 정신 둘 다를 갖춘 본보기가 되는 뉴스 프로 진행자입니다."

Mr. O'Connell이 첫 번째로 방송하는 밤은 5월 7일이 될 것이다. 그때까지는, Richard Marshall이 임시 앵커로서 대신할 것이다.

어휘		
□ **station** n. 방송국, 정거장; v. 배치하다	□ **take over** phr. 인계받다, 인수하다	□ **extensive** adj. 폭넓은, 넓은
□ **take a job** phr. 일자리를 구하다	□ **assistant** adj. 보조의; n. 조수	□ **broadcast** n. 방송; v. 방송하다
□ **increasingly** adv. 점점 더	□ **ever since** phr. ~ 이후로 줄곧	□ **exemplary** adj. 본보기가 되는
□ **newscaster** n. 뉴스 프로 진행자	□ **charisma** n. 카리스마	□ **investigative** adj. 부정을 철저히 파헤치는
□ **fill in** phr. ~을 대신하다	□ **temporary** adj. 임시의, 일시적인	

153

○○○●
하

What is the main topic of the article?

(A) A recently created news show
(B) A retiring cable producer
(C) A newly hired employee
(D) A change in broadcast time

기사의 주요 주제는 무엇인가?

(A) 최근에 제작된 뉴스 쇼
(B) 퇴직하는 케이블 방송 제작자
(C) 새로 고용된 직원
(D) 방송 시간의 변경

■ **주제/목적 찾기** 글의 주제   정답

기사의 주제를 묻는 주제 찾기 문제이므로 지문의 앞부분을 주의 깊게 확인한다. 'CCT News ~ has just hired Greg O'Connell to be new 8 P.M. anchor.'에서 CCT News사가 막 Greg O'Connell을 새로운 오후 8시 앵커로 고용했다고 한 후, Greg O'Connell의 이력에 해 설명하고 있으므로 (C)가 정답이다.

What is indicated about Mr. McDonough?

(A) He is the head of the *Cork County Ledger*.
(B) He is serving as a temporary anchor.
(C) He will take over Ms. Fields' job.
(D) He worked with Mr. O'Connell before.

Mr. McDonough에 대해 암시되는 것은?

(A) *Cork County Ledger*지의 사장이다.
(B) 임시 앵커로 일하고 있다.
(C) Ms. Fields의 자리를 인계받을 것이다.
(D) 이전에 Mr. O'Connell과 일했다.

■ **추론** 세부 정보   정답 (D)

질문의 핵심 어구인 Mr. McDonough에 대해 추론하는 문제이다. 'George McDonough, the head of CCT News'와 'I first met Greg while working as a producer at WQZ'에서, CCT News사의 사장인 George McDonough는 자신이 WQZ사에서 제작자로 일하는 동안 Greg, 즉 Mr. O'Connell을 처음 만났다고 했으므로 Mr. McDonough는 이전 직장인 WQZ사에서 Mr. O'Connell을 만나 같이 일했다는 사실을 추론할 수 있다. 따라서 (D)가 정답이다.

어휘   serve v. 일하다, 제공하다

What was Mr. O'Connell's most recent job?

(A) Staff writer
(B) Web site editor
(C) News presenter
(D) Producer

Mr. O'Connell의 가장 최근 직업은 무엇이었는가?

(A) 전속 기자
(B) 웹사이트 편집자
(C) 뉴스 진행자
(D) 제작자

■ **육하원칙** What   정답 (C)

Mr. O'Connell의 가장 최근 직업이 무엇(What)이었는지를 묻는 육하원칙 문제이다. 질문의 핵심 어구인 Mr. O'Connell's most recent job과 관련하여, 'he was offered a job as the head anchor at WQZ Nightly News. After 10 years on the job, he left WQZ because of the new position at CCT News.'에서 그, 즉 Mr. O'Connell은 WQZ Nightly News의 메인 앵커 자리를 제안받았고, 10년 간 근무 후, CCT News사에서의 새 일자리를 위해 WQZ를 떠났다고 했으므로 Mr. O'Connell의 가장 최근 직업은 메인 앵커였다는 것을 알 수 있다. 따라서 (C)가 정답이다.

바꾸어 표현하기
head anchor 메인 앵커 → News presenter 뉴스 진행자

어휘   staff writer phr. 전속 기자, 전속 작가

[156]Atkins University
Guest Speaker Request Form

This form must be completed and submitted four weeks prior to an event. Please note that a speaker's participation cannot be advertised until this form has been authorised by the Student Activities Office. [157]The same office supplies temporary parking passes upon request.

[157]REQUESTED BY
Name: David Coleman
Department: Atkins University Career Center
Telephone: 7946-4309
E-mail: d.coleman@atkinsu.edu/aucc

[156]SPEAKER INFORMATION
Name: Maria Dershowitz
Organisation: Clarion Call
Telephone: 7946-9235
E-mail: m.dershowitz@clarioncall.com
[156]Topic: Social Entrepreneurship—Developing, Funding, and Implementing Solutions to Social Problems

[156/157]EVENT INFORMATION
[156]Name: How Graduating Seniors Can Create Social Change
[157]Date: 4 March
Time: 4:00 to 5:30 P.M.
Location: McMurdo Auditorium
Expected number of attendees: 80

[157]SPECIAL REQUIREMENTS
Audiovisual equipment: None required
Transportation: None required
[157]Parking: 1 temporary parking pass
Refreshments: None required

[156]Atkins 대학교
초청 연사 신청 양식

이 양식은 행사 4주 전에 작성하여 제출되어야 합니다. 이 양식이 학생 활동 사무실에 의해 승인된 후에야 연사 참여가 홍보될 수 있는 점 참고 바랍니다. [157]요청 시 같은 사무실에서 임시 주차권을 지급합니다.

[157]신청인
이름: David Coleman
부서: Atkins 대학교 진로 센터
전화번호: 7946-4309
이메일: d.coleman@atkinsu.edu/aucc

[156]연사 정보
이름: Maria Dershowitz
단체: Clarion Call사
전화번호: 7946-09235
이메일: m.dershowitz@clarioncall.com
[156]주제: 사회적 기업가 활동—사회 문제의 해결책에 대한 개발, 자금 조달, 그리고 실행

[156/157]행사 정보
[156]이름: 졸업하는 4학년 학생들이 사회적 변화를 창출할 수 있는 방법
[157]날짜: 3월 4일
시간: 오후 4시부터 5시 30분까지
장소: McMurdo 강당
예상 참석자 수: 80명

[157]특별 요청사항
시청각 장비: 필요 없음
교통수단: 필요 없음
[157]주차: 임시 주차권 1매
다과: 필요 없음

여휘
- prior to phr. ~ 전에
- entrepreneurship n. 기업가 활동, 기업가 정신
- senior n. (대학교) 4학년, 연장자
- audiovisual adj. 시청각의
- supply v. 지급하다, 공급하다
- auditorium n. 강당
- refreshment n. 다과, 간식
- temporary adj. 임시의
- implement v. 실행하다, 실시하다
- attendee n. 참석자

Why is Ms. Dershowitz visiting Atkins University?

(A) To lead a seminar for small businesses
(B) To recruit volunteers for a social cause
(C) To discuss social activism with students
(D) To authorize an activity request form

Ms. Dershowitz는 왜 Atkins 대학교를 방문하는가?

(A) 소기업들을 위한 세미나를 주도하기 위해
(B) 사회적 대의를 위한 자원봉사자를 모집하기 위해
(C) 학생들과 사회 행동을 논의하기 위해
(D) 활동 신청 양식을 승인하기 위해

■ 육하원칙 Why정답 (C)

Ms. Dershowitz가 왜(Why) Atkins 대학교를 방문하는지를 묻는 육하원칙 문제이다. 질문의 핵심 어구인 Ms. Dershowitz visiting Atkins University와 관련하여, 'Atkins University Guest Speaker Request Form'에서 Atkins 대학교 초청 연사 신청 양식인 것을 확인할 수 있고, 'SPEAKER INFORMATION, Name: Maria Dershowitz', 'Topic: Social Entrepreneurship—Developing, Funding, and Implementing Solutions to Social Problems'에서 Ms. Dershowitz가 사회적 기업가 활동, 즉 사회 문제의 해결책에 대한 개발, 자금 조달, 그리고 실행에 관한 주제의 연사로 신청된 것을 알 수 있으며, 'EVENT INFORMATION, Name: How Graduating Seniors Can Create Social Change'에서 행사 이름이 '졸업하는 4학년 학생들이 사회적 변화를 창출할 수 있는 방법'이라고 했다. 따라서 (C)가 정답이다.

어휘 recruit v. 모집하다 cause n. 대의, 원인 activism n. 행동, 행동주의

What will Mr. Coleman probably do before March 4?

(A) Arrange transportation for a speaker
(B) Pay for the use of an auditorium
(C) Post advertisements on a bulletin board
(D) Secure a parking pass from an office

Mr. Coleman은 3월 4일 전에 무엇을 할 것 같은가?

(A) 연사를 위해 교통수단을 준비한다
(B) 강당 사용을 위해 돈을 지불한다
(C) 게시판에 광고를 게시한다
(D) 사무실에서 주차권을 확보한다

■ 추론 세부 정보정답 (D)

질문의 핵심 어구인 Mr. Coleman ~ do before March 4에 대해 추론하는 문제이다. 'The ~ office supplies temporary parking passes upon request.'에서 요청 시 사무실, 즉 학생 활동 사무실에서 임시 주차권을 지급한다고 했고, 'REQUESTED BY, Name: David Coleman', 'EVENT INFORMATION', 'Date: 4 March', 'SPECIAL REQUIREMENTS', 'Parking: 1 temporary parking pass'에서 신청인인 Mr. Coleman이 3월 4일에 열릴 행사를 위해 임시 주차권 1매를 요청한 것을 확인할 수 있으므로, Mr. Coleman이 행사가 열리는 3월 4일 전에 학생 활동 사무실에서 주차권을 확보할 것이라는 사실을 추론할 수 있다. 따라서 (D)가 정답이다.

어휘 post v. 게시하다 bulletin board phr. 게시판 secure v. 확보하다

Questions 158-161 refer to the following information.

158-161은 다음 안내문에 관한 문제입니다.

www.bennetthouse.org/visit

HOME I VISIT I HISTORY I MAP/LOCATION I CONTACT

Visitors and tour groups are welcome to view Bennett House from Tuesday through Saturday from 10 A.M. until 5 P.M. [158]Groups of 10 or more are asked to make reservations a day in advance. Those who fail to do so may face significant waiting times. [160-D]Admission is free, but cash boxes are located at the entrance and gift shop, where donations are gratefully accepted.

[159]Bennett House can also arrange guided visits for students or tour groups for a flat fee of $25. — [1] —. [160-B]All guests will receive informational brochures, which include history and facts about the Victorian-era home and the art and furniture contained in the rooms. — [2] —. The brochures contain pictures and short biographies of the house's former inhabitants as well. — [3] —.

[160-A]A gift boutique and a tea shop are located near the exit. [161]Postcards, [160-A/161]souvenirs, T-shirts, tins of English teas, and teacups are available for purchase. — [4] —. [160-C]The gift shop will not be open during the off-season from January through March, but the rest of our facilities will remain in operation. Bennett House closes on all national holidays.

www.bennetthouse.org/visit

홈 I 방문 I 이력 I 지도/위치 I 연락처

방문객과 단체 여행객들은 화요일부터 토요일 오전 10시에서 오후 5시 사이에 Bennett 저택을 관람하실 수 있습니다. [158]열 명 이상의 단체는 하루 전에 예약하는 것이 요구됩니다. 그렇게 하지 못한 분들은 상당한 대기 시간이 있을 가능성이 있습니다. [160-D]입장은 무료지만 입구와 선물 가게에 현금함이 있으며, 그곳에서 기부금이 매우 감사히 받아들여질 것입니다.

[159]Bennett 저택은 25달러의 균일 요금으로 학생들과 단체 여행객들을 위한 가이드 견학도 준비할 수 있습니다. — [1] —. [160-B]모든 방문객들은 정보를 제공하는 책자를 받게 될 것이며, 그것은 빅토리아 시대의 주택과 방 안에 포함된 미술품 및 가구에 대한 역사와 정보를 포함하고 있습니다. — [2] —. 책자는 저택의 이전 거주자들의 사진과 짧은 약력도 포함합니다. — [3] —.

[160-A]선물 가게와 찻집이 출구 근처에 위치해 있습니다. [161]엽서, [160-A/161]기념품, 티셔츠, 통에 담긴 영국 차, 그리고 찻잔이 구매 가능합니다. — [4] —. [160-C]선물 가게는 비수기인 1월부터 3월까지는 열지 않으나, 시설의 다른 곳들은 계속 운영 중일 것입니다. Bennett 저택은 모든 법정 공휴일에 문을 닫습니다.

어휘 □ **face** v. ~의 가능성이 있다, 직면하다
□ **donation** n. 기부금, 기증
□ **informational** adj. 정보를 제공하는, 정보의
□ **biography** n. 약력, 전기
□ **souvenir** n. 기념품
□ **national holiday** phr. 법정 공휴일, 국경일
□ **admission** n. 입장, 들어감
□ **arrange** v. 준비하다, 마련하다
□ **fact** n. 정보, 사실
□ **inhabitant** n. 거주자, 주민
□ **off-season** n. 비수기
□ **entrance** n. 입구, 입장
□ **flat** adj. 균일의, 편평한
□ **contain** v. 포함하다, 구성되다
□ **boutique** n. 가게, 상점
□ **in operation** phr. 운영 중인, 가동 중인

158

○○○●
8

What advice is included in the information?

(A) Using coupons for purchases in the gift shop
(B) Booking ahead of time for large groups
(C) Making reservations for weekend visits
(D) Following a designated path through the building

안내문에 어떤 조언이 포함되어 있는가?

(A) 선물 가게 내 구매를 위해 쿠폰을 사용하는 것
(B) 규모가 큰 단체를 위해 미리 예약하는 것
(C) 주말 견학을 위해 예약하는 것
(D) 건물 내의 지정된 길을 따라가는 것

■ **육하원칙** What
정답

안내문에 어떤(What) 조언이 포함되어 있는지를 묻는 육하원칙 문제이다. 질문의 핵심 어구인 advice와 관련하여, 'Groups of 10 or more are asked to make reservations a day in advance.'에서 열 명 이상의 단체는 하루 전에 예약하는 것이 요구된다고 했으므로 (B)가 정답이다.

바꾸어 표현하기
make reservations ~ in advance 미리 예약하다 → Booking ahead of time 미리 예약하는 것
Groups of 10 or more 열 명 이상의 단체 → large groups 규모가 큰 단체

어휘 **ahead of time** phr. 미리, 기한보다 일찍 **designated** adj. 지정된, 지명된 **path** n. 길

What is available for an additional charge?

(A) Promotional materials containing pictures
(B) Guided tours of the home
(C) Admission to a photography exhibit
(D) The shipping of purchased souvenirs

추가 요금으로 무엇이 이용 가능한가?

(A) 사진을 포함한 홍보 자료
(B) 저택의 가이드 견학
(C) 사진 전시회 입장
(D) 구매한 기념품 배송

■ 육하원칙 What   정답 (B)

추가 요금으로 무엇(What)이 이용 가능한지를 묻는 육하원칙 문제이다. 질문의 핵심 어구인 available for an additional charge와 관련하여, 'Bennett House can also arrange guided visits ~ for a flat fee of $25.'에서 Bennett 저택이 25달러의 균일 요금으로 가이드 견학도 준비할 수 있다고 했으므로 (B)가 정답이다.

What is NOT indicated about Bennett House?

(A) It sells keepsakes through a retail establishment.
(B) It offers descriptive pamphlets to all guests.
(C) It closes temporarily during periods with few tourists.
(D) It accepts donations instead of charging admission.

Bennett 저택에 대해 언급되지 않은 것은?

(A) 소매 시설을 통해 기념품을 판매한다.
(B) 모든 방문객들에게 설명 책자를 제공한다.
(C) 방문객이 적은 기간에 일시적으로 문을 닫는다.
(D) 입장료를 청구하는 것 대신에 기부금을 받는다.

■ Not/True Not 문제   정답 (C)

질문의 핵심 어구인 Bennett House와 관련된 내용을 지문에서 찾아 각 보기와 대조하는 Not/True 문제이다. (A)는 'A gift boutique and a tea shop are located near the exit.'와 'souvenirs ~ are available for purchase.'에서 선물 가게와 찻집이 출구 근처에 위치해 있고 기념품이 구매 가능하다고 했으므로 지문의 내용과 일치한다. (B)는 'All guests will receive informational brochures'에서 모든 방문객들은 정보를 제공하는 책자를 받게 될 것이라고 했으므로 지문의 내용과 일치한다. (C)는 'The gift shop will not be open during the off-season ~, but the rest of our facilities will remain in operation.'에서 선물 가게는 비수기에는 열지 않으나 시설의 다른 곳들은 계속 운영 중일 것이라고 했으므로 지문의 내용과 일치하지 않는다. 따라서 (C)가 정답이다. (D)는 'Admission is free, but cash boxes are located ~, where donations are gratefully accepted.'에서 입장은 무료지만 현금함이 있으며, 그곳에서 기부금이 매우 감사히 받아들여질 것이라고 했으므로 지문의 내용과 일치한다.

바꾸어 표현하기
souvenirs 기념품 → keepsakes 기념품
informational brochures 정보를 제공하는 책자 → descriptive pamphlets 설명 책자

어휘 keepsake n. 기념품, 유품 retail adj. 소매의 descriptive adj. 설명적인, 기술적인 instead of phr. ~ 대신에

In which of the positions marked [1], [2], [3], and [4] does the following sentence best belong?

"All proceeds from items sold go towards the preservation of this historic building."

(A) [1]
(B) [2]
(C) [3]
(D) [4]

[1], [2], [3], [4]로 표시된 위치 중, 다음 문장이 들어갈 곳으로 가장 적절한 것은?

"판매된 물품으로 인한 모든 수익금은 이 역사적인 건물의 보존 비용으로 쓰입니다."

(A) [1]
(B) [2]
(C) [3]
(D) [4]

■ 문장 위치 찾기   정답 (D)

지문의 흐름상 주어진 문장이 들어가기에 가장 적절한 곳을 고르는 문제이다. 주어진 문장에서 판매된 물품으로 인한 모든 수익금은 이 역사적인 건물의 보존 비용으로 쓰인다고 했으므로, 이 문장이 물품 판매에 대해 언급하는 부분에 들어가야 함을 알 수 있다. [4]의 앞 문장인 'Postcards, souvenirs, T-shirts, tins of English teas, and teacups are available for purchase.'에서 엽서, 기념품, 티셔츠, 통에 담긴 영국 차, 그리고 찻잔이 구매 가능하다고 했으므로, [4]에 제시된 문장이 들어가면 이러한 상품 판매로 인한 수익금이 건물의 보존 비용에 쓰인다는 자연스러운 문맥이 된다는 것을 알 수 있다. 따라서 (D)가 정답이다.

어휘 proceeds n. 수익금, 수입 go towards phr. ~의 비용으로 쓰이다 preservation n. 보존, 보호 historic adj. 역사적인, 역사의

162-164는 다음 회람에 관한 문제입니다.

To: All Staff
From: Angela Romanov, Office Manager
Subject: Building improvements

Dear all,

162/163Please remember that the renovation of the entire headquarters building will begin two weeks from now. 163The work will take place one floor at a time, starting on the fifth and moving downward. Each floor is scheduled to take one week to finish. I've discussed this with the team leaders, and a solution has been reached for dealing with workspace concerns during this time.

While your floor is being renovated, space will be made available for you in the conference rooms on the third floor. When it comes time to renovate the third floor, employees who normally work there will be redistributed throughout the rest of the building. We are hoping this will not present any problems since there are only a dozen employees who permanently work on that floor. 164Those staff members are asked to wait for further instructions from their team leader.

I apologize in advance for any inconvenience this situation may create over the coming weeks. I am confident that we can all work together to make the process go as smoothly as possible. If you have any further queries, please contact your team leaders.

Thank you,

Angela Romanov

수신: 전 직원
발신: Angela Romanov, 사무장
제목: 건물 개선

모든 분들께,

162/163본사 건물 전체의 수리가 오늘부터 2주 후에 시작될 것임을 기억해 주십시오. 163작업은 한 번에 한 층씩 이루어질 것이고, 5층부터 시작해서 아래로 내려갈 것입니다. 각 층은 완료하는 데 일주일이 걸릴 예정입니다. 저는 이와 관련하여 팀장들과 논의했고, 이 기간 동안의 작업 공간 문제를 처리하기 위한 해결 방안이 도출되었습니다.

여러분의 층이 수리되고 있는 동안, 3층 회의실 내 여러분이 이용 가능하도록 공간이 마련될 것입니다. 3층을 수리할 때가 되면, 원래 그곳에서 근무하는 직원들은 건물 나머지 곳곳으로 재배치될 것입니다. 그곳에서 상시로 근무하는 직원들은 12명뿐이기 때문에 이것이 어떠한 문제도 발생시키지 않기를 바라고 있습니다. 164그 직원들은 팀장으로부터 추가 지시를 기다릴 것이 요청됩니다.

앞으로 몇 주간 이 상황이 야기할 수 있는 불편에 대해 미리 사과드립니다. 저는 이 과정이 가능한 한 순조롭게 진행되도록 우리 모두가 함께 협력할 수 있다고 확신합니다. 만약 추가 문의가 있으시다면, 여러분의 팀장에게 연락해 주십시오.

감사합니다,

Angela Romanov 드림

어휘 □ improvement n. 개선
□ take place phr. 이루어지다, 일어나다
□ deal with phr. 처리하다, 해결하다
□ permanently adv. 상시로, 영구히
□ smoothly adv. 순조롭게, 부드럽게

□ renovation n. 수리, 수선
□ at a time phr. 한 번에, 따로따로
□ workspace n. 작업 공간
□ further adj. 추가의, 더 이상의

□ headquarters n. 본사
□ downward adj. 아래로 가는
□ redistribute v. 재배치하다, 재분배하다
□ in advance phr. 미리, 사전에

162

하

Why was the memo written?

(A) To arrange a meeting about future renovations
(B) To discuss recent employee complaints
(C) To remind employees about some construction work
(D) To ask for suggestions about a redevelopment project

회람은 왜 쓰였는가?

(A) 앞으로 있을 수리와 관련된 회의를 준비하기 위해
(B) 최근의 직원 불평에 대해 논의하기 위해
(C) 직원들에게 몇몇 공사 작업을 상기시키기 위해
(D) 재개발 프로젝트에 대한 제안을 요청하기 위해

■ 주제/목적 찾기 글을 쓴 이유   정답 (C)

회람이 쓰인 이유를 묻는 목적 찾기 문제이므로 지문의 앞부분을 주의 깊게 확인한다. 'Please remember that the renovation of the entire headquarters building will begin two weeks from now.'에서 본사 건물 전체의 수리가 오늘부터 2주 후에 시작될 것임을 기억해 달라고 한 후, 수리 일정과 수리로 인한 업무 공간 변경 등 공사 작업에 대해 설명하고 있으므로 (C)가 정답이다.

어휘 remind v. 상기시키다, 일깨우다 construction n. 공사 suggestion n. 제안, 의견 redevelopment n. 재개발

<table>
<tr><td>

What is indicated about the building?

(A) It is a five-story structure.
(B) It will be demolished next year.
(C) It is three decades old.
(D) It has one conference room on each floor.

</td><td>

건물에 대해 암시되는 것은?

(A) 5층 건물이다.
(B) 내년에 철거될 것이다.
(C) 30년이 되었다.
(D) 각 층에 한 개의 회의실이 있다.

</td></tr>
</table>

■ 추론 세부 정보   정답 (A)

질문의 핵심 어구인 the building에 대해 추론하는 문제이다. 'Please remember that the renovation of the entire headquarters building will begin ~. The work will take place one floor at a time, starting on the fifth and moving downward.'에서 본사 건물 전체의 수리가 시작되는데, 작업은 한 번에 한 층씩 이루어지며 5층부터 시작해서 아래로 내려갈 것이라고 했으므로, 본사는 5층 건물이라는 사실을 추론할 수 있다. 따라서 (A)가 정답이다.

어휘 **five-story** adj. 5층의 **demolish** v. 철거하다, 무너뜨리다 **decade** n. 10년

<table>
<tr><td>

What are the employees on the third floor asked to do?

(A) Report their concerns to the renovation crew leader
(B) Assist with presentations in the conference room
(C) Expect forthcoming details from their supervisor
(D) Distribute copies of the office manager's instructions

</td><td>

3층의 직원들은 무엇을 하도록 요청되는가?

(A) 수리팀 팀장에게 우려 사항을 알린다
(B) 회의실에서 발표 준비를 돕는다
(C) 관리자로부터 곧 있을 세부 사항들을 기다린다
(D) 사무장의 지시 사항 사본을 배부한다

</td></tr>
</table>

■ 육하원칙 What   정답 (C)

3층의 직원들이 무엇을(What) 하도록 요청되는지를 묻는 육하원칙 문제이다. 질문의 핵심 어구인 the employees on the third floor asked to do와 관련하여, 'Those staff members are asked to wait for further instructions from their team leader.'에서 그 직원들, 즉 3층에서 근무하는 직원들은 팀장으로부터 추가 지시를 기다릴 것이 요청된다고 했으므로 (C)가 정답이다.

바꾸어 표현하기

wait for further instructions from ~ team leader 팀장으로부터 추가 지시를 기다리다
→ Expect forthcoming details from ~ supervisor 관리자로부터 곧 있을 세부 사항들을 기다리다

어휘 **expect** v. 기다리다, 기대하다 **forthcoming** adj. 곧 있을, 다가오는 **supervisor** n. 관리자, 감독관 **office manager** phr. 사무장, 사무실 관리자

HOME | ABOUT | MENUS | CONTACT

Welcome to Lunch on Demand, where the food is both on demand and in demand!

From August 8, you won't need to wait in long lines anymore to get your food. [165]Simply browse Lunch on Demand's current menu, place an order, and pay on our Web site. We'll give you a confirmation number and the time that your food will be ready. Turn up at our location at the time we provide, tell us your number, and we'll give you back a box of the tastiest, healthiest food you'll find anywhere downtown.

[167-B]Our menu changes on a weekly basis but always includes the dishes listed below:

[167-A]SOUPS – We combine the freshest vegetables, beans or lentils for protein, and nutritious rice noodles to fill you up until dinner. [167-A]Perfect for vegetarians.

[167-D]PANINIS – Only the finest wholemeal bread is used to make our great variety of toasted sandwiches. [167-D]Served with sweet potato fries.

[167-D]STEWS AND CURRIES – If you're looking for something more substantial, our stews and curries are perfect! [167-D]They come with rice or bread on the side.

SALADS – For those who are health-conscious, we combine crisp and crunchy greens and other vegetables with our special low-fat salad dressings.

Throughout August, [166]we are giving our registered customers a $10 coupon for every new customer they encourage to sign up. Click here for details.

음식이 언제든지 만들어지고 또 인기 있는 곳, Lunch on Demand에 오신 것을 환영합니다!

8월 8일부터는, 음식을 받기 위해 긴 줄을 기다릴 필요가 없습니다. [165]간단히 Lunch on Demand의 현재 메뉴를 훑어보시고, 주문을 하시고, 저희 웹사이트에서 돈을 지불하시기만 하면 됩니다. 저희는 확인 번호와 음식이 준비될 시간을 일러드릴 것입니다. 알려드린 시간에 이곳에 도착하셔서, 번호를 말씀해 주시면, 시내에서 찾을 수 있는 가장 맛있고 건강한 음식이 있는 상자를 드릴 것입니다.

[167-B]저희 메뉴는 주 단위로 바뀌지만 항상 아래 나열된 요리를 포함합니다:

[167-A]수프 – 가장 신선한 채소, 단백질을 위한 콩이나 렌즈콩, 저녁까지 배를 채워줄 영양가 높은 쌀국수를 섞습니다. [167-A]채식주의자들에게 더할 나위 없이 좋습니다.

[167-D]파니니 – 저희의 매우 다양한 노릇노릇한 샌드위치를 만드는 데에는 오로지 최고급 통밀로 된 빵만이 사용됩니다. [167-D]고구마튀김과 함께 제공됩니다.

[167-D]스튜와 카레 – 만약 좀 더 많은 양의 것을 찾고 있으시다면, 저희 스튜와 카레가 딱 좋습니다! [167-D]곁들여 나오는 요리로 밥이나 빵이 함께 나옵니다.

샐러드 – 건강을 항상 의식하는 분들을 위해, 저희는 신선하고 아삭아삭한 푸른색 채소와 다른 채소들을 저희의 특별 저지방 샐러드드레싱과 같이 섞습니다.

8월 내내, [166]저희는 등록된 고객들이 새로운 고객을 등록하게 할 때마다 10달러 쿠폰을 드리고 있습니다. 자세한 내용은 여기를 클릭하세요.

어휘　□ **browse** v. 훑어보다, 둘러보다　　　□ **confirmation** n. 확인　　　　□ **turn up** phr. 도착하다, 나타나다
　　　□ **on a weekly basis** phr. 주 단위로　□ **lentil** n. 렌즈콩(옆고 양면이 볼록한 렌즈 모양인 식용종의 콩)
　　　□ **protein** n. 단백질　　　　　　□ **nutritious** adj. 영양가가 높은　　　□ **vegetarian** n. 채식주의자; adj. 채식주의(자)의
　　　□ **wholemeal** adj. 통밀로 된　　　□ **toast** v. 노릇노릇하게 하다, 굽다　　　□ **substantial** adj. 많은, 상당한 (양의)
　　　□ **health-conscious** adj. 건강을 항상 의식하는　□ **crisp** adj. (채소 등의) 신선한, 아삭아삭한　□ **crunchy** adj. 아삭아삭한, 바삭바삭한
　　　□ **greens** n. 푸른색 채소　　　　□ **sign up** phr. 등록하다

What is given to customers when they place an order?	주문을 할 때 고객들에게 무엇이 주어지는가?
(A) A payment receipt	(A) 지불 영수증
(B) A time to pick up a purchase	(B) 구입한 것을 가지러 갈 시간
(C) An estimated delivery fee	(C) 예상되는 배송료
(D) An updated menu	(D) 업데이트된 메뉴

■ 육하원칙 What   정답 (B)

주문을 할 때 고객들에게 무엇(What)이 주어지는지를 묻는 육하원칙 문제이다. 질문의 핵심 어구인 given to customers when they place an order와 관련하여, 'Simply ~ place an order ~. We'll give you ~ the time that your food will be ready.'에서 간단히 주문을 하면 음식이 준비될 시간을 알려줄 것이라고 했고, 'Turn up at our location at the time we provide ~ we'll give you back a box of ~ food'에서 알려준 시간에 도착하면 음식 상자를 줄 것이라고 했으므로 (B)가 정답이다.

어휘 purchase n. 구입한 것; v. 구입하다 estimate v. 예상하다, 추정하다; n. 견적 delivery n. 배송, 배달

How can customers qualify to receive a coupon?	고객들은 어떻게 쿠폰을 받을 자격을 얻을 수 있는가?
(A) By placing a minimum order	(A) 최소한의 주문을 함으로써
(B) By getting others to join a Web site	(B) 다른 사람들이 웹사이트에 가입하게 함으로써
(C) By registering before a deadline	(C) 마감 기한 전에 등록함으로써
(D) By ordering food from a specific location	(D) 특정 지역에서 음식을 주문함으로써

■ 육하원칙 How   정답 (B)

고객들이 어떻게(How) 쿠폰을 받을 자격을 얻을 수 있는지를 묻는 육하원칙 문제이다. 질문의 핵심 어구인 customers qualify to receive a coupon과 관련하여, 'we are giving our registered customers a $10 coupon for every new customer they encourage to sign up'에서 등록된 고객들이 새로운 고객들을 등록하게 할 때마다 10달러 쿠폰을 주고 있다고 했으므로 (B)가 정답이다.

What is NOT indicated about Lunch on Demand?	Lunch on Demand에 대해 언급되지 않은 것은?
(A) It is suitable for those who don't eat meat.	(A) 고기를 먹지 않는 사람들에게 적합하다.
(B) It alters its menu every week.	(B) 메뉴를 매주 바꾼다.
(C) It can customize all its menu items.	(C) 모든 메뉴를 주문 제작할 수 있다.
(D) It serves accompaniments with some dishes.	(D) 몇몇 요리에 곁들인 음식을 제공한다.

■ Not/True Not 문제   정답 (C)

질문의 핵심 어구인 Lunch on Demand와 관련된 내용을 지문에서 찾아 각 보기와 대조하는 Not/True 문제이다. (A)는 'SOUPS', 'Perfect for vegetarians.'에서 수프가 채식주의자들에게 더할 나위 없이 좋다고 했으므로 지문의 내용과 일치한다. (B)는 'Our menu changes on a weekly basis'에서 메뉴가 주 단위로 바뀐다고 했으므로 지문의 내용과 일치한다. (C)는 지문에 언급되지 않은 내용이다. 따라서 (C)가 정답이다. (D)는 'PANINIS', 'Served with sweet potato fries.', 'STEWS AND CURRIES', 'They come with rice or bread on the side.'에서 파니니는 고구마튀김과 함께 제공되고, 스튜와 카레는 곁들여 나오는 요리로 밥이나 빵이 함께 나온다고 했으므로 지문의 내용과 일치한다.

바꾸어 표현하기
Perfect for vegetarians 채식주의자들에게 더할 나위 없이 좋다 → suitable for those who don't eat meat 고기를 먹지 않는 사람들에게 적합하다
menu changes on a weekly basis 메뉴가 주 단위로 바뀌다 → alters ~ menu every week 메뉴를 매주 바꾸다

어휘 alter v. 바꾸다, 변경하다 customize v. 주문 제작하다 accompaniment n. 곁들인 것, 동반되는 것

Questions 168-171 refer to the following text-message chain.

Helen Coulter   [July 15, 9:54 A.M.]

I hope you are all having a good break. [170]I just heard back from the producer of *Timelight* this morning, and they would like to extend Kitchen Belle's catering contract for another two years. [170]The studio has renewed the TV series. Shall we keep the same schedule as last year, or would you like to switch times?

Elaine Painter   [July 15, 10:00 A.M.]

That's great news! It will guarantee the business a steady income. [168/169]I know Henry Lincoln [168]usually does breakfast, but as long as he doesn't have a problem with it, can I take the morning shift instead of lunch this time?

Graham Fulton   [July 15, 10:04 A.M.]

It's fine by him. [168]He's with me now and just told me so, Elaine. He'd actually prefer midday. As for me, I want to stick with the breakfast shift. Will there be any extra evening shoots this year?

Helen Coulter   [July 15, 10:05 A.M.]

So Elaine and Graham can do the 7:30-11:00 shift, and [169]Henry and I will do 11:30-3:30. [170]There will be some evening shifts for extra pay, but none that will end past midnight. In addition, the show will also be filmed outside the studio this season, so we'll have to make adjustments. Anyway, we can discuss that issue when [171]we return from vacation next week.

Elaine Painter   [July 15, 10:07 A.M.]

Will the number of cast and crew be the same?

Graham Fulton   [July 15, 10:07 A.M.]

It sounds like more work than last year.

Helen Coulter   [July 15, 10:08 A.M.]

No, Elaine. There will be a total of 88 to feed rather than 67. As for your question, Graham, I think it will be more work. But they are paying us more, so I think we can afford to hire a couple of food preparation assistants.

Helen Coulter   [7월 15일, 오전 9시 54분]

여러분 모두 즐거운 휴가를 보내고 있길 바랍니다. [170]저는 오늘 오전에 막 *Timelight* 제작자로부터 답을 들었고, 그들은 앞으로 또 다른 2년 동안 Kitchen Belle사의 음식 공급 계약을 연장하기를 원해요. [170]그 스튜디오는 TV 시리즈를 다시 시작했어요. 작년과 동일한 일정을 유지할까요, 아니면 시간을 변경하기를 원하시나요?

Elaine Painter   [7월 15일, 오전 10시]

좋은 소식이네요! 회사에 꾸준한 수입을 보장해 주겠네요. [168/169]저는 Henry Lincoln이 [168]주로 아침에 근무한다는 것을 알지만, 그만 문제가 없다면, 이번에는 제가 점심 대신에 아침 교대 근무를 맡아도 될까요?

Graham Fulton   [7월 15일, 오전 10시 4분]

그는 괜찮아요. [168]그는 지금 저와 함께 있고 방금 제게 그렇게 얘기했어요, Elaine. 사실 그는 점심때를 선호해요. 저는 계속해서 아침 교대 근무를 하고 싶어요. 올해에 추가 저녁 촬영이 있을 건가요?

Helen Coulter   [7월 15일, 오전 10시 5분]

그럼 Elaine과 Graham이 7시 30분부터 11시까지의 교대 근무를 할 수 있고, [169]Henry와 제가 11시 30분부터 3시 30분까지 할게요. 추가 수당을 받는 [170]저녁 교대 근무도 어느 정도 있을 것이지만, 자정을 넘겨서 끝나는 것은 없을 거예요. 게다가, 쇼는 이번 시즌에 스튜디오 외부에서도 촬영될 것이므로, 우리는 조정을 해야 할 거예요. 어쨌든, [171]우리는 다음 주에 휴가에서 돌아왔을 때 그 문제에 대해 논의할 수 있어요.

Elaine Painter   [7월 15일, 오전 10시 7분]

출연자와 팀 수는 동일할 건가요?

Graham Fulton   [7월 15일, 오전 10시 7분]

작년보다 일이 많을 것 같네요.

Helen Coulter   [7월 15일, 오전 10시 8분]

아니요, Elaine. 음식을 제공할 사람이 67명이 아니라 총 88명이 될 거예요. 당신의 질문에 대해서는, Graham, 저 생각에는 일이 더 많을 것 같아요. 하지만 그들이 우리에게 더 많이 지불할 것이라, 제 생각에는 음식 준비 보조원 몇 명을 고용할 수 있을 것 같아요.

어휘
- □ **extend** v. 연장하다
- □ **switch** v. 변경하다
- □ **income** n. 수입
- □ **midday** n. 점심때, 정오
- □ **shoot** n. 촬영
- □ **cast** n. 출연자들; v. 캐스팅하다
- □ **afford** v. ~할 수 있다, ~할 여유가 있다
- □ **catering** n. 음식 공급(업)
- □ **guarantee** v. 보장하다, 약속하다
- □ **as long as** phr. ~하기만 하면, ~하는 한은
- □ **as for** phr. ~에 관해 말하면
- □ **film** v. 촬영하다; n. 영화
- □ **crew** n. 팀, 승무원
- □ **assistant** n. 보조원, 조수
- □ **renew** v. 다시 시작하다, 재개하다
- □ **steady** adj. 꾸준한
- □ **shift** n. 교대 근무; v. 이동하다
- □ **stick with** phr. 계속하다, 충실하다
- □ **adjustment** n. 조정, 적응
- □ **feed** v. 음식을 주다, 부양하다

At 10:04 A.M., what does Mr. Fulton most likely mean when he writes, "It's fine by him"?

(A) He suggests Ms. Painter trade shifts with a coworker.
(B) His schedule change must be approved by Ms. Coulter.
(C) He is also interested in working during breakfast hours.
(D) His coworker finds Ms. Painter's request acceptable.

오전 10시 4분에, Mr. Fulton이 "It's fine by him"이라고 썼을 때 그가 의도한 것 같은 것은?

(A) 그는 Ms. Painter가 동료와 교대 근무를 바꾸는 것을 제안한다.
(B) 그의 일정 변경은 Ms. Coulter에 의해 승인되어야 한다.
(C) 그도 아침 시간 동안 근무하는 것에 관심이 있다.
(D) 그의 동료는 Ms. Painter의 요청을 받아들일 수 있다고 생각한다.

■ 의도 파악   정답 (D)

Mr. Fulton이 의도한 것을 묻는 문제이므로, 질문의 인용어구(It's fine by him)가 언급된 주변 문맥을 확인한다. 'I know Henry Lincoln usually does breakfast, but ~ can I take the morning shift instead of lunch this time?'에서 Elaine Painter가 Henry Lincoln이 주로 아침에 근무한다는 것을 알지만 이번에는 자신이 점심 대신에 아침 교대 근무를 맡아도 되는지 묻자, Mr. Fulton이 'It's fine by him.'(그는 괜찮아요)이라고 한 후, 'He's with me now and just told me so'에서 그, 즉 Henry Lincoln이 지금 자신과 함께 있고 방금 그렇게 얘기했다고 한 것을 통해, Henry Lincoln이 Ms. Painter의 교대 근무 변경 요청을 받아들이겠다고 했음을 알 수 있다. 따라서 (D)가 정답이다.

어휘   trade v. 바꾸다, 교환하다   approve v. 승인하다, 찬성하다   acceptable adj. 받아들일 수 있는, 허용할 수 있는

When will Mr. Lincoln start his regular shifts next season?

(A) At 7:30 A.M.
(B) At 11:00 A.M.
(C) At 11:30 A.M.
(D) At 3:30 P.M.

Mr. Lincoln은 다음 시즌에 언제 정규 교대 근무를 시작할 것인가?

(A) 오전 7시 30분에
(B) 오전 11시에
(C) 오전 11시 30분에
(D) 오후 3시 30분에

■ 육하원칙 When   정답 (C)

Mr. Lincoln이 다음 시즌에 언제(When) 정규 교대 근무를 시작할 것인지를 묻는 육하원칙 문제이다. 질문의 핵심 어구인 Mr. Lincoln start his regular shifts next season과 관련하여, '~ Henry Lincoln'과 'Henry and I will do 11:30-3:30'에서 Helen Coulter가 Henry Lincoln과 자신이 11시 30분부터 3시 30분까지 교대 근무를 하겠다고 했으므로 (C)가 정답이다.

What is implied about *Timelight*?

(A) It will occasionally have production work at night.
(B) It reduced the size of its staff.
(C) It will film all scenes in a television studio.
(D) It will premiere on television next year.

*Timelight*에 대해 암시되는 것은?

(A) 때때로 밤에 제작 업무가 있을 것이다.
(B) 직원의 규모를 줄였다.
(C) 텔레비전 스튜디오에서 모든 장면을 촬영할 것이다.
(D) 내년에 텔레비전에서 첫 방송을 할 것이다.

■ 추론 세부 정보   정답 (A)

질문의 핵심 어구인 *Timelight*에 대해 추론하는 문제이다. 'I just heard back from the producer of *Timelight* ~'와 'The studio has renewed the TV series.'에서 Helen Coulter가 *Timelight* 제작자로부터 답을 들었으며, 스튜디오가 TV 시리즈, 즉 *Timelight*를 다시 시작했다고 한 후, 'There will be some evening shifts'에서 저녁 교대 근무도 어느 정도 있을 것이라고 했으므로 *Timelight*는 저녁에도 제작 업무가 있을 것이라는 사실을 추론할 수 있다. 따라서 (A)가 정답이다.

바꾸어 표현하기
be ~ evening shifts 저녁 교대 근무가 있다 → have production work at night 밤에 제작 업무가 있다

어휘   production n. 제작, 생산   premiere v. 첫 방송을 하다, 개봉하다

171
○○○● 하

What will happen next week at Kitchen Belle?

(A) A list of crew members will be finalized.
(B) A couple of new assistants will be hired.
(C) Team members will return from a holiday.
(D) Executives will be stopping by for a meeting.

다음 주에 Kitchen Belle사에서 무슨 일이 일어날 것인가?

(A) 팀원의 명단이 확정될 것이다.
(B) 새로운 보조원 몇 명이 고용될 것이다.
(C) 팀원들이 휴가에서 돌아올 것이다.
(D) 임원들이 회의를 위해 들를 것이다.

■ 육하원칙 What   정답 (C)

다음 주에 Kitchen Belle사에서 무슨(What) 일이 일어날 것인지를 묻는 육하원칙 문제이다. 질문의 핵심 어구인 happen next week Kitchen Belle과 관련하여, 'we return from vacation next week'에서 우리, 즉 Helen Coulter와 Kitchen Belle사 직원들이 다음 주 휴가에서 돌아온다고 했으므로 (C)가 정답이다.

바꾸어 표현하기
vacation 휴가 → holiday 휴가

어휘   finalize v. 확정하다, 마무리 짓다   stop by phr. 들르다

Questions 172-175 refer to the following information.

172-175는 다음 안내문에 관한 문제입니다.

FREELANCING

[172]We at the *Houston Portal* are always interested in hearing pitches from non-affiliated writers. — [1] —. As a small alternative weekly, we thrive off journalism from independent freelancers. [172]If you are interested in contributing to our publication, here is what we require for story pitches:

First, please send a brief, one-page pitch for a story to editors@houstonportal.com. We will not accept previously published pieces.

[175]If possible, please attach any previous writing you've done for newspapers, Web sites, or other general readership publications. — [2] —. [173-C]We prefer to publish freelancers who have some previous experience.

[174-D]We only allow our staff writers to write opinion pieces. [173-B]Therefore, please limit your pitches to feature stories. [173-A]We generally run articles that are between 500 and 3,000 words.

— [3] —. If you are a qualified photographer, you may also pitch a photo series. In that case, we would need to see some samples of your work.

[174-B]Our newspaper is published weekly, except during our holiday and mid-summer breaks, **or roughly 50 times a year.** — [4] —. [174-C]The paper is provided at no cost to readers, as we rely on advertisements for funding. **Nonetheless, we believe strongly in supporting our writers, so** [173-D]we do our best to provide fair compensation for articles to be published, with rates starting at $0.30 per word.

프리랜서 작업

[172]저희 *Houston Portal*지는 무소속 기자들로부터 아이디어를 듣는 것에 늘 관심 있습니다. — [1] —. 소규모 대안 주간지로서, 저희는 독립 프리랜서들의 보도를 통해 번창하고 있습니다. [172]만약 저희 간행물에 기고하는 데 관심이 있으시다면, 저희가 기사 아이디어에 대해 요하는 사항은 다음과 같습니다:

먼저, editors@houstonportal.com으로 간략한, 한 페이지 분량의 기사 아이디어를 보내 주십시오. 이전에 발행된 글은 받지 않습니다.

[175]가능하다면, 신문, 웹사이트, 혹은 다른 일반 독자층을 대상으로 하는 출판물을 위해 이전에 쓰신 어떤 글이라도 첨부해 주십시오. — [2] —. [173-C]저희는 이전 경력이 좀 있는 프리랜서의 글을 발행하는 것을 선호합니다.

[174-D]저희는 전속 기자들만이 사설을 집필하도록 허용합니다. [173-B]그러므로, 아이디어는 특집 기사로 제한해 주십시오. [173-A]저희는 보통 500에서 3,000단어 사이의 기사를 발행합니다.

— [3] —. 만약 자격 있는 사진작가이시라면, 사진 시리즈 아이디어를 제안하셔도 됩니다. 그럴 경우, 저희가 작업의 일부 예시를 봐야 할 것입니다.

[174-B]저희 신문은 명절 및 한여름 휴가를 제외하고 매주 발행되어, 1년에 약 50회 발행됩니다. — [4] —. [174-C]저희는 자금을 위해 광고에 의존하기 때문에, 신문은 독자들에게 무료로 제공됩니다. 그럼에도 불구하고, 저희는 기자들을 지원하는 것에 대한 강한 신념을 가지고 있으므로, [173-D]단어당 0.30달러부터 시작하는 임금으로, 발행될 기사에 대한 공정한 보상을 제공하기 위해 최선을 다합니다.

어휘
□ **pitch** n. 기자들이 취재 아이디어를 제안하는 것; v. 아이디어를 제안하다
□ **alternative** adj. 대안의
□ **publication** n. 간행물, 출판물
□ **staff writer** phr. 전속 기자
□ **run** v. 발행하다, 게재하다
□ **compensation** n. 보상
□ **weekly** n. 주간지; adj. 주간의
□ **brief** adj. 간략한, 짧은
□ **opinion piece** phr. 사설
□ **rate** n. 임금, 이율
□ **non-affiliated** adj. 무소속의
□ **thrive off** phr. ~을 통해 번창하다
□ **readership** n. 독자층
□ **feature story** phr. 특집 기사
□ **believe in** phr. ~에 대한 신념을 가지다, 믿다

TEST | 01 | 02 | 03 | 04 | 05 | 06 | 07 | 08 | 09 | 10 | 해커스 토익 실전 1000제 2 Reading

TEST 07 PART 7 **385**

172

What is the purpose of the information?

(A) To give guidelines on writing for a paper
(B) To provide details on a staff writer job opening
(C) To lay out the *Houston Portal*'s mission
(D) To go over some changes to a publication's rules

안내문의 목적은 무엇인가?

(A) 신문에 글을 쓰는 것에 대한 지침을 제공하기 위해
(B) 전속 기자 구인에 대한 세부 사항을 제공하기 위해
(C) *Houston Portal*지의 사명을 제시하기 위해
(D) 간행물의 규정에 대한 변경을 검토하기 위해

■ **주제/목적 찾기** 글의 목적   정답 (

안내문의 목적을 묻는 목적 찾기 문제이므로 지문의 앞부분을 주의 깊게 확인한다. 'We at the *Houston Portal* are always interested hearing pitches from non-affiliated writers.'에서 *Houston Portal*지는 무소속 기자들로부터 아이니어를 듣는 것에 늘 관심 있다고 한 'If you are interested in contributing to our publication, here is what we require for story pitches:'에서 만약 자신들의 간행물 기고하는 데 관심이 있다면 기사 아이디어에 대해 요하는 사항은 다음과 같다고 하며 기사 아이디어를 제출하는 것에 대한 지침을 제공하고 있 므로 (A)가 정답이다.

어휘   guideline n. 지침   job opening phr. 구인, 일자리   lay out phr. 제시하다, 배치하다   mission n. 사명, 임무   go over phr. 검토하다

173

What is NOT an aspect the *Houston Portal* considers when evaluating pitches?

(A) Length
(B) Article type
(C) Experience
(D) Publishing fees

*Houston Portal*지가 아이디어를 평가할 때 고려하는 요 소가 아닌 것은?

(A) 길이
(B) 기사 종류
(C) 경력
(D) 출판료

■ **Not/True** Not 문제   정답 ●

질문의 핵심 어구인 aspect the *Houston Portal* considers ~ evaluating pitches와 관련된 내용을 지문에서 찾아 각 보기와 대조ㅎ Not/True 문제이다. (A)는 'We generally run articles that are between 500 and 3,000 words.'에서 보통 500에서 3,000단어 사이 기사를 발행한다고 했으므로 지문의 내용과 일치한다. (B)는 '~ please limit your pitches to feature stories.'에서 아이디어는 특집 기사 제한해 달라고 했으므로 지문의 내용과 일치한다. (C)는 'We prefer to publish freelancers who have some previous experience. 서 이전 경력이 좀 있는 프리랜서의 글을 발행하는 것을 선호한다고 했으므로 지문의 내용과 일치한다. (D)는 'we do our best to provide f compensation for articles to be published, with rates starting at $0.30 per word'에서 단어당 0.30달러부터 시작하는 임금으로 빌 될 기사에 대한 공정한 보상을 제공하기 위해 최선을 다한다고는 했으나, *Houston Portal*지가 아이디어를 평가할 때 제공해야 할 출판료를 려하는지는 알 수 없으므로 지문의 내용과 일치하지 않는다. 따라서 (D)가 정답이다.

어휘   evaluate v. 평가하다

What is stated about the *Houston Portal*?

(A) It is not currently recruiting staff photographers.
(B) It releases new issues every week of the year.
(C) It is free of charge for all readers.
(D) It does not run articles by opinion columnists.

*Houston Portal*지에 대해 언급된 것은?

(A) 현재 전속 사진작가를 모집하지 않고 있다.
(B) 한 해의 모든 주에 새로운 호를 발간한다.
(C) 모든 독자들에게 무료이다.
(D) 사설 칼럼니스트의 기사는 싣지 않는다.

■ **Not/True** True 문제   정답 (C)

질문의 핵심 어구인 *Houston Portal*과 관련된 내용을 지문에서 찾아 각 보기와 대조하는 Not/True 문제이다. (A)는 지문에 언급되지 않은 내용이다. (B)는 'Our newspaper is published weekly, except during our holiday and mid-summer breaks'에서 신문은 명절 및 한여름 휴가를 제외하고 매주 발행된다고 했으므로 지문의 내용과 일치하지 않는다. (C)는 'The paper is provided at no cost to readers, as we rely on advertisements for funding.'에서 자금을 위해 광고에 의존하기 때문에 신문은 독자들에게 무료로 제공된다고 했으므로 지문의 내용과 일치한다. 따라서 (C)가 정답이다. (D)는 'We only allow our staff writers to write opinion pieces.'에서 전속 기자들만이 사설을 집필하도록 허용한다고 했지만, 사설 칼럼니스트의 기사를 싣지 않는다는 의미는 아니므로 지문의 내용과 일치하지 않는다.

바꾸어 표현하기
at no cost 무료로 → free of charge 무료인

어휘 release v. 발간하다, 공개하다

In which of the positions marked [1], [2], [3], and [4] does the following sentence best belong?

"Academic or specialized pieces are not relevant."

(A) [1]
(B) [2]
(C) [3]
(D) [4]

[1], [2], [3], [4]로 표시된 위치 중, 다음 문장이 들어갈 곳으로 가장 적절한 것은?

"학술적이거나 전문적인 글은 관련 없습니다."

(A) [1]
(B) [2]
(C) [3]
(D) [4]

■ **문장 위치 찾기**   정답 (B)

지문의 흐름상 주어진 문장이 들어가기에 가장 적절한 곳을 고르는 문제이다. 주어진 문장에서 학술적이거나 전문적인 글은 관련 없다고 했으므로, 이 문장이 관련 있는 다른 종류의 글과 관련된 내용이 나오는 부분에 들어가야 함을 알 수 있다. [2]의 앞 문장인 'If possible, please attach any previous writing you've done for newspapers, Web sites, or other general readership publications.'에서 가능하다면 신문, 웹사이트, 혹은 다른 일반 독자층을 대상으로 하는 출판물을 위해 이전에 쓴 어떤 글이라도 첨부해 달라고 했으므로, [2]에 제시된 문장이 들어가면 이전에 쓴 글을 첨부할 경우 학술적이거나 전문적인 글은 관련 없으므로 첨부하지 않아도 된다는 자연스러운 문맥이 된다는 것을 알 수 있다. 따라서 (B)가 정답이다.

어휘 academic adj. 학술적인 specialized adj. 전문적인 relevant adj. 관련 있는

Questions 176-180 refer to the following schedule and e-mail.

176-180은 다음 일정표와 이메일에 관한 문제입니다.

Gladwell Design Company

[176/179]**New Employee Orientation Schedule—March 18**

Time	Speaker	Topic
9:00 – 10:20 A.M.	Dana Kang	Compensation and Benefits
10:30 – 11:50 A.M.	David Harris	Corporate Culture
12:00 – 1:00 P.M.	Lunch	
1:00 – 2:20 P.M.	Sarah Lee	Employee Conduct
2:30 – 3:50 P.M.	Verne Peel	Performance and Evaluations
[179]4:00 – 5:50 P.M.	Brad Murray	Professional Development Opportunities

[176]*Participants will be provided with a company handbook at the start of the first session.* **Employee IDs and security passes will be distributed the next morning. Parking permits will be available for new employees to pick up the following week.**

To: Mike Levy <m.levy@gdc.com>
From: Lucy Sawyer <l.sawyer@gdc.com>
Date: March 14
Subject: Orientation

Mr. Levy,

[177]I just wanted to give you some additional details about the orientation that you asked me to organize **for the new employees joining us in sales. There has been a change to the schedule of speakers that I e-mailed to you last Tuesday. Bale Industries has decided to send several representatives on the morning of March 18 to discuss a contractual misunderstanding. As you know, Bale Industries is one of our most important customers, and Dana Kang is responsible for handling client contracts. Therefore,** [179]she has switched time slots with the final speaker of the day. I will update the schedule.

There is one other issue. During his session, David Harris intends to divide the trainees into groups for some team-building exercises. However, [180]he is concerned that the reserved meeting area may be too small. Would it be possible to use the executive conference room on the seventh floor for the orientation? **Please let me know if this will cause any problems. Thank you.**

Lucy Sawyer

지문 1

Gladwell 디자인 회사

[176/179]신입사원 오리엔테이션 일정표—3월 18일

시간	발표자	주제
오전 9시 – 10시 20분	Dana Kang	보상과 혜택
오전 10시 30분 – 11시 50분	David Harris	기업 문화
오후 12시 – 1시	점심시간	
오후 1시 – 2시 20분	Sarah Lee	직원 행동
오후 2시 30분 – 3시 50분	Verne Peel	성과와 평가
[179]오후 4시 – 5시 50분	Brad Murray	전문성 개발 기회

[176]참가자들에게는 첫 번째 세션 시작 시 회사 안내 책자가 제공될 것입니다. 직원 신분증과 보안 출입증은 그다음 날 오전에 배부될 것입니다. 주차증은 그다음 주에 신입사원들이 가져갈 수 있도록 이용 가능할 것입니다.

지문 2

수신: Mike Levy <m.levy@gdc.com>
발신: Lucy Sawyer <l.sawyer@gdc.com>
날짜: 3월 14일
제목: 오리엔테이션

Mr. Levy께,

[177]당신이 우리 영업부에 합류할 신입사원들을 대상으로 준비해달라고 제게 요청한 오리엔테이션과 관련하여 몇 가지 추가적인 세부 사항을 전달하고자 합니다. 제가 지난 화요일에 당신에게 이메일로 보낸 발표자들의 일정에서 변동이 있었습니다. Bale Industries사가 계약상의 오해를 논의하기 위해 3월 18일 오전에 몇몇 대표들을 보내기로 결정했습니다. 아시다시피, Bale Industries사는 우리의 가장 중요한 고객 중 하나이며, Dana Kang이 고객 계약을 처리하는 일을 담당하고 있습니다. 따라서, [179]그녀는 그날의 마지막 발표자와 시간대를 바꿨습니다. 제가 그 일정을 업데이트할 것입니다.

또 다른 사안이 하나 있습니다. David Harris의 세션 동안 그는 몇 가지 팀워크 구축 훈련을 위해 교육생들을 그룹으로 나누려고 합니다. 하지만, [180]그는 예약된 모임 장소가 너무 작을까 봐 걱정하고 있습니다. 7층의 임원 회의실을 오리엔테이션을 위해 사용해도 될까요? 이것이 어떤 문제를 야기할 것이라면 제게 알려주십시오. 감사합니다.

Lucy Sawyer 드림

지문 1 □ **compensation** n. 보상 □ **corporate** adj. 기업의 □ **conduct** n. 행동, 태도
 □ **handbook** n. 안내 책자, 안내서 □ **distribute** v. 배부하다, 나눠주다 □ **parking permit** phr. 주차증
 □ **following** adv. 그다음의

지문 2 □ **organize** v. 준비하다, 조직하다 □ **representative** n. 대표 □ **contractual** adj. 계약상의
 □ **misunderstanding** n. 오해 □ **handle** v. 처리하다, 다루다 □ **switch** v. 바꾸다
 □ **time slot** phr. 시간대 □ **trainee** n. 교육생, 훈련생 □ **concern** v. 걱정하다, 우려하다
 □ **executive** n. 임원, 대표

What will new employees receive on March 18?	신입사원들은 3월 18일에 무엇을 받을 것인가?
(A) An employee manual	(A) 직원 안내서
(B) An identification card	(B) 신분증
(C) A security pass	(C) 보안 출입증
(D) A parking permit	(D) 주차증

■ **육하원칙** What 정답 (A)

신입사원들이 3월 18일에 무엇(What)을 받을 것인지를 묻는 육하원칙 문제이므로 질문의 핵심 어구인 new employees receive on March 18과 관련된 내용이 언급된 첫 번째 지문인 일정표를 확인한다. 일정표의 'New Employee Orientation Schedule—March 18', 'Participants will be provided with a company handbook at the start of the first session.'에서 3월 18일에 신입사원 오리엔테이션이 있으며 오리엔테이션의 참가자들에게 첫 번째 세션 시작 시 회사 안내 책자가 제공될 것이라고 했으므로 (A)가 정답이다.

바꾸어 표현하기
company handbook 회사 안내 책자 → employee manual 직원 안내서

What is the purpose of the e-mail?	이메일의 목적은 무엇인가?
(A) To request assistance with a project	(A) 프로젝트에 대한 도움을 요청하기 위해
(B) To announce the hiring of additional staff	(B) 추가 직원의 채용을 공지하기 위해
(C) To give instructions to a subordinate	(C) 부하 직원에게 지시를 내리기 위해
(D) To offer an update on an assignment	(D) 업무에 대한 최신 정보를 제공하기 위해

■ **주제/목적 찾기** 글의 목적 정답 (D)

이메일의 목적을 묻는 목적 찾기 문제이므로 두 번째 지문인 이메일의 내용을 확인한다. 이메일의 'I just wanted to give you some additional details about the orientation that you asked me to organize'에서 준비해달라고 요청한 오리엔테이션과 관련하여 몇 가지 추가적인 세부 사항을 전달하고자 한다고 한 후, 오리엔테이션 일정의 변동 사항에 대해 알려주고 있으므로 (D)가 정답이다.

어휘 assistance n. 도움, 지원 give instructions phr. 지시를 내리다 subordinate n. 부하 직원, 하급자 assignment n. 업무, 할당된 임무

In the e-mail, the word "issue" in paragraph 2, line 1, is closest in meaning to	이메일에서, 2문단 첫 번째 줄의 단어 "issue"는 의미상 -와 가장 가깝다.
(A) reason	(A) 이유
(B) matter	(B) 사안
(C) version	(C) 버전
(D) option	(D) 선택권

■ **동의어** 정답 (B)

두 번째 지문인 이메일의 issue를 포함하는 구절 'There is one other issue.'에서 issue가 '사안'이라는 의미로 사용되었다. 따라서 '사안'이라는 의미를 가진 (B)가 정답이다.

179

○○○●⊗ 8

Whose presentation time will be changed?

(A) David Harris
(B) Sarah Lee
(C) Verne Peel
(D) Brad Murray

누구의 발표 시간이 변경될 것인가?

(A) David Harris
(B) Sarah Lee
(C) Verne Peel
(D) Brad Murray

■ **육하원칙** 연계 문제   정답 ●

두 지문의 내용을 종합해서 풀어야 하는 연계 문제이다. 질문의 핵심 어구인 presentation time ~ changed에서 누구의(Whose) 발표 시간
변경될 것인지를 묻고 있으므로 발표 시간 변경과 관련된 내용이 언급된 이메일을 먼저 확인한다.

단서1 두 번째 지문(이메일)의 'she has switched time slots with the final speaker of the day'에서 그녀, 즉 Dana Kang이 그날, 즉
월 18일의 마지막 발표자와 시간대를 바꿨다고 했다. 그런데 3월 18일의 마지막 발표자가 누구인지 제시되지 않았으므로 일정표에서 관련 내
을 확인한다.

단서2 첫 번째 지문(일정표)의 'New Employee Orientation Schedule—March 18', '4:00 – 5:50 P.M., Brad Murray'에서 3월 18
신입사원 오리엔테이션 일정표의 마지막 세션인 오후 4시에서 5시 50분 사이에 Brad Murray가 예정되어 있었다는 사실을 확인할 수 있다.

두 단서를 종합할 때, Dana Kang이 3월 18일의 마지막 발표자인 Brad Murray와 발표 시간대를 바꾸었음을 알 수 있으므로 (D)가 정답이[

바꾸어 표현하기

change 변경하다 → switch 바꾸다

180

○○○●⊗ 8

What does Ms. Sawyer ask Mr. Levy about?

(A) Using a different location
(B) Changing a training activity
(C) Rescheduling an event
(D) Meeting with a company executive

Ms. Sawyer는 Mr. Levy에게 무엇에 대해 묻는가?

(A) 다른 장소를 이용하는 것
(B) 훈련 활동을 변경하는 것
(C) 행사 일정을 변경하는 것
(D) 회사 임원과 만나는 것

■ **육하원칙** What   정답

Ms. Sawyer가 Mr. Levy에게 무엇(What)에 대해 묻는지를 묻는 육하원칙 문제이므로 질문의 핵심 어구인 Ms. Sawyer ask Mr. L
about과 관련된 내용이 언급된 두 번째 지문인 이메일을 확인한다. 이메일의 'he is concerned that the reserved meeting area may
too small. Would it be possible to use the executive conference room ~ for the orientation?'에서 그, 즉 발표자 중 한 [
David Harris가 예약된 모임 장소가 너무 작을까 봐 걱정하고 있다며 임원 회의실을 오리엔테이션을 위해 사용해도 될지 묻고 있으므로 (A
정답이다.

어휘   reschedule v. 일정을 변경하다

181~185는 다음 회람과 이메일에 관한 문제입니다.

Dakota Logistics
MEMO

To: All Staff
From: Jasmine Alexander, Chief Operations Officer
Subject: Pension scheme
[181]Date: November 28

As you know, the company executives reviewed our pension policy at Friday's board meeting and agreed to make some changes to add more flexibility to the system. Currently, [182/184]employees who have been with the company for less than five years contribute 1.8 percent of their salary to the pension fund, [184]while those who have been here for five years or longer contribute 2.7 percent.

[181/183]From January 1 of next year, this policy will change. [183]All staff will be able to choose their level of pension payment. [184]As well as the two existing options, employees will also be able to contribute an amount of up to 3.5 percent of their salary if they wish. In December, you will all be asked to communicate your preferences on this issue. [185]If you would like to discuss the options and receive some advice about what might be best for your current situation, please make an appointment with the head of the human resources department.

Dakota Logistics사
회람

수신: 전 직원
발신: Jasmine Alexander, 최고 운영 책임자
제목: 연금 제도
[181]날짜: 11월 28일

여러분도 아시다시피, 회사 경영진들은 금요일 이사회에서 연금 정책을 검토하였고 제도에 유연성을 더하도록 몇 가지를 변경하는 것에 동의했습니다. 현재, [182/184]회사와 5년 미만 동안 함께해 온 직원들은 연금 기금에 급여의 1.8퍼센트를 내는 반면, [184]5년 이상 함께해 온 직원들은 2.7퍼센트를 내고 있습니다.

[181/183]내년 1월 1일부터, 이 정책은 변경될 것입니다. [183]모든 직원들은 그들의 연금 지불 정도를 선택할 수 있을 것입니다. [184]기존의 두 개의 선택권뿐만 아니라, 직원들은 원한다면 급여의 3.5퍼센트까지의 액수를 낼 수도 있을 것입니다. 12월에, 여러분 모두는 이 사안에 대해 여러분이 선호하는 것을 알리도록 요청받을 것입니다. [185]선택권에 대해 논의하고 여러분의 현재 상황에 어느 것이 가장 적합할지에 대해 조언을 받고 싶다면, 인사부장과 약속을 잡으십시오.

To: Sarah Chang <schang@dlogistics.com>
From: Adam Cartwright <acartwright@dlogistics.com>
Subject: Pension appointment
Date: November 29

Hello, Sarah.

[185]I am writing in response to yesterday's memo from Ms. Alexander. [182]I currently contribute 1.8 percent of my salary to the pension fund. However, I received a pay raise when my contract was renewed in September, so I can now afford to contribute more. Because of that, [184]I'm interested in increasing my contribution to 3.5 percent.

[185]I will be available to talk about this issue all day Tuesday and Thursday and will also be free on Friday before 2 P.M. Let me know if there is a time that works best for you during those periods.

Best wishes,
Adam Cartwright

수신: Sarah Chang <schang@dlogistics.com>
발신: Adam Cartwright
        <acartwright@dlogistics.com>
제목: 연금 약속
날짜: 11월 29일

안녕하세요, Sarah.

[185]Ms. Alexander가 보낸 어제의 회람에 대한 답변으로 이 메일을 씁니다. [182]저는 현재 연금 기금에 제 급여의 1.8퍼센트를 내고 있습니다. 하지만, 저는 9월에 계약이 갱신되었을 때 임금 인상을 받게 되어, 지금은 더 낼 여유가 있습니다. 이 때문에, [184]저는 3.5퍼센트로 개인 부담금을 늘리는 데 관심이 있습니다.

[185]저는 화요일과 목요일에 온종일 이 사안에 대해 논의할 시간이 있으며 금요일에도 오후 2시 전까지 시간이 있을 것입니다. 이 기간 동안 당신에게 가장 좋은 때가 있는지 알려주십시오.

Adam Cartwright 드림

지문 1   □ **pension** n. 연금, 수당   □ **scheme** n. 제도, 계획   □ **executive** n. 경영진; adj. 경영의
         □ **policy** n. 정책, 방침   □ **board meeting** phr. 이사회   □ **flexibility** n. 유연성, 융통성, 유순함
         □ **contribute** v. (돈 따위)를 주다, 기부하다   □ **fund** n. 기금, 자금   □ **communicate** v. 알리다, 전하다

지문 2   □ **pay raise** phr. 임금 인상   □ **contract** n. 계약(서)   □ **renew** v. 갱신하다, 연장하다
         □ **afford** v. (경제적·시간적으로) 여유가 있다   □ **contribution** n. (의료 보험·연금 등에 대한) 개인 부담금, 기부금, 기여
         □ **available** adj. 시간이 있는, 이용 가능한

181

What is suggested about employees at Dakota Logistics?

(A) They can only change a contribution amount during contract negotiations.
(B) They have about a month to act on revised policy.
(C) They can arrange to have payments deducted automatically.
(D) They complained about a former company policy.

Dakota Logistics사의 직원들에 대해 암시되는 것은?

(A) 계약 협상 중에만 개인 부담금 액수를 변경할 수 있다.
(B) 변경된 정책이 시행되기까지 약 한 달이 있다.
(C) 지불금이 자동으로 공제되도록 정할 수 있다.
(D) 이전의 회사 정책에 대해 불평했다.

■ **추론** 세부 정보 　　　　　　　　　　　　　　　　　　　　　　　　　　　　　정답 ●

질문의 핵심 어구인 employees at Dakota Logistics에 대해 추론하는 문제이므로 Dakota Logistics사 전 직원에게 보내진 첫 번째 지문인 회람에서 관련 내용을 확인한다. 회람의 'Date: November 28'에서 회람이 쓰인 날짜가 11월 28일이고, 'From January 1 of next yea this policy will change.'에서 내년 1월 1일부터 정책이 변경될 것이라고 했으므로 변경된 정책은 약 한 달 후에 시행될 것이라는 사실을 추할 수 있다. 따라서 (B)가 정답이다.

어휘 negotiation n. 협상, 교섭　act v. 시행하다; n. 행위　arrange v. 정하다, 준비하다　deduct v. 공제하다

182

What is implied about Mr. Cartwright?

(A) He is being considered for a major promotion.
(B) He has been with the company for less than five years.
(C) He will be transferred to other department next week.
(D) He has completed a performance evaluation form.

Mr. Cartwright에 대해 암시되는 것은?

(A) 주요 승진에 고려되고 있다.
(B) 5년 미만 동안 회사와 함께해 왔다.
(C) 다음 주에 다른 부서로 옮길 것이다.
(D) 실적 평가서를 작성했다.

■ **추론** 연계 문제 　　　　　　　　　　　　　　　　　　　　　　　　　　　　　정답 ●

두 지문의 내용을 종합적으로 확인한 후 추론해서 풀어야 하는 연계 문제이다. 질문의 핵심 어구인 Mr. Cartwright가 작성한 두 번째 지문인 메일을 먼저 확인한다.

단서 1 두 번째 지문(이메일)의 'I currently contribute 1.8 percent of my salary to the pension fund.'에서 자신, 즉 Mr. Cartwrigh 현재 연금 기금에 급여의 1.8퍼센트를 내고 있다고 했다. 그런데 Mr. Cartwright가 왜 급여의 1.8퍼센트를 연금 기금으로 내고 있는지 제시되 않았으므로 회람에서 관련 내용을 확인한다.

단서 2 첫 번째 지문(회람)의 'employees who have been with the company for less than five years contribute 1.8 percent their salary to the pension fund'에서 회사와 5년 미만 동안 함께 온 직원들은 연금 기금에 급여의 1.8퍼센트를 낸다는 사실을 확인할 있다.

두 단서를 종합할 때, Mr. Cartwright는 회사에 다닌 기간이 5년 미만이어서 연금 기금에 급여의 1.8퍼센트를 내고 있다는 사실을 추론할 수다. 따라서 (B)가 정답이다.

어휘 transfer v. 옮기다, 이동하다　evaluation n. 평가

183

Based on the memo, what will change at the beginning of next year?

(A) The sum that workers can put toward a pension
(B) The bonuses employees are given for performing well
(C) The number of years needed to qualify for a program
(D) The method by which payments must be made

회람에 따르면, 내년 초에 무엇이 변경될 것인가?

(A) 직원들이 연금에 낼 수 있는 액수
(B) 직원들이 일을 잘 수행하여 받게 되는 상여금
(C) 프로그램의 자격을 얻기 위해 요구되는 햇수
(D) 지불금이 납부되어야 하는 방식

■ **육하원칙** What 　　　　　　　　　　　　　　　　　　　　　　　　　　　　　정답 ●

회람에 근거하여 내년 초에 무엇(what)이 변경될 것인지를 묻는 육하원칙 문제이므로 질문의 핵심 어구인 change at the beginning of n year와 관련된 내용이 언급된 첫 번째 지문인 회람을 확인한다. 회람의 'From January 1 of next year, this policy will change. All s will be able to choose their level of pension payment.'에서 내년 1월 1일부터 이 정책, 즉 연금 기금 정책이 변경되어 모든 직원들은들의 연금 지불 정도를 선택할 수 있다고 했으므로 (A)가 정답이다.

바꾸어 표현하기
at the beginning of next year 내년 초에 → From January 1 of next year 내년 1월 1일부터

어휘 sum n. 액수, 합계, 총계　qualify v. 자격을 얻다, 적격으로 하다

What is Mr. Cartwright hoping to do?

(A) Increase the number of his working hours
(B) Get an extension on the deadline for a task
(C) Pay the maximum amount toward a pension scheme
(D) Take a temporary leave of absence from work

Mr. Cartwright는 무엇을 하기를 바라고 있는가?

(A) 근무 시간을 늘린다
(B) 업무 기한을 연장한다
(C) 연금 제도에 최대 액수를 지불한다
(D) 직장에서 떠나 임시 휴가를 간다

■ 육하원칙 연계 문제   정답 (C)

두 지문의 내용을 종합해서 풀어야 하는 연계 문제이다. 질문의 핵심 어구인 Mr. Cartwright hoping to do에서 Mr. Cartwright가 무엇을 (What)을 하기를 바라고 있는지를 묻고 있으므로 Mr. Cartwright가 작성한 두 번째 지문인 이메일을 먼저 확인한다.

단서 1 두 번째 지문(이메일)의 'I'm interested in increasing my contribution to 3.5 percent'에서 자신, 즉 Mr. Cartwright가 3.5퍼센트로 개인 부담금, 즉 연금에 내는 금액을 늘리는 데 관심이 있다고 했다. 그런데 3.5퍼센트가 연금 제도에서 어느 정도인지 제시되지 않았으므로 회람에서 관련 내용을 확인한다.

단서 2 첫 번째 지문(회람)의 'employees ~ contribute 1.8 percent of their salary to the pension fund, while those ~ contribute 2.7 percent'와 'As well as the two existing options, employees will also be able to contribute an amount of up to 3.5 percent of their salary if they wish.'에서 직원들은 연금 기금에 급여의 1.8퍼센트와 2.7퍼센트를 내고 있고, 기존의 두 개의 선택권뿐만 아니라 원한다면 급여의 3.5퍼센트까지의 액수를 낼 수도 있을 것이라는 사실을 확인할 수 있다.

두 단서를 종합할 때, Mr. Cartwright는 연금 납입의 최대 액수인 급여의 3.5퍼센트를 내기를 원한다는 것을 알 수 있다. 따라서 (C)가 정답이다.

어휘 extension n. 연장, 확대 temporary adj. 임시의, 일시적인

What is indicated about Ms. Chang?

(A) She requested a meeting with Mr. Cartwright.
(B) She schedules appointments for Ms. Alexander.
(C) She is usually unavailable in the afternoons.
(D) She is in charge of a department at Dakota Logistics.

Ms. Chang에 대해 암시되는 것은?

(A) Mr. Cartwright와의 회의를 요청했다.
(B) Ms. Alexander를 위해 약속 일정을 잡는다.
(C) 주로 오후에 시간이 없다.
(D) Dakota Logistics사의 한 부서를 담당하고 있다.

■ 추론 연계 문제   정답 (D)

두 지문의 내용을 종합적으로 확인한 후 추론해서 풀어야 하는 연계 문제이다. 질문의 핵심 어구인 Ms. Chang에게 보내진 두 번째 지문인 이메일을 먼저 확인한다.

단서 1 두 번째 지문(이메일)의 'I am writing in response to yesterday's memo from Ms. Alexander.'와 'I will be available to talk about this issue all day Tuesday and Thursday and will also be free on Friday before 2 P.M. Let me know if there is a time that works best for you during those periods.'에서 자신, 즉 Mr. Cartwright는 Ms. Alexander가 보낸 어제의 회람에 대한 답변으로 이메일을 쓴다고 한 후, Mr. Cartwright는 화요일과 목요일에 온종일 이 사안, 즉 연금 금액 납입에 대해 논의할 시간이 있으며 금요일에도 오후 2시 전까지 시간이 있을 것이므로 이 기간 동안 당신, 즉 Ms. Chang에게 가장 좋은 때가 있는지 알려달라고 했다. 그런데 Mr. Cartwright가 왜 Ms. Chang과 연금 금액 납입에 대해 논의하기를 원하는지 제시되지 않았으므로 회람에서 관련 내용을 확인한다.

단서 2 첫 번째 지문(회람)의 'If you would like to discuss the options and receive some advice ~, please make an appointment with the head of the human resources department.'에서 선택권, 즉 연금 금액 납입 선택권에 대해 논의하고 조언을 받고 싶다면 인사부장과 약속을 잡으라고 했음을 확인할 수 있다.

두 단서를 종합할 때, Ms. Chang은 Dakota Logistics사의 인사부장이라는 사실을 추론할 수 있다. 따라서 (D)가 정답이다.

바꾸어 표현하기
the head of the ~ department 부장 → is in charge of a department 부서를 담당하다

어휘 be in charge of phr. ~을 담당하다

Questions 186-190 refer to the following announcement, e-mail, and information.

186-190은 다음 공고, 이메일, 안내문에 관한 문제입니다.

지문 1

Association of Materials Engineers (AME)
9th Annual Eastern Regional Conference
March 10 to 11 | Clifton, New Jersey

Organized by the New Jersey chapter of AME and hosted by the Clifton University College of Materials Science and Engineering, [186-A/D]the 9th Annual Eastern Regional Conference provides an opportunity for engineers and scientists to learn about new technologies and network with their peers. Join practical workshops, hear about the latest research, and build relationships with stakeholders and representatives from various sectors.

Additionally, [186-B]the New Jersey chapter is pleased to continue supporting the High School Engineering Outreach Program as part of the conference. High school students in the area will be invited to participate in planned activities to learn about various aspects of the materials engineering profession. [186-B]The program includes a special luncheon where students can interact with practicing engineers.

[187]If your company is interested in supporting this event, please contact event coordinator Melinda Rose at m.rose@ame.org. Sponsors will be permitted to run advertisements in our program brochure or display promotional banners at the venue.

재료 공학자 협회 (AME)
제9회 연례 동부 지역 학회
3월 10일부터 11일까지 | 클리프턴, 뉴저지주

AME의 뉴저지 지부가 준비하고 클리프턴 재료 과학 및 공학 대학이 주최하는 [186-A/D]제9회 연례 동부 지역 학회는 공학자들과 과학자들이 새로운 기술에 대해 배우고 동료들과 교류할 기회를 제공합니다. 유용한 워크숍에 참석해서, 최근의 연구에 대해 듣고, 투자자들 그리고 다양한 분야의 대표들과 관계를 형성하십시오.

또한, [186-B]뉴저지 지부는 학회의 일부로서 고등학교 공학 봉사 프로그램을 계속해서 지원하게 되어 기쁩니다. 지역의 고등학교 학생들은 재료 공학 직종의 다양한 측면에 대해 배울 수 있는 계획된 활동들에 참여하도록 초대될 것입니다. [186-B]이 프로그램은 학생들이 현직 공학자들과 교류할 수 있는 특별 오찬을 포함합니다.

[187]만약 여러분의 회사가 이 행사를 후원하는 것에 관심이 있다면, 행사 진행자인 Melinda Rose에게 m.rose@ame.org로 연락해 주십시오. 후원자들은 저희 프로그램 소책자에 광고를 게재하거나 행사 장소에 홍보용 현수막을 전시하는 것이 허용될 것입니다.

지문 2

To: Melinda Rose <m.rose@ame.org>
From: Paula Vance <p.vance@hiller.com>
Date: January 22
Subject: Conference

Dear Ms. Rose,

Thank you for processing our request. [187]A digital copy of the full-page advertisement meant for inclusion in your brochure has been attached. [188]Other marketing materials will be sent in a separate e-mail as soon as they are finalized. I also received the four conference tickets as part of the benefits package. Incidentally, [190]I'd like to inquire about the price of obtaining conference tickets on the day of the event. A colleague from an affiliated company in Europe is interested in attending, but he cannot be sure of his availability until a few days before the event. [190]He is not a member of the AME but belongs to the European Society of Engineers.

I appreciate your assistance and look forward to hearing from you shortly.

Paula Vance
Senior engineer
Hiller Engineering

수신: Melinda Rose <m.rose@ame.org>
발신: Paula Vance <p.vance@hiller.com>
날짜: 1월 22일
제목: 학회

Ms. Rose께,

저희 요청을 처리해 주셔서 감사합니다. [187]소책자에 포함하기로 예정된 전면 광고의 디지털 사본을 첨부하였습니다. [188]다른 마케팅 자료들은 마무리되는 대로 별도의 이메일로 보내질 것입니다. 또한 저는 복지 혜택의 하나로써 네 장의 학회 입장권을 받았습니다. 그런데, [190]저는 행사 당일에 학회 입장권을 구매하는 데 드는 비용에 대해 문의하고 싶습니다. 유럽에 있는 계열사의 동료가 참석하는 데 관심이 있지만, 행사 며칠 전까지 참석 여부를 확신할 수 없습니다. [190]그는 AME의 회원은 아니지만 유럽 공학자 협회에 속해 있습니다.

도와주셔서 감사하고 곧 귀하의 답을 듣게 되기를 기다리겠습니다.

Paula Vance 드림
선임 공학자
Hiller Engineering사

189-BAssociation of Materials Engineers (AME)
9th Annual Eastern Regional Conference

190Registration Fees

	Early	Regular	190On-site
Member	$150	$230	$285
190Nonmember	$175	$255	190$310
Student*	$45	$75	$100

The deadline for early registration is on January 24, and February 16 is the deadline for regular registration.

*Prices shown are for both graduate and undergraduate students enrolled in any science or engineering program within the country. 189-BHigh school students attending as part of our outreach program may enter for free.

189-B재료 공학자 협회 (AME)
제9회 연례 동부 지역 학회

190등록비

	사전	일반	190당일
회원	150달러	230달러	285달러
190비회원	175달러	255달러	190310달러
학생*	45달러	75달러	100달러

사전 등록 마감일은 1월 24일이고, 2월 16일은 일반 등록 마감일입니다.

*제시된 가격은 국내의 과학 또는 공학 프로그램에 등록한 대학원생과 학부생 모두에게 해당됩니다. 189-B저희 봉사 프로그램의 일부로 참석하는 고등학생들은 무료로 입장할 수 있습니다.

지문 1 □ association n. 협회, 연계
□ chapter n. 지부, 장
□ stakeholder n. 투자자
□ outreach n. 봉사 활동
□ promotional adj. 홍보의, 판촉의

□ regional adj. 지역의, 지방의
□ opportunity n. 기회
□ representative n. 대표, 대리인
□ profession n. 직종, 직업

□ conference n. 학회, 협의회
□ peer n. 동료, 또래
□ sector n. 분야, 부문
□ luncheon n. 오찬

지문 2 □ full-page adj. 전면의
□ benefits package phr. 복지 혜택

□ inclusion n. 포함
□ incidentally adv. 그런데, 우연히

□ separate adj. 별개의; v. 분리하다
□ affiliated company phr. 계열사

지문 3 □ enroll v. 등록하다, 명부에 올리다

6

According to the announcement, what is NOT included in the 9th Annual Eastern Regional Conference?

(A) Networking opportunities
(B) A lunch with students
(C) A tour of a facility
(D) Learning sessions

공고에 따르면, 제9회 연례 동부 지역 학회에 포함되지 않은 것은?

(A) 교류 기회
(B) 학생들과의 점심
(C) 시설 둘러보기
(D) 학습 시간

■ Not/True Not 문제

정답 (C)

질문의 핵심 어구인 included in the 9th Annual Eastern Regional Conference와 관련된 내용을 공고에서 찾아 각 보기와 대조하는 Not/True 문제이므로 첫 번째 지문인 공고에서 관련 내용을 확인한다. (A)와 (D)는 'the 9th Annual Eastern Regional Conference provides an opportunity ~ to learn about new technologies and network with their peers'에서 제9회 연례 동부 지역 학회는 새로운 기술에 대해 배우고 동료들과 교류할 기회를 제공한다고 했으므로 지문의 내용과 일치한다. (B)는 'the New Jersey chapter is pleased to continue supporting the High School Engineering Outreach Program as part of the conference', 'The program includes a special luncheon where students can interact with ~ engineers.'에서 뉴저지 지부는 학회의 일부로서 고등학교 공학 봉사 프로그램을 계속해서 지원하게 되어 기쁘고, 이 프로그램은 학생들이 공학자들과 교류할 수 있는 특별 오찬을 포함한다고 했으므로 지문의 내용과 일치한다. (C)는 지문에 언급되지 않은 내용이다. 따라서 (C)가 정답이다.

바꾸어 표현하기
luncheon 오찬 → lunch 점심

어휘 session n. 시간, 회의

187

What is indicated about Hiller Engineering?

(A) It signed up for a session through a Web site.
(B) It plans to open an exhibit booth.
(C) It registered as a conference sponsor.
(D) It is sending all of its employees to an event.

최상

Hiller Engineering사에 대해 암시되는 것은?

(A) 웹사이트를 통해 회의에 등록했다.
(B) 전시 부스를 열 계획이다.
(C) 학회 후원자로 등록했다.
(D) 행사에 모든 직원을 보낼 것이다.

■ 추론 연계 문제 정답 (

세 지문 중 두 지문의 내용을 종합적으로 확인한 후 추론해서 풀어야 하는 연계 문제이다. 질문의 핵심 어구인 Hiller Engineering사의 Pau
Vance가 작성한 이메일을 먼저 확인한다.

단서 1 두 번째 지문(이메일)의 'A digital copy of the full-page advertisement meant for inclusion in your brochure has bee
attached.'에서 소책자에 포함하기로 예정된 전면 광고의 디지털 사본을 첨부하였다고 했다. 그런데 Hiller Engineering사가 소책자에 포함
전면 광고의 사본을 왜 보내는지 제시되지 않았으므로 공고에서 관련 내용을 확인한다.

단서 2 첫 번째 지문(공고)의 'If your company is interested in supporting this event, please contact ~. Sponsors will b
permitted to run advertisements in our program brochure or display promotional banners at the venue.'에서 만약 여러분의
사가 이 행사를 후원하는 것에 관심이 있다면 연락해 달라고 했고 후원자들은 저희, 즉 AME 프로그램 소책자에 광고를 게재하거나 행사 장소
홍보용 현수막을 전시하는 것이 허용된다는 사실을 확인할 수 있다.

두 단서를 종합할 때, Hiller Engineering사가 학회를 후원하는 사업체이기 때문에 프로그램 소책자에 포함할 전면 광고의 사본을 보낸 것이
는 사실을 추론할 수 있다. 따라서 (C)가 정답이다.

어휘 **exhibit** n. 전시; v. 전시하다 **sponsor** n. 후원자, 광고주

188

What can Ms. Rose expect to receive from Ms. Vance?

(A) A list of names
(B) Copies of a contract
(C) A product brochure
(D) Promotional materials

상

Ms. Rose는 Ms. Vance로부터 무엇을 받을 것으로 예상
할 수 있는가?

(A) 명단
(B) 계약서 사본
(C) 제품 소책자
(D) 홍보용 자료

■ 육하원칙 What 정답 (

Ms. Rose가 Ms. Vance로부터 무엇(What)을 받을 것으로 예상할 수 있는지를 묻는 육하원칙 문제이므로 질문의 핵심 어구인 Ms. Vance
Ms. Rose에게 보낸 두 번째 지문인 이메일에서 관련 내용을 확인한다. 이메일의 'Other marketing materials will be sent in a separat
e-mail as soon as they are finalized.'에서 다른 마케팅 자료들은 마무리되는 대로 별도의 이메일로 보내질 것이라고 했으므로 (D)가 정
이다.

바꾸어 표현하기
marketing materials 마케팅 자료 → Promotional materials 홍보용 자료

어휘 **contract** n. 계약서, 계약

What is mentioned about the conference fees?

(A) They cannot be refunded after having been paid.
(B) They do not apply to individuals participating in the AME's high school program.
(C) They are lower for graduate students than for undergraduates.
(D) They may be discounted for people who register in groups.

학회 입장료에 대해 언급된 것은?

(A) 지불된 후에는 환불될 수 없다.
(B) AME의 고등학교 프로그램에 참여하는 사람들에게는 적용되지 않는다.
(C) 학부생보다 대학원생들에게 더 저렴하다.
(D) 단체로 등록하는 사람들에게는 할인될 수 있다.

■ Not/True True 문제   정답 (B)

질문의 핵심 어구인 the conference fees와 관련된 내용을 지문에서 찾아 각 보기와 대조하는 Not/True 문제이므로 입장료가 언급된 세 번째 지문인 안내문에서 관련 내용을 확인한다. (A), (C), (D)는 지문에 언급되지 않은 내용이다. (B)는 'Association of Materials Engineers (AME)', 'High school students attending as part of our outreach program may enter for free.'에서 재료 공학자 협회인 AME의 봉사 프로그램의 일부로 참석하는 고등학생들은 무료로 입장할 수 있다고 했으므로 지문의 내용과 일치한다. 따라서 (B)가 정답이다.

어휘   refund v. 환불하다; n. 환불(금)   apply v. 적용하다, 신청하다

How much will Ms. Vance's colleague have to pay for his ticket?

(A) $175
(B) $255
(C) $285
(D) $310

Ms. Vance의 동료는 입장권에 얼마를 지불해야 할 것인가?

(A) 175달러
(B) 255달러
(C) 285달러
(D) 310달러

■ 육하원칙 연계 문제   정답 (D)

세 지문 중 두 지문의 내용을 종합해서 풀어야 하는 연계 문제이다. 질문의 핵심 어구인 Ms. Vance's colleague ~ pay for his ticket에서 Ms. Vance의 동료가 입장권에 얼마(How much)를 지불해야 할 것인지를 묻고 있으므로 Ms. Vance가 작성한 두 번째 지문인 이메일을 먼저 확인한다.

단서 1 두 번째 지문(이메일)의 'I'd like to inquire about the price of obtaining conference tickets on the day of the event. A colleague ~ is interested in attending, but he cannot be sure of his availability'에서 자신, 즉 Ms. Vance는 행사 당일에 학회 입장권을 구매하는 데 드는 비용에 대해 문의하고 싶다고 하며 자신의 동료도 참석하는 데 관심이 있지만 참석 여부를 확신할 수 없다고 한 뒤, 'He is not a member of the AME'에서 그, 즉 자신의 동료는 AME의 회원이 아니라고 했다. 그런데 AME의 회원이 아닌 경우 행사 당일에 학회 입장권을 구매하는 데 드는 비용이 얼마인지 제시되지 않았으므로 안내문에서 관련 내용을 확인한다.

단서 2 세 번째 지문(안내문)의 'Registration Fees', 'Nonmember', 'On-site', '$310'에서 비회원은 행사 당일에 등록할 때 310달러를 내야 한다는 사실을 확인할 수 있다.

두 단서를 종합할 때, AME의 회원이 아닌 Ms. Vance의 동료는 행사 당일에 입장권을 구매하는 데 310달러를 지불해야 한다는 것을 알 수 있다. 따라서 (D)가 정답이다.

Questions 191-195 refer to the following notice, e-mail, and form.

191-195는 다음 공고, 이메일, 양식에 관한 문제입니다.

지문 1

Attention Griffin Mobile Employees

As we make plans for our annual company convention in Chicago on March 13-17, please review the following policies for travel reimbursement:

- [191]All employees must book their flight reservations through Thunder Airlines. No reimbursement is available for flights booked through other airlines.
- [193]Employees flying over 300 miles to the convention site will receive a complimentary upgrade to business class. Employees traveling over 500 miles can also receive a complimentary one-day pass for the Thunder Airlines VIP airport lounge.
- Employees who need to rent a car can book their reservations through Clifford Car Rentals in Chicago. Reimbursement will only be provided for employees renting an economy vehicle.

We are expecting over 250 Griffin Mobile employees to attend the convention, so it is vital that all employees follow these regulations. Please contact Jill McGowan with any questions or concerns.

Griffin Mobile사 직원들에게 안내

3월 13일부터 17일까지 시카고에서 열리는 우리의 연례 회사 컨벤션을 위한 계획을 세울 때, 출장비 상환에 관한 다음 규정을 검토하십시오:

- [191]모든 직원은 Thunder 항공사를 통해 비행편을 예약해야 합니다. 다른 항공사를 통해 예약한 비행편에 대해서는 상환이 불가능합니다.
- [193]컨벤션 장소까지 300마일 이상 비행하는 직원들은 비즈니스 클래스로 무료 업그레이드를 받을 것입니다. 500마일 이상 이동하는 직원들은 Thunder 항공사 VIP 공항 라운지 1일 무료 이용권도 받을 수 있습니다.
- 차를 대여해야 하는 직원들은 시카고의 Clifford 렌터카 회사를 통해 예약할 수 있습니다. 일반 차량을 대여하는 직원들에게만 상환이 제공될 것입니다.

우리는 250명 이상의 Griffin Mobile사 직원들이 컨벤션에 참석할 것으로 예상하기 때문에, 모든 직원들이 이 규정을 따르는 것이 필수적입니다. 질문이나 우려 사항이 있으시면 Jill McGowan에게 연락하십시오.

지문 2

To: Laura Parker <lauraparker@griffinmobile.com>
From: Jill McGowan <jillmcgowan@griffinmobile.com>
Date: March 10
Subject: Chicago convention

Hi, Laura!

I'm so sorry to hear about your broken ankle. But I'm glad that you're recovering and still planning to join us for the Chicago convention.

[192/193]Under normal circumstances, you wouldn't be eligible for a business class ticket or have access to the airport lounge. [192]But because of your injury, I am going to upgrade your airline reservations to business class and book a day pass for the airport lounge.

Since driving a rental car isn't an option for you right now, [194]the finance department will approve up to $150 in taxi charges. But you will need to submit a separate reimbursement request and attach your taxi receipts. Please also let me know if you need to make additional arrangements for ground transportation while you're in Chicago.

Sincerely,
Jill McGowan
Operations Coordinator, Griffin Mobile

수신: Laura Parker
        <lauraparker@griffinmobile.com>
발신: Jill McGowan
        <jillmcgowan@griffinmobile.com>
날짜: 3월 10일
제목: 시카고 컨벤션

안녕하세요, Laura!

발목이 부러졌다니 정말 안타깝네요. 하지만 당신이 회복하고 있고 여전히 시카고 컨벤션에서 우리와 함께할 계획이리니 다행이에요.

[192/193]일반적인 상황에서는, 당신은 비즈니스 클래스 항공권을 받거나 공항 라운지를 이용할 수 없었을 거예요. [192]하지만 당신의 부상으로 인해, 당신의 항공편 예약을 비즈니스 클래스로 업그레이드하고 공항 라운지 일일 이용권을 예약할게요.

당신은 지금 렌터카를 운전할 수 없으니, [194]재무팀이 최대 150달러의 택시 요금을 승인할 거예요. 하지만 별도의 상환 요청서를 제출하고 택시 영수증을 첨부하셔야 합니다. 시카고에 계시는 동안 추가로 지상 교통을 위한 준비가 필요하시면 또 말씀해 주세요.

Jill McGowan 드림
Griffin Mobile사 운영 담당자

[194]Griffin Mobile Reimbursement Request
[194/195]Employee name: Laura Parker
Employee #: 13848
Employee department: Product Development

[194]Item	Date	Cost	Description
[194/195]Taxi ride	March 13	$33.50	From airport to hotel
	[195]March 14	$14.75	From hotel to convention center
	March 14	$15.25	From convention center to hotel
	March 15	$27.25	From hotel to restaurant
	March 15	$29.75	From restaurant to hotel
	March 17	$33.50	From hotel to airport

[194]Total expenses: $154

Notes: Employee required taxi services during company convention due to documented medical condition. Receipts attached.

[194]Griffin Mobile사 상환 요청서
[194/195]사원 이름: Laura Parker
사원 번호: 13848
사원 부서: 제품 개발

[194]항목	날짜	비용	설명
[194/195]택시	3월 13일	33.50달러	공항에서 호텔로
	[195]3월 14일	14.75달러	호텔에서 컨벤션 센터로
	3월 14일	15.25달러	컨벤션 센터에서 호텔로
	3월 15일	27.25달러	호텔에서 식당으로
	3월 15일	29.75달러	식당에서 호텔로
	3월 17일	33.50달러	호텔에서 공항으로

[194]총 비용: 154달러

비고: 사원은 증빙된 질병으로 인해 회사 컨벤션 도중 택시 서비스가 필요했습니다. 영수증을 첨부했습니다.

지문 1　□ **annual** adj. 연례의　　□ **policy** n. 규정, 정책　　□ **reimbursement** n. 상환, 환급
　　　□ **complimentary** adj. 무료의　　□ **vital** adj. 필수적인, 중요한　　□ **regulation** n. 규정

지문 2　□ **ankle** n. 발목　　□ **recover** v. 회복하다　　□ **circumstance** n. 상황
　　　□ **injury** n. 부상　　□ **ground transportation** phr. 지상 교통　　□ **coordinator** n. 담당자, 조정자

지문 3　□ **documented** adj. (서류로) 증빙된, 문서화된　　□ **medical condition** phr. 질병, 질환

What can be inferred about Griffin Mobile?

(A) It has few employees located 500 miles away from Chicago.
(B) It has a business arrangement with an airline.
(C) It has been holding conventions for many years.
(D) It has a single location for its offices.

Griffin Mobile사에 대해 추론될 수 있는 것은?

(A) 시카고에서 500마일 거리에 위치한 직원들이 거의 없다.
(B) 항공사와 업무 협약을 맺고 있다.
(C) 수년 동안 컨벤션을 개최해 왔다.
(D) 사무실을 위한 장소가 한 군데이다.

■ **추론** 세부 정보
정답 (B)

질문의 핵심 어구인 Griffin Mobile에 대해 추론하는 문제이므로 Griffin Mobile사가 언급된 첫 번째 지문인 공고에서 관련 내용을 확인한다. 공고의 'All employees must book their flight reservations through Thunder Airlines. No reimbursement is available for flights booked through other airlines.'에서 모든 직원은 Thunder 항공사를 통해 비행편을 예약해야 하며 다른 항공사를 통해 예약한 비행편에 대해서는 상환이 불가능하다고 했으므로 Griffin Mobile사가 Thunder 항공사와 업무 협약을 맺고 있다는 사실을 추론할 수 있다. 따라서 (B)가 정답이다.

어휘　**business arrangement** phr. 업무 협약

Why did Ms. McGowan write the e-mail?

(A) To announce a convention
(B) To confirm a flight reservation
(C) To offer an exception to a policy
(D) To inquire about an employee's condition

Ms. McGowan은 왜 이메일을 썼는가?

(A) 컨벤션을 공지하기 위해
(B) 비행편 예약을 확정하기 위해
(C) 규정에 대한 예외를 제공하기 위해
(D) 직원의 상태에 대해 묻기 위해

■ **주제/목적 찾기** 글을 쓴 이유   정답 (

Ms. McGowan이 이메일을 쓴 이유를 묻는 목적 찾기 문제이므로 두 번째 지문인 이메일의 내용을 확인한다. 이메일의 'Under norm circumstances, you wouldn't be eligible for a business class ticket or have access to the airport lounge. But because your injury, I am going to upgrade your airline reservations to business class and book a day pass for the airport loung 에서 일반적인 상황에서는 당신, 즉 Ms. Parker가 비즈니스 클래스 항공권을 받거나 공항 라운지를 이용할 수 없었을 것이지만, 그녀의 부상 로 인해 항공편 예약을 비즈니스 클래스로 업그레이드하고 공항 라운지 일일 이용권을 예약하겠다고 했으므로 (C)가 정답이다.

어휘 exception n. 예외 inquire v. 묻다, 질문하다 condition n. 상태

What is suggested about Ms. Parker?

(A) Her trip to the convention was less than 300 miles.
(B) She canceled a reservation with Clifford Car Rentals.
(C) She was injured a few months before the convention.
(D) Her rental car was classified as an economy car.

Ms. Parker에 대해 암시된 것은?

(A) 컨벤션까지의 이동이 300마일보다 짧았다.
(B) Clifford 렌터카 회사 예약을 취소했다.
(C) 컨벤션 몇 달 전에 부상을 당했다.
(D) 렌터카가 일반 차량으로 분류되었다.

■ **추론** 연계 문제   정답 (

세 지문 중 두 지문의 내용을 종합적으로 확인한 후 추론해서 풀어야 하는 연계 문제이다. 질문의 핵심 어구인 Ms. Parker에게 보내진 이메일 먼저 확인한다.

단서 1 두 번째 지문(이메일)의 'Under normal circumstances, you wouldn't be eligible for a business class ticket or ha access to the airport lounge.'에서 일반적인 상황에서는 Ms. Parker가 비즈니스 클래스 항공권을 받거나 공항 라운지를 이용할 수 없었 것이라고 했다. 그런데 비즈니스 클래스 항공권을 받거나 공항 라운지를 이용하기 위해서는 어떤 자격을 갖추어야 하는지 제시되지 않았으므 공고에서 관련 내용을 확인한다.

단서 2 첫 번째 지문(공고)의 'Employees flying over 300 miles to the convention site will receive a complimentary upgrade business class. Employees traveling over 500 miles can also receive a complimentary one-day pass for the Thund Airlines VIP airport lounge.'에서 컨벤션 장소까지 300마일 이상 비행하는 직원들은 비즈니스 클래스로 무료 업그레이드를 받을 것이 500마일 이상 이동하는 직원들은 Thunder 항공사 VIP 공항 라운지 1일 무료 이용권도 받을 수 있다고 했다.

두 단서를 종합할 때, Ms. Parker는 일반적인 상황에서 비즈니스 클래스 항공권을 받거나 공항 라운지를 이용할 수 없었을 것이라고 했으므 컨벤션까지의 이동이 300마일보다 짧았다는 사실을 추론할 수 있다. 따라서 (A)가 정답이다.

어휘 classify v. 분류하다

What can be concluded about Ms. Parker's taxi expenses?

(A) They were for rides taken short distances.
(B) They were incurred in multiple cities.
(C) They will not be fully reimbursed.
(D) They will be compared to rental costs.

Ms. Parker의 택시 비용에 대해 결론지을 수 있는 것은?

(A) 단거리 이동을 위한 것이었다.
(B) 여러 도시에서 발생했다.
(C) 전체 상환되지 않을 것이다.
(D) 대여 비용과 비교될 것이다.

■ 추론 연계 문제 정답 (C)

세 지문 중 두 지문의 내용을 종합적으로 확인한 후 추론해서 풀어야 하는 연계 문제이다. 질문의 핵심 어구인 Ms. Parker's taxi expenses와 관련된 내용이 언급된 양식을 먼저 확인한다.

[단서 1] 세 번째 지문(양식)의 '~ Reimbursement Request, Employee Name: Laura Parker'에서 Ms. Parker의 상환 요청서임을 확인할 수 있고, 'Item', 'Taxi ride', 'Total expenses: $154, Notes: ~ Receipts attached.'에서 택시 항목에 대한 총 비용이 154달러이며 영수증을 첨부했음을 확인할 수 있다. 그런데 Ms. Parker의 택시 비용 상환 요청이 승인될 것인지 제시되지 않았으므로 이메일에서 관련 내용을 확인한다.

[단서 2] 두 번째 지문(이메일)의 'the finance department will approve up to $150 in taxi charges. But you will need to submit a separate reimbursement request and attach your taxi receipts.'에서 재무팀이 최대 150달러의 택시 요금을 승인할 것이지만, 별도의 상환 요청서를 제출하고 택시 영수증을 첨부해야 한다고 했다.

두 단서를 종합할 때, Ms. Parker는 택시 비용에 대한 별도의 상환 요청서를 제출했고 영수증을 첨부했지만, 총 비용이 재무팀이 승인할 최대 금액인 150달러를 초과한 154달러였으므로 전체 상환은 받지 못할 것이라는 사실을 추론할 수 있다. 따라서 (C)가 정답이다.

어휘 distance n. 거리 incur v. (비용을) 발생시키다 multiple adj. 여러, 다수의 compare v. 비교하다

On which date did Ms. Parker attend a seminar?

(A) March 13
(B) March 14
(C) March 15
(D) March 17

Ms. Parker는 며칠에 세미나에 참석했는가?

(A) 3월 13일
(B) 3월 14일
(C) 3월 15일
(D) 3월 17일

■ 육하원칙 Which 정답 (B)

Ms. Parker가 며칠(which date)에 세미나에 참석했는지를 묻는 육하원칙 문제이므로 질문의 핵심 어구인 Ms. Parker attend a seminar와 관련된 내용이 언급된 세 번째 지문인 양식을 확인한다. 양식의 'Employee name: Laura Parker', 'Taxi ride', 'March 14 ~ From hotel to convention center', 'March 14 ~ From convention center to hotel'에서 Ms. Parker가 3월 14일에 호텔에서 컨벤션 센터로, 또 컨벤션 센터에서 호텔로 택시를 탔다고 했으므로 3월 14일에 세미나에 참석했다는 것을 알 수 있다. 따라서 (B)가 정답이다.

지문 1

National Postal Service to Close Branches

BONDVILLE, November 1—Faced with a sharp decline in mail volume, post offices across the nation are struggling to remain viable. In fact, the National Postal Service will have a deficit of approximately $7 million by the end of the financial year despite its recent attempts to decrease expenses. [196-A/B/D]So far, these efforts have involved removing hundreds of curbside mail collection boxes, reducing operating hours at thousands of branches, and raising the price of domestic stamps by two cents.

According to the chief executive officer of the National Postal Service, Myra Kane, "There is, consequently, little more the service can do but close less-used post offices." In Bondville, the following post offices will cease operating on January 1:

[197/198]Neighborhood	[197/198]Post Office Location
[197]Landpiper Hills	[197]41 Brookside Avenue
[198]Delforte Park	[198]5734 Livingston Street
Randall Springs	343 Medollini Drive

A nationwide list of branches slated to be closed can be viewed at www.npservice.com/actions. Members of the public may provide feedback by clicking on "Contact Us" at this site.

국영 우정공사가 지점들을 폐쇄할 것이다

BONDVILLE시, 11월 1일—우편물 양의 급격한 감소에 직면하여, 전국의 우체국들은 생존을 유지하기 위해 애쓰고 있다. 사실, 국영 우정공사는 비용을 절감하기 위한 최근의 시도에도 불구하고 이번 회계연도 말까지 약 7백만 달러의 적자가 생길 것이다. [196-A/B/D]지금까지, 이러한 노력은 수백 개의 거리 우체통을 없애는 것, 수천 개 지점의 영업시간을 줄이는 것, 그리고 국내 우표 가격을 2센트 올리는 것을 포함했다.

국영 우정공사의 최고 경영자인 Myra Kane에 따르면, "결과적으로, 이용이 적은 우체국들을 닫는 것 외에 공사가 할 수 있는 것이 거의 없다." Bondville시에서는, 아래의 우체국들이 1월 1일에 운영을 중단할 것이다:

[197/198]구역	[197/198]우체국 위치
[197]Landpiper Hills	[197]41번지 Brookside가
[198]Delforte Park	[198]5734번지 Livingston가
Randall Springs	343번지 Medollini로

폐쇄될 예정인 전국 지점들의 목록은 www.npservice. com/actions에서 볼 수 있다. 대중들은 이 사이트에서 "연락"을 클릭해 의견을 제공할 수 있다.

지문 2

www.npservice.com/contactus

Name: Vincent Alvarez
[197]Home Address: 460 Brookside Avenue, Bondville, FL 33870
Date: November 28

Comment: I believe that the plan to close three of my town's four post offices was not well considered. More people than you might think rely on them on a daily basis. I, for one, run a small business from my home and visit my neighborhood post office several times a week to mail orders. It is located a short drive away from my residence, on the same street.

In addition, [197]my neighborhood contains a lot of small stores, and the owners use the local post office to send out orders placed online. As a large number of town residents share my sentiments, I hope you will reconsider the decision to close these branches.

SUBMIT

www.npservice.com/contactus

이름: Vincent Alvarez
[197]집 주소: 460번지 Brookside가, Bondville시, 플로리다주 33870
날짜: 11월 28일

의견: 저는 저희 동네의 우체국 네 곳 중 세 곳을 폐쇄하는 계획은 충분히 숙고되지 않았다고 생각합니다. 생각보다 더 많은 사람들이 매일 그것들에 의존합니다. 한 예로, 저는 집에서 작은 사업을 운영하며 주문품을 우편으로 보내기 위해 한 주에 여러 번 저희 동네 우체국을 방문합니다. 이곳은 저희 집과 같은 도로, 자동차로 가까운 거리에 위치해 있습니다.

또한, [197]저희 동네에는 많은 소규모의 가게들이 있고, 그 주인들은 온라인으로 주문된 상품들을 보내기 위해 지역 우체국을 이용합니다. 많은 동네 주민들이 저와 같은 의견을 가지고 있으므로, 이 지점들을 폐쇄하려는 결정을 재고해주시길 바랍니다.

제출

National Postal Service
Public Announcement for Bondville Citizens

When it was announced that three of Bondville's post offices were going to be shut down, many local residents filed complaints. They argued that the closures would result in inconvenience. It was also pointed out that [198]the post office in Delforte Park was built in the late 19th century and is a valuable example of Renaissance Revival architecture.

Furthermore, [199]the local government of Bondville helpfully provided us with updated figures on the number of people using each branch. We've thus decided to compromise by closing only the Randall Springs branch, which is based in a strip mall and is deemed to have little historical value. To boost the viability of the remaining postal locations, Bondville City Hall has added them to its newly launched Heritage Trail, which runs along Packard Street and other noteworthy streets. Tourists will be invited to buy National Postal Service souvenirs, including specially designed postcards, when they stop by these sites.

국영 우정공사
Bondville시 시민들에게 공고

Bondville시의 우체국 중 세 곳이 폐쇄될 것이라고 공지되었을 때, 많은 지역 주민들이 이의를 제기했습니다. 그들은 이 폐쇄가 불편을 야기할 것이라고 주장했습니다. 또한 [198]Delforte Park에 있는 우체국 건물은 19세기 말에 지어졌으며 르네상스 부흥 양식 건축물의 귀중한 사례라는 점도 지적되었습니다.

그뿐만 아니라, [199]Bondville시 지방 정부에서 저희에게 도움이 되도록 각 지점을 이용하는 사람들의 수에 대한 최신 수치를 제공하였습니다. 따라서 저희는 소규모 쇼핑몰에 위치하며 역사적 가치가 거의 없다고 여겨지는 Randall Springs 지점만 폐쇄하는 것으로 타협하기로 했습니다. 남아있는 우체국 지점들의 생존 가능성을 증진시키기 위해, Bondville 시청은 그것들을 새롭게 개시된 문화유산 탐방로에 추가하였으며, 이것은 Packard가와 다른 주목할 만한 거리들을 따라 이어집니다. 여행객들은 이 장소들을 들를 때, 특별히 디자인된 엽서를 포함하여 국영 우정공사 기념품들을 사도록 권유될 것입니다.

지문 1
- □ decline n. 감소; v. 감소하다
- □ deficit n. 적자
- □ stamp n. 우표
- □ be slated to phr. ~할 예정이다
- □ volume n. 양, 용량
- □ curbside n. 거리, 보도
- □ cease v. 중단하다
- □ viable adj. 생존할 수 있는
- □ domestic adj. 국내의
- □ nationwide adj. 전국적인

지문 2
- □ rely on phr. ~에 의존하다
- □ sentiment n. 의견, 생각
- □ residence n. 집, 주거지
- □ reconsider v. 재고하다
- □ share v. 같은 ~을 갖다, 공유하다

지문 3
- □ shut down phr. 폐쇄하다, 문을 닫다
- □ Renaissance Revival n. 르네상스 부흥 양식(중기 빅토리아 건축 양식)
- □ deem v. 여기다, 생각하다
- □ trail n. 탐방로, 오솔길
- □ inconvenience n. 불편
- □ viability n. 생존 가능성
- □ noteworthy adj. 주목할 만한
- □ strip mall phr. 소규모 쇼핑몰
- □ heritage n. 문화유산

What cost-reduction strategy has the National Postal Service NOT tried?

(A) Cutting post office hours
(B) Eliminating mailboxes
(C) Hiring temporary workers
(D) Increasing the postage rate

국영 우정공사가 시도하지 않은 비용 절감 전략은?

(A) 우체국 시간 단축
(B) 우체통 제거
(C) 임시 근로자 고용
(D) 우편 요금 인상

■ Not/True Not 문제   정답 (C)

질문의 핵심 어구인 cost-reduction strategy ~ the National Postal Service ~ tried와 관련된 내용을 지문에서 찾아 각 보기와 대조하는 Not/True 문제이므로 국영 우정공사가 시도한 비용 절감 전략과 관련된 내용이 언급된 첫 번째 지문인 기사에서 관련 내용을 확인한다. (A), (B), (D)는 'So far, these efforts have involved removing hundreds of curbside mail collection boxes, reducing operating hours at thousands of branches, and raising the price of domestic stamps by two cents.'에서 지금까지 이러한 노력, 즉 비용 절감을 위한 노력은 수백 개의 거리 우체통을 없애는 것, 수천 개 지점의 영업시간을 줄이는 것, 그리고 국내 우표 가격을 2센트 올리는 것을 포함했다고 했으므로 지문의 내용과 일치한다. (C)는 지문에 언급되지 않은 내용이다. 따라서 (C)가 정답이다.

어휘 cut v. 단축하다 eliminate v. 제거하다, 없애다 temporary adj. 임시의 postage rate phr. 우편 요금

197

What can be inferred about Landpiper Hills?

(A) It contains a lot of small-scale enterprises.
(B) It has a street that is open to pedestrians only.
(C) It is failing to attract as many tourists as it used to.
(D) It is the location of an administrative building.

Landpiper Hills에 대해 추론될 수 있는 것은?

(A) 많은 소규모 사업체들이 있다.
(B) 보행자들에게만 개방된 도로가 있다.
(C) 예전만큼 많은 관광객들을 끌어들이지 못하고 있다.
(D) 행정 건물이 있는 곳이다.

■ 추론 연계 문제   정답 (,

세 지문 중 두 지문의 내용을 종합적으로 확인한 후 추론해서 풀어야 하는 연계 문제이다. 질문의 핵심 어구인 Landpiper Hills가 언급된 기사
먼저 확인한다.

단서 1 첫 번째 지문(기사)의 'Neighborhood, Landpiper Hills'와 'Post Office Location, 41 Brookside Avenue'에서 Landpip
Hills 구역의 우체국이 41번지 Brookside가에 위치해 있다는 사실을 확인할 수 있다. 그런데 Brookside가에 대한 세부 정보가 제시되지 않
으므로 웹페이지에서 관련 내용을 확인한다.

단서 2 두 번째 지문(웹페이지)의 'Home Address: 460 Brookside Avenue'에서 작성자인 Vincent Alvarez가 Brookside가에 살고 있
는 것을 알 수 있으며, 'my neighborhood contains a lot of small stores'에서 저희 동네, 즉 Brookside가에 위치한 동네에는 많은 소규
의 가게들이 있다는 것을 알 수 있다.

두 단서를 종합할 때, Brookside가에 우체국이 있는 Landpiper Hills 구역에는 많은 소규모 사업체들이 있다는 것을 추론할 수 있다. 따라서
(A)가 정답이다.

바꾸어 표현하기
small stores 소규모의 가게들 → small-scale enterprises 소규모의 사업체들

어휘 pedestrian n. 보행자 fail to phr. ~하지 못하다

198

Which street has a post office with historical value?

(A) Brookside Avenue
(B) Livingston Street
(C) Mendollini Drive
(D) Packard Street

어느 거리에 역사적 가치를 지닌 우체국이 있는가?

(A) Brookside가
(B) Livingston가
(C) Mendollini로
(D) Packard가

■ 육하원칙 연계 문제   정답 (

세 지문 중 두 지문의 내용을 종합해서 풀어야 하는 연계 문제이다. 질문의 핵심 어구인 street has a post office with historical value에
어느(Which) 거리에 역사적 가치를 지닌 우체국이 있는지를 묻고 있으므로 역사적 가치를 지닌 우체국과 관련된 내용이 언급된 공고를 먼저
인한다.

단서 1 세 번째 지문(공고)의 'the post office in Delforte Park was built in the late 19th century and is a valuable example
Renaissance revival architecture'에서 Delforte Park에 있는 우체국 건물이 19세기 말에 지어졌으며 르네상스 부흥 양식 건축물의 구
한 사례라고 했다. 그런데 Delforte Park에 있는 우체국이 어느 거리에 있는지 제시되지 않았으므로 기사에서 관련 내용을 확인한다.

단서 2 첫 번째 지문(기사)의 'Neighborhood, Delforte Park', 'Post Office Location, 5734 Livingston Street'에서 Delforte Park
역의 우체국이 5734번지 Livingston가에 위치해 있음을 확인할 수 있다.

두 단서를 종합할 때, 역사적 가치를 지닌 Delforte Park 구역의 우체국은 5734번지 Livingston가에 위치해 있음을 알 수 있다. 따라서 (B)
정답이다.

What has the National Postal Service most likely done?	국영 우정공사는 무엇을 했을 것 같은가?
(A) Amended a nationwide policy (B) Conducted a survey of some residents (C) Inspected a historic building (D) Partnered with a local government	(A) 전국적인 정책을 개정했다 (B) 일부 주민들에게 설문 조사를 시행했다 (C) 역사적인 건물을 점검했다 (D) 지역 정부와 협력했다

■ 추론 세부 정보   정답 (D)

질문의 핵심 어구인 the National Postal Service에 대해 추론하는 문제이므로 세 번째 지문인 국영 우정공사의 공고를 확인한다. 공고의 'the local government of Bondville helpfully provided us with updated figures on the number of people using each branch'에서 Bondville시 지방 정부에서 저희, 즉 국영 우정공사에 도움이 되도록 각 지점을 이용하는 사람들의 수에 대한 최신 수치를 제공했다고 했으므로 국영 우정공사와 지역 정부가 협력했다는 사실을 추론할 수 있다. 따라서 (D)가 정답이다.

어휘 amend v. 개정하다 partner v. 협력하다

In the announcement, the word "boost" in paragraph 2, line 3, is closest in meaning to	공고에서, 2문단 세 번째 줄의 단어 "boost"는 의미상 -와 가장 가깝다.
(A) hasten (B) celebrate (C) test (D) strengthen	(A) 재촉하다 (B) 축하하다 (C) 시험하다 (D) 강화하다

■ 동의어   정답 (D)

세 번째 지문인 공고의 boost를 포함하는 구절 'To boost the viability of the remaining postal locations'에서 boost가 '증진시키다'라는 뜻으로 사용되었다. 따라서 '강화하다'라는 뜻을 가진 (D)가 정답이다.

TEST 08

PART 5

101

○○○●○
상

Please note that this establishment implements a time limit of 14 days for ------- non-defective and unopened purchases.

(A) return
(B) returning
(C) returns
(D) returned

이 시설은 결함이 없고 개봉되지 않은 구매품들을 반품하는 데에 14일의 기한 제한을 실시함을 알아 두십시오.

■ [목적어 자리] 동명사 vs. 명사 　　　　　　　　　　　　　　　　　　　　　　정답 (

전치사(for)의 목적어 자리에 올 수 있는 명사 (A)와 동명사 (B)가 정답의 후보이다. 빈칸 뒤의 명사구(non-defective and unopene purchases)를 목적어로 취할 수 있는 것은 동명사이므로 동사 return(반품하다)의 동명사 (B) returning이 정답이다. 명사 (A)는 목적어를 할 수 없다. (C)는 복수 명사로 볼 경우 목적어를 취할 수 없고, 3인칭 단수 동사로 볼 경우 전치사의 목적어 자리에 올 수 없다. 과거 동사 또는 거분사 (D)는 전치사의 목적어 자리에 올 수 없다.

어휘　implement v. 실시하다, 이행하다　defective adj. 결함이 있는　unopened adj. 개봉되지 않은　purchase n. 구매품, 구매; v. 구입하다

102

○○○●○
하

No special seating arrangement was made for the seminar participants, but as ------- arrive, attendants will show them to the available seats.

(A) these
(B) they
(C) their
(D) them

세미나 참가자들을 위한 특별 좌석 배정이 되어 있지는 않 았지만, 그들이 도착하는 대로 안내원들은 그들을 가능한 자리로 안내할 것이다.

■ [주어 자리] 인칭대명사의 격 　　　　　　　　　　　　　　　　　　　　　　정답 ●

종속절(as ____ arrive)에 주어가 없으므로 주어 자리에 올 수 있는 지시대명사 (A)와 주격 인칭대명사 (B)가 정답의 후보이다. '그들이 도착 는 대로 안내원들은 그들을 가능한 자리로 안내할 것이다'라는 의미가 되어야 하므로 주격 인칭대명사 (B) they가 정답이다. (A) these는 시 공간, 심리적으로 가까이 있는 것을 가리킬 때 쓰이므로 답이 될 수 없다. 소유격 인칭대명사 (C)와 목적격 인칭대명사 (D)는 주어 자리에 올 없다.

103

○○○●○
상

Human resources will periodically ------- employees to determine if they are meeting the company's performance standards.

(A) legitimize
(B) register
(C) evaluate
(D) coordinate

인사부는 직원들이 회사의 수행 기준을 충족시키는지 산정 하기 위해 주기적으로 직원들을 평가할 것이다.

■ 동사 어휘 　　　　　　　　　　　　　　　　　　　　　　　　　　　　　　정답 ●

'회사의 수행 기준을 충족시키는지 산정하기 위해 직원들을 평가할 것이다'라는 문맥이므로 동사 (C) evaluate(평가하다, 감정하다)가 정답이 (A) legitimize는 '정당화하다, 합법화하다', (B) register는 '등록하다, 기록하다', (D) coordinate는 '조직하다, 편성하다'라는 의미이다.

어휘　periodically adv. 주기적으로, 정기적으로　meet v. 충족시키다, 만나다　performance n. 수행, 성과

104

○○○●○
상

Having studied South America for several decades, Professor Hartley ------- the preeminent authority on its civilizations.

(A) is considered
(B) considering
(C) consideration
(D) considers

몇십 년 동안 남미를 연구해 와서, Hartley 교수는 그 문명 에 대해 탁월한 권위자로 여겨진다.

■ [동사 자리] 5형식 동사의 수동태 　　　　　　　　　　　　　　　　　　　　정답 ●

주절(Professor Hartley ~ civilizations)에 동사가 없으므로 동사 (A)와 (D)가 정답의 후보이다. 보기의 동사 consider(여기다, 간주하다 목적어와 목적격 보어를 갖는 5형식 동사인데, 빈칸 뒤에 목적격 보어(the preeminent authority)만 있으므로 수동태 (A) is considered 정답이다. 능동태 (D)는 다음에 목적어와 목적격 보어가 모두 와야 한다. 동명사 또는 현재분사 (B), 명사 (C)는 동사 자리에 올 수 없다. 참 로, 이 문장은 원래 동사(consider)의 목적어였던 Professor Hartley가 주어 자리로 가서 수동태가 된 형태임을 알아둔다.

어휘　decade n. 10년　preeminent adj. 탁월한, 현저한　authority n. 권위자, 권력　civilization n. 문명

---

5 The espresso machine comes with an easily ------- nozzle that allows users to control the amount of coffee dispensed.

(A) adjust
(B) adjusts
(C) adjustable
(D) to adjust

그 에스프레소 기계는 사용자들이 나오는 커피의 양을 조절하도록 하는, 쉽게 조정 가능한 노즐이 딸려 있다.

■ 형용사 자리   정답 (C)

빈칸 뒤의 명사(nozzle)를 꾸밀 수 있는 것은 형용사이므로 형용사 (C) adjustable(조정 가능한)이 정답이다. 동사 (A)와 (B)는 명사를 꾸밀 수 없고, to 부정사 (D)는 형용사처럼 명사를 꾸밀 수는 있지만 명사 뒤에서 꾸민다.

어휘 come with phr. ~이 딸려 있다 nozzle n. 노즐, 분사구 dispense v. 나오다, 나눠주다

---

6 ------- the old printer is slower than the newer model, some employees still prefer using it.

(A) Because
(B) Despite
(C) Although
(D) Perhaps

비록 그 오래된 프린터는 더 신형인 모델보다 느리지만, 몇몇 직원들은 여전히 그것을 사용하는 것을 선호한다.

■ [수식어 거품을 이끄는 것] 부사절 접속사 양보   정답 (C)

이 문장은 주어(some employees), 동사(prefer), 목적어(using it)를 모두 갖춘 완전한 절이므로, _____ ~ model은 수식어 거품으로 보아야 한다. 이 수식어 거품은 동사(is)가 있는 거품절이므로, 거품절을 이끌 수 있는 부사절 접속사 (A)와 (C)가 정답의 후보이다. '비록 그 오래된 프린터는 느리지만 몇몇 직원들은 그것을 사용하는 것을 선호한다'라는 의미가 되어야 하므로 양보를 나타내는 부사절 접속사 (C) Although(비록 ~이지만)가 정답이다. (A) Because는 '~이기 때문에'라는 의미로 이유를 나타낸다. 전치사 (B) Despite(~에도 불구하고)는 동사가 없는 거품구를 이끌고, 부사 (D) Perhaps(아마)는 수식어 거품을 이끌 수 없다.

어휘 prefer v. 선호하다

---

7 ------- hearing the fire alarm, the students evacuated the building via the nearest exit.

(A) Upon
(B) From
(C) Within
(D) Besides

화재경보음을 듣자마자, 학생들은 가장 가까운 출구를 통해 건물에서 빠져나갔다.

■ 전치사 선택 시점   정답 (A)

'화재경보음을 듣자마자 건물에서 빠져나갔다'라는 의미가 되어야 하므로 시점을 나타내는 전치사 (A) Upon(~하자마자)이 정답이다. (B) From은 '~으로부터'라는 의미로 방향을, (C) Within은 '~ 이내에'라는 의미로 기간이나 범위를, (D) Besides는 '~ 외에'라는 의미로 부가를 나타낸다.

어휘 fire alarm phr. 화재경보, 화재경보기 evacuate v. 빠져나가다, 떠나다, 피난하다 via prep. ~을 통해, 경유하여 exit n. 출구, 퇴장; v. 나가다

---

8 Citizens expressed their ------- for the mayor, who helped the city become financially solvent after 10 years of being heavily in debt.

(A) appreciation
(B) applause
(C) responsibility
(D) reluctance

시민들은 시가 빚이 많았던 10년 끝에 재정적으로 상환 능력이 생기도록 시를 도운 시장에게 감사를 표했다.

■ 명사 어휘   정답 (A)

'시를 도운 시장에게 감사를 표했다'라는 문맥이므로 명사 (A) appreciation(감사, 감탄)이 정답이다. (B) applause는 '박수, 칭찬', (C) responsibility는 '책임, 책무', (D) reluctance는 '주저함, 꺼림'이라는 의미이다.

어휘 mayor n. 시장 financially adv. 재정적으로, 경제적으로 solvent adj. 상환 능력이 있는 in debt phr. 빚을 진

Long Road Truck Rental posted an announcement stating that it ------- employees to wear jeans with company shirts beginning on April 2.

(A) allow　　　　　　　　(B) would allow
(C) is allowed　　　　　　(D) were allowing

Long Road Truck Rental사는 4월 2일부터 직원들이 회사 셔츠와 함께 청바지를 입는 것을 허용할 것임을 명시하는 공고를 게시했다.

■ 동사는 수, 태, 시제가 맞아야 한다. 　　　　　　　　　　　　　　　　　　정답

that절(that ~ April 2)의 주어가 3인칭 단수(it)이고, 빈칸 다음에 목적어(employees)가 있으므로 3인칭 단수 주어와 쓰일 수 있으면서 능동

동사인 (B) would allow가 정답이다. 동사원형 (A)는 1인칭이나 2인칭 주어, 3인칭 복수 주어와 쓰이고, 수동태 (C)는 목적어를 가질 수 없

복수 동사 (D)는 단수 주어와 쓰일 수 없다. 참고로, 이 문장에서 주절이 과거 시제이기 때문에 시제 일치를 위해 종속절 역시 과거 동사(would

를 사용하였음을 알아둔다.

어휘　post v. 게시하다, 발송하다; n. 우편　state v. (특히 문서에) 명시하다, 말하다

With ------- information available on the terrain, the hikers hired a personal guide in order to ensure their safety.

(A) few　　　　　　　　　(B) little
(C) most　　　　　　　　 (D) this

지형에 대해 얻을 수 있는 정보가 거의 없어서, 도보 여행자들은 그들의 안전을 보장하기 위해 개인 가이드를 고용했다.

■ 수량 표현 　　　　　　　　　　　　　　　　　　　　　　　　　　　　　　정답

빈칸 뒤의 불가산 명사(information)를 꾸밀 수 있는 수량 표현 (B)와 (C), 지시형용사 (D)가 정답의 후보이다. '지형에 대해 얻을 수 있는 정

가 거의 없어서 개인 가이드를 고용했다'라는 의미가 되어야 하므로 수량 표현 (B) little(거의 없는)이 정답이다. (C) most(대부분의)와 (D) th

(이, 이것의)는 어색한 문맥을 만든다. 수량 표현 (A) few는 가산 복수 명사와 함께 쓰인다.

어휘　terrain n. 지형, 지역　hiker n. 도보 여행자, 하이커　ensure v. 보장하다, 안전하게 하다

Ms. Latta usually uses her car to get to work, but she finds it simpler to commute via bus than ------- with city traffic.

(A) deals　　　　　　　　(B) to deal
(C) is dealing　　　　　　(D) has been dealing

Ms. Latta는 보통 직장에 가기 위해 그녀의 차를 이용하지만, 도시 교통을 상대하는 것보다 버스를 이용하여 통근하는 것이 더 간단하다고 생각한다.

■ 병치 구문 　　　　　　　　　　　　　　　　　　　　　　　　　　　　　　정답 (

'도시 교통을 상대하는 것보다 버스를 이용하여 통근하는 것이 더 간단하다'라는 의미가 되어야 하고, 비교를 나타내는 접속사(than)가 to 부

사구(to commute via bus)와 또 다른 to 부정사구를 연결하고 있음을 알 수 있다. 따라서 to 부정사 (B) to deal이 정답이다. 3인칭 단수 동

또는 복수 명사 (A), 현재진행 시제 (C), 현재완료진행 시제 (D)는 to 부정사와 병치를 이룰 수 없다.

The program for the charity concert is ------- and subject to change depending on the availability of performers.

(A) exempt　　　　　　　(B) privileged
(C) tentative　　　　　　(D) finalized

자선 콘서트의 프로그램은 잠정적이고 공연자들의 섭외 가능성에 따라 변경될 수 있다.

■ 형용사 어휘 　　　　　　　　　　　　　　　　　　　　　　　　　　　　　정답 (

'프로그램은 잠정적이고 공연자들의 섭외 가능성에 따라 변경될 수 있다'라는 문맥이므로 형용사 (C) tentative(잠정적인)가 정답이다. (

exempt는 '면제되는', (B) privileged는 '특권을 가진', (D) finalized는 '완료된, 확정된'이라는 의미이다.

어휘　charity n. 자선　subject adj. ~될 수 있는; n. 주제, 문제　availability n. 이용 가능성, 유효성

3

Students ------- for the bar exam are encouraged to review questions included on previous tests.

(A) repeating　　　　(B) preparing
(C) accounting　　　　(D) campaigning

변호사 시험을 준비하는 학생들은 이전 시험에 포함된 문제들을 검토하도록 권장된다.

■ 동사 어휘　　　　　　　　　　　　　　　　　　　　　　정답 (B)

'변호사 시험을 준비하는 학생들은 이전 시험에 포함된 문제들을 검토하도록 권장된다'라는 문맥이므로 동사 prepare(준비하다)의 현재분사 (B) preparing이 정답이다. 참고로, prepare for(~을 준비하다)를 관용구로 알아둔다. (A)의 repeat(반복하다)도 해석상 그럴듯해 보이지만, '~을 반복하다'라는 의미로 쓰일 경우에는 타동사이므로 전치사 for와 함께 쓰일 수 없고 뒤에 목적어가 와야 한다. (C)의 account는 '설명하다, 간주하다', (D)의 campaign은 '캠페인을 벌이다'라는 의미이다.

어휘　bar exam phr. 변호사 시험　encourage v. 권장하다

4

------- temperatures are expected to drop during the day, it might be wise to bring a warm winter coat.

(A) Unless　　　　　(B) Given that
(C) Except for　　　　(D) As well as

낮 동안에 기온이 떨어질 것으로 예상되기 때문에, 따뜻한 겨울 코트를 가져오는 것이 현명할 것이다.

■ [수식어 거품을 이끄는 것] 부사절 접속사 이유　　　　　　　　정답 (B)

이 문장은 주어(it), 동사(might be), 보어(wise)를 갖춘 완전한 절이므로, ___ ~ the day는 수식어 거품으로 보아야 한다. 이 수식어 거품은 동사(are expected)가 있는 거품절이므로, 거품절을 이끌 수 있는 부사절 접속사 (A)와 (B)가 정답의 후보이다. '기온이 떨어질 것으로 예상되기 때문에 따뜻한 겨울 코트를 가져오는 것이 현명할 것이다'라는 의미가 되어야 하므로 이유를 나타내는 부사절 접속사 (B) Given that(~ 때문에, ~을 고려하면)이 정답이다. (A) Unless는 '만약 ~이 아니라면'이라는 의미로 조건을 나타낸다. 전치사 (C) Except for(~을 제외하고)는 동사가 없는 거품구를 이끈다. 상관접속사 (D) As well as는 B as well as A의 형태로 쓰여 'A뿐만 아니라 B도'라는 의미를 나타낸다.

5

Mr. Powers informed a customer that the special security service was not customizable, but that the payment terms were -------.

(A) negotiable　　　　(B) probable
(C) knowledgeable　　(D) profitable

Mr. Powers는 고객에게 특수 보안 서비스는 주문에 따라 제공될 수 없지만, 납부 조건은 절충 가능하다고 알렸다.

■ 형용사 어휘　　　　　　　　　　　　　　　　　　　　　정답 (A)

'특수 보안 서비스는 주문에 따라 제공될 수 없지만 납부 조건은 절충 가능하다'라는 문맥이므로 형용사 (A) negotiable(절충 가능한, 협상의 여지가 있는)이 정답이다. (B) probable은 '있을 것 같은', (C) knowledgeable은 '아는 것이 많은', (D) profitable은 '수익성이 있는'이라는 의미이다.

어휘　security n. 보안, 안전　customizable adj. 주문에 따라 만들 수 있는　term n. 조건, 기간, 표현

6

MevTech representatives ------- arranged a press conference in order to address the sudden surge in customer complaints regarding their products.

(A) greatly　　　　(B) noticeably
(C) severely　　　　(D) hastily

MevTech사 대표들은 그들의 제품들과 관련된 고객 불만의 갑작스러운 급증에 대해 다루기 위하여 급히 기자 회견을 준비했다.

■ 부사 어휘　　　　　　　　　　　　　　　　　　　　　정답 (D)

'불만의 갑작스러운 급증에 대해 다루기 위하여 급히 기자 회견을 준비했다'라는 문맥이므로 부사 (D) hastily(급히, 서둘러서)가 정답이다. (A) greatly는 '대단히, 매우', (B) noticeably는 '두드러지게, 현저히', (C) severely는 '심하게, 엄하게'라는 의미이다.

어휘　press conference phr. 기자 회견　address v. 다루다, 처리하다　surge n. 급증, 쇄도　complaint n. 불만, 항의

117

------ speculation that Whitmore Incorporated was in talks to merge with Busch & Hawley, stock prices for both companies began rising.

(A) Amid
(B) Until
(C) Since
(D) Across

Whitmore사가 Busch & Hawley사와 합병하기 위해 논의하고 있다는 추측 가운데, 두 회사 모두의 주가가 오르기 시작했다.

■ 전치사 선택 기타

정답

'합병하기 위해 논의하고 있다는 추측 가운데 두 회사 모두의 주가가 오르기 시작했다'라는 의미가 되어야 하므로 전치사 (A) Amid(~한가운데, ~ 속에서)가 정답이다. (B) Until은 '~까지'라는 의미로 시점을 나타낸다. (C) Since는 '~ 이래로'라는 의미로 특정 시점을 나타내는 명사와 함께 쓰인다. (D) Across는 '~을 가로질러'라는 의미로 방향을 나타낸다.

어휘 speculation n. 추측, 고찰 merge v. 합병하다, 합치다 stock price phr. 주가

118

Mr. Barton received a notice for an unpaid electricity bill and was asked to pay immediately to ensure ------ of the service.

(A) application
(B) continuation
(C) origination
(D) celebration

Mr. Barton은 미납된 전기 요금에 대한 통지를 받았고, 서비스의 지속을 보장하려면 즉시 납부할 것을 요구받았다.

■ 명사 어휘

정답

'미납된 전기 요금에 대한 통지를 받았고 서비스의 지속을 보장하려면 즉시 납부할 것을 요구받았다'라는 문맥이므로 명사 (B) continuation(지속, 연속)이 정답이다. (A) application은 '적용, 지원', (C) origination은 '시작, 발생', (D) celebration은 '축하, 축하 행사'라는 의미이다.

어휘 unpaid adj. 미납의 electricity bill phr. 전기 요금 immediately adv. 즉시, 즉각

119

The company Web site recently underwent significant changes, making ------ who logged on confused by the modifications.

(A) all
(B) either
(C) more
(D) none

회사 웹사이트는 최근에 상당한 변화를 겪었고, 로그인했던 모든 사람들을 변경으로 인해 혼란스럽게 만들었다.

■ 부정대명사

정답

'회사 웹사이트는 상당한 변화를 겪었고 로그인했던 모든 사람들을 혼란스럽게 만들었다'라는 의미가 되어야 하므로 부정대명사 (A) all (모두)이 정답이다. 한정사 (B) either(둘 중 하나의)는 두 가지 대상 중 하나를 가리킬 때 사용된다. 대명사로도 쓰이는 수량 표현 (C) more(더 많은 것/사람), 부정대명사 (D) none(아무도 ~않다)은 어색한 문맥을 만든다.

어휘 undergo v. 겪다, 받다 log on phr. 로그인하다 modification n. 변경, 수정

120

Mr. Simmons is ------ in charge of keeping financial records, but he also takes care of other minor duties.

(A) steeply
(B) shortly
(C) mainly
(D) affordably

Mr. Simmons는 주로 재정 기록 문서를 보관하는 것을 담당하지만, 그는 또한 다른 사소한 업무들도 처리한다.

■ 부사 어휘

정답

'주로 재정 기록 문서를 보관하는 것을 담당하지만 다른 사소한 업무들도 처리한다'라는 문맥이므로 부사 (C) mainly(주로, 대부분)가 정답이다. (A) steeply는 '가파르게', (B) shortly는 '곧', (D) affordably는 '알맞게, 감당할 수 있게'라는 의미이다.

어휘 be in charge of phr. ~을 담당하다 take care of phr. ~을 처리하다, 맡다 duty n. 업무, 의무, 세금

After closely inspecting the antique cabinet alongside the reproduction, the dealer could identify the ------- characteristics of each.

골동품 장식장을 복제품과 함께 면밀히 살펴본 후, 중개인은 각각의 구별되는 특징을 찾을 수 있었다.

(A) distinguished
(B) distinguishing
(C) distinguishes
(D) distinguish

■ **[형용사 자리] 혼동하기 쉬운 형용사**   정답 (B)

빈칸 뒤의 명사(characteristics)를 꾸밀 수 있는 형용사 (A)와 (B)가 정답의 후보이다. '각각의 구별되는 특징을 찾을 수 있었다'라는 의미가 되어야 하므로 형용사 (B) distinguishing(다른 것과 구별되는, 특징적인)이 정답이다. (A) distinguished는 '유명한, 성공한'이라는 의미로 '각각의 유명한 특징을 찾을 수 있었다'라는 어색한 문맥을 만든다. 동사 (C)와 (D)는 명사를 꾸밀 수 없다.

어휘   inspect v. 면밀하게 살피다, 점검하다   antique n. 골동품; adj. 과거의   cabinet n. 장식장, 수납장   alongside prep. ~와 함께, 옆에
      reproduction n. 복제품, 번식

The CEO ------- resisted appeals from investors to expand the business, but he has since changed his mind.

최고 경영자는 처음에는 사업을 확장하자는 투자자들의 요청을 반대했지만, 그 이후에 마음을 바꿨다.

(A) accordingly
(B) exactly
(C) ultimately
(D) initially

■ **부사 어휘**   정답 (D)

'최고 경영자는 처음에는 반대했지만 그 이후에 마음을 바꿨다'라는 문맥이므로 부사 (D) initially(처음에, 초기에)가 정답이다. (A) accordingly는 '그에 따라서', (B) exactly는 '정확히, 꼭', (C) ultimately는 '궁극적으로, 결국은'이라는 의미이다.

어휘   resist v. 반대하다, 저항하다   appeal n. 요청, 매력, 항소   expand v. 확장하다, 확대하다   since adv. 그 이후; conj. ~ 때문에

Ms. Muncy prefers investing in bonds and mutual funds rather than facing the daily ------- of individual stocks.

Ms. Muncy는 개별주가가 매일 변동하는 것을 보는 것보다 채권과 계약형 투자 신탁에 투자하는 것을 선호한다.

(A) pronunciations
(B) fluctuations
(C) experimentations
(D) installations

■ **명사 어휘**   정답 (B)

'개별주가가 매일 변동하는 것을 보다'라는 문맥이므로 명사 (B) fluctuations(변동, 오르내림)가 정답이다. (A)의 pronunciation은 '발음', (C)의 experimentation은 '실험', (D)의 installation은 '설치'라는 의미이다.

어휘   bond n. 채권, 유대; v. 결합시키다   mutual fund phr. 계약형 투자 신탁, 투자 신탁 회사   individual adj. 개별의; n. 개인

Sports commentators have been guessing ------- of the weaker teams in the league will still be eligible to participate.

스포츠 해설자들은 리그에서 더 약세에 있는 팀들 중 그래도 어느 팀이 참가할 수 있을지를 추측해왔다.

(A) what
(B) which
(C) that
(D) whose

■ **[주어 자리] 명사절 접속사** 의문사 which   정답 (B)

빈칸은 동사(have been guessing)의 목적어 역할을 하는 ___ ~ participate에 주어가 없으므로 명사절 접속사로서 주어 역할을 할 수 있는 의문사 (A), (B), (D)가 정답의 후보이다. '더 약세에 있는 팀들 중 어느 팀이 참가할 수 있을지'라는 의미가 되어야 하므로 의문사 (B) which(어느 것/사람)가 정답이다. (A) what(무엇)과 (D) whose(~의 것)는 어색한 문맥을 만든다. 명사절 접속사 (C) that은 다음에 주어와 동사가 있는 완전한 절이 와야 하므로 주어 자리에 올 수 없다.

어휘   commentator n. 해설자   eligible adj. ~을 할 수 있는, 자격이 있는

125

Crime rates have decreased considerably, thanks in part to the establishment of hotlines that people can use to ------- report suspicious behavior.

(A) anonymously
(B) anonymity
(C) anonymousness
(D) anonymous

범죄율이 상당히 감소해왔는데, 이는 부분적으로 사람들이 수상한 행동을 익명으로 신고하는 데 사용할 수 있는 긴급 직통 전화의 설치 덕분이다.

■ 부사 자리   정답 (

빈칸 뒤의 동사(report)를 꾸밀 수 있는 것은 부사이므로 부사 (A) anonymously(익명으로)가 정답이다. 명사 (B)와 (C), 형용사 (D)는 동사를 꾸밀 수 없다.

어휘 crime rate phr. 범죄율 considerably adv. 상당히, 많이 thanks to phr. ~덕분에, ~ 때문에 hotline n. 긴급 직통 전화
　　 report v. 신고하다, 보도하다 suspicious adj. 수상한, 의심스러운

126

------- letting recyclable materials at the office go to waste, the Colton Company brings them to a local recycling center.

(A) After
(B) Nevertheless
(C) Instead of
(D) Not only

사무실에 있는 재활용 가능한 용품들이 낭비되게 하는 것 대신에, Colton사는 그것들을 지역의 재활용 센터에 가지고 간다.

■ [수식어 거품을 이끄는 것] 전치사 선택 제외   정답 (

이 문장은 주어(the Colton Company), 동사(brings), 목적어(them)가 있는 완전한 절이므로, ____ ~ waste는 수식어 거품으로 보아야 한다. 이 수식어 거품은 동사가 없는 거품구이므로, 거품구를 이끌 수 있는 전치사 (A)와 (C)가 정답의 후보이다. '재활용 가능한 용품들이 낭비되게 하는 것 대신에 지역의 재활용 센터에 가지고 간다'라는 의미가 되어야 하므로 제외를 나타내는 전치사 (C) Instead of(~ 대신에)가 정답이다. (A) After는 '~ 후에'라는 의미로 시점을 나타낸다. 접속부사 (B) Nevertheless(그럼에도 불구하고)는 수식어 거품을 이끌 수 없다. (D) Not only는 not only A but (also) B(A뿐만 아니라 B도)의 상관접속사 형태로 자주 쓰인다. 참고로, 거품구(____ ~ waste)에서 동명사로 쓰인 let(~이 ~하게 하다)이 사역동사이기 때문에 '사역동사(letting) + 목적어(recyclable materials) + 원형 부정사(go to waste)'의 형태로 쓰였음을 알아두고, go to waste를 수식어 거품의 동사로 착각하지 않도록 주의한다.

어휘 recyclable adj. 재활용 가능한 go to waste phr. 낭비되다

127

For the directors' luncheon, the administrative department reserved a ------- room away from the main dining area to discuss sensitive issues.

(A) relevant
(B) crowded
(C) decorated
(D) private

이사들의 오찬을 위해, 관리부는 민감한 사안을 논의하려고 중앙의 식사 구역에서 떨어진 개인실을 예약했다.

■ 형용사 어휘   정답 (

'민감한 사안을 논의하려고 중앙의 식사 구역에서 떨어진 개인실을 예약했다'라는 문맥이므로 형용사 (D) private(개인의, 사적인)가 정답이 (A) relevant는 '관련 있는, 적절한', (B) crowded는 '붐비는, 복잡한', (C) decorated는 '장식된'이라는 의미이다.

어휘 luncheon n. 오찬 sensitive adj. 민감한, 세심한

8 Dr. Marcus spoke ------- the allotted 30 minutes, leaving no time for questions after his speech.

(A) beyond　　　　　　　(B) about
(C) under　　　　　　　 (D) around

Dr. Marcus는 할당된 30분을 넘겨 연설을 했고, 연설 이후 질문을 위한 시간을 남겨놓지 않았다.

■ 전치사 선택 _기간_　　　　　　　　　　　　　　　　　　　　　　　　　　　　　　정답 (A)

'할당된 30분을 넘겨 연설을 했다'라는 의미가 되어야 하므로 기간을 나타내는 전치사 (A) beyond(~을 넘어서)가 정답이다. (B) about은 '~에 대해', (C) under는 '~ 아래에, ~ 미만의, ~에 따르면', (D) around는 '~ 주위에'라는 의미이다.

어휘　allotted adj. 할당된

---

9 The Nigel Art Gallery was small relative to well-known museums, but its sculptures were ------- among the best in the world.

(A) arguable　　　　　　(B) arguably
(C) argument　　　　　 (D) argues

Nigel 미술관은 유명한 박물관들에 비하면 규모가 작았지만, 그 조각품들은 거의 틀림없이 세계 최고들 중에 있었다.

■ 부사 자리　　　　　　　　　　　　　　　　　　　　　　　　　　　　　　　　　정답 (B)

but 다음의 절(its sculptures ~ the world)을 꾸밀 수 있는 것은 부사이므로 부사 (B) arguably(거의 틀림없이, 주장하건대)가 정답이다. 형용사 (A), 명사 (C), 동사 (D)는 절을 꾸밀 수 없다. (A) arguable(논쟁의 소지가 있는)을 빈칸 앞 동사(were)의 보어인 것으로 볼 경우, '세계 최고들 중에 논쟁의 소지가 있었다'라는 어색한 문맥을 만들기 때문에 답이 될 수 없다.

어휘　relative to phr. ~과 비교하면, ~에 관하여　sculpture n. 조각품; v. 조각하다

---

10 In an attempt to make its products immediately -------, the company worked with a top advertising agency on an eye-catching logo.

(A) identifiable　　　　　(B) identifying
(C) identification　　　　(D) identify

제품들이 바로 눈에 띄게 만들기 위해서, 회사는 눈길을 끄는 로고와 관련하여 일류 광고 대행업체와 작업했다.

■ [보어 자리] 명사 보어 vs. 형용사 보어　　　　　　　　　　　　　　　　　　　정답 (A)

동사 make(~을 ~으로 만들다)는 목적격 보어를 갖는 동사이므로 보어로 사용될 수 있는 형용사 (A)와 동명사 또는 현재분사 (B), 명사 (C)가 정답의 후보이다. 빈칸 앞의 부사(immediately)의 꾸밈을 받을 수 있고 '제품들이 바로 눈에 띄게 만들다'라는 문맥을 만드는 형용사 (A) identifiable(알아볼 수 있는, 인식할 수 있는)이 정답이다. 동명사 또는 현재분사 (B)는 '제품들이 바로 알아보게 만들다'라는 어색한 문맥을 만든다. 명사 (C)는 부사의 꾸밈을 받을 수 없다. 동사 (D)는 보어 자리에 올 수 없다.

어휘　in an attempt to phr. ~하기 위하여, ~하려는 시도로　eye-catching adj. 눈길을 끄는　logo n. 로고, 문자

Questions 131-134 refer to the following announcement.　　131-134는 다음 공고에 관한 문제입니다.

Toronto Youth Orchestra (TYO) Canada Tour

In celebration of the TYO's 10th anniversary, the orchestra will tour Canada for the first time, with four performances scheduled. The tour will begin in Vancouver on November 8, include stops in Winnipeg and Quebec City, and end in Toronto on November 16. The ------- performance, in

131

Toronto, will take place at Glenview Auditorium. Over 4,000 members of the public are expected to attend this show.

Founded by Yves Guilmette, the TYO has been recognized for its ------- efforts. Its goal is to provide residents of

132

Toronto's underserved neighborhoods with access to a musical education by offering academic assistance. -------.

133

Many of those who have been given musical training by TYO members have gone on to join the orchestra themselves.

The tour ------- by a donation from Maple Union Bank. For

134

ticket information, visit www.tyo.org.

토론토 청소년 오케스트라(TYO) 캐나다 순회공연

TYO의 10주년을 기념하여 오케스트라는 처음으로 캐나다 순회공연을 할 것이며, 4개의 공연이 예정되어 있습니다. 순회공연은 11월 8일에 밴쿠버에서 시작될 것이며, 위니펙과 퀘벡시에서 머무는 것을 포함하고, 11월 16일에 토론토에서 끝날 것입니다. **131** 토론토에서 열리는 마지막 공연은 Glenview 강당에서 열릴 것입니다. 4,000명 이상의 대중들이 이 공연에 참석할 것으로 예상됩니다.

132 Yves Guilmette에 의해 설립되어, TYO는 봉사활동 노력으로 알려져 있습니다. 그것의 목표는 학업 지원을 제공함으로써 지원을 충분히 받지 못한 토론토의 지역 주민들에게 음악 교육에 대한 접근을 제공하는 것입니다. **133** 참가자들은 또한 무료 악기를 받습니다. TYO의 일원들로부터 음악 교육을 받은 많은 사람들은 직접 오케스트라에 합류하기까지 했습니다.

134 이 순회공연은 Maple Union 은행으로부터의 기부금으로 자금을 제공받을 것입니다. 티켓 정보를 얻으시려면, www.tyo.org를 방문하십시오.

131　(A) final
　　　(B) outdoor
　　　(C) exclusive
　　　(D) initial

132　(A) budgeting
　　　(B) outreach
　　　(C) marketing
　　　(D) expansion

133　(A) Several famous pop stars are expected to make an appearance.
　　　(B) Participants also receive free instruments.
　　　(C) The recording will later be released as an album.
　　　(D) Some feel that the school should stick to its original objectives.

134　(A) funded
　　　(B) will fund
　　　(C) had funded
　　　(D) is being funded

어휘　**tour** n. 순회공연; v. 순회공연을 하다　**found** v. 설립하다　**recognized** adj. 알려진, 인정된　**donation** n. 기부(금)

■ **형용사 어휘** 전체 문맥 파악 　　　　　　　　　　　　　　　　　　　　　　　　　　　　　　　　　　　　　　정답 (A)

'토론토에서 열리는 ＿＿＿ 공연은 Glenview 강당에서 열릴 것이다'라는 문맥이므로 모든 보기가 정답의 후보이다. 빈칸이 있는 문장만으로는 정답을 고를 수 없으므로 주변 문맥이나 전체 문맥을 파악한다. 앞부분에서 오케스트라는 캐나다 순회공연을 할 것이며 4개의 공연이 예정되어 있다고 했고, 앞 문장에서 순회공연은 11월 8일에 밴쿠버에서 시작될 것이며 위니펙과 퀘벡시를 거쳐 11월 16일에 토론토에서 끝날 것이라고 했으므로 토론토에서 마지막 공연이 열릴 것임을 알 수 있다. 따라서 형용사 (A) final(마지막의)이 정답이다. (B) outdoor는 '야외의', (C) exclusive는 '독점적인, 전용의', (D) initial은 '처음의'라는 의미이다.

■ **명사 어휘** 주변 문맥 파악 　　　　　　　　　　　　　　　　　　　　　　　　　　　　　　　　　　　　　　　정답 (B)

'TYO는 ＿＿＿ 노력으로 알려져 있다'라는 문맥이므로 모든 보기가 정답의 후보이다. 빈칸이 있는 문장만으로는 정답을 고를 수 없으므로 주변 문맥이나 전체 문맥을 파악한다. 뒤 문장에서 그것의 목표는 학업 지원을 제공함으로써 지원을 충분히 받지 못한 토론토의 지역 주민들에게 음악 교육에 대한 접근을 제공하는 것이라고 했으므로 TYO가 봉사활동 노력으로 알려져 있음을 알 수 있다. 따라서 (B) outreach(봉사활동)가 정답이다. (A) budgeting은 '예산 편성', (C) marketing은 '마케팅, 홍보', (D) expansion은 '확장'이라는 의미이다.

■ **알맞은 문장 고르기** 　　정답 (B)

빈칸에 들어갈 알맞은 문장을 고르는 문제이므로 주변 문맥 또는 전체 문맥을 파악한다. 앞부분에서 토론토 청소년 오케스트라가 봉사활동 노력으로 알려져 있다고 한 뒤, 앞 문장 'Its goal is to provide residents of Toronto's underserved neighborhoods with access to a musical education by offering academic assistance.'에서 오케스트라의 목표가 학업 지원을 제공함으로써 지원을 충분히 받지 못한 토론토의 지역 주민들에게 음악 교육에 대한 접근을 제공하는 것이라고 했으므로 빈칸에는 봉사활동 노력의 일환으로 음악 교육에 대한 접근을 제공하는 것과 관련된 내용이 들어가야 함을 알 수 있다. 따라서 (B) Participants also receive free instruments가 정답이다.

보기 해석
(A) 몇몇 유명한 팝 스타들이 출연할 것으로 예상됩니다.
(B) 참가자들은 또한 무료 악기를 받습니다.
(C) 녹음본은 이후에 앨범으로 발매될 것입니다.
(D) 일부 사람들은 학교가 본래의 목적을 고수해야 한다고 생각합니다.

어휘 appearance n. 출연 instrument n. 악기 objective n. 목적

■ **능동태와 수동태의 구별** 　　정답 (D)

빈칸 뒤에 수동태와 함께 쓰이는 by가 있고 '순회공연이 Maple Union 은행으로부터 자금을 제공받을 것이다'라는 수동의 의미이므로 수동태 (D) is being funded가 정답이다. 능동태 (A), (B), (C)는 수동태에서의 행동의 주체를 나타내는 by와 함께 쓰일 수 없다.

135-138은 다음 회람에 관한 문제입니다.

To: All Staff
From: Stephanie Johnstone
Subject: Mr. Kaur's retirement
Date: January 15

Hello everyone,

This is just a reminder that we have organized a retirement party for Mr. Kaur next Friday from 6 P.M. -------. I would
135
appreciate it if you could all attend unless you have good reason not to. After everyone is seated, the program ------- at
136
precisely 6:15 P.M. The CEO plans to give a congratulatory speech. -------. As our longest-serving staff member, he has
137
certainly earned this recognition.

I have asked the supervisors of each department to ------- a
138
book in which members of staff may write messages to Mr. Kaur wishing him well upon his retirement. The book will be passed around starting tomorrow morning. It will be given to him at the end of the ceremony, so please make the time to write something.

수신: 전 직원
발신: Stephanie Johnstone
제목: Mr. Kaur의 은퇴
날짜: 1월 15일

안녕하세요 여러분,

135 이 회람은 우리가 다음 주 금요일 오후 6시부터 그 이후로 있을 Mr. Kaur를 위한 은퇴 기념 파티를 준비해 두었다는 것을 상기시키기 위한 것입니다. 참석하지 않을 타당한 이유가 없는 한 여러분 모두가 참석해주시면 감사하겠습니다. 136 모두가 착석하고 난 후, 일정은 정확히 오후 6시 15분에 시작할 것입니다. 대표이사님이 축사를 할 계획입니다. 137 그다음에 임원이 Mr. Kaur에게 장기근속 표창을 수여할 것입니다. 최장기간 근무한 우리 직원으로서, 그는 확실히 이러한 인정을 받을 만합니다.

138 저는 각 부서의 관리자들에게 직원들이 Mr. Kaur에게 은퇴 이후 잘 지내기를 바라는 메시지를 적을 수 있는 책자를 돌리도록 요청했습니다. 그 책자는 내일 아침부터 돌려질 것입니다. 책자는 식의 마지막에 그에게 전달될 것이니 무언가를 쓰기 위한 시간을 내주시기 바랍니다.

135 (A) around
(B) over
(C) upward
(D) onward

136 (A) has begun
(B) will begin
(C) will have begun
(D) began

137 (A) We will then ask Mr. Kaur to put off his retirement for a year.
(B) Our employees will be expected to remain loyal to the company.
(C) A board member will then present a loyalty award to Mr. Kaur.
(D) The office staff should say whether they can attend the ceremony.

138 (A) circulate
(B) retrieve
(C) determine
(D) reveal

어휘 retirement n. 은퇴, 연금 reminder n. (약속이나 해야 할 일 등을) 상기시켜 주는 것 precisely adv. 정확히, 바로 congratulatory speech phr. 축사, 경축사 long-serving adj. 장기 근무한 staff member phr. 직원 earn v. 받을 만하다, 얻다 recognition n. (공로 등에 대한) 인정, 표창 supervisor n. 관리자, 감독관 pass around phr. ~을 돌리다, 나누어 주다

■ **부사 선택** 시간 부사 　　　　　　　　　　　　　　　　　　　　　　　　　　　　　　　　　　　　　　정답 (D)

'금요일 오후 6시부터 그 이후로 있을 은퇴 기념 파티를 준비해 두었다'라는 의미가 되어야 하므로 시간을 나타내는 부사 (D) onward(이후로)가 정답이다. (A) around는 '약, 여기저기에', (B) over는 '~ 이상, ~ 너머', (C) upward는 '위쪽으로'라는 의미의 부사로 쓰인다.

■ **미래 시제** 전체 문맥 파악 　　　　　　　　　　　　　　　　　　　　　　　　　　　　　　　　　　　　정답 (B)

'모두가 착석하고 난 후 일정은 정확히 오후 6시 15분에 시작하다'라는 문맥인데, 이 경우 빈칸이 있는 문장만으로는 올바른 시제의 동사를 고를 수 없으므로 주변 문맥이나 전체 문맥을 파악한다. 앞부분에서 다음 주 금요일에 은퇴 기념 파티가 있다고 한 후, 행사에 대한 세부 사항을 안내하고 있으므로 일정이 시작하는 시점이 미래임을 알 수 있다. 따라서 미래 시제 (B) will begin이 정답이다. 미래완료 시제 (C)도 미래를 나타내지만 미래 특정 시점 이전에 발생한 동작이 미래의 그 시점에 완료될 것임을 표현할 때 쓰이고, '모두가 착석하고 난 후 일정은 정확히 오후 6시 15분에 시작해 있을 것이다'라는 어색한 문맥을 만든다. 현재완료 시제 (A)와 과거 시제 (D)는 미래를 나타낼 수 없다.

■ **알맞은 문장 고르기** 　　　　　　　　　　　　　　　　　　　　　　　　　　　　　　　　　　　　　　정답 (C)

빈칸에 들어갈 알맞은 문장을 고르는 문제이므로 주변 문맥 또는 전체 문맥을 파악한다. 앞 문장 'The CEO plans to give a congratulatory speech.'에서 대표이사가 축사를 할 계획이라고 했고 뒤 문장 'As our longest-serving staff member, he has certainly earned this recognition.'에서 최장기간 근무한 직원으로서 그는 확실히 이러한 인정을 받을 만하다고 했으므로, 빈칸에는 대표이사의 축사 후에 Mr. Kaur에게 장기근속 표창을 수여한다는 내용이 들어가야 함을 알 수 있다. 따라서 (C) A board member will then present a loyalty award to Mr. Kaur이 정답이다.

보기 해석

(A) 그다음에 우리는 Mr. Kaur에게 그의 은퇴를 일 년간 연기하라고 부탁할 것입니다.
(B) 우리 직원들은 회사에 계속 충실할 것으로 기대될 것입니다.
(C) 그다음에 임원이 Mr. Kaur에게 장기근속 표창을 수여할 것입니다.
(D) 사무실 직원들은 그들이 식에 참석할 수 있는지 말해야 합니다.

어휘 put off phr. 연기하다 loyal adj. 충실한, 충성스러운 board member phr. 임원, 이사 present v. 수여하다, 제출하다; n. 현재

■ **동사 어휘** 전체 문맥 파악 　　　　　　　　　　　　　　　　　　　　　　　　　　　　　　　　　　　　정답 (A)

'직원들이 메시지를 적을 수 있는 책자를 ＿＿＿ 하도록 요청했다'라는 문맥이므로 (A)와 (B)가 정답의 후보이다. 빈칸이 있는 문장만으로는 정답을 고를 수 없으므로 주변 문맥이나 전체 문맥을 파악한다. 뒤 문장에서 그 책자는 내일 아침부터 돌려질 것이라고 했고, 뒷부분에서 책자가 식의 마지막에 Mr. Kaur에게 전달될 것이니 무언가를 쓰기 위한 시간을 내달라고 했으므로, 메시지를 적을 수 있도록 직원들에게 책자를 돌릴 것이라는 것을 알 수 있다. 따라서 동사 (A) circulate(돌리다)가 정답이다. (B) retrieve는 '회수하다, 수습하다', (C) determine은 '알아내다, 결정하다', (D) reveal은 '드러내다'라는 의미이다.

March 31

Annika Dahl
7898 Forest Road
Boulder, CO 80301

Dear Ms. Dahl,

Thank you for your recent visit. -------. We hope that you are
                                139
fully satisfied with the quality of care that you received.

We would like to know more about your experience at our
medical facility through our Patient Care Survey. Please fill
out the questionnaire, and make sure that each of the five
items ------- as directed. If you have additional comments,
         140
please ------- them in the space provided.
         141

Keep in mind that the information you provide in the survey
will be analyzed and used to improve our services in the
future. -------, your privacy will be protected. We will not be
        142
able to track any of your responses back to you. Thank you
for your participation.

Stanley Waite
Hospital Consumer Assessment

3월 31일

Annika Dahl
7898번지 Forest로
볼더, 콜로라도주 80301

Ms. Dahl께,

귀하의 최근 방문에 감사드립니다. **139** High Point
Medical에서 저희는 각 환자의 필요를 충족시키기 위해 항
상 노력합니다. 저희는 귀하께서 받은 치료의 질에 충분히
만족하시기를 희망합니다.

저희는 환자 치료 설문 조사를 통하여 저희 의료 시설에서
의 귀하의 경험에 대해 더 알고 싶습니다. **140** 설문지를 작
성해 주시고, 각 5개의 항목이 지시된 대로 평가되었는지
확인해 주십시오. **141** 만약 추가적인 의견이 있으시면, 마련
된 빈 공간에 그것들을 포함시켜 주십시오.

설문 조사에 귀하가 제공하는 정보는 검토되어 향후에 저희
서비스를 개선하는 데에 이용될 것이라는 점을 유념해 주십
시오. **142** 그렇더라도, 귀하의 개인 정보는 보호될 것입니
다. 저희는 귀하의 어떤 응답이라도 추적하여 귀하를 찾을
수 없을 것입니다. 참여해 주셔서 감사드립니다.

Stanley Waite 드림
병원 고객 평가부

---

139 (A) Please accept our sincere apologies for the
treatment you were given.
(B) We are delighted with your generous donation to
the hospital.
(C) At High Point Medical, we always strive to meet the
needs of each patient.
(D) Our records show that you have been missing your
appointments.

140 (A) rates
(B) rating
(C) is rated
(D) to rate

141 (A) to include
(B) include
(C) included
(D) inclusion

142 (A) Likewise
(B) In other words
(C) Nonetheless
(D) For instance

어휘 **medical** adj. 의료의, 의학의 **facility** n. 시설, 기능 **survey** n. (설문) 조사 **fill out** phr. 작성하다, 기재하다 **questionnaire** n. 설문지
direct v. 지시하다, 감독하다; adj. 직접적인 **analyze** v. 검토하다, 분석하다 **privacy** n. 개인 정보, 사생활 **track** v. 추적하다, 뒤쫓다
assessment n. 평가

■ **알맞은 문장 고르기** 　　　　　　　　　　　　　　　　　　　　　　　　　　　　　　정답 (C)

빈칸에 들어갈 알맞은 문장을 고르는 문제이므로 주변 문맥 또는 전체 문맥을 파악한다. 뒤 문장 'We hope that you are fully satisfied with the quality of care that you received.'에서 받은 치료의 질에 충분히 만족하기를 희망한다고 했으므로 빈칸에는 병원이 환자들에게 제공하는 치료의 질과 관련된 내용이 들어가야 함을 알 수 있다. 따라서 (C) At High Point Medical, we always strive to meet the needs of each patient가 정답이다.

보기 해석
(A) 귀하께서 받으신 치료에 대한 저희의 진심 어린 사과를 받아 주십시오.
(B) 저희는 병원에 해주신 귀하의 후한 기부에 매우 기쁩니다.
(C) High Point Medical에서 저희는 각 환자의 필요를 충족시키기 위해 항상 노력합니다.
(D) 저희의 기록은 귀하께서 예약을 지키시지 못하고 있음을 보여줍니다.

어휘　sincere adj. 진심 어린, 진정한　treatment n. 치료, 대우　delighted adj. 아주 기뻐하는, 즐거워하는　generous adj. 후한, 관대한
　　　donation n. 기부, 기증　strive v. 노력하다, 싸우다

■ **[동사 자리] 능동태와 수동태의 구별** 　　　　　　　　　　　　　　　　　　　　　　정답 (C)

that절(that ~ directed)에 동사가 없으므로 동사 (A)와 (C)가 정답의 후보이다. 빈칸 다음에 목적어, 보어나 부사가 없고, '각 5개의 항목이 지시된 대로 평가되었는지 확인하다'라는 수동의 의미가 되어야 하므로 수동태 (C) is rated가 정답이다. (A)는 능동태이므로 답이 될 수 없다. 동명사 또는 현재분사 (B), to 부정사 (D)는 동사 자리에 올 수 없다. 참고로, rate(평가하다, 평가되다)는 타동사로도 쓰이고 자동사로도 쓰이는데, 타동사일 경우 다음에 목적어가 오고 자동사일 경우 다음에 보어나 부사가 온다는 것을 알아둔다.

■ **명령문은 주어 없이 동사원형으로 시작된다.** 　　　　　　　　　　　　　　　　　　　정답 (B)

문장이 주어 없이 please로 시작되는 명령문이므로, 명령문의 동사로 사용되는 동사원형 (B) include(포함시키다)가 정답이다. to 부정사 (A), 과거형 동사 또는 과거분사 (C), 명사 (D)는 명령문의 동사로 사용될 수 없다.

■ **접속부사** 주변 문맥 파악 　　　　　　　　　　　　　　　　　　　　　　　　　　　　정답 (C)

빈칸이 콤마와 함께 문장의 맨 앞에 온 접속부사 자리이므로, 앞 문장과 빈칸이 있는 문장의 의미 관계를 파악하여 정답을 선택한다. 앞 문장에서 설문 조사에 제공하는 정보는 검토되어 향후에 서비스를 개선하는 데에 이용될 것이라고 했고, 빈칸이 있는 문장에서는 개인 정보는 보호될 것이라고 했으므로 내용상 앞 문장과 대조되는 문장에서 사용되는 접속부사 (C) Nonetheless(그렇더라도)가 정답이다. (A) Likewise는 '마찬가지로', (B) In other words는 '다시 말해서', (D) For instance는 '예를 들어'라는 의미로 빈칸에 쓸 경우 어색한 문맥이 된다.

WELLINGTON (18 March)—Friday marks the beginning of the annual Wellington Literary Festival. This year's event will include presentations ------- authors from all over the world.
143
In addition to local favourites, the festival will showcase ------- from Africa and South America. As always, the festival
144
will be a great chance for young writers ------- publishers with
145
their proposals. If you're passionate about literature, don't miss out. -------.
146

웰링턴 (3월 18일)—금요일은 연례 웰링턴 문학 축제의 시작을 알린다. 143 올해 행사는 전 세계의 작가들에 의한 발표를 포함할 것이다. 144 지역에서 인기 있는 것들뿐만 아니라, 축제는 아프리카와 남아메리카의 소설을 선보일 예정이다. 145 언제나처럼, 이 축제는 젊은 작가들이 제안을 가지고 출판사들에 다가갈 좋은 기회가 될 것이다. 당신이 문학에 대해 열정적이라면, 놓치지 말아야 한다. 146 행사 티켓은 온라인에서 구매 가능하다.

143 (A) in
(B) by
(C) through
(D) since

144 (A) performers
(B) fiction
(C) films
(D) artwork

145 (A) to approach
(B) approach
(C) are approaching
(D) approached

146 (A) Some of the presentations had to be rescheduled.
(B) Most publishers would prefer you e-mail them your work.
(C) Tickets for the event are available for purchase online.
(D) To enter the raffle, call the number listed below.

어휘 mark v. 알리다, 표시하다 literary adj. 문학의 showcase v. 선보이다, 전시하다 publisher n. 출판사, 출판업자 passionate adj. 열정적인 literature n. 문학 miss out phr. 놓치다

■ **전치사 선택** 기타   정답 (B)

'전 세계의 작가들에 의한 발표를 포함하다'라는 의미가 되어야 하므로 전치사 (B) by(~에 의해)가 정답이다. (A) in은 '~에, ~ 안에'라는 의미로 시간이나 장소를, (C) through는 '~ 동안, ~을 통과하여'라는 의미로 기간이나 방향을, (D) since는 '~ 이래로'라는 의미로 시점을 나타낸다.

■ **명사 어휘** 전체 문맥 파악   정답 (B)

'축제는 아프리카와 남아메리카의 ____을 선보일 예정이다'라는 문맥이므로 모든 보기가 정답의 후보이다. 빈칸이 있는 문장만으로는 정답을 고를 수 없으므로 주변 문맥이나 전체 문맥을 파악한다. 앞부분에서 금요일은 연례 웰링턴 문학 축제의 시작을 알리며, 올해 행사는 전 세계의 작가들에 의한 발표를 포함할 것이라고 했으므로, 축제가 지역에서 인기 있는 것들뿐만 아니라 아프리카와 남아메리카의 소설을 선보일 예정이라는 것을 알 수 있다. 따라서 명사 (B) fiction(소설)이 정답이다. (A) performers는 '공연자들', (C) films는 '영화들', (D) artwork는 '예술 작품'이라는 의미이다.

■ **[수식어 거품을 이끄는 것] to 부정사의 역할**   정답 (A)

이 문장은 주어(the festival), 동사(will be), 보어(a great chance)를 갖춘 완전한 절이므로, ____ ~ proposals는 수식어 거품으로 보아야 한다. 이 수식어 거품은 동사가 없는 거품구이므로 거품구를 이끌 수 있는 to 부정사 (A)와 과거분사 (D)가 정답의 후보이다. 빈칸 뒤에 목적어(publishers)가 있고 '출판사들에 다가갈 좋은 기회'라는 의미가 되어야 하므로 to 부정사 (A) to approach가 정답이다. 과거분사 (D)는 뒤에 목적어(publishers)를 취할 수 없다. 동사 또는 명사 (B)와 동사 (C)는 수식어 거품을 이끌 수 없다. 참고로, 여기서 to 앞의 for young writers가 to 부정사의 의미상 주어로 쓰였음을 알아둔다.

■ **알맞은 문장 고르기**   정답 (C)

빈칸에 들어갈 알맞은 문장을 고르는 문제이므로 주변 문맥 또는 전체 문맥을 파악한다. 앞 문장 'If you're passionate about literature, don't miss out.'에서 문학에 대해 열정적이라면 놓치지 말아야 한다고 했으므로 빈칸에는 문학 축제에 참가하는 방법에 대한 내용이 들어가야 함을 알 수 있다. 따라서 (C) Tickets for the event are available for purchase online이 정답이다.

보기 해석
(A) 일부 발표는 일정이 변경되어야 했다.
(B) 대부분의 출판사들은 당신이 그들에게 이메일로 작품을 보내는 것을 선호할 것이다.
(C) 행사 티켓은 온라인에서 구매 가능하다.
(D) 추첨에 응모하려면, 아래 적힌 번호로 전화하면 된다.

어휘   reschedule   v. 일정을 변경하다   raffle   n. 추첨

PART 7

Questions 147-148 refer to the following text message.

147-148은 다음 문자 메시지에 관한 문제입니다.

From: 555-2910 (unknown contact)

Thank you for patronizing Luigi's Restaurant. [147]Please arrive 5 to 10 minutes before your booking and show this confirmation message to the host. We have received your $50 deposit, and your table for four will be ready at 7:30 P.M. on Friday evening. [148-B]This amount will be subtracted from your final bill when you dine with us. Do note, however, that if you choose to cancel your booking, you will not be refunded.

발신: 555-2910 (알 수 없는 연락처)

Luigi's 레스토랑을 애용해 주셔서 감사합니다. [147]예약 5분에서 10분 전에 도착하여 이 확인 메시지를 호스트에게 보여주십시오. 저희는 귀하의 보증금 50달러를 받았으며, 귀하의 4인석 테이블은 금요일 저녁 7시 30분에 준비될 것입니다. [148-B]이 금액은 귀하께서 저희 식당에서 식사하실 때 최종 청구서에서 공제될 것입니다. 그러나, 예약을 취소하시는 경우에는 환불되지 않을 것임을 참고해주세요.

어휘 □ **patronize** v. (특정 상점, 식당 등을) 애용하다   □ **deposit** n. 보증금   □ **subtract** v. 공제하다, 빼다

147
○ ○ ○ ○
하

Why was the text message sent?

(A) To confirm a reservation
(B) To provide directions to a restaurant
(C) To update a cancellation policy
(D) To mention a penalty fee

문자 메시지는 왜 보내졌는가?

(A) 예약을 확정하기 위해
(B) 레스토랑으로 가는 길을 제공하기 위해
(C) 취소 규정을 업데이트하기 위해
(D) 위약금을 언급하기 위해

■ **주제/목적 찾기** 글을 쓴 이유   정답 (

문자 메시지가 보내진 이유를 묻는 목적 찾기 문제이므로 지문의 앞부분을 주의 깊게 확인한다. 'Please arrive 5 to 10 minutes befo your booking and show this confirmation message to the host.'에서 예약 5분에서 10분 전에 도착하여 이 확인 메시지를 호스트에 보여주라고 했고, 'We have received your $50 deposit, and your table for four will be ready'에서 자신들은 보증금 50달러를 받았며 4인석 테이블이 준비될 것이라고 했으므로 (A)가 정답이다.

어휘 **direction** n. 길, 방향 **penalty fee** phr. 위약금, 과태료

148
○ ○ ○ ○
중

What is stated about a deposit payment?

(A) It can be made on Friday evening.
(B) It will be deducted from the bill.
(C) It may take 10 minutes to process.
(D) It can be refunded before dining.

보증금 지불에 대해 언급된 것은?

(A) 금요일 저녁에 지불할 수 있다.
(B) 청구서에서 차감될 것이다.
(C) 처리하는 데 10분이 걸릴 수 있다.
(D) 식사하기 전에 환불될 수 있다.

■ **Not/True** True 문제   정답 (

질문의 핵심 어구인 deposit payment와 관련된 내용을 지문에서 찾아 각 보기와 대조하는 Not/True 문제이다. (A), (C), (D)는 지문에 언되지 않은 내용이다. (B)는 'This amount will be subtracted from your final bill when you dine with us.'에서 이 금액, 즉 보증금 5C러는 식당에서 식사할 때 최종 청구서에서 공제될 것이라고 했으므로 지문의 내용과 일치한다. 따라서 (B)가 정답이다.

바꾸어 표현하기
be subtracted from ~ final bill 최종 청구서에서 공제되다 → be deducted from the bill 청구서에서 차감되다

어휘 **deduct** v. 차감하다, 빼다 **process** v. 처리하다

Questions 149-150 refer to the following notice.

149-150은 다음 공고에 관한 문제입니다.

Attention: Students with Classes in Kingsley Auditorium

All students who have classes scheduled to take place in Kingsley Auditorium should note that this facility will not be available from October 2 to 4. [149]The biology department is using the venue for its yearly lecture series during this period, as usual. Students attending classes scheduled to be held in the auditorium on those dates are asked to go to Ward Hall instead.

In addition, please note that the October 3 session of the [150-A/C]"Intermediate Microbiology" class that usually takes place in the auditorium at 10 A.M. has been canceled. [150-B]Professor Evan Chang will hold a makeup lesson later in the semester.

Contact the department office if you have any questions.

주목해주십시오: Kingsley 강당에서 수업이 있는 학생들

Kingsley 강당에서 열리기로 예정된 수업을 듣는 모든 학생들은 10월 2일부터 4일까지 그 시설을 이용할 수 없을 것이라는 점을 유의해야 합니다. [149]여느 때와 같이, 생물학부가 이 기간 동안 연례 강연 시리즈를 위해 이 장소를 사용할 것입니다. 이 날짜들에 이 강당에서 열리기로 예정된 수업에 참석하는 학생들은 대신에 Ward 홀로 가도록 요청됩니다.

덧붙여, [150-A/C]보통 오전 10시에 이 강당에서 열리는 "중급 미생물학" 수업의 10월 3일 강의가 취소되었음을 유의해주시기 바랍니다. [150-B]Evan Chang 교수님은 이번 학기 말에 보충 수업을 여실 것입니다.

무엇이든 질문이 있으시면 부서 사무실로 연락하십시오.

어휘 □ **auditorium** n. 강당   □ **venue** n. 장소   □ **yearly** adj. 연례의, 매년 있는
□ **lecture** n. 강연, 강의   □ **instead** adv. 대신에   □ **intermediate** adj. 중급의
□ **microbiology** n. 미생물학   □ **makeup** n. 보충

---

9 What can be inferred about Kingsley Auditorium?

(A) It will be temporarily closed for renovations.
(B) It has a larger capacity than Ward Hall does.
(C) It has been regularly used for an academic event.
(D) It is not normally used for classes.

Kingsley 강당에 대해 추론될 수 있는 것은?

(A) 보수를 위해 일시적으로 폐쇄될 것이다.
(B) Ward 홀보다 수용력이 더 크다.
(C) 정기적으로 학술 행사를 위해 사용되어 왔다.
(D) 일반적으로는 수업을 위해 사용되지 않는다.

■ **추론** 세부 정보   정답 (C)

질문의 핵심 어구인 Kingsley Auditorium에 대해 추론하는 문제이다. 'The biology department is using the venue for its yearly lecture series during this period, as usual.'에서 여느 때와 같이 생물학부가 이 기간 동안 연례 강연 시리즈를 위해 이 장소, 즉 Kingsley 강당을 사용할 것이라고 했으므로 Kingsley 강당이 정기적으로 강연 시리즈를 위해 사용된다는 사실을 추론할 수 있다. 따라서 (C)가 정답이다.

어휘 **temporarily** adv. 일시적으로, 임시로   **renovation** n. 보수, 수리, 개조   **capacity** n. 수용력

---

0 What is NOT mentioned about Intermediate Biology class?

(A) The regular location of a class
(B) The name of a class instructor
(C) The starting time of a class
(D) The duration of a class

중급 미생물학 수업에 대해 언급되지 않은 것은?

(A) 평소 수업 장소
(B) 수업의 강사 이름
(C) 수업 시작 시간
(D) 수업 지속 시간

■ **Not/True** Not 문제   정답 (D)

질문의 핵심 어구인 Intermediate Biology class와 관련된 내용을 지문에서 찾아 각 보기와 대조하는 Not/True 문제이다. (A)와 (C)는 '"Intermediate Microbiology" class that usually takes place in the auditorium at 10 A.M.'에서 "중급 미생물학" 수업이 보통 오전 10시에 이 강당, 즉 Kingsley 강당에서 열린다고 했으므로 지문의 내용과 일치한다. (B)는 'Professor Evan Chang will hold a makeup lesson'에서 Evan Chang 교수가 보충 수업을 열 것이라고 했으므로 지문의 내용과 일치한다. (D)는 지문에 언급되지 않은 내용이다. 따라서 (D)가 정답이다.

어휘 **regular** adj. 평소의   **instructor** n. 강사   **duration** n. 지속 시간(기간)

Conference Room Reservations

[151]If any employee of Great Files Inc. wishes to reserve a meeting room, go to the conference room reservation schedule online at: www.greatfiles.com/employee/meetings to check for available time slots. [152-D]If the slot you require is not available, please send an e-mail to your respective floor administration representative listed below and include the purpose of your reservation.

[152-B]Floor	Representative
2nd	Heather Greenstone
[152-A/C]3rd	Roxanne Laddington
[152-C]4th	Elissa Hunter
[152-B]5th	Victor Anzelo
[152-A/B/C]7th	Roxanne Laddington
8th	Jonathan Madison
9th	Ian Dexter
[152-C]10th	Elissa Hunter

The representative will then follow up with you if the reservation schedule can be changed. Please do not contact any party who has already reserved the room to negotiate a scheduling change.

If the online schedule shows that your desired time is open, select the time from the drop-down menu and enter the number of attendees along with the purpose of the meeting. It is strongly suggested that reservations be made at least one week in advance as last minute reservations can be difficult to accommodate. Furthermore, please note that [153]the large meeting rooms on the 7th and 8th floors are now available until 11 P.M. every day, including Saturday and Sunday. All others may only be reserved during regular working hours. [152-A]For any questions or concerns regarding the scheduling system, contact Roxanne Laddington at extension #2968.

회의실 예약

[151]Great Files사의 직원 누구든지 회의실을 예약하길 원하면, 온라인 www.greatfiles.com/employee/meetings에 있는 회의실 예약 일정표에 가서 예약 가능한 시간대를 확인하십시오. [152-D]만약 필요로 하는 시간대가 예약 불가할 경우, 아래에 나열된 각 층의 행정 대리 직원에게 이메일을 보내고 예약 목적을 포함하십시오.

[152-B]층	대리 직원
2층	Heather Greenstone
[152-A/C]3층	Roxanne Laddington
[152-C]4층	Elissa Hunter
[152-B]5층	Victor Anzelo
[152-A/B/C]7층	Roxanne Laddington
8층	Jonathan Madison
9층	Ian Dexter
[152-C]10층	Elissa Hunter

대리 직원은 예약 일정이 변경될 수 있으면 그때 연락을 드릴 것입니다. 일정 변경을 협의하기 위해 이미 회의실을 예약한 어떤 당사자에게도 연락하지 마십시오.

만약 온라인 일정표가 여러분이 원하는 시간이 비어있다고 보여줄 경우, 드롭다운 메뉴에서 시간을 선택하고 회의 목적과 함께 참석자 수를 입력하십시오. 임박한 예약에는 회의실을 제공하기 어려울 수 있으므로 최소한 일주일 전에 예약하는 것이 강력히 권고됩니다. 또한, [153]7층과 8층의 대회의실들은 이제 토요일과 일요일을 포함하여 매일 오후 11시까지 이용 가능함을 알아 두십시오. 다른 모든 회의실들은 정규 근무 시간 동안에만 예약될 수 있습니다. [152-A]일정 관리 시스템과 관련하여 어떠한 문의나 우려 사항이 있으면, 내선 번호 2968번으로 Roxanne Laddington에게 연락하십시오.

어휘 □ **conference room** phr. 회의실
□ **party** n. 당사자, 단체, 정당
□ **along with** phr. ~와 함께, ~에 따라
□ **regular** adj. 정규의, 규칙적인
□ **slot** n. 시간대, 자리, 구멍
□ **negotiate** v. 협의하다, 협정하다
□ **accommodate** v. 공간을 제공하다, 수용하다, (요구 등에) 부응하다
□ **regarding** prep. ~와 관련하여, ~에 대해
□ **respective** adj. 각각의, 각자의
□ **open** adj. 비어있는, 이용할 수 있는

1

What is the main purpose of the information?

(A) To explain an office procedure to staff
(B) To clarify manager names by floor
(C) To announce meeting regulations
(D) To notify employees of room changes

안내문의 주 목적은 무엇인가?

(A) 직원들에게 사무 절차를 설명하기 위해
(B) 층별 관리자 이름을 분명히 알리기 위해
(C) 회의 규정을 공지하기 위해
(D) 직원들에게 회의실 변경을 알리기 위해

■ 주제/목적 찾기 글의 목적　　　　　　　　　　　　　　　　　정답 (A)

안내문의 목적을 묻는 목적 찾기 문제이므로 지문의 앞부분을 주의 깊게 확인한다. 'If any employee ~ wishes to reserve a meeting room, go to the conference room reservation schedule online ~ to check for available time slots.'에서 직원 누구든지 회의실을 예약하길 원하면 온라인에 있는 회의실 예약 일정표에 가서 예약 가능한 시간대를 확인하라고 한 후, 구체적인 회의실 예약 방법과 규정을 설명하고 있으므로 (A)가 정답이다.

어휘　procedure n. 절차, 경과　regulation n. 규정, 규제　notify v. 알리다, 통지하다

2

What is NOT indicated about the floor representatives?

(A) One of them is the contact for scheduling system questions.
(B) None of them are responsible for the 6th floor.
(C) Only one of them is assigned to two floors.
(D) All of them can be contacted for room changes by floor.

층의 대리 직원들에 대해 언급되지 않은 것은?

(A) 그들 중 한 명은 일정 관리 시스템 문의를 위한 중개자이다.
(B) 그들 중 누구도 6층에 대해서는 책임이 없다.
(C) 그들 중 한 명만이 2개의 층에 배정된다.
(D) 그들 모두는 회의실 변경에 대해 층별로 연락을 받을 수 있다.

■ Not/True Not 문제　　　　　　　　　　　　　　　　　　　　정답 (C)

질문의 핵심 어구인 the floor representatives와 관련된 내용을 지문에서 찾아 각 보기와 대조하는 Not/True 문제이다. (A)는 'For any questions or concerns regarding the scheduling system, contact Roxanne Laddington'에서 일정 관리 시스템과 관련하여 어떠한 문의나 우려 사항이 있으면 Roxanne Laddington에게 연락하라고 했고, '3rd, Roxanne Laddington'과 '7th, Roxanne Laddington'에서 Roxanne Laddington이 3층과 7층의 대리 직원이라고 했으므로 지문의 내용과 일치한다. (B)는 표의 'Floor', '5th', '7th'에서 5층과 7층 사이에 6층이 없으므로 지문의 내용과 일치한다. (C)는 표의 '3rd, Roxanne Laddington'과 '7th, Roxanne Laddington', '4th, Elissa Hunter'와 '10th, Elissa Hunter'에서 2개의 층에 배정된 직원이 두 명이므로 지문의 내용과 일치하지 않는다. 따라서 (C)가 정답이다. (D)는 'If the slot you require is not available, please send an e-mail to your respective floor administration representative'에서 만약 필요로 하는 시간대가 예약 불가일 경우 각 층의 행정 대리 직원에게 이메일을 보내라고 했으므로 지문의 내용과 일치한다.

바꾸어 표현하기
send an e-mail 이메일을 보내다 → be contacted 연락을 받다
respective floor 각 층 → by floor 층별로

어휘　contact n. 중개자, 연락, 접촉; v. 연락하다　assign v. 배정하다, 맡기다

3

What is suggested about the meeting rooms?

(A) They can be reserved by calling representatives directly.
(B) The hours for some of them have been extended.
(C) The ones on the 7th and 8th floors were renovated.
(D) They may be booked with the department supervisors.

회의실들에 대해 암시되는 것은?

(A) 대리 직원에게 직접 전화해서 예약될 수 있다.
(B) 일부 회의실들의 시간이 연장되었다.
(C) 7층과 8층의 회의실들은 개조되었다.
(D) 부서 관리자들로부터 예약될 수 있다.

■ 추론 세부 정보　　　　　　　　　　　　　　　　　　　　　정답 (B)

질문의 핵심 어구인 the meeting rooms에 대해 추론하는 문제이다. 'the large meeting rooms on the 7th and 8th floors are now available until 11 P.M. every day, including Saturday and Sunday. All others may only be reserved during regular working hours.'에서 7층과 8층의 대회의실들은 이제 토요일과 일요일을 포함하여 매일 오후 11시까지 이용 가능하고 다른 모든 회의실들은 정규 근무 시간 동안에만 예약될 수 있다고 했으므로, 이제 7층과 8층에 있는 대회의실들은 이용 시간이 연장되어 정규 근무 시간 외에도 이용 가능하다는 사실을 추론할 수 있다. 따라서 (B)가 정답이다.

Dorothy Lee [4:15]
You're the intern in charge of booking Mr. Parker's flight to Las Vegas, right? He asked me to tell you there's been a change, and he needs to leave on June 9 and return on the 14th.

James Harter [4:18]
[154]I haven't done it yet because I need his frequent flier number to check his points balance. I was going to ask for it earlier, but he and the other supervisors are still in a meeting.

Dorothy Lee [4:20]
I've got that information somewhere. I'm his personal assistant, so you can contact me anytime you need details like that. Let me find it.

Dorothy Lee [4:24]
It's KLJ0294SB1.

James Harter [4:25]
Got it. I'm checking now.

James Harter [4:28]
[155]He hasn't got enough points to cover a round-trip. Should we still use them?

Dorothy Lee [4:29]
Don't bother. [155]We can save them for a future flight.

James Harter [4:30]
OK. I'll go ahead and make the booking now.

Dorothy Lee [4:30]
Send me the confirmation by e-mail. Thanks, James.

Dorothy Lee [4시 15분]
당신이 Mr. Parker의 라스베이거스행 항공편 예약을 맡은 인턴이죠? 그가 변경 사항이 있다고 당신에게 말해줄 것을 저에게 부탁했는데, 그는 6월 9일에 떠나서 14일에 돌아와야 해요.

James Harter [4시 18분]
154포인트 잔액을 확인하려면 그의 상용 고객 번호가 필요해서 아직 하지 않았어요. 그것에 관해 일찍이 물어보려고 했었는데, 그와 다른 관리자들이 아직 회의 중이에요.

Dorothy Lee [4시 20분]
제가 그 정보를 어딘가에 가지고 있어요. 제가 그의 개인비서이니, 그러한 세부 사항들이 필요할 때면 언제든 저에게 연락하시면 됩니다. 제가 그것을 찾아볼게요.

Dorothy Lee [4시 24분]
KLJ0294SB1이에요.

James Harter [4시 25분]
알겠습니다. 지금 확인하고 있어요.

James Harter [4시 28분]
155그는 왕복 여행 비용을 댈 만큼 충분한 포인트를 가지고 있지 않네요. 그래도 포인트를 사용해야 할까요?

Dorothy Lee [4시 29분]
신경 쓰지 마세요. 155그것들은 앞으로의 비행을 위해 아껴 두죠.

James Harter [4시 30분]
알겠습니다. 그럼 제가 지금 예약할게요.

Dorothy Lee [4시 30분]
이메일로 제게 확인서를 보내주세요. 고마워요, James.

어휘 □ frequent flier phr. 상용 고객 □ balance n. 잔액, 균형; v. 균형을 유지하다 □ personal assistant phr. 개인 비서
□ cover v. (무엇을 하기에 충분한 돈을) 대다, 덮다, 포함시키다 □ round-trip n. 왕복 여행

Why was Mr. Harter unable to complete a task?

(A) He lacked some necessary information.
(B) He received two different sets of instructions.
(C) He was busy with another assignment.
(D) He misunderstood what he was supposed to do.

Mr. Harter는 왜 업무를 완료할 수 없었는가?

(A) 필요한 정보가 없었다.
(B) 두 가지의 다른 지시를 받았다.
(C) 다른 업무로 바빴다.
(D) 해야 하는 것을 잘못 이해했다.

■ 육하원칙 Why
정답 (A)

Mr. Harter가 왜(Why) 업무를 완료할 수 없었는지를 묻는 육하원칙 문제이다. 질문의 핵심 어구인 Mr. Harter unable to complete a task와 관련하여, 'I haven't done it yet because I need his frequent flier number to check his points balance.'에서 Mr. Harter가 포인트 잔액을 확인하려면 그, 즉 Mr. Parker의 상용 고객 번호가 필요해서 아직 예약을 하지 않았다고 했으므로 (A)가 정답이다.

어휘 lack v. ~이 없다, 부족하다 instruction n. 지시, 설명, 명령 misunderstand v. 잘못 이해하다, 오해하다

At 4:29, what does Ms. Lee mean when she writes, "Don't bother"?

(A) She wants Mr. Harter to cancel a reservation.
(B) She does not want to disturb Mr. Parker while he is busy.
(C) She prefers that Mr. Parker's flight be paid for without points.
(D) She does not think Mr. Parker will require a round-trip flight.

4시 29분에, Ms. Lee가 "Don't bother"라고 썼을 때 그녀가 의도한 것은?

(A) Mr. Harter가 예약을 취소하기를 원한다.
(B) Mr. Parker가 바쁜 동안 그를 방해하고 싶지 않아 한다.
(C) Mr. Parker의 항공편이 포인트를 사용하지 않고 결제되는 것을 선호한다.
(D) Mr. Parker가 왕복 항공편이 필요할 것이라고 생각하지 않는다.

■ 의도 파악
정답 (C)

Ms. Lee가 의도한 것을 묻는 문제이므로, 질문의 인용어구(Don't bother)가 언급된 주변 문맥을 확인한다. 'He hasn't got enough points to cover a round-trip. Should we still use them?'에서 Mr. Harter가 Mr. Parker는 왕복 여행 비용을 댈 만큼 충분한 포인트를 가지고 있지 않은데 그래도 포인트를 사용해야 할지 묻자 Ms. Lee가 'Don't bother.'(신경 쓰지 마세요)라고 한 후, 'We can save them for a future flight.'에서 그것들을 앞으로의 비행을 위해 아껴두자고 했으므로 Ms. Lee는 Mr. Parker의 항공편을 결제하는 데 포인트를 사용하지 않기를 원한다는 것을 알 수 있다. 따라서 (C)가 정답이다.

어휘 disturb v. 방해하다, 어지럽히다 without prep. ~을 사용하지 않고, ~ 없이

156-157은 다음 기사에 관한 문제입니다.

Capri Interiors Going Green
By Sophia Weathers

August 2—Capri Interiors' CEO [156]Jasmine Shah revealed plans about the company's environmentally conscious future last Monday. Ms. Shah announced to crowds at the Toronto International Home Design Exposition that, starting this fall, Capri Interiors will produce furniture made entirely from domestically sourced materials. Ms. Shah stated that using local raw goods will result in a 60 percent reduction in the company's carbon emissions.

[157]Ms. Shah also suggested at the expo that she is considering enlisting the services of Verdant Corporation to design more efficient and environmentally friendly waste management machines for Capri Interiors' production plants.

Capri 인테리어 회사 친환경적이 되다
Sophia Weathers 기자

8월 2일—Capri 인테리어 회사의 최고 경영자 [156]Jasmine Shah가 지난 월요일 회사의 환경친화적인 미래에 대한 계획을 공개했다. Ms. Shah는 토론토 국제 홈 디자인 박람회에서 관중들에게 올가을부터, Capri 인테리어 회사는 전체 국내 출처의 자재로 만든 가구를 생산할 것이라고 발표했다. Ms. Shah는 현지 원자재 사용이 회사 탄소 배출량의 60퍼센트 감소로 이어질 것이라고 말했다.

[157]Ms. Shah는 또한 박람회에서 Capri 인테리어 회사의 생산 공장을 위해 더 효율적이고 친환경적인 폐기물 관리 기계를 설계하도록 Verdant사의 서비스를 요청하여 얻는 것을 고려하고 있다고 암시했다.

어휘 □ exposition n. 박람회, 전시회 □ domestically adv. 국내에서 □ source v. (특정한 곳을) 출처로 하다; n. 출처
□ raw goods phr. 원자재 □ carbon n. 탄소 □ emission n. 배출(량)
□ enlist v. (협조·참여를) 요청하여 얻다, 징집하다 □ waste n. 폐기물

156

According to the article, what happened last week?

(A) A CEO announced a successor.
(B) A manufacturer opened new locations.
(C) A design trade show was held.
(D) A line of furniture went on sale.

기사에 따르면, 지난주에 무슨 일이 일어났는가?

(A) 최고 경영자가 후임자를 발표했다.
(B) 제조업체가 새로운 지점을 열었다.
(C) 디자인 무역 박람회가 개최되었다.
(D) 가구 제품군이 할인되었다.

■ 육하원칙 What   정답 (

기사에 따르면 지난주에 무슨(what) 일이 일어났는지를 묻는 육하원칙 문제이다. 질문의 핵심 어구인 happened last week과 관련하여 'Jasmine Shah revealed plans ~ last Monday. Ms. Shah announced to crowds at the Toronto International Home Design Exposition'에서 Jasmine Shah가 지난 월요일 계획을 공개했는데, 토론토 국제 홈 디자인 박람회에서 관중들에게 발표했다고 했으므로 지난주에 디자인 무역 박람회가 개최된 것을 알 수 있다. 따라서 (C)가 정답이다.

바꾸어 표현하기
Design Exposition 디자인 박람회 → design trade show 디자인 무역 박람회

어휘 successor n. 후임자 manufacturer n. 제조업체 trade show phr. 무역 박람회

157

What is Ms. Shah planning to do?

(A) Donate more money to an environmental group
(B) Import materials from countries overseas
(C) Outsource manufacturing to other companies
(D) Improve Capri's waste disposal methods

Ms. Shah는 무엇을 하려고 계획하는가?

(A) 환경 단체에 더 많은 돈을 기부한다
(B) 해외 국가들로부터 자재를 수입한다
(C) 제조를 다른 회사들에 위탁한다
(D) Capri사의 폐기물 처리 방식을 개선한다

■ 육하원칙 What   정답 (

Ms. Shah가 무엇(What)을 하려고 계획하는지를 묻는 육하원칙 문제이다. 질문의 핵심 어구인 Ms. Shah planning to do와 관련하여, 'Ms. Shah also suggested ~ that she is considering enlisting the services of Verdant Corporation to design more efficient and environmentally friendly waste management machines for Capri Interiors' production plants.'에서 Ms. Shah가 또한 Capri 인테리어 회사의 생산 공장을 위해 더 효율적이고 친환경적인 폐기물 관리 기계를 설계하도록 Verdant사의 서비스를 요청하여 얻는 것을 고려하고 있다고 암시했다고 했으므로 (D)가 정답이다.

어휘 import v. 수입하다 outsource v. 위탁하다, 외주를 맡기다 disposal n. 처리, 처분

158-160은 다음 이메일에 관한 문제입니다.

To: All Staff
From: Brendan Rogerson <b.rogerson@ellisellis.com>
Subject: Training Courses
Date: April 12

Hello all Ellis and Ellis Consulting staff,

As you know, I've been trying to find a way to improve efficiency here in the office and asked you to complete a survey providing your suggestions. — [1] —. [160]For instance, a number of employees have expressed the desire to take more professional development classes so they can add to their skills. [160]At the same time, I have noticed that [158/160]we have had to hire graphic designers on a very regular basis. — [2] —. When it comes to very big projects, like Web site design or creating our annual report, this seems appropriate, but [158]in many cases, we are hiring them to do an hour of work that one of our own employees could probably do with a little training. — [3] —.

Consequently, [159]I am considering organizing a short course on basic graphic design skills for any employees who are interested. — [4] —. [159]This would allow us to use in-house skills for smaller design projects in the future. If this sounds like something you would like to participate in, please respond to this e-mail and let me know before April 20.

Best wishes,
Brendon Rogerson
Human Resources Director, Ellis and Ellis Consulting

수신: 전 직원
발신: Brendan Rogerson
    <b.rogerson@ellisellis.com>
제목: 교육 과정
날짜: 4월 12일

안녕하세요 Ellis and Ellis Consulting사의 전 직원 여러분,

아시다시피, 저는 사무실에서 효율성을 높이기 위한 방안을 찾기 위해 노력해왔고 여러분들의 제안 사항들을 제공하는 설문 조사를 작성해줄 것을 요청했습니다. — [1] —. [160]예를 들어, 많은 직원들이 그들의 기술들을 늘릴 수 있도록 더 많은 전문성 개발 강의를 듣고 싶다는 바람을 표현해왔습니다. [160]동시에, 저는 [158/160]우리가 매우 정기적으로 그래픽 디자이너들을 고용해야 했음을 알게 되었습니다. — [2] —. 웹사이트 디자인이나 우리의 연례 보고서 작성과 같은 아주 큰 프로젝트에 관한 한 이것은 적절해 보이지만, [158]많은 경우에서 우리는 우리 직원들 중 한 명이 약간의 교육을 통해 할 수 있을 듯한 한 시간 분량의 업무를 하도록 그들을 고용하고 있습니다. — [3] —.

결과적으로, [159]저는 관심 있는 직원 누구나를 위해 기본적인 그래픽 디자인 기술에 관한 짧은 강좌를 계획하는 것을 고려하고 있습니다. — [4] —. [159]이는 우리가 앞으로 더 작은 디자인 프로젝트에 사내 기술을 이용하도록 할 것입니다. 만약 여러분들이 참여하고 싶으신 것 같다면, 4월 20일 전에 이 이메일에 회신하셔서 제게 알려 주십시오.

Brendon Rogerson 드림
인사부장, Ellis and Ellis Consulting사

어휘 □ efficiency n. 효율성, 능률   □ add to phr. ~을 늘리다, 증가시키다   □ on a regular basis phr. 정기적으로
    □ when it comes to phr. ~에 관한 한   □ annual adj. 연례의, 한 해의   □ appropriate adj. 적절한, 알맞은
    □ in-house adj. 사내의, 조직 내의

---

3 What is indicated about Ellis and Ellis Consulting?

(A) It provides training courses to other companies.
(B) It specializes in designing Web sites.
(C) It recently released an annual report.
(D) It has unnecessary expenditures on graphic design.

Ellis and Ellis Consulting사에 대해 암시되는 것은?

(A) 다른 기업들에게 교육 과정을 제공한다.
(B) 웹사이트 디자인을 전문으로 한다.
(C) 최근에 연례 보고서를 발표했다.
(D) 그래픽 디자인과 관련한 불필요한 지출이 있다.

■ 추론 세부 정보   정답 (D)

질문의 핵심 어구인 Ellis and Ellis Consulting에 대해 추론하는 문제이다. 'we have had to hire graphic designers on a very regular basis'에서 우리, 즉 Ellis and Ellis Consulting사가 매우 정기적으로 그래픽 디자이너들을 고용해왔다고 했고, 'in many cases, we are hiring them to do an hour of work that one of our own employees could probably do with a little training'에서 많은 경우에서 자사의 직원들 중 한 명이 약간의 교육을 통해 할 수 있을 듯한 한 시간 분량의 업무를 하도록 그래픽 디자이너들을 고용하고 있다고 했으므로 Ellis and Ellis Consulting사가 그래픽 디자이너들을 고용하는 것과 관련한 불필요한 지출이 있다는 사실을 추론할 수 있다. 따라서 (D)가 정답이다.

어휘 specialize v. 전문으로 하다, 전공하다   release v. 발표하다, 해방하다   expenditure n. 지출, 경비

○○●○
하

What does Mr. Rogerson want to do?

(A) Hire graphic designers as permanent employees
(B) Get ideas from staff about some survey questions
(C) Reduce the company's reliance on outside help
(D) Boost employees' interest in a skill-building class

Mr. Rogerson은 무엇을 하고 싶어 하는가?

(A) 그래픽 디자이너들을 정규직 사원으로 고용한다
(B) 몇 가지 설문 조사 질문에 대해 직원들에게서 아이디어를 얻는다
(C) 외부 지원에 대한 회사의 의존을 줄인다
(D) 기술 개발 강의에 대한 직원들의 관심을 북돋운다

■ **육하원칙** What 정답 (C)

Mr. Rogerson이 무엇(What)을 하고 싶어 하는지를 묻는 육하원칙 문제이다. 질문의 핵심 어구인 Mr. Rogerson want to do와 관련하여 'I am considering organizing a short course on basic graphic design skills for any employees'와 'This would allow us to use in-house skills for smaller design projects in the future.'에서 Mr. Rogerson이 직원들을 위해 기본적인 그래픽 디자인 기술에 관한 짧은 강좌를 계획하는 것을 고려하고 있고 이는 앞으로 더 작은 디자인 프로젝트에 사내 기술을 이용하도록 할 것이라고 했으므로, 그는 직원들이 강좌를 통하여 기본적인 그래픽 디자인 기술을 갖추도록 해서 외부 기술이 아닌 사내 기술을 이용하기를 원한다는 것을 알 수 있다. 따라서 (C)가 정답이다.

어휘 permanent employee phr. 정규직 사원 reliance n. 의존, 의지 outside adj. 외부의; n. 바깥 boost v. 북돋우다, 신장시키다

○○●○
하

In which of the positions marked [1], [2], [3], and [4] does the following sentence best belong?

"Going through them, a couple of trends have become very clear to me."

(A) [1]
(B) [2]
(C) [3]
(D) [4]

[1], [2], [3], [4]로 표시된 위치 중, 다음 문장이 들어갈 곳으로 가장 적절한 것은?

"그것들을 살펴보면서, 제게 두 가지 추세들이 매우 분명해졌습니다."

(A) [1]
(B) [2]
(C) [3]
(D) [4]

■ **문장 위치 찾기** 정답 (A)

지문의 흐름상 주어진 문장이 들어가기에 가장 적절한 곳을 고르는 문제이다. 주어진 문장에서 그것들을 살펴보면서 제게, 즉 Mr. Rogerson에게 두 가지 추세들이 매우 분명해졌다고 했으므로, 이 문장이 분명해진 두 가지 추세에 대해 구체적으로 설명하는 내용 앞부분에 들어가야 함을 알 수 있다. [1]의 뒤 문장인 'For instance, a number of employees have expressed the desire to take more professional development classes'와 'At the same time, I have noticed that we have had to hire graphic designers on a very regular basis.'에서 예를 들어 많은 직원들이 더 많은 전문성 개발 강의를 듣고 싶다는 바람을 표현해왔으며, 동시에 매우 정기적으로 그래픽 디자이너들을 고용했어야 했음을 알게 되었다고 했으므로, [1]에 제시된 문장이 들어가면 설문조사의 결과를 통해 두 가지 추세들을 알게 되었는데, 그것은 직원들이 더 많은 전문성 개발 강의를 듣고 싶어 한다는 것과 회사가 정기적으로 그래픽 디자이너를 고용했었다는 사실이라는 자연스러운 문맥이 된다는 것을 알 수 있다. 따라서 (A)가 정답이다.

어휘 go through phr. 살펴보다 trend n. 추세, 동향

161-163은 다음 편지에 관한 문제입니다.

November 12

[163]Cherry Valley Water District
P.O. Box 495
Cherry Valley, CA 92223

Kimberly Tompkins
47 Woodhaven Drive
Cherry Valley, CA 92223

Dear Ms. Tompkins,

[161]This letter is to notify you that water services on Woodhaven Drive will be shut off on November 30 between the hours of 12 and 3 P.M. During this time, we will make several important repairs to the street's water pipelines.

We understand that this represents an inconvenience to local residents. We appreciate your patience as we perform the upgrades needed to provide safe, clean tap water to the Cherry Valley area.

While the tap water is shut off, [163]residents can collect complimentary bottled water at our main office. Each resident is entitled to one free gallon of water. Please bring proof of address, such as this letter or a state-issued ID.

Our main office is located at 393 Anderson Street, Cherry Valley, CA 92223. Please call the office at 555-1311 with any questions.

Sincerely,
Candace Ludwig
Cherry Valley Director of Public Utilities

11월 12일

[163]체리밸리 상수 지구
495번 사서함
체리밸리, 캘리포니아 92223

Kimberly Tompkins
Woodhaven로 47번지
체리밸리, 캘리포니아 92223

Ms. Tompkins께,

[161]이 편지는 Woodhaven로의 수도 서비스가 11월 30일 오후 12시와 3시 사이에 차단될 것임을 알리기 위한 것입니다. 이 시간 동안, 저희는 거리의 관수로에 몇 가지 중요한 수리를 진행할 것입니다.

저희는 이것이 지역 주민들에게 불편을 의미한다는 것을 이해합니다. 체리밸리 지역에 안전하고 깨끗한 수돗물을 공급하기 위해 필요한 개선을 실시하는 동안 여러분의 인내심에 감사드립니다.

수돗물이 차단되는 동안, [163]주민들은 저희 본사에서 병에 든 물을 무료로 수령할 수 있습니다. 각 주민은 무료로 물 1 갤런을 받을 수 있습니다. 이 편지 또는 주에서 발급한 신분증 등, 주소 증빙자료를 가져오시기 바랍니다.

저희 본사는 Anderson가 393번지, 체리밸리, 캘리포니아 92223에 위치해 있습니다. 문의 사항이 있으시면 555-1311로 사무실에 전화 주십시오.

Candace Ludwig 드림
체리밸리 공공사업국장

어휘
□ **water district** phr. 상수 지구
□ **pipeline** n. 관로, 배관
□ **patience** n. 인내심
□ **bottled** adj. 병에 든
□ **issue** v. 발급하다
□ **P.O. box** phr. (우편) 사서함
□ **represent** v. 의미하다, 나타내다
□ **tap water** phr. 수돗물
□ **entitled to** phr. ~을 받을 수 있는
□ **public utilities** phr. 공공사업, 공익사업
□ **shut off** phr. 차단하다
□ **inconvenience** n. 불편
□ **collect** v. 수령하다, 모으다
□ **state** n. (미국의) 주, 국가

What is the purpose of the letter?

(A) To disclose a service interruption
(B) To warn residents about a risk
(C) To suggest alternatives for some amenities
(D) To invite residents to an event

편지의 목적은 무엇인가?

(A) 서비스 중단을 알리기 위해
(B) 주민들에게 위험을 경고하기 위해
(C) 일부 편의시설에 대한 대안을 제시하기 위해
(D) 주민들을 행사에 초대하기 위해

■ **주제/목적 찾기** 글의 목적
정답 (A)

편지의 목적을 묻는 목적 찾기 문제이므로 지문의 앞부분을 주의 깊게 확인한다. 'This letter is to notify you that water services ~ will be shut off ~.'에서 이 편지는 수도 서비스가 차단될 것임을 알리기 위한 것이라고 했으므로 (A)가 정답이다.

어휘 **disclose** v. 알리다, 공개하다 **interruption** n. 중단 **warn** v. 경고하다 **risk** n. 위험 **alternative** n. 대안 **amenity** n. 편의시설

The word "perform" in paragraph 2, line 2, is closest in meaning to

(A) complete
(B) entertain
(C) present
(D) function

2문단 두 번째 줄의 단어 "perform"은 의미상 -와 가장 가깝다.

(A) 완료하다
(B) 접대하다
(C) 제시하다
(D) 기능하다

■ 동의어 　　　정답 (

perform을 포함하는 구절 'we perform the upgrades needed to provide safe, clean tap water to the Cherry Valley area'에
perform이 '실시하다, 수행하다'라는 뜻으로 사용되었다. 따라서 '완료하다'라는 뜻을 가진 (A)가 정답이다.

What can residents receive at the Cherry Valley Water District main office?

(A) Proof of address
(B) A state-issued ID
(C) One gallon of bottled water
(D) A letter about upcoming repairs

주민들은 체리밸리 상수 지구 본사에서 무엇을 받을 수 있는가?

(A) 주소 증빙자료
(B) 주에서 발급한 신분증
(C) 병에 든 물 1갤런
(D) 곧 있을 수리에 대한 편지

■ 육하원칙 What 　　　　　　　　　　　　　　　　　　　　　　　　　　　　　　　　　　　　　정답 (

주민들이 체리밸리 상수 지구 본사에서 무엇(What)을 받을 수 있는지를 묻는 육하원칙 문제이다. 질문의 핵심 어구인 residents receive
the Cherry Valley Water District main office와 관련하여, 'Cherry Valley Water District'에서 편지의 발신인이 체리밸리 상수 지구
것을 확인할 수 있고, 'residents can collect complimentary bottled water at our main office. Each resident is entitled to o
free gallon of water.'에서 주민들은 자신들의 본사, 즉 체리밸리 상수 지구의 본사에서 병에 든 물을 무료로 수령할 수 있으며, 각 주민은 무
로 물 1갤런을 받을 수 있다고 했으므로 (C)가 정답이다.

어휘 upcoming adj. 곧 있을, 다가오는

164-167은 다음 온라인 채팅 대화문에 관한 문제입니다.

Greg Fournier   9:11 A.M.
Welcome to RMP Financial Trust's live chat service. How can I help you?

Vivianne Gonyer   9:12 A.M.
I was wondering whether an account I have with your bank still works. [166]I stopped using it when I moved overseas, but I was hoping to revive it when I return home permanently in a few weeks.

Greg Fournier   9:12 A.M.
[164]May I have the number on your ATM card?

Vivianne Gonyer   9:13 A.M.
That's the problem. [164]I didn't keep my ATM card because I didn't think I'd need it.

Greg Fournier   9:14 A.M.
I see. [165]For security reasons, I need to match your name with an ATM card number. There's no other way.

Vivianne Gonyer   9:14 A.M.
I thought that might be the case. Could you tell me what your policy is regarding inactive accounts? It was a checking account, and the last time I used it must have been over two years ago.

Greg Fournier   9:15 A.M.
According to our records, you actually shut down that account.

Vivianne Gonyer   9:17 A.M.
Oh. [166/167]I was hoping to send my current funds to my account before I return. [167]Is this going to be possible?

Greg Fournier   9:18 A.M.
Well, [167]you could use a money transfer service like PrestoDirect. There'd be a fee of about 5 percent, but you could receive the funds at any one of the company's locations, without needing to have a bank account. You can think about setting up a fresh account with us after you've arrived.

Greg Fournier   오전 9시 11분
RMP 금융 신탁의 실시간 채팅 서비스에 오신 것을 환영합니다. 어떻게 도와드릴까요?

Vivianne Gonyer   오전 9시 12분
귀사의 은행에 제가 가지고 있는 계좌가 아직도 유효한지 궁금합니다. [166]제가 외국으로 이주할 때 계좌 사용을 중단했었는데, 몇 주 내에 영구적으로 귀국했을 때 그것을 되살리고 싶어요.

Greg Fournier   오전 9시 12분
[164]귀하의 ATM 카드에 있는 번호를 알 수 있을까요?

Vivianne Gonyer   오전 9시 13분
그게 문제예요. [164]제 ATM 카드가 필요할 것이라고 생각하지 않았기 때문에 그것을 보관하지 않았어요.

Greg Fournier   오전 9시 14분
알겠습니다. [165]보안상의 이유로, 저는 귀하의 성함과 ATM 카드 번호를 맞추어 보아야 합니다. 다른 방법이 없어요.

Vivianne Gonyer   오전 9시 14분
그럴 거라고 생각했어요. 휴면계좌에 관한 귀사의 방침이 무엇인지 말해주실 수 있나요? 그건 당좌 예금 계좌였고, 제가 마지막으로 그걸 사용한 게 분명 2년도 더 넘었을 거예요.

Greg Fournier   오전 9시 15분
저희 기록에 따르면, 귀하께서 사실 그 계좌를 닫으셨습니다.

Vivianne Gonyer   오전 9시 17분
아. [166/167]저는 귀국하기 전에 제 계좌로 현재 자금을 보내고 싶었는데요. [167]이것이 가능할까요?

Greg Fournier   오전 9시 18분
음, [167]PrestoDirect와 같은 송금 서비스를 이용하실 수 있어요. 약 5퍼센트의 수수료가 있을 것이지만, 은행 계좌를 갖고 있을 필요 없이, 그 기업의 어느 지점에서든지 돈을 받으실 수 있습니다. 새로운 계좌를 만드는 것은 도착하신 후 저희와 함께 생각해 보셔도 됩니다.

어휘 □ overseas adv. 외국으로, 해외에   □ revive v. 되살리다, 회복하다   □ permanently adv. 영구적으로
     □ security n. 보안, 안전   □ policy n. 방침, 정책   □ inactive account phr. 휴면계좌
     □ checking account phr. 당좌 예금 계좌 □ branch n. 지점, 가지   □ fund n. 자금, 돈
     □ transfer n. 송금; v. 송금하다, 옮기다   □ fresh adj. 새로운

○○○○
중

At 9:13 A.M., what does Ms. Gonyer mean when she writes, "That's the problem"?

(A) She is unable to use an online payment system.
(B) She cannot remember her account balance.
(C) She does not have access to some information.
(D) She discovered an issue with one of her transactions.

오전 9시 13분에, Ms. Gonyer가 "That's the problem" 이라고 썼을 때 그녀가 의도한 것은?

(A) 온라인 결제 시스템을 사용할 수 없다.
(B) 그녀의 계좌 잔액을 기억할 수 없다.
(C) 어떤 정보에 접근할 수 없다.
(D) 그녀의 거래들 중 하나와 관련된 문제를 발견했다.

■ 의도 파악   정답 (C

Ms. Gonyer가 의도한 것을 묻는 문제이므로, 질문의 인용어구(That's the problem)가 언급된 주변 문맥을 확인한다. 'May I have th number on your ATM card?'에서 Greg Fournier가 ATM 카드에 있는 번호를 알 수 있는지 묻자 Ms. Gonyer가 'That's the problem (그게 문제예요)이라고 한 후, 'I didn't keep my ATM card because I didn't think I'd need it.'에서 ATM 카드가 필요할 것이라고 생각하 지 않았기 때문에 그것을 보관하지 않았다고 했으므로 Ms. Gonyer가 ATM 카드에 있는 번호에 대한 정보를 알 수 없다는 것을 알 수 있다. 따 라서 (C)가 정답이다.

어휘   balance n. 잔액 have access to phr. ~에게 접근할 수 있다 transaction n. 거래, 매매

○○○○
상

What is suggested about RMP Financial Trust?

(A) It is encouraging its customers to sign up for online banking.
(B) It only accepts one method of confirming a client's identity.
(C) It runs a helpline that is open for 24 hours a day.
(D) It has established branches all over the world.

RMP 금융 신탁에 대해 암시되는 것은?

(A) 고객이 온라인 뱅킹을 신청하도록 장려하고 있다.
(B) 고객의 신분을 확인하는 한 가지 방법만을 인정한다.
(C) 하루 24시간 열려 있는 전화 상담 서비스를 운영한다.
(D) 전 세계에 지점을 설립했다.

■ 추론 세부 정보   정답 (E

질문의 핵심 어구인 RMP 금융 신탁에 대해 추론하는 문제이다. 'For security reasons, I need to match your name with an ATM car number. There's no other way.'에서 Greg Fournier가 보안상의 이유로 귀하, 즉 고객 Ms. Gonyer의 이름과 ATM 카드 번호를 맞추0 보아야 하며 다른 방법이 없다고 했으므로, RMP 금융 신탁에서는 고객의 신분을 확인하는 데에 고객의 이름과 ATM 카드 번호를 맞추어 보는 방법만을 인정한다는 것을 추론할 수 있다. 따라서 (B)가 정답이다.

어휘   encourage v. 장려하다 sign up for phr. ~을 신청하다 identity n. 신분 helpline n. 전화 상담 서비스

○○○○
상

What does Ms. Gonyer want to do?

(A) Create an account to use overseas
(B) Open a checking account
(C) Move some money to another country
(D) Withdraw funds while abroad

Ms. Gonyer는 무엇을 하고 싶어 하는가?

(A) 해외에서 사용할 계좌를 만든다
(B) 당좌 예금 계좌를 개설한다
(C) 다른 나라로 돈을 옮긴다
(D) 해외에 있는 동안 자금을 인출한다

■ 육하원칙 What   정답 (C

Ms. Gonyer가 무엇(What)을 하고 싶어 하는지를 묻는 육하원칙 문제이다. 질문의 핵심 어구인 Ms. Gonyer want to do와 관련하0 'I stopped using it when I moved overseas'에서 Ms. Gonyer가 외국으로 이주할 때 계좌 사용을 중단했었다고 했고, 'I was hoping 1 send my current funds to my account before I return.'에서 Ms. Gonyer가 귀국하기 전에 자신의 계좌, 즉 이주하기 전에 사용했던 2 좌로 자금을 보내고 싶다고 했으므로 (C)가 정답이다.

바꾸어 표현하기
send ~ funds 자금을 보내다 → move ~ money 돈을 옮기다

어휘   withdraw v. 인출하다

7

What does Mr. Fournier advise Ms. Gonyer about?

(A) Complying with some travel restrictions
(B) Making use of a financial services provider
(C) Appointing a legal representative
(D) Avoiding a large commission fee

Mr. Fournier는 Ms. Gonyer에게 무엇에 대해 조언하는가?

(A) 여행 규제를 준수하는 것
(B) 금융 서비스 제공업체를 이용하는 것
(C) 법정 대리인을 지명하는 것
(D) 높은 수수료를 피하는 것

■ **육하원칙** What   정답 (B)

Mr. Fournier가 Ms. Gonyer에게 무엇(What)에 대해 조언하는지를 묻는 육하원칙 문제이다. 질문의 핵심 어구인 Mr. Fournier advise Ms. Gonyer about과 관련하여, 'I was hoping to send my current funds to my account before I return. Is this going to be possible?'에서 Ms. Gonyer가 귀국하기 전에 자신의 계좌로 현재 자금을 보내고 싶은데 이것이 가능할지 묻자, 'you could use a money transfer service like PrestoDirect'에서 Mr. Fournier가 PrestoDirect와 같은 송금 서비스를 이용할 수 있다고 했으므로 (B)가 정답이다.

어휘 comply with phr. ~을 준수하다, ~에 따르다 provider n. 제공업체 appoint v. 지명하다 representative n. 대리인, 대표 avoid v. 피하다
       commission n. 수수료

STRYKER AMUSEMENT PARK

October is just around the corner, and that means [171-B]everyone at Stryker Amusement Park is gearing up for a month of spooky Halloween fun. [168]Starting October 1 and continuing until October 31, [168/170-C]we will be holding our annual Fright Nights, a series of frighteningly fun activities for visitors of all ages. Below is a schedule of some of the events we have planned.

Date	Activity	Location
October 1-31	Haunted Mansion Tour	North Pavilion
October 10-31	[171-B]Evil Zombies Ride	East Pavilion
October 15-31	[171-C]Corn Maze	South Parking Lot
October 25-31	[169]Children's Zone	Food Court

Be sure to check out the following highlights:

- The Haunted Mansion Tour returns for its third run here at Stryker Amusement Park. [170-B]*California Living* magazine recently ranked the mansion, which features three floors and over 100 actors, as "the third scariest haunted house on the West Coast."
- [169]The Children's Zone features plenty of fun activities for small children, including face painting, storytelling, and pumpkin decorating.
- On October 31, the last day of Fright Nights, [171-A]actor Kayla Draper from the movie *Darkness Rises* will be signing autographs in the main pavilion.
- [171-D]Concession stands throughout the park will be serving our Fright Nights foods, including pumpkin spice coffee and candy apples.

[170-D]Admission to Fright Nights is included with a regular ticket. For more information on these events, visit our Web site at www.strykeramusement.com/frightnights.

STRYKER 놀이공원

10월이 아주 가까이 왔고, 이는 [171-B]Stryker 놀이공원의 모두가 무시무시한 핼러윈 재미의 달을 준비하고 있다는 것을 의미합니다. [168]10월 1일부터 10월 31일까지 계속해서, [168/170-C]저희는 모든 연령대의 방문객들을 위한 깜짝 놀랄 정도로 재미있는 행사 시리즈인 연례 Fright Nights를 열 것입니다. 아래는 저희가 계획한 몇 가지 행사들의 일정입니다.

날짜	행사	장소
10월 1-31일	귀신의 집 투어	북쪽 파빌리온
10월 10-31일	[171-B]사악한 좀비 놀이기구	동쪽 파빌리온
10월 15-31일	[171-C]옥수수밭 미로	남쪽 주차장
10월 25-31일	[169]어린이 구역	푸드 코트

다음의 주요 볼거리들을 꼭 확인하세요:
- 귀신의 집 투어가 여기 Stryker 놀이공원에 세 번째 연속으로 돌아옵니다. [170-B]*California Living*지는 최근 삼 층짜리로 100명 이상의 배우를 포함하는 이 저택을 "서부 해안에서 세 번째로 가장 무서운 귀신의 집"으로 평가했습니다.
- [169]어린이 구역은 페이스 페인팅, 스토리텔링, 호박 장식을 포함하여 어린아이들을 위한 많은 재미있는 활동들을 포함합니다.
- Fright Nights의 마지막 날인 10월 31일에는 [171-A]영화 *Darkness Rises*의 배우 Kayla Draper가 중앙 파빌리온에서 사인을 해줄 것입니다.
- [171-D]공원 곳곳의 매점들은 호박 맛 커피와 캔디 애플을 포함하는 Fright Nights 음식을 제공할 것입니다.

[170-D]Fright Nights의 입장료는 일반 입장권에 포함됩니다. 이 행사들에 대한 더 많은 정보를 원하시면 저희 웹사이트 www.strykeramusement.com/frightnights를 방문하세요.

어휘　□ around the corner phr. 아주 가까이에　□ gear up for phr. ~을 위한 준비를 하다　□ frighteningly adv. 깜짝 놀랄 정도로
　　　□ mansion n. 대저택, 맨션　　　□ pavilion n. 파빌리온, 가설 건물, 공연장　　　□ maze n. 미로, 당혹
　　　□ highlight n. 볼거리, 가장 중요한 점; v. ~을 강조하다　　　□ rank v. 평가하다; n. 등급, 지위
　　　□ autograph n. 사인; v. 사인을 해주다　　□ concession stand phr. 매점　　　□ admission n. 입장료, 입장, 가입

168

What is the notice mainly about?

(A) Renovations to a haunted house
(B) A special sale on tickets
(C) A month of festivities
(D) Amusement park admissions policies

공고는 주로 무엇에 대한 것인가?

(A) 귀신의 집 수리
(B) 입장권의 특별 할인
(C) 축제 행사의 달
(D) 놀이공원 입장 규정

■ 주제/목적 찾기 글의 주제　　　　　　　　　　　　　　　　　　　　　　　　　　　　　정답 (C)

공고가 주로 무엇에 대한 것인지를 묻는 주제 찾기 문제이므로 지문의 앞부분을 주의 깊게 확인한다. 'Starting October 1 and continuing until October 31, we will be holding our annual Fright Nights, a series of ~ activities for visitors of all ages.'에서 10월 1일부터 10월 31일까지 계속해서 모든 연령대의 방문객들을 위한 행사 시리즈인 연례 Fright Nights를 열 것이라고 한 후, Fright Nights 행사의 일정과 주요 볼거리들에 대해 설명하고 있으므로 (C)가 정답이다.

9

Where will the pumpkin decorating take place?

(A) At the north pavilion
(B) At the east pavilion
(C) At the south parking lot
(D) At the food court

호박 장식은 어디에서 열릴 것인가?

(A) 북쪽 파빌리온에서
(B) 동쪽 파빌리온에서
(C) 남쪽 주차장에서
(D) 푸드 코트에서

■ **육하원칙** Where · 정답 (D)

호박 장식이 어디(Where)에서 열릴 것인지를 묻는 육하원칙 문제이다. 질문의 핵심 어구인 the pumpkin decorating take place와 관련하여, 'The Children's Zone features ~ and pumpkin decorating.'에서 어린이 구역이 호박 장식 행사를 포함한다고 했고, 표의 'Children's Zone, Food Court'에서 어린이 구역은 푸드 코트에 있다고 했으므로 (D)가 정답이다.

10

What is indicated about Fright Nights?

(A) It tours around the country.
(B) One of its features has been recognized by a publication.
(C) It is geared mainly towards adults.
(D) Those who attend it must pay an extra admission fee.

Fright Nights에 대해 언급된 것은?

(A) 전국을 순회한다.
(B) 볼거리들 중 하나가 한 출판물에 의해 인정받았다.
(C) 주로 성인들에게 적합하도록 맞춰져 있다.
(D) 참여하는 사람들은 추가 입장료를 내야 한다.

■ **Not/True** True 문제 · 정답 (B)

질문의 핵심 어구인 Fright Nights와 관련된 내용을 지문에서 찾아 각 보기와 대조하는 Not/True 문제이다. (A)는 지문에 언급되지 않은 내용이다. (B)는 '*California Living* magazine recently ranked the mansion ~ as "the third scariest haunted house on the West Coast"'에서 *California Living*지가 이 저택, 즉 귀신의 집을 "서부 해안에서 세 번째로 가장 무서운 귀신의 집"으로 평가했다고 했으므로 지문의 내용과 일치한다. 따라서 (B)가 정답이다. (C)는 'we will be holding our annual Fright Nights, a series of frighteningly fun activities for visitors of all ages'에서 모든 연령대의 방문객들을 위한 행사 시리즈인 연례 Fright Nights를 열 것이라고 했으므로 지문의 내용과 일치하지 않는다. (D)는 'Admission to Fright Nights is included with a regular ticket.'에서 Fright Nights의 입장료는 일반 입장권에 포함된다고 했으므로 지문의 내용과 일치하지 않는다.

어휘 **feature** n. 볼거리, 특색 **gear A towards B** phr. A를 B에게 적합하도록 맞추다 **fee** n. 요금, 수수료

11

What will NOT happen during the month of October?

(A) A special screening of *Darkness Rises* will occur.
(B) Halloween-themed rides will open to the public.
(C) A parking lot will be converted into a maze.
(D) Special refreshments will be available to purchase.

10월 동안에 일어나지 않을 것은?

(A) *Darkness Rises*의 특별 상영이 있을 것이다.
(B) 핼러윈을 테마로 한 놀이기구가 대중들에게 개방될 것이다.
(C) 주차장이 미로로 바뀔 것이다.
(D) 특별한 다과가 구매 가능할 것이다.

■ **Not/True** Not 문제 · 정답 (A)

질문의 핵심 어구인 happen during the month of October와 관련된 내용을 지문에서 찾아 각 보기와 대조하는 Not/True 문제이다. (A)는 'actor Kayla Draper from the movie *Darkness Rises* will be signing autographs'에서 영화 *Darkness Rises*의 배우 Kayla Draper가 사인을 해줄 것이라고 했지 영화 상영에 대한 언급은 없으므로 지문의 내용과 일치하지 않는다. 따라서 (A)가 정답이다. (B)는 'everyone at Stryker Amusement Park is gearing up for a month of spooky Halloween fun'에서 Stryker 놀이공원의 모두가 무시무시한 핼러윈 재미의 달을 준비하고 있다고 했고, 표의 'Evil Zombies Ride, East Pavilion'에서 사악한 좀비 놀이기구가 동쪽 파빌리온에 있을 것이라고 했으므로 지문의 내용과 일치한다. (C)는 'Corn Maze, South Parking Lot'에서 옥수수밭 미로가 남쪽 주차장에 있을 것이라고 했으므로 지문의 내용과 일치한다. (D)는 'Concession stands ~ will be serving our Fright Nights foods, including pumpkin spice coffee and candy apples.'에서 매점들이 호박 맛 커피와 캔디 애플을 포함하는 Fright Nights 음식을 제공할 것이라고 했으므로 지문의 내용과 일치한다.

바꾸어 표현하기
Evil Zombies Ride 사악한 좀비 놀이기구 → Halloween-themed rides 핼러윈을 테마로 한 놀이기구
coffee and candy apples 커피와 캔디 애플 → refreshments 다과

어휘 **screening** n. 상영, 심사 **themed** adj. 특정한 테마의 분위기를 살린 **convert** v. 바꾸다, 전환시키다

172-175는 다음 기사에 관한 문제입니다.

Edmond Estrada Wins Albuquerque Judge's Seat

March 18—[172]A spokesperson for the Albuquerque District Court announced that Attorney Edmond Estrada has won his bid for the judge's seat. — [1] —. He will replace current Judge Wendy Delwes, who confirmed earlier this year that she is retiring at the end of March.

[174-D]In his role as an attorney for the past 25 years, [175]Mr. Estrada has been involved in thousands of legal cases. These included both civil complaints and landlord-tenant cases. — [2] —.

"[173]It has been my privilege to serve the citizens of Albuquerque in my capacity as a lawyer," said Estrada, "and to have witnessed the capable leadership exhibited by Judge Delwes for many years. Through her example, I have learned a great deal about how our courts work best for the people of Albuquerque. — [3] —. Indeed, I feel honored to be succeeding her."

In addition to his legal experience, [174-C]Mr. Estrada is active in the local community. — [4] —. [174-B]He is a member of the Rio Rancho Land Commission and has volunteered with numerous local charities.

Edmond Estrada가 앨버커키 판사직을 차지하다

3월 18일—[172]앨버커키 지방법원의 대변인이 Edmond Estrada 변호사가 판사직을 위한 출마에서 이겼다고 발표했다. — [1] —. 그는 3월 말에 퇴임할 것이라고 올해 초에 공식화한 현직 판사 Wendy Delwes의 후임자가 될 것이다.

[174-D]지난 25년 동안 변호사로서의 그의 역할에 있어서, [175]Mr. Estrada는 수천 건의 법률 소송들에 관여해왔다. 이 소송들은 민원들과 임대차 관계 소송들을 모두 포함했다. — [2] —.

"[173]변호사로서 앨버커키 시민들을 위해 일한 것," Estrada가 말하길, "그리고 수년 동안 Delwes 판사가 보여주었던 유능한 리더십을 직접 보아온 것은 저의 특권이었습니다. 그녀의 선례를 통해, 저는 앨버커키 시민들을 위해 저희 법원이 최선으로 일하는 방법에 대해 많이 배워왔습니다. — [3] —. 진심으로, 그녀의 뒤를 잇게 되어 영광스럽습니다."

그의 법적 경험 외에도, [174-C]Mr. Estrada는 지역 공동체에서도 적극적이다. — [4] —. [174-B]그는 Rio Rancho 토지 위원회의 일원이며 수많은 지역 자선단체들과 봉사를 해왔다.

어휘	□ spokesperson n. 대변인	□ court n. 법원	□ attorney n. 변호사, 대리인
	□ bid n. 출마, 노력	□ confirm v. 공식화하다, 확정하다	□ civil complaint phr. 민원
	□ landlord n. 임대주	□ tenant n. 임차인	□ privilege n. 특권, 영광, 특전
	□ in one's capacity as phr. ~으로서	□ witness v. 직접 보다, 목격하다; n. 증인	□ capable adj. 유능한, ~을 할 수 있는
	□ a great deal adv. 많이, 상당히	□ succeed v. 뒤를 잇다, 성공하다	□ active adj. 적극적인, 활동적인
	□ commission n. 위원회, 수수료	□ charity n. 자선단체, 자선	

172

What does the article mainly discuss?

(A) The process for receiving legal assistance
(B) The results of a mayoral election
(C) The selection of a candidate for a role
(D) The activities of an organization

기사는 주로 무엇에 대한 것인가?

(A) 법적 지원을 받기 위한 절차
(B) 시장 선거의 결과
(C) 직책으로 선발된 후보자
(D) 기관의 활동들

■ 주제/목적 찾기 글의 주제   정답 (C)

기사가 주로 무엇에 대한 것인지를 묻는 주제 찾기 문제이므로 지문의 앞부분을 주의 깊게 확인한다. 'A spokesperson for the Albuquerque District Court announced that Attorney Edmond Estrada has won his bid for the judge's seat.'에서 앨버커키 지방법원의 대변인이 Edmond Estrada 변호사가 판사직을 위한 출마에서 이겼다고 발표했다고 한 후, Edmond Estrada의 판사직 선출과 관련된 내용을 구체적으로 전달하고 있으므로 (C)가 정답이다.

바꾸어 표현하기
judge's seat 판사직 → role 직책

어휘   mayoral adj. 시장의   election n. 선거, 당선   selection n. 선발된 사람[것]

3

Why does Mr. Estrada praise Judge Delwes? (A) She once served as a defense lawyer in Albuquerque. (B) She ran an effective campaign for a senate seat. (C) She has a large amount of courtroom experience. (D) She led an effort to change a local law.	Mr. Estrada는 왜 Delwes 판사를 칭찬하는가? (A) 한때 앨버커키에서 피고측 변호인으로 일했다. (B) 상원 의석을 위한 효과적인 선거 유세를 펼쳤다. (C) 많은 법정 경험을 가지고 있다. (D) 지역 법을 바꾸기 위한 노력을 주도했다.

■ 육하원칙 Why　　　　　　　　　　　　　　　　　　　　　　　　　　　　　　　　　　　　정답 (C)

Mr. Estrada가 왜(Why) Delwes 판사를 칭찬하는지를 묻는 육하원칙 문제이다. 질문의 핵심 어구인 Mr. Estrada praise Judge Delwes와 관련하여, 'It has been my privilege ~ to have witnessed the capable leadership exhibited by Judge Delwes for many years. Through her example, I have learned a great deal about how our courts work best for the people of Albuquerque.'에서 수년 동안 Delwes 판사가 보여주었던 유능한 리더십을 직접 보아온 것은 자신, 즉 Mr. Estrada의 특권이었다고 했고, 그녀의 선례를 통해 앨버커키 시민들을 위해 법원이 최선으로 일하는 방법에 대해 많이 배워왔다고 했으므로 (C)가 정답이다.

어휘　serve v. 일하다, 이바지하다　defense lawyer phr. 피고측 변호인　campaign n. 선거 유세　senate n. 상원　courtroom n. 법정

4

What is NOT mentioned about Mr. Estrada? (A) He represents a real estate company. (B) He sometimes engages in unpaid work. (C) He is frequently involved in the community. (D) He has practiced law for over two decades.	Mr. Estrada에 대해 언급되지 않은 것은? (A) 부동산 회사를 변호한다. (B) 때때로 무보수 일에 관여한다. (C) 지역 공동체에 자주 참여한다. (D) 20년 이상 동안 변호사 일을 해왔다.

■ Not/True Not 문제　　　　　　　　　　　　　　　　　　　　　　　　　　　　　　　　　　정답 (A)

질문의 핵심 어구인 Mr. Estrada와 관련된 내용을 지문에서 찾아 각 보기와 대조하는 Not/True 문제이다. (A)는 지문에 언급되지 않은 내용이다. 따라서 (A)가 정답이다. (B)는 'He ~ has volunteered with numerous local charities.'에서 Mr. Estrada가 수많은 지역 자선단체들과 봉사를 해왔다고 했으므로 지문의 내용과 일치한다. (C)는 'Mr. Estrada is active in the local community'에서 Mr. Estrada가 지역 공동체에서 적극적이라고 했으므로 지문의 내용과 일치한다. (D)는 'In his role as an attorney for the past 25 years'에서 Mr. Estrada가 지난 25년 동안 변호사로서의 그의 역할을 해왔다고 했으므로 지문의 내용과 일치한다.

바꾸어 표현하기

has volunteered 봉사를 해왔다 → engages in unpaid work 무보수 일에 관여하다
is active in the local community 지역 공동체에서 적극적이다 → is frequently involved in the community 지역 공동체에 자주 참여하다

어휘　represent v. 변호하다, 대표하다　real estate phr. 부동산　engage v. 관여하다, 약속하다　practice law phr. 변호사 일을 하다

5

In which of the positions marked [1], [2], [3], and [4] does the following sentence best belong? "In every legal matter he has handled, he has shown a firm commitment to the pursuit of justice." (A) [1] (B) [2] (C) [3] (D) [4]	[1], [2], [3], [4]로 표시된 위치 중, 다음 문장이 들어갈 곳으로 가장 적절한 것은? "그가 다뤘던 모든 법적 사안에서, 그는 정의의 추구에 대한 변함없는 헌신을 보여주었다." (A) [1] (B) [2] (C) [3] (D) [4]

■ 문장 위치 찾기　　　　　　　　　　　　　　　　　　　　　　　　　　　　　　　　　　　정답 (B)

지문의 흐름상 주어진 문장이 들어가기에 가장 적절한 곳을 고르는 문제이다. 주어진 문장에서 그가 다뤘던 모든 법적 사안에서 그는 정의의 추구에 대한 변함없는 헌신을 보여주었다고 했으므로, 이 문장이 그가 다뤘던 법적 사안들과 관련된 내용이 나오는 부분에 들어가야 함을 알 수 있다. [2]의 앞 문장인 'Mr. Estrada has been involved in thousands of legal cases. These included both civil complaints and landlord-tenant cases.'에서 Mr. Estrada가 수천 건의 법률 소송들에 관여해왔고 이 소송들은 민원들과 임대차 관계 소송들을 모두 포함했다고 했으므로, [2]에 제시된 문장이 들어가면 Mr. Estrada가 그동안 다뤘던 법적 사안들이 갖는 의의를 설명하는 자연스러운 문맥이 된다는 것을 알 수 있다. 따라서 (B)가 정답이다.

지문 1

www.lakegodardski.com/about

LAKE GODARD SKI RESORT

ABOUT I TICKETS & PROGRAMS I ACCOMMODATIONS I PHOTOS

Attracting over 10,000 visitors and hosting numerous conventions each year, Lake Godard is one of the most popular winter resort destinations in the United States.

Our slopes are among the most varied in the region. We have beginners' routes and challenging hills for experts. 176-BOur automatic ski lifts ensure you never have to wait long to reach your preferred slope, and our attendants are always available in case you encounter any problems.

But there's more to Lake Godard than just skiing. Our lodge offers a variety of activities. 176-A/CEnjoy games in our recreation room, massages at our spa, and guided hikes through the woods. If you are interested in exploring the city outside of the resort, our staff would be glad to help you reserve tickets or recommend local attractions. Single units start at $129 per night, while 178our popular deluxe rooms, which look out over the scenic slopes of Bear Mountain, start at $149 per night. Plus, 179every stay of seven days or more entitles guests to free daily lessons from a professional skiing instructor.

If you are interested in spending your winter vacation with us, call 555-3612, or send an e-mail to booking@lakegodardski.com.

지문 2

TO: Lake Godard Booking <booking@lakegodardski.com>
FROM: Anna Fuller <annafuller@fastmail.com>
SUBJECT: Booking
DATE: November 24

To Whom It May Concern,

I have visited the Lake Godard area before, but have never stayed at your establishment. I plan to travel there with my husband and two daughters for the holidays. I understand that this season has been particularly busy, so 179I was wondering if you still had a room available for December 20-29. I contacted several other hotels in the region, but they were fully booked.

If possible, 178I'd like to reserve one of the deluxe rooms mentioned on your Web site. Also, 179my daughters have never skied before, so I'd like them to take classes. Lastly, 180can you recommend any local productions that we could catch while we are there? We would prefer something like a magic show or a light musical play.

Best regards,

Anna Fuller

www.lakegodardski.com/about

LAKE GODARD 스키 리조트

| 소개 | 표와 프로그램 | 숙박 | 사진 |

매년 만 명 이상의 방문객들을 유치하고 많은 협의회를 주최하는 Lake Godard는 미국에서 가장 인기 있는 겨울 휴양지들 중 하나입니다.

저희 스키 슬로프는 지역 내에서 가장 다양한 축에 속합니다. 저희는 초보자 코스들과 숙련자들을 위한 어려운 경사로들을 보유하고 있습니다. 176-B저희의 자동 스키 리프트는 여러분이 원하는 슬로프에 도착하는 데에 절대 오래 기다리지 않아도 된다는 것을 보장하고, 여러분이 문제에 맞닥뜨릴 경우를 대비하여 저희 안내원들은 항상 이용 가능합니다.

하지만 Lake Godard에는 단순히 스키 타기 이상의 것이 있습니다. 저희 산장은 다양한 활동들을 제공합니다. 176-A/C저희 오락실에서 게임을, 스파에서 마사지를, 그리고 안내원을 동반한 숲 하이킹을 즐겨보십시오. 만약 리조트 밖의 도시를 탐방하는 데에 관심이 있으시면, 저희 직원들이 기꺼이 표를 예매하는 것을 도와 드리거나 지역 명소들을 추천해 드릴 것입니다. 객실 하나는 1박에 129달러부터이지만, 178경치 좋은 Bear산의 언덕들이 내다보이는, 저희의 인기 있는 고급 객실은 1박에 149달러부터입니다. 게다가, 1797박 이상의 숙박을 할 때마다 손님들께 전문 스키 강사로부터 무료 일일 강습을 받을 자격을 드립니다.

저희와 함께 겨울 휴가를 보내는 것에 관심이 있으시면, 555-3612로 전화 주시거나 booking@lakegodardski.com으로 이메일을 보내주십시오.

수신: Lake Godard 예약
    <booking@lakegodardski.com>
발신: Anna Fuller <annafuller@fastmail.com>
제목: 예약
날짜: 11월 24일

담당자분께,

저는 이전에 Lake Godard 지역을 방문한 적이 있지만, 그쪽 시설에서 숙박한 적은 없습니다. 휴일에 저는 제 남편과 두 딸과 함께 그곳으로 여행을 갈 계획입니다. 이번 시즌이 특히 붐빈다는 것을 알기에, 17912월 20일에서 29일에 투숙 가능한 방이 아직 있는지 궁금합니다. 그 지역의 다른 몇몇 호텔에도 연락해 보았지만, 예약이 꽉 차 있었습니다.

가능하다면, 178저는 리조트의 웹사이트에서 언급된 고급 객실 중 하나를 예약하고 싶습니다. 또한, 179제 딸들은 이전에 스키를 타본 적이 없어서, 그들이 강습을 받았으면 합니다. 마지막으로, 180저희가 거기에 머무는 동안 볼 수 있는 지역 공연을 추천해 주실 수 있으신가요? 저희는 마술쇼나 가벼운 뮤지컬 같은 것을 선호합니다.

Anna Fuller 드림

지문 1 □ attract v. 유치하다, 끌어들이다   □ host v. 주최하다; n. 주최측   □ convention n. 협의회, 관습
       □ automatic adj. 자동의   □ attendant n. 안내원, 수행원   □ encounter v. 맞닥뜨리다, 접하다
       □ lodge n. 산장, 오두막   □ recreation room phr. 오락실   □ attraction n. 명소, 매력
       □ deluxe adj. 고급의, 호화로운; adv. 호화롭게   □ scenic adj. 경치가 좋은   □ entitle v. 자격(권리)을 주다, 제목을 붙이다

지문 2 □ establishment n. 시설, 기관   □ production n. 작품, (극의) 상연, 생산   □ musical play phr. 뮤지컬, 음악극

6

What is NOT mentioned as a service offered by Lake Godard?

(A) Tours of the nearby wilderness
(B) Transportation to the tops of slopes
(C) Activities in a game room
(D) Training for professional skiers

Lake Godard가 제공하는 서비스로 언급되지 않은 것은?

(A) 근처 자연의 관광
(B) 슬로프 정상까지의 운송
(C) 오락실에서의 활동
(D) 프로 스키 선수들을 위한 강습

■ Not/True Not 문제   정답 (D)

질문의 핵심 어구인 a service offered by Lake Godard와 관련된 내용을 지문에서 찾아 각 보기와 대조하는 Not/True 문제이므로 Lake Godard의 서비스와 관련된 내용이 언급된 첫 번째 지문인 웹페이지에서 관련 내용을 확인한다. (A)와 (C)는 'Enjoy games in our recreation room ~ and guided hikes through the woods.'에서 오락실에서 게임을, 그리고 안내원을 동반한 숲 하이킹을 즐겨보라고 했으므로 지문의 내용과 일치한다. (B)는 'Our automatic ski lifts ensure you never have to wait long to reach your preferred slope'에서 자동 스키 리프트를 이용하여 원하는 슬로프에 도착할 수 있다고 했으므로 지문의 내용과 일치한다. (D)는 지문에 언급되지 않은 내용이다. 따라서 (D)가 정답이다.

어휘 nearby adj. 근처의; adv. 근처에 wilderness n. 자연, 황야 transportation n. 운송, 교통 기관

7

On the Web page, the word "available" in paragraph 2, line 3, is closest in meaning to

(A) for hire
(B) in reserve
(C) within reach
(D) on behalf

웹페이지에서, 2문단 세 번째 줄의 단어 "available"은 의미상 ~와 가장 가깝다.

(A) 고용되어
(B) 예비로 마련해 둔
(C) 손이 닿는 곳에
(D) 대신하여

■ 동의어   정답 (C)

첫 번째 지문인 웹페이지의 available을 포함하는 구절 'our attendants are always available in case you encounter any problems'에서 available이 '이용 가능한, 손에 넣을 수 있는'이라는 뜻으로 사용되었다. 따라서 '손이 닿는 곳에'라는 뜻을 가진 (C)가 정답이다.

8

What is suggested about Ms. Fuller?

(A) She wants to change a reservation.
(B) She will cancel a booking at another hotel.
(C) She prefers accommodations with a mountain view.
(D) She would like recommendations on which slopes to ski.

Ms. Fuller에 대해 암시되는 것은?

(A) 예약을 변경하기를 원한다.
(B) 다른 호텔에서의 예약을 취소할 것이다.
(C) 산이 보이는 전망을 가진 숙소를 원한다.
(D) 어느 슬로프에서 스키를 탈지에 대한 추천을 원한다.

■ 추론 연계 문제   정답 (C)

두 지문의 내용을 종합적으로 확인한 후 추론해서 풀어야 하는 연계 문제이다. 질문의 핵심 어구인 Ms. Fuller가 작성한 이메일을 먼저 확인한다.

단서 1 두 번째 지문(이메일)의 'I'd like to reserve one of the deluxe rooms mentioned on your Web site'에서 저, 즉 Ms. Fuller가 웹사이트에서 언급된 고급 객실을 예약하고 싶다고 했다. 그런데 Ms. Fuller가 예약하길 원하는 고급 객실에 대한 세부 정보가 제시되지 않았으므로 웹페이지에서 관련 내용을 확인한다.

단서 2 첫 번째 지문(웹페이지)의 'our ~ deluxe rooms, which look out over the scenic slopes of Bear Mountain'에서 고급 객실은 경치 좋은 Bear산의 언덕들이 내다보인다는 사실을 확인할 수 있다.

두 단서를 종합할 때, Ms. Fuller는 산이 보이는 전망을 가진 고급 객실을 원한다는 사실을 추론할 수 있다. 따라서 (C)가 정답이다.

179

What will Ms. Fuller's children do if her request is met?

(A) Go on a guided hike through the woods
(B) Take some days off from school
(C) Receive free lessons from an instructor
(D) Perform in a musical play

요청이 충족되면 Ms. Fuller의 아이들은 무엇을 할 것인가?

(A) 안내원을 동반한 숲 하이킹을 하러 간다
(B) 학교를 며칠 쉰다
(C) 강사로부터 무료 강습을 받는다
(D) 뮤지컬 공연을 한다

■ 육하원칙 연계 문제   정답 (

두 지문의 내용을 종합해서 풀어야 하는 연계 문제이다. 질문의 핵심 어구인 Ms. Fuller's children do if her request is met에서 요청이
족되면 Ms. Fuller의 아이들이 무엇(What)을 할 것인지를 묻고 있으므로 Ms. Fuller가 작성한 이메일을 먼저 확인한다.

단서 1 두 번째 지문(이메일)의 'I was wondering if you still had a room available for December 20-29'에서 저, 즉 Ms. Fuller가
월 20일에서 29일까지 투숙 가능한 방이 아직 있는지 궁금하다고 했고, 'my daughters have never skied before, so I'd like them
take classes'에서 Ms. Fuller의 딸들이 이전에 스키를 타본 적이 없어서 그들이 강습을 받았으면 한다고 했다. 그런데 스키 강습과 관련된
부 정보가 제시되지 않았으므로 웹페이지에서 관련 내용을 확인한다.

단서 2 첫 번째 지문(웹페이지)의 'every stay of seven days or more entitles guests to free daily lessons from a profession
skiing instructor'에서 7박 이상의 숙박을 하는 경우 손님들에게 전문 스키 강사로부터 무료 일일 강습을 받을 자격을 준다는 것을 확인할
있다.

두 단서를 종합할 때, Ms. Fuller의 요청, 즉 12월 20일에서 29일까지 투숙하는 것이 충족되면 7박 이상 숙박을 하게 될 것이므로 그녀의 딸
이 전문 스키 강사로부터 무료 일일 강습을 받을 것이라는 사실을 알 수 있다. 따라서 (C)가 정답이다.

어휘 take off phr. 쉬다

180

What does Ms. Fuller want to do?

(A) Make time to see a performance
(B) Book a room she has stayed in previously
(C) Obtain a list of local produce to try
(D) Receive a detailed skiing lesson plan by e-mail

Ms. Fuller는 무엇을 하고 싶어 하는가?

(A) 공연을 볼 시간을 마련한다
(B) 이전에 숙박했던 방을 예약한다
(C) 시도해볼 지역 농산물의 목록을 얻는다
(D) 이메일로 상세한 스키 강습 계획안을 받는다

■ 육하원칙 What   정답 (

Ms. Fuller가 무엇(What)을 하고 싶어 하는지를 묻는 육하원칙 문제이므로 질문의 핵심 어구인 Ms. Fuller want to do와 관련된 내용이 언
된 두 번째 지문인 이메일에서 관련 내용을 확인한다. 이메일의 'can you recommend any local productions that we could catch wh
we are there?'에서 Ms. Fuller가 리조트에 머무는 동안 볼 수 있는 지역 공연을 추천해 달라고 했으므로 (A)가 정답이다.

바꾸어 표현하기
productions 공연 → performance 공연

어휘 produce n. 농산물, 생산물; v. 생산하다

To: Angela Porter <a.porter@bigbuy.com>
From: Mason Daley <m.daley@bigbuy.com>
Subject: Managers' meeting
[185]Date: September 21
Attachment: meeting_notes

Hi Angela,

I hope your discussion with the client went well yesterday. [181]We missed you at the managers' meeting. To read a summary of everything we covered, please check the notes attached to this e-mail. Otherwise, [181]the main thing you should know concerns work schedules around the upcoming holidays.

[185]Mr. Baker wants you to compose a notice for employees to remind them of their responsibilities in this regard. [182-D]Too many people were absent from work last year during this period, and he would like to make sure this doesn't happen again. He specifically mentioned planning holiday leave in advance, so that departmental supervisors can reassign work hours as needed. [184]The final schedule will be posted on the company Intranet by November 25. This is one day before the start of our busy season, which generally lasts from November 26 to January 4. Mr. Baker added that no late requests for holiday leave will be approved, except in cases of medical or personal emergencies. The notice needs to contain all this information. [185]Once you're done, you'll need to send it to store supervisors and have them go over it.

Let me know if you have any questions.

Thanks,
Mason
Shift Supervisor
Operations Department

BigBuy

[185]Notice to All Employees
[185]September 30

[185]In preparation for the holiday shopping season, we would like to remind you to take some time to review the work schedule posted on the company Intranet. Aside from checking to make sure that you have been assigned the correct number of hours, please verify that your days off are noted on the schedule.

Please submit requests for holiday leave no later than October 30. [183-A]Any requests for time off made from that date until November 25 will be approved only at the discretion of [183-A/C]each department's supervisor who must

수신: Angela Porter <a.porter@bigbuy.com>
발신: Mason Daley <m.daley@bigbuy.com>
제목: 관리자 회의
[185]날짜: 9월 21일
첨부: 회의록

안녕하세요 Angela,

어제 고객과의 논의가 잘 진행되었기를 바랍니다. [181]우리는 관리자 회의에 당신이 참석하지 않아 아쉬웠습니다. 우리가 다루었던 모든 것의 요약본을 읽어보려면, 이 이메일에 첨부된 기록을 확인해 보십시오. 그 밖에, [181]당신이 알아야 할 가장 중요한 것은 다가오는 연휴 즈음의 업무 일정과 관련된 것입니다.

[185]Mr. Baker는 당신이 이것과 관련하여 직원들에게 그들의 책무에 대해 상기시키는 공고를 작성해주기를 원합니다. [182-D]작년 이 기간 동안 너무 많은 사람들이 결근했고, 그는 이런 일이 다시 일어나지 않도록 확실히 하기를 바랍니다. 그는 특별히 부서 감독들이 필요에 따라 근무 시간을 다시 배정할 수 있도록 연휴 휴가를 미리 계획하는 것에 대해 언급했습니다. [184]최종 일정은 11월 25일까지 회사 인트라넷에 게시될 것입니다. 이는 우리의 성수기 시작 하루 전이고, 성수기는 일반적으로 11월 26일부터 1월 4일까지입니다. Mr. Baker는 의료적 또는 개인적인 응급 상황의 경우들을 제외하고 늦은 휴가 신청은 승인되지 않을 것이라고 덧붙였습니다. 공고는 이 모든 정보를 포함하여야 합니다. [185]작업이 완료되면, 점포 관리자들에게 그것을 보내서 그들이 이것을 검토할 수 있게 해야 할 것입니다.

질문이 있으면 제게 알려 주십시오.

감사합니다.
Mason 드림
교대근무 관리자
운영 부서

BigBuy사

[185]전 직원 대상 공고
[185]9월 30일

[185]휴일 쇼핑 시즌에 대비하여, 저희는 여러분이 시간을 내서 회사 인트라넷에 게시된 근무 일정표를 확인할 것을 상기시켜 드리고자 합니다. 정확한 근무 시간이 배정되었는지 확실히 하기 위해 확인하는 것 외에, 여러분의 휴가들이 일정표에 기재되어 있는지 확인해 주시기 바랍니다.

휴가 신청은 늦어도 10월 30일까지 제출해주시기 바랍니다. [183-A]그 날짜부터 11월 25일까지 이루어진 휴가 신청은 오직 각 부서 감독의 재량으로 승인될 것이며, [183-A/C]각 부

balance employee demands with the need to have the store fully staffed.

[184]These requests will be responded to before the final schedule is posted. Requests for holiday leave sent from November 26 to January 4 will not be granted to anyone, management included, except in the case of a personal or medical emergency. As always, documentation proving that you are eligible for an emergency leave of absence will be required in such situations.

[183-D]If you have any further questions, please consult your respective departmental supervisors. Thank you for your cooperation in this matter.

서 감독은 상점에 직원들이 충분히 배치되어야 하는 필요와 직원 요구의 균형을 맞춰야 합니다.

[184]이 신청들은 최종 일정이 게시되기 전에 답을 받을 것입니다. 11월 26일에서 1월 4일에 이루어진 휴가 신청들은 개인적 또는 의료적 응급 상황의 경우를 제외하고 관리자를 포함하여 누구에게든 승인되지 않을 것입니다. 항상 그렇듯이, 이러한 상황의 경우에는 응급 휴가에 대한 자격이 있음을 증명하는 서류가 요구될 것입니다.

[183-D]만약 추가 질문이 있으면, 여러분 각자의 부서 감독들과 논의하십시오. 이 사안에 대해 협조해 주셔서 감사합니다.

지문 1 □ cover v. 다루다, 포함시키다, 덮다	□ attach v. 첨부하다, 붙이다	□ concern v. 관련되다; n. 중요한 것, 우려
□ compose v. 작성하다, 구성하다	□ remind v. 상기시키다, 일깨우다	□ in this regard phr. 이것과 관련하여, 이 점에서
□ leave n. 휴가, 허가; v. 떠나다, 남기다	□ in advance phr. 미리, 사전에	□ departmental adj. 부서의
□ approve v. 승인하다, 찬성하다		
지문 2 □ review v. 확인하다, 논평하다	□ aside from phr. ~ 외에, ~을 제외하고	□ verify v. 확인하다, 입증하다
□ time off phr. 휴가, 휴식	□ discretion n. 재량, 신중함	□ staff v. 직원을 제공하다, 직원으로 일하다; n. 직원
□ grant v. 승인하다; n. 보조금	□ management n. 관리자, 경영진, 경영	□ eligible adj. 자격이 있는, 적격의
□ respective adj. 각자의, 각각의	□ cooperation n. 협조, 협력	

181

○○○●○
하

What is one purpose of the e-mail?

(A) To modify plans for an upcoming holiday
(B) To update her on a previous request
(C) To fill her in on a recent discussion
(D) To discuss a scheduling conflict with her

이메일의 한 가지 목적은 무엇인가?

(A) 곧 있을 휴가 계획을 수정하기 위해
(B) 이전 요청에 대해 그녀에게 최신 정보를 알리기 위해
(C) 최근 논의에 대해 그녀에게 최신 정보를 주기 위해
(D) 그녀와 일정 충돌에 대해 논의하기 위해

■ 주제/목적 찾기 글을 쓴 이유   정답 (

이메일의 목적을 묻는 목적 찾기 문제이므로 첫 번째 지문인 이메일을 확인한다. 이메일의 'We missed you at the managers' meeting.' 'the main thing you should know concerns work schedules around the upcoming holidays'에서 당신, 즉 Angela Porter가 관리자 회의에 참석하지 않아 아쉬웠다고 하며 그녀가 알아야 할 가장 중요한 것은 다가오는 연휴 즈음의 업무 일정과 관련된 것이라고 한 후, 이와 관련하여 회의에서 논의된 내용에 대해 구체적으로 알려주고 있으므로 (C)가 정답이다.

바꾸어 표현하기
meeting 회의 → discussion 논의

어휘   update v. 최신 정보를 알려주다, 갱신하다   fill A in on B phr. A에게 B에 관한 (최신) 정보를 주다   conflict n. 충돌, 대립; v. 충돌하다

2

What is stated about BigBuy?

(A) Its normal operating hours will change in the new year.
(B) It pays its employees overtime for holiday work.
(C) Its management is preparing for a restructuring.
(D) It has had issues concerning absent staff.

BigBuy사에 대해 언급된 것은?

(A) 새해에 정규 영업시간이 바뀔 것이다.
(B) 직원들에게 휴일 근무에 대한 초과 근무 수당을 제공한다.
(C) 경영진이 구조조정을 준비하고 있다.
(D) 결근한 직원들과 관련된 문제가 있었다.

■ Not/True True 문제　　　　　　　　　　　　　　　　　　정답 (D)

질문의 핵심 어구인 BigBuy와 관련된 내용을 지문에서 찾아 각 보기와 대조하는 Not/True 문제이므로 첫 번째 지문인 이메일에서 관련 내용을 확인한다. (A), (B), (C)는 지문에 언급되지 않은 내용이다. (D)는 'Too many people were absent from work last year during this period, and he would like to make sure this doesn't happen again.'에서 작년 연휴 기간 동안 너무 많은 사람들이 결근했고 그, 즉 BigBuy사의 Mr. Baker는 이런 일이 다시 일어나지 않도록 확실히 하기를 바란다고 했으므로 지문의 내용과 일치한다. 따라서 (D)가 정답이다.

어휘　overtime n. 초과 근무 수당, 초과 근무　restructuring n. 구조조정, 개편, 개혁

3

What are supervisors NOT required to do?

(A) Approve some requests for additional leave
(B) Provide training to seasonal employees
(C) Ensure there are enough workers
(D) Address inquiries from the staff

부서 감독들이 하도록 요구되는 것이 아닌 것은?

(A) 추가적인 휴가에 대한 일부 신청을 승인한다
(B) 계절 근로자 직원들에게 교육을 제공한다
(C) 충분한 직원들이 있도록 한다
(D) 직원들의 문의를 처리한다

■ Not/True Not 문제　　　　　　　　　　　　　　　　　　정답 (B)

질문의 핵심 어구인 supervisors ~ required to do와 관련된 내용을 지문에서 찾아 각 보기와 대조하는 Not/True 문제이므로 부서 감독들이 하도록 요구되는 것과 관련된 내용이 언급된 두 번째 지문인 공고에서 관련 내용을 확인한다. (A)는 'Any requests for time off made from that date until November 25 will be approved only at the discretion of each department's supervisor ~.'에서 그 날짜, 즉 10월 30일부터 11월 25일까지 이루어진 휴가 신청은 오직 각 부서 감독의 재량으로 승인될 것이라고 했으므로 지문의 내용과 일치한다. (B)는 지문에 언급되지 않은 내용이다. 따라서 (B)가 정답이다. (C)는 'each department's supervisor who must balance employee demands with the need to have the store fully staffed'에서 각 부서 감독은 상점에 직원들이 충분히 배치되어야 하는 필요와 직원 요구의 균형을 맞춰야 한다고 했으므로 지문의 내용과 일치한다. (D)는 'If you have any further questions, please consult your respective departmental supervisors.'에서 만약 추가 질문이 있으면 각자의 부서 감독들과 논의하라고 했으므로 지문의 내용과 일치한다.

바꾸어 표현하기
fully staffed 직원들이 충분히 배치되다 → there are enough workers 충분한 직원들이 있다
questions 질문 → inquiries 문의

어휘　address v. 처리하다, 연설하다; n. 주소　inquiry n. 문의, 연구, 조사

When can employees expect to receive confirmation of holiday leave?

(A) Between September and October
(B) No later than October 30
(C) Before November 25
(D) Between November and January

직원들은 언제 휴가에 대한 승인을 받을 것으로 예상할 수 있는가?

(A) 9월과 10월 사이에
(B) 늦어도 10월 30일까지
(C) 11월 25일 전에
(D) 12월과 1월 사이에

■ 육하원칙 연계 문제 정답 (C

두 지문의 내용을 종합해서 풀어야 하는 연계 문제이다. 질문의 핵심 어구인 employees expect to receive confirmation of holiday leav 에서 직원들이 언제(When) 휴가에 대한 승인을 받을 것으로 예상할 수 있는지를 묻고 있으므로 휴가 신청과 관련된 내용이 언급된 공고를 먼저 확인한다.

단서 1 두 번째 지문(공고)의 'These requests will be responded to before the final schedule is posted.'에서 이 신청들, 즉 휴가 { 청들은 최종 일정이 게시되기 전에 답을 받을 것이라는 사실을 확인할 수 있다. 그런데 최종 일정이 언제 게시되는지 제시되지 않았으므로 이메일 에서 관련 내용을 확인한다.

단서 2 첫 번째 지문(이메일)의 'The final schedule will be posted ~ by November 25.'에서 최종 일정이 11월 25일까지 게시될 것이 는 사실을 확인할 수 있다.

두 단서를 종합할 때, 직원들은 휴가 신청에 대한 승인을 11월 25일 전에 받게 될 것임을 알 수 있다. 따라서 (C)가 정답이다.

바꾸어 표현하기
receive confirmation 승인을 받다 → be responded to 답을 받다

What did Ms. Porter most likely do at the end of September?

(A) Entrusted another employee with a duty
(B) Provided an update on her situation
(C) Sent a finished draft to some supervisors
(D) Posted an electronic notification

Ms. Porter는 9월 말에 무엇을 했을 것 같은가?

(A) 다른 직원에게 업무를 맡겼다
(B) 그녀의 상황에 대한 최신 정보를 제공했다
(C) 완성된 원고를 몇몇 관리자에게 보냈다
(D) 전자 공지를 게시했다

■ 추론 연계 문제 정답 (C

두 지문의 내용을 종합적으로 확인한 후 추론해서 풀어야 하는 연계 문제이다. 질문의 핵심 어구인 Ms. Porter에게 보내진 이메일을 먼저 확 한다.

단서 1 첫 번째 지문(이메일)의 'Date: September 21', 'Mr. Baker wants you to compose a notice for employees to remind ther of their responsibilities in this regard.'에서 9월 21일에 작성된 편지에서 Mr. Baker가 당신, 즉 Ms. Porter가 이것, 즉 다가오는 연휴 음의 업무 일정과 관련하여 직원들에게 그들의 책무에 대해 상기시키는 공고를 작성해주기를 원한다고 했고, 'Once you're done, you need to send it to store supervisors'에서 작업, 즉 공고 작성이 완료되면 점포 관리자들에게 그것을 보내야 할 것이라고 했다. 그런데 Ms Porter가 공고를 언제 작성했는지가 제시되지 않았으므로 공고에서 관련 내용을 확인한다.

단서 2 두 번째 지문(공고)의 'Notice to All Employees', 'September 30', 'In preparation for the holiday shopping season, w would like to remind you to take some time to review the work schedule posted on the company Intranet.'에서 휴일 쇼핑 시 에 대비하는 근무 일정표와 관련된 전 직원 대상 공고가 9월 30일에 공지되었다는 것을 확인할 수 있다.

두 단서를 종합할 때, Ms. Porter는 공고를 작성한 뒤 점포 관리자들에게 그것을 보내 달라는 요청을 9월 21일에 받았고, 9월 21일과 9월 30 사이에 공고를 작성하여 점포 관리자들에게 그것을 보냈음을 추론할 수 있다. 따라서 (C)가 정답이다.

어휘 entrust v. (일을) 맡기다 draft n. 원고, 초안 electronic adj. 전자의 notification n. 공지, 통지

Art Vibe Magazine

[186]The remodeling of Brayman Museum of Art (BMA) has finally concluded, and [186/189-D]the facility will reopen on Wednesday, September 26. [186]This will be commemorated by a ceremony taking place on the front lawn of the museum, with a short speech by museum curator Jane Wellington. Ms. Wellington will talk about the progress BMA has made over its 50 years in the city of Auckland. [189-D]She will also introduce the museum's new special exhibition, *France in Focus*, beginning that day, which features artifacts from Europe's ancient Gallic tribes. This traveling exhibition received terrific reviews from French publications when it first opened in Paris, and [189-A]after the show at the BMA, it will go on to Sydney and then Perth. Tickets for the exhibit are $12 and may be reserved in advance at www. braymanart.org. [187]The museum will also be offering the special admission price of $5 for children aged 10 and under instead of its regular $7 for the duration of the exhibit. Inquiries may be directed to BMA's public relations specialist, Henry Kang, at 555-1288.

Art Vibe지

[186]Brayman 미술관(BMA)의 리모델링이 마침내 완료되었고, [186/189-D]그 시설은 9월 26일 수요일에 재개장할 것이다. [186]이는 미술관 큐레이터 Jane Wellington의 짧은 연설과 함께, 미술관의 앞쪽 잔디밭에서 개최되는 행사로 기념될 것이다. Ms. Wellington은 BMA가 오클랜드시에서 50년이 넘게 이뤄온 발전에 대해 이야기할 것이다. [189-D]그녀는 또한 미술관의 새로운 특별 전시인 *France in Focus*를 소개할 것이고, 이 전시는 그날 시작하며, 유럽의 고대 Gallic 부족들의 유물들을 포함한다. 이 순회 전시는 파리에서 처음 개장했을 때 프랑스 출판물들로부터 아주 좋은 평가를 받았고, [189-A]BMA에서의 전시 이후 시드니로, 그 후 퍼스로 옮겨갈 것이다. 전시 티켓은 12달러이며 www. braymanart.org에서 사전에 예매될 수 있다. [187]미술관은 또한 전시 기간 동안 10세 이하의 어린이에게는 정가 7달러 대신 5달러의 특별 입장료를 제공할 것이다. 문의는 555-1288로 BMA의 홍보 전문가인 Henry Kang에게 하면 된다.

Brayman Museum of Art
Confirmation of Payment

Today's Date: August 17
[187]Guest Name: Kerry Rosales
Exhibition Description: *France in Focus*
Admission Date: September 26

Description	Amount	Unit Price	Total Price
Regular Ticket	1	$12	$12
[187]Special Ticket	2	$5	$10
		TOTAL	$22

Payment Confirmation Number: 347792R

[188]If you've made an advance purchase, please be sure to present this receipt to the museum official collecting tickets when entering the exhibition. Admission will be allowed daily between the hours of 8 A.M. and 3 P.M.

Brayman 미술관
지불 확인서

오늘 일자: 8월 17일
[187]손님 성함: Kerry Rosales
전시 종류: *France in Focus*
입장 일자: 9월 26일

종류	장수	장당 가격	총 가격
일반 티켓	1	12달러	12달러
[187]특별 티켓	2	5달러	10달러
		전체	22달러

지불 확인 번호: 347792R

[188]사전 예매를 했을 시에는, 전시에 입장할 때 티켓을 받는 미술관 직원에게 이 영수증을 반드시 보여주십시오. 입장은 매일 오전 8시에서 오후 3시 사이에 허용될 것입니다.

To: Henry Kang <h_kang@braymanart.org>
From: Jane Wellington <j_wellington@braymanart.org>
[189-B]Date: September 10
Subject: Important change

Hi Henry,

I've got an urgent request. Unfortunately, [189-B]I received a call this morning, and there will be a delay with the *France in Focus* exhibition. Some of the artifacts have been held up at ○

수신: Henry Kang <h_kang@braymanart.org>
발신: Jane Wellington
　　　<j_wellington@braymanart.org>
[189-B]날짜: 9월 10일
제목: 중요한 변경 사항

안녕하세요 Henry,

긴급한 요청이 있습니다. 안타깝게도, [189-B]저는 오늘 아침에 전화를 받았는데, *France in Focus* 전시에 지연이 있을 것입니다. 몇몇 유물들이 세관에서 통과하지 못하고 있습니

customs. Apparently, the agents must see further documentation before they can release the items to us. We're getting the necessary paperwork, but it won't be processed in time for the show. [189-D]The items should start arriving here at the museum the day after our exhibition is scheduled to open. Accordingly, [190]the opening must be delayed by at least two weeks. I'll need you to contact those who purchased exhibition tickets in advance. Assure them that they may use the same tickets to gain admission on the new opening date but that they also have the option of getting their money back.

Let me know if you have questions.

[189-B]Jane Wellington
Brayman Museum of Art, Curator

다. 보아하니, 세관 직원들이 우리에게 물품들을 보내주기 전에 반드시 추가 서류를 확인해야 한다고 합니다. 우리는 필요한 서류 작업을 하고 있지만, 전시 일정에 맞춰 처리되지는 않을 것입니다. [189-D]물품들은 전시를 개장하기로 예정된 그다음 날부터 이곳 미술관에 도착하기 시작할 것입니다. 따라서, [190]개장은 최소 2주 연기되어야 합니다. 저는 미리 전시 티켓을 구매한 사람들에게 당신이 연락해줬으면 합니다. 그들에게 새로운 개장일에 동일한 티켓을 사용해서 입장할 수 있지만, 돈을 돌려받는 선택 사항도 있다는 것을 확실히 알려주시기 바랍니다.

질문이 있으면 제게 알려주세요.

[189-B]Jane Wellington 드림
Brayman 미술관, 큐레이터

지문 1	□ conclude v. 완료하다, 결론을 내리다	□ commemorate v. 기념하다, 축하하다	□ lawn n. 잔디밭
	□ artifact n. 인공 유물, 인공물	□ tribe n. 부족, 종족	□ terrific adj. 아주 좋은, 엄청난, 무시무시한
	□ publication n. 출판물, 출판, 발행	□ admission n. 입장, 가입	□ duration n. 기간, 지속
	□ public relation phr. 홍보, 섭외		
지문 2	□ confirmation n. 확인, 증거	□ description n. 종류, 설명	□ advance purchase phr. 예매
	□ official n. 직원, 공무원; adj. 공식적인		
지문 3	□ urgent adj. 긴급한, 촉박한	□ hold up phr. 보류하다, 지연시키다	□ customs n. 세관, 관세
	□ apparently adv. 보아하니, 분명히	□ documentation n. 서류, 문서화	□ paperwork n. 서류 작업, 문서 업무
	□ process v. 처리하다; n. 과정, 처리	□ in time phr. 시간에 맞춰, 제시간에	□ assure v. 확실히 ~이라고 말하다, 장담하다

186

○○●○
○○ 8

What is the main topic of the article?

(A) The appointment of a new curator
(B) An anniversary banquet celebrating a facility's opening
(C) A special event following a renovation
(D) The exhibition of work by a local artist

기사의 주제는 무엇인가?

(A) 새로운 큐레이터의 임명
(B) 시설의 개장을 축하하는 기념일 연회
(C) 보수 이후의 특별 행사
(D) 지역 예술가의 작품 전시

■ 주제/목적 찾기 글의 주제   정답 (

기사의 주제를 묻는 주제 찾기 문제이므로 첫 번째 지문인 기사의 내용을 확인한다. 기사의 'The remodeling of Brayman Museum of A (BMA) has finally concluded, and the facility will reopen'과 'This will be commemorated by a ceremony taking place on th front lawn of the museum'에서 Brayman 미술관(BMA)의 리모델링이 완료되어 재개장할 것이고 이는 미술관의 앞쪽 잔디밭에서 개최는 행사로 기념될 것이라고 한 후, 미술관에서 열릴 새로운 특별 전시에 대해 설명하고 있으므로 (C)가 정답이다. (B)는 기사에서 시설의 개장축하하는 기념일 연회 행사가 아니라, 리모델링 후의 미술관의 재개장을 축하하는 행사를 언급하고 있으므로 답이 될 수 없다.

바꾸어 표현하기
remodeling 리모델링 → renovation 수리

어휘 appointment n. 임명, 약속 banquet n. 연회, 만찬 celebrate v. 축하하다, 기념하다 local adj. 지역의; n. 주민

7

What is indicated about Ms. Rosales?	Ms. Rosales에 대해 암시되는 것은?
(A) She received a discount as she is a sponsor of the facility. (B) She plans to accompany children to an opening exhibit. (C) She intends to view the artifacts in the afternoon. (D) She will pay the price of admission at the museum.	(A) 시설의 후원자여서 할인을 받았다. (B) 개장하는 전시에 아이들과 함께 갈 계획이다. (C) 오후에 유물들을 관람할 계획이다. (D) 미술관에서 입장료를 지불할 것이다.

■ **추론** 연계 문제　　　　　　　　　　　　　　　　　　　　　　　　　　　　　　　　　　정답 (B)

세 지문 중 두 지문의 내용을 종합적으로 확인한 후 추론해서 풀어야 하는 연계 문제이다. 질문의 핵심 어구인 Ms. Rosales가 언급된 영수증을 먼저 확인한다.

단서 1 두 번째 지문(영수증)의 'Guest Name: Kerry Rosales', 'Special Ticket, 2, $5'에서 Kerry Rosales가 자신의 표 이외에도 5달러짜리 특별 티켓을 두 장 구매했다는 것을 알 수 있다. 그런데 5달러짜리 특별 티켓이 무엇인지 제시되지 않았으므로 기사에서 관련 내용을 확인한다.

단서 2 첫 번째 지문(기사)의 'The museum will also be offering the special admission price of $5 for children aged 10 and under instead of its regular $7 for the duration of the exhibit.'에서 미술관이 전시 기간 동안 10세 이하의 어린이에게는 정가 7달러 대신 5달러의 특별 입장료를 제공할 것이라는 사실을 확인할 수 있다.

두 단서를 종합할 때, Kerry Rosales가 어린이를 위한 티켓을 두 장 구매했으므로 아이들과 함께 전시에 갈 계획이라는 사실을 추론할 수 있다. 따라서 (B)가 정답이다.

어휘　sponsor n. 후원자, 보증인　accompany v. 함께 가다, 동행하다　intend v. 계획하다, 의도하다

8

What are those who purchase tickets in advance asked to bring to the exhibition?	티켓을 미리 구매한 사람들은 전시에 무엇을 가지고 오도록 요구되는가?
(A) Official identification (B) Proof of purchase (C) A discount coupon (D) An open ticket	(A) 공인 신분증 (B) 구매 증명서 (C) 할인 쿠폰 (D) 오픈 티켓

■ **육하원칙** What　　　　　　　　　　　　　　　　　　　　　　　　　　　　　　　　　　정답 (B)

티켓을 미리 구매한 사람들이 전시에 무엇(What)을 가지고 오도록 요구되는지를 묻는 육하원칙 문제이므로 질문의 핵심 어구인 those who purchase tickets in advance ~ exhibition과 관련된 내용이 언급된 두 번째 지문인 영수증을 확인한다. 영수증의 'If you've made an advance purchase, please be sure to present this receipt to the museum official collecting tickets when entering the exhibition.'에서 사전 예매를 했을 시에는 전시에 입장할 때 티켓을 받는 미술관 직원에게 영수증을 보여달라고 했으므로 (B)가 정답이다.

바꾸어 표현하기
receipt 영수증 → Proof of purchase 구매 증명서

TEST | 01 | 02 | 03 | 04 | 05 | 06 | 07 | **08** | 09 | 10 | 해커스 토익 실전 1000제 2 Reading

189

What is true about the Brayman Museum of Art?

(A) It will send artifacts to Perth immediately after the exhibit.
(B) Its curator was informed about a delay in August.
(C) Its new facility in Auckland will not be built in time for a show.
(D) It is expecting to receive some exhibit items on September 27.

Brayman 미술관에 대해 사실인 것은?

(A) 전시 후에 바로 퍼스로 유물들을 보낼 것이다.
(B) 큐레이터가 8월에 지연에 대해 통지받았다.
(C) 오클랜드의 새로운 시설이 전시 기간에 맞춰 건설되지 않을 것이다.
(D) 9월 27일에 몇 가지 전시품을 받을 것으로 예상하고 있다.

■ Not/True 연계 문제   정답 (D

세 지문 중 두 지문의 내용을 종합해서 풀어야 하는 연계 문제이다. 질문의 핵심 어구인 the Brayman Museum of Art와 관련된 내용을 지문
에서 찾아 각 보기와 대조하는 Not/True 문제이므로, Brayman 미술관과 관련된 내용이 언급된 첫 번째 지문인 기사와 세 번째 지문인 이메
을 확인한다. (A)는 기사의 'after the show at the BMA, it will go on to Sydney and then Perth'에서 BMA에서의 전시 이후 순회 전
가 시드니로 그 후 퍼스로 옮겨갈 것이라고 했으므로 지문의 내용과 일치하지 않는다. (B)는 이메일의 'Date: September 10', 'I received
call this morning ~ there will be a delay with the *France in Focus* exhibition.'과 'Jane Wellington, Brayman Museum of Ar
Curator'에서 9월 10일 아침에 Brayman 미술관의 큐레이터가 지연에 대해 통지받았다고 했으므로 지문의 내용과 일치하지 않는다. (C)는
문에 언급되지 않은 내용이다. (D)는 이메일의 'The items should start arriving here at the museum the day after our exhibition i
scheduled to open.'에서 물품들이 전시를 개장하기로 예정된 그다음 날부터 미술관에 도착하기 시작할 것이라고 했고, 기사의 'the facili
will reopen on Wednesday, September 26', 'She will also introduce the museum's new special exhibition, *France in Focu*
beginning that day'에서 미술관이 9월 26일 수요일에 재개장할 것이며 그날 새로운 특별 전시인 *France in Focus*가 소개되고 시작할 것
라고 한 것을 통해 예정된 전시 개장일인 9월 26일 다음 날인 9월 27일에 전시 물품들이 미술관에 도착하기 시작할 것임을 알 수 있다. 따라
(D)가 정답이다.

190

What does Ms. Wellington ask Mr. Kang to do?

(A) Inform ticketholders of their options
(B) Send refunds to museum members
(C) Offer free admission to an exhibition
(D) Contact artists about a change of schedule

Ms. Wellington은 Mr. Kang에게 무엇을 해달라고 요청하는가?

(A) 티켓 소지자들에게 그들의 선택권에 관해 알린다
(B) 박물관 회원들에게 환불금을 전달한다
(C) 전시회에 무료 입장을 제공한다
(D) 예술가들에게 일정 변경에 관해 연락한다

■ 육하원칙 What   정답 (A

Ms. Wellington이 Mr. Kang에게 무엇(What)을 해달라고 요청하는지를 묻는 육하원칙 문제이므로 질문의 핵심 어구인 Ms. Wellingto
ask Mr. Kang to do와 관련된 내용이 언급된 세 번째 지문인 이메일을 확인한다. 이메일의 'the opening must be delayed by at lea
two weeks. I'll need you to contact those who purchased exhibition tickets in advance. Assure them that they may use th
same tickets ~ on the new opening date but that they also have the option of getting their money back.'에서 Ms. Wellingto
이 개장은 최소 2주 연기되어야 하고 미리 전시 티켓을 구매한 사람들에게 당신, 즉 Mr. Kang이 연락해줬으면 하며 그들에게 새로운 개장일
동일한 티켓을 사용할 수 있지만 돈을 돌려받는 선택 사항도 있다는 것을 확실히 알려주길 바란다고 했으므로 (A)가 정답이다.

바꾸어 표현하기
those who purchased ~ tickets in advance 미리 티켓을 구매한 사람들 → ticketholders 티켓 소지자들

어휘   refund n. 환불(금)

[1]

MEMO

To: All staff
[191]From: Tom Williams, Director
Date: August 10
Subject: New staff

As most of you are aware, [191]Techno Tel officially bought out Regent Mobile on August 1. This is to let you know that, because of this, [191/193]five staff members from Regent Mobile will be joining our offices in about a week. [193]Three of them will be working for research and development, and the other two will be in marketing. They will start work on Monday, August 16, and will begin their training that day after fulfilling some administrative requirements. I hope that everyone will provide them with a warm welcome and answer any questions they may have so that they can adjust to their new work environment quickly.

Thank you.

[2]

From: Neil Adams <nadams@technotel.com>
To: Maude Garcia <purchasing@technotel.com>
Date: August 11
Subject: Supplies for new hires

Hi Maude,

[191]You may have received a memo from Tom Williams in administration on August 10. In preparation for the upcoming changes, my staff and I have cubicles set up in my department that include desks, chairs, and dividers. But we are still missing a few items and [192-C]I'm wondering if the purchasing department can get our regular supplier to deliver them. [193]I want to make sure the new staff have everything they need to start working. We need to order three of each of the following: filing cabinet, personal computer, and desktop bookcase. They will also require some basic office supplies. [192-C]Please let Office Interiors and Supplies know that this is a rush order. [195]It should be delivered by August 13. The recruits start their training next week and we will need enough time to set everything up before August 16. Thanks, and sorry for the short notice.

Neil

[3]

Office Interiors and Supplies
800 Garnet Avenue
Chicago, Illinois 60615
Tel: 555-2001
E-mail: orders@officeintsup.com

회람

수신: 전 직원
[191]발신: Tom Williams, 이사
날짜: 8월 10일
제목: 신입사원들

여러분들 대부분이 아시다시피, [191]Techno Tel사는 8월 1일에 Regent Mobile사를 공식적으로 인수했습니다. 이 회람은 이로 인해 [191/193]Regent Mobile사로부터 다섯 명의 직원들이 약 일주일 내로 우리 사무실에 합류할 것임을 여러분들께 알려드리기 위한 것입니다. [193]그들 중 세 명은 연구개발팀에서 근무할 것이고, 다른 두 명은 마케팅팀에서 일할 것입니다. 그들은 8월 16일 월요일에 근무를 시작할 것이고, 몇 가지 행정상 필요한 일들을 수행한 후 그날 교육을 받기 시작할 것입니다. 저는 모든 직원들이 그들을 따뜻하게 맞아주고 그들이 가질 수 있는 어떠한 질문에라도 답변해주어 그들이 새로운 업무 환경에 빠르게 적응할 수 있기를 바랍니다.

감사합니다.

발신: Neil Adams <nadams@technotel.com>
수신: Maude Garcia <purchasing@technotel.com>
날짜: 8월 11일
제목: 신입사원들을 위한 물품

안녕하세요 Maude,

[191]당신은 아마 8월 10일에 관리부의 Tom Williams로부터 회람을 받았을 것입니다. 이번 변화들에 대한 준비로, 직원들과 저는 저희 부서에 책상, 의자, 가리개를 포함하는 칸막이가 있는 자리를 마련해 두었습니다. 하지만 저희는 아직 몇 가지 물품들이 없으며, [192-C]구매부서가 저희의 고정 공급업체로 하여금 그것들을 배달하도록 할 수 있는지 알고 싶습니다. [193]저는 신규 직원들이 근무를 시작하는 데 필요한 모든 것을 확실히 갖추도록 하고 싶습니다. 저희는 서류정리함, 개인용 컴퓨터, 탁상용 책꽂이가 각각 3개씩을 주문해야 합니다. 또한 그들은 몇 가지의 기본적인 사무용품들도 필요할 것입니다. [192-C]이것이 급한 주문이라는 것을 Office Interiors and Supplies사에 알려 주십시오. [195]이는 8월 13일까지 배송되어야 합니다. 신입사원들이 다음 주에 그들의 교육을 시작하니 저희는 8월 16일 전에 모든 것을 준비할 충분한 시간이 필요할 것입니다. 감사드리며, 촉박하게 통보하게 되어 죄송합니다.

Neil 드림

Office Interiors and Supplies사
800번지 Garnet가
시카고, 일리노이주 60615
전화: 555-2001
이메일: orders@officeintsup.com

	Account holder: Techno Tel, Inc.			
	ORDER #: 914579		[195]08/12 10:45 A.M.	
Your Shopping Cart	Product code	Description	Qty	Price
	OF00928	Steel filing cabinet, gray	3	$509.97
Continue Shopping	OS1544	Ballpoint pens, black and red	6	$6.60
Proceed to Checkout	OF00283	Personal computers (CPU, monitor, keyboard, mouse and peripherals)	3	$1,648.50
	OS1927	Notebooks	3	$15.90
	OS1326	Desktop bookcase	3	$21.90
	Subtotal		$2,202.87	
	Tax		$220.29	
	[194]TOTAL		$2,423.16	

Refund and cancellation varies by item. Click on "Products" to learn more.
*[194]For purchases of $3000 or more, shipping is free-of-charge.
**[195]Delivery will be made after three days' time.

Search

Contact Us

		계정 보유자: Techno Tel사			
귀하의 쇼핑 카트		주문 번호: 914579 [195]08/12 오전 10시 45분			
		제품 코드	종류	수량	가격
쇼핑 계속하기		OF00928	철제 서류 정리함, 회색	3	509.97 달러
결제하기		OS1544	볼펜, 검정과 빨강	6	6.60 달러
		OF00283	개인용 컴퓨터 (중앙처리장치, 모니터, 키보드, 마우스와 주변장치)	3	1,648.50 달러
		OS1927	노트	3	15.90달러
		OS1326	탁상용 책꽂이	3	21.90달러
		소계		2,202.87달러	
		세금		220.29달러	
		[194]합계		2,423.16달러	

환불과 취소는 제품마다 다릅니다. 더 알아보시려면 "제품"을 클릭하십시오.
*[194]3000달러 이상의 구매에 대해서는 배송이 무료입니다.
**[195]배송은 3일 후에 될 것입니다.

검색

연락처

지문 1 □ officially adv. 공식적으로, 정식으로
　　　　□ fulfill v. 수행하다, 달성하다
　　　　□ adjust v. 적응하다, 조정하다

□ buy out phr. 인수하다, 매수하다
□ administrative adj. 행정상의

□ training n. 교육, 훈련, 연수
□ requirement n. 필요한 것, 필요조건

지문 2 □ supply n. 물품, 공급; v. 공급하다
　　　　□ filing cabinet phr. 서류 정리함
　　　　□ short notice phr. 촉박한 통보

□ set up phr. 마련하다, 준비하다, 세우다
□ rush order phr. 급한 주문

□ regular adj. 고정의, 일정한; n. 고정 고객
□ recruit n. 신입사원; v. 모집하다

지문 3 □ steel n. 강철
　　　　□ free-of-charge adj. 무료의, 공짜의

□ ballpoint pen phr. 볼펜

□ peripheral n. 주변장치; adj. 주위의

1

Why have Mr. Adams and his staff been making changes to the office?

(A) To update it with new equipment
(B) To prepare for a major project
(C) To conform to a policy change
(D) To accommodate incoming staff

Mr. Adams와 직원들은 왜 사무실에 변화를 주고 있는가?

(A) 새로운 장비로 최신화하기 위해
(B) 중요한 프로젝트를 준비하기 위해
(C) 정책 변화에 따르기 위해
(D) 들어오는 직원들에게 공간을 제공하기 위해

■ 육하원칙 연계 문제 　　　　　　　　　　　　　　　　　　　　　　　　　　　정답 (D)

세 지문 중 두 지문의 내용을 종합해서 풀어야 하는 연계 문제이다. 질문의 핵심 어구인 Mr. Adams and his staff ~ making changes to the office에서 Mr. Adams와 직원들이 왜(Why) 사무실에 변화를 주고 있는지를 묻고 있으므로 Mr. Adams가 작성한 이메일을 먼저 확인한다.

단서 1 두 번째 지문(이메일)의 'You may have received a memo from Tom Williams ~. In preparation for the upcoming changes, my staff and I have cubicles set up in my department'에서 Mr. Adams가 이메일 수신자에게 아마 Tom Williams로부터 회람을 받았을 것이라고 하며 이번 변화들에 대한 준비로 자신의 부서에 칸막이가 있는 자리를 마련해 두었다고 했다. 그런데 어떤 변화에 대한 준비로 Mr. Adams가 업무 공간을 마련하는지 제시되지 않았으므로 첫 번째 지문인 회람에서 관련 내용을 확인한다.

단서 2 첫 번째 지문(회람)의 'From: Tom Williams, Director', 'Techno Tel officially bought out Regent Mobile on August 1. ~ because of this, five staff members from Regent Mobile will be joining our offices in about a week.'에서 Tom Williams가 회람을 보냈으며 Techno Tel사가 Regent Mobile사를 인수했고 이로 인해 Regent Mobile사로부터 다섯 명의 직원들이 약 일주일 내로 사무실에 합류할 것임을 확인할 수 있다.

두 단서를 종합할 때, Mr. Adams의 부서는 Techno Tel사가 Regent Mobile사를 인수하여 자신의 부서에 들어오는 직원들에게 공간을 제공하기 위해 사무실에 변화를 주고 있다는 것을 알 수 있다. 따라서 (D)가 정답이다.

어휘 make changes phr. 변화를 만들다 conform v. 따르다, ~에 일치하다 accommodate v. 공간을 제공하다, 수용하다

2

What does Mr. Adams mention in the e-mail?

(A) A supplier has run out of some requested office furnishings.
(B) Some cubicles are missing important assembly components.
(C) Techno Tel has placed previous orders with Office Interiors and Supplies.
(D) The arriving staff members will start work on different days.

Mr. Adams가 이메일에서 무엇을 언급하는가?

(A) 공급업체에 요청된 사무 가구들이 다 떨어졌다.
(B) 몇몇 칸막이가 있는 자리에 중요한 조립 부품들이 빠져 있다.
(C) Techno Tel사는 이전에 Office Interiors and Supplies사에 주문을 했었다.
(D) 들어올 직원들은 각각 다른 날에 업무를 시작할 것이다.

■ Not/True True 문제 　　　　　　　　　　　　　　　　　　　　　　　　　　　정답 (C)

이메일에 언급된 내용을 지문에서 찾아 각 보기와 대조하는 Not/True 문제이다. 이 문제는 질문의 핵심 어구가 없으므로 각 보기와 관련된 내용을 두 번째 지문인 이메일에서 확인한다. (A), (B), (D)는 지문에 언급되지 않은 내용이다. (C)는 'I'm wondering if the purchasing department can get our regular supplier to deliver them', 'Please let Office Interiors and Supplies know that this is a rush order.'에서 Mr. Adams가 구매부서가 회사의 고정 공급업체로 하여금 필요한 것들을 배달하도록 할 수 있는지 알고 싶다고 하면서 이것이 급한 주문이라는 것을 Office Interiors and Supplies사에 알려 달라고 한 것을 통해, Techno Tel사는 Office Interiors and Supplies사를 고정 공급업체로 이용하고 있다는 것을 알 수 있으므로 지문의 내용과 일치한다. 따라서 (C)가 정답이다.

어휘 run out of phr. ~가 떨어진, ~을 다 써버리다 furnishing n. 가구, 비품 assembly n. 조립, 집회 component n. 부품, 구성 요소

193

In what department does Mr. Adams most likely work?

(A) Research and development
(B) Purchasing
(C) Marketing
(D) Administration

Mr. Adams는 어떤 부서에서 일할 것 같은가?

(A) 연구개발
(B) 구매
(C) 마케팅
(D) 관리

■ 추론 연계 문제 　　　　　　　　　　　　　　　　　　　　　　　　　　　　　　　　　　　정답 (A

세 지문 중 두 지문의 내용을 종합적으로 확인한 후 추론해서 풀어야 하는 연계 문제이다. 질문의 핵심 어구인 Mr. Adams가 작성한 이메일을 먼
저 확인한다.

단서 1 두 번째 지문(이메일)의 'I want ~ the new staff have everything they need to start working. We need to order three c
each ~.'에서 Mr. Adams가 신규 직원들이 근무를 시작하는 데 필요한 모든 것을 갖추도록 하고 싶어 하며 물품을 각각 3개씩 주문해야 한다고
했음을 알 수 있다. 그런데 어떤 부서에 신규 직원을 위한 물품이 3개씩 필요한지 제시되지 않았으므로 회람에서 관련 내용을 확인한다.

단서 2 첫 번째 지문(회람)의 'five staff members ~ will be joining our offices ~. Three of them will be working for research an
development'에서 다섯 명의 직원들이 사무실에 합류할 것이고 그들 중 세 명이 연구개발팀에서 근무할 것이라는 사실을 확인할 수 있다.

두 단서를 종합할 때, Mr. Adams는 신규 직원 세 명이 배치되는 연구개발팀에서 일한다는 사실을 추론할 수 있다. 따라서 (A)가 정답이다.

194

What can be inferred from the online form?

(A) Office Interiors and Supplies gave the customer a
discount.
(B) Payment will be made by credit card.
(C) The filing cabinets will be delivered separately.
(D) The order is applicable for shipping charges.

온라인 양식에서 추론될 수 있는 것은?

(A) Office Interiors and Supplies사가 고객에게 할인
을 해주었다.
(B) 지불은 신용카드로 이루어질 것이다.
(C) 서류 정리함은 따로 배달될 것이다.
(D) 주문에는 배송비가 적용된다.

■ 추론 세부 정보 　　　　　　　　　　　　　　　　　　　　　　　　　　　　　　　　　　　정답 (D

온라인 양식에서 추론될 수 있는 것을 묻는 추론 문제이다. 이 문제는 질문에 핵심 어구가 없으므로 각 보기의 핵심 어구와 관련된 내용을 ㅅ
번째 지문인 온라인 양식에서 확인한다. 'TOTAL $2,423.16'와 'For purchases of $3000 or more, shipping is free-of-charge.'에서
주문의 총합계가 2,423.16달러인데 3000달러 이상의 구매에 대해서 배송이 무료라고 했으므로 해당 주문은 조건을 만족시키지 못해 배송비
를 내야 한다는 사실을 추론할 수 있다. 따라서 (D)가 정답이다.

5

What is implied about Office Interiors and Supplies?

(A) It will allow one of the items to be canceled within two days.
(B) It will deliver more desks and chairs to Techno Tel before August 16.
(C) It will not satisfy Mr. Adams' delivery date requirement.
(D) It will send some dividers to Techno Tel by August 14.

Office Interiors and Supplies사에 대해 암시되는 것은?

(A) 제품들 중 하나가 이틀 내에 취소되는 것을 허용할 것이다.
(B) 8월 16일 이전에 Techno Tel사에 더 많은 책상과 의자를 배달할 것이다.
(C) Mr. Adams의 배송일 조건을 만족시킬 수 없을 것이다.
(D) 8월 14일까지 Techno Tel사에 가리개 몇 개를 보낼 것이다.

■ **추론** 연계 문제   정답 (C)

세 지문 중 두 지문의 내용을 종합적으로 확인한 후 추론해서 풀어야 하는 연계 문제이다. 질문의 핵심 어구인 Office Interiors and Supplies의 송장인 온라인 양식을 먼저 확인한다.

단서 1 세 번째 지문(온라인 양식)의 '08/12', 'Delivery will be made after three days' time.'에서 주문서가 작성된 날짜가 8월 12일이고 배송은 3일 후에 될 것임을 확인할 수 있다. 그런데 Mr. Adams가 원하는 배송일이 언제인지 제시되지 않았으므로 이메일에서 관련 내용을 확인한다.

단서 2 두 번째 지문(이메일)의 'It should be delivered by August 13.'에서 Mr. Adams가 주문품들이 8월 13일까지 배송되어야 한다고 했음을 확인할 수 있다.

두 단서를 종합할 때, Office Interiors and Supplies사가 Mr. Adams가 요구하는 배송일을 맞추지 못할 것이라는 사실을 추론할 수 있다. 따라서 (C)가 정답이다.

Questions 196-200 refer to the following business card, e-mail, and invoice. 196-200은 다음 명함, 이메일, 송장에 관한 문제입니다.

지문 1

[196]**Neil Fitzpatrick Home Carpentry**
"Adelaide's most respected carpenter"

[198]Veteran carpenter specialising in interior carpentry, including trim and molding installation, door assembly and repairs, staircase renovations, and more.
Call or send an e-mail for a free estimate.
Phone: 5555 9743
E-mail: contact@neilfitzpatrick.au

[196]Neil Fitzpatrick 주택 목공소
"애들레이드에서 가장 존경받는 목수"

테두리 및 몰딩 설치, 문 조립 및 수리, 계단 보수 등 [198]실내 목공 작업 전문 베테랑 목수입니다.
전화하거나 이메일을 보내서 무료 견적을 받으십시오.
전화: 5555 9743
이메일: contact@neilfitzpatrick.au

지문 2

TO: Neil Fitzpatrick <contact@neilfitzpatrick.au>
FROM: Mary-Anne Lester <maryanne.lester@webmail.com>
SUBJECT: Project
DATE: 24 October

My name is Mary-Anne Lester. I have a holiday home in Adelaide that I visit every January and February. [198]The property has a beautiful backyard with an outdoor patio. [197/198]I need a skilled carpenter to construct a wood awning to protect it from the elements. The area covered needs to be about 70 square metres. [199]Now, given that it's already October and I'm planning on vacationing there in January, I understand that the deadline is rather tight. However, I would be willing to pay you extra if the job is finished on time. I look forward to hearing from you.

Sincerely,
Mary-Anne Lester

수신: Neil Fitzpatrick <contact@neilfitzpatrick.au>
발신: Mary-Anne Lester <maryanne.lester@webmail.com>
제목: 프로젝트
날짜: 10월 24일

제 이름은 Mary-Anne Lester입니다. 저는 애들레이드에 매년 1월과 2월에 방문하는 별장을 가지고 있습니다. [198]그 건물에는 야외 테라스가 딸린 아름다운 뒷마당이 있습니다. [197/198]저는 그것을 비바람으로부터 보호하기 위한 나무 차양을 만들 숙련된 목수가 필요합니다. 덮인 면적은 약 70평방미터가 되어야 합니다. [199]이제, 이미 10월이고 제가 1월에 그곳에 휴가를 갈 계획임을 감안하면, 마감일이 다소 촉박한 것을 알고 있습니다. 그러나, 작업이 제시간에 끝난다면 추가 비용을 지불할 용의가 있습니다. 당신의 연락을 기다리겠습니다.

Mary-Anne Lester 드림

지문 3

Neil Fitzpatrick Home Carpentry

Invoice #: 11262230
Invoice Date: 23 December
Date Beginning: 30 October
[199]**Date Ending:** 22 December
Customer Name: Mary-Anne Lester
Address: 332 Fernhurst Road
Cherryville 5134
New South Wales

Description	Quantity	Total
Timber(Ironbark)	x20 posts	$860
Timber(Ash)	x4 planks	$200
Wood finish	x1 20-litre can	$25
Screws & Anchors	x40	$30
Labour	x1 worker(s), 80 total hours	$3,200
		Subtotal
		$4,315

Neil Fitzpatrick 주택 목공소

송장 번호: 11262230
송장일자: 12월 23일
시작일자: 10월 30일
[199]종료일자: 12월 22일
고객 이름: Mary-Anne Lester
주소: Fernhurst길 332번지
Cherryville 5134
뉴사우스웨일스

설명	수량	합계
목재(유칼리나무)	20포스트	860달러
목재(물푸레나무)	4플랭크	200달러
목재 마감재	20리터 캔 1개	25달러
나사 및 앵커 볼트	40개	30달러
인건비	근로자 1명, 총 80시간	3,200달러
		소계
		4,315달러

Memo

²⁰⁰To preserve the wood colour, a new coat of oil-based finish needs to be put on every two years. As with all of my projects, a full 5-year structural warranty is provided for any construction-related issues.

참고

²⁰⁰목재 색상을 보존하기 위해, 2년마다 새롭게 유성 마감재 코팅을 입혀야 합니다. 제 모든 프로젝트가 그렇듯이, 어떤 공사 관련 문제에 대해서든 5년간의 전체 구조물 보증이 제공됩니다.

지문 1 □ carpenter n. 목수
□ staircase n. 계단

□ trim n. 테두리; v. 다듬다
□ estimate n. 견적, 견적서

□ assembly n. 조립

지문 2 □ property n. 건물, 부동산
□ awning n. 차양, 비 가리개

□ patio n. 테라스, 파티오
□ elements n. 비바람, 악천후

□ skilled adj. 숙련된

지문 3 □ timber n. 목재
□ finish n. 마감재, 마감
□ preserve v. 보존하다

□ ironbark n. 유칼리나무
□ screw n. 나사
□ oil-based adj. 유성의

□ ash n. 물푸레나무
□ anchor n. 앵커 볼트, 닻
□ warranty n. 보증, 보증서

---

6 What is suggested about Mr. Fitzpatrick?

(A) He has been a carpenter for a decade.
(B) He runs a business based in Adelaide.
(C) He manages a company Web site.
(D) He won an award for his furniture.

Mr. Fitzpatrick에 대해 암시되는 것은?

(A) 10년 동안 목수로 일해왔다.
(B) 애들레이드에 기반을 둔 사업을 운영한다.
(C) 회사 웹사이트를 관리한다.
(D) 가구로 상을 받았다.

■ 추론 세부 정보   정답 (B)

질문의 핵심 어구인 Mr. Fitzpatrick에 대해 추론하는 문제이므로 Mr. Fitzpatrick이 언급된 첫 번째 지문인 명함에서 관련 내용을 확인한다. 명함의 'Neil Fitzpatrick Home Carpentry, "Adelaide's most respected carpenter"'에서 Neil Fitzpatrick 주택 목공소의 Neil Fitzpatrick이 애들레이드에서 가장 존경받는 목수라고 했으므로 Mr. Fitzpatrick의 목공 사업이 애들레이드에 기반을 두고 있다는 사실을 추론할 수 있다. 따라서 (B)가 정답이다.

어휘 based in phr. ~에 기반을 두다

---

7 What does Ms. Lester request for her project?

(A) A table and chairs
(B) A barbecue grill
(C) A backyard terrace
(D) An overhead cover

Ms. Lester는 그녀의 프로젝트를 위해 무엇을 요청하는가?

(A) 탁자와 의자들
(B) 바비큐 그릴
(C) 뒷마당 테라스
(D) 머리 위 덮개

■ 육하원칙 What   정답 (D)

Ms. Lester가 그녀의 프로젝트를 위해 무엇(What)을 요청하는지를 묻는 육하원칙 문제이므로 질문의 핵심 어구인 Ms. Lester request for her project와 관련된 내용이 언급된 두 번째 지문인 이메일을 확인한다. 이메일의 'I need a skilled carpenter to construct a wood awning to protect it[outdoor patio] from the elements.'에서 야외 테라스를 비바람으로부터 보호하기 위한 나무 차양을 만들 숙련된 목수가 필요하다고 했으므로 (D)가 정답이다.

바꾸어 표현하기
awning 차양 → overhead cover 머리 위 덮개

어휘 cover n. 덮개, 가리개

198

In what way does Ms. Lester's request go against Mr. Fitzpatrick's usual practice?

(A) She wants to pay him less than his usual rate.
(B) She would like him to work on a bigger property.
(C) She would like him to work on an outdoor project.
(D) She wants him to finish a job in October.

Ms. Lester의 요청은 Mr. Fitzpatrick의 평소 관행에 어떤 식으로 어긋나는가?

(A) 그에게 평소보다 적은 임금을 지불하고 싶어한다.
(B) 그가 더 큰 건물을 작업하기를 원한다.
(C) 그가 야외 프로젝트를 진행하기를 원한다.
(D) 그가 10월에 작업을 마치기를 원한다.

■ 육하원칙 연계 문제
정답 (

세 지문 중 두 지문의 내용을 종합해서 풀어야 하는 연계 문제이다. 질문의 핵심 어구인 Ms. Lester's request go against Mr. Fitzpatrick' usual practice에서 Ms. Lester의 요청이 Mr. Fitzpatrick의 평소 관행에 어떤(what) 식으로 어긋나는지를 묻고 있으므로 Ms. Lester의 청이 언급된 이메일을 먼저 확인한다.

단서 1 두 번째 지문(이메일)의 'The property[holiday home] has a beautiful backyard with an outdoor patio. I need a skille carpenter to construct a wood awning to protect it from the elements.'에서 별장에는 야외 테라스가 딸린 아름다운 뒷마당이 있는데 그것을 비바람으로부터 보호하기 위한 나무 차양을 만들 숙련된 목수가 필요하다고 했다. 그런데 이 요청이 Mr. Fitzpatrick의 평소 관행에 어 식으로 어긋나는지 제시되지 않았으므로 명함에서 관련 내용을 확인한다.

단서 2 첫 번째 지문(명함)의 'Veteran carpenter specialising in interior carpentry'에서 Mr. Fitzpatrick이 실내 목공 작업 전문 베테 목수임을 확인할 수 있다.

두 단서를 종합할 때, Ms. Lester는 야외 테라스를 비바람으로부터 보호하기 위한 차양을 요청했으므로 실내 목공 작업을 전문으로 하는 M Fitzpatrick의 평소 관행에 어긋나게 그가 야외 프로젝트를 진행하기를 원한다는 것을 알 수 있다. 따라서 (C)가 정답이다.

어휘 go against phr. ~에 어긋나다, 반하다 rate n. 임금

199

What can be inferred about the work at Ms. Lester's holiday home?

(A) It cost extra due to a short timeline.
(B) It delayed her planned holiday visit.
(C) It required multiple carpenters.
(D) It used more materials than expected.

Ms. Lester의 별장에서의 작업에 대해 추론될 수 있는 것은?

(A) 짧은 일정으로 인해 추가 비용이 들었다.
(B) 그녀가 계획한 휴일 방문을 지연시켰다.
(C) 여러 명의 목수가 필요했다.
(D) 예상보다 더 많은 재료를 사용했다.

■ 추론 연계 문제
정답 (

세 지문 중 두 지문의 내용을 종합적으로 확인한 후 추론해서 풀어야 하는 연계 문제이다. 질문의 핵심 어구인 work at Ms. Lester's holida home과 관련된 내용이 언급된 이메일을 먼저 확인한다.

단서 1 두 번째 지문(이메일)의 '~ given that it's already October and I'm planning on vacationing there in January, I understar that the deadline is rather tight. However, I would be willing to pay you extra if the job is finished on time.'에서 Ms. Lester 이미 10월이고 자신이 1월에 그곳으로 휴가를 갈 계획임을 감안하면 마감일이 다소 촉박한 것을 알고 있으나, 작업이 제시간에 끝난다면 추가 용을 지불할 용의가 있다고 했다. 그런데 작업이 제시간에 끝났는지 제시되지 않았으므로 송장에서 관련 내용을 확인한다.

단서 2 세 번째 지문(송장)의 'Date Ending: 22 December, Customer Name: Mary-Anne Lester'에서 Ms. Lester에게 보내진 송장 종료일자가 12월 22일임을 확인할 수 있다.

두 단서를 종합할 때, Ms. Lester의 별장에서의 작업이 그녀가 그곳으로 휴가를 갈 1월 전인 12월 22일에 완료되었으므로 추가 비용이 들었 는 사실을 추론할 수 있다. 따라서 (A)가 정답이다.

어휘 timeline n. 일정, 연대표 delay v. 지연시키다 multiple adj. 여러, 다수의

According to the invoice, what does Neil Fitzpatrick Home Carpentry recommend?

(A) Purchasing an extended warranty
(B) Using a different type of timber
(C) Caring for a structure's appearance
(D) Replacing a damaged board

송장에 따르면, Neil Fitzpatrick 주택 목공소는 무엇을 권장하는가?

(A) 연장된 보증을 구매하는 것
(B) 다른 종류의 목재를 사용하는 것
(C) 구조물의 외관을 관리하는 것
(D) 손상된 판자를 교체하는 것

■ 육하원칙 What

정답 (C)

송장에 따르면 Neil Fitzpatrick 주택 목공소가 무엇(what)을 권장하는지를 묻는 육하원칙 문제이므로 세 번째 지문인 송장에서 관련 내용을 확인한다. 송장의 'To preserve the wood colour, a new coat of oil-based finish needs to be put on every two years.'에서 목재 색상을 보존하기 위해 2년마다 새롭게 유성 마감재 코팅을 입혀야 한다고 했으므로 (C)가 정답이다.

바꾸어 표현하기

preserve the wood colour 목재 색상을 보존하다 → Caring for a structure's appearance 구조물의 외관을 관리하는 것

어휘 extend v. 연장하다 care for phr. ~을 관리하다, 돌보다 damaged adj. 손상된 board n. 판자, 널

▎TEST 09

PART 5

101
○ ● ● ● ●
중

The prices in the catalog include both state and national taxes ------- not delivery charges.

(A) but
(B) neither
(C) each
(D) that

카탈로그에 있는 가격은 주세와 국세 둘 다를 포함하지만 배송비는 포함하지 않는다.

■ 등위접속사 정답 (A)

동사(include)의 목적어인 명사구(both state and national taxes)와 명사구(delivery charges)를 대등하게 연결해주는 등위접속사가 필요하므로 등위접속사 (A) but(하지만)이 정답이다. 참고로, but은 상반되는 내용의 단어와 단어, 구와 구, 절과 절을 연결한다는 것을 알아둔다. (B) neither는 2가지 중 어느 것도 아님을 나타내며 nor와 함께 상관접속사 neither A nor B(A도 B도 아닌)의 형태로 자주 쓰인다. 형용사 또는 대명사 (C) each(각각의; 각각)와 명사절 접속사 또는 지시형용사/대명사 (D) that은 두 개의 명사구를 연결하는 역할을 하지 못한다.

어휘 include v. 포함하다 state adj. 주의, 주립의 national adj. 국가의 delivery n. 배송, 배달 charge n. 비용, 요금; v. 청구하다

102
○ ● ● ● ●
중

Cardston Corporation's fiscal records are kept in ------- boxes and are stored according to year.

(A) separate
(B) separately
(C) separates
(D) separation

Cardston사의 회계 기록은 별도의 상자에 담겨서 연도에 따라 보관된다.

■ 형용사 자리 정답 (A)

빈칸 뒤의 명사(boxes)를 꾸밀 수 있는 것은 형용사이므로 형용사 (A) separate(별도의, 분리된)가 정답이다. 부사 (B), 동사 (C), 명사 (D)는 명사를 꾸밀 수 없다.

어휘 fiscal adj. 회계의, 재정상의 record n. 기록 store v. 보관하다, 저장하다 according to phr. ~에 따라

103
○ ● ● ● ●
하

Prior to permanently shutting down, Rebound Media thanked customers for the ------- they had shown over the years.

(A) regret
(B) support
(C) strategy
(D) comfort

영구히 폐업하기 전, Rebound Media사는 수년 동안 보여준 지지에 대해 고객들에게 감사를 표했다.

■ 명사 어휘 정답 (B)

'수년 동안 보여준 지지에 대해 고객들에게 감사를 표하다'라는 문맥이므로 명사 (B) support(지지)가 정답이다. (A) regret은 '후회', (C) strategy는 '전략', (D) comfort는 '편안함'이라는 의미이다.

어휘 permanently adv. 영구히, 불변으로 shut down phr. 폐업하다, 문을 닫다

104
○ ● ● ● ●
중

Though hot sauce is available for free at Sam's Tacos, a portion of salsa sauce costs -------.

(A) extra
(B) less
(C) evenly
(D) also

Sam's Tacos에서 매운 소스는 무료로 이용할 수 있지만, 약간의 살사 소스는 추가로 비용이 든다.

■ 부사 선택 정답 (A)

'매운 소스는 무료로 이용할 수 있지만 약간의 살사 소스는 추가로 비용이 든다'라는 의미가 되어야 하므로 부사 (A) extra(추가로)가 정답이다. 부사 (B) less(더 적게), (C) evenly(균등하게), (D) also(또한)를 쓸 경우 각각 '매운 소스는 무료로 이용할 수 있지만 약간의 살사 소스는 더 적게/균등하게/또한 비용이 든다'라는 어색한 문맥이 된다.

어휘 available adj. 이용할 수 있는 a portion of phr. 약간의

5

Having decided to enter the Asian market, Edgeware Electronics is now seeking regional ------- for its products.

(A) distribute
(B) distributors
(C) distributive
(D) to distribute

아시아 시장에 진출하기로 결정한 후, Edgeware Electronics사는 지금 그들 제품의 지역 판매업체를 찾고 있다.

■ 명사 자리 정답 (B)

빈칸 앞의 형용사(regional)의 꾸밈을 받을 수 있는 것은 명사이므로 명사 (B) distributors(판매업체, 배급자)가 정답이다. 동사 (A), 형용사 (C), to 부정사 (D)는 형용사의 꾸밈을 받을 수 없다.

어휘 seek v. 찾다, 구하다 regional adj. 지역의 distribute v. 분배하다, 배분하다 distributive adj. 분배의, 분배에 관한

6

------- who wants to reserve a conference room for a meeting can simply e-mail Ms. Bloomberg in administration.

(A) Anyone
(B) Others
(C) Them
(D) Nobody

회의를 위해 회의실을 예약하고자 하는 누구든지 행정과 Ms. Bloomberg에게 이메일을 보내기만 하면 된다.

■ [주어 자리] 부정대명사 anyone 정답 (A)

빈칸은 동사(can e-mail)의 주어 자리이고 관계절(who ~ meeting)의 꾸밈을 받고 있으므로, 주격 관계대명사(who)의 선행사가 될 수 있는 부정대명사 (A), (B), (D)가 정답의 후보이다. 관계절의 동사(wants)가 단수 동사이고, '회의실을 예약하고자 하는 누구든지 이메일을 보내면 된다'라는 의미가 되어야 하므로 (A) Anyone(누구든지)이 정답이다. (D) Nobody(아무도 ~않다)도 단수 동사와 쓰일 수 있지만, '회의실을 예약하고자 하는 아무도 이메일을 보낼 수 없다'라는 어색한 문맥이 된다. 복수 부정대명사 (B) Others(다른 사람들)는 단수 동사와 함께 쓸 수 없다. 목적격 인칭대명사 (C) Them은 주격 관계대명사(who)의 선행사가 될 수 없다.

어휘 reserve v. 예약하다 conference room phr. 회의실 administration n. 행정과, 행정, 관리

7

After ------- to build a new home in Victoria, Mr. Redmond hired an interior designer to assist him with decorating the house.

(A) decide
(B) decides
(C) decided
(D) deciding

빅토리아에 새 집을 짓기로 결정한 후, Mr. Redmond는 그가 집을 장식하는 것을 도울 인테리어 디자이너를 고용했다.

■ [수식어 거품을 이끄는 것] 현재분사 vs. 과거분사 정답 (D)

이 문장은 주어(Mr. Redmond), 동사(hired), 목적어(an interior designer)를 갖춘 완전한 절이므로, After ____ to build a new home in Victoria는 수식어 거품으로 보아야 한다. 따라서 수식어 거품이 될 수 있는 과거분사 (C)와 현재분사 (D)가 정답의 후보이다. 주절의 주어(Mr. Redmond)와 보기의 동사 decide(결정하다)가 'Mr. Redmond가 결정하다'라는 의미의 능동 관계이므로 현재분사 (D) deciding이 정답이다. 과거분사 (C) decided는 수동의 의미를 나타내므로 답이 될 수 없다. 동사 (A)와 (B)는 수식어 거품을 이끌 수 없다.

어휘 hire v. 고용하다 assist v. 돕다 decorate v. 장식하다

8

First Bonneville Bank ------- 35 branches of CPG Financial Trust for $90 million, strengthening its presence in the region.

(A) explained
(B) canceled
(C) acquired
(D) committed

First Bonneville 은행은 9천만 달러에 CPG Financial Trust사의 35개 지점을 인수했고, 지역 내에서 영향력을 강화했다.

■ 동사 어휘 정답 (C)

'First Bonneville 은행은 35개 지점을 인수했고 지역 내에서 영향력을 강화했다'라는 문맥이므로 동사 acquire(인수하다, 획득하다)의 과거형 (C) acquired가 정답이다. (A)의 explain은 '설명하다, 해명하다', (B)의 cancel은 '취소하다', (D)의 commit은 '저지르다, 약속하다, 전념하다'라는 의미이다.

어휘 strengthen v. 강화하다, 격려하다 presence n. 영향력, 존재 region n. 지역, 지방

109

Psychologists conducted an ------- study about the negative effects of video games on young children.

(A) extent
(B) extensive
(C) extensively
(D) extend

심리학자들은 어린아이들에게 미치는 비디오 게임의 부정적인 영향에 대한 광범위한 연구를 실시했다.

■ 형용사 자리   정답 (

빈칸 뒤의 명사(study)를 꾸밀 수 있는 것은 형용사이므로 형용사 (B) extensive(광범위한)가 정답이다. 명사 (A), 부사 (C), 동사 (D)는 명사를 꾸밀 수 없다.

어휘   psychologist n. 심리학자 conduct v. 실시하다, 행동하다 negative adj. 부정적인 extent n. 정도, 범위
       extensively adv. 널리, 광범위하게 extend v. 늘리다, 확장하다

110

Reginald Rentals ------- opened a branch in Sacramento, and after a very short time the new location became profitable.

(A) hardly
(B) recently
(C) habitually
(D) potentially

Reginald Rentals사는 최근 새크라멘토에 지점을 열었고, 매우 짧은 기간 후에 그 새로운 지점은 이윤을 내게 되었다.

■ 부사 어휘   정답 (

'최근 지점을 열었고 매우 짧은 기간 후에 이윤을 내게 되었다'라는 문맥이므로 부사 (B) recently(최근, 최근에)가 정답이다. (A) hardly는 '거의 ~ 않다', (C) habitually는 '습관적으로', (D) potentially는 '잠재적으로'라는 의미이다.

111

The city council has taken steps ------- improving air quality by introducing measures that limit factory pollution.

(A) out of
(B) toward
(C) owing to
(D) versus

시 의회는 공장의 공해를 제한하는 기준을 도입함으로써 공기의 질을 개선하는 것에 대해 조치를 취해왔다.

■ 전치사 선택 ~에 관하여   정답 (

'공기의 질을 개선하는 것에 대해 조치를 취해왔다'라는 의미가 되어야 하므로 전치사 (B) toward(~에 대하여)가 정답이다. (A) out of는 '~ 밖으로'라는 의미로 방향을, (C) owing to는 '~ 때문에'라는 의미로 이유를 나타낸다. (D) versus는 '~대, ~에 비해'라는 의미로 서로 반대되는 두 가지 대상을 나타낼 때 쓰인다.

어휘   city council phr. 시 의회 take a step phr. 조치를 취하다 improve v. 개선하다, 향상시키다 measure n. 기준, 방책
       pollution n. 공해, 오염

112

The factory is preparing to hire ------- workers for selected manufacturing plants to meet its quarterly production goals.

(A) temporary
(B) concerned
(C) sustained
(D) instructive

그 공장은 분기별 생산 목표를 달성하기 위해 지정된 제조 공장들에 임시 근로자를 고용할 준비를 하고 있다.

■ 형용사 어휘   정답 (

'생산 목표를 달성하기 위해 임시 근로자를 고용할 준비를 하다'라는 문맥이므로 형용사 (A) temporary(임시의)가 정답이다. (B) concerned는 '걱정하는', (C) sustained는 '지속된', (D) instructive는 '유익한'이라는 의미이다.

어휘   prepare v. 준비하다, 마련하다 hire v. 고용하다 selected adj. 지정된, 선택된 manufacturing plant phr. 제조 공장
       meet v. 달성하다, 충족시키다 quarterly adj. 분기별의, 한 해 네 번의 goal n. 목표, 목적

3

The navigation application provides driving ------- as well as route options for walking and cycling.

(A) directly
(B) directions
(C) directors
(D) directs

내비게이션 애플리케이션은 걷기와 자전거 타기를 위한 경로 선택권뿐만 아니라 주행 안내도 제공한다.

■ [명사 자리] 사람명사 vs. 추상명사　　　　　　　　　　　　　정답 (B)

타동사(provides)의 목적어 자리에 올 수 있는 것은 명사이므로 명사 (B)와 (C)가 정답의 후보이다. '걷기와 자전거 타기를 위한 경로 선택권뿐만 아니라 주행 안내도 제공한다'라는 의미가 되어야 하므로 추상명사 (B) directions(안내)가 정답이다. 사람명사 (C) directors(책임자들)를 쓸 경우 '걷기와 자전거 타기를 위한 경로 선택권뿐만 아니라 주행 책임자들도 제공한다'라는 어색한 문맥이 된다. 부사 (A)와 동사 (D)는 명사 자리에 올 수 없다.

어휘　directly adv. 곧장, 똑바로　direct v. 지휘하다, 총괄하다

4

Even experts were deceived by the forged painting, as there was barely any difference ------- it and the original.

(A) between
(B) around
(C) beside
(D) from

그것과 원작 사이에 거의 차이가 없어서, 전문가들조차 위조된 그림에 속았다.

■ 전치사 선택 위치　　　　　　　　　　　　　　　　　　　　　정답 (A)

'그것과 원작 사이에 거의 차이가 없어서 전문가들조차 속았다'라는 의미가 되어야 하므로 위치를 나타내는 전치사 (A) between(~ 사이에)이 정답이다. (B) around는 '~ 주위에', (C) beside는 '~ 옆에', (D) from은 '~부터, ~에서'라는 의미이다.

어휘　deceive v. 속이다　forge v. 위조하다　barely adv. 거의 ~않다, 간신히

5

------- ski resorts are frequently busier during peak season in the winter, they do attract hikers in the summer.

(A) Along
(B) While
(C) Once
(D) Apart

스키 리조트는 흔히 겨울 성수기 동안 더 바쁜 반면에, 여름에는 도보 여행자들을 끌어모은다.

■ [수식어 거품을 이끄는 것] 부사절 접속사 양보　　　　　　　　정답 (B)

이 문장은 주어(they)와 동사(do attract), 목적어(hikers)를 갖춘 완전한 절이므로, _____ ~ winter는 수식어 거품으로 보아야 한다. 이 수식어 거품은 동사(are)가 있는 거품절이므로, 거품절을 이끌 수 있는 부사절 접속사 (B)와 (C)가 정답의 후보이다. '겨울 성수기 동안 더 바쁜 반면에 여름에는 도보 여행자들을 끌어모은다'라는 의미가 되어야 하므로 상반되는 상황을 나타내는 (B) While(~하는 반면)이 정답이다. (C) Once (~하자마자)를 쓰면 '겨울 성수기 동안 바쁘게 되자마자, 여름에 도보 여행자들을 끌어모은다'라는 어색한 문맥을 만든다. 전치사 또는 부사 (A) Along(~을 따라)과 부사 (D) Apart(떨어져, 따로)는 절을 이끌 수 없다. 참고로, apart는 주로 apart from(~에서 떨어져서)의 형태로 쓰임을 알아둔다.

어휘　frequently adv. 흔히, 자주　peak season phr. 성수기　attract v. 끌어모으다, 유인하다　hiker n. 도보 여행자

6

The organizer of the publicity convention said there is still ------- work to be done, but was not concerned about meeting the deadline.

(A) many
(B) few
(C) much
(D) a lot

홍보 협의회 주최자는 아직 끝내야 할 일이 많다고 했지만, 마감일을 맞추는 것에 대해 걱정하지 않았다.

■ 수량 표현　　　　　　　　　　　　　　　　　　　　　　　　정답 (C)

빈칸 뒤의 불가산 명사(work)를 꾸밀 수 있는 수량 표현 (C) much(많은)가 정답이다. (A) many(많은)와 (B) few(거의 없는)는 복수 가산 명사 앞에 쓰인다. (D) a lot은 '많이'라는 의미의 부사이므로 명사를 꾸밀 수 없다. 참고로, a lot of는 '많은'이라는 의미로, 가산 명사와 불가산 명사 앞에 모두 쓰일 수 있음을 알아둔다.

어휘　organizer n. 주최자, 창시자　publicity n. 홍보　concerned adj. 걱정하는, 염려하는　meet v. 맞추다, 충족시키다　deadline n. 마감일, 기한

117

Some of the files on Ms. Patterson's computer appear to have been ------- with a computer virus.

(A) tempered
(B) infected
(C) allocated
(D) closed

Ms. Patterson의 컴퓨터에 있는 몇몇 파일들은 컴퓨터 바이러스에 감염된 것으로 보인다.

■ 동사 어휘　　　　　　　　　　　　　　　　　　　　　　　　　　　　　정답 (B)

'몇몇 파일들이 컴퓨터 바이러스에 감염된 것으로 보인다'라는 문맥이므로 동사 infect(감염시키다)의 p.p.형 (B) infected가 정답이다. (A)의 temper는 '누그러뜨리다, 완화시키다', (C)의 allocate은 '할당하다', (D)의 close는 '닫다, 닫히다'라는 의미이다.

118

The executive director has asked all production supervisors to monitor the work schedule ------- in the future.

(A) most attentive
(B) attentive
(C) more attentively
(D) attention

전무 이사는 모든 생산 관리자들에게 앞으로는 작업 일정을 더 주의 깊게 관찰할 것을 요구했다.

■ 부사 자리　　　　　　　　　　　　　　　　　　　　　　　　　　　　　정답 (C)

동사구(monitor the work schedule)를 꾸미기 위해서는 부사가 와야 하므로 부사 attentively(주의 깊게)의 비교급 (C) more attentively가 정답이다. 형용사의 최상급 (A), 형용사 (B), 명사 (D)는 동사구를 꾸밀 수 없다.

어휘　executive director phr. 전무 이사　supervisor n. 관리자, 감독관　monitor v. 관찰하다　attentive adj. 주의를 기울이는　attention n. 주의

119

Ms. Tennyson has a ------- for spotting good investments and a reputation for being bold and visionary.

(A) talent
(B) contest
(C) promise
(D) trend

Ms. Tennyson은 좋은 투자 대상을 발견하는 재능과 대담하고 선견지명이 있다는 평판을 가지고 있다.

■ 명사 어휘　　　　　　　　　　　　　　　　　　　　　　　　　　　　　정답 (A)

'좋은 투자 대상을 발견하는 재능을 가지고 있다'라는 문맥이므로 명사 (A) talent(재능)가 정답이다. (B) contest는 '대회, 시합', (C) promise는 '약속, 가능성', (D) trend는 '동향, 추세'라는 의미이다.

어휘　spot v. 발견하다; n. 장소　reputation n. 평판, 명성　bold adj. 대담한, 선명한　visionary adj. 선견지명이 있는, 환영의

120

By the time its weeklong promotion was over, Polk Mobile ------- to sell almost its entire inventory of Kelstra smartphones.

(A) manages
(B) to manage
(C) had managed
(D) will manage

일주일에 걸친 판촉 행사가 끝날 때쯤, Polk Mobile사는 Kelstra사 스마트폰의 거의 모든 재고를 판매할 수 있었다.

■ [동사 자리] 시제 일치　　　　　　　　　　　　　　　　　　　　　　　정답 (C)

주절(Polk Mobile ~ smartphones)에 동사가 없으므로 동사 (A), (C), (D)가 정답의 후보이다. By the time이 이끄는 시간 종속절에 과거 시제 동사(was)가 사용된 경우에는 주절이 과거의 일을 나타내는 종속절보다 앞서 발생한 일의 내용을 전달하는 문맥이 되므로, 주절에는 과거의 특정 시점 이전에 발생한 일을 나타내는 과거완료 시제를 사용해야 한다. 따라서 과거완료 시제 (C) had managed가 정답이다. (A)는 현재 시제, (D)는 미래 시제로 시제가 맞지 않는다. to 부정사 (B)는 동사 자리에 올 수 없다. 참고로, by the time(~할 때쯤)을 부사절 접속사로 외워두고, by the time 다음에 과거 시제가 오면 주절에는 과거완료 시제가, 현재 시제가 오면 미래나 미래완료 시제가 온다는 것을 알아둔다.

어휘　weeklong adj. 일주일에 걸친　entire adj. 모든, 전체의, 완전한　inventory n. 재고

1

Mr. Jackson has ------- completed his audit of the firm's financial records, and he expects to submit his findings tomorrow.

(A) always   (B) almost
(C) enough   (D) often

Mr. Jackson은 회사의 재무 기록에 대한 회계 감사를 거의 완료했고, 조사 결과를 내일 제출할 것으로 예상한다.

■ 부사 선택   정답 (B)

'회계 감사를 거의 완료했고 조사 결과를 내일 제출할 것으로 예상한다'라는 의미가 되어야 하므로 부사 (B) almost(거의)가 정답이다. 빈도 부사 (A) always(항상)와 (D) often(자주)을 쓸 경우 각각 '회계 감사를 항상/자주 완료했고 조사 결과들을 내일 제출할 것으로 예상한다'라는 어색한 문맥이 된다. (C) enough(충분히)도 해석상 그럴듯해 보이지만, 부사로 쓰이는 경우 동사 뒤에서만 쓰일 수 있으므로 답이 될 수 없다.

어휘   audit n. 회계 감사   financial adj. 재무의, 재정(상)의   finding n. (조사·연구 등의) 결과

2

Dr. Boyle does not generally see any patients ------- appointments, except for cases of emergency.

(A) beside   (B) without
(C) inside   (D) under

Dr. Boyle은 응급 상황을 제외하고는, 보통 예약 없이 환자들을 보지 않는다.

■ 전치사 선택 제외   정답 (B)

'예약 없이 환자들을 보지 않는다'라는 의미가 되어야 하므로 제외를 나타내는 전치사 (B) without(~ 없이)이 정답이다. (A) beside는 '~의 옆에', (C) inside는 '~의 안에', (D) under는 '~ 아래에'라는 의미로 모두 위치를 나타낸다.

어휘   generally adv. 보통, 일반적으로   appointment n. 예약, 약속   except for phr. ~을 제외하고, ~이 없으면   emergency n. 응급, 비상

3

Turnkey's products tend to be durable, ------- items manufactured by Vania need frequent repair.

(A) than   (B) whereas
(C) because   (D) unless

Turnkey's 제품들은 오래가는 경향이 있는 반면, Vania에서 제작된 제품들은 빈번한 수리가 필요하다.

■ [수식어 거품을 이끄는 것] 부사절 접속사 양보   정답 (B)

이 문장은 주어(Turnkey's products), 동사(tend), 목적어(to be)를 갖춘 완전한 절이므로, ___ ~ repair는 수식어 거품으로 보아야 한다. 이 수식어 거품은 동사(need)가 있는 거품절이므로 거품절을 이끌 수 있는 부사절 접속사 (B), (C), (D)가 정답의 후보이다. 'Turnkey's 제품들은 오래가는 경향이 있는 반면 Vania에서 제작된 제품들은 빈번한 수리가 필요하다'라는 의미가 되어야 하므로 양보를 나타내는 부사절 접속사 (B) whereas(~인 반면)가 정답이다. (C) because(~이기 때문에)와 (D) unless(~하지 않는 한)는 각각 'Vania에서 제작된 제품들이 빈번한 수리를 필요로 하기 때문에/하지 않는 한 Turnkey's 제품들은 오래가는 경향이 있다'라는 어색한 문맥을 만든다. 전치사 (A) than(~보다)은 거품절이 아닌 거품구를 이끌며, 접속사로 본다 해도 콤마 뒤에서 쓰일 수 없으므로 답이 될 수 없다.

어휘   durable adj. 오래가는, 내구성 있는   manufacture v. 제작하다   frequent adj. 빈번한

4

Well attended by dozens of enthusiasts, the launch party for Fiesta Motors' newest sports car was deemed an ------- success.

(A) eligible   (B) occasional
(C) idle   (D) absolute

수십 명의 열성 팬들이 많이 참석하여, Fiesta Motors사의 최신 스포츠카 출시 파티는 완전한 성공으로 여겨졌다.

■ 형용사 어휘   정답 (D)

'출시 파티는 완전한 성공으로 여겨졌다'라는 문맥이므로 형용사 (D) absolute(완전한)가 정답이다. (A) eligible은 '자격이 있는', (B) occasional은 '때때로의', (C) idle은 '게으른, 무의미한'이라는 의미이다.

어휘   dozens of phr. 수십의   enthusiast n. 열성 팬   launch n. 출시, 착수   deem v. ~으로 여기다, 생각하다

해커스 토익 실전 1000제 2 Reading

125

------- the next two weeks, Star Sportswear will be conducting a customer survey on the products it offers.

(A) Near
(B) Over
(C) Since
(D) Until

다음 2주 동안, Star Sportswear사는 그곳에서 제공하는 제품들에 대한 고객 설문 조사를 실시할 것이다.

■ 전치사 선택 기간   정답 (E

'다음 2주 동안 제품들에 대한 고객 설문 조사를 실시할 것이다'라는 의미가 되어야 하므로 기간을 나타내는 전치사 (B) Over(~ 동안)가 정답(
다. (A) Near는 '~ 가까이'라는 의미로 위치를 나타낸다. (C) Since는 '~ 이래로', (D) Until은 '~까지'라는 의미로 시점을 나타내므로 특정 ㅅ
점을 나타내는 명사와 함께 쓰여야 한다.

어휘   conduct   v. 실시하다   survey   n. 설문 조사

126

The supervisor is skilled at managing the ------- balance between the needs of staff and those of upper management.

(A) sudden
(B) delicate
(C) lenient
(D) vague

그 관리자는 직원들의 요구들과 고위 경영진의 요구들 사이에 미묘한 균형을 관리하는 데 노련하다.

■ 형용사 어휘   정답 (E

'미묘한 균형을 관리하는 데 노련하다'라는 문맥이므로 형용사 (B) delicate(미묘한, 섬세한)가 정답이다. (A) sudden은 '갑작스러운', (C
lenient는 '관대한', (D) vague는 '모호한, 희미한'이라는 의미이다.

어휘   skilled   adj. 노련한, 숙련된   balance   n. 균형, 잔액   need   n. 요구, 필요성   upper management   phr. 고위 경영진

127

Even though subscriptions to the *The Marinberg Herald*'s print edition have steadily declined, its online ------- continues to grow.

(A) definition
(B) policy
(C) readership
(D) broadcast

비록 *Marinberg Herald*지의 인쇄판 구독은 꾸준히 감소했지만, 온라인 독자 수는 계속해서 증가하고 있다.

■ 명사 어휘   정답 (C

'온라인 독자 수는 계속해서 증가하고 있다'라는 문맥이므로 명사 (C) readership(독자 수)이 정답이다. (A) definition은 '정의', (B) policy
'정책'이라는 의미이다. (D) broadcast는 '방송'이라는 의미로 앞부분에서 인쇄판 구독에 대해 말하고 있으므로 문맥상 어울리지 않는다.

어휘   subscription   n. 구독   steadily   adv. 꾸준히, 끊임없이   decline   v. 감소하다, 거절하다   continue   v. 계속하다

128

------- the malfunctions with the Clarity Dishwasher are due to defects or low-quality materials is still being investigated.

(A) So
(B) Whether
(C) Yet
(D) Among

Clarity 식기세척기의 오작동이 결함 때문인지 저급 자재 때문인지는 아직 조사되고 있다.

■ 명사절 접속사 whether   정답 (E

빈칸이 포함된 절(____ ~ materials)이 동사(is)의 주어 역할을 하고 있으므로 문장 내에서 주어로 쓰일 수 있는 명사절을 이끄는 명사절 접속ㅅ
(B) Whether(~인지 아닌지)가 정답이다. 부사 또는 부사절 접속사 (A) So(그렇게, 그래서)와 (C) Yet(아직, 그렇지만), 전치사 (D) Among(
중에)은 명사절을 이끌 수 없다.

어휘   malfunction   n. 오작동, 고장   be due to   phr. ~ 때문이다   defect   n. 결함   low-quality   adj. 저급의, 낮은 품질   material   n. 자재, 재료
     investigate   v. 조사하다, 살피다

9 ------- those in the delivery industry had predicted, Volo-Air's new routes helped boost its quarterly earnings significantly.

(A) Instead of
(B) Up to
(C) Regardless of
(D) Just as

배송업에 종사하는 사람들이 예상했던 것처럼, Volo-Air사의 새로운 노선은 분기별 수입을 크게 신장시키는 것에 도움이 되었다.

■ [수식어 거품을 이끄는 것] 부사절 접속사   정답 (D)

이 문장은 주어(Volo-Air's new routes)와 동사(helped)를 갖춘 완전한 절이므로, ___ ~ predicted는 수식어 거품으로 보아야 한다. 이 수식어 거품은 동사(had predicted)가 있는 거품절이므로, 거품절을 이끌 수 있는 부사절 접속사 (D) Just as(~처럼)가 정답이다. 전치사 (A) Instead of(~ 대신에), (B) Up to(~까지), (C) Regardless of(~에 상관없이)는 거품절이 아닌 거품구를 이끈다. 참고로, help는 준 사역동사로 'help (+목적어) + 원형 부정사/to 부정사'의 형태로 쓰이기 때문에 이 문장에서 helped 다음에 원형 부정사 boost가 온 것임을 알아둔다.

어휘 predict v. 예상하다, 예측하다 route n. 노선, 경로 boost v. 신장시키다, 밀어주다 earnings n. 수입, 소득
      significantly adv. 크게, 상당히, 중요하게

0 The mayor was able to ------- her plans for improving job creation through the help of local businesses.

(A) operate
(B) solidify
(C) depart
(D) prevent

시장은 지역 기업들의 원조를 통해 일자리 창출을 개선시키기 위한 그녀의 계획을 확고히 할 수 있었다.

■ 동사 어휘   정답 (B)

'일자리 창출을 개선시키기 위한 계획을 확고히 할 수 있었다'라는 문맥이므로 동사 (B) solidify(확고히 하다)가 정답이다. (A) operate는 '운영하다, 가동하다'라는 의미로, 회사나 기관 등을 운영하거나 기계나 장비 등을 가동하는 것을 나타낸다. (C) depart는 '떠나다', (D) prevent는 '막다, 예방하다'라는 의미이다.

어휘 mayor n. 시장 improve v. 개선시키다, 향상시키다 creation n. 창출, 창조

PART 6

Questions 131-134 refer to the following advertisement.

131-134는 다음 광고에 관한 문제입니다.

The next time you're in downtown Houston and would like a taste of Asia, visit Sensasia on the second floor of Cheviston Center. Sensasia offers authentic ------- from China, Japan, India, Thailand, Korea, and Vietnam.

131

-------. From Monday to Friday, enjoy handmade sushi

132
prepared with fresh seafood, delicious Korean bibimbap, and tasty Vietnamese pho. On weekends, Hong Kong style dim sum, consisting of various bite-size portions of food,

------- along with our regular menu items. Furthermore, once

133
a month, our chefs introduce something new for diners to try. -------, only Sensasia can give you such a wide variety of

134
meals in one location.

For group reservations, please call 555-4272. To view our menu, please visit our Web site at www.sensasia.com.

다음번에 당신이 휴스턴 시내에 있고 아시아의 풍미를 원한다면, Cheviston 센터 2층에 있는 Sensasia를 방문하세요. **131** Sensasia는 중국, 일본, 인도, 태국, 한국, 그리고 베트남의 정통 요리를 제공합니다.

132 저희는 인기 있는 다양한 아시아 요리를 매일 제공합니다. 월요일부터 금요일까지, 신선한 해산물로 만들어진 수제 초밥, 맛있는 한국식 비빔밥, 그리고 맛있는 베트남식 쌀국수를 즐기세요. **133** 주말에는, 다양한 한입 크기의 1인분 요리로 구성되어 있는 홍콩식 딤섬이 일반 메뉴와 함께 준비됩니다. 게다가, 한 달에 한 번, 저희 요리사들은 손님들께서 시도해보실 만한 새로운 것을 소개합니다. **134** 요컨대, 오직 Sensasia만이 그토록 다양한 음식을 한 장소에서 선사할 수 있습니다.

단체 예약을 하시려면, 555-4272로 전화하십시오. 메뉴를 보시려면, www.sensasia.com으로 저희 웹사이트를 방문해 주십시오.

131 (A) dishes
(B) materials
(C) components
(D) districts

132 (A) Our chefs use exotic seasonings in all of our grilled food.
(B) Some parts of our restaurant are now being refurbished.
(C) We serve a wide range of popular Asian cuisine every day.
(D) Our food is delicious but limited to seafood selections.

133 (A) prepares
(B) prepared
(C) is prepared
(D) preparing

134 (A) Conversely
(B) In short
(C) To that end
(D) Not to mention

어휘 taste n. 풍미, 맛 authentic adj. 정통의, 진짜인 seafood n. 해산물 pho n. 쌀국수 consist of phr. ~으로 구성되다 various adj. 다양한 bite-size adj. 한입 크기의, 아주 작은, 알맞은 portion n. (음식의) 1인분, 일부 along with phr. ~과 함께 diner n. 손님, 식사하는 사람 a variety of phr. 다양한, 여러 가지의

▍ ■ **명사 어휘** 주변 문맥 파악 　　　　　　　　　　　　　　　　　　　　　　　　　　　　　　　　정답 (A)

'Sensasia는 중국, 일본, 인도, 태국, 한국, 그리고 베트남의 정통 ____를 제공한다'라는 문맥이므로 (A), (B), (C)가 정답의 후보이다. 빈칸이 있는 문장만으로는 정답을 고를 수 없으므로 주변 문맥이나 전체 문맥을 파악한다. 앞 문장에서 아시아의 풍미를 원한다면 Sensasia를 방문하라고 했으므로 음식점에 대해 이야기하고 있음을 알 수 있다. 따라서 (A) dishes(요리)가 정답이다. (B)의 material은 '자재, 재료', (C)의 component는 '구성요소, 부품', (D)의 district는 '구역'이라는 의미이다.

2 ■ **알맞은 문장 고르기** 　　　　　　　　　　　　　　　　　　　　　　　　　　　　　　　　　　　　　정답 (C)

빈칸에 들어갈 알맞은 문장을 고르는 문제이므로 빈칸의 주변 문맥 또는 전체 문맥을 파악한다. 앞부분에서 다음번에 시내에 있고 아시아의 풍미를 원한다면 Sensasia를 방문하라고 한 후, 뒤 문장 'From Monday to Friday, enjoy handmade sushi ~, delicious Korean bibimbap, and tasty Vietnamese pho.'에서 월요일부터 금요일까지 수제 초밥, 맛있는 한국식 비빔밥과 베트남식 쌀국수를 즐기라고 했고 뒷부분에서 주말에는 홍콩식 딤섬이 준비된다고 했으므로 빈칸에는 음식점에서 아시아 요리를 매일 제공한다는 내용이 들어가야 함을 알 수 있다. 따라서 (C) We serve a wide range of popular Asian cuisine every day가 정답이다.

보기 해석
(A) 저희 요리사들은 모든 철판구이에 이국적인 향신료를 사용합니다.
(B) 저희 식당의 몇몇 부분은 현재 재단장되고 있습니다.
(C) 저희는 인기 있는 다양한 아시아 요리를 매일 제공합니다.
(D) 저희 음식은 맛있지만 해산물로 선택이 제한되어 있습니다.

어휘　exotic adj. 이국적인, 외국의　seasoning n. 향신료, 양념　refurbish v. 재단장하다, 새로 꾸미다　cuisine n. 요리, 요리법
　　　selection n. 선택, 선정

3 ■ **[동사 자리] 능동태와 수동태의 구별** 　　　　　　　　　　　　　　　　　　　　　　　　　　　　　　정답 (C)

문장에 주어(Hong Kong style dim sum)만 있고 동사가 없으므로 동사 (A), (B), (C)가 정답의 후보이다. '홍콩식 딤섬이 준비된다'라는 수동의 의미이고 빈칸 뒤에 목적어가 없으므로 수동태 (C) is prepared가 정답이다. 능동태 (A)와 (B)를 쓸 경우 '홍콩식 딤섬이 준비한다'라는 어색한 의미가 되므로 답이 될 수 없다. 참고로, 동사 prepare(준비하다, 마련하다)는 자동사와 타동사 모두로 쓰임을 알아둔다. 동명사 또는 현재분사 (D)는 동사 자리에 올 수 없다.

4 ■ **접속부사** 전체 문맥 파악 　　　　　　　　　　　　　　　　　　　　　　　　　　　　　　　　　　　　정답 (B)

빈칸이 콤마와 함께 문장의 맨 앞에 온 접속부사 자리이므로, 앞부분과 빈칸이 있는 문장의 의미 관계를 파악하여 정답을 선택한다. 앞부분에서 식당에서 제공하는 다양한 나라의 음식 메뉴와 매달 선보이는 신메뉴에 대해 언급하고 있고, 빈칸이 있는 문장에서는 오직 Sensasia만이 그토록 다양한 음식을 한 장소에서 선사할 수 있다고 했으므로 앞의 내용을 전체적으로 요약할 때 사용되는 (B) In short(요컨대)가 정답이다. (A) Conversely는 '정반대로, 역으로', (C) To that end는 '그러기 위해서'라는 의미로 빈칸에 쓸 경우 어색한 문맥이 된다. (D) Not to mention(~은 말할 것도 없이)을 쓰면 '말할 것도 없이, Sensasia만이 그토록 다양한 음식을 한 장소에서 선사할 수 있다'라는 문맥이 되어 해석상 그럴듯해 보이지만, Not to mention은 뒤에 명사구나 that절과 함께 쓰이며 콤마와 함께 단독으로 사용되지 않는다.

Questions 135-138 refer to the following e-mail.

135-138은 다음 이메일에 관한 문제입니다.

To: Scott Douglas <sdouglas@evergladeprints.com>
From: Edward Kovac <edward.k@collinsconsulting.com>
Subject: Brochure alterations
Date: 8 May

Dear Mr. Douglas,

Please find attached a copy of the brochure you designed with our comments. Our team has reviewed the draft, and we are ------- with the quality of the pamphlet thus far.
      135
Despite this, we do require a few changes.

In particular, there were minor layout and color errors and some important information was ------- as well. We left notes
                                    136
in the brochure regarding where the omitted details should

go. -------. Please send us a revised draft when it is ready.
    137
We will, of course, be happy to ------- the extra cost.
                                138

Best wishes,
Edward

수신: Scott Douglas <sdouglas@evergladeprints.com>
발신: Edward Kovac
          <edward.k@collinsconsulting.com>
제목: 브로슈어 수정
날짜: 5월 8일

Mr. Douglas께,

귀하께서 디자인하신 브로슈어에 저희의 의견을 포함한 사본이 첨부된 것을 확인하여 주시기 바랍니다. **135** 저희 팀에서는 초안을 검토하였고, 여태까지의 팸플릿의 질에 만족합니다. 이러한 상황에도 불구하고, 몇 가지 변경을 요청 드립니다.

136 특히, 작은 레이아웃과 색상 오류가 있었고 몇몇 중요한 정보 또한 누락되어 있었습니다. 저희는 누락된 세부 정보가 어디에 포함되어야 하는지에 대해 브로슈어에 메모를 남겨두었습니다. **137** 저희는 각각의 수정 사항이 정확히 반영되기를 원합니다. 수정된 초안이 준비되면 저희에게 보내주시기 바랍니다. **138** 저희는 당연히, 기꺼이 추가 비용을 부담할 것입니다.

Edward 드림

---

135 (A) concerned
(B) satisfied
(C) credited
(D) troubled

136 (A) allowed
(B) asserted
(C) moving
(D) missing

137 (A) We are not sure why these details were included.
(B) We need each correction to be reflected precisely.
(C) We would like you to change the entire layout.
(D) We ask that you send the invoice for the design we chose.

138 (A) cover
(B) covered
(C) covering
(D) covers

어휘 alteration n. 수정, 변경, 개조 attach v. 첨부하다, 붙이다 review v. 재검토하다; n. 재검토 draft n. 초안, 원고 quality n. 질, 특성
thus far phr. 여태까지, 지금껏 in particular phr. 특히, 상세히 minor adj. 작은, 하찮은 regarding prep. ~에 대하여
omit v. 누락하다, 생략하다 go v. 포함되다, 가다 revise v. 수정하다, 변경하다 extra adj. 추가의, 여분의; n. 추가되는 것

5 ■ 형용사 어휘 주변 문맥 파악   정답 (B)

'여태까지의 팸플릿의 질에 ___한다'라는 문맥이므로 (A), (B), (D)가 정답의 후보이다. 빈칸이 있는 문장만으로는 정답을 고를 수 없으므로 주변 문맥이나 전체 문맥을 파악한다. 뒤 문장에서 이러한 상황에도 불구하고 몇 가지 변경을 요청한다고 했으므로 변경을 요청하는 상황과 반대 의미를 나타내는 형용사 (B) satisfied(만족하는)가 정답이다. (A) concerned는 '걱정하는', (D) troubled는 '걱정하는, 불안해하는'이라는 의미로 빈칸에 쓸 경우 어색한 문맥이 된다. (C) credited는 '유명한, 신망 있는'이라는 의미이다.

6 ■ 형용사 어휘   정답 (D)

'몇몇 중요한 정보 또한 누락되어 있었다'라는 문맥이므로 형용사 (D) missing(누락된)이 정답이다. (A) allowed는 '허가받은', (B) asserted 는 '주장되는', (C) moving은 '감동시키는'이라는 의미이다.

7 ■ 알맞은 문장 고르기   정답 (B)

빈칸에 들어갈 알맞은 문장을 고르는 문제이므로 빈칸의 주변 문맥 또는 전체 문맥을 파악한다. 앞부분에서 작은 레이아웃과 색상 오류가 있었다 고 한 후, 앞 문장 'We left notes in the brochure regarding where the omitted details should go.'에서 누락된 세부 정보가 어디에 포 함되어야 하는지에 대해 브로슈어에 메모를 남겨두었다고 했으므로 빈칸에는 레이아웃과 색상 오류, 누락된 세부 정보와 관련한 브로슈어 수정 에 대한 내용이 들어가야 함을 알 수 있다. 따라서 (B) We need each correction to be reflected precisely가 정답이다.

보기 해석
(A) 저희는 왜 이 세부 정보들이 포함되었는지 확실하지 않습니다.
(B) 저희는 각각의 수정 사항이 정확히 반영되기를 원합니다.
(C) 저희는 귀하께서 전체적인 레이아웃을 바꿔주시기를 원합니다.
(D) 저희가 선택한 디자인에 대한 송장을 보내주실 것을 요청드립니다.

어휘   correction n. 수정, 수정된 부분   reflect v. 반영하다, 반사하다   entire adj. 전체의, 완전한   invoice n. 송장, 청구서

8 ■ to 부정사의 용법   정답 (A)

빈칸 앞의 to와 함께 사용되어 to 부정사를 만드는 동사원형 (A) cover(부담하다)가 정답이다. 과거형 동사 또는 과거분사 (B), 동명사 또는 현 재분사 (C), 3인칭 동사 (D)는 to 부정사를 만들 수 없다. to를 전치사로 생각해 (C)를 전치사의 목적어 자리에 온 동명사로 본다 해도, happy 는 with, about, in 등의 전치사와 함께 쓰이므로 답이 될 수 없다.

Questions 139-142 refer to the following article.

139-142는 다음 기사에 관한 문제입니다.

Hartford Local

Hartford Welcomes a New Ryder's Franchise

October 12—A new Ryder's restaurant will be opening at 460 Flatbush Avenue, behind the Irving Super Center. -------.
139
"We are just waiting for the city to issue a building permit," said owner Paul Solomon, ------- other Ryder's branch is
140
located in Elmwood.

According to Mr. Solomon, he ------- contemplated the idea
141
of opening a Ryder's in Hartford a few weeks after launching the Elmwood location two years ago. In fact, Mr. Solomon ------- such a high volume of customers before the Elmwood
142
location opened for business. However, within its second week of business, that branch was already overwhelmed with orders. At that point, Mr. Solomon realized that there was sufficient demand to support a second location. After about a year of preparations, he is finally ready to expand.

Hartford 지방 기사

Hartford는 새로운 Ryder's 체인점을 환영한다

10월 12일—새로운 Ryder's 레스토랑이 Irving Super 센터 뒤편인 460번지 Flatbush가에 개점할 것이다. **139** 그 부지에서 공사가 곧 시작될 것이다. **140** "저희는 그저 시에서 건축 허가를 발부하기를 기다리고 있습니다."라고 소유주 Paul Solomon은 말했으며, 그의 다른 Ryder's 지점은 Elmwood 지역에 위치해 있다.

141 Mr. Solomon에 따르면, 그는 2년 전 Elmwood 지점을 개시하고 나서 몇 주 후에 Hartford에 Ryder's를 개점한다는 발상을 처음으로 고려해보았다. **142** 사실, Mr. Solomon은 Elmwood 지점이 영업을 시작하기 전에는 그렇게 많은 고객을 예상하지 않았었다. 그러나, 영업 두 번째 주 이내에, 그 지점은 이미 너무 많은 주문으로 어쩔 줄 모르게 되었다. 그 시점에, Mr. Solomon은 두 번째 지점을 뒷받침할 충분한 수요가 있음을 알아차렸다. 약 1년 정도의 준비과정 후에, 그는 마침내 확장할 준비가 되었다.

---

139 (A) Construction will begin at the site very soon.
(B) A ceremony has been scheduled for this weekend.
(C) The business is having a sale all throughout this month.
(D) Meals at the restaurant are both delicious and affordable.

140 (A) he
(B) that
(C) whose
(D) which

141 (A) first
(B) seldom
(C) never
(D) likewise

142 (A) would not expect
(B) has not expected
(C) is not expecting
(D) had not expected

어휘 issue v. 발부하다 permit n. 허가 contemplate v. 고려하다 overwhelm v. (너무 많은 일 등으로) 어쩔 줄 모르게 만들다
sufficient adj. 충분한 preparation n. 준비과정

■ 알맞은 문장 고르기

빈칸에 들어갈 알맞은 문장을 고르는 문제이므로 주변 문맥 또는 전체 문맥을 파악한다. 앞 문장 'A new Ryder's restaurant will be opening at 460 Flatbush Avenue, behind the Irving Super Center.'에서 새로운 Ryder's 레스토랑이 Irving Super 센터 뒤편인 460번지 Flatbush가에 개점할 것이라고 했고, 뒤 문장 '"We are just waiting for the city to issue a building permit'에서 저희, 즉 Ryder's는 그저 시에서 건축 허가를 발부하기를 기다리고 있다고 했으므로 빈칸에는 새로운 Ryder's 레스토랑의 건축에 대한 내용이 들어가야 함을 알 수 있다. 따라서 (A) Construction will begin at the site very soon이 정답이다.

보기 해석
(A) 그 부지에서 공사가 곧 시작될 것이다.
(B) 행사는 이번 주말로 예정되어 있었다.
(C) 그 가게는 이번 달 내내 세일을 한다.
(D) 그 레스토랑의 식사는 맛있을 뿐만 아니라 가격도 알맞다.

어휘 construction n. 공사 throughout prep. 내내, 도처에 affordable adj. 가격이 알맞은

■ [수식어 거품을 이끄는 것] 관계대명사의 선택과 격

이 문장은 주어(Paul Solomon), 동사(said)를 갖춘 완전한 절이므로, ___ ~ Elmwood는 수식어 거품으로 보아야 한다. 이 수식어 거품은 빈칸 앞의 명사(Paul Solomon)를 선행사로 갖는 관계절이므로 관계대명사 (B), (C), (D)가 정답의 후보이다. 이때 관계절(___ ~ Elmwood) 내에 주어(other Ryder's branch)가 있으므로, 빈칸 뒤의 명사(other Ryder's branch)를 꾸며서 함께 관계절 내의 주어가 될 수 있는 소유격 관계대명사 (C) whose(~의)가 정답이다. 주격 또는 목적격 관계대명사 (B) that은 관계대명사일 때 콤마 바로 뒤에서 쓰일 수 없다. 주격 또는 목적격 관계대명사 (D) which는 선행사가 사물일 때 사용되며, 뒤에 불완전한 절이 와야 한다. 주격 인칭대명사 (A)는 관계절을 이끌 수 없다.

■ 부사 어휘 전체 문맥 파악

'그는 2년 전 Elmwood 지점을 개시하고 나서 몇 주 후에 Hartford에 Ryder's를 개점한다는 발상을 ___ 고려해보았다'라는 문맥이므로 모든 보기가 정답의 후보이다. 빈칸이 있는 문장만으로는 정답을 고를 수 없으므로 주변 문맥이나 전체 문맥을 파악한다. 뒷부분에서 영업 두 번째 주 이내에 그 지점, 즉 Elmwood 지점이 너무 많은 주문으로 어쩔 줄 모르게 되었다고 하며 그 시점에 두 번째 지점을 뒷받침할 충분한 수요가 있음을 알아차렸다고 했으므로, 그가 2년 전 Elmwood 지점을 개시하고 나서 몇 주 후에 두 번째 지점을 개점한다는 발상을 처음으로 고려해보았음을 알 수 있다. 따라서 부사 (A) first(처음으로, 먼저)가 정답이다. (B) seldom은 '거의 ~않는', (C) never는 '절대 ~않다', (D) likewise는 '비슷하게'라는 의미이다.

■ 과거완료 시제

주절(Mr. Solomon ~ customers)에서 나타내는 사건, 즉 Mr. Solomon이 그렇게 많은 고객을 예상하지 않은 사건은 종속절(before ~ business)에서 나타내는 사건, 즉 그 지점이 영업을 시작한 시점보다 먼저 일어난 일이다. 종속절(before ~ business)에 과거 시제(opened)가 쓰였으므로 과거의 특정 시점 이전에 발생한 일을 나타내는 과거완료 시제 (D) had not expected가 정답이다. 과거 시제 (A), 현재완료 시제 (B), 현재진행 시제 (C)는 과거의 특정 시점 이전에 발생한 일을 나타낼 수 없다.

To: All staff
From: Susan Ward
Subject: Employee handbook
Date: April 15

Thank you to everyone who participated in the discussions with company management. Your comments about some employees being unaware of the procedures for day-to-day operations have been heard. We are now working to ------- the situation.
143

For starters, we will be publishing the company's standard operating procedures as soon as possible. A printed guide will give management and staff an official reference on the performance of daily tasks. -------. Hopefully, it will help
144
move us closer to our goal of having firmly ------- policies.
145

If any revisions are required, these will be incorporated into a later version of the manual. The final version will also be
------- through the company's internal network. If you have
146
any questions, please direct them to your departmental supervisors.

수신: 전 직원
발신: Susan Ward
제목: 직원 안내서
날짜: 4월 15일

회사 경영진과의 논의에 참여해주신 모든 분들께 감사 드립니다. 몇몇 직원들이 일일 작업 절차를 모르고 있다는 것에 대한 여러분의 의견은 수렴되었습니다. **143** 저희는 현재 그 상황을 처리하기 위해 노력하고 있습니다.

우선, 저희는 가능한 한 빨리 회사의 표준 작업 절차를 출판할 것입니다. 인쇄된 안내서는 경영진과 직원들에게 매일의 업무 수행에 대해 공식적인 기준을 제공할 것입니다. **144** 이 안내서의 임시 복사본은 다음 회의에서 배부될 것입니다. **145** 아마, 이것은 저희의 목표인 확고히 확립된 정책에 좀 더 가까이 다가가는 것을 도울 것입니다.

만약 수정이 필요하다면, 이것들은 안내서의 다음 버전에 포함될 것입니다. **146** 최종 버전은 회사 내부 네트워크를 통해서도 이용할 수 있을 것입니다. 질문이 있으시다면, 부서 관리자에게 보내주십시오.

---

143 (A) maintain
(B) inspect
(C) address
(D) ignore

144 (A) A provisional copy of this handbook will be distributed at the next meeting.
(B) Your comments on the revised manual were very much appreciated.
(C) A copy of the article may be found in last month's company newsletter.
(D) We are glad that everyone is now up-to-date on our meeting schedule.

145 (A) establish
(B) established
(C) establishing
(D) establishment

146 (A) access
(B) accessible
(C) accesses
(D) accessing

어휘   unaware adj. 모르는, 알지 못하는 procedure n. 절차, 순서 operation n. 작업, 수술 for starters phr. 우선, 먼저
standard adj. 표준의, 일반적인; n. 기준 reference n. 기준, 참고, 참조 hopefully adv. 아마, 희망을 가지고 firmly adv. 확고히, 단호히
revision n. 수정, 검토 incorporate v. 포함하다, 통합시키다 internal adj. 내부의, 체내의, 내면적인 direct v. 보내다, 지시하다
supervisor n. 관리자, 감독

3 ■ 동사 어휘 전체 문맥 파악 정답 (C)

'현재 그 상황을 ＿＿＿ 하기 위해 노력하고 있다'라는 문맥이므로 모든 보기가 정답의 후보이다. 빈칸이 있는 문장만으로는 정답을 고를 수 없으므로 주변 문맥이나 전체 문맥을 파악한다. 뒤 문장에서 가능한 한 빨리 회사의 표준 작업 절차를 출판할 것이라고 했고 뒷부분에서 인쇄된 안내서는 경영진과 직원들에게 매일의 업무 수행에 대해 공식적인 기준을 제공할 것이라고 했으므로 직원들이 일일 작업 절차를 모르는 상황을 처리하기 위해 노력하고 있다는 것을 알 수 있다. 따라서 동사 (C) address(처리하다, 다루다)가 정답이다. (A) maintain은 '유지하다', (B) inspect는 '조사하다, 검열하다', (D) ignore는 '무시하다'라는 의미이다.

4 ■ 알맞은 문장 고르기 정답 (A)

빈칸에 들어갈 알맞은 문장을 고르는 문제이므로 빈칸의 주변 문맥 또는 전체 문맥을 파악한다. 앞부분에서 가능한 한 빨리 회사의 표준 작업 절차를 출판할 것이라고 했고, 앞 문장 'A printed guide will give management and staff an official reference on the performance of daily tasks.'에서 인쇄된 안내서는 경영진과 직원들에게 매일의 업무 수행에 대해 공식적인 기준을 제공할 것이라고 했으므로 빈칸에는 안내서의 배부와 관련된 내용이 들어가야 함을 알 수 있다. 따라서 (A) A provisional copy of this handbook will be distributed at the next meeting이 정답이다.

보기 해석
(A) 이 안내서의 임시 복사본은 다음 회의에서 배부될 것입니다.
(B) 수정된 안내서에 대한 귀하의 의견은 매우 높이 평가되었습니다.
(C) 기사의 사본은 지난달 사보에서 찾을 수 있을 것입니다.
(D) 이제 모두가 저희 회의 일정에 대해 잘 알게 되어 기쁩니다.

어휘 **provisional** adj. 임시의, 잠정적인 **comment** n. 의견, 비평 **appreciate** v. 높이 평가하다, 가치를 인정하다 **company newsletter** phr. 사보

5 ■ [형용사 자리] 현재분사 vs. 과거분사 정답 (B)

빈칸 뒤의 명사(policies)를 꾸며줄 수 있는 것은 형용사이므로 형용사 역할을 하는 과거분사 (B)와 현재분사 (C)가 정답의 후보이다. 꾸밈을 받는 명사와 분사가 '확고히 확립된 정책'이라는 수동의 의미이므로 과거분사 (B) established(확립된, 확정된)가 정답이다. 현재분사 (C) establishing(확립한)을 쓰면 '확고히 확립한 정책'이라는 어색한 문맥이 된다. 동사 (A), 명사 (D)는 명사를 꾸밀 수 없다. (D)를 써서 establishment policies를 복합명사로 본다 해도, '설립 정책'이라는 의미가 되어 문맥상 어울리지 않는다.

6 ■ [보어 자리] 명사 보어 vs. 형용사 보어 정답 (B)

빈칸이 be동사(be) 다음에 있으므로 모든 보기가 정답의 후보이다. 빈칸이 주어(The final version)의 상태를 설명해서 '최종 버전은 이용할 수 있다'라는 의미가 되어야 하므로 형용사 (B) accessible(이용할 수 있는)이 정답이다. 명사 (A) access(이용, 접근) 또는 (C) accesses(증가, 첨가)를 쓸 경우, 주어와 빈칸이 동격이 되어 '최종 버전은 이용이다/증가이다'라는 어색한 문맥이 된다. 참고로 명사 access는 불가산 명사일 때만 '이용, 접근, 접근권'의 의미를 가질 수 있음을 알아둔다. -ing형 (D)를 쓸 경우, '최종 버전은 접근하고 있을 것이다'라는 어색한 문맥이 된다.

PART 7

Questions 147-148 refer to the following advertisement.

147-148은 다음 광고에 관한 문제입니다.

Lakewood Spa

147-DLocated in the Belmont Hotel just a 20-minute drive from downtown Portland, Lakewood Spa is the perfect place to escape for a day of relaxation. 147-AOur private treatment rooms have been carefully designed to create a soothing atmosphere. We offer a range of services, including massages, manicures, and facial treatments, all performed by our experienced therapists.

The management of Lakewood Spa is also pleased to announce that 147-Bwe have partnered with Décor, a renowned beauty company, to provide our clients with discounts on a variety of quality products. To celebrate, 148anyone who books a spa treatment in June will receive a complimentary bottle of Décor shampoo. For more information about this promotion or about our spa, please visit www.lakewoodspa.com. We hope to see you soon!

Lakewood 스파

147-D포틀랜드 도심에서 차로 20분밖에 걸리지 않는 Belmont 호텔에 위치한 Lakewood 스파는 하루의 휴식을 위해 도피하기에 완벽한 장소입니다. 147-A저희의 개인 관리실은 편안한 분위기를 조성하기 위해 신중하게 설계되었습니다. 저희는 마사지, 손톱 손질, 그리고 얼굴 관리를 포함해, 모두 저희의 숙련된 관리사들에 의해 행해지는 다양한 서비스를 제공합니다.

Lakewood 스파의 경영진은 또한 147-B고객들에게 다양한 고급 상품에 대한 할인을 제공해드릴 수 있도록, 저희가 유명한 미용 회사인 Décor와 제휴했다는 것을 알려드리게 되어 기쁩니다. 축하하기 위해, 148누구든 6월에 스파 관리를 예약하시는 분은 무료 Décor 샴푸 한 통을 받게 될 것입니다. 이 판촉 활동이나 저희 스파에 대한 더 많은 정보를 위해서는, www.lakewoodspa.com을 방문해주시기 바랍니다. 여러분을 곧 뵙기를 바랍니다!

어휘
- □ **escape** v. 도피하다
- □ **soothing** adj. 편안한
- □ **renowned** adj. 유명한, 명성 있는
- □ **relaxation** n. 휴식
- □ **atmosphere** n. 분위기, 공기
- □ **quality** adj. 고급의; n. 품질, 우수함
- □ **private** adj. 개인의, 전용의
- □ **experienced** adj. 숙련된
- □ **complimentary** adj. 무료의

147
중

What is stated about Lakewood Spa?

(A) It had several private rooms redecorated recently.
(B) It will offer discounts on services to clients.
(C) It has a branch in a city's business district.
(D) It is situated in an accommodation facility.

Lakewood 스파에 대해 언급된 것은?

(A) 최근 몇몇 개인실을 개조했다.
(B) 고객들에게 서비스에 대한 할인을 제공할 것이다.
(C) 도시의 상업 지역에 지점이 있다.
(D) 숙박 시설 안에 위치해 있다.

■ **Not/True** True 문제

정답 (D)

질문의 핵심 어구인 Lakewood Spa와 관련된 내용을 지문에서 찾아 각 보기와 대조하는 Not/True 문제이다. (A)는 'Our private treatment rooms have been carefully designed'에서 저희, 즉 Lakewood 스파의 개인 관리실이 신중하게 설계되었다고 했지만 개인실이 개조된 것인지는 알 수 없으므로 지문의 내용과 일치하지 않는다. (B)는 'we have partnered with Décor, a renowned beauty company, to provide our clients with discounts on a variety of quality products'에서 고객들에게 다양한 고급 상품에 대한 할인을 제공해 줄 수 있도록 유명한 미용 회사인 Décor와 제휴했다고 했지만 서비스를 할인해 주는 것은 아니므로 지문의 내용과 일치하지 않는다. (C)는 지문에 언급되지 않은 내용이다. (D)는 'Located in the Belmont Hotel ~, Lakewood spa'에서 Belmont 호텔에 위치한 Lakewood 스파라고 했으므로 지문의 내용과 일치한다. 따라서 (D)가 정답이다.

어휘 **redecorate** v. 개조하다 **district** n. 지역 **accommodation** n. 숙박

148
하

What must clients do to receive a complimentary item?

(A) Purchase a product made by a beauty company
(B) Visit a branch of a spa in June
(C) Make a reservation during a designated period
(D) Complete an online questionnaire

고객들은 무료 물품을 받기 위해서 무엇을 해야 하는가?

(A) 미용 회사에서 만들어진 제품을 구매한다
(B) 6월에 스파의 한 지점을 방문한다
(C) 지정된 기간 동안에 예약한다
(D) 온라인 설문지를 작성한다

■ **육하원칙** What

정답 (C)

고객들이 무료 물품을 받기 위해서 무엇(What)을 해야 하는지를 묻는 육하원칙 문제이다. 질문의 핵심 어구인 clients do to receive a complimentary item과 관련하여, 'anyone who books a spa treatment in June will receive a complimentary bottle of Décor shampoo'에서 누구든 6월에 스파 관리를 예약하는 사람은 무료 Décor 샴푸 한 통을 받게 될 것이라고 했으므로 (C)가 정답이다.

어휘 **designated** adj. 지정된 **questionnaire** n. 설문지

Questions 149-150 refer to the following information.

149-150는 다음 안내문에 관한 문제입니다.

<table>
<tr>
<td>

¹⁴⁹**Tax Deductions for Telecommuters**

¹⁴⁹Telecommuting employees are eligible for a number of deductions that can be applied to their income tax calculations. Those incurring home office costs related to new equipment purchases, such as computers, monitors, phones, and printers, may deduct the cost of this equipment in one of two ways. They may deduct the full cost of an item in the same year it was purchased or spread out the cost over seven years. So, for example, an item worth $70 may be fully deducted the first year or deducted by $10 each year for seven years. ¹⁵⁰Employees who frequently use phones for business purposes also qualify for deductions, provided they can show documents as proof that their phones were used during office hours. Occupancy expenses, including rent, mortgage payments, and home insurance coverage, are partially tax-deductible, depending on the amount of home space used for work. For questions about this information, please contact the human resources manager for your branch of the company.

</td>
<td>

¹⁴⁹재택근무자를 위한 세금 공제

¹⁴⁹재택근무를 하는 직원들은 소득세 계산에 적용될 수 있는 여러 가지 공제를 받을 자격이 있습니다. 컴퓨터, 모니터, 전화기, 그리고 프린터와 같은 새로운 장비 구입과 관련된 재택 사무 비용을 물게 되는 사람들은 둘 중에 한 가지 방법으로 이 장비의 비용을 공제할 수 있습니다. 그들은 항목이 구입된 같은 해에 총금액을 공제하거나 금액을 7년에 걸쳐 나눌 수 있습니다. 그래서, 예를 들어, 70달러 상당의 항목은 첫해에 완전히 공제되거나 7년 동안 매년 10달러씩 공제될 수 있습니다. ¹⁵⁰업무 목적으로 전화를 자주 사용하는 직원들은 또한 전화가 업무 시간 중에 사용되었다는 증명으로서 서류를 제시할 수 있다면 공제를 받을 자격이 있습니다. 임대료, 융자금, 그리고 주택 보험 보상을 포함한 주거 비용은 근무를 위해 사용되는 주택 공간 크기에 따라서 부분적으로 세금에서 공제될 수 있습니다. 이 정보에 대해 문의가 있으시다면, 회사의 본인 지점 인사 담당자에게 연락하십시오.

</td>
</tr>
</table>

어휘 □ **deduction** n. 공제, 삭감　　□ **telecommuter** n. 재택 근무자　　□ **be eligible for** phr. ~을 받을 자격이 있다
　　□ **incur** v. (비용을) 물게 되다, 초래하다　□ **spread out** phr. 나누다, 퍼뜨리다　□ **occupancy** n. 주거, 거주
　　□ **mortgage** n. 융자, 대출　　□ **insurance** n. 보험, 보험금　　□ **coverage** phr. 보상, 보도

9

Where would the information most likely appear?

(A) A promotional poster
(B) An equipment manual
(C) An employee handbook
(D) An insurance policy

안내문은 어디에서 볼 수 있을 것 같은가?

(A) 홍보 포스터
(B) 장비 사용 설명서
(C) 직원 안내서
(D) 보험 정책

■ 추론 전체 정보　　정답 (C)

지문 곳곳에 퍼져 있는 여러 단서를 종합하여 안내문을 볼 수 있을 것 같은 곳을 추론하는 문제이다. 'Tax Deductions for Telecommuters'에서 재택 근무자를 위한 세금 공제에 관한 글임을 알 수 있고, 'Telecommuting employees are eligible for a number of deductions'에서 재택 근무를 하는 직원들은 여러 가지 공제를 받을 자격이 있다고 했으므로 직원들을 위한 안내문임을 알 수 있다. 따라서 (C)가 정답이다.

0

What is indicated in the information?

(A) Some expensive items require special permission to buy.
(B) Call records may be needed to subtract some charges.
(C) Expenses related to home ownership are completely tax-deductible.
(D) The cost of insuring property can be completely recovered.

안내문에서 암시되는 것은?

(A) 몇몇 비싼 항목들은 구매하기 위해 특별 허가가 필요하다.
(B) 일부 비용을 공제하려면 전화 기록이 필요할 것이다.
(C) 주택 소유와 관련된 비용은 완전히 세금 공제될 수 있다.
(D) 부동산을 보험에 든 비용은 완전히 되찾아질 수 있다.

■ 추론 세부 정보　　정답 (B)

안내문에서 암시되는 것을 묻는 추론 문제이다. 이 문제는 질문에 핵심 어구가 없으므로 각 보기의 핵심 어구와 관련된 내용을 지문에서 확인한다. 'Employees ~ qualify for deductions, provided they can show documents as proof that their phones were used during office hours.'에서 직원들은 전화가 사용되었다는 증명으로서 서류를 제시하면 공제를 받을 수 있다고 했으므로 전화 요금 공제를 위해서 전화 기록이 필요하다는 사실을 추론할 수 있다. 따라서 (B)가 정답이다.

Chuck Goodman   9:10 A.M.

I've been waiting at Kingston Subway Station for over 30 minutes now. [151]I don't think I am going to be on time for my 9:30 class this morning.

Mia Jancovik   9:12 A.M.

[151]OK, I'll see if Jodi or Victoria can cover for you. They've both taught aerobics classes before.

Chuck Goodman   9:14 A.M.

Thanks. Actually, it was just announced that train service will resume. Apparently, there was a problem with the track that has been resolved.

Mia Jancovik   9:15 A.M.

Great. [152]When do you think you'll get here? Jodi says she can fill in for you until then, by the way.

Chuck Goodman   9:16 A.M.

Give me a few minutes. [152]There are a lot of people waiting, so I might not get on the next train.

Chuck Goodman   오전 9시 10분

저는 지금 Kingston 전철역에서 30분 넘게 기다리고 있어요. [151]저의 오늘 오전 9시 30분 수업에 제때 도착하지 못할 것 같아요.

Mia Jancovik   오전 9시 12분

[151]알겠어요. Jodi나 Victoria가 당신을 대신해줄 수 있는지 알아볼게요. 그들 둘 다 전에 에어로빅 수업을 가르쳐봤어요.

Chuck Goodman   오전 9시 14분

고마워요. 사실, 방금 열차 운행이 재개될 것이라고 공지되었어요. 보아하니, 선로에 문제가 있었고 해결되었어요.

Mia Jancovik   오전 9시 15분

좋네요. [152]언제 여기에 도착할 수 있을 것 같아요? 그나저나, Jodi가 그때까지 당신을 대신해줄 수 있다고 해요.

Chuck Goodman   오전 9시 16분

잠시만 기다려주세요. [152]많은 사람들이 기다리고 있어서, 다음 열차를 타지 못할 수도 있어요.

어휘   □ **on time** phr. 제때, 시간을 어기지 않고   □ **cover** v. 대신하다   □ **train service** phr. 열차 운행

     □ **resume** v. 재개되다[하다]   □ **resolve** v. 해결하다   □ **fill in** phr. 대신 일을 봐주다

151

Who most likely is Mr. Goodman?

(A) A gym manager
(B) A fitness instructor
(C) A professional athlete
(D) A sports psychologist

Mr. Goodman은 누구인 것 같은가?

(A) 체육관 관리자
(B) 운동 강사
(C) 전문 운동선수
(D) 스포츠 심리학자

■ **추론** 세부 정보   정답 (B)

질문의 핵심 어구인 Mr. Goodman에 대해 추론하는 문제이다. 'I don't think I am going to be on time for my 9:30 class this morning.'에서 Mr. Goodman이 자신의 오늘 오전 9시 30분 수업에 제때 도착하지 못할 것 같다고 하자 'OK, I'll see if Jodi or Victoria can cover for you. They've both taught aerobics classes before.'에서 Mia Jancovik이 알겠다며 Jodi나 Victoria가 당신, 즉 Mr. Goodman을 대신해줄 수 있는지 알아본다고 하며 그들 둘 다 전에 에어로빅 수업을 가르쳐봤다고 했으므로, Mr. Goodman이 에어로빅 수업의 강사라는 사실을 추론할 수 있다. 따라서 (B)가 정답이다.

어휘   **fitness** n. 운동, 건강   **instructor** n. 강사   **athlete** n. 운동선수   **psychologist** n. 심리학자

2
At 9:16 A.M., what does Mr. Goodman mean when he writes, "Give me a few minutes"?	오전 9시 16분에, Mr. Goodman이 "Give me a few minutes"라고 썼을 때 그가 의도한 것은?
(A) He wants to discuss a matter with a coworker. (B) He has not yet heard any announcements. (C) He cannot estimate his arrival time. (D) He is unfamiliar with a transit system.	(A) 문제에 대해 동료와 논의하고 싶어 한다. (B) 아직 어떠한 공지도 듣지 못했다. (C) 그의 도착 시각을 추정할 수 없다. (D) 교통 체계에 익숙하지 않다.

■ **의도 파악**　　　정답 (C)

Mr. Goodman이 의도한 것을 묻는 문제이므로, 질문의 인용어구(Give me a few minutes)가 언급된 주변 문맥을 확인한다. 'When do you think you'll get here?'에서 Mia Jancovik이 언제 여기에 도착할 수 있을 것 같은지 묻자, Mr. Goodman이 'Give me a few minutes.'(잠시만 기다려주세요)라고 한 후, 'There are a lot of people waiting, so I might not get on the next train.'에서 많은 사람들이 기다리고 있어서 다음 열차를 타지 못할 수도 있다고 한 것을 통해, Mr. Goodman이 자신의 도착 시간을 추정할 수 없다는 것을 알 수 있다. 따라서 (C)가 정답이다.

어휘　**matter** n. 문제, 사안　**estimate** v. 추정하다　**transit** n. 교통

Questions 153-155 refer to the following announcement. 153-155는 다음 공고에 관한 문제입니다.

Dear participants,

153Welcome to the Fifth Spatial Computing Conference (SCC). Once you have finished registering and received your name badge and program, 154-Dplease head downstairs to the Granville Room for coffee, tea, and a light breakfast. 153Today's schedule is as follows:

* **9:30 A.M.** – 154-DWelcome reception, Granville Room. Meet other participants and discuss ideas about computing trends, industry innovations, and your hopes for the conference. 154-AWe ask that you please sit at the table with the number indicated on your name badge. 154-CWe will seat guests from different specializations together to offer visitors a chance to interact with people working in a variety of fields.
* **11 A.M.** – Opening explanatory discussion, Gladstone Room. Join Patrizio Vincente, Michelle Bealieu, and Mark Blackwell to discuss developments in spatial computing since last year's conference.
* **12:30 P.M.** – Lunch break, Granville Room
* **1:30 P.M.** – Seminars on database technology, image processing, and mobile applications. These will be held in the Gladstone, Halifax, and Johnstone Rooms.
* **3:30 P.M.** – Seminars on location data, forest mapping, and space analysis. These will be held in the Gladstone, Halifax, and Johnstone Rooms.
* **5:30 P.M.** – 155SCC will conclude for the day. But for those who want to stay behind for the next hour to speak with each other and the facilitators about what they've learned, you may head to the Granville Room, where refreshments will continue to be served.

참석자분들께,

153제5회 공간 연산 학회(SCC)에 오신 것을 환영합니다. 등록을 마치고 명찰과 일정표를 받고 나면 154-D커피, 차, 그리고 간단한 아침 식사를 위해 Granville실로 내려가십시오. 153오늘 일정은 다음과 같습니다:

* 오전 9시 30분 – 154-D환영회, Granville실. 다른 참가자들을 만나 연산 동향과 업계 혁신에 관한 의견 및 학회에 바라는 바에 대해 논의합니다. 154-A명찰에 적혀 있는 번호의 테이블에 착석하시기를 요청합니다. 154-C내방객들에게 다양한 분야에서 일하고 있는 사람들과 소통할 기회를 제공하기 위해 다른 전문 분야의 손님들과 함께 앉게 할 것입니다.
* 오전 11시 – 개막 설명회, Gladstone실. Patrizio Vincente, Michelle Bealieu, Mark Blackwell과 함께하여 작년 학회 이후의 공간 연산 분야의 발전에 대해 논의합니다.
* 오후 12시 30분 – 점심 식사, Granville실
* 오후 1시 30분 – 데이터베이스 기술, 영상 처리, 휴대 전화 애플리케이션에 대한 세미나. 이는 Gladstone, Halifax, Johnstone실에서 개최됩니다.
* 오후 3시 30분 – 위치 정보, 산림 지도 제작, 공간 분석에 대한 세미나. 이는 Gladstone, Halifax, Johnstone실에서 개최됩니다.
* 오후 5시 30분 – 155오늘의 SCC를 마칩니다. 하지만 남아서 앞으로 한 시간 동안 배운 것에 대해 서로 그리고 협력자분들과 이야기하고 싶은 분들은 다과가 계속해서 제공되는 Granville실로 가시면 됩니다.

어휘
□ **spatial** adj. 공간의, 장소의
□ **name badge** phr. 명찰
□ **welcome reception** phr. 환영회
□ **specialization** n. 전문 분야, 전문화
□ **forest** n. 산림
□ **facilitator** n. 협력자, 조력자

□ **computing** n. 연산, 컴퓨터 사용
□ **program** n. 일정표, 예정표
□ **trend** n. 동향, 추세
□ **interact** v. 소통하다, 교류하다
□ **mapping** n. 지도 제작
□ **refreshments** n. 다과

□ **register** v. 등록하다
□ **head** v. (특정 방향으로) 가다, 향하다
□ **innovation** n. 혁신
□ **explanatory** adj. 설명의
□ **conclude** v. 마치다, 끝나다, 결론을 내리다

3

What is the purpose of the announcement?	공고의 목적은 무엇인가?
(A) To provide a list of meal times	(A) 식사 시간 목록을 제공하기 위해
(B) To tell participants about events	(B) 참가자들에게 행사에 대해 말하기 위해
(C) To inform attendees of timetable changes	(C) 참석자들에게 시간표 변경을 알리기 위해
(D) To propose a tentative conference schedule	(D) 잠정적인 회의 일정을 제안하기 위해

■ **주제/목적 찾기** 글의 목적 　　　　　　　　　　　　　　　　　　　　　　　　　　　　정답 (B)

공고의 목적을 묻는 목적 찾기 문제이므로 지문의 앞부분을 주의 깊게 확인한다. 'Welcome to the Fifth Spatial Computing Conference (SCC).'와 'Today's schedule is as follows:'에서 제5회 공간 연산 학회(SCC)에 온 것을 환영하며 오늘 일정은 다음과 같다고 한 후, 학회의 세부 일정을 안내하고 있으므로 (B)가 정답이다.

바꾸어 표현하기
Conference 학회 → events 행사

어휘 timetable n. 시간표, 계획표　tentative adj. 잠정적인, 임시의

4

What is NOT indicated about the welcome reception?	환영회에 대해 언급되지 않은 것은?
(A) Seating will be assigned by organizers.	(A) 좌석은 주최자들에 의해 배정될 것이다.
(B) It will begin with an introductory speech.	(B) 소개 연설로 시작할 것이다.
(C) It will involve people from different fields.	(C) 다른 분야의 사람들을 포함할 것이다.
(D) Food and beverages will be offered.	(D) 음식과 음료가 제공될 것이다.

■ **Not/True** Not 문제 　　　　　　　　　　　　　　　　　　　　　　　　　　　　　정답 (B)

질문의 핵심 어구인 the welcome reception과 관련된 내용을 지문에서 찾아 각 보기와 대조하는 Not/True 문제이다. (A)는 'We ask that you please sit at the table with the number indicated on your name badge.'에서 명찰에 적혀 있는 번호의 테이블에 착석하라고 했으므로 지문의 내용과 일치한다. (B)는 지문에 언급되지 않은 내용이다. 따라서 (B)가 정답이다. (C)는 'We will seat guests from different specializations together to offer visitors a chance to interact with people working in a variety of fields.'에서 내방객들에게 다양한 분야에서 일하고 있는 사람들과 소통할 수 있도록 다른 전문 분야의 손님들과 함께 앉게 할 것이라고 했으므로 지문의 내용과 일치한다. (D)는 'please head downstairs to the Granville Room for coffee, tea, and a light breakfast'와 'Welcome Reception, Granville Room.'에서 Granville실에서 커피, 차, 그리고 간단한 아침 식사가 있다고 했고, 환영회는 Granville실에서 열린다고 했으므로 지문의 내용과 일치한다.

바꾸어 표현하기
guests from different specializations ~ with people working in a variety of fields 다른 전문 분야의 내방객들과 다양한 분야에서 일하고 있는 사람들 → people from different fields 다른 분야의 사람들
coffee, tea, and a light breakfast 커피, 차, 그리고 간단한 아침 식사 → Food and beverages 음식과 음료

어휘 assign v. 배정하다, 맡기다　introductory adj. 소개의, 서론의

5

Which venue will be available to attendees after the seminars end?	세미나가 끝난 후 참가자들에게 어떤 장소가 이용 가능할 것인가?
(A) The Granville Room	(A) Granville실
(B) The Halifax Room	(B) Halifax실
(C) The Johnstone Room	(C) Johnstone실
(D) The Gladstone Room	(D) Gladstone실

■ **육하원칙** Which 　　　　　　　　　　　　　　　　　　　　　　　　　　　　　　정답 (A)

세미나가 끝난 후 참가자들에게 어떤(Which) 장소가 이용 가능할 것인지를 묻는 육하원칙 문제이다. 질문의 핵심 어구인 available to attendees after the seminars end와 관련하여, 'SCC will conclude for the day. But for those who want to stay behind ~ to speak ~ may head to the Granville Room'에서 오늘의 SCC를 마치지만 남아서 더 이야기하고 싶은 사람들은 Granville실로 가면 된다고 했으므로 (A)가 정답이다.

Questions 156-157 refer to the following notice.

156-157은 다음 공고에 관한 문제입니다.

NOTICE

Effective September 2, the National Postal Service (NPS) will introduce a new pricing structure that better reflects the cost of serving various customer segments. The NPS consistently strives to operate as efficiently as possible. However, [156-B]recent changes mandated by the government have eliminated previous subsidies, and as a result, we are required to source all of our funding from the sale of products and services. The new pricing system is therefore necessary in allowing us to continue providing essential services to our customers. [157]Any future price adjustments will be based on national inflation.

Product	Old Price	[156-A]New Price	% Increase
[156-A]Domestic letter mail	$1.00	[156-A]$1.20	20%
Commercial mail*	$0.70	$0.85	21%
International mail	$1.90	$2.20	16%
Metered mail**	$0.50	$0.75	50%

* Up to 30 grams by weight
** Available only by special agreement with the National Postal Service

공고

9월 2일부터, 우체국(NPS)은 다양한 고객군에게 서비스를 제공하는 비용을 더 잘 반영하는 새로운 가격 책정 체계를 도입할 것입니다. 우체국은 최대한 효율적으로 운영하려고 끊임없이 노력하고 있습니다. 그러나, [156-B]정부에 의해 지시된 최근의 변화들은 이전 보조금을 없앴고, 결과적으로, 저희는 모든 자금을 상품과 서비스의 판매로부터 얻으라고 요구받았습니다. 그러므로 새로운 가격 책정 시스템은 저희가 고객들께 필수적인 서비스를 계속해서 제공하도록 하는 데 있어 불가피합니다. [157]차후의 모든 가격 조정은 국가 물가 상승률에 근거할 것입니다.

상품	기존 가격	[156-A]새로운 가격	퍼센트 인상
[156-A]국내 우편	1.00달러	[156-A]1.20달러	20퍼센트
상업 우편*	0.70달러	0.85달러	21퍼센트
국제 우편	1.90달러	2.20달러	16퍼센트
요금 별납 우편**	0.50달러	0.75달러	50퍼센트

* 무게는 최대 30그램까지
** 우체국과의 특별 계약에 의해서만 가능함

어휘
□ pricing n. 가격 책정
□ mandate v. 지시하다, 권한을 주다
□ source v. 얻다, 공급자를 찾다
□ segment n. (전체 중 일부로서의) 군, 부분
□ eliminate v. 없애다, 제거하다
□ inflation n. 물가 상승률, 인플레이션
□ strive v. 노력하다, 분투하다
□ subsidy n. (국가) 보조금, 장려금
□ metered mail phr. 요금 별납 우편

156
○ ○ ○ ●
상

What is mentioned about the National Postal Service?

(A) It raised the postage for domestic mail to $1.
(B) It recently lost government funding.
(C) It is obliged to continue offering basic services.
(D) It plans to cancel its metered mail service.

우체국에 대해 언급된 것은?

(A) 국내 우편에 대한 우편 요금을 1달러로 올렸다.
(B) 최근 정부의 재정 지원을 잃었다.
(C) 기본 서비스를 계속해서 제공할 의무가 있다.
(D) 요금 별납 우편 서비스를 취소할 계획이다.

■ Not/True True 문제
정답 (B)

질문의 핵심 어구인 the National Postal Service와 관련된 내용을 지문에서 찾아 각 보기와 대조하는 Not/True 문제이다. (A)는 'Domestic letter mail', 'New Price', '$1.20'에서 국내 우편의 새로운 가격이 1.20달러라고 했으므로 지문의 내용과 일치하지 않는다. (B)는 'recent changes mandated by the government have eliminated previous subsidies'에서 정부에 의해 지시된 최근의 변화들이 이전 보조금을 없앴다고 했으므로 지문의 내용과 일치한다. 따라서 (B)가 정답이다. (C)와 (D)는 지문에 언급되지 않은 내용이다.

바꾸어 표현하기
subsidies 보조금 → funding 재정 지원

157
○ ○ ○ ●
하

Why might rates be raised by the postal service in the future?

(A) To cover expenses related to an expansion
(B) To adjust for changes in inflation rate
(C) To pay for additional staff members
(D) To allow for mail heavier than 30 grams

차후에 왜 우체국에 의해 요금이 인상될 수도 있는가?

(A) 확장과 관련된 비용을 부담하기 위해
(B) 물가 상승률 변화에 따라 조정하기 위해
(C) 추가 직원들에게 임금을 지불하기 위해
(D) 30그램보다 무거운 우편을 허용하기 위해

■ 육하원칙 Why
정답 (B)

차후에 왜(Why) 우체국에 의해 요금이 인상될 수도 있는지를 묻는 육하원칙 문제이다. 질문의 핵심 어구인 rates be raised ~ in the future와 관련하여, 'Any future price adjustments will be based on national inflation.'에서 차후의 모든 가격 조정은 국가 물가 상승률에 근거할 것이라고 했으므로 (B)가 정답이다.

158-160은 다음 이메일에 관한 문제입니다.

¹⁶⁰TO: All employees <employees@xt_enterprises.com>
FROM: Audrey Hinkley <a.hinkley@xt_enterprises.com>
SUBJECT: Staffing change
DATE: February 2

Hello, everyone.

¹⁵⁸⁻ᴬIt has been my pleasure to work as the office manager here at XT-Enterprises over the past 12 years. As most of you have probably heard, I will be stepping down from my post at the end of this month. I am pleased to announce that Jennifer Harrison will be taking over my role. Many of you already know Ms. Harrison as my assistant office manager, a position she has held for four years. ¹⁵⁹During this time, she has learned a lot about scheduling meetings and appointments, organizing workshops, and maintaining day-to-day office operations. The board of directors and I believe she is highly knowledgeable and qualified for the position.

¹⁶⁰I will be training Ms. Harrison during the last week of this month. During this period, Ms. Harrison will be responsible for performing my duties, but I will be present to provide her with assistance if she needs it. So, ¹⁶⁰please direct any requests that would normally be handled by me to her.

Thank you all for your support and friendship during my time at this company. I am pleased with my decision to retire, but I hope to keep in touch with all of you!

Sincerely yours,

Audrey Hinkley

¹⁶⁰수신: 전 직원 <employees@xt_enterprises.com>
발신: Audrey Hinkley
　　　<a.hinkley@xt_enterprises.com>
제목: 직원 변동
날짜: 2월 2일

안녕하세요, 여러분.

¹⁵⁸⁻ᴬ저는 지난 12년간 여기 XT-Enterprises에서 사무장으로 근무하게 되어 영광이었습니다. 여러분 대부분이 아마 들으셨듯이, 저는 이번 달 말에 제 자리에서 물러날 것입니다. Jennifer Harrison이 제 역할을 인계받게 될 것을 발표하게 되어 기쁩니다. 여러분 중 많은 분이 4년간 그녀가 맡아 온 직무인 저의 보조 사무장으로 Ms. Harrison을 이미 알고 있습니다. ¹⁵⁹이 시간 동안, 그녀는 회의와 약속 일정을 잡고, 워크숍을 준비하고, 그날그날의 사무실 운영을 유지하는 일에 대해 많은 것을 배웠습니다. 이사회와 저는 그녀가 일에 매우 정통하며 이 자리에 적임이라고 생각합니다.

¹⁶⁰이번 달의 마지막 주 동안 저는 Ms. Harrison을 교육할 것입니다. 이 기간 동안, Ms. Harrison은 제 직무를 수행할 책임을 지게 될 것이지만, 저는 그녀가 필요로 한다면 도움을 줄 수 있도록 여기 있을 것입니다. 따라서, ¹⁶⁰보통 제가 다루던 요청 사항은 무엇이든 그녀에게 보내주십시오.

이 회사에서의 시간 동안 여러분의 지지와 친선에 모두 감사드립니다. 저는 은퇴하기로 한 제 결정에 만족하지만, 여러분 모두와 연락을 취하며 지내면 좋겠습니다!

Audrey Hinkley 드림

어휘　□ **step down** phr. 물러나다, 사직하다　□ **post** n. 자리, 직책　□ **day-to-day** adj. 그날그날의, 나날의
　　　□ **knowledgeable** adj. 정통해 있는, 박식한　□ **qualified** adj. 적임의, 자격 있는　□ **handle** v. 다루다

8

What is indicated about Ms. Hinkley?

(A) She has been working for XT-Enterprises for over a decade.
(B) She made an announcement last week.
(C) She will be on leave for 12 months.
(D) She will post a job advertisement next week.

Ms. Hinkley에 대해 언급된 것은?

(A) XT-Enterprises에서 10년 넘게 일해 왔다.
(B) 지난주에 발표를 했다.
(C) 12개월 동안 휴가를 갈 것이다.
(D) 다음 주에 구인 광고를 게시할 것이다.

■ Not/True True 문제　　　　　　　　　　　　　　　　　　　　　　　　　　　　　　　정답 (A)

질문의 핵심 어구인 Ms. Hinkley와 관련된 내용을 지문에서 찾아 각 보기와 대조하는 Not/True 문제이다. (A)는 'It has been my pleasure to work as the office manager here at XT-Enterprises over the past 12 years.'에서 저, 즉 Ms. Hinkley는 지난 12년간 XT-Enterprises에서 사무장으로 근무하게 되어 영광이었다고 했으므로 지문의 내용과 일치한다. 따라서 (A)가 정답이다. (B), (C), (D)는 지문에 언급되지 않은 내용이다.

159

What is one of Ms. Harrison's current duties?

(A) Arranging business gatherings
(B) Posting a monthly schedule
(C) Seeking potential customers
(D) Attending board meetings

Ms. Harrison의 현재 직무 중 하나는 무엇인가?

(A) 기업 모임을 준비하는 것
(B) 월간 일정표를 게시하는 것
(C) 잠재적인 고객들을 찾는 것
(D) 이사회에 참석하는 것

■ **육하원칙** What

정답 (A

Ms. Harrison의 현재 직무 중 하나가 무엇(What)인지를 묻는 육하원칙 문제이다. 질문의 핵심어구인 Ms. Harrison's current duties와 관련하여 'During this time, she has learned a lot about scheduling meetings and appointments, organizing workshops'에서 0 시간, 즉 Ms. Harrison이 보조 사무장으로 일한 시간 동안 그녀는 회의 및 약속 일정을 잡고 워크숍을 준비하는 일에 대해 많은 것을 배웠다 했으므로 (A)가 정답이다.

바꾸어 표현하기

scheduling meetings and appointments, organizing workshops 회의 및 약속 일정을 잡고 워크숍을 준비하다
→ Arranging business gatherings 기업 모임을 준비하는 것

어휘 gathering n. 모임 seek v. 찾다

160

What are employees of XT-Enterprises asked to do at the end of the month?

(A) Sign up for a workshop
(B) Send requests to Ms. Harrison
(C) Take part in a retirement party
(D) Return some company property

이번 달 말에 XT-Enterprises의 직원들은 무엇을 하도록
요청받는가?

(A) 워크숍에 등록한다
(B) Ms. Harrison에게 요청을 보낸다
(C) 은퇴 기념 파티에 참석한다
(D) 회사 자산을 반납한다

■ **육하원칙** What

정답 (B

이번 달 말에 XT-Enterprises의 직원들이 무엇(What)을 하도록 요청받는지를 묻는 육하원칙 문제이다. 질문의 핵심 어구인 employee of XT-Enterprises asked to do at the end of the month와 관련하여, 'TO: All employees'에서 이메일의 수신자가 모든 XT-Enterprises의 직원들이라고 한 후, 'I will be training Ms. Harrison during the last week of this month.', 'please direct an requests that would normally be handled by me to her'에서 이번 달의 마지막 주 동안 저, 즉 Ms. Hinkley가 Ms. Harrison을 교육할 것이라며 보통 자신이 다루던 요청 사항은 무엇이든 그녀, 즉 Ms. Harrison에게 보내 달라고 했으므로 (B)가 정답이다.

어휘 take part in phr. ~에 참석하다, 참가하다 property n. 자산

Fumiko Tanaka [2:03 P.M.]
Hello, everyone. ¹⁶¹Is everything ready for our trip tomorrow?

Connor Walsh [2:04 P.M.]
Yes, the hotel has been confirmed. We will each receive a single room. Have we arranged transportation to get there?

Jacqueline Boulder [2:05 P.M.]
I haven't arranged it yet, as I wanted to make sure the hotel reservations were confirmed first. I will contact the shuttle service now. ¹⁶²Should I book transportation to the airport as well?

Fumiko Tanaka [2:07 P.M.]
¹⁶²I think we should go separately to the airport. Otherwise, we'd have to meet at the office, which would take too much time.

Jacqueline Boulder [2:08 P.M.]
That makes sense. Connor, ¹⁶³did you tell the hotel we would need to check in early?

Connor Walsh [2:10 P.M.]
¹⁶³I will call them right now. ¹⁶⁴We will be landing at 10 A.M., so we all should be able to check in around 11. This will give us some time to change before ¹⁶¹we go to the meeting at 1 P.M.

Fumiko Tanaka [2:12 P.M.]
Maybe we could have Ms. Lee come to the hotel for the lunch meeting. I heard they have a great Italian restaurant.

Jacqueline Boulder [2:13 P.M.]
I can call her.

Fumiko Tanaka [오후 2시 3분]
안녕하세요, 여러분. ¹⁶¹내일 여행 준비가 다 되었나요?

Connor Walsh [오후 2시 4분]
네, 호텔은 확정되었어요. 우리는 각자 싱글 룸을 받을 거예요. 거기까지 갈 교통편은 마련했나요?

Jacqueline Boulder [오후 2시 5분]
호텔 예약이 확정되었는지 먼저 확인하고 싶어서, 아직 마련하지 않았어요. 지금 셔틀 서비스에 연락할게요. ¹⁶²공항까지 가는 교통편도 예약할까요?

Fumiko Tanaka [오후 2시 7분]
¹⁶²공항까지는 따로 가는 게 좋을 것 같아요. 그렇지 않으면, 사무실에서 만나야 할 텐데, 그건 시간이 너무 많이 걸릴 거예요.

Jacqueline Boulder [오후 2시 8분]
일리가 있네요. Connor, ¹⁶³호텔에 우리가 일찍 체크인해야 할 것이라고 말했나요?

Connor Walsh [오후 2시 10분]
¹⁶³지금 바로 호텔에 전화할게요. ¹⁶⁴우리는 오전 10시에 착륙할 것이니, 11시쯤에는 모두 체크인할 수 있을 거예요. 그러면 ¹⁶¹우리가 오후 1시 회의에 가기 전에 옷을 갈아입을 시간이 좀 있을 거예요.

Fumiko Tanaka [오후 2시 12분]
점심 회의를 위해 Ms. Lee가 호텔로 오시도록 할 수도 있을 것 같아요. 호텔에 훌륭한 이탈리안 레스토랑이 있다고 들었어요.

Jacqueline Boulder [오후 2시 13분]
제가 그녀에게 전화할 수 있어요.

여휘 □ otherwise adv. 그렇지 않으면　□ land v. 착륙하다　□ change v. 옷을 갈아입다

---

161 What will happen tomorrow?

(A) A company retreat will take place.
(B) A conference will be organized.
(C) A business trip will commence.
(D) A team will receive some training.

내일 무슨 일이 일어날 것인가?

(A) 회사 야유회가 진행될 것이다.
(B) 회의가 준비될 것이다.
(C) 출장이 시작될 것이다.
(D) 팀이 교육을 받을 것이다.

■ 육하원칙 What 　정답 (C)

내일 무슨(What) 일이 일어날 것인지를 묻는 육하원칙 문제이다. 질문의 핵심 어구인 happen tomorrow와 관련하여, 'Is everything ready for our trip tomorrow?'에서 Fumiko Tanaka가 내일 여행 준비가 다 되었는지 물었고, 'we go to the meeting at 1 P.M.'에서 Connor Walsh가 오후 1시 회의에 간다고 했으므로 여행이 업무상 출장임을 알 수 있다. 따라서 (C)가 정답이다.

여휘 retreat n. 야유회, 도피 commence v. 시작하다

162

At 2:08 P.M., what does Ms. Boulder most likely mean when she writes, "That makes sense"?

(A) She prefers to move the time of an appointment.
(B) She is pleased with a hotel's pricing.
(C) She accepts the flight arrangements.
(D) She agrees with traveling independently to an airport.

오후 2시 8분에, Ms. Boulder가 "That makes sense"라고 썼을 때 그녀가 의도한 것 같은 것은?

(A) 약속 시간을 옮기는 것을 선호한다.
(B) 호텔 가격에 만족한다.
(C) 항공편 준비를 받아들인다.
(D) 공항까지 단독으로 이동하는 것에 동의한다.

■ **의도 파악**   정답 (D)

Ms. Boulder가 의도한 것을 묻는 문제이므로, 질문의 인용어구(That makes sense)가 언급된 주변 문맥을 확인한다. 'Should I book transportation to the airport as well?'에서 Ms. Boulder가 공항까지 가는 교통편도 예약할지 묻자, 'I think we should go separately to the airport. Otherwise, we'd have to meet at the office, which would take too much time.'에서 Fumiko Tanaka가 공항까지 따로 가는 것이 좋을 것 같다고 하며, 그렇지 않으면 사무실에서 만나야 할 텐데 그것은 시간이 너무 많이 걸릴 것이라고 하자, Ms. Boulder가 'That makes sense.'(일리가 있네요)라고 한 것을 통해, Ms. Boulder는 공항까지 단독으로 이동하는 것에 동의한다는 것을 알 수 있다. 따라서 (D)가 정답이다.

어휘   be pleased with   phr. ~에 만족하다   pricing   n. 가격   accept   v. 받아들이다

163

What is indicated about the hotel?

(A) It has not agreed to adjust a check-in time yet.
(B) It does not have an on-site dining option.
(C) It has been overbooked during high season.
(D) It is located right next to an airport.

호텔에 대해 암시된 것은?

(A) 아직 체크인 시간을 조정하기로 동의하지 않았다.
(B) 건물 내 식사 선택안이 없다.
(C) 성수기에 예약을 한도 이상으로 받았다.
(D) 공항 바로 옆에 위치해 있다.

■ **추론** 세부 정보   정답 (A)

질문의 핵심 어구인 hotel에 대해 추론하는 문제이다. 'did you tell the hotel we would need to check in early?'에서 Ms. Boulder가 호텔에 자신들이 일찍 체크인해야 할 것이라고 말했는지 묻자, 'I will call them right now.'에서 Connor Walsh가 지금 바로 호텔에 전화하겠다고 했으므로 호텔이 아직 체크인 시간을 조정하기로 동의하지 않았다는 사실을 추론할 수 있다. 따라서 (A)가 정답이다.

어휘   adjust   v. 조정하다   on-site   adj. 건물 내의   overbook   v. 예약을 한도 이상으로 받다   high season   phr. 성수기

164

By what time is the group expected to have arrived at the hotel?

(A) 10 A.M.
(B) 11 A.M.
(C) 1 P.M.
(D) 2 P.M.

일행은 호텔에 몇 시까지 도착해 있을 예정인가?

(A) 오전 10시
(B) 오전 11시
(C) 오후 1시
(D) 오후 2시

■ **육하원칙** What   정답 (B)

일행이 호텔에 몇 시(what time)까지 도착해 있을 예정인지를 묻는 육하원칙 문제이다. 질문의 핵심 어구인 group ~ arrived at the hotel과 관련하여, 'We will be landing at 10 A.M., so we all should be able to check in around 11.'에서 Connor Walsh가 자신들은 오전 10시에 착륙할 것이니 11시쯤에는 모두 체크인할 수 있을 것이라고 했으므로 (B)가 정답이다.

165-167은 다음 편지에 관한 문제입니다.

Sampat Labs
Cosmetic Testing
525 Hilltop Road, New Brunswick, NJ 08901

April 14

Bethany Fulton
Little Miss Makeup
255 Greystone Avenue
Charlotte, NC 28201

Dear Ms. Fulton,

166-AFor over 30 years, 165/166-ASampat Labs has helped both large and small manufacturers 165secure reliable test data on their cosmetic, beauty, and personal care products. 165/167Our fully equipped laboratories are staffed by experienced technicians and researchers who understand the issues that most concern consumers, researchers, and manufacturing companies like yours. — [1] —.

In addition to testing products for its effects on skin, we are able to guide you through the proper methods for mixing chemical ingredients as well as storing and transporting finished goods. — [2] —. 166-BWe also test how long your products last under a variety of environmental conditions. Moreover, 166-Cour access to an extensive database of test results from other providers allows us to completely avoid conducting tests on animals. — [3] —.

Please review the enclosed documentation for complete descriptions of each of our services as well as detailed information on how to submit a product sample for testing. — [4] —. To obtain estimates of specific costs and processing times, you may call me at 555-9476 or e-mail me at j.west@sampatlabs.com.

Thank you.

Sincerely,

Jacob West
Client Relations, Sampat Labs

Sampat 연구소
화장품 실험 부서
525번지 Hilltop로, 뉴브런즈윅, 뉴저지주 08901

4월 14일

Bethany Fulton
Little Miss Makeup사
255번지 Greystone가
샬럿, 노스캐롤라이나주 28201

Ms. Fulton께,

166-A30년 이상 동안, 165/166-ASampat 연구소는 크고 작은 제조사 모두가 그들의 화장품, 미용 및 개인 관리 용품들에 대해 믿을만한 실험 결과를 얻을 수 있도록 도와왔습니다. 165/167모든 설비를 갖추고 있는 저희 실험실은 소비자, 연구원, 그리고 귀사와 같은 제조업체들에게 가장 많은 영향을 주는 사안들에 대해 알고 있는 숙련된 기술자와 연구원들로 구성되어 있습니다. — [1] —.

피부의 효과에 대해 제품을 검사하는 것에 더하여, 저희는 완제품을 저장하고 수송하는 것뿐만 아니라 화학 성분들을 섞는 적절한 방법에 대해서도 설명해 드릴 수 있습니다. — [2] —. 저희는 다양한 환경 조건에서 166-B제품이 얼마나 지속되는지를 검사하기도 합니다. 게다가, 166-C다른 제조사들의 광범위한 실험 결과 데이터베이스로의 접근은 저희가 동물들에 실험하는 것을 완전히 피하도록 합니다. — [3] —.

검사를 위해 제품의 견본을 제출하는 방법에 대한 상세한 정보뿐만 아니라 저희의 서비스들 각각에 대한 모든 설명을 위해 동봉된 서류를 확인해 주시기 바랍니다. — [4] —. 상세 비용과 처리 시간에 대해 견적을 받고 싶으시면, 제게 555-9476으로 전화 주시거나 j.west@sampatlabs.com으로 이메일을 보내 주십시오.

감사합니다.

Jacob West 드림
고객 관리 부서, Sampat 연구소

어휘
□ manufacturer n. 제조사, 생산 회사
□ laboratory n. 실험실, 실습실
□ experienced adj. 숙련된, 경험 있는
□ proper adj. 적절한, 적당한
□ ingredient n. 성분, 재료
□ extensive adj. 광범위한, 폭넓은
□ description n. 설명, 서술, 묘사
□ process v. 처리하다; n. 과정, 절차

□ secure v. 얻다, 보호하다
□ be staffed by phr. ~가 직원으로 구성되다, 일하다
□ concern v. 영향을 주다; n. 관심사, 일
□ method n. 방법, 방식
□ transport v. 수송하다, 운송하다
□ avoid v. 피하다, 막다
□ estimate n. 견적, 견적서

□ reliable adj. 믿을만한, 믿을 수 있는

□ guide v. 설명하다, 안내하다, 지도하다
□ chemical adj. 화학의, 화학적인
□ finished goods phr. 완제품
□ enclosed adj. 동봉된, 에워싸인
□ specific adj. 상세한, 명확한

165

Who most likely is Ms. Fulton?

(A) A laboratory assistant
(B) A store branch manager
(C) A client relations representative
(D) A makeup manufacturer employee

| Ms. Fulton은 누구일 것 같은가?

(A) 실험실 조수
(B) 상점 지사 관리자
(C) 고객 관리 직원
(D) 화장품 제조업체 직원

■ **추론** 세부 정보 　　　　　　　　　　　　　　　　　　　　　　　　　　　　　　　　　　　정답 (D)

질문의 핵심 어구인 Ms. Fulton에 대해 추론하는 문제이다. 'Sampat Labs has helped ~ manufacturers secure reliable test data o
their cosmetic, beauty, and personal care products. Our ~ laboratories ~ understand the issues that most concer
consumers, researchers, and manufacturing companies like yours.'에서 Sampat 연구소는 화장품, 미용 및 개인 관리용품들에 대한
믿을만한 실험 결과를 얻을 수 있도록 도와왔고 당신의 회사, 즉 Ms. Fulton의 회사와 같은 제조업체들에게 가장 많은 영향을 주는 사안들에 대
해 알고 있다고 했으므로, Ms. Fulton은 화장품 제조업체에서 근무한다는 사실을 추론할 수 있다. 따라서 (D)가 정답이다.

166

What is NOT indicated about Sampat Labs?

(A) It has decades of experience in the industry.
(B) It can determine how long a product will last.
(C) It will not perform tests on animals.
(D) It makes its research data available online.

| Sampat 연구소에 대해 언급되지 않은 것은?

(A) 업계에서 수십 년의 경력을 갖고 있다.
(B) 제품이 얼마나 오랫동안 지속될지 알아낼 수 있다.
(C) 동물에게 실험을 하지 않을 것이다.
(D) 연구 결과를 온라인에서 볼 수 있게 한다.

■ **Not/True** Not 문제 　　　　　　　　　　　　　　　　　　　　　　　　　　　　　　　정답 (D)

질문의 핵심 어구인 Sampat Labs와 관련된 내용을 지문에서 찾아 각 보기와 대조하는 Not/True 문제이다. (A)는 'For over 30 years
Sampat Labs has helped ~ manufacturers'에서 30년 이상 동안 Sampat 연구소가 제조사들을 도와왔다고 했으므로 지문의 내용과 일
치한다. (B)는 'We ~ test how long your products last'에서 제품이 얼마나 지속되는지를 검사한다고 했으므로 지문의 내용과 일치한다.
(C)는 'our access to an extensive database of test results ~ allows us to completely avoid conducting tests on animals'에서
광범위한 실험 결과 데이터베이스로의 접근은 동물들에게 실험하는 것을 완전히 피하도록 한다고 했으므로 지문의 내용과 일치한다. (D)는 지문에
언급되지 않은 내용이다. 따라서 (D)가 정답이다.

어휘　**decade** n. 10년　**determine** v. 알아내다, 밝히다

167

In which of the positions marked [1], [2], [3], and [4] does the following sentence best belong?

"In this regard, you can be assured that they will be able to provide you with expert service."

(A) [1]
(B) [2]
(C) [3]
(D) [4]

| [1], [2], [3], [4]로 표시된 위치 중, 다음 문장이 들어갈 곳
으로 가장 적절한 것은?

"이 점과 관련해, 그들이 귀사에 전문적인 서비스를 제공하
는 것이 가능하다는 것을 보장받으실 수 있습니다."

(A) [1]
(B) [2]
(C) [3]
(D) [4]

■ **문장 위치 찾기** 　　　　　　　　　　　　　　　　　　　　　　　　　　　　　　　　　　　정답 (A)

지문의 흐름상 주어진 문장이 들어가기에 가장 적절한 곳을 고르는 문제이다. 주어진 문장에서 이 점과 관련해 그들이 전문적인 서비스를 제공하
는 것이 가능하다는 것을 보장받을 수 있다고 했으므로, 이 문장이 전문적인 서비스와 관련된 내용이 나오는 부분에 들어가야 함을 알 수 있다.
[1]의 앞 문장인 'Our ~ laboratories are staffed by experienced technicians and researchers who understand the issues tha
most concern ~ manufacturing companies like yours.'에서 편지의 발신자인 Sampat 연구소의 실험실은 Little Miss Makeup사와
같은 제조업체들에게 가장 많은 영향을 주는 사안들에 대해 알고 있는 숙련된 기술자와 연구원들로 구성되어 있다고 했으므로, [1]에 제시된 문장
이 들어가면 Sampat 연구소 내 실험실의 숙련된 기술자와 연구원들이 Little Miss Makeup사에 전문적인 서비스를 제공하는 것이 가능하다
는 것을 보장받을 수 있다는 자연스러운 문맥이 된다는 것을 알 수 있다. 따라서 (A)가 정답이다.

어휘　**assure** v. 보장하다, 확신시키다　**expert** adj. 전문적인; n. 전문가

Shopping for Free?

[168]Virtual Mall is the creation of programmer Pat Gustin, who launched the free mobile game just nine months ago. To date, [169-A]more than 300,000 people have downloaded the application, of which roughly 60 percent are active at any given time. [169-C]Such numbers are very appealing for companies who advertise through mobile applications.

[168]"The idea of the game is simple," says Mr. Gustin. "People rent spaces in a virtual shopping mall and select products to sell from a catalog we provide." — [1] —. He explained that [171]if the virtual vendors are able to manage their stores correctly, they make a profit in virtual money. — [2] —.

The game offers a level of detail and customization that is appreciated by users. For instance, the customers in the game sometimes return items they bought, just as they do in real life. — [3] —.

[170-D]Mr. Gustin says he is also working on another game called Virtual Farm, to which he will apply the same concepts but in an agricultural setting. — [4] —. He hopes to launch the game by early next year.

[169-B]Those interested in learning more about Virtual Mall are encouraged to download the application for free. For details about Gustin's other games, go to www.virtualgamesco.com.

무료로 쇼핑하기?

[168]Virtual Mall은 불과 9개월 전에 무료 모바일 게임을 출시한 프로그래머 Pat Gustin의 창작물이다. 지금까지, [169-A]30만 명 이상의 사람들이 이 애플리케이션을 다운로드 했고, 그중 대략 60퍼센트가 언제든지 활발히 사용하고 있다. [169-C]이러한 수치는 모바일 애플리케이션을 통해 광고를 하는 회사들에게 굉장히 매력적이다.

[168]"게임의 발상은 간단합니다."라고 Mr. Gustin은 말한다. "사람들이 가상의 쇼핑몰에 자리를 빌리고 저희가 제공하는 카탈로그에서 판매할 상품들을 선택합니다." — [1] —. [171]가상의 판매자가 올바르게 상점을 운영할 수 있다면 가상의 돈으로 수익을 얻는다고 그는 설명했다. — [2] —.

게임은 사용자들이 이해하는 수준의 세부 사항과 사용자 자체 설정을 제공한다. 예를 들어, 실생활에서 그러는 것처럼, 게임 내의 고객들은 때때로 그들이 샀던 물건들을 반환한다. — [3] —.

[170-D]Mr. Gustin은 Virtual Farm이라고 불리는 또 다른 게임도 작업하고 있다고 말하는데, 이 게임에 그는 동일한 컨셉을 적용하지만 농업을 배경으로 할 것이다. — [4] —. 그는 이 게임을 내년 초에 출시하길 바라고 있다.

[169-B]Virtual Mall에 관해 더 많이 알고 싶은 사람은 애플리케이션을 무료로 다운로드하는 것이 권장된다. Gustin의 다른 게임에 대한 세부 정보를 원하면, www.virtualgamesco.com을 방문하면 된다.

어휘

□ launch v. 출시하다, 내보내다
□ appealing adj. 매력적인
□ correctly adv. 올바르게
□ apply v. 적용하다, 신청하다

□ to date phr. 지금까지
□ virtual adj. 가상의, 허상의
□ customization n. 사용자 자체 설정
□ agricultural adj. 농업의, 농사의

□ roughly adv. 대략, 대충
□ vendor n. 판매자, 판매사
□ appreciate v. 이해하다, 인식하다, 인정하다
□ setting n. 배경, 환경

8

What is the main topic of the article?

(A) A new shopping center
(B) A study about online advertising
(C) A software manufacturing company
(D) A simulation game for mobile devices

기사의 주요 주제는 무엇인가?

(A) 새로운 쇼핑센터
(B) 온라인 광고에 관한 연구
(C) 소프트웨어 제작 회사
(D) 휴대 기기용 시뮬레이션 게임

■ **주제/목적 찾기** 글의 주제 정답 (D)

기사의 주요 주제를 묻는 주제 찾기 문제이다. 특별히 이 문제는 전체 지문을 요약하여 주제를 찾아야 한다. 'Virtual Mall is the creation of programmer Pat Gustin, who launched the free mobile game just nine months ago.'에서 Virtuall Mall은 불과 9개월 전에 무료 모바일 게임을 출시한 프로그래머 Pat Gustin의 창작물이라고 했고, '"The idea of the game is simple ~. People rent spaces in a virtual shopping mall and select products to sell from a catalog we provide."'에서 게임의 발상은 간단하다며 사람들이 가상의 쇼핑몰에 자리를 빌리고 그들이 제공하는 카탈로그에서 판매할 상품을 선택한다고 했으므로 (D)가 정답이다.

바꾸어 표현하기
mobile game 모바일 게임 → game for mobile devices 휴대 기기용 게임

169

What is NOT mentioned about Virtual Mall?

(A) It has a significant number of players.
(B) It does not charge its members for downloading.
(C) It helps to promote the products of real companies.
(D) It allows user to create multiple characters.

Virtual Mall에 대해 언급되지 않은 것은?

(A) 많은 수의 사용자가 있다.
(B) 다운로드에 대해 회원들에게 요금을 부과하지 않는다.
(C) 실제 회사의 상품을 홍보하는 데 도움을 준다.
(D) 사용자들이 복수의 캐릭터를 만들 수 있도록 한다.

■ Not/True Not 문제

정답 (D)

질문의 핵심 어구인 Virtual Mall과 관련된 내용을 지문에서 찾아 각 보기와 대조하는 Not/True 문제이다. (A)는 'more than 300,000 people have downloaded the application, of which roughly 60 percent are active'에서 30만 명 이상의 사람들이 이 애플리케이션을 다운로드 했고, 그중 대략 60퍼센트가 활발히 사용하고 있다고 했으므로 지문의 내용과 일치한다. (B)는 'Those interested in learning more about Virtual Mall are encouraged to download the application for free.'에서 Virtual Mall에 관해 더 많이 알고 싶은 사람은 애플리케이션을 무료로 다운로드하는 것이 권장된다고 했으므로 지문의 내용과 일치한다. (C)는 'Such numbers are very appealing for companies who advertise through mobile applications.'에서 이러한 수치, 즉 사용자 수가 모바일 애플리케이션을 통해 광고를 하는 회사들에게 굉장히 매력적이라고 했으므로 지문의 내용과 일치한다. (D)는 지문에 언급되지 않은 내용이다. 따라서 (D)가 정답이다.

바꾸어 표현하기

download ~ for free 무료로 다운로드하다 → does not charge ~ for downloading 다운로드에 대한 요금을 부과하지 않다
advertise 광고하다 → promote 홍보하다

170

What is indicated about Mr. Gustin?

(A) He left his former job nine months ago.
(B) He profits from the sale of merchandise.
(C) He has a background in advertising.
(D) He is developing a new game.

Mr. Gustin에 대해 언급된 것은?

(A) 9개월 전에 이전 직장을 그만두었다.
(B) 제품의 판매로부터 수익을 얻는다.
(C) 광고에 경력이 있다.
(D) 새로운 게임을 개발하고 있는 중이다.

■ Not/True True 문제

정답 (D)

질문의 핵심 어구인 Mr. Gustin과 관련된 내용을 지문에서 찾아 각 보기와 대조하는 Not/True 문제이다. (A), (B), (C)는 지문에 언급되지 않은 내용이다. (D)는 'Mr. Gustin says he is also working on another game'에서 Mr. Gustin이 또 다른 게임을 작업하고 있다고 했으므로 (D)가 정답이다.

바꾸어 표현하기

is ~ working on another game 또 다른 게임을 작업하고 있다 → is developing a new game 새로운 게임을 개발하고 있는 중이다

어휘 profit v. 수익을 얻다; n. 수익, 이익 background n. 경력, 배경

171

In which of the positions marked [1], [2], [3], and [4] does the following sentence best belong?

"They can then use these earnings to improve their stores or purchase items from other sellers."

(A) [1]
(B) [2]
(C) [3]
(D) [4]

[1], [2], [3], [4]로 표시된 위치 중, 다음 문장이 들어갈 곳으로 가장 적절한 것은?

"그들은 이 수익을 이용해 자신들의 가게를 개선하거나 다른 판매자들로부터 아이템들을 구매할 수 있습니다."

(A) [1]
(B) [2]
(C) [3]
(D) [4]

■ 문장 위치 찾기

정답 (B)

지문의 흐름상 주어진 문장이 들어가기에 가장 적절한 곳을 고르는 문제이다. 주어진 문장에서 그들은 이 수익을 이용해 자신들의 가게를 개선시키거나 다른 판매자들로부터 아이템들을 구매할 수 있다고 했으므로, 이 문장이 수익과 관련된 부분 다음에 들어가야 함을 알 수 있다. [2]의 앞 문장인 'if the virtual vendors are able to manage their stores correctly, they make a profit in virtual money'에서 가상의 판매자가 올바르게 상점을 운영할 수 있다면 가상의 돈으로 수익을 얻는다고 했으므로, [2]에 제시된 문장이 들어가면 가상의 판매자가 올바르게 상점을 운영한다면 가상의 돈으로 수익을 얻고, 이 수익을 이용해 가게를 개선하거나 다른 판매자들로부터 아이템을 구매할 수 있다는 자연스러운 문맥이 된다는 것을 알 수 있다. 따라서 (B)가 정답이다.

Leather Store Sees Success

By Jake Lewis

August 15—[172]Oakwood Crafts, a leather goods store owned by local artisan Judith Walker, has been attracting a lot of attention from residents and tourists alike. Although [172]its doors first opened just three weeks ago, the shop has already become a popular destination for people looking for quality leather bags, belts, and other accessories. Ms. Walker attributes her success to the fact that all of her handcrafted items are made with the utmost care. "Leatherworking has always been a passion of mine," she said. "My grandmother taught me the basic techniques when I was young, and for the past 20 years it has been my hobby. Each product I make is an expression of my love for this craft."

[174-B]Ms. Walker sold her first bag eight years ago at the Milton Summer Arts and Crafts Fair, which takes place every summer. She operated a booth at this fair for several years, developing a loyal customer base in the process. This gave her the confidence to open her own store. [175]Six months ago, she met with a representative of the Milton Bank to arrange an advance of money, and now she is making her dream a reality. Anyone interested in visiting Oakwood Crafts is encouraged to stop by next week when all items in the store will be marked down by 10 to 20 percent as part of a special promotion. The shop is located at 14 Ferris Street, directly across from Fairway Supermarket.

가죽 상점이 성공을 거두다
Jake Lewis 작성

8월 15일—[172]지역 공예가인 Judith Walker 소유의 가죽 제품 가게 Oakwood 공예점이 주민들과 관광객 양쪽 모두에게서 많은 관심을 끌고 있다. [172]단 3주 전에 처음 문을 열었음에도, 이 가게는 벌써 고급 가죽 가방, 벨트, 그리고 다른 장신구를 찾는 사람들에게 인기 있는 목적지가 되었다. Ms. Walker는 그녀의 성공은 모든 수공예품이 극도의 주의를 들여서 만들어진다는 사실 덕분이라고 말했다. "가죽 세공은 항상 제 열정의 대상이었어요."라고 그녀는 말했다. "제가 어렸을 때 할머니께서 기본 기술들을 가르쳐 주셨고, 지난 20년 동안 그것은 제 취미였어요. 제가 만드는 각각의 제품이 이 공예에 대한 제 사랑의 표현이죠."

[174-B]Ms. Walker는 8년 전 매년 여름에 열리는 Milton 여름 공예 박람회에서 그녀의 첫 가방을 판매했다. 그녀는 몇 년 동안 이 박람회에서 부스를 운영했고, 그 과정에서 단골 고객층을 형성했다. 이것은 그녀만의 가게를 여는 데 용기를 주었다. [175]6달 전, 그녀는 대출을 마련하기 위해 Milton 은행의 대표를 만났고, 이제 그녀의 꿈을 현실로 만들고 있다. 누구든 Oakwood 공예점을 방문하는 데 관심이 있는 사람은 특별 판촉 행사의 일환으로 가게의 모든 물품이 10퍼센트에서 20퍼센트까지 가격이 인하될 예정인 다음 주에 들르는 것이 권장된다. 이 가게는 Fairway 슈퍼마켓의 바로 맞은편인, 14번지 Ferris가에 위치해 있다.

어휘
□ **craft** n. 공예
□ **alike** adv. 양쪽 모두, 한결같이
□ **handcrafted** adj. 수공예품인
□ **loyal customer** phr. 단골 고객
□ **mark down** phr. 가격을 인하하다

□ **artisan** n. 공예가, 장인
□ **quality** adj. 고급의; n. 고급, 품질
□ **leatherworking** n. 가죽 세공
□ **arrange** v. 마련하다, 주선하다

□ **attract** v. (어떤 반응을) 끌다, 끌어들이다
□ **utmost** adj. 극도의, 최고의
□ **operate** v. 운영하다, 영업하다
□ **advance of money** phr. 대출

2

What is the article mainly about?

(A) A newly opened retail outlet
(B) A recently expanded company
(C) A locally made product
(D) A nearly completed tourist attraction

기사는 주로 무엇에 대한 것인가?

(A) 새로 개업한 소매 판매점
(B) 최근에 확장한 회사
(C) 지역에서 생산된 제품
(D) 거의 완성된 관광 명소

■ **주제/목적 찾기** 글의 주제 　　　　　　　　　　　　　　　　　　　　　　정답 (A)

기사가 주로 무엇에 대한 것인지를 묻는 주제 찾기 문제이므로 지문의 앞부분을 주의 깊게 확인한다. 'Oakwood Crafts, a leather goods store ~ has been attracting a lot of attention from residents and tourists alike.'에서 가죽 제품 가게 Oakwood 공예점이 주민들과 관광객 양쪽 모두에게서 많은 관심을 끌고 있다고 한 후, 'its doors first opened just three weeks ago'에서 단 3주 전에 처음 문을 열었다고 했으므로 (A)가 정답이다.

어휘 retail adj. 소매의 attraction n. 명소

173

The word "attributes" in paragraph 1, line 4, is closest in meaning to

(A) locates
(B) credits
(C) concedes
(D) acknowledges

1문단 네 번째 줄의 단어 "attributes"는 의미상 ~와 가장 가깝다.

(A) ~에 두다
(B) ~의 덕분으로 돌리다
(C) 수긍하다
(D) 인정하다

■ 동의어　　　　　　　　　　　　　　　　　　　　　　　　　정답 (B)

attributes를 포함하는 구절 'Ms. Walker attributes her success to the fact that all of her handcrafted items are made with utmost care.'에서 attributes가 '(~의) 덕분이라고 말하다'라는 의미로 사용되었다. 따라서 '~의 덕분으로 돌리다'라는 의미를 가진 (B)가 정답이다.

174

What is stated about Ms. Walker?

(A) She relocated to Milton eight years ago.
(B) She participated in an annual event.
(C) She learned a skill at a crafts workshop.
(D) She joined a small business association.

Ms. Walker에 대해 언급된 것은?

(A) 8년 전 Milton으로 이사했다.
(B) 연례행사에 참여했다.
(C) 수공예 워크숍에서 기술을 배웠다.
(D) 중소기업협회에 가입했다.

■ Not/True　True 문제　　　　　　　　　　　　　　　　　　정답 (B)

질문의 핵심 어구인 Ms. Walker와 관련된 내용을 지문에서 찾아 각 보기와 대조하는 Not/True 문제이다. (A), (C), (D)는 지문에 언급되지 않은 내용이다. (B)는 'Ms. Walker sold her first bag ~ at the Milton Summer Arts and Crafts Fair, which takes place every summer. She operated a booth at this fair for several years'에서 Ms. Walker는 매년 여름에 열리는 Milton 여름 공예 박람회에서 그녀의 첫 가방을 판매했으며 몇 년 동안 이 박람회에서 부스를 운영했다고 했으므로 지문의 내용과 일치한다. 따라서 (B)가 정답이다.

어휘　relocate v. 이사하다, 이전하다　association n. 협회

175

According to the article, what did Ms. Walker do six months ago?

(A) She applied for a loan from a financial institution.
(B) She partnered with the owner of a local store.
(C) She organized the Milton Summer Arts and Crafts Fair.
(D) She held a promotional event at her shop.

기사에 따르면, Ms. Walker는 여섯 달 전에 무엇을 했는가?

(A) 금융 기관으로부터 대출을 신청했다.
(B) 지역 상점의 소유주와 협력했다.
(C) Milton 여름 공예 박람회를 준비했다.
(D) 그녀의 가게에서 판촉 행사를 열었다.

■ 육하원칙　What　　　　　　　　　　　　　　　　　　　　정답 (A)

기사에 따르면 Ms. Walker가 여섯 달 전에 무엇(what)을 했는지를 묻는 육하원칙 문제이다. 질문의 핵심 어구인 Ms. Walker do six months ago와 관련하여, 'Six months ago, she met with a representative of the Milton Bank to arrange an advance of money'에서 6달 전 그녀, 즉 Ms. Walker가 대출을 마련하기 위해 Milton 은행의 대표를 만났다고 했으므로 (A)가 정답이다.

바꾸어 표현하기
the ~ Bank 은행 → a financial institution 금융 기관
arrange an advance of money 대출을 마련하다 → applied for a loan 대출을 신청했다

어휘　apply for phr. 신청하다　partner v. 협력하다　organize v. 준비하다, 조직하다

Questions 176-180 refer to the following e-mail and schedule.

To: Samantha Larson <s.larson@gentrydrivers.com>
From: Edwin Matthews <ematthews1965@plainsrealty.com>
Subject: April work schedule
Date: April 11

Dear Ms. Larson,

[176]I was informed by your supervisor, Dale Blackburn, that you will be assigned to be Ms. Linda Atkins' new driver. [177-C]I am Ms. Atkins' personal assistant, so [176/177-C]I will be providing you with a regular schedule of appointments that you will be required to transport her to and from. Attached to this e-mail you will find her calendar of appointments for April. Keep in mind that you can expect changes, but I will do my best to notify you of any modifications at least 24 hours in advance.

Please read through the calendar to find details of each appointment, including the name of the person she is meeting, the time and date of the engagement, and the address or location of the meeting. Also, [178]the individual scheduled to meet with Ms. Atkins on April 16 has yet to reply to the meeting invitation. I will notify you as soon as I know if the client is available for the appointment on that date.

Should you have any questions, please do not hesitate to reply to this e-mail.

Regards,
Edwin Matthews

Schedule For: <u>Linda Atkins</u>

PLAINS REALTY

From the desk of: <u>Edwin Matthews</u>

[178/179]APRIL				
Monday	Tuesday	Wednesday	Thursday	Friday
	1	2 11 A.M. Ms. Amundsen: 32 Tucson Avenue	3	4 4 P.M. Ms. Harrow: 22-A North 33rd Street
7	8 12:30 P.M. Lunch meeting with Mr. and Mrs. Robinson, Prairie Café	[180-B]9 4 P.M. Mr. Abraham, 433 Murray Street (contract signing)	10 3 P.M. Opening of Blue Star building, 285 Greenwich Street	11

176-180은 다음 이메일과 일정표에 관한 문제입니다.

수신: Samantha Larson
    <s.larson@gentrydrivers.com>
발신: Edwin Matthews
    <ematthews1965@plainsrealty.com>
제목: 4월 업무 일정
날짜: 4월 11일

Ms. Larson께,

[176]저는 당신의 상사인 Dale Blackburn으로부터 당신이 Ms. Linda Atkins의 새로운 운전기사로 배정될 것이라고 들었습니다. [177-C]저는 Ms. Atkins의 개인 비서이므로 [176/177-C]그녀를 오고 가도록 이동시켜야 할 정기적인 약속 스케줄을 당신에게 제공할 것입니다. 이 이메일에 첨부된 것에서 당신은 그녀의 4월 약속 일정표를 확인할 수 있을 것입니다. 변동 사항이 있을 수 있지만, 저는 최소한 24시간 전에 변경에 대해 당신에게 통지할 수 있도록 최선을 다할 것임을 알아두십시오.

일정표를 꼼꼼히 읽어서 그녀가 만날 사람의 이름, 약속 시간 및 날짜, 그리고 약속이 있을 주소나 장소를 포함하는 각 약속의 세부 사항을 확인하시기 바랍니다. 또한, [178]Ms. Atkins와 4월 16일에 만나기로 예정되어 있는 사람은 아직 만나자는 요청에 답하지 않았습니다. 그 고객이 그날 약속에 가능한지 제가 알게 되는 즉시 당신에게 알려 드리겠습니다.

어떠한 질문이라도 있으시다면, 망설이지 마시고 이 이메일로 답장해 주십시오.

Edwin Matthews 드림

일정표: <u>Linda Atkins</u>

PLAINS 부동산

담당: <u>Edwin Matthews</u>

[178/179]4월				
월요일	화요일	수요일	목요일	금요일
	1	2 오전 11시 Ms. Amundsen: 32번지 Tucson가	3	4 오후 4시 Ms. Harrow: 22-A North 33번가
7	8 오후 12시 30분 Robinson 부부와 Prairie Café에서 점심 모임	[180-B]9 오후 4시 Mr. Abraham, 433번지 Murray가 (계약서 서명)	10 오후 3시 Blue Star 건물 개관, 285번지 Greenwich가	11

14 2 P.M. Mr. Mendez: 441 Poplar Avenue	15	178 16 10 A.M. Mr. Choi: 907 Broadway	180-D 17 Leave of absence	179 18 Public holiday
21 9:30 A.M. Sales seminar (full-day), 4102 Larch Drive	22	23 9 A.M. Property inspection, 312 Poplar Avenue	24	180-C 25 7 P.M. Retirement party for Gordon, Rebecca's Grill 82 Third Street
180-B 28 1 P.M. Turn keys over to Mr. Abraham, 433 Murray Street	180-A 29 10 A.M. Annual Realtors Convention, Cole Conference Center, 12 Dodd Avenue	30		

14 오후 2시 Mr. Mendez: 441번지 Poplar가	15	178 16 오전 10시 Mr. Choi: 907번지 브로드웨이	180-D 17 휴가	179 18 공휴일
21 오전 9시 30분 영업 세미나 (온종일), 4102번지 Larch로	22	23 오전 9시 부동산 점검, 312번지 Poplar가	24	180-C 25 오후 7시 Gordon 은퇴 기념 파티 Rebecca's Grill 82번지 3번가
180-B 28 오후 1시 Mr. Abraham에게 열쇠 넘겨주기, 433번지 Murray가	180-A 29 오전 10시 연례 부동산업자 총회, Cole 회의장, 12번지 Dodd가	30		

176
하

Why did Mr. Matthews write the e-mail?

(A) To inquire about hiring a driving service
(B) To share ideas for a business venture
(C) To recommend a mode of transportation
(D) To inform a new employee of some job details

Mr. Matthews는 왜 이메일을 썼는가?

(A) 운전 서비스를 이용하는 것에 대해 문의하기 위해
(B) 벤처 사업에 대한 생각을 공유하기 위해
(C) 교통수단을 추천하기 위해
(D) 신규 직원에게 직무 세부 사항에 대해 알려주기 위해

■ 주제/목적 찾기 글을 쓴 이유

정답 (D

Mr. Matthews가 이메일을 쓴 이유를 묻는 주제 찾기 문제이므로 첫 번째 지문인 이메일에서 관련 내용을 확인한다. 이메일의 'I wa informed ~ that you will be assigned to be Ms. Linda Atkins' new driver.'에서 자신, 즉 Mr. Matthews는 당신, 즉 Ms. Larson이 Ms. Linda Atkins의 새로운 운전기사로 배정될 것을 들었다고 했고, 'I will be providing you with a regular schedule of appointment that you will be required to transport her to and from'에서 그녀를 오고 가도록 이동시켜야 할 정기적인 약속 스케줄을 제공할 것이라 한 후, 직무와 관련된 사항에 대해 설명하고 있으므로 (D)가 정답이다.

어휘 hire v. 이용하다, 고용하다 share v. 공유하다; n. 몫, 주식 mode n. 수단, 방식 transportation n. 교통

What is indicated about Mr. Matthews?	Mr. Matthews에 대해 언급된 것은?
(A) He is looking to purchase a new home. (B) He prefers traveling by car over flying. (C) He prepares Ms. Atkins' appointment schedule. (D) He wants to meet with Mr. Blackburn.	(A) 새로운 집 구입을 고려하고 있다. (B) 비행기보다 차로 여행하는 것을 선호한다. (C) Ms. Atkins의 약속 스케줄을 준비한다. (D) Mr. Blackburn을 만나고 싶어 한다.

■ **Not/True** True 문제   정답 (C)

질문의 핵심 어구인 Mr. Matthews와 관련된 내용을 지문에서 찾아 각 보기와 대조하는 Not/True 문제이므로, 첫 번째 지문인 Mr. Matthews가 작성한 이메일에서 관련 내용을 확인한다. (A), (B), (D)는 지문에 언급되지 않은 내용이다. (C)는 'I am Ms. Atkins' personal assistant, so I will be providing you with a regular schedule of appointments that you will be required to transport her to and from.'에서 자신, 즉 Mr. Matthews는 Ms. Atkins의 개인 비서로 그녀의 약속 스케줄을 준비 및 관리한다는 것을 알 수 있으므로 지문의 내용과 일치한다. 따라서 (C)가 정답이다.

어휘 prefer v. 선호하다

Who has not yet confirmed a meeting with Ms. Atkins?	누가 Ms. Atkins와의 만남을 아직 확정하지 않았는가?
(A) Ms. Harrow (B) Mrs. Robinson (C) Mr. Abraham (D) Mr. Choi	(A) Ms. Harrow (B) Mrs. Robinson (C) Mr. Abraham (D) Mr. Choi

■ **육하원칙** 연계 문제   정답 (D)

두 지문의 내용을 종합해서 풀어야 하는 연계 문제이다. 질문의 핵심 어구인 not yet confirmed a meeting with Ms. Atkins에서 누가(Who) Ms. Atkins와의 만남을 아직 확정하지 않았는지를 묻고 있으므로 관련된 내용이 언급된 이메일을 먼저 확인한다.

단서 1 첫 번째 지문(이메일)의 'the individual scheduled to meet with Ms. Atkins on April 16 has yet to reply to the meeting invitation'에서 Ms. Atkins와 4월 16일에 만나기로 예정되어 있는 사람이 아직 확답을 주지 않았다고 했다. 그런데 4월 16일에 누구를 만나는지 제시되지 않았으므로 일정표에서 관련 내용을 확인한다.

단서 2 두 번째 지문(일정표)의 'APRIL', '16, 10 A.M., Mr. Choi'에서 4월 16일 오전 10시에 Mr. Choi와 약속이 있다는 것을 확인할 수 있다. 두 단서를 종합할 때, Ms. Atkins와 4월 16일에 만나기로 한 Mr. Choi와의 약속이 아직 확정되지 않았음을 알 수 있다. 따라서 (D)가 정답이다.

On which date will Ms. Larson probably not be required to work?	Ms. Larson은 어떤 날짜에 일하도록 요구되지 않을 것 같은가?
(A) April 14 (B) April 16 (C) April 18 (D) April 25	(A) 4월 14일 (B) 4월 16일 (C) 4월 18일 (D) 4월 25일

■ **추론** 세부 정보   정답 (C)

질문의 핵심 어구인 Ms. Larson ~ not be required to work에 대해 추론하는 문제이므로 두 번째 지문인 Ms. Larson의 일정이 나와 있는 Ms. Atkins의 일정표에서 관련 내용을 확인한다. 일정표의 'APRIL', '18, Public holiday'에서 18일이 공휴일이라고 했으므로 일하지 않을 것이라는 사실을 추론할 수 있다. 따라서 (C)가 정답이다.

180

What is NOT indicated about Ms. Atkins?

(A) She will speak at a convention.
(B) She will meet with one client twice in April.
(C) She plans to attend a retirement celebration.
(D) She plans to take a day off.

Ms. Atkins에 대해 언급되지 않은 것은?

(A) 회의에서 연설을 할 것이다.
(B) 4월에 한 고객을 두 번 만날 것이다.
(C) 은퇴 기념식에 참석할 예정이다.
(D) 하루 휴가를 낼 예정이다.

■ Not/True Not 문제

정답 (A

질문의 핵심 어구인 Ms. Atkins와 관련된 내용을 지문에서 찾아 각 보기와 대조하는 Not/True 문제이므로 두 번째 지문인 Ms. Atkins의 일정
표에서 관련 내용을 확인한다. (A)는 '29, ~ Annual Realtors Convention'에서 29일에 연례 부동산업자 총회에 참석할 것임을 알 수 있지만
연설을 할 것이라고는 언급되지 않았으므로 지문의 내용과 일치하지 않는다. 따라서 (A)가 정답이다. (B)는 '9, 4 P.M., Mr. Abraham'과 '28
1 P.M., Turn keys over to Mr. Abraham'에서 9일과 28일 모두 Mr. Abraham과 약속이 있음을 알 수 있으므로 지문의 내용과 일치한다
(C)는 '25, ~ Retirement party'에서 25일에 은퇴 기념 파티에 참석할 것임을 알 수 있으므로 지문의 내용과 일치한다. (D)는 '17, Leave c
absence'에서 17일에 하루 휴가를 낸다는 것을 알 수 있으므로 지문의 내용과 일치한다.

바꾸어 표현하기
Retirement party 은퇴 기념 파티 → retirement celebration 은퇴 기념식
Leave of absence 휴가 → take a day off 하루 휴가를 내다

181-185는 다음 광고와 편지에 관한 문제입니다.

[181]Donnelly & Chung Publicity—Your Branding Experts!

[181]Are you a new company having trouble increasing public awareness of your brand? Do you have a line of terrific products but don't know how to promote them? Or does your business need to change its image? [181]Whatever your marketing problem might be, Donnelly & Chung Publicity can help! Our clients vary from local businesses, including Shasta-Clear Beverages and Deerborne Stationery, to large, international corporate customers, such as Compton Clothiers and Just-Ate Dietary Supplements.

Our experts at Donnelly & Chung can help you come up with a specific plan to promote your products or services. We offer development of advertising campaigns, corporate branding services, consumer targeting consultations, market research, and much more!

[182]Your first consultation is completely free! One of our associates will discuss your needs and provide you with a fee estimate. Simply call 555-4951 to arrange your complimentary appointment.

July 2

Patricia Draper
Donnelly & Chung Publicity
Unit 405 C, Acres Center, 312 East 21st Avenue
Denver, CO 89110

Dear Ms. Draper,

[182]I enjoyed our first meeting, and appreciated the opportunity to consult with someone about my branding needs. I've only just opened my business in Denver and could really use some help promoting it.

[183]I have discussed our consultation with my business partner Walter Preston, and he remembers a promotional campaign you did for Shasta-Clear that was very successful. So, we have agreed to hire your firm to help us come up with a branding plan for our bakery. We would like to get things underway as soon as possible, so [184]please let me know when you are free to meet with Walter and me in person. We are generally free after 11 A.M. on weekdays.

You mentioned during our meeting that your firm would require complete descriptions of all products that we sell if we decide to proceed with the branding work. [185]I have enclosed a list of all our goods, including the ingredients they are made of. Should you require any additional information before we meet, I would be happy to supply it for you.

---

[181]Donnelly & Chung 광고 회사—당신의 브랜딩 전문가!

[181]당신 회사는 브랜드에 대한 대중 관심을 높이는 데 어려움을 겪고 있는 신생 기업입니까? 아주 좋은 제품 라인을 가지고 있지만 어떻게 홍보하는지 모르십니까? 아니면 당신의 사업체가 이미지 변화가 필요합니까? [181]당신의 마케팅 문제가 무엇이든 간에, Donnelly & Chung 광고 회사는 도울 수 있습니다! 저희 고객들은 Shasta-Clear 음료 회사와 Deerborne 문구사를 포함한 지역 회사에서부터 Compton 의류 회사와 Just-Ate 식이 보충제 회사와 같이 크고 국제적인 기업까지 다양합니다.

Donnelly & Chung사의 저희 전문가들은 당신의 제품이나 서비스를 홍보하기 위한 구체적인 계획을 찾는 것을 도울 수 있습니다. 저희는 광고 캠페인 개발, 기업 브랜딩 서비스, 소비자 타깃 상담, 시장 조사, 그리고 더 많은 것을 제공합니다!

[182]당신의 첫 상담은 완전히 무료입니다! 저희 직원 중 한 명이 당신이 필요한 것을 논의하고 비용 견적을 제공해 드릴 것입니다. 무료 예약을 잡으시려면 555-4951로 전화하기만 하시면 됩니다.

7월 2일

Patricia Draper
Donnelly & Chung 광고 회사
405 C호, Acres 센터, 312번지 East 21번가
덴버, 콜로라도주 89110

Ms. Draper께,

[182]우리의 첫 만남은 즐거웠으며, 제 브랜딩 필요성에 대해 누군가와 함께 의논할 수 있는 기회에 감사했습니다. 저는 이제 막 덴버에 저의 사업체를 개업했고 홍보를 하는 데 정말 도움을 받고 싶습니다.

[183]우리 상담에 대해 저는 제 사업 동료인 Walter Preston과 논의했고, 그는 귀사가 Shasta-Clear사를 위해 진행했던 매우 성공적인 홍보 캠페인을 기억합니다. 그래서, 저희는 제과점을 위한 브랜딩 계획을 찾는 데 도움을 줄 귀사를 고용하는 것에 동의했습니다. 저희는 가능한 한 빨리 진행하고 싶으니, [184]언제 Walter와 저를 직접 만날 시간이 있는지 알려주시기 바랍니다. 저희는 보통 평일 오전 11시 이후에 한가합니다.

만약 브랜딩 작업을 진행하기로 결정한다면 저희가 파는 모든 제품들의 전체적인 설명이 필요하다고 우리의 회의 동안 귀하께서 언급하셨습니다. [185]사용되는 재료들을 포함하여, 저희의 모든 제품 목록을 동봉했습니다. 우리가 만나기 전에 추가적인 정보를 요구하신다면, 귀하를 위해 기꺼이 제공해드리겠습니다.

We look forward to working together with you and hope to hear from you soon.

Regards,

[183]Kevin Swords
Coproprietor, PS Baked Goods

Enclosure:
Product list

저희는 귀하와 함께 일하기를 고대하며 곧 답변을 듣게 되기를 바랍니다.

[183]Kevin Swords 드림
공동소유주, PS 제빵 회사

동봉물:
제품 목록

지문 1 □ publicity n. 광고, 홍보
□ public adj. 대중의; n. 대중
□ come up with phr. 찾아내다, 제안하다
□ estimate n. 견적, 견적서

□ have trouble -ing phr. ~하는 데 어려움을 겪다
□ awareness n. 관심, 인식
□ completely adv. 완전히, 전적으로
□ complimentary adj. 무료의

□ terrific adj. 좋은, 멋진
□ associate n. 직원, 동료

지문 2 □ underway adj. 진행 중인, 움직이고 있는
□ ingredient n. 재료, 성분

□ enclose v. 동봉하다, 첨부하다, 둘러싸다

□ generally adv. 보통, 일반적으로

181

What can Donnelly & Chung offer assistance with?

(A) Setting up a new business
(B) Designing entertaining Web sites
(C) Promoting a corporate brand
(D) Supplying event-related services

Donnelly & Chung사는 무엇에 도움을 제공할 수 있는가?

(A) 새로운 사업체를 설립하는 것
(B) 재미있는 웹사이트를 디자인하는 것
(C) 기업 브랜드를 홍보하는 것
(D) 행사 관련 서비스를 제공하는 것

■ 육하원칙 What   정답 (C

Donnelly & Chung사가 무엇(What)에 도움을 제공할 수 있는지를 묻는 육하원칙 문제이므로 질문의 핵심 어구인 Donnelly & Chung offe assistance with와 관련된 내용이 언급된 첫 번째 지문인 광고를 확인한다. 광고의 'Donnelly & Chung Publicity—Your Brandin Experts!'에서 Donnelly & Chung 광고 회사는 브랜딩 전문가라고 한 후, 'Are you a new company having trouble increasing publi awareness of your brand?'에서 브랜드에 대한 대중 관심을 높이는 데 어려움을 겪고 있는 신생 기업인지 물었고 'Whatever you marketing problem might be, Donnelly & Chung Publicity can help!'에서 마케팅 문제가 무엇이든 간에 Donnelly & Chung 광고 회사는 도울 수 있다고 했으므로 (C)가 정답이다.

어휘 entertaining adj. 재미있는, 유쾌한

182

What is suggested about Mr. Swords?

(A) He has worked with Ms. Draper on previous projects.
(B) He was not charged a fee for his session with
    Ms. Draper.
(C) He plans to open additional bakery branches.
(D) He has a supply partnership with Just-Ate.

Mr. Swords에 대해 암시되는 것은?

(A) 이전 프로젝트들에서 Ms. Draper와 함께 일했다.
(B) Ms. Draper와의 상담에 대해 비용을 청구받지 않았다.
(C) 추가적인 제과점 지점을 열려고 계획한다.
(D) Just-Ate사와 공급 제휴 관계이다.

■ 추론 연계 문제   정답 (B

두 지문의 내용을 종합적으로 확인한 후 추론해서 풀어야 하는 연계 문제이다. 질문의 핵심 어구인 Mr. Swords가 작성한 편지를 먼저 확인한다

단서 1 두 번째 지문(편지)의 'I enjoyed our first meeting, and appreciated the opportunity to consult with someone about m branding needs.'에서 편지 수신자인 Ms. Draper와의 첫 만남이 즐거웠고 저, 즉 Mr. Swords의 브랜딩 필요성에 대해 누군가와 함께 의논 할 수 있는 기회에 감사했다고 했다. 그런데 Ms. Draper와의 첫 만남과 관련된 세부 사항이 제시되지 않았으므로 광고에서 관련 내용을 확인한 다.

단서 2 첫 번째 지문(광고)의 'Your first consultation is completely free!'에서 첫 상담은 무료라는 사실을 확인할 수 있다.
두 단서를 종합할 때, Mr. Swords가 Ms. Draper에게 무료로 첫 상담을 받았다는 사실을 추론할 수 있다. 따라서 (B)가 정답이다.

어휘 partnership n. 제휴, 연합

Who is Mr. Preston?	Mr. Preston은 누구인가?
(A) An advertising consultant (B) A co-owner of PS Baked Goods (C) An ingredients supplier (D) A Shasta-Clear executive	(A) 광고 컨설턴트 (B) PS 제빵 회사의 공동소유주 (C) 재료 공급자 (D) Shasta-Clear사 임원

■ **육하원칙** Who 　　　　　　　　　　　　　　　　　　　　　　　　　　　　　　　　　　정답 (B)

Mr. Preston이 누구인지(Who)를 묻는 육하원칙 문제이므로 질문의 핵심 어구인 Mr. Preston이 언급된 두 번째 지문인 편지에서 관련 내용을 확인한다. 편지의 'I have discussed our consultation with my business partner Walter Preston'에서 상담에 대해 사업 동료인 Walter Preston과 논의했다고 했고, 'Kevin Swords, Coproprietor, PS Baked Goods'에서 Kevin Swords가 PS 제빵 회사의 공동소유주라고 했으므로 Walter Preston은 PS 제빵 회사의 또 다른 공동소유주임을 알 수 있다. 따라서 (B)가 정답이다.

바꾸어 표현하기
Coproprietor 공동소유주 → co-owner 공동소유주

What does Mr. Swords want Ms. Draper to do?	Mr. Swords는 Ms. Draper가 무엇을 하기를 원하는가?
(A) Print out a list of produce (B) Schedule a complimentary consultation (C) Write a promotional proposal (D) Confirm her availability for a meeting	(A) 생산품의 목록을 출력한다 (B) 무료 상담을 예약한다 (C) 홍보 제안서를 작성한다 (D) 회의 가능 여부를 확인한다

■ **육하원칙** What 　　　　　　　　　　　　　　　　　　　　　　　　　　　　　　　　　　정답 (D)

Mr. Swords는 Ms. Draper가 무엇(What)을 하기를 원하는지를 묻는 육하원칙 문제이므로 질문의 핵심 어구인 Mr. Swords want Ms. Draper to do와 관련된 내용이 언급된 두 번째 지문인 편지를 확인한다. 편지의 'please let me know when you are free to meet with Walter and me in person'에서 언제 Walter와 자신을 직접 만날 시간이 있는지 알려달라고 했으므로 (D)가 정답이다.

어휘 produce n. 생산품; v. 생산하다

What is enclosed with the letter?	무엇이 편지에 동봉되었는가?
(A) Descriptions of items for sale (B) Details about an upcoming product line (C) Signed business contracts (D) A completed questionnaire	(A) 판매되는 제품에 대한 명세서 (B) 새로 나올 제품 라인에 관한 세부 사항 (C) 서명된 사업 계약서 (D) 작성 완료된 설문지

■ **육하원칙** What 　　　　　　　　　　　　　　　　　　　　　　　　　　　　　　　　　　정답 (A)

무엇(What)이 편지에 동봉되었는지를 묻는 육하원칙 문제이므로 두 번째 지문인 편지에서 관련 내용을 확인한다. 편지의 'I have enclosed a list of all our goods, including the ingredients they are made of.'에서 사용되는 재료들을 포함하여 모든 제품의 목록을 동봉했다고 했으므로 (A)가 정답이다.

바꾸어 표현하기
a list of all ~ goods 모든 제품의 목록 → Descriptions of items 제품에 대한 명세서

어휘 contract n. 계약서, 계약; v. 계약하다　questionnaire n. 설문지

지문 1

Piedmont Limousine Company: Ride in Style!

186-CServing Manhattan for more than 20 years, Piedmont Limousine Company continues to provide the very best in rental vehicles **as well as the most experienced and professional drivers.** 186-AWhether you need a stretch limousine that can seat up to 12 passengers, a luxury minivan that holds eight, or a regular-sized sedan with a capacity of four, Piedmont Limousine can help! 186-BWe provide clean and modern vehicles for any occasion, including business functions and weddings. **We can even pick up important visitors from stations or airports and offer weekly or daily rental rates for those requiring the full-time services of a driver and vehicle.** 187If you make a booking in April, you'll receive a $50 voucher that can be applied to any of our services!

For more information on our rates, location, hours of operation, and the types of vehicles we have available, visit us online at www.piedmontlimousine.com.

Piedmont Limousine사: 멋지게 타세요!

186-C맨해튼에서 20년 넘게 서비스를 제공하고 있는 Piedmont Limousine사는 가장 경험이 많고 전문적인 기사뿐만 아니라 대여 차량에 있어서 최고의 차량을 계속해서 제공합니다. 186-A12명의 승객까지 앉을 수 있는 스트레치 리무진이나, 8명을 태울 수 있는 고급 미니밴, 혹은 4명을 수용할 수 있는 일반 크기의 세단을 필요로 하든 Piedmont Limousine사가 도와드릴 수 있습니다! 186-B저희는 기업 행사와 결혼을 포함한 모든 특별한 행사에 깨끗하고 현대적인 차량을 제공합니다. 저희는 역이나 공항으로 중요한 방문객을 마중 나갈 수 있고 기사와 차량 서비스를 하루 종일 필요로 하시는 분들을 위해 주 단위 혹은 일 단위의 대여 비용을 제공해드릴 수 있습니다. 1874월에 예약하시면, 저희의 모든 서비스에 적용될 수 있는 50달러 상품권을 받으실 것입니다!

가격, 위치, 영업시간, 그리고 저희가 보유하고 있는 이용 가능한 차종에 대해 더 자세한 정보를 원하시면, 온라인 www.piedmontlimousine.com으로 저희에게 방문해 주시기 바랍니다.

지문 2

http://www.piedmontlimousine.com/bookings

SERVICES	RATES	VEHICLES	HOURS/ LOCATION	**BOOKINGS**

187NAME	Benjamin Lopez	PHONE	555-0495
E-MAIL	blop@neurotech.com	COMPANY	Neuro-Tech, Inc.
187/190-BDATE/TIME OF SERVICE		10 A.M. April 18 -10 A.M. April 21	
PICK-UP LOCATION		Central Station	
190-BTYPE OF VEHICLE		Regular sedan	

PLEASE INCLUDE ANY ADDITIONAL DETAILS. IF PASSENGER BEING PICKED UP IS DIFFERENT FROM THE PERSON MAKING THE BOOKING, PLEASE INCLUDE THE NAME BELOW.

*188-C/190-AI would like to book a car and driver to pick up a visiting investor. 190-AHis name is William Bail. **He will need your company's services daily during his stay.**

Once you have checked and confirmed that the information you have provided is correct, click "submit" below.

SUBMIT

http://www.piedmontlimousine.com/bookings

서비스	가격	차량	시간/장소	예약

187이름	Benjamin Lopez	전화번호	555-0495
이메일	blop@neurotech.com	회사	Neuro-Tech사
187/190-B서비스 이용 날짜/시간		4월 18일 오전 10시 -4월 21일 오전 10시	
마중 나갈 장소		중앙역	
190-B차종		일반 세단	

추가 세부 사항을 적어주십시오. 차에 타실 승객분과 예약하시는 분이 다르다면, 아래에 이름을 적어 주십시오.

*188-C/190-A저는 방문하시는 투자자를 마중 나갈 차와 기사를 예약하고 싶습니다. 190-A그분의 이름은 William Bail입니다. 그가 머무는 동안 귀사의 서비스가 매일 필요할 것입니다.

제공하신 정보가 정확한지 확인하시고 확정하셨다면, 아래의 "제출하기"를 클릭해 주십시오.

제출하기

지문 3

TO: Benjamin Lopez <blop@neurotech.com>
FROM: Fatima Khan <fkhan@piedmontlimousine.com>
DATE: April 6
SUBJECT: Re: Booking inquiry

수신: Benjamin Lopez <blop@neurotech.com>
발신: Fatima Khan
　　　<fkhan@piedmontlimousine.com>
날짜: 4월 6일
제목: 회신: 예약 문의

Dear Mr. Lopez,

Thank you for considering Piedmont Limousine Company! We do have drivers and the type of vehicle you want for the dates and times you requested. Below is the fee breakdown.

Car Rental	$180.00
Driver Services*	$340.00
SUBTOTAL	$520.00
TAX	$52.00
DEPOSIT	$50.00
TOTAL	$622.00

*Driver will be at your disposal from 8 A.M. until 8 P.M. for daily service.

If you accept the fees, please reply to this e-mail to confirm your booking. [189]Cancellations are allowed up to 24 hours prior to the service, but deposits will be forfeited under all circumstances. Customers canceling less than a full day in advance will not be refunded.

We also request that you provide us with the train information for your arriving guest. That way [190-A/B]our driver, Solomon Nyongo, can be waiting for him with a sign at the platform.

Thank you, and I hope to hear from you soon.

Fatima Khan

Mr. Lopez께,

Piedmont Limousine사를 고려해주셔서 감사합니다! 저희는 귀하께서 요청하신 날짜와 시간에 기사와 원하시는 차종을 보유하고 있습니다. 아래는 비용 명세서입니다.

차량 대여	180.00달러
기사 서비스*	340.00달러
소계	520.00달러
세금	52.00달러
보증금	50.00달러
총계	622.00달러

*일일 서비스의 경우 기사는 오전 8시부터 오후 8시까지 마음대로 이용하실 수 있을 것입니다.

비용을 받아들이신다면, 예약 확정을 위해 이 이메일에 답장해 주시기 바랍니다. [189]취소는 서비스 24시간 전까지 허용되지만, 보증금은 어떠한 상황에서도 돌려받으실 수 없을 것입니다. 하루를 채 남겨 놓지 않고 취소하시는 손님들은 환불을 받지 못할 것입니다.

또한 저희는 도착하시는 손님의 열차 정보를 제공해 주시기를 요청드립니다. 그러면 [190-A/B]저희 기사인 Solomon Nyongo가 승강장에서 표지판을 들고 그를 기다릴 수 있을 것입니다.

감사드리며, 곧 귀하께 답을 듣기를 바랍니다.

Fatima Khan 드림

지문 1 □ serve v. 서비스를 제공하다
□ professional adj. 전문적인
□ up to phr. (특정한 수·정도)까지
□ function n. 행사, 기능
□ voucher n. 상품권, 할인권

□ as well as phr. ~뿐만 아니라, 게다가
□ stretch limousine phr. 스트레치 리무진(차체를 길게 늘린 고급 리무진)
□ capacity n. 수용력, 능력
□ rate n. 비용, 요금, 비율
□ operation n. 영업, 운영

□ experienced adj. 경험이 많은, 능숙한
□ occasion n. (특별한) 행사, 경우
□ entitle v. 자격을 주다

지문 2 □ different from phr. ~과 다른
□ confirm v. 확정하다, 확인하다

□ investor n. 투자자
□ submit v. 제출하다, 제시하다

□ stay n. 머무름, 방문; v. 머무르다

지문 3 □ breakdown n. 명세(서), 고장
□ cancellation n. 취소
□ circumstance n. 상황, 환경

□ at one's disposal phr. ~의 마음대로 이용할 수 있게
□ deposit n. 보증금, 착수금
□ in advance phr. 미리, 사전에

□ forfeit v. 몰수당하다, 박탈당하다
□ platform n. 승강장, 플랫폼

186

○○●● 상

What is NOT mentioned about Piedmont Limousine Company?

(A) It offers vehicles for up to 12 people.
(B) It provides services for different types of events.
(C) It has remained in business for over two decades.
(D) It has service desks at airports and train stations.

Piedmont Limousine사에 대해 언급되지 않은 것은?

(A) 12명까지 수용 가능한 차량을 제공한다.
(B) 다양한 종류의 행사를 위한 서비스를 제공한다.
(C) 20년이 넘는 동안 계속 사업을 유지하고 있다.
(D) 공항과 기차역에 서비스 창구가 있다.

■ Not/True Not 문제   정답 (D)

질문의 핵심 어구인 Piedmont Limousine Company와 관련된 내용을 지문에서 찾아 각 보기와 대조하는 Not/True 문제이므로 Piedmont Limousine사가 언급된 첫 번째 지문인 광고를 확인한다. (A)는 'Whether you need a stretch limousine that can seat up to 12 passengers, ~ Piedmont Limousine can help!'에서 12명의 승객까지 앉을 수 있는 스트레치 리무진을 필요로 하면 Piedmont Limousine사가 도와줄 수 있다고 했으므로 지문의 내용과 일치한다. (B)는 'We provide ~ vehicles for any occasion, including business functions and weddings.'에서 기업 행사와 결혼을 포함한 모든 특별한 행사에 차량을 제공한다고 했으므로 지문의 내용과 일치한다. (C)는 'Serving ~ for more than 20 years, Piedmont Limousine Company continues to provide the very best in rental vehicles'에서 20년 넘게 서비스를 제공하고 있는 Piedmont Limousine사는 대여 차량에 있어서 최고의 차량을 계속해서 제공하고 있다고 했으므로 지문의 내용과 일치한다. (D)는 지문에 언급되지 않은 내용이다. 따라서 (D)가 정답이다.

바꾸어 표현하기
any occasion 모든 특별한 행사 → different types of events 다양한 종류의 행사
more than 20 years 20년 넘게 → over two decades 20년이 넘는

어휘 decade n. 10년

187

○●●● 상

What will Mr. Lopez be given?

(A) A vehicle upgrade
(B) A complete refund
(C) A service coupon
(D) A train ticket

Mr. Lopez는 무엇을 받을 것인가?

(A) 차량 업그레이드
(B) 전액 환불
(C) 서비스 쿠폰
(D) 기차표

■ 육하원칙 연계 문제   정답 (C)

세 지문 중 두 지문의 내용을 종합해서 풀어야 하는 연계 문제이다. 질문의 핵심 어구인 Mr. Lopez be given에서 Mr. Lopez가 무엇(What)을 받을 것인지를 묻고 있으므로 Mr. Lopez가 작성한 양식이 있는 웹페이지를 먼저 확인한다.
단서 1 두 번째 지문(웹페이지)의 'NAME, Benjamin Lopez'와 'DATE/TIME OF SERVICE, 10 A.M. April 18 - 10 A.M. April 21'에서 Mr. Lopez가 4월 18일 오전 10시부터 4월 21일 오전 10시까지 서비스를 이용하고 싶어 한다는 것을 확인할 수 있다. 그런데 4월에 서비스를 이용하면 무엇을 받을 수 있는지 제시되지 않았으므로 광고에서 관련 내용을 확인한다.
단서 2 첫 번째 지문(광고)의 'If you make a booking in April, you'll receive a $50 voucher that can be applied to any of our services!'에서 4월에 예약하면 모든 서비스에 적용될 수 있는 50달러 상품권을 받을 것이라는 사실을 확인할 수 있다.
두 단서를 종합할 때, Mr. Lopez가 4월에 예약했으므로 서비스에 적용되는 50달러 상품권을 받을 것임을 알 수 있다. 따라서 (C)가 정답이다.

38

What is true about Mr. Lopez?

(A) He is planning to borrow money from a bank.
(B) He is using a discount coupon for a service.
(C) He is making a booking for a guest.
(D) He is meeting a visitor at Central Station.

Mr. Lopez에 대해 사실인 것은?

(A) 은행에서 돈을 빌릴 계획이다.
(B) 서비스를 위해 할인 쿠폰을 사용하고 있다.
(C) 손님을 위해 예약을 하고 있다.
(D) 중앙역에서 방문객을 만날 것이다.

■ **Not/True** True 문제   정답 (C)

질문의 핵심 어구인 Mr. Lopez와 관련된 내용을 지문에서 찾아 각 보기와 대조하는 Not/True 문제이므로 Mr. Lopez가 작성한 양식이 있는 두 번째 지문인 웹페이지를 확인한다. (A), (B), (D)는 지문에 언급되지 않은 내용이다. (C)는 'I would like to book a car and driver to pick up a visiting investor.'에서 방문하는 투자자를 마중 나갈 차와 기사를 예약하고 싶다고 했으므로 지문의 내용과 일치한다. 따라서 (C)가 정답이다.

39

What happens if a booking is canceled one day before a rental date?

(A) Customers can receive a voucher.
(B) A deposit payment must be given up.
(C) The total amount is charged to a credit card.
(D) A cancellation fee must be paid.

예약이 대여일 하루 전에 취소되면 무슨 일이 일어나는가?

(A) 고객들은 상품권을 받을 수 있다.
(B) 보증금을 포기해야 한다.
(C) 신용카드로 전액이 청구된다.
(D) 취소 수수료를 지불해야 한다.

■ **육하원칙** What   정답 (B)

예약이 대여일 하루 전에 취소되면 무슨(What) 일이 일어나는지를 묻는 육하원칙 문제이므로 질문의 핵심 어구인 a booking is canceled one day before a rental date와 관련된 내용이 언급된 세 번째 지문인 이메일을 확인한다. 이메일의 'Cancellations are allowed ~ but deposits will be forfeited under all circumstances.'에서 취소는 허용되지만 보증금은 어떠한 상황에서도 돌려받을 수 없을 것이라고 했으므로 (B)가 정답이다.

바꾸어 표현하기

be forfeited 돌려받을 수 없다 → be given up 포기되다

90

What is true about Mr. Nyongo?

(A) He will wait for William Bail on a station platform.
(B) He will drive a stretch limousine on April 18.
(C) He will meet some investors at Neuro-Tech.
(D) He will provide a passenger with a billing statement.

Mr. Nyongo에 대해 사실인 것은?

(A) 역 승강장에서 William Bail을 기다릴 것이다.
(B) 4월 18일에 스트레치 리무진을 운전할 것이다.
(C) Neuro-Tech사에서 몇몇 투자자들을 만날 것이다.
(D) 승객에게 대금 청구서를 제공할 것이다.

■ **Not/True** 연계 문제   정답 (A)

세 지문 중 두 지문의 내용을 종합해서 풀어야 하는 연계 문제이다. 질문의 핵심 어구인 Mr. Nyongo와 관련된 내용을 지문에서 찾아 각 보기와 대조하는 Not/True 문제이므로, Mr. Nyongo와 관련된 내용이 언급된 두 번째 지문인 웹페이지와 세 번째 지문인 이메일을 확인한다. (A)는 'our driver, Solomon Nyongo, can be waiting for him ~ at the platform'에서 기사인 Solomon Nyongo가 승강장에서 그, 즉 Mr. Lopez의 손님을 기다릴 수 있을 것이라고 했고, 웹페이지의 'I would like to book a car and driver to pick up a visiting investor. His name is William Bail.'에서 자신, 즉 Mr. Lopez는 방문하는 투자자를 마중 나갈 차와 기사를 예약하고 싶은데 그 투자자의 이름이 William Bail이라고 한 것을 통해 Mr. Nyongo가 Mr. Lopez의 손님인 William Bail을 기다릴 것임을 알 수 있으므로 지문의 내용과 일치한다. 따라서 (A)가 정답이다. (B)는 세 번째 지문인 이메일의 'our driver, Solomon Nyongo, can be waiting for him ~.'에서 기사인 Solomon Nyongo가 손님을 기다릴 것이라고 했고, 두 번째 지문인 웹페이지의 'DATE/TIME OF SERVICE, ~ April 18 ~ April 21', 'TYPE OF VEHICLE, Regular sedan'에서 서비스 날짜가 4월 18일부터 21일까지이고 차종은 일반 세단이라고 했으므로 지문의 내용과 일치하지 않는다. (C)와 (D)는 지문에 언급되지 않은 내용이다.

지문 1

Wyein Multimedia's New Office

Now that our merger is finalised, Wyein Multimedia will be combining its offices with Orio Telecom to better facilitate interdepartmental communication. In order to accommodate the increased number of employees, [191]staff from both companies will be moving from their current offices to a single, larger location. [194]The new building is located at 175 Duric Street, which is about a three-minute walk from Caruso Station. [191]The move is scheduled to take place on 2 April. More details will be provided by the HR department this afternoon.

Wyein Multimedia사의 새로운 사무실

이제 우리의 합병이 확정되었으므로, Wyein Multimedia 사는 Orio Telecom사와 사무실을 합쳐서 부서간 소통을 더욱 용이하게 할 것입니다. 늘어난 수의 직원들을 수용하기 위해, [191]양사의 직원들은 현재의 사무실에서 한 군데의 더 넓은 장소로 이전할 것입니다. [194]새 건물은 Duric가 175번지에 위치해 있는데, 이는 Caruso역에서 도보 3분 정도 거리입니다. [191]이사는 4월 2일에 진행될 예정입니다. 오늘 오후 인사팀에서 더 많은 세부 정보를 제공할 것입니다.

지문 2

To: All Wyein Multimedia employees
From: Gerard Franco, HR manager
Date: 14 March
Subject: ID badges and parking

Hi everyone,

[193]We will be updating company ID badges ahead of our move to Duric Street. Therefore, I've arranged for a photographer to take everyone's picture. [192-D/195]Four departments will be photographed next Monday, 19 March, in the third-floor conference room, with others having their photos taken in the days that follow. [195]The schedule for the departments being processed on Monday will be as follows:

Design: 9:00 A.M. – 10:00 A.M.
Sales and Marketing: 10:00 A.M. – 11:00 A.M.
Public Relations: 11:00 A.M. – 12:00 P.M.
[195]Research: 1:00 P.M. – 2:00 P.M.

As for parking, our new building does not have spaces of its own, but there is a large car park nearby. The company is willing to rent a space for you there and withdraw the fee from your paycheck, as we do now. [192-A/193]Please note that due to Duric Street's downtown location, car park costs are somewhat higher than they are here. [192-A]You will therefore be charged £110 per month instead of the £95 you are currently paying. [192-B]Please send me an e-mail by the end of the day on Friday if you have any questions or do not require a parking spot.

수신: Wyein Multimedia사 전 직원
발신: Gerard Franco 인사과장
날짜: 3월 14일
제목: 사원증 배지와 주차

안녕하세요 여러분,

[193]우리는 Duric가로 이사하기 전에 회사 사원증 배지를 갱신할 것입니다. 따라서, 사진사가 모두의 사진을 찍도록 준비했습니다. [192-D/195]다음 주 월요일인 3월 19일 3층 회의실에서 4개 부서가 사진을 찍을 예정이며, 그다음 며칠 동안 다른 부서들도 사진을 찍을 것입니다. [195]월요일에 처리되는 부서들의 일정은 다음과 같습니다:

디자인: 오전 9시 – 오전 10시
영업 및 마케팅: 오전 10시 – 오전 11시
홍보: 오전 11시 – 오후 12시
[195]연구: 오후 1시 – 오후 2시

주차에 관해서는, 우리의 새 건물에는 자체 공간이 없지만, 근처에 넓은 주차장이 있습니다. 회사는 지금과 마찬가지로, 여러분을 위해 그곳에 공간을 대여하고 급여에서 요금을 인출할 용의가 있습니다. [192-A/193]Duric가의 시내 위치로 인해, 주차장 비용이 여기보다 다소 높다는 점을 참고하시기 바랍니다. [192-A]따라서 여러분은 현재 지불하고 있는 95파운드 대신 월 110파운드를 청구받으실 것입니다. [192-B]문의 사항이 있거나 주차 공간이 필요 없는 경우 금요일 퇴근 시간까지 이메일을 보내 주세요.

지문 3

To: Gerard Franco <gfranco@wyeinmultimedia.com>
From: Theresa Weissert <tweissert@wyeinmultimedia.com>
Date: 16 March
Subject: ID badges and parking

Dear Mr. Franco,

[194]I just wanted to inform you that I will no longer require a parking spot once we move to Duric Street. I live just a block from there, so it won't be necessary.

수신: Gerard Franco
　　　<gfranco@wyeinmultimedia.com>
발신: Theresa Weissert
　　　<tweissert@wyeinmultimedia.com>
날짜: 3월 16일
제목: 사원증 배지와 주차

Mr. Franco께,

[194]우리가 Duric가로 이사하면 저는 더 이상 주차 공간이 필요 없을 것임을 알려드리려고요. 저는 그곳에서 한 블록 거리에 살아서, 필요 없을 거예요.

¹⁹⁵Also, I am not going to be in the office during my department's designated time to see the photographer because I have the afternoon off next Monday. Would it be OK if I joined another department's session? Please let me know.

Thank you.

Theresa Weissert

¹⁹⁵또한, 저는 다음 주 월요일 오후에 휴무이기 때문에 사진사와 만나도록 지정된 제 부서의 시간에 사무실에 없을 거예요. 다른 부서 시간에 합류해도 괜찮을까요? 알려주시길 부탁드려요.

감사합니다.

Theresa Weissert 드림

지문 1	□ merger n. 합병	□ facilitate v. 용이하게 하다	□ accommodate v. 수용하다
지문 2	□ process v. 처리하다	□ public relations phr. 홍보	□ withdraw v. (돈을) 인출하다, 취소하다
	□ paycheck n. 급여	□ downtown adj. 시내의	□ somewhat adv. 다소, 약간
	□ charge v. 청구하다		
지문 3	□ designate v. 지정하다, 지명하다	□ session n. (특정한 활동을 위한) 시간	

TEST | 01 | 02 | 03 | 04 | 05 | 06 | 07 | 08 | 09 | 10

What will happen on April 2?

(A) Staff photographs will be taken.
(B) ID badges will be distributed.
(C) Managers will announce a merger.
(D) Two companies will relocate.

4월 2일에 무슨 일이 일어날 것인가?

(A) 직원들의 사진이 촬영될 것이다.
(B) 사원증 배지가 배포될 것이다.
(C) 관리자들이 합병을 발표할 것이다.
(D) 두 회사가 이전할 것이다.

■ **육하원칙** What   정답 (D)

4월 2일에 무슨(What) 일이 일어날 것인지를 묻는 육하원칙 문제이므로 질문의 핵심 어구인 happen on April 2와 관련된 내용이 언급된 첫 번째 지문인 공고를 확인한다. 공고의 'staff from both companies will be moving from their current offices to a single, larger location'에서 양사의 직원들이 현재의 사무실에서 한 군데의 더 넓은 장소로 이전할 것이라고 했고, 'The move is scheduled to take place on 2 April.'에서 이사는 4월 2일에 진행될 예정이라고 했으므로 (D)가 정답이다.

바꾸어 표현하기

staff from both companies will be moving 양사의 직원들이 이전할 것이다 → Two companies will relocate 두 회사가 이전할 것이다

어휘 distribute v. 배포하다, 분배하다 relocate v. 이전하다

TEST 09 PART 7 **509**

192

What information does Mr. Franco NOT provide?

(A) The cost of staff parking spots
(B) The deadline for questions
(C) The name of a photographer
(D) The date of some photo sessions

Mr. Franco가 제공하는 정보가 아닌 것은?

(A) 직원 주차 공간의 비용
(B) 질문을 위한 기한
(C) 사진사의 이름
(D) 일부 사진촬영 시간의 날짜

■ **Not/True** Not 문제   정답 (C)

질문의 핵심 어구인 information ~ Mr. Franco ~ provide와 관련된 내용을 지문에서 찾아 각 보기와 대조하는 Not/True 문제이므로 Mr. Franco가 작성한 두 번째 지문인 회람에서 관련 내용을 확인한다. (A)는 '~ car park costs are somewhat higher than they are here. You will therefore be charged £110 per month instead of the £95 you are currently paying.'에서 주차장 비용이 여기보다 다소 높기 때문에 현재 지불하고 있는 95파운드 대신 월 110파운드를 청구받을 것이라고 했으므로 지문의 내용과 일치한다. (B)는 'Please send me an e-mail by the end of the day on Friday if you have any questions'에서 문의 사항이 있는 경우 금요일 퇴근 시간까지 이메일을 보내 달라고 했으므로 지문의 내용과 일치한다. (C)는 지문에 언급되지 않은 내용이다. 따라서 (C)가 정답이다. (D)는 'Four departments will be photographed next Monday, 19 March'에서 다음 주 월요일인 3월 19일에 4개 부서가 사진을 찍을 예정이라고 했으므로 지문의 내용과 일치한다.

193

What can be inferred about Wyein Multimedia?

(A) It is not located in the city center.
(B) It will renovate its conference room.
(C) It is situated near public transport.
(D) It recently reduced the size of its staff.

Wyein Multimedia사에 대해 추론될 수 있는 것은?

(A) 도심에 위치해 있지 않다.
(B) 회의실을 개조할 것이다.
(C) 대중교통 수단 근처에 위치해 있다.
(D) 최근 직원 규모를 줄였다.

■ **추론** 세부 정보   정답 (A)

질문의 핵심 어구인 Wyein Multimedia에 대해 추론하는 문제이므로 Wyein Multimedia사 전 직원에게 보내진 두 번째 지문인 회람에서 관련 내용을 확인한다. 'We will be updating company ID badges ahead of our move to Duric Street.'에서 Duric가로 이사하기 전에 회사, 즉 Wyein Multimedia사 사원증 배지를 갱신할 것이라고 했고, '~ due to Duric Street's downtown location, car park costs are somewhat higher than they are here.'에서 Duric가의 시내 위치로 인해 주차장 비용이 여기보다 다소 높다고 했으므로 Duric가로 이사하기 전인 현재 Wyein Multimedia사는 도심에 위치해 있지 않다는 사실을 추론할 수 있다. 따라서 (A)가 정답이다.

바꾸어 표현하기
downtown 시내 → city center 도심

어휘 situate v. ~에 위치시키다 reduce v. 줄이다

194

What is indicated about Caruso Station?

(A) It is connected to Wyein Multimedia's headquarters.
(B) It has just reopened after an expansion project.
(C) It is within walking distance of Ms. Weissert's home.
(D) It newly increased its car park rates.

Caruso역에 대해 암시된 것은?

(A) Wyein Multimedia사의 본사와 연결되어 있다.
(B) 확장 프로젝트 후에 막 재개장했다.
(C) Ms. Weissert의 집에서 걸어갈 수 있는 거리에 있다.
(D) 주차장 요금을 새로 인상했다.

■ **추론** 연계 문제   정답 (C)

세 지문 중 두 지문의 내용을 종합적으로 확인한 후 추론해서 풀어야 하는 연계 문제이다. 질문의 핵심 어구인 Caruso Station이 언급된 공고를 먼저 확인한다.

단서 1 첫 번째 지문(공고)의 'The new building is located at 175 Duric Street, which is about a three-minute walk from Caruso Station.'에서 새 건물은 Duric가 175번지에 위치해 있는데 이는 Caruso역에서 도보 3분 정도 거리라고 했다. 그런데 Caruso역에 대한 세부 정보가 제시되지 않았으므로 이메일에서 관련 내용을 확인한다.

단서 2 세 번째 지문(이메일)의 'I just wanted to inform you that I will no longer require a parking spot once we move to Duric Street. I live just a block from there, so it won't be necessary.'에서 Ms. Weissert가 Duric가로 이사가면 자신은 더 이상 주차 공간이 필요 없을 것임을 알려준다고 하며, 자신은 그곳에서 한 블록 거리에 살아서 필요 없을 것이라고 했다.

두 단서를 종합할 때, Ms. Weissert는 Duric가에서 한 블록 거리에 살기 때문에, Duric가에서 도보 3분 정도 거리에 있는 Caruso역이 그녀의 집에서 걸어갈 수 있는 거리에 있다는 사실을 추론할 수 있다. 따라서 (C)가 정답이다.

어휘 headquarters n. 본사, 본부 expansion n. 확장 walking distance phr. 걸어갈 수 있는 거리 rate n. 요금

Which department is Ms. Weissert in?	Ms. Weissert는 어떤 부서에 소속되어 있는가?
(A) Design	(A) 디자인
(B) Sales and Marketing	(B) 영업 및 마케팅
(C) Public Relations	(C) 홍보
(D) Research	(D) 연구

■ **육하원칙** 연계 문제   정답 (D)

세 지문 중 두 지문의 내용을 종합해서 풀어야 하는 연계 문제이다. 질문의 핵심 어구인 department ~ Ms. Weissert in에서 Ms. Weissert가 어떤(Which) 부서에 소속되어 있는지를 묻고 있으므로 Ms. Weissert가 작성한 이메일을 먼저 확인한다.

단서 1 세 번째 지문(이메일)의 '~ I am not going to be in the office during my department's designated time to see the photographer because I have the afternoon off next Monday.'에서 Ms. Weissert가 다음 주 월요일 오후에 휴무이기 때문에 사진사와 만나도록 지정된 자신의 부서의 시간에 사무실에 없을 것이라고 했다. 그런데 다음 주 월요일 오후에 사진사와 만나도록 지정된 부서가 어떤 부서인지 제시되지 않았으므로 회람에서 관련 내용을 확인한다.

단서 2 두 번째 지문(회람)의 'Four departments will be photographed next Monday'에서 다음 주 월요일에 4개 부서가 사진을 찍을 예정이라고 했고, 'The schedule for the departments being processed on Monday will be as follows:', 'Research: 1:00 P.M. — 2:00 P.M.'에서 월요일에 처리되는 부서들 중 연구 부서의 일정이 오후 1시부터 오후 2시까지라는 것을 확인할 수 있다.

두 단서를 종합할 때, 다음 주 월요일 오후에 휴무인 Ms. Weissert는 오후에 사진사와 만나도록 지정된 연구 부서에 소속되어 있다는 사실을 알 수 있다. 따라서 (D)가 정답이다.

Questions 196-200 refer to the following article, e-mail, and review.

196-200은 다음 기사, 이메일, 후기에 관한 문제입니다.

지문 1

LOCAL UPDATE

Until recently, the restaurants in Carpenter's Hollow could be divided into two groups: fast food chains and American-style diners. Now, however, [196]a new Chinese restaurant, Taste of Hunan, has opened on the corner of Market and 14th Streets. It advertises "delicious Chinese dishes, prepared using family recipes." The owners, James and Nancy Chu, recently moved from New York to join their relatives in our town.

Although it only opened its doors two weeks ago, Taste of Hunan has already received a significant number of customers and garnered 50 reviews(almost all of them positive) on its Web site. [197/198]One particular attraction for reviewers is the restaurant's daily $15 specials, ranging from shrimp fried rice on Mondays to Moo Shu pork on Fridays. [197]Another major draw is the ambience of the restaurant. The interior is adorned with traditional lanterns and landscape paintings, while the dining room overlooks a garden. This creates a beautiful and relaxing environment.

지역 소식

최근까지, Carpenter's Hollow의 식당은 두 종류로 나눌 수 있었다: 바로 패스트푸드 체인점과 미국식 식당이다. 하지만 이제, [196]Market가와 14번가의 모퉁이에 새로운 중국 음식점인 Taste of Hunan이 문을 열었다. 그곳은 "가족 레시피를 사용하여 만든 맛있는 중국 요리"를 광고한다. 주인인 James와 Nancy Chu는 우리 도시에 있는 친척들과 합류하기 위해 최근 New York에서 이사 왔다.

불과 2주 전에 문을 열었지만, Taste of Hunan은 이미 상당한 수의 고객을 받았고 웹사이트에 50개의 후기(거의 모두 긍정적이다)을 얻었다. [197/198]후기 작성자들에게 한 가지 특별한 매력은 식당의 일일 15달러 특별 메뉴로, 월요일의 새우 볶음밥부터 금요일의 무슈포크까지 있다. [197]또 다른 주요 묘미는 식당의 분위기이다. 내부는 전통 등불과 풍경화로 꾸며져 있으며, 식사 공간은 정원을 내려다본다. 이는 아름답고 편안한 환경을 조성한다.

지문 2

TO: Alan Blake <a.blake231@webmail.com>
FROM: Food Web Online Orders <orders@foodweb.com>
SUBJECT: Order #123198
[200]DATE: May 28

Dear Mr. Blake,

[198]**Taste of Hunan** has received your order of sweet and sour chicken and Moo Shu pork. [200]The order should be ready for pickup between 6:25 and 6:35 P.M.

Food Web now offers the Food Rewards program. To start earning points that can be used for future discounts, free orders, and more, sign up today at www.foodweb.com/foodrewards.

Method: Credit card
Order number: 123198

[198]1 Moo Shu Pork: $15.00
1 Sweet and Sour Chicken: $19.99

Subtotal: $34.99
Tax: $2.10
Total: $37.09

Do you have any questions or concerns about your order? Please contact us by clicking LINK.

Sincerely,

Food Web Online Orders

수신: Alan Blake <a.blake231@webmail.com>
발신: Food Web 온라인 주문팀
        <orders@foodweb.com>
제목: 123198번 주문
[200]날짜: 5월 28일

Mr. Blake께,

[198]Taste of Hunan이 귀하의 깐풍기와 무슈포크 주문을 받았습니다. [200]주문은 오후 6시 25분에서 6시 35분 사이에 수령할 준비가 될 것입니다.

Food Web은 이제 Food Rewards 프로그램을 제공합니다. 향후 할인, 무료 주문, 그리고 더 많은 것을 위해 사용될 수 있는 포인트 획득을 시작하려면, 오늘 www.foodweb.com/foodrewards에서 가입하세요.

결제 방식: 신용카드
주문 번호: 123198

[198]무슈포크 1: 15.00달러
깐풍기 1: 19.99달러

소계: 34.99달러
세금: 2.10달러
총액: 37.09달러

주문에 대해 질문이나 우려 사항이 있으신가요? 링크를 클릭하여 연락 주세요.

Food Web 온라인 주문팀 드림

CARPENTER'S HOLLOW > RESTAURANTS > TASTE OF HUNAN

Rating: 4/5 stars
Reviewer: Alan Blake

Taste of Hunan is definitely the best thing to happen to Carpenter's Hollow in a long time. Our town has been in desperate need of a Chinese restaurant, and Taste of Hunan has finally met that demand. Overall, I have little to complain about with regards to their food. [199]They cook what may seem like typical American Chinese cuisine, but each dish has an unconventional twist. For example, their sweet and sour chicken is delicious but quite different from what readers might expect, featuring a surprisingly spicy kick. Personally, I welcome the new recipes. My one complaint is that sometimes they are unable to handle large crowds. [200]On May 28 at 6:35 I got to their restaurant and there were at least six people at the front desk. They didn't have my food ready until 15 minutes later.

CARPENTER'S HOLLOW > 식당 > TASTE OF HUNAN
점수: 별 5개 중 4개
후기 작성자: Alan Blake

Taste of Hunan은 확실히 오랜만에 Carpenter's Hollow에서 일어난 최고의 일입니다. 우리 도시는 중국 음식점이 절실히 필요했고, Taste of Hunan이 마침내 그 수요를 충족시켰습니다. 전반적으로, 저는 그들의 음식에 대해 불평할 것이 거의 없습니다. [199]그들은 전형적인 미국식 중식처럼 보일지 모르는 음식을 요리하지만, 각 요리에는 독특한 반전이 있습니다. 예를 들어, 그들의 깐풍기는 맛있지만 뜻밖의 매운맛을 포함하여, 독자들이 예상할 만한 것과는 상당히 다릅니다. 개인적으로, 저는 새로운 조리법을 환영합니다. 한 가지 불만은 때때로 그들이 많은 손님을 감당하지 못한다는 것입니다. [200]5월 28일 6시 35분에 제가 그들의 식당에 도착해 보니 프런트에 적어도 여섯 명의 사람들이 있었습니다. 그들은 15분 후에야 제 음식 준비를 마쳤습니다.

지문 1
- □ **diner** n. 식당
- □ **draw** n. 묘미, 매력
- □ **lantern** n. 등불, 전등
- □ **relaxing** adj. 편안한, 느긋한
- □ **garner** v. 얻다
- □ **ambience** n. 분위기
- □ **landscape painting** phr. 풍경화
- □ **attraction** n. 매력
- □ **adorn** v. 꾸미다, 장식하다
- □ **overlook** v. 내려다보다, 바라보다

지문 2
- □ **sweet and sour chicken** phr. 깐풍기
- □ **earn** v. 획득하다

지문 3
- □ **desperate** adj. 절실한, 다급한
- □ **typical** adj. 전형적인
- □ **twist** n. 반전, 전환
- □ **handle** v. 감당하다, 다루다
- □ **overall** adv. 전반적으로
- □ **cuisine** n. 음식
- □ **spicy** adj. 매운
- □ **complain** v. 불평하다, 항의하다
- □ **unconventional** adj. 독특한, 색다른
- □ **kick** n. (강하거나 매운) 맛

---

6 What is the main purpose of the article?

(A) To review a new menu item
(B) To profile Mr. and Ms. Chu
(C) To report on a new business
(D) To discuss American Chinese cuisine

기사의 주 목적은 무엇인가?

(A) 새로운 메뉴 품목을 평론하기 위해
(B) Mr. Chu와 Ms. Chu의 약력을 제공하기 위해
(C) 새로운 업체에 관해 보도하기 위해
(D) 미국식 중식을 논의하기 위해

■ **주제/목적 찾기** 글의 목적   정답 (C)

기사의 목적을 묻는 목적 찾기 문제이므로 첫 번째 지문인 기사의 내용을 확인한다. 기사의 'a new Chinese restaurant ~ has opened on the corner of Market and 14th Streets'에서 Market가와 14번가의 모퉁이에 새로운 중국 음식점이 문을 열었다고 했으므로 (C)가 정답이다.

어휘   **profile** v. 약력을 제공하다, 개요를 작성하다   **report** v. 보도하다

197

○○●○○
중

According to the article, what do customers like about Taste of Hunan?

(A) The service
(B) The atmosphere
(C) The recipes
(D) The samples

기사에 따르면, 고객들이 Taste of Hunan에 관해 좋아하는 것은 무엇인가?

(A) 서비스
(B) 분위기
(C) 조리법
(D) 샘플

■ **육하원칙** What

정답 (B)

기사에 따르면 고객들이 Taste of Hunan에 관해 좋아하는 것이 무엇(what)인지를 묻는 육하원칙 문제이므로 첫 번째 지문인 기사를 확인한다. 기사의 'One particular attraction for reviewers is the restaurant's daily $15 specials ~.'에서 후기 작성자들에게 한 가지 특별한 매력은 식당의 일일 15달러 특별 메뉴라고 했고, 'Another major draw is the ambience of the restaurant.'에서 또 다른 주요 묘미는 식당의 분위기라고 했으므로 (B)가 정답이다.

바꾸어 표현하기
ambience 분위기 → atmosphere 분위기

198

○○○●○
상

What can be inferred about Mr. Blake's order?

(A) It was delivered to his house.
(B) It was eaten in the restaurant.
(C) It was paid for using a coupon.
(D) It was placed on a Friday.

Mr. Blake의 주문에 대해 추론될 수 있는 것은?

(A) 그의 집으로 배달되었다.
(B) 식당에서 먹었다.
(C) 쿠폰을 사용하여 결제되었다.
(D) 금요일에 이루어졌다.

■ **추론** 연계 문제

정답 (D)

세 지문 중 두 지문의 내용을 종합적으로 확인한 후 추론해서 풀어야 하는 연계 문제이다. 질문의 핵심 어구인 Mr. Blake's order와 관련된 내용이 언급된 이메일을 먼저 확인한다.

단서 1 두 번째 지문(이메일)의 'Taste of Hunan has received your order of sweet and sour chicken and Moo Shu pork.'에서 Taste of Hunan이 귀하, 즉 Mr. Blake의 깐풍기와 무슈포크 주문을 받았다고 했고, '1 Moo Shu Pork: $15.00'에서 무슈포크 1개가 15.00달러라고 했다. 그런데 Mr. Blake의 무슈포크 주문에 대한 세부 정보가 제시되지 않았으므로 기사에서 관련 내용을 확인한다.

단서 2 첫 번째 지문(기사)의 'One particular attraction ~ is the restaurant's daily $15 specials, ranging from shrimp fried rice on Mondays to Moo Shu pork on Fridays.'에서 한 가지 특별한 매력은 식당의 일일 15달러 특별 메뉴로, 월요일의 새우 볶음밥부터 금요일의 무슈포크까지 있다고 했다.

두 단서를 종합할 때, Mr. Blake의 주문은 무슈포크의 가격이 15달러인 금요일에 이루어졌다는 사실을 추론할 수 있다. 따라서 (D)가 정답이다.

199

○○○●○
중

What does Mr. Blake say about Taste of Hunan?

(A) It prepares its food in unusual ways.
(B) It often attracts large crowds for lunch.
(C) He prefers it to other Chinese restaurants.
(D) He has eaten there multiple times.

Mr. Blake는 Taste of Hunan에 대해 무엇이라고 말하는가?

(A) 그곳은 색다른 방식으로 음식을 준비한다.
(B) 그곳은 점심 시간에 종종 많은 사람들을 유치한다.
(C) 그는 그곳을 다른 중국 음식점들보다 선호한다.
(D) 그는 그곳에서 여러 번 식사했다.

■ **육하원칙** What

정답 (A)

Mr. Blake가 Taste of Hunan에 대해 무엇(What)이라고 말하는지를 묻는 육하원칙 문제이므로 Mr. Blake가 작성한 세 번째 지문인 후기를 확인한다. 후기의 'They cook what may seem like typical American Chinese cuisine, but each dish has an unconventional twist. For example, their sweet and sour chicken is delicious but quite different from what readers might expect, featuring a surprisingly spicy kick.'에서 Mr. Blake가 그들, 즉 Taste of Hunan은 전형적인 미국식 중식처럼 보일지 모르는 음식을 요리하지만 각 요리에는 독특한 반전이 있다고 하며, 예를 들어 그들의 깐풍기는 맛있지만 뜻밖의 매운맛을 포함하여 독자들이 예상할 만한 것과는 상당히 다르다고 했으므로 (A)가 정답이다.

바꾸어 표현하기
unconventional 독특한 → unusual 색다른

What information in the e-mail was inaccurate?	이메일의 어떤 정보가 부정확했는가?
(A) The payment method	(A) 결제 방식
(B) The pickup time	(B) 수령 시간
(C) The items ordered	(C) 주문 품목
(D) The cost of the food	(D) 음식의 가격

■ 육하원칙 연계 문제   정답 (B)

세 지문 중 두 지문의 내용을 종합해서 풀어야 하는 연계 문제이다. 질문의 핵심 어구인 information in the e-mail ~ inaccurate에서 이메일의 어떤(What) 정보가 부정확했는지를 묻고 있으므로 이메일을 먼저 확인한다.

단서 1 두 번째 지문(이메일)의 'DATE: May 28'에서 이메일이 5월 28일에 발송된 것을 확인할 수 있고, 'The order should be ready for pickup between 6:25 and 6:35 P.M.'에서 주문은 오후 6시 25분에서 6시 35분 사이에 수령할 준비가 될 것이라고 했다. 그런데 정확한 수령 시간이 언제였는지 제시되지 않았으므로 후기에서 관련 내용을 확인한다.

단서 2 세 번째 지문(후기)의 'On May 28 at 6:35 I got to their restaurant and there were at least six people at the front desk. They didn't have my food ready until 15 minutes later.'에서 5월 28일 6시 35분에 Mr. Blake가 그들의 식당, 즉 Taste of Hunan에 도착해 보니 프런트에 적어도 여섯 명의 사람들이 있었고, 15분 후에야 자신의 음식 준비를 마쳤다고 했다.

두 단서를 종합할 때, 이메일의 정보 중 오후 6시 25분에서 6시 35분 사이라고 했던 수령 시간이 부정확했음을 알 수 있다. 따라서 (B)가 정답이다.

▮TEST 10

PART 5

101
○○○●○ 중

High-end goods sold at Barton Jewelry are rarely offered at a discount, although a few items are ------- marked down for clearance.

(A) occasionally　　　　(B) externally
(C) previously　　　　　(D) initially

Barton Jewelry에서 판매되는 최고급 제품들은 재고 정리 판매를 위해 가끔 몇 가지 항목이 가격이 인하되긴 하지만, 거의 할인된 가격으로 판매되지 않는다.

■ 부사 어휘　　　　　　　　　　　　　　　　　정답 (A

'제품들은 가끔 몇 가지 항목이 가격이 인하되긴 하지만 거의 할인된 가격으로 판매되지 않는다'라는 문맥이므로 부사 (A) occasionally (가끔, 때때로)가 정답이다. (B) externally는 '외부에서, 외적으로'라는 의미이다. (C) previously는 '이전에, 기존에', (D) initially는 '처음어 원래'라는 의미로, 만약 현재가 아닌 과거에 가격을 인하했었다는 문맥이 되려면 현재 시제(are) 대신 과거 시제 동사가 와야 한다.

어휘　high-end adj. 최고급의, 최첨단의　goods n. 제품, 상품　mark down phr. 가격을 인하하다　clearance n. 재고 정리 판매, 제거, 정리

102
○○○○● 하

------- tests must be done on all medications before they are offered for use by the general public.

(A) Rigorous　　　　　(B) Rigorousness
(C) Rigor　　　　　　　(D) Rigorously

일반 대중들에게 사용하도록 제공되기 전에 엄격한 검사가 모든 약물에 반드시 행해져야 한다.

■ 형용사 자리　　　　　　　　　　　　　　　　정답 (A

빈칸 뒤의 명사(tests)를 꾸미기 위해서는 형용사가 와야 하므로 형용사 (A) Rigorous(엄격한)가 정답이다. 명사 (B)와 (C), 부사 (D)는 명사틀 꾸밀 수 없다.

어휘　medication n. 약물, 약물치료　general public phr. 일반 대중　rigorousness n. 엄격함, 엄밀함　rigor n. 엄격, 정확

103
○○○○● 하

After Jennifer Barnes ------- completed her commercial driver's license application, she was able to drive a delivery truck.

(A) successful　　　　　(B) succeeded
(C) succeeding　　　　　(D) successfully

Jennifer Barnes가 성공적으로 그녀의 1종 운전면허 신청을 완료한 뒤, 그녀는 배달용 트럭을 운전할 수 있었다.

■ 부사 자리　　　　　　　　　　　　　　　　　정답 (D

빈칸 뒤의 동사(completed)를 꾸미기 위해서는 부사가 와야 하므로 부사 (D) successfully(성공적으로)가 정답이다. 형용사 (A), 동사 또는 고 거분사 (B), 동명사 또는 현재분사 (C)는 동사를 꾸밀 수 없다.

어휘　commercial driver's license phr. 1종 운전면허　application n. 신청(서), 적용

104
○○○●○ 상

Magnum Airlines began expanding its service five years ago and now ------- several daily flights throughout Eastern Europe.

(A) categorizes　　　　(B) operates
(C) imparts　　　　　　(D) multiplies

Magnum 항공사는 5년 전 서비스를 확대하기 시작했고 현재 동유럽 전역에서 몇 개의 일일 항공편을 운항하고 있다.

■ 동사 어휘　　　　　　　　　　　　　　　　　정답 (B

'동유럽 전역에서 몇 개의 일일 항공편을 운항하고 있다'라는 문맥이므로 동사 operate(운항하다, 운용하다)의 3인칭 단수형 (B) operates가 정 답이다. (A)의 categorize는 '분류하다', (C)의 impart는 '나누어주다, 알리다'라는 의미이다. (D)의 multiply는 '증가시키다, 곱하다'라는 의미 로 해석상 그럴듯해 보이지만, multiply는 수나 양을 늘린다는 의미이기 때문에 multiply the number of flights와 같은 형태로 쓰여야 한다.

어휘　expand v. 확대하다, 확장하다　daily adj. 일일의, 매일의

05 The train for Somerville ------- on schedule tomorrow even though bad weather is expected.

(A) left
(B) leaving
(C) will leave
(D) has left

비록 궂은 날씨가 예상되지만 서머빌행 기차는 일정대로 내일 떠날 것이다.

■ [동사 자리] 미래 시제 　　　　　　　　　　　　　　　　　　　　　　　　　　　　　정답 (C)

주절(The train ~ tomorrow)에 동사가 없으므로 동사 (A), (C), (D)가 정답의 후보이다. 미래 시간 표현(tomorrow)이 있으므로 미래 시제 (C) will leave가 정답이다. 과거 시제 (A), 현재완료 시제 (D)는 미래 시간 표현과 함께 쓸 수 없다. 동명사 또는 현재분사 (B)는 동사 자리에 올 수 없다.

06 Employees may not use the hotel's main entrance and must pass ------- a side door located near the back of the building.

(A) over
(B) to
(C) of
(D) through

직원들은 호텔의 정문을 이용하지 말고 건물 뒤쪽에 위치한 옆문을 통해 지나가야 한다.

■ 전치사 선택 방향 　　　　　　　　　　　　　　　　　　　　　　　　　　　　　　　정답 (D)

'정문을 이용하지 말고 옆문을 통해 지나가야 한다'라는 의미가 되어야 하므로 방향을 나타내는 전치사 (D) through(~을 통해)가 정답이다. (A) over는 '~ 동안'이라는 의미로 기간을 나타내거나 '~ 위에'라는 의미로 위치를 나타내고, (B) to는 '~로'라는 의미로 방향을, (C) of는 '~의'라는 의미로 소유나 동격을 나타낸다.

어휘　main entrance phr. 정문　pass v. 지나가다, 통과하다

07 The new workers had required constant ------- until they had learned how to perform their basic duties.

(A) supervises
(B) supervisory
(C) supervisor
(D) supervision

신입 사원들은 기본 업무를 수행하는 법을 익힐 때까지 지속적인 감독이 필요했다.

■ [명사 자리] 사람명사 vs. 추상명사 　　　　　　　　　　　　　　　　　　　　　　　정답 (D)

빈칸 앞의 형용사(constant)의 꾸밈을 받을 수 있는 것은 명사이므로 명사 (C)와 (D)가 정답의 후보이다. '신입 사원들은 지속적인 감독이 필요했다'라는 의미가 되어야 하므로 추상명사 (D) supervision(감독)이 정답이다. 사람명사 (C) supervisor(감독관)는 가산 명사이므로 관사와 함께 쓰이거나 복수형으로 쓰여야 하며, '신입 사원들은 지속적인 감독관이 필요했다'라는 어색한 문맥을 만든다. 동사 (A)와 형용사 (B)는 명사 자리에 올 수 없다.

어휘　constant adj. 지속적인　duty n. 업무　supervise v. 감독하다　supervisory adj. 감독의, 관리의

08 According to a report on work practices, people today spend ------- hours at the office than they ever did before.

(A) longest
(B) length
(C) longer
(D) lengthen

업무 관행에 대한 보고서에 따르면, 오늘날의 사람들은 이전 어느 때보다 더 오랜 시간을 직장에서 보낸다.

■ [형용사 자리] 비교급 　　　　　　　　　　　　　　　　　　　　　　　　　　　　　정답 (C)

빈칸 뒤에 명사(hours)가 있으므로 명사를 꾸밀 수 있는 형용사 (A)와 (C)가 정답의 후보이다. 비교급과 함께 쓰이는 표현 than(~보다)이 사용되었고, '더 오랜 시간을 직장에서 보낸다'라는 의미가 되어야 하므로 형용사 long(오랜, 긴)의 비교급 (C) longer(더 오랜)가 정답이다. 최상급 (A)는 '최상급(the + -est, the most 원급) + of/in 또는 that절'의 형태로 쓰인다. 명사 (B)와 동사 (D)는 명사를 꾸밀 수 없다.

어휘　practice n. 관행, 관례　length n. 길이　lengthen v. 길게 하다, 늘이다

109

Pacific Cable News did not proceed with acquiring a rival network when its shareholders expressed ------- to the plan.

(A) oppose
(B) opposed
(C) opposingly
(D) opposition

Pacific 케이블 방송사는 주주들이 계획에 반대를 표명하자 경쟁 방송사를 인수하는 것을 진행하지 않았다.

■ 명사 자리

정답 (D)

타동사(expressed)의 목적어로 올 수 있는 것은 명사이므로 명사 (D) opposition(반대)이 정답이다. 동사 (A), 동사 또는 과거분사 (B), 부사 (C)는 명사 자리에 올 수 없다. 만약 부사 (C)를 '주주들이 계획에 대항하여 표명했다'라는 문맥을 만드는 것으로 본다 해도, 타동사 express(표명하다, 나타내다)의 목적어가 없으므로 답이 될 수 없다.

어휘 proceed v. 진행하다, 계속하다, 시작하다 acquire v. 인수하다, 획득하다 network n. 방송사, 방송망 opposingly adv. 대항하여, 맞서서

110

The employee handbook states the human resources director is ------- for reviewing job applications.

(A) reasonable
(B) genuine
(C) responsible
(D) applicable

직원 수칙서에는 인사부 관리자가 입사 지원서들을 검토할 책임이 있다고 명시한다.

■ 형용사 어휘

정답 (C)

'인사부 관리자가 입사 지원서들을 검토할 책임이 있다'라는 문맥이므로 형용사 (C) responsible(책임이 있는)이 정답이다. 참고로, be responsible for(~할 책임이 있다)를 관용구로 외워둔다. (A) reasonable은 '합리적인', (B) genuine은 '진짜의'라는 의미이다. (D) applicable은 '적절한, 적용할 수 있는'이라는 의미로, 해석상 그럴듯해 보이지만 사물과 함께 쓰이므로 답이 될 수 없다.

어휘 state v. 명시하다, 진술하다; n. 상태 human resources phr. 인사(부) director n. 관리자, 책임자 review v. 검토하다, 논평하다

111

Visitors to Vedan Mountain are attracted by its remote location, which is ------- 25 miles away from the nearest city.

(A) approximate
(B) approximating
(C) approximation
(D) approximately

Vedan산의 방문객들은 가장 가까운 도시로부터 대략 25 마일 떨어진 외딴 위치에 이끌린다.

■ 부사 자리

정답 (D)

형용사 역할을 하는 수 표현(25)을 꾸밀 수 있는 것은 부사이므로 부사 (D) approximately(대략)가 정답이다. 참고로, 빈칸이 꾸미는 것은 명사 (miles)가 아닌 형용사(25)이므로, '숫자 + 명사' 앞에는 형용사가 아닌 부사가 온다는 것을 알아둔다. 형용사 (A), 동명사 또는 현재분사 (B), 명사 (C)는 형용사를 꾸밀 수 없다.

어휘 attract v. (주의·흥미 등을) 이끌다, 매혹하다 remote adj. 외딴, 먼

112

Additional doctors will be assigned to the Operham medical ------- next month to help run a new rehabilitation wing.

(A) territory
(B) facility
(C) exercise
(D) discussion

새로운 재활 별관을 운영하는 것을 돕기 위해 추가 의사들이 다음 달에 Operham 의료 시설에 배치될 것이다.

■ 명사 어휘

정답 (B)

'추가 의사들이 의료 시설에 배치될 것이다'라는 문맥이므로 명사 (B) facility(시설)가 정답이다. (A) territory는 '영토, 분야', (C) exercise는 '운동', (D) discussion은 '토론'이라는 의미이다.

어휘 assign v. 배치하다, 할당하다 run v. 운영하다, 경영하다 rehabilitation n. 재활, 갱생 wing n. 별관, 부속 건물

13

Since the cost of materials in Malaysia is relatively -------, Ms. Amarna decided to establish her factory there.

(A) affordable
(B) logical
(C) potential
(D) induced

말레이시아의 재료 가격이 비교적 저렴하기 때문에, Ms. Amarna는 그녀의 공장을 그곳에 설립하기로 결정했다.

■ 형용사 어휘 　　　　　　　　　　　　　　　　　　　　　　　　　　　　　　　　　　　　정답 (A)

'재료 가격이 비교적 저렴하다'라는 문맥이므로 형용사 (A) affordable(저렴한, 입수 가능한)이 정답이다. (B) logical은 '논리적인', (C) potential은 '잠재적인, 가능성 있는', (D) induced는 '유도된, 유발된'이라는 의미이다.

어휘　material n. 재료, 소재　relatively adv. 비교적, 상대적으로　establish v. 설립하다, 확립하다

14

The central terminal's current ticketing counters will ------- be replaced by automatic machines.

(A) gradually
(B) comparatively
(C) tragically
(D) expectantly

중앙 터미널의 현재 매표소들은 점차 자동 기기로 교체될 것이다.

■ 부사 어휘 　　　　　　　　　　　　　　　　　　　　　　　　　　　　　　　　　　　　　정답 (A)

'매표소들은 점차 자동 기기로 교체될 것이다'라는 문맥이므로 부사 (A) gradually(점차)가 정답이다. (B) comparatively는 '비교적', (C) tragically는 '비극적으로', (D) expectantly는 '기대하여'라는 의미이다.

어휘　ticketing counter phr. 매표소　replace v. 교체하다, 바꾸다　automatic adj. 자동의, 무의식적인

15

Freidrich Clinic keeps all medical details completely ------- and does not release records to any third party without prior consent.

(A) confident
(B) confidentially
(C) confidentiality
(D) confidential

Freidrich 진료소는 모든 의료 정보들을 전적으로 기밀로 유지하고 사전 동의 없이 제3자에게 기록을 공개하지 않는다.

■ [형용사 자리] 혼동하기 쉬운 형용사 　　　　　　　　　　　　　　　　　　　　　　　　정답 (D)

동사 keep(지키다)은 'keep + 목적어(all medical details) + 목적격 보어'의 형태로 쓰이므로 빈칸에는 목적격 보어가 와야 한다. 그런데 빈칸 앞에 부사(completely)가 있으므로 보어 자리에 올 수 있으면서 부사의 꾸밈을 받을 수 있는 형용사 (A)와 (D)가 정답의 후보이다. '모든 의료 정보들을 전적으로 기밀로 유지하다'라는 의미가 되어야 하므로 형용사 (D) confidential(기밀의, 비밀의)이 정답이다. (A) confident(자신 있는)는 어색한 문맥을 만든다. 부사 (B)는 보어 자리에 올 수 없고, 명사 (C)는 보어 자리에 올 수 있지만 부사의 꾸밈을 받을 수 없다.

어휘　completely adv. 전적으로, 완전히　release v. 공개하다, 발표하다　third party phr. 제3자　prior adj. 사전의, 우선하는
　　　consent n. 동의, 승낙; v. 동의하다

16

There was ------- any merchandise left at the end of Vanita Apparel's popular annual coat sale this year.

(A) loosely
(B) hardly
(C) mostly
(D) extremely

올해 Vanita Apparel사의 인기 있는 연례 코트 세일의 마지막에는 거의 상품이 남아 있지 않았다.

■ 부사 어휘 　　　　　　　　　　　　　　　　　　　　　　　　　　　　　　　　　　　　정답 (B)

'인기 있는 연례 코트 세일의 마지막에는 거의 상품이 남아 있지 않았다'라는 문맥이므로 부사 (B) hardly(거의 ~ 않은)가 정답이다. (A) loosely는 '느슨하게', (C) mostly는 '주로', (D) extremely는 '극도로'라는 의미이다.

어휘　merchandise n. 상품

117

Until ------- have test-driven the ARC 6000, it is hard to appreciate how driver-friendly the vehicle is.

(A) your
(B) you
(C) yours
(D) yourself

당신이 ARC 6000을 시운전해 볼 때까지는, 그 차량이 얼마나 운전자 친화적인지 인식하기 어렵다.

■ [주어 자리] 인칭대명사의 격 　　　　　　　　　　　　　　　　　　　　　　　　　　　정답 (B)

부사절 접속사 Until이 이끄는 부사절에 동사(have test-driven)만 있고 주어가 없으므로 주어 역할을 할 수 있는 주격 인칭대명사 (B)와 소유대명사 (C)가 정답의 후보이다. '당신이 ARC 6000을 시운전해 볼 때까지는 그 차량이 얼마나 운전자 친화적인지 인식하기 어렵다'라는 의미가 되어야 하므로 주격 인칭대명사 (B) you가 정답이다. 소유대명사 (C)를 쓸 경우 '당신의 것이 ARC 6000을 시운전해 볼 때까지는 그 차량이 얼마나 운전자 친화적인지 인식하기 어렵다'라는 어색한 의미가 된다. 소유격 인칭대명사 (A)와 재귀대명사 (D)는 주어 역할을 할 수 없다.

어휘　test-drive v. 시운전하다　appreciate v. 인식하다

118

Hooper Incorporated is ------- its internal management structure in order to improve communication among departments.

(A) recalling
(B) representing
(C) reorganizing
(D) returning

Hooper사는 부서들 간의 소통을 향상시키기 위해 내부 운영 구조를 재정비하고 있다.

■ 동사 어휘 　　　　　　　　　　　　　　　　　　　　　　　　　　　　　　　　　　정답 (C)

'부서들 간의 소통을 향상시키기 위해 내부 운영 구조를 재정비하고 있다'라는 문맥이므로 동사 reorganize(재정비하다)의 -ing형 (C) reorganizing이 정답이다. (A)의 recall은 '상기시키다', (B)의 represent는 '대표하다, 나타내다', (D)의 return은 '돌려주다'라는 의미이다.

어휘　internal adj. 내부의, 체내의　structure n. 구조, 건물　communication n. 소통, 통신, 연락

119

The editor of *Inkdrop* Magazine contacted this month's writers to have them ------- a picture and a short biography.

(A) to submit
(B) submitting
(C) submit
(D) submitted

*Inkdrop*지의 편집자는 이달의 작가들이 사진과 짧은 전기를 제출하도록 하기 위해 그들에게 연락했다.

■ to 부정사가 아닌 원형 부정사를 목적격 보어로 갖는 동사 　　　　　　　　　　　　　　정답 (C)

사역동사 have의 목적격 보어 자리에는 원형 부정사나 p.p.형이 올 수 있으므로 원형 부정사 (C)와 p.p.형 (D)가 정답의 후보이다. 빈칸 뒤에 목적어(a picture and a short biography)가 있고, 동사 have의 목적어(them)와 목적격 보어가 '작가들이 사진과 짧은 전기를 제출하다'라는 능동의 의미이므로 원형 부정사 (C) submit이 정답이다. p.p.형 (D)를 쓰면 '작가들이 제출되다'라는 어색한 문맥이 된다. to 부정사 (A)와 동명사 또는 현재분사 (B)는 사역동사 have의 목적격 보어 자리에 올 수 없다.

어휘　biography n. 전기

120

Worker evaluation forms should be sent to Ann James in the personnel department ------- the week.

(A) just as
(B) within
(C) now that
(D) between

직원 평가서는 인사부서의 Ann James에게 이번 주 이내에 보내져야 한다.

■ [수식어 거품을 이끄는 것] 전치사 선택 기간 　　　　　　　　　　　　　　　　　　정답 (B)

이 문장은 주어(Worker evaluation forms)와 동사(should be sent)를 갖춘 완전한 절이므로, ___ the week은 수식어 거품으로 보아야 한다. 이 수식어 거품은 동사가 없는 거품구이므로, 거품구를 이끌 수 있는 전치사 (B)와 (D)가 정답의 후보이다. '직원 평가서는 이번 주 이내에 보내져야 한다'라는 의미가 되어야 하므로 기간을 나타내는 전치사 (B) within(~ 이내에)이 정답이다. (D) between은 '~ 사이에'라는 의미로 두 개의 대상 사이의 시간을 나타내며 보통 between A and B(A와 B 사이에)의 형태로 쓰인다. 부사절 접속사 (A) just as(꼭 ~처럼)와 (C) now that(~이므로)은 거품구가 아닌 거품절을 이끈다.

어휘　evaluation n. 평가서, 평가

21

Students may make a ------- for a transfer to a different department but must provide the dean with a valid reason.

(A) distinction
(B) request
(C) formation
(D) concern

학생들은 다른 학과로의 이동을 요청할 수 있지만 학과장에게 타당한 이유를 제시해야 한다.

■ 명사 어휘 　　　　　　　　　　　　　　　　　　　　　정답 (B)

'학생들은 다른 학과로의 이동을 요청할 수 있다'라는 문맥이므로 명사 (B) request(요청)가 정답이다. 참고로, make a request(요청하다)를 관용구로 외워둔다. (A) distinction은 '구별, 차이', (C) formation은 '형성', (D) concern은 '우려, 걱정'이라는 의미이다.

어휘　transfer n. 이동, 환승　dean n. 학과장　valid adj. 타당한, 유효한

22

Starting next month, Alouette's chief accountant ------- all requests for cash expenditures of $1,000 or more.

(A) approved
(B) has approved
(C) has to approve
(D) will be approved

다음 달부터, Alouette사의 수석 회계사는 1,000달러 이상의 모든 현금 지출 요청을 승인해야 한다.

■ 조동사처럼 쓰이는 표현 　　　　　　　　　　　　　　　정답 (C)

문장에 동사가 없으므로 모든 보기가 정답의 후보이다. 빈칸 뒤에 목적어(all requests)가 있고, '다음 달부터 Alouette사의 수석 회계사는 모든 현금 지출 요청을 승인해야 한다'라는 의미가 되어야 하므로 '~해야 한다'라는 뜻의 조동사처럼 쓰이는 표현 have to를 포함하는 (C) has to approve가 정답이다. 과거 시제 (A)와 현재완료 시제 (B)는 미래 시간 표현(next month)과 함께 쓸 수 없다. 미래 시제 수동태 (D)는 시제상으로는 답이 될 수 있으나, 수동태이므로 빈칸 뒤의 목적어(all requests)와 함께 쓸 수 없다.

어휘　accountant n. 회계사　expenditure n. 지출, 비용

23

Bedford Airlines and the Concord Hotel chain have a partnership with ------- and sell holiday packages to a variety of global destinations.

(A) no
(B) each other
(C) other
(D) even

Bedford 항공사와 Concord 호텔 체인은 서로 제휴를 맺어 세계의 다양한 목적지로의 휴가 패키지를 판매한다.

■ 부정대명사 　　　　　　　　　　　　　　　　　　　　정답 (B)

빈칸은 전치사(with)의 목적어 자리이고, '항공사와 호텔 체인이 서로 제휴를 맺었다'라는 의미가 되어야 하므로 부정대명사 (B) each other (서로)가 정답이다. 부사 (A) no(~이 아닌), 부정형용사 (C) other(다른), 부사 (D) even(심지어)은 전치사의 목적어 자리에 올 수 없다. 참고로, other는 명사가 아닌 형용사로만 쓰이며, 부정대명사로 사용될 경우 others나 the other(s)의 형태로 쓰여 각각 '(이미 언급한 것 이외의) 다른 것들', '나머지 전부'를 의미한다.

어휘　partnership n. 제휴, 동업　destination n. 목적지, 도착지

24

Management may offer permanent positions to some of the employees ------- as temporary staff on the last project.

(A) hire
(B) hires
(C) hired
(D) hiring

경영진은 지난 프로젝트에서 임시직으로 고용된 직원들 중 일부에게 정규직을 제의할 수도 있다.

■ [수식어 거품을 이끄는 것] 현재분사 vs. 과거분사 　　　정답 (C)

이 문장은 주어(Management), 동사(may offer), 목적어(permanent positions)를 갖춘 완전한 절이므로, ____ ~ project는 수식어 거품으로 보아야 한다. 이 수식어 거품은 빈칸 앞의 명사(employees)를 꾸미고 있으므로 수식어 거품을 이끌면서 명사를 뒤에서 수식할 수 있는 과거분사 (C)와 현재분사 (D)가 정답의 후보이다. 꾸밈을 받는 명사(employees)와 분사가 '임시직으로 고용된 직원들'이라는 의미의 수동 관계이므로 동사 hire(고용하다)의 과거분사 (C) hired(고용된)가 정답이다. 현재분사 (D)는 능동의 의미를 나타내므로 답이 될 수 없다. 동사 (A)와 (B)는 명사를 뒤에서 수식할 수 없다.

어휘　permanent position phr. 정규직　temporary adj. 임시의, 일시적인

125

A Braun Co. spokesperson announced that the company is ------- of schedule in terms of reorganizing its structure.

(A) earlier   (B) near
(C) close   (D) ahead

Braun사 대변인은 회사 구조를 재편성하는 데 있어서 회사가 예정보다 앞서 있다고 발표했다.

■ 'be + 형용사' 숙어   정답 (D)

'회사 구조를 재편성하는 데 있어서 예정보다 앞서 있다'라는 문맥이므로, 빈칸 앞의 be동사(is), 뒤의 of와 결합하여 be ahead of(~보다 앞선)를 만드는 형용사 (D) ahead(앞선, 앞의)가 정답이다. 형용사 early의 비교급 (A) earlier는 '~보다 일찍'이라는 의미로 전치사 than과 함께 쓰인다. 형용사 (B) near와 (C) close는 '가까운'이라는 의미로 주로 전치사 to와 함께 쓰인다.

126

Envelopes must be properly sealed ------- dropping them into the mailbox, as the post office is not accountable for lost documents.

(A) among   (B) before
(C) beside   (D) while

우체국에서는 분실 서류에 대해 책임을 지지 않으므로, 봉투들은 우편함에 넣어지기 전에 제대로 봉해져야 한다.

■ [수식어 거품을 이끄는 것] 부사절 접속사 _시간_   정답 (B)

이 문장은 주어(Envelopes)와 동사(must be sealed)를 갖춘 완전한 절이므로, ___ dropping them into the mailbox는 수식어 거품으로 보아야 한다. 이 수식어 거품은 분사구문이므로, 분사구문을 이끌 수 있는 부사절 접속사 (B)와 (D)가 정답의 후보이다. '봉투들은 우편함에 넣어지기 전에 제대로 봉해져야 한다'라는 의미가 되어야 하므로 (B) before(~ 전에)가 정답이다. (D) while(~하는 동안, ~한 반면에)을 쓸 경우 '봉투들은 우편함에 넣어지는 동안 제대로 봉해져야 한다'라는 어색한 문맥이 된다. 전치사 (A) among(~의 가운데에)과 (C) beside(~의 옆에)는 분사구문을 이끌 수 없다.

어휘   envelope n. 봉투   properly adv. 제대로, 적절히   seal v. 봉하다, 밀봉하다   accountable adj. ~에 대해 책임이 있는   lost adj. 분실된, 길을 잃은

127

Speed-Ex Electronics was asked to make certain that all equipment for the new branch ------- by the end of June.

(A) will deliver   (B) is delivered
(C) delivering   (D) deliver

Speed-Ex Electronics사는 6월 말까지 새로운 지점에 필요한 모든 장비가 배달되는 것을 확실히 하도록 요청받았다.

■ [동사 자리] 능동태와 수동태의 구별   정답 (B)

명사절 접속사 that이 이끄는 명사절(that all ~ June)에 동사가 없으므로 동사 (A), (B), (D)가 정답의 후보이다. '필요한 모든 장비가 배달되다'라는 수동의 의미이고 deliver(배달하다)가 타동사인데 빈칸 뒤에 목적어가 없으므로 수동태 (B) is delivered가 정답이다. 능동태 (A)와 (D)는 목적어와 함께 쓰여야 하고, 동명사 또는 현재분사 (C)는 동사 자리에 올 수 없다.

어휘   make certain phr. 확실히 하다, 확인하다   equipment n. 장비, 용품

128

To raise ------- about environmental issues, the organization started an anti-plastic campaign.

(A) concerns   (B) awareness
(C) foundations   (D) promise

환경 문제에 대한 인식을 높이기 위해, 그 단체는 플라스틱 반대 운동을 시작했다.

■ 명사 어휘   정답 (B)

'환경 문제에 대한 인식을 높이기 위해 플라스틱 반대 운동을 시작했다'라는 문맥이므로 명사 (B) awareness(인식, 의식)가 정답이다. (A)의 concern(우려, 걱정)도 동사 raise와 함께 raise concerns라는 표현으로 자주 쓰이지만, '환경 문제에 대한 우려를 제기하기 위해 플라스틱 반대 운동을 시작했다'라는 어색한 문맥을 만든다. (C)의 foundation은 '기반, 재단', (D) promise는 '약속, 가능성'이라는 의미이다.

어휘   organization n. 단체   campaign n. 운동, 캠페인

29 The city has plans to ------- local parks by planting more trees and flowers to make the areas look nicer.

(A) certify
(B) officiate
(C) revitalize
(D) aggregate

시에서는 더 많은 나무와 꽃을 심어서 지역이 더 좋아 보이도록 만듦으로써 지역 공원을 다시 활성화할 계획이 있다.

■ 동사 어휘 　　　　　　　　　　　　　　　　　　　　　　　　　　　　　　　정답 (C)

'지역이 더 좋아 보이도록 만듦으로써 지역 공원을 다시 활성화하다'라는 문맥이므로 동사 (C) revitalize(다시 활성화하다)가 정답이다. (A) certify는 '증명하다', (B) officiate는 '식을 집행하다, 직무를 행하다', (D) aggregate는 '모으다, 종합하다'라는 의미이다.

어휘　plant　v. (나무·씨앗 등을) 심다

---

30 The CEO of Ledge Enterprises is expected to ------- the problems with the company's production facility during the press conference.

(A) break off
(B) try out
(C) bring up
(D) go for

Ledge Enterprises사의 최고 경영자는 기자회견 동안 회사의 생산 시설이 지닌 문제점에 대해 얘기할 것으로 예상된다.

■ 동사 관련 어구 　　　　　　　　　　　　　　　　　　　　　　　　　　　　　정답 (C)

'기자회견 동안 회사의 생산 시설이 지닌 문제점에 대해 얘기할 것으로 예상된다'라는 문맥이므로 동사 어구 (C) bring up(얘기하다, 화제를 꺼내다)이 정답이다. (A) break off는 '분리되다, 갈라지다', (B) try out은 '시험해 보다', (D) go for는 '~을 택하다, ~에 해당되다'라는 의미이다.

어휘　production　n. 생산　press conference　phr. 기자회견

PART 6

Questions 131-134 refer to the following memo.

131-134는 다음 회람에 관한 문제입니다.

To: All advertising staff
From: Lance Cavanaugh, Project Manager
Subject: Reminder
Date: February 7

A number of you contacted me this morning to say that it will be impossible to meet your ------- this week. It seems that
                                        131
much of the work that is due has to be redone because the server malfunction last week resulted in irretrievable data ------.
   132

I would like to take this opportunity to remind everyone to back up important files regularly. There are various ways to do this. -------, you can transfer files to a portable hard
                  133
drive or use the company's online data-storage service. ------. Thanks.
   134

수신: 광고 직원 전체
발신: Lance Cavanaugh, 프로젝트 관리자
제목: 알림
날짜: 2월 7일

131 오늘 아침에 여러분 중 다수가 이번 주 여러분의 마감 일자를 맞추는 것이 불가능할 것이라고 이야기하기 위해 제 게 연락했습니다. 132 지난주 서버 오작동이 복구할 수 없는 데이터 손실을 야기했기 때문에 제출 기한이 된 많은 업무 들이 다시 되어야만 하는 것 같습니다.

이 기회를 빌려 중요한 파일들을 정기적으로 백업해 둘 것 을 모두에게 상기시키고 싶습니다. 이것을 하는 데에는 다 양한 방법이 있습니다. 133 예를 들어, 휴대용 하드 드라이 브로 파일을 옮기거나 회사의 온라인 데이터 보관 서비스를 사용할 수 있습니다. 134 추후의 어떤 문제라도 방지하기 위 해 적어도 일주일에 한 번 이것을 해 주십시오. 감사합니다.

131 (A) requirements
    (B) standards
    (C) demands
    (D) deadlines

132 (A) loss
    (B) lost
    (C) lose
    (D) loses

133 (A) On the other hand
    (B) In that case
    (C) In addition
    (D) For instance

134 (A) You must enter your password to access a protected computer file.
    (B) These options were available for a limited period of time.
    (C) Deleted data can be easily restored by a computer technician.
    (D) Please do this at least once a week to avoid any future problems.

어휘 impossible adj. 불가능한 due adj. 제출 기한이 된, 마감인 malfunction n. 오작동 irretrievable adj. 복구할 수 없는, 돌이킬 수 없는
      remind v. 상기시키다 regularly adv. 정기적으로 transfer v. 옮기다 portable adj. 휴대용의 storage n. 보관, 저장

1 ■ 명사 어휘 주변 문맥 파악   정답 (D)

'여러분 중 다수가 이번 주 여러분의 ___를 맞추는 것이 불가능할 것이라고 이야기하기 위해 연락했다'라는 문맥이므로 모든 보기가 정답의 후보로 보인다. 빈칸이 있는 문장만으로는 정답을 고를 수 없으므로 주변 문맥이나 전체 문맥을 파악한다. 뒤 문장에서 제출 기한이 된 많은 업무들이 다시 되어야만 하는 것 같다고 했으므로 이번 주 마감 일자를 맞추는 것이 불가능할 것임을 알 수 있다. 따라서 명사 (D) deadlines(마감 일자)가 정답이다. (B)의 standard는 '기준'이라는 의미이다. (A)의 requirement(요구사항, 요건)와 (C)의 demand(요구)도 해석상 그럴듯해 보이지만, 이 경우 여러분, 즉 회람 수신자들인 직원들이 요구하거나 필요로 하는 것을 나타내므로 '여러분 중 다수가 (여러분이 요구한) 요구사항/요구를 맞추는 것이 불가능할 것이라고 이야기하다'라는 어색한 문맥을 만든다.

2 ■ 복합 명사   정답 (A)

빈칸은 전치사(in)의 목적어이면서 형용사(irretrievable)의 꾸밈을 받는 명사 자리이므로 빈칸 앞의 명사 data(데이터)와 함께 쓰여 '데이터 손실'이라는 의미의 복합 명사 data loss를 만드는 명사 (A) loss(손실)가 정답이다. 동사 또는 과거분사 (B), 동사 (C)와 (D)는 명사 자리에 올수 없다. 과거분사 (B)가 빈칸 앞의 명사(data)를 수식한다고 본다 해도, 분사가 목적어나 전치사구를 동반하지 않고 단독으로 쓰일 경우 명사(data) 앞에 와야 하므로 답이 될 수 없다.

어휘   lose   v. 잃어버리다, 상실하다

3 ■ 접속부사 주변 문맥 파악   정답 (D)

빈칸이 콤마와 함께 문장의 맨 앞에 온 접속부사 자리이므로, 앞 문장과 빈칸이 있는 문장의 의미 관계를 파악하여 정답을 선택한다. 앞 문장에서 이것, 즉 백업을 하는 데에는 다양한 방법이 있다고 했고, 빈칸이 있는 문장에서는 휴대용 하드 드라이브로 파일을 옮기거나 회사의 온라인 데이터 보관 서비스를 사용할 수 있다고 했으므로 앞서 언급된 내용의 예시를 나타낼 때 사용되는 접속부사 (D) For instance(예를 들어)가 정답이다. (A) On the other hand는 '반면에', (B) In that case는 '그런 경우에는', (C) In addition은 '게다가'라는 의미로 빈칸에 쓸 경우 어색한 문맥이 된다.

4 ■ 알맞은 문장 고르기   정답 (D)

빈칸에 들어갈 알맞은 문장을 고르는 문제이므로 주변 문맥 또는 전체 문맥을 파악한다. 앞부분에서 서버 오작동이 복구할 수 없는 데이터 손실을 야기했기 때문에 제출 기한이 된 많은 업무들이 다시 되어야만 하는 것 같다고 한 뒤 중요한 파일을 정기적으로 백업해 둘 것을 모두에게 상기시키고 싶다고 했고, 앞 문장 '(For instance), you can transfer files to a portable hard drive or use the company's online data-storage service.'에서 백업을 하는 방법들의 예시를 들었으므로, 빈칸에는 정기적인 백업과 관련된 내용이 들어가야 함을 알 수 있다. 따라서 (D) Please do this at least once a week to avoid any future problems가 정답이다.

보기 해석
(A) 보호된 컴퓨터 파일에 접근하기 위해서는 반드시 비밀번호를 입력해야 합니다.
(B) 이 선택권은 제한된 기간 동안 이용할 수 있었습니다.
(C) 삭제된 데이터는 컴퓨터 기술자에 의해 쉽게 복구될 수 있습니다.
(D) 추후의 어떤 문제라도 방지하기 위해 적어도 일주일에 한 번 이것을 해 주십시오.

어휘   limited adj. 제한된   easily adv. 쉽게   restore v. 복구하다   avoid v. 방지하다

To: Denise Brooks <dbrooks@atland.com>
From: Nelson Lee <nlee@atland.com>
Subject: Acton
Date: January 18

Hello Denise,

As you know, I have an appointment with a potential client from Acton, the firm interested in purchasing our computer components on a regular basis. Since the meeting will take place in a few days, I have been hard at work trying to finalize a sales -------.
                                    135

However, I seem to have misplaced the copy that I printed out. Although I have the file on my hard drive, the printed one is especially important because I wrote some notes on it. -------. Could you please check whether the draft was filed
          136
away by mistake? ------- I can get that particular copy back,
                    137
I'll have to go over the one I have and make notes again. It's essential that we secure the Acton as a -------, so I would
                                              138
really appreciate it if you could locate the missing document for me. Thank you.

Nelson Lee

수신: Denise Brooks <dbrooks@atland.com>
발신: Nelson Lee <nlee@atland.com>
제목: Acton사
날짜: 1월 18일

안녕하세요 Denise,

아시다시피, 저는 우리의 컴퓨터 부품들을 정기적으로 구매하는 데 관심이 있는 회사인 Acton사의 잠재 고객분과 약속이 있습니다. **135** 회의가 며칠 뒤에 있을 것이기 때문에, 저는 판매 제안서를 마무리 짓기 위해 노력하며 열심히 일했습니다.

그러나, 제가 인쇄해 놓은 사본을 잃어버린 것 같습니다. 비록 그 파일을 제 하드 드라이브에 가지고 있긴 하지만, 인쇄된 사본은 제가 그 위에 몇몇 메모를 써 놓았기 때문에 특히 중요합니다. **136** 저는 이 메모들을 전자 파일에 추가할 시간이 없었습니다. 그 초안이 실수로 다른 곳에 보관되지 않았는지 확인해 줄 수 있으신가요? **137** 만약 바로 그 사본을 되찾지 못한다면, 제가 가지고 있는 서류를 검토하고 다시 메모를 해야 할 것입니다. **138** Acton사를 고객으로 확보하는 것이 매우 중요하기에, 저를 위하여 잃어버린 서류를 찾아 주신다면 정말 감사드리겠습니다. 감사합니다.

Nelson Lee 드림

---

135 (A) propose
(B) proposed
(C) proposal
(D) propositional

136 (A) Please make sure that the final draft is sent to the client immediately.
(B) Acton's order must be shipped out first thing in the morning.
(C) They are unwilling to agree to the deal unless we revise it.
(D) I haven't had the time to add these notes into the electronic file.

137 (A) Though
(B) Whoever
(C) Whether
(D) Unless

138 (A) developer
(B) vendor
(C) supplier
(D) customer

어휘   potential adj. 잠재적인, 가능성이 있는 client n. 고객 component n. 부품, 성분 on a regular basis phr. 정기적으로
take place phr. 일어나다 finalize v. 마무리 짓다, 완결하다 sales adj. 판매의 misplace v. 놓고 잃어버리다 draft n. 초안, 원고
file v. 보관하다; n. 서류철 essential adj. 매우 중요한, 필수적인 secure v. 확보하다, 획득하다; adj. 안전한 locate v. 찾아내다, 두다

5 ■ 명사 자리　　　　　　　　　　　　　　　　　　　　　　　　　　　　　　　　　　　　　　정답 (C)

빈칸 앞의 형용사(sales)의 꾸밈을 받을 수 있는 것은 명사이므로 명사 (C) proposal(제안서)이 정답이다. 동사 (A), 동사 또는 과거분사 (B), 형용사 (D)는 형용사의 꾸밈을 받을 수 없다. sales를 명사의 복수형으로 볼 경우 과거분사 (B)가 sales를 꾸밀 수도 있으나, sales 앞에 단수 명사와 함께 쓰이는 부정관사(a)가 있으므로 답이 될 수 없다.

6 ■ 알맞은 문장 고르기　　　　　　　　　　　　　　　　　　　　　　　　　　　　　　　　　정답 (D)

빈칸에 들어갈 알맞은 문장을 고르는 문제이므로 주변 문맥 또는 전체 문맥을 파악한다. 앞 문장 'Although I have the file on my hard drive, the printed one is especially important because I wrote some notes on it.'에서 비록 서류의 파일을 하드 드라이브에 가지고 있긴 하지만 인쇄된 사본은 그 위에 몇몇 메모를 써 놓았기 때문에 특히 중요하다고 했으므로, 빈칸에는 인쇄된 사본에 써 놓은 메모들을 하드 드 라이브에 있는 파일에 추가할 시간이 없었다는 내용이 들어가야 함을 알 수 있다. 따라서 (D) I haven't had the time to add these notes into the electronic file이 정답이다.

보기 해석
(A) 반드시 최종 원고가 고객에게 즉시 보내지도록 해주세요.
(B) Acton사의 주문은 아침에 제일 먼저 보내져야만 합니다.
(C) 그들은 우리가 이를 수정하지 않는 한 거래에 동의하기를 꺼립니다.
(D) 저는 이 메모들을 전자 파일에 추가할 시간이 없었습니다.

어휘　ship out phr. (배로) ~을 보내다　unwilling adj. 꺼리는, 싫어하는　deal n. 거래, 합의

7 ■ [수식어 거품을 이끄는 것] 부사절 접속사　조건　　　　　　　　　　　　　　　　　　　정답 (D)

이 문장은 주어(I), 동사('ll have to go over), 목적어(the one I have)를 갖춘 완전한 절이므로, ____ I can get that particular copy back은 수식어 거품으로 보아야 한다. 이 수식어 거품은 동사(can get)가 있는 거품절이므로, 거품절을 이끌 수 있는 모든 보기가 정답의 후보이다. '만약 바로 그 사본을 되찾지 못한다면 가지고 있는 서류를 검토하고 다시 메모를 해야 한다'라는 의미가 되어야 하므로 양보를 나타내는 부사절 접속사 (D) Unless(만약 ~이 아니면)가 정답이다. 부사절 접속사 (A) Though(비록 ~이지만)과 (C) Whether(~인지 아닌지, ~에 상관없이)를 쓰면 사본을 되찾을 수 있는데도 다시 메모를 해야 한다는 어색한 문맥이 된다. 복합관계대명사 (B) Whoever(누가 ~하든)는 그 자체가 주어나 목적어 역할을 하므로 다음에는 주어나 목적어가 없는 절이 온다.

8 ■ 명사 어휘　전체 문맥 파악　　　　　　　　　　　　　　　　　　　　　　　　　　　　　정답 (D)

'Acton사를 ____으로 확보하는 것이 매우 중요하다'라는 문맥이므로 모든 보기가 정답의 후보이다. 빈칸이 있는 문장만으로는 정답을 고를 수 없으므로 주변 문맥이나 전체 문맥을 파악한다. 앞부분에서 자사의 컴퓨터 부품들을 정기적으로 구매하는 데 관심이 있는 Acton사의 잠재 고객 과 만날 것이라고 한 뒤, 판매 제안서를 마무리 짓기 위해 노력하고 있다고 했으므로 Acton사를 고객으로 확보하고자 한다는 사실을 알 수 있다. 따라서 명사 (D) customer(고객)가 정답이다. (A) developer는 '개발자', (B) vendor는 '판매사', (C) supplier는 '공급사'라는 의미인데, Acton사가 컴퓨터 부품을 구매하는 입장이므로 모두 답이 될 수 없다.

139-142는 다음 공고에 관한 문제입니다.

NOTICE TO EMPLOYEES

Effective August 10, employees who need time off for a religious or cultural observance may request a ------- change
                                                                    139
to their work schedule. -------.
                         140

Managers are instructed to accommodate such requests as long as it is ------- to do so. On occasion, work obligations
                        141
must take priority. A request may also be denied if notice is provided on short notice. Employees should submit their requests at least two weeks in advance. -------, this
                                                          142
requirement may be waived if the schedule change will not affect any ongoing projects.

---

139 8월 10일부터 시행되어, 종교 혹은 문화 의식을 위해 시간을 빼야 하는 직원들은 그들의 근무 일정에 잠시 동안의 변경을 요청할 수 있습니다. 140 이 선택권은 개인의 휴가를 사용하는 것에 대한 대체 수단으로써 제공됩니다.

141 관리자는 그렇게 하는 것이 가능하기만 하면 이러한 요청을 수용하도록 지시받습니다. 때에 따라서는, 업무상의 의무가 우선시되어야 합니다. 또한 통지가 충분한 예고 없이 제공될 경우 요청은 거부될 수 있습니다. 직원들은 그들의 요청을 적어도 2주 앞서 제출해야 합니다. 142 그렇지만, 진행 중인 그 어떤 프로젝트에도 일정 변경이 영향을 미치지 않을 경우 이 요건은 적용되지 않을 수 있습니다.

---

139 (A) renowned
(B) separated
(C) similar
(D) brief

140 (A) Office hours are 9 A.M. to 6 P.M., Monday to Friday.
(B) Additional benefits are earned upon achieving permanent status.
(C) This option is provided as an alternative to using one's vacation days.
(D) They must notify a manager when work assignments are completed.

141 (A) mutual
(B) feasible
(C) legal
(D) profitable

142 (A) Rather
(B) Hence
(C) Likewise
(D) Nevertheless

어휘 **effective** adj. 시행되는, 발효되는 **religious** adj. 종교의 **cultural** adj. 문화의 **observance** n. (종교·전통) 의식 **accommodate** v. 수용하다 **obligation** n. 의무 **priority** n. 우선, 우선 사항 **in advance** phr. 앞서, 사전에 **waive** v. (규칙·법률을) 적용하지 않다

9 ■ 형용사 어휘　　　　　　　　　　　　　　　　　　　　　　　　　　　　　　　　　　　　　　정답 (D)

'시간을 빼야 하는 직원들은 근무 일정에 잠시 동안의 변경을 요청할 수 있다'라는 문맥이므로 형용사 (D) brief(잠시 동안의)가 정답이다. (A) renowned는 '유명한', (B) separated는 '헤어진, 별거하는', (C) similar는 '비슷한'이라는 의미이다. 참고로, separated(헤어진, 별거하는)와 separate(분리된, 갈라진)를 구분하여 알아둔다.

0 ■ 알맞은 문장 고르기　　　　　　　　　　　　　　　　　　　　　　　　　　　　　　　　　　　　정답 (C)

빈칸에 들어갈 알맞은 문장을 고르는 문제이므로 주변 문맥 또는 전체 문맥을 파악한다. 앞 문장 'employees who need time off ~ may request a (brief) change to their work schedule'에서 시간을 빼야 하는 직원들은 그들의 근무 일정에 잠시 동안의 변경을 요청할 수 있다고 했으므로 빈칸에는 근무 일정에서 시간을 뺄 수 있는 권리와 관련된 내용이 들어가야 함을 알 수 있다. 따라서 (C) This option is provided as an alternative to using one's vacation days가 정답이다.

보기 해석
(A) 업무 시간은 월요일부터 금요일, 오전 9시부터 오후 6시까지입니다.
(B) 정규직 지위를 획득하면 추가적인 혜택을 얻습니다.
(C) 이 선택권은 개인의 휴가를 사용하는 것에 대한 대체 수단으로써 제공됩니다.
(D) 업무가 끝나면 그들은 반드시 관리자에게 알려야 합니다.

어휘　achieve v. 획득하다, 성취하다　alternative n. 대체 수단; adj. 대체 가능한　notify v. 알리다

1 ■ 형용사 어휘　전체 문맥 파악　　　　　　　　　　　　　　　　　　　　　　　　　　　　　　　정답 (B)

'관리자는 그렇게 하는 것이 ___하기만 하면 이러한 요청을 수용하도록 지시받는다'라는 문맥이므로 모든 보기가 정답의 후보이다. 빈칸이 있는 문장만으로는 정답을 고를 수 없으므로 주변 문맥이나 전체 문맥을 파악한다. 뒤 문장에서 때에 따라서는 업무상의 의무가 우선시되어야 한다고 했고, 뒷부분에서 통지가 충분한 예고 없이 제공될 경우 요청이 거부될 수도 있다고 했으므로 관리자는 근무 일정 변경 요청을 받아들이는 것이 가능하면 요청을 수용하도록 지시받는다는 것을 알 수 있다. 따라서 형용사 (B) feasible(가능한, 실현 가능한)이 정답이다. (A) mutual은 '상호 간의, 서로의', (C) legal은 '법적인', (D) profitable은 '수익성이 있는'이라는 의미이다.

2 ■ 접속부사　주변 문맥 파악　　　　　　　　　　　　　　　　　　　　　　　　　　　　　　　　　정답 (D)

빈칸이 콤마와 함께 문장의 맨 앞에 온 접속부사 자리이므로, 앞 문장과 빈칸이 있는 문장의 의미 관계를 파악하여 정답을 선택한다. 앞 문장에서 직원들은 요청을 적어도 2주 앞서 제출해야 한다고 했고, 빈칸이 있는 문장에서 진행 중인 그 어떤 프로젝트에도 일정 변경이 영향을 미치지 않을 경우 이 요건, 즉 요청을 적어도 2주 앞서 제출해야 한다는 요건은 적용되지 않을 수 있다고 했으므로 앞서 언급된 내용과 대조되는 내용을 나타낼 때 사용되는 접속부사 (D) Nevertheless(그렇지만)가 정답이다. (A) Rather는 '오히려', (B) Hence는 '따라서', (C) Likewise는 '마찬가지로'라는 의미로 빈칸에 쓸 경우 어색한 문맥이 된다.

Questions 143-146 refer to the following advertisement.

143-146은 다음 광고에 관한 문제입니다.

Seattle New Light Nursing Home

We're Here to Help

Many elderly people find themselves in nursing homes far from city life and at a considerable ------- from family and
143
friends. This is not the case at Seattle New Light Nursing Home.

The physical and mental health of seniors is our number one priority. We therefore help residents to ------- a healthy
144
degree of social interaction by keeping them occupied with a variety of stimulating activities each day including exercise classes, games, and musical performances. -------.
145
Furthermore, because public transportation, community centers, and parks are all easily accessible from our location, residents are free to pursue their interests while also benefiting from the daily ------- and attention our staff
146
provide.

Call us at 206-665-8924 to reserve a time to tour our facilities.

시애틀 New Light 요양원

저희는 도움을 드리기 위해 여기 있습니다

143 많은 어르신들께서 가족과 친구들로부터 상당히 멀리 떨어져서 도시 생활과 먼 양로원에 계시고는 합니다. 시애틀 New Light 요양원에서는 그렇지 않습니다.

어르신들의 신체적, 정신적 건강이 저희의 최우선 순위입니다. 144 그러므로 저희는 거주자들이 날마다 운동 교실, 게임, 음악 공연들을 포함하는 다양한 고무적인 활동들에 계속 열중하게 함으로써 그들이 건강한 수준의 사회적 상호 작용을 유지하도록 돕습니다. 145 이것들은 그들의 삶의 질을 향상시키는 데에 크게 도움이 됩니다. 146 게다가, 대중 교통, 시민 문화회관들과 공원들이 모두 저희 위치로부터 접근하기 쉽기 때문에, 거주자들은 저희 직원이 제공하는 매일의 보살핌과 관심으로부터 혜택을 받으면서도 그들의 흥미를 마음껏 추구할 수 있습니다.

저희 시설을 둘러보기 위한 시간을 예약하시려면 206-665-8924로 저희에게 전화 주십시오.

143 (A) distance
(B) distant
(C) distancing
(D) distantly

144 (A) recommend
(B) maintain
(C) require
(D) evaluate

145 (A) These go a long way toward improving their quality of life.
(B) Our center is located far from the hectic urban landscape.
(C) Families may also consider alternative types of physical therapy.
(D) Some of our patients are not permitted to leave the facility.

146 (A) burden
(B) influence
(C) care
(D) caution

어휘 nursing home phr. 요양원 considerable adj. 상당한, 많은 mental adj. 정신의, 마음의 number one priority phr. 최우선 순위
interaction n. 상호 작용 occupied with phr. ~에 열중해있는 stimulating adj. 고무적인, 자극이 되는 performance n. 공연, 수행, 성과
accessible adj. 접근하기 쉬운, 가기 쉬운 pursue v. 추구하다, 쫓다 attention n. 관심, 주의

3 ■ [명사 자리] 동명사 vs. 명사　　　　　　　　　　　　　　　　　　　　　　　　　　　　　　　정답 (A)

전치사(at)의 목적어 자리에 올 수 있는 것은 명사이므로 명사 역할을 하는 명사 (A)와 동명사 (C)가 정답의 후보이다. 빈칸 앞의 형용사 (considerable)의 꾸밈을 받을 수 있는 것은 명사이므로 명사 (A) distance(거리)가 정답이다. 참고로, at a distance(멀리 떨어져, 멀리서)를 관용구로 외워둔다. 동명사 (C)는 부정관사(a) 다음에 올 수 없고, 형용사가 아닌 부사의 꾸밈을 받는다. 형용사 (B)와 부사 (D)는 명사 자리에 올 수 없다.

어휘　distant adj. 먼, 떨어져 있는　distantly adv. 멀리, 떨어져서

4 ■ 동사 어휘 전체 문맥 파악　　　　　　　　　　　　　　　　　　　　　　　　　　　　　　　　정답 (B)

'거주자들이 건강한 수준의 사회적 상호 작용을 ＿＿하도록 돕는다'라는 문맥이므로 모든 보기가 정답의 후보이다. 빈칸이 있는 문장만으로 정답을 고를 수 없으므로 주변 문맥이나 전체 문맥을 파악한다. 빈칸이 있는 문장에서 요양원은 거주자들이 날마다 다양한 고무적인 활동들에 열중하게 한다고 했고 뒷부분에서 게다가 요양원이 대중교통, 시민 문화회관들과 공원들에 접근하기 쉬운 위치에 있다고 했으므로, 요양원이 거주자들로 하여금 건강한 수준의 사회적 상호 작용을 유지하도록 돕는다는 것을 알 수 있다. 따라서 동사 (B) maintain(유지하다)이 정답이다. (A) recommend는 '추천하다', (C) require는 '필요하다, 요구하다', (D) evaluate는 '평가하다'라는 의미이다.

5 ■ 알맞은 문장 고르기　　　　　　　　　　　　　　　　　　　　　　　　　　　　　　　　　　정답 (A)

빈칸에 들어갈 알맞은 문장을 고르는 문제이므로 주변 문맥 또는 전체 문맥을 파악한다. 앞 문장 'We therefore help residents to ~ and musical performances.'에서 거주자들이 날마다 다양한 고무적인 활동들에 계속 열중하게 함으로써 건강한 수준의 사회적 상호 작용을 유지하도록 돕는다고 했으므로 빈칸에는 이러한 활동들이 거주자들의 삶의 질을 향상시키는 데에 도움이 된다는 내용이 들어가야 함을 알 수 있다. 따라서 (A) These go a long way toward improving their quality of life가 정답이다.

보기 해석
(A) 이것들은 그들의 삶의 질을 향상시키는 데에 크게 도움이 됩니다.
(B) 저희 센터는 정신없이 바쁜 도시 풍경으로부터 멀리 떨어져 위치해 있습니다.
(C) 가족들은 또한 물리 치료의 대안적 방식을 고려할 수도 있습니다.
(D) 저희 환자들 중 몇몇은 시설을 떠나는 것이 허용되지 않습니다.

어휘　go a long way toward(s) phr. ~에 크게 도움이 되다　hectic adj. 정신없이 바쁜, 빡빡한　landscape n. 풍경, 조망

6 ■ 명사 어휘　　　　　　　　　　　　　　　　　　　　　　　　　　　　　　　　　　　　　　정답 (C)

'거주자들은 직원이 제공하는 매일의 보살핌과 관심으로부터 혜택을 받는다'라는 문맥이므로 명사 (C) care(보살핌)가 정답이다. (A) burden은 '부담', (B) influence는 '영향', (D) caution은 '조심, 경계'라는 의미이다.

PART 7

Questions 147-148 refer to the following e-mail.

147-148은 다음 이메일에 관한 문제입니다.

To: Frederick Montaigne <fredm@burgundycapital.com>
From: Gina Herald <ginah6482@errmail.net>
Date: February 3
Subject: Security code

Dear Mr. Montaigne,

I cannot thank you enough for assisting me with my checking account yesterday at the Harvard Street branch of Burgundy Capital. I followed the instructions you provided me with [147]on how to set up online banking services, and everything has gone well in that regard.

Unfortunately, [147]I seem to be having an issue when I click on certain services for account transfers. [148]When attempting to conduct transfers between my Burgundy Capital account and another account I hold outside of the bank, I receive a message asking me to enter my six-digit security pass number. However, I do not remember setting up such a code when we spoke yesterday. [148]If you could please advise me as to how I can go about retrieving this code, I would appreciate your assistance greatly.

Gina Herald

수신: Frederick Montaigne
　　　<fredm@burgundycapital.com>
발신: Gina Herald <ginah6482@errmail.net>
날짜: 2월 3일
제목: 보안 코드

Mr. Montaigne께,

어제 Burgundy 금융의 Harvard가 지점에서 예금 계좌와 관련해서 저를 도와주신 것에 대해 아무리 감사를 드려도 부족합니다. [147]온라인 뱅킹 서비스를 설정하는 법에 대해 제게 제공해주신 설명을 따랐고, 그 점과 관련해서는 모든 것이 잘 되었습니다.

유감스럽게도, [147]계좌 이체를 위한 특정 서비스를 클릭할 때 문제가 있는 것 같습니다. [148]Burgundy 금융 계좌와 제가 타 은행에서 보유하고 있는 다른 계좌 사이에 이체를 실행하려고 시도할 때, 제 여섯 자리 보안 번호를 입력하라는 메시지를 받습니다. 그러나, 어제 저희가 이야기했을 때 코드를 만든 기억이 없습니다. [148]이 접근 코드를 찾는 방법에 대해 조언해주신다면, 당신의 도움에 매우 감사드리겠습니다.

Gina Herald 드림

어휘　□ **checking account** phr. 예금 계좌
　　　□ **account transfer** phr. 계좌 이체
□ **set up** phr. 설정하다, 만들다
□ **as to** phr. ~에 대해
□ **in that regard** phr. 그 점과 관련해서는
□ **retrieve** v. 찾다, 되찾아오다, 검색하다

147
○○○●
하

What is the purpose of the e-mail?

(A) To ask how to set up a new account
(B) To explain a problem with an online service
(C) To request a transfer of funds
(D) To report the possibility of a security threat

이메일의 목적은 무엇인가?

(A) 새로운 계좌를 만드는 방법을 묻기 위해
(B) 온라인 서비스에 대한 문제를 설명하기 위해
(C) 자금 이체를 요청하기 위해
(D) 보안상 위험의 가능성을 보고하기 위해

■ 주제 / 목적 찾기 글의 목적
정답 (B)

이메일의 목적을 묻는 목적 찾기 문제이다. 특별히 이 문제는 지문의 중반에 목적 관련 내용이 언급되었음에 주의한다. 'on how to set up online banking services, and everything has gone well in that regard'에서 온라인 뱅킹 서비스를 설정하는 법에 관련해서는 모든 것이 잘 되었다고 한 후, 'I seem to be having an issue ~ for account transfers'에서 계좌 이체를 위한 특정 서비스를 클릭할 때 문제가 있는 것 같다면서 어떤 문제인지 구체적으로 설명하고 있으므로 (B)가 정답이다.

148
○○○○
하

What does Ms. Herald require from Burgundy Capital?

(A) A security code
(B) A banking card
(C) An account statement
(D) A balance confirmation

Ms. Herald가 Burgundy 금융으로부터 무엇을 필요로 하는가?

(A) 보안 코드
(B) 은행 카드
(C) 계좌 명세서
(D) 잔액 확인서

■ 육하원칙 What
정답 (A)

Ms. Herald가 Burgundy 금융으로부터 무엇(What)을 필요로 하는지를 묻는 육하원칙 문제이다. 질문의 핵심 어구인 Ms. Herald require from Burgundy Capital과 관련하여, 'When attempting to conduct transfers ~ I receive a message asking me to enter my six-digit security pass number.'에서 이체를 실행하려고 시도할 때 여섯 자리 보안 번호를 입력하라는 메시지를 받는다고 한 후, 'If you could please advise me as to how I can go about retrieving this access code, I would appreciate your assistance greatly.'에서 이 접근 코드를 찾는 방법에 대해 조언해준다면 감사하겠다고 했으므로 (A)가 정답이다.

Questions 149-150 refer to the following text-message chain.

149-150은 다음 메시지 대화문에 관한 문제입니다.

Mitchell Roach [11:26 A.M.]

Hi, Jillian, are you free for lunch this week? 150I'd like to get your opinion on a new case I've been assigned.

Mitchell Roach [11:27 A.M.]

149I understand you were the lead counsel when Brighton Industrials got into a patent dispute with Grant Industries. Ms. Baird has asked me to handle their latest case against Cromwell Holdings.

Jillian Barrera [11:32 A.M.]

Hi, Mitchell. Sorry to keep you waiting. I just finished a meeting with Astoria Enterprises. How does Thursday morning sound? I'm afraid I'm quite busy this week.

Mitchell Roach [11:33 A.M.]

150I can meet on Thursday. We could meet for coffee or at the office whenever you're free.

Jillian Barrera [11:33 A.M.]

150Why don't you come by my office at 8:30 A.M. for coffee?

Mitchell Roach [11:34 A.M.]

Sounds like a plan. 150I really appreciate you taking the time to do this.

Jillian Barrera [11:36 A.M.]

I'm happy to help. 149I'm fairly familiar with Brighton now, so I may have some good suggestions for you.

Mitchell Roach [오전 11시 26분]

안녕하세요, Jillian, 이번 주 점심에 시간 있어요? 150제가 맡은 새로운 소송건에 대해 당신의 의견을 얻고 싶어요.

Mitchell Roach [오전 11시 27분]

149Brighton Industrials사가 Grant Industries사와의 특허 분쟁에 휘말렸을 때 당신이 수석 변호인이었다고 알고 있어요. Ms. Baird가 저에게 그 회사의 Cromwell Holdings사를 상대로 한 최근 소송건을 맡아 달라고 요청했어요.

Jillian Barrera [오전 11시 32분]

안녕하세요, Mitchell. 기다리게 해서 죄송해요. Astoria Enterprises사와의 회의를 이제 막 끝냈어요. 목요일 아침 어때요? 제가 이번 주엔 꽤 바쁠 것 같아요.

Mitchell Roach [오전 11시 33분]

150목요일에 만날 수 있어요. 당신이 시간 될 때 언제든 커피를 마시거나 사무실에서 만날 수 있어요.

Jillian Barrera [오전 11시 33분]

150오전 8시 30분에 커피를 마시러 제 사무실에 들르는 건 어때요?

Mitchell Roach [오전 11시 34분]

좋은 계획인 것 같아요. 150이 일을 하는 데 시간을 내주어서 정말 감사해요.

Jillian Barrera [오전 11시 36분]

도와드릴 수 있어 기쁘네요. 149저는 이제 Brighton사에 대해 꽤 잘 알고 있어서, 당신에게 몇몇 좋은 제안을 줄 수 있을 거예요.

어휘 □ **case** n. 소송 (사건), 사례, 경우 □ **assign** v. 맡기다, 배정하다 □ **counsel** n. 변호인, 조언; v. 상담을 하다 □ **patent dispute** phr. 특허 분쟁 □ **come by** phr. 들르다 □ **fairly** adv. 꽤, 상당히

---

149 Which company has Mr. Roach been asked to represent?

(A) Grant Industries
(B) Brighton Industrials
(C) Cromwell Holdings
(D) Astoria Enterprises

Mr. Roach는 어떤 회사를 대변하도록 요청되었는가?

(A) Grant Industries사
(B) Brighton Industrials사
(C) Cromwell Holdings사
(D) Astoria Enterprises사

■ 육하원칙 Which 정답 (B)

Mr. Roach가 어떤(Which) 회사를 대변하도록 요청되었는지를 묻는 육하원칙 문제이다. 질문의 핵심 어구인 Mr. Roach ~ represent와 관련하여, 'I understand you were the lead counsel when Brighton Industrials got into a patent dispute ~. Ms. Baird has asked me to handle their latest case against Cromwell Holdings.'에서 Mr. Roach가 Brighton Industrials사가 특허 분쟁에 휘말렸을 때 당신, 즉 Jillian Barrera가 수석 변호인이었다고 알고 있으며 자신이 그 회사의 최근 소송건을 맡도록 요청받았다고 했고, 'I'm fairly familiar with Brighton now, so I may have some good suggestions for you.'에서 Jillian Barrera가 자신은 이제 Brighton사에 대해 꽤 잘 알고 있기 때문에 Mr. Roach에게 몇몇 좋은 제안을 줄 수 있을 것이라고 했으므로 Mr. Roach는 Brighton사를 대변하도록 요청되었음을 알 수 있다. 따라서 (B)가 정답이다.

어휘 **represent** v. 대변하다, 변호하다

150

At 11:34 A.M., what does Mr. Roach mean when he writes, "Sounds like a plan"?

(A) A lunchtime meeting fits into his schedule.
(B) A case can be dealt with right away.
(C) An appointment for Thursday morning is suitable.
(D) A client can drop by his office anytime in the morning.

오전 11시 34분에, Mr. Roach가 "Sounds like a plan" 이라고 썼을 때 그가 의도한 것은?

(A) 점심 회의가 그의 일정에 맞는다.
(B) 소송이 즉시 다뤄질 수 있다.
(C) 목요일 아침 약속이 알맞다.
(D) 고객이 아침에 언제든 그의 사무실에 들를 수 있다.

■ 의도 파악   정답 (C)

Mr. Roach가 의도한 것을 묻는 문제이므로, 질문의 인용어구(Sounds like a plan)가 언급된 주변 문맥을 확인한다. 'I'd like to get your opinion on a new case I've been assigned.'에서 Mr. Roach가 자신이 맡은 새로운 소송건에 대해 당신, 즉 Jillian Barrera의 의견을 얻고 싶다고 한 후, 'I can meet on Thursday.'에서 Mr. Roach가 목요일에 만날 수 있다고 하자 'Why don't you come by my office at 8:30 A.M. for coffee?'에서 Jillian Barrera가 오전 8시 30분에 커피를 마시러 자신의 사무실에 들르는 건 어떠냐고 물었고, Mr. Roach가 'Sounds like a plan.'(좋은 계획인 것 같아요)이라며 'I really appreciate you taking the time to do this.'에서 이 일, 즉, Mr. Roach 자신이 맡은 소송건에 대해 이야기하는 데 Jillian Barrera가 시간을 내주어서 정말 감사하다고 한 것을 통해, Jillian Barrera와 소송건에 대해 논의하기 위해 목요일 아침에 만나는 것이 Mr. Roach에게 알맞다는 것을 알 수 있다. 따라서 (C)가 정답이다.

어휘   deal with phr. 다루다, 처리하다   suitable adj. 알맞은, 적절한

Questions 151-152 refer to the following schedule.

151-152는 다음 일정표에 관한 문제입니다.

Northeast Internet Marketers Association (NEIMA)
The Future of Internet Marketing Conference
Northeast University School of Business

152-BDay 1: April 23

9-10 A.M.	Hawthorne Room, First Floor Registration and collection of name badges
10-11:30 A.M.	Opening Panel Discussion, Johnstone Auditorium, First Floor Important upcoming trends in Internet marketing, with time for questions Featuring James Burke (NEIMA), Andrea Harrison from Brand Solutions Limited, and Professor Ming Chao of Northeast University
11:30 A.M.-12:30 P.M.	Workshop, Washington Room, Third Floor "How To Measure Impact," with Simon Gleason from Gleason Search Analytics
12:30-1:30 P.M.	152-CLunch There is a cafeteria located in the Student Union building, which will be open for the event.
1:30-3:00 P.M.	Workshop, Dawson Room, Second Floor 151"How Interns Can Become Invaluable: What To Look For In Student Placements," with Padma Singh from Northeast University Careers Office
3:00-4:30 P.M.	Closing Panel Session, Johnstone Auditorium, First Floor NEIMA's Gwen Carter recaps lessons learned from the day's workshops. 152-BAudience members will also be asked to submit topics they would like to discuss in tomorrow's interactive sessions.

Northeast 인터넷 마케터 협회 (NEIMA)
인터넷 마케팅의 미래 학회
Northeast 경영대학교

152-B첫째 날: 4월 23일

오전 9시-10시	Hawthorne실, 1층 등록 및 이름표 수령
오전 10시-11시 30분	개막 패널 토론회, Johnstone 강당, 1층 인터넷 마케팅의 앞으로의 중요한 경향, 질의 시간 있음 NEIMA의 James Burke, Brand Solutions사의 Andrea Harrison, 그리고 Northeast 대학교의 Ming Chao 교수가 함께함
오전 11시 30분-오후 12시 30분	워크숍, Washington실, 3층 "영향을 측정하는 방법," Gleason 검색 분석 기관의 Simon Gleason과 함께함
오후 12시 30분-1시 30분	152-C점심 식사 구내식당이 학생회관 건물에 위치해 있으며, 행사를 위해 개방될 예정임.
오후 1시 30분-3시	워크숍, Dawson실, 2층 151"인턴들이 어떻게 유용해질 수 있는가: 학생 현장 실습에서 기대해야 할 것들," Northeast 진로 센터의 Padma Singh과 함께함
오후 3시-4시 30분	폐막 패널 토론, Johnstone 강당, 1층 NEIMA의 Gwen Carter가 오늘 워크숍에서 배운 것들을 요약함. 152-B청중들은 또한 내일의 상호 회의 시간에 토론하고 싶은 주제를 제출할 것을 요청받을 것임.

어휘 □ **association** n. 협회, 유대 □ **registration** n. 등록, 기재 □ **upcoming** adj. 앞으로의, 곧 있을
□ **measure** v. 측정하다, 평가하다 □ **impact** n. 영향, 충격 □ **student union** phr. 학생회관
□ **invaluable** adj. 유용한, 귀중한 □ **look for** phr. 기대하다, 구하다 □ **placement** n. 현장 실습, 취업 알선, 배치
□ **recap** v. 요약하다 □ **submit** v. 제출하다 □ **interactive** adj. 상호적인, 쌍방향의

Which scheduled speaker will discuss student interns?	어떤 예정된 연설자가 학생 인턴에 대해 논할 것인가?
(A) Simon Gleason (B) Ming Chao (C) Gwen Carter (D) Padma Singh	(A) Simon Gleason (B) Ming Chao (C) Gwen Carter (D) Padma Singh

■ **육하원칙** Which

정답 (D)

어떤(Which) 예정된 연설자가 학생 인턴에 대해 논할 것인지를 묻는 육하원칙 문제이다. 질문의 핵심 어구인 scheduled speaker ~ discuss student interns와 관련하여, '"How Interns Can Become Invaluable: What To Look For In Student Placements," with Padma Singh'에서 학생 인턴들이 어떻게 유용해질 수 있는지에 대해 Padma Singh이 강연할 것임을 알 수 있으므로 (D)가 정답이다.

What is suggested about the conference?	학회에 대해 암시되는 것은?
(A) It includes a social event in the evening. (B) It continues for a second day. (C) It is held in the Student Union building. (D) Its activities take place on four different floors.	(A) 저녁에 사교 행사를 포함한다. (B) 두 번째 날도 계속된다. (C) 학생회관 건물에서 개최된다. (D) 활동들은 4개의 서로 다른 층에서 열린다.

■ **추론** 세부 정보

정답 (B)

질문의 핵심 어구인 the conference에 대해 추론하는 문제이다. 'Day 1: April 23'에서 행사 첫째 날의 일정이라는 것을 알 수 있고, 'Audience members will also be asked to submit topics they would like to discuss in tomorrow's interactive sessions.'에서 청중들은 내일의 상호 회의 시간에 토론하고 싶은 주제를 제출할 것을 요청받을 것이라고 했으므로 행사가 다음 날까지 계속된다는 사실을 추론할 수 있다. 따라서 (B)가 정답이다. (C)는 'Lunch, There is a cafeteria located in the Student Union Building'에서 학생회관 건물에 있는 구내식당에서 점심 식사를 할 것이라고 했지만, 학회 전체가 아닌 식사만 학생회관 건물에서 하는 것이므로 답이 될 수 없다.

어휘 continue v. 계속되다, 지속하다

Questions 153-154 refer to the following memo.

MEMORANDUM

To: All staff

[153]We have come to the end of another successful year and would like to thank all our staff members for their hard work. As usual, we are organizing a special holiday evening for you all. This year, it will be held at the Cranfield Hotel on Lakeview Avenue on Dec. 22 at 7:00 P.M. Staff are free to bring their significant others.

[154]Reservations need to be made in advance, so please contact Lionel Grimm of the personnel department at ligrimm@austel.com and let him know if you are coming and if you plan to bring a guest.

Thank you!

회람

수신: 모든 직원들

[153]우리는 또 다른 성공적인 해의 끝에 도달했고, 모든 직원 여러분들의 노고에 감사드리고 싶습니다. 여느 때처럼, 저희는 여러분 모두를 위한 특별 축제의 밤을 준비하고 있습니다. 올해에는, 12월 22일 오후 7시에 Lakeview가에 있는 Cranfield 호텔에서 개최될 것입니다. 직원분들은 배우자를 모셔와도 됩니다.

[154]사전에 예약이 되어야 하므로, 인사부의 Lionel Grimm에게 ligrimm@austel.com으로 연락하셔서 참석할 것인지 그리고 손님을 모시고 올 것인지를 알려주시기 바랍니다.

감사합니다!

어휘 □ **successful** adj. 성공적인 □ **organize** v. (행사 등을) 준비하다, 계획하다 □ **significant other** phr. 배우자, 소중한 사람
□ **personnel department** phr. 인사부 □ **guest** n. 손님, 내빈

53 What is the memo mainly about?

(A) Work schedules for the upcoming year
(B) Taking time off for the holidays
(C) An annual company gathering
(D) Completing a project as planned

회람은 주로 무엇에 대한 것인가?

(A) 다가오는 해의 업무 일정
(B) 휴가를 위해 시간을 내는 것
(C) 회사 연례 모임
(D) 계획대로 프로젝트를 끝내는 것

■ **주제/목적 찾기** 글의 주제 정답 (C)

회람이 주로 무엇에 대한 것인지를 묻는 주제 찾기 문제이므로 지문의 앞부분을 주의 깊게 확인한다. 'We have come to the end of another successful year ~. As usual, we are organizing a special holiday evening for you all.'에서 또 다른 성공적인 해의 끝에 도달했으며 여느 때처럼 모두, 즉 회사의 모든 직원들을 위한 특별 축제의 밤을 준비하고 있다고 한 후, 이 행사에 대한 자세한 내용을 알려주고 있으므로 (C)가 정답이다.

어휘 **upcoming** adj. 다가오는, 이번의 **take time off for** phr. ~을 위해 시간을 내다 **gathering** n. 모임

54 What are staff members asked to do?

(A) Come to a client meeting
(B) Send an e-mail to a colleague
(C) Inform the company of vacation plans
(D) Confirm a room reservation

직원들은 무엇을 하도록 요청되는가?

(A) 고객과의 회의에 참석한다
(B) 동료에게 이메일을 보낸다
(C) 회사에 휴가 계획을 알린다
(D) 객실 예약을 확정한다

■ **육하원칙** What 정답 (B)

직원들이 무엇(What)을 하도록 요청되는지를 묻는 육하원칙 문제이다. 질문의 핵심 어구인 staff members asked to do와 관련하여, 'Reservations need to be made in advance, so please contact Lionel Grimm of the personnel department at ligrimm@austel.com'에서 사전에 예약이 되어야 하므로 인사부의 Lionel Grimm에게 이메일로 연락하라고 했으므로 (B)가 정답이다.

어휘 **colleague** n. 동료 **confirm** v. 확정하다, 확인하다

Questions 155-157 refer to the following e-mail.

155-157은 다음 이메일에 관한 문제입니다.

To: Sara Brunelli <sarahb1971@easymail.ca>
From: Mitchell Harcourt <harcourt@tuton.org>
Date: January 17
Subject: Re: Tutoring

Dear Ms. Brunelli,

[155]We recently received your e-mail regarding tutoring for your son, Jason, and would like to give you some more details about the services we offer. [155]We currently have two history tutors available. Michael Pearson has a bachelor's degree in history from Calgary City University and is available to tutor your son either at [156]our office in downtown Edmonton or at your home. We also have a tutor named Francine Gatineau who graduated with a master's degree in ancient history from the University of Eastern Canada. However, [156]Ms. Gatineau only works from our office.

In the meantime, I would like to ask for a couple of extra details that you did not mention originally. For how long are you expecting Jason to need tutoring, and [157-A]what school grade is he currently in? These details will help us to prepare an appropriate program that meets Jason's intellectual needs. [157-C]After we have this information, we can discuss payment methods.

I look forward to hearing from you, and please do not hesitate to contact me again if you have any questions.

Yours truly,

Mitchell Harcourt
Tuton Educational Services

수신: Sara Brunelli <sarahb1971@easymail.ca>
발신: Mitchell Harcourt <harcourt@tuton.org>
날짜: 1월 17일
제목: 회신: 개인 교습

Ms. Brunelli께,

[155]저희는 최근에 귀하의 아드님인 Jason의 개인 교습에 관한 귀하의 이메일을 받았고, 저희가 제공하는 서비스에 대해 귀하께 더 많은 세부 사항을 알려드리고자 합니다. [155]저희에게는 현재 수업할 수 있는 두 명의 역사 선생님이 있습니다. Michael Pearson은 Calgary 시립 대학교에서 역사학 학사 학위를 받았고 귀하의 아드님을 [156]Edmonton 시내에 있는 저희 사무실이나 귀하의 댁에서 가르칠 수 있습니다. 저희에게는 또한 Eastern Canada 대학교에서 고대사 석사 학위를 받은 Francine Gatineau라는 선생님도 있습니다. 그러나, [156]Ms. Gatineau는 저희 사무실에서만 일합니다.

한편, 귀하께서 처음에 언급하시지 않은 몇 가지 추가 세부 사항을 문의드리고 싶습니다. Jason이 얼마 동안 개인 교습을 받아야 한다고 예상하시며, 현재 [157-A]그는 몇 학년입니까? 이러한 세부 사항들은 저희가 Jason의 지적 필요 사항을 충족시키는 적절한 프로그램을 준비하는 데 도움이 될 것입니다. [157-C]저희가 이 정보를 받고 난 후에, 지불 방식에 대해 논의할 수 있습니다.

귀하로부터 답장을 받기를 기대하며, 질문이 있으시다면 주저하지 마시고 다시 연락해 주십시오.

Mitchell Harcourt 드림
Tuton 교육 서비스

여휘 □ **tutor** v. 개인 교습하다; n. 선생님, 가정 교사
□ **master's degree** phr. 석사 학위
□ **originally** adv. 처음에, 원래
□ **meet** v. 충족시키다, (기한 등을) 지키다
□ **bachelor's degree** phr. 학사 학위
□ **ancient** adj. 고대의, 오래된
□ **expect** v. 예상하다, 기대하다
□ **intellectual** adj. 지적인; n. 지식인
□ **graduate** v. 학위를 수여하다, 졸업하다
□ **in the meantime** phr. 한편, 그 사이에
□ **appropriate** adj. 적절한, 적당한
□ **method** n. 방식, 방법

55

What can be inferred about Ms. Brunelli?

(A) She met with Mr. Harcourt.
(B) Her son attends a school in downtown Calgary.
(C) She contacted several tutoring companies.
(D) Her son requires assistance with studying history.

Ms. Brunelli에 대해 추론될 수 있는 것은?	

(A) Mr. Harcourt와 만났다.
(B) 아들이 캘거리 시내에 있는 학교에 다닌다.
(C) 몇몇 개인 교습 회사에 연락했다.
(D) 아들이 역사 공부에 도움이 필요하다.

■ 추론 세부 정보 정답 (D)

질문의 핵심 어구인 Ms. Brunelli에 대해 추론하는 문제이다. 'We recently received your e-mail regarding tutoring for your son, Jason'과 'We currently have two history tutors available.'에서 최근에 귀하, 즉 Ms. Brunelli의 아들인 Jason의 개인 교습에 관한 이메일을 받았으며 현재 수업할 수 있는 두 명의 역사 선생님이 있다고 했으므로, Ms. Brunelli의 아들이 역사 공부에 도움이 필요하다는 사실을 추론할 수 있다. 따라서 (D)가 정답이다.

어휘 attend v. ~에 다니다 assistance n. 도움

56

Where do Ms. Gatineau's tutoring sessions take place?

(A) In the student's house
(B) In an office in downtown Edmonton
(C) At the student's school
(D) At the University of Eastern Canada

Ms. Gatineau의 개인 교습은 어디에서 열리는가?

(A) 학생의 집에서
(B) Edmonton 시내의 사무실에서
(C) 학생의 학교에서
(D) Eastern Canada 대학교에서

■ 육하원칙 Where 정답 (B)

Ms. Gatineau의 개인 교습이 어디(Where)에서 열리는지를 묻는 육하원칙 문제이다. 질문의 핵심 어구인 Ms. Gatineau's tutoring sessions take place와 관련하여, 'our office in downtown Edmonton'에서 사무실이 Edmonton 시내에 있다고 했고, 'Ms. Gatineau only works from our office'에서 Ms. Gatineau는 사무실에서만 일한다고 했으므로 (B)가 정답이다.

What will Mr. Harcourt be discussing in the future?

(A) Grading systems
(B) Class schedules
(C) Tuition payment
(D) Test scores

Mr. Harcourt는 추후에 무엇에 대해 논의할 것인가?

(A) 성적 시스템
(B) 수업 일정
(C) 수업료 지불
(D) 시험 성적

■ 육하원칙 What 정답 (C)

Mr. Harcourt가 추후에 무엇(What)에 대해 논의할 것인지를 묻는 육하원칙 문제이다. 질문의 핵심 어구인 Mr. Harcourt be discussing in the future와 관련하여, 'After we have this information, we can discuss payment methods.'에서 이 정보, 즉 Jason과 관련된 추가 세부 정보를 받고 난 후에, 지불 방식에 대해 논의할 수 있다고 했으므로 (C)가 정답이다. (A)는 'what school grade is he currently in'에서 grade가 언급되어 있지만, 여기서 grade는 '학년'이라는 의미이므로 답이 될 수 없다.

Web-Vision: Find out what everyone else is talking about!

The future of television programming is already here! With a Web-Vision membership, you get unlimited access to thousands of television episodes. What's more, you'll be able to watch our ever-popular original content, with more than 30 different series and 24 different movies to choose from. And check out our library of movies from every genre; we have 2,200 titles to browse. All of this is available at the click of a button.

[159]As a member, you'll get to watch our most popular television series, *Apollo Titans*. This award-winning show has three seasons available for viewing now. And our fourth season will begin on 9 September.

[160]With memberships starting at as little as £10 per month, why spend more on cable television? Switch to Web-Vision to watch your favourite shows and movies whenever you want, without so many distracting commercials. Visit www.web-vision.com and sign up today!

Web-Vision: 모두가 무슨 이야기를 하는지 알아보세요!

텔레비전 프로그램의 미래는 이미 여기 있습니다! Web-Vision 회원권이 있으면, 수천 편의 텔레비전 에피소드에 무제한으로 접근할 수 있습니다. 게다가, 30가지 이상의 다양한 시리즈와 24편 이상의 다양한 영화 중에서 고를 수 있는, 저희의 늘 인기 있는 오리지널 콘텐츠를 볼 수 있을 것입니다. 그리고 모든 장르의 저희 영화 자료를 확인해 보세요. 둘러볼 2,200편의 작품이 있습니다. 이 모든 것이 버튼 클릭 한 번으로 이용 가능합니다.

[159]회원으로서, 여러분은 저희의 가장 인기 있는 텔레비전 시리즈인 *Apollo Titans*를 볼 수 있습니다. 수상 경력이 있는 이 쇼는 현재 세 시즌이 시청 가능합니다. 그리고 네 번째 시즌이 9월 9일에 시작할 것입니다.

[160]회원권이 월 10파운드만큼이나 적은 가격부터 시작하는데, 왜 케이블 텔레비전에 더 많은 돈을 쓰시나요? Web-Vision으로 바꿔서 그만큼의 방해되는 광고 없이, 원하는 언제든지 가장 좋아하는 쇼와 영화를 보세요. www.web-vision.com을 방문하여 오늘 등록하세요!

어휘 ☐ **unlimited** adj. 무제한의   ☐ **ever** adv. 늘, 언제나   ☐ **distracting** adj. 방해되는
☐ **commercial** n. 광고; adj. 상업의

158
○○○●○
하

The word "browse" in paragraph 1, line 4, is closest in meaning to

(A) shop
(B) skip
(C) observe
(D) examine

1문단 네 번째 줄의 단어 "browse"는 의미상 -와 가장 가깝다.

(A) 쇼핑하다
(B) 건너뛰다
(C) 관찰하다
(D) 살펴보다

■ 동의어   정답 (D)

browse를 포함하는 구절 'we have 2,200 titles to browse'에서 browse가 '둘러보다, 살펴보다'라는 뜻으로 사용되었다. 따라서 '살펴보다'라는 뜻을 가진 (D)가 정답이다.

159
○○○●○
중

Why is *Apollo Titans* mentioned?

(A) To announce a change in content
(B) To emphasize a membership benefit
(C) To reveal the programming schedule
(D) To provide an example of available movies

*Apollo Titans*는 왜 언급되는가?

(A) 콘텐츠의 변경을 발표하기 위해
(B) 회원권 혜택을 강조하기 위해
(C) 프로그램 일정을 공개하기 위해
(D) 이용 가능한 영화의 예시를 제공하기 위해

■ 육하원칙 Why   정답 (B)

*Apollo Titans*가 왜(Why) 언급되는지를 묻는 육하원칙 문제이다. 질문의 핵심 어구인 *Apollo Titans*와 관련하여, 'As a member, you'll get to watch our most popular television series, *Apollo Titans*.'에서 회원으로서 자신들, 즉 Web-Vision의 가장 인기 있는 텔레비전 시리즈인 *Apollo Titans*를 볼 수 있다고 했으므로 (B)가 정답이다. (D)는 *Apollo Titans*가 이용 가능한 예시인 것은 맞지만 영화가 아니라 텔레비전 시리즈이므로 답이 될 수 없다.

어휘 emphasize v. 강조하다   reveal v. 공개하다, 밝히다

What is suggested about cable television?

(A) It costs less per month.
(B) It has a larger variety of shows.
(C) It has more advertising content.
(D) It offers fewer original movies.

케이블 텔레비전에 대해 암시된 것은?

(A) 한 달에 비용이 덜 든다.
(B) 더 다양한 종류의 쇼가 있다.
(C) 광고 콘텐츠가 더 많다.
(D) 더 적은 오리지널 영화를 제공한다.

■ 추론 세부 정보   정답 (C)

질문의 핵심 어구인 cable television에 대해 추론하는 문제이다. 'With memberships starting at as little as £10 per month, why spend more on cable television? Switch to Web-Vision to watch your favourite shows and movies ~, without so many distracting commercials.'에서 회원권이 월 10파운드만큼이나 적은 가격부터 시작하는데 왜 케이블 텔레비전에 더 많은 돈을 쓰는지 물으며, Web-Vision으로 바꿔서 그만큼의 방해되는 광고 없이 가장 좋아하는 쇼와 영화를 보라고 했으므로, 케이블 텔레비전은 Web-Vision보다 광고 콘텐츠가 더 많다는 사실을 추론할 수 있다. 따라서 (C)가 정답이다.

바꾸어 표현하기
commercials 광고 → advertising content 광고 콘텐츠

161-163은 다음 공고에 관한 문제입니다.

NOTICE

This is a notice to everyone at GlobalFerm that the cafeteria on the sixth floor of the Superion Building will be inaccessible to employees effective May 27. — [1] —. [161]We are pleased to inform all staff, however, that the cafeteria will be renovated and converted into a Servex Modern dining establishment with an array of new food offerings. [163]It is our hope that this cafeteria makeover will reflect the suggestions indicated in our recent survey. — [2] —. [163]Therefore, vegetarian, vegan, and gluten-free items will also be available daily for those with dietary restrictions. [162]Log on to the GlobalFerm intranet and click "Servex Modern" under the "Employee Benefits" tab to have a look at cafeteria menus for both breakfast and lunch. They will be updated weekly for your convenience. We are also excited to announce that seating at the Servex Modern cafeteria will be expanded to 550 seats. — [3] —. This will include ample provision for people with disabilities. We apologize for any inconveniences during this renovation period, but we are sure you will appreciate all the changes. — [4] —.

공고

이것은 Superion 건물 6층에 있는 구내식당에 5월 27일부터 직원들의 접근이 불가능하다는 것을 GlobalFerm사의 전 직원에게 알리는 공고입니다. — [1] —. [161]그러나, 구내식당이 개조되어 다수의 새로운 음식을 제공하는 Servex Modern 식당 시설로 바뀌게 될 것임을 모든 직원들께 알리게 되어 기쁩니다. [163]이러한 구내식당의 개조가 저희의 최근 설문 조사에서 나타난 제안들을 반영하는 것이 저희의 바람입니다. — [2] —. [163]따라서, 채식주의, 엄격한 채식주의, 그리고 글루텐을 함유하지 않은 항목들 또한 식단 제한이 있는 분들을 위해 매일 이용 가능할 것입니다. [162]GlobalFerm사 인트라넷에 로그인하여 "직원 복지" 탭 아래에 있는 "Servex Modern"을 클릭하셔서 구내식당의 아침 및 점심 메뉴 모두를 확인하십시오. 그 메뉴들은 여러분의 편의상 매주 업데이트될 것입니다. Servex Modern 구내식당의 좌석이 550석으로 확장될 것이라는 점 또한 알리게 되어 기쁩니다. — [3] —. 이것은 장애가 있는 사람들을 위한 충분한 설비를 포함할 것입니다. 개조 기간 동안의 불편함에 대해 사과드리나, 저희는 여러분이 모든 변화의 진가를 인정할 것이라고 확신합니다. — [4] —.

어휘   □ **inaccessible** adj. 접근이 불가능한, 접근하기 어려운
□ **convert** v. 바꾸다, 전환시키다   □ **establishment** n. 시설, 기관
□ **makeover** n. 개조, 변신   □ **vegan** adj. 엄격한 채식주의의
□ **restriction** n. 제한, 규제   □ **ample** adj. 충분한, 넓은
□ **disability** n. 장애, 무능

□ **renovate** v. 개조하다, 보수하다
□ **an array of** phr. 다수의
□ **dietary** adj. 식단의, 음식물의
□ **provision** n. 설비, 제공, 공급

161
○○○●
하

What is the purpose of the notice?

(A) To announce the relocation of a facility
(B) To clarify a policy concerning lunch breaks
(C) To inform employees of survey results
(D) To apprise staff of a pending renovation

공고의 목적은 무엇인가?

(A) 시설의 이전을 알리기 위해
(B) 점심시간에 관련된 정책을 명백하게 설명하기 위해
(C) 설문 조사 결과를 직원들에게 알리기 위해
(D) 직원들에게 곧 있을 개조에 대해 알리기 위해

■ **주제 / 목적 찾기** 글의 목적   정답 (D)

공고의 목적을 묻는 목적 찾기 문제이므로 지문의 앞부분을 주의 깊게 확인한다. 'We are pleased to inform all staff ~ that the cafeteria will be renovated and converted into a Servex Modern dining establishment'에서 구내식당이 개조되어 Servex Modern 식당 시설로 바뀌게 된다는 것을 모든 직원들에게 알리게 되어 기쁘다고 한 후, 구내식당 개조와 관련한 세부 사항들을 설명하고 있으므로 (D)가 정답이다.

어휘   relocation n. 이전, 재배치   clarify v. 명백하게 설명하다, 확실히 하다   lunch break phr. 점심시간   apprise v. 알리다, 통지하다
pending adj. 곧 있을, 임박한

52

Where can employees check food options?	직원들은 어디에서 음식 선택 사항을 확인할 수 있는가?
(A) In the lobby of the Superion Building	(A) Superion 건물의 로비에서
(B) Next to the cafeteria's main entrance	(B) 구내식당의 정문 옆에서
(C) On a bulletin board on the sixth floor	(C) 6층의 게시판에서
(D) On the company's intranet site	(D) 회사 인트라넷 사이트에서

■ 육하원칙 Where   정답 (D)

직원들이 어디(Where)에서 음식 선택 사항을 확인할 수 있는지를 묻는 육하원칙 문제이다. 질문의 핵심 어구인 employees check food options와 관련하여, 'Log on to the GlobalFerm intranet ~ to have a look at cafeteria menus'에서 GlobalFerm사의 인트라넷에 로그인하여 구내식당 메뉴를 확인하라고 했으므로 (D)가 정답이다.

바꾸어 표현하기
food options 음식 선택 사항 → menus 메뉴

어휘 main entrance phr. 정문, 중앙출입구 bulletin board phr. 게시판

53

In which of the positions marked [1], [2], [3], and [4] does the following sentence best belong?	[1], [2], [3], [4]로 표시된 위치 중, 다음 문장이 들어갈 곳으로 가장 적절한 것은?
"We agree with you that it is necessary to offer a variety of meal options to suit everyone."	"저희는 모든 사람들을 만족시키기 위해 다양한 식사 선택권을 제공할 필요가 있다는 여러분들에 동의합니다."
(A) [1]	(A) [1]
(B) [2]	(B) [2]
(C) [3]	(C) [3]
(D) [4]	(D) [4]

■ 문장 위치 찾기   정답 (B)

지문의 흐름상 주어진 문장이 들어가기에 가장 적절한 곳을 고르는 문제이다. 주어진 문장에서 모든 사람들을 만족시키기 위해 다양한 식사 선택권을 제공할 필요가 있다는 것에 동의한다고 했으므로, 이 문장이 다양한 식사 선택권을 요구하는 사람들의 의견을 언급하는 부분에 들어가야 함을 알 수 있다. [2]의 앞 문장인 'It is our hope that this cafeteria makeover will reflect the suggestions indicated in our recent survey.'에서 구내식당의 개조가 최근 설문 조사에서 나타난 제안들을 반영하길 바란다고 했고, 뒤 문장인 'Therefore, vegetarian, vegan, and gluten-free items will also be available daily for those with dietary restrictions.'에서 다양한 종류의 식사가 매일 이용 가능할 것이라고 했으므로, [2]에 제시된 문장이 들어가면 설문 조사에서 나타난 사람들의 의견에 동의하여 다양한 식사 선택권을 제공할 것이라는 자연스러운 문맥이 된다는 것을 알 수 있다. 따라서 (B)가 정답이다.

어휘 variety n. 갖가지, 다양성 suit v. 만족시키다, ~에게 맞다

First Global Expands Further
December 28

164/166Electronics giant First Global, which makes components for smartphone manufacturers, 164said in a press release on Tuesday that it expects to start building its 20th overseas production plant soon. The announcement comes at the end of a successful year, with sales in the fourth quarter surpassing those in the third quarter by 15 percent. President and CEO Ms. Genevieve Durand attributes First Global's growth to its efficiency in manufacturing. — [1] —. "We find ways to do more with less," Durand claims, "producing high-quality goods at competitive prices." — [2] —.

Upon completion, the new factory will be situated near Beijing, China. It will be First Global's largest and one of six of its facilities located in the East Asian region. — [3] —. 165Just as First Global has done before, it is using its own earnings to fund construction rather than taking out additional loans or selling off assets. 167It is hoped that the new factory will boost productivity by approximately 20 percent. — [4] —. Construction on the plant will begin in spring of next year.

First Global사가 더 확장하다
12월 28일

164/166스마트폰 제조사를 위한 부품을 만드는 전자 기술 거대 기업인 First Global사는 164화요일의 기자 회견에서 곧 20번째 해외 생산 공장 건설을 시작할 것으로 기대한다고 말했다. 이 발표는 4분기의 매출액이 3분기 매출액을 15퍼센트 초과한 성공적인 한 해의 마지막에 나온 것이다. 회장이자 최고 경영자인 Ms. Genevieve Durand는 First Global사의 성장을 제조상의 효율성 덕분으로 보고 있다. — [1] —. "저희는 더 적은 것으로 더 많은 것을 할 방법을 찾습니다"라고 Durand은 주장한다. "높은 품질의 제품을 경쟁력 있는 가격에 생산하는 것이죠." — [2] —.

완료되면, 새로운 공장은 중국의 베이징 가까이에 위치할 것이다. 이것은 First Global사의 가장 큰 공장이자 동아시아 지역에 위치한 여섯 개의 시설 중 하나가 될 것이다. — [3] —. 165전에 해왔던 것처럼, First Global사는 건설 자금을 모으기 위해 추가 대출을 받거나 자산을 파는 것보다는 자사 수입을 이용할 것이다. 167새로운 시설이 생산성을 약 20퍼센트 높일 것으로 기대된다. — [4] —. 공장 건설은 내년 봄에 시작될 것이다.

어휘 □ **expand** v. 확장하다, 팽창하다
□ **component** n. 부품, 요소
□ **plant** n. 공장, 시설
□ **efficiency** n. 효율성, 능률
□ **fund** v. 자금을 모으다, 자금을 대다
□ **asset** n. 자산, 재산

□ **electronics** n. 전자 기술, 전자 공학
□ **manufacturer** n. 제조사, 제조업체
□ **surpass** v. 초과하다, 능가하다
□ **competitive** adj. 경쟁력 있는, 경쟁적인
□ **take out** phr. (대출을) 받다, 취득하다
□ **productivity** n. 생산성, 생산력

□ **giant** n. 거대 기업, 거대 조직; adj. 거대한
□ **overseas** adj. 해외의; adv. 해외로
□ **attribute A to B** phr. A를 B의 덕분으로 보다
□ **earning** n. 수입, 소득
□ **loan** n. 대출, 대출금

164

○○○○●
하

Why was the article written?

(A) To describe business trends in a region
(B) To report on sales of mobile phones
(C) To profile the goals of a CEO
(D) To announce plans for a new facility

기사는 왜 쓰였는가?

(A) 한 지역의 사업 경향을 설명하기 위해
(B) 휴대폰 판매액을 보고하기 위해
(C) 최고 경영자의 목표를 알려주기 위해
(D) 새로운 시설을 위한 계획을 알리기 위해

■ **주제 / 목적 찾기** 글을 쓴 이유   정답 (D)

기사가 쓰인 이유를 묻는 목적 찾기 문제이므로 지문의 앞부분을 주의 깊게 확인한다. 'Electronics giant First Global ~ said in a press release ~ that it expects to start building its 20th overseas production plant soon.'에서 전자 기술 거대 기업인 First Global사가 곧 20번째 해외 생산 공장 건설을 시작할 것으로 기대한다고 기자 회견에서 말했다고 한 후, 공장 설립과 관련된 세부 사항을 알려주고 있으므로 (D)가 정답이다.

어휘 **trend** n. 경향, 추세 **profile** v. (개요를) 알려주다, 작성하다

55

How does First Global plan to finance its newest project?

(A) By selling company shares
(B) By bringing in a partner
(C) By increasing its line of credit
(D) By relying on past profits

First Global사는 어떻게 최신 프로젝트에 자금을 댈 계획인가?

(A) 회사의 주식을 팔아서
(B) 공동 경영자를 데려옴으로써
(C) 대출 한도를 높여서
(D) 지난 수익에 의존해서

■ 육하원칙 How
정답 (D)

First Global사가 어떻게(How) 최신 프로젝트에 자금을 댈 계획인지를 묻는 육하원칙 문제이다. 질문의 핵심 어구인 First Global plan to finance its newest project와 관련하여, 'Just as First Global has done before, it is using its own earnings to fund construction'에서 First Global사는 건설 자금을 모으기 위해 자사 수입을 이용할 것이라고 했으므로 (D)가 정답이다.

바꾸어 표현하기
finance 자금을 대다 → fund 자금을 모으다
using its own earnings 자사 수입을 이용하다 → relying on past profits 지난 수익에 의존하다

어휘 share n. 주식, 몫 line of credit phr. 대출 한도

56

What does the article suggest about First Global?

(A) Factory working conditions are below standards.
(B) Manufacturing will not grow as much as expected.
(C) Smartphone manufacturers buy their products.
(D) Expanding into Asia will be a new experience for them.

기사가 First Global사에 대해 암시하는 것은?

(A) 공장 근무 환경이 표준에 미치지 않는다.
(B) 생산이 기대되는 만큼 늘지 않을 것이다.
(C) 스마트폰 제조사들이 그들의 제품을 구매한다.
(D) 아시아로 확장하는 것은 그들에게 새로운 경험이 될 것이다.

■ 추론 세부 정보
정답 (C)

질문의 핵심 어구인 First Global에 대해 추론하는 문제이다. 'Electronics giant First Global, which makes components for smartphone manufacturers'에서 First Global사가 스마트폰 제조사를 위한 부품을 만드는 전자 기술 거대 기업이라고 했으므로 스마트폰 제조사들이 First Global의 제품을 구매한다는 사실을 추론할 수 있다. 따라서 (C)가 정답이다.

57

In which of the positions marked [1], [2], [3], and [4] does the following sentence best belong?

"This increase in output will help the company keep up with the strong demand for smartphones."

(A) [1]
(B) [2]
(C) [3]
(D) [4]

[1], [2], [3], [4]로 표시된 위치 중, 다음 문장이 들어갈 곳으로 가장 적절한 것은?

"이러한 생산량의 증가는 회사가 스마트폰의 높은 수요를 따라가는 데 도움이 될 것이다."

(A) [1]
(B) [2]
(C) [3]
(D) [4]

■ 문장 위치 찾기
정답 (D)

지문의 흐름상 주어진 문장이 들어가기에 가장 적절한 곳을 고르는 문제이다. 주어진 문장에서 이러한 생산량의 증가는 회사가 스마트폰의 높은 수요를 따라가는 데 도움이 될 것이라고 했으므로, 이 문장이 생산량 증가를 언급하는 부분에 들어가야 함을 알 수 있다. [4]의 앞 문장인 'It is hoped that the new factory will boost productivity by approximately 20 percent.'에서 새로운 시설이 생산성을 약 20퍼센트 높일 것으로 기대된다고 했으므로, [4]에 제시된 문장이 들어가면 약 20퍼센트 증가된 생산성으로 인해 회사가 스마트폰의 높은 수요를 따라가는 데 도움이 될 것이라는 자연스러운 문맥이 된다는 것을 알 수 있다. 따라서 (D)가 정답이다.

어휘 output n. 생산량, 산출량 keep up with phr. 따라가다, ~에 뒤지지 않다 demand n. 수요, 요구

Bill Reed　　　　　　　　　　　　　　　　9:15 A.M.

168-CI just spoke with Deborah Lee, the CEO of Thompson Paper. She wants to know why she hasn't received an estimate for the cost of having Haydon Architects construct her company's new warehouse complex yet. I thought we sent the quote last week.

Sally Waters　　　　　　　　　　　　　　9:18 A.M.

I had to make some revisions to the estimate. Our supplier, Fulton Wholesale, is raising its prices for several types of building materials. 169We will have to charge Thompson Paper about 15 percent more than we originally planned.

David Vance　　　　　　　　　　　　　　9:22 A.M.

That's not good. 169Ms. Lee will never agree to pay that much. 170-AAren't there other suppliers we can work with?

Sally Waters　　　　　　　　　　　　　　9:25 A.M.

I'm looking, but we definitely won't be able to make the transition to a new supplier in time for this project.

David Vance　　　　　　　　　　　　　　9:28 A.M.

We'd better figure something out. I don't want Haydon Architects to lose 168-CThompson Paper as a client.

Sally Waters　　　　　　　　　　　　　　9:30 A.M.

I'll go through the estimate again. 170-CMaybe I can find some other costs we can cut to make up for the more expensive materials. It'll take a while, though.

Bill Reed　　　　　　　　　　　　　　　　9:32 A.M.

OK. 171Call me just before lunch to let me know if you will be able to finish today. In the meantime, I'll contact the manager of Fulton Wholesale. It's a long shot, but 170-Dmaybe I can convince him to give us a deal on this order.

Bill Reed　　　　　　　　　　　　　　　오전 9시 15분

168-C저는 방금 Thompson 제지사의 최고 경영자인 Deborah Lee와 이야기했어요. 그녀는 Haydon 건설사가 그녀의 회사의 새로운 창고 단지를 건설하게 하는 비용에 대한 견적서를 왜 아직 받지 못했는지 알고 싶어 해요. 저는 우리가 지난주에 견적을 보냈다고 생각했어요.

Sally Waters　　　　　　　　　　　　　오전 9시 18분

견적서에 수정을 좀 해야 했어요. 우리의 공급업체인 Fulton Wholesale사가 여러 종류의 건축 자재들에 대해 가격을 인상하고 있어요. 169우리는 Thompson 제지사에 우리가 원래 계획했던 것보다 약 15퍼센트를 더 청구해야 할 거예요.

David Vance　　　　　　　　　　　　　오전 9시 22분

그건 좋지 않은데요. 169Ms. Lee는 그만큼을 지불하는 것에 절대 동의하지 않을 거예요. 170-A우리가 함께 일할 수 있는 다른 공급업체는 없나요?

Sally Waters　　　　　　　　　　　　　오전 9시 25분

찾아보고 있는 중이지만, 우리는 절대 이 프로젝트 기한에 맞춰서 새로운 공급업체로 전환할 수는 없을 거예요.

David Vance　　　　　　　　　　　　　오전 9시 28분

무엇이든 생각해내는 것이 좋겠어요. 저는 Haydon 건설사가 168-C고객인 Thompson 제지사를 잃는 것을 원치 않아요.

Sally Waters　　　　　　　　　　　　　오전 9시 30분

견적서를 다시 검토해볼게요. 170-C어쩌면 더 비싸진 자재를 상쇄하기 위해 우리가 줄일 수 있는 다른 비용을 좀 찾을 수 있을지도 몰라요. 하지만, 시간이 조금 걸릴 거예요.

Bill Reed　　　　　　　　　　　　　　　오전 9시 32분

알겠어요. 171점심시간 바로 전에 저에게 전화해서 당신이 오늘 일을 끝낼 수 있을지 알려주세요. 그동안, 저는 Fulton Wholesale사의 관리자에게 연락할게요. 가능성은 희박하지만, 170-D어쩌면 이 주문에 대해 우리에게 할인을 해달라고 그를 설득할 수 있을지도 몰라요.

어휘　□ estimate n. 견적서　　　□ warehouse n. 창고　　　□ complex n. 단지
　　　□ revision n. 수정　　　　　□ material n. 자재, 재료　　□ transition n. 전환
　　　□ figure out phr. ~을 생각해내다　□ a long shot phr. 가능성이 희박한, 거의 승산 없는 것

168

What is true about Mr. Reed?

(A) He revised a price estimate.
(B) He signed a contract with a supplier.
(C) He had a conversation with a client.
(D) He visited a construction site.

Mr. Reed에 대해 사실인 것은?

(A) 비용 견적서를 수정했다.
(B) 공급업체와 계약을 맺었다.
(C) 고객과 대화를 나눴다.
(D) 공사 현장을 방문했다.

■ **Not/True** True 문제　　　　　　　　　　　　　　　　　　　　　　　　　　　　정답 (C)

질문의 핵심 어구인 Mr. Reed와 관련된 내용을 지문에서 찾아 각 보기와 대조하는 Not/True 문제이다. (A), (B), (D)는 지문에 언급되지 않은 내용이다. (C)는 'I just spoke with Deborah Lee, the CEO of Thompson Paper.'와 'Thompson Paper as a client'에서 Mr. Reed가 자신이 방금 Thompson 제지사의 최고 경영자인 Deborah Lee와 이야기했으며 Thompson 제지사가 고객이라고 했으므로 (C)가 정답이다.

바꾸어 표현하기

spoke with ~와 이야기했다 → had a conversation with ~와 대화를 나눴다

At 9:22 A.M., what does Mr. Vance mean when he writes, "That's not good"?

(A) Fulton Wholesale has made an invoice error.
(B) A client may be unwilling to pay a higher price.
(C) A building material is not available.
(D) Thompson Paper has issued a serious complaint.

오전 9시 22분에, Mr. Vance가 "That's not good"이라고 썼을 때 그가 의도한 것은?

(A) Fulton Wholesale사가 송장 오류를 냈다.
(B) 고객이 더 높은 가격을 지불하기를 꺼릴 수도 있다.
(C) 한 건축 자재를 구할 수 없다.
(D) Thompson 제지사가 심각한 불만을 제기했다.

■ 의도 파악   정답 (B)

Mr. Vance가 의도한 것을 묻는 문제이므로, 질문의 인용어구(That's not good)가 언급된 주변 문맥을 확인한다. 'We will have to charge Thompson Paper about 15 percent more than we originally planned.'에서 Sally Waters가 우리가 Thompson 제지사에 원래 계획했던 것보다 15퍼센트를 더 청구해야 할 것이라고 하자, Mr. Vance가 'That's not good.'(그건 좋지 않은데요)이라고 한 후, 'Ms. Lee will never agree to pay that much.'에서 Ms. Lee가 그만큼을 지불하는 것에 절대 동의하지 않을 것이라고 한 것을 통해, Mr. Vance는 고객인 Ms. Lee가 더 높은 가격을 지불하기를 꺼릴 수도 있다고 생각한다는 것을 알 수 있다. 따라서 (B)가 정답이다.

어휘 invoice n. 송장 unwilling adj. 꺼리는 issue v. 제기하다

70

What solution did Haydon Architects' employees NOT come up with?

(A) Using a different supplier
(B) Withholding a payment
(C) Reducing other costs
(D) Requesting a discount

Haydon 건설사의 직원들이 제시한 해결책이 아닌 것은?

(A) 다른 공급업체의 사용
(B) 지급 보류
(C) 기타 비용 절감
(D) 할인 요청

■ Not/True Not 문제   정답 (B)

질문의 핵심 어구인 solution ~ Haydon Architects' employees ~ come up with와 관련된 내용을 지문에서 찾아 각 보기와 대조하는 Not/True 문제이다. (A)는 'Aren't there other suppliers we can work with?'에서 Mr. Vance가 우리, 즉 Haydon 건설사가 함께 일할 수 있는 다른 공급업체는 없는지 묻고 있으므로 지문의 내용과 일치한다. (B)는 지문에 언급되지 않은 내용이다. 따라서 (B)가 정답이다. (C)는 'Maybe I can find some other costs we can cut to make up for the more expensive materials.'에서 Sally Waters가 어쩌면 더 비싸진 자재를 상쇄하기 위해 우리, 즉 Haydon 건설사가 줄일 수 있는 다른 비용을 찾을 수 있을지도 모른다고 했으므로 지문의 내용과 일치한다. (D)는 'maybe I can convince him to give us a deal on this order'에서 Mr. Reed가 어쩌면 이 주문에 대해 할인을 해달라고 그, 즉 Fulton Wholesale사의 관리자를 설득할 수 있을지도 모른다고 했으므로 지문의 내용과 일치한다.

어휘 withhold v. 보류하다

71

What does Mr. Reed instruct Ms. Waters to do?

(A) Speak with a project director
(B) Provide a progress update
(C) Meet with a warehouse manager
(D) Correct a billing error

Mr. Reed는 Ms. Waters에게 무엇을 지시하는가?

(A) 프로젝트 감독과 이야기한다
(B) 진행 상황에 대한 최신 정보를 제공한다
(C) 창고 관리자와 만난다
(D) 계산서 청구 오류를 바로잡는다

■ 육하원칙 What   정답 (B)

Mr. Reed가 Ms. Waters에게 무엇(What)을 지시하는지를 묻는 육하원칙 문제이다. 질문의 핵심 어구인 Mr. Reed instruct Ms. Waters to do와 관련하여, 'Call me just before lunch to let me know if you will be able to finish today.'에서 Mr. Reed가 점심시간 바로 전에 자신에게 전화해서 당신, 즉 Ms. Waters가 오늘 일을 끝낼 수 있을지 알려달라고 했으므로 (B)가 정답이다.

어휘 correct v. 바로잡다, 정정하다

Questions 172-175 refer to the following e-mail.

172-175는 다음 이메일에 관한 문제입니다.

TO: Benjamin Pinkerton <benpin@ponyexpress.com>
FROM: Carol Andrews <carol@ponyexpress.com>
SUBJECT: Trip to head office
DATE: July 18

Benjamin,

172I just wanted to give you a tentative summary of the itinerary for our visit to Washington, D.C. next week. A company car will pick us up at the airport when we arrive on Monday afternoon and take us to the Earthgate Hotel. I received a reservation e-mail this morning, and 173-Bthe hotel has confirmed us for the presidential suite, so that will be quite nice. We will have a few hours at the hotel before we meet with 174Linda Krakowski, the head of Recon Paper Company. She kindly offered to meet us for dinner at the hotel so that we don't have to travel anywhere after our long trip.

The next day 173-Dwe will have different meetings and engagements for almost the full day at the corporate headquarters. 173-AWe will also have lunch with the CEO and several members of the board of directors. I estimate that we should be finished with everything by about 7 P.M.

We are booked on a return flight for Wednesday morning, but I've also been informed there's a late night flight to Los Angeles at 11:35 P.M. on Tuesday. 175Would you prefer returning on Tuesday or Wednesday? Either flight is fine with me. 175Let me know what you want to do, and I can go ahead and inform the office in D.C.

Thanks!

Carol Andrews
Sales Supervisor
Pony Express, Inc.

수신: Benjamin Pinkerton
       <benpin@ponyexpress.com>
발신: Carol Andrews <carol@ponyexpress.com>
제목: 본사로의 출장
날짜: 7월 18일

Benjamin,

다음 주 워싱턴 D.C.로의 172우리의 방문 일정에 대한 잠정적인 개요를 당신께 전달하고 싶었습니다. 우리가 월요일 오후에 도착하면 회사 차가 공항에서 우리를 태워 Earthgate 호텔로 데려다줄 것입니다. 저는 오늘 아침에 예약 이메일을 받았고 173-B호텔이 우리에게 귀빈실로 예약을 확정해 주었는데, 그것은 꽤 괜찮을 것 같습니다. 우리는 174Recon 제지 회사의 사장인 Linda Krakowski를 만나기 전에 호텔에서 몇 시간을 보낼 것입니다. 174그녀는 친절하게 우리가 긴 여행 후 다른 곳으로 이동하지 않아도 되도록 저녁 식사를 위해 호텔에서 만나자고 제안하였습니다.

다음 날 173-D우리는 회사 본사에서 거의 온종일 여러 회의와 약속이 있을 것입니다. 173-A또한 최고 경영자 및 몇몇 이사회 회원들과 오찬을 가질 것입니다. 우리는 모든 일을 저녁 7시 무렵까지는 마칠 것으로 예상합니다.

우리는 수요일 아침에 돌아오는 항공편으로 예약이 되어 있지만, 화요일 오후 11시 35분에 로스앤젤레스행 늦은 밤 항공편도 있다고도 들었습니다. 175화요일과 수요일 중 언제 돌아오는 것이 더 좋습니까? 저는 어느 항공편이든 좋습니다. 175어떻게 하고 싶으신지 알려주시면, 제가 진행해서 D.C.의 사무실에 알리도록 하겠습니다.

감사합니다!

Carol Andrews 드림
판매 관리자
Pony Express사

어휘	□ head office phr. 본사, 본부	□ tentative adj. 잠정적인, 임시의	□ summary n. 개요, 요약
	□ itinerary n. 일정, 여행 계획	□ confirm v. 확정하다, 확인하다	□ presidential suite phr. 귀빈실, 특별실
	□ engagement n. 약속, 계약	□ headquarters n. 본사, 본거지	□ board of directors phr. 이사회, 경영진

172
○○○○○
하

Why did Ms. Andrews write the e-mail?

(A) To inform a colleague about a schedule
(B) To request changes to a reservation
(C) To ask about hotel facilities
(D) To summarize the results of a meeting

Ms. Andrews는 왜 이메일을 썼는가?

(A) 동료에게 일정에 대해 알려주기 위해
(B) 예약에 대한 변경을 요청하기 위해
(C) 호텔 시설들에 대해 문의하기 위해
(D) 회의의 결과를 요약하기 위해

■ **주제 / 목적 찾기** 글을 쓴 이유   정답 (A)

Ms. Andrews가 이메일을 쓴 이유를 묻는 목적 찾기 문제이므로 지문의 앞부분을 주의 깊게 확인한다. 'I just wanted to give you a tentative summary of the itinerary for our visit'에서 방문 일정의 잠정적인 개요를 전달하고 싶었다고 한 후, 세부적인 출장 일정에 대해 알려주고 있으므로 (A)가 정답이다.

바꾸어 표현하기

give ~ a ~ summary of the itinerary 일정의 개요를 전달하다 → inform ~ about a schedule 일정에 대해 알려주다

73 What is NOT mentioned in the e-mail?

(A) A lunch has been scheduled with a superior.
(B) The hotel has already confirmed a reservation.
(C) The start of a project has been postponed.
(D) Meetings will take place at a head office.

이메일에서 언급되지 않은 것은?

(A) 상사와의 점심 식사 일정이 잡혀 있다.
(B) 호텔이 이미 예약을 확정했다.
(C) 프로젝트의 시작이 연기되었다.
(D) 회의들은 본사에서 열릴 것이다.

■ Not/True Not 문제　　　　　　　　　　　　　　　　　　　　　　　　　　　　　　　　정답 (C)

이메일에 언급된 정보를 지문에서 찾아 각 보기와 대조하는 Not/True 문제이다. 이 문제는 질문에 핵심 어구가 없으므로 각 보기의 핵심 어구와 관련된 내용을 지문에서 찾아 대조한다. (A)는 'We will also have lunch with the CEO and several members of the board of directors.'에서 최고 경영자 및 몇몇 이사회 회원들과 오찬을 가질 것이라고 했으므로 지문의 내용과 일치한다. (B)는 'the hotel has confirmed us for the presidential suite'에서 호텔이 귀빈실로 예약을 확정해 주었다고 했으므로 지문의 내용과 일치한다. (C)는 지문에 언급되지 않은 내용이다. 따라서 (C)가 정답이다. (D)는 'we will have different meetings and engagements ~ at the corporate headquarters'에서 회사 본사에서 여러 회의와 약속이 있을 것이라고 했으므로 지문의 내용과 일치한다.

바꾸어 표현하기
will ~ have lunch with the CEO and several members of the board of directors 최고 경영자 및 몇몇 이사회 회원들과 오찬을 가질 것이다
→ A lunch has been scheduled with a superior 상사와의 점심 식사 일정이 잡혀 있다
will have ~ meetings ~ at the corporate headquarters 회사 본사에서의 회의가 있을 것이다
→ Meetings will take place at a head office 회의들은 본사에서 열릴 것이다

어휘　postpone v. 연기하다, 늦추다

74 Why is Ms. Krakowski coming to the hotel?

(A) It is convenient for the visitors.
(B) She will be speaking at a conference there.
(C) It is located close to her office.
(D) She wants to try a new restaurant.

Ms. Krakowski는 왜 호텔로 올 것인가?

(A) 그곳이 방문객들에게 편리하다.
(B) 그녀는 그곳에서 열리는 회의에서 연설을 할 것이다.
(C) 그곳이 그녀의 사무실과 가까이에 위치한다.
(D) 그녀는 새로운 식당에 가보고 싶어 한다.

■ 육하원칙 Why　　　　　　　　　　　　　　　　　　　　　　　　　　　　　　　　　　정답 (A)

Ms. Krakowski가 왜(Why) 호텔로 올 것인지를 묻는 육하원칙 문제이다. 질문의 핵심 어구인 Ms. Krakowski coming to the hotel과 관련하여, 'Linda Krakowski ~ kindly offered to meet us for dinner at the hotel so that we don't have to travel anywhere after our long trip.'에서 방문객들이 긴 여행 후 다른 곳으로 이동하지 않아도 되도록 Linda Krakowski가 호텔에서 만나자고 제안했다고 했으므로 (A)가 정답이다.

75 What information does Ms. Andrews require of Mr. Pinkerton?

(A) A seat assignment
(B) A contact number
(C) A meeting agenda
(D) A preferred date

Ms. Andrews는 Mr. Pinkerton에게 어떤 정보를 요구하는가?

(A) 좌석 배정
(B) 연락처
(C) 회의 안건
(D) 선호하는 날짜

■ 육하원칙 What　　　　　　　　　　　　　　　　　　　　　　　　　　　　　　　　　　정답 (D)

Ms. Andrews가 Mr. Pinkerton에게 어떤(What) 정보를 요구하는지를 묻는 육하원칙 문제이다. 질문의 핵심 어구인 Ms. Andrews require of Mr. Pinkerton과 관련하여, 'Would you prefer returning on Tuesday or Wednesday?', 'Let me know what you want to do'에서 화요일과 수요일 중 언제 돌아오는 것이 더 좋은지 물은 후, 어떻게 하고 싶은지 알려달라고 했으므로 (D)가 정답이다.

어휘　assignment n. 배정, 할당　agenda n. 안건, 의제

지문 1

www.sidebyside.com/kitchenappliances
Side by Side–We help you shop smarter!

[176]Your search for drip coffee makers currently available at Wallace Appliances for between $40 and $100 has yielded the following results:

[180]Product Description	[180]Price	Features	[180]Capacity	Brew Time	Ease of Cleaning
Conklin Pour 578-G	$79.99 Now on sale for $71.25*	-Adjustable temperature -Dishwasher safe	12 cups	6 minutes, 34 seconds	4.5/5
Lundi Café WDE-23V	$99.75	-Programmable; set the time you want your coffee brewed every day, and the machine will do it for you	14 cups	5 minutes, 19 seconds	5/5
[180]Bonaveni TCD-333	[180]$56.43 Now on sale for $43.67*	-Removable basket for paper filters -Dishwasher safe	[180]10 cups	7 minutes, 4 seconds	2.5/5
Sandfield Velocity 1200-F	$68.92	-Comes with coffee bean grinder -Built-in filter	10 cups	4 minutes, 11 seconds	2/5

*[178-A]Sale lasts from December 17 to January 31.

Click here to go back and modify your search.

Want to know about great deals on the hottest new items of the season?
Enter your e-mail address to sign up for our weekly newsletter: _____

SIGN UP

www.sidebyside.com/kitchenappliances
Side by Side—저희는 여러분이 더 현명하게 쇼핑하도록 도와드립니다!

[176]현재 Wallace Appliances 에서 40달러 에서 100달러 사이로 구매 가능한 드립 커피 제조기 에 대한 당신의 검색은 다음의 결과를 산출했습니다:

[180]제품 설명	[180]가격	특징	[180]용량	추출 시간	청소의 용이함
Conklin Pour 578-G	79.99달러 현재 71.25달러로 할인 중*	-온도 조절 가능 -식기세척기 사용 가능	12잔	6분, 34초	4.5/5
Lundi Café WDE-23V	99.75달러	-프로그램 설정 가능; 매일 커피가 추출되기를 원하는 시간을 설정하면 기계가 당신을 위해 그렇게 해줄 것임	14잔	5분, 19초	5/5
[180]Bonaveni TCD-333	[180]56.43달러 현재 43.67달러로 할인 중*	-탈부착할 수 있는 종이 필터 바구니 -식기세척기 사용 가능	[180]10잔	7분, 4초	2.5/5
Sandfield Velocity 1200-F	68.92달러	-커피 콩 분쇄기가 딸려 있음 -필터 내장	10잔	4분, 11초	2/5

*[178-A]할인은 12월 17일부터 1월 31일까지 계속됩니다.

다시 돌아가서 검색을 변경하려면 여기를 클릭하십시오.

이번 시즌 가장 인기 있는 신제품의 매우 좋은 가격에 관해 알고 싶으십니까?
저희의 주간 소식지를 신청하기 위해 당신의 이메일 주소를 입력해주십시오: _____

등록

지문 2

www.storereviewer.com/wallaceappliances
Latest Reviews of Wallace Appliances

Marcus Ford January 20	[179-D]I visited the Wallace Appliances store in Seaward on Saturday, January 15, to purchase a new coffee maker. I was very impressed. [179-C]There was ample parking available, and customers were not required to pay for it. In addition, the interior of the building was very bright and

www.storereviewer.com/wallaceappliances
Wallace Appliances의 최신 후기들

Marcus Ford 1월 20일	[179-D]저는 1월 15일, 토요일에 새 커피 제조기를 구입하기 위해 Seaward에 있는 Wallace Appliances 매장을 방문했습니다. 저는 매우 깊은 인상을 받았습니다. [179-C]이용할 수 있는 넓은 주차 공간이 있었고, 고객들은 그것에 대해 돈을 지불할 필요가 없었습니다. 게다가, 건물의 내부는 매우 밝고 현대적이었습니다. 계산원은 [179-A]그 매장이

modern. The cashier mentioned that
[179-A]the store had been renovated last
month. There was a wide selection of
coffee makers to choose from, and the
store clerk I dealt with was very helpful.
[180]He carefully explained the various
features and recommended a model that
was on sale. Overall, I am quite happy with
the one he suggested, although I kind of
wish it could make more than 10 cups of
coffee at once.

지난달에 개조되었다고 언급했습니다. 선택
할 수 있는 커피 제조기의 선택권도 넓었고, 제
가 상대한 매장 점원도 매우 도움이 되었습니
다. [180]그는 다양한 특징들을 자세하게 설명
했고 할인 중이었던 모델을 추천해주었습니
다. 전반적으로, 저는 그가 제안해준 것에
꽤 만족하지만, 그것이 한 번에 10잔보다
많은 커피를 만들 수 있었으면 좋겠다고 약
간은 생각합니다.

지문 1　□ description n. 설명, 서술　　　　□ capacity n. 용량　　　　□ ease n. 용이함, 쉬움, 편의성
　　　　□ adjustable adj. 조절 가능한　　　□ dishwasher n. 식기세척기
　　　　□ removable adj. 탈부착할 수 있는, 제거할 수 있는　　　　　　□ come with phr. ~이 딸려 있는
　　　　□ grinder n. 분쇄기　　　　　　　□ built-in adj. 내장의, 붙박이의　　　□ modify v. 변경하다, 수정하다
지문 2　□ latest adj. (가장) 최신의, 최근의　□ purchase v. 구입하다; n. 구입　　□ ample adj. 넓은
　　　　□ renovate v. 개조하다, 수리하다　□ carefully adv. 자세하게, 신중히　　□ at once phr. 한 번에

76

What is the purpose of the Web page?

(A) To introduce newly available merchandise
(B) To describe how to use various appliances
(C) To compare some similar products
(D) To promote a store's most popular items

웹페이지의 목적은 무엇인가?

(A) 새롭게 이용 가능한 제품을 소개하기 위해
(B) 다양한 가전제품을 사용하는 방법을 설명하기 위해
(C) 몇몇 비슷한 제품들을 비교하기 위해
(D) 가게의 가장 인기 있는 제품을 홍보하기 위해

■ 주제/목적 찾기 글의 목적　　　　　　　　　　　　　　　　　　　　　　　　　　　　　정답 (C)

웹페이지의 목적을 묻는 목적 찾기 문제이므로 첫 번째 지문인 웹페이지의 내용을 확인한다. 웹페이지의 'Your search for drip coffee
makers currently available at Wallace Appliances for between $40 and $100 has yielded the following results'에서 현재
Wallace Appliances에서 40달러에서 100달러 사이로 구매 가능한 드립 커피 제조기에 대한 검색이 다음의 결과를 산출했다고 한 후, 검색 조
건에 맞는 드립 커피 제조기 제품들의 여러 측면을 비교하고 있으므로 (C)가 정답이다.

어휘　merchandise n. 제품　similar adj. 비슷한, 유사한　promote v. 홍보하다

77

On the Web page, the word "yielded" in paragraph 1, line 2,
is closest in meaning to

(A) confirmed
(B) produced
(C) described
(D) exposed

웹페이지에서, 1문단 두 번째 줄의 단어 "yielded"는 의미
상 -와 가장 가깝다.

(A) 확인했다
(B) 산출했다
(C) 묘사했다
(D) 드러냈다

■ 동의어　　　　　　　　　　　　　　　　　　　　　　　　　　　　　　　　　　　　　정답 (B)

첫 번째 지문인 웹페이지의 yielded를 포함하는 구절 'Your search for drip coffee makers currently available at Wallace
Appliances for between $40 and $100 has yielded the following results'에서 yielded가 '산출하다'라는 뜻으로 사용되었다. 따라서
'산출하다'라는 뜻을 가진 (B)가 정답이다. (D)의 expose도 '드러내다'라는 의미로 해석상 그럴듯해 보이지만, 가려져 있던 것을 드러내거나 비
밀, 불법 행위 등을 드러내는 것을 나타낸다.

What is indicated about the discounts on Wallace Appliances products?

(A) They are offered for a limited time.
(B) They are only available on a Web site.
(C) They are only provided to registered customers.
(D) They are restricted to older models.

Wallace Appliances의 제품들에 대한 할인에 대해 언급된 것은?

(A) 한정된 기간 동안 제공된다.
(B) 웹사이트에서만 구매할 수 있다.
(C) 등록된 고객들에게만 제공된다.
(D) 구형 모델로 제한된다.

■ **Not/True** True 문제　　　　　　　　　　　　　　　　　　　　　　　　　정답 (A)

질문의 핵심 어구인 the discounts on Wallace Appliances products와 관련된 내용을 지문에서 찾아 각 보기와 대조하는 Not/True 문제이므로 Wallace Appliances의 제품들에 대한 할인과 관련된 내용이 언급된 첫 번째 지문인 웹페이지를 확인한다. (A)는 'Sale lasts from December 17 to January 31.'에서 할인은 12월 17일부터 1월 31일까지 계속된다고 했으므로 지문의 내용과 일치한다. 따라서 (A)가 정답이다. (B), (C), (D)는 지문에 언급되지 않은 내용이다.

어휘　restrict v. 제한하다

What is NOT mentioned about the Seaward branch of Wallace Appliances?

(A) It was recently remodeled.
(B) It hired additional cashiers.
(C) It provides free parking.
(D) It is open on Saturdays.

Wallace Appliances의 Seaward 지점에 대해 언급되지 않은 것은?

(A) 최근에 개조되었다.
(B) 추가 점원을 고용했다.
(C) 무료 주차를 제공한다.
(D) 토요일에 문을 연다.

■ **Not/True** Not 문제　　　　　　　　　　　　　　　　　　　　　　　　　정답 (B)

질문의 핵심 어구인 the Seaward branch of Wallace Appliances와 관련된 내용을 지문에서 찾아 각 보기와 대조하는 Not/True 문제이므로 Wallace Appliances의 Seaward 지점이 언급된 두 번째 지문인 온라인 후기에서 관련 내용을 확인한다. (A)는 'the store had been renovated last month'에서 그 매장, 즉 Seaward에 있는 Wallace Appliances 매장이 지난달에 개조되었다고 했으므로 지문의 내용과 일치한다. (B)는 지문에 언급되지 않은 내용이다. 따라서 (B)가 정답이다. (C)는 'There was ample parking available, and customers were not required to pay for it.'에서 이용할 수 있는 넓은 주차 공간이 있었고 고객들은 그것에 대해 돈을 지불할 필요가 없었다고 했으므로 지문의 내용과 일치한다. (D)는 'I visited the Wallace Appliances store in Seaward on Saturday'에서 토요일에 Seaward에 있는 Wallace Appliances 매장을 방문했다고 했으므로 지문의 내용과 일치한다.

바꾸어 표현하기
had been renovated 개조되었다 → was ~ remodeled 개조되었다

어휘　remodel v. 개조하다

Which coffee maker did Mr. Ford most likely purchase?

(A) Conklin Pour 578-G
(B) Lundi Café WDE-23V
(C) Bonaveni TCD-333
(D) Sandfield Velocity 1200-F

Mr. Ford는 어떤 커피 제조기를 구매했을 것 같은가?

(A) Conklin Pour 578-G
(B) Lundi Café WDE-23V
(C) Bonaveni TCD-333
(D) Sandfield Velocity 1200-F

■ **추론** 연계 문제　　　　　　　　　　　　　　　　　　　　　　　　　정답 (C)

두 지문의 내용을 종합적으로 확인한 후 추론해서 풀어야 하는 연계 문제이다. 질문의 핵심 어구인 coffee maker ~ Mr. Ford ~ purchase와 관련된 내용이 언급된 온라인 후기를 먼저 확인한다.

단서 1 두 번째 지문(온라인 후기)의 'He ~ recommended a model that was on sale. Overall, I am quite happy with the one he suggested, although I kind of wish it could make more than 10 cups of coffee at once.'에서 그, 즉 Mr. Ford를 상대한 점원이 할인 중이었던 모델을 추천해주었으며 전반적으로 그가 제안해준 것에 꽤 만족하지만 그것이 한 번에 10잔보다 많은 커피를 만들 수 있었으면 좋겠다고 약간은 생각한다고 했다. 그런데 할인 중이었으면서 10잔보다 많은 커피를 만들지 못하는 모델이 무엇인지 제시되지 않았으므로 웹페이지에서 관련 내용을 확인한다.

단서 2 첫 번째 지문(웹페이지)의 'Product Description', 'Bonaveni TCD-333', 'Price, $~~56.43~~', 'Now on sale for $43.67', 'Capacity', '10 cups'에서 Bonaveni TCD-333이 43.67달러로 할인 중이며 만들 수 있는 용량이 10잔이라고 했음을 확인할 수 있다.

두 단서를 종합할 때, Mr. Ford가 구매한 커피 제조기는 할인 중이었으면서 10잔의 커피를 만들 수 있는 Bonaveni TCD-333일 것이라는 사실을 추론할 수 있다. 따라서 (C)가 정답이다.

181-185는 다음 이메일과 공고에 관한 문제입니다.

To: Gary Flores <gflores49@thmail.com>
From: Wendy Rhodes <w_rhodes@tarmail.net>
Date: July 10
Subject: Planning suggestions
Attachment: Guest_Pass

Dear Mr. Flores,

I hope this message finds you well. The last time we met, [181]you had asked me to advise you on drafting a retirement plan. Below are just a few tips to get you started.

First, it is vital that you create and maintain a cash reserve for emergency purposes equal to roughly three times your typical monthly expenses. Since this amount could be quite large, it is important to start saving as early as possible.

Additionally, I recommend investigating long-term medical care options upon retiring for you, your spouse, and your parents. [182]You should also share the details of your health-care plan with your family members.

I have attached a special guest pass so that you can attend my lecture, "Retirement for One," at a university event. [185]The same pass also allows you to sit in on a special lunch seminar on health coverage for senior citizens conducted by Mr. Victor Rochester. The events will be free of charge to you if you present the pass at the door.

I look forward to seeing you soon.

Warmest regards,

Wendy Rhodes
Retirement Planning Specialist
Cottler Finance

수신: Gary Flores <gflores49@thmail.com>
발신: Wendy Rhodes <w_rhodes@tarmail.net>
날짜: 7월 10일
제목: 계획에 대한 제안
첨부: 초대권

Mr. Flores께,

이 메시지가 당신이 잘 지내고 있음을 확인해주기 바랍니다. 지난번에 우리가 만났을 때, [181]당신은 은퇴 계획의 초안을 작성하는 데 조언을 해달라고 제게 부탁했습니다. 아래는 당신이 시작할 수 있는 몇 가지 조언입니다.

첫째로, 보통의 월 지출의 대략 세 배에 상응하는 현금 예비금을 비상시의 목적을 위해 만들고 유지하는 것이 필수적입니다. 이 액수는 꽤 클 수 있기 때문에, 가능한 한 빨리 저축을 시작하는 것이 중요합니다.

추가로, 당신, 당신의 배우자, 그리고 당신의 부모님을 위한, 은퇴 이후의 장기적인 의료 선택 사항들을 살펴볼 것을 권장합니다. [182]당신은 또한 당신의 건강 관리 계획의 세부 사항도 가족 구성원들과 공유해야 합니다.

대학 행사에서 제가 할 강의인 "하나를 위한 은퇴"에 참석하실 수 있도록 특별 초대권을 첨부하였습니다. [185]같은 초대권은 또한 당신이 Mr. Victor Rochester에 의해 진행되는 노인을 위한 건강 보험에 대한 특별 오찬 세미나에 참석할 수 있도록 합니다. 이 행사들은 당신이 입구에서 초대권을 보여주면 무료입니다.

곧 뵙게 되기를 기대합니다.

Wendy Rhodes 드림
은퇴 계획 전문가
Cottler 금융

The Career Development Center
Sunfield State University

[183]The Career Development Center at Sunfield State University strives to provide high-quality, affordable education and professional development for working individuals and retirees in an open and encouraging environment.

We are pleased to announce that our Annual Center Information Event will take place on Monday, July 12, on the fifth floor of Durgan Hall. We invite you to join retirement advisor Wendy Rhodes for her lecture. On Tuesday, July 13, the first of her two-part seminar on part-time employment prospects will be held from 3 to 5 P.M. [184]This will conclude at the same time the following day, on Wednesday, July 14. Lastly, [185]we will also hold a special luncheon presentation by our center director, Mr. Victor Rochester, on Thursday,

---

경력 개발 센터
Sunfield 주립 대학

[183]Sunfield 주립 대학의 경력 개발 센터는 개방적이고 고무적인 환경 내에서 일하는 사람들과 퇴직자들에게 높은 품질의, 적당한 가격의 교육 및 전문성 개발을 제공하기 위해 노력합니다.

저희의 연간 센터 정보 행사가 7월 12일 월요일에 Durgan 홀 5층에서 열리게 됨을 공고하게 되어 기쁩니다. 여러분이 은퇴 조언가 Wendy Rhodes의 강의에 참석하도록 초대합니다. 7월 13일 화요일에는, 시간제 채용의 전망에 대한 그녀의 2부로 이루어진 세미나 중 첫 번째가 오후 3시부터 5시까지 열릴 것입니다. [184]이것은 다음 날인 7월 14일 수요일, 같은 시간에 마무리될 것입니다. 마지막으로, 7월 15일 [185]목요일에는, 저희의 센터장이신 Mr. Victor Rochester의 특별 오찬 발표를 또한 열 것입니다. 각 행사의

July 15. Entrance for each event is $10 for center members and $15 for nonmembers. Tickets for the luncheon are an additional $10 and are available for purchase from July 1 through July 15 at our main office in Durgan Hall. To learn more, call 555-2402.

입장권은 센터 회원들은 10달러이며 비회원에게는 15달러입니다. 오찬 티켓은 추가 10달러이며, Durgan 홀에 있는 저희의 본사 사무실에서 7월 1일부터 15일까지 구매할 수 있습니다. 더 알고 싶으시면, 555-2402로 전화하십시오.

지문 1
- □ **advise** v. 조언하다, 충고하다
- □ **vital** adj. 필수적인, 활력이 넘치는
- □ **roughly** adv. 대략, 거의
- □ **spouse** n. 배우자
- □ **draft** v. 초안을 작성하다; n. 초안, 원고
- □ **reserve** n. 예비금, 준비금
- □ **typical** adj. 보통의, 전형적인
- □ **coverage** n. 보험, 보상
- □ **retirement** n. 은퇴, 퇴직
- □ **emergency** n. 비상시, 위급 상황
- □ **investigate** v. 살펴보다, 조사하다

지문 2
- □ **strive** v. 노력하다, 애쓰다
- □ **encouraging** adj. 고무적인, 장려하는
- □ **entrance** n. 입장권, 입장
- □ **affordable** adj. 적당한 가격의, 줄 수 있는
- □ **prospect** n. 전망, 가망성
- □ **retiree** n. 퇴직자, 은퇴자
- □ **luncheon** n. 오찬

181

What is the purpose of the e-mail?

(A) To extend some helpful advice
(B) To outline the details of a program
(C) To identify needs for a luncheon
(D) To discuss an upcoming lecture

이메일의 목적은 무엇인가?

(A) 몇 가지 도움이 되는 조언을 주기 위해
(B) 프로그램에 대한 세부 사항의 개요를 서술하기 위해
(C) 오찬의 필요성을 확인하기 위해
(D) 다가오는 강의에 대해 논의하기 위해

■ **주제 / 목적 찾기** 글의 목적 　　　　　　　　정답 (A)

이메일의 목적을 묻는 목적 찾기 문제이므로 첫 번째 지문인 이메일의 내용을 확인한다. 이메일의 'you had asked me to advise you on drafting a retirement plan'에서 당신, 즉 Mr. Flores가 은퇴 계획의 초안을 작성하는 데 조언을 해달라고 부탁했었다고 한 후, 'Below are just a few tips to get you started.' 이후에서 몇 가지 조언을 제공하고 있으므로 (A)가 정답이다.

바꾸어 표현하기
a few tips 몇 가지 조언들 → some ~ advice 몇 가지 조언

어휘 extend v. 주다, 확장하다　outline v. 개요를 서술하다; n. 개요　identify v. 확인하다, 알아보다

182

According to the e-mail, what should Mr. Flores do with the details of his health-care plan?

(A) Keep them in a folder in his office
(B) Save them on his mobile phone
(C) Discuss them with a doctor
(D) Give them to family members

이메일에 따르면, Mr. Flores는 그의 건강 관리 계획의 세부 사항으로 무엇을 해야 하는가?

(A) 그의 사무실의 폴더에 보관한다
(B) 그의 핸드폰에 저장한다
(C) 의사와 함께 논의한다
(D) 가족 구성원들에게 전한다

■ **육하원칙** What 　　　　　　　　정답 (D)

이메일에 따르면 Mr. Flores가 그의 건강 관리 계획의 세부 사항으로 무엇(What)을 해야 하는지를 묻는 육하원칙 문제이므로 첫 번째 지문인 이메일에서 관련 내용을 확인한다. 이메일의 'You should ~ share the details of your health-care plan with your family members.'에서 당신, 즉 Mr. Flores는 건강 관리 계획의 세부 사항을 가족 구성원들과 공유해야 한다고 했으므로 (D)가 정답이다.

어휘 give v. 전하다, 주다

83

For whom does the Career Development Center offer courses?

(A) Small business owners
(B) Employed and retired adults
(C) University students looking for jobs
(D) Elderly volunteers

경력 개발 센터는 누구에게 강좌를 제공하는가?

(A) 소기업 소유주들
(B) 일하고 있거나 퇴직한 성인들
(C) 구직 중인 대학생들
(D) 노인 자원봉사자들

■ 육하원칙 whom 정답 (B)

경력 개발 센터가 누구(whom)에게 강좌를 제공하는지를 묻는 육하원칙 문제이므로 질문의 핵심 어구인 the Career Development Center offer courses와 관련된 내용이 언급된 두 번째 지문인 공고를 확인한다. 공고의 'The Career Development Center ~ strives to provide ~ education ~ for working individuals and retirees'에서 경력 개발 센터는 일하는 사람들과 퇴직자들에게 교육을 제공하기 위해 노력한다고 했으므로 (B)가 정답이다.

바꾸어 표현하기
offer courses 강좌를 제공하다 → provide education 교육을 제공하다
working individuals and retirees 일하는 사람들과 퇴직자들 → Employed and retired adults 일하고 있거나 퇴직한 성인들

84

When will Ms. Rhodes's seminar end?

(A) On July 12
(B) On July 13
(C) On July 14
(D) On July 15

Ms. Rhodes의 세미나는 언제 끝날 것인가?

(A) 7월 12일에
(B) 7월 13일에
(C) 7월 14일에
(D) 7월 15일에

■ 육하원칙 When 정답 (C)

Ms. Rhodes의 세미나가 언제(When) 끝날지를 묻는 육하원칙 문제이므로 질문의 핵심 어구인 Ms. Rhodes's seminar end와 관련된 내용이 언급된 두 번째 지문인 공고를 확인한다. 공고의 'This will conclude ~ on Wednesday, July 14.'에서 이것, 즉 Ms. Rhodes의 2부로 이루어진 세미나가 7월 14일 수요일에 마무리될 것이라고 했으므로, (C)가 정답이다.

바꾸어 표현하기
end 끝나다 → conclude 마무리되다

85

What is indicated about Mr. Flores?

(A) He will assist Ms. Rhodes with her lecture.
(B) He has a lunch meeting in Durgan Hall.
(C) He can attend an event on Thursday for free.
(D) He requires more than one ticket.

Mr. Flores에 대해 암시되는 것은?

(A) Ms. Rhodes의 강의를 도와줄 것이다.
(B) Durgan 홀에서 점심 회의가 있다.
(C) 목요일의 행사에 무료로 참석할 수 있다.
(D) 한 장보다 많은 표가 필요하다.

■ 추론 연계 문제 정답 (C)

두 지문의 내용을 종합적으로 확인한 후 추론해서 풀어야 하는 연계 문제이다. 질문의 핵심 어구인 Mr. Flores에게 보내진 이메일을 먼저 확인한다.

단서 1 첫 번째 지문(이메일)의 'The same pass also allows you to sit in on a special lunch seminar ~ by Mr. Victor Rochester. The events will be free of charge ~.'에서 Ms. Rhodes가 Mr. Flores에게 제공한 초대권이 Mr. Victor Rochester의 특별 오찬 세미나에 무료로 참석할 수 있게 한다고 했다. 그런데 세미나가 언제 열리는지 제시되지 않았으므로 공고에서 관련 내용을 확인한다.

단서 2 두 번째 지문(공고)의 'we will also hold a special luncheon presentation by ~ Mr. Victor Rochester on Thursday'에서 목요일에 Mr. Victor Rochester의 특별 오찬 발표가 열릴 것이라는 사실을 확인할 수 있다.

두 단서를 종합할 때, Mr. Flores는 그가 제공받은 초대권으로 목요일의 Mr. Victor Rochester 강의에 무료로 참석할 수 있다는 사실을 추론할 수 있다. 따라서 (C)가 정답이다.

지문 1

Notice to Customers
Partial Closure of Elm Point Shopping Center

From August 12 to 15, technicians will be installing a new security system in the shopping center. During this period, [187]each level of the mall will be inaccessible to the public for one day according to the following schedule:

August 12 - First Floor / August 13 - Second Floor
August 14 - Third Floor / [187]August 15 - Fourth Floor

[187]Please note that shops will be closed on the day that their floor of the mall is being worked on. The management of Elm Point Shopping Center would like to apologize for any inconvenience this may cause our customers. We ask for your patience and understanding as we make our facility a safer place to shop.

[186]If you have any questions about this project, please stop by the customer service desk in front of the main entrance. One of our staff members will be happy to provide any additional information you require.

고객 대상 공고
Elm Point 쇼핑센터의 부분 폐쇄

8월 12일부터 15일까지, 기술자들이 쇼핑센터에 새로운 보안 시스템을 설치할 것입니다. 이 기간 동안, [187]쇼핑몰의 각 층은 다음 일정에 따라 하루 동안 일반 대중이 접근할 수 없을 것입니다:

8월 12일 – 1층 / 8월 13일 – 2층
8월 14일 – 3층 / [187]8월 15일 – 4층

[187]쇼핑몰의 상점이 위치한 층에 작업이 진행되는 날에는 상점이 문을 닫을 것이라는 점을 유념해 주십시오. Elm Point 쇼핑센터 경영진은 이것이 저희 고객분들께 야기할 수 있는 불편에 대해 사과드리고자 합니다. 저희 시설을 쇼핑하기에 더 안전한 곳으로 만들고자 하니 여러분의 인내와 이해를 부탁드립니다.

[186]이 계획에 관해 어떤 것이든 질문이 있으시다면, 정문 앞에 있는 고객 서비스 창구에 들러 주십시오. 저희 직원 중 한 명이 기꺼이 귀하께서 요구하시는 추가 정보를 제공해 드릴 것입니다.

지문 2

Point Sports Clearance Sale!

Point Sports is pleased to announce that [188-A]a new collection of football gear will be arriving at the end of August. To make room for this exciting line of equipment, we will be holding a clearance sale from August 1 to 20. [189]All tennis equipment will be marked down by 25 percent. In addition, [188-B]members of our Point Sports Program will receive double the usual reward points when making a purchase during this promotional period. So, make sure to stop by our store! Don't forget that [187/188-D]we have moved from the first floor of Elm Point Shopping Center to a larger space on the fourth floor. We hope to see you soon!

Point Sports 재고 정리 할인!

Point Sports는 [189-A]새로운 축구 장비 컬렉션이 8월 말에 나올 것이라고 발표하게 되어 기쁩니다. 이 가을을 설레게 하는 장비 제품 라인을 위한 공간을 만들기 위해, 저희는 8월 1일부터 20일까지 재고 정리 할인을 열 것입니다. [189]모든 테니스 장비는 가격이 25퍼센트 인하될 것입니다. 덧붙여, [188-B]저희 Point Sports 프로그램의 회원들은 이 판촉 기간 동안 구매하시면 평소 보상 포인트의 두 배를 받으실 것입니다. 그러니, 저희 가게에 꼭 들르세요! [187/188-D]저희가 Elm Point 쇼핑 센터 1층에서 4층의 더 넓은 공간으로 옮겼다는 것을 잊지 마세요. 곧 뵙기를 바랍니다!

지문 3

Point Sports

Customer: Lei Bell
Date: August 10

Cashier: Jack Lee
Receipt #: 0456

Item Description	Quantity	Price
[189]Bonneval Tennis Racket	1	[189]$173.00
Jones Collection Baseball Glove	1	$43.00
Zarza Running Shoes	1	$138.00
Flatlands Jump Rope	1	$9.00
	Tax	$21.78
	Total	$384.78

Point Sports

고객: Lei Bell
날짜: 8월 10일

계산원: Jack Lee
영수증 #: 0456

상품 설명	수량	가격
[189]Bonneval 테니스 라켓	1	[189]173.00달러
Jones Collection 야구 글러브	1	43.00달러
Zarza 러닝화	1	138.00달러
Flatlands 줄넘기	1	9.00달러
	세금	21.78달러
	합계	384.78달러

Regular-price items may be returned for any reason for up to 30 days after the date of purchase. [190]For a refund to be issued, proof of purchase must be presented. All sales of discounted items are final. For more information about our sales policies, visit www.pointsports.com.

정가 물품은 구입일 이후 30일까지 어떤 이유로든 반품할 수 있습니다. [190]환불금이 지급되려면, 구매 증거가 반드시 제시되어야 합니다. 모든 할인 품목의 판매는 변경될 수 없습니다. 할인 정책에 대한 더 많은 정보를 원하신다면, www. pointsports.com을 방문하세요.

지문 1 □ partial adj. 부분의 □ install v. 설치하다 □ inconvenience n. 불편 □ closure n. 폐쇄 □ level n. 층 □ patience n. 인내 □ technician n. 기술자 □ inaccessible adj. 접근할 수 없는

지문 2 □ clearance sale phr. 재고 정리 할인 □ mark down phr. 가격을 인하하다 □ promotional adj. 판촉의, 홍보의

지문 3 □ refund n. 환불(금) □ present v. 제시하다; adj. 현재의 □ issue v. 지급하다, 발부하다 □ final adj. 변경할 수 없는, 최종의 □ proof n. 증거, 증명 □ policy n. 정책

TEST | 01 | 02 | 03 | 04 | 05 | 06 | 07 | 08 | 09 | 10 | 해커스 토익 실전 1000제 2 Reading

36

Why might some customers visit a customer service desk?

(A) To request information about an emergency procedure
(B) To pick up a schedule of a facility's operating hours
(C) To inquire about the installation of safety devices
(D) To provide feedback on an upcoming mall closure

일부 고객들은 왜 고객 서비스 창구를 방문할 것 같은가?

(A) 비상조치에 대한 정보를 요청하기 위해
(B) 시설의 운영 시간에 대한 시간표를 가지러 가기 위해
(C) 안전 장비의 설치에 대해 문의하기 위해
(D) 다가오는 쇼핑몰 폐쇄에 대한 의견을 제공하기 위해

■ 추론 세부 정보 정답 (C)

질문의 핵심 어구인 some customers visit a customer service desk에 대해 추론하는 문제이므로 고객 서비스 데스크 방문과 관련된 내용이 언급된 첫 번째 지문인 공고를 확인한다. 공고의 'If you have any questions about this project, please stop by the customer service desk in front of the main entrance.'에서 이 계획, 즉 쇼핑센터에 새로운 보안 시스템을 설치하는 계획에 관해 질문이 있다면 정문 앞에 있는 고객 서비스 창구에 들러 달라고 했으므로 일부 고객이 안전 장비의 설치에 대해 문의하기 위해 고객 서비스 데스크를 방문할 것이라는 사실을 추론할 수 있다. 따라서 (C)가 정답이다.

어휘 emergency procedure phr. 비상조치 upcoming adj. 다가오는

37

On which day will Point Sports be closed?

(A) August 12
(B) August 13
(C) August 14
(D) August 15

Point Sports는 어느 날에 문을 닫을 것인가?

(A) 8월 12일
(B) 8월 13일
(C) 8월 14일
(D) 8월 15일

■ 육하원칙 연계 문제 정답 (D)

세 지문 중 두 지문의 내용을 종합해서 풀어야 하는 연계 문제이다. 질문의 핵심 어구인 Point Sports be closed에서 Point Sports가 어느 (which) 날에 문을 닫을 것인지를 묻고 있으므로 Point Sports가 언급된 광고를 먼저 확인한다.

단서 1 두 번째 지문(광고)의 'we have moved from the first floor of Elm Point Shopping Center to ~ the fourth floor'에서 저희, 즉 Point Sports가 Elm Point 쇼핑센터 1층에서 4층으로 옮겼다고 했다. 그런데 Elm Point 쇼핑센터의 4층이 어느 날에 문을 닫는지 제시되지 않았으므로 공고에서 관련 내용을 확인한다.

단서 2 첫 번째 지문(공고)의 'each level of the mall will be inaccessible to the public for one day according to the following schedule', 'August 15 - Fourth Floor'에서 쇼핑몰의 각 층이 다음 일정에 따라 하루 동안 일반 대중이 접근할 수 없을 것이며 8월 15일에는 4층이 접근할 수 없을 것이라고 했고, 'Please note that shops will be closed on the day that their floor of the mall is being worked on.'에서 쇼핑몰의 상점이 위치한 층에 작업이 진행되는 날에는 상점이 문을 닫을 것이라는 점을 유념해 달라고 했다.

두 단서를 종합할 때, Elm Point 쇼핑센터의 4층에 위치한 Point Sports는 8월 15일에 문을 닫을 것이라는 사실을 알 수 있다. 따라서 (D)가 정답이다.

TEST 10 PART 7 559

188

○○○●○
중

What is NOT true about Point Sports?

(A) It will introduce some new gear in August.
(B) It has set up a rewards program for its customers.
(C) It will relocate to a different shopping center.
(D) It has occupied a larger commercial space.

Point Sports에 대해 사실이 아닌 것은?

(A) 8월에 몇몇 새로운 장비를 소개할 것이다.
(B) 고객을 위한 보상 프로그램을 마련했다.
(C) 다른 쇼핑센터로 이전할 것이다.
(D) 더 큰 상업 공간을 차지했다.

■ Not/True Not 문제   정답 (C)

질문의 핵심 어구인 Point Sports와 관련된 내용을 지문에서 찾아 각 보기와 대조하는 Not/True 문제이므로 Point Sports가 언급된 두 번째 지문인 광고에서 관련 내용을 확인한다. (A)는 'a new collection of football gear will be arriving at the end of August'에서 저희, 즉 Point Sports의 새로운 축구 장비 컬렉션이 8월 말에 나올 것이라고 했으므로 지문의 내용과 일치한다. (B)는 'members of our Point Sports Program will receive double the usual reward points'에서 Point Sports 프로그램의 회원들은 평소 보상 포인트의 두 배를 받을 것이라고 한 것에서 고객을 위한 보상 프로그램이 마련되어 있다는 것을 알 수 있으므로 지문의 내용과 일치한다. (C)는 지문에 언급되지 않은 내용이다. 따라서 (C)가 정답이다. (D)는 'we have moved ~ to a larger space on the fourth floor'에서 저희, 즉 Point Sports가 4층의 더 넓은 공간으로 옮겼다고 했으므로 지문의 내용과 일치한다.

어휘 relocate v. 이전하다 occupy v. 차지하다, 점유하다

189

○○○●○
중

On the receipt, to which price has a discount been applied?

(A) $173.00
(B) $43.00
(C) $138.00
(D) $9.00

영수증에서, 어느 가격에 할인이 적용되었는가?

(A) 173.00달러
(B) 43.00달러
(C) 138.00달러
(D) 9.00달러

■ 육하원칙 연계 문제   정답 (A)

세 지문 중 두 지문의 내용을 종합해서 풀어야 하는 연계 문제이다. 질문의 핵심 어구인 price ~ a discount ~ applied에서 영수증에서 어느 (which) 가격에 할인이 적용되었는지를 묻고 있으므로 할인과 관련된 내용이 언급된 광고를 먼저 확인한다.

단서1 두 번째 지문(광고)의 'All tennis equipment will be marked down by 25 percent.'에서 모든 테니스 장비가 가격이 25퍼센트 인하될 것이라고 했다. 그런데 영수증에서 어느 가격에 가격 인하가 적용되었는지 제시되지 않았으므로 영수증에서 관련 내용을 확인한다.

단서2 세 번째 지문(영수증)의 'Bonneval Tennis Racket', '$173.00'에서 Bonneval 테니스 라켓이 $173.00달러라는 것을 확인할 수 있다.

두 단서를 종합할 때, 영수증에서 Bonneval 테니스 라켓의 가격인 173.00달러에 가격 인하가 적용되었다는 사실을 알 수 있다. 따라서 (A)가 정답이다.

190

○○○●○
상

What is a requirement for Point Sports to process a refund request?

(A) A discount must be verified.
(B) A transaction record must be shown.
(C) An online form must be submitted.
(D) A reason must be approved.

Point Sports에서 환불 요청을 처리하기 위해 요구되는 것은 무엇인가?

(A) 할인이 입증되어야 한다.
(B) 거래 기록이 제시되어야 한다.
(C) 온라인 양식이 제출되어야 한다.
(D) 사유가 승인되어야 한다.

■ 육하원칙 What   정답 (B)

Point Sports에서 환불 요청을 처리하기 위해 요구되는 것이 무엇(What)인지를 묻는 육하원칙 문제이므로 질문의 핵심 어구인 a requirement for Point Sports to process a refund request와 관련된 내용이 언급된 세 번째 지문인 영수증을 확인한다. 영수증의 'For a refund to be issued, proof of purchase must be presented.'에서 환불금이 지급되려면 구매 증거가 반드시 제시되어야 한다고 했으므로 (B)가 정답이다.

바꾸어 표현하기
proof of purchase 구매 증거 → transaction record 거래 기록

어휘 verify v. 입증하다 transaction n. 거래

191-AThe Meredith Fashion Institute (MFI) invites you to attend our annual spring fashion show featuring our graduating students:

A Breath of Fresh Air

A showcase of fashions that are light, airy, and innovative

191-BEntertainment, Lunch, and Fashion Show
194-A/DMaster of ceremonies: Stylist Melvin Lee
Music by DJ Raina

191-D$40 per Person
Saturday, May 7, Noon

Hannah Hall Banquet Room
Meredith Fashion Institute

191-AAs always, the event is being held at our campus on 1000 South Grand Avenue in Los Angeles. 192All proceeds benefit a start-up fund for beginning designers who need support to become established in the competitive world of fashion design.

To: Troy Seeger <t.seeger@mfi.com>
From: Anna Cruise <anna_cruise@imagephoto.com>
Date: April 4
Subject: Re: Photo services

Dear Mr. Seeger,

I received your message concerning Meredith Fashion Institute's upcoming event. 192I appreciate what the proceeds of the show will be used for, so I would be happy to participate as the official photographer. Moreover, I am willing to offer my services free of charge and provide you with images for the school's use. However, 193the costs of covering an event as large as this one are quite high, even though it will provide me with a lot of exposure. Therefore, 193I am asking your permission to install a photo booth by the entrance and to charge visitors a small fee for prints. All I need is space to set up my camera, table, backdrop, and printer. I can leave an assistant in charge of the table while I photograph the event. Please contact me at 555-0493 to discuss this further.

Sincerely,
Anna Cruise

Fashion Guide Magazine

LA Scene
By Beth Rowlands

As always, the Meredith Fashion Institute's annual showcase of student fashion offered an exciting glimpse into

---

191-AMeredith 패션 학교(MFI)가 저희 졸업 예정 학생들이 참여하는 연례 봄 패션쇼에 여러분을 초대합니다:

신선한 바람의 숨결
가볍고 경쾌하고 혁신적인 패션 행사

191-B오락, 점심, 패션쇼
194-A/D사회자: 스타일리스트 Melvin Lee
DJ Raina의 음악

191-D1인당 40달러
5월 7일 토요일, 정오

Hannah 홀 연회장
Meredith 패션 학교

191-A언제나처럼, 이 행사는 로스앤젤레스의 South Grand 가 1000번지의 저희 캠퍼스에서 열립니다. 192모든 수익금은 경쟁이 치열한 패션 디자인계에서 확실히 자리 잡기 위해 지원이 필요한 신규 디자이너들의 초기 자금에 도움이 됩니다.

수신: Troy Seeger <t.seeger@mfi.com>
발신: Anna Cruise
　　　<anna_cruise@imagephoto.com>
날짜: 4월 4일
제목: 회신: 사진 서비스

Mr. Seeger께,

저는 곧 있을 Meredith 패션 학교의 행사와 관련한 귀하의 메시지를 받았습니다. 192저는 쇼의 수익금이 어디에 쓰일지에 대해 높이 평가하기에, 공식 사진작가로서 참석하게 되면 기쁠 것입니다. 또한, 저는 기꺼이 무료로 서비스를 제공해드리고 학교가 사용할 수 있도록 사진들을 드리겠습니다. 그러나, 이 행사가 비록 저를 많이 알려지게 할 것이기는 하지만 193이렇게 큰 행사를 담당하는 비용이 꽤 많이 듭니다. 따라서, 193입구 옆에 포토 부스를 설치해서 방문객들에게 소정의 출력 비용을 부과해도 되는지 허가를 받으려고 합니다. 필요한 것은 제 카메라, 테이블, 배경 막, 프린터를 설치할 공간이면 됩니다. 제가 행사 사진을 찍는 동안 제 조수가 테이블을 담당하도록 할 수 있습니다. 이것에 대해 더 논의하시려면 제게 555-0493으로 연락 주십시오.

Anna Cruise 드림

Fashion Guide지

LA 현장
Beth Rowlands 작성

늘 그렇듯, Meredith 패션 학교의 연례 학생 패션 행사는 업계의 가능성 있는 미래에 대한 흥미로운 짧은 경험을

the possible future of the industry. For those who are unaware, MFI has turned out many successful graduates, including Roxy Cooper and Belle Hashimoto. [194-D]The event's host, also a graduate of the institute, has done models' hair and makeup for several of *Fashion Guide Magazine*'s feature articles. [195-B]The fashions in this year's show truly lived up to the theme of being "light, airy, and innovative." They featured plenty of loose tops, baggy pants, and oversized coats. The clothing was subdued, consisting mainly of neutral shades accented by the occasional hint of color. But the materials stood out the most—textured fabrics expertly cut into a variety of bold shapes. [195-C]Check out some photos below. You may be able to find some of them at a local fashion retailer one day.

제공했다. 모르는 사람들을 위해 말하자면, MFI는 Roxy Cooper와 Belle Hashimoto를 포함하여 많은 성공한 졸업생들을 배출시켜왔다. [194-D]이 학교의 졸업생이기도 한 행사의 진행자는 *Fashion Guide*지의 몇몇 특집 기사를 위해 모델들의 머리 손질과 화장을 했다. [195-B]올해 쇼에서의 패션들은 "가볍고 경쾌하고 혁신적인"이라는 주제를 정확히 실현했다. 다수의 헐렁한 상의, 배기바지, 오버사이즈 코트가 특징이었다. 옷은 차분했고, 가끔 약간의 색상을 통해 강조되는 중간색의 색조로 주로 이루어져 있었다. 하지만 가장 눈에 띈 것은 소재였는데, 그것들은 여러 가지의 과감한 형태들로 훌륭하게 재단된, 특별한 질감이 나게 만든 직물이었다. [195-C]몇몇 사진들은 아래에서 확인해보기 바란다. 당신은 언젠가 그것들 중 일부를 지역 패션 소매업체에서 볼 수도 있다.

지문 1	□ graduating student phr. 졸업 예정자	□ airy adj. 경쾌한, 바람이 잘 통하는	□ master of ceremonies phr. 사회자, 진행자
	□ proceeds n. 수익금, 수입	□ benefit v. ~에 도움이 되다, 유익하다	□ established adj. 확실히 자리를 잡은
지문 2	□ concerning prep. ~에 관련된, ~에 관한	□ charge n. 요금, 담당; v. (값을) 청구하다	□ cover v. 담당하다, 다루다
	□ exposure n. 알려짐, 노출	□ permission n. 허가, 승인	□ backdrop n. 배경 막, 배경
	□ assistant n. 조수, 보조원		
지문 3	□ glimpse n. 짧은 경험, 잠깐 봄	□ turn out phr. 배출시키다, 밝혀지다	□ truly adv. 정확히, 진정으로
	□ live up to phr. ~을 실현하다, 맞춰 살다	□ loose adj. 헐렁한; v. 느슨해지다	□ subdued adj. 차분한, 은은한
	□ neutral adj. 중간색의, 중립의	□ shade n. 색조, 음영	□ accent v. 강조하다; n. 강조
	□ occasional adj. 가끔의, 때때로의	□ stand out phr. 눈에 띄다, 두드러지다	□ expertly adv. 훌륭하게, 전문적으로
	□ bold adj. 과감한, 두드러진		

191

○ ○ ○ ●
8

What is NOT indicated about the Meredith Fashion Institute's event?

(A) It is held yearly on school grounds.
(B) It includes a meal for participants.
(C) It coincides with the launch of a brand.
(D) It charges visitors a fee to gain entrance.

Meredith 패션 학교의 행사에 대해 언급되지 않은 것은?

(A) 학교 부지에서 매년 열린다.
(B) 참석자들을 위한 식사를 포함한다.
(C) 브랜드 출시와 함께 열린다.
(D) 방문객들에게 입장료를 부과한다.

■ **Not/True** Not 문제 정답 (C)

질문의 핵심 어구인 Meredith Fashion Institute's event와 관련된 내용을 지문에서 찾아 각 보기와 대조하는 Not/True 문제이므로 Meredith 패션 학교의 행사와 관련된 내용이 언급된 첫 번째 지문인 공고를 확인한다. (A)는 'The Meredith Fashion Institute (MFI) invites you to attend our annual spring fashion show'에서 Meredith 패션 학교(MFI)가 연례 봄 패션쇼에 초대한다고 했고 'As always, the event is being held at our campus'에서 언제나처럼 행사가 캠퍼스에서 열린다고 했으므로 지문의 내용과 일치한다. (B)는 'Entertainment, Lunch, and Fashion Show'에서 행사에 오락, 점심, 패션쇼가 포함되어 있다고 했으므로 지문의 내용과 일치한다. (C)는 지문에 언급되지 않은 내용이다. 따라서 (C)가 정답이다. (D)는 '$40 per Person'에서 1인당 40달러가 부과된다고 했으므로 지문의 내용과 일치한다.

바꾸어 표현하기
annual 연례의 → yearly 매년
campus 캠퍼스 → school grounds 학교 부지
Lunch 점심 → meal 식사

어휘 coincide v. 동시에 일어나다, 일치하다 launch n. 출시, 개시; v. 시작하다

92

What does Ms. Cruise appreciate about the event?

(A) Profits from it will go toward helping aspiring designers.
(B) It will help amateur photographers gain publicity.
(C) She will not have to bring her own equipment to it.
(D) It will provide her with an opportunity to display some work.

Ms. Cruise는 행사에 대해 무엇을 높이 평가하는가?

(A) 수익금이 신예 디자이너들을 돕는 데 쓰일 것이다.
(B) 아마추어 사진작가들이 대중의 관심을 얻는 데 도움이 될 것이다.
(C) 그녀가 자신의 장비를 가져오지 않아도 될 것이다.
(D) 그녀에게 몇몇 작품을 전시할 기회를 제공할 것이다.

■ 육하원칙 연계 문제   정답 (A)

세 지문 중 두 지문의 내용을 종합해서 풀어야 하는 연계 문제이다. 질문의 핵심 어구인 Ms. Cruise appreciate about the event에서 Ms. Cruise가 행사에 대해 무엇(What)을 높이 평가하는지를 묻고 있으므로 Ms. Cruise가 작성한 이메일을 먼저 확인한다.
[단서 1] 두 번째 지문(이메일)의 'I appreciate what the proceeds of the show will be used for'에서 Ms. Cruise가 쇼의 수익금이 어디에 쓰일지에 대해 높이 평가한다고 했다. 그런데 수익금이 어디에 쓰이는지 제시되지 않았으므로 공고에서 관련 내용을 확인한다.
[단서 2] 첫 번째 지문(공고)의 'All proceeds benefit a start-up fund for beginning designers'에서 모든 수익금은 신규 디자이너들의 초기 자금에 도움이 된다는 사실을 확인할 수 있다.
두 단서를 종합할 때, Ms. Cruise가 쇼의 수익금이 신규 디자이너들의 초기 자금으로 쓰일 것이라는 점을 높이 평가함을 알 수 있다. 따라서 (A)가 정답이다.

바꾸어 표현하기
proceeds 수익금 → Profits 수익금
beginning designers 신규 디자이너들 → aspiring designers 신예 디자이너들

어휘   go toward phr. ~에 쓰이다, ~에 도움이 되다   aspiring adj. 신예의, 장차 ~이 되려는   amateur adj. 아마추어의   publicity n. 대중의 관심, 홍보

93

Why does Ms. Cruise want to set up a booth?

(A) To interview a potential assistant
(B) To register arriving guests
(C) To get a chance to recover some costs
(D) To have an area for taking short breaks

Ms. Cruise는 왜 부스를 설치하고 싶어 하는가?

(A) 잠재적 조수를 면접 보기 위해
(B) 오는 손님들을 기록하기 위해
(C) 일부 비용을 만회할 기회를 얻기 위해
(D) 짧은 휴식을 가질 공간을 갖기 위해

■ 육하원칙 Why   정답 (C)

Ms. Cruise가 왜(Why) 부스를 설치하고 싶어 하는지를 묻는 육하원칙 문제이므로 질문의 핵심 어구인 Ms. Cruise want to set up a booth와 관련된 내용이 언급된 두 번째 지문인 이메일을 확인한다. 이메일의 'the costs of covering an event as large as this one are quite high'와 'I am asking your permission to install a photo booth by the entrance and to charge visitors a small fee for prints'에서 이렇게 큰 행사를 담당하는 비용이 꽤 많이 들기 때문에 입구 옆에 포토 부스를 설치해서 방문객들에게 소정의 출력 비용을 부과해도 되는지 허가를 받으려고 한다고 했으므로 (C)가 정답이다.

어휘   potential adj. 잠재적인, 가능성 있는   register v. (정식으로 명부 등에) 기록하다, 등록하다   recover v. 만회하다, 회복시키다

What is true about Melvin Lee?

(A) He provided entertainment for an event.
(B) He teaches a class in fashion at MFI.
(C) He attended the same school as Ms. Rowlands.
(D) He has helped style models for a magazine.

Melvin Lee에 대해 사실인 것은?

(A) 행사에 오락을 제공했다.
(B) MFI에서 패션 수업을 가르친다.
(C) Ms. Rowlands와 같은 학교에 다녔다.
(D) 잡지를 위해 모델들을 스타일링하는 것을 도왔다.

■ Not/True 연계 문제　　　　　　　　　　　　　　　　　　　　　　　　　　　　　　　정답 (D)

세 지문 중 두 지문의 내용을 종합해서 풀어야 하는 연계 문제이다. 질문의 핵심 어구인 Melvin Lee와 관련된 내용을 지문에서 찾아 각 보기와 대조하는 Not/True 문제이므로 Melvin Lee가 언급된 첫 번째 지문인 공고와 세 번째 지문인 후기를 확인한다. (A)는 공고의 'Master of ceremonies: Stylist Melvin Lee'에서 Melvin Lee가 사회자라고 했지 오락을 제공했는지는 알 수 없으므로 지문의 내용과 일치하지 않는다. (B)와 (C)는 지문에 언급되지 않은 내용이다. (D)는 공고의 'Master of ceremonies: Stylist Melvin Lee'에서 사회자인 Melvin Lee가 스타일리스트라고 했고, 후기의 'The event's host ~ has done models' hair and makeup for several of *Fashion Guide Magazine*'s feature articles.'에서 행사의 진행자가 *Fashion Guide*지의 몇몇 특집 기사를 위해 모델들의 머리 손질과 화장을 했었다는 것을 알 수 있으므로 지문의 내용과 일치한다. 따라서 (D)가 정답이다.

What does Ms. Rowlands mention about the fashions featured at MFI's event?

(A) They are more colorful than those of previous seasons.
(B) They hardly reflected the chosen theme of an event.
(C) They may be sold at clothing stores in the future.
(D) They were quickly adopted by leading fashion designers.

Ms. Rowlands가 MFI의 행사에 포함된 패션들에 대해 언급하는 것은?

(A) 이전 시즌의 옷들보다 색상이 다채롭다.
(B) 행사의 정해진 주제를 거의 반영하지 않았다.
(C) 향후 의류 상점들에서 판매될 수도 있다.
(D) 주요 패션 디자이너들에 의해 빠르게 차용되었다.

■ Not/True True 문제　　　　　　　　　　　　　　　　　　　　　　　　　　　　　　　정답 (C)

질문의 핵심 어구인 the fashions featured at MFI's event와 관련하여 Ms. Rowlands가 언급하는 내용을 지문에서 찾아 각 보기와 대조하는 Not/True 문제이므로 Ms. Rowlands가 작성한 세 번째 지문인 후기에서 관련 내용을 확인한다. (A)는 지문에 언급되지 않은 내용이다. (B)는 'The fashions in this year's show truly lived up to the theme of being "light, airy, and innovative."'에서 올해 쇼에서의 패션들은 "가볍고 경쾌하고 혁신적인"이라는 주제를 정확히 실현했다고 했으므로 지문의 내용과 일치하지 않는다. (C)는 'Check out some photos below. You may be able to find some of them at a local fashion retailer one day.'에서 Ms. Rowlands가 옷들의 몇몇 사진들을 확인해보라고 하며 언젠가 그것들 중 일부를 지역 패션 소매업체에서 볼 수도 있다고 했으므로 지문의 내용과 일치한다. 따라서 (C)가 정답이다. (D)는 지문에 언급되지 않은 내용이다.

바꾸어 표현하기
fashion retailer 패션 소매업체 → clothing stores 의류 상점
one day 언젠가 → in the future 향후

어휘　**reflect** v. 반영하다, 반사하다　**adopt** v. 차용하다, 고르다　**leading** adj. 주요한, 선두적인

문 1

NYCBikeTourist Is Taking Over Traditional Tour Companies

By Rodrigo Jimenez

NYCBikeTourist is a new tour operator guiding clients through New York City on bicycles. [196-B]Bookable through an exclusive app, the program offers skilled guides and top-notch bike gear.

Each day, various tours are offered that make several stops at museums or other popular sites. [196-C]NYCBikeTourist has lucrative partnerships with these local attractions and businesses to provide immediate access or special discounts. [198-C]One tour takes riders to the highly popular Berkley Museum of Modern Art. The gallery has just been opened and usually has long lines outside. However, with the tour, there's no doubt that you will get in.

NYCBikeTourist사, 전통적인 관광업체들을 대체하다

Rodrigo Jimenez 작성

NYCBikeTourist사는 고객들을 자전거로 뉴욕시에 안내하는 새로운 관광 회사이다. [196-B]전용 앱을 통해 예약할 수 있는 이 프로그램은 숙련된 가이드와 최고의 자전거 장비를 제공한다.

매일, 박물관이나 다른 인기 있는 장소에서 몇 차례 정차하는 다양한 투어가 제공된다. [196-C]NYCBikeTourist사는 이러한 지역 명소 및 업체들과 수익성 높은 제휴를 맺어 즉시 입장 또는 특별 할인을 제공한다. [198-C]한 투어는 자전거 이용자들을 매우 인기 있는 Berkley 현대 미술관으로 데려간다. 이 미술관은 막 문을 열었고 보통 바깥에 긴 줄이 있다. 그러나, 투어를 한다면, 틀림없이 들어갈 수 있을 것이다.

문 2

www.NYCBikeTourist.com/tours

The following tours are available on June 23:

- [197]Tour 1 ($35 per person)
  Lady Liberty Tour. Ride across Ellis Island and visit the landmark statue. Includes appetizers and wine. [197]You MUST be a legal adult(18 years or older) to join the tour.
  Level: Advanced, Duration: 3 hours, Start: 7 P.M.

- Tour 2 ($45 per person)
  Central Park Tour. Ride up to the park and learn about its history. Organized picnic is included.
  Level: Average, Duration: 3 hours, Start: 1 P.M.

- [199]Tour 3 ($75 per person)
  Cross-City Tour. [199]Ride over iconic bridges such as the Brooklyn Bridge, and ride from Uptown to Downtown. Lunch and snacks will be provided.
  Level: Advanced, Duration: 6 hours, Start: 10 A.M.

- Tour 4 ($120 per person)
  [198-A/C/D]Museum Tour. Venture to several museums and receive VIP access. [198-C/D]Museums visited during ride: Berkley Museum of Modern Art, Jester Gallery, and National History Museum Brooklyn. Includes lunch in the trendy Nolita neighborhood.
  [198-A]Level: Average, Duration: 8 hours, Start: 9 A.M.

www.NYCBikeTourist.com/tours

6월 23일에 이용할 수 있는 투어는 다음과 같습니다:

- [197]1번 투어 (인당 35달러)
  자유의 여신상 투어. Ellis섬을 가로질러 자전거를 타고 역사적인 동상을 방문하세요. 전채 요리와 와인을 포함합니다. [197]이 투어에 참여하려면 반드시 법적 성인(18세 이상)이어야 합니다.
  수준: 고급, 소요 시간: 3시간, 시작: 오후 7시

- 2번 투어 (인당 45달러)
  센트럴파크 투어. 공원으로 자전거를 타고 가서 그곳의 역사에 대해 배워보세요. 준비된 소풍이 포함됩니다.
  수준: 평균, 소요 시간: 3시간, 시작: 오후 1시

- [199]3번 투어 (인당 75달러)
  도시 횡단 투어. [199]브루클린 다리와 같은 상징적인 다리들을 건너고, 외곽부터 시내까지 자전거를 타세요. 점심과 간식이 제공됩니다.
  수준: 고급, 소요 시간: 6시간, 시작: 오전 10시

- 4번 투어 (인당 120달러)
  [198-A/C/D]박물관 투어. 여러 박물관에 가서 VIP 입장권을 받으세요. [198-C/D]투어 중 방문하는 박물관들: Berkley 현대 미술관, Jester 미술관, 그리고 브루클린 국립 역사 박물관. 트렌디한 Nolita 동네에서의 점심식사를 포함합니다.
  [198-A]수준: 평균, 소요 시간: 8시간, 시작: 오전 9시

문 3

NYCBikeTourist Reviews

Posted on June 25
By Leo Reyes

As a cycling enthusiast, I was happy that the tour involved plenty of actual riding. I was interested in the museums

NYCBikeTourist사 후기

6월 25일 게시
Leo Reyes 작성

자전거 애호가로서, 저는 투어가 실제 자전거 탑승을 충분히 포함해서 기뻤습니다. 저는 그들이 방문하는 박물관들에

TEST | 01 | 02 | 03 | 04 | 05 | 06 | 07 | 08 | 09 | 10

해커스 토익 실전 1000제 2 Reading

they visit as well, but I opted to go visit those on my own time. [199]I have walked over the Brooklyn Bridge before, but riding over it in both directions was the absolute highlight for me. Our guide's stories about its history made the experience much more special. [200]The one downside was that we weren't able to spend much time at any of the locations we visited. But on the plus side, beverages and light snacks had been prearranged at specific points. Hope to be back soon.

도 관심 있었지만, 그곳들은 제 개인 시간에 방문하기로 선택했습니다. [199]저는 이전에 브루클린 다리를 걸어본 적은 있지만, 자전거를 타고 양방향으로 건너는 것은 정말이지 저에게 가장 좋은 부분이었습니다. 그것의 역사에 대한 저희 가이드의 이야기들은 이 경험을 훨씬 더 특별하게 만들어 주었습니다. [200]한 가지 단점은 저희가 방문한 어떤 장소에서도 많은 시간을 보낼 수 없었다는 것이었습니다. 하지만 좋은 점은, 특정 지점들에 음료와 가벼운 간식이 미리 준비되어 있었다는 것입니다. 곧 다시 이용하고 싶습니다.

지문 1	□ take over phr. 대체하다, 장악하다	□ operator n. 회사, 업체	□ exclusive adj. 전용의, 배타적인
	□ top-notch adj. 최고의	□ gear n. 장비	□ lucrative adj. 수익성 높은
지문 2	□ Lady Liberty phr. 자유의 여신(상)	□ landmark n. 역사적인 건물(장소), 지표	□ appetizer n. 전채 요리
	□ cross-city adj. 도시를 횡단하는	□ iconic adj. 상징적인	□ venture v. 가다, 모험하다
지문 3	□ enthusiast n. 애호가	□ opt v. 선택하다, 결정하다	□ downside n. 단점
	□ plus side phr. 좋은 점, 장점	□ beverage n. 음료	□ prearrange v. 미리 준비하다, 예정하다
	□ specific adj. 특정한, 구체적인		

196

○○○●● 중

What is true about NYCBikeTourist?

(A) It is only open from May through September.
(B) It has its own booking application.
(C) It has partnered with local authorities.
(D) It rents bikes from a famous store.

NYCBikeTourist사에 대해 사실인 것은?

(A) 5월부터 9월까지만 문을 연다.
(B) 자체 예약 애플리케이션이 있다.
(C) 지역 정부 관계자들과 제휴를 맺었다.
(D) 유명한 가게로부터 자전거를 대여한다.

■ **Not/True** True 문제
정답 (B)

질문의 핵심 어구인 NYCBikeTourist와 관련된 내용을 지문에서 찾아 각 보기와 대조하는 Not/True 문제이므로 NYCBikeTourist사가 언급된 첫 번째 지문인 기사에서 관련 내용을 확인한다. (A)와 (D)는 지문에 언급되지 않은 내용이다. (B)는 'Bookable through an exclusive app'에서 전용 앱을 통해 예약할 수 있다고 했으므로 지문의 내용과 일치한다. 따라서 (B)가 정답이다. (C)는 'NYCBikeTourist has lucrative partnerships with ~ local attractions and businesses'에서 NYCBikeTourist사가 지역 명소 및 업체들과 수익성 높은 제휴를 맺었다고 했지만 지역 정부 관계자들과 제휴를 맺었다고는 하지 않았으므로 지문의 내용과 일치하지 않는다.

어휘 authority n. (특히 정부) 관계자, 권위자

197

○○○●● 중

How is Tour 1 different from the other options?

(A) It spends time in the Nolita region.
(B) It is shorter than the other tours.
(C) Participants eat lunch in a park.
(D) Minors are not allowed to participate.

1번 투어는 다른 선택지들로부터 어떻게 다른가?

(A) Nolita 지역에서 시간을 보낸다.
(B) 다른 투어들보다 더 짧다.
(C) 참가자들은 공원에서 점심식사를 한다.
(D) 미성년자들은 참가할 수 없다.

■ **육하원칙** How
정답 (D)

1번 투어가 다른 선택지들로부터 어떻게(How) 다른지를 묻는 육하원칙 문제이므로 질문의 핵심 어구인 Tour 1 different from the other options와 관련된 내용이 언급된 두 번째 지문인 웹페이지를 확인한다. 웹페이지의 'Tour 1', 'You MUST be a legal adult(18 years or older) to join the tour.'에서 1번 투어에 참여하려면 반드시 법적 성인(18세 이상)이어야 한다고 했으므로 (D)가 정답이다.

어휘 minor n. 미성년자; adj. 작은

98

What is indicated about the Museum Tour?	박물관 투어에 대해 언급된 것은?
(A) It is only recommended to advanced riders.	(A) 고급 자전거 이용자들에게만 권장된다.
(B) It requires a special registration process.	(B) 특별한 등록 절차를 요구한다.
(C) It includes a visit to a new attraction.	(C) 새로운 명소 방문을 포함한다.
(D) It stops at more than six museums.	(D) 여섯 군데 이상의 박물관에서 정차한다.

■ Not/True 연계 문제   정답 (C)

세 지문 중 두 지문의 내용을 종합해서 풀어야 하는 연계 문제이다. 질문의 핵심 어구인 Museum Tour와 관련된 내용을 지문에서 찾아 각 보기와 대조하는 Not/True 문제이므로 박물관 투어와 관련된 내용이 언급된 두 번째 지문인 웹페이지와 첫 번째 지문인 기사를 확인한다. (A)는 웹페이지의 'Museum Tour.', 'Level: Average'에서 박물관 투어의 수준은 평균이라고 했으므로 지문의 내용과 일치하지 않는다. (B)는 지문에 언급되지 않은 내용이다. (C)는 웹페이지의 'Museum Tour.', 'Museums visited during ride: Berkley Museum of Modern Art'에서 박물관 투어 중 방문하는 박물관들 중에 Berkley 현대 미술관이 있다고 했고, 기사의 'One tour takes riders to the highly popular Berkley Museum of Modern Art. The gallery has just been opened'에서 한 투어는 자전거 이용자들을 매우 인기 있는 Berkley 현대 미술관으로 데려가는데 이 미술관은 막 문을 열었다고 한 것을 통해, 박물관 투어는 새로운 명소인 Berkley 현대 미술관 방문을 포함한다는 것을 알 수 있으므로 지문의 내용과 일치한다. 따라서 (C)가 정답이다. (D)는 웹페이지의 'Museum Tour.', 'Museums visited during ride: Berkley Museum of Modern Art, Jester Gallery, and National History Museum Brooklyn.'에서 박물관 투어 중 방문하는 박물관들은 Berkley 현대 미술관, Jester 미술관, 그리고 브루클린 국립 역사 박물관이라고 했으므로 지문의 내용과 일치하지 않는다.

어휘 registration n. 등록

99

Which tour did Mr. Reyes most likely book?	Mr. Reyes는 어떤 투어를 예약한 것 같은가?
(A) Tour 1	(A) 1번 투어
(B) Tour 2	(B) 2번 투어
(C) Tour 3	(C) 3번 투어
(D) Tour 4	(D) 4번 투어

■ 추론 연계 문제   정답 (C)

세 지문 중 두 지문의 내용을 종합적으로 확인한 후 추론해서 풀어야 하는 연계 문제이다. 질문의 핵심 어구인 Mr. Reyes가 작성한 후기를 먼저 확인한다.

단서 1 세 번째 지문(후기)의 'I have walked over the Brooklyn Bridge before, but riding over it ~ was the absolute highlight for me.'에서 이전에 브루클린 다리를 걸어본 적은 있지만, 자전거를 타고 건너는 것이 정말이지 가장 좋은 부분이었다고 했다. 그런데 브루클린 다리를 건너는 투어가 어떤 투어인지 제시되지 않았으므로 웹페이지에서 관련 내용을 확인한다.

단서 2 두 번째 지문(웹페이지)의 'Tour 3', 'Ride over iconic bridges such as the Brooklyn Bridge'에서 3번 투어가 브루클린 다리와 같은 상징적인 다리들을 건너 자전거를 탄다는 것을 확인할 수 있다.

두 단서를 종합할 때, Mr. Reyes는 브루클린 다리를 건너는 3번 투어를 예약했다는 사실을 추론할 수 있다. 따라서 (C)가 정답이다.

200

What was Mr. Reyes disappointed about?	Mr. Reyes는 무엇에 실망했는가?
(A) The amount of cycling	(A) 자전거를 타는 양
(B) The guide's knowledge	(B) 가이드의 지식
(C) The length of visits	(C) 방문의 시간
(D) The food and drinks	(D) 음식과 음료

■ 육하원칙 What   정답 (C)

Mr. Reyes가 무엇(What)에 실망했는지를 묻는 육하원칙 문제이므로 질문의 핵심 어구인 Mr. Reyes disappointed about과 관련된 내용이 언급된 세 번째 지문인 후기를 확인한다. 후기의 'The one downside was that we weren't able to spend much time at any of the locations we visited.'에서 한 가지 단점은 방문한 어떤 장소에서도 많은 시간을 보낼 수 없었다는 것이었다고 했으므로 (C)가 정답이다.

어휘 length n. (무엇이 계속되는 긴) 시간, 길이

정답

▌TEST 01

101 (A)	102 (C)	103 (A)	104 (D)	105 (C)
106 (B)	107 (D)	108 (A)	109 (A)	110 (D)
111 (D)	112 (C)	113 (C)	114 (A)	115 (C)
116 (B)	117 (C)	118 (A)	119 (C)	120 (D)
121 (A)	122 (D)	123 (A)	124 (C)	125 (D)
126 (D)	127 (C)	128 (A)	129 (C)	130 (B)
131 (A)	132 (B)	133 (D)	134 (B)	135 (B)
136 (C)	137 (B)	138 (D)	139 (C)	140 (D)
141 (B)	142 (C)	143 (A)	144 (D)	145 (C)
146 (B)	147 (C)	148 (D)	149 (C)	150 (B)
151 (C)	152 (D)	153 (A)	154 (C)	155 (D)
156 (C)	157 (A)	158 (C)	159 (A)	160 (D)
161 (A)	162 (D)	163 (A)	164 (D)	165 (C)
166 (A)	167 (C)	168 (D)	169 (C)	170 (B)
171 (B)	172 (B)	173 (A)	174 (D)	175 (D)
176 (C)	177 (C)	178 (C)	179 (D)	180 (A)
181 (D)	182 (B)	183 (C)	184 (C)	185 (B)
186 (A)	187 (A)	188 (B)	189 (A)	190 (A)
191 (B)	192 (D)	193 (D)	194 (A)	195 (B)
196 (C)	197 (C)	198 (D)	199 (D)	200 (C)

▌TEST 02

101 (D)	102 (D)	103 (A)	104 (B)	105 (A)
106 (C)	107 (D)	108 (C)	109 (D)	110 (A)
111 (A)	112 (B)	113 (B)	114 (A)	115 (B)
116 (B)	117 (C)	118 (D)	119 (B)	120 (B)
121 (A)	122 (C)	123 (B)	124 (A)	125 (C)
126 (A)	127 (C)	128 (A)	129 (A)	130 (D)
131 (A)	132 (B)	133 (C)	134 (B)	135 (D)
136 (B)	137 (C)	138 (B)	139 (C)	140 (C)
141 (D)	142 (C)	143 (C)	144 (D)	145 (D)
146 (A)	147 (C)	148 (D)	149 (C)	150 (C)
151 (D)	152 (B)	153 (C)	154 (C)	155 (D)
156 (C)	157 (B)	158 (B)	159 (C)	160 (C)
161 (D)	162 (C)	163 (D)	164 (C)	165 (C)
166 (A)	167 (B)	168 (B)	169 (D)	170 (A)
171 (D)	172 (D)	173 (C)	174 (D)	175 (C)
176 (B)	177 (A)	178 (D)	179 (D)	180 (C)
181 (A)	182 (C)	183 (D)	184 (B)	185 (A)
186 (C)	187 (D)	188 (B)	189 (D)	190 (D)
191 (C)	192 (C)	193 (A)	194 (C)	195 (B)
196 (C)	197 (C)	198 (A)	199 (C)	200 (D)

▌TEST 03

101 (A)	102 (C)	103 (B)	104 (B)	105 (C)
106 (B)	107 (B)	108 (C)	109 (A)	110 (C)
111 (C)	112 (A)	113 (D)	114 (B)	115 (D)
116 (C)	117 (B)	118 (C)	119 (B)	120 (C)
121 (A)	122 (D)	123 (D)	124 (B)	125 (C)
126 (C)	127 (D)	128 (C)	129 (C)	130 (D)
131 (C)	132 (B)	133 (C)	134 (C)	135 (A)
136 (C)	137 (B)	138 (B)	139 (C)	140 (A)
141 (A)	142 (C)	143 (C)	144 (D)	145 (B)
146 (A)	147 (C)	148 (D)	149 (B)	150 (C)
151 (A)	152 (C)	153 (C)	154 (C)	155 (D)
156 (B)	157 (C)	158 (C)	159 (D)	160 (A)
161 (C)	162 (B)	163 (B)	164 (A)	165 (B)
166 (D)	167 (D)	168 (C)	169 (C)	170 (B)
171 (C)	172 (B)	173 (A)	174 (B)	175 (B)
176 (C)	177 (C)	178 (A)	179 (B)	180 (A)
181 (A)	182 (D)	183 (A)	184 (D)	185 (A)
186 (D)	187 (B)	188 (C)	189 (B)	190 (B)
191 (C)	192 (B)	193 (D)	194 (D)	195 (B)
196 (C)	197 (A)	198 (C)	199 (C)	200 (A)

▌TEST 04

101 (C)	102 (C)	103 (C)	104 (B)	105 (D)
106 (C)	107 (B)	108 (A)	109 (D)	110 (C)
111 (A)	112 (B)	113 (C)	114 (D)	115 (B)
116 (D)	117 (B)	118 (D)	119 (D)	120 (C)
121 (D)	122 (D)	123 (D)	124 (B)	125 (C)
126 (A)	127 (A)	128 (C)	129 (D)	130 (B)
131 (D)	132 (C)	133 (A)	134 (B)	135 (B)
136 (D)	137 (D)	138 (B)	139 (D)	140 (A)
141 (B)	142 (C)	143 (B)	144 (C)	145 (A)
146 (A)	147 (B)	148 (C)	149 (D)	150 (C)
151 (C)	152 (D)	153 (C)	154 (D)	155 (D)
156 (B)	157 (C)	158 (C)	159 (A)	160 (C)
161 (C)	162 (B)	163 (D)	164 (A)	165 (B)
166 (B)	167 (A)	168 (D)	169 (B)	170 (C)
171 (A)	172 (A)	173 (A)	174 (C)	175 (C)
176 (B)	177 (C)	178 (D)	179 (C)	180 (D)
181 (D)	182 (B)	183 (C)	184 (C)	185 (C)
186 (A)	187 (D)	188 (B)	189 (C)	190 (A)
191 (D)	192 (B)	193 (C)	194 (C)	195 (B)
196 (A)	197 (B)	198 (D)	199 (C)	200 (A)

▌TEST 05

101 (A)	102 (C)	103 (B)	104 (D)	105 (C)
106 (C)	107 (C)	108 (D)	109 (D)	110 (D)
111 (B)	112 (A)	113 (B)	114 (B)	115 (C)
116 (C)	117 (D)	118 (C)	119 (D)	120 (C)
121 (D)	122 (B)	123 (D)	124 (C)	125 (B)
126 (C)	127 (D)	128 (D)	129 (A)	130 (B)
131 (A)	132 (D)	133 (C)	134 (D)	135 (C)
136 (D)	137 (A)	138 (C)	139 (D)	140 (C)
141 (B)	142 (A)	143 (B)	144 (C)	145 (D)
146 (C)	147 (B)	148 (D)	149 (D)	150 (C)
151 (B)	152 (C)	153 (C)	154 (D)	155 (B)
156 (D)	157 (C)	158 (A)	159 (C)	160 (B)
161 (A)	162 (C)	163 (D)	164 (B)	165 (B)
166 (A)	167 (D)	168 (D)	169 (A)	170 (B)
171 (C)	172 (A)	173 (D)	174 (B)	175 (C)
176 (D)	177 (C)	178 (D)	179 (A)	180 (D)
181 (C)	182 (B)	183 (D)	184 (B)	185 (C)
186 (B)	187 (B)	188 (C)	189 (C)	190 (D)
191 (B)	192 (D)	193 (C)	194 (B)	195 (B)
196 (B)	197 (C)	198 (C)	199 (D)	200 (C)

▌TEST 06

101 (A)	102 (C)	103 (C)	104 (C)	105 (C)
106 (D)	107 (C)	108 (D)	109 (D)	110 (A)
111 (A)	112 (C)	113 (D)	114 (A)	115 (D)
116 (D)	117 (C)	118 (B)	119 (A)	120 (A)
121 (D)	122 (B)	123 (B)	124 (B)	125 (D)
126 (C)	127 (D)	128 (B)	129 (C)	130 (D)
131 (C)	132 (B)	133 (D)	134 (C)	135 (D)
136 (A)	137 (B)	138 (A)	139 (B)	140 (A)
141 (D)	142 (B)	143 (D)	144 (A)	145 (D)
146 (B)	147 (D)	148 (C)	149 (A)	150 (B)
151 (D)	152 (B)	153 (A)	154 (D)	155 (D)
156 (A)	157 (B)	158 (B)	159 (D)	160 (B)
161 (A)	162 (A)	163 (B)	164 (C)	165 (B)
166 (C)	167 (D)	168 (D)	169 (C)	170 (A)
171 (A)	172 (D)	173 (C)	174 (D)	175 (A)
176 (C)	177 (D)	178 (B)	179 (A)	180 (C)
181 (A)	182 (B)	183 (D)	184 (D)	185 (B)
186 (D)	187 (D)	188 (C)	189 (A)	190 (D)
191 (C)	192 (A)	193 (D)	194 (B)	195 (A)
196 (A)	197 (C)	198 (B)	199 (D)	200 (B)

▌TEST 07

101 (D)	102 (C)	103 (C)	104 (C)	105 (B)
106 (B)	107 (D)	108 (C)	109 (C)	110 (C)
111 (A)	112 (B)	113 (B)	114 (D)	115 (D)
116 (C)	117 (C)	118 (B)	119 (D)	120 (C)
121 (B)	122 (C)	123 (C)	124 (B)	125 (B)
126 (B)	127 (B)	128 (C)	129 (B)	130 (A)
131 (B)	132 (C)	133 (B)	134 (C)	135 (C)
136 (B)	137 (D)	138 (B)	139 (B)	140 (C)
141 (D)	142 (D)	143 (C)	144 (D)	145 (D)
146 (C)	147 (B)	148 (C)	149 (B)	150 (D)
151 (C)	152 (B)	153 (C)	154 (D)	155 (C)
156 (C)	157 (D)	158 (B)	159 (B)	160 (C)
161 (D)	162 (C)	163 (A)	164 (C)	165 (B)
166 (B)	167 (C)	168 (D)	169 (C)	170 (A)
171 (C)	172 (A)	173 (D)	174 (C)	175 (B)
176 (A)	177 (D)	178 (B)	179 (D)	180 (A)
181 (B)	182 (B)	183 (A)	184 (C)	185 (D)
186 (C)	187 (C)	188 (D)	189 (B)	190 (D)
191 (B)	192 (C)	193 (A)	194 (C)	195 (B)
196 (C)	197 (A)	198 (B)	199 (D)	200 (D)

▌TEST 08

101 (B)	102 (B)	103 (C)	104 (A)	105 (C)
106 (C)	107 (A)	108 (A)	109 (B)	110 (B)
111 (B)	112 (C)	113 (B)	114 (B)	115 (A)
116 (D)	117 (A)	118 (B)	119 (A)	120 (C)
121 (B)	122 (D)	123 (B)	124 (B)	125 (A)
126 (C)	127 (D)	128 (A)	129 (B)	130 (A)
131 (A)	132 (B)	133 (B)	134 (D)	135 (D)
136 (B)	137 (C)	138 (A)	139 (C)	140 (C)
141 (B)	142 (C)	143 (B)	144 (B)	145 (A)
146 (C)	147 (A)	148 (B)	149 (C)	150 (D)
151 (A)	152 (C)	153 (B)	154 (A)	155 (C)
156 (C)	157 (D)	158 (D)	159 (C)	160 (A)
161 (A)	162 (A)	163 (C)	164 (C)	165 (B)
166 (C)	167 (B)	168 (C)	169 (D)	170 (B)
171 (A)	172 (C)	173 (C)	174 (A)	175 (B)
176 (D)	177 (C)	178 (C)	179 (C)	180 (A)
181 (C)	182 (D)	183 (B)	184 (C)	185 (C)
186 (C)	187 (B)	188 (B)	189 (D)	190 (A)
191 (D)	192 (C)	193 (A)	194 (D)	195 (C)
196 (B)	197 (D)	198 (C)	199 (A)	200 (C)

101 (A)	102 (A)	103 (B)	104 (A)	105 (B)
106 (A)	107 (D)	108 (C)	109 (B)	110 (B)
111 (B)	112 (A)	113 (B)	114 (A)	115 (B)
116 (C)	117 (B)	118 (C)	119 (A)	120 (C)
121 (B)	122 (B)	123 (B)	124 (D)	125 (B)
126 (B)	127 (C)	128 (B)	129 (D)	130 (B)
131 (A)	132 (C)	133 (C)	134 (B)	135 (B)
136 (D)	137 (B)	138 (A)	139 (A)	140 (C)
141 (A)	142 (D)	143 (C)	144 (A)	145 (B)
146 (B)	147 (D)	148 (C)	149 (C)	150 (B)
151 (B)	152 (C)	153 (B)	154 (B)	155 (A)
156 (B)	157 (B)	158 (A)	159 (A)	160 (B)
161 (C)	162 (D)	163 (A)	164 (B)	165 (D)
166 (D)	167 (A)	168 (D)	169 (D)	170 (D)
171 (B)	172 (A)	173 (B)	174 (B)	175 (A)
176 (D)	177 (C)	178 (D)	179 (C)	180 (A)
181 (C)	182 (B)	183 (B)	184 (D)	185 (A)
186 (D)	187 (C)	188 (C)	189 (B)	190 (A)
191 (D)	192 (C)	193 (A)	194 (C)	195 (D)
196 (C)	197 (B)	198 (D)	199 (A)	200 (B)

101 (A)	102 (A)	103 (D)	104 (B)	105 (C)
106 (D)	107 (D)	108 (C)	109 (D)	110 (C)
111 (D)	112 (B)	113 (A)	114 (A)	115 (D)
116 (B)	117 (B)	118 (C)	119 (C)	120 (B)
121 (B)	122 (C)	123 (B)	124 (C)	125 (D)
126 (B)	127 (B)	128 (B)	129 (C)	130 (C)
131 (D)	132 (A)	133 (D)	134 (D)	135 (C)
136 (D)	137 (D)	138 (D)	139 (D)	140 (C)
141 (B)	142 (D)	143 (A)	144 (B)	145 (A)
146 (C)	147 (B)	148 (A)	149 (B)	150 (C)
151 (D)	152 (B)	153 (C)	154 (B)	155 (D)
156 (B)	157 (C)	158 (D)	159 (B)	160 (C)
161 (D)	162 (D)	163 (B)	164 (D)	165 (D)
166 (C)	167 (D)	168 (C)	169 (B)	170 (B)
171 (B)	172 (A)	173 (C)	174 (A)	175 (D)
176 (C)	177 (B)	178 (A)	179 (B)	180 (C)
181 (A)	182 (D)	183 (B)	184 (C)	185 (C)
186 (C)	187 (D)	188 (C)	189 (A)	190 (B)
191 (C)	192 (A)	193 (C)	194 (D)	195 (C)
196 (B)	197 (D)	198 (C)	199 (C)	200 (C)

최신 기출유형으로 실전 완벽 마무리

해커스 토익 RC

실전 1000제 READING 2 해설집

개정 3판 3쇄 발행 2024년 9월 2일

개정 3판 1쇄 발행 2023년 1월 2일

지은이	해커스 어학연구소
펴낸곳	㈜해커스 어학연구소
펴낸이	해커스 어학연구소 출판팀
주소	서울특별시 서초구 강남대로61길 23 ㈜해커스 어학연구소
고객센터	02-537-5000
교재 관련 문의	publishing@hackers.com
동영상강의	HackersIngang.com
ISBN	978-89-6542-540-3 (13740)
Serial Number	03-03-01

외국어인강 1위, 해커스인강
HackersIngang.com

해커스인강

· 해커스 토익 스타강사의 **본 교재 인강**
· 최신 출제경향이 반영된 **무료 온라인 실전모의고사**
· 들으면서 외우는 **무료 단어기장 및 단어암기 MP3**
· 빠르고 편리하게 채점하는 **무료 정답녹음 MP3**

영어 전문 포털, 해커스토익
Hackers.co.kr

해커스토익

· 무료 매월 적중예상특강 및 실시간 토익시험 정답확인/해설강의
· 매일 실전 RC/LC 문제 및 토익 기출보카 TEST, 토익기출 100단어 등 다양한 무료 학습 콘텐츠

헤럴드 선정 2018 대학생 선호브랜드 대상 '대학생이 선정한 외국어인강' 부문 1위